प्राचीन भारतीय इतिहास

–एक काव्यात्मक प्रस्तुति

प्राचीन भारतीय इतिहास

–एक काव्यात्मक प्रस्तुति

(पाषाण काल से कुषाण काल तक)

डॉ. राममूर्ति चौधरी

एम.ए., पी–एच.डी.

AGAM

अगम कला प्रकाशन

दिल्ली

प्रथम संस्करण 2015

ISBN: 979-81-7320-161-5

प्रकाशकः

अगम कला प्रकाशन

34, सेन्ट्रल मार्केट, अशोक विहार, दिल्ली-110 052

फोनः 27212195, 65688806-07, फैक्सः 91-11-27212195

ई-मेलः agambooks@gmail.com, agambook@yahoo.com

www.agamkala.com

अक्षरान्वयनः

ए.वी.आई. कम्यूनिकेशन, निधि कम्प्यूटर सेन्टर

अयोध्या, फैजाबाद, उ.प्र.

एवं अमन प्रिंटोग्राफिक्स, दिल्ली, फोनः 9891395309

मुद्रकः

बालाजी इमेजिंग सिस्टम

दिल्ली-110 052

PRACHIN BHARTIYA ITIHASA-EK KAVYATMAK PRASTUTI

By Dr. Rammurti Chaudhary

5/2/3, Kavya Kuti, Baxaria Tola,

Tulsinagar, Ayodhya, Faizabad (U.P.)

Mob.: 9918383055, 8081361580

यशः शेष

पूज्य गुरुवर

प्रोफेसर (डॉ.) लक्ष्मीकान्त त्रिपाठी

पूर्व रेक्टर

काशी हिन्दू विश्वविद्यालय, वाराणसी

की पुण्य स्मृतियों को

सादर

– राममूर्ति

अनुशंसा के शब्द

भारत के इतिहास पर हिन्दी में लिखी गई पुस्तकों की कोई कमी नहीं है। इतिहास के भिन्न–भिन्न युगों के लिए भी बहुत सारी विशिष्ट पुस्तकें उपलब्ध हैं। इसके अतिरिक्त अलग–अलग स्तर की कक्षाओं के लिए भी पुस्तकें लिखी गई हैं। लेकिन इन सभी पुस्तकों को गद्य में ही लिखने की प्रथा है। डॉ0 राममूर्ति चौधरी ने भारत के वृहद् इतिहास को पद्य में लिखने का अभिनव प्रयोग किया है। यह अपने ढंग का अनूठा प्रयास है और इस कार्य में वे अत्यन्त सफल रहे हैं। इसमें उन्होंने पाषाणकाल से लेकर कुषाणकाल तक के इतिहास का विस्तार से प्रामाणिक विवेचन किया है।

पुस्तक को उन्होंने कुल 21 भागों में विभक्त किया है। उनके प्रयास की विशालता तथा व्यापकता का आभास दिलाने के लिये यह आवश्यक लगता है कि इसकी एक संक्षिप्त झलक यहाँ दे दी जाय। जैसा कि सभी इतिहास पुस्तकों के लिखने की परिपाटी है, पहले भाग में देश की भौगोलिक स्थिति देने के बाद दूसरे में इतिहास जानने के साधनों को बताया जाता है। यहाँ उन्होंने इसका पालन किया है। इसके बाद प्रागितिहास, आद्य इतिहास, प्रागैतिहासिक संस्कृतियाँ, नवीनतम पुरातात्विक खोज के अध्यायों के पश्चात् वे ऋग्वैदिक काल आदि के विवरण देते हुये छठीं शताब्दी ई0पू0 में भारत में षोडस महाजनपदों का उल्लेख करते हैं तथा प्राक्मौर्य युग तक की झाँकी प्रस्तुत करते हैं। मौर्ययुग, जहाँ से भारत का इतिहास काल शुरू हुआ माना जाता है, की चर्चा विस्तार से तीन खण्डों में की गई है। इसके बाद शुंग, सातवाहन, विदेशी आक्रमण के अध्याय लिखते हुये वे कुषाणों का इतिहास प्रस्तुत करते हैं। यहाँ तक तो राजनीतिक इतिहास है। अन्तिम दो अध्यायों में परम्परानुसार वे जैनधर्म तथा बौद्धधर्म के सिद्धान्तों का विवरण देते हैं। इस कार्य को डॉ0 चौधरी ने इतनी प्रामाणिक सांगोपांगता के साथ निभाया है कि प्रत्येक पृष्ठ पर प्रभूत पाद–टिप्पणियाँ देकर सन्दर्भित करना नहीं भूलते। पुस्तक के अन्त में संस्कृत, हिन्दी, अंग्रेजी के सन्दर्भित तथा सहायक ग्रन्थों की लम्बी सूची, विस्तृत शब्दानुक्रमणिका और दुर्लभ चित्रों के फलक हैं। ग्रन्थ के बीच–बीच में यथास्थान प्राचीन भारत के मानचित्रों को दर्शाया गया है, जिसमें देश के पुरातात्विक स्थलों, आरंभिक कृषि एवं पशुपालन केन्द्रों, महाजनपदों, राज्यों, साम्राज्य–सीमाओं, नगरों एवं वाणिज्य–व्यापार मार्गों का दिग्दर्शन है। इस प्रकार इस काव्यमय इतिहास ग्रन्थ को शास्त्रीय ढंग से लिखी गई एक पुस्तक की संज्ञा दी जा सकती है। स्पष्ट है कि इस कार्य में डॉ0 राममूर्ति ने अपने जीवन के अनेक बहुमूल्य वर्ष लगाये हैं।

वे मेरे विद्यार्थी रहे हैं। उन्होंने काशी हिन्दू विश्वविद्यालय के प्राचीन भारतीय इतिहास, संस्कृति एवं पुरातत्व विभाग से एम.ए. की उपाधि प्राप्त की तथा वहीं से मेरे वरिष्ठ सहयोगी स्व. प्रो. लक्ष्मी कान्त त्रिपाठी जी के निर्देशन में 'हरिवंशपुराणः एक

सांस्कृतिक अध्ययन' विषय पर पी–एच.डी. उपाधि से अलंकृत हुये। इसके उपरांत यद्यपि वे उत्तर प्रदेश पावर कार्पोरेशन लि. की तकनीकी सेवा में आ गये, फिर भी इतिहास मे अपनी रूचि को न केवल बनाये रखा वरन् एक विस्तृत ग्रन्थ की रचना भी कर डाली। इसके लिये वे साधुवाद के पात्र हैं।

आज जिस विश्व इतिहास का संसार में प्रसार और प्रचार हो रहा है वह पश्चिम की विकृत मानसिकता तथा वैचारिक दरिद्रता के प्रकाशन के अतिरिक्त और कुछ नहीं प्रतीत होता। यह इतिहास सभी प्राचीन सभ्यताओं की इतिहास सम्बन्धी मान्यताओं को मिथक सिद्ध करने की दृष्टि से रचा गया है। पश्चिम के विद्वानों द्वारा विगत दो शताब्दियों में जो विश्व का इतिहास लिखा गया उसे संस्कार विहीन अचानक सत्ता प्राप्त नव–धनाढ्य अज्ञानियों द्वारा विकसित तथा अज्ञानतापूर्ण अनुमानों एवं कल्पनाओं से अधिक और कुछ नहीं कहा जा सकता। ऐसी ही जोर–जबरदस्ती उन्होंने उस भारतीय इतिहास के साथ भी की है जिसके पास पुराण और महाकाव्यों के रूप में इतिहास सम्बन्धी प्रभूत साहित्य है। उन्होंने इसकी अनदेखी ही नहीं की वरन् खिल्ली उड़ाकर कूड़ेदान में डालने का घृणित कार्य भी किया है।

उनके लिखे अज्ञान जनित एवं बालिश (बच्चों जैसी) कल्पना–प्रसूत इतिहास की आलोचना में केवल दो बातों की ओर ध्यान दिलाना चाहूँगा। वे इतिहास का प्रारम्भ लेखनकला के आविष्कार के बाद से मानते हैं तथा उसके पूर्व के कालखण्ड को प्राक्–इतिहास कहते हैं। इन दोनों विधाओं की काल अवधि निराशाजनक रूप से असंतुलित है। उन्होंने इतिहास की काल–सीमा दस हजार वर्ष निर्धारित की है तो प्रागितिहास की एक लाख वर्ष। एक लाख वर्ष की यह अवधारणा पिछली शताब्दी के छठवें दशक तक प्रचलन में थी लेकिन उसके बाद प्राग्इतिहास पर लिखी गई पुस्तकों में यह अवधि दो लाख वर्ष कर दी गई। कुछ अन्य पुरातत्वज्ञ तो मानव निर्मित पुरापाषाण औजारों के नवीन तिथ्यांकन के आधार पर इस अवधि को पच्चीस लाख वर्ष तक मान रहे हैं। इस प्रकार जहाँ सभ्यता–सम्पन्न मानव का इतिहास दस हजार वर्ष ही बना रहा तो बेचारे सभ्यता विहीन प्रागैतिहासिक मानव की जंगली बने रहने की अवधि दो–गुना से लेकर पचीस–गुना तक बढ़ गई।

यद्यपि कुछ इतिहासकार इस प्रकार के चिन्तन से असंतुष्ट होकर अब "डीप हिस्ट्री" तथा "डीप टाइम" की बातें उठा रहे हैं, लेकिन यदि इतिहास के दस हजार वर्ष वाले कालखण्ड को हाथ लगाया गया तो पश्चिम के इतिहास का यह मायामहल ताश के पत्तों के भवन की भांति भरभराकर ध्वस्त हो जायेगा। इसी प्रकार उनके प्राक्इतिहास की नीव भी इतनी कमजोर है कि संसार के विभिन्न भागों में उसके प्रारम्भ होने के लिये अलग–अलग तिथियाँ मानी जाती हैं। इजिप्त में वह 3200 ई.पू. तक चला माना जाता है तो न्यूगिनी में 1900 ई0 तक। इसे इतिहास की खिल्ली उड़ाना ही तो कहा जायेगा। अब अनेक इतिहासकार इतिहास के प्रारम्भ को लेखनकला से सम्बद्ध करने पर जोर नहीं देते वरन् सामाजिक तथा प्राकृतिक विज्ञानों के आधारों पर अधिक बल दे रहे हैं। इस प्रकार स्वयं पश्चिम में इतिहास तथा प्रागितिहास की कोई सीमा रेखा नहीं रह गई है। सबसे बड़ी बात तो यह है कि यह इतिहास इस पृथिवी पर जीवन के उद्‌भव तथा विकास

की अब तक की सर्वोच्च कड़ी मानव, जो मेधा तथा प्रज्ञा से सम्पन्न है, की असीम क्षमताओं को तो न्यूनतम करके आंकता है तथा उसे मात्र पत्थर के औजार प्रयोग करने वाला मानता है। उसमें वाणी और प्रज्ञा का आविर्भाव कब हुआ इसके विषय में प्रायः मौन से ही काम चलाता है। यह उस प्रभु का भी अपमान है जिसने मानव का सृजन किया। ऐसे में आशा की किरण पौराणिक इतिहास में ही दिखाई पड़ रही। आइए देखें भविष्य का विश्व–इतिहास किस प्रकार का होगा।

भारत में इतिहास के अध्ययन की एक नवीन विधा उन्मेष ले रही है और अब नये जोश के साथ अपने को प्रस्तुत कर रही है। कई वर्ष पहले अमेरिका के प्रोफेसर डेविड फ्ाले (जो अपने को वामदेव शास्त्र भी कहते हैं) ने सिन्धु–घाटी सभ्यता के संदर्भ में एक "विरोधाभास" का उल्लेख (Frawley's Paradox) किया था। उनका कहना था कि भारत की भूमि पर एक विस्तृत पुरातात्विक सभ्यता सैन्धव/हड़प्पा के अवशेष मिल रहे हैं लेकिन उसका कोई लिखित साहित्य नहीं मिलता तो दूसरी ओर वैदिक व वैदिकोत्तर संस्कृति के विशाल साहित्य (वेद इतिहास–पुराण) की परम्परा है लेकिन उसका कोई पुरातत्व नहीं माना जाता। इसी सम्बन्ध में एक अन्य बात यह है कि भारत के लिये पुरातत्व का पैमाना कुछ और है तो संसार की अन्य सभ्यताओं के लिये कुछ और। संसार की सभी सभ्यताओं के पुरातत्व में वहाँ की लिखित तथा अलिखित परम्पराएं शामिल की जाती है। यहाँ तक कि बायबिल तथा यूनान की परम्पराओं का उल्लेख पश्चिम के पुरा–अध्ययनों में अनिवार्य रूप से किया जाता है। लेकिन भारत के पुरातत्व में इतिहास पुराण का चर्चा करना भी वर्जित है। ये बाते हमें वर्षों से खटकती रही हैं जिनका समाधान अब मिल रहा है।

हड़प्पा सभ्यता के सभी अवशेष तथा सांस्कृतिक प्रवृत्तियाँ यही बता रही है कि उसकी बहुत सी बातें आज भी प्रचलन में हैं। यहाँ संक्षेप में केवल एक सबसे महत्वपूर्ण, लिखने के लिये प्रयोग में लाई जानेवाली लकड़ी की तख्ती की चर्चा करेंगे जिसका प्रयोग हड़प्पा काल में भी होता था। जान मार्शल ने अब से नब्बे वर्ष पूर्व ऐसी ही मिट्टी की बनी दो खिलौना–तख्तियों को खोद निकाला था। लिखना–पढ़ना सिखाने के लिये ऐसी ही तख्ती का प्रचलन बीच के कालखण्ड में भी होता रहा, इसके भी प्रमाण मिलते हैं। मिट्टी का एक खिलौना यमुनानगर, हरियाणा से मिला है जिसमें एक बच्चा ठीक ऐसी ही तख्ती पर लिखता हुआ दिखाया गया है। इसकी तिथि 300 ई.पू. मानी गई है। इन साक्ष्यों के अनेक निहितार्थ हैं। एक– लेखनकला की परम्परा सैन्धवकाल से आज तक अविच्छिन्न रूप से चली आ रही है। दो– पाश्चात्य परिभाषा के अनुसार हमारा इतिहास सैन्धवकाल या वैदिककाल से ही शुरू किया जाना चाहिए न कि मौर्यकाल से। तीन– भारत का प्रागितिहास काल हड़प्पा के भी पहले चला जायेगा, यद्यपि भारतीय इतिहास–पुराण परम्परा में प्रागितिहास की अवधारणा है ही नहीं। चार–तीसरीशती ई.पू. में अशोक का राज्य था तथा उसके समय में इस देश में कम से कम अठारह लिपियों का प्रचलन था जैसा कि जैन ग्रन्थ पन्नवणासुत्त में कहा गया है। अतः भारत में लेखनकला का प्रारम्भ अशोक के काल से मानने की धारणा का निराकरण करना होगा। इसकी पुष्टि यमुनानगर के मिट्टी के खिलौने से भी होती है।

ऊपर हम इतिहास में दो अधुनातन प्रवृत्तियों की चर्चा कर चुके हैं। दोनों ही अभी शैशवावस्था में प्रस्तावना मात्र हैं। ''डीप टाइम'' की अवधारणा को व्यक्त करनेवाले सबसे पहले व्यक्ति जान मैक्फी (John Mcphee) हैं जिन्होंने 1981 में Basin and Range नामक एक पुस्तक में इसकी चर्चा की और उसके कुछ अंश The New Yorker पत्रिका में भी छपे थे। इसमें भूगर्भ आदि शास्त्रों में काल की अवधारणा को और पीछे ले जाने की आवश्यकता बताई गई है। इसी प्रकार भूगर्भशास्त्र में ही 'सुपरकान्टीनेन्ट' (Super-continent) की अवधारणा भी सामने आ रही है जो पुराणों के 'मन्वन्तर' सिद्धान्त को ही व्यक्त करती हुई लगती है। ''डीप हिस्ट्री'' की अवधारणा तो इसके भी बाद की है। हारवर्ड के प्रोफेसर डैनियल लार्ड स्माइल (Danial Lord Smile) इसके सबसे बड़े समर्थक माने जाते हैं जिनका लेख New York Times में 2011 में छपा था। इसका सीधा अर्थ यह लगाया जाना चाहिए कि पाश्चात्य इतिहासकारों का ध्यान अबतक लिखे गये इतिहास की काल सम्बन्धी कमियों की ओर जा रहा है। वे इसमें सुधार के लिए नये–नये सिद्धान्त भी प्रस्तुत कर रहे हैं। वे शपथपूर्वक इतिहास की प्रत्येक घटना ही नहीं, प्राकृतिक घटनाओं की तिथि देना नहीं भूलते। तो क्या इसको संशोधित करके अबतक सृजित विपुल साहित्य को कूड़ेदान में फेंका जा सकेगा?

दूसरी ओर भारत का इतिहास तो हजारों वर्षों से ''डीप हिस्ट्री'' की अवधारणा को ही आधार मानकर लिखा जाता रहा है। औरं जो कुछ लिखा गया है उसमें अनेक बातों को भूगर्भशास्त्र आदि विज्ञान की नवीनतम शोधों से भी समर्थन प्राप्त हो रहा है। पुराणों में मानव का इतिहास सातवें मनु वैवस्वत से प्रारम्भ होना कहा गया है जो पौराणिक कालक्रम के अनुसार अब से 12 करोड़ वर्ष पूर्व हुए माने जाते हैं। इतिहास के पाश्चात्य मानकों के अनुसार यह अवधि अति विराट है लेकिन संसार की अन्य प्राचीन सभ्यताओं में प्रचलित तिथियों को ध्यान में लायें तो पाते हैं कि उनमें भी अपनी संस्कृति की प्राचीनता लाखों–करोड़ों वर्ष पहले मानने की परम्परा है। भारत की पौराणिक कालमान परम्परा अति वैज्ञानिक है जो ग्रह–नक्षत्रों की गति पर आधारित होने के साथ ही इसे भूगर्भशास्त्र की अति आधुनिक शोधों से भी समर्थन मिल रहा है। इस मान्यता के अनुसार अब से लगभग बारह करोड़ वर्ष पहले भारतीय महाद्वीप, जिसे हमने मनु की नौका माना है, एशिया महाद्वीप से टकराया और इसके कारण समूचे एशिया में पर्वतोत्थान की श्रृंखला प्रारम्भ हुई। सुमेरु या आज का पामीर पर्वत तथा मध्यएशिया की पर्वत श्रृंखलाएं इसी भूगर्भिक घटना की देन है। इस घटना के कारण प्रायद्वीप स्थित विन्ध्यपर्वत का जलमग्न उत्तरी भाग एशिया महाद्वीप के नीचे की भूमि में घुसने लगा और हिमालय आकार लेने लगा लेकिन इन दोनों के बीच का भाग जलमग्न ही रहा और यही आगे चलकर विन्ध्य तथा हिमालय से निकलने वाली नदियों की गाद से पटकर गंगा–यमुना का मैदान बन गया। पुराण केवल गंगा को ही मानव प्रयास से धरती पर लाने की बात करते हैं वह अनैतिहासिक नहीं है। सबसे बड़ी बात तो यह है कि भारत का पुरातत्व यदि ध्यान से देखें वह स्पष्ट रूप से दो स्पष्ट काल खण्डों में बंटा हुआ दिखाई देगा। हड़प्पा सभ्यता का पुरातत्व तो भौगोलिक दृष्टि से आज के अफगानिस्तान और पाकिस्तान तथा भारत में पंजाब, हरियाना तथा गुजरात तक सीमित था। आज का थार मरुस्थल कभी समुद्र

था जिसमें सरस्वती तथा उसकी सहायक नदियाँ गिरती थीं। भूगर्भीय उथल–पुथल के कारण सरस्वती की पश्चिमी सहायक नदियाँ (सतलुज तथा बियास) पश्चिम की ओर चली गईं और सिन्धु में गिलने लगीं तो पूर्वी सहायक यमुना पूर्व की ओर मुड़कर गंगा में मिल गई। हड़प्पा–सिन्धु सभ्यता का मर्म–क्षेत्र सरिता विहीन हो गया और वहाँ के लोग पलायन करके नवनिर्मित गंगा की घाटी में बसने को विवश हो गये। शतपथब्राह्मण में विदेघ माथव की कथा इसी सन्दर्भ में देखी जानी चाहिये जो सूखती सरस्वती घाटी को छोड़कर सदानीरा या गण्डकी के पूरब की दलदली भूमि पर बसने चले गये। इन्हीं के नाम पर इस क्षेत्र का नाम विदेह तथा मिथिला पड़ा।

दूसरी ओर गंगा घाटी का पुरातत्व समूचे उपमहाद्वीप पर फैला हुआ था। अन्यथा क्या कारण है कि ऋग्वेद में न तो पांचाल, कोशल, काशी तथा मगध आदि का कोई उल्लेख मिलता है और न ही गंगाघाटी की नदियों का। यह पूरा क्षेत्र उस समय समुद्र था। धीरे–धीरे गंगा नदी की घाटी बसती गई तथा पांचाल, कोशल, मगध और काशी आदि नये महाजनपद स्थापित हुए। सरस्वती नदी की घाटी सूख जाने के कारण लोग वहाँ से पलायन कर गंगा की नवनिर्मित घाटी में बसने लगे और कालान्तर में तक्षशिला से लेकर दक्षिण में कन्याकुमारी तक तथा पूरब में असम तक एक नई पुरातात्विक संस्कृति अस्तित्व में आई जिसे गंगा की घाटी का नाम देना अधिक उचित होगा। इस विस्तृत भूभाग में सभ्यता का शरीर–कलेवर तो बदल गया लेकिन संस्कृति (आत्मा) वैदिक ही रही। इसे सारस्वत सभ्यता का गंगा की घाटी में आरोपण ही कहा जाना चाहिए।

वेद, पुराण तथा महाभारत आदि इतिहास ग्रन्थों के आधार पर निरूपित भारत के प्राचीन इतिहास की यह व्याख्या किसी परीकथा की भाँति लग सकती है लेकिन यही भविष्य की इतिहास विधा बनने वाली है। भूगर्भशास्त्र के नवीनतम शोधकार्य इसका समर्थन करते हैं। यदि पश्चिम की विकृत इतिहास–दृष्टि और कालमान को अलग करके देखा जाय तो पुरातत्वशास्त्र भी इसके पक्ष में ही खड़ा दिखाई पड़ेगा। हमारे साहित्य में विश्व इतिहारा की विश्वसनीय रूपरेखा दी गई है जिसे यदि हमारी भावी पीढ़ी अपना कर आगे बढ़ाये तो आगामी पचास वर्षों में ही पश्चिम का कुबड़ा इतिहास और प्रागितिहास धराशायी हो जायेगा तथा उसका स्थान पुराणेतिहास ले लेगा इसमें संशय नहीं है।

विश्व इतिहास की यह भविष्य की सोच है जिस पर विचार करने की आवश्यकता है। डॉ0 राममूर्ति चौधरी जी ने जो काव्यमय इतिहास लिखा है वह वर्तमान वैचारिक मानदण्डों पर खरा उतरता है। मैं आशा करता हूँ कि वे इतिहास विषय में अपनी इस रुचि को बनाये रखेंगे तथा लेखन कार्य आगे भी जारी रहेगा। हमारी शुभकामनाएं उनके साथ हैं।

प्रोफेसर (डॉ0) ठाकुर प्रसाद वर्मा
संरक्षक एवं पूर्वअध्यक्ष
अखिल भारतीय इतिहास संकलन योजना
आप्टे भवन, केशवकुंज, झण्डेवाला
नई दिल्ली–55

397–ए, गंगा प्रदूषण नियंत्रण मार्ग
भगवानपुर, निकट– बी.एच.यू.,
वाराणसी–221005

आमुख

इस ग्रन्थ के बारे में हम यहाँ जो कुछ लिखने जा रहे हैं, वह निश्चित रूप से आपको अत्यन्त रोमांचक अनुभव प्रदान करेगा। ऐसा इसलिए नहीं कि मेरी भावना का कोई असाधारण शैली–रूप है, बल्कि इसलिए कि रचनाकार डॉ. राममूर्ति चौधरी (जिन्होंने इस ग्रंथ की सर्जना की है) अनूठी सूझ–बूझ वाले एक ऐसे रचयिता तथा साहित्य–इतिहास के चिन्तक मनस्वी हैं, जिन्होंने रचनाकर्म में एक ऐसे नये ढंग की योजना सामने रख दी है, जिसकी सहधर्मिता पीछे के समय में कहीं देखने में नहीं आती। उन्होंने भारतीय इतिहास की काव्यात्मक प्रस्तुति के उद्‌देश्य से यह कृति रची है। विभिन्न भाषाओं की प्रतिष्ठित रचनाओं में ऐतिहासिकता का पुट होना और उसका विशिष्ट उद्‌देश्य निर्धारित करना कोई नयी बात नहीं है। इसकी परम्परा तो, हम समझते हैं कि पूरे विश्वसाहित्य में मिलती है। संस्कृत भाषा की रचना 'राजतरंगिणी' तो इसके लिए बहुचर्चित है। हिन्दी में 'हरिकृष्ण प्रेमी' तथा 'जयशंकर प्रसाद' के नाटक इस विशेषता के लिए बहुचर्चित हैं। वृन्दावन लाल वर्मा, आचार्य चतुरसेन, अमृतलाल नागर आदि कथाकारों की उपन्यास–रचनाएं भी इस कोटि में सुविदित हैं। पर राममूर्ति चौधरी की यह कृति इतिहास से बहुत गहरे जुड़ी हुई एक सर्वथा भिन्न परिपाटी की है। इसमें आर्य्यावर्त्त के इतिहास के सभ्यतामूलक विकास को क्रमिक विवरण–बद्ध करके उसे पद्यवद्ध किया गया है। साहित्य में, चाहे वह कथा–साहित्य या नाट्य–साहित्य हो अथवा काव्य, रचयिता के द्वारा वर्णन या कथा की एक ऐसी धारा बनती है, जो अन्तर्ग्रथित होती है, पर यहाँ प्रतिपाद्य का स्वरूप पर्याप्त भिन्न है। इस भिन्नता के सन्दर्भ में कृति के रचनाकार डॉ. राममूर्ति चौधरी की इन पंक्तियों पर ध्यान देना समीचीन है, जो उन्होंने अपने प्रारम्भिक वक्तव्य में लिखी है–

"विद्यार्थी जीवन में अध्ययन के समय मुझे यह खटकता था कि इतिहास जैसा मनोरंजक विषय काव्य में क्यों नहीं? इससे मेरे मन में यह इच्छा जगी कि मैं इतिहास को कविता के माध्यम से प्रस्तुत करूँ। अतएव उचित समय आने पर मैंने मन में यह संकल्प लिया और तीन–चार वर्षों तक अनवरत प्रयास करके इतिहास की मूल सामग्री को काव्यरूप में प्रस्तुत किया जो 'प्राचीन भारतीय इतिहास – एक काव्यात्मक प्रस्तुति' नाम से आपके समक्ष प्रस्तुत है।" लेखक का यह संकल्प उसकी निम्न पंक्तियों में भी इंगित है–

मैं कविता में लिखूँ इतिहास को, है मन में यह लक्ष्य बनाया।
मातु सहाय बनो मम लेखनि, चाहुँ कृपा तव आंचल छाया।।

इससे एक बात तो बहुत अच्छी तरह रेखांकित होती है कि लेखक को इतिहास सम्बन्धी ज्ञान में बहुत गहरी दिलचस्पी है और काव्य–रचना करना उसकी सात्विक प्रकृति है। इस कृति में प्रस्तुति काव्य की नहीं, अपितु इतिहास की है, कविता या

छन्द–पद्य जो भी कहें, वह तो उसका माध्यम है। लेकिन मैं विश्वासपूर्वक यह कहना चाहता हूँ कि लेखक डॉ. राममूर्ति चौधरी इसे काव्यग्रंथ मानते हुए प्रस्तुत करते हैं। ऐसे में यह ग्रंथ काव्यशास्त्रीय विचार–मंथन हेतु एक महत्वपूर्ण प्रश्न भी सामने रखता है।

एक संक्षिप्त चर्चा यहाँ मैं इस ग्रंथ के वर्ण्यविषय की नियोजन कला पर करना चाहूँगा। सम्पूर्ण विषय–सामग्री 21 भागों में विभक्त है, जिसके लिए अनुच्छेद, परिच्छेद, अध्याय, सर्ग, जैसे शब्दों का पारंपरिक प्रयोग नहीं हुआ है। उनके क्रमबोध के हेतु कोष्ठक में 1, 2, 3 लिखने की पद्धति के अनुसार 21 तक लिखा गया है। इन संख्याओं के नीचे शीर्षक दिये गये हैं। ये शीर्षक इतिहास की पुस्तकों में प्रायश: दिए जाने वाले शीर्षकों के पूर्णत: समानधर्मा हैं। उनके नीचे समय–विस्तार बोधक गिनती जैसे–3000 से 1500 ई.पूर्व, आदि लिखा है, पर ऐसा कुछ ही भागों में है, सबमें नहीं। ऐसा प्रतीत होता है कि यह उस कालांश के सुविदित तथा अल्पविदित होने के आधार की भावना पर है। उक्त 21 अध्याय इस तरह क्रमानुवद्ध हैं–

1. भारत, 2. इतिहास जानने के साधन, 3. प्राक्इतिहास, 4. आद्यइतिहास : धातुकाल, 5. प्रागैतिहासिक ग्राम्य संस्कृतियाँ, 6. नवीन पुरातात्विक खोज, 7. ऋग्वैदिककाल, 8. उत्तरवैदिककाल, 9. सूत्र एवं महाकाव्य काल, 10. उत्तर भारत की राजनीतिक स्थिति, 11. विदेशी आक्रमण, 12. प्राग्मौर्य युगीन सभ्यता एवं संस्कृति, 13. मौर्य साम्राज्य की स्थापना एवं विस्तार, 14. मौर्य साम्राज्य का चर्मोत्कर्ष, 15. मौर्य युगीन सभ्यता तथा संस्कृति, 16. शुंग एवं कण्व वंश, 17. सातवाहन वंश, 18. विदेशी आक्रमण, 19. कुषाण युगीन संस्कृति, 20. सुधारक सम्प्रदाय – नवीन पन्थ एवं जैनधर्म, 21. सुधारक सम्प्रदाय–बौद्धधर्म।

चौधरी जी ने इस रचना में सबसे पहले अपने राष्ट्र के उस स्वरूप को बड़े आत्म–गौरव के साथ प्रस्तुत किया है, जिसमें वृहत्तर भारत का दिव्यदर्शन होता है। अपने इस भारत देश पर रचनाकार अभिभूत है और उसने वहीं से अपने वर्ण्यविषय की प्रस्तुति का प्रारम्भ किया है। इतिहास के काव्यात्मक लेखन का केन्द्रीय निगित्त अपनी गरिगाशाली भारतभूमि है ऐसा आभास प्रथम भाग की इन पंक्तियों से होता है–

टेथिस सागर से उठि ऊपर, निर्मित तुंग हिमाद्रि हमारा।
सागर वंचित संचित नीर से, निस्सृत सिन्धु व गंग की धारा।।
लाई गयी नदियों के बहाव से, उर्वर उत्तर देश है सारा।।
बीच में विन्ध्य पहाड़ व दक्खिन, कृण्णा गोदावरि घाट किनारा।।
1/भूमिका।।

X X X X X

महा उदधि के उत्तर दिसि में, तुंग हिमालय दक्षिण ओर।
बसती जहाँ भारती संतति, भारत वर्ष नाम जग रोर।।1/1।।

लेखक के चित्त में सदैव, अपने देश भारत का एक ऐसा परिपूर्ण चित्र विद्यमान रहता है, जिसमें उत्तरी हिमालय क्षेत्र, उत्तर मध्यवर्ती क्षेत्र के सिन्धु–गंगा का मैदानी भाग, दक्षिणापथ का पठार, कावेरी, कृष्णा, गोदावरी का दक्षिणी मैदानी भाग व समुद्र तटीय भाग जिसमें बंग क्षेत्र, उत्कल देश, पश्चिमी समुद्री क्षेत्र व दक्षिणी–पश्चिमी मरु प्रदेश

आदि सम्मिलित हैं। इसमें सभी क्षेत्रों की सभ्यता–संस्कृति की विशेषताएँ, भी चर्चित हैं तथा भाषिक, भौगोलिक व प्राकृतिक दशाएँ भी कही गयी हैं, मानवीय जीवन निर्वाह की अरण्य शैली तथा सभ्यता के विकास के समय का प्रादुर्भाव भी इसमें अनेक जातीय चरित्रों की ओर इंगित करते हुए सामने रखा गया है।

सौम्य प्राकृतिक देशांगण में, हरित भूमि वत्सल आकर्ष।
मातृभूमि के भाव अलंकृत, राष्ट्र एक प्रिय भारतवर्ष।। 1/44।।
X X X X X
महा धन्य वे जीव जन्म जो, इस धरती पर पाते हैं।
मोक्ष साधना हेतु देव भी, भारत भू पर आते हैं।। 1/60।।

यह ग्रंथ ऐसे ही वर्ण्यविषयों के साथ पाषाणकाल से कुषाणकाल तक चला है। ध्यान से देखें तो ग्रंथ की विषय–सामग्री के केन्द्र में इस वृहत्तरभारत का सभ्यतामूलक विकास ही अपने विविध आयामों के साथ अवतरित हैं। इस भूभाग के चतुर्दिक् आने वाले देशों–महाद्वीपों की प्रासंगिक चर्चाएं भी ग्रंथ में आयी हैं। अलग–अलग समयों में जीवन–निर्वाह के साधन, आखेट, वन्य सम्पदा से फल–फूल, अन्न–उत्पादन, आवासों के निर्माण, विविध प्रयोजनों–उद्यमों वाले उपकरण आदि का इतना विस्तृत परिचय इसमें है कि यहाँ भरपूर ज्ञान समाहित है। यवन, फारस, चीन, ग्रीक, यूनान, योरप आदि क्षेत्रों से समय–समय पर होने वाले घटनाक्रम, सांस्कृतिक संक्रमण, आदि का विस्तृत ज्ञानकोश यह ग्रंथ बन गया है। इतने बड़े कालखण्ड और इतने व्यापक विषय को किसी एक कथासूत्र में संगठित करना न तो संभव है और न रचयिता ने ऐसी कोई योजना बनायी ही है।

ग्रंथ से यह भलीभाँति पता चलता है इतिहास के ज्ञान के साधन कौन–कौन हैं। इस प्रसंग में पुरावशेषों की उपयोगिता का उल्लेख किया गया है। प्राच्य ग्रंथों, ताम्रपत्रों, शिलालेखों और पुरातात्विक खुदाइयों से सम्बन्धित जितनी सामग्री विभिन्न उद्यमों से अब तक प्रकाश में आयी है, उसमें से कदाचित् ही कोई होगी, जिसका जिक्र इस ग्रंथ में न हो। इसे तीसरे से 6ठें भाग में देख सकते हैं।

ताम्र अयस उपकरण मिले बहु, प्रस्तर हड्डी के औजार।
मृद्भाण्डीय संस्कृतियां जारी, बीड्स, टेराकोट्टा कई प्रकार।।
लौह ताम्र की गलन भट्ठियाँ, मिले है स्लैग धातु के ओर।
ताम्बा लौह आदि यन्त्रों से, कृषि क्रांति उपजी चहुओर।। 6/82।।

आगे के भागों में ऋग्वैदिक–काल, उत्तरवैदिक–काल तथा सूत्र एवं महाकाव्य–काल में वैदिक युग के उत्कर्षमय भारतीय चिन्तन विकास का तथ्यात्मक परिचय है। अनेक राजवंशों के शासनकाल की चर्चाएँ भी यहाँ हैं, उनके पारस्परिक सम्बन्ध उनकी शासन–सत्ता के तौर–तरीके उनके समय की बड़ी–बड़ी ऐतिहासिक घटनाएँ, लड़ाइयाँ, विदेशी आक्रमण, उनके प्रभाव आदि का तथ्यात्मक विवरण और सूचनाओं के रूप में यहाँ प्राप्त है। इसके साक्ष्य के रूप में मौर्य साम्राज्य के स्थापना–विस्तार, सातवाहन, शुंग, कण्व आदि से सम्बन्धित विवरण वाले अंशों को देखा जाना चाहिए। जैनधर्म तथा बौद्धधर्म के प्रारम्भ और विस्तृत प्रभाव के लेखन में बहुत ही उल्लेखनीय मनोयोग दृष्टिगत होता

है। इन विश्वस्तरीय धार्मिक संगठनों को लोक के सुधार की अत्यन्त व्यापक संभावना में स्थान दिया गया है। दोनों के बारे में लिखा गया 20वाँ तथा 21वाँ भाग ऐतिहासिक तथ्य संग्रह का एतद्विषयक साक्ष्य है। इन दोनों से क्रमशः कुछ पद्य–पंक्तियाँ यहाँ ध्यातव्य हैं–

जैन परम्परा अनुसार, जैन मत सिद्धान्त मूल।
चौबीस तीथंकरों की, दिव्य वाणी से प्रसूत।।
तेइसवें चौबीसवें तीर्थंकर, पार्श्वनाथ महावीर।
के रचित सिंद्धान्तों में, ऐतिहासिकता अनुस्यूत।। 20/79।।

X X X X X

आचारांग सूत्र विवरण, प्रचार यात्राओं में,
सहना पड़ता कायिक कष्ट, महावीर को भरपूर।
कठोर यातनायें शोक, मिलता दुष्ट लोगों से,
किन्तु पथ में नग्न होकर, विहरण करते जरूर।। 20/72।।

X X X X X

वन लुम्बिनि के पथ कंटक में, एक ज्योति जनी जननी महामाया।
तिय राज्य तथागत त्यागि चले, तपसी परिव्राजक भेस बनाया।।
जगती पर व्याप्त महादुःख को, अठ अंगिक मार्ग से मार भगाया।
वह बुद्ध अनंत प्रभा बन के, महिमंडल में सविता बन छाया।।
।।21/भूमिका।।

X X X X X

उनकी धर्म उदार दृष्टि में, ज्ञान नैतिकता दोनों श्रेष्ठ,
किन्तु ज्ञान को नैतिकता से, देते बुद्ध महत्ता थोर।
ज्ञान अपेक्षा शीलाचार का, बुद्ध जताये अधिक महत्त्व,
क्यों कि शील विनय से प्रकाशित, ज्ञान आभा जगमें चहुओर।।21/86।।

चौधरी जी ने इस ग्रंथ में इतिहास के तथ्यों का जिस तरह विवरणात्माक परिगणन कराया है वह भी मात्रा में अथाह है। ज्योतिष, आयुर्वेद निरूक्त आदि के ग्रंथों की विपुल ज्ञान सामग्री के पद्यबद्ध होने से उसको काव्य कोटि में न मानकर एक विशेष दर्जे का वाड्मय ही मानना चाहिए, वैसा ही यह है भी।

इस रचना के सन्दर्भ में कलात्मक उपादानों के बारे में रचयिता की जो दृष्टि रही है, उसमें इसे प्रगीत–काव्य की तरह प्रस्तुत करने का लक्ष्य दिखायी देता है। यद्यपि वर्णन जैसे–जैसे आगे को चलता है, उसके साथ एक काल प्रवाह की आहट मिलती है, भले ही उसकी प्रतीति बहुत स्पष्ट न हो। इस आधार पर मानना चाहें, तो मान सकते हैं कि इससे अतिशय प्रच्छन्न एक ऐसी कथाधारा है जो प्रगीतों में होती है। पर यहाँ घटनाओं के विवरण में समय की लम्बी–लम्बी दूरियाँ हैं, अतः कथासूत्र परस्पर असम्बद्ध रह गये हैं, जो पद्यबन्धों को स्वतन्त्र बना देते हैं। घटनाएँ, दृश्य, विचार गिनती में बहुत अधिक हैं पर वे आपस में जुड़कर सामने नहीं आते, अपितु स्वतन्त्र अस्तित्व में दिखायी देते हैं।

कृति में लेखक डॉ. चौधरी की अपनी भावनाशीलता इस अर्थ में प्रभावमयी है कि घटनाओं की चर्चा के बीच उपयुक्त स्थान देख–देखकर वे भावात्मक प्रतिक्रियाएँ देते रहते हैं, जैसे–

मानव इतिहास दबा धरती के अन्तस्थल,
कंठ सरिताओं एवं शैल गिरि गुहाओं में।
स्वतन्त्रता उपरान्त देश भर में हुए सर्वेक्षण,
मिले प्राच्य स्थल देश प्रान्त पुर गाँवों में।

ये पंक्तियाँ स्वयं में एक धनाक्षरी का आधा भाग है। चौधरी जी ने इस रचना में हिन्दी के उस खड़ीबोली रूप को ग्रहण किया है, जिसे काव्य में स्थापित करने में अरिऔध तथा मैथिलीशरण गुप्त आदि ने अथकश्रम किया था। द्विवेदी युग तथा छयावाद के अन्य बहुत से कवि उक्त भाषारूप को खूब मनोयोग से अपनाये हुए थे, जैसे जयशंकर प्रसाद, माखनलाल चतुर्वेदी, रामनरेश त्रिपाठी, सियारामशरण गुप्त, सुभद्रा कुमारी चौहान, श्यामनारायण पाण्डेय, रामधारी सिंह दिनकर तथा बालकृष्ण शर्मा 'नवीन' आदि। खड़ीबोली के विविध लयात्मक पद्यबन्धों की प्रवाहपूर्ण रचना करने वाले ये सारे कवि 19–20वीं शती के हैं, पर इन सबकी समय तथा सोच की दृष्टि से कोई एक ही धारा हो, ऐसा नहीं है। इस दौर में इस दृष्टि से रोला, आर्या, आनन्द, वंशस्थ, सोरठा, घनाक्षरी, कवित्त प्रचलन में रहे। चौधरी जी ने इन छन्दों में से कई को अपनाया है। वर्ण संख्या, यति, लय, बलाघात, शब्दमैत्री आदि का यथाशक्य सुरुचिपूर्ण निर्वहन करने का प्रयास उन्होंने किया। चार पंक्तियों वाले पद्यबन्ध इस ग्रंथ में 4228 हैं। सन्दर्भों के सत्यापन की दृष्टि से ग्रंथ के अंत में दी गयी 'सन्दर्भ–ग्रंथ–सूची' एवं 'शब्दानुक्रमणिका' अतिशय उपयोगी है। विशिष्ट चित्रों की सारिणी इसकी प्रभावमयता को बढ़ाने वाली है।

विशुद्ध इतिहास लेखन के लिए कविता का माध्यम कितना स्वीकार्य होगा, यह तो समय ही बताएगा, पर लेखक के इस संकलन की प्रशंसा तो अवश्य करनी होगी कि लेखक ने अतीत में यदा–कदा कौंधे हुए 'इतिहास रस' की स्थापना तथा विकास की दिशा में पदचिन्ह बढ़ा दिए हैं। यह भी हो सकता है कि इतिहास के प्रति अभिरुचि जागृत का एक बेहतर वातावरण बनाने में यह रचना सकारात्मक भूमिका निभा सके और इतिहास–प्रेमियों को 'अतीत प्रेमी' या 'अतीत जीवी' कहा जाने की परिहास पूर्ण विडम्बना से मुक्ति मिल जाय।

इन शब्दों को प्रस्तुत करने के साथ मैं इस कृति के रचयिता डॉ. राममूर्ति चौधरी को उनके इस सारस्वत उद्यम हेतु बधाई देता हूँ और विश्वास करता हूँ साहित्यप्रेमी समाज में इस रचना को आत्मीयता तथा सम्मान के भाव से पढ़ा जायगा!

बसन्त पंचमी
सं. 2071 विक्रमी

सविनय,

[डॉ. जनार्दन उपाध्याय]
पूर्व हिन्दी विभागाध्यक्ष
का.सु.साकेत स्नातकोत्तर महाविद्यालय,
अयोध्या–फ़ैज़ाबाद

प्राक्कथन

'इतिहास' की परिभाषा विद्वानों द्वारा बहुबिधि से की गयी है तथापि साधारण रूप से कहा जा सकता है कि जो बीत गया, वही इतिहास है। इसमें युग–युग की राजनीतिक, सामाजिक, आर्थिक, धार्मिक एवं सांस्कृतिक गतिविधियाँ समाहित होती हैं। मानव जीवन से सरोकार रखने वाली विभिन्न सजीव–निर्जीव वस्तुएँ यथा पशु–पक्षी, पेड़–पौधे, सरितायें, नदी घाटियाँ, पर्वत, गुफायें, स्थान विशेष, स्मारक, स्थापत्य, मूर्त्तियाँ और उत्खननों में प्राप्त सामग्रियाँ इतिहास के अंग बन जातें हैं। हमारे वाङ्मय जहाँ एक ओर प्राचीन भारत की अनुपम झाँकी प्रस्तुत करते हैं, वहीं स्मारक–स्थापत्य, अभिलेख, स्तंभ, स्तूप, गुहा, मन्दिर, मूर्तियाँ आदि धरोहर रुप में आज भी भारत के स्वर्णिम अतीत का नित्य स्मरण दिलाते रहते हैं। इतिहास की टूटी कड़ियों को जोड़ने में जहाँ सिक्कों का अप्रतिम योगदान है, वहीं वे अपने युग की वाणिज्य–व्यापार की दिशा और दशा को भी दर्शाते हैं। सन् 1960 के बाद पुरातत्व के क्षेत्र में अनेक प्राचीन स्थलों के अन्वेषण, सर्वेक्षण एवं उत्खनन के फलस्वरुप बहुत सारे प्रस्तरयुगीन, ताम्रपाषाणिक, महापाषाणिक एवं विविध मृद्भाण्ड संस्कृतियों के पुरावशेष पूरे राष्ट्र भर में पाये गये, जिससे इतिहास में कई नवीन अध्याय और जुड़ गये। इस महान् कार्य में भारतीय पुरातात्विक सर्वेक्षण भारत सरकार, राज्यों के पुरातत्व विभाग एवं देश भर में प्रतिष्ठापित विश्वविद्यालयों के प्राचीन इतिहास विभागों का सम्मिश्रित योगदान है। यहाँ पर हाल में हुए दादूपुर एवं मल्हर के उत्खनन परिणामों की चर्चा महात्वपूर्ण है, जहाँ की खुदाई में प्राप्त लौह उपकरणों की प्राचीनता ई.पू. 1800 वर्ष तक निश्चित होती है। इसी प्रकार बस्ती मण्डल में लहुरादेवा के नवीन उत्खननों का सन्दर्भ देना समीचीन होगा, जहाँ की खुदाई में प्राप्त अवशेषों के परीक्षण से यह ज्ञात होता है कि ई.पू. नवीं सहस्राब्दि के मध्य गंगाघाटी में धान की खेती प्रारम्भ हो चुकी थी तथा ई.पू. 3000 में वहां पर ताम्र धातु के यंत्रोपकरण प्रयोग किये जा रहे थे। खुदाइयों में प्रायः हर जगह मृद्भाण्डों की व्यापकता दर्शित होती है, इसीलिए पुराविदों ने मृद्भाण्डों को पुरातत्त्व का वर्णमाला कहा है। ई.पू. 1500 से 300 ई0 के मध्य विभिन्न स्थलों से प्राप्त मृद्भाण्ड परम्परायें भारतीय संस्कृति का अनवरत गुणगान करती सी प्रतीत होती हैं। परंपरीण मृद्भाण्डों के साथ–साथ धातुओं की उपलब्धता ने लाखों वर्ष से चले आ रहे प्रस्तरयुगीन मानव जीवन को एक नया मोड़ दिया। प्रस्तर के औजार धीरे–धीरे पीछे छूटते चले गये और उनका स्थान धातु के औजारों विशेषकर लौह उपकरणों ने ले लिया। लौह यंत्रों से जहाँ एक ओर जंगलों को काट कर वनाच्छादित भूमि को कृषि के योग्य बनाने में सहायता मिली, वहीं हल फाल कुदाल आदि के आविष्कार से कृषि कार्य भी अत्यन्त सुगम हो गया। इससे देश में नगरीकरण प्रक्रिया भी तेज हुई और वाणिज्य–व्यापार शिल्पोद्योग आदि की उन्नति का मार्ग प्रशस्त हुआ। यदि

हम देश की प्राचीन राजनयिक गतिविधियों की चर्चा करें, तो हम देखते है कि ऋग्वैदिक युगीन 'जन' उत्तरोतर विकास को अग्रसर होते हुए 'जन' से 'जनपद' फिर 'महाजनपद' और अन्ततः गणराज्यों तथा नृपराज्यों में परिणत हो गये, परन्तु कालान्तर में मगध राज्य के उभरते हुए साम्राज्यवादी प्रवाह में गणराज्यों तथा नृपराज्यों का विलोप हो गया। विम्बिसार से चन्द्रगुप्त मौर्य तक के राज्य अन्तराल में पूरा भारतीय प्रायदीप (या जम्बूदीप) शनैः–शनैः महासाम्राज्य के रूप में एकीकृत हो गया और थोड़े बहुत परिवर्तनों के साथ देश का वह भौगोलिक स्वरूप आज भी यथावत् है।

विद्यार्थी जीवन में अध्ययन के समय मुझे यह खटकता था कि इतिहास जैसा मनोरंजक विषय काव्य में क्यों नहीं? क्यों कि बहुत से लोग जो गद्य की अपेक्षा कविताओं में रुचि रखते हैं, उनके लिए इतिहास का वर्ण्य विषय तो काव्य में भी होना चाहिए। इससे मेरे मन में यह इच्छा जगी कि मैं इतिहास को कविता के माध्यम से प्रस्तुत करूँ। अतएव उचित समय आने पर मैंने मन् में यह संकल्प लिया और तीन चार वर्षों तक अनवरत प्रयास करके इतिहास की मूल समाग्री को काव्य रूप में प्रस्तुत किया, जो **'प्राचीन भारतीय इतिहास – एक काव्यात्मक प्रस्तुति'** के रूप में आप सबके समक्ष है। इसमें आदि प्रस्तरकाल से कुषाणकाल तक की सम्पूर्ण ऐतिहासिक समाग्री को इक्कीस खण्डों में विभक्त कर उसके सम्यक् निरूपण का यथा सम्भव प्रयास किया गया और परिशिष्ट रूप में – सन्दर्भ ग्रन्थ सूची, शब्दानुक्रमणी दुर्लभ चित्र फलकों एवं मानचित्रों से ग्रन्थ को सज्जित करने का प्रयत्न किया गया है। पुस्तक–रचना में मुक्तक छन्दों की चार उपविधियों का अनुपालन किया गया है। प्रत्येक अध्याय के आरम्भ में एक या दो पारंपरिक छंद प्रस्तावना के रूप में हैं। ग्रन्थ में कुल मिलाकर 4228 पद हैं। आशा एवं विश्वास है कि इस कृति से अध्येताओं, इतिहास प्रेमियों को काव्यगत मनोरंजन के साथ–साथ एक सम्यक् ऐतिहासिक जानकारी भी प्राप्त हो सकेगी और शोधार्थियों को संक्षिप्त पदों या पंक्तियों में सन्दर्भ ग्रहण करने में सुगमता होगी।

अपनी पैतृक जन्मभूमि– ग्राम अमिलहा, लालगंज, जनपद बस्ती, जहाँ की मिट्टी में मैं जन्मा, पला, बढ़ा और पढ़ा, को मेरा शत–शत नमन तथा प्रियमाता पूजनीया स्व. श्रीमती रामदासी एवं उदारचित्त सरल एवं शान्तप्रिय पिता स्व. श्री रामानन्द जी को स्मरण करते हुए उनका चरण बन्दन करता हूँ, जिनके स्नेह की छाया में मेरा व्यक्तित्व अंकुरित हुआ। प्राथमिक स्तर से विश्वविद्यालय स्तर तक के मैं अपने उन सभी शिक्षकों/गुरुजनों के प्रति आजन्म आभारी हूँ, जिनकी ज्ञान–आभा से मेरा अन्तर्मन प्रकाशित हुआ। काशी हिन्दू विश्वविद्यालय के मेरे परम पूज्य गुरुवर प्रोफेसर स्व. (डॉ.) लक्ष्मीकान्त त्रिपाठी जी के प्रति मैं अति विनीत भाव से कृतज्ञ हूँ जिनके चरणों में बैठकर मैंने इतिहास तथा उसके शोधपरक तथ्यों को हृदयंगम किया और जो मेरी इस कृति के मुख्य प्रेरणास्रोत हैं। गुरु जी के शोध शिष्य– प्रो. एम.एन.पी. तिवारी, प्रो. हरिहर सिंह, डॉ. किरण सिंह एवं गुरुवर के यशस्वी पुत्र डॉ. अतुल त्रिपाठी के प्रति उनके विविध सहयोग के लिए आभार ज्ञापित करता हूँ। गुरुवर के आत्मीय वरिष्ठ प्राध्यापक, प्राचीन इतिहास विभाग काशी हिन्दू विश्वविद्यालय, मेरे गुरु, वर्तमान में अखिल भारतीय

इतिहास संकलन योजना के संरक्षक, डॉ. टी.पी. वर्मा के प्रति मैं कोटि–कोटि आभारी हूँ जिन्होंने इस पुस्तक की भूमिका लिखकर अपने स्नेहातिरेक से मुझे अभिषिक्त किया है। काशी हिन्दू विश्वविद्यालय के ही भूगर्भ विज्ञान के वरिष्ठ प्राध्यापक डॉ. हरि बहादुर श्रीवास्तव एवं आई.आई.टी, बी.एच.यू. की प्रोफेसर (डॉ.) वन्दना श्रीवास्तव को मैं समवेत रूप से अपनी कृतज्ञता ज्ञापित करता हूँ, जिन्होंने सदैव परिवार जैसा स्नेह व सम्मान देकर मेरे बौद्धिक गतिविधियों को प्रोत्साहित किया है।

अयोध्या धाम जहाँ पर इस कृति का प्रणयन सम्भव हुआ, मैं इस महान् विश्रुत पुरी एवं पतित पावनी सलिला मां सरयू तथा उनके कंठ पर बसे इन जुड़वा नगरों (अयोध्या–फैजाबाद) के विद्वानों–मनीषियों को बारम्बार प्रणाम् करता हूँ। साहित्यमंगलम् अयोध्या के सभी साहित्यानुरागियों के प्रति मैं बहुत ही कृतज्ञ हूँ जिनके साथ बैठ कर मैंने काव्य व साहित्य के गुर सीखे। का. सु. साकेत स्नातकोत्तर महाविद्यालय के पूर्व हिन्दी विभागाध्यक्ष एवं साहित्यमंगलम्, अयोध्या के अध्यक्ष डॉ. जनार्दन उपाध्याय का मैं कोटि–कोटि आभारी हूँ, जिन्होंने मेरे प्रस्तावित ग्रन्थ के मूल का सम्यक् अनुशीलन कर उस पर अपने अमूल्य विचार 'ग्रन्थ–परिचय' के रूप में दिया। विशेष प्रेरणा एवं प्रोत्साहन के लिए डॉ. देवीसहाय पाण्डेय 'दीप', डॉ. स्वामीनाथ पाण्डेय, डॉ. बी.बी. मणि त्रिपाठी, डॉ. प्रेमचन्द्र त्रिपाठी, डॉ. राजीवरंजन उपाध्याय, डॉ. सत्यप्रकाश त्रिपाठी, डॉ. यतीन्द्र मिश्र, डॉ. विष्णुधारी, डॉ. अनुराग मिश्र, डॉ. अनिल सिंह, डॉ. रघुवंशमणि, डॉ. जगदीशनारायण 'पंकज', डॉ. महेन्द्र पाठक, श्री मिश्रीलाल वर्मा, डॉ. रामअवध, आचार्य रामकृष्ण शास्त्री, डॉ विशाल श्रीवास्तव, सर्व श्री स्वप्निल श्रीवास्तव, दयानन्द सिंह 'मृदुल', डॉ. गौरीशंकर पाण्डेय, डॉ. रामानन्द शुक्ल, डॉ. हरिप्रसाद दूबे एवं श्री लालताप्रसाद त्रिपाठी 'निशंक' के प्रति मैं अपना आभार द्योतित करता हूँ। जीवन की उपलब्धियों में सुहृद जनों का अमूल्य योगदान और विशिष्ट स्थान होता है, ऐसे अतिप्रिय सर्व श्री–विजयशंकर पाठक, सम्पूर्णानन्द बागी, के. पी. सिंह, उमाशंकर श्रीवास्तव, एड. विजयरंजन, अशोक टाटम्बरी, सौमित्र मिश्र, अंजनी कुमार सिन्हा, अरुण मिश्र, जयप्रकाश चतुर्वेदी, हरिशंकर शर्मा, श्रीमती राजश्री खत्री, चौ. अविनाश कुमार सिंह, इं. एम.पी. चौधरी, प्राचार्य राघवशरण चौधरी, वी.पी. शर्मा, सतीश चन्द्र श्रीवास्तव, शिव कुमार मिश्र, सन्तकुमार चौधरी, रामानन्द मौर्य, डॉ. सम्राट अशोक मौर्य, डॉ. आनन्द उपाध्याय, डॉ. जगदीश जायसवाल, डॉ0 विन्ध्यमणि, अंजनी कुमार 'शेष', रामानन्द सागर, हनुमान प्रसाद मिश्र, शेषनारायण मिश्र, संतोष तिवारी, कुलजीत सिंह, दिनेशचन्द्र मिश्र, बद्रीनाथ दूबे, चन्द्रमौलि शुक्ल, योगेश त्रिपाठी 'बेताब', पवन सिंह, रामबाबू 'गुप्त' जी आदि के प्रति मैं सख्य भाव से कृतज्ञ हूँ जिनसे सदैव आगे बढ़ने का सम्बल प्राप्त होता रहा है।

इस कृति के कलेवर को सँवारने में जिन समस्त लेखकों– रचनाकारों सम्पादकों की कृतियों का उपयोग मैंने किया है उन सबके प्रति मैं अति आदर भाव से बहुत–बहुत आभारी हूँ। उन समस्त पुस्तकालयों के प्रभारियों के प्रति भी मैं कृतज्ञता ज्ञापित करता हूँ, जहां की पुस्तकों का अनुशीलन कर मैंने अनेकशः सन्दर्भ ग्रहण किया। उनमें पुस्तकालय रामकथा संग्रहालय अयोध्या, ग्रन्थागार अयोध्या शोध संस्थान, पुस्तकालय

महर्षि बाल्मीकि शोध संस्थान अयोध्या, श्री राम ग्रन्थागार मणिपर्वत अयोध्या, ग्रन्थालय का. सु. साकेत स्नातकोत्तर महाविद्यालय अयोध्या, जिला पुस्तकालय कुंज कुटीर फैजाबाद, पुस्तकालय इतिहास विभाग एवं केन्द्रीय ग्रन्थागार अवध विश्वविद्यालय फैजाबाद विशेष उल्लेखनीय हैं। पुस्तकीय उपलब्धता में विशेष सहयोग के लिए श्री मानस प्रसाद तिवारी, रामकथा संग्रहालय एवं अयोध्या शोध संस्थान के श्री अविनाश कुमार तथा सुश्री आरती दुबे को आत्मीय कृतज्ञता ज्ञापित करता हूँ।

प्राग्धारा अंक 12–17 में प्रकाशित कतिपय चित्रों की छायाप्रति के उपयोग की अनुमति के हेतु डॉ. राकेश तिवारी, निदेशक उ.प्र. राज्य पुरातत्व विभाग, कैसरबाग, लखनऊ तथा रामकथा संग्रहालय अयोध्या में उपलब्ध पुस्तकों के कुछ चित्रों की स्कैनिंग की अनुमति प्रदान करने हेतु संग्रहालय के प्रभारी निदेशक श्री योगेश कुमार एवं डॉ. ए. पी. गौड़ के प्रति मैं आभार प्रकट करता हूँ। ग्रन्थ के बीच–बीच में दर्शित मानचित्रों एवं अन्त में प्रस्तुत फलक चित्रों में अधिकांश को इन्टरनेट के बेवसाइट्स से लिया गया है, जिसके लिए सभी बेवसाइट्स का मैं अत्यन्त आभारी हूँ। मेरे परम स्नेही काव्य एवं व्याकरण मर्मज्ञ श्रीयुत दयाराम वर्मा जी के प्रति आभार जताने के लिए मेरे पास शब्द नहीं हैं, क्योंकि आपने साढ़े सात सौ पृष्ठ की इस पुस्तक की हर एक पंक्ति को सावधानी पूर्वक पढ़कर उसकी त्रुटियों के निवारण में मेरी भरपूर सहायता की है। एतदर्थ मैं श्री वर्मा जी का सदैव ऋणी रहूँगा। निष्णात भाषाविद् श्री अवध किशोर पाण्डेय ने भी ग्रन्थ की त्रुटियों के निराकरण में मेरा उचित मार्ग दर्शन किया, जिसके लिए मैं उनका बहुत आभारी हूँ। सुघर अक्षरान्वयन के लिए ए.वी.आई. कम्यूनिकेशन नियावाँ, फैजाबाद के स्वामी अपने प्रिय श्री अविनाश चौधरी एवं निधि कम्प्यूटर सेन्टर, अयोध्या के श्री अवधेश कुमार जी व अखिलेश मौर्य को सस्नेह धन्यवाद ज्ञापित करता हूँ। अन्त में अहर्निश मेरे सुख–स्वास्थ्य का ध्यान रखने वाले स्नेही स्वजन– श्रीमती शोभा, सुश्री सन्धिला, मिन्दिला, वेदिका, यशी, खुशी तथा प्रिय आशीष, अविनाश, आदित्य के लिए मेरा स्नेहिल आशीर्वचन, जिनके शान्ति सहयोग के बिना इस ग्रन्थ का प्रणयन सम्भव नहीं होता। पुस्तक के शीघ्र प्रकाशन, कलात्मक मुद्रण एवं रुचिर साज–सज्जा के लिए अगम कला प्रकाशन, दिल्ली के प्रति मैं अपनी कृतज्ञता ज्ञापित करता हूँ।

अयोध्या
बुद्ध जयन्ती, 2015

विनयावनत,

(डॉ. राममूर्ति चौधरी)

संपर्क:
5/2/3, काव्यकुटी, बक्सरिया टोला
तुलसी नगर, अयोध्या, फैजाबाद, उ.प्र.
मो. 9918383055, 8081361580

चित्र फलक सूची

25. हेलियोडोरस द्वारा स्थापित – विदिशा का गरुण स्तम्भ
26. साँची स्तूप, मध्य प्रदेश, ईसा पूर्व तृतीय–द्वितीय शती
27. विम्बिसार राजगृह में प्रवेश करते हुए (साँची स्तूप का मूर्ति शिल्प)
28. बुद्ध, मथुरा कला
29. बुद्ध, गान्धार कला
30. तीर्थंकर, मथुरा संग्रहालय
31. अशोक का कौशाम्बी शिलालेख
32. अशोक का बराबर पहाड़ी गुहालेख
33. भरत राम का मिलन नागार्जुनीकोण्डा, तीसरी शती
34. राम, सीता, लक्ष्मण वन जाने कौ तैयार, नागार्जुनीकोण्डा, तीसरी शती ई.
35. राहुल एवं यशोधरा, अजन्ता
36. पद्मपाणि अवलोकितेश्वर, अजन्ता
37. कोशल से प्राप्त आहत सिक्के, 600.470
38. मेनाण्डर का सिक्काई.पू. के मध्य
39. कनिष्क का सिक्का
40. लाहौर संग्रहालय में गौतम बुद्ध, गान्धार कला
41. गांधार कला : सिद्धार्थ वाहन से विद्यालय जाते हुए
42. कार्ले चैत्यगृह का आन्तरिक दृश्य, द्वितीय शती ई.
43. लुम्बिनी का अशोक स्तंभ लेख

मानचित्र सूची

विषयानुक्रम

संकेताक्षर

ई.पू.	= ईसा पूर्व
ए.डी.	= अन्नो–डोमिनी / ईसा बाद (इस्वी, सन्)
बी.पी.	= विफोर प्रजेन्ट / अब से पूर्व
बी.सी.	= विफोर क्राइस्ट / ईसा पूर्व (ई.पू.)
ए.एम.एस. (डेटिंग)	= एक्सीलिरेटेड माक्स स्पेक्ट्रोमेट्री (काल मापन की नवीनतम तकनीक)
ए.एस.आई.	= आर्क्योलाजिकल सर्वे आफ इंडिया / भारतीय पुरातत्व सर्वेक्षण (विभाग)
एन.बी.पी.डब्लू.	= नार्दर्न ब्लैक पालिश्ड वेयर / उत्तरी कृष्ण मार्जित मृद्भाण्ड
ओ.सी.पी.	= आचर् कलर्ड पाट्री / गैरिक मृद्भाण्ड
पी.जी.डब्लू.	= पेन्टेड ग्रे वेयर / चित्रित धूसर मृद्भाण्ड
बी.आर.डब्लू.	= ब्लैक एंड रेड वेयर / कृष्ण लोहित मृद्भाण्ड
बी.एस.डब्लू.	= व्लैक स्लिप्ड वेयर / कृष्ण धूम्रवत मृद्भाण्ड
किमी	= किलोमीटर
सेमी	= सेन्टीमीटर
मिमी	= मिलीमीटर
अजात	= अजातशत्रु
कुषण	= कुषाण
गोण्डो	गोण्डोफर्नीज
चन्द्र	= चन्द्रगुप्त मौर्य
पद्म / महापद्म	= महापद्मनन्द
पाटलि	= पाटलिपुत्र
पुष्य	= पुष्यमित्र शुंग
यूथीडे	= यूथीडेमस
एम.पी.	= मध्य प्रदेश
यू.पी.	= उत्तर प्रदेश

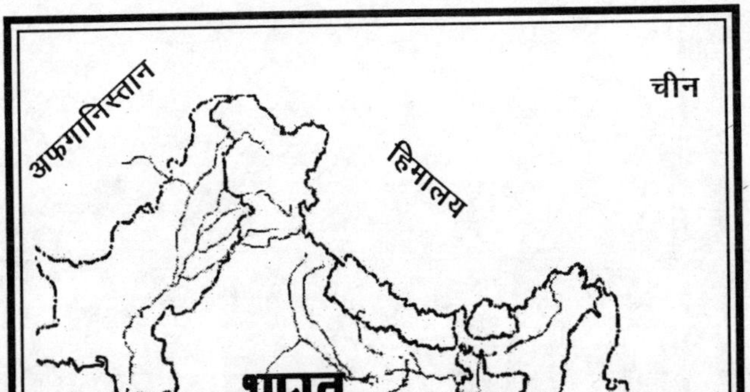
अफगानिस्तान
चीन
हिमालय
भारत
अरब सागर
वर्मा
बंगाल की खाड़ी
लंका

1

भारत

टेथिस सागर से उठि ऊपर, निर्मित तुंग हिमाद्रि हमारा।
सागर-वंचित संचित नीर से, निस्सृत सिन्धु व गंग की धारा[1]॥
लाइ गयी नदियों के बहाव से, उर्बर उत्तर देश है सारा।
बीच में विन्ध्य पहाड़ व दक्खिन, कृष्णा गोदावरि घाट किनारा॥
प्राकृत रूप रचे इस देश में, शारद माँ छवि आप समाया।
वेद पुराण व काव्य महा कृति, ग्रन्थ अनेकन प्रेरि रचाया॥
मैं कविता में लिखूं इतिहास को, है मन में यह लक्ष्य बनाया।
मातु सहाय बनो मम लेखनि, चाहुँ कृपा तव आँचल छाया॥

भारत माँ है वही भारती, उसका ही यह धरा गगन है।
देवि सरस्वती माँ वागीशा, राष्ट्र अर्चिता तुम्हें नमन है॥
महा उदधि के उत्तर दिश् में, तुंग हिमालय दक्षिण ओर।
बसती जहाँ भारती संतति, भारतवर्ष नाम जग रोर[2]॥1॥
पुरा वाङ्मय में अंकित है, भारतवर्ष देश प्रियनाम।
यवन अरब जन की वाणी में, नाम इंडिया हिन्दुस्तान[3]॥

---

1. भूगर्भशास्त्रीय अध्ययन से ज्ञात होता है कि जहाँ वर्तमान में आल्पस कार्पेथियन एवं हिमालय पर्वत श्रेणियाँ स्थित हैं, वहाँ कभी टेथिस नाम का सागर लहराता था। मेसोज़ोइक या द्वितीयक काल खण्ड में भूगर्भीय उत्पातों के कारण उथला होते-होते टेथिस सागर का अस्तित्व समाप्त हो गया ओर उसके स्थान पर कई पर्वत श्रेणियाँ उभर आयीं उनमें हिमालय पर्वत शृंखला भी एक है। सागर के उथला होने से उसका जल सिन्ध और बंगाल की खाड़ी होकर दक्षिण की ओर बह गया, जिससे हिन्द महासागर का निर्माण हुआ। इसी अनन्तर हिमाद्रि के नीचे कथित गोंडवाना लैण्ड में आसाम से पंजाब तक एक लम्बी पतली खाई बनी, जिसमें टेथिस का अवशिष्ट जल भर गया और शिवालिक नाम की नदी का रूप ले लिया। यही नदी बहुत काल बाद सिन्धु गंगा और ब्रह्मपुत्र आदि नदी धाराओं में पविर्तित हो गयी। — डी.एन. मजूमदार : प्रागितिहास, पृ. 123-127.
2. उत्तरं यत्समुद्रस्य हिमाद्रेश्चैव दक्षिणम्
वर्ष तद् भारतं नाम भारती यत्र संततिः॥ — विष्णुपुराण, 2:3:1
3. रैप्सन, ई.जे. : ऐंशियंट इण्डिया, पृ. 13

विषम चतुर्भुज जैसी आकृति, पच्चीस सौ मील लम्बाई है।
पूरब से पश्चिम में सीधे, बीस सौ मील चौड़ाई है ॥2 ॥

प्राकृतिक विभाग

भौगोलिक दृष्टि से इसका, कई भाग किया जाता है।
भिन्न अलौकिक जीवन शैली, हर अंचल में जिया जाता है[1] ॥
हर भौगोलिक क्षेत्र देश का, विकसित भू एकांग इकाई।
यह विशिष्टता शती शती तक, रही सुरक्षित बनी बनाई ॥3 ॥

उत्तर का पर्वतीय भाग गढ़, गगन चूमती शैल शिखर।
बसे वहाँ कश्मीर काँगड़ा, सिक्किम टेहरी शीत प्रखर[2] ॥
खड़ा हिमालय राष्ट्र मुकुट सा, बना सुदृढ़ रक्षा प्राचीर।
रोका सदा विदेशी हलचल, कठिन उत्तरी-बर्फ समीर[3] ॥4 ॥

पकड़ समुद्री मानसून को, सदा सुखद जल बरसाता है।
उद्गम स्थल सरिताओं का, स्वच्छ विमल जल ढरकाता है ॥
यहाँ अनेक मनोरम स्थल, देवों के कल्पित आवास।
प्रकृतिजन्य सौन्दर्य विभूषित, औषधियों का दिव्य सुवास ॥5 ॥

इसके बाद सिन्धु गंगा का, समतलीय उर्वर मैदान।
सिन्धु संस्कृति भूमि आदि जो, यहीं था आर्यावर्त महान् ॥
नदी नगर सम्पन्न क्षेत्र कृषि, प्रकृति ने इसे सजाया है।
जन्मीं जहाँ विभूति शताधिक, जिनसे जग कुछ पाया है ॥6 ॥

उत्साही वीरों ने बनाया, यहाँ श्रेष्ठ साम्राज्य महान्।
देश की सुख समृद्धि लूटने, आये विदेशी हिन्दुस्थान ॥
अमृतसर पंजाब से लेकर, बंग भूमि द्वय जलधि किनारा।
शिक्षा संस्कृति धर्म केन्द्र यह, बहीं यहाँ आध्यात्मिक धारा[4] ॥7 ॥

गंगा यमुना सरित् के नीचे, दक्षिणापथ का शुष्क पठार।
तुंगभद्र कृष्णा नदियों तक, इसका है लम्बा विस्तार[5] ॥

1. मेहता, रतिलाल : प्री-बुद्धिष्ट इंडिया, पृ. 366-367
2. श्रीवास्तव, के.सी. : प्राचीन भारत का इतिहास तथा संस्कृति, पृ. 1
3. जेम्स, एच.जी. : ए हिस्ट्री ऑफ इंडिया, पृ. 3-4
4. शर्मा, एल.पी. : प्राचीन भारत, पृ. 6-7
5. श्रीवास्तव, पंकज लता : प्राचीन इतिहास भाग-एक, पृ. 3

पश्चिम पहाड़ी अरावली से, प्राची अंग ओड्र बंगाल।
दुर्गम वन नदियों के कारण, बने नहीं साम्राज्य विशाल ॥8॥

उत्तर दक्षिण मेल जोल में, बाधा बनती विन्ध्य पहाड़ी।
बढ़े विजय रथ नहीं नृपों के, आर्यिकरण की रुकी थी गाड़ी॥
उर्बर भू चन्दन मेवों की, फल कपास के केन्द्र महान्।
यहाँ है आकर स्वर्ण धातु के, विविध वर्णि पत्थर के खान[1] ॥9॥

खुदे हजारों चैत्य गेह मठ, लिपि अभिलेख शिलाओं में।
चित्रकला की अनुपम कृतियाँ, चित्रित खोह गुफाओं में॥
मध्यकाल में निर्मित मन्दिर, मूर्ति वास्तु के मंजुल रूप।
मूर्ति कला भण्डार सुरक्षित, सांची भरहुत के स्तूप ॥10॥

दक्षिणापथ के भी दक्षिण में, वह सुदूर दक्षिण का देश।
जहाँ कभी था राज्य चोल नृप, पल्लव पाण्ड्य चेरि नरेश॥
तीन ओर से घेरा डाले, नील जलधि का लम्बा पाट।
सदियों से व्यापारिक पत्तन, पश्चिम और पूर्वी घाट[2] ॥11॥

कावेरी, कृष्णा, गोदावरि, डेल्टा नद माटी अतुल्य है।
उपज नारियल जिंस मशाला, हरित वनों के तरु अमूल्य हैं॥
मंदिर मूर्तिकला-कृतियों का, इस धरती पर मूल निवास।
नृत्य गीत संगीत वाद्य रस, वायु भरा साहित्य सुवास ॥12॥

कामरूप आसाम प्राच्य का, प्रांत मणीपुर नगा मिजोरम।
मेघालय त्रिपुरा अरुणांचल, दृश्य प्राकृतिक छटा मनोरम॥
आर्यीकरण प्रवाह समुच्चय, कभी वहाँ तक पहुँच न पाया।
जन समाज में जनजातिन की, आदि तत्व पर समुचित छाया[3] ॥13॥

रहन-सहन जन-रीति भिन्न है, खान-पान भूषण व भेस।
बलखाती नदियों की धरती, सूर्योदय का प्रथम प्रदेश॥
सभी प्राकृतिक कथित खण्ड से, बनता है भारत परिवेश।
पहले मगध में पाटलिपुत्रम्, राजधानी दिल्ली अब देश[4] ॥14॥

1. शर्मा, एल.पी. : पूर्वोक्त, पृ. 6-7
2. श्रीवास्तव, बलराम : दक्षिण भारत का इतिहास, पृ. 3-6; शास्त्री, नीलकंठ, के.ए. : दक्षिण भारत का इतिहास, पृ. 36-49
3. गैरोला, वाचस्पति : भारतीय संस्कृति और कला, पृ. 3-13
4. द्विवेदी, अनुराग : प्राचीन भारत में कल्याणकारी कार्यों का अध्ययन (शोध प्रबन्ध), पृ. 1-3

भारत की सभ्यता एवं संस्कृति

आज सभ्यता संस्कृति दोनों, एक दूसरे के एकार्थ।
दृश्य सभ्यता भौतिकता में, संस्कृति के बौद्धिक निहितार्थ॥
मानव के चिंतन सुकृत्य से, उदित उच्च भौतिक उत्थान।
विनय शील नय सौम्य सुजीवन, यही सभ्यता के प्रतिमान॥15॥

व्याप्त सभ्यता के अंतरतम, मानव का भौतिक उत्कर्ष।
कला, ज्ञान-विज्ञान विभूषित, साहित्यिक सौन्दर्य विमर्श॥
जन-जीवन संस्कार प्रभावित, बढ़ती जन बौद्धिक जिज्ञासा।
शिष्ट सभ्यता ज्ञान गंध गुण, गढ़ते संस्कृति की परिभाषा॥16॥

है भारतीय सभ्यता संस्कृति, एक दूसरे से अविच्छिन्न।
भारत की माटी में उपजी, दिया विश्व नव दिशा विभिन्न॥
उदित विश्व की बहु संस्कृतियाँ, हुई विलीन काल के गर्त।
किन्तु युगों से अब तक जारी, अपनी संस्कृति भारतवर्ष[1]॥17॥

उत्स भारतीय जन संस्कृति का, प्रस्तर युग नृ जीवन संग।
परिष्कार परिवर्तन पंथी, रही राष्ट्र की आत्म उमंग॥
विविध कलाकृतियों खंडहरों, शास्त्र-शस्त्र में यह रहती है।
मानव के उत्थान पतन की, कालातीत कथा कहती है[2]॥18॥

भारतीय संस्कृति की विशेषताएँ

(अ) प्राचीनता

प्रस्तर युग से सिन्धुकाल तक, पली पुषी वर्द्धमान हुई यह।
सैन्धव युग की स्निग्ध छाँव में, तरुणी-युवति जवान हुई यह॥
वैदिक युग में गृहिणी बनकर, आर्य धर्म शुचि कर्म निभाया।
महाकाव्य जातक पुराण युग, प्रौढ़ पूज्य वंदन पद पाया॥19॥

मौर्य कुषाण शक गुप्त काल तक, उसकी महिमा वर्द्धित भारी।
हर्ष बाद अरबी हमलों से, स्वसंस्कृति अति हुई दुःखारी॥
अग्नि कुलीय रजपूती युग में, नयनों से दुःख नीर बहाई।
मुस्लिम सत्ता दीर्घ काल तक, बनी रही स्थिति दुःखदायी॥20॥

---

1. श्रीवास्तव, के.सी. : पूर्वोक्त, पृ. 14–15
2. मैती, एस.के. : प्राब्लम्स एण्ड पर्सपेक्टिव्स आफ ऐंशियंट इंडियन हिस्ट्री एंड कल्चर, पृ. 380–381

अंग्रेजी सत्ता में सहमी, दबी द्रवित थी वह घबड़ाई।
भारत हुआ स्वतन्त्र मुदित तब, हँसी और फिर से मुस्काई॥
भारतीय सांस्कृतिक विशिष्टता, मिले कहीं न दुनियाँ सारी।
अति प्राचीन काल से अविरल, है इसकी पुष्पित फुलवारी[1] ॥21॥

(ब) निरन्तरता एवं स्थायित्व

अपनी संस्कृति चिर व चिरंतन, परिष्कार पथ रही प्रभावित।
मिस्र सुमेर आदि संस्कृतियाँ, मिट्टी में हो चुकी समाहित॥
असीरिया अक्काद सभ्यता, आज बन चुकी मिथक कहानी।
स्वयं वहाँ के जन मानस में, इसके प्रति नहिं नेह निशानी ॥22॥

कितनी सदियाँ बीत चुकी पर, देश संस्कृति है द्युतिमान्।
दर्शन धर्म-शास्त्र सुर श्रद्धा, अद्य आदि युग एक समान॥
हुए आक्रमण यहाँ बहुत से, राष्ट्र आत्मा हुई विदीर्ण।
किन्तु पराभव कठिन काल भी, मूल संस्कृति हुई न जीर्ण[2] ॥23॥

(स) आध्यात्मिकता

यद्यपि ऐहिक सुख साधन थे, पर जीवन क्रम में वह गौड़।
धर्म सुशील सुनैतिक शुचिमय, करते अमन आचरण प्रौढ़॥
आध्यात्मिक उपलब्धि इष्ट थी, राष्ट्र संस्कृति मर्म महान्।
लक्ष्य चरम पुरुषार्थ प्राप्ति का, मोक्ष सुधर्म अर्थ व काम[3] ॥24॥

(द) ग्रहणशीलता

यवन कुषण शक हूण आदि के, हुए आक्रमण प्रबल प्रहारी।
झेल विदेशी बर्बर हमले, किया शत्रु शुचि सभ्य सुखारी॥
भारत के समुदाय संस्कृति, के प्रभाव अनुभाव अंजोर।
निरख शान्ति सुख इस धरती पर, आक्रमक हुए आत्म विभोर ॥25॥

आप्लावित हो इस संस्कृति से, हुए राष्ट्र में सृजन सहायक।
ब्राह्मण बौद्ध धर्म अपनाकर, बने प्रचारक शुचि उन्नायक॥
धर्म विदेशों तक पहुँचाया, हुए देश के अंग अभिन्न।
रंगे भारतीय रंग में ऐसा, बचे नहीं वैदेशिक चिह्न[4] ॥26॥

1. पाण्डेय, राजेन्द्र : भारत का सांस्कृतिक इतिहास, पृ. 10-13
2. श्रीवास्तव, के.सी. : पूर्वोद्धृत, पृ. 16
3. वही
4. मैती, एस.के. : पूर्वोद्धृत, पृ. 381

(य) समन्वयवादिता

जीवन का हर लय अवगुंठित, विकट विसंगति भेद-विभेद।
किन्तु समानता जीवन रस है, कहते ग्रन्थ शास्त्र व वेद॥
भारत में अतिवाद दृष्टि का, सदा सर्वदा हुआ विरोध।
मध्यम मार्ग राष्ट्र अनुप्राणित, गौतम गाँधी का अनुरोध॥27॥

भौतिक सुख उपभोग ईप्सु पर, स्मृति में चारों पुरुषार्थ।
मेल जोल जन प्रीति समन्वय, जन हित तजना अपना स्वार्थ॥
भारत की समवायु संस्कृति, राष्ट्र एकता सूत्रधार है।
ऊँच नीच के बीच अधिष्ठित, सामाजिक सौमनस्य प्यार है[1] ॥28॥

(र) धार्मिक सहिष्णुता

भारतीय संस्कृति सदा सर्वदा, दिया सहिष्णुता का उपदेश।
कट्टर व धर्मान्ध संकुचित, नहीं धर्म का था परिवेश॥
नहीं हुआ इस भारत भू पर, धर्म नाम से अत्याचार।
सभी धर्म नित पलते बढ़ते, पाकर जन आदर सत्कार॥29॥

वेद शास्त्र गीता पुराण बुध, सबके स्वर में एक है तथ्य।
ब्रह्म एक सत् शुचि स्वरूप है, करते ज्ञानी बहुविध कथ्य[2] ॥
जैनधर्म के स्याद्वाद व, सप्तभंग नय यही है मान।
शिलालेख द्वादश अशोक में, सर्वधर्म श्रद्धा सम्मान॥30॥

ईश्वर एक सर्व जग व्यापी, वही स्रोत सब शक्ति अनंत।
धर्म सभी सोपान सदृश है, ईश प्राप्ति के मार्ग सुपंथ॥
सहिष्णुता भारत में युग-युग, धर्म विनय की रही है वाणी।
निज-निज धर्म-कर्म अनुशासन, अपना जीवन जीते प्राणी[3] ॥31॥

(ल) सर्वांगीणता एवं सार्वभौमिकता[4]

संस्कृति है सम्यक् विकास की, सूत्र स्रोत जीवन आधार।
परलौकिक भौतिक प्रयासगति, सबमें संस्कृति का संचार॥
अखिल विश्व कल्याण भावना, इस संस्कृति में पायी जाती।
सारी वसुधा ही कुटुम्ब है, भेदभाव बिसरायी जाती॥32॥

1. पाण्डेय, राजेन्द्र : पूर्वोद्धृत, पृ. 16
2. एकं सद्विप्रा बहुधावदन्त्यग्निं यमं मातरिश्वान माहुः। ऋग्वेद, 1/164/46
3. श्रीवास्तव, के.सी. : पूर्वोद्धृत, पृ. 17-18
4. मैती, एस.के. : पूर्वोद्धृत, पृ. 382-383

प्राणिमात्र जग हित चिंतन में, सदा सजग थी राष्ट्र मनीषा।
असत् से सत् तम से प्रकाश पथ, बढ़े अमरता मिटे अनीशा॥
सार्वभौम हित उच्च भावना, मुखरित युग-युग रही प्रकृत्य।
कला वृत्ति इतिहास राजनय, दर्शन विद्या अरु साहित्य[1] ॥33॥

(व) विभिन्नता

मातु प्रकृति-भारत संरचना, भौगोलिक एकांश विशिष्ट।
वज्रभित्ति सा खड़ा हिमालय, उत्तर प्रहरी दुर्गम क्लिष्ट॥
तीन तरफ से घिरा है भारत, हिन्द महासागर जलराशि।
सुदृढ़ प्राकृतिक सीमाओं में, स्व संस्कृति का हुआ विकास॥34॥

फिर भी भारत अति विभिन्न है, निज भौगोलिक रचना कारण।
भिन्न भूमि जलवायु भिन्न है, भिन्न भेस भाषा उच्चारण॥
एक तरफ उत्तुंग शिखर है, अन्य तरफ निचले मैदान।
कहीं बहुत उपजाऊ धरती, कहीं रेतमय रेगिस्तान॥35॥

कहीं शान्त एकांत घाटियाँ, मानो स्वर्गधरा आधार।
कहीं शृंखलाबद्ध पहाड़ी, ऊबड़ खाबड़ भूमि पठार॥
कहीं धरा आच्छादित वन से, कहीं पौध तरु हीन उजाड़।
कहीं उष्ण से तपता जीवन, कहीं कंपाती शीत तुषार[2] ॥36॥

कहीं वृष्टि होती अधिकाधिक, कहीं-कहीं नहीं बूँद फुहार।
आती कहीं है बाढ़ भयंकर, कहीं झांकती धरा दरार॥
धर्म कर्म कुल देव ईश मत, पूजा पद्धति भिन्न विशेष।
निराकार साकार नास्तिक, सबका वाहक रहा है देश॥37॥

भारत की प्राकृतिक विविधता, है विशालता का परिणाम।
पर्वत घाटी बन सरितायें, किये विभाजित क्षेत्र तमाम॥
इसके लिए भी उत्तरदायी, विविध नस्ल के मानव लोग।
राष्ट्र सांस्कृतिक संरचना में, जिनका है सम्मिश्रित योग॥38॥

ये अल्पाइन आर्मीन्वायड, डायनेरिक नीग्रो मंगोल।
मेडेटेरिनियन आस्ट्रोलायड, आर्य नार्डिक जीवन घोल[3]॥

---

1. पाण्डेय, राजेन्द्र : पूर्वोक्त, पृ. 2-10
2. वही, पृ. 10-11
3. शास्त्री, नीलकंठ, के.ए. : दक्षिण भारतका इतिहास, पृ. 58-64; डॉ. रामअवध : अवध प्रदेश का सामाजिक एवं सांस्कृतिक अध्ययन, पृ. 1

ग्रीक इरानी यवन पार्थियन, कुषण हूण शक तुर्कअफगान।
आक्रांता हो देश में बसकर, किया विविधता का अवदान[1] ॥39॥

नहीं थे पहले इस दुनियाँ में, आवागमन साधन संचार।
एक क्षेत्र के लोग अन्य से, मिलने जुलने में लाचार॥
इसीलिए प्राचीन काल में, हर भौगोलिक क्षेत्र समाज।
सृजित हुए एकाकी उनके, बोली भाषा रीति रिवाज॥40॥

इतने प्राच्य विशाल देश में, जहाँ प्राकृतिक अंश अनेक।
रक्त बहुत सी नस्ल जाति का, मिला मही सांस्कृतिक विवेक[2]॥
ऐसे बहुआयामी स्वदेश में, महा विविधता का अस्तित्व।
ऐसा होना अति स्वाभाविक, क्षेत्र–क्षेत्र जन विविध कृतित्व॥41॥

(स) अनेकता में एकता[3]

किन्तु दृष्टिगत वाह्य विविधता, भारत भूमि सुहाती है।
इसी विभिन्नता के हृदयस्थल, बसी एकता थाती है॥
रचा प्रकृति ने प्रायद्वीप को, पृथक राष्ट्र गढ़ दुर्ग समान।
पृथक एशिया से लगता यह, है हिमाद्रि सागर अवदान[4]॥42॥

नैसर्गिक सीमा के अन्दर, नव संस्कृति ने ली अंगड़ाई।
मातृभूमि में श्रद्धा आदर, राष्ट्र–प्रेम जन–जन में समाई॥
अथर्ववेद के पृथ्वी सूक्त में, भू को कहा गया है माता।
जो लोगों का मान मोह रुचि, मातृभूमि के प्रति दर्शाता॥43॥

तुलनीया वह सुरभि धेनु से, जो वत्सलता सम वर्षाती।
बटे हुए जन जाति धर्म में, सबको अपना दूध पिलाती[5]॥
सौम्य प्राकृतिक देशांगण में, हरित भूमि वत्सल आकर्ष।
मातृभूमि के भाव अलंकृत, राष्ट्र एक प्रिय भारतवर्ष[6]॥44॥

---

1. दिनकर, रामधारी सिंह :संस्कृति के चार अध्याय, पृ. 27–44; शर्मा, एल.पी.: प्राचीन भारत, पृ. 4
2. श्रीवास्तव, के.सी. : पूर्वोद्धृत, पृ. 3
3. श्रीवास्तव, पंकजलता : प्राचीन इतिहास, भाग–एक, पृ. 3–4
4. शर्मा, एल.पी. : पूर्वोद्धृत, पृ. 5
5. जनं विभ्रती बहुधा विवाचसं नाना धर्माणं पृथिवी यथौकसम्।
   सहस्रधारा द्रविणस्य में दुहां ध्रुवेन धेनुरन पस्फुरंती।। अथर्ववेद–12/1/45
6. श्रीवास्तव, के.सी. : पूर्वोद्धृत, पृ. 18–19

भारतवंशी सदा स्वयं को, पृथ्वी पुत्र ही बतलाया है।
राष्ट्र रंजनी प्रिय संस्कृति की, वत्सलता में नहाया है॥
प्रान्त-प्रान्त में बहती नदियाँ, देश की धमनि शिरायें हैं।
सिंचन करती राष्ट्र हृदय को, अमिय सलित धारायें हैं ॥45॥

लगते हैं मेले नदियों पर, गंगा कावेरी सरित् तीर।
जुटता है सारा देश जहाँ, लेते डुबकी श्रद्धालु नीर[1]॥
देश में बिखरे तीर्थस्थल, राष्ट्रैक्य भावना भरते हैं।
सुख पुण्य पर्यटन हेतु लोग, तीर्थाटन यात्रा करते हैं ॥46॥

किसी धर्म के तीर्थस्थल मठ, सीमित नहीं हैं क्षेत्र विशेष।
उत्तर दक्षिण पूरब पश्चिम, अटा पड़ा है सारा देश॥
सप्तपुरी सात सरितायें, पर्वत सप्त राष्ट्रीय मान।
राष्ट्र एकता करे सुगुम्फित, जन-जन में श्रद्धा सम्मान[2] ॥47॥

सर्व पंथ के देव व ईश, यहाँ पर आदर पाये हैं।
श्री राम कृष्ण शिव बुद्ध ऋषभ, कण-कण में यहाँ समाये हैं॥
सब धर्म देश के जैन बौद्ध, शिव वैदिक शाक्त सुअर्चक हैं।
पुर गाँव में उनके मठ मन्दिर, हर ठाँव में भक्त समर्थक हैं ॥48॥

भारत के पंथ प्रचारक जन, हर जगह देश में जाते हैं।
निज धर्म मर्म आध्यात्म भाव, कोने-कोने फैलाते हैं॥
आना जाना बेरोक टोक, इस देश में हर युग था जारी।
हर नगर राज्य घूमा करते, हर प्रान्त नगर के व्यापारी ॥49॥

सब उत्सव व्रत त्यौहार पर्व, होली दशमी छठ दीवारी।
भरते नव राष्ट्रोल्लास रंग, खुशियों की खिलती फुलवारी॥
सदाचार नैतिकता समता, सत्य अहिंसा शुचि प्रतिमान।
राष्ट्रीय जीवन मूल्यों का, भारत भर में नित सम्मान ॥50॥

भारत के इतिहास में मुखरित, मूल एकता का उत्कर्ष।
सार्वभौम साम्राज्य सुरचना, सम्राटों का रुचि आदर्श॥

---

1. श्रीवास्तव, बलराम : दक्षिण भारत का इतिहास, पृ. 5
2. तिवारी, उदयनारायण : भारतीय संस्कृति एक अजस्र प्रवाह, पृ. 123-130; पाण्डेय, विजय कुमार : इतिहास और पुरातत्त्व में अयोध्या का कनक भवन, पृ. 17-18

नग हिमाद्रि से हिन्द उदधि तक, योजन सहस्र कल्प विस्तार।
चक्रवर्ति नृप शासन होता, अर्थशास्त्र का यह उच्चार[1] ॥51॥

ऐतिहासिक युग नृप अनेक ने, इस प्रयास को सफल बनाया।
मौर्य गुप्त व मुगल आंग्ल युग, एक तन्त्रीय शासन युग आया[2] ॥
राजनीति की मूल एकता, भारत भू न रही स्थाई।
किन्तु एक्य आदर्श भावना, नीति-रीति में बसी बसाई ॥52॥

राजसूय अश्वमेध वाजपेय, यज्ञ कराते थे महिपाल।
सार्वभौम चक्रवर्ती बनना, रहा नृपों का लक्ष्य विशाल ॥
सार्वभौम एकराट् महीपति, राजधिराज ये विरुद बताते।
सकल भाग भारत भू जेता, चक्रवर्ति भूपति कहलाते[3] ॥53॥

पुरा शासनिक मान्य नीतिगत, कहे शास्त्र सब ग्रन्थ अनेक।
हिमगिरि से सागर तक विस्तृत, भारत भूमि खण्ड है एक ॥
इसी विविधता के खंझट में, छिपी एकता परम विशिष्ट।
जो भारत की मूल आत्मा, आदि संस्कृति से संश्लिष्ट[4] ॥54॥

देश की मौलिक श्रेष्ठ एकता, धरती का है हार सुवास।
दिग दिगन्त क्षिति प्रांगण पसरा, जिसका सुरभित गंध विभास ॥
अडिग एकता के वाहक हैं, जन जीवन शैली लालित्य।
भिन्न धर्म अध्यात्म कलाकृति, भाषा विविध विपुल साहित्य[5] ॥55॥

मौलिक ऐक्य विचार राष्ट्र की, ऐतिहासिक सच्चाई है।
राजनीति साहित्य संस्कृति, सबमें घुली समाई है ॥
द्रविड़ संस्कृत भाषा कुल में, नहीं विविधता का अवरोध।
यहाँ विविध रचना ग्रन्थों में, रहा राष्ट्र गौरव का बोध ॥56॥

भारत के प्राचीन विचारक, कवि लेखक विद्वान् महान्।
यह वैचारिक एक्य भावना, सदा रही उनमें विद्यमान[6] ॥

---

1. श्रीवास्तव, के.सी. : पूर्वोद्धृत, पृ. 2, 19
2. शर्मा, एल.पी. : प्राचीन भारत, पृ. 5
3. पाण्डेय राजेन्द्र : पूर्वोक्त, पृ. 13-15
4. दिनकर, रामधारीसिंह : पूर्वोक्त, पृ. 89-91
5. श्रीवास्तव, के.सी. : पूर्वोक्त, पृ. 20; मैती, एस.के. : पूर्वोक्त, पृ. 383-388
6. श्रीवास्तव, के.सी. वही, पृ. 2

वेद पुराण व शास्त्र संहिता, रामायण महाभारत ज्ञान।
सकल देश में श्रद्धा इन पर, राष्ट्र एकता के प्रतिमान॥57॥
भारत की प्राकृतिक विविधता, रंग विरंगे दृश्य समान।
खिले अनेकता के उर आंगन, ऐक्य पौध पुष्पित उद्यान॥
भाषा धर्म सब एक वद्ध हैं, सामाजिक आचार विचार।
वृहद् एकता दर्शित होती, जीवन मूल्यों के अम्बार॥58॥
राष्ट्र एकता के संवर्द्धक, धर्म धुरीण शंकराचार्य।
रचा चार मठ पुरी द्वारिका, श्रृंगेरी बद्री व केदार॥
राष्ट्र एकता प्रोत्साहन में, कला क्षेत्र का अति अवदान।
लक्षण मुद्रा शुभ प्रतीक में, सम दिखता प्रतिमा विज्ञान[1]॥59॥
वाह्य दृष्टिगत विभिन्नता में, मूल एकता निहित अरूप।
जो इसके वैशिष्ट्य चरम हैं, भारत जीवन रुचि अनुरूप[2]॥
महाधन्य वे जीव जन्म जो, इस धरती पर पाते हैं।
मोक्ष साधना हेतु देव भी, भारत भू पर आते हैं[3]॥60॥

❖❖❖

1. वही, पृ. 20
2. पाण्डेय, राजेन्द्र : पूर्वोक्त, पृ. 17
3. गायन्ति देवा किलगीतकानि, धन्यास्तु ते भारतभूमि भागे।
स्वर्गापवर्गास्पद मार्ग भूते, भवन्ति भूयः पुरुषाः सुरत्वात्॥ — विष्णुपुराण-2.3.24

2

इतिहास जानने के साधन

होते यदि न वाङ्मय, ब्राह्मण बौद्ध–जैन आदि,
कैसे जानते अतीत, देश का क्रिया–कलाप।
विदेशी यात्रियों लेखकों, का महत्त्व कम नहीं,
कैसे आक्रमणकारियों के, प्रयोजन को पाते भाँप॥

स्मारक स्तूप चैत्य, देवालय गुहा–विहार,
मूर्तियाँ धरोहर राष्ट्र, कला प्रतिमान माप।
नवीन उत्खननों से, जानते इतिवृत्ति नया,
शिलालेख दानपत्र, स्वयं ही इतिहास आप॥

भारत का साहित्य पुरातन, भरा पड़ा मानव इतिहास।
जिसे विदेशी विद्वानों को, हुआ नहीं किंचित आभास॥
इसीलिए वे झट कह बैठे, घटनायें कुछ खास नहीं हैं।
कथा–मिथक–आख्यान छोड़कर, यहाँ कोई इतिहास नहीं है॥1॥

किन्तु विदेशी विज्ञजनों का, यह मिथ्या आरोप लगाना।
भारत में ऐतिहासिक लेखन, तिथि क्रम का कुछ नहीं ठिकाना॥
यह था उनके अहंकार व, अल्पज्ञान का मिथ्या रोर।
भारत को नीचा दिखला कर, बनना था विद्या–बल जोर॥2॥

छिपा हुआ इतिहास अपरिमित, प्राची युग साहित्य विशाल।
जिसके विस्तृत खोजबीन से, निस्सृत होता घटना काल॥
बहुत विदेशी भारत आये, करने ज्ञान–धर्म पर शोध।
तस्य भ्रमण वृत्तांत में मिलता, ऐतिहासिक घटनाक्रम बोध॥3॥

पुरातात्त्विक उत्खननों से, प्राप्त साक्ष्य बहुमूल्य अनेक।
जिसके दृढ़ अध्ययन मनन से, होता ऐतिहासिक उन्मेष॥

पुरातत्व की सामग्री को, तीन श्रेणीगत करते अंश।
मिले हुए अभिलेख व मोहरें, बचे खुचे स्मारक ध्वंस[1] ॥4॥
साहित्यिक सीमा अन्तर्गत, आते धार्मिक लौकिक ग्रन्थ।
धर्मग्रन्थ बहु अटे पड़े हैं, ब्राह्मण और ब्राह्मणेतर पंथ॥
लौकिक साहित्य अनुगणना में, इतिहासिक कृति व घटनाएँ।
गल्प विदेशी यात्रा-विवरण, जीवनियाँ कल्पित रचनाएँ ॥5॥

ब्राह्मण साहित्य[2]

ब्राह्मण साहित्य के अन्तर्गत, सामग्री अधिक परिमाण।
वेद ब्राह्मण आरण्यक सूत्र, महाकाव्य स्मृति व पुराण॥
ऋक् यजुर् सामवेद त्रयी, अन्तिम चौथा वेद अथर्व।
माने जाते अपौरुषेय कृति, सर्व प्राचीन राष्ट्रीय गर्व ॥6॥

है ऋक्वेद आर्य ऋषियों का, पुरा संस्कृत रचना कर्म।
निहित यहाँ इतिहास आर्य कुल, भाषा संस्कृति जीवन-धर्म॥
सूचित होता ऋक्मन्त्रों से, रावी तट पर युद्ध विराट्।
दस नृपों का संघ हरा कर, हुए सुदास नृपति एकराट्[3] ॥7॥

सामवेद स्त्रोत संहिता, यज्ञ अवसर के मनहर गीत।
लगता यहीं से है भारत में, ध्वनि लय मूल शास्त्र संगीत[4]॥
गद्य-पद्य दोनों में विरचित, यजुर्वेद का रूप प्रधान।
इसमें सदियों से संरक्षित, यज्ञ-क्रिया का रीति विधान[5] ॥8॥

त्रयी जहाँ है स्वर विशिष्ट के, अथर्ववेद सामान्य विचार।
इसके पृथ्वी सूक्त में विम्बित, उन्नत कृषी, शिल्प व्यापार॥
राजभक्ति नृप के निर्वासन, प्रणयगीत परिणयी विधान।
गृह रचना लोकांग समन्वय, बनज औषधी रोग निदान ॥9॥

---

1. गैरोला, वाचस्पति : भारतीय संस्कृति और कला, पृ. 14-41; रैप्सन ई.जे. : ऐंशियंट इण्डिया, पृ. 1-12
2. वर्डवूड, जी.सी.एम. : द इन्डस्ट्रियल आर्ट्स आफ इण्डिया, पृ. 2-6 एवं रेनो लोइस, द सिविलाइजेशन आफ इण्डिया (अनुवा. एस. स्प्राट फिलिप), पृ. 7-16
3. श्रीवास्तव, के.सी.:, पूर्वोक्त, पृ. 6
4. आरोस्मिथ, आर. : लाइफ इन ऐंशियंट इण्डिया, पृ. 12
5. वही

कुछ मन्त्रों में शकुन अपशकुन, टोना जादू अंधविश्वास।
प्रतिबिम्बित है अथर्व पृष्ठ में, दो संस्कृति के मिलते श्वांस॥
शिथिल हो चला था भारत में, आर्य-अनार्य-द्वेष संघर्ष।
ग्रहण कर रहे रीति-नीति द्वय, सांस्कृतिक सह वास सहर्ष[1] ॥10॥

ब्राह्मण आरण्यक-उपनिषद् व सूत्र

करें व्याख्या सरल गद्य में, चतुर्वेद स्तोत्र व मन्त्र।
प्रत्येक संहिता की टीकायें, कहलाते हैं ब्राह्मण ग्रंथ[2]॥
ऋक् ऐतरेय कौशितकी टीका, यजुर्वेद शतपथ तैतरीय।
साम संहिता हेतु पंचविंश, अथर्ववेद गोपथ महनीय॥11॥

भूप परीक्षित के उत्तर युग, बिम्बिसार के शासन काल।
ऐतिहासिक घटना क्रम विवरण, देते ब्राह्मण ग्रन्थ विशाल॥
राज्याभिषेक विधि ऐतरेय में, कुछ अभिषिक्त पूर्व भूपाल।
शतपथ में कोशल विदेह कुरु, प्रांत उल्लिखित हैं पांचाल॥12॥

अन्य राज्य उत्तर पश्चिम में, केकय शल्य और गांधार।
कर्मकाण्ड सामाजिक विवरण, देता शतपथ है साभार॥
आरण्यक उपनिषद् ज्ञान के, चिंतक परम खोजते सत्य।
इन दार्शनिक कृतियों में भी, मिलता कुछ ऐतिहासिक तथ्य[3] ॥13॥

रचे गये वेदांग वेद के, कथा सूक्त में हुए सहायक।
शिक्षा ज्योतिष कल्प व्याकरण, छंद निरुक्त ज्ञान गुणनायक॥
वेद वाङ्मय अक्षुण्णता हित, विरचित हुए सूत्र साहित्य।
श्रौत धर्म गृह नाम सूत्र त्रय, में दिखता यज्ञीय पांडित्य॥[4]14॥

महाकाव्य

वैदिक युग उपरान्त रचित द्वय, महाकाव्य संस्कृति हितकारक।
हुए प्रतिष्ठित राष्ट्र के जन मन, श्री रामायण जय महाभारत॥
राष्ट्रलोक जीवन में दोनों, का ही है उच्च स्थान।
राजनीति समाज वित्त नय, मिलता भौगोलिक युग ज्ञान॥15॥

---

1. एस.जे. जेम्स, एच.जी. : ए हिस्ट्री आफ इण्डिया, पृ. 6
2. श्रीवास्तव, के.सी. : पूर्वोक्त, पृ. 6-7
3. एस.जे.जेम्स, एच.जी. : पूर्वोक्त, पृ. 6-7
4. गैरोला, वाचस्पति : पूर्वोक्त, पृ. 17; श्रीवास्तव, के.सी. : पूर्वोक्त, पृ. 7

वाल्मीकि ने रामायण रच, रामकथा रसवंत बनाया।
सामाजिक सुचिन्त्य राजनय, धर्म संस्कृति को दर्शाया॥
वेदव्यास महाभारत रचना, तीन संस्करण में अभिवर्द्धित।
जय से भारत पुनि महाभारत, विश्वकोष सम काव्य प्रवर्द्धित॥16॥

इस कृति का स्वरूप ऐतिहासिक, आख्यानों का यह भण्डार।
धर्म कथा उपदेश नीति नय, राजनयिक स्थिति विस्तार॥
महाकाव्य के वर्ण विषय गत, सामाजिक सांस्कृतिक वितान।
उत्तर वैदिक काल में झंकृत, जन-जीवन का मधुमय तान[1]॥17॥

पुराण[2]

लोमहर्ष या उग्रस्रवस हैं, सब पुराण के रचनाकार।
इनकी संख्या कुल अट्ठारह, गुप्तकाल रचना साकार[3]॥
अमरकोष में पंच लक्षणम्, हैं पुराण के प्रति उच्चरित।
सर्ग और प्रतिसर्ग वंश ऋषि, मनवंतर युगवंश अनुचरित॥18॥

इसमें वंशानुचरित अंश ही, है महत्त्व ऐतिहासिक मूल।
किन्तु सभी में प्राप्त नहीं यह, लेखन त्रुटि अरुचि या भूल॥
मत्स्य भविष्यत् वायु भागवत, विष्णु और ब्रह्माण्ड पुरान।
वंशचरित का इसमें वर्णन, वंश तालिका भूप तमाम॥19॥

भविष्य कथन की चिर शैली में, वंशावलि उद्धृत कलिकाल।
वंश तालिका नाग नंद मुर, कण्व गुप्त आन्ध्र महिपाल[4]॥
विष्णुपुराण में मौर्य वंश का, सातवाहन कुल मत्स्यपुराण।
गुप्तवंश शासन गति सीमा, वर्णन करता वायुपुराण॥20॥

सामाजिक सांस्कृतिक ध्येय से, अग्निपुराण बड़ा सहयोगी।
राजतन्त्र के विवरण क्रम व, कृषि जन जीवन में उपयोगी॥
आदि काल से गुप्त काल तक, छिट-पुट घटना क्रम इतिहास।
देते सामग्री पुराण सब, तिथि क्रम का करते उपहास॥21॥

---

1. श्रीवास्तव, पंकजलता : प्राचीन इतिहास भाग, एक, पृ. 8; नाहर, रतिभान सिंह : प्राचीन भारत का राजनैतिक एवं सांस्कृतिक इतिहास, पृ. 5
2. मेहता, रतिलाल : प्री बुद्धिष्ट इण्डिया, पृ. 3-12
3. वर्डवूड, जी.सी.एम. : पूर्वोक्त, पृ. 33-35
4. श्रीवास्तव, के.सी. : पूर्वोक्त, पृ. 8

धर्मशास्त्र

धर्मशास्त्र के नाम से विश्रुत, धर्मसूत्र स्मृति व भाष्य।
धर्मसूत्र में वर्ण व्यवस्था, सबसे पहले हुई प्रकाश्य[1]॥
मुख्य स्मृतियाँ मनु वृहस्पति, याज्ञवल्क्य व नारद हैं।
कात्यायन व विष्णु पराशर, देवलादि कृति शारद हैं॥22॥

शुंगकाल से-पूर्व गुप्तयुग, कृत स्मृतियाँ संख्या भारी।
धर्म समाज पर इनसे बढ़कर, लिखी नहीं कोई कृति न्यारी॥
मनुस्मृति से शुंगकाल का, राजनैतिक ऐतिहासिक बोध।
इसमें दिखता धर्म नीति दृढ़, वर्ण जाति सामाजिक रोध॥23॥

नारदस्मृति से मिलता है, गुप्त युगीन इतिहास अमूल्य।
वर्णाश्रम कर्मकाण्ड कर्म नृप, स्मृति विषय वृहद् बहुमूल्य॥
कालान्तर में स्मृतियों पर, लिखी गयी बहुविध टीकाएँ।
जिससे हिन्दू वर्ण जाति गत, विकसित बहु रूढ़ि वर्जनायें[2]॥24॥

अब्राह्मण ग्रन्थ

(अ) बौद्ध धर्म ग्रन्थ[3]

धरा अवतरण बुद्ध महामुनि, घटना शुभम् मही महनीय।
रचे पालि बहु शास्त्र शिष्यगण, ज्ञान सुगंध भरे अद्वितीय॥
बौद्धधर्म ग्रन्थों में त्रिपिटक, ज्ञानकोष त्रय युग स्तम्भ।
दिये विविध इतिहास राष्ट्र को, बटे हैं विनय सुत्त अभिधम्म॥25॥

सुत्तपिटक में दीर्घ अंगुत्तर, मज्झिम खुद्द संयुक्त निकाय।
कथित धर्म सिद्धान्त कथानक, चर्चा तद् युग जन समुदाय॥
विनय विभाजित पात्तिमोक्ख परि*, महावग्ग चुल्लु सुत्त विभंग।
जिसमें वर्णित भिक्खु भिक्खुणी, धर्म नियम आचार व संघ॥26॥

अंकित है अभिधम्मपिटक में, संघ धर्म दर्शन सिद्धान्त।
त्रिपिटक कृति क्रमबद्ध विवेचन, बौद्ध संगठन आद्योपांत॥[4]

---

1. श्रीवास्तव, पंकजलता : पूर्वोक्त, पृ. 8
2. वर्डवूड, जी.सी.एम. : पूर्वोक्त, पृ. 35–42
3. नाहर, रतिभान सिंह : पूर्वोक्त, पृ. 6
4. सांकृत्यायन, राहुल कृत–पालि साहित्य का इतिहास— पठनीय

*परि = परिवर

सर्वाधिक संख्या में विरचित, जातक हैं पाँच सौ उन्चास।
पूर्व जन्मों की कथा वुद्ध की, कहना इनका आशय खास[1] ॥27॥

रचना समय मौर्य युग इंगित, तद् युग मानव जीवन वृत्त।
सामाजिक सांस्कृतिक आर्थिक, धर्म विनय का अभिनव चित्र॥
दीपवंश व महावंश में, मौर्य वंश वर्णित इतिहास।
यवन मेनान्डर के जीवन पर, मिलिन्दपन्ह से पड़े प्रकाश[2] ॥28॥

मिलिन्दपन्ह में अर्थ व्यवस्था, पर मिलता विवरण विस्तार।
धर्म समाज राजनय चर्चा, विम्बित वैदेशिक व्यापार[3]॥
कथावस्तु में बुद्ध चरित का, वर्णन विविध कथानक संग[4]।
ललितविस्तर में बुद्ध देव बन, चमत्कार दिखलाते रंग ॥29॥

मौर्य शुंग कुल नृप नामावलि, क्रम से देता दिव्यावदान।
अन्य अनेक कृति बौद्ध धर्म के, करते युग संस्कृति द्युतिमान॥
ऐतिहासिक लक्षण से उष्मित, मंजु श्री मूल कल्प कृति कथ्य।
मौर्यपूर्व से हर्ष काल तक, देते घटना क्रम का तथ्य[5] ॥30॥

(ब) जैन साहित्य[6]

अंगप्रविष्ट व अंगबाह्य द्वय, जैनागम के मूल सुकृत्य।
जिनके ऊपर कालान्तर में, रचे गये बहुविध साहित्य॥
चौथी शती पूर्व ईसा से, जैन वाङ्मय का इतिहास।
विम्बित होता कल्पसूत्र में, भद्रबाहु की रचना खास ॥31॥

भद्रबाहु के साथ-साथ ही, चन्द्रगुप्त का जीवन वृत्त।
मौर्य प्रशासन छिटपुट बाते, जन जीवन का दृश्य पवित्र॥
ग्रन्थ भगवतीसूत्र में चित्रित, महावीर मुनि जीवन हाल।
वर्षा वास भ्रमण देशान्तर, जन संकुल सम्बन्ध विशाल ॥32॥

---

1. मेहता, रतिलाल : प्री-बुद्धिष्ट इण्डिया, पृ. XIX-XXVI, पृ. 1-2
2. सांकृत्यायन, राहुल : पूर्वोक्त, पृ. 195-198
3. वही, पृ. 182-184
4. वही, पृ. 176
5. नाहर, रतिभान सिंह : पूर्वोद्धृत, पृ. 7; श्रीवास्तव, के.सी. : पूर्वोक्त, पृ. 8
6. मेहता, मोहनलाल : जैन धर्म दर्शन, पृ. 21-94; श्रीवास्तव, पंकजलता : पूर्वोक्त, पृ. 9

आचारांग सूत्र में लक्षित, जैन भिक्षु आचार विचार।
जैन पुराणों में प्रतिबिम्बित, तीर्थंकर महिमा विस्तार॥
कथाकोष परिशिष्टपर्वन, लोकविभाग कालिकापुरान।
इनसे उस युग ऐतिहासिक, गतिविधियों का होता ज्ञान॥33॥

ऐतिहासिक/लौकिक साहित्य[1]

लौकिक साहित्य में ऐतिहासिक, अर्द्ध ऐतिहासिक कल्पना गल्प।
जीवनियाँ व विदेशी विवरण, अति उपयोगी स्रोत विकल्प॥
ऐतिहासिक ग्रन्थों का आशय, नृपति नीति, नृप-राज्य प्रशासन।
उत्तराधिकार सैन्य घटनायें, नृप दैनंदिन स्तर ज्ञापन॥34॥

अर्थशास्त्र

अर्थशास्त्र की परिपाटी में, लिखे गये बहु ग्रन्थ अनूप।
किन्तु शेष कौटिल्य, वार्हस्पत्य, अर्थशास्त्र के मूल स्वरूप॥
वार्हस्पतीय अर्थशास्त्र सुरचना, दशम् शती ईस्वी अनुमान।
अर्थशास्त्र कौटिल्य की कृति, चन्द्रगुप्त अमात्य प्रधान॥35॥

मौर्यवंश की शासन पद्धति, अर्थनीति राजस्व विकास।
सामाजिक आर्थिक स्थिति, सब पर पड़ता विशद प्रकाश॥
कामन्दक की नीतिसार है, अर्थशास्त्र का पुनर्संकलन।
है इसमें राजत्व नीतिनय, नृप कर्तव्य कार्य विधि प्रचलन॥36॥

राजतरंगिणि विल्हण कृति है, ईस्वी सन् ग्यारह सौ पचास।
इसमें वर्णित काश्मीर का, आद्योपांत क्रमिक इतिहास॥
शुक्रनीति से लक्षित होता, रुचि समाज चिन्तन विश्वास।
राजनीति सम्बन्धी-विवरण, अन्य नीति ग्रन्थों में खास॥37॥

गुजराती में लिखे गये हैं, कई पुष्ट ऐतिहासिक ग्रन्थ।
सोमेश्वर कृति रासमाल्य है, कीर्तिकौमुदी कीर्ति अनन्त॥
अरिसिंह का सुकृति संकीर्तन, बालचन्द्र का वसंत विलास।
राजशेखर के प्रबन्धकोश में, छिपा अमित गुर्जर इतिहास॥38॥

जयसिंह का हम्मीरमदमर्दन, तेजपाल वस्तुपाल प्रसंग।
मेरुतुंग प्रबन्धचिन्तामणि, सुकृतिकीर्ति कल्लोलिनि संग॥

---

1. अंशु मंगल : भारतीय इतिहास, पृ. 226-230

इन सबसे मुखरित होता है, चालुक्यों का यश इतिहास।
राजनीति संस्कृति सुख छाया,आर्थिक जीवन का आभास[1] ॥39॥

अर्द्ध ऐतिहासिक ग्रन्थ[2]

अर्द्ध ऐतिहासिक ग्रन्थ का आशय, लिखने का कुछ और प्रयास।
किन्तु लेखनी की जिह्वा में, जुड़ता गया स्वतः इतिहास॥
ऐसे शास्त्रों की सूची में, पाणिनि कृति है अष्टाध्यायी।
पतंजलि कृति महाभाष्य भी, गार्गिसंहिता ग्रंथ विधायी॥40॥

विशाखदत्त का मुद्राराक्षस, कालिदास मालविकाग्निमित्र।
कात्यायन कृत ग्रन्थ वार्तिक, में मिलता ऐतिहासिक चित्र॥
अष्टाध्यायी शास्त्र व्याकरण, पाणिनिकृत भाषा उद्भास।
मौर्य पूर्व से मौर्यकाल तक, राजनीति पर प्रचुर प्रकाश॥41॥

गार्गिसंहिता ज्योतिष कृति से, मिलता घटनाक्रम विस्तार।
यवन विजय अभियान पताका, पहुँचा कुसुमध्वजपुर द्वार॥
मुद्राराक्षस से परिलक्षित, मौर्यवंश शासन का हाल।
महाभाष्य मालविकाग्नि मित्र से, शुंग राज गति स्थिति काल[3] ॥42॥

जीवनी साहित्य[4]

जीवनियाँ साहित्यिक कृति हैं, अलंकार अतिशयोक्ति प्रधान।
आश्रयदाता की स्तुति में, करते कवि प्रशस्ति गुण गान॥
ऐसे प्रशस्ति कृतियों की संख्या, गिनती में तो हैं बहुतायत।
ऐतिहासिक घटना प्रसंग युत, कुछ ही कृतियाँ स्रोत सहायक॥43॥

अश्वघोष कृत बुद्धचरित में, गौतम मुनि का जीवन सार।
हर्षचरित्र में हर्ष जीवनी, प्रतिबिम्बित शासन विस्तार॥
गौड़वहो में गौड़ नृपति पर, यशोवर्मन अभियान व जीत।
विक्रमांकदेवचरित में चर्चा, अष्ट विक्रमादित्य अतीत॥44॥

धारा नृप श्री मुंज वाक्पति, जीवन गति नव साहशांक चरित में।
पालवंश शासन समाज जन, धर्मधेय ध्वनि रामचरित में॥

---

1. श्रीवास्तव, पंकजलता : पूर्वोक्त, पृ. 9–10
2. नाहर, रतिभान सिंह : पूर्वोक्त, पृ. 9–10
3. उपाध्याय, भगवतशरण : प्राचीन भारत का इतिहास, पृ. 4–5
4. नाहर, रतिभान सिंह : पूर्वोक्त, पृ. 15–17

बल्लालचरित में सेनवंश का, अति विस्तृत मिलता इतिहास।
कुमारपालचरित्र से पड़ता, चौलुक्यों पर उचित प्रकाश ॥45॥

पृथ्वीराजविजय में व्यंजित, चहमानों का रण अभियान।
पृथ्वीराजरासो में चित्रित, गौरी पृथ्वी रण संधान॥
प्रबन्धकोश, बालरामायण, काव्यमीमांसा भोजप्रबन्ध।
इनमें बहु इतिहास निहित है, जीवन रस माधुर्य सुगंध ॥46॥

तमिल और कन्नड़ कृतियों में, सदियों का संचित इतिहास।
संगम साहित्य में संरक्षित, भूपतियों का विजय, विलास॥
नान्दिक्कलंबकम् कलिंगत्तुपर्णि, चोलचरित कृति सैन्य सुगाथा।
इसमें पल्लव चोल युद्ध जय, कलिंग विजय की गौरवगाथा ॥47॥

विक्रमार्जुन विजय पम्प कृति, गदायुद्ध कृत रत्न कथांक।
राष्ट्रकूट चालुक्य महीपों, का मिलता कतिपय वृतांत॥
विशुद्ध वाङ्मय का आशय है, कला कला के लिए विमर्श।
जैसे नागानंद रत्नावलि, प्रियदर्शिका रचित नृप हर्ष ॥48॥

इनसे पड़ता कुछ प्रकाश है, सदी सातवीं हिन्दुस्थान।
कालिदास के नाट्य ग्रन्थ भी, देते इतिहासिक पहचान॥
कथाग्रन्थ चर्चित गुणाढ्य की, वृहत्कथा सुकृति वैशाली।
जिसका बहु उल्लेख कृतिकजन, अपने कृतियों में कर डाली ॥[1]49॥

विदेशी विवरण[2]

कई विज्ञ विदेशी जो, भारत की धरती पर आये।
देश का रीति रिवाज राजनय, निज लेखनी में दर्शाये॥
समय समय पर आने वाले, विविध देश लेखक सैलानी।
इनके विवरण से भी मिलता, ऐतिहासिकता प्रचुर कहानी ॥50॥

हिन्दू जैन व बौद्ध वाङ्मय, जहाँ मौन हो जाते हैं।
वहाँ राष्ट्र इतिहास की गुत्थी, ये विवरण सुलझाते हैं॥
जिन विदेश के भ्रमण पर्यटक, ऐतिहासिक लेखन अवदान।
रोम ग्रीक तिब्बती व चीनी, अरबी फारसी के विद्वान् ॥51॥

1. उपाध्याय, भगवतशरण : प्राचीन भारत का इतिहास, पृ. 6–7
2. जेम्स, एच.जी. : पूर्वोक्त, पृ. 8, श्रीवास्तव, के.सी. : पूर्वोक्त, पृ. 10–12; नाहर रतिभान सिंह: पूर्वोक्त, पृ. 10–15

सिकन्दर के पूर्व[1]

रकाईलैक्स हिकेटिअस टेसियस, लेखक कई सिकन्दर पूर्व।
सीमित इनका ज्ञान सिन्धु तक, छठी शती ईस्वी के पूर्व॥
लिखा अधिक हेरोडोटस ने, पढ़ सुनकर जनश्रुति विश्वास।
भारत फारस सम्बन्धों पर, हिस्टोरिका से पड़े प्रकाश॥52॥

सिकन्दरकालीन[2]

कई विज्ञ लेखक उत्साही, आये सिकन्दर आक्रमण काल।
है इनका विवरण सजीव सच, युद्ध में आँखों देखा हाल॥
वे हैं अरिष्टोबुलस नियार्कस, चारस व युमेनीज प्रधान।
लुप्त ग्रन्थ के सन्दर्भों से, मिलता मूल्यपरक युग ज्ञान॥53॥

सिकन्दर के बाद[3]

सेल्यूकस के राजदूत बन, मेगस्थनीज जी भारत आये।
चन्द्रगुप्त दरबार में रहकर, छः वर्षों का काल बिताये॥
इनकी कृति बहुमूल्य इण्डिका, भारत का ऐतिहासिक दर्पण।
राजनीति सामाजिक गतिविधि, सांस्कृतिक जीवन आकर्षण॥54॥

मूल ग्रन्थ का पता नहीं है, उद्धरणों की है भरमार।
एरियन जस्टिन स्टैबों ने, किया उल्लिखित बारम्बार॥
डायमेकस डायोनीसियस, पश्चिम के भारत में दूत।
विन्दुसार व अशोक काल में, इनके थे कृति कार्य प्रभूत॥55॥

मूल ग्रन्थ इनके अप्राप्य हैं, सन्दर्भों से होता ज्ञान।
परवर्ती पश्चिम के लेखक, करते चर्चा कृति व काम॥
सन् अस्सी में भारत आया, पेरीप्लस लेखक अज्ञात।
हिन्द समुद्री यात्रा विवरण, वणिज वस्तु पथ पत्तन ज्ञात॥56॥

प्रथम शती की कृति प्लीनी की, 'नेचुरल हिस्ट्री' उसका नाम।
खनिज सम्पदा विवरण इसमें, पौध पक्षियों के बहुनाम॥
शती दूसरी ईस्वी की है, टाल्मी कृत 'भारत भूगोल'।
ऐतिहासिक वैज्ञानिक रुचि का, इसमें बात सत्य अनमोल[4]॥57॥

---

1. श्रीवास्तव, पंकजलता : प्राचीन इतिहास, भाग-एक, पृ. 10-11
2. वही, पृ. 11
3. वही, पृ. 11
4. गैरोला, वाचस्पति : भारतीय संस्कृति और कला, पृ. 33-37

चीनी लेखक[1]

प्रथम शती ईस्वी अन्तर्गत, बौद्ध धर्म पहुँचा जब चीन।
वहाँ के जन–मन में रुचि जागी, गौतम भूमि धर्म प्राचीन॥
ज्ञानवृद्ध भ्रमणीय चीन जन, लालायित हो भारत आये।
घूम–घूम अध्ययन मनन कर, यात्रा विवरण लिखे लिखाये॥58॥

लम्बा ऐतिहासिक युग विवरण, देता है चीनी साहित्य।
धर्म विनय भूगोल राजनय, भरा राष्ट्र संस्कृति लालित्य॥
शुमाशीन जी प्रथम शती में, हुए प्रथम चीनी इतिहासज्ञ।
जिसने लिखा प्राच्य भारत पर, प्रथम कृत्य इतिहास अलभ्य[2]॥59॥

फाह्यान–शुंगयुन[3]

चन्द्रगुप्त विक्रमादित्य काल में, फाह्यान भारत में आया।
बौद्ध धर्म तथ्यार्जन करते, भ्रमण में षोडश वर्ष बिताया॥
मूलरूप से प्राप्त ग्रन्थ में, गुप्त प्रशासन नंव उत्कर्ष।
परिपाटी सिद्धान्त नियम यम, बौद्ध धर्म का विशद विमर्श॥60॥

मध्यदेश सभ्यता व संस्कृति, गुप्त अवधि उत्कृष्ट रहा है।
फाह्यान ने मध्य देश को, सुखी शान्त सम्पन्न कहा है।॥
पाँच सौ अठारह ईश्वी आया, चीनी यात्री शुंगयुन एक।
किया संकलित तीन वर्ष में, बौद्ध धर्म के ग्रन्थ अनेक॥[4]61॥

ह्वेनसांग–इत्सिंग[5]

चीनी यात्री ह्वेनसांग का, है सबसे ऊँचा स्थान।
छः सौ उन्तिस ईस्वी आया, भारत हर्ष काल दौरान॥
सोलह वर्ष तक रहा देश में, चैत्य तीर्थ मठ घूम बिताया।
नालंदा अध्ययन अवांतर, धर्मज्ञान चिंतन द्युति पाया॥62॥

---

1. वही, पृ. 37–40
2. श्रीवास्तव, पंकजलता : पूर्वोक्त, पृ. 11
3. राय, उदयनारायण : गुप्त सम्राट और उनका काल, पृ. 9–10
4. उपाध्याय, भगवतशरण : पूर्वोक्त, पृ. 8
5. राय, उदयनारायण : पूर्वोक्त, पृ. 10

'पाश्चात्य विश्व देश' ग्रन्थ से, ह्वेनसांग जग कीर्ति प्रसिद्ध।
देश शताधिक की चर्चा में, भारत विवरण रुचिकर सिद्ध॥
हर्ष प्रशासन की गतिविधियाँ, सामाजिक सांस्कृतिक उछाह।
समसामयिक नृपों का विवरण, राज्य हड़प षडयंत्री चाह॥63॥

भारत के धार्मिक स्थिति का, वर्णन है स्पष्ट सटीक।
ह्वेलीकृत ह्वेनसांग जीवनी, करे अधूरे विवरण ठीक॥
शती सातवीं अन्त समय में, चीनी इत्सिंग भारत आया।[1]
बौद्ध धर्म तद्‌युगी अवस्था, यात्रा विवरण में गुण गाया॥64॥

अरब लेखक[2]

भारत देश का दीर्घकाल से, पश्चिम से मैत्री सम्बन्ध।
आना जाना रहा अनवरत, दौत्य वणिज व्यापारिक संघ॥
सदी आठवीं बिनकासिम ने, सिन्धु जीत अधिकार जमाया।
तभी से भारत अरब का रिश्ता, जन सम्पर्क अधिक गहराया॥65॥

अरबयात्री कवि विद्वज्जन, भारत भूमि हुए अनुरागी।
भारत पर अध्ययन मनन रुचि, लेखन कृत्य प्रेरणा जागी॥
अलमसूदी, अलबिलादुरी, अबुजैंदुल हसन निजाम।
अलइद्रीसी इब्नफरिश्ता, अति प्रसिद्ध लेखक सुलेमान॥66॥

इनकी कृतियों से मिलता है, भारत का छिट-पुट इतिहास।
इब्नखुर्दबा ग्रन्थ कराता, व्यापारिक पथ का आभास॥
अलमसूदि अबुर्जैद कृति में, सामाजिक सांस्कृतिक बयान।
मीरमसूरी प्रस्तुत करते, बिन कासिम सिन्ध अभियान॥67॥

शेख हसन के मिन्हासुद्दीन में, गोरी मोहम्मद का दास्तान।
हिन्द फतह प्रामाणिक विवरण, पृथ्वी गोरी युद्ध प्रमान॥
सकल विदेशी इतिहासकारों में, अलबेरुनि थे सबसे महान्।
भारत के इतिहास गगन में, यह नक्षत्र था सूर्य समान॥[3]68॥

---

1. वही, पृ. 10–11
2. नाहर, रतिभान सिंह : पूर्वोक्त, पृ. 14–15, श्रीवास्तव, पंकजलता : पूर्वोक्त, पृ. 12
3. राय, उदयनारायण : पूर्वोक्त, पृ. 11; रैप्सन, ई.जे. : ऐंशियंट इण्डिया, पृ. 9–12

सदी ग्यारहवीं का यह लेखक, महाज्योतिषी विज्ञानी था।
अरब अंक फारसी संस्कत, विविध विषय का धुर ज्ञानी था॥
हमलावर महमूद गजनवी, की सेना संग भारत आया।
आक्रान्ता से अलग सोच धुन, ज्ञानार्जन में मन दौड़ाया ॥69॥

विविध वाङ्मय, धर्म–संस्कृति, किया अध्ययन अनुसंधान।
निज विचार निष्पक्ष संप्रेषित, 'तहकीके–ए–हिन्द उस्तान'॥
इस पुस्तक में उद्घाटित है, राजपूत युग का इतिहास।
राजनीति युग धर्म संस्कृति, सामाजिक जीवन एहसास ॥70॥

पुरातात्विक स्रोत[1]

पुरातत्व भूगर्भ में विस्मित, उत्खननों का है विज्ञान।
प्राप्त वस्तुओं खण्डहरों से, अन्ध युगों का होता ज्ञान॥
उत्खननों से पूरित होता, टूटी कड़ियों का इतिहास।
मानव के भौतिक अतीत पर, करे प्रक्षेपित पूर्ण प्रकाश ॥71॥

पुरातत्त्व अन्तर्गत आते, स्मारक मुद्रा अभिलेख[2]।
कच्चे–पक्के भाण्ड मूहरें, कला सु कृतियों के अवशेष॥
प्राच्चैतिहासिक संरचना में, है अभिलेख अमिट अवदान।
शिला ताम्र स्तम्भ भित्ति लिपि, मुद्राओं के लेख प्रमान ॥72॥

ये अभिलेख हमें बतलाते, देशकाल शासकीय प्रवृत्ति।
भाषा लिपि जनधर्म रीति रुचि, जन साधारण जीवन वृत्ति॥
भारत में अभिलेख जनक हैं, प्रिय अशोक नृप मौर्य महान्।
सकल देश के कोने कोने, लिखवाया अभिलेख तमाम ॥73॥

कलिंग विजय उपरांत नृपति के, जीवन में परिवर्तन आया।
मानवीय अध्यात्म मूल्य के, संवर्धन में स्वयं रमाया॥
प्रजा वर्ग का कष्ट निवारण, तम को त्याग प्रभा पथ धारण।
राज्य प्रजा हिल मिल दु:ख बाटें, जीवन हो प्रसन्न सुख कारण ॥74॥

इस महान् संकल्प को लेकर, अभिलेखों का जाल बिछाया।
जन हितकारी उपदेशों को, जगह–जगह उत्कीर्ण कराया॥

1. श्रीवास्तव, के.सी. : पूर्वोक्त, पृ. 12–14; जेम्स, एच.जी. : ए हिस्ट्री आफ इण्डिया, पृ. 8
2. शर्मा, एल.पी. : भारत का इतिहास, पृ. 15–18

अभिलेखों से सूचित होता, नृप अशोक-व्यक्तित्व विचार।
शासन नीति सैन्य अनुशासन, साम्राज्य सीमा विस्तार॥[1]75॥

नृप अशोक कालीन सभ्यता, धर्म संस्कृति गौरव गान।
ब्राह्मी खरोष्ठी लिपि दर्शाती, भाषा लिपि साक्षरता मान॥
तेइस सौ वर्षों से स्थित, प्रिय अशोक स्तम्भ अभिलेख।
मानवीय आदर्श मूल्य युग, गाते रहेंगे शौर्य सुलेख॥76॥

नृप अशोक उपरान्त भी जारी, अभिलेखों का रचना दौर।
खारवेल का हाथीगुम्फा, नृप यशोवर्मन का मन्दसौर॥
यवन दूत हेलियोडोरस कृत, बेसनगर का गरुण स्तम्भ।
इससे सूचित मध्य प्रान्त में, धर्म भागवत लोक उमंग॥77॥

प्रियदर्शी अशोक स्तम्भ पर, खुदी स्वच्छ हरिषेण प्रशस्ति।
जिस पर खचित समुद्रगुप्त नृप, जीवन गाथा शासन अस्ति॥
प्रयाग प्रशस्ति के अभाव में, इस नृप को पहचान न पाते।
समुद्रगुप्त अभियान-दिग्विजय, शासन सीमा जान न पाते॥[2]78॥

गुप्त नरेशों से सम्बन्धित, मिलते बहुल गुप्त अभिलेख।
मुद्राओं-मुहरों पर अंकित, मिले अपरिमित स्वच्छ सुलेख॥
अभिलेखों से हुआ प्रकाशित, गुप्तयुगीन तमस इतिहास।
श्रेष्ठ गुप्त नृप वंशावलि पर, इससे पड़ता वृहद् प्रकाश॥79॥

खारवेल हाथीगुम्फा में, गुम्फित है नृप का इतिहास।
रुद्रदामन गिरिनार लेख में, शासन दृढ़ता शौर्य विकास॥
एहोल प्रशस्ति में चालुक्यों का, वर्णन अंकित साफ-साफ है।
पुलकेशिन द्वितीय नृपति का, जीवन गाथा कुल प्रताप है॥80॥

भोजराज ग्वालियर प्रशस्ति, प्रतिहारों पर प्रभा बिखराती।
देवपाड़ा की विजयसेन लिपि, सेन वंश की कीरति गाती॥
प्रतिमा-मूर्तियों के लेखांकन, जोड़ें लुप्त कड़ी को खास।
वाराह मूर्ति पर खुदे लेख कुछ, तोरमाण गाते इतिहास[3]॥81॥

---

1. वही, पृ. 15-16
2. गैरोला, वाचस्पति : पूर्वोद्धृत, पृ. 23-33; श्रीवास्तव, पंकजलता : पूर्वोक्त, पृ. 12-13
3. गैरोला, वाचस्पति : पूर्वोक्त, पृ. 22-23; श्रीवास्तव, पंकजलता : पूर्वोक्त, पृ. 13

दानपत्र[1]

दानपत्र असंख्य स्मारक, लेख समर्पण भेट स्वरूप।
इनमें दिखता युग विशेष का, आर्थिक व सामाजिक रूप॥
संस्कृत प्राकृत पाली कन्नड़, तमिल तेलगू मिश्रित भाषा।
लिखवाकर प्रशस्ति नृप करते, पुण्य प्रसिद्धि सुयश अभिलाषा॥82॥

लेकिन इससे लक्षित होता, भाषा-लिपि प्रभाव साहित्य।
कला ज्ञान-विज्ञान निदर्शन, काव्यभाव रस-रुचि लालित्य॥
अभिलेखों में दोनों लिपियाँ, उत्कीर्णन में प्रचलित पुष्टि।
ब्राह्मी बायें से दायें को, दायें बायें लिपी खरोष्टि॥83॥

दक्षिण भारत में मिलते हैं, उत्तर से भी अधिक अभिलेख।
किन्तु बहुत प्राचीन नहीं वे, न ऐतिहासिक विन्दु विशेष॥
प्राप्त स्वल्प अभिलेख विदेशी, जो भारत पर करें प्रकाश।
बोगजकोई पर्सिपोलिस, नक्शे रुस्तम आदि हैं खास॥84॥

पूर्व मध्य-युग शासनकर्ता, राजपूत कुल लेख अनेक।
जिसमें है उपलब्धि नृपों की, सामाजिक, संस्कृति उल्लेख॥
इनमें से अधिकांश में वर्णित, तद्‌युगीन भूपों का मान।
कूटनीति छल विजय-पराजय, शत्रु व मित्र युद्ध अभियान॥85॥

पालवंश का लेख खलीमपुर, भागलपूर एवं नालन्दा।
लेख कमौली गाहड़वाल कुल, जनप्रिय नृप श्री गोविन्द चन्दा॥
भोजदेव परमार वंशवर, जयसिंह वीर उदयपुर लेख।
खजुराहो चन्देल धंग का, विग्रह नृप दिल्ली अभिलेख॥86॥

चेदिकर्ण यशकर्ण बनारस, जबलपूर के ताम्र सुलेख।
दक्षिण पल्लव चोल पाण्ड्य के, अभिलेखों का है उल्लेख।
उपराजा सामन्त आदि भी, दानपत्र प्रशस्ति लिखवाते।
जो उनके शोषण दबाव दम, दशा प्रभाव अभाव बताते॥87॥

स्मारक[2]

स्मारक अन्तर्गत आते, प्राच्य भवन मन्दिर व मूर्ति।
चैत्य विहार समाधि व मठ से, जागृत आध्यात्मिक स्फूर्ति॥

1. श्रीवास्तव, के.सी. : पूर्वोद्धृत, पृ. 13
2. नाहर, रतिभान सिंह : पूर्वोक्त, पृ. 19-22; श्रीवास्तव, पंकजलता, पूर्वोक्त, पृ. 14-15

इससे बहु उद्घाटित होता, सांस्कृतिक धार्मिक इतिहास।
भवन मूर्ति स्थापत्य कलाक्रम, युग अवधारण रुचि विश्वास ॥88॥

विविध मूर्ति मृद्भाण्ड कलाकृति, निज युग का इतिहास दिखाते।
इनके बहुविध जांच परीक्षण, मौलिक रचना रुचि बतलाते॥
स्मारक जीवन्त सत्य हैं, अतिशयोक्ति अतिरंज विहीन।
जिसमें युग की कला संस्कृति, अन्तर्निहित प्रभा प्राचीन ॥89॥

बहु स्मारक छिपे हुए थे, धरती के आन्तरिक पर्त।
उत्खननों से हुए प्रकाशित, हटी फावड़ों से जब गर्त॥
मोहनजोदड़ों सिन्धु हड़प्पा, कसया कोशम पाटलिपुत्र।
सारनाथ तक्षशिला व मथुरा, भरहुत, साँची साक्ष्य पवित्र ॥90॥

राजगिरी, नालन्दा, चित्तल, लक्ष्मणेश्वर, अगदी बनवासी।
अरिकमेडु, तलकाड, ब्रह्मगिरि, पट्टडकल, हेलविड मास्की॥
यहाँ चले उत्खनन कार्य से, मिले असंख्य ध्वंस सामान।
जिससे लक्षित धर्म आस्था, संस्कृति-कला विविध आयाम ॥91॥

सिन्धु हड़प्पा उत्खननों से, खुला रहस्य सिन्ध समुदाय।
ऐतिहासिक सांस्कृतिक सृष्टि में, जुड़ा नवल-धवल अध्याय॥
हस्तिनापुर उत्खनन से लक्षित, लौह प्रयोग सुप्रचलन सिद्ध।
एक हजार ईसा से पहले, कभी हुआ महाभारत युद्ध ॥92॥

कौशाम्बी उत्खनन दिखाता, उदयन राजा राजप्रासाद।
वहीं घोषिताराम बौद्ध-मठ, करे धम्म का कीर्ति निनाद॥
इन सबके अतिरिक्त मही पर, मन्दिर भवन, मूर्ति स्तम्भ।
मठ विहार, स्तूप, गुहायें, आध्यात्मिक-जीवन अवलम्ब ॥93॥

सारनाथ स्तम्भ सिंहमुख, नक्काशी अनुपम बेजोड़।
यष्टि प्रभा लावण्य ओप की, नहीं जगत में कोई होड़॥
कानपुर भीतरगाँव देवगढ़, मन्दिर मिलते भग्न पुराने।
नालन्दा की बुद्ध मूर्तियाँ, ताम्रकला के साक्ष्य सुहाने ॥94॥

गुहा अजंता बाघ एलोरा, चित्रकारिता के भण्डार।
इनमें अंकित अलंकरण को, देख चकित होता संसार॥

खजुराहो चन्देल विरासत, मन्दिर मूर्ति काम अतिरेक।
वहीं उड़ीसा वास्तु अलंकरण, भरते मन में भक्ति विवेक ॥95॥

पल्लव, पाण्ड्य, चोल वास्तु लख, दर्शक होते आत्म विभोर।
द्रविड़ विधा का अनुपम मन्दिर, राजराजेश्वर कृत तंजोर॥
देश के बाहर अन्य राष्ट्र में, मिलते कुछ स्मारक शेष।[1]
जो विदेश में धर्म-संस्कृति, व्यापकता के चिर अवशेष ॥96॥

जावा में कम्बोज, बोर्नियो, बाली कोम्ब मलाया श्याम।
देवालय, स्वरूप-चैत्य-मठ, सुर प्रतिमायें प्राप्त तमाम॥
इससे बिम्बित है विदेश में, भारतीय युग के औपनिवेश।
राष्ट्र शक्ति द्युति धर्म-कला-गति, अन्य देश के हृदय प्रवेश ॥97॥

सिक्के[2]

इतिहास के साधन क्रम में, सिक्कों का स्थान है ऊँचा।
किसी किसी नृप राज्यकाल का, देते हैं संज्ञान समूचा॥
सत्य सुदर्पण ये मुद्रायें, राजकीय निष्पक्ष स्रोत हैं।
आर्थिक जीवन उन्नति अवनति, दशा दिशा युग ओत-प्रोत हैं ॥98॥

वंश परम्परा तिथि निर्धारण, सीमा साम्राज्य विस्तार।
नृप विशेष की ज्ञापित अभिरुचि, धर्म कर्म व्यक्तित्व विचार॥
सर्व प्राचीन हैं आहत सिक्के, कर्षापण कहते शतमान।
रजत के टुकड़े बिना लेख के, चिन्हों से होती पहचान ॥99॥

लेख सहित सिक्के यवनों के, स्वर्ण धातु के बने विशेष।
इससे सूचित राज्य यवन का, पश्चिमोत्तर के भारत देश॥
इनसे ही कुछ मिलती-जुलती, ढली पार्थि[3]-सीथि[4]-मुद्राएँ।
जिनसे लक्षित राज प्रशासन, तद्‌युगीन राज घटनायें ॥100॥

द्वय शताब्दि ईसा के पहले, तीन सौ ईस्वी काल के मध्य।
सिक्कों से ही सूचित होता, उस युग का इतिहास अलभ्य॥

---

1. श्रीवास्तव, पंकजलता : पूर्वोक्त, पृ. 15
2. श्रीवास्तव, के.सी. : पूर्वोक्त, पृ. 13-14
3. पार्थियन
4. सीथियन

यौधेय मालवादि गणराज्यों, मित्रवंश शासन पांचाल।
इनके शासन की गतिविधियाँ, अंकित हैं सिक्कों के भाल॥101॥

शक पह्लव सिक्के बतलाते, उनकी शासन पद्धति सार।
चन्द्रगुप्त विक्रमादित्य की मुद्रा, शक पर विजय राज्य विस्तार॥
समुद्रगुप्त मुद्रा पर अंकित, उनका झंकृत वीणा वादन।
है प्रमाण संगीत सुरुचि नृप, इस विद्या के प्रति अभिवादन॥102॥

अवश्वमेघ शैली के सिक्के, गुप्त नृपों का यज्ञ रुझान।
यह उनके दिग्विजय नीति का, अरू प्रमाण सैनिक अभियान॥
शातकर्णि सातवाहन राजा, मुद्रा पर चित्रित जलपोत।
इंगित उदधि प्रयाण नृपों का, जलाधिकार अरि दल पर चोट॥103॥

कनिष्क महान् की मुद्राओं पर, सूचित उसका धर्म झुकाव।
बौद्धधर्म प्रति बहु आकर्षण, अन्य पंथ पर श्रद्धाभाव॥
जान सके हम इन स्रोतों से, पंचसहस्राब्दि इतिहास।
अन्य निहित साधन शोधों पर, करना अभी है अथक प्रयास॥[1]104॥

❑❑❑

1. श्रीवास्तव, पंकजलता : प्राचीन इतिहास, भाग–एक, पृ. 14; शर्मा, एल.पी. : भारत का इतिहास, पृ. 18

3

प्राक्–इतिहास

दो करोड़ वर्ष जीवन, बीते इस धरित्री के,
पाँच कल्प बंटा युग, जीव विकास दृष्टि से।
आदि–प्राक्–पुरा–मध्य, नूतन नाम महाकल्प,
नूतन का विभाग षड् भी, वयक्रम विशिष्टि से॥
मानव की उत्पत्ति सूचित, अत्यंतनूतन काल मध्य,
जबकि जीव चिह्न धरा, आदि कल्प सृष्टि से[1]।
घूमता रहा मानव, लाखों वर्ष पशु समान,
ईश–देव रहित नंगे, पीड़ित ताप वृष्टि से॥

प्राक्–इतिहास[2]

अवनी पर अवतरण काल से, अद्य पूर्व तक ह्रास विकास।
मानव जीवन विविध क्रियागत, करते हैं रचना इतिहास॥
युग–युगान्तर जन–जीवन पर, हुए शोध बहु चिन्त्य प्रयास।
जिससे हुआ विभाजित युग में, प्राग् आद्य नवयुग इतिहास॥1॥

प्रागैतिहासिक युग–सीमा में, लिपि–लेखनी का पूर्ण अभाव।
पाषाणिक सारी संस्कृतियाँ, पलती रही प्रकृति के छाँव॥
सिन्धु सभ्यता में मिलता है, लिपि अस्तित्व स्पष्ट प्रमान।
किन्तु आज तक पठित नहीं वह, इससे अभी अधूरा ज्ञान॥2॥

लिखित प्रमानों के अभाव में, सिन्धु सभ्यता वैदिक काल।
सभी धातु संस्कृतियाँ आती, आद्य इतिहासिक परिधि विशाल॥

---

1. मजूमदार, डी.एन. एवं गोपाल शरण : प्रागितिहास, पृ. 31–34
2. दास, एस.के. : द इकोनामिक हिस्ट्री आफ ऐंशियंट इण्डिया, पृ. 1; शुक्ल, हीरालाल : आदिवासी बस्तर का वृहद् इतिहास, पृ. 8–10; कौशाम्बी, डी.डी. : द कल्चर एंड सिविलाइजेशन आफ ऐंशियंट इण्डिया, पृ. 26–40

लिखित साक्ष्य पर आधारित जो, वह कहलाता है इतिहास।
छठी शत्ती पूर्व ईसा से, होत्ता है प्रारम्भ प्रकाश ॥3॥

विश्व विज्ञजन का अभिमत है, आदिम मानव के अवशेष।
पाँच लाख वर्ष से पहले, प्लीस्टोसीनिक काल विशेष॥
शुरू अठारह सौ तिरसठ में, प्रागैतिहासिक अनुसंधान।
प्रस्तर युग का मिला न देश में, कोई भी जीवाश्म प्रमान ॥4॥

किन्तु अभी काम्ब खाड़ी के, सागर जल में हुई खुदाई।
मिले सुजीवन चिन्ह बहुत से, होलोसीनिक संस्कृति जाई॥
पूर्ण प्राग् इतिहास काल यह, बँटा हुआ है अंश त्रिकाल।
सर्वप्रथम पाषाण काल अरु, बाद कांस्य व लौहिक काल[1] ॥5॥

पाषाण काल[2]

अध्ययन मनन कर विद्वानों ने, प्रस्तर काल को किया विभाजित।
पूर्व मध्य नवकाल नाम से, किया विशिष्टता मत प्रतिपादित॥
मापा जाता युग परिवर्तन, प्राप्त उपस्कर, सुघर या रुक्ष।
पूर्व पाषाण काल है क्रमशः, बँटा निम्न मध्य व उच्च ॥6॥

निम्न पूर्व पाषाण काल में, लक्षित द्वय संस्कृति उन्मेष।
चापर चापिंग पेबुल संस्कृति, हैन्डएक्स परम्परा विशेष॥
चापर संस्कृति विविध उपकरण, मिले हैं सोहन पाटी में।
हैन्ड एक्स बदमदुरै आन्ध्र के, अत्तिरम्पक्कम् माटी में ॥7॥

निम्न पूर्व पाषाणकाल

(अ) सोहन संस्कृति[3]

सोहन, सिन्धु सहायक सरिता, देती प्रागैतिहासिक संदेश।
डी.एन. वाडिया आर.यू. टाड को, प्राप्त हुए उपकरण विशेष॥
सन् उन्नीस सौ अट्ठाइस से, सन् पैंतिस के वर्ष अन्तराल।
हुए शोध सर्वेक्षण भारी, साल्टरेंज सोहन तट ढाल ॥8॥

1. श्रीवास्तव, के.सी. : प्राचीन भारत का इतिहास तथा संस्कृति, पृ. 33–42
2. वर्मा, राधाकान्त : भारतीय प्रागैतिहासिक संस्कृतियाँ, पृ. 26–60; गैरोला, वाचस्पति : भारतीय संस्कृति और कला, पृ. 74–81
3. पंत, पी.सी. : प्रीहिस्टारिक उत्तर प्रदेश, पृ. 37–38; श्रीवास्तव, के.सी. : पूर्वोक्त, पृ. 35–36; मजूमदार, डी.एन. एवं गोपालशरण : प्रागितिहास, पृ. 146–148

सन् पैंतिस में डी. टेरा दल, आरम्भ अनुसंधान तैयारी।
किया व्याख्या पाषाणिक युग, हिम अन्तर्हिम काल विचारी[1]॥
सोहन घाटी पंचवेदिका, निर्मित जो हिमयुग अनुसार।
क्वार्टजाइट से रचे मिले हैं, पुरा उपकरण विविध प्रकार॥9॥

पीटर्सन ने कांग्लोमीरेट से, किये पेबुल फलक एकत्र।
घिसे वृहद् वे कोनाकार में, मिले हैं सोहन से सर्वत्र॥
मलक चौन्तरा कलार चौमुख, प्राप्त हैं जो उपकरण तमाम।
नाम सुझाये प्राक् सोहन युग, पुरातत्व खोजी विद्वान्॥10॥

सोहन घाटी उपकरणों के, स्तर मिलते विविध अनेक।
आरम्भिक उत्तर युग विकसित, संस्कृति शैली भिन्न प्रत्येक॥
प्रारम्भिक स्तरीय उपकरण, सम्बन्धित द्वितीय हिमकाल।
इसमें चापर हैन्डएक्स के, मिले उपकस्ण हैं उस काल॥11॥

पेबुल फलकों पर रचना है, चिपट गोल लघु वृहदाकार।
मिट्टी काई जमी है उन पर, टूटे फूटे घिसी है धार॥
निर्मित हुई तीसरे हिमयुग, द्वितीय वेदिका सोहन घाटी।
ये उपकरण हैं पूर्व से उत्तम, सोहन उत्तर युग परिपाटी॥12॥

अन्तर्हिम तृतीय युग अन्दर, तृतीय वेदिका की पहचान।
किन्तु वहाँ से मिला न कोई, उपकरणीय अस्तित्व प्रमान॥
इस युग का चौन्तरा स्थल, महत्वपूर्ण उत्तरकालीन।
प्राप्त यहाँ से फलक व पेबुल, हैन्डएक्स सोहन आधीन॥13॥

हैन्डएक्स चौन्तरा से मिलना, सचमुच है विस्मय की बात।
दक्षिण से उत्तर को आया, शायद मानव लेकर साथ॥
सोहन के अतिरिक्त बहुत सी, नदी घाटियों के अन्तराल।
मिलते हैं पाषाण संस्कृति, के अस्तित्व प्रमाण विशाल[2]॥14॥

साबरमती नर्मदा घाटी, श्रीनगर लिद्दर कश्मीर।
बेलन व्यास वानगंगा व, सतलज सिरसा रावी तीर॥
मयूरगंज चित्तौड़ शिवालिक[3], आन्ध्रा में गिद्दलूर नेल्लोर।
दूर-दूर तक देश में प्रसरित, चापर चापिंग संस्कृति छोर[4]॥15॥

---

1. पंत, पी.सी. : पूर्वोक्त, पृ. 37-38, 150
2. सिन्हा, बी.पी. : आर्क्योलॉजी एण्ड आर्ट आफ इण्डिया, पृ. 3; वर्मा, राधाकान्त : पूर्वोक्त, पृ. 128-187
3. खुराना, के.एल. एवं गुप्ता, साधना : राजस्थान का इतिहास, पृ.2
4. जायसवाल, विदुला : भारतीय इतिहास के आदि चरण की रूपरेखा (पुरा प्रस्तर युग) पृ. 52-53

प्रारम्भिक सोहन प्रकार के, पेबुल उपकरण प्राप्त सुदूर।
मयूरगंज माही सिंगरौली, चित्तौड़ नेल्लोर गिद्दलूर॥
इलाहाबाद मिर्जापुर अंचल, बेलन सरित् कंठ परिवेश।
हर स्तर सोहन संस्कृति के, मिले उपकरण बहु अवशेष॥16॥

व्यूरिन वेधक क्लीयर पेबुल, हैन्डएक्स स्क्रेबर ब्लेड।
मिले सभी स्तर से ये सब, युग अन्तर से कुछ-कुछ भेद॥
मातृदेवि प्रतिमा बेलन से, अस्थि से निर्मित मिली सुरक्षित।
बी.सी. तीस हजार से दस तक, बेलम संस्कृति काल अवस्थित॥[1]17॥

(ब) दक्षिण भारत की हैन्डएक्स परम्परा[2]

पल्लवरम् व अत्तिरम्पक्कम्, आन्ध्रांचल मद्रास के पास।
रावर्ट ब्रूसफुट और किंग को, प्राप्त हैन्डएक्स कठिन प्रयास॥
डी. टेरा पीटर्सन दल ने, शुरू किया नव अनुसंधान।
के.डी. बनर्जी, आर.बी. जोशी, कृष्णास्वामी का अवदान॥18॥

कोर्तलयार नदी घाटी में, बदमदुरै प्रसिद्ध स्थान।
निम्न पूर्व पाषाणकाल के, मिले वस्तु उपकरण तमाम॥
बदमदुरै में त्रय वेदिकायें, निर्मित पुलिन कोर्तलयार।
तीन भाग में रखकर इस पर, किया गया अध्ययन विचार॥19॥

सबसे निचली प्रथम वेदि को, कहा गया कांगलोमीरेट[3]॥
भारी भरकम हैन्डएक्स है, कोर उपकरण काई कोट॥
बने किनारे टेढ़े-मेढ़े, फलक मुट्ठियाँ कुछ कुछ मोटी।
गहरे फ्लेकिंग चिह्न बहुत हैं, हैन्डएक्स अवेवीलियन कोटी॥20॥

द्वितीय श्रेणी के उपकरणों में, हैन्डएक्स व कोर ही आते।
किन्तु अधिक ये पूर्व से विकसित, कलापूर्ण है दृग को भाते॥
हैन्डएक्स अश्यूलियन कोटि के, चौड़े सुघर व मंजु सुडौल[4]।
लालवर्ण वेदिका अश्म से, उपकरणों पर रक्तिम घोल॥21॥

---

1. सुन्दरराजन, के.वी. : ग्लिम्पिसेज आफ इंडियन कल्चर हिस्ट्री एण्ड आर्क्योलाजी, पृ. 1-2; एवं वर्मा, राधाकान्त : पूर्वोक्त, पृ. 102-106
2. श्रीवास्तव, के.सी. : पूर्वोद्धृत, पृ. 36-37; जायसवाल, विदुला : पूर्वोक्त, पृ. 61-62
3. मजूमदार, डी.एन. एवं गोपालशरण : प्रागैतिहास, पृ. 148-153
4. शास्त्री, नीलकंठ के.ए. : दक्षिण भारत का इतिहास, पृ. 51;

तृतीय कोटि के उपकरणों पर, लगी न काई नही वे लाल।
तकनीकी दृष्टि से विकसित, पतले फलक परिष्कृत काल॥
दो प्रकार के हैन्डएक्स हैं, तीव्र नुकीले अंडाकार।[1]
बदमदुरै से क्लीवर कोर के, प्राप्त हुए हैं कुछ हथियार॥22॥

कोर्तलयार नदी घाटी का, पूर्व पाषाणिक स्थल एक।
अतिरम्पक्कम् महत्त्वपूर्ण है, मिले वहाँ उपकरण अनेक॥
हैन्डएक्स है पतले लम्बे, चौड़े फलक अश्यूलियन प्रकार।
क्लीवर फलक उपकरण आदि, पूर्व पाषाणिक युग औजार॥23॥

भारत के कुछ अन्य अंचल में, मद्रासीय संस्कृति परिपाटी।
साबरमती नर्मदा माही, सोन गोदावरि प्रवरा घाटी॥
तुंगभद्रा कृष्णा व चम्बल, बेलन सोहन कच्छ कछार।
पूर्व पाषाणारंभ काल में, इस संस्कृति का था प्रस्तार[2]॥24॥

मध्यपूर्व पाषाण काल[3]

मध्यपूर्व पाषाणकाल है, फलक प्रधान संस्कृति व्याप्त।
ब्लेड फलक पर बने उपकरण, व्यूरिन वेध स्क्रेबर प्राप्त॥
कहीं-कहीं लघुकाय व सुन्दर, कलीवर हैन्डएक्स मिलते हैं।
ब्लेड कोर फलकाधिक्य से, फलक संस्कृति भी कहते हैं॥25॥

उपकरणों की संरचना में, क्वार्टजाइट का बहुत प्रयोग।
जेस्टर, फ्लिंट चर्ट पत्थर का, किया गया अधिक उपयोग॥
मध्य पूर्व पाषाण उपकरण, मिले देश के कोने-कोने।
उत्तर दक्षिण पूरब पश्चिम, नदी घाटियाँ तीर सलोने[4]॥26॥

उच्चपूर्व पाषाण काल[5]

इस संस्कृति के प्रमुख उपकरण, अश्म फलक पर निर्मित ब्लेड।
समानान्तर संकरे व पतले, लम्ब-चौड़ में द्विगुणित भेद॥
उच्चपूर्व पाषाणिक स्थल, मिले जहाँ उपकरण हैं दुष्कर।
वे हैं बबुरी पटणे-भदणे, भीमबेटका बूढ़ा पुष्कर॥27॥

1. सी. मार्ग बन्धु आदि (सं.) : पूर्वोक्त, पृ. 26
2. मजूमदार, डी.एन. एवं गोपालशरण : प्रागितिहास, पृ. 153-161
3. गैरोला, वाचस्पति : पूर्वोद्धृत, पृ. 75-76
4. वर्मा, राधाकान्त : पूर्वोक्त, पृ. 180-217
5. वही, पृ. 218-239, जायसवाल, विदुला : पूर्वोक्त, पृ. 73-83

सिंहभूमि जोगदहा बेमुला, रेणिगुन्त, कर्नूल बाघोर।
इनामगाँव बिसदी शोरापुर, बेलन सोन दिशा चहुँओर॥
मुख्य उपकरण ब्लेड है लेकिन, स्क्रेवर छिद्रक भी दिखते।
इनकी रचना चर्ट व जेस्पर, फ्लिंट अश्म बहुमूल्य में बिकते॥28॥

ब्लेड उपकरण बने अश्म के, कोर विशेष बेलनाकार।
मिले अस्थि के वेधक छिद्रक, स्क्रेबर उपकरण सधार॥
यह युग तीस हजार बी.सी. से, दस हजार बी.सी. तक जारी।
पूर्ण प्राकृतिक मानव जीवन, पशु सदृश थे हिंस्र शिकारी॥29॥

भयाक्रान्त हिंसक जीवों से, खोह कन्दरा करते वास।
भाण्ड बिना जल कैसे भरते, मड़राते नदियों के पास[1]॥
ताप शीत रक्षार्थ प्रकृति से, या फिर लोकलाज के कारन।
जीव चर्म तरु छाल पत्र को, करने लगे गात पर धारन[2]॥30॥

कृषि पशु पालन से न परिचित, नहीं अग्नि का उनको ज्ञान।
बर्तनभाण्ड-कला अपरिचित, थे उपभोक्ता वे अनजान॥
पूर्व पाषाण युगी मानव ने, प्रस्तर के गुण को पहचाना।
अब तक वे सब जान चुके, क्वार्टजाइट से यन्त्र बनाना॥31॥

फरसा भाला बाण हथौड़ा, काष्ट काटने के औजार।
चाकू छिलनी भूमि भेदनी, आत्म सुरक्षा के हथियार॥
हथियारों के बोध ज्ञान से, बन गये कुशल शिकारी वे।
जीव माँस फल कंद मूल फल, शाक पात आहारी वे[3]॥32॥

मध्य पाषाण काल[4]

ईसा पूर्व पच्चीस हजार से, जन जीवन में आया मोड़।
पूर्व काल की कुछ परिपाटी, दिया उन्होंने इस युग छोड़॥
उनके हथियारों यन्त्रों ने, बहुत अधिक परिवर्तन छाया।
नया दौर जीवन में लेकर, यह पाषाण मध्य युग आया॥[5]33॥

1. अग्रवाल, वी.एस. : भारतीय कला, पृ. 9-10
2. नाहर, रतिभान सिंह : प्राचीन भारत का राजनैतिक तथा सांस्कृतिक इतिहास, पृ. 27-28
3. नैस्तुर्ख, माइखेल : मानव की उत्पत्ति और क्रमिक विकास, पृ. 374,
4. मजूमदार, डी.एन. एवं गोपालशरण : प्रागितिहास, पृ. 162-177
5. वर्मा, राधाकान्त : पूर्वोक्त, पृ. 240-271

इस युग के उपकरण बड़े न, आधा से कुल पौना इंच।
बने हुए बहुमूल्य अश्म से, जेस्पर एगट चर्ट व फ्लिंट॥
चाल्सेडनी क्वार्टजाइट भी, रहे उपकरण कृत आधार।
सींग हड्डियों के भी मिलते, कई उपस्कर व हथियार ॥34॥

फलक ब्लेड छिद्रक स्क्रेबर, व्यूरिक बेधक चान्द्रिक नाम।
जगह जगह से मध्य युगान्तर, मिले उपकरण ढेर तमाम॥
कुछ उपकरण हैं टेढ़े मेढ़े, उनमें भी कुछ त्रिभुजाकार।
कुछ जैसे समलम्ब चतुर्भुज, अधिक परिष्कृत स्वआकार ॥35॥

स्थल मध्यपाषाण काल के, मध्य प्रान्त[1] केरल गुजरात।
यू.पी. बंग बिहार व आन्ध्रा, राजस्थान तमिल महाराष्ट्र॥
जिन स्थल के हुए उत्खनन, वहाँ मिले बहु कब्र समाधि।
इस युग से ही मिलने लगते, अस्थि अंग पशु मानव आदि ॥36॥

राजस्थान का पहला स्थल, जनपद भिलवाड़ा बागौर।
मिले मनुज कंकाल उपकरण, सन् सत्तर उत्खनन के दौर॥
संकालिया सुब्बाराव आदि ने, लंघनाज उत्खनन कराया।
चौदह नरकंकाल कब्र व, लघु उपकरण भाण्डमृद् पाया ॥37॥

जिला रायसेन भीमवेटका, से उपलब्ध विविध औजार।
होसंगाबाद में आदमगढ़ से, मिले यन्त्र चौबीस हजार॥
रांची पलामू भागलपुर व, राजगीर के लघु पाषाणिक।
मिले उपस्कर वर्दवान से, एक हजार बी.सी. समकालिक ॥38॥

आन्ध्रा के नागार्जुनी कोण्ड में, रेणीगुण्टा व गिद्दलूर।
तिरुनेल्वेलि संगमकल्लू, प्राप्त उपकरण दक्षिण दूर[2]॥
विन्ध्य क्षेत्र गंगा की घाटी, मध्य पाषाण स्थल समृद्ध।
यहाँ से मिलते ढेर उपकरण, नर कंकाल उत्खनन सिद्ध[3] ॥39॥

उन्नीस सौ बासठ से अस्सी, प्रयाग वि.वि. इतिहास विभाग।
किया उत्खनन मिर्जापुर व, इलाहाबाद कतिपय संभाग॥
बघहीखोर लेखहिया मोरहना, चोपानीमाण्डो मेजा तहसील।
मिले मध्य पाषाण उपकरण, नरकंकाल सुरक्षित टील[4] ॥40॥

1. शुक्ल, हीरालाल : पूर्वोद्धृत, पृ. 8–9
2. सी. मार्गबन्धु आदि : (सं.) पूर्वोक्त, पृ. 27–35, 44–45
3. श्रीवास्तव, के.सी. : पूर्वोक्त, पृ. 39
4. जायसवाल, विदुला, पूर्वोक्त, पृ. 60–62

मिर्जापुर के लेखहिया से, मिले जो सत्रह नर कंकाल।
उनमें से अधिकांश के सिर हैं, पश्चिम दिशा कब्र उस काल॥
विस्तृत क्षेत्र चोपानीमाण्डो, यहाँ झोपड़ी मिले प्रमाण।
पेबुलादि लघु अश्म उपकरण, चाल्सेडनी चर्ट निर्माण॥41॥

यदा कदा यहाँ से मिलते, मिट्टी बर्तन हस्त से निर्मित।
सत्रह से सप्त सहस्र बी.सी., चोपानीमाण्डो काल निश्चित॥
प्रयाग के भीखापुर कूढ़ा, महरुडीह विछिया पुर जमुनी।
प्रतापगढ़ के महदहा दमदमा, सरायनाहर पुरातात्विक धमनी[1]॥42॥

लघु उपकरण सरायनाहर के, जो स्वरूप सम, विषम त्रिभुज हैं।
यहाँ कथित औजार अलावा, शवाधान गर्त, चूल्हे खुब हैं॥
शवाधान संस्कार विधि व, चूल्हे अग्नि प्रयेाग दर्शाते।
पशुओं की अधजली हड्डियाँ, मांस भक्षण के रुचि बतलाते॥43॥

सत्तर दशक महदहा उत्खनन से, चूल्हे मिलते शवाधान भी।
स्त्री पुरुष युगल दफनाना, कब्र में रखते कुछ सामान भी॥[2]
मिलते जो महदहा खनन से, सिल लोढ़ा हैमर दर्शाते।
संग्रह कर प्राकृतिक अन्न को, कूट पीस कर उनको खाते॥44॥

दमदमा की उत्खनित भूमि है, प्रतापगढ़ की पट्टी तहसील।
नब्बे दशक के मध्य उत्खनन, मिले उपकरण लोढ़ा सील॥
चूल्हे मिले व शवाधान भी, हड्डी सींग के यंत्राभूषण।
शवाधान संस्क्रिया बताते, रोकथाम दुर्गन्ध प्रदूषण॥45॥

विविध वस्तु उपलब्धि के क्रम में, मिले हथौड़ों के अवशिष्ट।
दस से चार हजार बी.सी. तक, स्थल दमदमा काल विशिष्ट॥
सरायनाहर महदहा दमदमा, प्राच्य विदों का महती खोज।
विश्वविद्यालय इलाहाबाद के, पुरातत्व दल श्रम व ओज[3]॥46॥

मध्य पाषाणिक जन जीवन में, मिलते हैं कुछ ऐसे चिह्न।
पूर्व पाषाण युगी मानव से, इस युग का मानव कुछ भिन्न[4]॥

1. सिंह, पुरशोत्तम : प्राग्धारा, अंक-15, वर्ष : 2004-05, पृ. 1
2. गैरोला, वाचस्पति : पूर्वोक्त, पृ. 76-79
3. श्रीवास्तव, के.सी. : पूर्वोद्धृत, पृ. 38-40
4. पंत, पी.सी. : पूर्वोद्धृत, पृ. 70-71, 76, 89-91; जायसवाल, विदुला : पूर्वोक्त, पठनीय

शनैः शनैः परिचय व निकटता, पशुओं के उपयोग को जाना।
रचने लगे झोपड़ी अपनी, सीख गये मृद्भाण्ड बनाना ॥47॥

मृतकों को अब खुला छोड़ना, मानव मन न सुहाता था।
इसीलिए धरती के अन्दर, शवों को वह दफनाता था॥
रखा जाता समाधियों में, खाद्य सामग्री कुछ औजार।
यह युग जारी रहा देश में, ईसा पूर्व तक चार हजार[1] ॥48॥

उत्तर या नव पाषाण काल[2]

नव प्रस्तर युग शुरू देश में, चार हजार बी.सी. अनुमान।
सबसे पहली नवयुग बस्ती, मेहरगढ़ है बलूचिस्तान॥
भारत में जो कुछ मिलते हैं, नव पाषाणिक युग अवशेष।
उसे बाँट कर छह भागों में, हुआ शोध उत्खनन विशेष ॥49॥

उत्तर दक्षिण मध्य व गंगा, मध्यपूर्व पूर्वोत्तर भारत।
इन क्षेत्रों से नव पाषाणिक, मिले यन्त्र सभ्यता सुकारक॥
पूर्वकाल के कथित उपकरण, प्रचलित अब भी अस्सरदार।
मानव के विकसित विवेक ने, किये अन्य बहु आविष्कार ॥50॥

उत्तर भारत नव पाषाणिक, संस्कृति स्थल है कश्मीर।
बुर्जहोम व गुफकराल में, परिलक्षित इसकी तस्वीर॥
ए.एस.आई. ने बुर्जहोम में, दशक सातवें किया खुदाई।
गड्ढे वाले घर हैं मिलते, शव समाधि की है अधिकाई ॥51॥

शवाधान में मानव के संग, पालतू श्वान गया दफनाया।
किन्तु रीति यह भारत भर में, अन्य कहीं भी गया न पाया॥
सन् इक्यासी में ए.के. शर्मा, गुफकराल उत्खनन कराये।
ट्रैप पत्थर भी बनी कुल्हाड़ी, बसुली खुरपी, छैनी पाये ॥52॥

गदाशीर्ष वेधक कुदाल संग, हड्डी के उपकरण हैं मिलते।
वेधक पालिशदार बने हैं, नव उपकरण चमक से खिलते॥
गुफकराल में सिल व बट्टा, अस्थि की बनी सूइयाँ मिलती।
कूट पीस कर खाते शायद, गृहिणी वस्त्र स्वयं भी सिलती ॥53॥

---

1. शर्मा, एल.पी. : पूर्वोक्त, पृ. 19
2. वर्मा, राधाकान्त : भारतीय प्रागैतिहासिक संस्कृतियाँ, पृ. 272–282; मजूमदार, डी.एन. एवं गोपालशरण : प्रागितिहास, पृ. 178–188

घड़े कटोरी थाल तस्तरी, मिले वहाँ पर बर्तन खाक।
कुछ तो गढ़े गये हाथों से, कुछ–कुछ लगते निर्मित चाक॥
मिली अस्थियाँ पशु–पक्षी की, उत्खननों की खाई में।
मटर मसूर गेहूँ जौ दाने, मिलते विविध खुदाई में[1] ॥54॥

विन्ध्य के नव पाषाणिक स्थल, प्रयाग दक्षिणी माटी में।
कोल्डिहवा पंचोह महगड़ा, बेलन सरिताघाटी में[2] ॥
यहाँ उत्खनन का श्रेय शोभित, विश्वविद्यालय इलाहाबाद।
पुराविदों प्राध्यापक छात्रों, प्रमुख प्राच्य इतिहास विभाग॥55॥

कोल्डिहवा से प्राप्त वस्तुएँ, नवयुग ताम्र व लौह युगीन।
बर्तन बड़े घड़े व मटके, अन्न सुरक्षा संचय लीन॥
ज्ञात यहाँ से सर्व प्रथम ही, धान की खेती कृषि का हाल।
चिपके मिले ठीकरे ऊपर, धान की भूसी अन्न पुआल॥56॥

पंचोह महगड़ा स्थल से, मिले वस्तु नवयुग पाषाणिक।
समन्तान्त प्रस्तर से निर्मित, गोल कुल्हाड़ी हैं अधिकाधिक॥
प्राप्त हथौड़ा छेनी बसुली, भूमि खोदने के औजार।
खम्भ के गड्ढे इंगित करते, सृजित झोपड़ी के आसार॥57॥

हाथ से बने पात्र हैं मिलते, घड़े कटोरी और तश्तरी।
चमकीले खुरदुरे अलंकृत, एक पे रस्सी छाप है उभरी॥
बकरी भेड़ सुअर हिरनों के, मिले अस्थि पंजर बतलाते।
शायद पशु को पाला जाता, या फिर मार माँस को खाते॥58॥

छपरा मध्य गंगा की घाटी, महत्वपूर्ण स्थल है 'चिरांड'।
मिले जहाँ टोटी के बर्तन, तसले घड़े विविध मृद्भाण्ड॥
पालिशदार प्रस्तरीय कुल्हाड़ी, सिलबट्टा व हथौड़ा बाण।
सींग की बनी कुदाल व छेनी, वर्मी सूई वलय प्रमाण॥59॥

बाँस बल्लियों के प्रयोग से, निज निवास झोपड़ी बनाते।
गेहूँ धान मसूर मूँग जौ, खेत से अधिक अन्न उपजाते॥
मरूडीह स्थल विहार में, और कुचाई प्रान्त उड़ीसा।
असम और मेघालय गारा, उत्तर युग प्रतिबिम्बित सीसा॥60॥

1. सी. मार्गबन्धु आदि (सं.) : पूर्वोक्त, पृ. 101–109
2. पंत, पी.सी.: पूर्वोक्त, पृ. 24, 98–100, 140

छेनी कुदाल मूसल व बसुली, लोढ़ा पालिशदार कुल्हाड़ी।
मिलते हैं मृद्‌भाण्ड स्लेटी, बने चाक कुछ हस्त से हाड़ी॥
कई विषमतायें परिलक्षित, विन्ध्य संस्कृति गंगा घाटी।
भौगोलिक वैभिन्य के कारण, भूमि पर्वतीय दल-दल माटी॥61॥

विन्ध्य क्षेत्र के शैलाश्रय में, नव युगीन चित्रकारी मिलती।
गंग भूमि में ताम्र व प्रस्तर, लौह संस्कृति जारी मिलती[1]॥
नगर क्रान्ति घाटी में पनपी, विन्ध्य क्षेत्र में नहीं प्रभाव।
लघु उपकरण प्राप्त घाटी में, शृंग उपकरण, विन्ध्य अभाव॥62॥

दक्षिण नव पाषाणिक स्थल, आन्ध्र तमिलहम् व कर्नाटक।
मिले यहाँ मृद्‌भाण्ड उपकरण, कृष्णा-कावेरी घाटी तट॥
तेक्कलकोट व संगनकल्लू, ब्रह्मगिरी हल्लूर कोडेक्कल।
पिकलीहल मास्की नरशीपुर, कर्नाटक, उत्तर युग स्थल॥63॥

नागार्जुनीकोण्ड उतनूर आन्ध्र में, फलवाय व सिंगनपल्ली।
तामिलनाडु पाषाण काल नव, स्थल ज्ञात पैय्यमपल्ली॥
प्राप्त यहाँ से अस्थि उपकरण, प्रस्तर पालिशदार कुल्हाड़ी।
श्याम स्लेटी बर्तन मिलते, घट कटोर तश्तरी व थाली॥64॥

कृषि पशुपालन से परिचित थे, करते अन्न शाक उत्पादन।
सरकण्डे मिट्‌टी से निर्मित, निज निवास में जीवन यापन[2]॥
पूर्व पाषाणिक काल अपेक्षा, नव पाषाणिक संस्कृति साधक।
किये विकास विविध क्षेत्रों में, उपभोक्ता से बने उत्पादक॥65॥

शुरू हुआ कृषि कार्य तभी से, बीज धरणि में बोये जाते।
पूर्व प्राकृतिक उपज जिंस सब, सींचे और संजोये जाते[3]॥
आवश्यकता अनुरूप पालने, लगे दुधारू पशु समुदाय।
कृषि सहयोगी वृषभ महिष अज, शूकर भेड़ भैंस व गाय॥66॥

उत्तर प्रस्तरकाल का मानव, अग्नि प्रयोग भी जान चुका था।
उस पर पके हुए भोजन का, रुचि व स्वाद पहचान चुका था॥

1. गैरोला, वाचस्पति : पूर्वोद्धृत, पृ. 81-90; दीक्षित, के.एन., डायमेन्संस आफ इंडियन आर्ट, खण्ड प्रथम, पृ. 109-113
2. कौशाम्बी, डी.डी. : पूर्वोक्त, पृ. 45-52; अग्रवाल, वी.एस. : पूर्वोक्त, पृ. 10
3. श्रीवास्तव, के.सी. : पूर्वोक्त, पृ. 40-42; वाजपेयी, के.डी. : भारतीय वास्तुकला का इतिहास, पृ. 1-2; सिंह, इन्द्रवीर, प्राग्धारा, अंक-15, वर्ष 2004-2005, पृ. 23

भोजन में फल अन्न दुग्ध घी, स्वच्छ स्वस्थ लेते आहार।
मछली मांस चाव से खाते, जाल फेंक कर करें शिकार ॥67॥

पशुपालन व कृषि सिंचन से, बढ़ा मनुज का कारोबार।
सहयोगी उद्योग शिल्प के, होन लगे नव आविष्कार॥
कुछ विद्वानों के विचार में, खाल छाल वल्कलधारी थे।
पुराविदों के खोज शोध में, पट प्रयोग रचनाकारी थे ॥68॥

हस्त रचित मृद्भाण्ड अवांतर, चाक-चक्र की खोज हुई।
रंगे सुचित्रित मृद्भाण्डों के, बनने की लय तेज हुई[1]॥
क्रमशः युग के परिवर्तन से, मानव मन में उठा प्रभास।
सहज कृत्य निर्माण लक्ष्य में, जगाभाव सौन्दर्याभास[2] ॥69॥

अब निर्मित औजार उपकरण, सुन्दर तेज सुडौल हो गये।
अच्छी पालिश अनुरंगन से, सौम्य प्रभामय धौल हो गये॥
बर्तन घर के उपादान अरु, कृषी यन्त्र हिंसक हथियार।
घास फूस की बनी झोपड़ी, सबमें था सौन्दर्य निखार ॥70॥

मानव मन में स्वयं सँवरने, सजने का उभरा उल्लास।
कच कंघा गुलबन्द गले का, करते हैं शृंगाराभास॥
चिह्न कटोरीदार या तक्षण, कला के जो मिलते अवशेष।
वे इतने मनहर उदात्त प्रिय, परवर्ती युग नव न विशेष ॥71॥

तक्षण-चित्रण मृणमूर्ति का, भारत भर में था फैलाव।[3]
गेरू निर्मित चित्रकला के, मिले उदाहरण हैं शत ठांव॥
विन्ध्यश्रेणि मिर्जापुर अंकित, बारहसिंघे का आखेट।
जिला होशंगाबाद में मिलता, पशु जिराफ का अंकन भेट ॥72॥

मानव आकृति का अनुचित्रण, कार्टून सदृश रुचिकारी है।
पशुओं पर अधिपत्य जताता, चित्रित वीर शिकारी है॥[4]

---

1. शुक्ल, हीरालाल : पूर्वोद्धृत, पृ. 9-10
2. गैरोला, वाचस्पति : पूर्वोद्धृत, पृ. 78-91
3. बनर्जी, अरुन्धती : अर्ली इंडियन टेराकोट्टा आर्ट, पृ. XIX, 7-23
4. तिवारी, आर.पी. : सर्वे आफ ड्राइंग इन ऐंशियंट इण्डिया, पृ. 2-3; सुन्दरराजन, के.वी. : पूर्वोक्त, पृ. 52-63; अग्रवाल, वी.एस. : पूर्वोक्त, पृ. 11-13

नृत्यभाव से युक्त चित्र से, नृत्यगीत होता अनुमान[1]।
धर्म कर्म विश्वास नीति नय, ईश देव का नहीं प्रमान॥73॥

शव समाधियों के प्रमाण संग, मिले बस्तियों के अवशेष।
जल की बढ़ती आवश्यकता से, बसे सरित्–झर कंठ प्रदेश॥
पूर्व युगीन घुमक्कड़ जीवन, अब इस युग में रहा न खास।
अपने लघु आवास बनाकर, करने लगे स्थाई वास॥74॥

गृह निर्माण कला से परिचित, कंकड़ पत्थर माटी भीत।
घास फूस कठ बांस झोपड़ी, मिट्टी लेपन स्वच्छ पुनीत॥
शव समाधि व झोपड़ियों का, रचना विस्तारण उत्कर्ष।
उत्तर प्रस्तर काल संस्कृति, फैल चुकी चहुँ भारतवर्ष॥75॥

मिले राष्ट्र के कोने–कोने, भग्न शेष पत्थर औजार।
कृषी शिल्प मृद्भाण्ड कला में, एक सरीखे आविष्कार॥
पत्थर युग में अश्म उपकरण, मानव जीवनाधार बने थे।
उसके उन्नति ज्ञानार्जन में, सृष्टि श्रेष्ठ सहकार बने थे।।[2]76।।

❑❑❑

1. गैरोला, वाचस्पति : पूर्वोक्त, पृ. 82–85; श्रीवास्तव, पंकजलता : पूर्वोक्त, पृ. 145–146
2. नाहर, रतिभान सिंह : पूर्वोक्त, पृ. 29–33

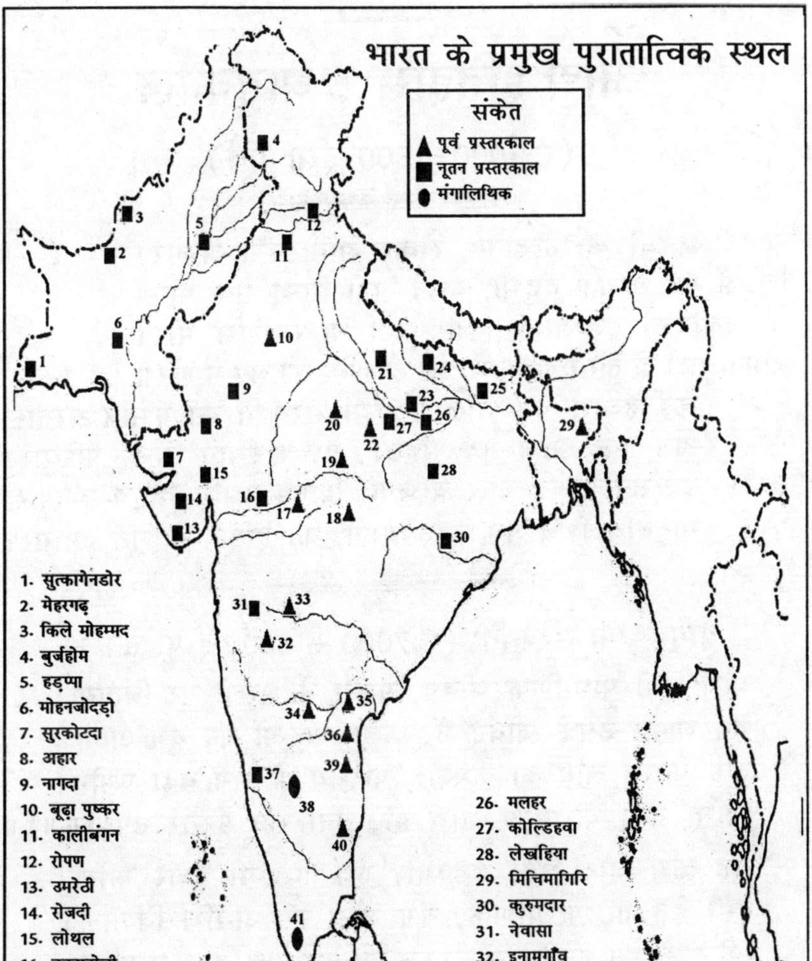

भारत के प्रमुख पुरातात्विक स्थल

4

आद्य इतिहास : धातुकाल

(C.3000–1500 ईसा पूर्व)

साहनी बनर्जी का उत्खनन, लेकर आया नया अंजोर।
जिससे नव सभ्यता दुंदुभी, बजने लगी सिन्धु सब ओर॥
मोहनजोदड़ो हड़प्पा में, जाग उठा था स्वर्णिम भोर।
बीसवीं सदी के तीसरे दशक में, इस उपलब्धि का जग में शोर॥
कई हजारों वर्ग मील में, इस संस्कृति का प्रभाव प्रस्तार।
अब तक खोजे गये सहस्रों, प्राच्य स्थान सिन्धु परिवार॥
प्रशंसनीय गृह नगर योजना, शिल्प उद्योग वाह्य व्यापार।
मातृदेवि शिव प्रकृति उपासना, का इंगित अद्भुत आधार॥

प्रागहड़प्पा संस्कृति[1] (C.7000 से 3000 ई.पू. तक)

दीर्घ युगी पाषाणिक जीवन, मानव ने धरणी पर बिताया।
तब जाकर उसके जीवन में, कड़ी धातुओं का युग आया॥
ताम्र कांस्य लौह का क्रमशः, परिचय के संग बढ़ा प्रयोग।
किन्तु ताम्र के साथ-साथ ही, बना रहा प्रस्तर उपयोग॥1॥

यह क्रम जारी रहा हड़प्पा, एवं हड़प्पा उत्तर काल।
इसी हेतु ताम्रपाषाणिक, युग संज्ञा इस अवधि विशाल॥
खोज हड़प्पा उन्नीस सौ बाइस, से यह सच हुआ प्रमाणित।
आर्य आगमन के पहले ही, श्रेष्ठ सभ्यता हिन्द में जागृत॥2॥

सिन्धु सभ्यता खनन-मनन से, यह तथ्य भी प्रकाश में आया।
पृष्ठभूमि सैन्धव संस्कृति की, ग्रामांचल में प्रसरित पाया॥
अति अतीत पश्चिमोत्तर भारत, सम्प्रति पाक बलूचिस्तान।
सात हजार बी. सी. विकासमय, कृषक बस्तियों की पहचान॥3॥

---

1. शर्मा, एल.पी. : प्राचीन भारत, पृ. 22–24; अग्रवाल, धर्मपाल पन्नालाल : भारतीय पुरेतिहासिक पुरातत्व, पृ. 27–41, 79–86, 162

विस्तृत होती गयीं बस्तियाँ, गोमल क्षेत्र सिन्ध पंजाब।[1]
तीन हजार बी.सी. तक प्रसरण, राजस्थान सरस्वती दोआब॥
पुराविदों ने इस संस्कृति को, सिन्धु सभ्यता जनक बताया।
दोनों का परिक्षेत्र एक व, क्रमशः दोनों का युग आया॥4॥

सिन्धु सभ्यता काल पूर्व से, ताम्र पाषाणिक प्राप्त प्रमान।[2]
मुण्डिकाक घुण्डई मोरासी, दक्षिण पूर्व देश अफगान॥
नाल स्याह कुल्ली मेहरगढ़, किले मुहम्मद दंब सादात।
मेही बालाकोट अंजीरा, रानाधुंदई बलुच देहात॥5॥

कोटीदीजि अमरी जलालिपुर, सरायखोला सिन्ध पंजाब।
राजस्थान में कालीवंगन, बनावली हरियाणा प्रभाग॥[3]
इस संस्कृति के कई थे स्तर, ग्राम शिल्प के कई स्वरूप।
भिन्न भिन्न पर्यावरणों में, लिये भिन्नता का लघु रूप॥6॥

इस युग में उपयोग हो रहे, भूरे लाल रंग मृद्माण्ड।
फलक उपकरण बहुतायत में, मूल्यवान मनकों के ब्राण्ड॥
ताम्र वस्तुएँ मुनरी कंकड, चूड़ी चाकू और कुल्हाड़ी।
हस्त, चाक से निर्मित वर्तन, रंग सहित मिलती चित्रकारी॥[4]7॥

मिट्टी रचित खिलौने आकृति, आग में पुनः पकाये जाते।[5]
अन्न संग्रहण लायक गढ्ढे, चूना पुते बनाये जाते॥
व्यापारिक सम्पर्क थे शायद, फारस खाड़ी और अफगान।
मध्य प्रान्त भारत तक जाते, क्रय-विक्रय करने सामान॥8॥

इस संस्कृति के लोग अधिकतर, ग्राम्य कृषक थे जो पशुचारी।
मटर मसूर उड़द गेहूँ जौ, करते हल से खेती बारी॥
भेड़ भैस वृषभ अज सूअर, करते पालन व उपयोग।
घर उनके तृण घास फूस के, अश्म अनगढ़े ईंट प्रयोग॥9॥

---

1. बनर्जी, अरुन्धती : अर्ली इण्डियन टेराकोट्टा, पृ. 11-19
2. दास, एस.के. : द इकनामिक हिस्ट्री आफ एंशियंट इण्डिया, पृ. 4-7
3. धवलिकर, एम.के. : इण्डियन प्रोटो हिस्ट्री, पृ. 9-14
4. सिंह, सर्वदमन (सं.) : कल्चर थ्रू द एजेज (वी.एन. पुरी फेलीसिटेशन वाल्यूम) पृ. 279-285, 311
5. बनर्जी, अरुन्धती : पूर्वोक्त पृ. XIX, 11-24; पाण्डेय, राजेन्द्र : भारत का सांस्कृतिक इतिहास, पृ. 32

मिले भवन के आंगन विस्तृत, भोज्य बनाने के तंदूर।
निर्मित कक्ष बगल आंगन के, काष्ट ईंट रचित भरपूर॥
कुल्लि जाब की नारि मूर्तिया, मातृदेवि पूजा संकेत।[1]
शवाधान में समाधिकरण व, दाहकर्म भी था अभिप्रेत॥10॥

मिले हुए औजार उपकरण, आभूषण मृत अस्थि कलश में।
भरसक यह विश्वास आस्था, लोकोत्तर जीवन अन्तस में॥
ग्राम्य परक इन संस्कृतियों में, दिखती उन्नत काल अवस्था।
कोटदीजि के भवन सुयोजित, रक्षाभित्ति पनाल व्यवस्था॥11॥

ईसा पहले चार हजार से, तीन हजार बी. सी के मध्य।
प्राक्हड़प्पा ग्राम संस्कृति, हुई परिष्कृत विकसित सभ्य॥
यही ग्राम अंचल संस्कृतियाँ, बनी हड़प्पन प्रगति प्रतीक।
सिन्धुसभ्यता उर आँगन में, विहित इन्ही का उत्स अतीत॥[2]12॥

हड़प्पा एवं सिन्धुघाटी सभ्यता[3]

बीसवीं शती द्वितीय दशक तक, पुराविदों को था विश्वास।
पूर्व सिकन्दर, भारत भू पर, नहीं सभ्यता व इतिहास॥
किन्तु सदी के तृतीय दशक में, यह धारणा हुई निर्मूल।
आर. डी. बनर्जी एवं साहनी, खोजे सिन्ध हड़प्पा मूल॥13॥

विज्ञजनों ने टोह लगाकर, अलग-अलग उत्खनन कराया।
ममतामई कोख भू अन्दर, सिन्धु सभ्यता सोता पाया॥
मोहनजोदड़ो-शव की ढेरी, सिन्ध प्रान्त जनपद लरकाना।
किये खुदाई आर. डी. बनर्जी, छिपे नगर का मिला खजाना॥14॥

मांटगोमरी पंजाब प्रान्त में, प्राच्य स्थल पुर नाम हड़प्पा।
किये उत्खनन दयाराम जी, मिला पुरातत्व का चहबच्चा॥
तत्पश्चात् सर जान मार्शल, एवं वत्स श्री माधव स्वरूप।
किये वृहद् उत्खनन यहाँ पर, मिले वस्तु के ढेर अनूप॥15॥

---

1. सिंह, सर्वदमन (सं.) : पूर्वोक्त, पृ. 280
2. अग्रवाल, धर्मपाल पन्नापाल : पूर्वोक्त, पृ. 27-41; मैती, एस.के. : प्राब्लम्स एण्ड पर्सपेक्टिव्स आफ ऐंशियंट इण्डियन हिस्ट्री एण्ड कल्चर, पृ. 283
3. अग्रवाल, वी.एस. : भारतीय कला, पृ. 15-17; सुन्दरराजन, के.वी. : ग्लिम्पिसेज आफ इण्डियन कल्चर, हिस्ट्री एण्ड आर्क्योलाजी, पृ. 78-86

सात तहों की हुई खुदाई, तीन खण्ड में छपी रिपोर्ट।
जिससे ज्ञान हुआ धरती में, छिपे सभ्यता के नव स्रोत॥
के. एन. दीक्षित, जे. पी. जोशी, ए. घोष, आरेल स्टीन।
अर्नेस्ट मैके आदि पुराविद्, सैन्धव शोध हुए तल्लीन॥[1]16॥

सिन्धुसभ्यता उद्घाटन से, बढ़ा राष्ट्र ऐतिहासिक तार।
लाँघ गया युग चिर ऐतिहासिक, पौराणिक सन्दर्भ के पार॥
बैबीलोन सुमेर असीरिया, मिस्र आदि के समकालीन।
कुछ अर्थों में उनसे बढ़चढ़, थी स्वतन्त्र उन्नत शालीन[2]॥17॥

मोहनजोदड़ो नगर हड़प्पा, एक दूसरे से अति दूर।
किन्तु वहाँ पर प्राप्त वस्तु में, कृत समानता है भरपूर॥
स्वयं सिद्ध इन द्वय नगरों की, एक सभ्यता संस्कृति बानी।
पिगट कहे साम्राज्य सिन्ध की, पुर दोनों जुड़वा राजधानी॥18॥

सिन्धु सरित् स्थान हड़प्पा, दोनों से अस्तित्व है सिद्ध।
इसीलिए दोनों नामों से, इसकी है पहचान प्रसिद्ध॥
है इसका प्रभाव अति विस्तृत, सिन्धु हड़प्पा भू के बाहर।
ईसा पहले ढाई हजार वर्ष, इसका विकसित रूप उजागर॥[3]19॥

विस्तार

बहुत बड़े भू-भाग में स्थित, नगर सभ्यता की फुलवारी।
विश्व अन्य समकालिक संस्कृति, इससे विस्तृत और न भारी॥
उत्तर सीमा पाक में स्थित, पंजाब प्रांत रहमान की ढेरी।
दक्षिण गुर्जर भोगत्रार है, चौदह सौ किलोमीटर फेरी॥20॥

पूरब स्थित आलमगीर से, पश्चिम में सुत्कागेनडोर।
सोलह सौ किलोमीटर दूरी, एक छोर से दूसरा छोर॥
अब तक खोजे गये चौदह सौ, स्थल प्रमुख पुरा अवशेष।
जो स्थित पश्चिमोत्तर भारत, पाक देश कुछ प्रांत विशेष॥21॥

---

1. गैरोला, वाचस्पति : भारतीय संस्कृति और कला, पृ. 90-91
2. श्रीवास्तव, के.सी. : प्राचीन भारत का इतिहास तथा संस्कृति, पृ. 43-45; धवलिकर, एम.के. : पूर्वोद्धृत, पृ. 2-9
3. कौशाम्बी, डी.डी. : द कल्चर एण्ड सिविलाइजेशन आफ ऐंशियंट इण्डिया, पृ. 53-58

जिन जगहों की हुई खुदाई, उनमें निम्न प्रमुख स्थान।
सुतकागेंडोर सोत्तकाकोह, बालाकोट बलूचिस्तान॥
मोहनजोदड़ो चहुन्दड़ो सिन्ध, जुड़ीरोदड़ो कोटदीजि अमेरी।
पंजाब हड़प्पा डेरा इस्माइल, सराय खोला रहमान की ढेरी॥22॥

भारत में पंजाब कोटला, रोपड़ बनावली व मित्तोथल।
राखीगढ़ी निहंग कोटला, कालीबंग रंगपुर लोथल॥
भोगत्रार सुरकोट्दा मालवण, आलमगीर व देशलपूर।
भगतराव बड़गाँव धौलावीरा, जम्मू से माण्डा अखनूर॥23॥

अन्य स्थल संघोल हुलास हैं, दैमाबाद कुडवाला घेर।
इन स्थल के उत्खननों से, प्राप्त विविध सामग्री ढेर॥[1]
खर्बी अहमदाबाद सन्निकट, सन् अट्ठासी के दौरान।
मिले वहाँ मृद्भाण्ड हड़प्पन, ताम्राभूषण अन्य सामान॥24॥

उन्नीस सौ पंचानवे उदयपुर, बालाथल में हुई खुदाई।
मिले वहाँ पाषाण खण्डहर, ओखल अन्न व संग्रह खाई॥
तीस किमी गुजरात के तट से, समुद्र मध्य खाड़ी खम्भात।
यहाँ दृष्ट एक नगर सभ्यता, लक्षण उत सैन्धव सम ज्ञात॥25॥

वैज्ञानिकों के शोध परीक्षण, से निर्धारित उसका काल।
सप्त से पंच सहस्र वर्षान्तर, ईसा पहले विकसित हाल॥
इन तथ्यों से सिन्धु सभ्यता, जीवन रेखा खुद बढ़ जाती।
तीन हजार बी.सी. की सीमा, पाँच हजार बी.सी. तक जाती[2]॥26॥

उत्पत्ति[3]

इतनी उन्नत नगर संस्कृति, के उद्भव विकास अवसान।
पर भारी मतभेद रहा है, विद्वानों के मत संज्ञान॥
कहना कि उपनिवेश रहा यह, मेसोपोटामी सभ्य सुमेर।
विदेशियों का तर्क पुराना, दफन नव्य खोजों के ढेर॥[4]27॥

---

1. मिश्र, रतनलाल : स्मारकों का इतिहास तथा स्थापत्य कला, पृ. 18–19; सिंह, सर्वदमन (सं.) : पूर्वोक्त, पृ. 311–312; धवलिकर, एम.के. : पूर्वोक्त, पृ. 15–18
2. अग्रवाल, धर्मपाल पन्नालाल : पूर्वोक्त, पृ. 41–47; कौशाम्बी, डी;डी. : पूर्वोक्त, पृ. 53–58; वाजपेयी, के.डी. : भारतीय वास्तुकला का इतिहास, पृ. 13
3. श्रीवास्तव, के.सी. : पूर्वोक्त, पृ. 45–47
4. धवलिकर, एम.के. : पूर्वोद्धृत, पृ. 72–73

कुछ मनीषि अनुसार आर्य थे, सिन्धु सभ्यता के निर्माता।
किन्तु आर्य का सिन्धुजनों से, किसी तरह न दिखता नाता॥
इन दोनों के रीति धर्म नय, ईश देव परलोक विचार।
धातुज्ञान पशु वास्तु वणिज औ, खान पान रुचि भिन्नाचार॥28॥

सैन्धव वासी नगर निवासी, हाट शिल्प व्यापारी थे।
सौंध सुघर स्थापत्य कला के, ज्ञाता और पुजारी थे॥
किन्तु आर्य जन कृषक अंशतः, ग्राम्य सभ्यता धारी थे।
बाँस बल्लियों के घर होते, पशुपालक गोचारी थे॥29॥

सैन्धव लिपि व आर्य संस्कृत, द्वय का जुड़ता तार नहीं।
इसीलिए इतिहास जगत में, यह मत भी स्वीकार नहीं॥
नयी-नयी खोजों से लेकिन, इस पर पड़ने लगा प्रकाश।
पूर्व हड़प्पा संस्कृतियों में, चिह्नित इसका उत्स विकास॥30॥

प्राक्-हड़प्पा काल मिले जो, क्षेत्र बहुल से पुरावशेष।
सैन्धव की उत्पत्ति समस्या, समाधान के निकट विशेष॥
दोनों के भू क्षेत्र एक, जिसे सरस्वती सिन्धु ने सींचे।
प्राक्-हड़प्पा सैन्धव संस्कृति, युग भी क्रमशः आगे पीछे॥31॥

कई पुरातत्वज्ञ दृष्टि में, सिन्धुसभ्यता प्रादुर्भाव।
निहित ताम्र पाषाणिक युग में, प्राक् हड़प्पन विकसित गाँव॥[1]
ऐसे ग्राम मोरासी क्वेटा, कोटदीजि कुल्ली घुण्डाई।
मुण्डीकाक हड़प्पा अमरी, कालीबंगन प्राप्त खुदाई॥32॥

इन ग्रामों के लोग निरत थे, कृषि पशुपालन लघु व्यापार।
थे चित्रित मृद्भाण्ड बनाते, प्राक् हड़प्पन कुशल कुम्हार॥
यहाँ के पात्रों पर चित्रकारी, पीपल पत्ती त्रिभुज हिरन।
सैन्धव युग भाण्डों पर चित्रित, पूर्व कला उद्भास सघन॥33॥

उत्खननों में स्त्री-मूर्तियाँ, मातृदेवि का लगे स्वरूप।
जिनका अर्चन नमन सिन्ध में, प्रतिमाओं का वंदन रूप॥[2]
कोटदीजि कालीबंगन में, नाल हड़प्पा व बनावली।
यहाँ दिखे कुछ ग्राम खेट पुर, योजित रक्षा भित्ति प्रणाली॥34॥

1. वही, पृ. 74-75
2. गैरोला, वाचस्पति : पूर्वोद्धृत, पृ. 92-95

गढ़ी युक्त समतलीय बस्तियाँ, उत्तर दक्षिण दिशा निकेत।
वीथी मार्ग पनाल अन्नगृह, पक्की ईंटें साक्ष्य समेत॥
यह रचना विधि बनावली में, उन्नत प्रौढ़ रूप में आती।
भवन बने है सीध दिशा में, वस्तु बटखरा मापी जाती॥35॥

प्राक् हड़प्पा से संबंधित, मिले जो इतने साक्ष्य प्रभूत।
नहीं ढूढ़ने की आवश्यकता, सिन्ध सभ्यता उद्भव सूत्र॥
पूर्वानुवर्ती संस्कृतियों का, सिन्ध सभ्यता सुष्मित फूल।
इसकी जड़े देश में गहरी, वाह्य प्रेरणा भ्रम निर्मूल॥36॥

गाँवों की उन्नत संस्कृतियाँ, राजस्थान सिन्धु पंजाब।
दिया प्रबल आधार सिन्धु को, विकसित होने का अंदाज॥
ये सब है आधार आन्तरिक, नगर संस्कृति के उत्थान।
सिन्धु सभ्यता के उद्भव में, पूर्व ग्राम संस्कृति अवदान॥[1]37॥

सभ्यता की अवधि और उनके निर्माता[2]

सिन्धु सभ्यता आदि अंत का, ठीक–ठीक से ज्ञान नहीं।
पुराविदों की शोधित तिथियाँ, बहुमत से है मान्य नहीं॥
ईसा पहले बत्तीस सौ से, चौदह सौ बी.सी. अंतांश।
इसी अवान्तर निश्चित करते, सिन्धु समय विज्ञ अधिकांश॥38॥

सिन्ध क्षेत्र अमरी स्थल से, मिले उत्खनन में अवशेष।
उनका समय सुनिश्चित होता, तीन हजार बी.सी. परिवेश॥
इससे लगती सिन्धु सभ्यता, पाँच हजार वर्षों की पुरानी।
बी.सी. बत्तीस सौ में शायद, सही हो इसकी उदय कहानी॥39॥

कोटिदीजि व मोहनजोदड़ो, सुरकोट्दा व कालीबंगन।
लोथल रोजदी व बाला...* में, रेडियो कार्बन हुए परीक्षन॥
इस विधि से ही सूचित होता, इस संस्कृति का समय विशाल।
तेइस से सत्रह सौ बी.सी., निश्चित सिन्धु सुविकसित काल॥[3]40॥

1. धवलिकर, एम.के. : पूर्वोद्धृत, पृ 75
2. अग्रवाल, वी.एस. : पूर्वोद्धृत, पृ. 44–45
3. सिन्हा, वी.पी. : आर्क्योलॉजी एण्ड आर्ट आफ इण्डिया, पृ. 12–14; पाण्डेय, राजेन्द्र : पूर्वोद्धृत, पृ. 20

* बालाथल

यह तिथि तो सन्निकट लगती, ह्वीलर के काल निर्धारण।
पच्चीस सौ से पन्द्रह सौ बी.सी., तक निर्धारित समय सकारण॥
स्वकथ समर्थन में ह्वीलर ने, ऋक्‌वैदिक तथ्य दर्शाया।
सिन्धु सभ्यता मुद्राओं को, जो सुमेर में गया था पाया॥41॥

मोहनजोदड़ो उत्खननों से, सप्त स्तरीय मिले प्रमाण।
वर्ष हजार अवधि अनुमानित, स्तर सभी ध्वंस निर्माण॥[1]
वर्ष हजारों समय सिन्धु वय, उलझा अभी वृद्धि के द्वार।
स्थिर होगा सिन्धु लिपी के, पठन मनन शोध अनुसार॥42॥

साल हजारों से भी ऊपर, संस्कृति का अस्तित्व रहा।
भारत के पश्चिमोत्तर भू में, जीवन का रस तत्व बहा॥[2]
इस पर भी मतभेद न कम हैं, कौन सभ्यता के निर्माता।
कहते हैं विद्वान्, समेकित[3], कई नस्ल के सिन्धु विधाता॥43॥

पुरास्थल पर उत्खननों से, मिले कई जो नर कंकाल।
भू-मध्यसागरीय आस्ट्रोलायड, अल्पाइन मंगोल कपाल॥
भाषागत आधार पे इनको, दास दस्यु द्रविड़ कहते थे।
बहुतायत में यही हड़प्पा, मोहनजोदड़ो में रहते थे॥44॥

जो सदियों से रहते आये, भारत की पश्चिमोत्तर भूमि।
जिन्हें शत्रु ने दास दस्यु का, नाम दिया लड़ते रणभूमि॥
वे ही दास्य, व दस्यु द्रविड़ थे, सिन्धु सभ्यता के निर्माता।
लिखी जा रही जिस संस्कृति की, चिर अतीत की गौरव गाथा॥45॥

ये ही लोग पश्चिम फारस से, दक्षिण भारत तक फैले थे।
बढ़े चढ़े विकसित विनीत थे, द्रविड़ श्याम तन के मैले थे॥
अतः अधिक इतिहासकार इस, मत के समर्थक अनुयायी।
कि वृहद् सिन्धु निर्माण योजना, द्रविड़ों द्वारा गयी बनाई॥[4]46॥

---

1. श्रीवास्तव, के.सी. : पूर्वोक्त, पृ. 67
2. अग्रवाल, धर्मपाल पन्नालाल : पूर्वोक्त, पृ. 86-100,182-190
3. धवलिकर, एम.के. : पूर्वोद्धृत, पृ. 75
4. गैरोला, वाचस्पति : पूर्वोद्धृत, पृ. 86-90; जेम्स, एच.जी. : ए हिस्ट्री आफ इण्डिया, पृ. 9-10

कुछ विद्वज्जन आर्य वर्ग को, कहते है इसका निर्माता।
किन्तु कई कारण से यह मत, पुराविदों को नहीं सुहाता॥[1]
सिन्धु सभ्यता जनक कौन थे, इस पर एक सुझाव विचार्य।
हो सकता है पूर्व हड़प्पन, उत्तराधिकारियों का यह कार्य॥47॥

सैन्धव सभ्यता के प्रमुख तत्त्व[2]

नगर तथा भवन

भारत भू पर नगर अभ्युदय, सिन्धु सभ्यता का उपहार।
जिनका जन संकुल आधारित, शिल्पोद्योग वणिज् व्यापार॥
व्यवसायिक उत्पाद एवज में, पाते विनिमय से खाद्यान्न।
नगर बहुत से हुए पल्लवित, सिन्धु सभ्यता क्षेत्र प्रधान॥48॥

जिन नगरों की हुई खुदाई, मुख्य हड़प्पा मोहनजोदड़ो।
लोथल कालीवंग बनावली, धौलावीर हुलास चहुन्दड़ो॥
सिन्धु सभ्यता के नगरों में, मोहनजोदड़ो हड़प्पा महती।
उच्चकोटि का नगर नियोजन, रक्षाभित्ति दुर्ग गढ़ कहती॥[3]49॥

एक समान बने थे उनमें, पूरब पश्चिम उभरे टीले।
पूरब होते नगर अलंकृत, पश्चिम निर्मित दुर्ग हठीले॥
सैन्धव शिल्पी नगर नियोजन, निर्माण पूर्व कर लेते थे।
मुख्यमार्ग उपमार्ग चतुष्पथ, अनुरेखन कर लेते थे॥50॥

नगर के पश्चिम समानान्तर, गढ़ी बनी चतर्भुजाकार।
गढ़ी महा दीवार से रक्षित, उस पर शोभित तोरण द्वार॥
धूलकुट्टि फीट चालीस मोटी, उच्च इष्ट रक्षा प्राचीर।[4]
जिसके अन्दर अति महत्त्व के, बने भवन थे गुरु गम्भीर॥51॥

मोहनजोदड़ो और हड़प्पा, नगर वास्तु तकनीक समान।
कालीवंगन अरु लोथल में, मिलता-जुलता तुल्य विधान॥
मुख्य मार्ग उत्तर से दक्षिण, पूरब से पश्चिम को जाते।
समकोणों पर क्रास काट कर, सेक्टर वार्ड उपखण्ड बनाते॥52॥

---

1. शर्मा, एल.पी. : प्राचीन भारत, पृ. 26
2. सहाय, एस.एस. : भारतीय कला, पृ. 149-158; कौशाम्बी, डी.डी. : पूर्वोक्त, पृ. 63-66
3. राव, एम.एस. नागराजा : इण्डियन आर्क्योलॉजी (ए रिव्यू 1982-83), पृ. 66; शिवराममूर्ति, सी. : इण्डियन स्कल्पचर, पृ. 16
4. अग्रवाल, धर्मपाल पन्नालाल : पूर्वोक्त, पृ. 84

कुछ सड़कें मिट्टी की होती, कुछ पर ईंट लगे होते थे।
क्रय-विक्रय के हेतु मार्ग पर, आपण चौक बने होते थे॥
दस से तैंतीस फीट तक चौड़ी, सड़कें सीधी व सम होती।
पैदल पथ गलियाँ व वीथी, कोई दस फीट से कम होती ॥53॥

जल संवहन नालियाँ बनती, मार्ग गली के दोनों ओर।
जिप्सम चूना ईंट जुड़ाई, जल प्रणालियों में सब ओर॥
पत्थर ईंटे मेहराबों से, खुली नालियाँ ढक दी जाती।[1]
जगह-जगह जल शोधक गर्तें, गंदा जल को स्वयं सुखाती ॥54॥

हर नाली के बीच-बीच में, निर्मित रहती थी लघु खाई।
उसमें जमें कीच करकट की, पुनि पुनि होती गहन सफाई॥
सैन्धव युग के कथित क्षेत्र में, वृष्टि सघन शायद होती थी।
जिससे घर से जल निकास की, अति अनिवार्य पहल होती थी ॥55॥

घर का पानी प्रनाली द्वारा, गली की नाली में डाला जाता।
तत्पश्चात् मुख्य नाली से, पुर परिसर से निकाला जाता॥[2]
सिन्धु पुरो में जल निकास व, सफाई व्यवस्था रही विशिष्ट।[3]
कूड़ादान मिले मार्गों पर, पुर जन को स्वच्छता अभीष्ट ॥56॥

नगर नियोजन मार्ग वीथि, प्रतिमानी रचना का विधान।
शायद था कोई विभाग जो, करता पुर तकनीकी काम॥
शहर-सफाई स्वास्थ्य-व्यवस्था, से होता है यही प्रतीत।
कोई नगर पालिका परिषद, शासी सैन्धव रही अतीत ॥57॥

सैन्धव नगर नियोजन पद्धति, जल निकास पनाल व नाली।
दिखती नहीं रोम युग योरप, ऐसी उत्तम जलीय प्रणाली॥
सैन्धव समकालीन पुरों में, यह जल विधा गयी अपनाई।
सदी-अठारहवीं पेरिस लंदन, नहीं थी ऐसी स्वच्छ सफाई ॥[4]58॥

---

1. डायरेक्टर, पब्लिकेशन : एम.आई.बी. भारत सरकार : 5000 इयर्स आफ इण्डियन आर्कीटेक्चर, पृ. 3-5; अग्रवाल वी.एस. : भारतीय कला, पृ. 18-24
2. नाहर, रतिभान सिंह : प्राचीन भारत का राजनैतिक एवं सांस्कृतिक इतिहास, पृ. 40
3. प्रसाद, बेनी : हिन्दुस्तान की पुरानी सभ्यता, पृ. 15
4. गोयल, श्रीराम : विश्व की प्राचीन सभ्यताएँ, पृ. 420; नाहर रतिभानसिंह : पूर्वोद्धृत, पृ. 41-42

स्थापत्य[1]

छोटे बड़े व कच्चे पक्के, प्राप्त भवन के भग्नावशेष।
जो दर्शाते सैन्धव युग के, रुचि अनंत स्थापत्य विशेष॥
कच्चे तथा पक्के ईंटों से, सिन्ध में भवन बनाये जाते।
छोटे बड़े मझोले माप के, ईंट प्रयोग में लाये जाते॥59॥

जबकि सिन्ध समकालीन मिस्र में, पक्की ईंट न दिखा प्रयोग।
मेसोपोटामी वास्तु शिल्प में, दिखता ईंट अल्प उपयोग॥
घर की नींव में इष्ट खंडिका, कूट-कूट बैठाई जाती।
तोड़ा तोड़ी विधि से ईंटे, गारे से चिपकाई जाती॥60॥

गारें का जो सुलभ चलन, वह मिट्टी-चूना था जिप्सम।
बाह्य भित्ति में ईंटे लगती, पके समूचे अति-उत्तम॥
द्विभूमिक भवनों में भरसक, भूतल भित्तियाँ मोटी होती।[2]
ऊपर की मंजिल जाने को, सृजित सीढ़ियाँ छोटी होती॥61॥

घर में स्नानकक्ष रसोई, शौचालय चत्वर व कूप।
दरवाजे खिड़की वातायन, जिससे आती थी वायु धूप॥
चौकोर सुनिर्मित गेह मध्य, एक आँगन विस्तृत होता था।
उसके चातुर्दिक बने कक्ष में, कुल कुटुम्ब मिल सोता था॥62॥

ईंट काष्ठ होता प्रयोग तब, गृह छत मजबूत बनाने में।
मोरियाँ भित्ति से लगी हुई, वर्षा जल नीचे लाने में॥
सादा दमदार भवन रचना, अलंकरणहीन उपयोग मूल।[3]
प्रस्तर अभाव में ईंटों की, मोटी दीवालों का वसूल॥63॥

मुख्य मार्ग पर किसी भवन के, द्वार गवाक्ष नहीं खुलते थे।
कोलाहल धूल से बचने को, खुलते गलियों में उल्टे थे॥
भवन एक दूजे से सटकर, प्रायः वहाँ बनाये जाते।
यदा-कदा दो भवन वास्तु में, कुछ अन्तर भी पाये जाते[4]॥64॥

---

1. श्रीवास्तव, के.सी. : पूर्वोद्धृत, पृ. 49-50
2. डायरेक्टर, पब्लिकेशन, एम.आई.बी. भारत सरकार : पूर्वोक्त, पृ. 3-5
3. बाजपेयी, के.डी. : भारतीय वास्तु कला का इतिहास, पृ. 15-16
4. श्रीवास्तव, के.सी. : पूर्वोद्धृत, पृ. 49-50

प्रमुख नगर[1]

हड़प्पा[2]

सिन्धु धरा साम्राज्य के अन्दर, बहु नगरों के मिले अवशेष।
जिसमें हड़प्पा मोहनजोदड़ो, लोथल कालीबंग विशेष॥
नगर हड़प्पा पाक में स्थित, शाहीवाल, प्रांत पंजाब।
चार्ल्स कनिंघम सर्वेक्षण में, पुरा वस्तुओं का आग़ाज॥65॥

जे. एफ. फ्लीट उन्नीस सौ बारह, लिखा हड़प्पा पर एक लेख।
किन्तु तब तक हो न सका था, इस संस्कृति का ज्ञान विशेष॥
शती बीसवीं दशक तीसरे, चौथे में खुब हुई खुदाई।
क्रमशः साहनी दयाराम व, माधवस्वरूप वत्स अगुआई॥66॥

उन्नीस सौ छियालिस में एम. ह्वीलर, के अधीन फिर हुआ खनन।
प्राप्त अपरिमित सामग्री से, खुला ज्ञान का कोश सघन॥
उत्खननों से सूचित होता, नगर हड़प्पा का विस्तार।
पाँच किलोमीटर में विस्तृत, घिरा चतुर्दिक दृढ़ प्राकार॥67॥

मुख्य महत्त्व के अवशेषों में, अन्नागार श्रमिक आवास।
रक्षा भित्ति दुर्ग व चत्वर, मिले हड़प्पा के अधिवास॥[3]
नगर सुरक्षा हेतु बनाया, दुर्ग सशक्त पश्चिमी छोर।
चार सौ पन्द्रह मीटर लम्बा, उत्तर से दक्षिण की ओर॥68॥

एक सौ पंचानबे मीटर में, पश्चिम से पूरब विस्तार।
दुर्ग चतुर्दिक महाभित्ति जो, चौदह मीटर के आधार॥
महाभित्ति में जगह-जगह पर, रचे गये थे द्वार विशाल।
तद् समीप में रक्षक गृह भी, बने हुए थे कुछ अन्तराल॥69॥

दुर्ग भूमि उत्तर समीप के, एक टीले की हुई खुदाई।[4]
लघु भवनों के वास्तु खंडहर, उस स्थल पर पड़े दिखाई॥
इन्हें देखने से लगते ये, श्रमिक शिल्पियों के आवास।
धातु गलाने हेतु भट्टियाँ, मिली है सोलह उनके पास॥70॥

---

1. गोयल, श्रीराम : पूर्वोक्त, पृ. 421-422; अग्रवाल, धर्मपाल पन्नालाल : पूर्वोक्त, पृ. 44-45
2. बाजपेयी, के.डी. : पूर्वोक्त, पृ. 18-20; धवलिकर, एम.के. : इण्डियन प्रोटो हिस्ट्री, पृ. 18-19
3. श्रीवास्तव, के.सी. : पूर्वोक्त पृ. 47-48; गर्ग, तेजस एवं जेन्सी चौधरी : एक्सप्रेशन ऑफ इण्डियन आर्ट, खण्ड-2, पृ. 275-303
4. सहाय, एस.एस. : भारतीय कला, पृ. 157

सात आठ की दो श्रेणी में, दो कमरे आँगन से युक्त।
करती है गैलरी विभाजित, चहर दीवारी से परिवृत्त॥
श्रमिक वास्तु के उत्तर मिलते, चत्वर अठारह गोलाकार।
ग्यारह फीट व्यास में ओखल, अन्न कूटने का आधार॥71॥

अन्नागार

एक प्रमुख स्थापत्य नमूना, नगर हड़प्पा अन्नागार।
जो चत्वर के सौ गज उत्तर, द्वय पंक्तियों में विस्तार॥
छः छः कक्ष बने थे क्रमशः, चौड़े पथ के दोनों ओर।
पचास गुणे बीस फिटी कक्ष पर, बने बरामदे थे चहु ओर॥72॥

चार-चार फीट उच्चपीठ पर, ये सब कक्ष अवस्थित थे।
कर से प्राप्त अन्न भण्डारण, वितरण हेतु व्यवस्थित थे॥
सबके दरवाजे स्थित थे, उत्तर दिशा नदी की ओर।
जल मार्गों से भेजा जाता, अन्न एकत्र सहज चहुओर॥73॥

मिले यहाँ गेहूँ जौ भूसी, जले अन्न के कुछ अवशेष।
मिस्त्र सुमेरी संस्कृति में भी, अन्न भण्डारण गृह उल्लेख॥[1]
किन्तु वहाँ के भण्डारण गृह, मिले नहीं हैं इतने भारी।
संस्कृतियों में अन्न संचयन, तद्‌युगीन नीति सरकारी॥74॥

मोहनजोदड़ो[2]

उन्नीस सौ बाइस बनर्जी सर ने, इस स्थल का महत्त्व दर्शाया।
जे. मार्शल ने आठ बरस तक, यहाँ सघन उत्खनन कराया॥
नगर हड़प्पा भाँति यहाँ भी, दुर्ग दिशा पश्चिम परिलक्षित।
प्राप्त पुरावशेष यहाँ के, अधिक हड़प्पा से हैं सुरक्षित॥75॥

बृहद् स्नानागार[3]

मोहनजोदड़ो गढ़ी में स्थित, स्नान कुण्ड स्थापत्य महान्।
यहाँ उतरने व चढ़ने को, बने हुए थे बहु सोपान॥

1. वाजपेयी, के.डी. : पूर्वोक्त, पृ. 20; धवलिकर, एम.के. : पूर्वोक्त, पृ. 20; अग्रवाल, वी.एस. : पूर्वोद्धृत, पृ. 23; डायरेक्टर, पब्लिकेशन, एम.आई.बी., भारत सरकार : पूर्वोद्धृत, पृ. 5
2. गोयल, श्रीराम : विश्व की प्राचीन सभ्यताएँ, पृ. 422; अग्रवाल धर्मपाल, पन्नालाल : पूर्वोक्त, पृ. 45-47
3. वाजपेयी, के.डी. : पूर्वोक्त, पृ. 21-22

मध्य कुण्ड लम्बा उन्तालिस, चौड़ाई कुल तेइस फीट है।
गहराई है आठ फीट में, पक्की ईंटें जिप्सम जुट हैं ॥76॥
जिप्सम ऊपर एक इंच का, विटुमिन प्लास्टर गया चढ़ाया।
फर्श खड़ी पक्की ईंटों से, विधि सम्मत था गया बनाया॥
तीन तरफ से लगे बरामदे, जेहि पीछे लघु कक्ष कतार।
एक कक्ष में कूप है निर्मित, जल प्राप्ति का स्रोत अपार ॥77॥

आठ स्नानकक्ष उत्तर में, मार्ग के दोनों ओर बने।
उसमें चढ़ने का प्रत्येक पर, अलग-अलग सोपान तने॥
कुण्ड के दक्षिण पश्चिम निर्मित, जल निस्तारण नाली थी।
तोड़दार मेहराबी छत से, ढकती जलीय प्रणाली थी ॥78॥

बड़े स्नानागार के उत्तर, छोटे बने कक्ष स्नान।
इनका था उपयोग धार्मिक, मेले जैसे पर्व महान् ॥[1]
सम्भवतः इस पर होता हो, लोकोत्सव कोई भारी था।
कर्ताधर्ता राजन्य वर्ग या, कोई धर्म पुजारी था ॥79॥

अन्नागार

स्नानागार के ही पश्चिम में, भवन मिला एक बृहदाकार।
तेइस गुणे छियालिस मीटर, ह्वीलर के मत अन्नागार॥
उच्च चत्वर पर ईंट से निर्मित, हवादार प्रकोष्ठ सत्ताइस।
उसके उत्तर बने चबूतरे, रख रखाव जिन्सों के ख्वाहिश ॥80॥

विज्ञजनों के मत में यह था, राजकीय भण्डारागार।
जनता से कर प्राप्त अन्न को, संरक्षण का दृढ़ आधार॥
आवागमन अन्न भण्डारण, वातायन से वायु प्रकाश।
समसामयिक इतर संस्कृति में, मिलता अन्न गेह आभास ॥[2]81॥

पुरोहित आवास-सभाभवन[3]

स्नानागार के उत्तर-पूरब, मिलता एक भवन अवशेष।
पैत्तिस गुणे सत्तर मीटर में, उसका है विस्तार विशेष॥

---

1. सिंह, जया : प्राचीन भारत में नागपूजा एवं जल पूजा, पृ. 38, 43-44
2. श्रीवास्तव, के.सी. : पूर्वोद्धृत, पृ. 47-49
3. धवलिकर, एम.के. : इण्डियन प्रोटो हिस्ट्री, पृ. 19-20; वाजपेयी, के.डी. : पूर्वोक्त, पृ. 22

उसके अन्दर दस मीटर का, प्रांगण एक था वर्गाकार।
कक्ष अनेक बरामदे तीन, पक्की ईंट फर्श दमदार ॥82॥

स्नानागार समीप होने से, किया गया है यह अनुमान।
यह कोई विद्या मंदिर या, पुरोहित का निवास स्थान॥
एक खण्डहर सभाभवन सा, उत्तर ऊँचा भव्य सुद्वार।
महा कक्ष उसमें निर्मित था, आँगन खम्भ तथा गलियार ॥[1]83॥

फीट पचासी है सम्मुख में, सत्तानबे फीट गहराई है।
बत्तीस वर्ग फीट आँगन में, लक्षित शिल्पी चतुराई है॥
गढ़ी में नब्बे वर्ग फीट का, वह सभाकक्ष सम दिखता था।
बीस महा खम्भों पर उसका, छत-वितान दृढ़ टिकता था ॥84॥

चहुन्दड़ो

एक सौ तीस किमी चहुन्दड़ो, मोहनजोदड़ो-दक्षिण पूर्व।
मजूमदार मैके द्वारा सन्, उन्नीस सौ पैतींस खनन अपूर्व॥
चन्हुदड़ों सैन्धव संस्कृति, का प्राच्य महती स्थान।
बीड्स बनाने का कारखाना, मैकेंजी का अनुसंधान ॥85॥

यहाँ खनन से सैन्धव संस्कृति, प्राप्त हुई अति निचले स्तर।
मुख्य मार्ग के दोनों वाजू, मिलें गेह क्रम सटे परस्पर॥
पक्की ईंटों का प्रयोग गृह, संरचना में पायी जाती।
स्नानकक्ष आँगन शौचालय, नाली ढकी बनाई जाती ॥86॥

मीटर साढ़े सात मुख्य पथ, नहीं साक्ष्य रक्षा प्राकार।
यहाँ प्राप्त ईंटे विशेष कुछ, टढे-मेढ़े वक्राकार॥
विद्वानों को लगा नगर यह, औद्योगिक अगड़ी शुभ कारी।
भार माप बटखरे व मुहरें[2], बनते मनके मणि सम न्यारी ॥87॥

सुत्कागेनडोर[3]

समुद्र तीर मकरान सन्निकट, अति पश्चिम सुत्कागेनडोर।
खोज उन्नीस सौ बाइस सन् में, स्टाइम के परिश्रम घोर॥

1. सहाय, एस.एस. : भारतीय कला, पृ. 156
2. राव, एल.एस. : एक्सप्रेशन ऑफ इण्डियन आर्ट, खण्ड-प्रथम, पृ. 49-51
3. अंशु मंगल : भारतीय इतिहास, पृ. 19-20; बाजपेयी, के.डी. : पूर्वोक्त, पृ. 29-30

जार्ज ने सातवें दशक यहाँ पर, सर्वेक्षण उत्खनन कराया।
पत्तन नगर दुर्ग संरचना, प्रस्तर तल पर स्थित पाया॥88॥

दुर्ग भित्ति में द्वार बुर्ज थे, नगर नहीं यह बहुत बड़ा था।
बन्दरगाह समान यहाँ का, व्यापारिक पहचान बढ़ा था॥
यह प्रतीत होता विज्ञों को, मेसोपोटामि व सिन्धु सरकार।
इसे बसाया होगा मिलकर, हित रक्षार्थ जलधि व्यापार॥89॥

इस स्थल के कुछ ही पूरब, अन्य स्थान सोत्काकोह।
उन्नीस सौ बासठ डेल्स के द्वारा, किया गया था इसका टोह॥
सुत्कागेनडोर जैसा ही, इसका भी आकार प्रकार।
मिले है वर्तन सैन्धव के सम, दो टीले मिलते साकार॥[1]90॥

बालाकोट

बलुच प्रांत दक्षिण तटवर्ती, पट्टी स्थित बालाकोट।[2]
बन्दरगाह वृहद् उस युग का, किया डेल्स ने इसकी खोज॥
यहाँ मिले हैं प्राक् हड़प्पन, सैन्धव युग विकसित अवशेष।
नगर योजना पूर्व नियोजित, मार्ग वीथियों का अन्वेष॥91॥

कच्ची ईंटों के मकान थे, पक्की ईंट से बनी नालियाँ।
आँगन चूल्हे कक्ष आदि सब, वातायन की अश्म जालियाँ॥
बालाकोट, उद्योग केन्द्र था, सीप वलय निर्यातक स्थल।
मिले ठीकरे कांस्य ताम्र मृण, भाला बाण मुहर सैन्धव तल॥92॥

कोटदीजी[3]

कोटदीजी स्थल स्थित है, सिन्ध प्रान्त अब पाकिस्तान।
उन्नीस सौ पचपन किये उत्खनन, डॉ. फजल जी अफजल खान॥
यहाँ प्राप्त है दोनों स्तर, प्राक् हड़प्पा सैन्धव काल।
हर स्तर की किलाबंदियाँ, नगर सुरक्षा समुचित ढाल॥93॥

नगर योजना लगे व्यवस्थित, मिले कलात्मक लघु अवशेष।
मनके मुहर तिकोनीं ठीकर, कुछ चित्रित मृद्माण्ड विशेष॥[4]

1. शुक्ला, एस.पी. (सं.) : हिस्ट्री एण्ड हेरीटेज खण्ड-प्रथम, पृ. 82
2. वही, पृ. 82; अंशु मंगल : पूर्वोक्त, पृ. 18
3. अग्रवाल, धर्मपाल-पन्नालाल : भारतीय पुरैतिहासिक पुरातत्त्व, पृ. 39-40, 47
4. श्रीवास्तव, पंकजलता : प्राचीन भारत भाग तीन, पृ. 63

मातृदेवि की मिली मूर्तियाँ, पत्थर के बाणग्र व चाकी।
सादी व रंगीन चूड़ियाँ, कांस्य अंगुठी सुन्दर बाँकी ॥94॥

अल्लाहदीनों–माण्डा[1]

संगम उदधि सिन्धु पूर्वोत्तर, सोलह किमी पुर अल्लाहदीनों।
सन् उन्नीस सौ बयासी ईस्वी, हुआ वहाँ उत्खनन महीनों॥
पुर संरचना भी सुनियोजित, भवन आयता–वर्गाकार।
नींव भित्ति व जल प्रणालियाँ, निर्मित प्रस्तर की दमदार ॥95॥

ताम्र वस्तु माणिक्य के मनके, रजत–स्वर्ण आभूषण मुहरें।
मृण से बनी खिलौना गाड़ी, सब पर छाप हड़प्पन गहरे॥
माण्डा प्राच्य स्थली स्थित, चिनाब नदी दक्षिणी किनारा।
तीन युगों तक बही निरंतर, यहाँ सैन्धवी संस्कृति धारा ॥[2]96॥

उन्नीस सौ बयासी मधुबाला संग, जे. पी. जोशी खनन कराये।
प्राक् हड़प्पन सैन्धव संस्कृति, उत्तर युग तक सोता पाये॥
तीनों तह से मिली वस्तुएँ, चर्ट ब्लेड मिट्टी के ठीकरे।
कांस्य सुनिर्मित पेंचदार पिन, अस्थि के बाण अधूरी मुहरें ॥97॥

बनावली[3]

हरियाणा के हिंसार जिले में, है बनावली प्राच्य स्थल।
यहाँ मिलते प्राक्–हड़प्पा, उत्तर युग सैन्धव विकसित तल॥
विष्ट ने सन् उन्नीस सौ चौहत्तर, बनावली उत्खनन कराया।
तीनों ही स्तर में व्यवस्थित, नगर नियोजन साक्ष्य समाया ॥98॥

प्राक्–हड़प्पन लोग बनाये, सीधे दिक् में गेह सकारण।
कालान्तर प्राचीर दुर्ग व, निचले पुर का भी अवधारण॥
इस स्तर में प्रस्तर निर्मित, बाट माप मिलने का आशय।
प्राक् सिन्धु व्यापार वणिज् में, रत रहते थे वणिक् महाशय ॥99॥

---

1. धवलिकर, एम.के. : पूर्वोद्धत, पृ. 46
2. वही, पृ. 43
3. वही, पृ. 23–29; अंशु मंगल : पूर्वोक्त, पृ. 20

सैन्धव स्तर नगर योजना, सुघरी और परिष्कृत थी।
दुर्ग वास्तु परिखा परिवेष्ठित, दृढ़ प्राचीर अवस्थित थी॥[1]
किन्तु दुर्ग की घेराबंदी, अलग से पुनः गयी करायी।
पाँच से सात मीटर तक चौड़ी, दुर्ग भित्तियाँ गयी हैं पायी॥100॥

यहाँ बीथि पथ मिलन बिन्दु, पर ऐसे कोण बनाते थे।
पुर प्रभाग उपनाम खण्ड सब, ताराकृत बँट जाते थे॥
प्राँगण मिलते भवन बीच में, घर के कक्ष चतुर्दिक होते।
एक गेह में वाश वेसिन था, मुख व हाथ जहाँ पर धोते॥101॥

यहाँ के कच्चे आवासों में, मिट्टी लेप लगाया जाता।
समृद्धजनों के भवन वास्तु को, सुन्दर सुघर बनाया जाता॥
गेह-गेह समक्ष चबूतरे, कुछ में मिलती अग्नि की बेदी।
रची बेदि अर्धवृत्ताकार हैं, ताखे बने भित्ति में भेदी॥102॥

कुछ विज्ञों ने वेदि रूप में, इसे वहाँ मंदिर पहचाना।
लेकिन इस पर प्राच्य विदों का, निर्णय अभी शेष है आना॥
एक भवन से मिले स्वर्ण के, लाजवर्द कार्लेनियन मनके।
छुद्र बटखरे और कसौटी, जिस पर चढ़ी स्वर्ण की परतें॥[2]103॥

इससे यह लक्षित होता है, रहा हो यह जौहरी मकान।
मुहरों और बटखरों से भी, सौदागरों का होता भान॥
प्राप्त यहाँ से मिट्टी का हल, महिलाओं की लघु मूर्तियां।
जौ के दाने गुरिया ठप्पे, मुहर सहित मृद्भाण्ड चूड़ियाँ॥104॥

रोपड़[3]

पंजाब में रोपड़ स्थित, सतलज सरिता के बायें तट।
बी.बी. लाल उन्नीस सौ पचास में, खोला था इस का अतीत पट॥
छठे दशक में वाई. डी. शर्मा, इस स्थल का किये उत्खनन।
छह चरणों में मिली संस्कृति, सैन्धव चरण है मात्र प्रथम॥105॥

किन्तु यहाँ सैन्धव स्तर की, मिली वस्तुएँ विविध तमाम।
ताम्र रचित वाणाग्र कुल्हाड़ी, चर्ट बटखरे छुरा सकाम॥

---

1. विष्ट, आर.एस. : हिस्ट्री एण्ड हेरीटेज, खण्ड प्रथम, पृ. 39
2. कुप्पुरम्, जी., इण्डिया थ्रू द एजेज, खण्ड-2, पृ. 607
3. अग्रवाल, धर्मपाल पन्नालाल : पूर्वोद्धृत, पृ. 47

मिलते हैं मृद्माण्ड मुहरें, मुद्रा पर ठप्पों के निशान।
कब्रिस्तान की कब्र दफन है, मानव संग पालत् श्वान॥106॥

भगवानपुरा–राखीगढ़ी/मित्ताथल/कुणाल[1]

हरियाणा कुरुक्षेत्र जिले में, सरित् सरस्वती दक्षिण तीर।
ह्रासोन्मुख सैन्धव संस्कृति की, भगवानपुरा में दिखे तस्वीर॥
जे. पी. जोशी पूर्ण लगन से, यहाँ उत्खनन कार्य कराया।
विविध वर्ण में काँच चूड़ियाँ, वलय व मनके चित्रित पाया॥107॥

यहाँ लुप्त होते दिखती है, सैंन्धव संस्कृति दीप्ति प्रकाण्ड।[2]
मिलने लगे यहाँ ऋग्वैदिक, चित्रित व धूसर मृद्भांड॥
राखीगढ़ी कुणाल मित्ताथल, हरियाणा के स्थल अन्य।
उन्नीस सौ अड़सठ में सूर्यभान, किये उत्खनन हो चैतन्य॥108॥

सिन्धु समय का सबसे भारी, राखीगढ़ी क्षेत्र उर्जयन्त।
मोहनजोदड़ो से तिगुना विस्तृत, ढाई सौ हेक्टेयर पर्यन्त॥
यहाँ की उर्वर भूमि मनोरम, बसा नगर सरस्वती के कूल।
प्राप्त कई हैं ताम्र उपकरण, सैन्धव लिपि की मुहर समूल॥109॥

जिला भिवानी हरियाणा में, बसा एक पुर था मित्ताथल।
मिले हड़प्पा विकसित युग के, दुर्ग साक्ष्य आवासीय स्थल॥
पान पात्र व ताम्र कुल्हाड़ी, अश्म बटखरे व मृत्पिंड।
मिट्टी और सीप की चूड़ी, मिले विविध अवशेष अखण्ड॥110॥

कालीबंगन[3]

सिन्धु सभ्यता का मुख्य स्थल, कालीबंग पुरी गंभीर।
राजस्थान के गंगानगर में, बाये पुलिन घग्घरा तीर॥
बी. बी. लाल, वी. के. थापड़ ने, खोजा यह स्थल प्राचीन।
उन्नीस सौ इकसठ में उत्खनन, इन विज्ञों के दल आधीन॥111॥

कालीबंन उत्खननों से, स्तर मिलते हैं कुल पाँच।
जिसमें प्राक्–हड़प्पन सिन्धु, का विम्बित निर्माणी ढाँच॥

---

1. धवलिकर, एम.के. : पूर्वोक्त, पृ. 43
2. वही : पूर्वोक्त, पृ. 41, 43
3. अग्रवाल, धर्मपाल पन्नालाल : पूर्वोद्धत, पृ. 48–49

मोंहनजोदड़ो भाँति यहाँ भी, दो ऊँचे टीले है प्राप्त।
पूर्व बड़ा, पश्चिम का छोटा, है प्राचीरों से परिव्याप्त ॥112॥

कालीबंगन प्रथम नाम है, पश्चिम टीले का भूशेष।
इसके निचले तल में मिलते, प्राक् हड़प्पा के अवशेष॥
साधारण तश्तरियाँ मटके, संकरे घड़े वृहद् लघुकाय।[1]
चाक रचे मृद्भाण्ड सुरंगित, ज्योमिति के चित्रित अभिप्राय ॥113॥

कार्निलियन चाल्सिडनी गोमेद, प्राप्त पत्थरों के औजार।
मनके ताम्र सिल शंख सेलखड़ी, परशु कुल्हाड़ी ताम्र की धार॥[2]
पकी चूड़ियाँ मृण व ताम्र की, पत्थर का सबूत सिलबट्टा।
मिले हुए हैं इस स्तर में, शिशु खिलौना गाड़ी चक्का ॥114॥

अति महत्त्व उपलब्धि यहाँ की, जुता हुआ हल से एक खेत।
सभी दिशा में चलीं हराइयाँ, आड़े तिरछे चिन्ह समेत॥
जालीदार जुताई की विधि, समकोणों पर क्रास निशान।
दो फसलें एक साथ खेत में, बोते सरसों चना किसान ॥115॥

एक अन्य दुर्लभ चीजों में, भट्टी मिली वहाँ तन्दूर।
लगे बेलनाकार अद्य सम, हुई पुताई तल कुछ दूर॥[3]
यहाँ भवन कच्ची ईंटों के, पन्द्रह गुणे तीस फीट आकार।
पक्की ईंटों का प्रयोग है, कूप ड्रेन स्नानागार॥[4]116॥

लकड़ी लट्ठा पोला करके, नाली यहाँ बनाई जाती।
ऐसा केवल कालीबंगन, अन्य कहीं न पायी जाती॥
भवनों के ऊपर का पानी, गिरता उनके नापदान में।
सार्वजनिक नाली का कोई, नहीं उदाहरण है प्रमान में ॥117॥

कालीवंगन एक साक्ष्य में, लगा अलंकृत ईंटें फर्श।
वृत्त को वृत्त काटते निर्मित, अलंकरण का रूपाकर्ष॥
कालीवंगन प्राक् हड़प्पन, स्तर मिलते हैं कुल पाँच।
कमरे आंगन चूल्हे बरामदे, कई तरह ईंटों की माप ॥118॥

---

1. तिवारी, आर.पी. : सर्वे आफ ड्राइंग इन ऐंशियंट इण्डिया, पृ. 6-7
2. श्रीवास्तव, पंकजलता : प्राचीन इतिहास, भाग-तीन, पृ. 62-63
3. वही, पृ. 63
4. लाल, बी.बी. : डायमेन्संस आफ इण्डियन आर्ट, खण्ड-प्रथम, पृ. 247

ईसा पूर्व छब्बीस सौ अनन्तर, इस बस्ती का हुआ पराभव।
कालान्तर में सिन्धु सभ्यता, उदित हुई लेकर यशवैभव॥[1]
कालीवंगन नगर योजना, अन्य पुरों के ही समान थी।
बना दुर्ग नव प्राक् स्थल पर, परम्परा युग के प्रमान थी॥119॥

दुर्ग मध्य में एक भित्ति जो, पूरब से पश्चिम को जाती।
करे दुर्ग का द्वय विभाग वह, स्थल अन्य दृष्टि न आती॥
कच्ची ईंटों से ही निर्मित, प्राचीरों से सुरक्षित दुर्ग।
जगह–जगह जिसमें दिखते थे, उन्नत अटल सौम्य मुख बुर्ज॥120॥

बुर्ज के दक्षिण पंच चबूतरे, निर्मित मिलते कच्ची ईंट।
अग्नि कुण्ड कूप चत्वर पर, गर्त रचित सब पक्की ईंट॥[2]
गर्त प्राप्त पशु–अस्थि कराते, पशुबलि का सम्भव अनुमान।
भरसक कोई धर्म प्रयोजन, अग्नि कुण्ड से होता ज्ञान॥[3]121॥

दुर्ग दक्षिणी अर्द्ध अंश पर, पहुँच हेतु भी बनी सीढ़ियाँ।
उत्तर के अभिजात भवन में, बसती आई कई पीढ़ियाँ॥
निचला पुर भी कालीबंग का, घिरा सुरक्षा दृढ़ प्राकार।
एक जगह पर नौ स्तर में, मिले भवन खण्डित आकार॥122॥

भवन के आगे–पीछे सड़के, पक्के पथ का दृष्ट प्रमान।
खुलते द्वार गवाक्ष गली में, मोहनजोदड़ो सौंध समान॥
भवन सभी कच्ची ईंटों के, एक पल्लि दरवाजा मिलता।
छत का पानी काष्ट नली से, नापदान में जाकर गिरता॥123॥

सेलखड़ी मृद्माण्ड व मुहरें, कुछ पर मिलते सैन्धव लेख।
दायें से बायें की लिखावट, लिपि हड़प्पा दिखी विशेष॥
आवासीय बस्ती के दक्षिण, प्राप्त अलग एक कब्रिस्तान।[4]
यहाँ से मिलते भूकम्पन के, अति अतीत के साक्ष्य प्रमान॥124॥

---

1. श्रीवास्तव, पंकजलता : पूर्वोक्त, पृ. 64
2. अग्रवाल, धर्मपाल पन्नालाल : पूर्वोद्धृत, पृ. 48–49; श्रीवास्तव, पंकजलता : पूर्वोक्त, पृ. 63
3. श्रीवास्तव, पंकजलता : पूर्वोक्त, पृ. 63
4. सत्यदेव, अभिनव एवं सिंह, के.पी. : भारतीय पुरातत्त्व के मूल तत्त्व, पृ. 62–63

लोथल–सुरकोट्दा[1]

अहमदाबाद गुजरात प्रांत में, स्थित ढूह सरगवल ग्राम।
सिन्धु सभ्यता का मुख्य स्थल, चिर प्रसिद्ध लोथल का नाम॥
एस. आर. राव के निर्देशन में, सन् पचपन बासठ अंतराल।
हुआ उत्खनन उस टीले का, मिला नगर का रूप विशाल॥125॥

निचला नगर, गढ़ी में विभाजित, प्राप्त नगर का है प्रारूप।
घिरा महा प्राचीर से एकल, सकल नगर का वास्तु स्वरूप॥
नगर के भीतर चबूतरे पर, कच्ची ईंटो का निर्माण।
पके ईंट से बने भवन के, मिलते है कुछ अल्प प्रमाण॥126॥

नगर योजना भवन वास्तु सब, पूर्व नियोजित और व्यवस्थित।
नाली नरमोखों की व्यवस्था, सुन्दर स्वच्छ सुरम्य कथित॥
दुर्ग में पश्चिम के चत्वर पर, विस्तृत भव्य भवन था एक।
स्नान कक्ष नालियों से योजित, वह कोई शासकीय निकेत॥127॥

प्राप्त घरों से पशु की अस्थियाँ, अग्नि वेदि कुछ भिन्नाकार।
ताम्र काँचली मृण के मटके, स्वर्णाभूषण एक प्रकार॥[2]
दुर्ग क्षेत्र से त्रिगुणा सूचित, निचला नगर क्षेत्र फैलाव।
कच्चे ईंटों के चत्वर पर, चार खण्ड में बँटा बसाव॥128॥

उत्खननों में चार मार्ग का, मिलता है अस्तित्व प्रमाण।
उत्तर में बाजार व्यवस्थित, पश्चिम व्यवसायिक निर्माण॥
शंख, ताम्र के कारीगरों के, कारखानों के अन्य संयंत्र।
मिला वहाँ पैमाना साहुल, मुहर और दिक्मापकयन्त्र॥[3]129॥

लोथल से अत्यधिक महत्त्व का, परिसर प्राप्त आयताकार।
दो सौ चौदह मीटर लम्बा, चौड़ा छत्तीस मीटर पार॥
जुड़ा हुआ यह एक नहर से, नदी भोगवा के जलधार।
बारह मीटरीय प्रवेश द्वार था, इसके उत्तर की दीवार॥130॥

इसी से होकर आते जाते, व्यापारिक जहाज व नॉव।
कहा इसे 'डकयार्ड या गोदी' अन्वेषक श्री एस. आर. राव॥

---

1. अग्रवाल, धर्मपाल पन्नालाल : पूर्वोद्धृत, पृ. 49–51; तिवारी, आर.पी. : पूर्वोक्त, पृ. 6
2. कुप्पुरम, जी. : इण्डिया थ्रू द एजेज, खण्ड–2, पृ. 607–608
3. भौमिक, स्वर्णकाल : डायमेन्संस आफ इंडियन आर्ट, खण्ड–प्रथम, पृ. 35–42

भित्ति दक्षिणी होकर निस्सृत, एक मीटर की चौड़ी खाई।
जिससे जल अतिरिक्त यार्ड की, बाहर जाती थी ढरकाई ॥131॥
इससे सटा गोदाम एक था, जहाँ माल रखते अस्थायी।
निगरानी के लिए मध्य में, दुर्ग सदृश एक वास्तु इकाई॥
पुराविदों ने कहा विश्व का, सबसे बन्दरगाह पुराना।[1]
यहाँ था नियमित मिस्र पोटामी, जलयानों का आना जाना॥132॥

मोहनजोदड़ो हड़प्पा लोथल, इन सबसे सम्बन्ध अनन्य।
इसके रचनाकार, नागरिक, शासक कर्मों सभी थे धन्य॥[2]
जिला कच्छ गुजरात में स्थित, सुरकोट्दा[3] सिन्धु युग खास।
दुर्गीकृत द्वय भाग यहाँ पर, गढ़ी क्षेत्र नियमित आवास॥133॥

आवासीय गृह की तुलना में, गढ़ी क्षेत्र के भवन बड़े थे।
ठोस कुटे मिट्टी के चत्वर, ऊपर उन्नत तने खड़े थे॥
अश्म चिनाई का भवनों में, मिलता है साक्ष्य आधार।
गढ़ी की रक्षा प्राचीरों में, दक्षिण पूरब लगे थे द्वार॥134॥

दुर्ग क्षेत्र के दक्षिण पश्चिम, प्राप्त एक है कब्रिस्तान।
जहाँ कलश से शवाधान का, मिलता है एक नया विधान॥
सुरकोट्दा से प्राप्त प्रथमतः, अश्व अस्थियों के अवशेष।
यह विशिष्ट उपलब्धि यहाँ की, अन्य कहीं न सिन्ध प्रदेश॥[4]135॥

धौलावीर-देशलपुर-कुन्तासी[5]

गुर्जर प्रान्त के कच्छ जिले में, तालुक भचाऊ सरिता तीर।
सिन्धु सभ्यता का अति सुन्दर, नगर भव्य था धौलावीर॥
यह सबसे प्राचीन व्यवस्थित, सबसे वृहद नगर अवशेष।
मोहनजोदड़ो सें भी भरकम, यह अनन्य पुर भारत देश॥136॥

1. सत्यदेव, अभिनव एवं सिंह, के.पी. : भारतीय पुरातत्त्व के मूल तत्त्व, पृ. 49
2. धवलिकर, एम.के. : इण्डियन प्रोटो हिस्ट्री, पृ. 32-34
3. अग्रवाल, धर्मपाल पन्नालाल : पूर्वोद्धृत, पृ. 51 एवं मिश्रा, आर.एन. : डायमेन्संस आफ इण्डियन आर्ट, खण्ड-प्रथम, पृ. 293
4. धवलिकर, एम.के. : इण्डियन प्रोटो हिस्ट्री, पृ. 37-98
5. धवलिकर, एम.के. : पूर्वोक्त, पृ. 31-32

उन्नीस सौ अड़सठ में जोशी ने, करवाई थी इसकी खोज।
दशवें दशक में हुआ उत्खनन, आर. एस. विष्ट दल के श्रम ओज॥
मुख्य स्थल दो खण्ड विभाजित, तीन भाग में धौलाबीर।
मध्यम निचला नगर दुर्ग गढ़, सबकी एक महा प्राचीर॥137॥

सौ हेक्टेयर में यह विस्तृत, अलग-अलग प्राकार प्रत्येक।
प्राचीरों में बस्ती सम्मुख, बने हुए थे द्वार अनेक॥
प्राचीरों के अन्तर्गत ही, खुले पड़े भारी मैदान।
दुर्ग और द्वय नगर क्षेत्र में, इसका है अस्तित्व प्रमान॥138॥

मध्य दुर्ग प्राचीर उत्तरी, महाद्वार पार्श्व अनुभाग।
वर्षा जल संचयन-संग्रहण, हेतु, बना नाली तालाब॥[1]
मिले यहाँ अधिसंख्य श्वेतमय, प्रस्तर खण्ड सुपालिशदार।
शायद ये प्रयुक्त रचना में, भवन वास्तु स्तम्भ व द्वार॥139॥

इससे यह आभासित होता, सैन्धव परिचित पालिश ओप।
नहीं कहीं से आयातित यह, मौलिकता की अद्‌भुद् सोच॥
प्राप्त यहाँ से बड़े वर्ण दस, सैन्धव लिपि की खोज महान्।
इनका अति महत्त्व जगती में, अक्षर माला में स्थान॥140॥

भवन नगर निर्माण नियोजन, अन्य कला कृति युग अवधारक।
हुआ नष्ट अद्वितीय नगर यह, जलधारा परिवर्तन कारक॥
कच्छ क्षेत्र देशलपुर स्थित, मोहनजोदड़ो लोथल बीच।
हुआ उत्खनन सप्त दशक में, के.वी. सुन्दरराजन नीत॥[2]141॥

यहाँ खुदाई में मिलते हैं, बुर्ज सहित रक्षा प्राकार।
पहिया बाट ताम्र अंगूठी, छूरी छैनी मुहर दो चार॥
राजकोट गुजरात में स्थित, कुन्तासी बस्ती भी विशाल।
किये उत्खनन यहाँ धवलिकर, रावल वाई. एम. चीतलवाल॥[3]142॥

---

1. विष्ट, आर.एस. : हिस्ट्री एण्ड हेरीटेड, खण्ड-प्रथम, पृ.39-65
2. अग्रवाल, धर्मपालं पन्नालाल : पूर्वोद्धृत, पृ. 59-60; अंशु मंगल : भारतीय इतिहास, पृ. 21
3. धवलिकर, एम.के. : पूर्वोद्धृत, पृ. 34-46

प्राप्त उत्खनन के दो स्तर, विकसित सैन्धव उत्तर काल।
मिला है बन्दरगाह वानिजी, निगरानी स्तम्भ विशाल॥
दो हत्थीय कटोरे सुराही, मृण् की मिली खिलौना गाड़ी।
चूड़ी अंगूठी ताम्र कांचली, सेल खड़ी मनके मनहारी॥143॥

रोजदी

गुर्जर में सौराष्ट्र सन्निकट, रोजदी कस्बा अति प्राचीन।
प्राक् हड़प्पा सैन्धव उत्तर, मिले उत्खनन स्तर तीन॥
बड़े-बड़े पत्थर से निर्मित, लक्ष्य सुरक्षा दृढ़ प्राकार।
हस्ति अस्थि अवशेष व वर्तन, काले लाल व चम्मकदार॥[1]144॥

दैमाबाद[2]

महाराष्ट्र के अहमदनगर में, प्रवरा नदी के बाईं ओर।
सैन्धव उत्तर युग यह स्थल, सिन्धु सभ्यता दक्षिण छोर॥[3]
यहाँ मिले मृद्भाण्ड सिन्धु लिपि, एक मुहर व प्लेट तश्तरी।
शवाधान के विरल नमूने, वर्तन पर शृंगाकृति उभरी॥145॥

ईंट चिनाई किये गर्त में, युवा पुरुष शव गया है पाया।
मिट्टी ईंट आदि से ढककर, प्रस्तर पटिया गया विछाया॥
यही रीति सुरकोट्दा के भी, समाधियों में गयी है पायी।
महाराष्ट्र में सिन्धु सभ्यता, कुछ विलम्ब से होकर आयी॥146॥

हुलास[4]

उत्तर प्रदेश सहारनपुर में, स्थित टीला एक हुलास।
जहाँ खुदाई से होता है, उत्तर सैन्धव युग आभास॥
कांचल मिट्टी मनके चूड़ी, ठीकर तथा खिलौना गाड़ी।
लिपि से युक्त मुहर व बर्तन, सब पर सैन्धव छाप पिछाड़ी॥147॥

आलमगीरपुर-माण्डी[5]

उत्तर प्रदेश के मेरठ जनपद, बस्ती थी पुर आलमगीर।
जहाँ सभ्यता रही सुविकसित, गंगा यमुना मध्य भू तीर॥

---

1. वही, पृ. 38; राव, एम.एस., नागराजा : इण्डियन आर्क्योलॉजी (ए रिव्यू, 1982-83), पृ. 28
2. अग्रवाल, धर्मपाल पन्नालाल : पूर्वोक्त, पृ. 64; साली, एस.ए. : डायमेन्सन्स आफ इण्डियन आर्ट, भाग-प्रथम, पृ. 379
3. निगम, जे.एस. : हिस्ट्री एण्ड हेरीटेज खण्ड प्रथम, पृ. 147, 168-172
4. थपलयाल, के.के. : स्टडीज इन ऐशियंट इण्डियन सील्स, पृ. 266
5. चक्रवर्ती, दिलीप के. एवं अन्य : सम पाटरीज आफ हड़प्पन ट्रेडीसन इन वेस्टर्न यू.पी. : प्राग्धारा अंक, 15, पृ. 179-180

सिन्धु सभ्यता उत्तर युग के, जीवन-दर्शन को दर्शाती।
मिले यहाँ मृद्भाण्ड कटोरे, मृत्पिंड की अनुपम थाती ॥148 ॥

रोटी बनाने के भी चौके, मृद्भाण्डों पर चित्रण लेप।
प्राप्त बहुत से खण्ड कटोरे, कुछ पर द्वय अक्षर का लेख॥
शहर मुजफ्फरनगर पास में, पन्द्रह किमी दक्षिण यह गाँव।
खेत जुताई समय स्वर्ण के, छल्ले मिले माण्डी ठाँव ॥[1]149 ॥

विविध भाँति के छल्ले कहते, सिक्कों का प्रचलन उस काल।
भरसक कोई रहा यहाँ पर, मुद्रा रचना गृह टकसाल॥
मिले हुए मृद्भाण्ड व ईंटें, सभी हड़प्पा युग अनुरूप।
व्यापक शोध उत्खनन से ही, ज्ञापित होगा विविध स्वरूप ॥150 ॥

सामाजिक जीवन[2]

छोटे बड़े खड़े भवनों में, था उनका निवास सुखपूर्ण।
सैन्धव सामाजिक जन जीवन, शान्त सरल शुचिमय सम्पूर्ण॥
अवशेषों के साक्ष्य से इंगित, सिन्ध समाज में वर्ग विभिन्न।
मातृसत्तात्मक परिवारों के, मिले अकाट्य प्रमाण व चिह्न ॥151 ॥

समसामयिक सभी संस्कृति में, सामाजिक वर्ग विभाजन था।
उत्तम मध्यम निम्न रूप, अनुरूप कार्य सम्पादन था॥
कर्म अनुसार चार वर्गों में, सिन्धु समाज बँटा लगता है।[3]
विद्वान् वीर व व्यवसायी, श्रमजीवी वृत्त लगा लगता है ॥152 ॥

ज्योतिषी पुजारी वैद्य आदि, विद्वान् वर्ग में आते थे।
भट, बीर प्रशासक सेनानी, योद्धा सम्वर्ग कहाते थे॥
नगरों में वणिक व धनी सेठ, जो क्रय-विक्रय अधिकारी थे।
करते व्यापार विदेशों तक, वे लोग वर्ग व्यापारी थे ॥153 ॥

थे चतुवर्ग में श्रमजीवी, कृषि उद्यम शिल्प में लिप्त रहे।
अन्यान्य कार्य कृत श्रम से वे, परिचर बनकर अभिशप्त रहे॥

1. थपलयाल, के.के. : पूर्वोक्त, 266; कुप्पुरम, जी. : इण्डिया थ्रू दन एजेज, खण्ड-2, पृ. 607-608
2. कौशाम्बी, डी.डी. : पूर्वोद्धृत, पृ. 66-71
3. गैरोला, वाचस्पति : पूर्वोद्धृत, पृ. 96

यही व्यवस्था परिमार्जित हो, आर्यों में अंगीकार हुई।
ब्राह्मण क्षत्रिय वैश्य शूद्र के, चतुर्वर्ण आधार हुई॥[1]154॥
सैन्धव समाज में मातृ शक्ति, क्षमता ममता गुणभारी थी।
परिवार की प्रमुख नियंत्रक वह, गृह कुल की पालनहारी थी॥[2]
सैन्धवजन परिवार संगठन, विधि का कुछ अनुमान नहीं।
पर्व उत्सव संस्कार आदि पर, मिलता तथ्य प्रमान नहीं॥155॥

भोजन–वस्त्राभूषण

भोजन था कृषि से उपज मुख्य, ये शाक मांस आहारी थे।
फल अन्न दूध पैदा करते, स्वनिर्भर आत्म सुखारी थे॥
उनके भोजन का मुख्य अंग, गेहूँ जौं चावल तिल व दाल।
नारियल निम्बू कदली खजूर, खर–तरबूजे का फल रसाल[3]॥156॥

बत्तख घड़ियाल सुअर मुर्गा, अज भेड़ मीन के खाते मांस।
अधजली अस्थियाँ पशुओं की, मिलते बस्ती के आस–पास॥[4]
ये वस्त्र पहनते ऊन सूत, नर–नारी प्रौढ़ा व अयाल।
मोहनजोदड़ों से प्राप्त मूर्ति, है ओढ़े अपने गात शाल॥157॥

कटि के नीचे धोती समान, सिर से उत्तरीय मिला होता।
सूइयाँ प्राप्त उत्खननों से, शायद कुछ वस्त्र सिला होता॥
नारी के वसन भिन्न होते, उनका हर अंग ढका होता।
सिर उपर वस्त्र पहनती जो, पीछे सम पंख उठा होता॥158॥

नर–नारि श्रृंगार रती सब ही, सबके हिय प्रिय था आभूषण।
भुजबंद मुद्रिका हार–वलय, नर–नारि उभय प्रचलित भूषण॥
करधनी, कील नथुनी बाली, बालाओं के भूषण विशेष।
निर्धन का ताम्र अस्थि मिट्टी, मणि रजत स्वर्ण समृद्ध शेष॥[5]159॥

---

1. राजेन्द्र, पाण्डेय : पूर्वोक्त, पृ. 21; धवलिकर, एम.के. : पूर्वोक्त, पृ. 68–69; नाहर, रतिभान सिंह : पूर्वोक्त, पृ. 44
2. गोयल, श्रीराम : विश्व की प्राचीन सभ्यताएँ, पृ. 427, 431
3. पाण्डेय, राजेन्द्र : पूर्वोक्त, पृ. 21–22
4. प्रसाद, बेनी : हिन्दुस्तानी की पुरानी सभ्यता, पृ. 16
5. नाहर, रतिभानसिंह : पूर्वोक्त, पृ. 42

मिला हड़प्पा से कनकंगन, हार लड़ी स्वर्ण मनके बाला।
सेलखड़ी लघु हेम के मनके, मिले हार बहु संख्यक माला॥
गोहनजोदड़ो से गोमेदक, कार्निलियन मनकों का हार।
ताम्र सेलखड़ी शंख रजत, मृण कांचल भूषण भरमार॥160॥

श्रृंगारप्रियता-गृहोपकरण-आमोद-प्रमोद

नारी श्रृंगार प्रिया अतिसय, पट भूषण पहन सँवरती थी।
रंगती अधरोष्ठ, नयन काजल, बालों में कंघी करती थी॥
थी मोहनजोदड़ो की नारी, श्रृंगार सुसाधन से सुभिज्ञ।
काजल कंघी दर्पण पावडर, अंजन के शलाके प्राप्त विज्ञ॥[1]161॥

नौशारी मेहरगढ़ मृण की, तियमूर्ति माँग के रंग लाल।
इससे होता उपयोग सिद्ध, सिन्दूर हड़प्पा सिन्धु काल॥[2]
सैन्धव जन गेह-गृहस्थी में, करते प्रयोग विविध सामान।
मृण् प्रस्तर ताम्र कांस्य अस्थि, गंजदन्त काष्ट के उपादान॥162॥

प्राप्त खनन में कटोरे घट, चम्मच गिलास प्लेट थाली।
चूल्हा-चौका बेलन मटके, बटखरे बाट मापन वाली॥
फर्नीचर का करते प्रयोग, कुर्सी मेज स्टूल तिपाई।
शैयासन भी विविध रूप में, मिले उत्खनन खाट-चटाई॥163॥

मिट्टी पकी, ताम्र के दीपक, हस्तिदंत की सूई कंघी।
आरी छुरिका मत्स्य वेधनी, टांगी कुठार प्रगोग बहु ढंगी॥[3]
अद्य भाँति सैन्धव जन भी, आमोद-प्रमोद के प्रेमी थे।
पासे कंदुक शतरंज आदि, क्रीड़ारंजन के नेमी थे॥164॥

मोहनजोदड़ो हड़प्पा से, मिले अश्म मिट्टी के पासे।
सेलखड़ी शंख संगमरमर, की शतंरज गोटियाँ खासे॥[4]
लोथल से मिट्टी ईंटों के, दो प्राप्त नमूने खेल पट्ट।
अन्यत्र सीप पत्थर मिट्टी, की मिली गोलियाँ गेद लट्ट॥165॥

---

1. गैरोला, वाचस्पति : भारतीय संस्कृति और कला, पृ. 100-101
2. श्रीवास्तव, के.सी. : प्राचीन भारत का इतिहास तथा संस्कृति, पृ. 56
3. शर्मा, एल.पी. : प्राचीन भारत, पृ. 31
4. गैरोला, वाचस्पति : पूर्वोक्त, पृ. 91-102

मिले उत्खनन में स्टेडियम, कच्छ की खाड़ी गाँव कुरन।
हेतु सभा उत्सव सम्मेलन, क्रीड़ांगन अनुरूप पुरम्॥
ये क्रीडागृह दुर्ग के दक्षिण, अनुपम बने आयताकार।
दुर्ग सहित इनमें प्रवेश के, बने भित्ति में दो-दो द्वार॥[1]166॥

एक मुहर में दृश्यांकन, धनु-तीर से करते मृग शिकार।
खग मत्स्य व वन्य जीवों पर, कौतुक बस करते थे प्रहार॥
पशु-पक्षी से प्यार उन्हें, खुब पाल-पोस जिलाते थे।
उत्सव पर जुटता था समाज, मुर्गों को लड़ा हर्षाते थे॥167॥

था नृत्य-गीत से नेह उन्हें, वीणा-तुरही को बजाते थे।
उल्लास पर्व के दिन प्रायः, नर्तकी-नृत्य करवाते थे॥[2]
बच्चों के आमोद-प्रमोद हेतु, थे सैन्धव जन उत्सुक सतर्क।
अनगिनत खिलौने प्राप्त हुए, जो दबे पड़े थे सिन्धु गर्त॥168॥

मिट्टी के सुघर खिलौने व, पशु-पक्षी सीटी झुनझुनियाँ।
बैलों से जुती बैलगाड़ी, जिस पर बैठी होती चिड़िया॥[3]
उनके मनोरंजन प्रियता का, ये सुखमय याद दिलाते है।
सैन्धव जीवन क्रीड़ा विनोद, का अनुभव भी कर पाते है॥169॥

यातायात के साधन

इनके यातायात का साधन, जुती हुई बैलों की गाड़ी।
आते-जाते जन साधारण, बोझ लादते लोग जुगाड़ी॥
प्राप्त हड़प्पा से ताम्राकृति, आज के इक्के के समान था।
धनिकों का यात्रा-साधन यह, तना रहे ऊपर वितान था॥[4]170॥

अस्त्र-शस्त्र व सुरक्षा साधन

मिले हुए हैं उत्खननों में, अस्त्र-शस्त्र रक्षा हथियार।
गदा कुल्हाड़ी वर्छी भाला, तीर-धनुष फरसा तलवार॥
ताम्र कांस्य पत्थर से निर्मित, अस्थि काष्ठ के कुछ औजार।
ताम्र सुनिर्मित ढाल कवच भी, गढ़ी किला पुर रक्षण द्वार॥171॥

---

1. श्रीवास्तव, के.सी. : पूर्वोक्त, पृ. 56
2. पाण्डेय, राजेन्द्र : पूर्वोक्त, पृ. 23, 31
3. नाहर, रतिभान सिंह : पूर्वोक्त, पृ. 43
4. शर्मा, एल.पी. : पूर्वोद्धृत, पृ. 31; मिश्र, रतन लाल : पूर्वोद्धृत, पृ. 20-24

सम्भवतः शासकीय भवन, सुसंरक्षित गढ़ी प्राकार।
शेष नगर प्राचीर विहीन, बिना सुरक्षा दृढ़ आधार॥
अस्त्र-शस्त्र थे साधारण ही, युद्ध नहीं उनका उद्देश्य।
शान्त सरल जीवन आकांक्षी, निरत सदा निज कार्य विशेष॥[1]172॥

अंत्येष्टि क्रिया

एक गर्त्त में एक ही शव को, प्रायः ही दफनाया जाता।
किन्तु कहीं एकाधिक शव भी, शवाधान में पाया जाता॥
कभी-कभी तो मृतक देह को, खुली जगह छोड़कर आते।
जहाँ जंगली जीव-जन्तु खग, नोच-नोच मृत तन को खाते॥173॥

शव का दाहकर्म भी प्रचलित, भस्म अस्थि को कलश में लाते।
भौतिक सुख सुविधा की चीजें, गर्त में गाड़ समाधि बनाते॥
ऐसा करके वे दर्शाते, मृतकों के प्रति श्रद्धा भाव।
मरणोपरान्त जीवन में उनका, आस्थागत परलोक प्रभाव॥[2]174॥

राजनीतिक संगठन

राजनीतिक संगठन विषय पर, सभी साक्ष्य है प्रायः मौन।
इतने सुदृढ़ व्यवस्थित पुर के, नीति नियामक शासक कौन॥
नगरों की आधार योजना, वास्तु शिल्प सादृश्य महान्।
सिन्ध राज्य केन्द्रीय शासन का, कर सकते हैं कुछ अनुमान॥[3]175॥

निश्चय ही सरकार थी कोई, जो करती थी निखिल प्रबंध।
कार्य व्यवस्था निष्पादन को, कर्मचारियों का था स्कन्ध॥
होता है अनुमान दुर्ग थे, सैन्धव सत्ता के आधार।
जहाँ राज मुख्यालय स्थिति, सिन्धु हड़प्पा की सरकार॥[4]176॥

शासन का हस्तक्षेप नियन्त्रण, उत्पादन उद्यम व्यापार।
शिल्प और व्यापार संहिता, लागू रही 'पिगट' अनुसार॥
था विशाल अति राज्य सिन्ध का, पिगट महोदय ने है मानी।
मोहनजोदड़ो और हड़प्पा, एक देश की द्वय राजधानी॥177॥

---

1. प्रसाद, बेनी : पूर्वोक्त, पृ. 17
2. धवलिकर, एम.के. : इण्डियन प्रोटो हिस्ट्री, पृ. 65-68
3. गैरोला, वाचस्पति : पूर्वोक्त, पृ. 95
4. धवलिकर, एम.के. : पूर्वोक्त, पृ. 69-71

चार–सौ मील की दूरी उनकी, नदी नीर पथ तीर सुयोग।
ह्वीलर मत उस काल विश्व में, राजनीति का महा प्रयोग॥
कतिपय पुराविदों के मत में, कालीबंग तृतीय राजधानी।[1]
एकराट् शासन सैन्धव में, इतिहासविदों ने है मानी॥178॥

सिन्धु राज्य राजा होता था, कोई पुरोहित या व्यापारी।
अन्न रूप कर लेते जन से, धर्म तत्त्व शासन पर भारी॥
नहीं समर प्रिय नृपति सिन्धु के, रुचि भी नहीं राज्य विस्तार।
निरत नित्य वाणिज्य विवर्द्धन, शान्ति सौख्य कृषि पोषणहार॥179॥

शान्तिवादिता सैन्धव जन का, उस युग में उद्देश्य महान्।
इसीलिए कुछ अधिक न मिलते, युद्ध यन्त्र सैनिक सामान॥
डॉ. बी. बी. लाल के मत में, सिन्धु विभाजित लघुतर राज्य।
अलग–अलग उनका स्वशासन, नहीं एक शासन साम्राज्य॥[2]180॥

बौद्धिक अवदान[3], लिपि

सैन्धव लिपि के मिलते चिह्न, मुहरों ठिकरों पर शत बार।
विज्ञों के पठनीय प्रयत्न भी, हुए अभी तक सब बेकार॥
सैन्धव लिपि चित्राक्षर ढंग की, भाव व ध्वनि में गढ़ी गयी।
चित्र वर्ण में सृजित लिपि यह, जो अब तक न पढ़ी गयी॥181॥

कालीबंग मृत्तिपण्ड लेख से, ध्वनि यह साफ निकलती है।[4]
सिन्धु लिपि दाहिने से बायें, या उल्टे भी चलती है॥
करते पुष्टि लेख मुहरें लिपि, बूस्ट्रोफेडन विधि अवशेष।
पढ़े लिखे होते थे सैन्धव, शैक्षिक वातावरण विशेष॥182॥

सैन्धव लिपि अपठित रूप में, बौद्धिकता अज्ञात मानिए।
काष्ठ–चर्म पर लिखे लेख जो, नश्वरता आघात जानिए॥
बाट माप डिस्मल ज्योतिष से, सूचित विद्या रुचि विज्ञान।
जन शिक्षण साहित्य काव्य कृति, मिले नहीं हैं चिह्न प्रमान॥183॥

---

1. मैती, एस.के. : प्राब्लम्स एण्ड पर्सपेक्टिव्स आफ ऐंशियंट हिस्ट्री एण्ड कल्चर, पृ. 269–271; गैरोला, वाचस्पति : पूर्वोद्धृत, पृ. 102–104
2. गोयल, श्रीराम : पूर्वोद्धृत, पृ. 425–426; श्रीवास्तव, के.सी. : पूर्वोक्त, पृ. 66
3. धवलिकर, एम.के. : पूर्वोक्त, पृ. 56–58
4. संकालिया, एच.डी. : एस्पेक्ट्स आफ इण्डियन हिस्ट्री एण्ड आर्क्योलॉजी, पृ. 41

विज्ञान

इतना उत्तम नगर नियोजन, भवन वास्तु रचना आकार।
सबमें ज्योमिति के नियमों का, चित्र उभरता बारम्बार॥
हस्तिदन्त कृत सात इंच का, लोथल में मापक पैमाना।
और एक कम्पास वहीं से, प्रारम्भिक विज्ञान जमाना॥184॥

सैन्धव के बटखरों में मिलता, गजब समानता भारों में।
जो चलते थे सिन्धु राज्य के, आपण हाट बाजारों में॥
इस सबसे परिलक्षित होते, जन जीवन में था विज्ञान।
सम्भवतः था सिन्ध जनों को, अंक दशमलव का भी ज्ञान॥[1]185॥

चिकित्सा विज्ञान

सैन्धव जन को काय चिकित्सा, विधियों का भी था कुछ ज्ञान।
पेड़ पौध तन छाल पत्र से, लेते थे औषधि का काम॥
शिलाजीत से वे परिचित थे, नीम औषधिय गुण गम्भीर।
आयुर्वेद चिकित्सा पद्यति, पनपी शायद सिन्धु के तीर॥[2]186॥

कलायें[3]

दृष्टिकोण सैन्धव जीवन का, रहा निरा उपयोगिता वादी।
अतः कला का कला हेतु कृति, रचने में वे नहिं थे आदी॥
सादे रुचिकर ठोस गृहों पर, चित्रकला अवशेष नहीं है।
मूर्तिकला उत्कृष्ट नमूने, मिलते रुचिर विशेष नहीं है॥187॥

ए. एल. बाशम के शब्दों में, वे कलात्मक व्यक्ति न मूल।
किन्तु कला प्रति उदासीन वे, यह कहना हम सबकी भूल॥
वास्तु मूर्ति मुद्रा आभूषण, चित्र आदि मृद्‌भाण्ड कलायें।
हुई पल्लवित विकसित पुष्पित, अन्तर्गत सैन्धव सीमायें॥188॥

वास्तु शिल्प की कला योजना, नगर भवन अति दिखे विशिष्ट।
जो इसके पहले ही वर्णित, विवरण वृहद् कला अवशिष्ट॥

---

1. गोयल, श्रीराम : पूर्वोक्त, पृ. 427
2. शर्मा, एल.पी. : प्राचीन भारत, पृ. 32
3. गैरोला, वाचस्पति : भारतीय संस्कृति और कला, पृ. 96-101

उनके मुहरों मृद्भाण्डों पर, खचित चित्र आकृतियाँ श्रेष्ठ।
सिन्धु कला दिग्दर्श्य नमूने, प्राप्त वस्तु में दिखे यथेष्ट॥[1]189॥

चित्रकला[2]

मुहरों पर मानव आकृतियाँ, बर्तन पर पशु-पक्षी चित्र।
एक बर्तन पर बकरी शिशु को, दूध पिलाती दृश्य विचित्र॥
उसी भाण्ड पर पास में मुर्गी, दाना चुगती लिए चोंच में।
अन्य एक मछुआरा चित्रित, मत्स्य फँसाने दाँव-पेंच में॥190॥

लोथल में खग एक पेड़ पर, मछली चोंच दबाये बैठी।
नीचे भू पर एक लोमड़ी, भोजन आस लगाये बैठी॥
एक दूजे कटि पकड़े बन्दर, बैठी एक गिलहरी मग्न।
रची गयी नारी आकृतियाँ, प्राप्त अधिक कटि ऊपर नग्न॥191॥

अंकन में दृढ़ ठोड़ी गर्दन, लघु नयनों की कला विशेष।
योगी और पाशुपति शिव की, आकृतियाँ मंजुल अवशेष॥
मुहरों पर अंकित भैंसे व, वृषभ आदि के चित्रण श्रेष्ठ।
मृद्भाण्डीय विविध अनुरेखन, देते शुचि सौन्दर्य यथेष्ट॥[3]192॥

मूर्तिकला[4] : पाषाण मूर्तियाँ

सिन्धु सभ्यता के अन्तर्गत, मूर्ति शिल्प का प्रचुर विकास।
अश्म धातु मृण् रची मूर्तियाँ, सबमें निहित कला इतिहास॥
मोहनजोदड़ो से कुल बारह, और हड़प्पा से दो मात्र।
प्राप्त हुई पाषाण मूर्तियाँ, अति प्रभाव प्रिय रुचिर उदात्त॥193॥

सेल खड़ी अलबेस्टर स्लेटी, चूना बलुआ पत्थर मूर्ति।
मोहनजोदड़ो से प्राप्त पुरोहित, योगी में यौगिक स्फूर्ति॥
सेलखड़ी से रचित मूर्ति यह, उन्नीस सेमी कुल ऊँची है।
दाढ़ी संवरी ठीक तरह से, मूछें भी साफ समूची हैं॥194॥

केश बँधे हैं एक फीते से, मस्तक गोल अलंकृत है।
ओढ़े साल तिपतिया चित्रित, नेत्र अधखुले अंकित है॥

---

1. शिवराम मूर्ति, सी. : इण्डियन स्कल्पचर, पृ. 15
2. पाण्डेय, राजेन्द्र : पूर्वोक्त, पृ. 33–34
3. शर्मा, एल.पी. : पूर्वोक्त, पृ. 32–33
4. सहाय, एस.एस. : भारतीय कला, पृ. 1–4; धवलिकर, एम.के. : पूर्वोद्धृत पृ. 55–56

दृष्टि टिकी है अग्र नासिका, मस्तक छोटा पीछे ढलुआ।
निचला ओष्ठ व गर्दन मोटा, मुख आकृति कुछ बड़ा है गोलुआ ॥195॥

चन्द्रा कहते योगी इसको, मैके अनुसार पुजारी है।
अन्य विज्ञों को लगे दार्शनिक, संत विचारक भारी है॥[1]
एक श्वेत पाषाण पुरुष का, मस्तक मिला सात इंच ऊँचा।
दाढ़ी युक्त, साफ है मूँछें, कान है सीपीदार अनूठा ॥196॥

पच्चीदार है नेत्र की पुतली, बाल बँधा है पीछे मुड़कर।
इसकी कारीगरी न बढ़िया, प्रथम मूर्ति से गुण में कमतर॥[2]
ग्यारह इंच तक उच्च मूर्ति का, प्राप्त पुरुष तन अधोभाग है।
शाल उत्तरीय बाम कंघ पर, पारदर्शि पट अंग आध है ॥197॥

मिली मूर्तियाँ पशु पाषाणिक, सिन्धुकला की अनुपम थाती।
उल्लेखनीय संयुक्त मूर्ति पशु, भेड़ रूप तन मस्तक हाथी॥
था इनका धार्मिक महत्त्व कुछ, देव भाव पशु में अवतीर्ण।
मिली हुई संयुक्त आकृतियाँ, सैन्धव मुहरों पर उत्कीर्ण ॥198॥

सैन्धव युगी वह मूर्ति शिल्प, कितना उन्नत व उपयुक्त।
उदाहरण द्वय प्राप्त हड़प्पा, मस्तक पैर कटे हैं लुप्त॥
रक्तिम बलुआ प्रस्तर निर्मित, मूर्ति जो सीधा पुरुष खड़ा।
छिद्रित है गर्दन कंध जांघ, सिर हस्त पाद अतिरिक्त जड़ा ॥199॥

तकनीक कोई उस युग की थी, शरीरांग को अलग बनाते।
छिद्रों में मशालों के द्वारा, तन में अंग-अंग बैठाते॥
दूसरी मूर्ति कृष्ण पत्थर की, नर्तकी या नर्तक लगता है।
है देहयष्टि में भावभंगि, सौष्ठव सौन्दर्य झलकता है ॥200॥

द्वय मूर्ति अंग लय मनभावन, तन गढ़न सजीव प्रभावाली।
यक्षिणी सदृश दीदारगंज, गान्धार बौद्ध सम द्युतिशाली॥
चित्रण यथार्थ मानव तन का, कर सकते केवल यूनानी।
ये मूर्तियाँ करतीं भ्रम भंजन, व सैन्धव प्रतिमा विज्ञानी॥[3]201॥

---

1. श्रीवास्तव, पंकजलता : पूर्वोक्त, पृ. 152
2. पाण्डेय, राजेन्द्र : पूर्वोद्धृत, पृ. 30-31
3. तिवारी, यू.एन. : भारतीय संस्कृति एक अजस्र प्रवाह, पृ. 75-76

धातु मूर्तियाँ[1]

सैन्धव स्थल से कई एक, है धातु मूर्तियाँ संग्रहीत।
बत्तख अज भेड़ा वृषभ श्वान, नर्तकी मूर्तियाँ युग अतीत॥
है एक नर्तकी कांस्य धातु, साँचे में गया उतारा है।
घुँघराले बालों को पीछे, जूड़े में गया संवारा है॥202॥

साढ़े चार सेमी में ढली हुई, पद निचला हिस्सा टूटा है।[2]
उसके शरीर पर वसन नहीं, करधन कंठहार अनूठा है॥
दाहिने हाथ में कंगन है, केयूर सुशोभित तन नारी।
है टिका हस्त कटि अंचल में, सौन्दर्य सुपूरित छवि न्यारी॥203॥

है वामहस्त स्वाभाविक ही, लटका जाँघों तक पसरा है।
है शोभित कर में तंग वलय, कलाई बाजू बीच भरा है॥
स्वाभाविक पग संचालन से, ऐसा होता कुछ आभास।
रंग मंच पर नृत्यलीन वह, मानो मनोरंजन कोई खास॥204॥

हाव भाव प्रियता स्वाभाविक, करती जनमानस सहज चकित।
नृत्य गीत संगीत में डूबी, मूर्ति खींचती ध्यान त्वरित॥
कालीवंगन से वृषभ एवं, लोथल से मिलता श्वान मूर्ति।
कला दृष्टि से ये है सुन्दर, स्वाभाविक अंकन स्फूर्ति॥[3]205॥

धातु मूर्तियों की रचना में, हुई ढलाई क्रिया विशिष्ट।
पुरा राष्ट्र साहित्य में जिसको, कहा गया विधि मधुच्छिष्ट॥
इसी विधा से कालान्तर में, बनी विपुल प्रतिमा नटराज।
बुद्ध मूर्ति सुल्तानगंज की, ताम्र ढली युग की सरताज॥206॥

मृण् मूर्तियाँ[4]

रची गयीं अधिसंख्य मूर्ति मृण्, सैन्धव नर–नारी पशु–पक्षी।
ये अधिकांश हाथ से निर्मित, पकी पकाई लोहित अच्छी॥
मोहनजोदड़ो पुरुष मूर्ति का, ढलुआ माथा लम्बी नाक।
नग्न शरीर व नयन कटीले, चिपकाया मुख ढोढ़ी साफ॥207॥

---

1. सहाय, एस.एस. : भारतीय कला, पृ. 4–5
2. पाण्डेय, राजेन्द्र : पूर्वोद्धृत, पृ. 31; श्रीवास्तव, पंकजलता : पर्वोद्धृत, पृ. 153
3. सुन्दरराजन, के.वी. : पूर्वोक्त, पृ. 49–50; अग्रवाल, वी.एस. : भारतीय कला, पृ. 26–27
4. श्रीवास्तव, पंकजलता : पूर्वोक्त, पृ. 154; जायसवाल विदुला, पंत पी.सी. : पूर्वोक्त पृ. 200

मिली 'वत्स' को लुंगी पहने, पुरुष मूर्ति हड़प्पा ठाँव।
शृंग युक्त कुछ पुरुष मूर्तियाँ, नहीं कलात्मक रम्य रचाव॥
स्त्री मूर्ति बनी है रुचिकर, आकर्षक प्रभाव द्युतिशाली।
रम्य मनोहर आभूषण से, तन का कोई अंग न खाली॥208॥

फैला, सिर पर पंख आभरण, ग्रीवा में बहु लड़िया हार।
कटि मेखला बाँह भुजबंदम्, कान में कुण्डल गोलाकार॥
आँख कान स्तनादि अंग तन, गहने पृथक गये चिपकाये।
कटि से घुटनों तक का लम्बा, सुपरिधान गये पहनाये॥209॥

इसी तरह की स्त्री मूर्तियाँ, मिलती मेहरगढ़ नौशारी।
लाल रंग उनकी माँगों में, ज्यों सजि खड़ी सुहागिन नारी॥
विद्वानों ने नारि मूर्ति को, मातृदेवि का रूप बताया।
इसी लिए ये बनी अलंकृत, कलाकार कौशल दिखलाया॥[1]210॥

मातृ प्रेम मय सहज मूर्ति के, गोद में बैठा नन्हा बच्चा।
निस्सृत पौधा मूर्ति योनि से, मिली एक जो पुरी हड़प्पा॥[2]
मातृदेवि अतिरिक्त कई, सामान्य मूर्तियाँ छोटी-मोटी।
आटा गूंथती गृह में गृहणी, लिए हाथ में स्त्री रोटी॥211॥

बनिता बहुल मूर्ति में दिखता, स्त्री का सामाजिक मान।
मातृदेवि की वृहत् मान्यता, पूजन अर्चन जन सम्मान॥
सैन्ध्वोत्तर युग मातृदेवि का, भारत में अभिव्यक्ति तमाम।
ग्राम देवियाँ देव रूप में, लोक हृदय स्थित अभिराम॥212॥

सिन्धु काल गत स्त्री मूर्तियाँ, वत्सल बनी सौम्य हितकारी।
किन्तु कुल्लि से प्राप्त मूर्तियाँ, रौद्र स्वरूप भयंकर भारी॥
रौद्ररूप देवी का द्योतक, कुल्ली से जो हुई थी प्राप्त।
कालान्तर में काली भैरवी, दुर्गे चण्डिका जग विख्यात॥[3] 213॥

मिली बालकों की मृण् मूर्ति, घुटनों के बल चलते-चलते।
आभूषण पहने है सुन्दर, ममता की छाया में पलते॥

---

1. अग्रवाल, वी.एस. : पूर्वोक्त, पृ. 322
2. थपलयाल, के.के. : स्टडीज इन ऐंशियंट इण्डियन सील्स, पृ. 171-172, 190
3. अग्रवाल, वी.एस. : पूर्वोद्धृत, पृ. 28-29

मनुज मूर्तियों से भी ज्यादा, प्राप्त मूर्तियाँ पशु व पक्षी।
कला दृष्टि से वे आकर्षक, उच्च कोटि की अनुपम अच्छी ॥214॥

कूबड़दार वृषभ विशेषकर, भैंसा भेड़ हस्ति व शेर।
गैड़ा सूअर शशक व भालू, मरकटादि मृण् मूर्ति के ढेर॥
ग्राह मत्स्य कच्छप गौरेया, मोर कबूतर सर्प गिलहरी।
चील उलूक शुकादि मूर्तिसे, दिखे कला में अभिरुचि गहरी॥[1]215॥

लोथल से एक मिला गोरिल्ला, मानव धड़ सिर पशु की मूर्ति।
'राव' महोदय का दावा है, मिली गाय की दो मृण् मूर्ति॥
कालीवंग सुरकोट्दा लोथल, अश्व मूर्तियाँ मिली अखंडित।
सब प्रकार की मिली मूर्ति में, चौथाई पशु से सम्बन्धित॥216॥

मोहन जोदड़ो से मिट्टी का, मिला वृषभ लघु शृंग ललाम।
वह इतना उत्कृष्ट कलामय, मार्शल मत कृति कर्तृ महान्॥
कालीबंगन वृषभ मूर्ति का, आक्रामक मुख गया बनाया।
बैठे विहग चोंच को खोले, उड़ते नभ में गया दिखाया॥[2]217॥

क्वार्टजाइट के चूर्ण से निर्मित, कांचली मिट्टी कड़ा मशाला।
जिसके बनते कड़े व कंगन, आभूषण प्रिय मनके माला॥
बाट बटखरे बटन अंगूठी, गोली ताबीज बनाया जाता।
सीसे सदृश चमक पाने को, काँच कड़ों में पकाया जाता॥218॥

बने कांचली दृढ़ मिट्टी से, एक गिलहरी अन्न कुतरती।
दुबका बैठा मेढक तृण पर, बंदर लिपटे ठंड-ठिठुरती॥
कांचलि मिट्टी बनी वस्तुएँ, मिली सभ्यता समकालीन।
पश्चिमी एशिया मिस्र सीरिया, दजला फरात घाटी प्राचीन॥219॥

मुद्रायें-मुहरें मनके व ताम्रपट

सैन्धव कला के अन्तर्गत है, मुद्रा मुहर अलग स्थान।
जिसमें उभरी चित्रकारी का, भली-भाँति होता है ज्ञान॥
विभिन्न पुरास्थलों से प्राप्त, मुहरें लगभग दो हजार।
ताम्र स्वर्ण चाँदी के मनके, ताम्रपट्ट बहु रूपाकार॥220॥

---

1. बनर्जी, अरुन्धती : पूर्वोद्धृत, पृ. XIX, 25-31; श्रीवास्तव, पंकजलता : प्राचीन इतिहास भाग तीन, पृ. 154
2. तिवारी, यू.एन. : पूर्वोद्धृत, पृ. 76; पाण्डेय, राजेन्द्र : पूर्वोद्धृत, पृ. 31-32

गोमेट चर्ट कांचली मृण् की, मुहर अधिक हैं सेलखड़ी।
अधिकाधिक चौकोर वर्ग घन, गोल बेलनाकार गढ़ी॥
मुहर के पीछे छिद्र बनाकर, घुंडी एक लगाई जाती।
जिसमें डोरा आदि डालकर, दैनिक कार्य में लाई जाती[1] ॥221॥

मानव पशु व तरु आकृतियाँ, मुहरों पर हैं गयीं उकेरी।
भैंसा हिरन सिंह गज गैड़ा, वृषभ शशक अंकन बहुतेरी॥
एक शृंग लघु शृंग वृषभ का, बहुतायत अंकन, प्रिय लोग।
ढूँसा मारने की मुद्रा में, वृषभ एक गुस्सैल प्रयोग[2] ॥222॥

पशु मानव चित्रित आकृतियाँ, मिलती मुद्रा पर कुछ ठाँव।
मोहनजोदड़ो व लोथल में, प्राप्त मुहर पर चित्रित नाँव॥
एक मनुष्य दो सिंह से लड़ता, एक मुहर में चित्र उभार।[3]
बैबीलोन में भी चित्रांकन, मानव सिंह साड़ की रार॥223॥

प्राप्त पाशुपति शिव की मुद्रा, मोहनजोदड़ो प्राच्य नगर।
पद्मासन मुद्रा में बैठे, त्रिमुखी शिव साधना प्रखर॥
कुछ मुहरों पर खुदे स्वास्तिक, पीपल आदि पूजनीय वृक्ष।[4]
अति उदात्त उत्तम मुहरों का, विश्व कला स्थान विशिष्ट॥224॥

उत्खननों में मिलते मनके, सेलखड़ी स्वर्ण ताम्र रजत।
कांचल मिट्टी सीप शंख अरु, हस्तिदंत गोमेद महत्॥[5]
मिली हड़प्पा मोहनजोदड़ो, से ताम्र की कुछ पट्टिकायें।
जिस पर मुहर से मिलते-जुलते, चित्र बहुत से गये हैं पाये॥225॥

है प्रयुक्त छापे में मिट्टी, मृण् कांचली बनाकर पेस्ट।
खुदे हुए कुछ लेख और या, पशु मानव के चित्रण ठेठ॥
मोहनजोदड़ो में ही मिलता, मुद्रा छाप के अग्रिम भाग।
छः मनुष्य आकृतियाँ सीधे, एक पंक्ति में रहे विराज॥226॥

1. शुक्ला, एस.पी. : हिस्ट्री एण्ड हेरीटेज, खण्ड-प्रथम, पृ. 67-82; तिवारी, आर.पी. : पूर्वोद्धृत, पृ. 5-6; अग्रवाल, वी.एस., भारतीय कला, पृ. 37-42
2. राव, एम.एस., नागराजा : पूर्वोद्धृत, पृ. 66
3. गैरोला, वाचस्पति : पूर्वोक्त, पृ. 98
4. सिंह, जया : प्राचीन भारत में नाग तथा जल पूजा, पृ. 18
5. धवलिकर, एम.के. : पूर्वोक्त, पृ. 53-54, 64-65

नीचे लिए हाथ में हंसिया, बनी एक मानव आकृति है।
पीपल छाँव बँधा है बकरा, देवि समक्ष बलि अंकन इति है॥
एक दूसरी मुद्रा छाप में, योगी मूर्ति ध्यान में व्यस्त।
बैठे भक्त पार्श्व द्वय उसके, पीछे नाग है स्थिर मस्त॥[1]227॥

कुछ मुद्रा छापों पर अंकित, मृग गज गैड़ा वृषभ व मीन।
मुद्रा में विपरीत चित्र मुख, कलाकार दाहिने कीन॥
वर्ग व आयत में भी चित्रित, ताम्र पट्ट कुछ लम्बे लाल।
माने इन्हें ताबीज 'मार्शल', सिक्का कहें वी.एस. अग्रवाल॥[2]228॥

मृद्भाण्ड कला[3]

सिन्धु सभ्यता के अन्तर्गत, मृद्भाण्डकला दर्शित विकास।
मिले भाण्ड टुकड़े अनंत, पात्र समूच उत्खनन खास॥
वर्तन वनते थे चाक हस्त, पर चाक रचित संख्या भारी।
उपयोग माँग अनुरूप भाण्ड, रचते कुलाल सुविधाकारी॥229॥

सैन्धव मृद्भाण्ड रंगें जाते, रंग लाल और गुलाबी हैं।
रक्ताभ रंग के भाण्डों पर, कुछ श्याम पट्टिका साजी हैं॥
वर्तन अँवे में पकाये जाते, मिले भट्टियों के अवशेष।
वृत्ताकार तली में गढ्ढ़ा, धूम्र विसर्जक गुम्मद शेष॥230॥

प्रमुख भाण्ड प्रिय अन्न कोठिले, घड़े सुराही ढक्कन वाले।
मर्तवान कुल्हड़ तश्तरियाँ, नाद कटोरे थाली प्याले॥
वर्तन बहुत बिना चित्रण के, चित्रित भाण्ड बहुत ही अल्प।
और प्राप्त जो चित्रित भी है, टूटे-फूटे खंडित स्वल्प॥231॥

बछड़ा गाय हिरन अज मछली, मेढ़क मोर सर्प है अंकित।[4]
पीपल नीम खजूर कदलिका, रेखा त्रिभुज आदि भी चित्रित॥
मछुआरा कंधे पर चित्र में, जाल की बहँगी उठाये जाता।
कुछ वर्तन पर लगे हैं ठप्पे, लिप्याक्षर उन पर है सुहाता॥232॥

---

1. सिंह, जया : पूर्वोद्धत, पृ. 18
2. अग्रवाल, वी.एस. : पूर्वोक्त, पृ. 32-33; श्रीवास्तव, के.सी. : पूर्वोक्त, पृ. 65
3. तिवारी, आर.पी. : सर्वे आफ ड्राइंग इन ऐंशियंट इण्डिया, पृ. 4-6
4. सिंह, एम.एस.: पूर्वोक्त, पृ. 17-18; धवलिकर, एम.के. : पूर्वोक्त, पृ. 51-52

मृगया दृश्य में दायें शिकारी, मृग के पीछे भागा जाता।
बायें से एक कुत्ता बढ़कर, हिरन को है सरपट दौड़ाता॥
कब्रिस्तान के शवपात्रों में, कुल्हण प्याले थाली ढक्कन।
न जाने क्यों इन पर मिलता, मोरों का ही केवल अंकन[1] ॥233॥

कुछ बर्तन पर तारा मण्डल, उड़ते पक्षी चित्र सिद्ध हैं।
इस प्रकार मृद्‌भाण्ड सिन्ध के, अलंकरण छवि में समृद्ध हैं॥
'गार्डेन चाइल्ड' मत में विकसित, तकनीकी रचना विज्ञान।
समसामयिक सभ्यताओं में, देती सिन्ध अलग पहचान ॥234॥

धातु एवं आभूषण कला[2]

उक्त कला कृत्रियों के अलावा, मिले उत्खनन में आभूषण।
सोना-चाँदी ताँबा प्रस्तर, विविध रूप मृण्कांचल भूषण॥
हस्तिदन्त व सीप शंख के, गहने यहाँ बनाये जाते।
चहुन्दड़ो के कार्य गृहों में, मनके विविध ढलाये जाते ॥235॥

सैन्धव युग के जौहरियों का, बढ़ा चढ़ा था कारोबार।
अंगूठी भुजबंद मेखला, बिकते कर्ण फूल हियहार॥
सैन्धव युग के स्वर्णकार थे, स्वर्ण कला में इतने दक्ष।
हेम सुनिर्मित आभूषण थे, पूर्ण कलात्मक सुन्दर स्वच्छ ॥236॥

इस युग के निर्मित आभूषण, पाँच सहस्त्र वर्ष पुरा अतीत।
'मार्शल' के अनुसार ये लगते, अत्याधुनिक आज के क्रीत॥
लोथल से है प्राप्त एक प्रिय, सुघर हेम कृत कंठहार।
मनहारी मनकों से निर्मित, सिन्धु शिल्पियों का उपहार ॥237॥

मोहनजोदड़ो हड़प्पा से ही, आभूषण की मिलती ढेरी।
स्वर्ण रजत आधिक्य हड़प्पा, छिटपुट अन्य स्थल बहुतेरी॥[3]
मानव मन अभिव्यक्ति सुचित्रण, जीव जन्तु रचना दर्शाती।
स्वाभाविक सौन्दर्य निरूपण, केवल सिन्धु कला की थाती ॥238॥

ताम्र रचित वह मूर्ति नर्तकी, पशुपति वृषभ आदि मुद्रांकन।
ऐसे उच्च कला कृति कारक, क्यों न करे गौरव अन्तर्मन॥

---

1. मौर्य, रामसरन : अशोक महान, पृ. 12
2. अग्रवाल, धर्मपाल-पन्नालाल : पूर्वोक्त, पृ. 164-166; श्रीवास्तव, के.सी. : पूर्वोक्त, पृ. 65-66
3. गोयल, श्रीराम : पूर्वोक्त, पृ. 424; कुप्पुरम, जी. : पूर्वोक्त, पृ. 598, 604

परवर्ती भारत की लिपियाँ, धर्मकला साहित्य विज्ञान।
सिन्धु कला युग विधा प्रभावित, मूर्ति शिल्प उसका वरदान॥[1]239॥

धर्म[2]

सैन्धव क्षेत्र के उत्खननों में, मिले नहीं मंदिर पूजा घर।
प्रतिमा मूर्ति मुहर वेदी पर, धर्म ज्ञान का खोज है निर्भर॥
सिन्धु खुदाई में मिलती हैं, ताबीज मूर्तियाँ मृण् मोहरें।
जिसके अनुशीलन शोधन में, धर्म तथ्य मिलते बिखरे॥240॥

मोहनजोदड़ो हड़प्पा चहुन्दड़ो, सैन्धव संस्कृति मुख्य स्थान।
मिलें यहाँ मृण् मूर्ति नारि के, रूप अलंकृत देवि समान॥
सैन्धव समाज में मातृदेवि, महिमा महत्त्व में भारी थी।
मृण् मूर्तियाँ मिली हजारों में, तब मूर्ति उपासना जारी थी॥241॥

कुछ के सिर पर है पंख मुकुट, ग्रीवा में शोभित कंठहार।
है बनी मेखला में पटका, नयनों में गोलाकृत उभार॥
प्याले की आकृति कर्ण निकट, है बने पाँव अंगुलि विहीन।
ये मातृदेवि की प्रतिमायें, जन-जन में व्यापित लघु कुलीन॥[3]242॥

'मैके' को ऐसी मूर्ति मिली, जिस पर धूयें के दिखे चिह्न।
वह आभरणों से अलंकृत है, माँ देवी जैसी ही, अभिन्न॥
मस्तकाभरण के दोनों ओर, द्वय आकृति दीपक के समान।
सम्भवतः बत्ती तेल डाल, करते प्रतिमालय ज्योतिमान्॥243॥

कहें दीपलक्ष्मी व्यंकटेश, मार्शल पृथ्वीदेवी माना।
अधिकांश विज्ञ मृण्मूर्ति नारि, मातृदेवि रूप में पहचाना॥
देवि प्रसन्नहित अर्चन पूजन, युक्ति काम में लाये जाते।
धूप सुगंधित द्रव्य आदि बहु, उनके निमित्त जलाये जाते॥[4]244॥

मुद्रा एक मिली हड़प्पा से, स्त्री शीर्षासन करते हुए।
बायें अंकित है सिंह द्वय, पेड़ से पौध निकलते हुए॥

---

1. अग्रवाल, वी.एस. : पूर्वोक्त, पृ. 33-36
2. धवलिकर, एम.के. : इण्डिया प्रोटो हिस्ट्री, पृ. 58-64
3. गोयल, श्रीराम : पूर्वोक्त, पृ. 427-428; अग्रवाल, वी.एस. : भारतीय कला, पृ. 29-30
4. श्रीवास्तव, के.सी. : पूर्वोक्त, पृ. 60-62

मुद्रा के उल्टे पट अंकित, दोउ हस्त उठाये है नारी।
एक छुरी लिए सनद्ध पुरुष, आभासित नर बलि तैयारी॥245॥

है अन्य उदाहरण में अंकित, एक देवी पीपल डाल मध्य।
बकरे को उपासक लाता हुआ, बलि हेतु वहाँ पूजार्थ बध्य॥
मुहरों पर अंकित वनिता कुछ, जो लिए गोद में हैं बच्चा।
इसमें माता की ममता का, झलके स्वरूप स्नेहिल सच्चा॥[1]246॥

मिली बलूचिस्तान क्षेत्र से, रौद्र रूप नारी मृण्मूर्ति।
रौद्र सौम्य उभय रूपांकन, ललित कला अनुपम सम्पूर्ति॥
सैन्धव देवी मातृ शक्ति से, सिंह सम्बन्ध प्रमाणित है।
वह वेद पुराणों से होकर, नव भारत तक अनुप्राणित है॥[2]247॥

सैन्धव के अतिरिक्त विश्व में, मेसोपोटामिया सीरिया क्रीट।
एशिया माइनर फलस्तीन से, नारि मूर्तियाँ मिलीं अतीत॥
इन अधिसंख्य मूर्ति से सूचित, जग में नारी का सम्मान।
अति अतीत युग से वह पूजित, वनिता मातृ रूप प्रतिमान॥248॥

ऋग्वैदिक युग ऊषा अदिती, पृथ्वीदेवि अधिष्ठित अर्ह्य।
मातृदेवि की पूजा सैन्धव, नहीं कोई भारी आश्चर्य॥
ह्वीलर मत माँ देवि उपासना, नहीं सिन्ध राज्याश्रित धर्म।
जन गन मन स्वाभाविक श्रद्धा, सामाजिक पारिवारिक कर्म॥[3]249॥

धार्मिक विस्वास/पूजा विधि[4]

सैन्धव जन के पूजा विधि का, ज्ञान भान कुछ खास नहीं है।
साक्ष्यों से पूजालय मंदिर, का होना भी साफ नहीं है॥
उनका पूजा स्थल शायद, उनके घर आंगन में होता।
अथवा नील गगन के नीचे, पूजा ध्यान सु अर्चन होता॥[5]250॥

जल शुचिता स्नान ध्यान माँ, पशुपति महिमा भारी थी।
वृषभ सिंह स्तम्भ स्वास्तिक, आस्था चक्र करारी थी॥

1. गोयल, श्रीराम : पूर्वोक्त, पृ. 427–428
2. आत्रे, सुभंगना : हड़प्पा वोमेन–पोजीशन एण्ड स्टेटस ऑफ विमेन इन एन्शियंट इण्डिया (सेमीनार पेपर्स), खण्ड–द्वितीय, 1992, पृ. 1–11
3. अग्रवाल, वी.एस. : भारतीय कला, पृ. 28–29; श्रीवास्तव, के.सी., पूर्वोक्त, पृ. 60–61
4. श्रीवास्तव, के.सी. : वही
5. पाण्डेय, राजेन्द्र : भारत का सांस्कृतिक इतिहास, पृ. 26

गायन वादन व धूप दीप, सामग्री पूजा विधि–विधान।
आडम्बर अपशकुन शकुन के, मिलते नहीं है प्रचुर प्रमान ॥251 ॥

मिट्टी के बर्तन पर चित्रित, किसी देवता का तन भाग।
एक तरह है उनका अर्चक, सिर पर खचित चित्र एक नाग ॥[1]
लोथल में मृद्‌भाण्ड खंड पर, त्रय नागों का चित्रण प्राप्त।
सम्भवतः यह सर्प की पूजा, सैन्धव युग की हो शुरूआत ॥252 ॥

पहने जाते तीबीजों पर, खुदे हुए बहु चित्र प्रतीक।
दुष्ट अदृष्य शक्ति से रक्षण, ताबीजों का भाव पुनीत ॥
कालीबंगन व लोथल में, अग्नि वेदियाँ मिली अनेक।
लोथल के चत्वर पर स्थित, ईंट से निर्मित वेदी एक ॥[2]253 ॥

कालीबंगन कूप सन्निकट, सप्त वेदियाँ आयताकार।
निचली बस्ती घरों में मिलती, अन्य वेदियाँ इसी प्रकार ॥
धर्म सुतत्त्व समाहित लगता, अग्नि वेदियों में कुछ खास।
वर्तन भूषण शव समाधि में, दिखता पारलोक विश्वास ॥254 ॥

ईश आस्था पूजा विधि पर, प्रामाणिक ज्ञान अछूता है।
पठनीय सामग्री के अभाव, दर्शन अध्यात्म भी छूटा है ॥
इस प्रकार सैन्धव जीवन में, देव–देवि की प्रचलित पूजा।
कुछ प्रतीक प्रकृति बिम्बों में, पशु–पक्षी प्रति श्रद्धा दूजा ॥255 ॥

प्रकृति/वृक्ष पूजा[3]

मार्शल मत अनुसार सिन्ध में, अंधविश्वास भी पाया जाता।
हिन्दू धर्म का आदि तत्त्व सब, सिन्धु सभ्यता में मिल जाता ॥[4]
वृक्ष प्राकृतिक अरु प्रतीक में, अर्चन के दो रूप खास है।
जैसे तुलसी पूज्य प्राकृतिक, पीपल में वासुदेव वास है ॥256 ॥

पीपल के दो डाल मध्य में, मिला एक है चित्र देव का।
सप्त अंगना भी अंकित है, पूजा करते वृक्ष देव का ॥

1. सत्यदेव, अभिनव एवं त्रिपाठी, बी.बी., मणि : प्राचीन भारतीय धर्म, पृ. 22
2. धवलिकर, एम.के. : पूर्वोद्धृत, पृ. 60-63
3. श्रीवास्तव, के.सी. : प्राचीन भारत का इतिहास तथा संस्कृति, पृ. 62
4. धवलिकर, एम.के. : पूर्वोक्त, पृ. 64; नाहर, रतिभान सिंह : पूर्वोद्धृत, पृ. 48

चित्रित है पशु अंश वृषभ अज, चेहरा मानव का आनन है।
विद्वज्जन निष्कर्ष तर्क से, वृक्ष देव का वह वाहन है ॥257 ॥

प्रकृतिदत्त फल वायु धूप जल, वात्सल्य ममता सुख छाँव।
थे कृतज्ञ माँ प्रकृति पुंज के, आस्था आदर अर्चन भाव॥
प्रकृति/वृक्ष प्रति देव भावना, भारत में युग-युग रुचि प्रेम।
बौद्ध जैन हिन्दू मत व्यापित, सिन्ध सभ्यता की है देन ॥258 ॥

शैव उपासना[1]

सैन्धव स्थल से मिलती, कुछ देव मूर्तियाँ ध्यान मग्न।
जिससे उस युग में शिव अर्चन, आस्था का उठता जटिल प्रश्न॥
एक मूर्ति मोहनजोदड़ो में, आरूढ़ शान्त पद्मासन पर।
त्रिमुखी मूर्ति योगासन में, सिर पर अंकित दो शृंग शिखर ॥259 ॥

बायें में चित्रित व्याघ्र हस्ति, दायें में गैंड़ा भैंसा है।
आसन नीचे द्वय शृंग हिरन, ऋग्वेद के पशुपति जैसा है।[2]
एक चित्र पर योगी के, द्वय नाग बने हैं दोनों ओर।
अर्चन में फन उर्ध्वस्थ किये, वे शान्त खड़े दोनों विभोर ॥260 ॥

उपरोक्त सभी उद्धरणों में, पशु नाग सहित स्थित योगी।
शायद हो शिव का आदि रूप, सैन्धव जीवन का सत् खोजी॥
मार्शल ने शैव धर्म उद्भव, नद सिन्धु की घाटी माना है।
यह देव आस्था का प्रमाण, जग में सर्व अधिक पुराना है ॥261 ॥

महादेवन प्रभृति विद्वानों को, मार्शल का मत है मान्य नहीं।
धुँधली मुद्रा उत्कीर्ण चित्र, शिव पशुपति से है साम्य नहीं॥
भाषागत उत्पत्ति बताती, शैवधर्म सैन्धव उद्भूत।
भरसक आर्यों के शिव-शम्भु, हो द्रविड़ शब्द से अनुस्यूत ॥[3]262 ॥

---

1. अग्रवाल, वी.एस. : पूर्वोक्त, पृ. 28-29; श्रीवास्तव, के.सी. : पूर्वोक्त, पृ. 61
2. थपलियाल, के.के. : पूर्वोद्धृत, पृ. 137-151; शुक्ला, एस.पी. : हिस्ट्री एण्ड हेरीटेज, खण्ड-प्रथम, पृ. 73,79
3. नाहर, रतिभान सिंह : पूर्वोद्धृत, पृ. 46-47

लिंगोपासना[1]

मातृ शक्ति व शिव उपासना, सिन्ध क्षेत्र में प्रचलित लीक।
लिंग योनि की पूजा पुष्टित, करती उनकी मिथुन प्रतीक॥
योनि और लिंगाकृतियाँ, अश्म आदि पर गई उकेरी।
सिन्ध वलूचिस्तान में बिखरी, मिली कई प्रतिमायें ढेरी॥263॥

मिले खनन में लिंग विविध बहु, सूच्य और वर्तलाकार।
पत्थर सीप काँचली मिट्टी, पेस्ट आदि से हुई तैयार॥
लिंग बड़े पत्थर से साबित, लिंगार्चन प्रागैतिहासिक काल।
लिंग को लघु तावीज रूप में, लोग पहनते डोरा डाल॥264॥

कार्निलियन कांचली मिट्टी, शंख आदि के छल्ले चक्र।
योनि रूप गये पहचाने, चिह्न सृष्टि के गोल व वक्र॥
योनि लिंग पूजा अभिन्न है, शिव गौरी परिवर्ती काल।
शैवोपासना घना था प्रचलित, सिन्ध क्षेत्र उस युग अन्तराल॥[2]265॥

पशुपूजा[3]

पशु पूजा सैन्धव में प्रचलित, उससे था जीवन अनुप्राणित।
उत्खननों में मिली मुहरें जो, प्रस्तर चित्रों से हैं प्रमाणित॥
हाथी बैल भेड़ व बकरा, अर्धांकित मानव के साथ।
पशुओं में देवत्व मानकर, पूजा करें झुकाये माथ॥266॥

कूबड़ वाले वृषभ बैल व, बाघ नाग भैसा घड़ियाल।
उन पर श्रद्धा नेह मोह अरु, चित्रांकन सौन्दर्य विशाल॥
सैन्धव के पशु परिवार सभी, भारतीय कृषि के सपूत बने।
कालान्तर वेदार्य धर्म के, वाहन सखा व दूत बने॥[4]267॥

आर्थिक जीवन[5] : कृषि

सैन्धव जन का मुख्य उद्यम था, कृषि पशुपालन व व्यापार।
बहुत लोग इससे विभिन्न भी, करते वृत्ति विविध रोजगार॥

1. गोयल, श्रीराम : पूर्वोद्धृत, पृ. 428-429
2. श्रीवास्तव, के.सी. : पूर्वोद्धृत, पृ. 61; थपलयाल, के.के. : पूर्वोद्धृत, पृ. 151
3. नाहर, रतिभान सिंह : पूर्वोक्त, पृ. 48
4. राव, एम.एस. नागराजा : इण्डियन आर्क्योलाजी (ए रिव्यू, 1982-83); सारस्वत, के.एस. व अन्य : हड़प्पन प्लांट इकोनामी एट ऐंशियंट बालू हरियाना, प्राग्धारा अंक 12, पृ. 153-168
5. धवलिकर, एम.के. : इण्डियन प्रोटो हिस्ट्री, पृ. 46

कृषी कार्य सबमें सर्वोत्तम, सैन्धव जीवन का आधार।
उपजाऊ अति भूमि वहाँ की, होती अच्छी पैदावार ॥268॥

सिन्धु व उसकी सहायक नदियाँ, उर्वर मिट्टी बहाकर लाती।
सींच-सींच कर सिन्धु धरा की, हरियाली व उपज बढ़ाती॥
गेहूँ जौ खाद्यान्न प्रमुख थे, मिले उत्खनन में है दाने।
शायद धान की खेती विधि से, सैन्धव कृषक विरत अनजाने ॥269॥

किन्तु बाद के अनुसन्धानों से, चावल खेती का अनुमान।
हुलास लोथल और रंगपुर, दिये धान अवशेष प्रमान॥
यहाँ से मिलता उत्खननों में, साक्ष्य बाजारा कृषि अपार।
रोजदी में छः किस्मे इसकी, सावां कोदो रागी ज्वार ॥270॥

निकट हड़प्पा तिल व मटर के, खेती का होता अहसास।
चतुर कृषक जन पैदा करते, खेतों में निज रुई कपास॥[1]
बी.बी. लाल के मत दुनियाँ में, कपास किसानी की शुरूआत।
हुआ प्रथमतः सिन्ध हिन्द में, मिस्र आदि में सदियों बाद ॥271॥

फलों में कदली नारियल नीबू, खर-तरबूज अनार, खजूर।
सरिता जल से सींच सस्य को, लेते फसल सदा भरपूर॥
सिन्ध सिंचाई साधन क्या थे, यह है नहीं अभी स्पष्ट।
डी. डी. कौशाम्बी के विचार में, बांध बनाते सरिता तट्ट ।[2]272॥

कालीबंग में हल चलने के, दिखे खेत में पड़े निशान।
मिले बनावली मोहनजोदड़ो, हल मिट्टी प्रारूप समान॥
भरसक विविध विदित विधियों से, खेत की पैदावार बढ़ाते।
एक साथ में दो-दो फसलें, एक खेत में बोइ उगाते ॥273॥

अधिक अन्न उत्पादन से ही, सम्भव हुआ विकास विशेष।
करते हुए भरण निज कुल का, कृषक खिलाता सारा देश॥
सिन्ध भूमि उपजाऊँ पन से, नगरीकरण को मिला आधार।
बढ़ती गयी पुरों की संख्या, बढ़ता गया बनिज व्यापार ॥274॥

---

1. गैरोला, वाचस्पति : भारतीय संस्कृति और कला, पृ. 93-94
2. पाण्डेय, राजेन्द्र : पूर्वोद्धृत, पृ. 24, शर्मा, एल.पी. : पूर्वोद्धृत, पृ. 29

बने हुए थे नगर-नगर में, अन्न गेह या अन्न कोठार।
कर संग्रह या क्रीत धान्य को, भण्डारण करती सरकार॥
अन्नागार, कोठार हड़प्पा, संस्कृति के स्थाई अंग।[1]
इनका रख रखाव करवाते, अधिकारी कर्मचारी संग॥275॥

अन्नागार की कार्य प्रणाली, बैंक व कोषागार समान।
सिक्कों के प्रचलन अभाव में, अन्न रहा हो विनिमय मान॥
समसामयिक संस्कृति में भी, मिले है अन्नागार विशाल।
मेसोपोटामिया के नगरों में, फैले मिले अन्नगृह जाल॥276॥

अन्नागारों के समीप में, अन्न कूटने के स्थान।
बनी बस्तियाँ मजदूरों की, आस-पास ही एक समान॥[2]
अन्न संरक्षण हेतु घरों में, खत्ती सुदृढ़ बनाई जाती।
भरे अन्न के भाण्ड कोठले, एक दूजे पर टिकाई जाती॥277॥

मिली ओखली कुछ स्थल पर, सिल व बट्टे भी अधिकार।
कूट पीसकर जिससे मानव, करता स्व भोजन तैयार॥
लोथल से प्राप्त गोलाकृति, एक जांत के दोनों पाट।
उपरि पाट में अन्न भरण के, हेतु बना एक छिद्रित घाट॥278॥

पशुपालन

कृषि व्यवस्था संग-संग ही, पशुपालन का हुआ विकास।
प्राप्त चित्र जीवाश्म खोज से, पड़ता इस पर विरल प्रकाश॥
गाय वृषभ अज भेड़ भैंस व, कुत्ता हिरन सुअर खरगोश।
हंस बत्तख कुक्कुट शुकादि खग, पशु का करते पालन-पोष॥279॥

कुछ पशुओं की धर्म मान्यता, मांस हेतु कुछ पाले जाते।
दूध दुहा जाता कुछ पशु का, हल रथ शकट में शाले जाते॥[3]
भली-भाँति हाथी से परिचित, दंत कला कृति प्राप्त ललाम।
ऊँट भी तब अज्ञान नहीं थे, मिले उत्खनन अस्थि प्रमान॥[4]280॥

---

1. सी. मार्गबंधु आदि (सं) : पूर्वोद्धृत, पृ. 135-139
2. श्रीवास्तव, के.सी. : पूर्वोक्त, पृ. 57
3. सी. मार्गबन्धु आदि (सं.) : पूर्वोद्धृत, पृ. 135-137, 143
4. संकालिया, एच.डी. : एस्पेक्ट्स ऑफ इण्डियन हिस्ट्री एण्ड आर्क्योलाजी, पृ. 185-186

पहले यह माना जाता था, सिन्ध में घोड़े थे अज्ञात।
कुछ स्थल से मिले साक्ष्य से, उलट गयी है अब यह बात॥
अश्व अस्थियाँ सुरकोट्दा से, लोथल से मुखदंत व जबड़े।
घोड़े से परिचित सैन्धवजन, तुरग पालते मोटे तगड़े॥[1]281॥

शिल्प तथा उद्योग धन्धे[2]

कृषि पशुपालन के समान ही, रूचिकर उन्हें शिल्प उद्योग।
बहुत-बहुत धन्धों का प्रचलन, नित नवीन होते थे प्रयोग॥
वस्तु अनेकन मिले सिन्ध में, विविध शिल्प दर्शाने को।
अस्त्र-शस्त्र आभूषण मुहरे, गत इतिहास बताने को॥282॥

मूर्तिकार शिल्पी व जौहरी, गज दंतीय कला कृतिकार।
नाई व रंगरेज आदि जन, करते भिन्न विविध रोजगार॥
सैन्धव युग उद्योग शिल्प में, नव विकास लय लेकर आया।
जो कालान्तर हिन्द-सिन्ध का, धरती गगन क्षितिज महकाया॥283॥

मिट्टी पकी अस्थि के टेकुए, प्राप्त सूत नलिकायें चरखे।
हो सबको उपलब्ध वस्त्र झट, कातें सूत सभी जन घर के॥
उत्खननों में बहुत से चरखे, मिले सिन्धु खण्डहरों में।
इससे यही प्रमाणित होता, चरखे चलते घरों-घरों में॥284॥

मूल्यवान साधारण चरखे, से भी यह निष्कर्ष निकलता।
निर्धन धनी सभी घर माँगन, वस्त्र हेतु था चरखा चलता॥
सभी तरह के कलाकार थे, जिससे होता पट निर्माण।
खोज स्थल से मिली सूइयाँ, वस्त्र सिलाई पुष्ट प्रमाण॥285॥

सूती उनी संसाधन थे, जिनसे बनते वस्त्र विशेष।
रजत कलश से लिपटा पाया, सूत्री कपड़े का अवशेष॥[3]
योगी के उस शाल से लगता, लोग कढ़ाई में भी दक्ष।
धोती शाल रूमाल आदि बहु, वस्त्र बनाने थे दृढ़ स्वच्छ॥286॥

---

1. पाण्डेय, राजेन्द्र : पूर्वोद्धृत, पृ. 24-25; श्रीवास्तव, के.सी. : पूर्वोक्त, पृ. 58
2. शिवराम मूर्ति : इण्डियन स्कल्पचर, पृ. 15-16; कौशाम्बी, डी.डी. : पूर्वोद्धृत, पृ. 58-62
3. श्रीवास्तव, के.सी. : पूर्वोक्त, पृ. 58

रंगे हुए वर्तन से इंगित, विविध वर्ण प्रचलन उस काल।
जाते रंगे वस्त्र भी शायद, श्याम गुलाबी रक्तम् लाल॥[1]
मृद्भाण्डीय शिल्प सुविकसित, थे निपुण अधिक सैन्धव कुम्हार।
सादे सुदृढ़ विविध वर्णों के, गढ़ते बर्तन बिन अलंकार॥287॥

भिन्न-भिन्न आकार के बर्तन, करें कुलालों का गुणगान।
चिकने व चमकीले बर्तन, उनकी विश्व अलग पहचान॥
उद्योग रूप में कला कुम्हारी, सैन्धव में गया अपनाया।
जिसका विवरण इसके पहले, कला खण्ड में गया बताया॥288॥

प्राप्त धातु अवशेष बताते, उनके गुण पहचान लिया था।
सोना-चाँदी राँगा ताँबा, टिन प्रयोग को जान लिया था॥[2]
सोना मिलता था दक्षिण से, खनि अनंतपुर या कोलार।
ताँबा काँसा टिन आयातित, बढ़ा विदेशी था व्यापार॥289॥

ताम्बे कांसे की अधिक वस्तु, कृषि यन्त्र उपकरण अस्त्र शस्त्र।
गृह पात्र कढ़ाई वर्तनादि, पशु मनुज मूर्तियाँ बहु एकत्र॥[3]
चाँदी के वर्तन आभूषण, सोने के कुछ केवल गहने।
शीशे के मूल्यवान उपकरण, सिन्ध शिल्प के क्या कहने॥[4]290॥

धातु गला कर और पीटकर, उपकरणों का गढ़ते रूप।
पानी चढ़ाई इल्म से परिचित, सैन्धव युग के शिल्पी खूब॥[5]
सैन्धव युग में धातु ले लिया, पत्थर का अतीत स्थान।
बनने लगे उपकरण उनके, अस्त्र शस्त्र बहु गृह सामान॥291॥

लोहे का अभाव खटकता, शायद इसका ज्ञान नहीं।
कांस्य प्रयोग भी प्रश्न चिह्न है, समुचित समाधान नहीं॥[6]

---

1. नाहर, रतिभान सिंह : प्राचीन भारत का राजनैतिक एवं सांस्कृतिक इतिहास, पृ. 41-42, 45
2. भौमिक, स्वर्णकाल : डायमेन्संस आफ इण्डियन आर्ट, खण्ड-प्रथम, पृ. 35-42
3. गोयल, श्रीराम : पूर्वोद्धृत, पृ. 424; नाहर रतिभान सिंह : पूर्वोक्त, पृ. 41
4. संकालिया, एच.डी. : पूर्वोक्त, पृ. 230-231; भारतद्वाज, एच.सी. : हड़प्पन एक्सपेरीमेंट्स ऑनं ग्लास मेकिंग, भारतीय पृ. 188-193
5. श्रीवास्तव, के.सी. : पूर्वोक्त, पृ. 58
6. नाहर, रतिभान सिंह : पूर्वोक्त, पृ. 41

ताम्र उपकरण बर्मी मिली है, लोथल के उत्खनन प्रयास।
जिसका है अवदान अधिक ही, काष्ट धातु के शिल्प विकास ॥292॥

बड़ई का महत्त्व उस युग में, कृषि हड़प्पन अर्थ धुरी वे।
शकट नाव रथ आसन शिल्पी, ज्ञाता निर्माता प्रहरी वे ॥[1]
विविध नाप के कच्चे पक्के, ईंट मिले खण्डहरों में।
नगर गेह निर्माण में योजित, सिन्धु सभ्यता शहरों में ॥293॥

इससे पूर्ण प्रमाणित होता, भट्ठों का उद्योग विशाल।
बस्ती बाहर काष्ट आदि से, ईंट पकाये जाते लाल ॥[2]
पत्थर के अभाव के कारण, भवनों में प्रयोग अति अल्प।
भाखर तिब्ब पामीर करुष से, आयातित होता यह स्वल्प ॥294॥

कुछ विशिष्ट पत्थर से बनते, द्वार मूर्ति बटखरा व माप।
किरथर से आती जो जिप्सम, बनते मूर्ति पात्र कुछ खास॥
कुछ अमूल्य पत्थर के गहने, बनते थे उस युग में ज्ञात।
जिन्हें नीलगिरि तुर्कि बदख्शा, तिब्बत से करते आयात[3] ॥295॥

सैन्धव के कुछ नगर प्रतिष्ठित, खास वस्तु निर्माण प्रयोजन।
चहुन्दड़ो में मुहर सेलखड़ी, चर्ट बटखरे खिलौने शिशुधन॥
चहुन्दड़ो-लोथल में मनके, ढेर के ढेर बनाये जाते।
गुरिया कच्ची धातु भट्टियाँ, के अवशेष भी पाये जाते ॥296॥

लोथल बालाघाट में स्थित, कारखाने सीप उद्योग।
चूड़ी कंगन आभरणों का, यहाँ वृहद् रचना उपयोग॥
इन सबसे परिलक्षित होता, शिल्प उद्योग सफलता भारी।
मंजु कला कृतियों के सर्जक, शिल्प कला श्रम वृत्ति पुजारी ॥[4]297॥

---

1. पाण्डेय, राजेन्द्र : भारत का सांस्कृतिक इतिहास, पृ. 25
2. वही, पृ. 29
3. श्रीवास्तव, के.सी. : पूर्वोक्त, पृ. 58
4. पाण्डेय, राजेन्द्र : पूर्वोद्धृत, पृ. 29–30

वणिज्-व्यापार[1] : आन्तरिक व्यापार

कृषि पुशपालन सहित सिन्ध में, रुचि अतिरेक वणिज् रोजगार।
आभ्यान्तर व बाह्य जगत में, बढ़ा-चढ़ा सैन्धव व्यापार॥
मोहनजोदड़ो हड़प्पा लोथल, कालीबंगन धौलाबीर।
केन्द्र महा व्यापार वणिज् के, जुड़े महापथ सरिता नीर॥298॥

सिन्धु पुरों की चौड़ी सड़के, यातायात की धुरी महान्।
जिससे होकर आते जाते, बैलगाड़ियों से सामान॥
सीधे सपाट स्वच्छ मार्गों पर, आपण बने शृंखला विद्ध।
चत्वर मुख्य व चतुष्पथों पर, सजीं दूकानें जन समृद्ध॥[2]299॥

होते थे व्यापार निरन्तर, अन्तर्सिन्ध हाट बाजार।
रोपड़ लोथल कालीवंगन, दक्षिणापथ केरल कोलार॥[3]
स्थल-जल दोनों मार्गों से, नित व्यापार किया जाता था।
सामग्री ढोने लाने में, पशु से काम लिया जाता था॥300॥

सिन्धु क्षेत्र के बहुल भाग में, प्रकृति सम्पदा अधिक अभाव।
कच्चे माल मंगाना पड़ता, अन्य जगह से पुर या गाँव॥
ले आते मैसूर से सोना, ताम्बा आन्ध्र बलूचिस्तान।
काठियावाड़ कश्मीर से लाते, पत्थर उत्तम अति मूल्यवान॥301॥

मेसोपोटामियाँ तुर्कमानिया, ईरान तथा अफगानिस्तान।
कच्चे माल वहाँ से मंगाते, उद्योगों के हेतु तमाम॥
उत्तम पत्थर और धातुओं, का होता भारी आयात।
सिक्कों का प्रचलन असिद्ध है, क्रय-विक्रय विनिमय के साथ॥[4]302॥

मोहनजोदड़ो व लोथल से, हस्तिदंत के मिले तराजू।
विविधाकार के बाट बहुत से, पलड़े लटके दोनों बाजू॥
वहीं से क्रमशः हाथी दांत व, निर्मित सीप मिले पैमाने।
अपनी मुहर साथ में रखते, चतुर सिन्ध के वणिक सयाने॥303॥

---

1. धवलिकर, एम.के. : इण्डियन प्रोटो हिस्ट्री, पृ. 46-51
2. नाहर, रतिभान सिंह : पूर्वोक्त, पृ. 45
3. श्रीवास्तव, के.सी. : पूर्वोक्त, पृ. 58-59
4. मैती, एस.के. : पूर्वोद्धृत पृ. 328-332

हाथी खच्चर बकरा भैंसा, बैलगाड़ी पर लादें भार।
एक्कागाड़ी एक ताम्र की, प्राप्त हड़प्पा से साभार॥[1]
शिल्पीजन पुर गाँव गली के, बहुविध बहु वस्तु बनाते थे।
उसके विक्रय व्यापार हेतु, पुर आपण हाट में आते थे॥304॥

विदेश व्यापार

समकालिक पाश्चात्य सभ्यता, सैन्धव क्षेत्र शोध अनुमान।
सूचित करते कई देश से, व्यापारिक सम्बन्ध रूझान॥
सिन्ध क्षेत्र के विस्तृत भू पर, फैला तट विशाल सागर का।
यही बना सम्बन्ध का माध्यम, अन्य देश सैन्धव नागर का॥305॥

सिन्ध समृद्ध नगर हाटों की, फैली थी पश्चिम तक गंध।
बैबीलोन सुमेर मिस्र तक, जाते व्यापारिक स्कंध॥
सिन्ध देश सामग्री बिकती, दजला फरात उर हाटों में।
विनिमय विविध वस्तु का होता, वणिक् वर्ग सम्राटों में॥306॥

मेसोपोटामी सिन्धु सभ्यता, समसामयिक प्रभावित थी।
कला वणिज् व्यापार अर्थ नय, एक दूजे आप्लावित थी॥
सैन्धव ठीकर मुद्राओं पर, प्राप्त सुमेरियन नाव का अंकन।
समुद्रीय व्यापार सधा था, अविरल बिन बाधा बंधन॥[2]307॥

लोथल कुन्तासी पन्तन पर, भारी जलयान ठहरता था।
आवागमनित जलपोतों पर, चढ़ता व माल उतरता था॥
मेसोपोटामी सिन्धजनों के, विविध भाँति सम्बन्ध प्रगाढ़।
पुरातात्विक साक्ष्य प्रचुर हैं, विवरण लेख अधिक परिमाण॥308॥

स्थल जल दोनों मार्गों से, मेसोपोटामियाँ से व्यापार।
सभी नगर में सिन्धु देश की, बनी वस्तुओं की भरमार॥
उर सुमेर अस्मर किश, निप्पुर, अम्मा लगश असुर से प्राप्त।[3]
करकेतन हड्डियाँ सीप के, मनके मुहर सिन्ध उत्पाद॥309॥

लोथल से गजदंत ताम्रकृति, मेसोपोटामियन पुर को जाती।
मनके खानेदार कांस्य पिन, बटन सेलखड़ी वहाँ से आती॥

1. श्रीवास्तव, के.सी. : पूर्वोद्धृत, पृ. 59
2. गोयल, श्रीराम : विश्व की प्राचीन सभ्यताएँ, पृ. 424-425
3. जैन, प्रदीप कुमार : भारतीय संस्कृति, पृ. 172

उर पुर मिला हड़प्पा निर्मित, एक ताम्र शृंगारिक दान।
सुमेरियन सारगोन लेख में, 'मेलुहा' सिन्ध देश का नाम॥310॥

सुमेरियन उर पुर व्यापारी, मंगवाते मेलुहा से माल।
सोना चाँदी लाजवर्द मणि, कार्नेलियन पत्थर अति लाल॥
हाथी दाँत की बनी वस्तुएँ, पक्षी मोर प्रिय फलम् खजूर।
आबनूस आदि की लकड़ी, सिन्धु से लाते बसा जो दूर॥311॥

आयातित सामग्री सूची, सुमेरियन अभिलेखीय दृष्टि।
उनकी थी भरमार सिन्ध में, उत्खननों से होती पुष्टि॥
कार्नीलिपन मनके आधिक्य, सुमेरिया में पाया जाना।
चहुन्दड़ों लोथल से आते, जहाँ था मनकों का कारखाना॥[1]312॥

मोहनजोदड़ो सुरकोट्दा लोथल, हस्तिदंत बनते सामान।
विहग मोर निर्यात की चर्चा, करते उत्तर ग्रन्थ तमाम॥
मेसोपोटामि व्यापार प्रसंग में, मेलुहा दिल्मुन मकन का नाम।
मेलुहा सिन्ध, दिल्मुन बहरीन से, जाना गया मकन मकरान॥313॥

दिल्मुन मकन दोनों ही स्थित, मेसोपोटामियाँ सिन्ध के मध्य।
इन द्वय की भूमिका इंगित, उभय देश व्यापार प्रबंध्य॥
डेनमार्क के पुराविदों ने, दिल्मुन की उत्खनन कराई।
प्राप्त नगर अवशेष सिन्धवत, मुहर बाट भी मिले खुदाई॥[2]314॥

फारस खाड़ी फैलका से भी, मुहरे मिली हैं वृत्ताकार।
जिस पर सैन्धव लिपि की उकेरी, बहरीन से उसी प्रकार॥
इससे ज्ञात हड़प्पा फारस, वाणिज्यिक सम्बन्ध रुझान।
मेसोपोटामी सिन्ध हाट बिच, करते रहे विचौलिए काम॥[3]315॥

इस प्रकार सैन्धव से निर्मित, विविध कलात्मक मिले सामान।
मृद्भाण्डों पर पीपल पत्ती, अंकित मोर द्वीप ओमान॥
लोथल से सुत्कागेन होकर, जो व्यापारी फारस जाते।
ओमान में व्यापार कार्य हित, डाल पड़ाव रात्रि सुस्ताते॥316॥

---

1. मैती, एस.के. : पूर्वोद्धृत, पृ. 331-332
2. वही, पृ. 331
3. जैन, प्रदीप कुमार : पूर्वोद्धृत, पृ. 172

आते जाते कुछ विचौलिए, रहने लगे वहाँ स्थायी।
सिन्धु और खाड़ी देशों की, वाणिज्यिक भूमिका निभायी॥
इतिहासज्ञ अध्ययन शोध से, करते हैं ऐसा अनुमान।
सैन्धव जन व्यापारिक बस्ती, मेसोपोटामियाँ रही विद्यमान॥317॥

सारगोन युग 2400 सौ से, 1700 बी.सी. अन्तराल।
विविध वस्तु अधिकाधिक मुहरे, मिलती इस वाणिज्यिक काल॥
नहीं अधिक सामग्री मिलती, सत्रह सौ बी. सी. उपरान्त।
मेलुहा का उल्लेख नहीं अब, विपणन बणिज हो गया शांत॥318॥

मिस्र देश से सिन्ध प्रान्त का, नहीं ज्ञात संबंध विशेष।
लोथल से उत्खनन गोरिल्ला, मूर्ति ममी की मिली कुछेक॥[1]
अफ्रीकी प्राची सागर तट, गुरिया मिली और कुछ मनके।
जो सीमित व्यापार का द्योतक, सिन्धु देश अफ्रीकी जन के॥319॥

मिली मुहर एक हमा-सीरिया, वहाँ वृषभ एकशृंगी अंकम।
क्रीट देश के भित्ति चित्र में, मानव बैल युद्ध सैन्धवसम॥
सिन्ध क्रीट में मातृ उपासना, बत्तख बैल स्तम्भ पवित्र।
ये सब हैं स्मरण दिलाते, सिन्ध क्रीट संबन्ध सुमित्र॥320॥

मध्येशिया क्षेत्र अन्तर्गत, तुर्कमेनियाँ राष्ट्र महान्।
अल्तिन अनाऊ नाम ज्गा के, सागर तट पर मिले सामान॥
सैन्धव के मृद्भाण्ड अनोखे, ताम्रपत्र मनके व मुहरें।
ये सब प्रिय सम्बन्ध के सूचक, मध्येशिया सिन्ध के गहरे॥321॥

इस प्रकार सैन्धव सेठों का, बढ़ा बृहद् बाह्य व्यापार।
संचालक व्यापार संघ या, फिर सैन्धव संघीय सरकार॥
गोदाम मिलें हैं बस्ती में, थे भवन स्वरूप भव्य भारी।[2]
वाणिज्य सम्बन्ध विदेशों से, समृद्ध सिद्ध थे व्यापारी॥322॥

किये एकत्र सभी संशाधन, जिससे बने सबल सम्पन्न।
सांस्कृतिक सामाजिक जीवन, हो न कभी विफल विपन्न॥
व्यष्टि समष्टि सुजीवन में जिस, सुख सुविधा का किये वे भोग।
वह उनके आर्थिक समुन्नति, कृषि वाणिज व्यापारिक योग॥[3]323॥

1. श्रीवास्तव, के.सी. : पूर्वोद्धृत, पृ. 60
2. वही, पृ. 58-60
3. शर्मा, एल.पी. : प्राचीन भारत, पृ. 30 एवं गैरोला, वाचस्पति : पूर्वोद्धृत, पृ. 94-95

सभ्यता का विनाश[1]

सिन्धु सभ्यता की उत्पत्ति, और कहानी क्रमिक विकास।
सुलझा नहीं हैं ठीक–ठीक यह, विद्वानों के अथक प्रयास॥
सिन्धु संस्कृति के अवशेषों, अनुशीलन अध्ययन प्रमान।
हुई पतन की ओर अग्रसर, पन्द्रह सौ बी. सी. दौरान॥324॥

सिन्धु सभ्यता क्षेत्र था विस्तृत, अलग–अलग स्थिति हर एक।
इसीलिए इसके विलोप का, कारण भी है भिन्न अनेक॥[2]
उपलवृष्टि से सिन्ध में प्रायः, प्रति वर्ष बाढ़ थी आती।
होता जन धन विपुल हानि, दुःख दारिद भय दे कर जाती॥325॥

बाढ़ ही कारण सिन्ध पतन का, मैके मार्शल राव अनुमान।
सिन्ध में बारम्बार बाढ़ के, पुराविदों को मिले प्रमान॥
बारबार की बाढ़ विभीषिका, करती गई विविध क्षय ह्रास।
ऊपर से अघ आर्य आक्रमण, शक्तिहीन जन भये हताश॥[3]326॥

चाइल्ड ह्वीलर पिगट आदि कुछ, विद्वानों का अभिमत तर्क।
आर्य आक्रमण के कारण ही, सिन्धु सभ्यता पहुँची गर्त॥
पुरातात्त्विक अवशेषों से, मिलता यह मौलिक संकेत।
लूटे मारे गये जलाये, किये गये पुरध्वंस अनेक॥[4]327॥

यह भी एक तथ्य हो सकता, सैन्धव के विनाश का मूल।
किन्तु बहुत से विद्वानों का, मत है इसके भी प्रतिकूल॥[5]
इसीलिए इतिहास विदों ने, कारण इसका और सुझाया।
जिनके चलते सिन्धु संस्कृति, का सुखमय जीवन मुरझाया॥328॥

ओरल स्टीन, ए. घोष आदि, विद्वानों के मत अनुसार।
परिवर्तित जलवायु के कारण, गयी सभ्यता मृत्यु के द्वार॥
काटे गये घने जंगल जब, नगरों के निर्माण विकास।
जल का वर्षण न्यून हो गया, उत्पादन में आया ह्रास॥329॥

---

1. श्रीवास्तव, के.सी. : पूर्वोद्धृत, पृ. 68–69
2. धवलिकर, एम.के. : इण्डियन प्रोटो हिस्ट्री, पृ. 75–76
3. वही, पृ. 75–76
4. पाण्डेय, जी.सी. : बौद्ध धर्म के विकास का इतिहास, पृ. 1
5. धवलिकर, एम.के. : पूर्वोक्त, पृ. 75 एवं पाण्डेय, राजेन्द्र : पूर्वोक्त, पृ. 34–35

सूखे जैसी स्थिति हो गयी, लोग हुए निर्धन कंगाल।
सूख गयीं सरितायें सारी, नगर हुए विनष्ट बदहाल॥[1]
भूवैज्ञानिक एम. आर. साहनी, के मत से भारी जल प्लावन।
जल भराव दलदल कीचड़ से, वाधित यातायात सुधावन॥330॥

पैदावार घटी सैन्धव की, लोग हुए भुखमरी से तंग।
चले लोग अन्यत्र प्रांत पथ, नष्ट सिन्ध सांस्कृतिक तरंग॥
एच. टी. लैम्ब्रिक वत्स आदि ने, कारण एक अन्य पहचाना।
नदियों के पथ परिवर्तन को, संस्कृति सिन्धु विनाशक माना॥331॥

इससे जल की हुई अल्पता, ठप हो गये जलीय व्यापार।
कृषि औद्योगिक बदहाली से, नष्ट हो गये पुर बाजार॥
रावी नदी ने मार्ग बदलकर, किया हड़प्पा नगर विनाश।
घघ्घर और सहायक नदियाँ, बन गयी कालीबंगन फास॥[2]332॥

के. यू. कनेडी किये परीक्षण, मोहनजोदड़ों के कंकाल।
कहा मलेरिया आदि व्याधि से, सैन्धव जन जीवन बेहाल॥
महामारियों के प्रकोप से, नगर गाँव विरान हो गये।
सैन्धव के समृद्धि शान्ति सुख, खुद ही अन्तर्धान हो गये॥333॥

कुछ इतिहासकारों के मत में, आर्थिक बाधा सिन्धु विनाश।
सैन्धव सुख-समृद्धि तिरोहित, पश्चिम के व्यापारिक ह्रास॥
इस संस्कृति का पश्चिम एशिया, सुमेरिया से सघन व्यापार।
जिसके कारण हुए समुन्नत, कृषि उद्योग शिल्प रोजगार॥334॥

बी. सी. सत्रह सौ के लगभग, यह व्यापार जब बंद हो गया।
अर्थव्यवस्था हुई विखंडित, जन-जीवन गति मंद हो गया॥
शनै-शनैः नगरीय चिह्न सब, आपण हाट हो गये लुप्त।
बनने लगे भवन एककक्षीय, ईंट पुरातन हुए प्रयुक्त॥[3]335॥

दिमित्रियेव के शोध परिणमन, वातावरणीय कोई खोट।
पर्यावरण अदृश्य गाज से, रासायनिक भौतिक विस्फोट॥
इस अदृश्य गाज से विकिरित, 15000 सेल्सियस ताप।
वातावरण विषाक्त बनाया, दूषित वायु धूप जल भाप॥336॥

1. धवलिकर, एम.के. : पूर्वोक्त, पृ. 76
2. पाण्डेय, राजेन्द्र : पूर्वोक्त, पृ. 34-35
3. धवलिकर, एम.के. : पूर्वोक्त, पृ. 76

दूर-दूर तक मची तबाही, सिन्धु सभ्यता हुई निशांत।
पिघले शैल जले जन पंजर, करे समर्थन इस दृष्टांत॥[1]
पुराविज्ञ श्री बी. बी. लाल ने, स्वयं शोध निष्कर्ष बताया।
जलवायु अपवर्त प्रदूषण, वैदेशिक व्यापार नशाया॥337॥

पश्चिमोत्तर यह भूमि रही है, स्पंदी सागर तट कम्प।
सम्भवतः सैन्धव विनाश में, कारक रहा महा भूकम्प॥[2]
इस प्रकार विभिन्न कारण से, सिन्धु संस्कृति हुई विराम।
नहीं हुआ यह घठित एकाएक, दीर्घ प्रक्रिया का परिणाम॥[3]338॥

फूली फली धरा पर सैन्धव, युग प्रिय संस्कृति सरस महान्।
विविध कारकों ने करडाला, इसकी गरिमा द्युति अवसान॥
पर वह जीवित है भारत में, बनकर सुरभित लोक सुधर्म।
विविध कला विज्ञान ज्ञान नय, वानिज कृषी प्रभावित धर्म॥339॥

सिन्धु सभ्यता की देन[4]

सिन्धु संस्कृति मूल तत्त्व का, वैदिक युग पर पड़ी-सुछाया।
परवर्ती भारतीय संस्कृति ने, अन्तर्हृदय सहज अपनाया॥
नव पाषाणिक काल समापन, आर्य आगमन के अन्तराल।
इस ऐतिहासिक रिक्ति को रंग कर, सिन्धु सभ्यता हुई निहाल॥340॥

एक तरफ यह सुदृढ़ सभ्यता, इतिहासिक सातत्य बढ़ाती।
पीछे वह उत्तराधिकार में, अमित विरासत देकर जाती॥
सामाजिक धार्मिक आर्थिक, कला शिल्प विद्या लिपि मूल।
सैन्धव से अन्तरित हुई, राष्ट्र आत्मा रुचि अनुकूल॥341॥

जो सामाजिक वर्ण व्यवस्था, हिन्दू धर्म धृत अंगीकार।[5]
उसके मूल विद्वान् सिन्ध का, वीर वणिक् शिल्पी श्रमकार॥
पशुपालन उद्योग शिल्प कृषि, शिक्षा एवं वणिज् व्यापार।
इन सबका प्रारम्भ सिन्ध में, उत्तर युग उन्नति विस्तार॥342॥

यही सभ्यता बाह्य विश्व से, सम्बन्धों का खोला द्वार।
तबसे है अब तक यह जारी, सम्पर्कों का नित्य प्रसार॥

1. वही
2. वही
3. श्रीवास्तव, के.सी. : प्राचीन भारत का इतिहास तथा संस्कृति, पृ. 69
4. वही, पृ. 69-71
5. पाण्डेय, जी.सी. : पूर्वोक्त, पृ. 1-4

आहत मुद्राओं पर अंकित, सैन्धव लिपि सम चिह्न प्रतीक।
ढली बाद की मुद्रायें है, सिन्धु ऋणी स्वरूप तकनीक ॥343 ॥

सैन्धव का प्रभाव सर्वाधिक, धर्म एवं धार्मिक विश्वास।
हिन्दू धर्म के प्रमुख तत्त्व सब, प्राप्त हड़प्पन देव उपास॥
सैन्धव युग में मातृदेवि की, बढ़ी उपासना पूजा भक्ति।
वही बाद में शाक्तधर्म में, प्रकटी लेकर अनुपम शक्ति ॥[1]344 ॥

सैन्धव की मृण् मूर्ति बहुल में, लोकधर्म का जो उत्कर्ष।
ग्राम देवता देवि रूप सब, स्वीकृत पूरे भारतवर्ष॥
इनमें योगिनि यक्ष नाग यम, ब्रह्म व वीर भूत बैताल।
वृक्ष चैत्य नग नदी कूप पशु, देवभाव जन लोक विशाल ॥345 ॥

जाति और कुल वंश देवियाँ, डिवहारे जाखिन माँ गौरा।
दीपलक्ष्मी होलिका माई, गाँव-गाँव में काली चौरा ॥[2]
सैन्धव में जिस पुरुष देव के, पूजा साक्ष्य मिले अधिकार।
उसे पुराविद् शिव शंकर का, आदि रूप करते स्वीकार ॥346 ॥

यहाँ योनि लिंग पूजा के, मिलते है अनगिनत प्रमाण।
कलान्तर में शिव की पूजा, बसा देश के मन व प्राण॥
सैन्धव की कुछ मुद्राओं पर, योगासन में योगी चित्र।
इसका विकसित रूप बाद में, शिव व बुद्ध प्रतिमा में दृष्ट ॥[3]347 ॥

सिन्ध क्षेत्र में पुरुष मूर्तियाँ, दाढ़ी युक्त मिली कुछ नग्न।
समानान्तर हस्त काय के, पग स्थिर लघु अन्तर मग्न॥
जैन धर्म कायोत्सर्ग मुद्रा, इन प्रतिमाओं का विस्तार।
तीर्थंकर मुनि जैन तपस्वी, जन में प्रचलित योगाचार ॥348 ॥

बौद्ध जैन मत शैव शाक्त सब, लोकधर्म तरु सुरभित फूल।
सिन्धु सभ्यता कोख अंकुरित, इन धर्मो का उत्स व मूल॥
पीपलादि कुछ वृक्ष भी उस युग, पूजे जाते सैन्धव प्रांत।
मुद्राओं पर सहज उकेरी, टहनी, पौध पत्र वृक्षांश ॥349 ॥

कालान्तर में सभी धर्म ने, पीपल पूजा को अपनाया।
मिली सम्बोधि बुद्ध गौतम को, इसी वृक्ष की सुरभित छाया ॥[4]

1. सिंह, सर्वदमन (सं.) : कल्चर थ्रू द एजेज (वी.एन. पुरी, फेलीसिटेशन वाल्यूम), पृ. 280
2. द्रष्टव्य-अग्रवाल, वी.एस. : प्राचीन भारतीय लोकधर्म, ज्ञानोदय ट्रस्ट, अहमदाबाद, जुलाई-1964
3. श्रीवास्तव, के.सी. : पूर्वोद्धृत, पृ. 69-70
4. कौसल्यायन, भ.आ. (अनु.वा.) : भगवान बुद्ध और उनका धर्म, पृ. 62-65

शुंग युगीन सांची स्तूप में, बोधि वृक्ष का अंकन पाते।
जिसके अर्चन हेतु सिंह गज, महिष नाग मृग पशु सब आते ॥[1]350 ॥

हिन्दू मत में पीपल तरु का, सदा रहा है अधिक महत्त्व।
इसे काटना और जलाना, कहा गया अति पाप कृतित्व॥
गीता में भगवान कृष्ण नें, अपने को अश्वत्थ बताया।
देवभाव इस वृक्ष के अन्दर, जनमानस में सदा समाया ॥351 ॥

विनय भाव से अर्पित करते, अश्वत्थ पर शुचि जल की धार।
पीपल के प्रति इतनी श्रद्धा, सैन्धव संस्कृति का उपहार ॥[2]
सैन्धव में कुछ पशु के प्रति भी, नगर जनों का आदर मान।
वृषभ महिष को पवित्र मानते, पूजा कर करते सम्मान ॥352 ॥

कालान्तर में इसी वृषभ का, शिव से बना सघन संबंध।
महिष भी यम का वाहन बन कर, रहने लगा उन्हीं के संग ॥[3]
सैन्धव में शिव साथ सिंह अहि, अंकन सुन्दर प्रिय मनहार।
सिंह बने दुर्गा के बाहन, नाग बने शिव ग्रीवाहार ॥353 ॥

जल पवित्रता हिन्दू मत में, धर्म सुअंग श्रीगंग अकेले।
सारे भारत जगह–जगह शुचि, सरिताओं पर लगते मेले॥
पूजन क्रिया में जल अग्नि व, धूप दीप का प्रचलित राग।
सिन्ध योग विधि पूजा विकसित, व्यापित हिन्दू विविध समाज ॥354 ॥

स्वास्तिक व स्तम्भ आदि कुछ, सैन्धव में थे पूज्य प्रतीक।
हिन्दू धर्म में ब्रह्म चतुर्भज, का स्वरूप यह मान्य अतीत॥
स्वास्तिक आदि मंगल चिह्नों का, जैन धर्म में प्रचुर प्रयोग।
बौद्ध धर्म स्तम्भ प्रतिष्ठित, स्थापत्य में बहु उपयोग ॥355 ॥

सिन्धु लोग ताबीज पहनते, व्याधि प्रेत पाने छुटकारा।
इसी अन्धविश्वास में उल्झा, तभी से हिन्दुस्तान हमारा॥
विविध देव पशु पक्षी मानव, की मूर्तियों से है स्पष्ट।
सैन्धव जन प्रतिमाएँ रचकर, पूजा करते देव समस्त ॥356 ॥

कालान्तर में मूर्ति व मंदिर, हुए प्रतिष्ठित सारे देश।
जिसमें सैन्धव मूर्ति अर्च्य गृह, का महान् अवदान विशेष॥

---

1. रायकृष्ण दास : भारतीय मूर्तिकला, पृ. 66–67
2. श्रीवास्तव, के.सी. : पूर्वोक्त, पृ. 70
3. सिंह, सर्वदमन : पूर्वोक्त, पृ. 280–285

धर्म सदृश भारतीय कला का, सिन्ध में लक्षित उत्स व मूल।
नगर भवन निर्माण कला रुचि, दुर्ग कोट प्राचीर समूल ॥357॥

नगर पुरी निर्माण योजना, मार्ग वीथि जल वाहक नाली।
आपण हाट भवन रचना विधि, उत्तराधिकार में देश ने पाली॥
स्तम्भ युक्त भवन रचना के, मिले सिन्ध में कुछ दृष्टांत।
जिसकी है ऋग्वेद में चर्चा, किया पुरन्दर उसका अंत ॥358॥

लगता जैसे सिन्ध की अनुकृति, चन्द्रगुप्त नृप राजप्रासाद।
प्रिय अशोक स्तम्भ कलामय, सैन्धव शिल्प कला का स्वाद॥
मूर्ति कला प्रारम्भ सिन्ध में, जगती को महती अवदान।
ताम्र कांस्य पाषाण मूर्ति का, राष्ट्र कला पर छाप महान् ॥359॥

हिन्दू जैन बौद्ध प्रतिमाएँ, सिन्धु कला की सदा ऋणी हैं।
सिन्ध नर्तकी की अनुकृति सी, मथुरा यक्षी मूर्ति खड़ी है॥
सिन्ध हड़प्पा प्रमुख देन है, भारत राष्ट्र नागरिक जीवन।
पुरी नगर सूत्रपात्र सहज ही, दिया सम्मुन्नत सभ्य सुजीवन ॥360॥

स्वास्थ्य सुरक्षा आदि क्षेत्र में, उत्तर युग को मार्ग सुझाया।
नगर पालिका शास्ति क्रिया विधि, नगर निगम तक ने अपनाया॥
केन्द्रीय शासन सिन्ध हड़प्पा, एकराट् अत्यंत व्यवस्थित।
परवर्ती सत्ता संवाहक, सिन्ध राज्य नय नीति अवस्थित ॥361॥

विविध कारणों से सैन्धव के, नगर हो गये यद्यपि नष्ट।
किन्तु सिन्ध की सृजन संस्कृति, का प्रभाव अब भी स्पष्ट॥
सामाजिक धार्मिक अर्थगत, जन जीवन के तथ्य अनेक।
वे केवल अवशिष्ट नहीं है, जन संस्कृति के अंग प्रत्येक ॥362॥

समीचीन ऐसा न कहना, सिन्धु सभ्यता आर्य मिटाये।
अपितु आर्य वह सिन्धुजनों के, धर्म कर्म गुण ढंग अपनाये॥
कई ग्राम संस्कृतियाँ पनपी, सिन्ध पुरों के क्षय उपरांत।
सिन्ध क्षेत्र में झूकर संस्कृति, गुर्जर लाल चमक मृद्भाण्ड ॥363॥

पाण्डु वर्ण मृद्भाण्ड संस्कृति, राजस्थान चतुर्दिक भायी।
मृद्भाण्डीय एच. कब्रिस्तान की, पंज आब पश्चिम में छायी॥
देश के भिन्न-भिन्न भागों में, कृषि संस्कृति नवल उत्कर्ष।
नगर सभी विश्रांत हो चले, ग्राम संस्कृति उठी सहर्ष ॥364॥

□□□

5

प्रागैतिहासिक ग्राम्य संस्कृतियाँ

मानव इतिहास दबा, धरती के अन्तस्थल,
कंठ सरिताओं एवं, शैल गिरि गुहाओं में।
स्वतन्त्रता उपरान्त राष्ट्र, भर में हुए सर्वेक्षण,
मिले प्राच्य स्थल देश, प्रान्त पुर गाँवों में॥
उत्खनन से प्राप्त हुए, पुरावशेष युग-युग के,
अभिनव अन्वेष जुड़े, अतीत संस्थाओं में।
स्वर्ण रजत ताम्र लौह, आदि धातुओं की खोज,
विभिन्न संस्कृतियाँ दिखी, भाण्ड परम्पराओं में॥

(अ) ताम्र पाषाणिक संस्कृतियाँ[1] (Chalcolithic Cultures)

सिन्धु सभ्यता अवक्षयन से, नगर तत्व सब हुए अदृश्य।
किन्तु ग्राम्य जीवन सम्बन्धित, संस्कृतियों का खुला भविष्य॥
सिन्धु क्षेत्र के बाहर पनपी, नई ग्राम संस्कृतियाँ सारी।
जिनका नाम ताम्रपाषाणिक, अथवा कृषक जन्य पशुचारी॥1॥

अश्म उपकरण साथ साथ ही, ताम्र वस्तु करते उपयोग।
उद्यम प्रथम कृषी पशुपालन, कृषक वर्ग पशुचारी लोग॥
प्राप्त कृषक पशुपाल्य बस्तियाँ, पूर्व दक्षिणी राजस्थान।
महाराष्ट्र के दक्षिण पूरब, मध्य प्रान्त पश्चिम द्युतिमान्॥2॥

दो हजार बी.सी. के लगभग, चाल्कोलिथिक संस्कृति खास।
पनपी गुर्जर भूमि रंगपुर, समकालिक स्थान प्रभास॥[2]

1. धवलिकर, एम.के. : इण्डियन प्रोटो हिस्ट्री, पृ. 78-250
2. वही, पृ. 97-110

विशिष्ट कोटि मृद्भाण्ड उस समय, उनके द्वारा हुए प्रयुक्त।
जो इनकी पहचान बनाती, सरित् पर्वतीय जीवन युक्त ॥3 ॥

दक्षिण पूर्वी राजस्थान में, ताम्रपाषाणिक संस्कृति स्थल।
गढ़ चित्तौर गिलुंड उदयपुर, स्थित अहाड़ एवं बालाथल॥
गिलुंड अहाड़ के उत्खननों से, बड़ी बस्तियाँ मिले प्रमाण।[1]
पत्थर कच्चे पके ईंट से, करते अपना गृह निर्माण ॥4 ॥

भवन भित्ति रचना में शायद, लकड़ी बाँस लगाये जाते।[2]
उनके ऊपर फूस के छप्पर, नव तकनीक से छाये जाते॥
गिलुंड धरा उत्खनन से मिलते, खम्भों के स्थान व गर्त।
प्राप्त खुदाई में चूल्हे भी, अनावृत्त जब मिट्टी पर्त ॥5 ॥

कुशल कृषक जन खेती करते, गेहू चना मूँग व धान।
भैंस भेंड़ अज गाय बैल का, पालन करते ज्यों संतान॥
कई तरह के भाण्ड मिले हैं, जिनका रंग लाल व काले।
उन पर खंचे ज्योमितिक चित्रण, सहस्राब्दि दो प्रचलन वाले ॥6 ॥

अश्म उपकरण एवज में मिलते, चादर वलय सपाट कुल्हाड़ी।
ताम्र अधिकता के कारण ही, ताम्बती भी नाम अहाड़ी॥
कुशल अधिक शिल्पी अहाड़ के, निज घर में ताम्बा पिघलाते।
मन चाहे उपकरण बनाकर, आस-पास विक्रय को जाते ॥7 ॥

खेत्ति खान से ताम्र प्राप्त कर, उससे बनाते विविध सामान।
ताम्र शिल्प के केन्द्र रूप में, अति प्रसिद्ध था राजस्थान॥
ताम्र उपकरण प्राप्त बहुत ही, ठाँव गणेश्वर अहाड़ समीप।
इस संस्कृति का काल है बी.सी., पचीस सौ से पन्द्रह सौ बीच॥[3]8 ॥

कई ताम्र पाषाणिक टीले, मिले मालवा मध्य प्रदेश।
हुआ कायथा नवदा टोली, माहेश्वर एरण अन्वेष॥
कायथा का उत्खनन कार्य, श्री वाकाणकर ने करवाया।
वहाँ अहाड़ मालवा कायथ, त्रय संस्कृति भू अन्दर पाया ॥9 ॥

---

1. खुराना, के.एल. एवं गुप्ता साधना : राजस्थान का इतिहास, पृ. 7-13
2. शर्मा, एल.पी. : प्राचीन भारत, पृ. 36
3. बनर्जी, अरुन्धती : अर्ली इंडियन टेराकोट्टा आर्ट, पृ. 93-100

इस संस्कृति का प्रतिनिधि स्थल, विस्तृत बहुत है नवदाटोली।
संकालिया उत्खनन कार्य ने, पुरा ज्ञान की भर दी झोली॥[1]
ताम्र पाषाणिक संस्कृति स्थल, मिले अत्यधिक भू महाराष्ट्र।
और उत्खनित सामग्री का, शोध प्रकाशन हुआ विराट्॥10॥
स्थल दैमाबाद चन्दोली, जोरवे सोनेगांव नेवासा।
नासिक पुणे इनामगाँव भी, सब जोरवे संस्कृति जिज्ञासा॥
गोदावरि उप सरिता प्रवरा, जोरवे बसा इसी नदकूल।
महाराष्ट्र के बहुल भाग में, प्रसरित ग्राम संस्कृति मूल॥[2]11॥
ये विशिष्ट मृद्भाण्ड बनाते, लाल लेप पर चित्रण काला।
मिट्टी गोड़ीदार कटोरा, टोटीदार पात्र जल वाला॥
इनामगाँव के वृषभ मूर्ति मृण्, नारी काया सिन्धु समान।
इसीलिए कुछ विद्वानों ने, मातृदेवि से की पहचान॥[3]12॥
ताम्र पाषाणिक संस्कृति दिखती, वीरभूमि पश्चिम बंगाल।
वर्दवान मिदनापुर स्थल, ढिवि पांडरा जर महिशाल॥
यह बिहार में दृष्टिगत होती, सोनपूर संभाग चिरांद।[4]
उत्तर प्रदेश में इस संस्कृति के, दिखते चिन्ह पूर्वीभाग॥13॥
गोरखपुर सोहगौरा नरहन, खैराडीह बलिया अधिवास।
कोल्डिहवा, महगरा विन्ध्यभू, ग्राम हवेलिया संगम पास॥[5]
इलाहाबाद विश्वविद्यालय द्वारा, झूंसी हवेलिया हुई खुदाई।
लौह रहित व सहित संस्कृति, दो चरणों में गयी है पायी॥14॥
ताम्र पाषाणिक काल के मानव, वृहद् क्षेत्र भू रहे आबाद।
पन्द्रह सौ से सात सौ बी.सी., मध्य अवधि इसका निर्विवाद॥[6]
दक्षिणांचल में इस संस्कृति के, मिले अधिकतर पुष्ट प्रमान।
तुंगभद्रा कृष्णा दोआब में, बी.सी. नौ सौ वर्ष विद्यमान्॥15॥

---

1. वही, पृ. 92–93, 100–110
2. मिश्र, आर.एन. : डायमेन्संस आफ इण्डियन आर्ट, खण्ड प्रथम, पृ. 291–294
3. अग्रवाल, धर्मपाल पन्नालाल : भारतीय पुरैतिहासिक पुरातत्त्व, पृ. 102–112
4. सिन्हा, वी.पी. : आर्क्योलाजी एण्ड आर्ट आफ इण्डिया, पृ. 2–3
5. सिंह, पुरशोत्तम : प्राग्धारा, अंक–3 (1992–93), पृ. 21–35
6. मिश्र, वी.डी. एवं एम.सी. गुप्त : हिस्ट्री एण्ड हेरीटेज खण्ड प्रथम, पृ. 123–129

विविध ताम्रपाषाणिक संस्कृति, का विवरण मिलता विस्तार।
सिन्धु के बाहर पूरे भारत, ग्राम सुजीवन का आधार॥
दूर-दूर तक फैली संस्कृति, के मिलते कुछ तत्व समान।
उद्यम कृषि पशुपालन उनका, बहु आकारी मृदा मकान॥16॥

ईंट व पत्थर के प्रयोग के, प्रायः साक्ष्य मिले अधिकांश।
मिट्टी गारा घास फूस व, बल्ली बांस भवन बहुतांश॥[1]
वृषभ और माँदेवि मूर्ति से, धर्मभावना होता भान।
लाल श्याम चित्रित भाण्डों के, बहु प्रचलन का नव्य प्रमान॥17॥

बर्तन विविध चाक पर बनते, साक्ष्य मिले थालियाँ कटोरे।
टोटी गोड़ीदार मृदा के, छोटे जल बहुपात्र कसोरे॥[2]
पत्थर कांस्य ताम्र उपकरणों, का करते रचना उपयोग।
वस्त्र बुनाई मालवा जोरवे, दिखते व्यस्त सघन उद्योग॥18॥

मृतक जनों के अस्थि कलश में, उपयोगी वस्तु रखवाते।
उसे गाड़ते घर के अन्दर, पारलोक विश्वास के नाते॥
भारतवर्ष के मध्य व पश्चिम, ताम्र पाषाणिक संस्कृति काल।
ईसा पहले बारह सौ तक, रही उपस्थिति भूमि के भाल॥19॥

महाराष्ट्र की जोरवे संस्कृति, शती सातवीं बी.सी. जारी।[3]
मिले गेरु वर्णी मृण् वर्तन, गंगा जमुना पुलिन कछारी॥
प्राप्त यहाँ ताम्र की निधियाँ, हार्पून फरसे व कुछ भाले।
द्वयसिंगी तलवार आदि कुछ, ताम्र कुठार दो मुठी वाले॥20॥

गैरिक भाण्ड ताम्रनिधि संस्कृति, कई पुराविद् एक मानते।
दो हजार-पन्द्रह सौ बी.सी., मध्य में इसका काल जानते॥
इसके बाद मृद्भाण्ड परम्परा, पेन्टेड ग्रे वेयर का आता।
जिसका तार विज्ञजन द्वारा, लोहे से है जोड़ा जाता॥[4]21॥

---

1. धवलिकर, एम.के. : वही, पृ. 249-250
2. श्रीवास्तव, के.सी. : प्राचीन भारत का इतिहास तथा संस्कृति, पृ. 72-73
3. बनर्जी, अरुन्धती : पूर्वोक्त, पृ. 37, 41, 92, 110-126
4. सुन्दरराजन, के.वी. : ग्लिम्पिसेज ऑफ इण्डियन कल्चर हिस्ट्री एण्ड आर्क्योलॉजी, पृ. 65-74

(ब) लौह युगीन संस्कृतियाँ[1] (Iron Age Cultures)

ताम्रकांस्य अस्तित्व बाद ही, लौह धातु का ज्ञान हुआ।
अस्त्र-शस्त्र कृषि यंत्र सहित, विविध वस्तु निर्मान हुआ॥
लौह ज्ञान ने जन-जीवन में, बहुत बड़ा परिवर्तन लाया।
कृषि बाणिज उद्योग शिल्पगत, नव्य स्वरूप नवल युग आया॥22॥

उत्खननों से पूरब पश्चिम, उत्तर दक्षिण भारत मध्य।
स्थल अधिक सात सौ से भी, लौह प्रयोग साक्ष्य द्रष्टव्य॥
उत्तर भारत के मुख्य स्थल, श्रावस्ती कांपिल्य जखेड़ा।
आलमगीर, अहिच्छत्र खलौआ, हस्तिनापुर अतिरंजीखेड़ा॥23॥

नोह बटेश्वर अल्लाहपुर व, रोपड़ आदि विविध स्थान।
टोह उत्खनन हस्तिनापुर का, हुआ प्रकाशित प्रचुर प्रमान॥
बसुला बिन बाणाग्र कुल्हाड़ी, भाला चाकू फलक दरांती।
चमटा कील कुदाल आदि सब, पुराभूमि में पायी जाती॥24॥

हस्तिनापुर अतिरंजीखेड़ा, मिले धातु मल के अवशेष।
सूचित इससे लौह गलाकर, वस्तु ढालते विविध विशेष॥
इन जगहों की पात्र परम्परा, चित्रित धूसर लौह के साथ।
सिन्धु पतन से नौ शत बी.सी., उत्तर भू में रही विसात॥25॥

पूर्वी भारत लौह काल के, स्थल सोनपुर ढिवि चिरांड।
महिष्दाल व पाण्डुराजार के, काले लाल वर्ण मृद्भाण्ड॥
यहाँ भी मिलते धातु के कचरे, लौह भट्ठियाँ आदि प्रमाण।
ढले हुए बाणाग्र छेनियाँ, कील आदि अधिक परिमाण॥[2]26॥

झूँसी राजा नल का टीला, चन्दौली समीप मल्हार।[3]
लौह पुरानिधि काल है जाता, पीछे बी.सी. डेढ़ हजार॥
मध्य प्रान्त के पुरास्थल हैं, एरण नगदा चर्चित नाम।
लोहे के बाणाग्र कुल्हाड़ी, मिले कुठार कटार तमाम॥27॥

---

1. अग्रवाल, धर्मपाल पन्नालाल : पूर्वोक्त, पृ. 117–135
   श्रीवास्तव, के.सी. : पूर्वोक्त, 74–77; त्रिपाठी, विभा : प्राग्धारा अंक-3, पृ. 47–57
2. सी. मार्गबन्धु आदि (सं.) : इण्डियन आर्क्योलाजिकल हेरीटेज खण्ड प्रथम, पृ. 177–196
3. दीक्षित, के.एन. : डायमेन्संस आफ इण्डियन आर्ट खण्ड प्रथम, पृ. 109–114; तिवारी राकेश, (सं) : प्राग्धारा अंक 14 में प्रकाशित शोध लेख क्रमांक एक से छः तक (पृ. 1–195 तक), पठनीय

इन द्वय की आरम्भिक संस्कृति, रही पूर्व ताम्र पाषाणकि।
किन्तु बाद में लोहा प्रचलित, मिले साक्ष्य जो ठोस प्रमाणिक ॥[1]
इसकी तिथि को ए.एन. बनर्जी, आठ सौ बी.सी. तक है माना।
भिन्न रेडियो कार्बन तिथियाँ, जिसे परीक्षण ने पहचाना ॥28 ॥

इसके अधिक समीप संस्कृति, राजस्थान चिर क्षेत्र अहाड़।
निश्चित तिथि पन्द्रह सौ बी.सी., मिले धातु मल वस्तु प्रमाण ॥[2]
दक्षिण में कर्नाटक केरल, तामिलनाडु आन्ध्र प्रिय प्रान्त।
मेगालिथिक-महापाषाणिक, संस्कृतियाँ मिलती विश्रान्त ॥29 ॥

ब्रह्मगिरी शानूर चिंगलपुट, मास्की पुटुकोटै हल्लूर।
मिले महापाषाण कब्र से, तैतीस तरह उपकरण दूर ॥[3]
हसिया बसुली चाकू खुरपी, फावड़ा त्रिशूल कटार व भाले।
चिपट कुठार, तलवार आदि सब, प्राप्त भाण्ड रंग लाल व काले ॥30 ॥

अलग अलग स्थलीय उपकरण, भिन्न भिन्न तिथियाँ दर्शाते।
एक हजार ईसा पहले तक, यन्त्र हल्लूर है माने जाते ॥
लौह धातु उत्पाद व प्रचलन, भारत में कितना प्राचीन।
यह विवाद का विषय रहा है, पुराविदों के शोध अधीन ॥[4]31 ॥

कुछ कहते एशिया माइनर, या इराक से भारत आया।
किन्तु यहाँ वैदिक ग्रन्थों में, लौह जनित उल्लेख समाया ॥
नई खोज से धूसर चित्रित, मृद्भाण्ड अभिज्ञान विशेष।
जिसके साथ प्राप्त लोहे के, विविध उपकरण चिर अवशेष ॥32 ॥

धूसर चित्रित पात्र परम्परा, लौह युगी संस्कृति कहलाती।
दोनों का अवतरण व प्रचलन, डेढ़ हजार बी.सी. तक जाती ॥[5]
भारत भर में उत्खननों का, साक्ष्य और वेदोक्त प्रमान।
लौह नहीं उत्पत्ति विदेशी, मिले खनन में भट्ठी खान ॥33 ॥

---

1. अग्रवाल, वी.एस. : भारतीय कला, पृ. 13-14
2. मिश्र, अनूप : द फर्स्ट फारमिंग कम्यूनिटी ऑफ साउथ ईस्टर्न राजस्थान, प्राग्धारा अंक-13, पृ. 11-12
3. सुन्दरराजन, के.वी. : पूर्वोक्त, पृ. 176
4. त्रिपाठी, विभा : आयरन टेक्नोलॉजी, इट्स इम्पैक्ट एण्ड सरवाइवल इन द मिडिल गंगा प्लेन, प्राग्धारा, अंक-16, पृ. 109-122
5. तिवारी, राकेश (सं.) : प्राग्धारा, अंक-3, पृ. 49; अंक-14, पृ. 185-195

आर्य-आद्य जीवन में लोहा, भारतीय संस्कृति का अंग।
एक हजार ईसा पूरब में, इस पर चढ़ा आधुनिक रंग॥[1]
लौह फाल हलादि यंत्रों ने, कृषि क्रान्ति का नवयुग लाया।
जंगल झाड़ी काट साफ कर, भू को खेती योग्य बनाया॥34॥

बसने लगे नगर नदियों पर, शिल्प उद्योग वृद्धि विस्तार।
नदी मार्ग से नावों द्वारा, बढ़ने लगा वणिज् व्यापार॥
बुद्धकाल तक आते-आते, लौह बना विकास पर्याय।
भौतिक जीवन लगा सुधरने, खुला प्रगति का नव अध्याय॥[2]35॥

(स) महापाषाणिक संस्कृतियाँ[3] (Megalithic Cultures)

महापाषाणिक संस्कृति आयी, नव पाषाण काल के बाद।
केरल तामिलनाडु से होकर, विन्ध्य मेखला तक आबाद॥
इस संस्कृति के लोग सुरक्षित, करते मृतक अस्थि अवशेष।
उसे व्यवस्थित गर्त में रखकर, ढकते महाशिला पट शेष॥36॥

तमिल देश चनल्लूर से ऊपर, नागपूर तक फैले तार।
मिलीं यहाँ पर शव समाधियाँ, चालीस भिन्न व विविध प्रकार॥
स्थल ताकलघाट महुझरी, कौंडिन्य जुनापाणि पौनार।
महाराष्ट्र-विदर्भ से मिलता, पाषाणिक संस्कृति विस्तार॥37॥

मिली समाधि सिस्ट संगोरा, भाण्ड लाल अरू चित्रित काले।
लौह उपस्कर साथ-साथ ही, शव समीप हड्डी पशुवाले॥[4]
महाराष्ट्र की वृहद् समाधियाँ, अन्यों से लगती प्राचीन।
आन्ध्र और कर्नाटक कब्रे, सम्भवतः हैं लौह युगीन॥38॥

यद्यपि इस संस्कृति के वाहक, प्रायद्वीप भर पाये जाते।[5]
किन्तु आन्ध्रा तामिलनाडु में, जन घनत्व सर्वाधिक पाते॥[6]

1. सी. मार्गबन्धु, पूर्वोक्त, पृ. 173-180
2. वही, पृ. 185-186, एवं श्रीवास्तव, के.सी. : पूर्वोक्त, पृ. 74-77
3. सुन्दरराजन, के.वी. : पूर्वोक्त, पृ. 135-148; मिश्र, रतनलाल : स्मारकों का इतिहास एवं स्थापत्य कला, पृ. 27, 33; मजूमदार, डी.एन. एवं गोपालशरण : प्रागितिहास, पृ. 195-205
4. कुप्पुरम, जी. : इण्डिया थ्रू द एजेज, खण्ड-2, पृ. 621
5. शुक्ला, हीरालाल : आदिवासी बस्तर का वृहद् इतिहास, खण्ड-प्रथम, पृ. 27
6. सी. मार्गबन्धु आदि (सं.) : पूर्वोक्त, पृ. 211-212

महापाषाणिक मानव आश्रित, वृहद् शिला के चट्टानों पर।
बने मिले समाधि निवास गृह, विस्तृत शैल ढलानों पर ॥39 ॥

इस संस्कृति का काल है करता, ऐतिहासिक भारत स्पर्श।
किन्तु कौन निर्माता ध्याता, ज्ञात नहीं अब तक के वर्ष ॥
पहले दक्षिण में ही सीमित, पुराविदों का रहा विचार।
नव खोजों से गंग विन्ध्य बिच, अरु हिमगिरि तक दिखा प्रसार ॥[1]40 ॥

इलाहाबाद चित्रकूट व बाँदा, वाराणसी मिर्जापुर आदि।
सोनभद्र चंदौली चकिया, मिली संगोरा भाँति समाधि ॥
ककोरिया कोटिया व खजुरी, कोल्डिहवा मघा शैलाश्रित।
यहाँ हुए उत्खनन शोध के, सब सामग्री हुए प्रकाशित ॥41 ॥

ककोरिया स्थल है स्थित, चकिया में जनपद चन्दौली।
मिले समाधि अष्ट संगोरीय, तीन सिस्ट रचनात्मक शैली ॥
संगोरा विधि में देह अस्थि, मृद्भाण्ड लाल तथा काले।
रखते उपस्क पशु अस्थि आदि, ढकते पत्थर के खंडाले ॥[2]42 ॥

इन सिस्ट तरह की कब्रों में, पत्थर के टुकड़ों का प्रयोग।
है मिले नहीं उपकरण लौह, ताम्बे का दिखता सद्प्रयोग ॥
कोटिया नाम पुरा स्थल, चकिया में बेलन नद तीर।
हैं मिले यहाँ भी सिस्ट और, संगोरा विधियों के जखीर ॥[3]43 ॥

जी.आर. शर्मा का विचार, संस्कृति यह ताम्र पाषाणिक।
ईसा पूर्व त्रय शती अधिकतम, रेडिया कार्बन विधि से प्रमाणित ॥
अधिक भिन्नता है तिथियों में, विविध स्रोत से ज्ञापित ज्ञान।
एक हजार बी.सी. से लेकर, शती प्रथम ईस्वी विद्यमान् ॥[4]44 ॥

इस संस्कृति के निर्माताओं की, निश्चित नहीं ठीक पहचान।
कहते इन्हें विदेशी मूलक, ह्वीलर प्रभृति कई विद्वान् ॥
झूकरमैन व हेमनडार्फ ने, द्रविड़ों को इसका श्रेय माना।
चन्नल्लूर चिर कंकालों को, द्रविड़ रूप में है पहचाना ॥45 ॥

1. नौटियाल, के.पी. : प्राग्धारा अंक-3, पृ. 43-45
2. धवलिकर, एम.के. : इण्डियन प्रोटोहिस्ट्री, पृ. 231-235
3. अग्रवाल, धर्मपाल पन्नालाल : पूर्वोद्धृत, पृ. 135-143
4. श्रीवास्तव, के.सी. : पूर्वोद्धृत, पृ. 80

सामान्य विशेषतायें[1]

भिन्न भिन्न प्रान्तों में फैली, जो विद्वानों को है मान्य।
वृहत्पाषाणिक संस्कृतियों की, कुछ विशेषतायें हैं सामान्य॥
इनकी बस्ती और समाधियाँ, उच्च पहाड़ियों पर ही होते।
नीचे निर्मित पास में पोखर, एकाधिक मृदु जल के स्रोते ॥46॥

इस संस्कृति के निर्माता जन, कृषि क्रिया में अधिक प्रशस्य।
गाय बैल अज अश्व को पाले, बोते धान चना जौ शस्य॥
ये लौह उपस्क करते प्रयोग, जो कृषि युद्ध में काम आते।
पहले वर्णित उपकरण सभी, हर जगह एक ही सम पाते ॥47॥

सभी समाधियों में मिलते हैं, विशिष्ट तरह बर्तन मृद्भाण्ड।
चाक बने पके औंधे कुछ, कृष्ण पेदि अरु लाल है भाण्ड॥[2]
मिट्टी के अतिरिक्त ताम्र व, कांस्य बर्तनों का भी प्रचलन।
प्रायः सभी पुरास्थल पर, आंशिक समाधियों के उदाहरन ॥48॥

शव को पहले जीव जन्तु के, भक्षणार्थ ही छोड़ा जाता।
तत्पश्चात् अवशेष अस्थि को, चुन समाधि में गाड़ा जाता॥[3]
वृहद् पाषाणिक संस्कृति ने, दी पत्थर को एक पहचान।
इसे बनाया लोकोपयोगी, जो जन-जन के आया काम ॥49॥

(द) मृद्भाण्ड परम्परायें[4] (Potteries Cultures)

प्रायः सभी ताम्रपाषाणिक, संस्कृतियों का मौलिक ज्ञान।
ऐतिहासिक कालों के पहले, मृद्भाण्डों ने दी पहचान॥
फ्लिंडर्स पेट्री के प्रयास से, पुरा जगत को मिला मशाला।
कहा गया मृद्भाण्ड साक्ष्य को, पुरातत्व संचित वर्णमाला ॥50॥

फिलंडर्स पेट्री ने सुझाया, मिस्र उत्खनन के दौरान।
रचे गये मृद्भाण्ड स्वयुग के, देते कुछ संस्कृति का ज्ञान॥
भाषागत वर्णों से जैसे, व्यंजित होते हैं साहित्य।
उसी भाँति मृद्भाण्ड ठीकरे, प्रकट करे जीवन लालित्य ॥51॥

1. अंशु मंगल : भारतीय इतिहास, पृ. 3
2. मिश्र, रतनलाल : पूर्वोद्धृत, पृ. 27-28
3. श्रीवास्तव, के.सी. : पूर्वोद्धृत, पृ. 80
4. धवलिकर, एम.के. : इण्डियन प्रोटोहिस्ट्री, पृ. 261-268; श्रीवास्तव, के.सी.: पूर्वोक्त, पृ. 202-210

भिन्नकाल तकनीक से निर्मित, मृद्‌भाण्डों को मिला स्वरूप।
शोध और अध्ययन से दर्शित, काल संस्कति दृश्य अनूप॥
जगह-जगह उत्खनन कार्य से, मिले ठीकरे भिन्न प्रकार।
ज्ञात प्रमुख मृद्‌भाण्ड परम्परा, पुराविदों ने खोजी चार॥[1]52॥

(1) गैरिक मृद्‌भाण्ड (**Ochre Coloured Pottery**)

गैरिक या गेरुये वर्ण के, पके साबूत बहुल भाण्डांश।
जो प्रायः गंगा घाटी के, अंचल में मिलते अधिकांश॥
अन्य स्थल अतिरंजीखेड़ा, अम्बाखेड़ि हस्तिनापुर।
लालकिला बड़गाँव सैपई, अहिछत्र व शृंगवेरपुर॥53॥

गैरिक पात्र परम्परा विकसित, अहिच्छत्र से काटपलान।
उत्तर में बहदराबाद से, नोह भरतपुर राजस्थान॥
हस्तिनापुर अतिरंजीखेड़ा, राजपुरपरसु, नोह अहिच्छत्र।
प्राप्त अंश गैरिक पात्रों के, अति निचले स्तर सर्वत्र॥[2]54॥

अन्य कमौली बलुआ धसकहा, मीरापट्टी श्रृंगवेरपूर।
भाण्ड मिले गैरिक संस्कृति के, ताम्र वस्तु निधियाँ भरपूर॥[3]
कोटि कई बर्तन आरम्भिक, बेसिन घड़े कटोरे ढक्कन।
नाद, कोठिला आदि पात्र पर, न अलंकरण या चित्र अंकन॥55॥

किन्तु बाद के लालकिला व, अतिरंजीखेड़ा के पात्र।
लाल रंग से रंगे मिले हैं, चित्रण उन पर काला मात्र॥
गैरिक पात्रों के निर्माता, आदि प्रश्न है अति गम्भीर।
बी.बी. लाल मत आदि निवासी, वसते जो गंगा के तीर॥[4]56॥

लालकिला अतिरंजीखेड़ा, नोह सैपई स्थल शुद्ध।
यहाँ प्राप्त गैरिक भाण्डों की, मूल परम्परा पात्र विशुद्ध॥
राजपूर ज्ञानेश्वर सैपई, बहदराबाद स्थल आधीन।
गैरिक पात्र ताम्र की निधियाँ, मिले साथ ज्यों समकालीन॥57॥

---

1. कृष्णकुमार : आर्क्योलॉजी आफ द रामायन साइट इन द लाइट ऑफ न्यू एक्सकवेसन्स एट अयोध्या, प्राग्धारा अंक-15, पृ. 258-264; बनर्जी, अरुन्धती : पूर्वोद्धत, पृ. 75-79
2. मैती, एस.के. : प्राब्लम्स एण्ड पर्सपेक्टिव्स ऑफ ऐंशिन्ट इण्डियन हिस्ट्री एण्ड कल्चर, पृ. 281-285
3. सी. मार्गबन्धु आदि (सं.) : पूर्वोद्धत, पृ. 155-159
4. श्रीवास्तव, के.सी. : पूर्वोद्धत, पृ. 203

मिला सैपई भाण्डों के संग, ताम्र रचित मत्स्य मय भाला।
कुछ विज्ञों ने प्राग् हड़प्पन, कुछ ने सैन्धवोत्तर कह डाला॥
लालकिला से प्राप्त पात्र पर, कूबड़दार वृषभ चित्रांकन।
कुछ भाण्डों पर पौध पत्तियाँ, तरह-तरह रेखीय रेखांकन॥58॥

अम्बाखेड़ि बहदराबाद से, प्राप्त पात्र गैरिक विधि ऐसे।
वृषभ कूबड़ें, पहियागाड़ी, मृत्पिंड पूर्व हड़प्पन जैसे॥
इसीलिए कुछ पुराविदों ने, दिया है निज बहुमूल्य विचार।
प्राग्-हड़प्पन लोग थे शायद, गैरिक भाण्डों के कृतिकार॥[1]59॥

आलमगीर बड़गाँव भाण्ड पर, बाद हड़प्पा युग की छाप।
अतः कई विद्वान् के मत में, गैरिक कृति सैन्ध्वोत्तर आप॥
इस प्रकार गैरिक भाण्डों के, कृतिकारों पर ज्ञान अधूरा।
आगे भावी अनुसन्धानों से, शायद हो यह कार्य भी पूरा॥60॥

गैरिक भाण्डों की तिथियों पर, पुराविदों का है अनुमान।
ईसा पहले तेरह सौ तक, इसके रचना तिथि का भान॥
शृंगबेरपुर नोह आदि स्थल, किये उत्खनन बी.बी. लाल।
निचले स्तर प्राप्त मान्य तिथि, बारह सौ बी.सी. अन्तराल॥[2]61॥

(2) चित्रित धूसर मृद्भाण्ड (Painted Gray Ware)[3]

इस परमपरा के भाण्डों का, रंग है मिलता धूसर स्लेटी।
इन पर कृष्ण वर्ण का चित्रण, यदा कदा काला चकलेटी॥
इस प्रकार के भाण्ड प्राप्त कुछ, हुआ उत्खनन जब अहिच्छत्र।
ध्यान नहीं समुचित मूल्यांकन, जब तक प्राप्त नहीं अन्यत्र॥62॥

प्राप्त सात सौ स्थल अब तक, उच्च गंग सतलज की घाटी।
लौह और धूसर पात्रों का, संग-संग विकसित परिपाटी॥[4]
सिन्धु सभ्यता पतन काल से, गौतमबुद्धा कालारम्भ।
बी.सी. पन्द्रह सौ से लेकर, छः सौ बी.सी. तक युग अंध॥[5]63॥

1. धवलिकर, एम.के. : पूर्वोद्धृत, पृ. 268-272
2. श्रीवास्तव, के.सी. : पूर्वोद्धृत, पृ. 203
3. तिवारी, राकेश : हिस्ट्री एण्ड हेरीटेज, खण्ड-प्रथम, पृ. 133-137; बनर्जी अरुन्धती : अर्ली इण्डियन टेराकोट्टा आर्ट, पृ. 139' 140, 153-159
4. श्रीवास्तव, के.सी. : पूर्वोद्धृत, पृ. 203
5. वही

इस युग के सांस्कृतिक ज्ञान का, कोई दृष्ट प्रमान नहीं था।
धूसर पात्रों के अभाव में, कहना कुछ आसान नहीं था॥
धूसर चित्रित मृद्‌भाण्डों से, अन्धकाल का हुआ निदान।
संस्कृतियों के भौतिक गति का, मिला राष्ट्र को नवल प्रमान॥[1]64॥

रोपड़ आलमगीर में मिलते, धूसर पात्रों के संजाल।
सिन्धु हड़प्पा कालोत्तर व, एन.बी.पी. पूववर्ती काल॥
हस्तिनापुर गैरिक के पहले, एन.बी.पी. से नीचे भू पर।
नोह और अतिरंजीखेड़ा, धूसर चित्रित सबसे ऊपर॥65॥

कुरुक्षेत्र में दौलतपुर व, ग्राम दधेरी चित्रित पात्र।
काल हड़प्पा अंतिम तह से, लक्षित समता इसका मात्र॥[2]
इससे यही प्रमाणित होता, धूसर कृति आरम्भ युगीन।
सैन्धव युग निचले स्तर की, संस्कृतियों के समकालीन॥66॥

भगवानपुरा संग अन्य स्थल, जे. जोशी ने की है खुदाई।
काल हड़प्पा पतन बाद ही, धूसर संस्कृति पड़ी दिखाई॥
इस प्रकार पन्द्रह सौ बी.सी., छः सौ बी.सी. के अन्तराल।
पाट दिया सांस्कृतिक शून्यता, धूसर चित्रित भाण्ड सुकाल॥67॥

धूसर चित्रित पात्र प्राप्त हैं, गंग यमुन घाटी अनुभाग।
राजस्थान पंजाब हरियाना, के उत्तरी बहुल संभाग॥
सिन्ध क्षेत्र के लखियोपीर से, राज्य नेपाल तिलौराकोट।
उत्तर माण्डा जम्बू क्षेत्र से, विस्तृत भू उज्जैन भड़ोच॥68॥

कौशाम्बी सोहगौरा स्थल, प्राप्त भाण्ड धूसर वैशाली।
किन्तु अल्प घटिया प्रमाण से, लगे न प्रचलन गौरवशाली॥
धूसर चित्रित के अन्य स्थल, कर्णकिला रोपड़ इन्द्रप्रस्थ।
दौलतपुर बीकानेर कायथा, आलमगीर संघोल भूमस्थ॥[3]69॥

जोधपुर जलालपुर जखेड़ा, गिलुंड थावली मथुरा हुलास।
सोहगौरा सोंख वैशाली, हस्तिनापुर उत्तर भू खास॥[4]

---

1. वही
2. सिंह, सर्वदमन : कल्चर थ्रू द एजेज (वी.एन. पुरी फेलीसिटेसन वाल्यूम) पृ. 273-274
3. जायसवाल, विदुला एण्ड पी.सी. पंत : डायमेन्संस आफ इण्डियन आर्ट खण्ड-प्रथम, पृ. 202-210; मणि, वी.आर. : प्राग्धारा अंक-4, पृ. 202-210
4. श्रीवास्तव, के.सी. : पूर्वोद्धृत, पृ. 204

चिकनी मिट्टी गूँथ भलीविधि, पतली गढ़न बने कर चाक।
गाढ़े श्यामल रंग अलंकृत, पके अवें अति भारी ताप ॥70॥

उच्च ताप तप धूसर हो गये, काले-लाल पुते भी भाण्ड।
सर्वाधिक थाली व कटोरे, धनिक प्रयोग, गृही कर्मकाण्ड॥
अलग-अलग स्थान से मिलते, कुछ विशेष बर्तन के प्रकार।
नॉद हस्तिना...* रोपड़ लोटा, गढ़सरदार से टोटीदार ॥71॥

नोह तथा अतिरंजीखेड़ा, अहिच्छत्र से कलश प्रत्यक्ष।
अल्लाहपुर से रिम आधार का, पात्र प्राप्त तकनीकी स्वच्छ॥
धूसर संस्कृति वालों के घर, घास-फूस नरकुल के होते।
खाद्य अन्न गेहूँ जौ चावल, अपने-अपने खेत में बोते ॥72॥

भैंस भेड़ सुअर मृगादि को, पाल पोष करते मन उर से।
घोड़े से भी वे परिचित थे, मिली हड्डियाँ हस्तिनापुर से॥
भगवानपुरा आदि स्थल से, लौह अस्तित्व नहीं है ज्ञात।
किन्तु प्राप्त उपकरण बहुल से, लगता यह सर्वत्र था व्याप्त ॥73॥

मिले उपकरण चाकू चिमटा, कुदाल दरांती फलक व भाले।
कील कुल्हाड़ी मिले धातुमल, लौह उस समय जाते ढाले॥
पात्रांश अतिरंजीखेड़ा, मिले कपास वस्त्र के छाप।
पक्की ईंटों के प्रयोग का, साक्ष्य दृष्ट भगवानपुर पास ॥74॥

इस प्रकार यह ग्राम संस्कृति, उन्नत दिखती धूसर काल।
जिसकी विकसित पृष्ठभूमि पर, बने बुद्ध युग नगर विशाल॥[1]
धूसर चित्रित प्राच्य स्थल में, केवल एक हस्तिनापूर।
उक्त उत्खनन शोध प्रकाशित, ठीक तरह विवरण भरपूर ॥75॥

इससे सुगम सुनिश्चित करना, तिथिक्रम धूसर चित्रित भाण्ड।
किया उत्खनन बी.बी. लाल ने, पुरातत्वविद् प्रज्ञ प्रकाण्ड॥
उत्खाता को हस्तिनापुर से, मिली कई मृद्भाण्ड विधायें।
पहले गैरिक द्वितीय धूसर, अन्तिम तल एन.बी.पी. पाये ॥76॥

संस्कृति के जमाव स्तर को, स्वयं आकलन करके जाना।
हस्तिनापुर धूसर चित्रित तिथि, महाभारत के काल में माना॥[2]

---

1. वही, पृ. 204   * हस्तिना... = हस्तिनापुर

2. गोपाल, लल्लन जी : प्राग्धारा अंक-3, वर्ष 92-93, पृ. 67-68

भगवानपुरा दधेरी माण्डा, जगपति जोशी की अगुवाई।
उत्तरकाल हड़प्पा संग में, धूसर संस्कृति मिली खुदाई ॥77॥
इससे लगता सैन्धव संस्कृति, बी.सी. ग्यारह सौ तक जारी।
या बी.सी. सत्रह–सोलह सौ, उपजी धूसर की फुलवारी॥[1]
कई पुरास्थलों से मिलती, कार्बन तिथियाँ इस सन्दर्भ।
जिसमें लक्षित अधिक भिन्नता, स्थल स्तर धरा के गर्भ ॥78॥
नोह काल आठ सौ इक्कीस से, ईसा पूर्व वर्ष छह सौ चार।
शापटेप थिसली यूनान में, धूसर तिथि बी.सी. दो हजार॥
इसी तरह अतिरंजीखेड़ा, ईसा पूर्व में दस सो पचीस।
सात सौ दस से पाँच सौ पैंतीस, रेडियो कार्बन तिथि तफ्तीस ॥79॥
इन उद्धरणों के प्रकाश में, निश्चित नहीं तिथि धूसर एक।
इतना तो स्पष्ट है लगता, पतन हड़प्पा संग उन्मेष॥
सैन्धव के अवसान समय से, गौतम बुद्ध प्रवर्तित काल।
पन्द्रह सौ से छः सौ बी.सी. धूसर संस्कृति अवधि विशाल ॥[2]80॥
धूसर संस्कृति के संवाहक, कौन एक मत न स्वीकार्य।
कुछ विदेशियों को श्रेय देते, कुछ के मत में वैदिक आर्य॥
दृषद्वती घाटी से लेकर, उपरि गंग घाटी मैदान।
बाद हड़प्पा संस्कृति मिलते, धूसर चित्रित बहुल प्रमान ॥81॥
कुछ भाण्डांश मिले धूसर के, देश यूनान ईरान अफगान।
इसीलिए वैदेशिक मत का, प्रतिपादन करते विद्वान्॥[3]
प्रथमतया भारतीय व विदेशी, पात्र खण्ड न एक समान।
मध्य प्रदेश व सतलज गंगा, घाटी नव संस्कृति पहचान ॥82॥
चित्रित धूसर भाण्ड सुप्रचलन, द्वय नद बीच व्याप्त सर्वत्र।
हस्तिनापुर कुरुक्षेत्र इन्द्रप्रस्थ, काम्पिल्य मथुरा व अहिच्छत्र॥
निचले तल से मिले भाण्ड कुछ, महाभारत के समकालीन।
हस्तिनापुर से अश्व अस्थियाँ, मिली धूसरीय तल आधीन ॥83॥

1. श्रीवास्तव, के.सी. : पूर्वोद्धृत, पृ. 205
2. वही
3. वही

इन सबसे तो प्रमाणित धूसर, वैदिक आर्यों से सम्बद्ध।
उत्तर वैदिक काल सुरचना, बना रहा अविरल क्रमबद्ध॥[1]
जहाँ मिले हैं धूसर चित्रित, भाण्डों के अगणित भण्डार।
मध्यदेश, सतलज की घाटी, गंगा यमुना रम्य कछार॥[2]84॥

रचे गये हैं विविध यहाँ पर, उत्तर वैदिक ग्रन्थ अनूप।
एक हजार से छः सौ बी.सी., चित्रित धूसर छाया धूप॥
सतलज से गंगोच्च की घाटी, मध्यदेश नाम विख्यात।
अथर्व साम यजु उपनिषदों से, उक्त प्रशंसा विवरण ज्ञात॥85॥

ऋक्वैदिक मन्त्रों में गंगा, यमुना का कुछ ही उल्लेख।
जबकि उत्तर वैदिक कृतियाँ, करती वर्णन विशद विशेष॥
इस प्रकार उत्तर वैदिक युग, धूसर चित्रित संस्कृति काल।
जिसने दिया राष्ट्र नवजीवन, विमल चेतना ज्ञान विशाल॥[3]86॥

(3) कृष्ण लोहित मृद्भाण्ड (Black & Red Ware)[4]

इस परम्परा पात्र को रखते, विद्वज्जन प्रागैतिहासिक काल।
बारी भीतर बाहर काला, शेष भाग ईटों सम लाल॥
अलंकार आकार दृष्टि से, अन्य विधाओं से यह भिन्न।
श्वेतरंग के चित्रकारी का, इन पर मिलता अधिक न चिह्न॥87॥

सरित् बहाव से आई मिट्टी, चूना रेत मिश्र चिकनीक।
कहा गया इसकी रचना विधि, इजिप्शियन भाण्ड तकनीक॥
धूप में सुखाकर इन पर कार्बन, रेजिन लेप लगाया जाता।
पकने के पश्चात् कार्बन, रिम तल काला रंग बनाता॥88॥

कभी-कभी कांचलि मिट्टी से, ऐसे भाण्ड बनाये जाते।
एक बार, दो बार पात्र को, तीव्र ताप में पकाये जाते॥
कृष्ण लाल मृद्भाण्ड बने हैं, लघु मध्यम के विशिष्ट प्रकार।
बड़े-बड़े भाण्डों की रचना, इस उप विधा में न स्वीकार॥89॥

---

1. वही
2. वही
3. वही, पृ. 206
4. बनर्जी, अरुन्धती : इण्डियन टेराकोट्टा आर्ट, पृ. 160-161; सुन्दरराजन, के.वी. : पूर्वोद्धत, पृ. 97-103, 107-111

भोजनादि के निमित्त तश्तरी, प्याले और कटोरे थाली।
खचित हिरन, नर नृत्याकृतियाँ, चित्रण स्वल्प श्वेत रंगवाली॥
कृष्ण लाल रंग मृद्भाण्डों का, भारत भर में रहा प्रसार।
उत्तर से सुदूर दक्षिण तक, भिन्न काल स्थिति अनुसार॥90॥

सौराष्ट्र में रंगपुर लोथल, भाण्ड हड़प्पा उत्तरकाल।
यहाँ से मिलते स्वच्छ कटोरे, भोजनार्थ कुछ थाली-थाल॥
हरियाणा पंजाब के स्थल, मिलते धूसर चित्रित साथ।
नोह तथा अतिरंजीखेड़ा, कई तलों से होते प्राप्त॥91॥

कुछ मिलते धूसर चित्रित संग, कुछ इसके निचले तलभाग।
कुछ गैरिक मृद्भाण्ड के ऊपर, मिले उत्खनक प्राच्य विभाग॥
क्षेत्र मालवा के स्थल कुछ, उज्जैन महेश्वर नवदाटोली।
एन.बी.पी. के संग व पहले, मिले भाण्ड सुन्दर अनमोली॥92॥

उत्तर प्रदेश बिहार व दक्षिण, भारत के बहुस्थल प्राच्य।
वृहत्पाषाणिक समाधियों में, लोहित कृष्ण भाण्ड के साक्ष्य॥
कृष्ण लोहित मृद्भाण्ड परम्परा, काल क्षेत्र आबद्ध नहीं।
किसी एक संस्कृति विशेष से, सूचित है सम्बन्ध नहीं॥[1]93॥

नीले लोहित मृद्भाण्डों का, वर्णन आया वेद अथर्व।
लोहित कृष्ण भाण्ड वही हैं, कहते कुछ विद्वान् सगर्व॥[2]
ताम्र लौह उपकरण काम में, लाते लाल कृष्ण अनुयायी।
किन्तु पाषाणिक लघु यन्त्रों का, प्रचलन प्रचुर पड़ा दिखलाई॥94॥

गंगा नदी के अति दक्षिण में, छोटा नागपुर विन्ध्य पठार।
लघु पाषाणिक यन्त्र स्रोत भू, विद्वज्जन, करते स्वीकार॥
विन्ध्य क्षेत्र में इन उपकरणों, का दिखता बहु विधिक प्रयोग।
पूर्वोत्तर भारत में प्रचलित, जीवन यापन स्रोत सुयोग॥[3]95॥
काले लोहित मृद्भाण्डों की, तिथियाँ स्थल स्थल भिन्न।
बाइस सौ से छः सौ बी.सी., तक निश्चित लिये प्रश्न चिह्न॥

1. श्रीवास्तव, के.सी. : प्राचीन भारत का इतिहास तथा संस्कृति, पृ. 206
2. वही
3. सी. मार्गबन्धु आदि (सं.) : इण्डियन आर्क्योलाजिकल हेरीटेज (प्रथम खण्ड), पृ. 165

वृहत्पाषाणिक समाधियों से, प्राप्त भाण्ड जो दक्षिण देश।
दस सौ से पहली शती बी.सी., संस्कृति काल रम्य परिवेश॥[1]96॥

मध्यदेश मालवा क्षेत्र के, पात्रोद्भव व काल अवसान।
पन्द्रह सौ से 500 बी.सी., बीच मानते हैं विद्वान्॥
काले लोहित भाण्ड के सर्जक, को कहते विद्वज्जन आर्य।
आर.एस. शर्मा व्रात्य बताते, कोई मत न ठीक स्वीकार्य॥[2]97॥

(4) उत्तरी कृष्ण मार्जित मृद्भाण्ड[3] (Northern Black-polished Ware)

छठी शती ईसा से पहले, अथवा बुद्ध अवतरण काल।
कृष्ण मार्जित मृद्भाण्ड उत्तरी, फैली उत्तर भूमि विशाल॥[4]
एन.बी.पी. या काली पालिश, संक्षेपित शोभा अभिराम।
नगरीकरण प्रक्रिया दूजी, श्रीगणेश श्रेय इसके नाम॥[5]98॥

एन.बी.पी. प्राविधिक दृष्टि से, भारतीय भाण्डों में है विशिष्ट।
भली भाँति तैयार मृदा से, तीव्र चाक निर्मित उत्कृष्ट॥
अति चमकीली पालिश उन पर, काँच समान झलकती थी।
काली भूरी गहरी नीली, आभा तीव्र दमकती थी॥99॥

नगरों में प्रायः प्रयुक्त ये, अनुष्ठान क्रिया व खान-पान।
मंहगे होते थे बहुत अधिक, धनिकों के गृह शोभायमान॥
एन.बी.पी. पात्र परम्परा के, अन्तर्गत आते लघु प्याले।
थालियाँ कटोरे क्षुद्र कलश, ढक्कन हाड़ी पालिश काले॥100॥

अति गतिक चाक पर बनने से, हल्का पतला न अधिक भार।
पट्टियाँ चित्तियाँ रंगदार, अर्द्धवृत्त अलंकृत बहु प्रकार॥
एन.बी.पी. भाण्डों की पालिश, रंगाभा तकनीक शऊर।
पुराविदों के भिन्न राय से, जटिल तथ्य बना भरपूर॥101॥

यद्यपि एन.बी.पी. के बर्तन, प्रायः काले रंग में खिलते।
यदा-कदा नीले व गुलाबी, रुपहले चाकलेटी मिलते॥[6]

---

1. श्रीवास्तव, के.सी. : पूर्वोक्त, पृ. 207
2. वही
3. बनर्जी, अरुन्धती : पूर्वोक्त, पृ. 174-196
4. जायसवाल, विदुला एवं पी.सी. पन्त : डायमेन्संस आफ इण्डियन आर्ट खण्ड प्रथम, पृ. 201
5. श्रीवास्तव, के.सी. पूर्वोक्त, पृ. 207; अग्रवाल, वी.एस. : भारतीय कला, पृ. 14
6. श्रीवास्तव, के.सी. : पूर्वोक्त, पृ. 207

एन.बी.पी. की भाण्ड परम्परा, मध्य गंग घाटी उद्भूत।
कौशाम्बी से भागलपुर तक, मिले भाण्ड के साक्ष्य प्रभूत॥[1]102॥

गंगा नदी के दोनों तट–पट, विस्तृत भू कछार मैदान।
चार सौ पचास एन.बी.पी. स्थल, प्राप्त सहस्रों पात्र प्रमान॥[2]
रोपड़ व अहिच्छत्र सहित कुछ, उच्च गंग घाटी के स्थल।
ईसा पहले तीन सौ वर्ष के, मिले भाण्ड एन.बी.पी. कज्जल॥103॥

बेसनगर उज्जैन मालवा, स्थल से मिलते भाण्डांश।
किन्तु मध्य गंगा घाटी ही, इसका मूल क्षेत्र बहुलांश॥
कृष्ण मार्जित मृद्भाण्डों का, बढ़ता गया प्रचार प्रसार।
देश विदेश में फैल गया यह, कृष्णदेव, ह्वीलर अनुसार॥104॥

तीर्थयात्रि व्यापारियों द्वारा, वाणिज्यिक यात्रा हितलाभ।
राजपुताना मध्य प्रान्त व, प्रसरित राष्ट्र पूर्वी भाग॥[3]
महाराष्ट्र गुजरात बंग भू, प्रान्त उड़ीसा आन्ध्र प्रदेश।
नीले ठीकरे एन.बी.पी. के, का प्रसार व्यापक परिवेश॥105॥

पाक स्थित तक्षशिला चारसद्द, मिले भाण्ड स्थल उद्ग्राम।
तिलौराकोट नेपाल देश में, भू बेग्राम राष्ट्र अफगान॥
एन.बी.पी. उत्पत्ति विषय में, कुछ कहना आसान नहीं।
वैदेशिक उद्भाव तर्क भी, पुराविदों को मान्य नहीं॥106॥

मार्शल ने यूनानी भाण्ड कुछ, तक्षशिला उत्खनन में पाया।
ब्लैक ग्लेज्ड वेयर प्रभाव से, एन.बी.पी. उत्पत्ति बताया॥
टीला भीर उपरि स्तर से, मिला सिकन्दर सिक्का एक।
उसी भीट से निचले स्तर, प्राप्त पात्र एन.बी.पी. अनेक॥107॥

इससे यही प्रमाणित होता, अलेक्जेंडर अभियान के पूर्व।
एन.बी.पी. पात्रों का प्रचलन, जारी शत वर्षों से पूर्व॥
तक्षशिला के बाद स्तर से, पात्र न मिले एन.बी.पी. ज्यादा।
जितना कि गांगेय मध्यभू, लिए राष्ट्र संस्कृति मर्यादा॥108॥

बी.सी. पाँच सौ तीन सौ अवांतर, यूनानी भाण्डों का काल।
एन.बी.पी. प्रारम्भिक तिथि, छठी शती बी.सी. अन्तराल॥

---

1. कुमार कृष्ण : आर्क्योलाजी आफ द रामायन साइट्स इन द लाइट आफ न्यू एक्सकवेशन्स एट अयोध्या, प्राग्धरा अंक–15, पृ. 257–264; सी. मार्गबन्धु आदि (सं.) : पूर्वोक्त, पृ. 164
2. श्रीवास्तव, के.सी. : पूर्वोक्त, पृ. 208; तिवारी, राकेश : पूर्वोक्त, पृ. 133–138
3. श्रीवास्तव, के.सी. : पूर्वोक्त, पृ. 208

इन सबके आलोक में दिखता, एन.बी.पी. उत्पत्ति स्वदेशी।
किसी भाँति से नहीं प्रमाणित, कृष्ण ओप मृद्भाण्ड विदेशी॥[1]109॥

गंग क्षेत्र एन.बी.पी. भाण्ड के, बहुतायत उपलब्धि के कारण।
पुरातत्त्वविद् इसी भूमि को, सृजन क्षेत्र करते निर्धारण॥
पूर्ववर्ती चित्रित धूसर संग, काले पुते मिले मृद्भाण्ड।
कहते बी.बी. लाल इसी से, कृष्ण मार्जित सृजन सुभाण्ड॥[2]110॥

तक्षशिला के उत्खननों से, ह्वीलर जी का शोध प्रमान।
एन.बी.पी. युग पश्चिमोत्तर में, बी.सी. पाँच सौ–दौ सौ अनुमान॥
हस्तिनापुर व कौशाम्बी के, उत्खननों का यह निष्कर्ष।
एन.बी.पी. छः सौ बी.सी. से, 400 ई. मध्य उत्कर्ष॥[3]111॥

काशी हिन्दू विश्वविद्यालय के, प्रमुख प्राच्य इतिहास विभाग।
के.के. सिन्हा के निर्देशन, श्रावस्ती उत्खनन प्रयास॥
यहाँ खनन से एन.बी.पी. का, आरम्भिक तिथि होता ज्ञात।
पाँच सौ वर्ष ईसा से पहले, तीन सौ बी.सी. अवधि विसात॥[4]112॥

पुराविदों ने इसी अवधि को, एन.बी.पी. स्वर्णिम युग माना।
कृष्ण मार्जित भाण्ड स्वर्णयुग, नगरीकरण द्वितीय युग आना॥
एन.बी.पी. की भाण्ड परम्परा, मध्य गंग घाटी उत्पत्ति।
इसी काल में बुद्ध अवतरण, नगरीकरण पुर पुनरावृत्ति॥113॥

धातुओं का अधिकाधिक प्रचलन, लौह धातु की नव तकनीक।
कृषि वाणिज व्यवसाय शिल्प के, सर्वोन्नति की बनी प्रतीक॥[5]
निपुण हुए शिल्पी कारीगर, धातु ढालने गलाने में।
लौह अयस्क को पीट–पीटकर, उत्तम यन्त्र बनाने में॥114॥

लोहे के हल–फाल के कारण, खेत जुताई अति आसान।
औजारों से काट–काट वन, कृषि के योग्य बने मैदान॥
अधिक अन्न धन उत्पादन से, बढ़ने लगे हाट बाजार।
गैर कृषक जन वृत्ति लाभ हित, हुए उदित शिल्प रोजगार॥115॥

---

1. वही
2. त्रिपाठी, विभा, यादव, एस.के. : प्राग्धारा अंक–14, पृ. 211–218; श्रीवास्तव, के.सी. : पूर्वोद्धृत, पृ. 208
3. श्रीवास्तव, के.सी. : पूर्वोद्धृत, पृ. 208–209
4. वही, पृ. 209
5. सिंह, पुरषोत्तम आदि : हिस्ट्री एण्ड हेरीटैज खण्ड प्रथम, पृ. 197–205

व्यवसाई शिल्पी व उद्यमी, व्यापारी कारीगर लोग।[1]
हुए केन्द्रित नगर क्षेत्र में, बढ़े वृत्ति श्रम कार्य प्रयोग॥
धर्म गुरुओं शासकों द्वारा, नगरीकरण को मिला प्रोत्साहन।
पकी ईंट पत्थर प्रयोग से, बनने लगे भवन मनभावन॥116॥

नगरों के चहुँओर सुरक्षा, भित्ति एवं परिखा निर्माण।
कौशाम्बी अहिच्छत्र राजगृह, कपिलवस्तु में मिले प्रमाण॥[2]
पकी ईंट के पक्के कुएँ, राजमार्गों के अवशेष।
बढ़ी धातुओं की जानकारी, यन्त्राभूषण सृजन प्रवेश॥117॥

शुरू हुआ मुद्रा का प्रचलन, रजत ताम्र पत्तर से बनाते।
एन.बी.पी. स्थल से अतिशय, उत्खननों में पाये जाते॥
व्यवसायीजन अंकित करते, सिक्कों पर ठप्पों से निशान।
विदा हुआ युग वस्तु विनिमय का, सिक्के किये वणिज् आसान॥[3]118॥

अति कलात्मक अभिरुचि वाले, एन.बी.पी. संस्कृति के लोग।
भाण्ड विधा निर्माण संग ही, कला क्षेत्र में उनका योग॥
बहु संख्यक मृणमूर्ति नारि-पशु, प्रस्तर सृजित मूर्ति प्रतिमाएँ।
मिले खुदाई में बहुस्थल, हुई पल्लवित विविध कलाएँ॥119॥

पिपरहवा स्तूप बुद्ध के, संरक्षित बहु वस्तु अमूल्य।
स्वर्ण रजत प्रवाल स्फटिक, रत्नाभूषण मणि बहुमूल्य॥
सभी रखी अनमोल वस्तुएँ, तद्‌युगीन आदर्श सुलायक।
हेमकार पटु जौहरियों के, कला निपुणता के परिचायक॥120॥

इस प्रकार उत्तर कृष्ण मार्जित, भाण्ड परम्परा युत जनवर्ग।
सांस्कृतिक आर्थिक समुन्नत, ओत-प्रोत सामाजिक पर्व॥
राजनयिक वाणिज्यिक गति से, जीवन रहा सतत गतिमान्।
सामाजिक परिवर्तन उन्मुख, नगर उदित हो गये तमाम॥[4]121॥

□□□

---

1. सी. मार्गबन्धु आदि (सं.) : पूर्वोद्धृत, पृ. 219-222
2. श्रीवास्तव, के.एम. : प्राग्धारा अंक-3, पृ. 76-77
3. श्रीवास्तव, के.सी. : पूर्वोद्धृत, पृ. 210
4. वही

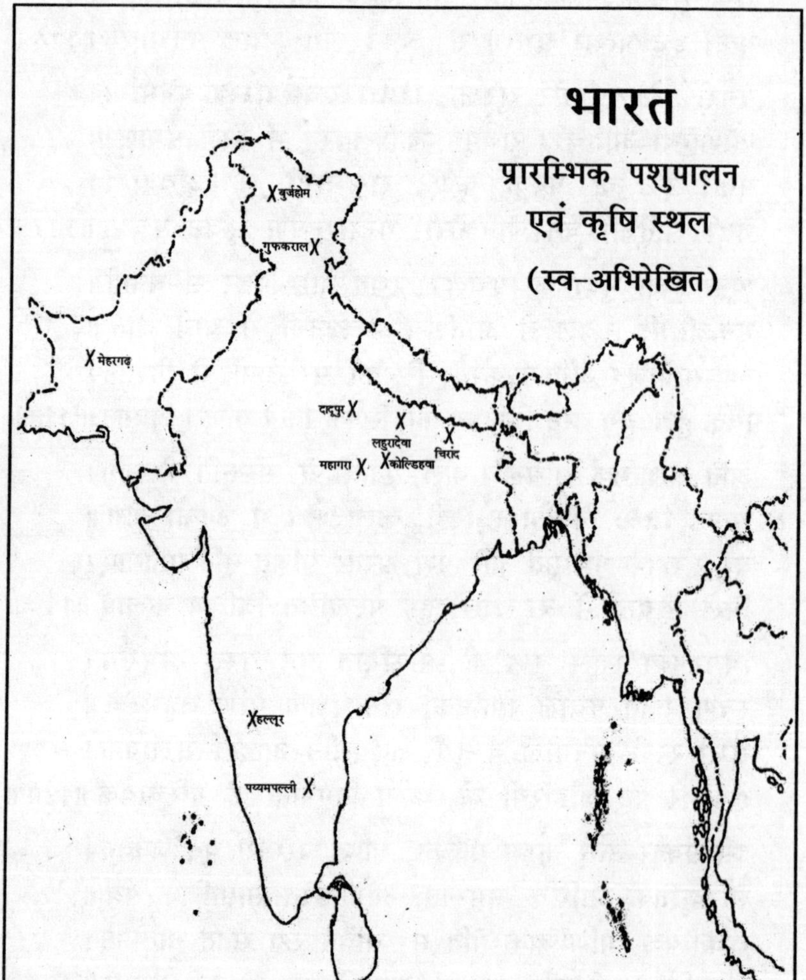
भारत
प्रारम्भिक पशुपालन
एवं कृषि स्थल
(स्व–अभिरेखित)
बुर्जहोम
गुफकराल
मेहरगढ़
दादूपुर
लहुरादेवा
चिरांद
महागरा
कोल्डिहवा
हल्लूर
पय्यमपल्ली

6

नवीन पुरातात्त्विक खोज

पुरातत्त्व सम्बन्धित विभाग, और अनेक इकाइयाँ अन्य।
कर रहे सर्वेक्षण उत्खनन, अविरल स्व संसाधन जन्य॥
पुरा वस्तु हो रहीं प्रकाशित, मिलती जो दुर्लभ व अनन्य।
इनके संग्रहालय संरक्षक, रक्षण क्रिया में रत चैतन्य॥
पुरातात्त्विक कार्य सम्पादन, जिन विद्वानों के सौजन्य।
इसके उत्खाता विज्ञाता, सबके सब स्वनाम हैं धन्य॥
पुरा प्राप्तियाँ ऐतिहासिक जो, हो जाती हैं स्वतः अनुमन्य।
इनको क्षति पहुँचाना चुराना, माना गया अपराध जघन्य॥

नवीन सर्वेक्षण एवं उत्खनन

अखिल राष्ट्र में पुरातात्विक, खोज वृद्धि स्वतन्त्रता बाद।
सर्वेक्षण उत्खनन शोध में, आयी जागृति प्रज्ञ समाज॥
विश्वविद्यालयों के इतिहास विभाग, ए.एस.आई. भारत सरकार।
राज्यों के पुरातत्व संगठन, सबका प्रयत्न सोच सहकार॥1॥
सन् उन्नीस सौ नब्बे के बाद, इसमें और कुछ तेजी आयी।
सकल देश में हुए सर्वेक्षण, बहु स्थलों की हुई खुदाई॥
जिसके परिणामों से प्रभावित, प्रागितिहास युग ज्ञान विशेष।
कुछ नवीन सर्वेक्षण खनन, का प्रस्तुत विवरण संक्षेप॥2॥

सर्वेक्षण : अडवा वैली (म0प्र0-1979-81)

अभी कुछ दशक पहले, प्राच्यविदों का रहा विचार।
आन्ध्र तमिल कर्नाटक केरल, तक ही मेगालिथ संचार॥
पुराविदों ने किये सर्वेक्षण, विविध क्षेत्र दशक से चार।
जिससे मेगालिथ की सीमा, पहुँची उत्तर विन्ध्य के पार॥3॥

महाराष्ट्र एम. पी. यू. पी. में, मिले कई मेगालिथ स्थल।
रीवां विदर्भ सीधी सतना में, प्राप्त समाधि ढकी प्रस्तर तल॥
बाँदा इलाहाबाद चन्दौली, सोनभद्र व मिर्जापूर।
यहाँ मिले मानव की बस्तियाँ, और समाधियाँ भी भरपूर॥4॥

इसी क्रम में प्रयाग विश्ववि., पुरातत्व इतिहास विभाग।
किया सर्वेक्षण उन्नीस सौ अस्सी, में अडवा घाटी संभाग॥
फलतः मिले संख्या में अस्सी, मेगालिथ संस्कृति स्थान।
इनमें इकतालिस जगहों पर, मिले बस्तियों के भी निशान॥5॥

प्राच्य स्थल अडवा घाटी है, जिसका यहाँ योजित उल्लेख।
घाटी के सम्बन्धित स्थल, मघा अमहटा मुनई विशेष॥
अडवा नदी रीवां से बहकर, मिली बेलन से मिर्जापूर।
इस के तट पर महुआ चिरौंजी, जामून ढाक विटप भरपूर॥[1]6॥

मघा–अमहटा[2]

पिपराही बगदरा मार्ग पर, मिर्जापुर में मघा स्थान।
यहाँ एक सौ उन्सठ संख्या, मेगालिथिक कब्र पहचान॥
मघा ग्राम अन्तस्थल स्थित, जन बस्ती व बड़े श्मशान।
मिले कब्र में भाण्ड माइक्रोलिथ, प्लेट कटोरे ब्लेड प्रमान॥7॥

समाधियों के निचले तल में, रखा जाता विविध सामान।
अस्थि अश्म धातु की चीजें, माइक्रोलिथ वर्तन संज्ञान॥
गोल आयताकार समाधियाँ, इस स्थल पर बनाई गयी।
रखाकर आवश्यक सामग्री, पत्थर से ढकवाई गयी॥8॥

पत्थर से सज्जित समाधियाँ, प्रायः होती अण्डाकार।
कब्र सुरक्षा हेतु अलग से, बनती पत्थर की दीवार॥
मघा स्थल पर झोपड़ियों के, मिले फर्श हैं गोलकार।
और संग बीड्स रिंग हैमर, बाल अस्थि भाण्डांश प्रकार॥9॥

इसी प्रकार पाँच झोपड़ियाँ, मिली गृहस्थी वस्तु के साथ।
चाकी जाँत लोढ़ सिलबट्टा, एकल हट अंगीठी हाथ॥

---

1. मिश्र, वी.डी. एवं बी.बी. मिश्र : मेगालिथिक कल्चर आफ द अडवा वैली, प्राग्धारा अंक–12, पृ. 133–141
2. वही, पृ. 137

फर्श बने होते मिट्टी के, मुर्रम कंकड़ के सहयोग।
झोपड़ियों के चारो ओर, हीन गर्त स्तंभ प्रयोग॥10॥

श्याम व रक्त ब्लैक स्लिपवेयर, कुछ भाण्ड बनते अति लाल।
किन्तु ठीक से गुथी न मिट्टी, पके न सही अवें के झाल॥
तिरानवे किमी रीवां से पूरब, मऊगंज शासनिक प्रखंड।[1]
स्थिर जरवल पिपराही पथ, प्राच्य अमहटा वसा अखंड॥11॥

इसके उत्तर ओर में अडवा, दक्षिण दिशा श्रेणि कैमूर।
दो सौ मेगालिथ की सूचना, बस्ती बरियल से कुछ दूर॥
गर्त मध्य शव को स्थित कर, रखते आवश्यक सामान।
भरते उसे खुदी मिट्टी से, ढकते रख पत्थर दृढ़वान॥12॥

मुनई[2]

यह स्थित अडवा बायें तट, रीवां नगर से दक्षिण पूर्व।
छानवे किमी रीवां से दूरी, मुनइ प्राच्य स्थल है अपूर्व॥
यहाँ प्राप्त मेगालिथ कब्रे, बस्ती के स्पष्ट प्रमान।
आयताकार कब्र में लोहित, बलुअर मिट्टी बिछी समान॥13॥

रखी मिली विविध सामग्री, कब्र में मृतक के शव के साथ।
पशु कि अस्थियाँ भाण्ड कई विधि, कोसा परई व जलपात्र॥
प्राप्त रेड व ब्लैक एंड रेड, बी. एस. डब्लू मुनई के अतीत।
ये कोल्डिहवा एवं ककोरिया, के समान होती हैं प्रतीत॥14॥

अन्य वस्तु सीसे के कंगन, मनके मूसल चाकी जाँत।
ताम्र अयस की बनी वस्तुएँ, मूल्यवान पत्थर भी प्राप्त॥
आयरन स्लैग पशुओं की अस्थियाँ, जले हुए मिट्टी के ढेर।
छाप सुलभ झोपड़ी घरों के, वर्तन के टुकड़े बहुतेर॥15॥

मेगालिथ अडवा घाटी में, मिले अमहटा मुनई माघा।
ये तुलनीय चुनार चन्दौली, मेगालिथ मेजा व बांदा॥
जबकि दक्षिणी मेगालिथ से, अडवा घाटी के कुछ भिन्न।
कब्रों की रचना पद्धति में, दिखाते कई पृथकता चिह्न॥16॥

1. मिश्र, वी.डी. एवं बी.बी. मिश्र : पूर्वोक्त, प्राग्धारा अंक-12, पृ. 135-136
2. वही

दक्षिण भारत के मेगालिथ, लौह काल से ही संबंधित।
जबकि अडवा के मेगालिथ, ताम्र लौह युग द्वय में चिह्नित॥
पन्द्रह सौ बी. सी. से लेकर, ईसा पूर्व तीन सौ साल।
लगभग बारह सौ वर्षो तक, अडवा कल्चर अवधि विशाल॥[1]17॥

नीमच और मन्दसोर (म. प्र.) जिलों का पुरातात्विक सर्वेक्षण (सन् 2001)

विक्रम विश्वविद्यालय शिक्षक, दूबे डॉ. सीताराम।
नीमच और मन्दसोर जिलों में, किया वृहद् सर्वेक्षण काम॥
आबादी की कमी के कारण, पुरावशेष हैं यहाँ सुरक्षित।
शिवना चम्बल रेतम तट पर, आदिम संस्कृतियाँ परिलक्षित॥18॥

प्रागैतिहासिक काल से लेकर, ऐतिहासिक युग का परिज्ञान।
ब्राह्मण बौद्ध व जैन परम्परा, का मिलता जीवन्त प्रमान॥
इसके पूर्व प्रकाशेन्द्र माथुर, एवं डॉ. रवीन्द्र भारद्वाज।
किया यहाँ सर्वेक्षण शोधन, शेष बहुत कुछ अब भी आज॥19॥

उसकी पूर्ति की अभिलाषा में, सीताराम दूबे अभियान।
लेकर आया नव पुरातात्विक, उपलब्धियों का सुपरिणाम॥[2]
नीमच और मन्दसोर जिले में, सर्वेक्षित जो प्राच्य स्थान।
वे हैं चल्दू जीरन अम्बा, नेवड़ खोखरिया वीरान॥20॥

बीसलबाग कला वरुखेड़ा, चीताखेड़ नीलकंठपुरा।
रतनलाइ माँगरोल उगरान, हरबार सावन हासपुरा॥
सीरखेड़ा व झंझड़वाड़ा, कराड़िया पीपल्याबाग।
चम्बल शिवना रेतम नदियाँ, इनकी जीवन रेखा राग॥21॥

मृद्भाण्डों की रचना पद्धति, अलंकरणों के दृष्टि विचार।
चल्दू[3] संस्कृति सत्रहवीं शती से, बी. सी. सातवीं तक गुलज़ार॥
विविध रंग विधियों के पात्र, कृष्ण लोहित व भूरे लाल।
मालव पात्र परम्परा प्रचलित, चित्रण ओप भिन्न हर काल॥22॥

1. वही, पृ. 137–141
2. दुबे, सीताराम : नीमच तहसील (जिला नीमच) का पुरातात्त्विक सर्वेक्षण, प्राग्धारा अंक-13, पृ. 73
3. वही, पृ. 73–74

मटके घड़े विविध भाण्डांश, लोटा कोसा परई कटोरे।
हांड़ी, संग्रह पात्र सुचित्रित, हर युग के मिलते बहुतेरे॥
जीरन[1] में मृद्भाण्ड विविधता, की परम्परा है दर्शनीय।
ईसा पूर्व पन्द्रहवीं शती से, मुगल काल तक कृति महनीय॥23॥

मिले कटोरे घड़े व मटके, वर्तन बारी काल अनुसार।
कोणात्मक पट्टियाँ उकेरी, लेप विशिष्ट मोहक आकार॥
अम्बा[2] गाँव बसा टीले पर, लिए पात्र परम्परा जोर।
इसका काल शती द्वय बी.सी., से पाँचवीं शती के छोर॥24॥

यहाँ मिले नांद व हाड़ी, संग्रह पात्र कुछ टोटीदार।
उन पर है चिपकवाँ चित्रण, कृष्ण रंग वर्तन अधिकार॥
प्रथम से छठी शती तक जागृत, बस्ती खोखरिया वीरान।[3]
हाँडी कोहे घड़े मटकों के, बारी टुकड़े मिले तमाम॥25॥

कृष्ण पात्र परम्परा बोधक, प्राप्त हॉड़ियों के अवशेष।
प्रस्तर बाट पकी मिट्टी के, मनके मिले सछिद्र विशेष॥
ईसा पूर्व सत्रहवीं शती से, ईस्वी चतुर्थ शती हरबार।[4]
विकसित यहाँ की पात्र परम्परा, धृत विशिष्टता युग अनुसार॥26॥

कृष्ण लोहित और लाल रंग के, पात्रांशों की बहुलता दृष्ट।
संग्रह पात्र घड़े व मटके, खोरे जार हाड़ी अवशिष्ट॥
रेतम नदी तट पर उगरान[5] बस्ती ताम्राश्म युग पूर्व।
पात्र परम्परा विकसित तब से, सदी सत्रहवीं अवधि अपूर्व॥27॥

प्रारम्भिक अहाड़ परम्परा, से लगता पूर्णतः आप्लावित।
कृष्ण एवं कृष्ण लाल विधायें, करती उत्तर युग को प्रभावित॥
यहाँ प्राप्त तस्तरी कटौरे, कोहे लोटे पात्र घड़े।
भिन्न-भिन्न युग से सम्बन्धित, रंगे सजे चित्रित टुकड़े॥28॥

---

1. वही, पृ. 74-75
2. वही, पृ. 75
3. वही, पृ. 75-76
4. वही, पृ. 76
5. वही, पृ. 76-78

यहाँ मिली ताम्र मुद्रायें, महाकाल उज्जयिनी प्रकार।
मुस्लिम सिन्धिया काल में प्रचलित, प्रतिमा विष्णु मानवाकार॥
रतनलाई[1] गाँव टीले पर, मिले पात्रांश रंग विधि लाल।
ईसा पूर्व तृतीय शती से, पाँचवीं शती ईस्वी के काल॥29॥

हांड़ी प्लेट नाद व मटके, चपटे गहरे तसले भारी।
गोलाकार भाग के टुकड़े, मिले अधिक वर्तन के बारी॥
प्रथम से तृतीय शती अवधि में, वरुखेड़ा नेवड़ भाण्डांश।
घड़ों और मटकों की बहुलता, लाल रंग रंगे अधिकांश॥[2]30॥

द्वितीय तृतीय शती अन्तर्गत, हासपुरा[3] संस्कृति व्यापकता।
मटके घट तसलों की बारी, के टुकड़ों की रही अधिकता॥
प्रथम से पाँचवीं शती ईस्वी के, वीसलवास[4] कला के वर्तन।
घड़े सुराही तस्तरी तसले, बने हाथ व चाक के नर्तन॥31॥

नीमच मंदसोर के पथ पर, पीपल्यबाग[5] प्राचीनतर स्थल।
शती सत्रहवी ईसा पूर्व से, पाँचवीं शती तक जागृत अविरल॥
सौ गुणे सौ मीटर विस्तृत, टीले का वर्तमान स्वरूप।
ताम्र रजत स्वर्ण के सिक्के, अरु भाण्डांश मिले बहुरूप॥32॥

प्रारम्भिक पात्र रचना पर, अहाड़ संस्कृति दिखे प्रभाव।
कृष्ण लोहित ढंग मिला कटोरा, उस पर दुधिया रेख रचाव॥
उत्तर युग कृष्ण लोहित श्याम, पात्र परम्परा थी बरकरार।
हाड़ी परई घड़े कटोरे, मिला पात्र एक टोटीदार॥33॥

प्राप्त पिसाई का एक पत्थर, कार्य योग्य वह दोनों ओर।
पास में मंदिर मूर्ति बावड़ी, मिला सुघर चाल्सेडनी कोर॥
एक सौ पचास वर्ग मीटर में, विस्तृत टीला झंझड़वाड़ा।[6]
प्रथम शती ईसा पहले से, पाँचवीं सदी तक अवधि निराला॥34॥

---

1. वही, पृ. 78
2. वही, पृ. 79-80
3. वही, पृ. 80
4. वही
5. वही, पृ. 81-82
6. वही, पृ. 82

यहाँ की पात्र परम्परा में भी, लाल रंग का बहु व्यवहार।
टोटीदार पात्र व परई, हाडी थाली तसले जार॥
छोटी रेतम नदी के तट पर, बसा नीलकंठपुरा सुगाँव।[1]
तीन सौ गुणे दो सौ मीटर में, टीले का भरकम फैलाव ॥35॥

ताम्राश्म युग से ऐतिहासिक, समयांतर संस्कृति यह प्राच्य।
कुछ व्यवधान छोड़कर अविरल, यहाँ दिखे जन बस्ती साक्ष्य॥
प्रस्तर ताम्र काल से लेकर, महा यशी कुषणों के काल।
यहाँ की पात्र परम्परा विकसित, सअलंकरण ललित विशाल ॥36॥

प्रथम और अन्तिम चरणों में, कृष्ण लोहित पात्रांश का जोर।
मध्यकाल मालवा परम्परा, है दिखती व्यापक घनघोर॥
लोटे खोरे घड़ो की बारी, मिले अनवरत लम्बे काल।
स्वयुगीन तकनीक विधा ही, रंगे अत्यधिक लोहित लाल ॥37॥

छठी शती ईसा से पहले, का बसा उच्च टीला सावन।[2]
चौथी पाँचवीं सदी काल तक, मिलते यहाँ भाण्ड मनभावन॥
कृष्ण पात्र परम्परा वर्तन, टोटी दार घट प्लेट कटोरी।
यहाँ प्राप्त कुछ मंदिर भी हैं, प्रतिमाएँ उत्तर युग थोरी ॥38॥

छोटी रेतम नदी कंठ पर, पुरास्थल सीरखेड़ा भव्य।[3]
प्रथम से लेकर चौथी शती तक, प्रात्र प्रचुर मिलते रुचि नव्य॥
मटके घड़े नाँद व हाड़ियाँ, कृष्ण व लाल परम्परा खेप।
यहाँ प्राप्त कुछ मूर्ति व मंदिर, भाण्डों पर चित्रण अनुलेप ॥39॥

मांगरोल–प्राच्य स्थल पर, अब बस चुका है पूरा गाँव।[4]
यत्र-तत्र कुछ रिक्त भूमि जो, वहाँ दिखे सांस्कृतिक जमाव॥
थाली कटोरा, खोरा तसला, मटके घड़े सभी युग मिलते।
चित्र लहर रेखा पट्टी से, लाल बैंगनी रंग में खिलते ॥40॥

---

1. वही, पृ. 82–83
2. वही, पृ. 83–84
3. वही, पृ. 84
4. वही, पृ. 84–85

आमिलकोनी–एरिया (म0प्र0) का सर्वेक्षण–उत्खनन (1998)

इलाहाबाद विश्वविद्यालय अंग, पुरातत्व इतिहास विभाग।
करवाया सर्वेक्षण भारी, टोन्स नदी घाटी संभाग॥
वी. डी. मिश्र के नेतृत्व में, पुराविदों का गठित निकाय।
उनके साथ में बी. बी. मिश्र, डॉ. यू. सी. चट्टोपाध्याय॥41॥

डी. के. शुक्ला एम. सी. गुप्ता, और प्राच्यविद् जे. एन. पाल।
सबके सर्वेक्षण के प्रतिफल, मिले सांस्कृतिक साक्ष्य विशाल॥
इस सर्वेक्षण क्षेत्र में शामिल, रीवां जिला, त्योंथर उपभाग।
उत्तर प्रदेश अन्तर्गत बारा, इलाहाबाद दक्षिणी प्रभाग॥42॥

पश्चिम में त्योंथर से लेकर, पूरब स्थिति सोहगीघाट।
तीन सौ किलो मीटर में विस्तृत, वह सर्वेक्षित भूमि विराट्॥
सन् उन्नीस सौ अँठानबे से, यह सर्वेक्षण गया कराया।
जिससे बहुत से पुरास्थलों, का क्रमवार पता लग पाया॥43॥

वे प्राच्य भू आमिलकोनी, तुलसीपुर और साहीजवार।
मालपुर अंजोरा गाँव भगेली, खरारी नाला सोहगी पहार॥
शुभनाथ टिकुरी चन्दाई, देवपा नाउडीह लोनीपार।
कोनीबरन बघेरी सिंहपुर, मल्लाहनपुर, पंडीवार॥44॥

नास्तगाँव इटवा बड़गाँव, डबहाडीह व टोन्क पनासी।
कोनीचाक अन्दर पंडारी में, मिलते हैं जन साक्ष्य आवासी॥
प्राप्त यहाँ विभिन्न युगों से, सम्बन्धित संस्कृति अवशेष।
प्रस्तर युग से कुषण काल तक, बिम्बित जीवन दृष्ट विशेष॥[1]45॥

पाषाण काल[2]

पाषाणिक युग स्थल सोहगी, हटका ताल व साहीजवार।
स्थित त्योंथर रीवां जनपद, मिले निम्न प्रस्तर औजार॥
क्लीवर क्लैक अश्म स्क्रैपर, बने क्वार्ट्ज सैन्डस्टोन।
कुछ परवर्ती काल कुल्हाड़ी, टूल्स मिले क्वार्टाइज कोन॥46॥

---

1. मिश्र, वी.डी. एवं अन्य : एक्सकवेशन एट आमिलकोनी, रीवां, म.प्र. एण्ड इक्सप्लोरेशन अराउण्ड आमिलकोनी, प्राग्धारा अंक–12, पृ. 141–151
2. वही, पृ. 146–148

मध्य पाषाण काल के स्थल, तुलसीपुरवा गाँत्र भगेली।
सोहगीघाट सोहगीतालाब, साहीजवार त्योंथर भू-ढेली॥
मिले माइक्रोलिथ चाल्सेडोनी, एगेट और कार्नेलियन चर्ट।
ब्लेड्स कोर फलेक्स व चंक, टूल्स अनेक उत्खनन गर्त॥[1]47॥

नवपाषाणिक एक ही स्थल, बाबूपुर प्रथम उसका नाम।
यहाँ मिलें है सेल्ट त्रिकोणीय, कोटिया सम पाटरी तमाम॥[2]
चाल्कोलिथिक की साइट एक ही, कहा गया मालपुर एक।
यहाँ प्राप्त माइक्रोलिथ फैब्रिक्स, और भाण्ड संस्कृतियाँ अनेक॥[3]48॥

एन.बी.पी.डब्लू. स्थल-कोटिया कल्चर[4]

एन. बी. पी. डब्लू कल्चर के, ठौर अंजोर प्रथम, शुभनाथ।
मालपुर-दो देवपा-चन्दाई, टिकरी चाक रायपुर साथ॥
एन. बी. पी. भाण्ड अलावा, लाल पात्र मिले युग लेयर।
और साथ में कहीं कहीं पर, मिलते पात्र ब्लैक रेड वेयर॥49॥

मिले पात्र आरेंज चाकलेटी, प्लेट कराही जार कटोरे।
बेसिन सुराही अन्न संग्राहक, चित्रांकित भी भांड है थोरे॥
कोटिया कल्चर प्रभावित स्थल, त्योंथर, रीवां जनपद भारी।
कोनी व कोनीबरन पनासी, अंजोरा बड़ागाँव पंडारी॥[5]50॥

मल्लाहनपुरवा नास्तगाँव, डबहा बघेरी पानदीवार।
सेकन्ड अंजोरा द्वितीय बाबूपुर, मालपुर थर्ड टोन्क उस पार॥
जनपद इलाहाबाद यू. पी. के, बारा पर कोटिया प्रभाव।
स्थल नाऊडीह सिंहपुर, इटवा तथा लोनीपुर गाँव॥51॥

कोटिया प्रभावित क्षेत्र में मिलते, भांडाश कुछ थिक ग्रे वेयर।
थिन ग्रे वेयर, थिक रेड वेयर, बी. एस. डब्लू. पात्र बहु फेयर॥

---

1. वही, पृ. 148
2. वही, पृ. 148
3. वही, पृ. 149
4. वही, पृ. 149-150
5. वही, पृ. 150-151

पात्र रूप में हांडी बेसिन, वाऊल बेसल संग्रह पात्र।
वीड्स स्पाउट हैमर स्टोन, मूसल प्रस्तर यंत्र सुगात्र ॥52 ॥

आमिलकोनी उत्खनन (1998)[1]

मध्य प्रदेश रीवां जनपद में, उपसंभाग कहाता त्योंहार।
दस किमी पश्चिम चाकघाट से, अस्सी किमी रीवां से उत्तर॥
टोन्स नदी के दायें तट पर, आमिलकोनी एक है ग्राम।
रम्य प्राकृतिक शोभा अनुपम, यह प्राच्य स्थल अभिराम ॥53 ॥

इलाहाबाद विश्वविद्यालय एकक, पुरातत्व प्राचीन इतिहास।
द्वारा उत्खनन आमिलकोनी, वी. डी. मिश्र के अथक प्रयास॥
सहयोगी श्री डी. के. शुक्ला, एम. पी. गुप्ता, जे. एन. पाल।
एल. के. तिवारी, वी. के. खत्री, राजेन्द्र, सरस, सहयोग कुदाल ॥54 ॥

मिले खनन एन. बी. पी. डब्लू, वर्तन अंश कुषाण कालीन।
माइक्रोलिथ, पशुओं की अस्थियाँ, मिली बस्तियाँ भी प्राचीन॥
एन.बी.पी. के साथ-साथ ही, बी. एस. डब्लू. भाण्ड कुछ लाल।
ब्लैक एंड रेड वेयर-वर्तन, प्लेन ग्रे वेयर खण्ड विशाल ॥55 ॥

प्राप्त कटोरे प्लेट सुराही, बेसिन व संग्राहक जार।
कुछ पात्रों पर रज्जु कं अंकन, कुछ अनुरंगित विविध प्रकार॥
इस खनन में कुषाण काल की, पुरा वस्तुएँ मिली अधिकांश।
टेराकोट्टा ईंट स्ट्रक्चर, लौह के स्लैग, वस्तु बहुलांश ॥56 ॥

लौह स्लैग से सूचित होता, यहाँ अयस्क को गलाया जाता।
क्यों कि बहुत सा लौह सामग्री, इस स्थल पर पाया जाता॥
जले हुए मिट्टी ढेरों से, होता यह स्पष्ट आभास।
घास फूस मिट्टी के योग से, बनते उस युग के आवास॥[2]57 ॥

कुषाण काल के आते आते, बढ़ने लगा ईंट उपयोग।
भवन के फर्श बने ईंटों से, दीवालों में इष्टि प्रयोग॥

---

1. वही, पृ. 145-146
2. वही

प्राप्त पुरा वस्तुओं के साक्ष्य से, निश्चित होता इसका काल।
ईसा पूर्व पाँचवीं शती से, ईस्वी शती तृतीय अन्तराल ॥58॥

ओजियाना उत्खनन (जनवरी 2000-जून 2001)

तृतीय सहस्राब्दि अन्तर्गत, सिंघु सभ्यता जागृत काल।
उसके दक्षिण अरावली में, बनास नदी घाटी सुविशाल॥
इस सरिता कंठ पर उपजी, नवल सभ्यता ताना बाना।
बीवर भिलवाड़ा पथ स्थित, ग्राम प्राच्य स्थल ओजियाना ॥59॥

उन्नीस सौ अस्सी में अग्रवाल ने, इसका किया प्रथम अन्वेषण।
नवें दशक में मीना बी. आर., खनन हेतु किया सर्वेक्षण॥
भाण्ड एव भवनों के साक्ष्य पर, यह संस्कृति त्रय फेज विभाजित।
तीन हजार से पन्द्रह सौ बी.सी., के अन्दर विकसित व बाधित ॥[1]60॥

अति संक्षिप्त यहाँ है प्रस्तुत, ओजियाना उत्खनन की भेंट।
भाण्ड वास्तु टेराकोट्टा वीड्स, जो उत्पन्न धरनि के पेट॥
चित्रित श्वेत, ब्लैक रेड वेयर, महत्त्वपूर्ण पाटरी प्रकार।
जो समुपस्थित हर स्तर में, लिए परिवर्तन चिह्न अहार ॥61॥

इसके साथ ही बी. एस. डब्लू., रेड टैन ग्रे पात्र सद्भाव।
भाण्ड सुसज्जित रंगा सुचित्रण, दिखे सहज सौन्दर्याभाव॥
मिले विविध जलपात्र कटोरे, उस उग के प्रचलन अनुसार।
पेन्टेड अनपेन्टेड सफेद भी, नैरो हाइनेक गोलाकार[2] ॥62॥

ओजियाना उत्खनित भूमि से, मिले प्रथम अद्भुत अवशेष।
श्वेत वर्ण चित्रित टेराकोट्टा, गाय बैल मानव सुविशेष॥
क्रीड़ा पुरुष खिलौना गाड़ी, टेराकोट्टा के रूप प्रभूत।
हापस्काचेज, स्लिंग बाल बहु, साक्ष्य एक स्पिंडल सूत ॥[3]63॥

मिलें वहाँ से बीड्स बहुमूल्य, कारनेलियन एगेट स्टीयटाइट।
कापर स्टोन बोन अवशेष, फासिल जीव वनस्पति साइट ॥[4]

1. मीना, बी.आर. एवं त्रिपाठी आलोक : एक्सकवेशन्स ऐट ओजियाना, प्राग्धारा अंक-12, पृ. 45-46
2. मिश्रा, अनूप : द फर्स्ट फारमिंग कम्युनिटी आफ साउथ ईस्टर्न राजस्थान, प्राग्धारा अंक-13, पृ. 6
3. मीना, बी.आर. एवं त्रिपाठी, आलोक : वही, पृ. 58-61
4. वही, पृ. 61-64

समसामयिक अन्य संस्कृतियों, से ओजियाना का संबंध।
यहाँ हड़प्पन के प्रकार के, चीजे मिली उत्खनन खंध ॥64॥

गोलाकार टेराकोट्टा केक्स, प्राप्त वीड्स करते संकेत।
इनका सम्बन्ध दूर देशों से, सिन्ध हड़प्पन क्षेत्र समेत॥
ताम्र हेतु समृद्ध क्षेत्र यह, मिले स्लैग हीप चाल्कोषिराइट।
ताम्र संकलन शोधन विपणन, पूर्व परम्परा से इस साइट[1] ॥65॥

प्राप्त कुछेक पतले चादर का, तांबा महत्त्वपूर्ण अवशेष।
जिसका नाम विभूषित चापर, जुड़ा अहार संस्कृति परिवेश॥
इसी तरह कापर के चापर, मिले क्षेत्र के कुछ अन्य स्थल।
उसमें कुन्तासी मीत्ताथल, छितवारी कुरदा बालाथल ॥[2]66॥

भवन वास्तु[3]

जनसमूह करते उपयोग जो, श्वेतरंग, कृष्ण लोहित पात्र।
वे आकर बस गये पर्वतीय, उर्वरा धरा प्रकृति के गात्र॥
सस्य-श्यामला की धरती यह, मूल्यवान पत्थर के पहाड़।
ताँम्बा यहाँ की खनिज सम्पदा, विपणन की सुविधायें अहाड़ ॥67॥

आवश्यकता अनुसार बनाया, स्वयं पर्यावरण के अनुकूल।
घोर परिश्रम नव तकनीक से, सुख समृद्धि का पाया फूल॥
रचे उन्होंने भव्य भवन प्रिय, बहुकक्षीय प्रस्तर के प्रयोग।
छोटे बड़े बहु कक्षीय गृह, का करते विविध उपयोग ॥68॥

सामानान्तर वीथि के दोनों, ओर बने होते आवास।
बस्ती घिरी सुरक्षा भित्ति से, यह प्रमाण समृद्धि विकास॥
किन्तु तीसरे फेज में दिखता, वास्तु विधा में अवनति खास।
गृह निर्माण की पूर्व योजना, मापदण्डों का हो गया ह्रास ॥69॥

बने भवन यद्यपि प्रस्तर के, किन्तु उनका घटिया निर्मान।
हुआ गेह आकार भी छोटा, लघु हो गये कक्ष दालान॥
बनने लगे भवन झोपड़ियाँ, घास फूस मृण् अन्त चरन।
करने लगे लोग गलियों पर, कब्जा जबरन व अतिक्रमन ॥70॥

---
1. वही, पृ. 63-65
2. वही, पृ. 63
3. वही, पृ. 50-54, 65

मिले खनन से पुरावशेष जो, उन सबसे यह तथ्य प्रमाणित।
यह सभ्यता स्व जन्मकाल से, अन्त काल तक थी अनुप्राणित॥
लगभग पन्द्रह सौ बी. सी. में, इस संस्कृति का हुआ अवसान।
किन्तु पुराइतिहास जगत में, इसका अहम अमित अवदान॥71॥

महानदी मध्यघाटी उत्खनन: उड़ीसा[1] (2001)

अभी कुछ वर्ष पूर्व तक, उड़िया के सांस्कृतिक वितान।
किया प्रवेश कौन युग लोहा, नहीं ठीक से किसी को ज्ञान॥
जबकि इधर कुछ हुए उत्खनन, प्रांत के मध्य समुद्र के तीर।
किन्तु यहाँ गंगा घाटी सम, उभरी नहीं लौह तस्वीर॥72॥

अभी हुए उत्खनन समुद्र तट, गोलवाई नामक स्थान।
फेरो चाल्कोलिथ स्तर में, मिले अयस स्पष्ट प्रमान॥
इसी प्रकार के.के. वासा के, दो हजार सन् खनन में प्राप्त।
मध्य उड़ीसा शंकरगढ़ में, पाया लौह सभ्यता व्याप्त॥73॥

इन सबके परिप्रेक्ष्य उत्खनन, महानदी घाटी महत्त्वपूर्ण।
जहाँ मिले आद्य ऐतिहासिक, कई बस्तियाँ जन परिपूर्ण॥
महानदी मध्य घाटी रेखित, छत्तिसगढ़ व समुद्र के बीच।
दक्षिण पश्चिम भाग पर्वतीय, उर्वर धरा प्रकृति अनुसींच॥74॥

कुमेरसिंह और कुरूमपदार में, प्रथम उत्खनन फलस्वरूप।
महानदी घाटी में लौह के, मिले साक्ष्य आशय अनुरूप॥
ताम्राश्म कालीन संस्कृति, इसके पूर्व से रही उपस्थित।
सघन कुम्हारी संस्कृतियों के, थे उद्योग भी पूर्ण व्यवस्थित॥75॥

विविध प्रवृत्ति लेपन से युक्त, बी.आर.डब्लू भाण्ड सुघर।
बी. एस. डब्लू पात्र परम्परा, दिखता आभामय मनहर॥[2]
पुरावशेषों से अभिसूचित, बढ़ा यहाँ वणिज् व्यापार।
साक्ष्य एक मैरीन कावरी, मिली जो सिन्धु तटीय बाजार॥76॥

---

1. बेहरा, पी.के. : एक्सकवेसन्स ऐट कुमेर सिंह एंड कुरुमपदार- द आयरन एज सेटलमेन्ट्स इन द मिडिल महानदी वैली, उड़ीसा, प्राग्धारा अंक-13, पृ. 87-101
2. सिंह, आर.एन. एवं पी.के. बेहरा : ए नोट आन द साइंटिफिक इक्जामिनेशन आफ ग्लास आब्जेक्ट्स फ्राम कुरुमपदार, प्राग्धारा अंक-12, पृ. 173-174

दो सौ किमी पश्चिमोत्तर से, आता रहा आयरन ओर।
इससे ज्ञात वणिज गतिविधियाँ, उन्पुख राष्ट्रीय सीमा छोर॥
इन उत्खननों से यह सूचित, सिक्कों का प्रचलन व प्रसार।
नगरीकरण प्रक्रिया को भी, मिलने लगा उचित आधार॥77॥

इन कार्यों में लौह धातु का, दिखता है महान् अवदान।
विकसित युग उद्योग कला कृषि, उत्खाता को मिलें प्रमान॥
प्रथम सहस्राब्दि ईसा पूर्व, लोहे का हो चुका प्रसार।
चार कोल तिथि प्राप्ति के पहले, उत्खाता अनुमित आधार॥78॥

गंगा घाटी के नवीनतम उत्खनन

चार दशकों से गंगघाटी में, किये गये सर्वेक्षण खास।
उत्तर प्रदेश पुरातत्व विभाग, किया उत्खनन अथक प्रयास॥
योगदान बहु विश्वविद्यालयों के, पुरातत्व इतिहास विभाग।
प्राच्यविदों भूगर्भ ज्ञानियों, जैव वैज्ञानिकों के श्रम राग॥79॥

फलस्वरूप वैना सेनुवार, नरहन झूंसी इमलीडीह।
मलहर राजानल का टीला, अगियाबीर व खैराडीह॥
होतापट्टी अख्ता टोकवा, हुआ उत्खनन लहुरादेवा।[1]
मनवर वरुणा नद सर्वेक्षण, प्राच्य इतिहास ज्ञान नव सेवा॥[2]80॥

मलहर (1998–99)

चन्दौली जनपद मलहर में, उत्तर प्रदेश पुरातत्व विभाग।
करवाया उत्खनन सघन अति, कर्मनाशा सरित् संभाग॥
राकेश तिवारी के निर्देशन, आर. के. श्रीवास्तव के. के. सिंह।
करके कठिन परिश्रम पाया, प्राची संस्कृतियों के चिह्न॥[3]81॥

ताम्र अयस उपकरण मिले बहु, प्रस्तर हड्डी के औजार।
मृद्भाण्डीय संस्कृतियाँ जारी, बीड्स टेराकोट्टा कई प्रकार॥
लौह ताम्र की गलन भट्ठियाँ, मिले है स्लैग धातु के ओर।
ताम्बा लौह आदि यन्त्रों से, कृषि क्रान्ति उपजी चहु ओर॥82॥

---

1. तिवारी, राकेश (सं.) : प्राग्धारा अंक 13, पृ. 37, अंक 16 पृ. 37 एवं अंक 15 पठनीय
2. वही, अंक-14, पृ. 211-219, अंक-16, पृ. 81-86
3. तिवारी, राकेश एवं अन्य : रिपोर्ट आफ द एक्सकवेशन्स एट मलहर डिस्ट्रिक चन्दौली, प्राग्धारा अंक-14, पृ. 1 से 109

ताम्र से बनी कुल्हाड़ी कंगन, प्राप्त लौह की हसियाँ कील।
गृहोपयोगी वस्तु आभरण, धातु ने बदला संस्कृति शील॥[1]
चना धान जौ ज्वार बाजारा, सावां कोदो गेहूँ मसूर।
दाने मिले खेसारी तिल के, बीज आंवला बैर धतूर॥[2]83॥

चारकोल खण्डों से प्रमाणित, उस युग होना महुआ बाँस।
गूलर शाल टीक व अर्जुन, खैर बबूल तरू ढाक-पलास॥
बकरी भेंड भैंस व श्वान, सूअर आदि पालतू पशुधन।[3]
प्राप्त अस्थियाँ हिरन लोमड़ी, चीतल आदि विहरते जो वन॥[4]84॥

मलहर जीवन संस्कृति उपजी, बी. सी. सहस्राब्दि षड् काल।
लौह का प्रचलन ईसा पहले, शती अठारहवीं के अन्तराल॥[5]
मलहर पुरातत्व संस्कृति पर, शोध लेख लिखे विद्वान्।
उनमें जोगेलकर, सारस्वत, सी. डी. पी. सिंह प्रभृति प्रधान॥[6]85॥

दादूपुर उत्खनन (1999-2001)

लखनऊ कानपुर मार्ग पर, बसा बंथरा तेइस किमी दूर।
तत्र पश्चिम नगवा नाले पर, निकट स्यन्दिका दादूपुर॥
सन् उन्नीस सौ साठ अनन्तर, सर्वेक्षण किये एस. बी. सिंह।
उपलब्धियाँ भी हुई प्रकाशित, मिले भाण्ड संस्कृति के चिह्न॥[7]86॥

पी. आर. सेन गुप्ता ने बाद में, किया निरीक्षण नगवा नाला।
टीले के उजड़े भागों से, पुरावशेष कुछ छाँट निकाला॥

---

1. वही, अंक-14, पृ. 31-109, एवं सिंह, सी.डी.पी. : आन मेटालिक आयरन टूल्स स्लैग एण्ड ओर आर्टीफैक्ट्स आफ मलहर, प्राग्धारा अंक-14, पृ. 173-195
2. पाण्डेय, नैना : राज्य की संरचना एवं नगरीकरण का प्रारम्भ, प्राग्धारा अंक-12, पृ. 197
3. सारस्वत, के.एस. : प्लान्ट इकोनामी इन ऐंशियंट मलहर, प्राग्धारा अंक-14, पृ. 137-168
4. जोगेलकर, पी.पी. : फाउनल रिमेन्स फ्राम मलहर डिस्ट्रिक चन्दौली, उ.प्र., प्राग्धारा अंक-14, पृ. 122-134
5. तिवारी, राकेश एवं अन्य : आउट कम आफ मलहर इक्सकवेशन्स, प्राग्धारा अंक-14, पृ. 185-195 एवं नैना पाण्डेय : पूर्वोक्त, प्राग्धारा अंक-12, पृ. 197-198
6. जोगलकर, पी.पी. : पूर्वोक्त, प्राग्धारा अंक-14, पृ. 113-134 एवं सारस्वत, के.एस. : पूर्वोक्त, प्राग्धारा अंक-14, पृ. 137-169; सिंह, सी.डी.पी. : पूर्वोक्त, प्राग्धारा अंक-14, पृ. 173-183
7. तिवारी, राकेश एवं अन्य : दादूपुर एक्सकवेशन्स 1999-2001, जनपद लखनऊ उ.प्र., प्राग्धारा अंक-12, पृ. 99-100

उनको मिले बीड्स स्क्रैपर, मध्यम और माइक्रो ब्लेड।
भथुरे टूटे प्राप्त फलक भी, चिप्स, आदि चाल्सेडनी मेड ॥87॥

पेबिल एगेट हस्त-कृत भाण्ड, उन पर रज्जु का बना अलंकरण।
कई पात्र संस्कृतियों के चिह्न, आवासीय पर्तो का प्रसरण॥
किन्तु सेन गुप्ता साहब ने, किया नहीं कुछ और प्रयास।[1]
जबकि यहाँ बहु संभावनायें, लिए उत्खनन की नव आस ॥88॥

अतः यू. पी. पुरातत्व विभाग ने, लिया खुदाई का संकल्प।
राकेश तिवारी का दल पहुँचा, करने सर्वेक्षण अभिकल्प॥
सन् उन्नीस सौ निन्नयानबे से, ईस्वी दो हजार एक मध्य।
हुई खुदाई दादूपुर की, लेने टौह संस्कृति सभ्य ॥89॥

खाइयों के तलछट में मिश्रित, पाये गये अधिक सामान।
आर्टीफैक्ट्स भाण्डांस प्रचुरतम लिए हुए संस्कृति संज्ञान॥
भाण्डांशो के साक्ष्य पर निश्चित, दादूपुर त्रय संस्कृति लेयर।
प्रथम काल में बी.आर.डब्लू., बी.एस. ब्लैक एंड रेड वेयर ॥90॥

इसके साथ ही ब्रिक स्ट्रक्चर, पके मिले हैं अवें में ईंट।
फर्श निराले लौह पदार्पण, प्रथम काल की भेंट किरीट॥
द्वितीय काल में बी. आर. डब्लू, एवं बी. एस. डब्लू. पात्रांश।
काल तीसरे में समुपस्थित, एन.बी.पी.डब्लू. भांडांश[2] ॥91॥

प्रथम काल में प्राप्त रेडवेयर, बी. एस. डब्लू, ब्लैक रेड पात्र।
पके ईंट और भग्न भट्टियाँ, लौह उपस्थित वस्तु सुपात्र॥
रेड वेयर भाण्डों का उस युग, बढ़ा चढ़ा प्रभाव व प्रचलन।
भली-भाँति मिट्टी को गूँथकर, बने हस्त या चाक संचलन ॥92॥

प्रथम काल के भवन सुनिर्मित, घास फूस मिट्टी सहयोग।
और लिपे होते कनई से, पके अधपके इष्टि प्रयोग॥
इस युग के अवशेष प्राप्त हैं, लौह अस्थि टेराकोट्टा अश्म।
लोहे के वाणाग्र कील व, त्रय सामान अपरिचित चश्म ॥93॥

---

1. वही, पृ. 100-102, 118
2. वही, पृ. 103-105

बोन एरोहेड शूजा प्वाइन्ट्स, यंत्र एंटलर्स गढ़े अनगढ़े।
इनकी प्राप्ति ठाँव से अनुमित, यंत्र संरचना केन्द्र बड़े॥
वीड्स पाटरी हाफस्काचेज, टेराकोट्टा रूप संकलित।
प्रस्तर कृत सामान सार्पनर, वीड्स मिले कुछ बिखरे बिगलित॥[1]94॥

मिली एक नारी मृण् मूर्ति, प्रस्तर वीड्स हथौड़ा खण्डित।
पुनः प्रयुक्त शार्पनर रूप में, धातु सदृश रचना से मंडित॥
अन्य किसी भी वस्तु से ज्यादा, मिले यहाँ से अस्थि औजार।
हालोकैप शूजा एरोहेड, प्वाइंट एंटलर सृजन सुधार॥95॥

रेडियो कार्बन विधि के परीक्षण, विद्वानों के खोज विमर्श।
दादूपुर की तिथि प्राचीनतम, ईसा पूर्व सत्रह सौ वर्ष॥
सबसे बाद की तिथि के विषय में, ठीक-ठीक से नहीं है ज्ञान।
शायद दादूपुर संस्कृतियाँ, रही कुषाणों तक विद्यमान्॥96॥

निष्कर्ष[2] : प्रथम काल

उत्खाता राकेश तिवारी, करते स्वयं हृदय उद्गार।
सोचा नहीं था इतना पुराना, लौह प्राप्ति दादूपुर द्वार॥
प्रथम काल में ही लोहे का, मिलना बड़े विस्मय की बात।
क्योंकि यहाँ अयस उपलब्धि, दिखे सभ्यता की शुरूआत॥97॥

वह था समय सत्रहवीं बी. सी., जब लोहे के मिले सामान।
राजानल के टीला, मलहर में, इससे नहीं प्राचीन प्रमान॥
लोहसनवा गेरुवटवा पहाड़, फाखरबाबा नौगढ़ माटी।
झूँसी और अतिरंजीखेड़ा, स्थल महेवा, महोबाघाटी॥98॥

यहाँ मिली जो लौह सामग्री, उसकी कार्बन तिथियाँ भिन्न।
किन्तु कहीं भी इससे पुराना, मिला नहीं लौह कृत चिह्न॥
इससे लगे सत्रह सौ बी. सी., लौह भट्ठियाँ पनपी देश।
हो सकता दादूपुर में ही, किया गया हो श्री गणेश॥99॥

भूगर्भ विज्ञान बिशारद, गये सदल दादूपुर गाँव।
वहाँ लिया मिट्टी का नमूना, खुदी हुई परतों के जमाव॥

---

1. वही, पृ. 105-109
2. वही, पृ. 112-114

विश्लेषण उपरांत प्रमाणित, मिट्‌टी मिश्रित खनिज व तत्त्व।
बढ़ती जनसंख्या संकेत व, मृण् में फासफोरस का बढ़त्व ॥[1]100 ॥

द्वितीय काल[2]

सबसे महत्त्वपूर्ण कि इसमें, पेन्टड ग्रे वेयर विद्यमान्।
साथ-साथ में अन्य सेरामिक, संस्कृतियों का भी अवदान॥
यहाँ खाइयों के स्तर में, निर्मित मिले फर्श दो अच्छे।
जो मिट्‌टी के बने मिलाकर, भाण्ड अंश अध कच्चे पक्के ॥101 ॥

एक के नीचे मिला एंटलर, अन्य में चूल्हा राख का चूर्ण।
बना सख्त चूल्हे का ढाँचा, कंकड़ीय कृति से परिपूर्ण॥
नरकुल आदि के छाप सहित, मिला जला मिट्‌टी का ढूह।
इससे इंगित घास फूस के, बनते तब आवास समूह ॥102 ॥

द्वितीय काल भारी संख्या में, निर्मित मिले अस्थि सामान।
गढ़े अनगढ़े, जले, बिन जले, से इंगित इसका निर्मान॥
इनके संग ही मिला एंटलर, और साथ में द्वय भट्‌ठियाँ।
कैप खोखला शूजा प्वाइन्ट, ऐरोहेड साकेटेड पंखियाँ ॥103 ॥

तृतीय काल[3]

दादूपुर के तृतीय चरण में, मिली वस्तुएँ जन उपयोगी।
मानव के उन्नति के सूचक, भाण्ड कलामय सुविधा भोगी॥
तृतीय काल एन. बी. पी. डब्लू, की संस्कृति इस युग में प्रधान।
जबकि अन्य कुछ पात्र संस्कृतियाँ, निचले स्तर में विद्यमान ॥104 ॥

यहाँ मिले जो पात्र रेड वियर, और बी. आर. डब्लू. भाण्ड अंश।
उनके उर्ध्व भाग पर अंकित, रज्जुछाप चित्रण सु प्रशंस॥
मध्य भाग के जमाव में दृष्टित, द्वय क्रमबद्ध सौम्य भू फर्श।
जो निर्मित है राख मिट्‌टी से, मिले हुए लघु पात्रिय हर्ड ॥105 ॥

---

1. सिंह, इन्द्रबीर व अन्य : जीवो-केमिकल करेक्टरिसटिक्स आफ द स्वायल सैम्पुल आफ दादूपुर एक्सकवेशन्स, बन्थरा, लखनऊ, प्राग्धारा अंक-12, पृ. 117-125
2. तिवारी, राकेश एवं अन्य : दादूपुर एक्सकवेशन्स 1999-2001, जनपद लखनऊ उ.प्र., प्राग्धारा अंक-12, पृ. 109-110
3. वही, पृ. 110

मिले फर्श पर छोटे गढ्ढे, जली हुई मिट्टी के प्रमान।
गोलाकार भवन बनते थे, या झोपड़ियाँ अण्ड समान॥
बनती थी दीवालें उस युग, नरकुल सदृश वस्तु के योग।
दीवालों पर अनुलेपन में, करते थे मिट्टी का प्रयोग॥106॥

तृतीय काल ऊपरी सतह में, मिली भट्ठियाँ पक्की ईंट।
इससे लगे सीमित भवनों में, ईंट प्रयोग भी रहा अभीष्ट॥
अन्य प्राप्तियाँ तृतीय काल की, गेम्समैन टेराकोट्टा मनके।
एवं वस्तुएँ लौह अस्थि की, पत्थर भी आधार सृजन के॥107॥

अगियाबीर का उत्खनन[1] (1999–2001)

प्रयाग से अस्सी किमी पूरब, काशी से चालीस किमी पश्चिम।
पूर्वोत्तर रेलवे मार्ग पर, स्टेशन कटका से दक्खिन॥
मिर्जापुर के उत्तर-पूर्व में, बायी तरफ गंगा के तीर।
प्रागैतिहासिक बस्ती जो चिह्नित, उसकी संज्ञा अगियाबीर॥108॥

नदिया तीरे एक किलोमीटर, विस्तृत है बस्ती का खंडहर।
टीले का कुछ अंश तिरोहित, गंग नदी धारा के अन्दर॥
चालीस एकड़ से भी अधिक में, फैला त्रय टीला आकार।
पाँच सौ गुणे पाँच सौ मीटर में, मुख्य टीले का है विस्तार॥109॥

इस प्राच्य स्थल का उस युग, सम्भवतः महती स्थान।
बसा ऐतिहासिक भूँसी-काशी, पुरी मध्य, गंगा मैदान॥
झूँसी अगियाबीर व काशी, में वर्णित वाणिज सानिध्य।
यहाँ का मानव जुड़ा विविध ढंग, दक्षिण पास पहाड़ी बिन्ध्य॥110॥

जलोपलब्धि नौकायन सुविधा, खनिज सुलभ, भू उर्वर तीर।
इससे आकर्षित हो मानव, बस्ती बसाई अगियाबीर॥
प्राचीन इतिहास पुरातत्व विभाग, काशी हिन्दू विश्ववि. इकाई।
बनी खनन टीम एक उत्तम, पुरशोत्तम सिंह के अगुआई॥111॥

सन् उन्नीस सौ निन्न्यावे से, दो हजार एक के बीच।
त्रय चरणों में हुआ उत्खनन, अगियाबीर कटका के समीप॥

1. सिंह, ए.के. : एक्सकवेशन्स ऐट अगियाबीर (1999–2000), सम रेफलेक्संस, प्राग्धारा अंक-15, पृ. 133–142

उत्खननों से हुआ उद्घाटित, अबाधित सांस्कृतिक बितान।
द्वितीय सहस्राब्दि काल बी.सी. से, गुप्तोत्तर युग तक गतिमान् ॥[1]112 ॥

पाँच काल खण्डों में क्रमश, आता प्रथम नरहन का नाम।
तेरह सौ बी. सी. से लेकर, नौ सौ बी. सी. के दरम्यान॥
द्वितीय काल में प्री एन. बी. पी., संग लोहे का प्रादुर्भाव।
ईसा पूर्व नौ सौ से लेकर, छः सौ बी. सी. तक सद्भाव ॥113 ॥

तृतीय काल एन. बी. पी. डब्लू., से है पूर्णरूप परिवृत्त।
छः सौ से दो सौ बी.सी. तक, इस संस्कृति का जीवन चित्र॥
चतुर्थ में शुंग कुषण काल की, कला प्रवृत्तियाँ है बेजोड़।
तीन सौ इस्वी तक भारत में, इस संस्कृति का नहीं है तोड़ ॥[2]114 ॥

अन्तिम युग है गुप्त-गुप्तोत्तर, तीसरी सातवीं सदी अन्तराल।
उत्खननों की उपलब्धियों में, अगियाबीर है अलग मिशाल॥
अगियाबीर सम्पूर्ण खनन में, मिले हैं जो प्रमुख अवशेष।
उन पर अल्प प्रकाश डालना, यहाँ लेखनी ध्येय है विशेष ॥115 ॥

प्रथम काल

सबसे नीचे के स्तर में, प्रथम काल सांस्कृतिक जमाव।
में मिलते आवासीय ढाँचा, घास-फूस मिट्टी के बनाव॥
फर्श, जले मिट्टी के ढेर, दबें मिले नरकट के चिह्न।
पोस्ट होल्स ओवेन या चूल्हे, अन्न भण्डारण भांड विभिन्न ॥116 ॥

यद्यपि कृषि उद्यम था उनका, फिर भी वे थे मांसाहारी।
पशु पक्षियों की प्राप्त हड्डियाँ, प्रथम काल संख्या में भारी॥[3]
तद्युगीन मुख्य भाण्ड परम्परा, ब्लैक एंड रेड वेयर नीत।
इसमें प्रायः मध्यम किस्म के, रुक्ष पात्र होते हैं प्रतीत ॥117 ॥

ब्लैक स्लिप्ड वेयर भी मिलते, कम संख्या में किन्तु सुघर।
नरहन खैराडीह भाँति सित, रेखीय चित्र बना इनपर॥
बी. आर. डब्लू. श्रेणि में खोरे, वाउल और संग्राहक जार।
डिस आन स्टैन्ड बेसिन लिप्ड, कुछ पर रज्जु छाप एक तार ॥118 ॥

---

1. वही, पृ. 133
2. वही, पृ. 133
3. वही, पृ. 133

बी.एस.डब्लू., भाण्ड रूप में, विविध कटोरे बेसल लोटे।
रेड वेयर में मात्र कटोरा, जिसके तलमें छिद्र बहु छोटे॥
उस युग के पुरावशेष निराले, बीड्स प्रेसियस सेमी स्टोन्स।
पाटरीज टेराकोट्टा[1] खिलौने, अरु औजार सुनिर्मित बोन्स॥119॥

मिली मत्स्य बेधनी ताम्र की, प्राप्त न लौह कोई सामान।
माइक्रोलिथ संख्या में भारी, जिसका यहाँ होता निर्मान॥
कच्चा माल अन्य क्षेत्रों से, गढ़ने हेतु मँगाया जाता।
फ्लेक्स कोर रिटचर्स ब्लेडलेट, इस साइट पर बनाया जाता॥120॥

माइक्रोलिथ रचना में प्रयुक्त, एगेट क्वार्टज चर्ट व जेस्पर।
एगेट प्रयुक्त हुआ बहुतायात, क्योंकि यह कठोर अति प्रस्तर॥[2]
वीड्स बनाने की तकनीक में, कारीगर अत्यंत प्रवीन।
इनके निर्माणक कारखाने, खोज यहाँ की एक नवीन॥121॥

मूल्यवान वीड्स रचना में, एगेट अश्म है योग्य प्रशस्ति।
किन्तु मिले है कुछ संख्या में, मनके बने हुए भी अस्थि॥[3]
बीड्स सृजन आंरभिक युग से, आगे दो कालों तक जारी।
कृषि अतिरिक्त बीड्स विपणन से, बढ़ी यहाँ की समृद्धि भारी॥122॥

अगियावीर के प्रथम काल में, मिलते जो उत्खनित प्रमान।
उससे लक्षित इस स्थल की, जीवन पद्यति कृषि प्रधान॥
किन्तु सहयोगी शिल्प रूप में, मनकों का उत्पादन ख्यात।
समकालिक बस्तियों में इनका, होता क्रय-विक्रय निर्यात॥[4]123॥

द्वितीय-तृतीय काल

प्रथम काल में जहाँ धातु के, मिलते हैं कुछ ही समान।
वही द्वितीय तृतीय काल में, यन्त्र उपस्कर प्रचुर प्रमान॥
लौह के यन्त्रोंपकरण प्राप्त हैं, तीस की संख्या काल द्वितीय।
छप्पन सामानों की शृंखला, प्रस्तुत करता काल तृतीय॥124॥

तृतीय काल में लौह के भाले, लैम्प स्टैन्ड दुर्लभ सामान।
इस प्रकार का दीप स्तम्भ, मिला न मध्य गंग मैदान॥

1. सिंह, ए.के. : एक्सप्रेशन इन इण्डियन आर्ट, खण्ड-प्रथम, पृ. 63-67
2. सिंह, ए.के. : एक्सकवेसन्स एट अगियाबीर, सम रेफलेक्शन्स, प्राग्धारा अंक 15, पृ. 134
3. वही
4. वही

ताम्र वस्तुओं में जलपात्र, हाडी कटोरे दर्पण एक।
गृह उपयोगी रसोई वर्तन, उपलब्धियाँ हैं विविध अनेक॥[1]125॥

धातु वस्तुओं के प्रयोग से, जागी बस्ती की तकदीर।
नगरीकरण की राष्ट्र प्रक्रिया, से अनुप्राणित अगियाबीर॥[2]
इसी तरह किचन सामग्री, वर्तन ताम्र रसोई अंग।
मिले निम्न स्थल से खनन में, एन.बी.पी. कल्चर अनुषंग॥126॥

शक पार्थियन नगर सिरकप, चन्द्रकेतुगढ़ भू बंगाल।
महास्थानगढ़ बांग्ला देश, एवं नरहन एन. बी. पी. काल॥
अगियाबीर की तरह खनन में, दर्पण मिले है कई स्थान।
चन्दनपुर कोल्हापुर हड़प्पा, तक्षशिला स्थल हैं प्रधान॥127॥

मसोनडीह गाजीपुर में भी, प्राप्त ताम्र द्वय दर्पन सेट।
हत्थायुक्त चक्राकृति कास्य के, दर्पण स्थल रेह की भेट॥[3]
चौथे शुंग-कुषाण समय में, मिलते वृहद् भवन स्ट्रक्चर।
एक भवन ग्यारह कमरों का, विस्तृत सहन वाउन्ड्री अन्दर॥128॥

दो-दो प्रवेश द्वार इस घर में, एक उत्तर अन्य दक्षिण कोन।
मिले कक्ष में ताम्बीय सिक्के, टाइल्स दबे जमाव हर जोन॥
ध्यान देने की बात कक्ष से, मातृदेवि की प्रतिमा प्राप्त।
जो अति लघु व नग्न रूप में, फैले उठे हुए द्वय पाद॥129॥

इसी तरह की लघु मूर्तियाँ, मिलीं झूंसी भीटा कौशाम्बी।
इससे इंगित मातृमूर्तियाँ, पूजित गंग क्षेत्र मध्यांगी।।[4]
हस्ति दंत की एक सील और, सीलिंग्स मिली सिक्स टेराकोट्टा।
जिसका प्रयोग करते व्यापारी, माल भेजने व उधारी बट्टा॥130॥

ये सब मुहरें चतुर्थ काल की, प्रथम से तृतीय शती अन्तराल।
इससे इंगित अगियावीर का, बढ़ा-चढ़ा व्यापार विशाल॥

---

1. वही
2. सिंह, एस.के. : इमरजेन्स आफ सिटीज इन द मिडिल गंगा प्लेन, न्यू आर्क्योलाजिकल इवीडेन्स, प्राग्धारा, अंक-15, पृ. 121-122
3. सिंह, ए.के. : एक्सकवेशन्स ऐट अगियाबीर (1999-2000), समरेफलेक्संस, प्राग्धारा अंक-15, पृ. 134-135 एवं सिंह आर.एन. : द इशू आफ हाई-टिन ब्रान्जेज इन मिडिल गंगा प्लेन, प्राग्धारा, अंक-17, पृ. 1
4. सिंह, ए.के. : पूर्वोक्त, पृ. 137

मुहरों पर स्कन्दनाग व, हरिश्रेणस्य रूद्रपालस्य।
आदि पुराणिक शब्दांकन से, झंकृत कुछ इतिहास रहस्य॥[1]131॥
नद-पथ से बणिज गतिविधियों, में रुचि जागी अगियाबीर।
ऐतिहासिक पुरियों से युग्मित, बसे जो थे गंगा के तीर॥[2]
मुहरों से सूचित दूर-दूर तक, नदी मार्ग व्यापार प्रबन्ध।
राजघाट झूंसी कौशाम्बी, से परिपुष्टि वणिज् सम्बन्ध॥132॥
चार सौ सीले राजघाट से, अंकित मिली है हरिश्रेणस्य।
इससे सूचित इन दोनों में, था व्यापार प्रगाढ़ अवश्य॥
अगियाबीर से हस्तिदंत की, बनी मिली मुद्रा जो एक।
उसमें खुदा स्कन्दनाग व, मोर पक्षि का अंकन नेक॥133॥
इसी तरह की मिली मुद्रायें, खनन समय भीटा के पास।
अतएव भीटा अगियाबीर भी, जुड़े रहे नौका पथ खास॥
पौराणिक आख्यान मोर को, कहा स्कन्द कार्तिकेय वाहन।
विश्वसनीयता हेतु धार्मिक, चिह्न बना व्यापार का साधन॥[3]134॥

लहुरादेवा उत्खनन (प्रथम सत्र) 2001-2002

राजमार्ग संख्या अट्ठाइस, बस्ती गोरखपुर के बीच।
जनपद संतकबीरनगर में, कठिनइया कछार नद कीच॥
रेलवे क्रासिंग ग्राम भुजैनी, से दक्षिण किलो मीटर पाँच।
लहुरादेवा गाँव है स्थित, टीला सहित सरोवर सांच॥[4]135॥
इस टीले के प्रथम अन्वेषक, डॉ. कृष्णानन्द त्रिपाठी।
गोरखपुर विश्वविद्यालय शिक्षक, लहुरादेवा ग्राम निवासी॥
यहाँ प्राप्त भूतल सामग्री, चौबे एस. एन. किये प्रकाशित।
अन्य अनेक स्थल सर्वेक्षक, किये ज्ञान इसका उद्भासित॥[5]136॥

---

1. सिंह, पुरषोत्तम एवं ए.के. सिंह : सील एण्ड सीलिंग्स फ्राम अगियाबीर, मिर्जापुर, प्राग्धारा अंक-12, पृ. 191-194
2. सिंह, ए.के. : पूर्वोक्त, पृ. 137
3. वही
4. तिवारी, राकेश एवं अन्य : प्रिलिमिनरी रिपोर्ट्स ऑफ द एक्सकवेशन्स एट लहुरादेवा, प्राग्धारा अंक 13, पृ. 38, 69
5. त्रिपाठी, कृष्णानन्द : ए नोट्स आन द आर्क्योलाजिकल रिमेन्स, कलेक्टेड फ्राम द लहुरादेवा माउण्ट, प्राग्धारा, अंक-13, पृ. 69-71

और अन्ततः लखनऊ स्थित, उ. प्र. पुरातत्व विभाग।
सन् 2001 नवम्बर, किया उत्खनन का आग़ाज॥
के.के. सिंह, आर.के. श्रीवास्तव, टीम प्रमुख राकेश तिवारी।
आई.बी. सिंह, के. एस. सारस्वत, पहुँचे लिए खनन दल भारी ॥137॥

दो हजार दो ईस्वी मार्च तक, होती रही स्थल की खुदाई।
पाँच स्तर में लहुरादेवा, संस्कृति परत गई है पायी ॥[1]
मिली यहाँ भाण्ड संस्कृतियाँ, नव पाषाणिक उदय युगीन।
वर्तन विविध कटोरे झंझर, सादे चित्रित व रंगीन ॥138॥

ताम्र वस्तुएँ मत्स्य बेधनी, वाणाग्र अंजन की शलाका।[2]
ताम्र वलय अमूल्य अश्म पट, मनके रुचिर दर्शनीय बांका॥
टेराकोट्टा कई तरह के, मिलती फर्श भित्तियाँ कच्ची।
घर में अग्नि स्थान, बखारा, अन्न सुरक्षा हित बिन अच्छी ॥139॥

नीलगाय हिरन कछुआ अरु, मिले भैंस के अस्थि प्रमान।
अन्न छाप भाण्डों पर अंकित, मटर मसूर गेहूँ जौ धान॥
मिले साक्ष्य खेती बारी के, पुरावशेष शोध आधार।
छठी पाँचवीं मिलेनियम बी. सी., चावल खेती का विस्तार ॥[3]140॥

ईसा पूर्व वर्ष दो हजार तक, कृषि में नहीं धातु उपयोग।
गेहूँ जौ खेती का प्रचलन, प्रान्त पश्चिमी जन सहयोग ॥[4]
बाद स्तर में मिले आयरन, स्लैग अस्त्र लौह कृषि यंत्र।
विकसित ताम्र अस्थि उपकरण, ईंट पकाने का नव तन्त्र ॥141॥

पक्की ईंट के मिले हैं कुएँ, बहुकक्षीय आवास मनोहर।
लाल ईंट की बनी भित्तियाँ, टेराकोट्टा प्राच्य धरोहर॥
पाँच सौ गुणे दो सौ मीटर में, यहाँ के टीले का विस्तार।
बस्ती बसी सुरक्षित दृढ़ व, घिरी चतुर्दिक थी जलधार ॥142॥

1. तिवारी, राकेश एवं अन्य : प्रीलिमिनरी रिपोर्ट आफ द एक्सकवेशन एट लहुरादेवा, डिस्ट्रिकट सन्तकबीरनगर, प्राग्धारा, अंक-13, पृ. 37-61
2. सिंह, आर.एन. : इ दशू आफ हाई-टिन ब्रान्ज इन मिडिल गंगा प्लेन, प्राग्धारा, अंक-17, पृ. 3
3. तिवारी, राकेश एवं अन्य : वही, प्राग्धारा, अंक-13, पृ. 39-50
4. साही, एम.डी.एन. : अर्ली इण्टरऐक्शन विटविन कल्चर आफ दि मिड गंगा वैली एण्ड वेस्टर्न इण्डिया, प्राग्धारा, अक-15, पृ. 100-101

राजा नल का टीला, मलहर, हुलास खेड़ा समकालिक स्थल।
इसी प्रकार सुरक्षित बस्ती, भरा चतुर्दिक खाई में जल॥[1]
कई स्तरों में मिलते जो, मनके अश्म रिंग मूल्यवान्।
इससे ज्ञापित लहुरादेवा, का सम्बन्ध बिन्ध्य हिमवान॥[2]143॥

प्रथम स्तर में हाथ से निर्मित, मिलते भाण्ड रुक्ष व सादा।
वर्तन लाल, ब्लैक रेडवेयर, रजजु छाप ऊपर में आधा॥
आगे के स्तर में चाक पर, बनने लगे मनोहर पात्र।
तरह तरह ज्योमितिक सुचित्रण, मिले भाण्ड अंशों के गात्र॥144॥

भाँति-भाँति जलपात्र कटोरे, पके हुए टाइल्स टेराकोट्टा।
पेन्टेड ब्लैकस्लिप्ड, कृष्ण लोहित, चिह्नित दूसरे स्तर ओटा॥
चतुर्थ में एन. बी. पी. डब्लू, भाण्ड संस्कृति का संज्ञान।
उन्नत सुघर सु सुविधा पूर्ण, पात्रों की मिलती पहचान॥145॥

पंच शती ईसा के पहले, और शती कुछ ईसा बाद।
होने लगा गृहों कूपों में, पक्की ईंट प्रयोग निर्विवाद॥[3]
अवें में पके इष्टिका होते, नाप कई भिन्न आकार।
व्याप्त हुआ गंगाघाटी में, ईंट का प्रचलन और प्रसार॥146॥

निष्कर्ष

लहुरादेवा प्रथम उत्खनन, के अध्ययनों के आलोक।
कोल्डिहवा महगरा चिरांद, कुनझुन झूँसी विन्ध्य के कोख॥
खैरा/इमली डीह दमदमा, प्राप्त साक्ष्य स्थल सेनुवार।
इससे गंगा घाटी संस्कृति, व्यापित दिखती निम्न प्रकार॥ 147॥

छठी से तीसरी सहस्राब्दि बी. सी., विन्ध्य हिमाद्रि मध्य मैदान।
चावलाधारित खेती प्रचलित, पुरावशेष देते संज्ञान॥[4]
कहा गया कि गंग क्षेत्र से, त्रय सहस्राब्दि बी. सी. दौरान।
निर्यातित हुई धान की खेती, सिन्ध हड़प्पा के मैदान॥[5]148॥

चावल ग्रेन्स मिले कार्बनाइज्ड, भाण्ड पर लिपटे धान की भूसी।
के कार्बन तिथियों का निर्णय, खेती शुरू षड् सहस्राब्दि बी. सी.॥[6]

1. तिवारी, राकेश एवं अन्य : पूर्वोक्त, अंक 13, पृ. 50-52
2. वही, पृ. 59
3. वही, पृ. 52-59
4. वही, पृ. 54-55
5. वही, पृ. 55, 57, अंक-15, पृ. 169
6. वही, अंक 13, पृ. 55

लेकिन इस तिथि पर संशय, कहा गया अब भी बरकरार।
क्योंकि कार्बनाइज्ड चावल के, ए. एम. एस. डेटिंग इंतजार ॥ 149 ॥

प्रथम काल सम्भवतः कुछ–कुछ, वातावरण हुआ परिवर्तित।
जल तल चला गया बहु नीचे, जीवन गति वाधित अपवर्तित ॥[1]
मिली एक जल बाहक नाली, लहुरादेवा प्रथम खुदाई।
जिसकी प्रकृति उपयोग प्रयोजन, नहीं ठीक निश्चित हो पायी ॥[2] 150 ॥

ब्लैक एंड रेड वेयर पाटरी, चावल खेती आविर्भाव।
दोनों गंग क्षेत्र उत्पत्ति, संस्कृति जब कर रही बसाव ॥
दोनों गंग क्षेत्र में स्थित, होलोसिनिक जन अवदान।[3]
जो पहुँचा पश्चिमी भूमि जग, त्रय हजार बी. सी. दौरान ॥[4] 151 ॥

लौह की प्राचीनता[5]

प्रथम सत्र उत्खनन काल की, एक और उपलब्धि महान्।
बी.सी. बारह सौ में यहाँ पर, मिले अयस कृत बहुत सामान ॥
जबकि बी. सी. अठारह सौसे, एक हजार बी. सी. के. बीच।
राजानल का टीला मलहर, बढ़ी दादूपुर लौह तकनीक ॥152 ॥

इस उत्खनन से उत्पन्न समस्यायें[6]

अति संक्षेप में लहुरादेवा, का उत्खनन विदित परिणाम।
किन्तु इससे सन्तुष्ट नहीं थे, उत्खाता, संकुल विद्वान् ॥
प्रथम उत्खनन ने बहुतेरे, खड़े कर दिये उल्झे प्रश्न।
जिससे पुनः पुरातत्व विभाग ने, किया उत्खनन का नव यत्न ॥153 ॥

जैसा कहा गया पहले ही, लहुरादेवा खनन के कारण।
स्थल की प्राचीनता निश्चित, कृषि आदि काल निर्धारण ॥

---

1. वही, पृ. 47
2. वही, पृ. 41
3. वही, पृ. 57
4. वही, 58–59
5. तिवारी राकेश एवं अन्य : पूर्वोक्त, अंक–13, पृ. 60 एवं अंक–16, पृ. 110–111; सिंह आर. एन. : आयरन इन द मिडिल गंगा प्लेन, प्राग्धारा, अंक–13, प. 141–149
6. तिवारी, राकेश एवं अन्य : पूर्वोक्त, अंक–13, पृ. 60–61

किन्तु साथ ही कुछ समस्यायें, उपजी उत्खनन के दौरान।
जिसके सुलझे बिना वहाँ का, पूर्ण नहीं ऐतिहासिक ज्ञान॥154॥

रेडियो कार्बन डेटिंग कारन, पैदा हुए कुछ अहम सवाल।
अवधि एक ए-बी. के मध्य, वर्ष दो हजार का अन्तराल॥
क्या ऐसा पूरे टीले पर, या केवल उत्खनित जमीन।
इसे जानना अति आवश्यक, इसके बिना न फल समीचीन॥155॥

जब कि संचित भाण्डांशो में, दोनों ही कालों के बीच।
निरन्तरता नित दर्शनीय है, भरसक यही अंततः ठीक॥
चावल की प्रारम्भिक खेती, तिथि जो इसमें हुई विचारित।
ए. एम. एस. डेटिंग अभाव में, नहीं हुई ठीक निर्धारित॥156॥

लहुरादेवा उत्खनन (द्वितीय सत्र) 2002-2006

लहुरादेवा प्राच्य स्थल पर, शुरू पुनः उत्खनन का काम।
राकेश तिवारी के नेतृत्व में, सहित एक टल विज्ञ सुजान॥
उ.प्र. पुरातत्व विभाग के, आर. के. श्रीवास्तव के. के. सिंह।
भूगर्भ विज्ञानी एम. शर्मा व, ए. सक्सेना आई.बी. सिंह॥157॥

लखनऊ स्थित बीरबल साहनी, पुरावानस्पतिक संस्थान।
वी. प्रसाद, ए. के. पोखरिया, के.एस. सारस्वत एम. चौहान॥[1]
दो हजार दो से सन् छः तक, फिर से हुआ उत्खनन कार्य।
प्रथम खनन से उठे प्रश्न जो, हुए निराकृत व स्वीकार्य॥158॥

लहुरादेवा पुनः खनन से, टील समीप जो ताल जमीन।
उसकी निचली सतह जमावट, दस हजार वर्ष प्राचीन॥
उसमें छिपे हुए परागकण, फाइटोलिथ व कोयला अंश।
जिसका तिथि निश्चय ए.एम.एस., रेडियो कार्बन विधि अनुशंस॥[2]159॥

इससे सूचित जन गतिविधियाँ, दस हजार वर्षो से ज़ारी।
नवीं सहस्राब्दी मध्य धान की, शुरू हो चुकी खेतीबारी॥[3]

---

1. तिवारी, राकेश एवं अन्य : सेकेण्ड प्रीलिमिनरी रिपोर्ट आफ द इक्सकवेशन्स ऐट लहुरादेवा, डिस्ट्रिक्ट संतकबीरनगर, उ.प्र., प्राग्धारा, अंक-16, पृ. 35-68
2. वही, पृ. 55-57
3. वही, पृत्र 48-51, 55-57, 59-62 एवं सारस्वत, के.एस. : एग्रीकल्चरल बैकग्राउण्ट आफ द अर्ली फारमिंग कम्यूनीटीज इन द मिडिल गंगा प्लेन, प्राग्धारा, अंक-15, पृ. 155-168

रहते थे सुखकर भवनों में, सुघर कई कक्षीय आवास।
लिपी भित्ति गाढ़ी मिट्टी से, निर्मित मिट्टी नरकट घास॥[1]160॥

अति निचले स्तर जमाव से, प्राप्त कार्बनाइज्ड अन्न के दाने।
तीन हजार बी.सी. में ताम्र के, वाणाग्र, कटिया मीन फंसाने॥
उस युग में ताम्र का मिलना, लहुरादेवा चरम उपलब्धि।
हस्त रचित ताम्राश्म वस्तु के, होती गयी प्राप्ति में वृद्धि॥[2]161॥

दो हजार छः के उत्खनन में, मिले वहाँ 'बिन' संख्या चालीस।
कंकड़ मिट्टी पीस बनाते, करते लिपाई मिट्टी खालिस॥
गोलाकार ज्यों अब की डेहरियाँ, छोटे बड़े रूपों में तमाम।
राकेश तिवारी मत बखार ये, अन्न रखने के आते काम॥162॥

किन्तु खनन के बाद स्तर में, 'बिन' हो गये वहाँ से ओझल।
शायद भाण्ड बहु लोकप्रियता ने, इनका किया शीघ्र डिस्पोजल॥[3]
मिट्टी विरचित सुधर फर्श पर, बनी मिली उत्खनन में 'काँड़ी'।
जिसमें मूसल हाथ में लेकर, धान कूटती उस युग नारी॥163॥

अति लघु गर्त खोद भूतल पर, कंकड़ कूट बनाया जाता।
यह रचना अब भी जनपद में, कृषकों के घर पाया जाता॥[4]
पूर्व खनन में जल की नाली, मिली जो थी टीले के बीच।
उसका सृजन प्रयोजन खाका, उत्खाता जन सके न खीच॥164॥

द्वितीय सत्र में मिली जो ड्रेनेज, सप्त सहस्राब्दी बी.सी. काल।
बस्ती बीच विस्तृत वह नाली, जुड़ता तार बगल के ताल॥
इस नाली से जुड़ी मिली है, दो गहरी व विस्तृत खाई।
जिसमें एक बस्ती के मध्य में, अन्य गई अन्तिम में बनाई॥165॥

इस नाली के आस-पास में, मिले संघन सांस्कृतिक जमाव।
इससे लगता लहुरादेवा, जन जीवन का अमिट प्रभाव॥
तीसरे स्तर तक यह नाली, होने लगी अस्तित्व विहीन।
भठी पड़ी गर्द मिट्टी से, शोभा से हो गयी थी हीन॥166॥

---

1. तिवारी, राकेश एवं अन्य : पूर्वोक्त, प्राग्धारा अंक-16, पृ. 40, 57, 62
2. वही, पृ. 42-44, 48-51, 61-62
3. वही, पृ. 44-46, 62
4. वही, पृ. 46

वास्तव में यह दुर्लभ उस युग, एक मात्र है प्राप्त उदाहरण।
इतनी पुरानी पुरातात्त्विक, जलीय प्रणाली अद्भुत प्रकरण॥[1]
द्वितीय खनन के बर्तन भाण्डे, विधि तकनीक आकार प्रकार।
वे प्रायः पहले के जैसे, प्राप्त उत्खनन पहली बार॥167॥

कुछ भाण्डों के ऊपरी सतह पर, कटी हुई सुन्दर नक्काशी।
रेड स्लिप कार्ड छाप अलंकरण, धृत सौन्दर्य यथा अविनाशी॥
मिले पात्र कुछ ब्लैक रेड वेयर, जिन पर बना रेखीय अलंकरण।
रेखा लम्बवत् सित रंग क्रीम, रेड स्लिप कार्ड रचित उत्तम क्षण॥[2]168॥

वीड्स[3]

निचले स्तर मिले कम मनके, प्रथम खनन जब गये कराये।
जबकि द्वितीय उत्खनन काल में, बहुतायत मिले छितराये॥
मनके मिले अधिक स्टीयटाइट, एक कारनेलियन का भी प्राप्त।
विस्मयकारी वीड्स टयूबलर, मूल्यवान प्रस्तर कृत ज्ञाप्त॥169॥

इसकी तुलना समीचीन है, मनके मिले जो अन्य स्थान।
सैन्धव क्षेत्र हड़प्पन साइट, मध्य क्षेत्र गंगा मैदान॥
लघु से मध्यम साइज मनके, मिलते लहुरादेवा साइट।
सेलखड़ी से भी कठोर कुछ, मनके मिले हैं स्टीयटाइट॥170॥

सेलखड़ी से सुन्दर मनके, द्वितीय काल बनाये जाते।
भिन्न आकार रूप में गढ़कर, ऊँचे ताप तपाये जाते॥
मिले मनके लघु क्वाट्र्ज के, प्रोटायंसटाइट, मिस्टाबोलाइट।
माइक्रोबीड्स लहुरादेवा के, निर्मित मिले शुद्ध स्टीयटाइट॥[4]171॥

एम. सी. जोशी के अनुसार, वस्त्राभरण में गूँथे जाते।
संस्कृति के उत्थान पतन का, युग-युगीन स्थिति दर्शाते॥[5]
प्राप्त इतर उपलब्धियाँ कुछ, अस्थि से बना मोचि का शूजा।
बारह सिंहा सींग/अस्थि कृत, बैंगल एक सुघर, नहीं दूजा॥172॥

---

1. वही, पृ. 40-42
2. वही, पृ. 42
3. वही, पृ. 44, 56, 61
4. वही, पृ. 56
5. जोशी, एम.सी. : वीड्स फ्राम दमदम एक्सकवेशन : ऐट ए ग्लान्स, प्राग्धारा, अंक-16, पृ. 95

वानस्पतिक अध्ययन[1]

प्रारम्भिक स्तर से लेकर, एन. बी. पी. वेयर अन्तराल।
मिले अंश कण पेड़ पौध के, जो सुखाद्य साधन उस काल॥
पालेन विश्लेषण से सूचित, पादप–वनस्पति का इतिहास।
चारकोल सैम्पुल डेटिंग में, पंच से तृतीय सहस्राब्दि युग पास॥173॥

लहुरादेवा के उत्खनन में, प्राप्त जो चारकोल अवशेष।
उसमें आँवला पीपर गूलर, जामुन महुआ नीम विशेष॥
खैर बबूल अडूसा हल्दू, बड़हल बम्बू बेल कदम्ब।
सेमल शीसम शाल करौंदा, तेदू अर्जुन ढाक करंज॥174॥

पनजीरा चिलविल मुचकुंद, पुत्रंजीवा धौरा कीम।
सिरिष अकोल कराई बाकर, हीन या भीरी मीठी नीम॥[2]
बथुआ भांग सिंहाड़ा आदि, शाक वनस्पति खाद्य प्रमान।
खेती प्रचलित मिलेट मसूर जौ, गेहूँ सांवा कोदो धान॥[3]175॥

उपसंहार

बस्ती जोन लहुरादेवा में, द्वितीय सत्र उत्खनन काम।
वृहद् शोध अध्ययन परीक्षण, के उपरांत विदित परिणाम॥
इसके मिलते साक्ष्य प्रमाणिक, प्रारम्भिक नवप्रस्तर काल।
मानव की गतिविधियाँ जारी, गंगा घाटी क्षेत्र विशाल॥[4]176॥

हुआ परीक्षण से यह साबित, पन्द्रह से दस हजार वर्ष।
मानव की जांगल संस्कृतियाँ, लेने लगी थी नव उत्कर्ष॥
पेड़ व पौध वनस्पतियों का, करने लगा मनुज अब रोपण।
उपयोगी पशु जीव जन्तु का, करने लगा बॉध कर पोषण॥177॥

लहुरादेवा उत्खननों में, प्राप्त उगाये धान के दाने।
शोधित प्लीस्टोसीन काल या, अर्ली होलोसीन जमाने॥[5]

---

1. तिवारी, राकेश एवं अन्य : पूर्वोक्त, प्राग्धारा, अंक–16, पृ. 52, 54–55
2. वही, पृ. 52–54
3. वही, पृ. 51, 55, 58
4. चौहान, एम.एस. एवं अन्य : प्रीलिमिनरी रिजल्ट्स आन द पैलियोवेजीटेशन ड्यूरिंग होलोसीन फ्राम लहुरादेवा लेक, प्राग्धारा, अंक–15, पृ. 33–37
5. तिवारी, राकेश एवं अन्य : पूर्वोक्त, प्राग्धारा अंक–16, पृ. 56, 62

एं.एम.एस., कार्बन विधियों से, उसकी तिथि है गई सुझाई।
नवीं सहस्राब्दि मध्यकाल में, धान की शुरू हो गयी बुवाई ॥178॥

हाथ से बने नहीं बहु सुन्दर, ब्लैक एंड रेड वेयर पात्र।
लेकर उदित हुए उस युग के, धान की भूसी प्रिन्ट स्वगात्र ॥[1]
इस उपलब्धि के आविष्कारक, रहते थे स्व स्वच्छ मकान।
बना हुआ मिट्टी नरकट से, मिट्टी घोल पुता अभिराम ॥[2]179॥

हुए जंगली पशु कुछ पालतू, इनके आर्थिक गति के सहायक।
जल जंगल का करते दोहन, नवल सभ्यता के उन्नायक॥
दूर-दूर क्षेत्रों तक इनका, बना सुदृढ़ अन्तर सम्बन्ध।
लाते वहाँ से कीमती मनके, प्रस्तर पट स्टीयटाइट खण्ड ॥180॥

ये सम्बन्ध अधिकतर विकसित, पश्चिम भारत भू के संग।
और हिमालय निचली तराई, विन्ध्य भूमि नद दक्षिण गंग॥
सहस्राब्दि पाँचवीं आज से, मिलता जन सम्पर्क प्रमाण।[3]
डिस-स्टैन्ड वीड्स स्टीयटाइट, मत्स्य हूक ताम्र के बाण ॥181॥

इसी काल में हुआ पदार्पण, खेती में गेहूँ जौ दाल।
यह सब पश्चिम से आयातित, गंगा घाटी भूमि सुभाल॥[4]
चार सहस्र वर्ष बी. पी. में, नव सांस्कृतिक प्रवृत्ति उद्भूत।
विकसित कई भाण्ड संस्कृति 'बिन', टाइल्स पके टेराकोट्टा प्रभूत ॥[5]182॥

पाँच सौ गुणे दो सौ मीटर में, बस्ती का विरचित विस्तार।
इससे सूचित लहुरादेवा, की जनसंख्या वृद्धि अपार॥[6]

---

1. वही, पृ. 48, 60
2. वही, पृ. 40, 57
3. वही, पृ. 52, 61
4. वही, पृ. 35, 48, 61
5. वही, पृ. 62
6. वही

मिट्टीकृत 'बिन' या बखार से, पुराविदों का यह अनुमान।
इसमें रखा जाता सुरक्षित, अन्न उत्पाद गेहूँ जौ धान॥[1]183॥

इसी समय टेराकोट्टा बिन, टाइल्सवेक्ड बंद हुआ प्रचलन।
प्राप्त नहीं अगले स्तर में, किया काल ने इनका विघटन॥[2]
तृतीय मिलेनियम बी. पी. युग में, लौह संस्कृति प्रादुर्भाव।
इसके अलावा लहुरादेवा, के जीवन में न दिखे बदलाव॥184॥
इसके बाद में वहाँ अवतरित, एन.बी.पी. की पात्र संस्कृति।
जो जारी रही बुद्ध काल व, उसके बाद भी राष्ट्र की गतिमति॥
उत्खाता दल के विचार से, ईस्वी शती के कुछ पश्चात्।
लहुरादेवा बस्ती विघटित, कारण नहीं ठीक से ज्ञात॥[3]185॥

❑❑❑

1. वही
2. वही
3. वही

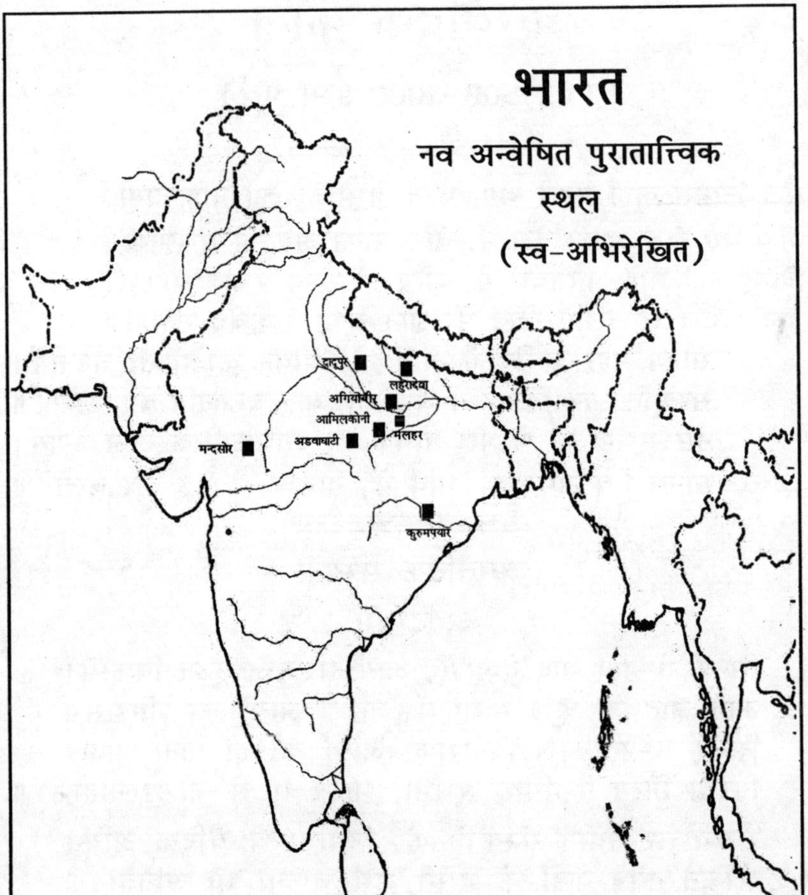
भारत
नव अन्वेषित पुरातात्त्विक स्थल
(स्व-अभिरेखित)
दादूपुर
लहुरादेवा
अगियाबीर
आमिलकोनी
मलहर
अडवाघाटी
मन्दसोर
कुरुमपयार

7

ऋग्वैदिक काल

(C.1500–1000 ईसा पूर्व)

मूल निवास कहाँ पहले जग, प्रश्न अभी हल हो नहि पाया।
आर्य वसे कब आकर देश में, जा न सका अब भी सुलझाया॥
किन्तु सही महि भारतवर्ष में, शीघ्र ही राज्य प्रभाव बढ़ाया।
उन्नतिशील रहे लिपि लेख में, ज्ञान सुधा ऋक्वेद रचाया॥
साक्ष्य महा ऋग्वेद है आर्य के, जीवन की महती घटनायें।
संस्कृति ज्ञान विज्ञान व धर्म की, बात बखानति वेद ऋचायें॥
नम्र सुभाव के थे पशु पोषक, भू अधिकाधिक अन्न उगायें।
मानव देव समन्वय भाव में, याजक हो गृह देव बुलायें॥

ऋग्वैदिक सभ्यता

आदिभूमि[1]

सिन्धु सभ्यता बाद देश में, आर्य संस्कृति हुआ विकास।
आज ज्ञात जो कुछ भारत में, वह है आर्यों का इतिहास॥
सिन्धु सभ्यता मूल विनाशक, आर्यों को ही माना जाता।
निरख नित्य नैसर्गिक सुषमा, भारत भू से जोड़ा नाता॥1॥

सैन्ध्वोत्तर नवीन संस्कृति के, निर्माता थे वैदिक आर्य।
लेकिन कौन कहाँ के वासी, इसे जानना भी अनिवार्य॥
इस पूरे जगती के पट पर, आदि आर्य देश था कौन।
पुरातत्व इतिहास व अनुश्रुति, भाषा स्वर साहित्य है मौन॥2॥

भारत के कुछ विद्वानों ने, आर्य देश भारत माना है।
सप्तसिन्धु ब्रह्मर्षि भूमि, कश्मीर देविका तट जाना है॥[2]

1. कौशाम्बी, डी.डी. : द कल्चर एण्ड सिविलाइजेशन आफ ऐंशियंट इण्डिया, पृ. 72–84; श्रीवास्तव, के. सी. : प्राचीन भारत का इतिहास तथा संस्कृति, पृ. 82; मैती, एस.के. : प्राब्लम्स एण्ड पर्सपेक्टिव आफ ऐंशियंट इंडियन हिस्ट्री एण्ड कल्चर, पृ. 275–285
2. पाण्डेय, देवीसहाय : ऋचाओं के दर्पण में, पृ. 3

किन्तु त्रिवेदी, काला, झा का, यह मत भी कुछ मान्य नहीं है।
आर्यीकरण का कार्य अधूरा, देश में एक समान नहीं है ॥3॥

यदि होते ये मूल निवासी, बस्ती वसी बसाई होती।
इनकी संस्कृति बोली-भाषा, भारत भर में छाई होती॥
क्यों होते संघर्ष द्रविड़ से, क्यों होते पुर शत्रु पुरन्दर।
क्या कोई है आग लगाता, अपने देश नगर घर अन्दर ॥4॥

उत्तरी ध्रुव को आर्य भूमि, गंगाधर तिलक बताते हैं।[1]
ध्रुव पर बड़े होते निशि बासर, वेद अवेस्ता में पाते है॥
प्रस्थान वहाँ से करने का, कारण वृहद् तुषारापात्।
ईसा पूर्व छः सहस्र वर्ष आ, मध्येशिया में किया संवास ॥5॥

मैक्समूलर वेन्डस्टीन आदि ने, आर्यभूमि एशिया को माना।[2]
युराल पहाड़ी के खिरमिज, बैक्टिया मध्येशिया जाना॥
भारत इरान के पास पार्श्व में, कहीं आर्य का आदि सुठौर।
भौगोलिक परिवर्तन कारण, चले अन्य दिग् देश की ओर ॥6॥

एडवर्ड मेयर आर्य आदि भू, कहते है पामीर पठार।
यह मत ओल्डेनवर्ग कीथ भी, करते हैं मन से स्वीकार॥[3]
फिलिप सैसेटी गाइल्स जोन्स, नेहरिंग रहोड, पेन्काहर्ट।
इनके मत में यूरोप ही है, आदि भूमि आर्यों का फर्स्ट ॥[4]7॥

किन्तु विदेशी विद्वज्जन का, साक्ष्य लचर खण्डित परिवेष।
भाषागत कुछ शब्द साम्य पर, टिका है इनका तर्क विशेष॥
यद्यपि कुछ शब्दों के मेल पर, आदि देश यूरोप बतलाना।
रेस-जाति भूगोल वनस्पति, पशु पक्षी का दम्भ बहाना ॥[5]8॥

कुछ विद्वानों को स्वीकृत है, दक्षिण रूस आदि भू ठोस।
इस मत के अनुमोदक मेयर, चाइल्ड्स पिगट नेहरिंग घोष॥[6]

1. ऋग्वेद के अद्यतन भाष्यकार डॉ. देवीसहाय पाण्डेय के अनुसार ऋग्वेद के मन्त्र सं. 8/46/28 में श्वानों द्वारा अन्न ढोकर लाने की चर्चा है, जो आर्यों के ध्रुव प्रदेश सम्बन्धी धुँधली-स्मृतियों को ताजा करते हैं।
2. नाहर, रतिभान सिंह : प्राचीन भारत का राजनैतिक एवं सांस्कृतिक इतिहास, पृ. 62-65
3. शर्मा, एल.पी. : प्राचीन भारत, पृ. 41
4. नाहर, रतिभान सिंह : पूर्वोक्त, पृ. 59-62
5. दिनकर, रामधारी सिंह : संस्कृति के चार अध्याय, पृ. 46-47 पाद टिप्पणी
6. शर्मा, एल.पी. : पूर्वोक्त, पृ. 41; श्रीवास्तव, के.सी. : पूर्वोक्त, पृ. 84

शिचरेड्र ने निज खोजों से, नवल तथ्य कुछ दर्शाया है।
अतः दक्षिणी रूस भूमि मत, बहु विद्वानों को भाया है ॥9॥

होता गया मतों का खंडन, यह गतिरोध नहीं सुलझा है।
आर्य जनोंके आदि भूमि का, प्रश्न विशाल अभी उलझा है॥
फिर भी आर्य की कोई शाखा, किया पूर्व अभिमुख प्रस्थान।
भारत सीमा अन्दर पहुँची, होकर फारस व अफगान ॥10॥

पराभूत कर सिन्ध निवासी, सभी शत्रु दल मार भगाये।
भारत निज आवास बनाकर, इन्डो आर्य यहाँ कहलाये॥
भारत में रच बस आर्यों को, स्थिर जीवन रूप मिला।
वेद ग्रन्थ रचना कर रख दी, निज संस्कृति आधार शिला ॥[1]11॥

आर्यों का प्रथम निवास एवं प्रसार

वैदिक आर्यों की जीवन गति, ऋचा-ऋचा प्रतिपादित है।
लेकिन पहले बसे कहाँ वे, प्रसरण प्रश्न विवादित है॥
काबुल कुंर्रम स्वात व गोमल, है उल्लिखित ऋचाओं में।
प्रथम बसेरे के प्रमाण हैं, सिन्धु गांधार के गाँवों में ॥[2]12॥

झेलम चिनाब रावी सतलज, उल्लेख पंचनद बार-बार।
सरस्वती सिन्धु दृशवती व्यास, का विवरण ऋक् में कई बार॥
ऋग्वेद में गंगा यमुना का, संदर्भ तो इक्का-दुक्का है।
प्राची नदियों के नाम ऋचाओं, में कही न लिक्खा है ॥13॥

विज्ञों का निष्कर्ष प्रथमतः, हुआ आर्य सैन्धव संघर्ष।
विजित भूमि सरस्वती, दृशवती मध्य बना था ब्रह्मावर्त॥
है अनुमान यही ऋक् युग में, मथुरा कुरु से सिंध गांधार।
राजस्थान कश्मीर पंच नद, आर्य देश का था विस्तार ॥[3]14॥

राजनीतिक उत्कर्ष

ऋग्वेद ऋचाओं में वर्णित, आर्य दस्यु मुठभेड़ लड़ाई।
दस्यु सैन्य पर विजय होड़ में, नहीं हुई भारी कठिनाई॥

---

1. वर्मा, टी.पी. : युग युगीन सरयूपार, पृ. 1–10; पाण्डेय, देवीसहाय : ऋचाओं के दर्पण में, पृ. 12–13
2. शर्मा, एल.पी. : पूर्वोक्त, पृ. 49
3. नाहर, रतिभान सिंह : पूर्वोक्त, पृ. 68; शर्मा, एल.पी. : पूर्वोक्त, पृ. 49

बढ़ते गये आर्यजन पूरब, गंगा-यमुना के मैदान।
बाधक बने जो आदि निवासी, उन्हें हराया इन्द्र महान् ॥15॥

विजित किया उत्तर भारत को, शत्रु सैन्य करते अपवर्त।[1]
स्व वर्चस्व शान्त स्थिर कर, देश बनाया आर्यावर्त॥
इसी समय ही लिखे गये, ऋग्वेद ऋचाओं के सब मन्त्र।
ऋषि प्रणीत ऋक् दश मंडल, संस्कृत का शुचि गौरव ग्रन्थ॥16॥

भरत अनुस मत्स्य द्रह्युं तुर्वस, यदु पुरु कई आर्य के कुल।
विजित धरा पर बँटे राज्य थे, नृपत्ति नहीं ऐश्वर्य विपुल॥
सत्ता होड़ में आर्य कुलों का, विवरण भी विस्मय द्योतक है।
भरतों के नरपति सुदास पर, दश भूपति आक्रमण रोचक है॥17॥

अविन भलानस पक्थ विषाजिन, शिव आदि ने संघ बनाया।
यक्षु शिग्र अज सह सुदास ने, युद्ध भूमि में इन्हे हराया॥[2]
ऋक् मन्त्रों में अरि अनार्य का, विवरण भी बहुधा आया है।
जिन्हें युद्ध में नतमस्तक कर, धन धारती को हथियाया है॥18॥

मन्त्रों में उनकी भर्त्सना, शिश्न पूजक मृध्रवाक् कहा है।
देव विरोधी यज्ञ हीन जन, अनुष्ठान से विरत रहा है॥
उन्हें बताया दास दस्यु व, द्रविड़ दैत्य असुर व दीन।
लघुनासिका चिपट कद-काठी, काया काली क्लांत मलीन॥19॥

उल्लेख बहु पुर नगरों का, जिनको आर्येन्द्र ढहाया था।[3]
अगणित भवन नगर असुरों के, सेनापति फूँक जलाया था॥
थे दुर्ग अनेक दस्युओं के, सेना भी शस्त्र सुसज्जित थी।
पर आर्यों के आगे चली नहीं, सेना परास्त हो लज्जित थी॥20॥

है वर्णन दस्यु धनवानों के, थे विविध शिल्प के व्यवसायी।
जिनका धन धान्य हड़पने को, आर्यों की सेना चढ़ धायी॥

---

1. मेहता, रतिलाल : प्री-बुद्धिष्ट इण्डिया, पृ. 64-65; डॉ. रामअवध : अवध प्रदेश का समाजिक एवं सांस्कृतिक अध्ययन, पृ. 1-2
2. आरोस्मिथ, आर. (अनुवा.) : लाइफ इन ऐशियंट इण्डिया, पृ. 94-96; कौशाम्बी, डी.डी., पूर्वोक्त, पृ. 81-83
3. ऋक्वेद-2/20/8; 10/48/7-8; गैरोला वाचस्पति : भारतीय संस्कृति और कला, पृ. 109-112

दीर्घ काल तक चला देश में, आर्य अनार्य समर घनघोर।
दस्यु हार कर दास बन गये, शेष भगे वन दक्षिण ओर॥[1]21॥

सामाजिक अवस्था[2]

आर्य–अनार्य व आर्य–आर्य, संघर्ष शान्त ठंढाया जब।
सैन्धव के स्वर्णिम काल बाद, फिर स्थिरता युग आया तब॥
युद्धोत्तर भारत में फिर से, नव सृजन क्रान्ति ली अंगड़ाई।
जन–जन में था उत्साह नवल, कृत सरल शान्त अति सुखदाई॥22॥

संग–संग रहने बसने से, नव समरसता सब में जागी।
आर्य–अनार्य राष्ट्र रचना में, बने सहज शुचि सहभागी॥
ऋग्वैदिक युग वर्ण विधा को, दो रंगो से पहचान मिला।
श्वेत श्याम में आर्य–अनार्य की, संस्कृति को दो नाम मिला॥23॥

ऋग्वैदिक युग आर्य वर्ग में, मधुर एकता भाव बढ़ा था।
खान–पान रोजी–रोटी का, प्रिय सम्बन्ध लगाव बढ़ा था॥[3]
वर्ण व्यवस्था अभी सुप्त थी, उद्यम भी अनुवांशिक न थे।
एक गेह के कुल–कुटुम्ब जन, भिन्न–भिन्न पेशे मे रत थे॥[4]24॥

ऋग्वैदिक युग जाते–जाते, सबका पेशा रूढ़ हो गया।
कर्मानुसार ही वर्ण व्यवस्था, आर्यो पर आरूढ़ हो गया॥
धीरे–धीरे आर्य–धर्म में, कर्मकाण्ड विस्तार बढ़ा।
याज्ञिक कार्य कराने वाले, विद्वानों का कार्य बढ़ा॥25॥

विद्वत् जन का यही वर्ग, आगे चल ब्राह्मण कहलाया।
जिसने अपने को समाज में, श्रेष्ठ योग्य अग्रिम बतलाया॥
ब्राह्मण वृत्ति नियत होने से, रक्ष्य समूहतः भाव खो गया।
आर्य जगत में सैन्य पीठ की, आवश्यकता अनिवार्य हो गया॥26॥

---

1. पाण्डेय, जी.सी. : बौद्ध धर्म के विकास का इतिहास, पृ. 1–4; अग्रवाल, वी.एस. : भारतीय कला, पृ. 46–47
2. शर्मा, एल.पी. : पूर्वोक्त, पृ. 49; नाहर रतिभान सिंह : पूर्वोक्त, पृ. 71–73; आरोस्मिथ, आर. : लाइफ इन ऐंशियंट इण्डिया, पृ. 21–31
3. शास्त्री, मंगलदेव : भारतीय संस्कृति का विकास, पृ. 160–163; गैरोला, वाचस्पति : पूर्वोक्त, पृ. 107–108
4. ऋग्वेद, 9/112/3; जैन, प्रदीप कुमार : भारतीय संस्कृति, पृ. 5–6

राष्ट्र आर्य कुल जन रक्षा का, भार कौन अब सहज उठाये।
अतः वीर भट योद्धा जन सब, क्षत्रिय वर्ग में गये कहाये॥
रक्षा नव अधिकार दण्ड, आयुध से क्षत्रिय शक्ति बढ़ी।
स्वयं बने राजन्य राज्य की, लिप्सा लव अनुरक्ति बढ़ी॥27॥

ब्राह्मण क्षत्रिय पृथक-पृथक्, उल्लेख स्वयं ऋग्वेद बताता।
इतर अन्य साधारण जन का, शेष वर्ग था विश कहलाता॥
पुरुष सूक्त दशवें मण्डल में, चतुवर्ग उत्पत्ति कथित है।
पर विज्ञों के अध्ययन खोज में, यह प्रक्षिप्त परवर्ती कृति है॥[1]28॥

पारिवारिक जीवन

आर्य पितृ सत्ता कुटुम्ब पर, सहज सरल अनुगामी था।
पिता ही था परिवार नियामक, गृहपति गृह का स्वामी था॥
गृहपति निज संतति कुटुम्ब का, रक्षण-पोषण करता था।
दण्डित कर अविनीत तनय को, दोष निवारण करता था॥29॥

गृहपति पद होता अनुवांशिक, तनु ज्येष्ठ उत्तराधिकारी था।
पिता बाद सब धर्म-कर्म, कर्त्तव्य कुशल शुभकारी था॥
संयुक्त परिवार परम्पर्या, शुचि नेह सुबंध बँधे रहते।
पारिवारिक दायित्व बोध जुड़े, धन अर्जन हेतु लगे रहते॥30॥

माता सम्मानित थी कुल में, निज संतति को अति प्यारी थी।
गृहपति के कार्य में हाथ बँटा, अन्तः गृह की अधिकारी थी॥[2]
पत्नी पति के संग दान-धर्म, यज्ञादि कर्म निपटाती थी।
निज श्रम से रचकर सोम पेय, वह पीती और पिलाती थी॥31॥

गृहपत्नी गेह प्रबंधक थी, अरु देवों से तुलनीया थी।
प्रातः परिवार जगाती उठ, वह ऊषा सी महनीया थी॥
पत्नी ही गेह गृहस्थी थी, पत्नी आनंद की स्रोत सभी।
लेकिन प्रिय पति के अंकुश का, सहना पड़ता कुछ कोप कभी॥32॥

ऋग्वेद काल में पुत्र प्राप्ति, वांछा बहुधा की जाती थी।
घर भरा बीर पुत्रों से हो, माँ फूले नहीं समाती थी॥[3]

---

1. नाहर, रतिभान सिंह : पूर्वोक्त, पृ. 73; ऋग्वेद, 10/9/12
2. ऋग्वेद, 10/85/27
3. ऋग्वेद 1/17/13, 24; 6/13/5; 7/1/11-12; 10/85/44; शर्मा, मनिराम : मैरिज इन ऐंशियंट इण्डिया, पृ. 108

पुत्री को मिलता लाड़ प्यार, शिक्षा-दीक्षा संस्कार वही।
पुत्रों के रहते पुत्री को, पितु-सम्पत्ति में अधिकार नहीं ॥33॥

नारी स्वतन्त्र थी उस युग में, परदा अवगुंठन नाम नहीं।
घर-बाहर वह सम्मानित थी, रखती मर्यादा मान सही॥
प्रचलित पुनर्विवाह नियोग, सती-प्रथा व्यवहार नहीं था।
स्त्री को युग राजनीति में, कुछ करने का अधिकार नहीं था ॥34॥

शिक्षित महान् विदुषी होती, ऋग्वेद ऋचायें रचती थी।
शास्त्रार्थ सभा संगोष्ठी में, बौद्धिक स्पर्धा करती थी॥[1]
वे जाती थी रणभूमि में भी, रण कौशल निज दिखलाने को।
लड़ते-लड़ते घायल होती, अरिदल को धूल चटाने को ॥35॥

विवाह[2]

था सामाजिक प्रतिबंध नहीं, तरुणी-तरुणों के प्रणय मिलन।
अपनी इच्छा अनुरूप मिथुन, बँध जाते थे परिणय बंधन॥
सौन्दर्यानुभूति की उत्कण्ठा, अन्तर्मन होता था अपार।[3]
सज-धज कर रहना ईष्ट उन्हें, पाने को मधुरिम प्रीति प्यार ॥36॥

बरवधू के सहमत होने पर, शादी-विवाह तिथि होते तय।
वरयात्री वर पितु संग रंग, सज-धज जाते कन्यका निलय॥[4]
आगत स्वागत उपरांत वहाँ, होता परिणय कुल विधि विधान।
मन्त्रोचार अग्नि की परिक्रमा, संगीत वाद्य तिय मधुर गान ॥37॥

नर-नारि अलंकृत भूष वसन, हर्षित मन मुदित वहाँ आते।
मंगल विवाह के उत्सव में, बहु व्यंजन रुचिर जिवाये जाते॥
मन्त्रोच्चार भाव वर-वधू हेतु, शुभ रीति सुमंगलकारी थे।
पत्नी के लिए पति के हिय में, सम्मान भाव प्रियकारी थे ॥38॥

मंगल विवाह के बाद वधू, रथ बैठ श्वसुर घर जाती थी।
निज परिजन के सम्मान भेट, नव नेह मिलन खो जाती थी॥

---

1. श्रीवास्तव, के.सी. : पूर्वोक्त, पृ. 88; ऋग्वेद-1/17/20; 1/117/11; 1/179/1-4; 5/46/7-8; 5/48/6
2. शर्मा, मनिराम : मैरिज इन ऐंशियंट इण्डिया, पृ. 80-82; 103-104; ऋग्वेद, 1/117/24
3. ऋक्वेद-5/5/6, 1/117/113,
4. ऋग्वेद-4/58/9-10; 10/85/6-46, आरोस्मिथ, आर. : पूर्वोक्त, पृ. 89-91

बहु पति विवाह उस अन्तराल, कुछ उच्च वर्ग में था प्रचलित।
जिससे कुटुम्ब में द्वन्द्व द्वेश, पत्नी होती थी मलिन दु:खित ॥39॥

पति निधन बाद पत्नी रोती, चिल्लाती शोक मनाती थी।
परिजनों के कहने सुनने पर, विधवा पुनि व्याह रचाती थी॥[1]
इस भाँति आर्य वनिताओं का, जीवन अनुप्राणित प्रीति हर्ष।
शैशव से वृद्धत्व काल तक, देती कुल को सुखोत्कर्ष ॥40॥

वस्त्राभूषण एवं शृंगार

वासस् वसन वस्त्रादि शब्द से, सूचित तद् युग का परिधान।
ऊपर अधिवास करे धारण, कटि नीचे नीवी पट प्रधान॥[2]
सूती-ऊनी पट का प्रयोग, आर्यों में प्राय: था प्रचलन।
भेड़ो से ऊर्णा प्राप्त करें, शायद कपास बोते कृषिजन ॥41॥

ऋग्वैदिक युग के लोगों में, आभूषण प्रियता थी भारी।
बहु भाँति-भाँति के अलंकरण, धारण करते थे नर-नारी॥
कंकड़ भुजबंद मुद्रिका भुज, केयूर कुम्ब व कर्णशोभन।
पद नूपुर खादि रुक्म निष्क, मणि-मोती धारक थे युग जन॥[3]42॥

शृंगार सजावट रुचे सभी, वनितायें होती अधिक दक्ष।
लट मध्य सुवासित तैल डाल, कंघी चोटी करती सवक्ष॥[4]
कुछ पुरुष बाल रखते लम्बा, कंघी कर उसे सजाते थे।
कुछ आर्य लोग दाढ़ी रखते, अधिकांश उसे बनवाते थे॥[5]43॥

भोजन पेय व मनोरंजन[6]

आर्यों का दैनिक जीवन रुचि, शुचि सादा सहज सरल था।
यव धान्य उड़द व मूँग युक्त, भोजन रससिक्त तरल था॥
खाते नित दुग्ध दही घृत को, क्षीरोदक का भी मधुर स्वाद।
भक्षण करते पशुमांस आर्य, फल शाक सब्जि कच्चे सलाद॥[7]44॥

1. नाहर, रतिभान सिंह : पूर्वोद्धृत, पृ. 76-77
2. ऋग्वेद-1/140/9
3. वही-1/122/14, 8/78/3
4. वही-2/10/4
5. पाण्डेय, राजेन्द्र : भारत का सांस्कृतिक इतिहास, पृ. 42
6. अग्रवाल, वी.एस. : भारतीय कला, पृ. 54
7. ऋग्वेद-1/134/6, 8/2/9

करते उत्पादन सोम सुरस, मिल–जुल कुटुम्ब–कुल पीते थे।
चखते थे स्वाद सुरा आसव, पीकर तरंग मन जीते थे॥[1]
रथ अश्व दौड़ व द्यूत क्रिया, संगीत नृत्य प्रिय मनोरंजन।
दुंदुभी करकरी ब्रण नाड़ी, वादन से होता स्वर गुंजन॥[2]45॥

पशु पालन एवं कृषि[3]

प्रारम्भिक संघर्ष बाद जब, आर्य बस गये स्थायी।
पशुपालन उद्यम साथ–साथ, कृषि–वाणिज को भी अपनायी॥
उनके वित्त व्यवस्था का, मूलाधार रहा पशुपालन।
हल में जुतते थे साँड़–बैल, खेती से अन्न फल उत्पादन॥46॥

हल कर्षण में एक साथ, दस बारह बैल संजोये जाते।
अन्नादि विविध सामग्री को, लाद शकट पर ढोये जाते॥
पालित पशुओं में गाय अश्व, खर स्वान भेड़ बकरी विभिन्न।
उन पर स्वामित्व जताने को, कानों पर रचते अमिट चिह्न॥47॥

पशु चरते थे मैदानों में, चरवाहों के भी हैं प्रमाण।
पशु अपहर्त्ता भी थे उस युग, करते पशु रक्षा निज सुत्राण॥
अश्वों का आर्य सुजीवन में, उपयोग निहित उन्नति सुक्रान्ति।
रथ संचालन में हितकारी, हो युद्ध काल अथवा सुशान्ति॥48॥

ऋग्वैदिक युग के लोग कृषी, में कितने अनुभवी निपुण थे।
सुज्ञात नहीं यह बात अपितु, सामर्थ्य ललक में द्विगुण थे॥
बैलों पर आश्रित खेती थी, कुल कृषक परिश्रम प्रिय होते।
हर खेत की मिट्टी पोली कर, उसमें यव धान्य बीज बोते॥[4]49॥

उपज वृद्धि के हेतु करिष या, खाद खेत में डाले जाते।
जोत गोड़ सिंचन कर श्रम से, कृषक सुअन्न अधिक उपजाते॥
कूप कुल्य नहरों झीलों से, कृषक शस्य को सिंचित करते।
अश्म चक्र व चरस बरत से, कूपों से जल निस्सृत करते॥[5]50॥

1. वही–1/93/3–4, 7, 3/53/2–6
2. नाहर, रतिभान सिंह : पूर्वोद्धृत, पृ. 78
3. वही, पृ. 78–80
4. ऋग्वेद : 1/117/21, 6/13/4; जेम्स, एच.जी. : द हिस्ट्री आफ इण्डिया, पृ. 14
5. ऋक्वेद, 3/45/3, 10/99/4

निस्सृत जल नाली बरहों से, खेतों तक पहुँचाया जाता।
क्षतिकारी पशु-खग कीटों से, खड़ी फसल को बचाया जाता॥
अधिक वृष्टि व अनावृष्टि से, फसल उपज भी घटती थी।
होती थी तैयार शस्य जब, दात्र व सृणि से कटती थी॥51॥

कटी फसल को गट्ठर करके, ढो ढो कर रखते खलिहान।
मण्डित करके शुष्क डांठ को, अन्न ओसाते गुणी किसान॥
चलनी तिउत और सूर्पा से, संचित अन्न सफाया जाता।
करते जिससे माप जिंस की, वह वर्तन उर्स्दर कहलाता॥[1]52॥

आखेट[2]

कृषि पशुपालन सिवा आर्य युग, उद्यम रहा अन्य आखेट।
धनुष बाण जालों फन्दों से, वन्य जन्तु पर करे लपेट॥
हिंसक पशुओं को खाई में, आखेट निमित्त गिराते थे।
इस पेशे के कर्त्ता भरसक, निम्न कोटि में आते थे॥53॥

काष्ठ उद्योग[3]

तक्षक या बढ़ई गेह हेतु, नाना सामान बनाता था।
शकट पोत रथ बहुविध आसन, अतिपुष्ट सुशिल्प सजाता था॥
तल्प प्रोष्ठ काष्ठासन आदि, तक्षक के द्वारा बनाये जाते।
जिस पर स्त्रियों के सोने का, उल्लेख ऋचाओं में आते॥54॥

वस्त्र उद्योग[4]

इस युग में वस्त्र बनाने की, शुभ शिल्प कला अति विकसित थी।
वस्त्र बुनाई हेतु शैक्षणिक, संस्थायें भी अधिकृत थीं॥
बुनकर को वासीवाय अथवा, वप् का नाम दिया जाता।
ऊनी सूती वस्त्रादि सभी पर, मनमोहक काम किया जाता॥55॥

ताना का ओते नाम रहा, बाना भी तन्तु कहे जाते।
करघा करघी को वेम तसर, जिस पर थे वस्त्र बुने जाते॥

1. वही-8/78/10, 10/10/1-3, 10/94/13, 10/48/7
2. वही-3/45/1, 10/51/6, 10/28/10
3. वही-2/9/1, 2/53/6, 3/33/9, 9/112/1; अग्रवाल, वी.एस. : भारतीय कला, पृ. 49
4. ऋग्वेद-10/130/1-2, 6/9/2, 4/22/2, 2/3/6; अथर्ववेद-10/7/42
वासोवायोऽवोनामावासंसि ममृजत्- ऋक्वेद 10/26/6
अस्मा अपांसि वस्त्रा पुत्राय मातरो वर्यति-ऋक्वेद 5/47/6

वस्त्र सृजन बुनकरी कला, वनिताओं को रुचिकारी था।
बुनतीं तिय वसन कुटुम्ब हेतु, अवदान राष्ट्र को भारी था॥56॥

शिल्प कला[1]

ऋग्वैदिक युग के धातु कर्मि, सब कर्मार कहे जाते थे।
लौह ताम्र टिन रजत स्वर्ण से, उपयोगी वस्तु रचे जाते थे॥[2]
उस युग विशेष के स्वर्णकार, गढ़ते हियप्रिय कनकाभूषण।
कुम्ब कुटीर हार कुण्डल, शोभित नर-नारी तन भूषण॥57॥

मिलता सोना सिन्धु सरित से, किंचित आकर भूमि खदान।
कच्चे स्वर्ण के परिशोधन का, शिल्पज्ञों को अच्छा ज्ञान॥
चर्म वस्तु निर्मित करने में, चर्मकार होते सिद्ध हस्त।
दृति प्रत्यंचा चाबुक गोफन, रज्जु रास रचने में व्यस्त[3]॥58॥

वाणिज्य व्यापार[4]

आरम्भिक युग से व्यस्त आर्य, जीवन आधार बनाने में।
खेती का देकर पुष्ट रूप, ग्रामों को जुटे सजाने में॥
कृषि के सहयोगी धन्धे सब, विस्तृत विकास मय उन्मुख थे।
किन्तु वणिज्-व्यापार केन्द्र, पुर अभी नहीं सम्मुख थे॥59॥

सिक्कों के अस्तित्व विषय में, है प्रमाण कुछ ज्ञात नहीं।
मुद्रारूप सुधातु व निष्क, प्रचलित हो, विस्मय बात नहीं॥[5]
विनिमय रीति में अधिकाधिक, हर चीजों की अदला बदली।
ऋण, क्रय-विक्रय मोल-भाव में, नैतिकता सच्ची रीति भली॥[6]60॥

ऋग्वेद मन्त्र से सूचित है, ऋण लेन-देन में रूचि विशेष।
अष्टम से सोलहवें भाग रूप, था नियत व्याज अतिरिक्त शेष॥
आन्तरिक वणिज् व्यापार धुरी, पशु शकट और बैलगाड़ी।
भग्न पोत जलयान से सूचित, जलपथ से जाते व्यापारी॥[7]61॥

---

1. ऋग्वेद-2/10/1, 1/107/5-8; मिश्र जयशंकर : प्राचीन भारत का सामाजिक इतिहास, पृ. 515-521
2. कुप्पुरम, जी. : इण्डिया थ्रू द एजेज, खण्ड-2, पृ. 596, 600-601
3. तिवारी, यू.एन. : भारतीय संस्कृति एक अजस्र प्रवाह, पृ. 77
4. नाहर, रतिभान सिंह : पूर्वोक्त, पृ. 80-81
5. सिंह, शत्रुघ्नशरन : अर्ली क्वाइन्स आफ नार्थ इण्डिया, पृ. 1-2
6. ऋग्वेद-2/27/4, 8/47/17, 10/34/10
7. वही, 1/47/6, 1/48/3, 2/9/2; जैन प्रदीप कुमार : भारतीय संस्कृति, पृ. 174-175

शिक्षा[1]

आर्य लोग भारत में बस, हर फन में उन्नति कर डाली।
कृषि वाणिज् व्यवसाय अग्रणी, जनहिताय शासकीय प्रणाली॥
आध्यात्मिकता पुट जीवन में, यह उनकी उपलब्धि चरम है।
जिसके पीछे शताब्दियों का, शैक्षिक धार्मिक जीवन क्रम है॥62॥

कौटुम्बिक शिक्षा नीति-रीति, था आर्यों का अद्‌भुत प्रयोग।
ब्राह्मण का घर था शिक्षालय, शिक्षार्थी बालक तरुण लोग॥
लिखने की चर्चा कहीं नहीं, था रटने का नित प्राविधान।
पठनीय नियम थे अनुशासित, उच्चारण पर था अधिक ध्यान॥63॥

तप की शिक्षण विधि थी प्रचलित, उत्तम शिक्षा का युग उपाय।
आंशिक सहयोग गुरु करता, शिक्षार्थी करता स्वाध्याय॥
स्वाध्याय तपस्या एक रूप, यह आत्म शैक्ष्य अच्छा प्रयास।
गुरु छाया में तपदीक्षा से, बनते थे मुनि गुरु विज्ञ व्यास॥[2]64॥

ऋग्वैदिक युग में शिक्षा का, समुचित महत्त्व पहचाना गया।
संकुल समाज में श्रेष्ठ गुणी, विद्या व्यसनी को माना गया॥[3]
उस युग शास्त्रार्थ सभावों में, चर्चायें होती विशद ज्ञान।
करती ऋक्‌गान सभांगण में, बुध वाग्मिता विदुषी महान्॥[4]65॥

धर्म[5]

यह भारत देश सदा से ही, ऋत धर्म तत्व से अनुप्राणित।
नय रीति-नीति कर्त्तव्य-कर्म, युगधर्म सत्व पर आधारित॥
हैं वैदिक धर्माधार वेद, ऋषि मुनियों द्वारा सुप्रणीत।
उनके अनुभव आध्यात्म राशि, से वेद बने जीवन सुगीत॥66॥

कहा गया है चक्षु वेद को, पितृ देव दनु मनुज त्रिकाल।
वेद सत्व सत् बोध कराये, अगम अलौकिक धर्म विशाल॥[6]

---

1. ऋग्वेद-8/6/8-20; नाहर, रतिभान सिंह : पूर्वोक्त, पृ. 81-82
2. ऋग्वेद-1/129/1-3, 5/26/1, 7/103/4-5
3. मिश्र, जयशंकर : प्राचीन भारत का सामाजिक इतिहास, पृ. 425-427
4. वही, पृ. 468
5. वही, पृ. 468 एवं कौशाम्बी, डी.डी. : पूर्वोक्त, पृ. 83-84
6. वर्डवुड, सी.जी. एम. : द इण्डस्ट्रियल आर्ट आफ इण्डिया, पृ. 2-6

वैदिक आर्यों का जन–जीवन, दिव्य प्रकृति से रहा प्रभावित।
उसके नैसर्गिक ममता से, सदा रहा जन–जन आप्लावित ॥67 ॥

अत: आर्य प्रारम्भिक युग में, प्रकृति पूज्य के बने उपासी।
स्वयं प्रकृति के अंश रूप थे, देव देवि ब्रह्माण्ड निवासी ॥[1]
अभिव्यक्ति भिन्न सब देवों की, दैविक सत्ता का मूल एक।
प्रतिनिधि ये जगत् नियंता के, वेदों में वर्णित सुर प्रत्येक ॥68 ॥

देव मण्डल[2]

भू–अंतरिक्ष आकाश निवासी, तीन वर्ग देवों का ज्ञात।
पृथ्वी स्थानीय देव पूज्य हैं, सोम अग्नि वृहस्पति ख्यात ॥
अन्तरिक्ष के पर्जन्य रुद्र, अपानपात व इन्द्र महान्।
द्युस्थानीय ऊषा आश्विन, सवित सूर्य व विष्णु प्रधान ॥69 ॥

इन्द्र[3]

द्युलोक देव में इन्द्र बड़ा, वह सकल देवगण शासक था।
वीरों में वीर महायोद्धा, विकराल शत्रुदल नाशक था ॥
अरिदल के पुर व नगर दुर्ग, गढ़ सभी–जला ढहा डाला।
अर्कद संवर वृत्तादि का वध, जलधारा बंध बहा डाला ॥70 ॥

दश गुना बड़ा वह हाथी से, अन्तरिक्ष व द्यौ से भी महान्।
दोनों लोकों को साथ–साथ, गुट्ठी में भर सकता समान ॥
मुख मण्डल सूर्य सदृश उसका, वह अन्य रूप तन धारी था।
ढाई सौ मन्त्रों में चर्चित, वह याग–भाग अधिकारी था ॥[4]71 ॥

अग्नि[5]

धर्म प्रवर आहुति के स्वामी, अचर व चर सब के सुज्ञाता।
द्युतिमान भानु की भाँति सदा, भुवनेत्र उष्म लव जगदाता ॥
लौकिक व अलौकिक कार्यों में, अग्नि की महत्ता है भारी।
याज्ञिक कार्यों में अग्र–अग्र, शव दहन क्रिया जग हितकारी ॥72 ॥

---

1. शास्त्री, मंगलदेव : पूर्वोक्त, पृ. 96–100, 135–136; 348–349
2. वही, पृ. 79; पाण्डेय, देवीसहाय : ऋचाओं के दर्पण में, पृत्र 69–77
3. ऋग्वेद, 2/12/1-154; डॉ. देवराज : भारतीय संस्कृति, पृ. 3–4
4. मिश्र, जयशंकर : प्राचीन भारत का सामाजिक इतिहास, पृ. 577
5. ऋग्वेद, 2/1/1–16, 2/2/1–13, 2/3/1–4

यज्ञों के पुरोहित यज्ञ होतृ, देवांश यज्ञ आहुति दाता।[1]
जीवों के सहायक अघ नाशक, कहलाते मित्र पिता–माता॥
दो सौ मन्त्रों में अग्नि कथन, जिनका हर कृत्य व्यवस्थित है।
इनका इहलौकिक रूप सुखद, इनसे ही जीवन स्थित है॥73॥

सोम[2]

उत्पत्ति कहा है तणित सूर्य, इनको मयंक भी माना गया।
रवि संग प्रकाशित हो जग में, अंधकार विनाशक जाना गया॥
प्रिय पेय सोम आर्यों का अरू, नभ चन्द्र उपग्रह थे अभिन्न।
नव शक्ति प्रेरणा राग सहित, सुख चन्द्रि छटा देवे विभिन्न॥74॥

सूर्य[3]

सूर्य प्रकाश पुंज की आभा, आर्य वंश को हर्षाती थी।
इसी हेतु इस देव की पूजा, पंच अंश में की जाती थी॥
सूर्य स्वयं जो निज किरणों से, अखिल विश्व प्रकाशित करता।
सवित्, गायत्री मंत्र सु अर्चित, रवि महत्त्व आभाषित करता॥75॥

मित्र[4]

मित्र भी हैं सूर्यांश प्रभावी, अहुरमज्द का प्रमुख देव था।
पूषन द्योतक सूर्य शक्ति का, पशुओं का रक्षक सदैव था॥
औषधि पादप बन संवर्द्धक, सूर्य कीर्ति का परिचायक वह।
मृतकों को पितरों से मिलाता, चाबुक हस्त दण्ड नायक वह॥76॥

विष्णु[5]

सूरज का प्रतिरूप कथित है, डग त्रय से त्रैलोक मापता।
नभ अनंत में विचरण करता, तीव्र किरण से लोक कांपता॥
उत्तर युग में विष्णु देवता, पूर्ण स्वतन्त्र प्रधान हो गये।
त्रिदेवों में हुए समाहित, अखिलेश्वर भगवान हो गये॥77॥

---

1. वही, 1/26/6, 3/1/1, 7/11/4, 8/43/1–33, 10/70/1–2
2. मिश्र, जयशंकर : पूर्वोक्त, पृ. 581; ऋग्वेद, 9/1/6, 8/48/3–4
3. ऋग्वेद–1/113/16, 3/62/10, 8/12/30; थपलयाल, के.के. : स्टडीज इन ऐंशियंट इण्डियन सील्स, पृ. 190–193
4. मिश्र, जयशंकर : पूर्वोक्त, पृ. 578
5. वही, पृ. 578

वरुण[1]

अम्बर रवि पृथ्वी निर्माता, जगत् नियंता न्याय के अधिपति।
चक्षु चतुर्दिक विधि के वाहक, सुक्रतु स्वयं सम्राट वृष्टिपति॥
गुप्तचरों से घिरा स्वयं वह, शुभ व अशुभ कर्म फलदाता।
गेह वरुण का जल में स्थित, जग में निर्मल जल वर्षाता॥78॥

रुद्र[2]

शिव व रुद्र अभिन्न कथित है, रुद्र उग्र, शिव मंगलकारी।
झंझावात कृष्ण घन अन्तस, है उत्पत्ति सुकल्पित न्यारी॥
उनकी ज्योतिर्लिंग कल्पना, स्थापन स्तवन विशेष।
जलाभिषेक आर्यों में प्रचलित, शिव भक्ति का नव उन्मेष॥79॥

ऊषा[3]

प्रातः काल अधिष्ठात्री देवी, नित्य ही प्राच्य क्षितिज से आती।
श्याम निशामय वस्त्र त्याग कर, चमकीले पट से सज जाती॥
रमणी प्रिय लावण्यमयी वह, सदा नव्य तरुणी सुकुमारी।
उठि पीछा करता भानु रसिक, उषा कमनीया भिनसारी॥[4]80॥

ऐश्वर्य अन्न पशुधन समेत, घर-घर ले आती नव प्रभात।
प्रेरित करती कर्त्तव्य सुपथ, निज कार्य में लगते कृषक हाथ॥
उस हिरण्य वर्ण तन्वगी की, रथ नित्य खींचते अश्व अरुण।
आते ही उसके जग जाते, नीड़ो के पक्षी, वृद्ध तरुण॥81॥

अदिति[5]

निस्सीम प्रकृति की देवि रूप, वह स्वयं सरल व ऋत विशाल।
सम्पूर्ण सृष्टि में व्याप्त वही, उसका प्रभाव नित सर्वकाल॥
आर्यों की माता पितृ देव, सार्वभौम भावना जग ख्याता।
उत्तर युग आकर अदिति बनी, सुर संकुल देव महिम माता॥82॥

---

1. वही, पृ. 578; सिंह, जया : प्राचीन भारत में नाग तथा जलपूजा, पृ. 46
2. मिश्र, जयशंकर : पूर्वोक्त, पृ. 579; डॉ. देवराज : भारतीय संस्कृति, पृ. 4
3. मिश्र, जयशंकर : वही, पृ. 581-582; ऋग्वेद-1/113/11-20
4. सहवामेनन ऊषो व्युच्छा दुहित दिवः।
   सह द्युम्नेन वृहता विभावरि रायादेवि दास्वती- ऋग्वेद, 1/48/1
5. ऋग्वेद, 10/63/2-3

अन्य देव-देवियाँ[1]

अशिवन मरुत वायु व यम थे, ऋग्वैदिक सुर गण कुछ अन्य।
जल वर्षा नदियों के अधिपति, सरस देव जलनिधि पर्जन्य॥
अशिवन द्यौ के तरुण तनय थे, रूप समुज्जवल शुचि तन धारी।
मरुत रुद्र के पुत्र भयंकर, वायु विमल अतिसय सुखकारी॥83॥

आर्य जनों ने सिन्धु सरित् को, धरा देवि सम पहचाना था।
वनदेवी की मूर्त प्रतिष्ठा, आख्यायिनी संज्ञा माना था॥
जन-मानस की बुद्धि विमल सी, सरस्वती देवी बन आयी।[2]
व्योम योनि गन्धर्व अफ्सरा, लघु देवों के बने इकाई॥84॥

एकेश्वरवाद[3]

ऋग्वैदिक युग बहुदेववाद, था आर्यधर्म का वाह्य रूप।
कल्पना एक मत एकेश्वर, एकाकी सत्ता दृढ़ स्वरूप॥
देवों के परे उस सत्ता का, जिसका है सत् पर अनुशासन।
वसता सप्तर्षि के परे लोक, करता वह सृष्टि सृजन पालन॥[4]85॥

देवो की अन्य विशेषतायें[5]

प्रकृति के अद्‌भुद् शक्ति से शंकित, आर्य चकित थे व अनजाने।
पुंज प्राकृतिक नभ जल-स्थल, शाश्वत देव रूप पहचाने॥
हो देव कुदृष्टि उन पर न कभी, आशीष कामना कृपा नेक।
स्तुति पूजा स्तवन अर्ध, करते रहते नित स्व विवेक॥86॥

थी देव कल्पना मानवीय, मानव गुण का था समावेश।
सुर गृहपति सखे व भ्रात तात, रक्षक पालक थे आर्य देश॥
थे सदाचार सम्पन्न देव, ऋत से अनुशासित व्रतधारी।
जग में अमृत्य अतिमानवीय, दुष्टों के दण्डक अधिकारी॥87॥

---

1. ऋग्वेद, 1/168/1-7; मिश्र, जयशंकर : पूर्वोक्त, पृ. 582 एवं आरोस्मिथ, आर. : पूर्वोक्त, पृ. 46-77
2. हावेल, ई.वी. : द आइडियाज आफ इण्डियन आर्ट, पृ. 89
3. नाहर, रतिभान सिंह : पूर्वोद्धत, पृ. 84-85
4. ऋग्वेद, 1/164/46; 1/168/6; पाण्डेय, देवीसहाय : पूर्वोक्त, पृ. 105-117
5. मिश्र, जयशंकर : पूर्वोक्त, पृ. 582-584

पूजा विधि[1]

प्राकृतिक बिम्ब के पूजनार्थ, प्रतिमा मंदिर की थी न चाह।
आध्यात्मिक अन्तस ध्यान मग्न, यज्ञाहुति करते अति उछाह॥
पृथक-पृथक देवार्चन के थे, भिन्न-भिन्न ऋग्वैदिक मन्त्र।
विजय बित्त परिवार पुत्र हित, सुर स्तुति करते थे स्वतन्त्र॥88॥

थे प्रकृति मार्ग के अनुयायी, सुख वैभव उन्नति अभिलाषी।
लौकिक मंगलमय कल्याणी, शत वर्ष सुजीवन विश्वासी॥
जीवन हो शान्त सरल सुखमय, ऋत पालन करते आर्य श्रेष्ठ।
थे मृषा अनृत से सदा विरत, करते आगत स्वागत यथेष्ठ॥89॥

यज्ञ[2]

वैदिक जीवन में यज्ञ कर्म, महिमा ममत्व अति भारी था।
पाते सुख शक्ति देव मनुज, यह पर्यावरण सुधारी था॥
अग्नि श्रौत स्मार्त मंत्र ऋक्, यज्ञ विविध होते सम्पन्न।
कांता संग गृहस्थ कर सकते, विज्ञ पुरोहित के आसन्न॥90॥

शुद्ध उच्चरित वेद मन्त्र से, याज्ञिक कार्य किये जाते थे।
धान्य दूध घी मांस आदि से, आहुति अग्नि दिये जाते थे॥
यज्ञों से होते देव मुदित, सुवासित होती वायु प्रकृति।
नभ उठती लपटें यज्ञों की, देवों तक पहुँचती उनकी हवि॥91॥

जन साधारण करते सूक्ष्म यज्ञ, निज साधन क्षमता व्यकारी।
अरु धनिक बड़े राजन्य वर्ग, यज्ञों पर करते व्यय भारी॥
उस युग में प्रचलित सोमयज्ञ, विस्तृत व्यय साध्य व भारी थे।
जिसमें त्रिवेदि त्रिअग्नि युक्त, बहुसंख्यक यज्ञ पुजारी थे॥92॥

राजनीतिक अवस्था[3]

ऋग्वैदिक राज्य प्रशासन के, कुछ धुँधले चित्र उभरते हैं।
कुटुम्ब ग्राम विश जन व राष्ट्र, नय शासन चित्रित करते हैं॥

---

1. वही, पृ. 585
2. मिश्र, जयशंकर : पूर्वोद्धत, पृ. 585-589; पाण्डेय, विजय कुमार : व्यक्तित्व की भारतीय अवधारणा, पृ. 71-72
3. नाहर, रतिभान सिंह : पूर्वोक्त, पृ. 86-91

हर कुटुम्ब लघु शास्ति इकाई, जिसका शासी था गृहपति।
सुगठित कुल कौटुम्ब्य समस्या, समाधान करता कुल अधिपति॥93॥

बहु कुटुम्ब एक ठाँव में बसते, जिसको ग्राम कहा जाता था।
उसका शासक योग्य ग्रामणी, जन या नृप से चुना जाता था॥
संशय भरा शब्द है ऋक् में, विश था कोई वर्ग विशेष।
या विशपति के देख रेख में, जनशासन का एकक शेष॥94॥

बहुत विशों से मिलकर शायद, पूर्ण इकाई जन होता था।
पंचजनों के सम्मुलेख में, प्रमुख गोप राजन होता था॥
राज्य हेतु ऋक्वेद मन्त्र में, राष्ट्र शब्द का है अभिधान।
इससे ऋक् के युग विशेष में, केन्द्रीय शासन का अनुमान॥95॥

राजा[1]

'राजन' शब्द मूल रूप ऋक्, में उल्लिखित है बारम्बार।
जबकि शब्द उत्पत्ति स्रोत पर, मौन सभी ऋषि मन्त्रकार॥
था कर्णधार वह शासन का, प्रिय देव तुल्य था सम्मानित।
निज बल से करता दस्यु हनन, असुरों को करता अपमानित॥[2]96॥

राजाज्ञा पालन अपरिहार्य, जन अकृत दण्ड के भागी थे।
राजा से अधिक अपेक्षा थी, सब राजभक्ति अनुरागी थे॥
था नृपति न्याय का भी अधिपति, पीड़ित के शोक को हरता था।
वह स्वयं अदण्ड्य दण्ड नायक, दुष्टों को दंडित करता था॥97॥

राज्य के अधिकारी/कर्मचारी

नित राज काज के संचालनार्थ, बहु कर्मी होते सरकारी।
थे प्रमुख पुरोहित[3] सेनानी, ग्रामणी दूत रक्षणकारी॥
उनमें सर्व प्रमुख पुरोहित प्रिय, राजन का सखा सहायक था।
वह धर्म राजनय नीति निपुण, गुरुधर्म दार्शनिक नायक था॥98॥

वह युद्ध काल में राजा संग, रण क्षेत्र मध्य भी जाता था।
निज मन्त्र स्तुति से विजय हेतु, नृप बल उत्साह बढ़ाता था॥

---

1. ऋक्वेद-1/67/1, 1/108/8-9, 4/4/3, 8/73/1-18, 9/112/1; काणे, पी.वी. : धर्मशास्त्र का इतिहास, भाग-दो, पृ. 592
2. गैरोला, वाचस्पति : पूर्वोक्त, पृ. 109-112
3. ऋग्वेद-1/1/1, 7/60/12, 7/83/4

सेवा के बदले राजा से, पाता आदर सम्मान प्यार।
धनधान्य राज्य से ग्रहण करे, नृप देता प्रायः पुरस्कार॥99॥
सेना का नायक सेनानी[1], रण कौशल से अरि विजित करे।
भटमानी योद्धा धीर-बीर, सेनानी, राजन स्वयं वरे॥
ग्रामाणी[2] ग्राम का शासक था, उपस्थि इभ्य कुछ अधिकारी।
रक्षक चर दौत्य सम्मुच्यय में, शासन करता नृप हितकारी॥100॥

सभा–समिति[3]

सभा समिति उल्लेख अधिक, ऋक्वेद मन्त्र में आता है।
जो उस युग में भी लोकतन्त्र, का खाका हमें दिखाता है॥
उच्च कुलीन जनों से शोभित, सभा सदस्य सभ्य कहलाते।
किन्तु सभा के कार्य विधा की, ज्ञात नहीं कुछ विस्तृत बातें॥101॥
सर्व प्रजा की समिति अन्य भी, नृप होता उसका अध्यक्ष।
राजनीति नय लोक समस्या, पर होता संवाद-प्रत्यक्ष॥
सभा समिति सहयोग नियन्त्रण, राज-काज संचालन में।
नये नृपति को चयनित करती, सक्षम जनहित पालन में॥102॥

न्याय प्रक्रिया[4]

ऋक् न्याय क्रिया परिपक्व नहीं, हत जीवन मूल्य वँधे होते।
अपराधी पापी नरहन्ता, मृत परिजन को गौ धन देते॥
जल अग्नि परीक्षा थी खल को, चोरों की दुर्गति की जाती।
कुछ बड़े भ्रष्ट अपराधी को, बन्दी गृह कारा दी जाती॥103॥

❑❑❑

1. वही, 7/20/5, 9/96/1
2. वही, 10/62/11
3. श्रीवास्तव, एम.सी.पी. : डायमेन्संस आफ इंडियन आर्ट, भाग-प्रथम, पृ. 428-432; ऋक्वेद, 6/28/6, 2/24/13, 10/71/10, 4/2/5, 10/11/8
4. गैरोला, वाचस्पति : पूर्वोद्धृत, पृ. 175-178

8

उत्तर वैदिक काल

(C.1000-600 ईसा पूर्व)

ऋग्वैदिक काल बाद, आता उत्तर वैदिक युग,
वेद-साम यजुर् अथर्व, ब्राह्मण संहिता प्रणीत।
अथर्ववेद में बिम्बित, लोक जीवन की झाँकी,
यजुर्-यजन विधि विधान, साम-यज्ञ मंत्र गीत॥
ब्राह्मण ग्रन्थ का उद्‌देश्य, वेदों की व्याख्या सरल,
आरण्यक-उपनिषद् में है, दर्शन ज्ञान संग्रहीत।
मिले हैं उत्खननों में, पुरावशेष युग असंख्य,
धातु तकनीक यन्त्र, भाण्ड संस्कृतियाँ अतीत॥

जिस ऋक्वैदिक युग का विवरण, इससे पूर्व हुआ निर्दिष्ट।
आर्य आगमन ऋक् रचना तक, आर्य संस्कृति काल विशिष्ट॥
उत्तर वैदिक काल संस्कृति, मूल तत्व अपने युग पूर्व।
हुई उदित उत्थान ज्ञान संग, ले परिवर्तन क्रान्ति अपूर्व[1]॥1॥

स्रोत

इस युग का इतिहास निरूपित, ग्रंथ मूल ऋक्वेदाधार।
साम यजुर् व अथर्व संहिता, आरण्यक उपनिषदिक सार॥
संहिताओं के सरल विवेचक, गद्यरूप ये ब्राह्मण ग्रंथ।
इसमें दर्शित कर्मकाण्ड का, गाथा विवरण वैदिक पंथ॥2॥

आरण्यक अरण्य के अंदर, विरचित हुए सुखद एकांत।
इनका विषय रहस्य सम्मिश्रित, दार्शनिक संयम दृष्टांत॥

1. कौशाम्बी, डी.डी. : द कल्चर एण्ड सिविलाइजेशन आफ ऐंशियंट इण्डिया, पृ. 84-88
नाहर, रतिभान सिंह : प्राचीन भारत का राजनैतिक एवं सांस्कृतिक इतिहास, पृ. 92

मुख्य आरण्यक ऐतरेय व, कौषितकी तथा तैत्तरीय।
इसके बाद है उपनिषदों का, आत्म विवेचन रुचि अद्वितीय ॥3॥

इनका विषय वेद मत चिन्तन, अतः इन्हें कहते वेदांत।
इन कृतियों का रचना स्थल, गंगा की घाटी वन शांत ॥[1]
ईसा पहले एक हजार से, छः सौ बी. सी. के अन्तराल।
विरचित हुई ये सारी कृतियाँ, देतीं विवरण विविध विशाल ॥4॥

उत्तर वैदिक युग विशेष पर, उत्खननों से सूचित ज्ञान।
पश्चिमोंत्तर भारत में मिलते, चित्रित धूसर भाण्ड तमाम॥
ये प्रयोग करते लोहे के, युद्ध उपकरण यंत्र अनेक।
हस्तिनापुर अतिरंजीखेड़ा, नोह आदि से मिले प्रत्येक ॥[2]5॥

कुरू पांचाल भूमि अन्तर्गत, जो इस युग के क्षेत्र विशेष।
लोहे के बाणाग्र व बरछे, मिले फलक युद्धक अवशेष॥
सर्व प्रथम उपयोग लौह का, अस्त्र-शस्त्र रण के हथियार।
किन्तु बाद में कृषि कार्यहित, बने उपकरण विविध प्रकार ॥6॥

भौगोलिक पृष्ठभूमि

ऋक् वैदिक युग आर्य संस्कृति, सीमित भूमि सिंध पंजाब।
उत्तर वैदिक काल में विस्तृत, सरित् सरस्वती गंग दोआब॥
मध्य देश तब मुख्य केन्द्र था, जिसके प्रांत कुरू पांचाल।
विजित कर लिए आगे बढ़कर, सदानीर नद क्षेत्र विशाल ॥[3]7॥

बढ़ी यहीं से आर्य सभ्यता, प्राची दिशा लिए नव नेह।
नवल रंग ढंग लेकर पहुँची, कोशल काशी बज्जि विदेह ॥[4]
घटा महत्त्व पांचाल व कुरू का, काशी कोशल बढ़ा प्रभाव।
मगध अंग अब भी बाहर थे, आर्य संस्कृति धर्म दबाव ॥8॥

अंग मगध उल्लेख न ऋक् में, अथर्ववेद में पहलीबार।
जहाँ इन्हें प्राकृत भाषी कह, व्रात्य रूप में है उच्चार॥

---

1. वेदालंकार, हरिदत्त : भारत का सांस्कृतिक इतिहास, पृ. 34-39; रैप्सन, ई.जे. : ऐंशियंट इण्डिया, पृ. 28-35; शास्त्री, मंगलदेव : भारतीय संस्कृति का विकास, पृ. 80-89
2. शर्मा, एल.पी. : प्राचीन भारत, पृ. 57
3. सूरजभान : हिस्ट्री एण्ड हेरीटेज, खण्ड-प्रथम, पृ. 207-209
4. पाण्डेय, जी.सी. : बौद्ध धर्म के विकास का इतिहास, पृ. 8-9

इनके लिए तिरष्कृत भाषा, अशुभ भाव का हुआ प्रयोग।
मगध अंग में व्याधि संचरण, होवे यदि तो सुख संयोग॥9॥

शतपथ ब्राह्मण से सूचित है, आर्यजनों का पूर्व प्रसार।
विदेघ माधव आख्यायिका से, होता ज्ञात क्षेत्र विस्तार॥
विन्ध्य मेखला के दक्षिण में, नहीं अभी तक आर्य प्रवेश।
वैदिक कृति परिवार के अंदर, चर्चा नहीं प्रांत पुर देश॥10॥

उत्तर वैदिक युग प्रवाह में, आर्य कबीले हो गये नष्ट।
उसके बदले वृहद् राज्य कुछ, कुरू पांचाल बने स्पष्ट॥
ये संयुक्त राज्य थे जिनकी, राजधानी पांचाल असंदी।
यहाँ के वासी शिष्ट अग्रणी, वेद संस्कृत ज्ञाना नंदी॥[1]11॥

आसंदी सरस्वती दृश्द्वती, सरित् मध्य कुरुजन कुरक्षेत्र।
बदायूँ फरुखाबाद बरेली, थे काम्पिल्य अधीन भू क्षेत्र॥
परीक्षित-जन्मेजय युग था, कुरु राज्य का उन्नति काल।
श्वेतकेतु अरुणि जैबाली, नृपति प्रवाहन भू पांचाल॥12॥

उपनिषदों के युग विदेह ने, ग्रहण किया पांचाल स्थान।
जिसके राजा जनक ख्यात अति, उच्च दार्शनिक नृपति महान्॥
इस प्रकार उत्तर वैदिक युग, राज्य कई आर्यों से शासित।
कुरू पांचाल व कोशल काशी, अंग विदेह मगध नृप आश्रित॥[2]13॥

राजनीतिक उत्कर्ष

वृहद् राज्य के स्थापन से, बढ़े नृपतियों के अधिकार।
अब विशाल जगती के अधिपति, नहीं कबीली नृप सरदार॥
ऐतरेय ब्राह्मण का विवरण, नृप उत्पत्ति का कारण मूल।
युद्ध हेतु जनता से चयनित, सैनिक आवश्यकता अनुकूल॥[3]14॥

राजाधिराज एकराट् विरुद को, धारण करते थे सम्राट।
अश्वमेघ राजसूय यज्ञ कर, नृपति बढ़ाते अपना ठाट॥[4]

1. कौशितकी ब्राह्मण, 7/6
2. गोपथ ब्राह्मण, 2/9; श्रीवास्तव, के.सी. : प्राचीन भारत का इतिहास तथा संस्कृति, पृ. 95-96
3. विशि राजा प्रतिष्ठितः यजुर्वेद-20/9; त्वां विशो वृणतां राज्याय-अथर्ववेद, 3/4/2
4. जेम्स, एच.जी. : ए हिस्ट्री आफ इण्डिया, पृ. 16-18

ऐतरेय शतपथ ब्राह्मण में, सम्राटों की सूची भारी।
दैव प्रतीक रूप में मानित, सर्वोच्च शासन अधिकारी ॥15 ॥

सैद्धांतिक दृष्टि से राजा, लगे निरंकुश स्वेच्छाचारी।
देता दण्ड राज्य निर्वासन, महादंडधर न्याय अधिकारी ॥
व्यवहारिकता में नृप के ऊपर, होते कई तरह के अंकुश।
सभा समिति के दृढ़ दबाव में, होना उसका कठिन निरंकुश ॥16 ॥

शपथ करे अभिषेक समय वह, धर्म अनुकूल आचरणधारी।
नव नरेश के निर्वाचन में, होती जन की भागीदारी ॥
पाने को जनभक्ति समर्थन, नृप उपाय करता प्रत्याशा।
दंडित करती जनता नृप को, दण्ड कई नृप देश निकासा ॥[1]17 ॥

कुछ पदच्यूत महीपों द्वारा, फिर से राज्य प्राप्ति उल्लेख।
इस अवसर पर होने वाले, चर्चित कुछ संस्कार विशेष ॥
युद्ध समय में रण संचालन, शान्ति काल में शासन न्याय।
करे शत्रु से राज्य की रक्षा, रोके उत्पीड़न अन्याय ॥18 ॥

यजुर् संहिता में मिलते हैं, पदाधिकारियों के कुछ नाम।
राज्यसभा व उसके रत्नी, शासन में उनका सम्मान ॥
राजा के संबंधी मंत्री, विभागाध्यक्ष प्रमुख व्यापारी।
पटरानी प्रिय राज्ञि पुरोहित, भागधूक संग्रह अधिकारी ॥19 ॥

सूत सेनानी एवं विदूषक, गोविकर्त क्षत्रा व ग्रामणी।
अक्षावाय रथकार व तक्षा, नृप परिषद के रत्न अग्रणी ॥
रत्नी थे महनीय राज्य में, शासन में गुरुतर स्थान।
नृपति स्वयं रत्नी गृह जाकर, राजसूय बलि करे प्रदान ॥[2]20 ॥

सभा समिति के अधिकारों में, उत्तर युग में लक्षित वृद्धि।
प्रजापति की द्वय पुत्रियाँ, रूप में इनकी रही प्रसिद्धि ॥
सभा नाम से उच्च सदन था, जिसमें रत्नी लेते भाग।
निचला सदन समिति कहलाती, प्रतिनिधि जन विचार संभाग ॥[3]21 ॥

1. वेदालंकार, हरिदत्त : पूर्वोक्त, पृ. 49
2. काणे, पी.वी. : धर्मशास्त्र का इतिहास, भाग-द्वितीय, चतु. संस्करण, 1992, पृ. 609
3. श्रीवास्तव, के.सी. : पूर्वोक्त, पृ. 96–97; सभा च मा समितिश्चावतां प्रजापते दुहितरौ संविदाने। –अथर्ववेद, 7/12/1

समिति रही केन्द्रीय शासन की, व्यवस्थापिका सभा समान।
सेना शासक पर अंकुश अति, जनता संसद वृहद् महान्॥
समिति समर्थन पर निर्भर था, राजा का भविष्य अस्तित्व।
उसके उल्टे हो जाने पर, संकटमय नृप का व्यक्तित्व॥22॥

इनके कार्य स्वरूप विषय पर, विद्वानों में कुछ मतभेद।
बहुमत से निर्णय करती ये, न्याय प्रक्रिया शुचि संकेत॥
सभा समिति अतिरिक्त उस समय, 'विदथ' संस्था का उल्लेख।
विज्ञजनों की सभा निभाती, सामाजिक बुध कृत्य विशेष॥23॥

अपनी सेवा बदले नृप को, प्रजा से सेवा कर अधिकार।
पहले ऐच्छिक भेट आदि था, बाद करों का बढ़ा प्रभार॥
कलाकार उद्यमी व शिल्पी, कर दाता थे कृषक-व्यापारी।
ब्राह्मण क्षत्रिय मुक्त करों से, युग विशेष की नीति विकारी॥[1]24॥

सामाजिक जीवन[2]

पूर्व भाँति उत्तर वैदिक युग, प्रथा रही संयुक्त परिवार।
पितृ सत्तात्मक उस समाज में, पिता को थे असीम अधिकार॥
ऐतरेयब्राह्मण से सूचित, पिता पुत्र को देता बेच।
आज्ञा नहीं मानने पर पितु, निर्वासित सुत करे निकेत॥25॥

स्त्रियों की स्थिति अच्छी, शिक्षा-दीक्षा कन्या पातीं।
धर्म-कर्म मांगलिक कृत्य व, रागारोह उत्सव में जाती॥[3]
नृत्य गीत संगीत में शिक्षित, वाद्ययंत्र वादन निष्णात।
कुछ महिलायें सघन ज्ञान के, विविध क्षेत्र में थी विख्यात॥26॥

कौषीतकी ऐतरेय ब्राह्मण में, विज्ञ विदुषियों के संदर्भ।
गार्गी व गन्धर्वग्रहीता, मैत्रेयी गुण ज्ञान प्रगल्भ॥
ब्रह्मवादिनी जनक सभा में, यज्ञ में लेती स्त्री भाग।
नारी शिक्षण कार्य में रत थी, समरांगण में पति के साथ॥27॥

फिर भी राजनीति व धन पर, नारी का अधिकार नहीं।
ऋग्वैदिक युग के समान अब, मान प्रतिष्ठा प्यार नहीं॥[4]

---

1. श्रीवास्तव, के.सी. : पूर्वोद्धृत, पृ. 96-97
2. मिश्र, जयशंकर : पूर्वोक्त, पृ. 343-348
3. वेदालंकार, हरिदत्त : पूर्वोक्त, पृ. 44-45
4. गैरोला, वाचस्पति : पूर्वोद्धृत, पृ. 174-175; जैन, प्रदीपकुमार : भारतीय संस्कृति, पृ. 62

ऐतरेयब्राह्मण अथर्ववेद व, मैत्रायणीसंहिता विचार।
द्यूत वारुणी के सम दुहिता, निन्द्य जन्म चिंता परिवार॥28॥

वर्ण–व्यवस्था[1]

ऋग्वैदिक युग वर्ण व्यवस्था, उत्तर वैदिक काल में आकर।
ब्राह्मण क्षत्रिय वैश्य शूद्र के, वर्ण चार में सिमटी बँटकर॥[2]
बढ़ती दिखती वर्ण जटिलता, परम्परा पुट वृत्ति में आया।
बने पुरोहित पुत्र पुरोहित, योद्धा सुत क्षत्रिय कहलाया॥29॥

नये–नये कार्यों से उर्जित, वैश्य वर्ग का वृहद् विकास।
शूद्रों के जीवन में लक्षित, परिवर्तन का नवल प्रकाश॥
उत्तर वैदिक युग कृतियों में, धनी शूद्र जन का उल्लेख।[3]
बढ़ते जन धन के प्रभाव से, बने आर्यजन अंग विशेष॥30॥

इसीलिए ऋक्दशम् खण्ड में, चतुवर्ण उत्पत्ति प्रसंग।
कहा गया है शूद्रवर्ग को, आर्य वर्णक्रम चौथा अंग॥[4]
ये परिवर्तन प्रगति आदि सब, जाति जटिलता के जड़मूल।
आर्य शूद्र की नेह निकटता, कुछ लोगों के मत प्रतिकूल॥31॥

कुछ आर्यों ने आर्य संस्कृति, धर्म वर्ण पर माना घात।
आर्य शूद्र वैवाहिक वर्जन, इसी दृष्टि का निन्द्य निपात॥
हेय भावना थी समाज में, शूद्रों के प्रति उस युग खास।
अलग–अलग वर्णों का विवरण, देने का लघु यहाँ प्रयास॥32॥

ब्राह्मण[5]

ऋग्वैदिक युग के ब्राह्मण ने, पाठन–पठन कार्य अपनाया।
उत्तर वैदिक याग कर्म ने, उन्हें पुरोहित भव्य बनाया॥
धर्म–कर्म में हुए दक्ष वे, बने धर्म गुरू धर्म अधिष्ठाता।
विद्या व गुण ज्ञान से भूषित, वे समाज के बने विधाता॥33॥

---

1. पाण्डेय, जी.सी. : पूर्वोक्त, पृ. 9–10; यादव, झिनकू (सं.) : संस्कृति संधान, वर्ष 1994 खण्ड–7, पृ. 202–203; नाहर, रतिभान सिंह : प्राचीन भारत का राजनैतिक एवं सांस्कृतिक इतिहास, पृ. 95–98
2. जैन, प्रदीप कुमार : भारतीय संस्कृति, पृ. 6
3. मैत्रायणी संहिता, 4/2/10
4. तैत्तरीय संहिता, 7/4/19/3–4, काठक संहिता, 10/112/14/17; यजुर्वेद, 31/11, ऋग्वेद–10/90/42
5. ऐतरेय ब्राह्मण 3/23, डॉ. देवराज : भारतीय संस्कृति, पृ. 9

आडंबरी महायज्ञों से, बढ़ती गई आय समृद्धि।
मान प्रतिष्ठा में ब्राह्मण की, होती गई अपरिमित वृद्धि॥
कर सकते थे इच्छित परिणय, अन्य वर्ण कन्या के साथ।
बटे जाति उपजाति में ब्राह्मण, धर्मसूत्र से होता ज्ञात॥34॥

क्षत्रिय[1]

ब्राह्मण के महत्त्व का कारण, शिक्षा-दीक्षा यज्ञ व धर्म।
राजनीति राजत्व भूमिका, क्षत्रिय के महिमा का मर्म॥
बड़े-बड़े राज्यों के कारण, बढ़ा क्षत्रियों का अभिमान।
राजा मन्त्री सैन्य कर्म रण, शासन करना इनका काम॥35॥

हुए कई क्षत्रिय जन इस युग, दर्शन ज्ञान विज्ञ सुविचारी।[2]
जिनके शिष्य बने कुछ ब्राह्मण, उपनिषदों में चर्चा भारी॥
निम्न वर्ण की कन्यावों से, कर सकते थे ये भी शादी।[3]
कई जाति उपशाखाओं में, बँटी-बढ़ी क्षत्रिय आबादी॥36॥

वैश्य

ऋक्वेद का 'विश' संज्ञा ही, उत्तर युग में वैश्य कहाया।[4]
ब्राह्मण क्षत्रिय शूद्र छोड़ जन, इसमें सब समुदाय समाया॥
बढ़े विविध व्यवसाय के कारण, बनी जातियाँ वैश्य अनेक।
सेवा कार्य के साथ-साथ ही, शूद्र शिल्प से जुड़े कुछेक॥37॥

वर्ण कठोरता लगी थी बढ़ने, वर्ण-वर्ण में जाति तमाम।
वर्ण विहित व्यवसाय बदलना, होता गया कठिनतर काम॥
सभी वर्ण में भेद बढ़ रहे, धर्म-कर्म स्थिति अधिकार।
भिन्न-भिन्न सामाजिक स्तर, सम्बोधन के भिन्न प्रकार॥38॥

अलग रंग के यज्ञोपवीत का, वर्ण-वर्ण में भिन्न विधान।
शतपथ ब्राह्मण में चर्चा है, वर्ण प्रत्येक पृथक श्मशान॥[5]

---

1. जैन, प्रदीपकुमार, पूर्वोक्त, पृ. 8
2. मिश्र, जयशंकर : प्राचीन भारत का सामाजिक इतिहास, पृ. 39-40
3. शर्मा, मनिराम : मैरिज इन ऐंशियंट इण्डिया, पृ. 48-49
4. बाजसनेई संहिता-18/48, अथर्ववेद 6/13/1, ऋग्वेद 10/90/12
5. श्रीवास्तव, के.सी. : पूर्वोक्त, पृ. 97-98

आर्थिक धार्मिक विविध श्रेणियाँ, लेने लगी जाति का रूप।
अनुवांशिक हो रहे थे पेशे, वर्ण जाति परिवर्त स्वरूप॥39॥

उस युग में ब्राह्मण व क्षत्रिय, का स्थान हो गया ऊँचा।
इन दोनों में श्रेष्ठ कौन है, उठा प्रश्न प्रतिवाद समूचा॥
इस विवाद के समझौते में, ब्राह्मण हस्त धर्म सम्मान।
क्षत्रिय को स्वामित्व भूमि का, राजकाज व सैन्य कमान॥40॥

बचा नहीं कुछ शेष वर्ण के, हिस्से में सम्मानित कार्य।
ब्राह्मण क्षत्रिय दृढ़ दबाव में, सेवा वृत्ति अन्य अनिवार्य॥
उच्च वर्ण द्वय उत्पादकता का, करते नहीं थे कोई काम।
स्वयं बनाये विधि विधान से, लेते लाभ थे किन्तु तमाम॥41॥

कृषक बणिक की गाढ़ी कमाई, दोनों ही मिलकर के खाते।
न पाने पर विविध यातना, देकर उनको सदा सताते॥
इसी प्रकार विषमता मूलक, वर्ण जाति का रूप क्रमेन।
भारत के अवनति का कैन्सर, उत्तर वैदिक युग की देन॥[1]42॥

विवाह

नारी की स्थिति ठीक-ठीक, परिणय[2] प्रमाण से हो जाता।
जो प्राय: ऋक्‌वैदिक समान, कुछ नया दृष्टि में भी आता॥
परिणयोत्सव का धार्मिक महत्त्व, धन द्रव्य अन्तरण की बाते।
है अथर्ववेद चर्चा रुचिकर, हो देव उपस्थित सुख पाते॥43॥

सगोत्र विवाह भी प्रचलित थे, चौथी पीढ़ी तक के प्रमान।[3]
युवती-युवकों का प्रेम राग, ऋक् दशवें मंडल में बखान॥
बहु पत्नी प्रथा के प्रचलन का, मिलते उस युग में साक्ष्य शेष।
दु:खमय वैवाहिक जीवन व, पत्नी-पत्नी में कलह द्वेष॥44॥

पति रखता पत्नी कई किन्तु, स्त्री का भर्ता मात्र एक।
इस विषय में थे कुछ कड़े नियम, ऐतरेय ब्राह्मण में सम्मुलेख॥

---

1. शर्मा, एल.पी. : प्राचीन भारत, पृ. 60, 68; गैरोला, वाचस्पति : पूर्वोक्त, पृ. 153-154
2. शर्मा, मनिराम : मैरिज इन ऐंशियंट इण्डिया, आगम कला प्रकाशन, 1993, पठनीय; काणे, वी.पी. : धर्मशास्त्र का इतिहास, भाग-चतुर्थ, पृ. 300-303
3. अथर्ववेद-14/1/16-64; 14/2/1-75; शतपथ ब्राह्मण, 1/8/3/6

ऋग्वेद से उत्तर युग समेत, विधवा विवाह अविरल जारी।
सशर्त विवाहों के अनेक, मिलते प्रमाण तद् युग भारी॥[1]45॥

कौटुम्बिक जीवन

पूर्व भाँति इस युग में भी, पितृसत्ता कुटुम्ब परिवार।
पति-पत्नी दोनों ही मिलकर, गहे गृहस्थी का सब भार॥
गृहपति का अपने कुटुम्ब में, था महत्त्व व मिलता आदर।
पुत्र विमाता का भी करते, पालन-पोषण रक्ष्य समादर॥46॥

यदा-कदा हो जाया करता, परिवारों में कलह अशांति।
अथर्व में ईश बन्दना इंगित, घर में ले आने को शांति॥
बहुएँ तो संघर्ष द्वेष बस, पियगृह त्याग मायके जाती।
इसी तरह संयुक्त कुटुम्ब का, टिम-टीम जलता दीया बाती॥[2]47॥

आर्थिक जीवन : कृषि

देश प्रगति के राह बढ़ा था, कृषि वाणिज् उद्यम व्यापार।
अब भी रहा कृषि भारत में, अर्थव्यवस्था मूलाधार॥
कृषि उद्यम उन्नति के पथ पर, रहा अग्रसर सारा देश।
चौबीस बैलों वाले हल का, काठक संहिता में उल्लेख॥[3]48॥

जुताई-बुआई कटाई मड़ाई, आदि क्रिया शतपथ संदर्भ।
उपज अधिकतम हेतु डालते, गोबर खाद धरा के गर्भ॥[4]
बाजसनेयि संहिता बताती, कई तरह के सस्य सुधान्य।
उड़द मूंग तिल जौ औ गेहूँ, चावल आदि प्रमुख खाद्यान्य॥49॥

हस्तिनापुर के उत्खननों से, प्राप्त वहाँ ईख अवशेष।
लौह ज्ञान से कृषी कार्य में, मिली सफलता प्रचुर विशेष॥
शीतकाल यव बोया जाता, और ग्रीष्म में काटा जाता।
धान रोपते वर्षा ऋतु में, तैत्तरीय संहिता बताता॥[5]50॥

---

1. अथर्ववेद-9/6/28
2. वही-9/6/30, 3/30/1-4, 7/35/1-3; 7/38/1-4, 7/37/1; ऋक्वेद-10/179/2
3. काठक संहिता, 15/2
4. शतपथ ब्राह्मण-1/6/1/3
5. तैतरीय संहिता- 7/2/10/2; शर्मा, एल.पी. : प्राचीन भारत, पृ. 62

कृषि भूमि स्वामी किसान था, चारागाह ग्राम सम्पत्ति।
छठा या दशवाँ अंश राज्य को, देता कर वह कृषि उत्पत्ति॥
अनावृष्टि–अतिवृष्टि आदि से, बचने के थे मन्त्र विधान।
अन्न वपन पकने के समय का, वाजसनेयि से होता ज्ञान॥51॥

पशुपालन

गाय बैल अज भेड़ व सूअर, उस युग में भी पाले जाते।
गाय के प्रति सम्मान भावना, बैल जुआठ में शाले जाते॥
इस युग में आर्यों ने कर दी, हाथी का पालन प्रारम्भ।
पशुधन वृद्धि की दैव बन्दना, उत्तर वैदिक कृति संदर्भ॥52॥

वणिज व्यापार[1]

उत्तर वैदिक युग भारत का, उन्नतिशील वणिज् व्यापार।
उद्योगों की विविध श्रेणियाँ, धनी श्रेष्ठियों की भरमार॥
अथर्ववेद शतपथ ब्राह्मण में, समुद्र यात्रा का उल्लेख।
बड़े–बड़े जलयानों द्वारा, वाणिज्यिक गतिविधि संकेत॥53॥

अपना लिया था वैश्य वर्ण ने, बहुभाँतिय उद्यम व्यापार।
भिन्न–भिन्न व्यवसाय संगठन, व्यापारिक उन्नति आधार॥[2]
निष्क पाद शतमान आदि सब, माप जोख बहु भिन्न इकाई।
कृष्णल गुंजा एवं रत्तिका, बाट विविध कृति युग दर्शाई॥54॥

प्राच्य समय से बाट रत्तिका, पद्यति का महती स्थान।
तुलाबीज ग्रन्थों में चर्चित, सिक्का प्रचलन नहीं प्रमान॥[3]
होन लगे व्यवसाय वंशगत, बटे जातियों में रोजगार।
व्यवसायों की लम्बी सूची, वाजसनेयी कृति अनुसार॥55॥

स्वर्णकार रथकार[4] जुलाहे, वैद्य ज्योतिषी गोप कुम्हार।
रज्जुकार गायक नर्तक नट, नाई मछुआ सूत कोंहार॥
रंगसाग मणिसाज गड़ेरिया, धीवर व्याध नॉव निर्माता।
सौ डाड़ा जलपोत का विवरण, बाजसनेयी मन्त्र बताता॥56॥

---

1. जैन, प्रदीप कुमार : भारतीय संस्कृति, पृ. 176–177
2. नाहर, रतिभान सिंह : पूर्वोद्धृत, पृ. 100–102
3. सिंह, एस.एस. : अर्ली क्वाइन्स आफ नार्थ इण्डिया, पृ. 1–2
4. प्रश्नोपनिषद (सानुवादशांकरभाष्य सहित सं. 2008) प्रश्न 6 से 22

डेढ़ हजार ईसा पूरब से, लौह धातु का बढ़ा प्रसार।
बने धातुओं से उस युग में, भूष उपकरण व हथियार॥
ताम्र धातु से गेंद का बनना, अथर्ववेद से होता ज्ञात।
वाजसनेयि में चर्चित सीसा, करते प्रयोग उद्यमी बाट॥[1]57॥

शतपथ ब्राह्मण हमें बताता, रजताभूषण रचना ज्ञान।
तैतरीय ब्राह्मण चाँदी के, तश्तरियों का करे बखान॥
पंचविंश ब्राह्मण निष्क मुद्रा के, बनने का देता संकेत।[2]
सोने के प्याले आभूषण, कर्णाभरण आदि अभिप्रेत॥58॥

होने लगे लोग निज उद्यम, कर्म कुशल रचना में दक्ष।
स्त्रियों का योग शिल्प में, प्रस्तुत करता उसका पक्ष॥[3]
इन सबसे स्पष्ट यही की, उनका जीवन स्थिर उन्नत।
बसते गये आर्य स्थाई, गंग यमुन तट कृषि सम्मुन्नत॥[4]59॥

शिक्षा[5]

ऋक्वैदिक युग आर्यजनों का, प्रिय सभ्यता प्रथम सोपान।
बहु विध हुआ विकास उस समय, जिसका है ऋग्वेद प्रमान॥
उत्तर वैदिक काल आर्य सब, निज उन्नति का किए प्रयास।
विद्या के प्रति राग बढ़ रहा, लेखन कला का हुआ विकास॥60॥

उत्तर वैदिक युग में मिलते, पाठशालाओं के पुष्ट प्रमान।
अथर्ववेद के सन्दर्भों से, शिक्षा पद्यति का अनुमान॥
उपनयन उपरान्त छात्र जब, ब्रह्मचारी या द्विज बन जाता।
विद्याध्ययन हेतु तभी वह, गुरु गृह या गुरु कुल में जाता॥61॥

गुरु आश्रम में विद्यार्थी का, जीवन होता पूर्ण संयमित।
केश बड़े नव वस्त्र मेखला, गुरु सेवा में तत्पर नियमित॥
यज्ञ हेतु समिधा का संचय, भिक्षाटन दैनंदिन कार्य।
तप संयम श्रम व गौ चारण, विद्याध्ययन नित्य अनिवार्य॥62॥

---

1. वाजसनेई संहिता, 19/80
2. सिंह, एस.एस. : पूर्वोक्त, पृ. 2
3. वेदालंकार, हरिदत्त : भारत का सांस्कृतिक इतिहास, पृ. 50
4. तिवारी, यू.एन. : भारतीय संस्कृति : एक अजस्र प्रवाह, पृ. 78
5. नाहर, रतिभान सिंह : पूर्वोक्त, पृ. 102-104

शिष्य मानते गुरु ईश सम, करते सर्वाधिक सम्मान।
चरम प्रयास शिष्य को गुरु का, सतपथ पर लाने का काम॥
शारीरिक भौतिक व मानसिक, आध्यात्मिक शैक्षिक उत्थान।
मानव के व्यक्तित्व सृजन में, गुरु का शत प्रतिशत अवदान॥63॥

गुरु गृह ही शिक्षालय होते, उपनिषदों से होता ज्ञात।
कुछ शिक्षा परिषदें सार्वजनिक, संस्थाओं की चर्चित बात॥[1]
विद्यागृहों में दूर-दूर से, आते थे बहु विद्यापाठी।
स्नातक हो घर को जाते, गुरु दक्षिणा रही परिपाटी॥64॥

विद्याध्ययन पूर्ण होने पर, देता गुरु शिष्य उपदेश।
सत्य वचन कर्त्तव्य सुपालन, वेद पठन गृह धर्म प्रवेश॥[2]
छान्दोग्य वृहदारण्यक आदि से, पाठ विषय का होता ज्ञान।
देव नक्षत्र ब्रह्म बहु विद्या, इतिहास उपनिषद् आख्यान॥[3]65॥

जुटती विद्वत्जन की सभायें, होता बौद्धिक बाद विवाद।
क्षत्रिय नृप, कुछ महिलाओं का, ज्ञान योग प्रशस्य प्रवाद॥
शिक्षा ही उन्नति का साधन, शतपथ ब्राह्मण का संदेश।
धन बल बुद्धि मान यश वर्द्धित, मानव हरता जग का क्लेश॥66॥

धर्म-दर्शन

यज्ञ

शिक्षा के पश्चात् है करना, धर्म स्थिति पर हमें विचार।
शिक्षा साक्षात्कार कराती, ज्ञान धर्म दर्शन का द्वार॥
उत्तर वैदिक काल धर्म के, क्षेत्र में आया जो बदलाव।
उसमें यज्ञ और ब्राह्मण का, बढ़ता गया महत्त्व प्रभाव॥67॥

ऋग्वैदिक देवों की गरिमा, घटी नये कुछ हुए प्रतिष्ठित।
सूर्य वरुण इन्द्रादि के बदले, ब्रह्मा विष्णु महेश अवस्थित॥[4]
विवेच्य काल में कर्मकाण्ड व, संस्कारों का वर्द्धितमान।
जिसके कारण यज्ञ व पशुबलि, बने धर्म के कर्म प्रधान॥68॥

---

1. वृहदारण्यक उपनिषद, 6/2; कठोपनिषद, 1/14
2. तैतरीय उपनिषद (तृतीय अनुवाद), 3/12
3. छान्दोग्य उपनिषद, 7/1/2
4. श्रीवास्तव, के.सी. : प्राचीन भारत का इतिहास तथा संस्कृति, पृ. 99

पहले जिसको करता गृहपति, यज्ञादि साधारण रीति।
उसको करने लगे पुरोहित, आडम्बर मय स्वारथ नीति॥
पहले केवल सात ही ब्राह्मण, करते यज्ञ आदि का कार्य।
किन्तु बाद में होतृ क्रिया में, सत्रह विप्र हुए अनिवार्य॥[1]69॥

अभीष्ट सफलता हेतु फलतः, होन लगे बड़ यज्ञ तमाम।
विविध भाँति नव बलि अर्पण के, बने सहस्रों नियम विधान॥
इसी भाँति यज्ञीय विधान विधि, होते गये जटिल व विस्तृत।
पशुबलि नरबलि की परिपाटी, हिंसा युक्त यज्ञ अति कुत्सित॥[2]70॥

राजसूय महायज्ञ था होता, राज्याभिषेक के अवसर खास।
नवाभिषिक्त राजा प्रण लेता, रण से राज्य विस्तार प्रयास॥
अश्वमेध में एक वर्ष तक, अश्व विचरता चारों ओर।
विजई वाजि को ही बलि देकर, खाते उसका मांस चटोर॥[3]71॥

अश्वमेध में छः सौ पशु भी, अनुष्ठान हित मारे जाते।
सार्वभौम सत्ता के धुन में, नृप जन बहुत उजाड़े जाते॥
सात तरह के सोमयज्ञ में, पुरुषमेध कुत्सित निन्दनीय।
मानव बलि इसमें विधान था, ब्राह्मण या क्षत्रिय वधनीय॥[4]72॥

अग्निस्टोम यज्ञ भी चलता, पाँच दिवस तक नित्य निरन्तर।
बारह अस्त्रों के प्रयोग से, बलि देते पशु ग्यारह हतकर॥
पूर्णमास चतुर्मास आग्रयण, सौत्रामणि निरुढ पशुबंध।
पिण्ड पितृ अतिरात्र षोडसी, आदि यज्ञ चर्चित युग ग्रंथ॥73॥

इस प्रकार युग यज्ञ बन गये, पशु हत्या के साधन अस्त्र।
मिलने लगे पुरोहित जन को, गाय भूमि बहु स्वर्ण सुवस्त्र॥
कर्मकाण्ड अति वृद्धि के बल पर, बढ़ा देश पर द्विज वर्चस्व।
यज्ञीय कर्मकाण्ड के कर्त्ता, ब्राह्मण बने धर्म सर्वस्व॥74॥

कर्मकाण्ड की धर्म देशना, से आह्लादित क्षत्रिय वर्ग।
मिला उन्हें अधिकार राज भू, अन्यों पर अधिपत्य सगर्व॥[5]

---

1. मुण्डकोपनिषद् (गीता प्रेस-पंचम संस्करण सं. 2009) पृ. 38
2. वर्डवूड, जी.सी.एम. : द इण्डस्ट्रियल आर्ट आफ इण्डिया, पृ. 54-64; त्रिपाठी, एल.के. : द टेम्पुल्स आफ बरौली, पृ. 120
3. शर्मा, एल.पी. : प्राचीन भारत, पृ. 63-64
4. यदस्मिन् मेध्यान्पुरुषानां लभते तस्मदिव पुरुषमेध-शतपथ ब्राह्मण, 13, 6, 2, 1
5. श्रीवास्तव, के.सी. : पूर्वोक्त, पृ. 99; शर्मा, एल.पी. : पूर्वोद्धृत, पृ. 64

आर्य अनार्य विचार मेल से, धर्म तत्व मिश्रित नवराग।
देव कोटि में हुए सम्मिलित, यक्ष गंधर्व अप्सरा नाग॥[1]75॥

तप

कर्मकाण्ड से पीड़ित जन मन, लगा ढूढ़ने अन्य उपाय।
खोज लिया तप ज्ञान का आश्रय, आरण्यक उपनिषद् सहाय॥
कर्मकाण्ड यज्ञादि से हटकर, तप सुविचार इसी युग आया।
आरण्यक के उर से अंकुरित, मोक्ष मार्ग-चिन्तन गहराया॥76॥

तप आशय अरण्य में जाकर, धूप व शीत बिना परवाह।
तप से ईश-ब्रह्म को पाना, ज्ञान मार्ग चलने की राह॥[2]
तप की महिमा का गुण गायन, दशम् खण्ड ऋक्वेद में आता।
उसके पहले ऋक् नौ मण्डल, तप महात्म नहीं दर्शाता॥77॥

सत्य व ऋत उत्पत्ति है तप से, तप से मिले अलौकिक शक्ति।
किये ब्रह्म तप सृष्टि सृजन हित, जीते स्वर्ग देव तप भक्ति॥
कहा गया है अथर्ववेद में, ब्रह्म यज्ञ ऋत तप आधार।
तष बल स्थिर सृष्टि समूचा, वैदिक ग्रन्थों का उद्गार॥78॥

तप ब्रह्मत्व है तप देवत्व है, तप के बिना मिले ना ज्ञान।
पर उस युग के कुछ चिन्तक, दिये न तप को महिमा मान॥[3]
छः सौ ईसा पूर्व सुनिश्चित, उपनिषदों का रचना काल।
जिसमें मुखर विरोधी चिंतन, कर्मकाण्ड व याजक जाल॥79॥

ज्ञान

इसके एवज् त्याग तप संयम, नैतिकता पर केन्द्रित ध्यान।
कर्मकाण्ड यज्ञों की अपेक्षा, ज्ञान मार्ग की नव पहचान॥
यज्ञ व तप को गौड़ मानकर, ज्ञान पिपासा तर्क अनुकूल।
दार्शनिकता का उगा पौध प्रिय, उस पर खिले सुगंधित फूल॥80॥

तर्क स्वातन्त्रय के ज्ञान लोक में, हुए दार्शनिक मत प्रतिपादित।
स्वर्ग नर्क परमात्मा आत्मा, मोक्ष लोक द्वय नव व्याख्यापित॥[4]

---

1. श्रीवास्तव, के.सी. : पूर्वोक्त, पृ. 99
2. मुण्डकोपनिषद भाष्य, पृ. 42, खण्ड-दो, मंत्र 12
3. नाहर, रतिभान सिंह : पूर्वोक्त, पृ. 104-105
4. वही : पूर्वोक्त, पृ. 105

ज्ञान मार्ग का शुचि प्रतिपादन, उपनिषदों के उच्च विचार।
सत्य ज्ञान के द्वारा सम्भव, ब्रह्म मोक्ष का साक्षात्कार ॥81॥

एकेश्वरवाद[1]

ऋक् वैदिक विचारधारा में, उभरा जो एकेश्वर बाद।
उत्तर वैदिक अंत काल वह, प्राप्त पूर्णता को निर्विवाद॥
उपनिषदों ने आत्मा को ही, मूल तत्व जीवन का जाना।
अजर अमर आत्मा जीव का, एक ब्रह्म रूपान्तर माना ॥82॥

ब्रह्म अनादि अनंत अकारण, स्वयं सृजित सृष्टि का मूल।
ब्रह्म नित्य सब कुछ अनित्य है, इससे समझना धेय समूल॥
किन्तु ब्रह्म का सत्य जानना, इतना सरल नहीं है कार्य।
वेद पाठ अध्ययन धर्म रुचि, सदाचार पालन अनिवार्य ॥83॥

परमेश्वर प्रति पूर्ण समर्पण, योग से ब्रह्म को जाना जाता।
अहंकर मोह मद बाधक, ब्रह्म आत्मा विश्व विधाता ॥[2]
तप व ज्ञान से परम आत्म को, जानने का नव साधन जाना।
सकल देव देवि के ऊपर, परमेश्वर ब्रह्म पहचाना ॥84॥

निष्कर्ष

पुनर्जन्म व जीव आगमन, के सिद्धान्तों का यह अर्थ।
मरती कभी न जीव आत्मा, लेने में बहु जन्म समर्थ॥
मनुज असुर सुर जीव वनस्पति, सभी आत्मा कर्माधीन।[3]
मोक्ष प्राप्ति पर जीव आत्मा, हो जाती है ब्रह्म में लीन ॥85॥

पूर्व विचार अवैदिक वैदिक, समिश्रण के फलस्वरूप।
निवृत्तिमार्ग सन्यास में उन्मुख, पाने को मृदु मोक्ष की धूप॥
सन्यास का नवल अवधारण, आर्येत्तर संस्कृति का प्रभाव।
त्रय आश्रम में चतुर्थ जोड़ना, आर्य सभ्यता का सद्भाव ॥[4]86॥

दर्शन के नव सिद्धान्तों से, सकता बदल धर्म विश्वास।
किन्तु एक दूसरे मत खंडन से, धूमिल हुआ समग्र प्रयास॥
क्या अनुचित या उचित कौन था, कौन ग्राह्य व कौन अग्राह्य।
जन साधारण समझ न पाये, अन्धानुकरण बाध्य मत बाह्य ॥[5]87॥

1. शर्मा, एल.पी. : प्राचीन भारत, पृ. 64; डॉ. देवराज : भारतीय संस्कृति, पृ. 12
2. नाहर, रतिभान सिंह : पूर्वोक्त, पृ. 105–106
3. काणे, पी.वी. : धर्मशास्त्र का इतिहास, भाग–पाँच, पृ. 349–386
4. श्रीवास्तव, के.सी. : पूर्वोक्त, पृ. 100
5. नाहर, रतिभान सिंह : पूर्वोद्धृत, पृ. 105

घूम-घाम कर जनता जीवन, तप व यज्ञ में फिर से लीन।
काम न आया उपनिषदों का, दर्शन ज्ञान तर्क समीचीन॥
इस प्रकार स्पष्ट है हिन्दू, दर्शन धर्म जीवनादर्श।
उत्तर वैदिक काल सृजन है, जिसे ढो रहा भारतवर्ष ॥88॥

आर्य/अनार्य सम्मिश्रण का फल हिन्दू धर्म[1]

आर्य लोग भारत में आकर, जिन द्रविड़ों को किये परास्त।
नहीं हुए वे नष्ट पूर्णतः, बने रहे आर्यों के साथ॥
अनार्यों के अस्तित्व आन को, विजई आर्यों ने स्वीकारा।
वैवाहिक रिश्तों में बंधकर, सामाजिक संबंध सुधारा ॥89॥

चौथा वर्ण नाम दे उनको, स्वसमाज का अंग बनाया।
निज सेवा में उनको लेकर, आर्य संस्कृति में नहलाया॥
आर्य अनार्य विवाह विहित थे, उत्तर वैदिक युग अन्तराल।
इन दोनों के रक्त विलय ने, किया प्रभावित जीवन चाल ॥90॥

द्रविड़ दस्यु को साथ मिलाकर, दिया उदारता परिचय भाव।
जो आगामी स्वसंस्कृति में, बनी, विशिष्टता राष्ट्र स्वभाव॥[2]
कुछ विज्ञों को अथर्ववेद पर, दिखता सहज अनार्य की छाया।
जादू टोना इन्द्रजाल भ्रम, प्रेत विचार उसी से आया ॥91॥
आर्य अनार्य के सम्मिश्रण से, हुआ प्रभावित धार्मिक कर्म।
किये गये स्वीकार्य आर्यमत, कई अनार्य देव इस धर्म॥
नाग लिंग व शिव की पूजा, हैं इसके जाज्वल्य प्रमान।
त्रय देवों में परम प्रभावी, द्रविड़ो के शिव रुद्र महान् ॥92॥
इस मिलाप से आर्य वर्ग के, देवों में आया बदलाव।
ब्रह्मा विष्णु शिव प्रमुख देव त्रय, इन्द्र वरुण का घटा प्रभाव॥
मातृदेवि के रूप में पूजित, सैन्धव युग सम्मान प्रभूत।
उत्तर वैदिक काल अवतरित, लेकर महिमा शक्ति अकूत ॥93॥
स्वीकृत हुई ये आर्य धर्म में, देवांगना अलौकिक रूप।
आर्य-अनार्य स्त्री तत्वों से, बना धर्म का दिव्य स्वरूप॥

---

1. रेनो लोइस : द सिविलाइजेशन आफ ऐंशियंट इण्डिया (अनुवा. स्प्राट फिलिप), पृ. 49-50
2. वेदालंकार, हरिदत्त : भारत का सांस्कृतिक इतिहास, पृ. 51-52

बनी देवियाँ देव अर्धांगिनि, आर्य अनार्य जुड़ाव प्रसंग।
उत्तर वैदिक ऋषि मुनियों के, जुड़े नाम माता के संग॥[1]94॥

आर्य धर्म में अनार्य धर्म का, होता यदि न यह अवदान।
काली सरस्वती भारत माँ का, न होता इतना सम्मान॥
आज के युग सर्वत्र हैं पूजित, ब्रह्मा विष्णु तथा शिवलिंग।
शक्ति स्वरूपा मातृदेवि का, पूजा प्रचलित सारे हिन्द॥95॥

इन देवों की रूप कल्पना, आर्य अनार्य मेल परिणाम।
आर्य धर्म आदर्श भाव में, तत्व अनार्य हुए अभिराम॥
कालान्तर में विविध धर्मगत, हुए आस्था रुचि परिवर्तन।
जिससे बना आधुनिक हिन्दू, धर्म स्वरूप पूज्य विधि दर्शन॥[2]96॥

ई. पू. छठी शताब्दी से पूर्व का, हिन्दू धर्म ग्रन्थों, पुराणों एवं जातकों पर आधारित पौराणिक इतिहास[3]

आर्यों के अस्तित्व काल से, छठी शती ईसा के पूर्व।
देते है इतिहास ज्ञान कुछ, सब पौराणिक ग्रन्थ अपूर्व॥
गुप्त काल में रचे गये जो, हैं वैशिष्ट्य पुराण अनूप।
वैदिक युग की गतिविधियों का, प्रस्तुत करते कल्पित रूप॥97॥

फिर भी उनमें सत्य निहित है, उनकी व्यापकता अनुसार।
किवदंती बन चुके तथ्य जो, दिये पुराण रूप साकार॥
ऋषि राजा सुर वंशावलियाँ, हैं अंकित पुराण लिपि खास।
जिनको पढ़ गुन पुसालकर ने, रचा पुराणों पर इतिहास॥98॥

पार्जिटर व पी. एल. भार्गव, राय चौधरी एस. एन. प्रधान।
गिरीन्द्र शेखर बोस आदि ने, किया पुराणों पर बहु काम॥
महत्त्वपूर्ण तिथि निर्धारण में, इनका श्रम रुचि कार्य क्लिष्ट।
घटना क्रम वंशावलि विवरण, कथित विज्ञजन योग विशिष्ट॥[4]99॥

---

1. गैरोला, वाचस्पति : पूर्वोक्त, पृ. 112-118; जेम्स, एच.जी. : ए हिस्ट्री आफ इंडिया, पृ. 20-24
2. अग्रवाल, वी.एस. : भारतीय कला, पृ. 55-63; शर्मा, एल.पी. : प्राचीन भारत, पृ. 65-66; कौशाम्बी, डी.डी. : पूर्वोक्त, पृ. 88-91
3. मेहता, रतिलाल : प्री बुद्धिष्ट इंडिया, पृ. 3-27; शर्मा, एल.पी. : प्राचीन भारत, पृ. 42-47
4. पाण्डेय, राजबली : प्राचीन भारत, पृ. 47-55; वर्डवुड, जी.सी.एम. : द इण्डस्ट्रियल आर्ट्स आफ इण्डिया, पृ. 33-35 एवं 64-70

प्रलय के समय का इतिहास

वायुपुराण है वर्णन करता, प्रलय पूर्व जग का इतिहास।
ब्रह्म पिता 'आनन्द' विश्व का, पालक–पोषक शासक न्यास॥
वर्ण व्यवस्था स्थापित कर, किया नियत परिणय की रीति।
जिसको सुदृढ़ सुगम्य बनाया, मनु स्वयंभू रचकर नीति॥100॥

मनु स्वयंभू भूपति जग का, तीर सरस्वती थी राजधानी।
उनके सुत उत्तानपाद सुत, ध्रुव प्रिय भक्त विष्णु वरदानी॥
इसी वंश का छठा नृपति, मनु चिच्छासु जगत् जन पालक।
उसका तनय वेन अतिचारी, जन विद्रोह मरा जन घालक॥101॥

वेन पुत्र था पृथु महीपति, उसी के नाम भूमि भई पृथ्वी।
पृथु के पंचम वंश हुए नृप, दक्ष महान् सुदक्ष यशस्वी॥
दक्ष सुता के प्रिय प्रपौत्र नृप, मनु वैवस्वत जन हितकारी।
प्रलय काल[1] जलयान हो स्थित, मानव कुल पृथ्वी को उबारी॥102॥

ययाति काल

मनु वैवस्वत दश पुत्रों से, पृथक–पृथक नृप वंश चला।
सूर्यवंश इक्ष्वाक् आत्मज, चन्द्र पुरुरवा पुत्र इला॥[2]
राज्य स्थापन किया पुरुरवा, गंगा यमुना के दोआब।
विस्तृत पश्चिम राज्य मालवा, राजपुताना पूर्वी भाग॥103॥

उर्वसी पुरुरवा[3] पुत्र आयु, सुत नहुष वत्स भूप ययाति।
देवयानि शर्मिष्ठा भार्या, पंच पुत्र शशि भानु की भाँति॥
ययाति तनय श्री यदु ने डाली, यदुवंश नीव गुर्जर के प्रदेश।
इसी वंश में हुए कृष्ण जी, पाण्डव हितु यदुगोत्र नरेश॥104॥

मान्धातृ काल–रघुकुल काल

सूर्यवंश के संस्थापक थे, वैवस्वत सुत प्रिय इक्ष्वाक्।
इस नृप के शतवीर पुत्र, विकुकशि निमी दण्ड विख्यात॥
नृप मान्धातृ इसी कुल जन्मे, सूर्यवंश महिमा को बढ़ाया।
धरा स्वर्ग नभ शीघ्र विजित कर, अश्वमेघ शत यज्ञ कराया॥105॥

1. ऋक्वेद–10/129/1–3
2. वर्मा, टी.पी. एवं गुप्त एस.पी. : अयोध्या का इतिहास एवं पुरातत्त्व, पृ. 19; पाण्डेय, विजय कुमार : इतिहास एवं पुरातत्त्व में अयोध्या का कनक भवन, पृ. 79–84
3. काणे, प्री.वी. : धर्मशास्त्र का इतिहास, चतुर्थ–भाग, पृ. 420

उनका सुत पुरकुत्स महीपति, नीति निपुण कौशल रणवीर।
सूर्य वंश की विजय पताका, पहराया नर्मदा के तीर॥[1]
सूर्यवंश की गत शाखा में, हुए हरिश्चन्द्र एक नृप मानी।
जिनका सत् तप ज्ञान परीक्षा, विश्वामित्र लिए ऋषि ज्ञानी॥[2]106॥

उसी वंश छठवीं पीढ़ी में, हुआ महीप नाम प्रिय बाहु।
हैहय नृप से आतंकित हो, छिपा अरण्य में जाकर काहु॥
सघन वनों की मृदु छाया में, जन्मा बाहु पुत्र विख्यात।
सूर्यवंश सम्राट प्रतापी, नाम सगर जग में प्राख्यात॥[3]107॥

राजा सगर उपरांत जगत् में, क्षीण हुआ सम्मान अवध का।
किन्तु भगीरथ राज्य काल में, पुनः हुआ उत्थान अवध का॥
भट्ट भगीरथ शिव गंगा का, अनुपम अटल पुजारी था।
गंगा को धरती पर लाकर, कार्य किया उपकारी था॥[4]108॥

इसी वंश का नृप दिलीप था, उसका सुत रघुकुल अवतंस।
उसके पुण्य प्रताप से बदला, सूर्य वंश संज्ञा रघुवंश॥
रघु सुपुत्र ही अज महान् थे, उसके सुत दशरथ महराज।
तस्य तनय श्रीरामचन्द्र जी, हुए अयोध्या के अधिराज॥109॥

रामायण में वाल्मीकि ने, लिखी राम की जीवन गाथा।
परवर्ती कालों में आकर, राम बने ईश्वर जग त्राता॥
राम बाद कुश नृपति अयोध्या, उत्तर कोशल लव जी नरेश।
लव कुश नृप उपरान्त ही रघुकुल, अन्धकार में किया प्रवेश॥110॥

इसी काल में चन्द्र वंश का, शासक हुआ नृपति दुष्यंत।
इनकी भार्या शकुन्तला से, जन्मे पुत्र भरत श्रीमंत॥

---

1. पाण्डेय, विजय कुमार : पूर्वोक्त, पृ. 13, 15–16; मेहता, रतिलाल : प्री–बुद्धिष्ट इंडिया, पृ.3–4, 6, 9–10
2. काणे, पी.वी. : पूर्वोक्त, पृ. 417
3. वर्मा, टी.पी. एवं गुप्ता, एस.पी. : पूर्वोक्त, पृ. 25–27
4. काणे, पी.वी. : पूर्वोद्धृत, पृ. 417

चक्रवर्ति सम्राट प्रतापी, भरत प्रजा दु:ख दैन्य निवारत।
भरत नाम से स्व धरती का, नाम पड़ा उस युग में भारत ॥[1]111 ॥

परशुराम काल

इस युग का वैशिष्ट्य विषय था, क्षत्रिय ब्राह्मण कुल संघर्ष।
हैहय नृप, भृगु विप्र के वंशज, लड़ते रहे शताधिक वर्ष ॥
धेनु के कारण परशुराम ने, हैहय नृप कृतवीर्य को मारा।
ध्यान मग्न पितु यमदग्नि को, रिपु ने मौत के घाट उतारा ॥112 ॥

कुपित हो उठे परशुराम जी, हर क्षत्रिय को बैरी माना।[2]
क्षत्रिय हीन करेगे बसुधा, ऐसा भीषण हिय प्रन ठाना ॥
इक्कीस युद्ध में परशुराम ने, क्षत्रिय कुलों को क्षति पहुँचाया।
हैहय यदुवंशी नृप कुल भी, आगे कभी भी पनप न पाया ॥113 ॥

कृष्ण युग[3] – यादव कुल

कृष्ण काल की प्रमुख शक्तियाँ, थे कौरव यादव पांचाल।
कुरु नृप के अधीन कौरव कुल, किया प्रगति रच राज्य विशाल ॥
कौरव कुल गौरव मुरझाया, हुए नहीं महनीय महीप।
आगे चलकर उसी वंश में, शासक हुआ सशक्त प्रदीप ॥114 ॥

नृप प्रदीप के तीन पुत्र थे, राजा बने शान्तनु राज।
शान्तनु गंगा तनय भीष्म थे, जिसने किया राजपद त्याग ॥
सत्यवती शान्तनु पुत्र द्वय, विचित्रवीर्य चित्रांगद उक्त।
दोनों हुए काल को कवलित, सिंहासन हो गया था रिक्त ॥115 ॥

तब समाज कुल की सहमति से, मृत नृप भार्या रची नियोग।
व्यास ऋषि रानी संसर्गज, पुत्र पाण्डु धृष्टराष्ट्र सुयोग ॥
दृष्टिहीन अग्रज धृत कारण, पाण्डु बने शासन अधिकारी।
ऋषि शाप से कर प्रयाण बन, पौरुषहीन अपुत्र दु:खारी ॥[4]116 ॥

---

1. पं. भगवद्दत्त एवं सत्यश्रवा : पूर्वोक्त, पृ. 83–84; पाण्डेय, राजबली : प्राचीन भारत, पृ. 50–52
2. पं. भगवद्दत्त एवं सत्यश्रवा : पूर्वोक्त, पृ. 96–112; मेहता, रतिलाल : प्री–बुद्धिष्ट इंडिया, पृ. 4–7; काणे, पी.वी. : पूर्वोक्त, पृ. 417
3. डॉ. बुद्धप्रकाश— महाभारत एक राजनीतिक अध्ययन–पठनीय; कौशाम्बी, डी.डी., : पूर्वोक्त, पृ. 114–120
4. पं. भगवद्दत्त एवं सत्यश्रवा : पूर्वोक्त, पृ. 125–140

कुन्ती को सुर गण नियोग से, हुए युधिष्ठिर अर्जुन भीम।
माद्री से सहदेव नकुल सुत, सबके सब बलवीर असीम॥
धृतराष्ट्र को गान्धारी से, हुए पुत्र सौ कुटिल सयान।
पाण्डु पुत्र पाण्डव कहलाये, गान्धारी सुत कौरव नाम॥[1]117॥

माद्रि सती भई पाण्डु निधन पर, कुन्ती ने पाण्डव को पाला।
गई हस्तिनापुर पाण्डव संग, सिंहासन पर दावा डाला॥
कौरव पाण्डव बढ़ी शत्रुता, एक दूसरे को ललकारत।
द्वय कुटुम्ब के वैर भाव से, जग में हुआ युद्ध महाभारत॥118॥

ईसा पहले चौदह सौ में, हुआ युद्ध यह विघटनकारी।
कौरव कुल का नाश हो गया, पाण्डव हुए राज्य अधिकारी॥[2]
यादव जन वंशज का राज्य, पश्चिम में बढ़कर स्थापित।
कालान्तर सम्राट योग्य बिन, लघु राज्यों में हुआ विभाजित॥119॥

महाभारत युग का कृतवर्मा, कौरव दल का था सहयोगी।
कुन्ती भी यदुवंशीय तनया, पाण्डव कुल नय नियति नियोगी॥
उग्रसेन मथुरा का राजा, उसका जेष्ठ तनुज था कंस।
हड़प लिया पितु से सिंहासन, रीति नीति नय करके ध्वंस॥[3]120॥

बंद किया बन्दी गृह पितु व, बहिन देवकी उसके बल्लभ।
कृष्ण कठिन कारागृह जन्मे, किया कंस कंटक मातुल वध॥
पुरी द्वारिका कृष्ण बसाये, जलधि पश्चिमी गुर्जर कच्छ।
महाभारत के समर में डटकर, लिया पाण्डवों का सत् पक्ष॥121॥

पांचाल[4]

था सुदास पांचाल देश का, योद्धा यशी सुधी सम्राट।
किन्तु बाद के दुर्बल शासक, रख न सके वह वैभव ठाट॥
द्रुपद बने पांचाल महीपति, भीष्म कृपा सहयोग अपार।
इनका अनबन हुआ द्रोण से, गुरु कुल पाण्डव राजकुमार॥122॥

---

1. ला, वी.सी. : इंडिया ऐज डिस्क्राइब्ड इन अर्ली टेक्ट्स आफ जैनिज्म एण्ड बौद्धिज्म, पृ. 93–103
2. पाण्डेय, राजबली : प्राचीन भारत, पृ. 53–55; वर्डवूड, जी.सी.एम. : पूर्वोक्त, पृ. 73–77
3. पं. भगवद्दत्त एवं सत्यश्रवा : पूर्वोक्त, पृ. 174–175 एवं मेहता, रतिलाल : पूर्वोक्त, पृ. 20–27
4. मेहता, रतिलाल : वही, पृ. 38–45

द्रोण शिष्य सब लेकर पहुँचे, द्रुपद राज्य सीमा तत्काल।
महासमर में नृप को हराकर, जीत लिया उत्तर पांचाल॥
द्रुपद सुता का रचे स्वयंवर, अर्जुन ने वह शर्त निभाई।
द्रौपदि जाकर पाण्डव आश्रम, बनी भार्या पाँचो भाई॥[1]123॥

कृष्ण काल में मगध मही पर, जरासंघ बर्बर सम्राट।[2]
उसकी तनुजा कंस को व्याही, जिसे हते श्री कृष्ण विराट्॥
जामाता के वध को सुनकर, अति ही दुःखित कुपित जरासंध।
बार-बार मथुरा पर चढ़कर, किया राज्य जन धन विध्वंस॥124॥

इससे यादव पश्चिम हट गये, किया द्वारिका राज्य विधान।
द्वन्द युद्ध से हता भीम ने, जरासंघ दुर्द्धर बलवान॥
जरासंघ सुत नृप सहदेव था, महाभारत समर संग्रामी।
पाण्डव पक्ष से लड़ा शौर्य से, अतुलित वीर महा भटमानी॥125॥

महाभारत के बाद[3]

पौत्र परीक्षित राज्य सौंपकर, गये हिमांचल पाण्डव भ्राता।
उसके राज्याभिषेक काल से, कलियुग का प्रारम्भ कहाता॥
शासक योग्य परीक्षित नृप थे, कई नृपों से थी शत्रुताई।
तक्षक नाग नृपति संग्राम या, सर्पदंश से प्राण गवाई॥126॥

पुत्र परीक्षित का जन्मेजय, उसने नागों को ललकारा।
छीन लिया तक्षशिला प्रांत भू, तब भी तक्षक गया न मारा॥
इक्ष्वाक् कुल राजधानियाँ, रही अयोध्या फिर साकेत।
श्रावस्ती भी सर्व अन्त में, रही राज्य नृप धुरी निकेत॥127॥

प्राच्य पुराणों में है वर्णित, महाभारत समर पश्चात्।
इकतिस नृप इक्ष्वाक् वंश में, उसमें था महाकोशल खास॥
इनका पुत्र प्रसेनजित नृप था, समसामयिक वुद्ध भगवान।
व्याही उसने बहन बाजिरा, बिम्बिसार नृप मगध महान्॥128॥

❑❑❑

1. ला, वी.सी. : पूर्वोक्त, पृ. 96-98
2. वही, पृ. 121
3. शर्मा, एल.पी. : प्राचीन भारत, पृ. 46-47

9

सूत्र एवं महाकाव्य काल

(C.600–200 ईसा पूर्व)

ऋग्वेद सुकालहि वर्ण विहीन, व आर्य–अनार्य कि दो हि प्रजाती।
फिर उत्तर वैदिक काल अवांतर, वर्ण सुदीप बरी गइ बाती॥
वहि सूत्र के काल में वर्ण के कोख से, निस्सृत देश में जाति कि पाँती।
पुनि स्मृति नवीन विधान से राष्ट्र में, जाति प्रथा भइ रूढ़ विघाती॥

(अ) सूत्रकाल

उत्तर वैदिक काल अंत तक, साहित्य हो गया जटिल विशाल।
हुआ कठिन कंठस्थ ग्रन्थ निधि, व्यापक साहित्यिक जंजाल॥
अतः हो गया अति आवश्यक, लेखन ग्रन्थ सरल संक्षिप्त।
जिसकी पूर्ति सूत्र कृति प्रणयन, गागर में सागर अत्युक्त॥1॥

सूत्रों में वैदिक सामग्री, कम शब्दों में गई पिरोई।
करने में कंठाग्र सरल यह, पढ़ सकता था साक्षर कोई॥
सर्वप्रथम वैदिक साहित्य का, छः अंगों में हुआ विभाजन।
शिक्षा कल्प निरुक्त व्याकरण, ज्योतिष छन्द रूप प्रतिपादन॥2॥

कहा गया वेदांग षष्ट सब, इनका लक्ष्य वेद संरक्षण।
सरल व्याख्या रुचिर भावकृति, व्यवहारिक उपयोगी लक्षण॥
सबसे अधिक महत्त्वपूर्ण है, भाषा से सम्बंधित सूक्त।
देते रुचिर व्याख्या विवरण, शिक्षा व्याकरण शब्द निरुक्त॥3॥

इस कोटि के प्रमुख ग्रन्थ हैं, यास्क निरुक्त व अष्टाध्यायी।
यास्क निरुक्त सर्वप्राचीन है, शास्त्रीय संस्कृत गद्य लिखाई॥
ईसा पूर्व पंचशती मध्य है, पाणिनि अष्टाध्यायी काल।
सूत्र अन्य निस्सृत सुकल्प से, धर्म श्रौत्र गृह विषय विशाल॥4॥

धर्मसूत्र में राजनीति नय, धर्म विशिष्ट विधिक व्यवहार।
श्रौतसूत्र यज्ञीय विधान का, विवरण देता है विस्तार॥

गृहसत्र में गृहस्थ योग्य कृत, अनुष्ठान यज्ञादि अभीष्ट।
प्रमुख सूत्रकार वौधायन, गौतम आपस्तम्ब वशिष्ठ॥[1]5॥

सूत्र कालीन सभ्यता

ईसा पूर्व छटी से तीसरी, शती सूत्र युग है निर्धारित।
धर्मसूत्र गौतम की सुकृति, सबसे है प्राचीन विचारित॥
श्रौतसूत्र अतिशय कर्मकाण्डीय, से महत्त्व ऐतिहासिक क्षीण।
धर्म और गृहसूत्र में बिम्बित, सामाजिक जीवन युग कीर्ण॥6॥

गृहसूत्र का विषय है सीमित, धर्मसूत्र का बहु विस्तार।
गृहसूत्र कौटुम्बिक जीवन, तक का देता सूक्ष्म विचार॥
जन्म से मृत्युपर्यन्त सामाजिक, गृह कर्त्तव्य कर्म निर्देश।
सूक्ष्म से सूक्ष्म तथ्य का विवरण, इतर धर्म कृति विश्व न देश॥[2]7॥

सामाजिक जीवन

पूर्व भाँति इस काल भी लक्षित, भारत भू संयुक्त परिवार।
अति वरिष्ठ परिवार का स्वामी, व्यक्ति विवाहित कुल आधार॥
सब सदस्य परिवार के अन्दर, प्रेम भावना से आबद्ध।
अपने–अपने कर्त्तव्यों का, पालन करने में कटिबद्ध॥8॥

गृहसूत्रों में अंकित पितु का, परिजन के प्रति शुचि कर्त्तव्य।
सब के बाद में भोजन पाये, युग ग्रन्थों का पवि मन्तव्य॥[3]
धर्मसूत्र में चर्चा मिलती, परिजन करते पितु सम्मान।
पुत्रों का पुत्री की अपेक्षा, घर में था महत्व व मान॥9॥

वर्ण व्यवस्था

सूत्र काल तक आते आते, बढ़ा परस्पर वर्ण विभेद।
कहा गया द्विज तीन वर्ण को, चौथे शूद्र विरत हुए वेद॥
ब्राह्मण वर्ग का मान प्रतिष्ठा, बढ़ा अधिक ही था उस काल।
कर व दण्ड से पूर्ण मुक्ति पा, घोषित स्वयं महत् भूपाल॥10॥

---

1. उपाध्याय, भगवतशरण : प्राचीन भारत का इतिहास,पृ. 58–67; श्रीवास्तव, के.सी. : प्राचीन भारत का इतिहास तथा संस्कृति, पृ. 101
2. लुणिया, वी.एन. : प्राचीन भारतीय संस्कृति, पृ. 148
3. मिश्र, जयशंकर : प्राचीन भारत का सामाजिक इतिहास, पृ. 310; बौधायन धर्मसूत्र 2.11–52; गौतम धर्मसूत्र 1/4/1–27

बढ़ा प्रभाव पुरोहित उस युग, राजा शासन सैन्य शक्ति पर।
धर्मसूत्रों की विहित व्यवस्था, राजपुरोहित नृप से ऊपर॥
गौतम कहते नृप है शासक, सभी वर्ण व सकल समाज।
किन्तु विप्र उसके ऊपर है, उसका वह न नृपति अधिराज॥11॥

आपस्तम्ब के मत में ब्राह्मण, हर प्रकार अन्यों से श्रेष्ठ।
दस वर्षीय विप्र का बालक, शतवर्षिय क्षत्रिय से जेष्ठ॥
मुख्य कार्य ब्राह्मण का इंगित, पाठन-पठन यज्ञ, ले दान।
विषम परिस्थिति में कर सकता, अन्य वर्ग का वृत्ति या काम॥12॥

क्षत्रिम वर्ण का प्रमुख कार्य था, युद्ध और जनता पर शासन।
नृपति पुरोहित दोनों मिलकर, धर्म रक्षार्थ धरे अनुशासन॥
तृतीय वर्ण वैश्यों का रत था, गोपालन व कृषि वाणिज्य।
वैश्य की युग सामाजिक स्थिति, पहुँची दिखे शूद्र सामिप्य॥13॥

अस्पृश्यता का जन्म हो चुका, माने गये अछूत चांडाल।
नगर गाँव के बाहर बसते, सूत्र ग्रन्थ के छल जंजाल॥
होकर वर्ण कठोर रूढ़िमय, जाति-जाति में जाति प्रसार।
जिसका उत्स कर्म न होकर, वर्ण गोत्र कुल मुख्याधार॥14॥

अर्न्तवर्ण विवाह स्थगित, खान-पान पर दृढ़ प्रतिबंध।
जाति वर्ण कर्त्तव्य निदेशित, हुए विनष्ट वर्ण सम्बंध॥[1]
माना गया निकृष्ट शूद्र को, किया गया अधिकार विहीन।
यज्ञ मन्त्र अध्ययन से वंचित, अति अपवित्र संस्कृतिहीन॥[2]15॥

आश्रम व्यवस्था[3]

वर्ण व्यवस्था के संग-संग ही, जीवन बँटा चतुर्सोपान।
ब्रह्मचर्य गृहस्थ बनस्थ व, सन्याश्रम का स्वस्थ्य विधान॥
आश्रम का उद्‌देश्य व्यष्टि हित, प्रवृत्ति निवृत्ति आदर्श समन्वय।
पच्चीस वर्ष में इन्हें बाँटकर, शत वर्षीय जीवन का अन्वय॥16॥

---

1. श्रीवास्तव, के.सी. : पूर्वोक्त, पृ. 102
2. यादव, झिनकू (सं.) : संस्कृति संधान, खण्ड-सात, पृ. 202-203
3. जैन, प्रदीप कुमार : भारतीय संस्कृति, पृ. 13-21; चत्वार आश्रमा गार्हस्थ्यम् आचार्यकुलं मौनं वानप्रस्थ्यमिति, आपस्तम्ब धर्मसूत्र-2.9.1

मानव जीवन पूर्ण व्यवस्थित, रूप प्रदान करने के हेतु।
किया विभाजित इस जीवन को, गुण आधार मोक्ष अभिप्रेत॥[1]
जीवन का उद्देश्य न केवल, इस जगती पर जीना मात्र।
आध्यात्म आदर्श सत्य श्रेय, मोक्ष पथी जन बने सुपात्र॥17॥

जीवन कितना आवश्यक था, समझे विज्ञ व्यवस्थाकार।
शत वर्षीय जीवन को बाँटा, ज्ञान कर्म आध्यात्माधार॥
मानव जीवन हुआ व्यवस्थित, अलग-अलग आश्रम के नाम।
ज्ञानार्जन गृहस्थावस्था, फिर वनस्थ तप ब्रह्म विराम॥18॥

गृहस्थ आश्रम में त्रिवर्ग व, पंचमहायज्ञीय रहा विधान।[2]
पितृ देव ऋषि जीव, सभी नृ, सबके हित करना अनुष्ठान॥
क्रमशः हर आश्रम से होकर, अन्त काल सन्यस्त कहाता।
कर्मनिष्ठ तप सात्विकता से, परम ब्रह्म में लय हो जाता॥19॥

आश्रम का आकार व्यवस्थित, यद्यपि सूत्रों के ही काल।
साक्ष्य है इसके श्री गणेश का, उत्तर वैदिक युग अन्तराल॥
सूत्र समय तक आश्रम विधि का, हो चुका था पूर्ण विकास।
नियम विचाराचार संहिता, सबमें निहित शान्ति उल्लास॥20॥

आश्रम का उद्देश्य अन्ततः, मोक्ष परम सुख का है पाना।
जन्म मरण से मुक्ति हेतु ही, यह सन्मार्ग गया पहचाना॥
विहित न था आश्रम शूद्रों को, स्त्रीजनों के हेतु निषिद्ध।
यह एकांगी आश्रम आगे, रहा न प्रचलित और प्रसिद्ध॥[3]21॥

संस्कार[4]

गृहस्थ सुजीवन हेतु बहुत से, किये गये संस्कार विधान।
व्यष्टि समष्टि की शुचिता हित, विघ्न कष्ट का सहज निदान॥
असांस्कृतिक स्वरूप मनुष्य का, करने को संस्कारित शुद्ध।
धर्म विनय अध्यात्म में उन्मुख, बनना नैतिक प्रज्ञ प्रबुद्ध॥[5]22॥

---

1. गौतम धर्मसूत्र-1/3/2-3
2. मनुस्मृति-6 : 87 से 91; मिश्र, जयशंकर : पूर्वोद्धृत, पृ. 184, 187-190
3. श्रीवास्तव, के.सी. : पूर्वोक्त, पृ. 102
4. जैन, प्रदीपकुमार : भारतीय संस्कृति, पृ. 33-45
5. काणे, पी.वी. : धर्मशास्त्र का इतिहास, भाग-चतुर्थ, पृ. 297-303; मनुस्मृति-2/26, 51, 65-80

जन्म पूर्व से मृत्यु बाद तक, संस्कारों का सृजित सुगंध।
जीवन को महकाते रहते, देते उत्सव सुखद उमंग॥
संस्कार संख्या के विषय में, विज्ञजनों के भिन्न विचार।
सूत्रों में उल्लिखित प्रमुख है, जीवन के सोलह संस्कार॥[1]23॥

स्त्रियों की स्थिति

सूत्र काल में स्त्री स्थिति, पूर्व अपेक्षा थी कुछ हीन।
किन्तु अभी परिवार में उनका, आदर मान शिष्ट शालीन॥
गृहसूत्र-धर्मसूत्र से होता, अष्ट प्रकार विवाहाभास।
ब्रह्म दैव आर्ष प्रजापत्य, गन्धर्वासुर राक्षस पैशाच॥24॥

कहा गया गोभिल गृहसूत्र में, पत्नी ही है घर संसार।
उसके बिना कल्पना थोथी, धन सम्पत्ति सुखी परिवार॥
बहु विवाह का प्रचलन उस युग, सती प्रथा स्थिति अज्ञात।
पति सम्पत्ति पर विधवाओं का, कहा गया अधिकार की बात॥25॥

कुछ स्थिति में पुनर्विवाह का, धर्मसूत्र से प्राप्त विधान।
परिणय शुभ पवित्र बंधन था, संतति वृद्धि प्रकृति वरदान॥
धर्मसूत्र स्त्री स्वातंत्र्य पर, देते हैं विपरीत विचार।
पर बस हुई सूत्र युग नारी, छिनते गये शक्ति अधिकार॥26॥

पिता से रक्षित बाल्यकाल में, रक्षक पति रति यौवन काल।
वृद्धावस्था पुत्र शरण में, न स्वतंत्र नारी हर हाल॥[2]
उत्तर स्मृतियों की अपेक्षा, सूत्रों का दृष्टिकोण उदार।
तलाक प्रथा को किसी दशा में, किया न सूत्रों ने स्वीकार॥27॥

किसी परिस्थिति में पत्नी का, त्याग नहीं था मान्य वशिष्ठ।
आपस्तम्ब ने ऐसे पति को, दण्ड व्यवस्था रचा गरिष्ठ॥
करे पहल न यदि विवाह का, पितु कन्या के यौवनावस्था।
कन्या करे विवाह स्वयं रुचि, सूत्रों की स्पष्ट व्यवस्था॥[3]28॥

---

1. शर्मा, मनिराम : पूर्वोक्त, पृ. 83-98; मिश्र, जयशंकर : पूर्वोक्त, पृ. 232-248
2. मनुस्मृति, 9/3, डॉ. देवराज, भारतीय संस्कृति, पृ. 53-56
3. जैन, प्रदीप कुमार : पूर्वोक्त, पृ. 62-63

जाति प्रथा[1]

राष्ट्रों में बँटता समाज है, व्यवसाय सम्पत्ति अनुसार।
किन्तु हिन्द में हिन्दू विभाजित, गुण कर्म पैत्रिक आधार॥
आरम्भिक युग आर्य आन्तरिक, न कोई समाज विभाजन।
द्रविड़ो के सम्पर्क संग से, आर्य अनार्य द्वय वर्ग बँटे जन॥29॥

यह भारत की पृथक विशेषता, दिखी न जग में, पार समुद्र।
चार वर्ग में बँट गये हिन्दू, ब्राह्मण क्षत्रिय वैश्य व शूद्र॥
ब्राह्मण वह जो पढ़ते पढ़ाते, करते सकल धार्मिक कार्य।
क्षत्रिय का शासन से नाता, रण में लड़ना भी अनिवार्य॥30॥

वैश्य वर्ग जो उत्पादक थे, करते कृषि शिल्प व्यापार।
शूद्र लोग अनार्य अद्विज थे, कार्य सम्हाले सेवाभार॥
वर्ण व्यवस्था में प्रारम्भिक, दिखता नहीं कठोर स्वभाव।
शूद्र छोड़ तीनों वर्णों में, मेल-जोल मैत्री सद्भाव॥31॥

हो सकता था वर्ण परिवर्तन, कार्य बदलने के अनुसार।
किन्तु बाद में वर्ण व्यवस्था, तर्क समर्थित धर्माचार॥
कहा गया मुख से ब्राह्मण का, बाहु से क्षत्रिय की उत्पत्ति।
जाँघ पैर से वैश्य शूद्र की, ईश किये निज इच्छा शक्ति॥[2]32॥

किया कपिल ने वर्ण क्रमों का, गुण प्रकृत्य आधार समर्थन।
ब्राह्मण सत्व, रजस क्षत्री विश, शूद्र तामसी गुण अभिवर्द्धन॥[3]
जीवात्मा के पुनर्जन्म का, रचा गया कल्पित सिद्धान्त।
कहा गया कुल उच्च नीच वर्ण, मिले जन्मगत कर्म गुणांक॥33॥

इन कुतार्किक सिद्धान्तों से, जड़वत् वर्ण विधा स्वीकार्य।
पुनर्जन्म फल कर्म भँवर भ्रम, पालन वर्ण धर्म अनिवार्य॥[4]
आर्यजनों की वर्ण व्यवस्था, आधृत व्यवहारिक उपयोग।
द्रविड़ दस्यु कुल अद्विज नामदे, अपनाया रिपुदल के लोग॥34॥

---

1. मिश्र, जयशंकर : पूर्वोद्धृत, पृ. 34; रेनो, लोइस : द सिविलाइजेशन आफ ऐंशियंट इण्डिया (अनुवा. स्प्राट फिलिप) पृ. 41-53
2. ऋक्वेद 10.90.12, यजुर्वेद 31.11, अथर्ववेद 19/6/6; वाजसनेई संहिता, 31.11
3. पाण्डेय, विजयकुमार : व्यक्तित्व की भारतीय अवधारणा, पृ. 60-62
4. शर्मा, एल.पी. : प्राचीन भारत, पृ. 66

चतुवर्ण संरचना क्रम में, मिला अनार्यों को स्थान।
अति उदारता सहित कर्म रुचि, दिया गया वर्णों का नाम॥
आर्य अनार्य तत्व से मिलकर, बना देश में वृहद् समाज।[1]
सबके श्रम सद्‌बुद्धि से निर्मित, वही राष्ट्र जन हिन्दू आज॥35॥

इस मिश्रण से हुआ क्रमागत, दोनों का वैशिष्ट्य प्रलोप।
आर्य अनार्य के कुशल योग से, दमक उठा संस्कृति का ओप॥
चर्तुवर्ण की सृजित व्यवस्था, लेन देन के भाव परस्पर।
निज योग्यतानुसार व्यक्ति को, मिला उचित स्थान सुअवसर॥36॥

मानव के उच्छृंख प्रकृति पर, कसा सिंकजा वर्ण विधान।
सामंजस्य शक्ति समरसता, राष्ट्र एकता शुभ वरदान॥
चार्तुवर्ण व्यवस्था जब तक, बनी रही निज मूल स्वभाव।
वर्ण एकता रही सुरक्षित, सामाजिक मैत्री सद्‌भाव॥37॥

कालान्तर में वर्ण विधा में, हुए विभिन्न विधिक परिवर्तन।[2]
पुनर्जन्म आत्मा तर्काश्रय, बना कठोर वर्ण का दर्शन॥
हुआ असम्भव वर्ण बदलना, बंद परस्पर भोजन पान।
अन्तर्वर्ण विवाहों का भी, होता गया क्रमिक अवसान॥38॥

बँटते गये सब वर्ण वर्ग में, वर्ग से बनी हजारों जाति।
वर्ण संकरता युग प्रवाह में, उपजी अगणित जाति प्रजाति॥
अगणित व्यवसायों के कारण, जारी रहा जाति निर्माण।
अन्तर्जाति विवाह अमान्यता, से समाज में जाति की बाढ़॥39॥

आक्रमणकारी भारत आकर, जन संकुल में हुए विलीन।
देश की जन संस्कृति में घुलकर, रची जातियाँ रक्त नवीन॥
विभिन्न जाति की प्रतिस्पर्धा, सामाजिक नियमों का अभाव।
मनोवृत्ति संकीर्ण भेद भय, मुस्लिम आक्रमण दंभ दबाव॥40॥

विविध कारकों के प्रभाव में, रहा बिखरता हिन्दू समाज।
तीन सहस्र उपजाति-जाति में, बँटा हुआ जन हिन्दू आज॥

---

1. फैनथोम, एफ. एवं शा डी.ई. डब्ल्यू. : सेलेक्सन्स फ्राम नेहरूज डिस्कवरी आफ इण्डिया, पृ. 25
2. लुणिया, बी.एन. : प्राचीन भारतीय संस्कृति, पृ. 203

जाति जाति में रहा न सम्भव, सामाजिक सम्बन्ध यथेष्ठ।[1]
एक दूसरे से अपने को, सदा समझते उत्तम श्रेष्ठ॥41॥

फलस्वरूप इसके ही पनपा, छुआछूत हिय हिन्दुस्तान।
आरम्भिक आर्यों में जिसका, रहा न कोई कुछ स्थान॥[2]
सूत्र व स्मृति के प्रभाव से, बढ़ती गई जाति वर्जनायें।
जाँति व्यवस्था की अपनी कुछ, लक्षित हुई विशेष प्रथायें॥[3]42॥

मातु–पिता के जाति से निश्चित, जन्मे शिशु का जाति व स्तर।
खान पान रिश्ता वैवाहिक, सम्भव न सम्बन्ध परस्पर॥
पाठन–पठन व याज्ञकर्म का, मिला नहीं सबको अधिकार।
कार्य विभाजन मिले विरासत, वर्ण जाति पेशा अनुसार॥[4]43॥

इस अपकारी जाति प्रथा ने, हिन्दू हृदय को दिया है बाँट।
इसके कारण छिन्न–भिन्न है, सामाजिक मतैक्य निज राष्ट्र॥
इसने भारत राष्ट्र बनाया, सैन्य दृष्टि से दुर्बल दीन।
राष्ट्र सुरक्षा कार्य एक ही, जाति सौपना निर्णय हीन॥44॥

जब जब हुए विदेशी हमले, रक्षा राष्ट्र ये कर न पाये।
जीत सके न एक युद्ध को, हमलावर को रोक न पाये॥
जाति व्यवस्था से अभिप्रेरित, छुआछूत कालिख अभिशाप।
उच्च जाति द्वारा शूद्रों का, शोषण दमन दलन संताप॥[5]45॥

व्यक्ति स्वतन्त्रता की अवरोधी, राष्ट्र एकता की प्रतिघाती।
आर्थिक भौतिक प्रगति राष्ट्र की, जाति व्यवस्था को न भाती॥
ऊँच नीच व घृणा द्वेष प्रति, जाति व्यवस्था उत्तरदायी।
इसके कारण देश है पिछड़ा, हिन्दू जन जीवन दुःखदायी॥46॥

देश के अमन चयन में बाधक, इसका शमन राष्ट्र हित काम।
इसके पक्ष संवर्द्धन से ही, देश हो चुका जग बदनाम॥
किसी तर्क से जाति समर्थन, करना होगा जन अन्याय।
कई करोड़ लोग है आकुल, पाने को सामाजिक न्याय॥47॥

---

1. मिश्र, जयशंकर : पूर्वोद्धृत, पृ. 114–116, 120, 122–128
2. शर्मा, एल.पी. : पूर्वोद्धृत, पृ. 67
3. शास्त्री, मंगलदेव : पूर्वोद्धृत, पृ. 187–192
4. मिश्र, जयशंकर : पूर्वोद्धृत, पृ. 48
5. वही; वेदालंकार, हरिदत्त : पूर्वोद्धृत, पृ. 46–47

समाज सुधारकों मनीषियों ने, की है इसकी बढ़ चढ़ निन्दा।
फिर भी भारत के ललाट पर, यह कलंक है अब भी जिंदा॥[1]
जाति व्यवस्था अप्रासंगिक, होने लगी है अब कमजोर।
पश्चिम के संस्कृति प्रवाह ने, दिया है इसका जड़ झकझोर॥48॥

अर्थनीति नय जन आन्दोलन, सामाजिक उन्मुक्त विचार।
विधि विज्ञान नागरक संस्कृति, करते इसके जड़ पे प्रहार॥
भारतीय संविधान सभा ने, जाति व्यवस्था अनुचित माना।
देकर मूलाधिकार नागरिक, साधा जाति अस्तित्व निशाना॥49॥

अस्पृश्यता को गैर कानूनी, घोषित किया राष्ट्र संविधान।
राजनैतिक सामाजिक आर्थिक, सब जन का अधिकार समान॥[2]
देखना होगा कितने दिन तक, और अभी ये टिक पायेगा।
जातिहीन हिन्दुत्व अवस्था, इस भारत में कब आयेगा॥50॥

आर्थिक स्थिति

सूत्र काल के लोग अधिकतर, करते गाँवों में ही निवास।
पशुपालन खेती बारी ही, वृत्ति रहा उस युग का खास॥[3]
कृषि कर्म से संबंधित कुछ, संस्कारों का है अनुमान।
बुआई कटाई लवनि भण्डारण, पालनीय परम्परा विधान॥51॥

पशु अमूल्य निधि वृद्धि की चिन्ता, स्वास्थ्य सुरक्षा हेतु उपाय।
उस युग में तेजी से विकसित, पूज्य पवित्र भाव प्रति गाय॥
वैश्यों के व्यापार वणिज् हित, 'पुण्य सिद्धि' सूचित संस्कार।
हुआ वृद्धि व्यापार वणिज् में, सिक्कों के प्रचलन व प्रसार॥52॥

पाण पाद वाह कर्षापण, सिक्के कुछ पाणिनि जमाने।[4]
आचित आधक द्रोण पात्र प्रस्थ, भार माप के युग पैमाने॥
अश्व महिष वृषभादि पशु से, लेते कार्य भार संवाहन।
घोड़े गधे ऊँट हाथी रथ, शकट सवारी यात्रा साधन॥[5]53॥

1. लुणिया, बी.एन. : प्राचीन भारतीय संस्कृति, पृ. 207
2. शर्मा, एल.पी. : प्राचीन भारत, पृ. 67-68; लुणिया, बी.एन. : पूर्वोक्त, पृ. 201-210
3. अष्टाध्यायी, 3/1/21-22, 114-117, 3/3/28, 4/4/97, 5/2/1-4, 13; जैन, प्रदीपकुमार : पूर्वोक्त, पृ. 180-182; मिश्र, जयशंकर : पूर्वोक्त, पृ. 490-491
4. गोयल, शंकर : हिस्ट्री एण्ड हेरीटेज, खण्ड-प्रथम, पृ. 211-219; सिंह,एस.एस. : अर्ली क्वाइन्स आफ नार्थ इण्डिया, पृ. 1-13
5. श्रीवास्तव, के.सी. : पूर्वोक्त, पृ. 103

राजनीतिक दशा

धर्मसूत्रों से राजतन्त्र का, मिलता है केवल संदेश।
राजा प्रजा दैव इच्छा से, करते कार्य धर्म अनुदेश॥
किन्तु सूत्रों ने नृपति निरंकुश, हेतु बनाया विविध विधान।
अत्याचारी राजा पाता, द्वय लोकों में दण्ड समान॥54॥

राजा का कर्त्तव्य विहित है, जाति वर्ण रक्षा शुचि न्याय।
धर्म नियामक है राजा का, यदि वह कुटिल करे अन्याय॥
वैदिक युग की सभा समिति का, रहा नहीं इस युग अस्तित्व।
राजा मात्र प्रजा प्रतिपालक, विधि संरचना धर्म कृतित्व॥55॥

प्रजानुपालन के बदले में, राजा पाता कर उपवृत्ति।
छठवाँ भाग आय का नृपकर, यह बौधायन सूत्र की उक्ति॥
राजा-प्रजा पर धर्म नियंत्रण, धर्म सूत्रकारों को मान्य।
ले नहिं सकता नृपति प्रजा से, कर अतिरिक्त अन्य धन धान्य॥56॥

राज प्रशासन में छाया था, ब्राह्मण जन प्रभाव वर्चस्व।
ब्रह्म पुरोहित के प्रभाव में, शासक करता नृप सर्वस्व॥
गौतम के अनुसार देश के, नरपति तथा विप्र दैवज्ञ।
नैतिकता के यही नियामक, राज्य शक्ति व ब्राह्मण प्रज्ञ॥57॥

एक ब्राह्मणों की परिषद भी, करती नृप को जो आगाह।
धर्म नीति नय न्याय आदि पर, देना भी मन्तव्य सलाह॥[1]
स्व विवेक से राजा चुनता, अधिकारियों का एक समूह।
प्रथम तीन वर्णों से सच्चे, अच्छे मानव बुद्धि दुरुह॥58॥

ये अधिकारी कर्मचारियों का, स्व अधीन में करे नियुक्ति।
जिनका काम नगर ग्रामों में, चोर ठगों से पाना मुक्ति॥
राजकर्मि यदि ढूढ़ सके न, चोरी गया सम्पत्ति सामान।
राज्य करे क्षतिपूर्ति व्यक्ति का, धर्मसूत्र का यही विधान॥[2]59॥

शासन तन्त्र की एक इकाई, करता था कर संग्रह काम।
गौतम धर्मसूत्र में अंकित, विविध करों का सूची नाम॥

---

1. वही
2. लुणिया, बी.एन. : पूर्वोक्त, पृ. 151

कृषि उत्पाद तथा वाणिज्यिक, लाये व भेजे सामान।
पशुधन फल औषधि आदि पर, देते कर सब वणिक् किसान॥60॥

दे न सके जो टैक्स राज्य को, शिल्पी श्रमिक अन्य कर्मार।
उन्हें एक दिन पूर्ण माह में, करना होता विष्टि-बेगार॥
'विष्टि' के बदले वे सब पाते, राज्य तरफ से भोजन पान।
कर से मुक्त वृद्ध सन्यासी, विद्यार्थी ब्राह्मण विद्वान्॥61॥

अनुवांशिक राजा का पद था, सेना का करता नेतृत्व।
मुख्य न्याय का स्रोत नृपति था, करे न्याय विधि सर्व कृतित्व॥
अपराधी को दंडित करना, भूपति धेय परम कर्त्तव्य।
न्यायाधिकारियों की नियुक्ति कर, रचता न्याय प्रक्रिया भव्य॥[1]62॥

न्याय व्यवस्था

गूढ़ मामले को निर्णय हित, न्याय सभा को सौपी जाती।
सभी धर्मसूत्रों के प्रणेता, न्याय कठोर दंड पक्षपाती॥
सूत्र काल की न्याय व्यवस्था, वर्ण व जाति सभेद विकारी।
अल्प व स्वल्प दण्ड ब्राह्मण को, शूद्र को अति भारी से भारी॥63॥

कथित काल की न्याय प्रक्रिया, कुत्सित निन्द्य कलंकित न्याय।
इसे न्याय कहना अनुचित है, दिखता अधम घोर अन्याय॥
विधिक स्रोत सम माने जाते, वेद स्मृति आचार विद्वान्।
वर्ण जाति कुल रीति परम्परा, न्याय समय पर रखते ध्यान॥64॥

नाम स्थपति पद अधिकारी, धर्मसूत्रों में चर्चा खास।
वह होता अध्यक्ष राज्य में, कार्य पालिका ट्रस्टी न्यास॥[2]
शासन की प्रारम्भ इकाई, ग्राम ग्रामिणी मुखिया एक।
सैन्य असैनिक शान्ति सुरक्षा, कार्य देखता समय प्रत्येक॥[3]65॥

(ब) महाकाव्य काल[4]

तात्पर्य युग महाकाव्य से, रामायण महाभारत काल।
जन मानस में इन ग्रन्थों का, आदर उच्च प्रभाव विशाल॥

---

1. वही, पृ. 150-151
2. वही, पृ. 151
3. श्रीवास्तव, के.सी. : पूर्वोद्धृत, पृ. 103-104
4. डॉ. बुद्धप्रकाश : महाभारत एक राजनीतिक अध्ययन, पृ. 2; यादव, डी.एन. : वाल्मीकि रामायण में गृहस्थ जीवन, भूमिका पृ. IX-XI॥

रामायण कृति आदि काव्य है, वाल्मीकि ऋषि की यह रचना।
वेद व्यास ने लिख महाभारत, प्रस्तुत की ऐतिहासिक घटना ॥66॥

ज्ञात प्रमाणों से रामायण, महाभारत से है प्राचीन।
महाभारत में वाल्मीकि कृत, रामकथा सन्दर्भ असीम॥
इससे यही प्रमाणित होता, महाभारत संरचना पूर्व।
वाल्मीकि ऋषि का रामायण, था प्रसिद्ध कृति ग्रंथ अपूर्व ॥67॥

यद्यपि अब भी कुछ विवाद है, रामायण के रचना काल।
विरचित कृति यह ईसा पहले, शती चार दो के अन्तराल॥[1]
महाभारत का रूप आधुनिक, दीर्घ प्रक्रिया का परिणाम।
ईसा पूर्व की शती चार से, चौथी शती मध्य कृति काम ॥68॥

लाख श्लोक महाभारत में, रामायण में चौबीस हजार।
हिन्दूधर्म की अनुपम झाँकी, प्रस्तुत करते ये विस्तार॥
कुछ बाह्य विद्वानों के मत, ये है पूर्ण लाक्षणिक ग्रन्थ।
इसकी सामग्री न ऐतिहासिक, पात्र कथानक कथ्य गढ़ंत ॥69॥

माना कि कुछ अतिरंजित है, इन ग्रन्थों का विवरण कथ्य।
उत्खननों से तथ्य प्रकाशित, महाभारत कथानक सत्य॥[2]
रामायण में राम व रावण, कथा वृहद् राक्षस संहार।
विद्वानों के मत प्रयास यह, दक्षिणांचल में आर्य प्रसार ॥70॥

रामायण का लक्ष्य राम के, नायकत्व चरित्र निर्मान।
मद असत्य अतिचार को हर कर, बने शील गुण सत्य प्रमान॥
दो हजार वर्षों से यह कृति, जन जीवन करती आप्लावित।
लिखे गये बहु ग्रन्थ विश्व में, रामायण रचना से प्रभावित ॥71॥

रावण राम के बाद बहुत ही, महाभारत घटना क्रमवार।
राम के युग तक नहीं हुआ था, दक्षिण देश में आर्य प्रसार॥
भारत भर में फैल चुका था, आर्य धर्म महाभारत काल।
महा समर में हुए सम्मिलित, उत्तर दक्षिण के भूपाल ॥72॥

---

1. गौड़, ए.पी. : रामा इन ऐंशियंट इण्डियन स्कल्पचर, पृ. 1–10
2. वर्डवूड, जी.सी.एम. : द इण्डस्ट्रियल आर्ट आफ इण्डिया, पृ. 6–13; श्रीवास्तव, के.सी. : पूर्वोक्त, पृ. 105

महाभारत कौरव पाण्डव के, वैमनस्य का फलित प्रयास।
जिसमें विजई हुए पाण्डु सुत, कौरव कुल का हुआ विनाश॥[1]
धर्म-अधर्म के द्वन्द अनन्तर, धर्म प्रेरणा महा प्रयास।
जिससे जनमानस के अंदर, भरे मूल्य शुभ सत्य प्रकाश॥73॥

ईशा पूर्व चौदहवी शती व, एक हजार बी. सी. अन्तराल।
युद्ध समय महाभारत का तय, सदियों वाद ग्रन्थ कृति काल॥
हिन्दू धर्म अगाध स्त्रोत द्वय, दर्शन धर्म ज्ञान भण्डार।
जीवन की सारी गतिविधियाँ, इनमें चित्रित अति विस्तार॥74॥

राजनीतिक स्थिति[2]

महाकाव्य युग में आर्यो का, अंग राज्य तक बढ़ा प्रसार।
बड़े-बड़े राज्यों का अब तक, स्थापना उदय विस्तार॥
कुरु कौशाम्बी कोशल काशी, मंगध विदेह अंग पांचाल।
राजाधिराज सम्राट चक्रवर्ती, भूपतियों के विरुद विशाल॥75॥

दिग्विजई राजा करवाते, राजसूय यज्ञ तथा अश्वमेघ।
गज तुरंग रथ पैदल सेना, करे नृपति अरिदल क्षय वेध॥
धनुष बाण तलवार व भाला, गदा कटार शस्त्र आग्नेय।
रण क्षेत्रों में हुए प्रयुक्त, शिरस्त्राण कवच जय ध्येय॥76॥

वंशानुगत राजपद होता, ज्येष्ठ पुत्र को उत्तराधिकार।[3]
उसके अक्षम अबल होने पर, कोई अन्य राज परिवार॥
धर्मानुकूल नृप शासन करते, त्याग निरंकुश दम्भ विचार।
शपथ करे अभिषेक सुअवसर, पालन प्रजा नीति अनुसार॥[4]77॥

मत स्पष्ट महाभारत का, अधिपति अधम दण्ड बध योग्य।
हता प्रजा ने नृप सुदास निमि, वेणु नहुष अतिदुष्ट अयोग्य॥[5]
मन्त्रियों के सहयोग से करता, राजा नित शासन का कार्य।
राज काज में विद्वज्जन व, मन्त्रियों से मन्त्रणा अनिवार्य॥78॥

---

1. गैरोला, वाचस्पति : पूर्वोक्त, पृ. 185-195; डॉ. बुद्धप्रकाश : पूर्वोक्त, पृ. 71
2. यादव, डी.एन. : वाल्मीकि रामायण में गृहस्थ जीवन, पृ. 84-86
3. वाल्मीकि रामायण : बालकाण्ड, 1/33-37, 8/1, अयो. काण्ड, 52/32, 79/2-8, 15, 82/7-13
4. त्रिपाठी, एस.एस. : रामायण महाभारत का शाब्दिक विवेचन, पृ. 276; वाल्मीकि रामायण : अयोध्याकाण्ड, 67/1-38
5. अरक्षितारं हर्तारं विलोप्तारं नायकम्।
तं वै राज कलिं हन्युः प्रजाः संसहय निर्घृणम्।।- महाभारत, 13.36, 35.6

महाभारत में छत्तीस मन्त्रियों, का मिलता अधिकारिक विवरण।
चारो वर्णों में से राजा, करे मन्त्रिजन चयन संवरण॥
राजपुरोहित का शासन में, शाख अभी था वही पुराना।
राजकर्मि मंत्री पर निर्भर, शास्ति कर्म का ताना बाना॥[1]79॥

सामाजिक स्थिति : वर्ण व्यवस्था

महाकाव्य का काल सम्मिलित, उत्तर वैदिक युग अन्तराल।
इसीलिए जीवन गतिविधियाँ, अधिक भिन्न न बीते काल॥[2]
या कहिए कि बीते युग का, इस युग पर स्पष्ट प्रभाव।
किन्तु जैन बौद्ध मत कारण, आने लगा वृहद् बदलाव॥80॥

महाकाव्य कालीन समाज था, वर्ण व्यवस्था पर आधारित।[3]
विराट् पुरुष के विविध अंग से, वर्णो की उत्पत्ति विचारित॥
चारों वर्णो के अनुक्रम में, ब्राह्मण की सर्वोत्तम स्थिति।
कृषि पशुपालन रत वे ब्राह्मण, शिक्षा में जो हीन परिस्थिति॥81॥

शूद्र वर्ण स्थिति दु:खदायी, उसे न तप शिक्षा अधिकार।
प्राण दण्ड शम्बूक तपी को, एकलव्य अंगुष्ठ प्रहार॥
महाभारत के शान्ति पर्व में, यह उल्लेख नीति नय भव्य।
शूद्र सेवकों का प्रतिपालन, पोषण भरण द्विज कर्त्तव्य॥82॥

शान्ति पर्व में चर्चा है कि, वेद पठन सबका अधिकार।
ज्ञान प्राप्त करना शूद्रों से, यदि वे विद्या विज्ञ उदार॥
बिदुर मातंग आदि शूद्र जन, पाये जगत् उच्च स्थान।
सेवा के अतिरिक्त वणिज् कृषि, पशुपालन भी उनका काम॥83॥

वर्णों के कठोर बंधन से, जाति प्रथा का वर्द्धित जोर।
वाह्य यवन शक व पह्लव, गुंथते गये जाति की डोर॥[4]
चार आश्रमों के पालन में, गृहस्थ धर्म का अधिक महत्त्व।[5]
वर्णित ये सोपान रूप में, वर्ण सुगम अर्जन मोक्षत्व॥[6]84॥

---

1. वाल्मीकि रामायण : बालकाण्ड, 7/1–24, 8/3–13, अयो. काण्ड, 1/41–43, 115/9, 15, 22
2. मिश्र, जयशंकर : प्राचीन भारत का सामाजिक इतिहास, पृ. 53
3. त्रिपाठी, एस.एस. : पूर्वोक्त, पृ. 279
4. मिश्र, जयशंकर : पूर्वोक्त, पृ. 57
5. यादव, डी.एन. : पूर्वोक्त, पृ. 19, 26–27, 32–50, 142–149
6. महाभारत शान्तिपर्व : 242/6–16, त्रिपाठी, एस.एस. :पूर्वोक्त, पृ. 280

स्त्रियों की स्थिति

इस युग में नारी की स्थिति, वैदिक युग से कुछ थी हीन।
फिर भी घर में उसकी गरिमा, बनी हुई अब भी प्राचीन॥
उच्च वर्ण कुल की कन्यायें, गुण शिक्षा दीक्षा पाती थी।
कौशल्या आत्रेयी तारा, सिय पंडिता कही जाती थी॥85॥

महाभारत की नेतृ दौपदी, प्रज्ञ पंडिता कहती आप।
भीष्म युधिष्ठिर से करती वह, नैतिकता पर वार्तालाप॥[1]
स्त्री धर्म को कहा गया है, धर्म व अर्थ काम का मूल।
सुख समृद्धि के जन आकांक्षी, स्त्री आदर दें अनुकूल॥86॥

बाल विवाह का चलन नहीं था, अन्तर्जातीय परिणय लक्षित।
धनिक वर्ग में बहु विवाह का, प्रथा स्वयंवर क्षत्रिय इच्छित॥
सती प्रथा नियोग आदि का, सीमित ढंग से थी शुरूआत।[2]
द्योतित लक्षण अवगुंठन के, वाह्य आक्रमण के पश्चात्॥[3]87॥

आर्थिक दशा[4] : कृषि पशुपालन

पूर्वभाँति ही इस युग में भी, कृषि पशुपालन और व्यापार।
भारत की जनता के जीवन-यापन का दृढ़तम आधार॥
कृषि कार्य वर्षा पर निर्भर, कृतिम सिंचाई साधन ज्ञात।
नदी कुंड तालाब पोखरे, नहर से सिंचित खेत देहात॥88॥

राज्य कृषक व कृषि विकास पर, देता रहता समुचित ध्यान।
प्रमुख फसल जो बोये जाते, गेहूँ चना उड़द तिल धान॥
गाय बैल अज गज आदि कुछ, पालनीय पशु युग उपयुक्त।
गोपाध्यक्ष राज्य अधिकारी, पशु संवर्द्धन हेतु नियुक्त॥89॥

वणिज्-व्यापार

कृषि पशुपालन भाँति समुन्नत, देश में वाणिज्य व व्यापार।
व्यवसायों की अगणित संख्या, शिल्प आदि चर्चा क्रमवार॥

---

1. महाभारत-आदिपर्व, 74.40; शर्मा, मनिराम : पूर्वोक्त, पृ. 74-76
2. डॉ. बुद्धप्रकाश : पूर्वोक्त, पृ. 15
3. श्रीवास्तव, के.सी. : पूर्वोक्त, पृ. 107
4. यादव, डी.एन.: पूर्वोक्त, पृ. 104-107; वर्डवूड, जी.सी.एम. : द इण्डस्ट्रियल आर्ट आफ इंडिया, पृ. 138-139; मिश्र, जयशंकर : पूर्वोक्त, पृ. 493-494

उन्नति पर वाणिज्य आंतरिक, विकसित वृहद् वाह्य व्यापार।
वैश्य वर्ग के सक्रिय योग से, सुख समृद्धि खुले नव द्वार ॥90॥

सुवर्णद्वीप यवद्वीप की चर्चा, रामायण व्यापार प्रसंग।
इससे अनुमित रामायण युग, पूर्वी देश वणिज् सम्बन्ध॥
महाभारत में समुद्र यात्रा, द्वीप नाम, भारी जलयान।
इन सबसे लक्षित उस युग में, सामुद्रिक व्यापार रुझान ॥91॥

बाह्लीक आसाम चीन व, कम्बुज सिन्धु तथा गांधार।
रामायण महाभारत युग में, बढ़ा चढ़ा इन से व्यापार॥
अर्थव्यवस्था के उन्नति में, वैदेशिक व्यापार विसात।
बाह्लीक कम्बोज के घोड़े, उत्तम अति उस युग विख्यात ॥92॥

धार्मिक स्थिति[1]

महाकाव्य युग आते आते, वैदिक धर्म स्वरूप विवर्तित।
याज्ञ कर्म तप त्याग ज्ञान सब, लोकधर्म में अब परिवर्तित॥
वैदिक देवों का इस युग में, घटता दिखता मान महत्त्व।
देव देवियाँ नवल रूप में, हुए प्रतिष्ठित ले देवत्व ॥93॥

नव कुवेर हनुमान यक्ष यम, दुर्गा पार्वति तथा गणेश।
त्रय देवों के रूप प्रतिष्ठित, ब्रह्मा विष्णु और महेश॥[2]
ब्रह्मा विष्णु व शिव को माना, सृष्टि जनक पोषक संहारक।
किन्तु शीघ्र ही ब्रह्मदेव का, सुर अस्तित्व हो गया विदारक ॥94॥

शिव व विष्णु थे प्रमुख देव द्वय, रामायण महाभारत काल।
पुनर्जन्म अवतारवाद की, नयी धारणा धर्म के भाल॥
राम कृष्ण को ईश समझकर, माना उन्हें विष्णु अवतार।
कहा गया धर्म हित रक्षण, लेते जन्म वे बारम्बार ॥95॥

दुष्ट विनाश साधु की रक्षा, धर्मस्थापन हेतु हैं आते।
सुख ऐश्वर्य प्रदाता ज्ञाता, जगदीश्वर भगवान कहाते॥
महाकाव्य में मोक्ष प्राप्ति का, सहज उपाय गया बतलाया।
त्याग कठिन तप योग ज्ञान यज्ञ, एक भक्ति का मार्ग सुझाया ॥96॥

---

1. श्रीवास्तव, के.सी. : पूर्वोक्त, पृ. 108
2. त्रिपाठी, एल.के. : द टेम्पुल्स आफ बरौली, पृ. 120; कौशाम्बी, डी.डी. : पूर्वोक्त, पृ. 91–95

सबके लिए सुलभ यह साधन, करे उपासक पाप विमुक्त।
लेकर भक्त को स्वयं शरण में, ईश करे सुख सुविधा युक्त॥[1]
महाभारत में अनुमोदित है, धर्म स्वतन्त्रता का अधिकार।
कोई जन निज मान्य पंथ रुचि, धर्माचरण स्वमत अनुसार॥97॥

है अनुदेश महाभारत का, धर्म समभाव विनय सुविचार।
शैव तथा शाक्त धर्मों में, बढ़ा सहिष्णुता भाव उदार॥
महाभारत के भीष्म पर्व का, अंश ख्यात कृति भगवद् गीता।
कर्म ज्ञान तप भक्ति समन्वय, हिन्दू गौरव ग्रन्थ पुनीता॥[2]98॥

गीता में ही कहा कृष्ण ने, अन्य धर्म तजि शरण में आओ।[3]
पाप शोक से मुक्ती पाकर, स्वर्ग परम सुख मोक्ष को पाओ॥
महाकाव्य के काल अवांतर, वैदिक यज्ञों का भी बोध।
किन्तु यज्ञ में हिंसाकारी, गतिविधियों का प्रखर विरोध॥99॥

यज्ञ क्रिया स्वचित्त शुद्धि का, अनुपम साधन अंगीकार।[4]
सदाचार तप त्याग अहिंसा, महाकाव्य उपदेशित सार॥
महाकाव्य अप्रतिम लक्ष्य थे, सत्य न्याय की अमिट प्रतिष्ठा।
कथा चरित्रों में अधि दर्शित, निन्द्य असत्य, सत्य प्रति निष्ठा॥100॥

रामायण में सचरित्रता, एवं नैतिकता महत् गुणज्ञान।
चरित्र के बल पर इस जगती पर, मानव बनता देव समान॥
दोनों ग्रन्थ ही हिन्दू-धर्म के, विश्वकोष पूज्य महनीय।
महाकाव्य आदर्श निदर्शित, हर युग में ये अनुकर्णीय॥[5]101॥

❑❑❑

---

1. मिश्र, जयशंकर : पूर्वोद्धृत, पृ. 597-598, 600-601
2. श्रीवास्तव, के.सी. : पूर्वोक्त, पृ. 108; गीता-4/7-8
3. सर्वधर्मान् परित्यज्य मामेकं शरणं व्रज
   अहं त्वां सर्वपापेभ्यो मोक्षयिष्यामि मा शुचः।।-गीता, 18/66
4. गीता 3/10-12, 4/24-31, 9/15-16, 17/11-13
5. डॉ. देवराज : भारतीय संस्कृति, पृ. 225-236

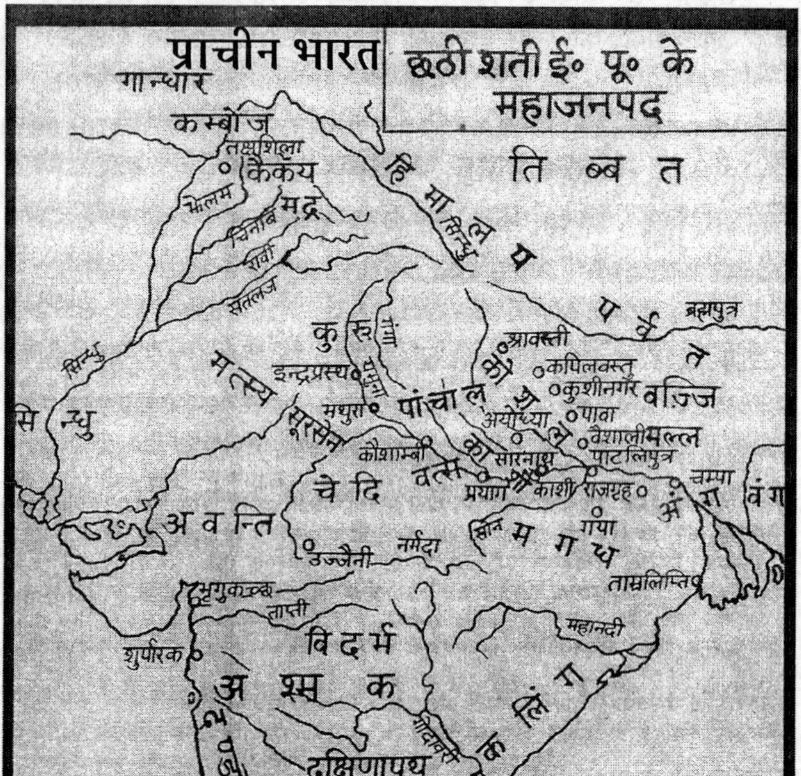

प्राचीन भारत
छठी शती ई० पू० के महाजनपद
गान्धार
कम्बोज
तक्षशिला
कैकय
झेलम
मद्र
चिनाब
रावी
सतलज
सिन्धु
तिब्बत
हिमालय पर्वत
ब्रह्मपुत्र
कुरु
गंगा
श्रावस्ती
कपिलवस्तु
कुशीनगर
वज्जि
इन्द्रप्रस्थ
यमुना
मत्स्य
पांचाल
कोशल
अयोध्या
पावा
वैशाली
मल्ल
पाटलिपुत्र
मथुरा
सूरसेन
कौशाम्बी
वत्स
सारनाथ
प्रयाग
काशी
राजगृह
चम्पा
अंग
वंग
सिन्धु
चेदि
अवन्ति
सोन
मगध
गया
उज्जैनी
नर्मदा
ताम्रलिप्ति
भृगुकच्छ
ताप्ती
महानदी
शुर्पारक
विदर्भ
अश्मक
कलिंग
गोदावरी
दक्षिणापथ
कृष्णा
आन्ध्र
कावेरी
पाण्ड्य
ताम्रपर्णी

10

उत्तर भारत की राजनीतिक स्थिति

(C.600–325 ईसा पूर्व)

वेद सु काल से बुद्ध के पूर्व में, भूप असंख्य के नाम हैं आते।
जातक ब्राह्मण ग्रन्थ विशेषहिं, स्मृति पुराण सभी गुण गाते॥
हाँ उनके तिथि काल प्रशासन, बारे में है कुछ जान न पाते।
बाहर ये इतिहासिक चक्र से, भूप पुराणिक ही कहलाते॥
वैदिक काल में जो जन थे, वे जनपद' रूप में सामने आये।
और वही 'महाजनपद' बाद, अंगुतर निकाय ने जो हैं गिनाये॥
राज्य का रूप लिए महाजनपद, और साम्राज्य में एक समाये।
ता युग से इतिहासिक भारत, की तिथिवार लिखी घटनायें॥

सांस्कृतिक इतिहास का, अस्तित्व भारत भूमि में,
अन्य ऐतिहासिक विधाओं, से अधिक प्राचीन है।
राजनय शासन विधा, घटनायें तिथि आलोक में,
शासकीय इतिहास, उद्‌भव बुद्ध समकालीन है॥[1]1॥

उल्लिखित ऋग्वेद में, सब आर्य दल 'जन' में बटे,
जो बने आधार सत्ता, शास्ति वैदिक काल में।
सकल गतिविधि के नियामक, 'जन' इकाई ही हुए,
जन से 'जनपद' रूप उभरा, वेद बुद्ध अन्तराल में॥2॥

अमुक युग पुरुष से जन्मे, जन बहुल समुदाय को,
राज्य कुल सत्ता समर्थक, 'यूथ' को जन कहा जाता।
शुरू में इन कथित जन का, स्थान भू निश्चित नहीं,
किन्तु कालान्तर जनों का, विशद् भू फहरा पताका॥3॥

---

1. मेहता, रतिलाल : प्री-बुद्धिष्ट इंडिया, पृ. 79

ऋग्वेदआदि संहिताओं में, शब्द 'जन' ही है प्रयुक्त,
सर्व प्रथम उल्लेख जनपद, बाद ब्राह्मण ग्रन्थ में।
वेद उत्तर बुद्ध युग तक, अनवरत उत्थान रत जो,
वही जनपद 'महाजनपद', रूप बर्द्धित अंत में ॥[1]4 ॥

बुद्ध आविर्भाव पहले, षोडस महाजनपद साक्ष्य,
सूची प्राप्त पालि संस्कृत, ग्रन्थ अंगुत्तर निकाय से।
सार्वभौम सत्ता रहित, उस समय था देश अपना,
राज्य सब आपस में लड़ते, नृप सैन्य समुदाय से ॥5 ॥

(अ) षोडस महाजनपद[2]

विन्ध्य के उत्तर हिमालय, मध्य फैले राज्य सोलह,
शासन स्वतन्त्र, महाजनपद कहलाते थे।
छः सौ ईसा पूर्व से ही, चार सौ बी. सी. के बीच,
राजतन्त्र गणतन्त्र शासन, विधा द्वय अपनाते थे ॥6 ॥

नाम तस्य अंग मगध, काशी कोशल मल्ल बाज्जि,
अस्मक अवन्ति मत्स्य, चेदि कुरु पांचाल थे।
शूरसेन कम्बोज वत्स, गान्धार राज्य सहित,
बुद्ध काल महाजनपद, विस्तृत विशाल थे ॥7 ॥

बाज्जि मल्ल गणतन्त्र, शेष सभी नृप राज्य,
अंगुत्तर निकाय ने द्वय, शासी विधि दर्शाया है।
जनपद महाजनपद का, मिश्र युग ईसा पूर्व,
दस सौ से पाँच सौ बी.सी., वी.एस. अग्रवाल ने सुझाया है॥[3]8 ॥

1. अंग[4]

भागलपुर मुंगेर जनपद, रही प्राच्य अंग भूमि,
धन धान्य युक्त जिसकी, चम्पा राजधानी थी।

1. नाहर, रतिभान सिंह : प्राचीन भारत का राजनैतिक एवं सांस्कृतिक इतिहास, पृ. 111
2. सिंह, ए.पी. : डिफेन्सिव आर्ट आफ इंडिया, पृ. 21; रिज डेविड्स, टी.डब्ल्यू. : बुद्धिस्ट इंडिया, पृ. 12-15
3. पाण्डेय, जी.सी. : बौद्ध धर्म के विकास का इतिहास, पृ. 17-18; श्रीवास्तव, के.सी. : प्राचीन भारत का इतिहास तथा संस्कृति, पृ. 109-110
4. श्रीवास्तव, के.सी. : पूर्वोद्धत, पृ. 110; गैरोला, वाचस्पति : भारतीय संस्कृति एवं कला, पृ. 251

मगध था पड़ोसी राज्य, जिससे बढ़ा वैमनस्य,
अंग को हरा कर, लिखी दी पतन कहानी थी ॥9॥

2. मगध[1]

विन्ध्य उत्तर गंगा सोन, चम्पा नदियों के बीच,
दक्षिण बिहार मगध, महाजनपद महान् था।
राजधानी पूर्व गिरिव्रज, और बाद पाटलिपुत्र,
रहा राज्य सत्ता शासन, केन्द्र युग प्रधान था ॥10॥

3. काशी[2]

वरुणा और अस्सी बीच, बसी काशी–वाराणसी,
काशी महाजनपद की, सुमान्य राजधानी थी।
नगर क्षेत्र चारो ओर, फैला राज्य सुविशाल,
कृषि वणिज् ज्ञान कला, वैभव निशानी थी ॥11॥

तेइसवें तीर्थकर के, पिता राजा अश्वसेन,
किया राज्य काशी में, आन मान शान से।
एक नृप था ब्रह्मदत्त, काशी राज्य में सशक्त,
कोशल राज्य जीत लिया, एक रण अभियान से ॥12॥

सोननंद जातक से, ज्ञात होता यह बात,
गगध अंग कोशल पर, काशी का अधिकार था।
कई बौद्ध ग्रन्थों से, मिलता अकाट्य साक्ष्य,
काशी और कोशल में, बढ़ा तकरार था ॥13॥

4. कोशल[3]

उत्तर में नेपालदेश, दक्षिण सीमा सई सरित्,
पूर्वी सरहद गण्डक, पश्चिम में पांचाल था।
आज का अवध बस्ती, गोरखपुर का मण्डलांश,
उत्तर–दक्षिण कोशल, महाजनपद विशाल था ॥[4]14॥

---

1. ला, वी.सी. : इंडिया ऐज डिस्क्राइब्ड इन अर्ली टेक्ट्स आफ बौद्धिज्म एण्ड जैनिज्म, पृ. 117–123
2. मेहता, रतिलाल : पूर्वोक्त, पृ. 61–63, 69–71
3. वर्मा, टी.पी. (सं.) : युग युगीन सरयूपार, पृ. 139–144
4. पाण्डेय, विजय कुमार : इतिहास और पुरातत्त्व में अयोध्या का कनक भवन, पृ. 14

उत्तर कोशल राजधानी, गोण्डा में श्रावस्ती,
अयोध्या अन्य राजधानी, दक्षिण कोशलांश थी।[1]
कोशल का नृपति कंस, जीत लिया काशी राज्य,
दोनों देशों की स्थिति, अस्थिर, न शान्त थी ॥15॥

5. बज्जि संघ[2]

लिच्छवि विदेह बज्जि, ज्ञातृक भोग उग्र आदि,
कौरव इक्ष्वाक् राज्य, अष्ट बज्जि संघ था।
इन सब की प्रीति रीति, राजनीति रणनीति,
शासन गणतन्त्र नेक, संधि अंतरंग था ॥16॥

6. मल्ल

मल्ल महाजनपद, देवरिया जिला का प्रभाग,
पावा कुशीनारा की, मल्ल द्वय शाखायें थी।
पहले वहाँ नृपतन्त्र, तत्पश्चात् गणसंघ,
बुद्ध जीवन काल अस्ति, राज्य दो लतायें थी ॥17॥

7. चेदि[3]

चेदि महाजनपद था, स्थित अति प्राच्य से ही,
सोत्थिवती राजधानी, धरती बुंदेलखण्ड।
महाभारत काल में, यहाँ का नृप शिशुपाल,
कृष्ण द्वारा दुष्टता का, मिले उसे प्राणदण्ड ॥18॥

8. वत्स[4]

बाँदा इलाहाबाद जिले, वत्स की प्राचीन भूमि,
राजधानी कौशाम्बी, नृप निचक्षु की बसाई है।
ईसा पूर्व 1200 सौ से, 600 ईस्वी तक अस्ति,
कौशाम्बी उत्खनन, शोध साक्ष्य दर्शाई है ॥19॥

पौरव परंतप ने, विजित किया अंग राज्य,
तस्य सुत उदयन, गौतम बुद्ध समकालीन था।

---

1. गैरोला, वाचस्पति : पूर्वोक्त, पृ. 255, ला.वी.सी. : पूर्वोक्त, पृ. 131–132
2. ला, वी.सी. : पूर्वोक्त, पृ. 121–126
3. गैरोला, वाचस्पति : पूर्वोक्त, पृ. 256; श्रीवास्तव, ओ.पी.एल. : आर्क्योलाजी आफ इरिच, पृ. 2
4. श्रीवास्तव, के.सी. पूर्वोक्त, पृ. 110–111

मिले उत्खनन श्रेष्ठि, घोषित निर्मित विहार,
उदयन प्रासाद अति, भव्य शालीन था॥20॥

9. कुरु[1]

समीपस्थ दिल्ली मेरठ, कुरु अति प्राचीन राज्य,
हस्तिनापुर के बाद, इन्द्रप्रस्थ राजधानी थी।
नृपतन्त्र गणतन्त्र, यथा काल शासी नीति,
कोरव्य नरेश कीर्ति, बुद्ध युग बखानी थी॥21॥

10. पांचाल

आधुनिक रुहेलखण्ड, बरेली बदायूँ आदि,
उत्तर दक्षिण रूप, महाजनपद पांचाल था।
उत्तर अहिच्छत्र, दक्षिण काम्पिल्य राजधानी,
कान्यकुब्ज मुख्य नगर, वैभव विशाल था॥[2]22॥

11. मत्स्य[3]

राजस्थान में जयपुर, अलवर भरतपुर क्षेत्र,
मत्स्य महाजनपद, युग शासन प्रधान था।
राजधानी विराट्पुरी, विराट् नृप बसाये जिसे,
बुद्धकाल महत्त्व हीन, राज्य विद्यमान् था॥23॥

12. शूरसेन[4]

आधुनिक ब्रजमण्डल क्षेत्र, महाजनपद शूरसेन,
मथुरा शासन केन्द्र, राजा कृष्ण, यदुवंश का।
बुद्ध युग अवन्ति पुत्र, शासक शूरसेन राज्य,
जो था दौहित्र नरपति, प्रद्योत अवन्ति का॥24॥

13. अश्मक[5]

आन्ध्र धरा दक्षिण में, गोदावरि रम्य तट,
पोतल राजधानी, नृप इक्ष्वाक् ने बसाया था।

---

1. गैरोला, वाचस्पति : पूर्वोक्त, पृ. 254
2. ला, वी.सी. : पूर्वोक्त, पृ. 96–98
3. गैरोला, वाचस्पति : पूर्वोक्त, पृ. 257; ला, वी.सी. : पूर्वोक्त, पृ. 98–99
4. श्रीवास्तव, के.सी. : पूर्वोक्त, पृ. 111
5. ला, वी.सी. : पूर्वोक्त, पृ. 107–108

यहाँ स्थापित किया, राजतन्त्र एक सबल,
नृपतियों को जीत, निजराज्य को बढ़ाया था ॥25॥
चुल्लकलिंग जातक, अनुसार अरुण अस्सक ने,
उत्तर बढ़ कलिंग राज्य, नृप को हराया था।
अश्मक अवन्ति राढ़, युद्धों के फलस्वरूप,
अश्मक को जीत अवन्ति, राज्य में मिलाया था ॥26॥

14. अवन्ति[1]

पश्चिम मध्य मालवा में, राज्य थे अवन्ति द्वय,
वेत्रवती नदी इसके, बीचो बीच बहती थी।
उत्तरी अवन्ति राजधानी, थी उज्जैनी उच्च,
दक्षिण की महिष्मती, महिमा में महती थी ॥27॥
बुद्ध युग में उज्जैनी, भारत की प्रसिद्ध पुरी,
बौद्ध धर्म केन्द्र, भिक्षु भिक्षुणियाँ रहती थीं।
आर्थिक व राजनैतिक, दृष्टि से महान् पुरी,
अयस उपकरण हेतु, लौह भट्टियाँ दहती थीं ॥28॥

15. गांन्धार[2]

तक्षशिला पेशावर और, रावलपिण्डी जिला क्षेत्र,
जनपद गान्धार, बुद्ध काल कहे जाते थे।
तक्षशिला नगर शिक्षा, शिल्प का महान् केन्द्र,
विज्ञ विद्याकांक्ष वहाँ, ज्ञान लेने आते थे ॥29॥
रामायण से ज्ञात, भरत पुत्र कुमार तक्ष,
तक्षशिला नगर, लोकहित में बसाई थी।
पुष्कलावती भी अन्य नगर, धन धान्य परिपूर्ण,
राज्य का उत्थान, कृषि वणिज् समाई थी ॥30॥
ईसा पूर्व छठी सदी, मध्य गान्धार नृप,
पुक्कुसाति दूत दल, मगध भिजवाई थी।

---

1. वही, पृ. 103–105
2. मेहता, रतिलाल : प्री–बुद्धिष्ट इंडिया, पृ. 52–54; गैरोला, वाचस्पति : पूर्वोक्त, पृ. 255

मगधराज बिम्बिसार, इससे हुए अति प्रसन्न,
मैत्री सुदीर्घ राज्य, द्वय सुखदायी थी ॥[1]31 ॥

16. कम्बोज[2]

दक्षिण पश्चिम कश्मीर, कपिशा का भू प्रदेश,
समवेत जनपद मिल, कम्बोज कहलाता था।
वाणिज्य पशुपालन कृषि, अस्त्र-शस्त्र आदि रच,
जन समुदाय निज, जीविका चलाता था ॥32 ॥

गान्धार पड़ोसी राज्य, अश्व इसके जग प्रसिद्ध,
राजधानी राजपुर या, हाटक सुहाता था।
राजतन्त्र गणसंघ, यथा काल शासन विधा,
शिल्प उद्योग वहाँ, राजाश्रय पाता था ॥[3]33 ॥

जनपदों की आपसी नीति और अंत

इस प्रकार ईसा पूर्व, छठी शती शुरू से ही,
उत्तर में विभाजन व, विकेन्द्रीकरण जोर था।
जनपदों के जीवन में, छल कूट बैर भाव,
राज्य सीमा वृद्धि हेतु, युद्ध चहुओर था ॥34 ॥

सभी महाजनपद, एक दूसरे के परम शुत्र,
सबका विस्तार वादी, नीति पुरजोर था।
राजनैतिक एक्य राष्ट्र, खण्ड-खण्ड हो रही,
लोक पर दबाव, अत्याचार घनघोर था ॥[4] 35 ॥

राज्यों का नवोन्मेष

छठी शती ईसा पूर्व, उत्तरार्ध आते आते,
शक्तिशाली राज्यों का, प्रभुत्व उठ जागा।
कोशल अवन्ति वत्स, मगध राज्योदय से,
जनपदों के जीवन का, बज गया बाजा ॥36 ॥

---

1. ला, वी.सी. : पूर्वोद्धृत, पृ. 86-88, 120
2. गैरोला, वाचस्पति : पूर्वोक्त, पृ. 252
3. श्रीवास्तव, के.सी. : पूर्वोक्त, पृ. 112
4. मेहता, रतिलाल : प्री-बुद्धिष्ट इण्डिया, पृ. 52-57; पाण्डेय, जी.सी. : बौद्ध धर्म के विकास का इतिहास, पृ. 18-19

हड़प कर बिलीन किये, जनपदों को निज राज्य,
बन बैठे नृप नरेश, भूपति महाराजा।
मगध के समीप, बचे खुचे गणराज्यों को,
हराकर अजातशत्रु, बना सम्राट महाभागा ॥[1]37 ॥

बुद्ध का आविर्भाव

ईस्वी पूर्व छठी शती, कपिलवस्तु नगरी में,
जन्मां महामानव एक, गौतम बुद्ध विख्यात।
जिनके जन्म जीवन मरण, कृत्य घटनाओं से,
तिथि क्रम इतिहास बोध, होते साक्ष्य बहु ज्ञात ॥38 ॥

राजतन्त्र चार और, ग्यारह गणतन्त्र राज्य,
बुद्ध समकालीन राष्ट्र, शासकीय इकाई थे।[2]
राजतन्त्र नृपाधीन, गणों में कुलीन तन्त्र,
दोनों ही विधाओं में, बुद्ध के अनुयायी थे ॥[3]39 ॥

(ब) गणराज्य[4]

1. कपिलवस्तु के शाक्य[5]

अस्सी हजार परिवार, शाक्य गण के अधीन,
नेपाल की तराई, कपिलवस्तु राजधानी थी।
उत्तर में हिमालय नग, दक्षिण पश्चिम अचिरावती,
रोहिणी तट शाक्य, पूर्व सीमा पुरानी थी ॥40 ॥

शाक्य नृप सुकीर्ति द्वारा, राज्य स्थापित यह,
रम्य नगर ज्ञान कला, संस्कृति निशानी थी।
इसी गण राज्य धरा, पैदा हुए गौतम बुद्ध,
जिस कारण शाक्य भूमि, प्रभाव महि मानी थी ॥41 ॥

शाक्य गण लोग, रक्त शुद्धता के पक्षपाती,
व्याहा प्रसेनजित से, छल से कुल दासी को।

---

1. श्रीवास्तव, के.सी. : पूर्वोक्त, पृ. 112; मेहता, रतिलाल : पूर्वोक्त, पृ. 79–86
2. रिज डेविड्स, टी.डब्ल्यू. : बुद्धिष्ट इण्डिया, पृ. 1–13
3. नाहर, रतिभान सिंह : पूर्वोद्धृत, पृ. 113
4. वर्मा, टी.पी. (सं.) : युग युगीन सरयूपार, पृ. 27–30, 41–46; रेनो लोइस : (अनुवा. स्प्राट फिलिप) द सिविलाइजेशन आफ ऐंशियंट इंडिया, पृ. 96–97
5. रिज डेविड्स, टी.डब्ल्यू. : पूर्वोक्त, पृ. 9; वर्मा, टी.पी. एवं गुप्त एस.पी. : पूर्वोक्त, पृ. 34–35

इसके प्रत्युत्तर उसके, सुत नृप बिड़ूडभ ने,
किया संहार शाक्य, सकल पुरवासी को ॥42॥

शासन प्रबंध न्याय, गण बहु प्रशंनीय,
पाँच सौ सदस्यों वाला, महा संस्थागार था।
जहाँ पर विचार होते, गूढ़ रूढ़ विषयों पर,
यदि नहीं मतैक्य, गुप्त मत का व्यवहार था ॥43॥

किया जब विड़ूडभ ने, धावा कपिलवस्तु पर,
पुरद्वार खोलने को, सभा गयी थी बुलाई।
देर तक के मंत्रणा में, विवाद जब सुलझा नहीं,
सभा ने मतदान गुप्त, व्यवस्था को अपनाई ॥44॥

2. भग्ग सुम्सुमार गिरि के[1]

मिर्जापुर व प्रयाग भूमि, भाग विन्ध्य उत्तर में,
भग्ग भू प्रदेश सोन, गंगा मध्य माटी में।
ऐतरेय ब्राह्मण में ये, भर्गवंशी कहे गये,
शासक अधीन वत्स, सुम्सुमार घाटी में ॥45॥

3. बुलि अलकप्प के[2]

मुजफ्फरपुर शाहाबाद, आरा प्राच्यभूमि बुलि,
बेढद्वीप-वेतिया शायद, उनकी राजधानी थी।
इन्हें बुद्ध अनुयायी कहे, महापरिनिर्वानसुत्त,
बुद्ध भस्म पर स्तूप, रचे आस्था रुहानी थी ॥46॥

4. केशपुत्त के कालाम[3]

केसपुत्त कालाम स्थिति, कोशल के पश्चिम कहीं,
पांचाल के केशियों से, इनका जुड़ा नाम था।
सिद्धार्थ के गृह त्याग बाद, उनके उपदेशक प्रथम,
इसी कुल आचार्य नाम, आलार कालाम था ॥47॥

---

1. ला, वी.सी. : पुर्वोक्त, पृ. 32, 34, 39–40, 110, 124, 133–134
2. वही : पुर्वोक्त, पृ. 134
3. श्रीवास्तव, के.सी. : पूर्वोक्त, पृ. 116

5. कोलिय रामग्राम के[1]

कोलिय गणराज्य शाक्य, सीमा के पूर्व सटा,
दोनों के बीच नदी, रोहिणी की धारा थी।
रोहिणी से लेते जल, दोनों ही सिंचाई हेतु,
जल बँटवारे हेतु मची, इनमें मारी मारा थी॥48॥

कलह को मिटाने हेतु, शाक्य शुद्धोधन ने,
कोलिय कन्याओं से, परिणय स्वीकारा था।
जातक अनुसार स्वयँ, बुद्ध ने भी इसके लिए,
कोलियों से मिल जुल, सम्बन्ध को सुधारा था॥49॥

6. मल्ल पावा के[2]

आधुनिक देवरिया जिला, पड़रौना पावा थी,
मिला निर्वाण जहाँ, तीर्थंकर महावीर को।
मगध से भयभीत मल्ल, लिच्छवि का संघ बना,
जीता अजात मल्ल, सहित संघ तकदीर को॥50॥

7. मल्ल कुशीनारा के[3]

कसया ही कुशीनारा, जनपद देवरिया में,
अन्य मल्ल शाखा पाश्र्व, राज्य द्युतिमान् था।
जीवन के अन्तिम समय, आये गौतम बुद्ध यहाँ,
जहाँ हुआ उनका मोक्ष, महापरिनिब्बान था॥51॥

संघरूप अस्तित्व रहा, मल्लों का समवेत,
मंत्रणा विचार हेतु, संस्थागार भारी था।
बुद्ध परिनिर्वाण शोक, सूचना जब भेजी गयी,
मल्ल संस्थागार में, विचार गुह्य जारी था॥52॥

शिक्षा धर्म-दर्शन प्रति, मल्लों में विशेष रुचि,
बौद्ध धर्म उन्नयन हेतु, भूमिका निभाते थे।

---

1. ला, वी.सी. : पुर्वोक्त, पृ. 126-128
2. वही, पृ. 117, 125-126, 134, 137, 146
3. कौसल्यायन, भ.आ. : भगवान बुद्ध और उनका धर्म (अनुवाद), पृ. 427-436,
वर्मा, टी.पी. (सं.) : युग युगीन सरयूपार, पृ. 19-26, 35-38

दार्शनिक विवाद हेतु, उरवेलकप्प प्रसिद्ध,
अध्ययनार्थ राजपुत्र, तक्षशिला तक जाते थे ॥53॥

8. लिच्छवि वैशाली के[1]

लिच्छवि वैशाली का, शक्तिशाली गणराज्य,
बज्जिसंघ अठ्ठकुल में, ये सबसे प्रमुख थे।
राष्ट्र गौरवशाली, शक्तिशाली दृढ़ बनाने एवं,
राज्य प्रगति हेतु सदा, लिच्छवि उन्मुख थे ॥54॥

ये थे स्वाभिमानी, स्वतन्त्रता प्रिय जाति एक,
शासन व्यवस्था भी, संगठित व शक्तिशाली।
चैत्य संघाराम सौध, पुरी थी प्राकार युक्त,
बनी घनी-धनी महत्, राजधानी वैशाली ॥55॥

समता समादर, सौहार्द श्रेष्ठ सैन्य दल,
लिच्छविगण संघ, बहु विशेषता वाला था।
तथागत के काल यह, राज्य था समृद्ध सुखी,
गण मुख्य चेटक नीति, निपुण निराला था ॥56॥

नृप अजातशत्रु विरुद्ध, मोरचा बनाये चेटक,
काशी कोशल मल्ल आदि, संघ एक विख्यात।
इनकी पुत्री छलना थी, व्याही गयी बिम्बिसार,
उसकी बहन त्रिशला थी, महावीर प्रियमात ॥57॥

9. कुण्ड ग्राम (वैशाली) के ज्ञातृक[2]

वैशाली के आस-पास, ज्ञातृकों का कुण्ड ग्राम,
तीर्थंकर महावीर जैन, का वह जन्म स्थान था।
कुण्डगाम, बनियगाम, फैला गणराज्यभू,
कोल्लग स्थान केन्द्र, शासन प्रधान था ॥58॥

10. पिप्पलिवन के मोरिय[3]

कोशल नृप विडूडभ के, कपिलवस्तु ध्वंस काल,
शाक्यों की शाखा कोई, भाग चली पूर्वी ठौर।

---

1. श्रीवास्तव, के.सी. : पूर्वोद्धृत, पृ. 116; थपलयाल, के.के. : पूर्वोद्धृत, पृ. 322
2. नाहर, रतिभान सिंह : पूर्वोक्त, पृ. 116
3. वर्मा, टी.पी. : (सं.) पूर्वोद्धृत, पृ. 31-34

मोरों के स्वर से नित, गुंजायमान पिप्पलिवन,
अरण्य प्रवासी कहे, जाने लगे मोरिय मौर्य ॥59॥
पिप्पलिवन समीकरण, गोरखपुर के पूर्व स्थित,
कुसुम्ही अरण्य गाँव, राजधानी अब कहा जाता।
पैदा हुये इसी कुल में, सम्राट चन्द्रगुप्त मौर्य,
साम्राज्य मगध मौर्य, महान् के प्रिय निर्माता ॥60॥

11. मिथिला के विदेह

भागलपुर दरभंगा आदि, जिलों की अतीत भूमि,
मिथिला विदेहों का, स्वतंत्र नृपराज था।
रामायण के पात्र राजा, जनक थे यहाँ के भूप,
ज्ञान दर्शन विज्ञ, लोकहित नृप काज था ॥61॥
कुछ काल बाद बना, विदेह भी गणराज्य एक,
बज्जि संघ अंग इनका, बढ़ा चढ़ा मान था।
बुद्ध के समय में पुरी, मिथिला व्यापार केन्द्र,
श्रावस्ती के वणिकों का, यहाँ बिकता सामान था ॥[1]62॥

गणराज्यों का शासन विधान[2]

गणराज्यों से प्राप्त नहीं, नृप नाम वंशानुगत,
गणमुख्य पारम्परिक, विधान से चुना जाता था।
शासन व्यवस्था, राज्य रक्षा व शान्ति हेतु,
कार्यपालिका प्रधान, कर्त्तव्य सब निभाता था ॥63॥
उपराजा व सैन्य पति, भाण्डागरिक चुने हुए,
राजा के सहायक कई, मान्य अधिकारी थे।
गण की यथार्थ शक्ति, समिति संथागार निहित,
राजा पदनाम सदस्य, संख्या में भारी थे ॥64॥
एकपण्ण जातक मत, लिच्छवि गणराज्य में,
सत्तहत्तर सौ सात राजा, केन्द्रीय सदस्य थे।[3]

1. मेहता, रतिलाल : प्री–बुद्धिष्ट इंडिया, पृ. 46–52; श्रीवास्तव, के.सी. : प्राचीन भारत का इतिहास तथा संस्कृति, पृ. 116
2. नाहर, रतिभान सिंह : पूर्वोक्त, पृ. 116–121; मेहता, रतिलाल : पूर्वोद्धृत, पृ. 79–81
3. श्रीवास्तव, पंकजलता : प्राचीन इतिहास भाग–एक, पृ. 22

इतने के लगभग ही, थे राज्य अधिकारी बड़े,
राज्य द्वारा चयनित, कर्म गुण में प्रशस्य थे ॥65॥

सदस्यों के सभा हेतु, संस्थागार होते भव्य,
समय समय पर बैठक, बुलाये वहाँ जाते थे।
संस्थागार सभाओं में, बहुमत शलाका विधि,
गण के विधाई कार्य, निपटाये जाते थे ॥66॥

कूटनीति युद्ध सन्धि, वित्त आदि विषयों पर,
बाद विवाद बहुमत से, सुलझाये जाते थे।
सदन की क्रिया विधि, प्रायः आज के समान,
गुप्त मतदान विधा, वहाँ अपनाये जाते थे ॥67॥

पाँच सौ सदस्यीय शाक्य, संस्थागार का उल्लेख,
सदस्य अभिजात्य वर्ग के, राजा कहे जाते थे।[1]
इनके अधीन थे, उपराजा एवं सेना प्रमुख,
भाण्डागरिक सहित, उपशासन चलाते थे ॥68॥

बिडूडभ के हमले या, रोहिणी जल विवाद पर,
शाक्य संस्थागार में, विवाद गहराया था।
अनिर्णय की स्थिति में, गुप्त मतदान द्वारा,
समस्या का समाधान, बहुमत से आया था ॥[2]69॥

लिच्छवि के सेनापति, खाण्ड के निधन से,
रिक्त पद नियुक्त सिंह, निर्वाचन के द्वारा।
बुद्ध निर्वाण काल, मल्ल संस्थागार में भी,
मल्लों ने अन्त्येष्टि आदि, तथ्य पर गया विचारा ॥70॥

इन सब उदाहरणों से, प्रमाणित होता यह कि,
संस्थागार कार्यवाही, अद्य संसद समान थी।
विश्व बहु देशों में जब, बर्बरता का वातावरण,
भारत में गणतन्त्रीय, नेक प्रणाली विद्यमान थी ॥71॥

गणराज्य कार्यपद्धति, बौद्ध संघों के समान,
सदस्यों के बैठने का, पृथक इन्तजाम था।

1. वही
2. कौशल्यायन, भ.आ. : भगवान बुद्ध और उनका धर्म (अनुवाद), पृ. 23-27

इसकी व्यवस्था हेतु, आसन पन्नापक पद,
जो संस्थागार अंतः, प्रबंधन प्रधान था ॥72॥

शक्तियाँ गणों की, संस्थागार में निहित निश्चित,
प्रमुख नगरों में, संस्थागार विद्यमान् थे।
कई अधिकारी इनके, संचालन हेतु नियुक्त,
कार्यवाही अंकन हेतु, लिपिक प्रधान थे ॥73॥

केन्द्रीय अधिवेशन होता, महासंस्थागारों में,
प्रस्तावों पर बहस होता, वहाँ घनघोर था।
पारित अधिनियम करता, राजा ही क्रियान्वित,
सदन में सदस्यों का, प्रभाव पुरजोर था ॥74॥

विचार स्वातन्त्र्य का, सम्मान गण सभावों में,
सदस्य के विचारों, पर कान दिये जाते थे।
व्यक्तिगत आरोप, आपत्ति जनक भाषा रुद्ध,
सभा की शालीनता पर, ध्यान दिये जाते थे ॥75॥

कोरम पूर्ति प्रस्ताव, मतगणना आदि पर,
निश्चित स्पष्ट नियम, होते क्रमवार थे।
एक प्रस्ताव तीन-तीन, बार दोहराये जाते,
अन्ततः विरोध पर भी, होते स्वीकार थे ॥76॥

अनुपस्थित सदस्यों से, मत लेने का विधान,
निर्णय सुचारू रीति, गुप्त मतदान का।
वार्तालाप्य विषय में, विवाद बढ़ जाने पर,
बहुमत से करते जन, उपाय समाधान का ॥[1]77॥

मतदान अधिकारी, शलाका ग्राहक पदनाम,
सदस्यों को रंग रंग की, शलाकायें दी जाती थी।
सारे सदस्यों के, चिन्हांकन बाद फिर,
शलाका ग्राहक के पास, शलाकायें आती थी ॥78॥

मत के लिए छन्द शब्द, का मिला प्रयोग वहाँ,
विवादित विषय, समितियों को सौंपे जाते थे।

1. श्रीवास्तव, पंकजलता : प्राचीन इतिहास, भाग-एक, पृ. 23

समिति के सदस्य पूरे, छानबीन के उपरान्त,
निज प्रतिवेदन, संस्थागार तक पहुँचाते थे।[1]79॥

मल्ल और लिच्छवि में, मंत्रि परिषद् के प्रमाण,
चार से इक्कीस संख्या, मंत्रियों की मानी थी।[2]
केन्द्रीय समिति होती, गणसंघ अधीन कोई,
जो गणराज्यों पर, रखाती निगरानी थी॥80॥

कोलियों एवं मल्लों की, पुलिस सेवा रही चुस्त,
जिनकी वस्त्रभूषा, जनसाधारण से भिन्न थी।
नहीं था सम्मान भाव, लोगों में उनके प्रति,
आज की तरह जनता, उनसे भी खिन्न थी॥[3]81॥

कथित गणराज्यों में, सबसे प्रसिद्ध बज्जि,
अष्ट दृढ़ कबीलों का, शक्तिशाली संघ था।
गणतन्त्री शक्तियों व, विचारों का महा केन्द्र,
न्याय व्यवस्था विधि, रचा अष्ट अंग था॥[4]82॥

बज्जि न्यायिक प्रणाली, अष्ट स्तर सुनियोजित,
सुमंगलबिलासिनी कहती, बुद्धघोष टीका।
क्रमशः अष्ट न्यायलय द्वारा, दोषी ठहराने पर,
राजा दे दण्ड, न्याय अद्‌भुत तरीका॥83॥

निचले न्यायालय, छोड़ सकते अपराधी को,
दण्ड अधिकार मात्र, राजा के पास था।
दण्ड देय काल गत, दृष्टांतो का अनुसरण,
व्यक्तिगत स्वातन्त्र्य न्याय, अद्‌भूत प्रयास था॥[5]84॥

गणराज्य ग्रामों में, सक्रिय पंचायते पुष्ट,
जन समस्यावों की, वे करतीं निपटारा भी।
कृषि उद्योग वणिज्, श्रम जन जीवन की,
इनके सहयोग से, बही विकासधारा भी॥85॥

---

1. श्रीवास्तव, के.सी. : पूर्वोक्त, पृ. 117; नाहर रतिभान सिंह : पूर्वोक्त, पृ. 116-118
2. श्रीवास्तव, पंकजलता : पूर्वोक्त, पृ. 23
3. नाहर, रतिभान सिंह : पूर्वोद्धत, पृ. 117
4. लुणिया, बी.एन. : प्राचीन भारतीय संस्कृति, पृ. 214, 218
5. श्रीवास्तव, के.सी. : पूर्वोद्धत, पृ. 117-118

शासन व्यवस्था के, गणतन्त्रीय विधानों से,
लगता स्थिति गणराज्य, समृद्धि व शक्तिशाली।
महा परिनिर्वाणसुत्त, बज्जि गण प्रशंसा में,
बुद्ध द्वारा व्यक्त भाव, थे अति प्रभावशाली ॥86॥

जब तक बज्जि बार-बार, संस्थागार सहमति से,
वृद्धजन आदेश, मत परम्परा गहेगें।
निर्णय विचार न्याय, सत्य लोक भावभूमि,
तब तक बज्जि धराधाम, वृद्धि ही करेगे ॥[1]87॥

आधुनिक गणतन्त्र अर्थ, सर्व जनता का राज्य,
किन्तु प्राच्य भारत में, यह कुलीन तन्त्र था।
आम जनता की नहीं, शासन में भागीदारी,
सीमित कुल क्षत्रियों का, व्यवस्था स्वतंत्र था ॥[2]88॥

गण तन्त्रीय प्रणाली, भारत भूमि की उपज मूल,
जनता द्वारा जनता हेतु, सुशासन प्रारम्भ था।
सीमित अवस्था में ही, जनतन्त्रीय गण विधान,
विश्व लोक तन्त्र, हेतु मानक स्तम्भ था ॥89॥

शक्तिशाली गणतन्त्र, नृप तन्त्र के विरोधी,
राष्ट्रीय स्वाभिमान भाव, भरा मूल मंत्र में।
वैर वैमनस्य वंशवाद, नृप तंत्र रीति,
गण तन्त्रीय राज्य सब, विलीन राजतंत्र में ॥[3]90॥

(स) चार शक्तिशाली राज्य[4]

सोलह महाजनपद एवं, ग्यारह गणतन्त्र राज्य,
चार राजतन्त्र राज्य, ज्ञात बौद्ध ग्रन्थ से।
कई तो थे समकालीन, और कुछ आगे पीछे,
विन्ध्योत्तर बुद्ध काल, शासन सुसंस्थ थे ॥[5]91॥

---

1. वही, पृ. 118
2. झा, डी.एन. : प्राचीन भारत (एक रूपरेखा), पृ. 56-61
3. उपाध्याय, भगवत्शरण : पूर्वोद्धृत, 98-99; लुणिया, बी.एन. : पूर्वोद्धृत, पृ. 224-225
4. रिज डेविड्स, टी.डब्ल्यू. : पूर्वोद्धृत, पृ. 1-2
5. नाहर, रतिभान सिंह : पूर्वोक्त, पृ. 121

छठी शती ईसा पूर्व, उत्तरार्ध आते-आते,
चार शक्तिशाली राज्य, हो रहे उदीयमान।
इनके ही विस्तारवादी, नीति रीति धारा में,
जनपद विलीन हुए, राजतन्त्र बढ़ा मान ॥92॥

कोशल अवन्ति वत्स, मगध महाराजतन्त्र,[1]
जनपदों गणसंघों के, महत्त्व को मिटा दिये।
बुद्ध समयान्तर बने, राजनीति राज्य धुरी,
नृपों के सुख स्वार्थ दम्भ, जनहित भुला दिये ॥93॥

कोशल[2]

उत्तर पूर्व भारत में, कोशल था प्रमुख राज्य,
श्रावस्ती जिसकी, विख्यात राजधानी थी।
बुद्ध जी के पूर्व एक, कंस नाम नरपति ने,
वाराणसी को जीता, जातको ने बखानी थी ॥94॥

कंस का सुपुत्र हुआ, महाकोशल महाराज,
काशी राज्य जीत, निज राज्य में मिलाया था।
इससे कोशल राज्य के, महत्त्व में महान् वृद्धि,
वस्त्र उद्योग काशी का, कोशल ने पाया था ॥95॥

कोशल का प्रतिद्वन्द्वी, पूरब में मगध राज्य,
काशी पर अधिकार हेतु, होता रहता संघर्ष।
इसके समाधान हेतु, कोशल नृप प्रसेनजित,
व्याही निज भगिनी, बिम्बिसार नृप को सहर्ष ॥96॥

महाकोशल का सुपुत्र, नृप यशी प्रसेनजित,
बुद्ध समकालीन शासक, बड़ा बुद्धिमान था।
महाकोशला परिणय में, जीजा बिम्बिसार को,
काशी प्रान्त दे दिया, दहेज रूप दान था ॥[3]97॥

अधिक काल चला नहीं, मैत्री मगध कोशल,
बिम्बिसार सुत अजात*, युद्ध पुनः छेड दिया।

1. पाण्डेय, विजयकुमार : इतिहास एवं पुरातत्व में अयोध्या का कनक भवन, पृ. 1, 11-31
2. श्रीवास्तव, के.सी. : पूर्वोक्त, पृ. 112; वर्मा, टी.पी. एवं गुप्त एस.पी. : पूर्वोक्त, पृ. 32-36
3. गैरोला, वाचस्पति : पूर्वोक्त, पृ. 263-264; ला, वी.सी. : पूर्वोक्त, पृ. 131-138, 280-282

* इस प्रकरण में आगे अजात शब्द अजातशत्रु के लिए प्रयुक्त है।

संयुक्तनिकाय साक्ष्य, अजातशत्रु ने हराकर,
नृप प्रसेनजित को, श्रावस्ती खदेड़ दिया॥98॥
पुनः अन्य युद्ध बीच, अजातशत्रु बन्दी हुआ,
फिर भी प्रसेनजित ने, संधि को बढ़ाया था।
बाजिरा बेटी का व्याह, कर अजातशत्रु से,
काशी प्रान्त पुनः, दामाद को लौटाया था॥[1]99॥

प्रसेनजित काल कोशल, राज्य उत्कर्ष अति,
पंच गणराज्यों पर, उसका अधिकार था।
केसपुत्र कोलिय मल्ल, मौर्य और शाक्यों को,
कोशल से मैत्री व, अधीनता स्वीकार था॥100॥

तक्षशिला से शिक्षित, नृप दानी उदार अति,
बुद्ध और बौद्ध धम्म, श्रद्धा अपार था।
श्रावस्ती आगमन पर, गौतम तथागत को,
कोशलधिप प्रसेन का, आतिथ्य अंगीकार था॥[2]101॥

प्रसेनजित उपरान्त उसका, तनय विडूडभ हुआ,
मंत्री के सहयोग से, षड्यन्त्र एक रचाया।
पिता प्रसेनजित जिस, समय कहीं बाहर थे,
कोशल राजसत्ता, वह जबरन हथियाया॥[3]102॥

दासी व्याह छल के, प्रतिकार में विडूडभ ने,
शाक्य गणराज्य पर, चढ़ कहर ढहवाया।
शाक्य गण हराकर, कपिलवस्तु को उजाड़ दिया,
अगणित नर-नारी बाल, वध वह करवाया॥103॥

शाक्य संहार बाद, लौटा विडूडभ जब,
अचिरावती बाढ़, सैन्य सहित ही समाया।
विडूडभ के बाद, उत्तराधिकारी का पता नहीं,
कोशल अस्तित्वहीन, मगध ने मिटाया॥[4]104॥

---

1. वर्मा, टी.पी. एवं एस.पी. गुप्त, पूर्वोक्त, पृ. 33–34
2. पाठक, विशुद्धानन्द : उत्तर भारत का राजनैतिक इतिहास, पृ. 539
3. मिश्र, रामनयन : मुनि अजित केश कम्बली, पृ. 65–66, 97–102
4. मेहता, रतिलाल : पूर्वोद्धृत, पृ. 66–67

अवन्ति[1]

अवन्ति राज्य अन्तर्गत, मालवा बरार आदि,
बुद्ध काल पूर्व, मध्य भारत भू अंग थे।
गौतम बुद्ध काल इस, राज्य के महा नरेश,
जातक अनुसार उग्र, प्रद्योत प्रचंड थे ॥105॥

पुराणों से ज्ञात वह, पुत्र था पुलिक अमात्य,
बार्हद्रथ वंश नृप, रिपुंजय दरबारी था।
स्वामी को हटाकर, स्व पुत्र को बनाया नृप,
हुआ न विरोध अपितु, समर्थन भी भारी था ॥106॥

कहलाता प्रद्योत चण्ड, उग्र नीति सैन्य बल,
शासक वीर-धीर, महत्वाकांक्षा पुजारी था।
विस्तृत बनाया भूमि, जीत कर अवन्ति को,
राज्य समृद्ध नीति, जनहितकारी था ॥107॥

विकसित अयस्क उद्योग, उस युग अवन्ति का,
लौह कृषि यन्त्रों से, कृषि उपज भारी था।
चण्ड के विचार उग्र, वत्स मगध के विरुद्ध,
शंकित मगधाधिप व्यस्त, पुर किलेदारी था ॥108॥

मगधाधिप बिम्बिसार, बनाया मित्र चण्ड को,
पाण्डु रोग पीड़ित, प्रद्योत एक बार था।
राजवैद्य जीवक को, भेजा बिम्बिसार झट,
जो वहाँ जाकर किया, व्याधि उपचार था ॥109॥

किन्तु बिम्बिसार सुत, अजातशत्रु राज्य काल,
मैत्री मगध अवन्ति, चल नहीं पाई।
दोनों ही सनद्ध सदा, एक दूसरे के विरुद्ध,
यद्यपि प्रत्यक्ष कभी, हुई न लड़ाई ॥[2]110॥

वत्सराज उदयन से, चण्ड का बढ़ा था बैर,
एक बार छल से उसे, बन्दी बना लिया।

1. रिज डेविड्स, टी.डब्ल्यू. : बुद्धिष्ट इण्डिया, पृ. 3-4, 14-15, ला, वी.सी. : पूर्वोद्धृत, पृ. 103-108
2. श्रीवास्तव, के.सी. : पूर्वोक्त, पृ. 114; ला, वी.सी. : पूर्वोक्त, पृ. 103-105

प्रद्योत की सुपुत्री, वासवदत्ता को उदयन ने,
प्यार में फंसाकर, नृप गृह से भगा दिया ॥111॥

चण्ड बना बुद्ध भक्त, महाकाच्यायन यत्न,
थेरीगाथा टीका का, विवरण प्रकाश्य है।
हो गया अवन्ति, बौद्धधर्म का प्रधान केन्द्र,
बौद्ध भिक्षु, भिक्षुणी, निवास के भी साक्ष्य हैं ॥[1]112॥

प्रद्योत उपरान्त सुत, पालक बना राज्य पालक,
वत्स पर आक्रमण कर, कौशाम्बी को जीता।
बनाया बिशाख सुत को, अवन्ति का उपराजा,
चौबीस साल राज्य काल, सुख शांति से बीता ॥113॥

पालक पश्चात् विशाख, यूप अजक नन्दिवर्धन,
क्रमशः हुए नृप, नब्बे वर्ष अन्तराल में।
उभरते हुए मगध, सामाज्य के अन्धड़ में,
ठहर नहीं पाये, किया अंत शिशुनाग ने ॥[2]114॥

वत्सराज्य[3]

इलाहाबाद बाँदा के, भूमि पर अवस्थित वत्स,
गौतम बुद्ध काल का, यह प्रसिद्ध राजतंत्र था।
राजधानी कौशाम्बी, बसी जो कालिन्दी कूल,
पौरव वंशी उदयन का, शासन स्वतंत्रत था ॥115॥

परन्तप पिता का नाम, विनयपिटक से है ज्ञात,
पुत्र उत्तराधिकारी, योग्य बोधिकुमार था।
पश्चिमी पड़ोसी राज्य, अवन्ति प्रद्योत के,
साम्राज्यवादिता से बढ़ा, उनमें तकरार था ॥[4]116॥

एक बार गज शिकार, में प्रमग्न उदयन को,
प्रद्योत ने पकड़, डाल दिया कारागार में।

---

1. सी. मार्गबन्धु आदि, (सं.) : इंडियन आर्क्योलाजिकल हेरीटेज, खण्ड-प्रथम, पृ. 266; नाहर रतिभान सिंह : पूर्वोक्त, पृ. 123-124
2. गैरोला, वाचस्पति : पूर्वोक्त, पृ. 263-264
3. वही, पूर्वोद्धत, पृ. 264; ला, वी.सी. : पूर्वोक्त, पृ. 22-23, 39-41, 138
4. रिज डेविड्स, टी.डब्ल्यू. : बुद्धिस्ट इण्डिया, पृ. 18

नृप कन्या वासवदत्ता, तारुण्य तरंग में,
निरख आसक्त हुई, उदयन के प्यार में ॥117॥

प्रद्योत छली को कूट, छल से मात देते हुए,
वासवदत्ता हरकर वह, कौशाम्बी चला आया।
कुछ दिन पश्चात् स्वयं, राजा प्रद्योत ने ही,
वासवदत्ता उदयन का, परिणय करवाया॥[1]118॥

इस तरह अवन्ति वत्स, मित्रता का सूत्रपात,
जिस बल पर उदयन, ने जीता कलिंग अंग।
श्वसुर दृढ़वर्मन को, बैठाया अंग सिंहासन,
कथासरितसागर, प्रियदर्शिका में यह प्रसंग॥119॥

करते अधीनता, स्वीकार नृप उदयन की,
भग्ग गणराज्य नृप, सुम्सुमार गिरि के।
जातक अनुसार नृप, उदयन का बोधि सुत,
करता था प्रबंध भग्ग, भूमि में ठहरिके॥120॥

भास अनुसार राजा, उदयन से व्याही गयी,
मगधराज दर्शक की, बहन पद्मावती।
स्वसम्बन्ध नृपों से, बढ़ा करके उदयन ने,
दिया दिशा राजनीति, राष्ट्र सद्भाव की॥[2]121॥

उदयन नहीं पहले था, बौद्ध धर्म अनुयायी,
कुछ बाद दीक्षित किया, भिक्षु पिण्डोल ने।
शनैः शनैः कौशाम्बी बना, बौद्ध मत वृहद् केन्द्र,
व्यापारिक नगर, उस युग के भूगोल में॥122॥

कई मठ संघाराम, साक्ष्य मिले नगरी में,
जिसका निर्माण श्रेष्ठि, घोषित करवाया था।
कौशाम्बी उत्खननों में, प्राप्त भवन अवशेष,
राजभवन उदयन ने, स्वयं बनवाया था॥123॥

उदयन उपरान्त वत्स, राज्य का कुछ ज्ञात नहीं,
अवन्ति के कुदृष्टि, चाल जाल से छला गया।

1. श्रीवास्तव, के.सी. : पूर्वोक्त, पृ. 113-114
2. नाहर, रतिभान सिंह : पूर्वोद्धृत, पृ. 121-123

साम्राज्यवादिता के, उमड़ते प्रवाह में,
वत्स राज्य का भविष्य, डूबता चला गया ॥[1]124 ॥

मगध[2]

बुद्ध समसामयिक, राजतन्त्र राज्य चारों में,
परम शक्तिशाली, शौर्य सैन्य स्थापना।
सबको समेट मगध, साम्राज्य नीव पड़ी,
मगध इतिहास पूर्ण, भारत इतिहास बना ॥125 ॥

ऐतिहासिक मगध, साम्राज्य मूल संस्थापक,
नाग कुलीय शासक, महान् बिम्बिसार था।
करेगें उल्लेख इसका, अग्रिम प्रकरण में पूर्ण,
जिसका वृहद् भारत पर, शासनाधिकार था ॥[3]126 ॥

(द) मगध राज्य का उन्नयन[4]
(544–323 ईसा पूर्व)

प्राच्यभूमि पटना गया, स्थित बिहार प्रान्त,
प्राचीन भारत का एक, महत्त्वपूर्ण राज्य था।
बुद्ध काल में सशक्त, संगठित यह राजतन्त्र,
शक्तिशाली मगध ही, भविष्य साम्राज्य था ॥127 ॥

पुराणों के अनुसार, कृष्ण-कंस समकालीन,
वार्हद्रथ वंशीय, मगधराज जरासंध था।
गिरिव्रज को उसने, बनाया स्वराजधानी,
वैभव सम्पन्न प्रबल, सैन्य स्कन्ध था ॥128 ॥

प्रारम्भिक नरेशों के, वंश क्रम आदि पर,
जैन बौद्ध हिन्दू, कृतियों के न विचार एक।

1. श्रीवास्तव, के.सी. : पूर्वोद्धृत, पृ. 114
2. गैरोला, वाचस्पति : पूर्वोक्त, पृ. 264
3. श्रीवास्तव, पंकजलता : प्राचीन इतिहास, भाग-एक, पृ. 26
4. कौशाम्बी, डी.डी. : द कल्चर एण्ड सिविलाइजेशन आफ ऐंशियंट इंडिया, पृ. 120–132; गैरोला, वाचस्पति : भारतीय संस्कृति और कला, पृ. 266–267; वर्मा, टी.पी. तथा गुप्त, एस.पी. : अयोध्या का इतिहास तथा पुरातत्व, पृ. 39–41

जिनके अध्ययन, अनुशीलन निष्कर्ष रूप,
मराध राज्य संस्थापक, बिम्बिसार नृप था नेक॥129॥

बिम्बिसार (544-492 ईसा पूर्व)[1]

पाँच सौ चौवालिस व, चार सौ बानवे बी. सी. मध्य,
नृप बिम्बिसार का, सुदीर्घ शासन काल था।
हर्यकवंश-नागकुल की, यह उपशाखा एक,
महीप महत्त्वाकांक्षी, छत्र शासन विशाल था॥130॥

दीपवंश अनुसार, बिम्बिसार एक नृप पुत्र,
बोधिस नाम राजगृह का, शासक महान था।
पन्द्रह वर्षीय बालक के, वय में जब बिम्बिसार,
किया पितृ बोधिस उसे, सत्ता प्रदान था॥131॥

दूरदर्शी कूटनीतिज्ञ, विज्ञ बिम्बिसार नृप,
राज्य सम्बन्धों को, नया आयाम दिया।
लिच्छवि मद्र कोशल, की राज कन्यावों से,
करके विवाह नृप, संघर्ष को विराम दिया॥132॥

चेटक पुत्रि चेलना से, परिणय परिणाम से,
उत्तरी सीमा का लूट, हलचल समाप्त हुआ।
वैशाली नगर के नव, वणिज् सम्बन्धों से,
अर्थ व्यापार वृद्धि, मगध का पर्याप्त हुआ॥133॥

कोशल सुकन्या, महाकोसला विवाह पर,
दायज में मिला उसे, भू काशी प्रान्त का।
पश्चिमी सरहद सुरक्षित, हो गया पूर्ण रूप,
कोशल प्रभाव वत्स, सीमा भी शान्त था॥134॥

मद्र नृप तनया, सुक्षेमा से विवाह फल,
मद्रों का समर्थन, सहयोग उसे प्राप्त था।
पंचशत रानियों का, अन्तःपुर समुल्लेख,
लघुराज्य कुलकों का, मैत्री भी आप्त था॥[2]135॥

1. श्रीवास्तव, के.सी. : पूर्वोक्त, पृ. 121-122; ला, वी.सी. : पूर्वोक्त, पृ. 119-138
2. श्रीवास्तव, पंकजलता : प्राचीन इतिहास भाग-एक, पृ. 29

अवन्ति प्रद्योत एवं, सिन्ध गान्धार नृप,
बिम्बिसार मित्र शुभ, चिंतक महान् थे।
युद्ध अभियान छल, छद्‌म से विरत हो,
राजाओं से मैत्री हेतु, मगधराज हैरान थे ॥136॥

मैत्री संदेश को, ठुकराने वाले अंग को,
जीत नृप राज्य, महा मगध में मिलाया।[1]
अंग पर सुशासन एवं, चुस्त नियंत्रण हेतु,
सुत अजातशत्रु को, उपशासक बनाया ॥137॥

नृप बिम्बिसार द्वारा, शुरू विजय अभियान,
बना सत्ताधारियों का, प्रेरणा विजय अपार।
हुआ यह मंद बंद, कलिंग नर संहार बाद,
द्रवित अशोक ने जब, रख दिया तलवार ॥138॥

बुद्धघोष अनुसार, बिम्बिसार शासन का,
अस्सी हजार ग्रामों में, व्याप्त विस्तार था।
नौ सौ वर्गमील मध्य, फैला समग्र राज्य,
शक्तिशाली साम्राज्य, मगध बिहार था ॥[2]139॥

कहा गया बिम्बिसार, शासक कुशल एक,
शासन व्यवस्था की, एक दृढ़ नीव डाली।
संगठित राज्य में कृषि, वणिज् विकास से,
बना मगध राज्य अति, शीघ्र समृद्धिशाली ॥140॥

विविध समस्याओं का, स्वयं नृप निदान करे,
उसकी सभा में आम, जन का था सम्मान।
अस्सी हजार प्रतिनिधि, राजसभा में आते,
महाबग्ग जातक में, विवरण जो विद्यमान् ॥141॥

ग्राम प्रतिनिधियों का, राजसभा बैठक में,
कार्य भूमिका विषय में, नहीं कुछ ज्ञान है।
बौद्ध साहित्य में कुछ, नाम पदधारियों के,
संज्ञानुसार उनके, कार्यों का अनुमान है ॥[3]142॥

1. रिज डेविड्स, टी. डब्ल्यू. : बुद्धिस्ट इण्डिया, पृत्र 1-2, 7, 12
2. श्रीवास्तव, पंकजलता : पूर्वोक्त, पृ. 29
3. श्रीवास्तव, के.सी. : पूर्वोक्त, पृ. 121-123

सब्बत्थक बोहारिक, सेना नायक महामात्त,
प्रशासन प्रमुख न्याय, सैन्य अधिकारी थे।
उपराजा नियुक्त होते, हर एक प्रान्तों में,
जो अपने प्रान्त के, प्रमुख कार्यकारी थे ॥143॥

उपराजा पद पर प्रायः, कुल के कुमार होते,
चम्पा प्रान्तपति, अजातशत्रु बलवान था।
राज्य कर्मियों को उनके, गुण दोष आधार,
दण्ड पुरस्कार सम्राट, करता प्रदान था॥[1]144॥

महान् निर्माता वह, अपने समय का एक,
राजगृह नगर की स्वयं, स्थापना कराई थी।
बुद्ध से मिलन वाद, बौद्ध अनुयायी बना,
जैन ब्राह्मण धर्म प्रति, सहिष्णुता समाई थी॥145॥

वेलुवन उद्यान दिया, बौद्ध संघ के निमित्त,
सोनदण्ड ब्राह्मण को, दिया अमित दान था।
जैनधर्म मानता उन्हें, निजभक्त नृप पोषक,
'श्रेणिक' उपनाम, जैनधर्म में अभिधान था॥[2]146॥

बावन वर्ष तक दीर्घ, राज्य किया बिम्बिसार,
अजातशत्रु गद्दी छीन, कारागार में डाला।
चार सौ बानवें ईसा, पूर्व के आस-पास,
स्व पिता को मार, गद्दी पुत्र के सम्हाला॥[3]147॥

अजातशत्रु (492-460 ईसा पूर्व)[4]

बिम्बिसार उपरान्त, अजातशत्रु अधिराज हुआ,
अतिमहत्त्वाकांक्षी कुणिक, उसका उप नाम था।
शासन दुरुस्त चुस्त, साम्राज्यवादी नीति नय,
अपने पिता बिम्बिसार, के ही समान था॥148॥

1. श्रीवास्तव, पंकजलता : पूर्वोद्धृत, पृ. 30
2. वही, पृ. 28-30
3. ला, वी.सी. : पूर्वोद्धृत, पृ. 135-138; श्रीवास्तव, के.सी. : पूर्वोद्धृत, पृ. 122-123
4. वही, पृ. 123-124, गैरोला, वाचस्पति : पूर्वोद्धृत, पृ. 267-268

प्रसेनजित महाकोसला के, वैवाहिक उत्सव में,
दिया जो दहेज प्रांत, काशी बिम्बिसार को।
बिम्बिसार वध का, कुकृत्य सुन प्रसेनजित,
छीन लिया काशी से, मगध अधिकार को ॥149॥

काशी प्रांत मगध से, अलग होता देखकर,
वीर अजातशत्रु तब, प्रसेनजित से भिड़ गया।
इस प्रकार ममध और, कोशल के राज्यों में,
काशी पर वर्चस्व हेतु, घोर युद्ध छिड़ गया ॥[1]150॥

कहता संयुक्तनिकाय, पहले तो प्रसेनजित,
मगध नृप से हार, भागा तुरत श्रावस्ती।
बाद में अजातशत्रु, पराजित प्रसेनजित से,
कोशल कारागार बंद, कैदियों की बस्ती ॥151॥

कुछ काल वाद किन्तु, दोनों में हुआ संधि,
प्रसेनजित ने ब्याहा, उसे स्व पुत्रि बाजिरा।
काशी का प्रांत पुनः, पा गया अजातशत्रु,
बन गया सम्बन्ध पुनः, दोनों में ही रुचिरा ॥[2]152॥

कोशल के बाद बज्जि, संघ पर ध्यान दिया,
जहाँ पूर्व काल से ही, रहा मन मुटाव था।
नृप अजातशत्रु युग, संघर्ष में बदल गया,
जिसमें कई कारणों का, संयुक्त प्रभाव था ॥[3]153॥

सुमंगलाबिलासिनी के, विवरण से ज्ञात यह,
गंगा के तीरे एक, रत्न का खादान था।
दोनों का बराबर भाग, मान्य समझौता पूर्व,
बाज्जि के उलंघन से, मगध हैरान था ॥154॥

बिम्बिसार चेलना के, हल्ल व बेहल्ल पुत्र,
दिये बिम्बिसार उन्हें, हस्ति सेयनाग हार।

---

1. ला, वी.सी. : पूर्वोद्धृत, पृ. 136–137
2. श्रीवास्तव, पंकजलता : प्राचीन इतिहास, भाग-एक, पृ. 30
3. ला, वी.सी. : पूर्वोक्त, पृ. 123–124

नृप के निधन बाद, माँगा जब अजातशत्रु,
हल्ल नाना चेटक ने, कर दिया देना इनकार॥155॥

भारतीय व्यापार स्रोत, मुख्य नदी गंगा पर,
स्व वर्चस्व हेतु, लगे दोनों होड़ पर।
लिच्छवि मनमानी पर, मगध क्यों शांत रहे,
अतः आकर खड़े हुए, दोनों युद्ध मोड़ पर॥156॥

पर बज्जियों को हराना तब, कोई हंसी-खेल नहीं,
लिच्छवि प्रतिष्ठा, सैन्य प्रबल प्रतिकारी थी।
छत्तीस गणसंघ राज्य, रच नृप चेटक ने,
मगध के विरुद्ध झोंकी, चतुरंगिनी भारी थी॥157॥

नृप अजातशत्रु भी, इससे अनभिज्ञ नहीं,
बज्जि पर विजय हेतु, किया कूटनय विचार।
पाटलिग्राम रचना, कराया दृढ़ महादुर्ग,[1]
फूट डलवाया भेज, मंत्रि निपुण वस्सकार॥158॥

वस्स के उपाय कूट, बज्जिसंघ बढ़ा भेद,
छोटी-छोटी बातों पर, बज्जि स्वयं लड़ने लगे।
अजात के आक्रमण में, संघ फूट कारण से,
चेटक अगुआई में, बज्जि पिछड़ने लगे॥[2]159॥

भीषण संग्राम में, बज्जि-लिच्छवि परास्त हुए,
जन धन हानि इस, युद्ध में अपार हुआ।
मल्ल वैशाली आदि, ग्यारह गणतन्त्र नष्ट,
गण राज्य धरती पर, मगध अधिकार हुआ॥160॥

इस उपलब्धि से, अजातशत्रु शक्ति बढ़ी,
कोशल बिहार काशी, मगध में समा गया।[3]
बेटी व्याह उदयन से, वत्स को बनाया मित्र,
अवन्ति प्रद्योत भी, मगध से भय खा गया॥161॥

---

1. जेम्स, एच.जी. : ए हिस्ट्री आफ इंडिया, पृ. 27
2. ला, वी.सी. : पूर्वोक्त, पृ. 136, 158-159; श्रीवास्तव, के.सी. : पूर्वोक्त, पृ. 123-124
3. श्रीवास्तव, पंकजलता : पूर्वोक्त, पृ. 31

धार्मिक नीति में अति, उदार था अजातशत्रु,
जैन बौद्ध दोनों निज, मानते थे अनुयायी।
सम्भवत: पहले वह, जैनधर्म के प्रभाव,
बाद नृप बौद्ध मत में, आस्था भी गहराई ॥162॥

भरहुत स्तूप शुचि, वेदिका पर खुदा लेख,
'अजातशत्रु भगवतो, वन्दते' लिपि प्रमान।
बुद्ध परिनिर्वाण बाद, राजगृह नगरी में,
अस्थि अवशेष ले, स्तूप किया निर्मान ॥163॥

राजगृह पुर समीप, सप्तपर्णि गुहा मध्य,
प्रथम बौद्ध संगीति का, करवाया आयोजन।
बुद्ध की शिक्षाओं को, द्वय खण्ड रूप में,
सुत्त विनय, पिटक नाम, किया गया संकलन ॥164॥

सिंहली अनुश्रुति अनुसार, बत्तीस वर्ष राज्य कर,
स्वसुत उदायिन से, अजात भी मारा गया।
कूटनीतिज्ञ धीर बीर, नृप अजातशत्रु द्वारा,
मगध सामाज्य, मानचित्र में उतारा गया ॥[1]165॥

उदायिन (460–444 ईसा पूर्व)[2]

नृप अजातशत्रु बाद, मगधाधिप उदयभद्र,
जैन स्रोत अनुसार, पुत्र रानी पद्ममावती।
क्रूर पितृ हंता वह, बौद्ध ग्रन्थ अनुसार,
जैन वाङ्मय में, विपरीत बात मिलती ॥166॥

जैन परिशिष्ट पर्वन, बताता उसे पितृ भक्त,
पिता ने बनाया उसे, चम्पा उपराजा था।
अत्माय व कुलीनों ने, बैठाया सिंहासन पर,
मगध महाराज्य का, महान् महाराजा था ॥167॥

राजधानी राजगृह, त्याग नृप उदायिन ने,
नयी राजधानी, पाटलिपुत्र में बसाया था।

---

1. श्रीवास्तव, के.सी. : पूर्वोक्त, पृ. 124
2. वही, पृ. 124; श्रीवास्तव, पंकजलता : पूर्वोक्त, पृ. 32

राज्य वृद्धि युद्ध छोड़, शासन हित प्रबंध रत,
सीमा को समग्र दृढ़, स्थिर बनाया था ॥168॥

जैन मत अनुयायी परम, राजा उदयभद्र,
जैन कृतियाँ इसकी, प्रसंशा गीत गाते हैं।
एक दिन जब वह कभी, सुन रहा आचार्योपदेश,
हत दिया किसी ने नृप, स्रोत यह बतलाते हैं ॥[1]169॥

उदायिन के उत्तराधिकारी[2] (444-412 ईसा पूर्व)

त्रय सुत उदायिन के, क्रम क्रम से राज्य किये,
अनिरुद्ध मुंडक, नागदासक तस्य नाम थे।
निर्बल बिलासी, असावधान ये सभी नृप,
शिथिल कुशासन हेतु, बहुत बदनाम थे ॥170॥

सबने ही हिंसा बल से, गद्दी हथियायी थी,
जन असंतोष रोष, घृणाभाव राग था।
जन विद्रोह द्वारा, गद्दी से हटाकर इन्हें,
राजा बनाया गया, अमात्य शिशुनाग था ॥171॥

इन सबमें नागदाशक, अधिक प्रसिद्ध कुछ,
कहा है पुराणों ने, इसे राजन्य 'दर्शक।
बी.सी. चार सौ बारह तक, राज्य किया यह नरेश,
इसके राज्य काल नहीं, कुछ भी था आकर्षक ॥[3]172॥

शिशुनागवंश (412-344 ईसा पूर्व)[4]

शिशुनाग नागवंश, शाखा से सम्बन्धित,
लिच्छवि उत्पत्ति कहे, महावंश टीका।
कहते पुराण उसे, क्षत्रिय कुल उत्पन्न,
पहले सेनापति, सम्राट नागदासक जी का ॥173॥

नृप नागदासक के, अक्षम राज्य काल में,
मगध सैन्यदल पर, शिशुनाग का कमान था।

1. गैरोला, वाचस्पति : पूर्वोक्त, पृ. 268-269; दत्त, नलिनाथ : बुद्धिस्टसेक्ट्स इन इंडिया, पृ. 1-3
2. श्रीवास्तव, के.सी. : पूर्वोक्त, 125; दत्त, नलिनाक्ष : पूर्वोक्त, पृ. 4
3. श्रीवास्तव, पंकजलता : प्राचीन इतिहास, भाग-एक, पृ. 32
4. वही, पृ. 32-33

उसके शौर्य शक्ति से, प्रफुल्लित राज्य की जनता,
दर्शक को हटाकर, किया गद्दी प्रदान था ॥174 ॥
राजतन्त्र गणसंघ, बुद्ध समकालीन सब,
शिशुनाग सैन्य, अभियान से थर्रा गये।
शाक्य कोलि मल्ल बज्जि, बंग अंग व विदेह,
कोशल अवन्ति वत्स, मगध में समा गये ॥[1]175 ॥

शिशुनाग विजयों से, राज्य साम्राज्य बना,
पूर्व-पश्चिम समुद्रों को, चूमती सीमायें थी।
विन्ध्य व हिमालय मध्य, अंग से भड़ोच तक,
देखकर विशाल देश, हर्षित दिशायें थी ॥176 ॥

करते शिशुनाग नृप, गिरिव्रज से शासन पूर्व,
बाद में बनाई गयी, वैशाली राजधानी।
जहाँ से सम्भव था, साम्राज्य पर नियन्त्रण,
बज्जियों के हरकत, पर रखते पूर्ण निगरानी ॥177 ॥

वत्स व अवन्ति राज्य, विजयों के फलस्वरूप,
विपणन अपार स्रोत, मिला मगध साम्राज्य।
पाटलिपुत्र भड़ोच, महापथ बसे नगरों व,
नदी पथ नावों द्वारा, आन्तरिक व्यापार साध्य ॥178 ॥

सागर के मुहाने पर, बसा हुआ भृगुकच्छ,
वैदेशिक व्यापार केन्द्र, पत्तन पुरद्वार था।
देश के वणिक् करते, सामुद्रिक यात्रायें बहु,
पश्चिम में विदेशों से, बढ़ा व्यापार था ॥179 ॥

कालाशोक (काकवर्ण)[2] (394–366 ईसा पूर्व)

महावंश के अनुसार, शिशुनाग निधन बाद,
राजा बना कालाशोक, मगध महान् राष्ट्र का।
राजधानी पुनः पाटलिपुत्र, में ले आया वह,
पिता के समान वीर, शासक एकराट् था ॥180 ॥

दिया है पुराणों ने, काकवर्ण नाम उसे,
बौद्ध धर्म हेतु हृदय, श्रद्धा अपार था।

1. दत्त, नलिनाक्ष : पूर्वोक्त, पृ. 4–7
2. वही, पृ. 4–6

दूसरी संगीति बौद्ध, हुई जो वैशाली में,
काकवर्ण नृप उसका, मुख्य सूत्रधार था ॥181॥
इसी संगीति मध्य, बौद्ध संघ में पड़ा फूट,
स्थविर महासांधिक द्वय, सम्प्रदाय में बँट गया।
नवीन विचारों, परम्पराओं, के टकराव से,
हीनयान महायान में, बौद्ध मत भटक गया ॥182॥

हर्षचरित अनुसार, नृप कालाशोक हत्या में,
राज्याकांक्षी किसी एक, सनकी का हाथ था।
काकवर्ण बाद उसके, दस वीर पुत्रों का,
बाइस वर्ष शासन काल, सबका साथ-साथ था ॥183॥

राजा नन्दिवर्धन था, नाग कुल अंतिम नरेश,
जिसका उल्लेख बौद्ध, वाङ्मय पुराण में।
तीन सौ चौवालिस, ईसा पूर्व में समाप्त हुआ,
नाग राजवंश, नृप नन्दो के राढ़ में ॥[1] 184॥

नन्द वंश (344 से 323 ईसा पूर्व)

महापद्मनंद[2]

नन्द वंश संस्थापक, महापद्म उग्रसेन,
भिन्न-भिन्न वाङ्मय में, विभिन्न नाम ख्यात है।
परिशिष्टपर्वन कहे, नापित पिता का पुत्र,
महावंशटीका मत, कुल ही अज्ञात है ॥185॥

पुराणों में कहा गया, शूद्रा से समुत्पन्न,
क्षत्रिय कुल नाशक एवं, धन लोलुप महावीर।
नागवंशियों का उच्छेद, कर के मगध में वह,
राज्य स्थापित किया, वृहद् दृढ़ गम्भीर ॥[3]186॥

जैन परिशिष्टपर्वन की, सूचना अधिक सत्य,
जिसका उल्लेख विदेशी, विवरणों में आते है।
कर्टियस डियोडोरस, आदि के विशेष लेख,
अक्षत्रिय उत्पत्ति, महापद्म* का दर्शाते है ॥[4]187॥

1. गैरोला, वाचस्पति : पूर्वोक्त, पृ. 269-270; श्रीवास्तव, पंकजलता : पूर्वोक्त, पृ. 33
2. नाहर, रतिभान सिंह : पूर्वोक्त, पृ. 186-189; श्रीवास्तव, के.सी. : पूर्वोक्त, पृ. 126-128
3. दत्त, नलिनाक्ष : पूर्वोक्त, पृ. 5-6
4. झा, डी.एन. : प्राचीन भारत (एक रूपरेखा), पृ. 53-54

* अग्रपंक्तियों में महापद्म, पद्म = महापद्मनन्द के लिए इंगित है।

महावोधिवंश में, नाम नौ नन्दो का यह,
उग्र पण्डुक, पण्डुगति, भूतपाल, राष्ट्रपाल।
गोविषणक दशसिद्धक, कैवर्त धन आदि नौ,
उग्रसेन पिता शेष, उसके पुत्र नौनिहाल ॥188॥

उग्रसेन नाम ही, पुराणों का महापद्म,
मगध के नृपों में वह, सर्वाधिक शक्तिशाली था।
अतुल सम्पत्ति असंख्य, सेना का स्वामी वह,
क्षत्रिय बिनाशक, परशुराम सम बलशाली था ॥189॥

अपने समय के सभी, राजवंश जीतकर,
एक छत्र शासन का, किया स्थापना।
प्रथम बार दक्षिण में, विजय खम्भ गाड़कर,
एकराट् नृप उपाधि, साबित किया अपना ॥[1]190॥

महापद्म द्वारा, उन्मीलित कुछ राजवंश,
संक्षिप्त विवरण में, नीचे दिये जाते हैं।
पांचाल इक्ष्वाक् हैहय, काशी कलिंग कुरू,
अश्मक वीतिहोत्र, शूरसेन नृप आते है ॥191॥

इक्ष्वाक् वंशी लोग, कोशल के शासी थे,
नन्दो का सैन्य शिविर, अयोध्या के पास था।
कथासरितसागर से, होता है पुष्टि कथ्य,
महापद्मनंद हेतु, कोशल विजय खास था ॥192॥

आधुनिक रुहेल खण्ड, पूर्व पांचाल राज्य,
मगध पांचाल का, यह प्रथम संघर्ष था।
काशी पर नागों का, पूर्व से ही अधिपत्य,
जिन्हें मार पद्म जीता, काशी सहर्ष था ॥[2]193॥

उड़ीसा कलिंग राज्य, विजित किया कोई नंद,
हाथी गुम्फा अभिलेख, में अंकित है प्रमाण।
मिथिला का वंश जीत, जनकपुर तथा चढ़ गया,
कुरू इन्द्रप्रस्थ जीत, दिया शत्रु को त्राण ॥[3]194॥

---

1. श्रीवास्तव, पंकजलता : पूर्वोद्धृत, पृ. 34
2. गैरोला, वाचस्पति : पूर्वोद्धृत, पृ. 271-275
3. श्रीवास्तव, पंकजलता : पूर्वोक्त, पृ. 35-36

हैहयों का राजवंश, नर्मदा नदी के तीर,
उनके पूर्व वीतिहोत्र, राजकुल जोर था।
जीता इन सबके साथ, शूरसेन मथुरा को,
कूल कालिन्दी ब्रज, भूमि यदु शोर था॥195॥

अश्मकों का राज्य ज्ञात, आन्ध्र गोदावरि तट,
हुआ वहाँ नन्दों का, रण अभियान था।
निकट निजामाबाद, नौ नन्द देहरा नगर,
नन्दों के जीत का, स्मारक नृप नाम था॥196॥

पद्म द्वारा कुन्तल विजय, का भी है समुल्लेख,
बारहवीं शती के, मैसूर अभिलेख में।
महापद्मनंद के, विजयों के फलस्वरूप,
मगध राज्य परिवर्तित, मगध महादेश में॥197॥

प्रथम बार राज्य सीमा, गंगा नद लाँघ कर,
पश्चिमोत्तर पहुँच गया, ब्यास नदी पाट तक।
पूर्व में कलिंग उदधि, उत्तर हिमालय तुंग,
फैल गया दक्षिण में, गोदावरि घाट तक॥198॥

विजय वैजयंती विन्ध्य, दक्षिण फहराने वाला,
मगध सम्राट प्रथम, वीर महापद्म एक।
क्षत्रियों के राजनीतिक, प्रभृत्व का अंत कर,
एक तन्त्रीय शासन का, दिया मूल मंत्र नेक॥[1]199॥

जैन बौद्ध ब्राह्मण वेद, धर्म के धुरन्धरों को,
पीछे छोड़ हर लिया, क्षत्रियों का छत्र मान।
शूद्र होते हुए पद्म्, रच दिया साम्राज्य महा,
भारतीय इतिहास का, विशिष्ट घटना यह महान्॥[2]200॥

आया अधिकार, हीन दीन झीन शूद्रों में,
क्षत्रियों से छीन लिया, राज्य शासन अधिकार।
स्थापित कर साम्राज्य, कुलीन खण्डहरों पर,
सिद्ध किया जाति-धर्म, वर्चस्व निस्सार॥[3]201॥

1. श्रीवास्तव, के.सी. : पूर्वोद्धृत, पृ. 128
2. श्रीवास्तव, पंकजलता : पूर्वोक्त, पृ. 35
3. नाहर, रतिभान सिंह : पूर्वोद्धृत, पृ. 187

अट्ठाइस वर्ष राज्य किया, महापद्म् उग्रसेन,
ऐतिहासिक युग का, वह प्रथम महाराजा था।
छोटे बड़े राज्यों का, सत्ता उच्छेद कर,
भारत राष्ट्र आत्मा को, एक स्वर साजा था ॥[1]202 ॥

पुराण अनुसार उसके, बाद उत्तराधिकारियों का,
बारह वर्ष तक ही रहा, शासन पर अधिकार।
अन्तिम धननंद था, सिकन्दर का समकालीन,
राजकाज क्रिया विधि, ज्ञात नही सविस्तार ॥203 ॥

यूनानी लेखकों ने कहा, अग्रमिज धननंद,
अतुल सम्पत्ति सैन्य, बल उत्तराधिकारी था।
अश्व गज रथ क्रमशः, बीस चार दो हजार,
दो लाख पैदल चमू, सैन्य स्कन्ध भारी था ॥[2]204 ॥

धन लोभी धननंद, धन संग्रह के लिए,
जनता पर टैक्स विविध, बहुविध लगाया।
धन लोलुपता उसके, अथाह अर्थ शशि पर,
देशी विदेशी सभी, साक्ष्य गया पाया ॥205 ॥

कहता जेनोफोन, धननंद था धनाड्य अति,
साक्ष्य दृष्ट सिंहली, संस्कृत तमिल कृति में।
ह्वेनसांग पाटलिपुत्र, पंच स्तूप रत्न का,
किया उल्लेख नंद, कोष इति वृत्ति में ॥206 ॥

सैन्यदल अपार असीम, धन शक्ति वाउजूद,
मिला न सम्राट को, विश्वास प्रजाजन का।
अन्दर ही अन्दर, विक्षुब्ध थी सर्वण प्रजा,
छीनने को छत्र थे, तैयार धननंद का ॥207 ॥

छोटी मोटी वस्तुओं पर, कर का आरोप कर,
नन्दों के विरुद्ध, जनता को भड़काया गया।
धननंद सत्ता, जड़ से उखाड़ फेंकने को,
ब्राह्मण बुद्धिवीर, कौटिल्य को बुलाया गया ॥[3]208 ॥

1. श्रीवास्तव, पंकजलता : पूर्वोक्त, पृ. 35
2. रिज डेविड्स, टी. डब्ल्यू. : बुद्धिष्ट इंडिया, पृ. 122
3. श्रीवास्तव, पंकजलता : पूर्वोक्त, पृ. 36

नन्द शासन का महत्त्व[1]

राष्ट्रीय इतिहास में, नन्दों का पृथक महत्त्व,
दलितों में सुप्त, शौर्य बल को जगाया था।
जाति आधारित गुण, योग्यता का मापदण्ड,
दण्ड छत्र छीन जाति, जिद झुठलाया था॥[2]209॥

सामाजिक राजनैतिक, क्रान्ति का श्रीगणेश,
निम्न जाति वर्ण के, प्रतीक नृप नंद थे।
यहाँ वहाँ बिखरे हुए, राज्यों का अंतकर,
एक राष्ट्र राज्य महा, रचना में निमग्न थे॥210॥

अनुभव प्रशिक्षण से, ओत-प्रोत नंद सैन्य,
परवर्ती नरेशों की, परम हितकारी हुई।
विदेशी आक्रमणों की, बाढ़ रोकने में समर्थ,
राज्य विस्तारण में, सम्राट सहकारी हुई॥211॥

नन्द नरेशों के समय, मगध महा साम्राज्य,
राजनैतिक रूप से, अत्यन्त शक्तिशाली था।
नन्दों के अतुल धन, सम्पत्ति के आलोक में,
लगता मगध शान्त सुखी, समृद्धिशाली था॥[3]212॥

लेकर जलपोत वणिक्, जाते थे दूर देश,
हिमालय पार राज्यों से, बढ़ा व्यापार था।
जेनोफोन साइरोपेडिया को, ज्ञात धननंद कोष,
एशियाई देशों से, दौत्य कूट व्यवहार था॥213॥

शिक्षा साहित्य बड़ा, केन्द्र बना पाटलिपुत्र,
मगध की समृद्धि सिद्धि, रुचि उत्तरदायी थी।
व्याकरणाचार्य पाणिनि, मित्र महापद्म के,
पाटलिपुत्र पुरी में, पाणिनि ने शिक्षा पायी थी॥214॥

वर्ष उपवर्ष वररुचि, महाविज्ञ कात्यायन,
नन्द नृप काल के, अप्रतिम विद्वान् थे।
कृषि वाणिज शिल्प संग, ज्ञान का तरंग तेज,
जैन बौद्ध वेद धर्म, विज्ञ विद्यमान् थे॥[4]215॥

---

1. श्रीवास्तव, के.सी. : पूर्वोक्त, पृ. 128-129
2. श्रीवास्तव, पंकजलता : पूर्वोक्त, पृ. 35
3. वही
4. वही

मुद्राराक्षस के अनुसार, जैन धर्मानुयायी नंद,
शासन प्रशासन में, जैन वर्चस्व था।
जैन मंत्री कल्पक के, सहयोग महापद्म,
जीत लिया क्षत्रिय, समुदाय सर्वस्व था॥[1]216॥

आवश्यक सूत्र, अन्य जैन कृति अनुसार,
सीयक शंकटाल सचिव, राजा धननंद का।
अन्य एक मंत्री, स्थूलभद्र कुछ काल,
त्याग पद भिक्षु बना, जैन यति संघ का॥217॥

नन्दों के राज्यकाल, मगध साम्राज्य गति,
ज्ञान कला राजनीति, लय प्रवाहमान् था।
बुद्ध कालीन राज्यों में, मगध ही अकेले हुआ,
बनने में समर्थ, साम्राज्य शक्तिमान् था॥[2]218॥

इसके लिए नन्दों के, शौर्य उत्साह संग,
प्राकृतिक स्थितियाँ भी, अनुकूल ध्येय थी।
नदियों पहाड़ों से, घिरी राजधानी द्वय,
शत्रुओं के लिए अतीत, काल से अजेय थी॥219॥

जंगलों से प्राप्त गज, सैन्य शक्ति थी प्रचंड,
दूर-दूर देशों तक, उसका बड़ा नाम था।
लौह ताम्र खनिजों की, मगध में प्रचुरता से,
धातु हथियारों का, जखीरा भी तमाम था॥220॥

ईसा पूर्व पाँच शती, से ही मगध राज्य का,
हो गया नियन्त्रण पथ, वणिज् व्यापार पर।
उक्त शती अन्त युग, राज्य सीमा वृद्धि सहित,
मगध का व्यापार व्याप्त, व्यास पंजाब दर॥221॥

मगध नृप आहत सिक्के, प्रचलित सिकन्दर समय,[3]
तक्षशिला पास प्राप्त, पंच नद कछार में।
आन्तरिक व्यापार तार, पूरब से पश्चिम तक,
देने को दखल खड़ा, यूरोपीय बाजार में॥[4]222॥

❑❑❑

1. श्रीवास्तव, के.सी. : पूर्वोक्त, पृ. 129
2. नाहर, रतिभान सिंह : पूर्वोक्त, पृ. 188
3. सिंह, एस.एस. : पूर्वोक्त, पृ. 3–13; श्रीवास्तव, पंकजलता : पूर्वोक्त, पृ. 90, 92, 95–98
4. श्रीवास्तव, के.सी. : पूर्वोक्त, पृ. 129; अभिनव सत्यदेव एवं सिंह, के.पी. : पूर्वोक्त पृ. 145–146

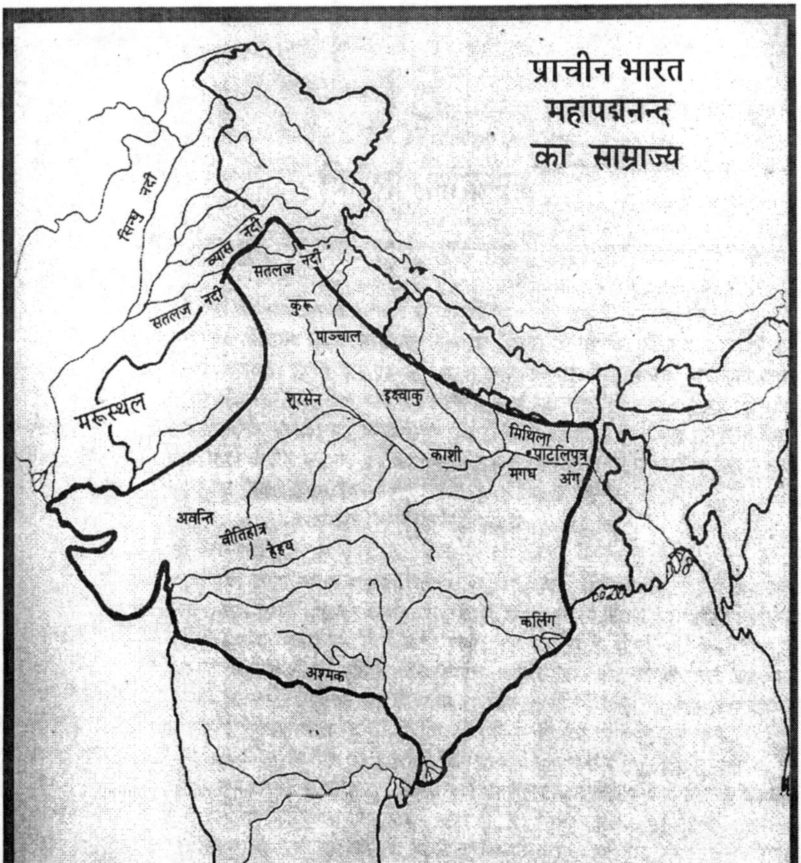
प्राचीन भारत
महापद्मनन्द
का साम्राज्य
सिन्धु नदी
व्यास नदी
सतलज नदी
सतलज नदी
कुरु
पाञ्चाल
मरुस्थल
शूरसेन
इक्ष्वाकु
मिथिला
काशी
पाटलिपुत्र
मगध
अंग
अवन्ति
वीतिहोत्र
हैहय
कलिंग
अश्मक

11

विदेशी आक्रमण

ईसा पूर्व छठी शती, पूर्वोत्तर भारत में।
सभी लघु राज्य-गण, साम्राज्य समाये हार।
किन्तु पश्चिमोत्तर में, छोटे बड़े राज्य बहु,
आपसी संघर्ष ध्वस्त, सतलज उस पार॥
इसका आभास जब, पश्चिम के नरेशों को,
हिन्द पर हमले का, शीघ्र ही किया विचार।
पहला आक्रमण दारा, प्रथम फारस नृप,
अन्य सिकन्दर विश्व, विजय रथ हो सवार॥

पूर्व परिच्छेद दृष्ट, राजनीतिक एक्य राष्ट्र।
नाग-नंद नृपों का, प्रयास महत्त्वपूर्ण था।
उनके सामर्थ्य शौर्य, सामरिक उपाय से,
राज्य हुए एकमेक, साम्राज्य विस्तीर्ण था॥1॥
किन्तु अभियान वह, सतलज के तीर तक ही,
पश्चिमोत्तर भारत में, अव्यवस्था का जोर था।
अधिपति नहीं था एक, सूत्र में पिरोने वाला,
राज्यों में आपसी द्वेष, कलह घनघोर था॥2॥
कम्बोज गान्धार मद्र, आदि कुछ राज्यों की,
वैभव कहानी सुदूर, तक कही जाती थी।
सीमा पार देश फारस, योरप अधिपतियों की,
यहाँ अधिपत्य हेतु, दृष्टि ललचाती थी॥[1]3॥

1. जेम्स, एच.जी. : ए हिस्ट्री आफ इंडिया, पृ. 31; रेनो लोइस : द सिविलाइजेशन आफ ऐंशियंट इंडिया, (अनुवा. स्प्राट फिलिप), पृ. 2

(अ) पारसीक अभियान

साइरस द्वितीय[1] (558–529 ईसा पूर्व)

छठी शती ईसा पूर्व, साइरस द्वितीय शाह,
हखाम्नी साम्राज्य का, योग्य उत्तराधिकारी था।
नष्ट हुई शाह सेना, जेड्रोसिया मरुस्थल में,
आ रहा भारत की ओर, बना आक्रमणकारी था ॥4॥

कुछ इतिहासज्ञ जन तो, कहते यहाँ तक कि,
हमला नहीं किया वह, कभी भारत ठाँव में।
किन भू-भागों पर, साइरस का कब्जा हुआ,
कहना कठिन यह, प्रमाणों के अभाव में ॥5॥

एरियन जेनोफोन एवं, प्लीनी के विवरण में,
अनुमित साइरस का, अन्य अभियान था।
कपिशा कन्धार काबुल, प्रान्तों पर अधिपत्य,
भारतीय नृपों से पाया, उपहार सम्मान था ॥[2]6॥

साइरस का बीर पुत्र, कम्बुज द्वितीय हुआ,
उसके समय में, गृहयुद्ध विकराल था।
जिसको सुलझाने में, बीत गये सात साल,
अतः भारत पर आक्रमण, का न हि सवाल था ॥7॥

दारा प्रथम[3] (522–486 ईसा पूर्व)

पारसीक अधिपत्य जो, सुस्पष्ट भारत में,
करते प्रकाश तीन, अभिलेख दारा के।
ईसा पूर्व पाँच सौ बीस, वेहिस्तून में अंकित,
गदर शतगु प्रान्त नाम, पास सिन्धु धारा के ॥8॥

गदर आशय गान्धार, भूमि से माना गया,
शतगु विस्तार, सप्त सैन्धव की माटी में।
हिन्द प्रान्त नामोल्लेख, नक्शेरु, पर्सिपोलिस में,
शतगु गदर हिन्द स्थिति, सभी सिन्धुघाटी में ॥9॥

---

1. श्रीवास्तव, के.सी. : प्राचीन भारत का इतिहास तथा संस्कृति, पृ. 133–134; रैप्सन ई.जे. : ऐंशियंट इंडिया, पृ. 43
2. श्रीवास्तव, पंकजलता : प्राचीन इतिहास, भाग–एक, पृ. 37
3. नाहर, रतिभान सिंह : प्राचीन भारत का राजनैतिक एवं सांस्कृतिक इतिहास, पृ. 191–192

यह निर्विवाद सत्य, साइरस के काल से ही,
फारस का सिन्ध पर, हक मालिकाना था।
दारा अधिपत्य सिद्ध, हिन्दुकुश के क्षेत्र एवं,
पंजाब के सहित, रेगिस्तान राजपुताना था॥[1]10॥

इरानी इतिहासकार, घिर्समन के अनुसार,
हिन्द अभियान दारा प्रथम, न अनायास था।
साम्राज्य वृद्धि एवं, राजनीतिक स्वार्थ हित,
वणिज् व्यापार अर्थ, कूटनय प्रयास था॥11॥

हेरोडोटस मत में, भारत का बीसवाँ सूबा,
घनी आबादी वाला, उपजाऊ प्रांत था।
देता यह राजस्व, कुल के तिहाई अधिक,
सुख समृद्धि प्रगति, वातावरण शांत था॥12॥

आगे उत्तराधिकारियों ने, कुछ किया यत्न नहीं,
पारसीक सीमा पूर्व, पहुँचकर ठहर गयी।
दारा प्रथम द्वारा विजित, राज्य को सम्हालने में,
भावी सम्राटों की, जिन्दगी ही गुजर गयी॥[2]13॥

जरक्सीज[3] (C.486–465 ईसा पूर्व)

दारा प्रथम मृत्युबाद, उसका पुत्र जरक्सीज,
पारसीक साम्राज्य युक्त, बना अधिपति महान्।
उसके अभिलेख में, सिन्धु शतगु गांधार,
प्रांत उल्लेख से है, अधिपत्य का प्रमान॥14॥

पर्सिपोलिस का अभिलेख, यह भी बताता हमें,
अहुरमज्द इच्छित, दैव मंदिर ढहाया था।
बंद करवाया वहाँ, पूजा पाठ धर्मकृत्य,
सुर-असुर बैर नहीं, अब भी भुलाया था॥15॥

जरक्सीज काल शायद, सिन्ध गान्धार शूर,
पारसीक पक्ष से, यूनान युद्ध में लड़े थे।

---

1. रैप्सन, ई.जे. : पूर्वोक्त, पृ. 45
2. श्रीवास्तव, के.सी. : पूर्वोक्त, पृ. 134–135
3. वही, पृ. 135; रैप्सन, ई.जे. : पूर्वोक्त, पृ. 46

धारण किये सूती धोती, कन्धों पर कमान तीर,
धरे धनुष वाण, रणक्षेत्र में अड़े थे ॥[1]16 ॥

जरक्सीज के उत्तराधिकारी/साम्राज्य विनाश (465–330 ईसा पूर्व)

जरक्सीज बाद क्रमशः, अर्तजरक्सीज द्वय,
प्रथम व द्वितीय हुए, साम्राज्य अधिकारी।
पर्सिपोलिस मकबरे पर, कई लेख अंकित मिले,
नृप सिंहासन पास, बनी कतिपय चित्रकारी ॥17 ॥

चित्रों पर सत्तगिडाई, गंधार सिंध अंकित है,
जिसका अर्थ अब भी यहाँ, फारस अधिपत्य था।
टेसियस अनुसार भारतीय, नृपों द्वारा भेजे गये,
भेट उपहार स्वयं देखा, वह प्रत्यक्ष था ॥18 ॥

सम्भवतः सत्य अर्त, जरक्सीज द्वय युग में,
दारा प्रथम साम्राज्य, सुस्थिर सुरक्षित था।
सिन्धु गान्धार आदि, भारत भू ऊपर भी,
फारस अधिकार, उस काल में अधिष्ठित था ॥[2]19 ॥

ईसा पूर्व तीन सौ तीस, दारा तृतीय काल,
सिकन्दर आक्रमण में, यह साम्राज्य ध्वस्त हुआ।
सेना हुई नष्ट-भ्रष्ट, दारा भी हारा स्वयं,
भारत में पारसीक, अधिपत्य अस्त हुआ ॥[3]20 ॥

पारसीक इन्डो आर्य, रहे कभी साथ-साथ,
इतिहासकारों ने इनका, मूल एक माना है।
वेद व अवेस्ता में, बिम्बित जो महायुद्ध,
देवासुर संग्राम, वैमनस्य तो पुराना है ॥21 ॥

फारस से अलग हो, भारत में बसने के बाद,
इनके सम्बन्ध ठीक, आवागमन जारी था।

---

1. दिनकर, रामधारी सिंह : संस्कृति के चार अध्याय, पृ. 210; जेम्स, एच.जी. : पूर्वोक्त, पृ. 32
2. श्रीवास्तव, पंकजलता : पूर्वोक्त, पृ. 38–39
3. श्रीवास्तव, के.सी. : पूर्वोक्त, पृ. 135

वणिज व्यापार हेतु, उभय पक्ष था सक्रिय,
पश्चिमी देशों तक जाता, भारतीय व्यापारी था॥[1]22॥

पारसीक अधिपत्य का प्रभाव[2]

राजनयिक अधिपत्य अंत, भारत से हुआ किन्तु,
सांस्कृतिक जीवन पर, प्रभाव अभी शेष था।
भारतीय विद्वान् बुध, दार्शनिक भी परिचित हुए,
ज्ञानलोक पाश्चात्य, विकसित विशेष था॥23॥

यूनानी स्काइलैक्स, खोजा समुद्री मार्ग,
हेरोडोटस हिन्द के, इतिहास को स्पर्श किया।
अर्त जरक्सीज के, राजवैद्य टेटियस ने,
द्वै राज्य सम्बन्धों का, विवरण निष्कर्ष दिया॥24॥

भारतीय ऐश्वर्य अतुल, सम्पत्ति अथाह खबर,
ईरानी आवाम द्वारा, पहुँचा प्रथम यूनान।
जिसके लोभ लालच में, मकदूनी सिकन्दर सूर,
विश्व विजय राह चला, जीतने को हिन्दुस्तान॥[3]25॥

छठी शती ईसा पूर्व, फारस की धरती पर,
हखाम्नी नरेशों का, परचम लहराया था।
आक्रमण कर भारत के, सिन्धु गान्धार क्षेत्र,
सीमान्त प्रान्तों पर, स्व शासन चलाया था॥26॥

उनका भी अन्त हुआ, मकदूनी हमलों में,
हार कर दारा तृतीय, साम्राज्य निज गँवाया।
देखना प्रभाव इसका, क्या पड़ा भारत पर,
क्या कुछ उपलब्धि हुई, क्या कुछ नशाया॥[4]27॥

पारसीक आक्रमण ने, फारस व भारत बीच,
वाणिज्य व्यापार के, खोल दिये नये द्वार।

---

1. नाहर, रतिभान सिंह : पूर्वोद्धृत, पृ. 190–191
2. श्रीवास्तव, पंकजलता : पूर्वोक्त, पृ. 39–40
3. वही, पृ. 39; श्रीवास्तव, के.सी. : पूर्वोकत, पृ. 136
4. नाहर, रतिभान सिंह : पूर्वोक्त, पृ. 192

भारतीय व्यापारी, पश्चिमी देशों में आ जा कर,
राष्ट्र को समृद्ध किया, स्वयं बने मालदार ॥[1]28 ॥

पश्चिमोत्तर सीमान्त, सिन्ध आदि प्रान्तों में,
मिले जो इरानी सिक्के, स्थलों की खुदाई में।
इससे प्रमाणित सभी, वाणिज्यिक गतिविधियाँ,
भूमिका प्रशासन दृष्ट, जनता की भलाई में ॥29 ॥

भारतीय पश्चिम प्रदेश, सिन्ध गान्धार आदि,
हखाम्नी शासन के थे, सीधे प्रभाव में।
प्रचलित यहाँ थी, पूर्व से ही अरामेइक लिपि,
उत्पन्न खरोष्ठी हुई, अरामेइक छाँव में ॥30 ॥

मनसेहरा शाहवाज गढ़ी, अशोक अभिलेखों में,
लिखी है खरोष्ठी लिपि, दायीं से बाईं ओर।[2]
यहाँ की बोलियाँ भी, फारसी से प्रभावित हैं,
होते जो प्रयुक्त शब्द, पश्चिमी सुप्रान्त छोर ॥31 ॥

मौर्यों के शासन, प्रशासन पर परिलक्षित,
पारसीक शासन, विशिष्टियों के गुण सार।
किया अनुकरण उनके, शास्ति परम्पराओं का,
बड़ी शान शौकत से, सजाया निज दरबार ॥32 ॥

सम्राट के जन्म दिन पर, केश का प्रक्षालन एवं,
दण्ड स्वरूप दोषियों का, सिर मुड़वाया जाना।
महावंश, अर्थशास्त्र, कृतियों में समुल्लेख,
दोनों ही इरानी धर्म, संस्कृति प्रथा पुराना ॥[3]33 ॥

मौर्य कुल राजभवन, संरचना विधियों में,
बहुत से इरानी तत्व, रहे विद्यमान् है।
पाटलिपुत्र खुदाई में, मिले भवन खम्भ युक्त,
दारा शत स्तंभ मण्डप, के योजना समान है ॥34 ॥

---

1. श्रीवास्तव, पंकजलता : पूर्वोक्त, पृ. 39
2. वही, पृ. 39-40
3. वही,

सम्भवतः अशोक, शिलालेख शासनादेश शैली,
पाई हो प्रेरणा उच्च, शिलालेख दारा से।
दोनों शिला लेखों की, प्रारम्भिक पंक्तियाँ,
अत्यधिक समान शैली, उस युग धारा से॥[1]35॥

अशोक स्तम्भों पर, बने घंटाकृति शीर्ष,
विज्ञों के विचार, छाप इस पर इरानी है।
किन्तु इसके विश्लेषक, वी. एस. अग्रवाल मत,
घंटाकृति ओप चमक, विशुद्ध हिन्दुस्तानी है॥36॥

शासकीय क्षत्रय प्रणाली, देन पारसीकों का,
प्रचलित विशेष यहाँ, शक कुषाण काल में।
स्थापत्य, स्तंभ मुद्रा, पर फारस प्रभाव जिद,
नवीन उत्खननों से, अमान्य हुए हाल में॥[2]37॥

इलाहाबाद विश्वविद्यालय नीत, उत्खनन कौशाम्बी में,
लेखहीन ढले मिले, ताम्र के सिक्के अपूर्व।
जिसकी तिथि नवी शती, ईसा पूर्व हुआ सिद्ध,
भारत में प्रचलित थे, हखाम्नी राज्य बहुत पूर्व॥38॥

कौशाम्बी राजभवन, रचना से होता सिद्ध,
बनने लगे थे प्रस्तर, भवन बुद्ध काल में।
कच्छ स्थित धौलावीर, ज्ञात सिन्धु स्थल से,
मिले ओप युक्त अश्म, खेत खड्ड ताल में॥39॥

दुर्गीकृत नगरों का, प्रचलन सिन्धु से भी पूर्व,
कोटिदीजि कालीवंगन, इसके प्रमान है।
अश्म प्रयोग भारत में, प्राग्सैन्धव युग सिद्ध,
अन्य अनेक भवनों का, अस्तित्व संज्ञान है॥40॥

इसके बाउजूद यह, कहना समीचीन होगा,
इरानी आक्रमण का, प्रभाव क्रांतिकारी था।
अर्थ नय व्यापार एवं, सांस्कृतिक अन्तरण में,
ज्ञान विज्ञान राष्ट्र नीति, युग आविष्कारी था॥[3]41॥

---

1. नाहर, रतिभान सिंह : पूर्वोक्त, पृ. 193-194
2. श्रीवास्तव, पंकजलता : पूर्वोक्त, पृ. 40
3. श्रीवास्तव, के.सी. : पूर्वोक्त, पृ. 136-137

(ब) यूनानी आक्रमण

सिकन्दर का भारतीय अभियान[1] (326-325 ईसा पूर्व)

हखाम्नी प्रभुत्व बाद, पुनः भूमि भारत पर,
योरोपीय आक्रमण का, कहर घहराया।
मैसीडोन वासी फिलिप, क्षत्रप का तरुण पुत्र,
विजई सिकन्दर अखिल, विश्व दहलाया ॥42॥

पिता फिलिप मृत्यु वाद, अल्पायु में राजा हुआ,
हृदयाभिलाषा बनना, विश्व सम्राट था।
अदम्य उत्साही, महा साहसी परम वीर,
रचा विश्व विजय हेतु, योजना विराट् था ॥43॥

यूनानी मैसीडोन राज्य, स्थिति सुदृढ़ कर,
जीत लेने जगती को, चला सिकन्दर महान्।
मिस्त्र बैबीलोन एशिया, माइनर को स्वबसकर,
सीरिया बैक्ट्रीया आदि, जीता बिना घमासान ॥[2]44॥

ईसा पूर्व तीन सौ तीस, फारस में सिकन्दर सैन्य,
आरबेला समर, दारा तृतीय को हरा दिया।
एशिया में बहुत बड़े, भाग पर फैले हुए,
हखाम्नी साम्राज्य शौर्य, भित्ति को ढहा दिया ॥[3]45॥

भारत के पश्चिमोत्तर में, छोटे बड़े कई राज्य,
राजतन्त्र गणतन्त्र, जनपद विद्यमान् थे।
पारस्परिक घृणा द्वेश, एक दूसरे के शत्रु,
वाह्य आक्रमण को, रोकने में नाकाम थे ॥46॥

राजतन्त्र गणों की, समाप्ति पर थे तुले हुए,
गणों को भी ये, फूटी आँख न सुहाते थे।
ऐसी अट्ठाइस शक्ति, सत्ता में स्वतन्त्र भिन्न,
फैले पंजाब सिन्ध, निम्न राज्य आते थे ॥[4]47॥

---

1. वही, पृ. 137-140; नाहर, रतिभान सिंह : पूर्वोद्धृत, पृ. 198-205; गोयल, श्रीराम : विश्व की प्राचीन सभ्यताएँ, पृ. 364-368
2. जेम्स, एच.जी. : पूर्वोद्धृत, पृ. 33
3. रैप्सन, ई.जे. : ऐंशियंट इंडिया, पृ. 47, 63-64
4. आचार्य, दीपंकर : कौटल्य कालीन भारत, पृ. 56-64, 86-91

(1) आस्पोसियन गणतन्त्र, पास काबुल सहायक नद,
अविसंग कूनार एवं, बाजौर घाटी में।
अस्प एक इरानी शब्द, संस्कृत में अश्व संज्ञ,
लगते थे शायद, अश्वकों की परिपाटी में ॥48॥

(2) गुरेइन प्रदेश, पंजकौर की उपत्यका एवं,
अस्पोसियन, अस्कोनिय, राज्य के बीच में।
(3) नीसाराज्य, सिन्धु नदी, काबुल पहाड़ी भाग,
स्वात नगर कोहिनूर, घाटी समीप में ॥49॥

(4) अश्वक या अस्केनस, पूर्व सिन्धु तक विस्तृत,
लोकप्रिय गणतंत्री, वहाँ शासन प्रणाली थी।[1]
मालकंद दर्रा समीप, मस्सग राजधानी व,
पैदल अश्वारोही गज, सैन्य शक्तिशाली थी ॥50॥

(5) प्यूकेलाओटिस राज्य, संस्कृत का पुष्करावती पूर्व,
पश्चिमी गान्धार भूमि, अतीती प्रशस्ति का।
पुष्करावती राजधानी, आधुनिक सारसड्डा है,
सिकन्दर के काल शासक, अस्तस अथवा हस्ति था ॥[2]51॥

(6) सिन्धु झेलम बीच स्थिति, तक्षशिला राज्य क्षेत्र,
विश्रुत गांधार का, वह पूर्वी अनुभाग था।
(7) अरसेक या उरशा कभी, कम्बोज का था अंग,
डाब हजारा पाक, तक्षशिला संभाग था ॥52॥

(8) अभिसार राज्य नाम, कश्मीर पश्चिमोत्तर में,
स्ट्रैबो ने तक्षशिला के, उत्तर में बताया था।
मध्यवर्ती पहाड़ी क्षेत्र, कम्बोज पूर्वी अंश,
राजतंत्रीय विधान यहाँ, गया अपनाया था ॥[3]53॥

(9) झेलम व चिनाब बीच, स्थित श्रेष्ठ पुरु राज्य,
केकय प्रदेश पूर्व, अब पुरु भाग था।

---

1. श्रीवास्तव, पंकजलता : पूर्वोक्त, पृ. 41
2. वही
3. वही

स्ट्रबो सुमत वह, उर्वर महान् जनपद,
तीन सौ नगर यहाँ, सैन्य दल विभाग था॥[1]54॥

(10) ग्लागनिकाई राज्य स्थित, चिनाव के पश्चिम में,
नगर समृद्ध कई, गणतंत्रीय प्रणाली थी।
(11) गान्दरिस गणतन्त्र पति, पुरु का भतीजा एक,
रावी चिनाब मध्य, राज्य में हरियाली थी॥55॥

(12) आदेस्ताई रावी के, पूरब में गणराज्य,
महाभारत के आदिज, पिम्प्रम राजधानी थी।
(13) झेलम चिनाब बीच, कठ गणराज्य मान्य,
युद्ध कला प्रवीण जाति, वीर बलिदानी थी॥56॥

(14) सौभूतिराज्य नदी, झेलम के आस-पास,
सौम्य रूप प्रेमी, इनका अजब विधान था।
अक्षम अपंग शिशु, वध कर दिये जाते वहाँ,
लक्ष्य एक मात्र प्रसव, सुन्दर सन्तान था॥[2]57॥

(15) रावी एवं व्यास बीच, फेगल का गणराज्य,
संस्कृत भगल एक, क्षत्रियों का गोत्र था।
(16) अगलसोई गणराज्य, शिवि राज्य का पड़ोसी,
अस्त्र-शस्त्र आयुध रण, जीवन ओत-प्रोत था॥58॥

(17) शोरकोट झंग जिला, सिबोई का राज्य पूर्व,
संगम चिनाब झेलम, भूमि आस-पास था।
कई ग्रन्थ जातक, अभिलेख शोरकोट साक्ष्य,
नगर ग्राम व्याप्त शिवि, राज्य कुछ खास था॥[3]59॥

(18) क्षूद्रकों का गणराज्य, व्यास नदी के समीप,
मालव गणराज्य नदी, तट दोनों ओर था।
मालवों और क्षूद्रकों का, संघ शत्रु दमन हेतु,
लड़कर सिकन्दर को, दिया झकझोर था॥[4]60॥

1. आचार्य, दीपंकर : पूर्वोक्त, पृ. 59-60
2. श्रीवास्तव, कंचनलता : प्राचीन इतिहास, भाग-एक, पृ. 42
3. वही
4. वही

(19) सरिता चिनाब सिन्धु, संगम के ऊपर कहीं,
जनतन्त्र सैन्य शक्ति, भरा राज्य अम्बस्ट।
ऐतरेय ब्राह्मण आदि, संस्कृत पाली ग्रन्थ कई,
करते हैं उल्लेख, बार-बार राज्य स्पष्ट॥61॥

(21-24) जाथ्रोयी, ओसेडिमोई, सोद्राई मसनोई,
सभी संचालित राज्य, थे गण परिपाटी में।
फैले महाबलपुर से, उत्तरोपर सिन्धु भाग,
सरित् सहायक एवं, सिन्धु नदी घाटी में॥[1]62॥

मोसिकनोस राज्यगत, सिन्ध का आधुनिक क्षेत्र,
सक्खर जिला अलोर, में इसकी राजधानी थी।
एरियन अनुसार यहाँ, ब्राह्मणों का था प्रभुत्व,
राजतंत्रीय रीति-नीति, रूढ़िगत पुरानी थी॥63॥

(26-27) आक्सीनों एवं शाम्ब, दोनों ही पड़ोसी राज्य,
दोनों राजतन्त्र, शत्रु भाव विद्यमान् था।
आक्सीनों राज्य क्षेत्र, लरखान सन्निकट,
शाम्ब राजधानी सिन्धु, तट सिन्दमान था॥64॥

(28) सिन्धु के मुहाने पर, पटलेन राज्य बसा,
पाटल राजधानी पुरी, रम्य अभिधान था।
शासन प्रबन्ध देखो, वृद्धों की श्रेष्ठ सभा,
शासन द्वयराज्य प्रथा, स्पार्टा समान था॥[2]65॥

सिकन्दर समकालीन, पश्चिमोत्तर भारत के,
राजनयिक शक्तियों का, परिचय अभीष्ट था।
इन बिखरे राज्यों के, आपसी सम्बन्ध आदि,
जानना आवश्यक अति, उन्हें क्या इष्ट था॥66॥

उस युग के राज्यों में, ईर्ष्या सामान्य प्रवृत्ति,
मैत्री और एकता में, नहीं एतबार था।
तक्षशिला के अम्भि, अभिसार और पोरस में,
युद्ध वातावरण नित, बना तकरार था॥67॥

---

1. वही
2. वही

पोरस व अभिसार की, कुदृष्टि गणराज्यों पर,
क्षुद्रक व मालव विरुद्ध, कर दी चढ़ाई थी।
पोरस के भतीजे एवं, पोरस में वैर भाव,
शाम्ब और मुषिकों में, होती लड़ाई थी॥68॥

अतः पश्चिमी भारत की, राजनीतिक स्थितियाँ,
गुजर रही आरजकता, अस्थिरता दौर में।
राज्यों के आपसी, संघर्ष कलह के कारन,
आक्रमण सिकन्दर का, हुआ सहज ठौर में॥[1]69॥

सिकन्दर का सिन्ध प्रस्थान[2]

हखाम्नी साम्राज्य के, उच्छेदन के उपरांत,
सिकन्दर ने उपनिवेश, बल्ख में बनाया।
यहां से वह कूच किया, भारत विजय हेतु,
हिन्दकुश को कर पार, अलेक्जेन्ड्रिया आया॥70॥

अलेक्जेन्ड्रिया नगर में, नव क्षत्रय नियुक्त कर,
भारतीय सीमा प्रान्त, प्रथम पहुँचा निकैया।
वहाँ मिले आम्भि दूत, उसके अगवानी में,
किया हमलावर को, सुख सुविधा मुहैया॥71॥

आम्भि ने भिजवाया, उसे उपहार बहुमूल्य,
भेड़ बैल गज आदि, निज राज्य रक्षार्थ।
देशी नरेश का, विश्वासघात देश प्रति,
राष्ट्र इतिहास लिखित, प्रथम दृष्टांत स्वार्थ॥72॥

हिन्दकुश तलहटी में, शासक शशिगुप्त एक,
स्वयं मिल सिकन्दर से, अधीनता स्वीकार किया।
भारतीय देश घातियों से, होकर आश्वस्त वह,
आगे बढ़ने का नई, योजना विस्तार दिया॥[3]73॥

सर्वप्रथम सेना दो, भाग में विभक्त कर,
सौपा कमान पेर्डियस, एवं वीर हेफेस्तियान।

1. वही, पृ. 43
2. श्रीवास्तव, के.सी. : पूर्वोक्त, पृ. 138–140
3. श्रीवास्तव, पंकजलता : पूर्वोक्त, पृ. 43

काबूल नदी के तीर, खैबर दर्रे से होकर,
सिन्धु तट पहुँचने का, जारी किया फरमान॥[1]74॥
सिकन्दर नेतृत्व वाले, सैन्य स्कन्ध को,
तक्षशिला कपिशा, पर्वतीय मध्य मैदान।
करना पड़ा महा रण, लड़ाकू जन जातियों से,
जो थे स्वाधीनता प्रिय, प्यारा जिन्हें स्वाभिमान॥75॥

अस्पेशियन गोरियन, अस्केमियन आदि कई,
इस रणाभियान में, सिकन्दर से हार गये।
बिना कोई युद्ध दिये, नीसा राज्य प्रमुखों ने,
सिकन्दर अधिपत्य को, स्वमेव स्वीकार भये॥[2]76॥

गोरियन्स को परास्त कर, अश्वकों के राज्य गया,
जिनकी राजधानी दुर्ग, मस्सग महान् थी।
भीषण प्रतिरोध वाद, पुरुष जन खेत हुए,
और तब सम्हाली, महिलाओं ने कमान थी॥77॥

विश्व विजय आकांक्षी, युद्ध के जुनून में,
सभी रण नेत्रियों को, युद्ध बीच मार दिया।
सिकन्दर महान् के इस, महती विरुद को,
सिकन्दर स्वयं ही, महाकालिख से संवार दिया॥[3]78॥

पेर्डियस नेतृत्व वाले, सैन्य दल प्रथम को,
पुष्करावती नरेश हस्ति, द्वारा ललकारा गया।
भीषण अवरोध तीस, दिन के महा युद्ध बाद,
स्वाधीनता रक्षार्थ, हस्ति नृपराज मारा गया॥79॥

मस्सग बाद बाजिरा व, ओरा को जीतते हुए,
सिकन्दर की सेना, पुष्कारावती में पधारी।
अष्टक को मार, अधिपत्य को जमाया वहाँ,
पेर्डियस ससैन्य, किया स्वागत करारी॥80॥

---

1. वही, पृ. 44
2. वही
3. वही; उपाध्याय, भगवतशरण : प्राचीन भारत का इतिहास, पृ. 116

फिलिप के नेतृत्व एक, सैनिक स्कन्धावार,
पुष्करावती शासनार्थ, क्षत्रप को बैठाया।
सिन्धुघाटी पश्चिम भू, प्रान्त में संगठित कर,
निकोबार को वहाँ का, शासक बनाया॥[1]81॥

सिन्धु पुष्करावती बीच, छोटे बड़े राज्य जीत,
निम्न काबुल घाटी में, स्थिति सशक्त किया।
सिन्धु उतरने के पूर्व, एओर्नोस गढ़चढ़,
शासक वहाँ का, शशि गुप्त को नियुक्त किया॥82॥

उसके बाद सिन्धु के, समीप तट ओहिंद में,
एक माह विश्राम हेतु, सैन्य दल ठहराया।
तीन सौ छब्बीस ईसा पूर्व, सिन्धु सरित् पारकर,
भारतीय भूमि की ओर, कदम वह बढ़ाया॥83॥

सिन्धु के उस पार नदी, झेलम किनारे तक,
आंभि नृप राज्य क्षेत्र, विस्तृत विशाल था।
सिकन्दर समक्ष किया, आत्मसमर्पण ससैन्य,
आक्रान्ता का स्वागत कर, आंभि नृप निहाल था॥84॥

लक्षशिला नगरी में एक, सिकन्दर दरबार लगा,
आस-पास के राजागण, प्रमुख सब आ गये।
बहुमूल्य भेंट सहित, स्वयं को समर्पित कर,
मान मर्यादा स्वाभिमान, सब गवाँ गये॥85॥

झेलम चिनाब बीच, राज्य नृप पोरस का,[2]
आत्म समर्पण हेतु, भेजा गया पत्र ठेठ।
कहलाया पोरस, कदापि नहीं सम्भव यह,
करिये प्रतीक्षा, रण क्षेत्र में ही होगी भेंट॥[3]86॥

पोरस से युद्ध[4]

पोरस की चुनौती से, सिकन्दर तिलमिलाया बहुत,
झेलम के दोनों तट, सेनायें आ कर डटी।

1. श्रीवास्तव, पंकजलता : पूर्वोक्त, पृ. 44
2. आचार्य, दीपंकर : कौटल्यकालीन भारत, पृ. 59-60, 86; उपाध्याय, भगवतशरण : पूर्वोक्त, पृ. 117
3. रैप्सन, ई.जे. : ऐंशियंट इंडिया, पृ. 49
4. उपाध्याय, भगवतशरण : पूर्वोक्त, पृ. 117-120

सिकन्दर की सेना को, नदी पार करना था,
बाढ़ की विभीषिका से, सफल न हो सका हठी ॥87॥
तब उसने धोखे से, एक अंधेरी रात में,
कई सैन्य टुकड़ी को, झेलम उतार दिया।
सुनते ही पुरू ने पुत्र, भेजा मुकाबले हेतु,
पुरू सेना नष्ट हुई, पुत्र को भी मार दिया ॥88॥
एरियन अनुसार पुरु, सेना विशाल अति,
तीस हजार पैदल, अश्वरोही चार हजार थे।
स्यन्दन तीन शत एवं, दो सौ हाथियों से युक्त,
पौरव राज्य रक्षा के, पुनीत कर्णधार थे ॥89॥
इस प्रकार सुसज्जित सैन्य, करीं रण क्षेत्र मध्य,
विजय विश्वास आस, सम्मुख खड़ी थी।
जिसे लख सिकन्दर का, साहस दरकनें लगा,
जीतने की आशा उसे, अब न बड़ी थी ॥90॥
किन्तु भारत दुर्भाग्य व, अभाग्य नृप पोरस का,
आकष्मिक बारिस ने, पाशा ही पलट दी।
यूनानी अश्वारोहियों के, अचानक आक्रमण ने,
युद्ध की स्थिति को, एकदम ही उलट दी ॥91॥
गज रथ अश्वारोही, सब सैनिक शिथिल हुए,
गीली धरती पर धनुष, तीर सध पाये नहीं।
वर्षा के कारण, अश्वारोही फँसे कीचड़ में,
दलदल के कारण, रथ आगे बढ़ पाये नहीं ॥92॥
यूनान के कुशल सैनिक, पुरु सेना बीच घुस,
हाथियों के पैर को, कुल्हाड़ियों से काटने लगे।
और तीरन्दाज गज, नेत्रों में निशाना साधे,
क्रुद्ध चौधियायें हस्ति, रण से भागने लगे ॥93॥
भागते हुए हाथियों ने, निज सेना किया त्रस्त,
तितर वितर होती गयी, शत्रु दल प्रहार से।

जबकि पोरस महान्, स्वयं गज सवार हो,
शत्रुओं में भय भोंक, रहा निज तलवार से॥[1]94॥

विजय सम्भावनायें जब, पूर्ण रूप क्षीण हुई,
शत्रु के विमुख पुरू, गज का मुख मोड़ दिया।
देख यह सिकन्दर ने, भेजा पास आंभि को,
आत्मसमर्पण शर्त, पुरू साथ जोड़ दिया॥[2]95॥

देश द्रोही आम्भि को, देखते ही पोरस की,
घायल भुजाओं में, आ गया जान था।
फेका तीव्र भाले को, आंभि के बध हेतु,
किन्तु सौभाग्य बस, बचा आंभि प्रान था॥[3]96॥

उपरोक्त घटनांकन, मिला एक सिक्के पर,
गजारोही फेक रहा, बर्छा घुड़सवार पर।
पृष्टाभाग बज्र लिए, वेषभूषा जियस देव,
सिकन्दर का चित्र चकित, मानो पुरू वार पर॥[4]97॥

तीसरे प्रयास बाद, घायल वीर पोरस ने,
कर दिया समर्पण, हार शोक लाचारी में।
बन्दी बना लाया गया, सिकन्दर समक्ष जब,
मुख पर महातेज, दिखा स्वाभिमान धारी में॥98॥

पूँछा सिकन्दर ने जब, बंदी विवश पोरस से,
कैसा व्यवहार अब, तुम्हारे साथ किया जाये।
बोल पड़ा पुरू लिए, दंभमय निर्भीक भाव,
जैसे राजा लोग अन्य, नृपों संग करते आये॥99॥

इस विचित्र उत्तर को, सुनकर सिकन्दर वीर,
हुआ अति प्रसन्न, पुरू राज्य भी लौटाया।[5]
अन्य कई राज्य विजित, दिया उपहार उसे,
दिया मित्र मान, शुभचिंतक भी बनाया॥100॥

---

1. नाहर, रतिभान सिंह : पूर्वोक्त, पृ. 201-202
2. जेम्स, एच.जी. : पूर्वोक्त, पृ. 34-35
3. श्रीवास्तव, पंकजलता : प्राचीन इतिहास, भाग-एक, पृ. 44-45
4. श्रीवास्तव, के.सी. : पूर्वोक्त, पृ. 139
5. श्रीवास्तव, पंकजलता : पूर्वोद्धृत, पृ. 45-46

पोरस महाराज्य में कुल, छोटे बड़े पन्द्रह राज्य,
पाँच हजार नगर व, वणिज् व्यापार ठाँव थे।
उपजाऊ भूमि सर, सरिता बन आच्छादित,
प्लूटार्क अनुसार वहाँ, असंख्य बड़े गाँव थे ॥101॥

झेलम युद्ध के बाद[1]

पोरस विजय बाद, सैन्य दल सिकन्दर के,
अर्चन रासरंग में, कुछ दिन और बीते।
तत्पश्चात् उसने, ग्लोचुकायन राज्य पर,
करके आक्रमण, उनके सैंतीस नगर जीते ॥102॥

इसके ही अन्तराल, अश्वक विद्रोह एवं,
क्षत्रप निकानोर का, बध समाचार हुआ ज्ञात।
तक्षशिला के क्षत्रप, टाइरेसपेस व फिलिप को,
विद्रोह दमन हेतु, भेजा गया एक साथ ॥103॥

उक्त विद्रोह में लिप्त, अभिसारराज को,
क्रोधित सिकन्दर ने, जीत शर्मसार किया।
और आगे बढ़कर, गान्दरिस नगर में,
पोरस के भतीजे का, राज्य अधिकार लिया ॥104॥

कठों पर अधिकार[2]

साहस रण कौशल में, कठ अद्वितीय कीर्ति,
सिकन्दर के आक्रमण से, वे घबराये नहीं।
इस भयंकर युद्ध में, सिकन्दर तो जाता हार,
यदि उसके सहायतार्थ, पुरू होते आये नहीं ॥105॥

एरियन अनुसार कठ, संगल दुर्ग घिरने पर,
कठों ने यूनानियों, के छक्के दिया छुड़ा।
आता न यदि पुरू, पाँच हजार सैन्य लेकर,
सिकन्दर विश्व विजय, कठ हवा में देते उड़ा ॥106॥

---

1. श्रीवास्तव, के.सी. : पूर्वोद्धृत, पृ. 140
2. श्रीवास्तव, पंकजलता : पूर्वोद्धृत, पृ. 46; उपाध्याय, भगवतशरण : पूर्वोद्धृत, पृ. 121

हारे हुए कठ लोग, सत्रह हजार मारे गये,
साठ हजार बन्दी भी, बनाये गये शान से।
हारते हारते बचा, क्रोधित सिकन्दर वहाँ,
संगल विध्वंश किया, बड़े अपमान से ॥107॥

उसके बाद आगे बढ़ा, व्यास नदी तट ओर,
फेगल सौभूति नें; अधीनता उपहार दिया।
ब्यास नदी आगे नहीं, जा सकी सिकन्दर सेना,
आगे और बढ़ने से, सेना ने इन्कार किया॥[1]108॥

सैनिक विद्रोह[2]

व्यास नदी पार कर, शेष भारत विजय हेतु,
सेना ले सिकन्दर साथ, व्यास तट आया।
जहाँ उसके सैनिकों ने, संगठित विद्रोह कर,
और आगे जाने का, प्रस्ताव ठुकराया॥109॥

सैन्य विद्रोह से, सिकन्दर निराश क्षुब्ध,
जोशीले भाषणों से, बहुत समझाया।
लेकिन इसका सेना पर, कुछ असर पड़ा नहीं,
चुप-चाप शांत दृग, आँसू ही बहाया॥[3]110॥

सैन्य विद्रोह मूल, कारण दो बताते विज्ञ,
आन्तरिक व वाह्य रूप, सैनिक परेशान थे।
तन शैथिल्य व्याधि, वस्त्राभाव गृहमोह,
आदि समस्याओं से, यूनानी हैरान थे॥111॥

आन्तरिक ये समस्यायें, विद्रोह के कारण न ठीक,
बाहरी अभियान बीच, प्रायः दृष्टि में आतीं।
सामरिक कठिनाइयाँ जो, आती नित्य नये रूप,
जवानों का धैर्य बल, विदीर्ण कर जातीं॥112॥

प्लूटार्क लिखता है, पोरस के मोर्चें ने,
मकदूनी सिपाहियों का, दिल दहला दिया।

---

1. श्रीवास्तव, के.सी. : पूर्वोक्त, पृ. 140
2. नाहर, रतिभान सिंह : पूर्वोक्त, पृ. 203–205; रैप्सन, ई.जे. : ऐंशियंट इंडिया, पृ. 50
3. जेम्स, एच.जी. : ए हिस्ट्री आफ इण्डिया, पृ. 35

बीस हजार पैदल, सहस्त्र दो अश्वारोहियों को,
जीतने में सेना का, साहस डिगा दिया ॥113॥

एरियन ने लिखा, भारत सैन्य युद्ध प्रशंसा में,
यहाँ के सिपाही शक्ति, शौर्य सम्पन्न थे।
एशिया में बसी हुई, सभी जातियों के बीच,
युद्ध कला कौशल में, भारतीय अग्रगन्य थे ॥114॥

सुना था यूनानियों ने, भारतीय लड़ाकुओं के,
सैन्य सुविशाल, युद्ध क्षमता प्रचण्ड को।
दुर्गम पहाड़ पथ, कष्टकारी मरुभूमि,
नदियाँ भयंकर, महाधारा अखण्ड को ॥115॥

जब जब प्रयाण हेतु, ललकारता सिकन्दर उन्हें,
तब तब विद्रोह रुख, तेज हो जाता था।
लाख समझाने का, प्रभाव कुछ हुआ नहीं,
सिकन्दर समक्ष, अन्धकार छा जाता था ॥116॥

प्लूटार्क कर्टियस ने, लिखा निज विवरण में,
सुनकर सिकन्दर का, विश्वविजय अभियान।
राजा अग्रमीज महा, गंगरियाई प्रेसियाई,
सीमा सुरक्षा हेतु, चिंतित हुआ सावधान ॥117॥

दो लाख पदाति एवं, बीस हजार अश्वारोही,
रथ गज आठ हजार, युद्ध की इच्छा में।
लिखता प्लूटार्क लेने, सरहद पर मुठभेड़,
खड़ी चतुरंगिणी थी, यूनानियों की प्रतीक्षा में ॥118॥

इस प्रकार यूनानियों के, मन व मस्तिष्क में,
भारतीय युद्ध भयंकरता, का भय छा गया।
खतरे प खतरा, मोल लेने का प्रयास जिद,
सिकन्दर सिपाहियों का, दिल मुरझा गया ॥119॥

ग्रीस सैन्य इकाई का, सभा आयोजन अलग,
शान्त लोगों ने वहाँ पर, स्वदशा पर रो दिया।

तेज लोगों ने कहा, हरगिज न आगे बढ़ो,
सभा ने सम्राट की, इच्छा के उलटे मत दिया ॥120॥
भाषण अपील जोश, उद्गार ललकार,
सब समझाने का, प्रयास बेकार हुआ।
कई दिन सिकन्दर, पड़ा रहा गमगीन चुप,
फिर स्वदेश वापसी, के हेतु तैयार हुआ ॥[1]121॥

प्रत्यावर्तन[2]

निराशा हताशा के, भँवर में सिकन्दर ने,
जिस मार्ग आया उसी से, निश्चय प्रयाण किया।
इसके पूर्व उसने स्व, विजय सीमांकन हित,
बारह बेदियों को व्यास, तट पर निर्माण किया ॥[3]122॥
भारतीय राजाओं, के ऊपर नियन्त्रण हेतु,
कई अधिकारी वीर, सैनिक लगाये गये।
बने जो यूनानी नगर, भारतीय जमीन पर,
यूनानी छावनी हेतु, उपयोग लाये गये ॥123॥
इन सब के बाद ही, चिनाब नदी पार कर,
लेकर विशाल सैन्य, झेलम तट आया।
करते हुए दीर्घ, जल यात्रा की तैयारी वह,
खातरों से सुरक्षा जन्य, यतन कराया ॥124॥
अक्टूबर के अन्त नावें, नदी में उतारीं गयी,
काफिला अग्रसर हुआ, चिनाब रावी संगम ओर।
दोनों समानान्तर तट, चल रहे थे सैन्यदल,
हेफिस्तियान ब्रतिरस के, नियंत्रण में सुरक्षा कोर ॥125॥
सिकन्दर की सेना चली, विजय आह्लाद साथ,
निज गाँव देश ओर, गौरव युक्त चिन्ता मुक्त।

---

1. उपाध्याय, भगवतशरण : पूर्वोद्धृत, पृ. 122-124
2. श्रीवास्तव, के.सी. : पूर्वोक्त, पृ. 140-141; गोयल श्रीराम : पूर्वोक्त, पृ. 366-367; रैप्सन, ई. जे. : ऐंशियंट इंडिया, पृ. 51
3. श्रीवास्तव, पंकजलता : पूर्वोक्त, पृ. 46

किन्तु उन्हें पता क्या, मार्ग महा कंटक अभी,
युद्ध घटाटोप से, अभी नहीं वे विमुक्त॥[1]126॥

सिकन्दर के मार्ग अवरोधक[2]

रावी चिनाव नदी, संगम समीप भूमि,
शिवि अग्लसाई द्वय, जाति अधिपत्य था।
सिकन्दर के आक्रमण से, क्षुब्ध थे दोनों बहुत,
सबक सिखाना शत्रु, लक्ष्य शुभ कृत्य था॥127॥

सैन्य दल को देखते ही, भिड़ गये सिकन्दर से,
किन्तु लख असंख्य सेना, शिवि लोग डर गये।[3]
पर अग्लसाई, आक्रमणकारी से लड़ते रहे,
पराजय भय नर-नारी, आग में जल मर गये॥128॥

दो विरोधी गणशक्ति, मालव क्षूद्रक एक हो,
आक्रमणकारी सैन्य से, हो संगठित लड़ने लगे।
इस रण में सिकन्दर, स्वयं भी घायल हुआ,
रक्त बहु यूनानियों के, रण क्षेत्र में बहने लगे॥129॥

अत्यधिक संहार सेना, बाद विजय श्री मिली,
इस भयावह युद्ध से, सेनानी सब झल्ला गये।
मढ़ने लगे आरोप सब, सिकन्दर सम्राट पर,
किन्तु उसके करुण स्वर से, रास्ते पर आ गये॥130॥

सिकन्दर ने आर्त्त स्वर में, चेताया स्व-सैन्य को,
लौटने दो हमें, गौरव सहित भारतवर्ष से।
भगोड़ो की भाँति भागें, विवस मत करो ऐसा,
यह कथन सुन उत्साहित, सेना उर्जित हर्ष से॥131॥

अतः टिड्डी दल सम सेना, मालवों पर टूट पड़ी,
कृषि रत किसानों का, कंठ तक काटा गया।
स्त्री बच्चे वृद्ध तक को, मारा यूनानियों ने,
दुर्ग को विध्वंस करके, लाश से पाटा गया॥[4]132॥

1. श्रीवास्तव, के.सी. : पूर्वोद्धृत, पृ. 140-141; उपाध्याय, भगवतशरण : पूर्वोक्त, पृ. 125
2. नाहर, रतिभान सिंह : पूर्वोक्त पृ. 205-207; शर्मा, एल.पी. : भारत का इतिहास, पृ. 147
3. मोहन्ती, आर.के. एवं अन्य : शिवि जनपद एण्ड दियर क्वाइनेज फ्राम नगारी, चित्तौड़गढ़ प्राग्धारा अंक-12, पृ. 182-183
4. खुराना, के.एल. एवं साधना गुप्ता : राजस्थान का इतिहास, पृ. 17-21

नीति विपरीत युद्ध, सिकन्दर पर कलंक एक,
निहत्थे नागरिकों का भी, हत्या करवाया वह।
स्त्री बाल वृद्धजन, तक को भी छोड़ा नहीं,
महानता की गरिमा पर, कालिख खुद लगाया वह ॥[1]133 ॥

संगठित होने के पूर्व, मालवों को हरा दिया,
क्षुद्रक अकेले अब, असमर्थ असहाय थे।
इन राज्यों की सत्ता, फिलिप को सौप दिया,
मालव क्षुद्रक संघ भंग, जो युद्ध पर्याय थे ॥134 ॥

दक्षिणी पंजाब के, अम्बस्ट व वसति गण,
बिना युद्ध किये ही, अधीनता स्वीकार की।
राजतन्त्रीय राज्य, सोग्डोई सम्बोस मुषिक,
भयवश निराश हो, अधिपत्य अंगीकार की ॥[2]135 ॥

सिकन्दर का मार्ग, अवरुद्ध करने के लिए,
अम्बष्ट सैन्य सहित, एकदम तैयार थे।
पेर्डियस नेतृत्व में, सैन्य दल पूर्व से ही,
उनके दमनार्थ हस्त, लिए हथियार थे ॥136 ॥

निम्न सिन्धुघाटी में, ब्राह्मणों का प्रबल राज्य,
जिन्होंने सिकन्दर का, कड़ा प्रतिकार किया।
विदेशियों का विरोध करना, कहा शुचि लोकधर्म,
समर्पण कर्ताओं को, राजद्रोही करार दिया ॥137 ॥

ब्राह्मणों ने विरोध हेतु, ललकारा प्रोस्त मुषिक,
कई महीपतियों ने, दासता को नकार दिया।
किन्तु इस रण में भी, ब्राह्मण पक्ष हुई हार,
कुछ भागे बन्दी बने, बहुतों का संहार किया ॥[3]138 ॥

डियोडोरस अनुसार, पाटलपुर सिकन्दर गया,
जहाँ सिन्धु नद की, द्वय धारा में विभक्ति थी।
स्पार्टा की भाँति यहाँ, द्वैराज्य शासन तन्त्र,
नगर कुल वृद्ध हाथ, शासन की शक्ति थी ॥139 ॥

---

1. नाहर, रतिभान सिंह : पूर्वोद्धृत, पृ. 206; उपाध्याय, भगवतशरण : पूर्वोक्त, पृ. 126–128
2. नाहर, रतिभान सिंह : पूर्वोक्त, पृ. 207
3. वही

यूनानियों का आगमन सुन, पुर छोड़ भागे सब,
सहज में ही पाटल पर, सिकन्दर अधिकार किया।
वहाँ पर रचा एक, क्षत्रपी अवस्थापना एवं,
यूनानी पिथोन को, क्षत्रप का प्रभार दिया॥[1]140॥

ईसा पूर्व तीन सौ पच्चीस, शुरू के सितम्बर माह,
पाटल में सिकन्दर ने, स्वसेना का किया भाग।
एक दल जल पथ से, नियार्कस की देख रेख,
दूसरा क्रेट्रस अधीन, चला बोलन दर्रामार्ग॥141॥

अन्त में सिकन्दर स्वयं, अन्य तीसरे दल साथ,
जेड्रोसिया मरुभूमि, रुक्ष पथ होकर चला।
मग में अनन्त कष्ट, बाधायें झेलते हुए,
अन्य सैन्य दल द्वय से, इरान मरुभूमि में मिला॥142॥

इरान से चलकर वह, बैबीलोन पहुँच गया,
अरब विजय योजना, वह मन में बनाने लगा।
किन्तु किन्ही कारणों से, वही पर अस्वस्थ हुआ,
व्याधि बढ़ती गयी और, बुखार भी आने लगा॥143॥

योरप और एशिया में, तहलका मचाने वाला,
सपना अधूरा छोड़, विश्व विजय अभियान।
ईसा पूर्व तीन सौ तेइस, अपने वतन से दूर,
दुनियाँ से चल बसा, एलेक्जेन्डर वह महान्॥[2]144॥

आक्रमण का प्रभाव[3]

करना विचार अब, अति आवश्यक है यहाँ,
इस तुफानी आक्रमण का, असर क्या विशेष हुआ।
कुछ के अनुसार यह, बहुत बड़ी घटना थी,
कुछ के अनुसार कुछ, प्रभाव नहीं देश हुआ॥145॥

सिकन्दर के आक्रमण का, क्षेत्र अति सीमित था,
वह भी मात्र भारत के, पश्चिमी सीमांत पर।

1. वही
2. जेम्स, एच.जी. : पूर्वोद्धृत, पृ. 35
3. नाहर, रतिभान सिंह : पूर्वोद्धृत, पृ. 207–209; श्रीवास्तव, के.सी. : पूर्वोद्धृत, पृ. 141–142; गोयल, श्रीराम : विश्व की प्राचीन सभ्यताएँ, पृ. 367–368

ऐसे में कैसे प्रभावित, हो जाता पूरा देश,
लौट चला सिकन्दर कुछ, क्षेत्र को अशांत कर ॥146॥

जूलियन और प्लूटार्क, बताते महत्त्व बड़ा,
आक्रमण से भारत देश, सभ्य सुसंस्कृत हुआ।
सिकन्दर के बसाये गये, नगरों के नकल से,
यह देश नगर और, पुरो से अलंकृत हुआ॥147॥

ऐसा लिखने के पूर्व, प्लूटार्क व जूलियन को,
पूरा भारत घूम-घूम, देख लेना चाहिए था।
वेद शास्त्र उपनिषद, पुराण महाकाव्य पढ़,
सिन्धुघाटी सभ्यता, कुरेद लेना चाहिए था॥148॥

ऐसे विद्वान् बहुत, जिनके मत भारत पर,
मकदूनी आक्रमण का, कोई न प्रभाव पड़ा।
सिकन्दर की आँधी अल्प, आई व चली गयी,
भारत वहीं स्थिर अडिग, शान से खड़ा अड़ा॥[1]149॥

विसेन्ट स्मिथ अनुसार, देश अपरिवर्त रहा,
बैल व किसान सब, भूल निज खेत जुटे।
करने लगे मेघ नभ से, अमृत जल की वर्षा,
खेत जो रण क्षेत्र बने, फिर से लहलहा उठे॥150॥

वे स्थान जहाँ जहाँ, भीषण संहार हुए,
उमड़ते जन समुदाय से, शीघ्र ही भर गये।
भारत अस्पृष्य रहा, यूनानी संस्कृति से,
सिकन्दर का झंझावात, मन से बिसर गये॥[2]151॥

नहीं किसी जैन बौद्ध, हिन्दु धर्म कृतियों में,
मकदूनी आक्रमण का, कुछ हुआ उल्लेख है।
किसे कहाँ जीता और, कौन-सा रचाया कृत्य,
भारत में नहीं लिखित, साक्ष्य अभिलेख है॥152॥

स्मिथ का कथन सत्य, भारत का यूनानी करण,
नहीं हुआ सिकन्दर के, आक्रमण प्रभाव से।

1. श्रीवास्तव, पंकजलता : पूर्वोक्त, पृ. 46
2. रैप्सन, ई.जे. : ऐंशियंट इंडिया, पृ. 52

किन्तु यह कहना कि, कोई भी प्रभाव नहीं,
सत्य को नकारना, दुराग्रह स्वभाव से ॥153॥

राजनीतिक सांस्कृतिक, दोनों दृष्टियों से,
भारत पर इसका, कमोवेश तो प्रभाव था।
छोटे-छोटे राज्यों में, बँटे पश्चिमोत्तर को,
जीतकर जगाया, राजनीतिक एक्य भाव था ॥[1]154॥

विजित प्रदेश को बाँट, चार-चार भागों में,
अलग-अलग क्षत्रप, प्रशासक नियुक्त किया।
उनपर नियन्त्रण, निगरानी को स्कन्धावार,
सैन्ध टुकड़ी के साथ, धन बल प्रयुक्त किया ॥155॥

सिकन्दर अभियान से, राष्ट्र एक्य प्रोत्साहन मिला,
मिल गया प्रत्यक्ष लाभ, चन्द्रगुप्त मौर्य को।
जीत लिया शीघ्र ही, पश्चिमोत्तर के प्रांत सब,
नहीं व्यय करना पड़ा, अर्थ शक्ति शौर्य को ॥156॥

सिकन्दर के आक्रमण से, पश्चिमोत्तर भारत में,
यूनानी उपनिवेश, कई वहाँ स्थापित हुए।
इससे सम्पर्क वृद्धि, भारत यूनान बीच,
खुले स्थल जल मार्ग, ज्ञान प्रख्यापित हुए ॥[2]157॥

भौगोलिक ज्ञान बढ़ा, देश-द्वय, निवासियों का,
व्यापारिक आवागमन, से वृद्धि व्यापार में।
विनिमय से प्राप्त यूनानी, मुद्रा के अनुसरण,
सिक्के ढले भारत में, उलूक प्रकार में ॥[3]158॥

पश्चिमी देशों से गहन, वाणिज्यिक सम्बन्ध से,
भारत में नगरीकरण, प्रक्रिया अब तेज हुई।
सांस्कृतिक दृष्टि में भी, आया कुछ बदलाव,
पश्चिम के मेल जोल, रूढ़िया निस्तेज हुई ॥[4]159॥

यूनानी शासन विधा से, भारतीय शास्ति पद्धति ने,
ग्रहण किये कई तत्व, प्रमुख राजशाही थी।

1. आचार्य दीपंकर : पूर्वोक्त, पृ. 90–91, 115–116; श्रीवास्तव, पंकजलता : पूर्वोक्त, पृ. 46
2. आचार्य, दीपंकर : पूर्वोद्धृत, पृ. 89–91
3. सिंह, एस.एस. : अर्ली क्वाइन्स आफ नार्थ इण्डिया, पृ. 16
4. आचार्य, दीपंकर : पूर्वोद्धृत, पृ. 89–90

साम्राज्यिक व्यवस्था, इसी काल स्थाई हुई,
आगे सम्राट तन्त्र, मुगल बादशाही थी ॥[1]160 ॥

कला एवं ज्योतिष के, अनेक गुर भारत ने,
सीखा यूनानियों से, अमित कला भाव को।
बाद की गांधार कला, मौर्य स्तम्भ आकृतियाँ,
व्यक्त करें भारतीय कला, यूनानी प्रभाव को ॥161 ॥

बहुत से यूनानी, भारतीय दर्शन में हुए विज्ञ,
दार्शनिक पाइथागोरस, पर प्रभाव स्पष्ट हुआ।
बौद्धिक आदान प्रदान, से इन द्वय देशों में,
ज्ञान विज्ञान कला, उन्नति पथ को छुआ ॥162 ॥

सिकन्दर के साथ कई, लेखक इतिहासकार,
आकर जताये, राजनैतिक दशा देश का।
उनके कई ग्रन्थ, इतिहास रचना में उपयोगी,
हुआ अज्ञात तथ्य, प्रकाशित स्वदेश का ॥[2]163 ॥

कुछ विद्वान् मत, विजित हखाम्नी राज्य पर,
सिकन्दर उत्तराधिकारियों का, दबाव बढ़ा था कठोर।
इसी लिए वणिक्, कलाकार अधिकारी अधिक,
छोड़ निज देश चले, भारतवर्ष की ओर ॥164 ॥

भारत पहुँचकर सब, बस गये स्थाई रूप,
मौर्य साम्राज्य शासन, संस्कृति प्रभावित किया।
कला व्यापार शिल्प, आदि विविध क्षेत्रों में,
अपने गुण कर्म से, राष्ट्र आप्लावित किया ॥165 ॥

इन सबके वाउजूद, भारतीय सभ्यता-समाज,
सांस्कृतिक जीवन के मूल, मूल्य रहे अपरिवर्त।
सिकन्दर की आँधी में, शान्त शिष्ट झुका राष्ट्र,
झंझावात बाद देश, भूल सब हुआ समर्थ ॥[3]166 ॥

□□□

1. वही, पृ. 100-101
2. श्रीवास्तव, पंकजलता : पूर्वोक्त, पृ. 47
3. नाहर, रतिभान सिंह : पूर्वोक्त, पृ. 207-209; उपाध्याय, भगवतशरण : पूर्वोक्त, पृ. 131

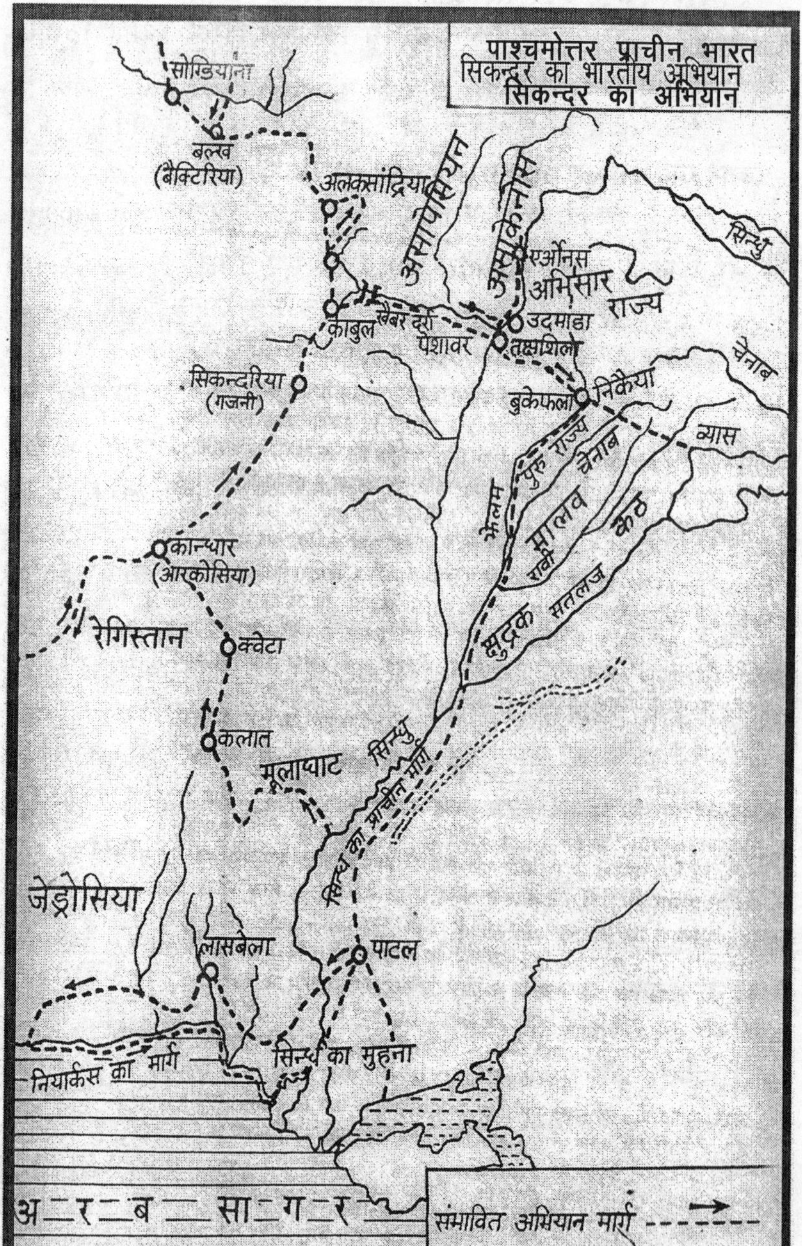
पाश्चमोत्तर प्राचीन भारत
सिकन्दर का भारतीय अभियान
सिकन्दर का अभियान
सोग्डियाना
बल्ख
(बैक्टिरिया)
अलक्सांद्रिया
अस्पेसियन
अस्सकेनोस
सिन्धु
एऑनस
अभिसार राज्य
उदमाडा
काबुल
खैबर दर्रा
पेशावर
तक्षशिला
चैनाब
सिकन्दरिया
(गजनी)
बुकेफला
निकैया
पुरु राज्य
व्यास
झेलम
चैनाब
मालव
रावी
कठ
कान्धार
(आरकोसिया)
रेगिस्तान
क्वेटा
क्षुद्रक
सतलज
कलात
मूलाप्पाट
सिन्धु
सिन्धु का प्राचीन मार्ग
जेड्रोसिया
लासबेला
पाटल
सिन्धु का मुहना
नियार्कस का मार्ग
अ र ब सा ग र
संभावित अभियान मार्ग

12

प्राग्मौर्य युगीन सभ्यता और संस्कृति

भाण्ड सुसंस्कृतियाँ पनपी, युग मौर्य महान् के पूर्व कई।
लौह प्रचार प्रसार सुयन्त्र से, प्राप्त कृषी तकनीक नई॥
धातु प्रयोग मुद्रालिपियाँ, नगरीकृत कार्य सहाय भई।
भारत में नगरोदय का युग, राष्ट्र नवीन दिशा दे गई॥

प्राग्मौर्य युगीन समाज[1]

प्राग्मौर्य युग, गंगघाटी में महत्त्वपूर्ण,
सामाजिक आर्थिक अन्य, परिवर्तनों की बाढ़ थी।
नये नये नगर राज्य, नदी तट उदीयमान,
पुर नगर क्रान्ति, लोक लिप्सा प्रगाढ़ थी॥[2]1॥

इस अवधि अध्ययन हेतु, युग बहु साहित्य स्रोत,
स्थलीय उत्खननों से, अर्जित अवशेष हैं।
तद्‌युगीन अर्थ नय, संस्कृति समाज रूचि,
साक्ष्य दर्शाते देश, विदेश के विशेष हैं॥2॥

सामाजिक स्थिति[3] : जाति प्रथा

इस समय समाज के, परम्परागत वर्णों में,
आ गयी कठोरता, ग्रन्थ ब्राह्मण बताते हैं।
जातिगत भेद भाव, ऊँच-नीच वृत्ति आदि,
अस्पृश्यता विचार, घृणा दाँव दर्शाते हैं॥[4]3॥

1. महतो, मोहन लाल : जातक कालीन भारतीय संस्कृति,—पठनीय; श्रीवास्तव, के.सी. : प्राचीन भारत का इतिहास तथा संस्कृति, पृ. 189–201
2. सिंह, सर्वदमन (सं.) : कल्चर थ्रू द एजेज (प्रो. बी.एन. पुरी फेलीसीटेशन वाल्यूम), पृ. 59
3. ला, वी.सी. : इंडिया ऐज डिस्क्राइब्ड इन अर्ली टेक्स्ट्स ऑफ बौद्धिज्म एण्ड जैनिज्म, पृ. 139–178; रिज डेविड्स, टी.डब्ल्यू. : बुद्धिस्ट इण्डिया, पृ. 27–32
4. महतो, मोहन लाल : पूर्वोक्त, पृ. 271–279

एक जाति–द्विजाति का, सन्दर्भ सूत्र ग्रन्थों में,
ब्राह्मण क्षत्रिय वैश्य, वर्ण गणना द्विजाति में।
इन्हें प्राप्त उपनयन, ज्ञान मान अधिकार,
सबमें सर्वोच्च बने, ब्राह्मण वर्ण पाँति में ॥4॥

एक जाति शूद्र रूप, विगलित घृणित जन,
जिनके स्पर्श द्विज, अपवि हो जाते थे।
वर्णाधार केवल, जन्मजात ही माना गया,
इससे ही विप्र स्वयं, श्रेष्ठ बतलाते थे ॥5॥

गौतमधर्मसूत्र ने, निर्देशित किया राजा को,
ब्राह्मण अदण्ड्य, मुक्त योग्य सदा छः दण्ड।
शारीरिक यातना, अर्थदण्ड एवं कारावास,
देश निष्कासन, मानमर्दन तथा मृत्युदण्ड ॥6॥

यद्यपि जैन बौद्ध ग्रन्थ, जन्मजात सामाजिक,
श्रेष्ठता विचार नियम, निंद्य बतलाते हैं।
कर्म अनुसार कहा, जन–जन में होता भेद,
कर्म गुणाधार जन, ऊँच–नीच बन जाते हैं ॥[1]7॥

किन्तु जातकों के कई, ग्रन्थ से स्पष्ट यह,
छुआ छूत पौध जड़, जा चुकी पाताल थी।
हीन जाति हीन सिपिन, आदि शब्द व्यक्त करें,
स्पर्श न योग्य शूद्र, निषाद चांडाल थी ॥8॥

परिपूर्ण जातक ऐसी, बहुत सी कहानियों से,
जाति–पाँति ग्रस्त, भेद–भाव दर्शाते हैं।[2]
'मार्ग में आने जाने, दृष्टि टकराने से ही,
ब्रह्म ज्ञान भूषित, द्विज दूषित हो जाते हैं' ॥9॥
जबकि जातक ग्रन्थ, जाति प्रथा के विरोधी,
ब्राह्मण वर्ण श्रेष्ठता को, किया नहीं स्वीकार।

---

1. पाण्डेय, जी.सी. : बौद्ध धर्म के विकास का इतिहास, पृ. 8–10; श्रीवास्तव, के.सी. : पूर्वोक्त, पृ. 189
2. लुणिया, बी.एन. : भारतीय सभ्यता तथा संस्कृति का विकास, पृ. 136

क्षत्रिय वर्ण वालों को, ब्राह्मण से बताकर श्रेष्ठ,
उलटने का प्रयास, एक पूर्व परम्परा विचार ॥10॥

ब्राह्मण के समान क्षत्रिय, रक्त शुद्धि प्रति सतर्क,
व्याहते न अन्य वाह्य, पुर कुल निवासी को।
नहीं दिया शाक्यों ने, कोशल को राजपुत्रि,
ब्याहा प्रसेनजित से, राजकुल दासी को ॥[1]11॥

नगरोदय कारण से, वणिज-व्यापार वृद्धि,
द्विजातियों में वैश्य बना, सर्व अधिक धनवान।
पिछड़ गये ब्राह्मण, राज धन बल स्पर्धा में,
सामाजिक प्रतिष्ठा को, आघात घटा सम्मान ॥[2]12॥

स्त्रियों की स्थिति

बौद्ध साहित्य में प्राप्त, विवरण से होता ज्ञात,
स्त्रियों की स्थिति, न पहले से ठीक थी।
शैक्षणिक सामाजिक कई, अधिकारों में कमी आई,
कड़े नियमों में, निंद्य आचरण प्रतीक थी ॥[3]13॥

चुल्लवग्ग जातक, अनुसार स्वयं गौतमबुद्ध,
संघ में स्त्रियों के, प्रवेश के विरोधी थे।
कठिन स्थितियों में, प्रव्ज्या स्वीकार हेतु,
नियम कठोर, स्त्री गति अवरोधी थे ॥[4]14॥

आचरण सम्बन्धी, अनेक वर्जनायें थोप,
भिक्षुओं से भिक्षुणी, को हीन बतलाया है।
यद्यपि कई विदुषी, भिक्षुणियाँ बनी रचनकार,
जिनका काव्य संकलन, थेरीगाथा में आया है ॥[5]15॥

अन्य कई स्त्रियाँ निज, गौरव ज्ञान बल सो,
तदयुग समाज मध्य, आदर मान पाया था।

1. मिश्र, रामनयन : मुनि अजित केश कम्बली, पृ. 43-45
2. श्रीवास्तव, के.सी. : पूर्वोक्त, पृ. 190
3. गौड़, रंजना : त्रिपिटिक साहित्य में प्रतिबिम्बित समाज, पृ. 86-112
4. श्रीवास्तव, के.सी. : पूर्वोक्त, 190
5. गौड़, रंजना : पूर्वोक्त, पृ. 16-17, 97; श्रीवास्तव, के.सी. : पूर्वोक्त, पृ. 190

वैशाली की आम्रपाली, गणिका के बाउजूद,
संघ धर्म दीक्षित कर, बुद्ध ने अपनाया था ॥16॥
अन्तवर्ण और प्रणय, विवाहों के उदाहरण,
मिलते उल्लेख, उस युग के समाज में।
उदयन वासवदत्ता का, प्रेम परिणय अतीत,
प्रसेनजित को मिली, माली कन्या विवाह में ॥17॥
सगोत्रिय विवाहों के, उल्लेख बौद्ध ग्रन्थों में,
शाक्य निज पुत्रियाँ, स्वकुल में ही ब्याहते।
महावीर ने व्याहा, स्वपुत्री को भाँजे से,[1]
किन्तु इसकी व्यापकता, को ग्रन्थ न बखानते ॥18॥
बौद्ध वाङ्मय प्रमाण, नृपति कुलीनों में,
बहुपत्नी प्रथा की, परम्परा पुरानी थी।
महावग्ग जातक का, रोचक उद्धरण यह,
बिम्बिसार अन्तःपुर, पंच शत रानी थी ॥19॥
पर्दा प्रथा अस्तित्व, कुलीनों में थोड़ा बहुत,
सती प्रथा ज्ञात नहीं, उस युग समाज में।
किन्तु कुछ यूनानी, लेखकों के विवरण से,
सती प्रथा प्रचलित थी, कठों के स्वराज में ॥[2]20॥

आर्थिक स्थिति–ग्राम्य जीवन[3]

गाँवों के चारों ओर, फैली हुई उर्वर भूमि,
उस युग में उसको, क्षेत्र–खेत कहा जाता था।
ग्रामों में चारागाह, सर्वजन की सम्पत्ति,
पशुचारी भूमि 'दाव', बन कहलाता था ॥21॥
गाँवों में शासन समिति, होती एक ग्राम सभा,
बड़े बूढ़े श्रेष्ठ जन, सदस्य चुने जाते थे।
ग्राम सभा शासक पद, होता प्रायः अनुवांशिक,
जो उस काल, ग्रामभोजक कहे जाते थे ॥22॥

1. ला, वी.सी. : पूर्वोद्धृत, पृ. 168
2. शर्मा, मनिराम : मैरिज इन ऐशियंट इंडिया, पृ. 112
3. महतो, मोहनलाल : जातक कालीन भारतीय संस्कृति, पृ. 72–77; रिज डेविड्स, टी. डब्ल्यू. : बुद्धिष्ठ इंडिया, पृ. 22–26

ग्रामभोजक प्रमुख कार्य, जनता से कर वसूल,
छठाँ या बारहवाँ भाग, नृप निधि पहुँचाना था।
सार्वजनिक हित कार्य, कूप पथ तड़ाग नहर,
धर्मशाला संस्थागार, आदि बनवाना था ॥23॥

ग्राम्य भूमि का प्रबंध, विवाद निपटारा एवं,
शान्ति सुरक्षा का, दायित्व भी अपार था।[1]
ग्राम्य जनों के सुख, सुविधा हित रत सदा,
स्वास्थ्य सफाई का, भी गुरुतर प्रभार था ॥[2]24॥

उस युग के लोग, पूर्णरूप आत्म निर्भर थे,
आवश्यक वस्तुएँ, ग्राम सीमा में पाते थे।
सहकारी भावना से, ग्राम्य जन ओत-प्रोत,
मिल जुल कर कार्य, सब लोग निपटाते थे ॥25॥

जीवन था सुखी-शान्त, सरल आडम्बर हीन,
होते अपराध न्यून, न्यायिक सत्यनिष्ठ थे।
कृषि के अतिरिक्त, बहुत सारे लोग गाँव के,
करते व्यवसाय, शिल्प धंधा विशिष्ट थे ॥[3]26॥

जातक ग्रन्थों से ज्ञात, समान व्यवसायी सभी,
प्रायः किसी एक गाँव, पास-पास रहते थे।
गाँव शहर के मध्य, बन करके लघु कड़ी,
ग्राम आवश्यकताओं, की सम्पूर्ति करते थे ॥[4]27॥

नगरीकरण[5]

प्रथम नगर सभ्यता थी, सैन्धव राष्ट्र भारत में,
जिसका अस्तित्व शती, 15वीं ईसा पूर्व था।
तब से लेकर बुद्ध तक, लगभग हजार वर्ष,
नगर विहीन, ग्राम्य जीवन अपूर्व था ॥28॥

1. श्रीवास्तव, के.सी. : पूर्वोक्त, पृ. 192
2. मैती, एस.के. : पूर्वोक्त, पृ. 305-306
3. आचार्य, दीपंकर : कौटल्य कालीन भारत, पृ. 18
4. श्रीवास्तव, के.सी. : पूर्वोक्त, पृ. 192
5. रिज डेविड्स, टी.डब्ल्यू. : बुद्धिस्ट इण्डिया, पृ. 30-35; मैती, एस.के. : प्राब्लम्स एण्ड पर्सपेक्टिव्स आफ ऐंशियंट इंडियन हिस्ट्री एण्ड कल्चर, पृ. 310

नगरों का पुनः आविर्भाव, गंगघाटी में,
ईसा पूर्व छठी शती, सभ्यता प्रवाह में।
इसके सुपोषक जैन, बौद्ध संत सम्राट,
जनमत भी संग, द्वितीय नगरीकरण राह में ॥29॥

मौर्य साम्राज्य पूर्व, अर्थ गत विशेषता मुख्य,
नगरोदय होना, विशाल गंग घाटी में।
नदी तीर बसे नगर, जुड़े जलयानों से,
व्यापक व्यापार देश, जुड़ा परिपाटी में ॥[1]30॥

नगर विशेषताओं को, गिनाते विज्ञ इस प्रकार,
धनी आबादी, भवन बस्ती विस्तार हो।
शासक सौदागर वणिक्, शिल्पी इत्यादि वहाँ,
रहते वैज्ञानिक कवि, लेखक कलाकार हों ॥31॥

तकनीकी ज्ञान लिपि, विपणन वाणिज्य प्रगति,
मुद्राधार विनिमय, सुनियोजित कराधान हो।
जीवन में भौतिक, गुणवत्ता शिष्ट सदाचार,
ग्राम्यजन का पुरागमन, सहज समान हो ॥32॥

कहते आर.एस. शर्मा, गैर कृषकों की न बस्ती मात्र,
और न आबादी आकार, नगर जन्य प्रतिमान।
साधन व्यवसाय, कराधान का विधान जहाँ,
भाषा कला संस्कृति, विकास रुचि अवदान ॥33॥

कृषक विहीन नगर, स्थापन अधिवास एवं,
शिल्पि सौदागरों से, बनी घनी आबादी।
शिल्प व्यवसाय से, इसका है अटूट राग,
यही निर्णायक पुर, उत्थान पतन बरबादी ॥34॥

मानव इतिहास में पुर, नगरों का उदय उत्स,
माना गया घटना, युगान्त क्रान्तिकारी एक।[2]

---

1. सिंह, सर्वदमन (सं.) : पूर्वोक्त, पृ. 59
2. सिंह, एस.के. : इमरजेन्स आफ सिटीज इन द मिडिल गंगा प्लेन न्यू आर्केलाजिकल इवीडेन्स, प्राग्धारा, अंक–15, पृ. 119; श्रीवास्तव, के.सी. : पूर्वोक्त, पृ. 190–191

युग-युग से रहते आये, ग्राम्य परिवेश जो,
नगरों ने दिया, परिवर्तन सुखकारी नेक ॥35॥

नगरीकरण लक्षण, विशेष प्राग्मौर्य काल,
होते परिलक्षित पूर्ण, राष्ट्रीय पट पर।
सैन्धव उपरान्त इस, युग के साहित्य में,
नगरों का मिलता, समुल्लेख नदी तट पर ॥36॥

लौह तकनीक श्रेय, कृषि में उत्पादन वृद्धि,
शिल्प उद्योग वणिज्, व्यापार उत्थान।
सिक्कों का प्रचलन आदि, कई कारण नगरीकरण,
राजनैतिक धार्मिक, परिस्थितियों का भी अवदान ॥[1]37॥

विशाल राजतन्त्रों के, उदय से राजधानियाँ बनी,
बसते गये वहाँ शिल्पि, अधिसंख्य व्यापारी।[2]
सिक्कों के व्यापक, प्रसार से व्यापार क्रान्ति,
नागरिक संसाधनों में, होती गयी वृद्धि भारी ॥38॥

इसी काल उद्भूत, जैन-बौद्ध धर्म दृष्टि,
वणिकों व्यवसाइयों, प्रति अतिसय उदार थे।
व्यक्तिगत सम्पत्ति, ऋण व्यापार सूद खोरी,
नैतिक समर्थन उनके, नीति अनुसार थे ॥[3]39॥

अतएव स्पष्ट आर्थिक, धार्मिक एवं राजनैतिक,
हर परिस्थितियाँ, नगरीकरण अनुकूल थी।
जन उत्साह लगन, सर्जना कौशल विशेष,
नगर उन्नयन हेतु, आकुल आमूल थी ॥40॥

कई पालि ग्रन्थों में, नगर निगम शब्दोल्लेख,[4]
निगम शिल्पि वणिक्, 'संघ' शब्द पर्यावाची था।

---

1. सिंह, एस.एस. : अर्ली क्वाइन्स आफ नार्थ इण्डिया, पृ. 4-13; बनर्जी, अरुन्धती : अर्ली इंडियन टेराकोट्टा आर्ट, पृ. 139-174
2. पाण्डेय, नैना : राज्य की सरंचना एवं नगरीकरण का प्रारम्भ, प्राग्धारा, अंक-12, पृ. 197-201
3. ला, बी.सी. : पूर्वोक्त, पृ. 142
4. वही, पृ. 177-190

यह शब्द बहिर्गमन, अर्थ में भी है प्रयुक्त,
जो दूर व्यापार हेतु, प्रस्थान का साक्षी था ॥41॥

नगरक व महानगर, राजधानी आदि शब्द,
मिलता उल्लेख विविध, दीघनिकाय में।
पाणिनि ने नगरों को, ग्रामों से बताया भिन्न,
प्राकार युक्त पुर, जन निरत व्यवसाय में ॥42॥

सूत्रकार आपस्तम्ब, तथा बौधायन ने,
नगर ग्राम बीच में, लिखा विरोधाभास है।
उनके अनुसार किसी, नगर के निवासी को,
सुलभ नहीं मोक्ष, दुर्लभ वायु व प्रकाश है॥[1]43॥

जैन ग्रन्थ आचारांग, एवं कल्पसूत्र में,
विविध विधि नगरों का, वर्णन विस्तार है।
मिट्टी की प्राचीर युक्त, समुद्र तटीय राजधानी,
करमुक्त पुरियों का, उल्लेख अधिक बार है॥[2]44॥

इस प्रकार बहुसंख्य, साहित्यिक स्रोत युग,
बुद्ध कालीन नगरों की, विशेषता बखानते।
जो सब प्रमाणित, पुरातात्विक उत्खननों से,
जिन्हें आज हम सब, प्राचीन नगर मानते॥[3]45॥

बुद्ध काल संबंधित, विभिन्न स्तरों से मिले,
कृष्ण मार्जित मृद्भाण्ड, स्थल खुदाई में।
काले चमकीले हल्के, धातु पात्रों के समान,
नगरीकृत प्रक्रिया बोध, आभा परछाई में ॥46॥

सुन्दर सुघर पात्र, आभापूर्ण बहुमूल्य,
करते धनाढ्य नगर, वासी इसका प्रयोग।
चम्पा नगर में मिले, ये भाण्ड बहुतायत,
जहाँ के निवासी, व्यवसायी थे कुलीन लोग॥47॥

---

1. श्रीवास्तव, के.सी. : पूर्वोक्त, पृ. 191
2. वही
3. शर्मा, एल.पी. : भारत का इतिहास, पृ. 140

इस प्रकार साहित्य सिक्के, एवं मृद्भाण्डों से,
ज्ञात नगरीकृत प्रक्रिया, गौतमबुद्ध काल में।
उत्खनन के फलस्वरूप, साठ नगर अवशेष,
मिले पूर्ण भारत की, सीमा अन्तराल में ॥48॥

उत्तर में कपिलवस्तु, कावेरीपन्तन दक्षिण तक,
प्राची पुरी चम्पा से, पश्चिम भूमि भृगुकक्ष।
बीसों नगर मिले, श्रावस्ती से समान बड़े,[1]
बौद्धधर्म केन्द्र कारण, माने गये शुचि स्वच्छ॥49॥

राजघाट बैशाली, सोनपुर चम्पा चिरांड,
यहाँ मिले लौह मल, सहित उपस्कर तमाम।
उन्नत प्रौद्योगिकी लौह, बनें अस्त्र उपकरण,
नगरीकरण में लौह, तकनीक का योगदान॥50॥

नगर क्रांति का सुयोग, विशाल हिन्द देश में,
निम्न कारकों का, अवदान मान्य है विशेष।
उत्पादन अधिशोष, व्यापार मुद्रा सर्वोन्नति,
राजनयिक धार्मिक, लोक में लिपि का प्रवेश॥[2]51॥

(अ) उत्पादन अधिशेष[3]

लौह क्रान्ति[4] कारण से, फावड़ा कुदाल फाल,
आदि का प्रयोग होने, लगा गंग.घाटी में।
पुरास्थलों से खुदाई में, अर्जित अनेक कृषि,
लौह उपादान यन्त्र, मैदानी माटी में॥52॥

बी.सी. शती सातवीं में, मिलने से आयरन स्लैग,
उपकरन संरचना सिद्ध, काशी राजघाट में।
प्राप्त उपादान इसी, काल में चम्पा चिरांड,
कौशाम्बी जखोड़ा, वैशाली सोन फाट में॥53॥

---

1. श्रीवास्तव, एम.पी. की कृति प्राचीन भारतीय नगर सभ्यता व संस्कृति-पठनीय
2. पाण्डेय, नैना : पूर्वोक्त, प्राग्धारा, अंक-12, पृ. 197-199
3. ला, वी.सी. : पूर्वोद्धृत, पृ. 181-184
4. बनर्जी, अरुन्धती : पूर्वोद्धृत, पृ. 139-177

यहाँ उत्खननों से, मिले हैं दरौती काँटे,
चाकू कुल्हाड़ी बसुला, हंसिया फावड़ा कूदाल।
खेती व घरेलू कार्य, विविध संपादन हेतु,
बने बाणाग्र छुरी, भाला चाकू हल फाल ॥54॥

समकालीन ब्राह्मण एवं, बौद्ध वाङ्मय में,
आता इन उपकरणों का, समुल्लेख बार-बार।
धौकनी निमित्त भ्रष्टा, भस्त्रा शब्द उल्लेख,
ज्ञात होता फाल को, गरमाकर बनाते धार ॥[1]55॥

लौह उपकरणों का, व्यापक प्रयोग कर,
जंगलों को काट, कृषि योग्य भू सजाया गया।[2]
सदियों से पड़ी कड़ी, जंगली जमीनों को,
खोद-गोड़ जोत, अति उर्वर बनाया गया ॥56॥

हल-फाल आविष्कार, बुद्ध युग महा उपलब्धि,
जन जीवन यापन हेतु, कृषि दृढ़ आधार मिला।[3]
नई नई विधियों का, खेती में प्रयोग कर,
अधिक अन्न पाकर, लोक खुशियाँ अपार मिला ॥57॥

अन्न अधिशेष कृषक, पुरों में बेचने लगे,
मिला पोषाहार, गैर कृषक, पुर समुदाय।
शिल्पिकार सेट्टी, व्यवसाई बसे नगरों में,
कृषि तकनीक बनी, नगरोदय में सहाय ॥[4]58॥

(ब) शिल्प एवं उद्योग धंधों का विकास[5]

अन्न उत्पादन अधिक, होने लगा गाँवों में,
उसके क्रय-विक्रय हेतु, चाहिए बाजार था।
नगर में वणिकों, शिल्पियों की जनसंख्या बढ़ी,
बढ़ता गया वहाँ का, व्यवसाय-व्यापार था ॥59॥

---

1. सी. मार्गबन्धु आदि (सं.) : इंडियन आर्क्योलॉजिकल हेरीटेज (खण्ड-प्रथम), पृ. 185-186
2. तिवारी, राकेश व अन्य : प्राग्धारा, अंक-15, पृ. 39
3. दीक्षित, के.एन. : डायमेन्संस आफ इंडियन आर्ट, खण्ड-प्रथम, पृ. 109-117
4. मैती, एस.के. : पूर्वोक्त, पृ. 313-318
5. महतो, मोहनलाल : पूर्वोक्त, पृ. 185-194; रिज डेविड्स, टी.डब्ल्यू. : पूर्वोद्धृत, पृ. 42

बड़े बड़े ग्राम बदले, हाट बाजारों में,
जहाँ पर बिकने लगा, कृषि उपज का माल।
फलतः उद्योग-धन्धे, व्यवसाय उत्तर भारत में,
विकसित चरमावस्था, उपलब्धि बड़ी बुद्धकाल॥[1]60॥

अठारह उद्यमों का नाम, उल्लेख जातकों में,
जिसमें अति प्रमुख कुछ, निम्नलिखित प्रकार थे।
मालाकार चित्रकार, स्वर्णकार हलवाई,
बड्ढकी लोहार, कुम्भकार चर्मकार थे॥61॥

जौहरी जुलाहे, धनु-बाण को बनाने वाले,
प्रस्तर-पाषाण कोट्टक, धातुकर्मि कम्मार।
ज्योतिषी नापित शिकारी, मछुआरे शायक एवं,
बूचड़ सपेरा इषुकार, हस्तिदन्त कार॥[2]62॥

सभी व्यवसायों का, सम्मान था समान नहीं,
इनमें कुछ को महत्त्वहीन, हीन ठहराया गया।
मछुए शिकारी नापित, नायक गायक नर्तक एवं,[3]
जौहरी संपेरा बूचड़, हीन शिल्प बताया गया॥63॥

दस्तकारी माल सब, कारखानों से बिक जाते,
समीपवर्ती क्षेत्र से, ग्राहक अधिक आने लगे।
अलग-अलग व्यवसाइयों, की बस गई जो बस्तियाँ,
वे नगर रूप में, शोभा महत् पाने लगे॥64॥

विशिष्ट व्यवसायों के, ग्राम नगर थे प्रसिद्ध,
काशी के सन्निकट भारी, बढ़इयों का था नगर।
काष्ट कर्मी हर तरह के, वहाँ धन्धे में प्रवीण,
पाँच सौ प्रति कर्मियों पर, एक प्रधान कारीगर॥65॥

जातकों में महा वद्ढकि, ग्राम का उल्लेख है,
जहाँ बसते काष्ट कर्मी, कुशल एक हजार थे।

---

1. श्रीवास्तव, के.सी. : पूर्वोद्धृत, पृ. 192-193
2. ला, वी.सी. : पूर्वोद्धृत, पृ. 177-180
3. अग्रवाल, वी.एस. : भारतीय कला, पृ. 67

वस्त्र बुनने में निरत, कम्मार ग्राम के वासी,
वस्त्र विज्ञाता बुनकर, सहस्र परिवार थे ॥[1]66 ॥

विविध व्यवसाइयों के, अपने अपने संगठन थे,
धर्मसूत्रों जातकों में, श्रेणि शब्द आया है।
एक ही प्रकार के, रोजगारियों उद्यमियों के,
संगठन समान कार्य, श्रेणी कहलाया है ॥67 ॥

जातकों में क्रमशः, अठारह श्रेणियों का विवरण,[2]
जेष्ठक या श्रेष्ठिन, होता इसका प्रधान था।
श्रेष्ठिन परामर्श हेतु, होती सामान्य सभा,
श्रेणियों के जिम्मे न्यायिक, कार्यकारी काम था ॥68 ॥

श्रेणियाँ व्यवसायों हेतु, करती थी बैंक कार्य,
वस्तु गुणवत्ता मूल्य, निर्धारण व मजदूरी।
सामाजिक जीवन पर, दिखता नियंत्रण उनका,
श्रेणी न्यायलय प्राप्त, राज्य मान्यता पूरी ॥[3]69 ॥

बड़ी-बड़ी श्रेणियों के, पास होती सेनायें,
नृप निरंकुशता का, करते ये प्रतिकार थे।
भिन्न-भिन्न श्रेणियों में, ऐक्य स्थापन हेतु,
पद भाण्डागरिक को, मिले अधिकार थे ॥70 ॥

महानगर निगमों के, प्रधान होते महाश्रेष्ठि,
श्रावस्ती कौशाम्बी पुरी, पूर्ण धन धान्य से।
घोषक कौशाम्बी व, अनाथपिण्डक श्रावस्ती,
बौद्ध धर्म पोषी, महाश्रेष्ठि सम्मान्य थे ॥71 ॥

श्रेणियों की विशेषता, सहकारी भाव मूल,
व्यवसाय निपुणता, हितरक्षा निज निकाय में।[4]
धीरे-धीरे व्यवसाय, आनुवांशिक होते गये,
श्रेणियों सब परिणत हुई, जाति समुदाय में ॥72 ॥

---

1. फैन्थोम, एफ. एण्ड शा, डी.ई. डब्लू. : सेलेक्संस फ्राम नेहरू 'ज डिस्कवरी आफ इंडिया, पृ. 29–30
2. रिज डेविड्स, टी.डब्ल्यू. : बुद्धिस्ट इंडिया, पृ. 40–41
3. मैती, एस.के. : पूर्वोद्धृत, पृ. 308, 317–318
4. पाण्डेय, जी.सी. : पूर्वोद्धृत, पृ. 20–21

पिता के व्यवसाय का, अनुसरण करते पुत्र प्रायः,
इस नियम का अपवाद भी, मिलता यदा-कदा।[1]
विविध वर्णों के लोग, करने लगे थे इतर पेशा,
व्यवसाय परिवर्तन रुख, दिखे अग्रसर सदा ॥73॥

(स) वाणिज्य-व्यापार प्रगति[2]

वाणिज्य व्यापार में, असीम प्रगति इस काल,
त्वरित नगरीकरण, कारण-परिणाम साथ-साथ।
वाणिज्यिक महापथों पर, स्थित प्रायः प्रमुख नगर,
जो विविध क्षेत्रों को, जोड़ते सुगम यातायात ॥74॥

बहुत सारे नगर परिणत, हाट व बाजारों में,
जहाँ विविध व्यापारी, वस्तु विक्रय को आते थे।
खाद्यान्न वस्त्राभूषण, रत्न तैल सुगंधियों से,
भरे होते हाट, लोग क्रय हेतु जाते थे ॥[3]75॥

नगरीय क्रान्ति की, व्यापकता फलस्वरूप,
देश में उत्पन्न हुए, समृद्ध वर्ग व्यापारी।
अन्यान्य स्रोतों से, भली-भाँति ज्ञात यह,
आंतरिक व वाह्य वणिज्, समुन्नत व लाभकारी ॥[4]76॥

उत्तरी दकन से कई, एन. बी. पी. भाण्ड मिले,
जो उत्तर दक्षिण का, व्यापार दर्शाते हैं।
इस विशेष काल देश, चारों ओर विस्तीर्ण,
व्यापारिक नगरों का, साक्ष्य कई पाते हैं ॥77॥

व्यापारियों का कारवाँ, माल गाड़ियों में लाद,
एक से दूसरे स्थान, व्यापार हेतु जाता था।[5]
कारवाँ प्रधान की, सार्थवाह संज्ञा ख्यात,
मार्गदर्शक मुख्य, थल निय्यामक कहलाता था ॥78॥

---

1. श्रीवास्तव, के.सी. : पूर्वोद्धृत, पृ. 193
2. वही; ला, वी.सी. : पूर्वोद्धृत, पृ. 184-193
3. गौड़, रंजना : त्रिपिटक साहित्य में प्रतिबिम्बित समाज, पृ. 126-205; श्रीवास्तव, के.सी. : पूर्वोद्धृत, पृ. 193
4. पाण्डेय, जी.सी. : पूर्वोद्धृत, पृ. 193
5. ला, वी.सी. : पूर्वोद्धृत, पृ. 185, 188-189

व्यापार पथ प्रायः, हर समय सुरक्षित नहीं,
चोर-डाकू लूट लेते, गाड़ी में भरा सामान।
अतः कारवाँ में सशस्त्र, रक्षक भी चलते थे,
थल निय्यामक करता था, खतरों से सावधान॥79॥

व्यापारिक कारवाँ में, पाँच सौ से एक हजार,
गाड़ियों की संख्या होती, जातक ग्रन्थ अनुसार।
गौतमबुद्ध को पथ में, मिला कारवाँ था एक,
जिसके गाड़ियों में लदा, गुड़ शीरा था अपार॥[1]80॥

श्रावस्ती के धनाड्य, अनाथपिण्ड के कारवाँ पथ,
परिज्ञान श्रेय श्रेष्ठ, जातक ग्रन्थकार को।
एक मार्ग श्रावस्ती से, जाता पूर्व राजगृह,
पश्चिमोत्तर तक्षशिला, सुप्रान्त गांधार को॥81॥

दूसरा मार्ग दक्षिण-पश्चिम, जाता प्रतिष्ठान पुरं,
नहीं बहुत दूर इससे, कौशाम्बी पुरी प्रधान।
सुत्तनिपात अनुसार, वहाँ मिलते सभी पथ,
जहाँ से व्यापारी करते, कोशल मगध प्रस्थान॥[2]82॥

गंगा यमुना नदी मार्ग, द्वारा भी व्यापारी बहुत,
जहाजों में माल भर, जाते पुर विख्याति।
ज्ञात विनय ग्रन्थों से, गंगा जल पथ पश्चिम,
जहाजों के पड़ाव का, अन्तिम ठाँव सहजाति॥83॥

सहजाति से जहाज, यमुना मार्ग से प्रस्थित,
पहुँचते कौशाम्बी, महाविपणन बाजार में।
उस युग में सेतु का, अस्तित्व नहीं नदियों पर,
नावों से माल को, उतारने उस पार में॥[3]84॥

सिन्ध सौवीर तथा, तक्षशिला के स्थल मार्ग,
राष्ट्र सीमा लाँघ, पश्चिम एशिया तक जाते थे।

---

1. श्रीवास्तव, के.सी. : पूर्वोक्त, पृ. 194
2. रिज डेविड्स, टी.डब्ल्यू. : बुद्धिस्ट इण्डिया, पृ. 44-45
3. श्रीवास्तव, के.सी. : पूर्वोक्त, पृ. 194

भारत सहित पश्चिमी, देश के सौदागर वणिक्,
इन्हीं महा मार्गों से, जाते एवं आते थे ॥[1]85 ॥

भारतीय व्यापारी, जलयानों में मालभर,
भारत के बाहर, अन्य देश में भी जाते थे।
वापसी जहाजों से, विदेशी वस्तु देश लाकर,
स्वदेशी हाटों में बेच, लाभ अति कमाते थे ॥[2]86 ॥

हस्तिदंत उपकरण चाकू, एवं अन्य अस्त्र-शस्त्र,
रेशम और मल-मल, के वस्त्र सुन्दर महीन।
बेचते व्यापारी बहु, विदेशी बाजारों में,
स्वर्ण रजत आभूषण, सुरंगित दरी-कालीन ॥87 ॥

देश के पश्चिमी पत्तन, भृगुकक्ष सोपारा पर,
विदेशी जलयानों का, आवागमन जारी था।
पाटलिपुत्र से ताम्रलिप्ति, होकर जाते लंका को,
चम्पा से सुवर्णभूमि, जाता व्यापारी था ॥88 ॥

नदियों के कूल पर, बस गये वाणिज्यिक नगर,
काशी कौशाम्बी, अयोध्या पाटन एवं सहजाति।
आकर्षण के केन्द्र थे, ये वणिक् व्यापारियों के,
जहाँ के बाजार भरे, विविध वस्तु भाँति-भाँति ॥89 ॥

जातक अनुसार व्यापारी, करते थे साझेदारी,
आपसी सहमति से, साथ पूँजी लगाते थे।
जो होता स्थाई, अस्थाई और अल्पकालिक,
पूजी अनुरूप भिन्न, लाभांश भी पाते थे ॥[3]90 ॥

वणिज् व्यापार बीच, सामुदायिक जीवन के,
मिलते उदाहरण, जातको में अंकित विनीत।
पाँच सौ व्यापारियों ने, साझे में खरीदा नॉव,
सम्मिलित क्रय-विक्रय का, साक्ष्य दिखता अतीत ॥[4]91 ॥

---

1. लुणिया, वी.एन. : प्राचीन सभ्यता तथा संस्कृति का विकास, पृ. 137-138
2. ला, वी.सी. : पूर्वोक्त, पृ. 185-188; रिज डेविड्स, टी.डब्ल्यू. : पूर्वोक्त, पृ. 41
3. गौड़, रंजना : पूर्वोक्त, पृ. 126-192
4. श्रीवास्तव, के.सी. : पूर्वोद्धृत, पृ. 194

प्रमुख नगरों में आपण, अति ही सुसज्जित होते,
विविध सामान बिकते, अन्दर के बाजार में।
चहल-पहल कौतूहल, क्रय-विक्रय लीन लोग,
खाद्य सामग्री बिके, प्रायः प्रवेश द्वार में ॥92॥

भाव नियन्त्रण हेतु, दिखता कोई नियम नहीं,
मोलभाव द्वारा वस्तु, मूल्य तय किया जाता।
आन्तरिक व वाह्य दोनों, तरह की सामग्री पर,
दसवाँ या बीसवाँ भाग, राज्य कर लिया जाता ॥93॥

बटखरे मिले मिट्टी, जेस्पर सेलखड़ी के,
स्थल वैशाली एरण, जाजमऊ चिर चिराँद।
ऋण देने की परम्परा, लेकर उचित व्याज-सूद,
बुद्ध द्वारा मान्य पेशा, प्रचलित समाज सान्द्र ॥94॥

विविध व्यवसाय वणिज्, व्यापार उन्नति से,
समाज में सम्पन्न, व्यापारी वर्ग हुआ उदित।
धनाधिक्य बल से निज, श्रेष्ठता का दावा कर,
राजनय समाज को, प्रभावित कर हुआ मुदित ॥[1]95॥

(द) सिक्कों का अबाध प्रचलन[2]

निष्क शतमान आदि, वेदों में उल्लिखित,
किन्तु निश्चित रूप इन्हें, सिक्के बताना भूल।
ईसा पूर्व सातवी शती, अन्त युग संकेतित,
हो चुका था भारत में, मुद्रा का प्रचलन मूल ॥96॥

जिसे पालि वाङ्मय में, कहा गया काहापण,
और कार्षापण संस्कृत, साहित्य समाज में।
वुद्ध युग के प्रारम्भिक, आहत नाम के सिक्के,
होने लगे प्रयुक्त वणिज्, श्रेणी काम काज में ॥97॥

ताम्बे और चाँदी के, निर्मित आहत सिक्के,
किन्तु अधिक चाँदी की, मिलते खुदाई में।

1. वही, 194-195
2. मैती, एस.के. : पूर्वोक्त, पृ. 333, 389-392; सिंह, एस.एस. की कृति अर्ली क्वाइन्स आफ नार्थ इण्डिया का प्रथम दो अध्याय पठनीय; वी.एस. अग्रवाल : भारतीय कला, पृ. 75-76

ताम्र निर्मित सिक्के तो, प्राप्त हुए अत्यल्प,
जबकि स्वर्ण मुद्रायें न, मिलीं किसी खाई में ॥[1]98 ॥

सिक्कों के ऊपर तथा, अन्य पृष्ठ भाग पर,
श्रेणी व्यापारी, निज ठप्पा लगाते थे।
इस कारण ही ये, रजत ताम्र टुकड़े सब,
'आहत' कार्षापण, काहापण कहलाते थे ॥[2]99 ॥

इन पर अनेक चिह्न, वृषभ सूर्य षडचक्र,
शैल चन्द्राकार आदि, वणिक् श्रेणी संघ देन।
भार एक सौ छियालिस ग्रेन, ताम्र कार्षापण के,
चाँदी कार्षापण का, तौल एक सौ अस्सी ग्रेन ॥100 ॥

कुछ जातक ग्रन्थों में, उल्लिखित कार्षापण संग,
मासक एकमाषक, द्विमासक एवं काकणि पाद।
ताम्र रजत सिक्के ये, आकार में छोटे बड़े,
भार में भी भारी भेद, प्रचलन सिद्ध निर्विवाद ॥[3]101 ॥

अतः बुद्ध काल में, मुद्रानीति अर्थ विधि,
बनी महत्त्वपूर्ण, अति लेनदेन सहजाधार।
वस्तु विनिमय का युग, तभी से समाप्त हुआ,
मुद्रा की बहुलता बनी, साधन समृद्धि व्यापार ॥102 ॥

मुद्रा का प्रचलन प्रयोग, बना प्रगति का प्रतीक,
कृषि व्यापार हेतु, साधन समृद्धि स्रोत।
नगरीकरण प्रक्रिया भी, इससे हुई अधिक तीव्र,
अखिल लोक जीवन, प्रभावित प्रगति ओत-प्रोत ॥103 ॥

मुद्रा संरचना कार्य, वैयक्तिक आरम्भ में था,
कालान्तर में राज्य शासन, स्वयं ढलवाने लगा।
आई एक रूपता अधिक, सिक्कों के स्वरूप भार,
जन सामान्य के भी, पहुँच में आने लगा ॥[4]104 ॥

---

1. साहनी, बीरबल : द टेक्नीक्स आफ कास्टिंग क्वाइन्स इन ऐंशियंट इंडिया, पृ. 50
2. ला, वी.सी. : पूर्वोद्धृत, पृ. 190
3. साहनी, बीरबल : पूर्वोद्धृत, पृ. 44-47; श्रीवास्तव, के.सी. : पूर्वोद्धृत, पृ. 195
4. श्रीवास्तव, के.सी. : वही, पृ. 195

करते उल्लेख यूनानी, लेखक व इतिहासकार,
अतुल सम्पत्ति निधि, नन्द नृपराज्य के।
एलन अनुसार उन्होंने, जारी किये निजराज्य,
सिक्के प्रभूत हित, शासन साम्राज्य के ॥105॥

आहत सिक्कों की निधि, मिले मध्य गंग क्षेत्र,
जहाँ बौद्धधर्म मत, व्यापक प्रभाव था।
सम्भवत: यहीं हुआ, आहत सिक्कों का जन्म,
नाग नन्द मौर्य नृप, राज्य सद्भाव था ॥[1]106॥

इस प्रकार प्रथम बार, भारतीय अर्थ तन्त्र निज,
वस्तु विनिमय से, मुद्रा पद्धति की ओर बढ़ी।
मुद्रा के अतिसय, निर्माण एवं प्रचलन से,
वित्त व्यापार गति, उन्नति की ओर बढ़ी ॥[2]107॥

(य) राजनीतिक तथा सामाजिक कारण[3]

तत्कालीन राजनय, सामाजिक परिस्थितियों का,
पुर पुनर्भव में, न कम योगदान था।
गणतन्त्री भूमि पर, उदित राजतन्त्रों से,
बढ़ा कई नगरों का, महत्त्व कीर्तिमान था ॥108॥

प्रमुख राज्य केन्द्र, बने राजगृह पाटलिपुत्र,
तक्षशिला उज्ययिनी, कौशाम्बी पुरी वाराणसी।
राजा सहित रहता वहाँ, राज्य का प्रशासन तन्त्र,
वणिक् व्यापारी जाति, आकर यहाँ बसी ॥109॥

वणिक् व्यवसाइयों को, सामाजिक प्रतिष्ठा प्राप्त,
उद्योग साधन स्रोत, अनुकूल वातावरण।
मान सम्मान अर्थ, लाभ प्रत्याशा में,
वर्द्धित व्यापार वणिज्, पुष्ट किया नगरीकरण ॥110॥

---

1. अग्रवाल, वी.एस. : पूर्वोद्धृत, पृ. 76; शंकर, गोयल : हिस्ट्री एण्ड हेरीटेज, खण्ड–प्रथम, पृ. 211–219
2. श्रीवास्तव, पंकजलता : प्राचीन भारत, भाग–तीन, पृ. 89–92, 96–98
3. श्रीवास्तव, के.सी. : पूर्वोक्त, पृ. 195–196

कस्बे लघुपुर अनेक, बड़े-बड़े गाँवों में,
पूर्व से ही स्थित जहाँ, उद्योग लघु व्यवसाय।
वणिकों के द्वारा वहाँ, कारोबार बढ़ाने से,
बने ये वाणिज्यिक केन्द्र, मान्य पुरी महाकाय॥111॥

बिम्बिसार नृप द्वारा, अंग विजय फलस्वरूप,
मगध साम्राज्य जुड़ा, विदेशी व्यापार से।
वाराणसी व बज्जि पर, अजातशत्रु जीत से,
जुड़ा गंगा वणिज् मग, मगध अधिकार से॥112॥

गांगेय प्रदेशों की, अर्थव्यवस्था की रीढ़,
काशी कौशाम्बी, चम्पा राजगृह श्रावस्ती।
पाटलिपुत्र अयोध्या आदि, पुरियों का प्रधान योग,
नगरोन्नति वही जहाँ, शिल्पियों की बसी बस्ती॥[1]113॥

(र) नवोदित धर्मों का समर्थन[2]

मूल रूप वैदिक धर्म, ग्राम्य जीवन का समर्थक,
नगर में निवास का, निषेध ऋषि करते थे।
बौधायन अनुसार, नगरवासी को मोक्ष नहीं,
नगरों में वेद पाठ, करने से डरते थे॥114॥

इसके विपरीत में, नवोदित धर्म जैन-बौद्ध,
नागर संस्कृति, वातावरण उन्हें इष्ट था।
वणिज् व्यापार शिल्प, ऋण व्याज कराधान,
नगरीय व्यवस्था वित्त, हितकर अभीष्ट था॥115॥

जैन महावीर के, अहिंसा अपव्यय विचार,
मितव्ययी वणिकों के, भावनानुकूल था।
बुद्ध द्वारा प्रोत्साहित, ब्याज ऋण उधारी वृत्ति,
पेशे की आवश्यकता, सहयोग जड़मूल था॥116॥

व्याज पर ऋण लेन-देन, बुद्ध को था अंगीकार,
ऋण धन भुगतान, का सुझाव भी देते थे।

1. पाण्डेय, नैना : राज्य की संरचना एवं नगरीकरण का प्रारम्भ, प्राग्धारा अंक-12, पृ. 197-201; लुणिया, बी.एन. : प्राचीन भारतीय संस्कृति, पृ. 223
2. श्रीवास्तव, के.सी. : पूर्वोद्धृत, पृ. 196

व्यापारिक सफलता के, गुण उपदेशों में,
ऋणियों को संघ में, प्रवेश नहीं लेते थे ॥117॥

पुर गणिकायें नगर, जीवन का अंग एक,
उनके भी प्रति बुद्ध, अभिमत उदार था।
संघ में प्रवेश पर, गणिका को रोक नहीं,
यदि उन्हें बौद्ध संघ, शुचिता स्वीकार था ॥118॥

इनके उलट ब्राह्मण, ग्रन्थों का दृष्टिकोण,
वेश्याओं के प्रति, नहीं ठीक, सविकार था।
उनके अनुसार निन्द्य, वारवनिताओं का,
धार्मिक क्रियाओं का, न कोई अधिकार था ॥119॥

आपस्तम्ब धर्मसूत्र, में अंकित यह विचार,
सूदखोर घर विप्र, भोजन निषिद्ध हो।
आचरण विहीन, वारांगनाओं के हाथ से,
अन्न जल न लें, चाहे कितनी प्रसिद्ध हो ॥120॥

नगरीकरण वृत्त-वृत्ति, धार्मिक समर्थन से,
तीर्थंकर महावीर, तथागत गौतम बुद्ध द्वारा।
व्यापक प्रोत्साहन मिला, नागरिक जीवन को,
पुरियों का उत्कर्ष बढ़ा, निज देश में सारा ॥[1]121॥

(ल) लिपि का उद्भव[2]

गौतमबुद्ध काल में, ब्राह्मी लिपि विकास से,
मिला नव नगरों को, सहज महा उपहार।
शिक्षा-व्यवस्था जहाँ, सरल व सुगम हुई,
क्रय-विक्रय माप तौल, गणन सुविधा अपार ॥122॥

नगर विकास में अन्य, कारकों के साथ ही,
नवोदित लिपि का बड़ा, बौद्धिक अवदान था।
हड़प्पन से भिन्न कुछ, लौह युगी संस्कृति में,
नगर स्थापन क्रिया, अविरल गतिमान् था ॥123॥

---

1. वही
2. रिज डेविड्स, टी.डब्ल्यू. : बुद्धिस्ट इंडिया, पृ. 47-52; श्रीवास्तव, के.सी. : पूर्वोक्त, पृ. 196 एवं फैन्थोम एफ एवं शा डी.ई. डब्ल्यू. : पूर्वोक्त, पृ. 32-33

नगरीकरण फलस्वरूप, अनेक परिवर्तन हुए,
जनपदीय प्रवाह में, कबाइली राज्य बह गये।
जनजातीय आधार पर, संगठित समाज राज्य,
वृत्ति व्यापार अर्थाधार, में सब ढह गये ॥124॥

इस नगरीय क्रान्ति से, सामाजिकता विदीर्ण हुई,
निर्धन कुलीन बीच, अब अन्तर आने लगे।
उदित हुआ मध्य वर्ग, तद्युग समाज में,
नगरों के बीच सभ्य, जीवन बिताने लगे ॥125॥

क्रान्ति के समान, नगरीकृत क्रिया सराहनीय,
सभ्यता इतिहास का, प्रारम्भ युग माना गया।
हर तरह की उन्नति, परिवर्तनों का स्वर लिए,
महत् घटना काल मही, यह अवधि जाना गया ॥126॥

प्रमुख नगर[1]

तेजी से उदित हुए, नगर गौतम बुद्ध काल,
नदियों पर बस्ती गई, नगरियाँ तमाम थीं।
बौद्ध ग्रन्थ अनुसार, श्रावस्ती कौशाम्बी काशी,
राजगृह साकेत चम्पा, षड पुरियाँ प्रधान थीं ॥127॥

अन्य नगर हस्तिनापुर, अहिच्छत्रा उज्जयिनी,
महिष्मति मथुरा मिथिला, विशाला व प्रतिष्ठान।
चम्पा से मृगुकच्छ, पश्चिमोत्तर तक्षशिला,
कपिलवस्तु से कावेरी, पत्तन तक फैले समान ॥[2]128॥

डी॰एन॰ झा के अनुसार, साठ नगरों का प्रमाण,
ईसा पूर्व छठवीं से, तीसरी शताब्दी शीश।
फैले हुये थे राष्ट्र, सीमा के अन्तर्गत,
श्रावस्ती सम पुर विशाल, गणना में पूरे बीस ॥129॥

बुद्ध-बौद्ध मत प्रभाव, पुर बने महत्त्वपूर्ण,
बौद्धिक गतिविधियों, के केन्द्र नगर बन गये।

---

1. श्रीवास्तव, के॰सी॰ : पूर्वोद्धृत, पृ॰ 196-200
2. रिज डेविड्स, टी॰डब्ल्यू॰ : पूर्वोद्धृत, पृ॰ 15-21

बौद्ध वाङ्मय का, दृष्टिकोण पूर्ण नगरीय,
जबकि ग्राम्य वातावरण, वेद शास्त्र लिखे गये ॥[1]130 ॥

हस्तिनापुर[2]

मेरठ के उत्तर पूर्व, तैतीस किलो मीटर दूर,
गंगा के तट बसा, नगर हस्तिनापूर था।
महाभारत काल प्रसिद्ध, कौरवों की राजधानी,
साधन सम्पन्न पुर, प्रसिद्ध दूरदूर था ॥131 ॥

महाभारत बाद गरिमा, क्षीण इस नगर का,
गंगा महाबाढ़ में, प्राचीन पुर खो गया।
राजा निचक्षु के, कौशाम्बी चले जाने से,
हस्तिनापुर भाग्य, सदा सर्वदा को सो गया ॥132 ॥

यहाँ सर्वेक्षण श्रेय, डॉ. बी. बी. लाल को,
सन् उन्नीस सौ पचास-बावन, में खुदाई कराया।
विविध भाण्ड संस्कृति, कई स्तरों के साथ-साथ,
बर्तन औजार भूषण, पशु अस्थि भी पाया ॥133 ॥

चावल के दाने मिले, उपकरण लौह ताम्र के,
घासफूस मिट्टी बाँस, बल्ली से रचे मकान।
कालान्तर में भवन मिले, बनी पक्की ईंटों के,
जिसमें जल निस्सारण, पनालियों का प्राविधान ॥134 ॥

शुंग और गुप्त काल, युग अन्तराल यहाँ,
मिट्टी और पत्थर की, प्राप्त प्रतिमाएँ हैं।
शुंगकालीन मनोहारी, नारी मूर्तियों के,
शरीरांगों को खुब, कलाकारों ने सजायें हैं ॥135 ॥

कुषण कालीन मैत्रेय, मूर्ति अतीव सुन्दर एक,
प्रमुख भाण्डों पर नाम, अंकित निर्माता के।
मथुरा के दत्त वंशी, शासकों, कुषाणों एवं,
योधेयों के सिक्के, मिले हाथ उत्खाता के ॥136 ॥

1. वाजपेयी, के.डी. : भारतीय वास्तु कला का इतिहास, पृ. 45-54; झा, डी.एन. : प्राचीन भारत (एक रूपरेखा), पृ. 35-36, 48-56
2. श्रीवास्तव, के.सी. : पूर्वोक्त, पृ. 198-199 पृ 951; ला, वी.सी. : पूर्वोक्त पृ. 34-36 एवं 93-97

जैन वाङ्मय में, हस्तिनापुर का अति महत्त्व,
पावन तीर्थस्थल जैन, धर्म यति, समाज का।
कई तीर्थंकरों का, सम्बन्ध इस नगरी से,
केन्द्रीय नगर था, महाभारत विवाद का॥137॥

बी.बी. लाल के अनुसार, हस्तिनापुरी अस्तित्व,
ईसा पूर्व 1200 सौ से, तीन सौ इस्वी युग पर्यन्त।
गंगा में विलीन हो, जाने के पश्चात् भी,
कई बार उजड़ी वसी, पुर अतीत उर्जयंत॥[1]138॥

अहिच्छत्र[2]

बरेली जिले में स्थित, रामनगर भूमि पर,
उत्तर पांचाल की, अहिच्छत्र राजधानी थी।
महाभारत से ज्ञात, पांचाल पति द्रुपद को,
द्रोण ने हराकर किया, बहुत मनमानी थी॥139॥

उत्खननों से ज्ञात बात, ईसा पहले 300 में,
यहाँ एक सघन बस्ती, बनी कच्ची ईंटों से।
इसका परिष्कार पुनः, हुआ कुषाण काल में,
घेरा गया नगर यह, महाबज्र पक्की भीतों से॥140॥

कुषाण काल में यहाँ पर, पक्की ईंटों के गृह,
पंक्ति बद्ध रूप से, बनाये जाने लगे थे।
आरम्भिक गुप्त काल, तक नगर रहा आबाद,
बाद उसके पतन के, आगाज़ आने लगे थे॥141॥

अशोक ने बनवाया था, यहाँ एक बुद्ध स्तूप,
पांचाल कुषाण अच्यु, नृप नाम सिक्के प्रत्येक।
मिलते अवशेष कई, चित्रित धूसर पात्रों के,
दावात कटोरा हजारा, सुराहीदार भी अनेक॥142॥

---

1. ला, वी.सी. : पूर्वोक्त, पृ. 133
2. श्रीवास्तव, के.सी. : पूर्वोक्त, पृ. 199-200; ला, वी.सी. पूर्वोद्धृत, पृ. 36-39

वैशाली[1]

आधुनिक मुजफ्फरपुर, जनपद विहार प्रांत,
बसाढ़ या विशाला, कथित नगर वैशाली था।
गौतम बुद्ध काल यह, लिच्छवियों की राजधानी,
गणराज्यों में सर्वश्रेष्ठ, महाशक्तिशाली था ॥143॥

प्राचीर परिवृत्त द्वारों, मीनारों से अलंकृत पुरी,
भव्य भवनों से लगती, अति समृद्धिशाली थी।
चैत्य विहारों संस्थागारों, से शोभायमान,
वापी तड़ाग बाग, रुचिरा निराली थी ॥144॥

स्वतन्त्रता के कामी, स्वाभिमानी बड़े लिच्छवि थे,
शासन व्यवस्था उनका, सुगठित सुपुष्ट था।
किन्तु मगध सम्राट, उस समय अजातशत्रु,
लिच्छवि समृद्धि से, विचलित व रुष्ट था ॥145॥

कूटनीति भेद द्वारा, लिच्छविगण राज्य हड़प,
उनके ऊपर डाल दिया, आवरण परतन्त्रता।
दबे-दबे पड़े रहे, दीर्घ काल तक लिच्छवि,
गुप्तोदय काल किया, घोषित फिर स्वतंत्रता ॥146॥

ललितविस्तर में इसे, महानगर कहा गया,
जैन एवं बौद्ध धर्म, दोनों का ही केन्द्र प्रमुख।
महावीर बिताये यहाँ, तीस वर्ष जीवन के,
किया कई बार उपदेश, यहाँ के जन सम्मुख ॥147॥

मुनि गौतम बुद्ध को, वैशाली थी प्रिय पुरी,
लिच्छवि रचे उनके लिए, कूटाग्रशाला एक।
जहाँ पर तथागत ने, दिये कई उपदेश,
पास ही बखिरा स्तंम्भ, सिंह शीर्षवाला नेक ॥148॥

हवेनसांग फाह्यान, दोनों ने किया वर्णन,
उनके अनुसार यहाँ, स्तूप व विहार थे।

---

1. रिज डेविड्स, टी.डब्ल्यू. : बुद्धिस्ट इंडिया, पृ. 20–21

उजड़ने लगी थी, आम्रपाली की वैशाली,
भूमि उपजाऊ लोग, सरल ईमानदार थे ॥149॥
वणिक् व्यवसाय रत, कृषि में भी अग्रणी,
सुखी सम्पन्न विधि, विवेक अनुरागी थे।
हुवेनसांग विवरण यहाँ, द्वितीय संगीति हुई,
जिसमें साठ से अधिक, भिक्षु सहभागी थे ॥150॥

सन् उन्नीस सौ तीन-चार, एवं मध्य अंठावन-बासठ,
बसाढ़ की खुदाई, विशेषज्ञों से करवाया गया।
भौतिक अवशेष तथा, अन्य कई साक्ष्य सहित,
खण्डहर विशेष में, समृद्ध नगर पाया गया ॥151॥

ईंटों के मकान व, सतहत्तर फुट लम्बी भित्ति,
कुषाण काल सिक्के, नरेशों द्वारा ढलवाये।
दो हजार मुहरें निगम, सौदागर शिल्पियों की,
कटोरे हजारे बहु, उत्खनन में गये पाये ॥152॥

कौशाम्बी[1]

पुराणों के अनुसार, हस्तिनापुर विनाश बाद,
वहाँ के निचक्षु नृप, ने कौशाम्बी बसाई थी।
प्रयाग के दक्षिण पश्चिम, पचास किलोमीटर पर,
कालिन्दी के कूल वत्स, राज्य की इकाई थी ॥153॥

ऐतिहासिक कालारम्भ, उदयन थे यहाँ के नृप,
कौशाम्बी पुरी उसकी, रम्य राजधानी थी।[2]
यहाँ आकर बुद्ध ने, बनाये थे शिष्य अपने,
धर्मोपदेश द्वारा वहाँ, बिखेरी धम्म बानी थी ॥154॥

नगर श्रेष्ठि घोषित द्वारा, रचित रम्य स्थापत्य,
सर्व प्रमुख प्रसिद्ध उनमें, विहार घोषित राम था।
अशोक ने स्तम्भ लेख, उत्कीर्ण करवायें यहाँ,
निकट ही स्तूप नृपति, बुद्ध प्रति सम्मान था ॥155॥

1. श्रीवास्तव, के.सी. : पूर्वोद्धृत, पृ. 197-198
2. ला, वी.सी. : पूर्वोक्त, पृ. 94, 133

बौद्ध धर्म में आस्था, अभिवृद्धि कारण से,
बना बौद्ध धर्म मठ, महान् कौशाम्बी।
वणिज् महामागों के, मध्य अवस्थित पुरी,
वणिक् व्यवसाइयों की, प्रिय स्थान कौशाम्बी॥[1]156॥

मौर्य नृप काल, पाटलिपुत्र राजधानी हुई,
अतः कौशाम्बी बदले, पाटलिपुत्र मान बढ़ा।
गुप्तों के काल तक, कौशाम्बी अस्तित्व सिद्ध,
सातवीं शती में, ह्वेनसांग ने पाया उजड़ा॥157॥

सन् उन्नीस सौ छत्तीस से, छाछट ईस्वी के मध्य,
कौशाम्बी नगर का, उत्खनन कराया गया।
जिसके फलस्वरूप, पुरातात्विक महत्त्व के,
विविध सामान, साक्ष्य धरती में पाया गया॥158॥

अशोक स्तम्भ वाले, क्षेत्र की खुदाई में,
भाण्ड चित्रित धूसर, तथा एन.बी.पी. के प्रमान।
धूसर मृदमाण्डों के, अवशेष सीमित हैं,
कटोरे तश्तरी आदि, गढ़न में सुन्दर समान॥159॥

एन.बी.पी. संस्कृति के, आठ स्तरों में से पाँच,
कच्चे ईंट मिट्टी गृह, पकी ईंटों के बनाये गये।
कुषाण तथा मित्र, राजाओं के सिक्के विविध,
मृण् मूर्तियाँ आदि वहाँ, खुदाई में पाये गये॥160॥

घोषिताराम उत्खनन में, वृहद् विहार मिला,
स्तर अनुसार उसकी, रचना बहुत बार की।
प्रांगण में छोटे बड़े, बने कुछ स्तूप दिखे,
जिसके चातुर्दिक, पक्की ईंटें प्राकार की॥161॥

पाषाण मृण् मूर्ति सिक्के, और कुछ लेख प्राप्त,
ईसा पूर्व पाँचवीं शती के, घोषित विहार से।
हूण तोरमाण सिक्के, मिले यहाँ खुदाई में,
कौशाम्बी तबाह हुई, हूणों के प्रहार से॥[2]162॥

1. रिज डेविड्स, टी.डब्ल्यू. : बुद्धिस्ट इंडिया, पृ. 18
2. श्रीवास्तव, के.सी. : पूर्वोक्त, पृ. 197

यहाँ प्राप्त प्रस्तर की, कई प्रतिमाओं पर,
बुद्ध का अंकन प्रतीक, रूप में किया गया।
मिट्टी से निर्मित, पशु-मानव मूर्तियों में,
कुछ को देव देवी का, अभिधान दिया गया॥163॥

भरहुत साँची समान, कौशाम्बी कला केन्द्र,
अवधि 200 बी. सी. से, ईस्वी 500 बीच था।
हारीति कुबेर गज, लक्ष्मी की प्रतिमाएँ,
अप्रतिम उदाहरण, मूर्तिकला तकनीक था॥[1]164॥

पूरब के प्रवेश द्वार, समीपवर्ती क्षेत्र में,
उत्खनन उपलब्धि, एक रक्षा प्राचीर है।
जिससे मिले वास्तु में, पक्की ईंटों का प्रयोग,
ईसा पूर्व तेरह सौ, की प्रस्तुत तस्वीर है॥165॥

जी.आर. शर्मा को मिले, सिक्के 'आहत' से प्राचीन,
जिसे वे ईसा पूर्व, नवीं शती का बताते हैं।
उनके अनुसार ईसा, पूर्व में बारहवीं शती,
नगर जीवन शुरू, विज्ञ असहमति जताते हैं॥166॥

पात्र परम्परायें चार, मिली धूसर, लालरंग,
उत्तरी काली चमकीली, एन.बी.पी. भी उत्तर काल।
लेखहीन ताम्र सिक्के, लौह उपकरण प्रभूत,
यज्ञ वेदी श्येनचिति, पास पूर्व रक्षा दीवाल॥167॥

राजभवन आस-पास, उत्खनन से प्राप्त एक,
पाषाण निर्मित प्राचीर, फावड़े का अवशेष।[2]
विद्वानों के शोध व, अध्ययन जाँच अनुसार,
यहा था आवास कोई, राजवंश का विशेष॥168॥

यहाँ से भी चार भाण्ड, परम्पराओं के मिले साक्ष्य,
कुछ वास्तु अंश दिखे, रचित मेहराबदार।
भरसक रहा हो इस, तकनीक का प्रचार वहाँ,
मानते इसे सत्य नहीं, कई नव इतिहासकार॥169॥

---

1. अग्रवाल, बी.एस. : प्राचीन भारतीय लोकधर्म, पृ. 104-117
2. वाजपेयी, के.डी. : भारतीय वास्तुकला का इतिहास, पृ. 45

कौशाम्बी उत्खनन से, होता प्रमाणित यह,
बी. सी. शती बारहवीं से, चौथी शती अन्तराल।
नगर आबाद रहा, वणिज् शिल्प अग्रणी,
यह पुर बीरान हुआ, गुप्त साम्राज्य काल ॥170॥

शिक्षा तथा साहित्य[1]

बुद्ध काल आते-आते, भारतीय जन-जीवन में,
लेखन कला का विकास, हो रहा था परिपूर्ण।
हखाम्नी 'अरामेइक' लिपि, प्रचलन प्रभाव से,
उद्भव खरोष्ठी लिपि, पश्चिमोत्तर में सम्पूर्ण ॥171॥

लिपि ज्ञान होने पर भी, कंठाग्र परम्परा तेज,
ब्राह्मण बौद्ध आचार्य, पाठ मौखिक पढ़ाते थे।
धर्मोपदेश वेदशास्त्र, बौद्ध वाङ्मय को,
गुरू के आदेश शिष्य, सब रट जाते थे ॥172॥

बौद्धधर्म शास्त्रों में, जन अभिरुचि वृद्धि साथ,
वैदिक साहित्य की, लोकप्रियता घटने लगी।
इसके अतिरिक्त शिल्प, व्यवसाय की शिक्षा,
वणिज् व्यापार विद्या, अभिरुचि बढ़ने लगी ॥173॥

बौद्ध मठ विहार तथा, अन्य कुछ नगर युग के,
शिक्षा व्यवस्था के, शुचि सबल आधार थे।
पश्चिमोत्तर भारत में, शिक्षा का महान् केन्द्र,
तक्षशिला अध्ययनरत, छात्र कई हजार थे ॥[2]174॥

मगध के होनहार छात्र, जीवक को राज्य द्वारा,
भेजा गया तक्षशिला, पढ़ने औषधि विज्ञान।
सात वर्ष रह जीवक, बने औषधि निष्णात,
लौटने पर राजवैद्य, मगध के बने महान् ॥175॥

सोलह सौ कर्षापण था, उनका चिकित्सा शुल्क,
दूर-दूर फैल गया, जीवक सुवैद्य नाम।

---

1. ला, बी.सी. : पूर्वोक्त, पृ. 244–289; रिज डेविड्स, टी.डब्ल्यू. : पूर्वोक्त, पृ. 46–58
2. फैन्थोम एफ एण्ड शा डी.ई.डब्लू. : पूर्वोक्त, पृ. 36; गौड़, रंजना : पूर्वोद्धृत, पृ. 96–97

मगधराज बिम्बिसार, अवन्ति नृप प्रद्योत एवं,
गौतम बुद्ध आदि के, रोग का किया निदान॥[1]176॥

जातक अनुसार, तक्षशिला अध्ययन केन्द्र में,
अठारह व्यवसाय-शिल्प, शिक्षा दी जाती थी।
सैन्य विज्ञान विधि व, चिकित्सा संस्थान अलग,
मानविकी विज्ञान, शिक्षा व्यवस्था की जाती थी॥177॥

देश के हर कोने से, आ पढ़ते जिज्ञासु छात्र,
तक्षशिला अध्ययन कर, ज्ञान कीर्ति फैलाते थे।
दूर-दूर के विद्यार्थी, यहाँ तक कि विदेशों से भी,
उच्च अध्ययन हेतु, तक्षशिला आते थे॥[2]178॥

तक्षशिला के समान, वाराणसी भी इस समय,
विविध विषयों का, शिक्षण केन्द्र एक महान् था।
तक्षशिला के स्नातक, प्रायः होते यहाँ शिक्षकाचार्य,
संगीत शिक्षा हेतु काशी, जग प्रसिद्ध नाम था॥179॥

धनी एवं निर्धन दोनों, तरह के छात्र-शिष्य,
विद्यालय में साथ-साथ, शिक्षा ग्रहण करते थे।
धनी छात्र एक साथ, देते सम्पूर्ण शुल्क,
निर्धन विद्यार्थी शुल्क, श्रम सेवा से भरते थे॥180॥

यदाकदा धनी मानी, अथवा राज्य ओर से भी,
वस्त्र भोजनादि शुल्क, व्यवस्था की जाती थी।
चाण्डाल वर्ग के सिवाय, सर्वसाधारण को,
विद्यादान हेतु बहुल, प्रजा पक्षपाती थी॥181॥

कुछ विहारों के पास, स्वयं कृषि क्षेत्र होते,
जिसमें परिश्रम कर, भिक्षु अन्न उपजाते थे।
दो प्रकार के शिक्षक, बौद्ध वाङ्मय में चर्चित,
उपाध्याय, आचार्यों से, श्रेष्ठ कहे जाते थे॥[3]182॥

---

1. श्रीवास्तव, के.सी. : पूर्वोद्धृत, पृ. 200
2. ला, वी.सी. : पूर्वोक्त, पृ. 278-288 एवं महतो, मोहनलाल : पूर्वोद्धृत, पृ. 90-106
3. श्रीवास्तव, के.सी. : पूर्वोक्त, पृ. 200-201

साहित्यिक गतिविधि हेतु, बुद्ध युग महत्त्वपूर्ण,
बिपुल साहित्य कृति, ब्राह्मण जैन बौद्ध पंथ।
लौकिक साहित्य का भी, लेखन प्रारम्भ हुआ,
गौतम आपस्तंब आदि, लिखे धर्म सूत्र ग्रन्थ ॥183॥

बुद्ध उपदेश संकलन, निबद्ध त्रय पिटकों में,
प्रथम बौद्ध संगीति, सुत्त विनय संकलित।
सुत्त के पंच निकाय, दीर्घ मज्झिम संयुक्त अंगुत्तर,
प्रथम चार बुद्ध के, उपदेश रूप अंगीकृत ॥184॥

अन्तिम खुद्दक विभिन्न, विषयों से संग्रहीत,
इसमें थेरा थेरी, गाथा धम्म सुत्तनिपात है।
थेरी गाथा में संग्रह, भिक्षुणियों के काव्य कुछ,
पाली भाषा लिखित, लोक जीवन प्रपाठ है ॥[1]185॥

विनय के विभाग, सुत्तविभंग खंधक परिवर,
इन सबमें संयम नियम, अनुशासन नैतिक विधान।
बौद्ध वाङ्मय में, पालि भाषा प्रयोग से,
मिला जनसाधारण को, क्लिष्ट भाषा से निदान ॥186॥

बौद्धों की भाँति जैन, साहित्य भी रचे गये,
जैनधर्म सिद्धान्त, महावीर जिन उपदेश।
पाँचवीं शती ईस्वी, वल्लभी की सभा बीच,
साहित्य संकलन कर, किया गया समावेश ॥187॥

प्राग्मौर्य कृतियों में, पाणिनि की अष्टाध्यायी,
ईसा पूर्व चौथी शती, रचित सर्वश्रेष्ठ है।
चार सौ सूत्र बँटे, अष्ट अध्यायों में,
संस्कृत व्याकरण अपूर्व, प्रसिद्ध यथेष्ट है ॥[2]188॥

कला स्थापत्य

प्राग्मौर्य युग में नहीं, कला अवशेष अधिक,
भवन निर्माण में, लगने लगे थे पके ईंट।

1. सिंह, सर्वदमन (सं.) : पूर्वोद्धृत, पृ. 336-341
2. रिज डेविड्स, टी.डब्ल्यू. : बुद्धिस्ट इंडिया, पृ. 59-95

पत्थर के सहयोग से, बनाये जाते 'प्राकार',
राजगृह कौशाम्बी, उज्जैन प्राप्त पुर भीत ॥[1]189 ॥

बिम्बिसार काल एक, महागोविन्द नाम का,
वास्तुकार विज्ञ, अति प्रसिद्धि, कीर्ति पायी थी।
उसी ने बनाया, राजगृह राज प्रासाद महत्,
जहाँ बिम्बिसार ने, राजधानी बसाई थी ॥190 ॥

बिम्बिसार द्वारा रचित, राजगृह नगर में,
भीतर और बाहर दो, महा प्राचीर ज्ञात।
भीतरी प्राकार चतुर्दिक, जल खाई से घिरी,
निर्मित प्राचीर बड़े, बेडौल पत्थर के साथ ॥[2]191 ॥

राजगृह नगर में एक, दुर्ग का अवशेष मिला,
जिसका प्राकार बना, अश्म से समूचा है।
यह प्राकार अश्म, आज तक सुरक्षित है,
पुर प्राकार से भी, सुदृढ़ और ऊँचा है ॥[3]192 ॥

बस्ती मण्डल में बसे, नेपाल राज्य सीमा पर,
ग्राम पिपरहवा का, स्तूप महत्त्वपूर्ण है।
इक्कीस फुट ऊँचा, स्तूप बना ईंटों से,
मिली इसमें प्रस्तर पेटी, लेख से परिपूर्ण है ॥193 ॥

लेख से ही ज्ञात, बुद्ध अस्थि अवशेष पर,
शाक्यों ने इस शुचि, स्तूप को बनवाया था।
पेटी के बीच मिली, धातु मंजूषा एक,
जिसमें भस्मांश विविध, वस्तु गया पाया था ॥194 ॥

नीलम स्फटिक मणि, शंख स्वर्ण आदि रत्न,
मंजूषा में रखी मूर्ति, आदि सब मनोहर हैं।
रचना उत्तम प्रकार, बलुए पत्थर की पेटी,
उच्च तकनीक बनी, कला की धरोहर हैं ॥195 ॥

---

1. अग्रवाल, वी.एस. : भारतीय कला, पृ. 87; रिज डेविड्स, पूर्वोक्त, पृ. 33–38
2. श्रीवास्तव, के.सी. : पूर्वोक्त, पृ. 201
3. अग्रवाल, वी.एस. : पूर्वोक्त, पृ. 87–90

मंजूषा से प्राप्त प्रवाल, मणि स्फटिक एवं,
स्वर्ण रजत आदि के, आभूषण उच्च प्रतिमान।
इन्हें गढ़ने वाले, हेमकार जौहरियों के,
रचना निपुणता का, बतलाते स्तर प्रमान॥196॥

पिपरहवा का बौद्ध स्तूप, आठ मूल में से एक,
बुद्ध भष्मावशेष पर, अष्ट गणों ने जो बनाया था।
शाक्य कपिलवस्तु के भी, भस्मांस अधिकारी,
जिन्होंने पिपरहवा में, स्तूप रच सजाया था॥[1]197॥

इस अन्तराल में, उत्खनन के फलस्वरूप,
मृण–अश्म बनी स्त्री, मूर्तियाँ मिली तमाम।
जिनका तादात्म्य, स्थापित मातृ देवियों से,
मण्डलाकार चकियों, पर खुदी हुई विद्यमान्॥198॥

राजघाट मथुरा, कौशाम्बी एवं पाटलिपुत्र,
प्राप्त गंगाघाटी में अहिच्छत्र आदि सर्वत्र।
चकियों पर मातृ संग, पशु व वनस्पति अंकन,
वी. एस. अग्रवाल ने, बताया इसे 'श्रीचक्र'॥[2]199॥

❑❑❑

1. वही, पृ. 97–98
2. श्रीवास्तव, के.सी. : पूर्वोक्त, पृ. 201

13

मौर्य साम्राज्य की स्थापना एवं विस्तार

चन्द्रगुप्त मौर्य
(323–298 ईसा पूर्व)

जिसके पितु मातु भूजन्म व जात, कि बात नहीं कुछ खास पता।
चरवाहे शिकारिन गेह पला, तेहि चाणक्य प्रापत राह गता॥
गुरू ले गये तक्षशिला उसको, जग ज्ञान विज्ञान पुरी विश्रुता।
अधिराज बना वह भारत का, पढ़ि वेद पुरान चमू विज्ञता॥
लखि चाणक्य चन्द्र卐 के शौर्य व ज्ञान, यूनान के क्षत्रप गुप्त हुए।
मगधाधिप नंद को मार महा, चमु राज्य भू संपति युक्त हुए॥
बल बाहु से भारत जीत लिया, लघुराज्य यहाँ से विलुप्त हुए।
नय राज्य विधान रचा युग में, अग्र शास्ति क्रिया में प्रयुक्त हुए॥

इतिहास के साधन[1]

मौर्य वंश के इतिहास, साधन व स्रोत प्रमुख,
साहित्य विदेशी विवरण, पुरातत्व हैं प्रमान।
ब्राह्मण बौद्ध जैन आदि, साहित्यिक साक्ष्यों में,
कौटिल्य का अर्थशास्त्र, महत्वपूर्ण व प्रधान॥1॥

नाट्य मुद्राराक्षस एवं, उस युग रचित पुराण,
प्रथम मौर्य नृप का, व्यक्तित्व दर्शाते हैं।
महावंश दीपवंश, महावोधि दिव्यावदान,
आदि बौद्ध ग्रन्थ, वंश विवरण बताते हैं॥[2]2॥

卐 इस अध्याय में 'चन्द्र' शब्द, चन्द्रगुप्त मौर्य के लिए इंगित है।

1. शर्मा, एल.पी. : भारत का इतिहास, पृ. 152–154; श्रीवास्तव, के.सी. : प्राचीन भारत का इतिहास तथा संस्कृति, पृ. 211–214
2. रिज डेविड्स, टी.डब्ल्यू. : बुद्धिस्ट इण्डिया, पृ. 127–128

चन्द्रगुप्त बिन्दुसार, अशोक एवं परवर्ती,
नृपों के विषय में, उक्त कृतियों में वर्णन हैं।
चन्द्रगुप्त मौर्य के कुछ, जीवन घटनाओं का,
दर्पण दिखाते, कल्पसूत्र परिशिष्टपर्वन हैं ॥3॥

रोमन यूनान प्राच्य, लेखकों के विवरण से,
संस्कृति इतिहास ज्ञान, मौर्य युग होता प्रभूत।
एन्ड्रोकोटस सैन्ड्रोकोटस, नाम चन्द्रगुप्त के,
सिकन्दर युग लेखकों, का कथन है सबूत॥4॥

नाम तादात्म्य, विलियम जोन्स ने स्थापित कर,
सैन्डोकोटस-चन्द्रगुप्त, एक ही बताया है।
इस तरह सिकन्दर और, चन्द्रगुप्त मौर्य को,
एक दूसरे का, समयुगीन दर्शाया है॥5॥

अनेसिक्रिटस अरिष्टोवुलस, तथा नियार्कस आदि,
सिकन्दर कालीन विज्ञ, लेखकों का अवदान है।
सिकन्दर के बाद, मेगस्थनीज अति महत्त्वपूर्ण,
कृति उसकी 'इन्डिका', युग दर्पण समान है॥6॥

अभाग्यवस मूल रूप, 'इंडिका' का प्राप्त नहीं,
ग्रन्थ उद्धरणों से ही, सूचना कुछ पाते हैं।
एरियन स्ट्रैबों प्लूटार्क, प्लीनी जस्टिन एवं,
डियोडोरस की कृतियों, में सन्दर्भ आते हैं॥[1]7॥

मौर्यकाल साक्ष्यों में, पुरातत्त्व का महत्त्व,
दिखता स्पष्ट नृप, अशोक शिलालेखों में।
चालीस के आस पास, मिलते अभिलेख खुदे,
भारत समेत पाक, अफगानादि देशों में॥8॥

अशोक अभिलेख उसके, चरित काव्य के समान,
राजकीय घटनाओं का, विवरण बताते हैं।
भण्डारकर महोदय तो, अभिलेख आधार पर ही,
अशोक इतिहास की, सम्पूर्णता दिखाते हैं॥9॥

इसके अतिरिक्त, रुद्रदामन गिरनार लेख,
मौर्य प्रशासन के, कुछ तथ्य दर्शाता है।

1. वही, पृ. 118-119

वास्तव में भारत का, अनवरत इतिहास क्रम,
मौर्यों के काल से, सुनिश्चित हो पाता है ॥[1]10 ॥

मौर्य साम्राज्य की स्थापना : चन्द्रगुप्त मौर्य[2]

मौर्य वंश संस्थापक, चन्द्रगुप्त महान् नृप,
उसका व्यक्तित्व व, कृतित्व क्रान्तिकारी था।[3]
युनानी क्षत्रपों एवं, नृप नन्द को परास्त कर,
राष्ट्र एकता को दिया, गति चमत्कारी था ॥11 ॥

चन्द्रगुप्त मौर्य वंश, कुल-गोत्र जाति एवं,
जन्मठाँव मातु-पितु व, बचपन अंधकार में।
ब्राह्मण ग्रन्थ एक स्वर, बताते हैं शूद्र उसे,
क्षत्रिय बताते जैन, बौद्ध मत प्रचार में ॥12 ॥

कृति विशाखदत्त 'मुद्राराक्षस', एवं विष्णुपुराण
क्षेमेन्द्र रचित मंजु, वृहत्कथामंजरी।
सोमदेव प्रणीत, कथासरितसागर में ,
मौर्यों को शूद्र कहने, में मानो होड़ परी ॥13 ॥

इनके मन्तव्य किन्तु, कल्पना प्रसूत लगे,
शायद कोई कृति, मौर्य वंश समकालीन हो।
मानकर प्रमाण इन्हें, मौर्यों को शूद्र कहना,
न्याय नहीं उचित, मगध मौर्य सत्तासीन को ॥[4]14 ॥

ब्राह्मण परम्परा विपरीत, जैन बौद्ध कृतियों में,
चन्द्रगुप्त नृप को शाक्य, क्षत्रिय बताया गया।
कोशलेश विडूडभ द्वारा, शाक्यों पर आक्रमण में,
कपिलवस्तु नगर में, जन वध बहु कराया गया ॥15 ॥

इससे भयभीत कुछ, शाक्य जन पलायित हुए,
शरणागत हुए, जाकर हिमालय तराई में।

---

1. शर्मा, एल.पी. : पूर्वोक्त, पृ. 174
2. श्रीवास्तव, के.सी. : पूर्वोक्त, पृ. 212-214; रेनो लोइस : द सिविलाइजेशन आफ ऐंशियंट इंडिया (अनुवा. स्प्राट फिलिप) पृ. 2-3
3. वर्मा, मोहिनी : ड्रेस एण्ड आर्नामेण्ट इन ऐंशियंट इण्डिया, पृ. 1
4. श्रीवास्तव, पंकजलता : प्राचीन इतिहास भाग-एक, पृ. 48-49

मोरपक्षी का बसेरा, वहाँ अति अतीत से,
'मोरिय' मौर्य पदवी मिली, मोरों की हिताई में ॥[1]16 ॥

अन्य कुछ कथानक में, मोरिय नगर उल्लेख,
जहाँ के निवासी कृषि, वाणिजी में सिद्ध थे।
वास्तु में प्रयुक्त ईंट, मोर ग्रीवों के समान,
उसके निर्माता मौर्य, मोरिय ही प्रसिद्ध थे ॥17 ॥

महाबोधिवंश मत, राजकुल से सम्बन्धित,
पैदा चन्द्रगुप्त हुए, मोरियों के नगर में।
पालि कृति में, 'मोरियानं, खत्तियानं वंशे जात,[2]
पिप्पलिवन शासक, 'महापरिनिब्बान' स्वर में ॥18 ॥

इसी ग्रन्थ में अंकित, बुद्ध के निर्वाण पर,
मोरियों ने मल्लों के यहाँ, दूत भिजवाये थे।
बुद्ध के सगोत्री एवं, क्षत्रिय होने से ही,
बुद्ध अवशेष पर, मोरिय दावा जताये थे ॥19 ॥

जैन कृति परिशिष्टपर्वन, आवश्यकसूत्र मत,
मयूर पोषकों के, ग्राम्य मुखिया प्रधान के।
उनके पुत्री के पुत्र, चन्द्रगुप्त मौर्य हुए,
पिप्पलिवन प्रमुख, कुसुम्हीं राजधानी ग्राम के ॥[3]20 ॥

इस प्रकार जैन-बौद्ध, दोनों ही स्रोतों में,
मोरिय को मयूरों से, सम्बन्धित पाया गया।
पुष्टित करता यही, लौरिया नन्दन गढ़ स्तम्भ,
जिसके नीचे मयूरों की, आकृति खुदवाया गया ॥21 ॥

गुनवेडेल महोदय मत, मयूर मौर्य वंश चिह्न,
मौर्यकला कृतियों में, मयूर प्रतिनिधत्व था।
मार्शल मत सांची के, स्तूप तोरण द्वारों पर,
मयूर आकृतियों का, लोक अस्तित्व था ॥[4]22 ॥

---

1. श्रीवास्तव, पंकजलता : वही, पृ. 49
2. मिश्र, रामनयन : चाणक्य महान, पृ. 33
3. श्रीवास्तव, पंकजलता : पूर्वोक्त, पृ. 49
4. वही,

जस्टिन पलूटार्क आदि, यूनानी लेखकों के,
विवरण विचारणा से, होता यह अनुमान।
अदम्य साहस शौर्य बल, भरा चन्द्रगुप्त में,
सम्राट बनने के गुण, सभी उसमें विद्यमान्॥[1]23॥

विविध प्रमाणों की, समालोचना समीक्षा बाद,
बौद्ध जैन ग्रन्थ साक्ष्य, लगते कुछ ठीक हैं।
क्षत्रिय चन्द्रगुप्त को, शूद्र सिद्ध करने हेतु,
नहीं दृढ़ आधार स्रोत, प्रमाण न सटीक है॥24॥

सबसे बड़ी बात यह, चाणक्य गुरु 'चन्द्र' का,
वर्णाश्रम व्यवस्था का, पोषक हितकारी था।
कैसे किसी शूद्र को, बिठाता राजगद्दी पर,
कौटिल्य अनुसार जो न, राज्य अधिकारी था॥[2]25॥

चन्द्रगुप्त मौर्य वर्ण, क्षत्रिय यदि होता नहीं,
'नन्द' नाश हेतु नहीं, 'चन्द्र' को अपनाता।
यदि चन्द्रगुप्त किसी, नीच कुल का व्यक्ति होता,
राजा को कौन कहे, वह शिष्य भी न बनाता॥[3]26॥

चन्द्रगुप्त का प्रारम्भिक जीवन[4]

उत्पत्ति सहित, चन्द्रगुप्त बाल्यजीवन भी,
साक्ष्य के अभाव में, अज्ञात अंधकार में।
सामान्य कुल में जन्म, संकटों दु:खों में पला,
लक्षण महानता दृष्ट, बाल व्यवहार में॥27॥

बौद्ध वाङ्मय विचार, माता जी के गर्भकाल,
मोरियपुर प्रधान पिता, शीघ्र स्वर्गवासी हुए।
पतिगेह छोड़ माँ, रहने लगी पाटलिपुत्र,
जहाँ लेकर जन्म 'चन्द्र', पटना प्रवासी हुए॥28॥

---

1. आचार्य दीपंकर : कौटल्यकालीन भारत, पृ. 69, 102
2. दुर्बलमभिजातं प्रकृतयः स्वयंमुपनमन्ति,
बलवतश्चानभिजातस्योपजायं विसंवादयन्ति। -अर्थशास्त्र, 8/2/3,
3. गैरोला, वाचस्पति : अर्थशास्त्र आफ कौटिल्य एण्ड चाणक्य सूत्र, पृ. 562-564; श्रीवास्तव, पंकजलता : पूर्वोक्त, पृ. 49
4. झा, डी.एन. : प्राचीन भारत (एक रूपरेखा), पृ. 62

शायद शीघ्र माता की, साया उससे दूर हुई,
किसी ने गोपालक की, सरंक्षा में सहेज दिया।
गोपालक ने पाला उसे, निज पुत्र के समान,
बड़ा होने पर किसी, आखेटक को बेच दिया॥29॥

चन्द्रगुप्त शनैः-शनैः, बालक सयाना हुआ,
पशुओं का देखभाल, करता शिकारी ग्राम।
बालकों की मंडली में, नृप न्यायाधीश बन,
फैसला सुनाता, नाट्य करता नकली संग्राम॥30॥

एक दिवस चन्द्रगुप्त, रत 'राजकीलम्' खेल,
चाणक्य पथी, उस काल वहाँ आ गया।
निरख बुद्धि बल शौर्य, बालक चन्द्रगुप्त का,
चाणक्य के मन को, किशोर वह भाग गया॥31॥

चाणक्य ने शिकारी को, हजार कर्षापण दे,
चन्द्रगुप्त सहित चला, तक्षशिला नगर को।
जो कला विद्या का, उस समय महान् केन्द्र,
दिलाया प्रवेश, शिक्षा हेतु शिष्यवर को॥[1]32॥

विद्या कला ज्ञान बाद, सैन्य शिक्षा के अवान्तर,
मिला वह सिकन्दर से, स्कन्धावार में।
रुष्ट सिकन्दर के, मुख बध आदेश सुन,
भाग चला चन्द्रगुप्त, तक्षशिला बाजार में॥33॥

उपलब्धियाँ[2]

कुछ इतिहासकार मत, नन्द नृप धननंद,
और चन्द्रगुप्त बीच, अनबन तकरार थी।
नन्दों के अपमान से, व्यथित गुरु चाणक्य को,
नन्दों के नाश हेतु, चिन्ता सवार थी॥34॥

अतः इन दोनों के ही, लक्ष्य थे दो प्रमुख,
प्रथमतः यूनानी सत्ता, भारत से भगाना था।

---

1. श्रीवास्तव, पंकजलता : पूर्वोक्त, पृ. 49–50; शर्मा, एल.पी. : पूर्वोक्त, पृ. 155
2. श्रीवास्तव, के.सी. : पूर्वोक्त, पृ. 215–218

घृणित अत्याचारों से, सराबोर नन्दों को,
सत्ताच्युत करके झट, सुशासन ले आना था ॥35॥

यूनानी दासता से मुक्ति[1]

रोमन यूनानी बौद्ध, साक्ष्य संकेत यह,
पहले चन्द्रगुप्त ने, यूनानियों का उच्छेद किया।
वर्णित अर्थशास्त्र में, मलेच्छ चोर आटविक,
शस्त्रोपजीवी सैन्य दृढ़, निर्मित अभेद्य किया ॥36॥

मैक्रिंन्डल अनुसार ये, वही गणजातियाँ थी,
प्रबल प्रतिरोधी बीर, सिकन्दर विजय अभियान।
पर्वतक नामक कोई, हिमालय घाटी का नृप,
लड़ा चन्द्र पक्ष, महत् उसका योगदान ॥37॥

यूनानियों के विरुद्ध युद्ध, 'चन्द्र' सहयोगी नृप,
पर्वतक को कुछ विज्ञ, पोरस हैं मानते।
इलाहाबाद विश्वविद्यालय के, डॉ. ओम प्रकाश जी,
अभिसार राजा रूप, उसे हैं पहचानते ॥[2]38॥

चन्द्रगुप्त सौभाग्य से, सिन्ध व पंजाब की,
राजनयिक परिस्थितियाँ, उसके अनुकूल थीं।
सिकन्दर प्रस्थान बाद, बढ़ा विद्रोह स्वर,
मारा गया फिलिप क्योंकि, जनता प्रतिकूल थी ॥39॥

बी.सी. तीन सौ तेइस में, सिकन्दर के निधन बाद,
यूनानियों के प्रति तीव्र, विद्रोह स्वर बहने लगा।
सिकन्दर का बनाया हुआ, पुष्ट प्रशासनिक ढाँचा,
एक एक करके, आसानी से ढहने लगा ॥40॥

घोर अवयवस्था व, आराजकता माहौल में,
चन्द्रगुप्त का कार्य अब, और सरल हो गया।
थोड़ी सतर्कता और, चातुर्य प्रयास से ही,
देखते ही देखते सब, यूनानी किला ढह गया ॥[3]41॥

1. श्रीवास्तव, पंकजलता : पूर्वोक्त, पृ. 51
2. शर्मा, एल.पी. : प्राचीन भारत, पृ. 141
3. आचार्य, दीपंकर : पूर्वोक्त, पृ. 94-95

इतिहासकार जस्टिन कथन, भारत ने शीघ्र ही,
यूनानी दासता का जुआ, गर्दन से उतार दिया।
वीर 'सैन्ड्रोकोटस' के, सफल संचालन में,
यूनानी क्षत्रपों को शीघ्र, युद्ध में मार दिया ॥42॥

पश्चिमी पंजाब सेना, पहुँचने के पूर्व ही,
क्षत्रप यूडेमस, क्षेत्र छोड़कर भाग गया।
चन्द्रगुप्त बना सिन्ध, पंजाब एकराट् शासक,
दासता विमुक्त, राष्ट्रभाग्य पुनः जाग गया ॥[1]43॥

नन्दवंश का उन्मूलन[2]

सिन्ध पंजाब क्षेत्र, स्वस्थिति सशक्त कर,
मगध साम्राज्य ओर, चले चन्द्र चाणक्य।
असीम सम्पत्ति सैन्य, साधनों के बावजूद,
नृप धननंद प्रति, लोक अरुचि आधिक्य ॥44॥

सर्वप्रथम आक्रमण किया, मगध केन्द्र भू भाग,
जैन बौद्ध वाङ्मय का, सूचना यह स्पष्ट।
प्राप्त न सफलता उन्हें, नन्दराज के विरुद्ध,
अपितु चमू चन्द्रगुप्त, हो गयी थी नष्ट भ्रष्ट ॥45॥

दूसरे प्रयास में, चाणक्य-चन्द्रगुप्त ने,
पिछली भूलों में, रणनीतिक सुधार किया।
सीमान्त प्रदेशों से, युद्ध अभियान शुरू,
प्रान्तों को जीत, राजधानी पर प्रहार किया ॥46॥

चन्द्रगुप्त धननंद, युद्ध अति भयंकर हुआ,
रक्तरंजित रण बीच, धननंद मारा गया।
मगध साम्राज्य हुआ, चन्द्रगुप्त के अधीन,
चाणक्य चन्द्रगुप्त का, आरती उतारा गया ॥[3]47॥

---

1. शर्मा, एल.पी. : पूर्वोक्त, पृ. 155; उपाध्याय, भवगतशरण : प्राचीन भारत का इतिहास, पृ. 135
2. श्रीवास्तव, पंकजलता : पूर्वोक्त, पृ. 51
3. आचार्य, दीपंकर : पूर्वोक्त, पृ. 95-96

सेल्युकस से युद्ध[1]

सिकन्दर के बाद तस्य, प्रान्तों का पूरब में,
एन्टीओक सुत सेल्युकस, हुआ था उत्तराधिकारी।
निज बाहुबल से जीत, बैक्ट्रीया व वेबीलोन,
अर्जित किया सैन्य शक्ति, राजनयिक यश भारी ॥48॥

सिकन्दर के प्रान्त विजित, चन्द्रगुप्त मौर्य द्वारा,
पुनः विजय वांछा, सेल्युकस मन समाई।
ईसा पूर्व तीन सौ पाँच, पूर्ण तैयारी सहित,
भारत विजय हेतु किया, सिन्ध पर चढ़ाई ॥[2]49॥

किन्तु इस समय तथा, सिकन्दर युगीन भारत में,
बदली परिस्थितियों से, अन्तर विराट् था।
सिकन्दर लड़ा था, छुद्र राज्य सरदारों से,
अपितु टक्कर में अब, भारत सम्राट था ॥50॥

अप्पिआनुस अनुसार, सिन्धु नद करके पार,
सेल्युकस चन्द्रगुप्त से, युद्ध में लड़ा था।
हारने के बाद नृप, चन्द्रगुप्त मनोनुकूल,
शर्मनाक सन्धि एक, करना पड़ा था ॥51॥

सन्धि अनुसार, सेल्यूकस ने दिया चन्द्र को,
काबुल कन्धार प्रांत, हेरात व जेड्रोसिया।
सेल्युकस को मिला, पाँच सौ हाथियों का उपहार,
उसने स्वपुत्री विवाह, चन्द्रगुप्त नृप से किया ॥[3]52॥

सेल्युकस ने राजदूत, मेगस्थनीज को शीघ्र,
भेज दिया सीधे नृप, चन्द्रगुप्त दरबार में।
देश में रहकर उसने, ग्रन्थ लिखा 'इंडिका',
भारत विषय में विवरण, प्रस्तुत विस्तार में ॥53॥

चन्द्रगुप्त के लिए यह, महती सफलता एक,
पहुँच गयी भारत सीमा, फारस पार अफगान।

---

1. जेम्स, एच.जी. : ए अर्ली हिस्ट्री आफ इण्डिया, पृ. 38; शर्मा, एल.पी. : पूर्वोक्त, पृ. 156
2. झा, डी.एन. : प्राचीन भारत (एक रूपरेखा), पृ. 62
3. उपाध्याय, भगवतशरण : पूर्वोक्त, पृ. 138; श्रीवास्तव, पंकजलता : पूर्वोक्त, पृ. 52

राज्य गान्धार पर, चन्द्रगुप्त अधिपत्य ज्ञात,
मिले नृप अशोक के, अभिलेखीय वहाँ प्रमान ॥54॥

क्योंकि बिन्दुसार या, अशोक के पश्चिमोत्तर विजय,
नहीं कहीं उल्लेख और, न मिलते प्रमाण चिह्न।
भारत यूनान मैत्री, शुरू चन्द्रगुप्त काल,
बिन्दुसार अशोक तक, जारी रहा अविच्छिन्न ॥55॥

पश्चिम भारत पर विजय[1]

क्षत्रप रुद्रदामन के, गिरनार अभिलेख से,
शासन प्रमाणित पश्चिम, मौर्य चन्द्रगुप्त का।
सौराष्ट्र में बनवाया नृप, सुन्दर सुदर्शन झील,
उसका वहाँ राज्यपाल, वैश्य पुष्यगुप्त था ॥56॥

महाराष्ट्र प्रान्त जनपद, थाना सोपारा क्षेत्र,
मिलते अभिलेख, महाअधिप अशोक मौर्य के।
जिसमें इसे जीतने का, दावा न अशोक का,
अतः विजित भूमि यह, चन्द्रगुप्त शौर्य से ॥[2]57॥

दक्षिण भारत की विजय[3]

अशोक अभिलेखों एवं, जैन तमिल स्रोतों से,
चन्द्रगुप्त दक्षिण विजय, की होती जानकारी।
आन्ध्रा-कर्नाटका में, बिखरे मौर्य अभिलेख,
अंकित अशोक नृप, जनसंदेश हितकारी ॥58॥

सिद्धपुर ब्रह्मगिरि, जटिंग रामेश्वर शैल,
मिले अभिलेख अनेक, कर्नाटक प्रान्त में।
गोविमठ पालक्किगुण्डु, मास्की व गूटी आदि,
कई अभिलेख आन्ध्र, धरती सुशांत में ॥59॥

सम्राट अशोक स्वयं, अपने अभिलेखों में,
करता उल्लेख केरल, सतिय पुत्र पाण्ड्य चोल।

---

1. रिज डेविड्स, टी.डब्ल्यू. : पूर्वोक्त, पृ. 122–123; दिनकर, रामधारी सिंह : संस्कृति के चार अध्याय, पृ. 211
2. श्रीवास्तव, पंकजलता : पूर्वोक्त, पृ. 52
3. वही, पृ. 52

जो थे अवस्थित मौर्य, साम्राज्य सीमा पर,
राज शक्तियाँ सक्रिय, सुदूर दक्षिणी भूगोल ॥[1]60 ॥

अशोक के त्रयोदशः, शिलालेख में अंकित यह,
दक्षिण दिश् कलिंग पर, अन्तिम युद्ध किया था।
व्यापक नरसंहार देख, करुणाद्र अशोक ने,
लोक हित में युद्ध करना, बन्द कर दिया था ॥61 ॥

ऐसी ज्ञात स्थिति में, दक्षिणापथ विजेता कौन,
विजय बल संदिग्ध, लगे अधिप बिन्दुसार में।
अतः दक्षिण विजय श्रेय, जाता चन्द्रगुप्त को,
परम शक्तिशाली, तत्पर राज्य बिस्तार में ॥[2]62 ॥

जैन परम्परानुसार, वृद्ध वय में चन्द्रगुप्त,
राज्य त्याग भद्रवाहु, शिष्यता स्वीकार की।
दोनों ही गये, श्रवणवेलगोला कर्नाटक में,
जैन तपी जीवन, चन्द्रगिरि पर गुजार दी ॥63 ॥

इससे सूचित चन्द्रगुप्त, राज्य सीमा दक्षिण में,
रहा श्रवण वेलगोला तक, कर्नाटक राज्य में ॥
निश्चय ही चन्द्रगुप्त, द्वारा चयित तपभूमि,
रहा होगा पूर्णरूप, उसके साम्राज्य में ॥[3]64 ॥

मौर्यों का सफल धावा, दक्षिण राजा मोहर पर,
तमिल परम्पराओं से, यह बात होती ज्ञात ॥
इस अभियान में आता, कोशर वड्डगर नाम,
द्वय जातियों ने दिया, मौर्य सैन्य बल का साथ ॥65 ॥

इसमें है नन्दों के, अगाध सम्पत्ति का ब्यौरा,
विवरण बताते मानो, नन्द के उत्तराधिकारी ॥
अतः चन्द्रगुप्त ही था, मोहर राज्य रण जेता,
तमिल परम्पराओं में, सुरक्षित विजय स्मृति सारी ॥66 ॥

1. शिलालेख सं. 2 एवं 13
2. उपाध्याय, भगवतशरण : पूर्वोक्त, पृ. 137
3. श्रीवास्तव, के.सी. : पूर्वोक्त, पृ. 217-218

तमिल ग्रन्थ लेखक द्वय, परणार ममूलनार,
करते उल्लेख मौर्य, आक्रमण दक्षिण सुदूर॥
त्रिचनापल्ली जिले के, पोदियाल पहाड़ी पर,
आक्रमणकारी निश्चय रहा, चन्द्रगुप्त मौर्य शूर॥[1]67॥

साम्राज्य विस्तार[2]

मौर्य चन्द्रगुप्त के, राज्य विस्तार पर,
पुराविद्-इतिहासकार, प्रश्न कुछ उठाये हैं।
किन्तु कुछ प्रमाणिक, तथ्य संकेत भी हैं,
जिससे राज्य सीमा प्रश्न, गये सुलझाये हैं॥68॥

जस्टिन प्लूटार्क मत, पूर्ण भारतवर्ष पर,
चन्द्रगुप्त मौर्य का, एकराट् अधिकार था।
लिखता प्लूटार्क 'चन्द्र', छह लाख सैन्य सहित,
रौंद पूर्ण भारत किया, राज्य विस्तार था॥69॥

बौद्ध ग्रन्थ महावंश, करता उल्लेख यह,
पूर्ण जम्बू दीप पर, चन्द्रगुप्त का अधिकार।
उत्तर और दक्षिण को, बाँधा एक शासन सूत्र,
राजनीतिक एक्य का, प्रयास राष्ट्र प्रथम बार॥[3]70॥

यह बात ज्ञात हमें, पौत्र अशोक कलिंग में,
युद्ध प्रथम बार कर, सदा के लिए रोक दिया।
पुत्र बिन्दुसार ने, राज्यभोग लिप्सा में,
साम्राज्य वर्द्धन का, न कुछ उद्योग किया॥71॥

जबकि अशोक नृप के, स्तूप अभिलेख प्राप्त,
राजधानी पाटलिपुत्र, दिग्-दिगंत सब ओर।
अतः मानना चाहिए, अशोक शासित साम्राज्य,
निर्मित किया चन्द्रगुप्त, करके रण श्रम कठोर॥72॥

---

1. शर्मा, एल.पी. : पूर्वोक्त, पृ. 156–157; नाहर, रतिभान सिंह : प्राचीन भारत का राजनैतिक एवं सांस्कृतिक इतिहास, पृ. 219
2. श्रीवास्तव, के.सी. : पूर्वोक्त, पृ. 218; श्रीवास्तव, पंकजलता : पूर्वोक्त, पृ. 52
3. नाहर, रतिभान सिंह : पूर्वोक्त, पृ. 219

देशभर में प्राप्त मौर्य, स्तम्भ अभिलेख आदि,
चन्द्रगुप्त राज्य की, व्यापकता दर्शाते हैं।
उसकी साम्राज्य सीमा, बंग से सोपारा कच्छ,
ईरान से तमिलहम् तक, फैला हुआ पाते हैं ॥[1]73॥

शासन प्रबन्ध

मगध महाराज्य की, उत्कर्ष की प्रक्रिया जो,
बुद्ध युग शुरू किया, भूप बिम्बिसार ने।
पूर्णता को प्राप्त वह, मौर्य नृपों के अधीन,
भारत साम्राज्य बना, पहली पहली बार में ॥74॥

विशाल चक्रवर्ती राज्य, की राजधानी प्रथम,
बनी पाटलिपुत्र राष्ट्र, गतिविधि का केन्द्र व्यस्त।
राजनीतिक एकता, सुदृढ़ता को प्राप्त बल,
सांस्कृतिक भौतिक प्रगति, मार्ग भी हुआ प्रशस्त ॥[2]75॥

सम्राट[3]

चन्द्रगुप्त मौर्य के, शासन प्रबन्ध पथ में,
रोड़े अनेक व, असुविधाओं का जाल था।
यातायात साधन विना, संदेश प्रेषण कठिन,
सड़क न सराय, साम्राज्य भी विशाल था ॥76॥

मौर्य कुल राजधानी, केन्द्र पाटलिपुत्र से,
अति दुरूह साम्राज्य, शासन सम्हालना।
फिर भी चाणक्य गुरू, के बौद्धिक सहयोग से,
चन्द्रगुप्त द्वारा हुआ, वह सम्भव निर्वाहना ॥77॥

चन्द्रगुप्त मौर्य ने, केन्द्रीयकरण विपरीत,
प्रान्तीय प्रणाली शासन, विधि स्वीकार किया।
प्रान्तों में बाँट, राज्यपालों की नियुक्ति कर,
शासन संचालन का, विधिक अधिकार दिया ॥[4]78॥

---

1. जेम्स, एच.जी. : ए हिस्ट्री आफ इंडिया, पृ. 38; श्रीवास्तव, के.सी. : पूर्वोक्त, पृ. 218; नाहर, रतिभान सिंह : पूर्वोक्त, 218–219; रिज डेविड्स, टी.डब्ल्यू. : पूर्वोक्त, पृ. 122
2. श्रीवास्तव, पंकजलता : पूर्वोद्धृत, पृ. 53–54
3. श्रीवास्तव, के.सी. : पूर्वोद्धृत, पृ. 254
4. नाहर, रतिभान सिंह : पूर्वोद्धृत, पृ. 219–220

मौर्य शासन पद्धति का, जनक नृप चन्द्रगुप्त,
विजेता महान्, सैन्य रुचि बल उपासक था।
युद्ध के समय जितना, अधिक स्फूर्तिवान वह,
राज्य शान्ति काल एक, कर्मठ प्रशासक था ॥79॥

शासन विधा जो जारी, नृप चन्द्रगुप्त द्वारा,
ईरानी यूनानी के, कुछ तत्व ग्रहीत थे।
तथापि अधिकांश अंश, चन्द्र–चाणक्य द्वारा,
लोक सुशासन हेतु, मौलिक प्रणीत थे ॥[1]80॥

चन्द्रगुप्त शासन, व्यवस्था संज्ञान हेतु,
मेगस्थनीज इंडिका, कौटिल्य अर्थशास्त्र स्रोत।
पश्चिमी भारत से प्राप्त, रुद्रदामन गिरिनार लेख,
डालते प्रचुर प्रकाश, सत्यता से ओत–प्रोत ॥81॥

सम्भवतः प्रथम बार, कौटिल्य अर्थशास्त्र में,
राज्य सप्त प्रकृतियों का, समुल्लेख आया है।[2]
स्वामी अमात्य कोष, भू प्रदेश चमू युक्त,
राजा की कूटस्थानीय, स्थिति दर्शाया है ॥82॥

राजा में राज्य के, सभी अधिकार निहित,
न्यायिक विधायी सैन्य, प्रमुख अधिकारी था।
सेना का प्रधान वह, और प्रमुख न्यायाधीश,
विधि निर्माता सुधर्म, रक्षक सुविचारी था ॥83॥

आय व्यय निरीक्षण, परराष्ट्र नीति पर विचार,
राजा राजदूतों से, करता स्वयं परामर्श।
साम्राज्य अन्तर्गत, क्रियारत जासूसों से,
आन्तरिक अवस्था पर, करे वार्ता विमर्श ॥84॥

करता नियुक्ति, महत्वपूर्ण अधिकारियों का,
केन्द्रीय प्रशासन का, वह प्रमुख स्रोत था।
उसकी दिनचर्या थी, बड़ी ही कठोर संयत,
राजकाज संलिप्तता में, नित्य ओत–प्रोत था ॥85॥

---

1. श्रीवास्तव, के.सी. : पूर्वोक्त, पृ. 254
2. स्वाम्यमात्यजनपददुर्ग कोषदण्डमित्राणि प्रकृतयः। – अर्थशास्त्र, 6/1/1

मेगस्थनीज अनुसार करे, दिन में विश्राम नहीं,
राजसभा में बैठ शासन, कार्य निपटाता था।
लोक प्रतिवेदन को, सुनता वह ध्यान देकर,
बिना अवरोध, जनरोध को मिटाता था॥86॥

केश को सवाँरते या, मालिश कराते समय,
गात को दबाते, आबनूसी मुग्दर से।
इस काल में भी नृप, सुनता था फरियाद,
होता आनन्दित सब, राज काज करके॥[1]87॥

अर्थशास्त्र में वर्णित, राजा का महान् व्रत,
लोक शिकायतों को, यथाशीघ्र सुलझाना।
सुलभ रहे हर समय, प्रजा दर्शन के हेतु,
मिलने के लिए नहीं, प्रतीक्षा करवाना॥88॥

चेतावनी चाणक्य ऐसे, दुष्ट नरपति निमित्त,
जिसकी प्रजा दर्शन, हेतु दुर्लभ अलभ्यता।
उसके अधिकारी, जनता का बिगाड़ देते काम,
शत्रु का शिकार, कोपभाजन जन सभ्य का॥[2]89॥

शासन विधा अन्तर्गत, मौर्य सम्राटों को,
असीमित अधिकार सहित, कर्तव्य अगणित अपार।
ऐश्वर्यमयी जीवन का, सुख उपभोग एवं,
प्राप्त थे विशेष अधिकार, नृप को हर प्रकार॥[3]90॥

अमात्य, मंत्रिण तथा मंत्रिपरिषद[4]

शासन कार्यों में सम्राट, अमात्य व मंत्रियों से,
लेता सहयोग जो, महत्व के अधिकारी थे।
यूनानी लेखक अनुसार, कौन्सिलर एसेसर ये,
संख्या में न्यून अपितु, सजग कार्यकारी थे॥91॥

---

1. आचार्य, दीपंकर : कौटल्यकालीन भारत, पृ. 116, 182
2. दुर्दशो हि राजा कायाकार्य विपर्या समासन्नैः।
कार्यते तेन प्रकृति कोपमारं वशं वा गच्छेत्।। – अर्थशास्त्र, 1/18/1
3. नाहर, रतिभान सिंह : पूर्वोक्त, पृ. 22
4. गैरोला, वाचस्पति : पूर्वोक्त, पृ. 20–24, 43–48

अमात्यों के बीच से,चुने जाते मन्त्रिण कुछ,
लोभ मोह मद व, आकर्षणों से दूर थे।
सीमित ये मंत्रिण मात्र, संख्या में तीन चार,
बौद्धिक विनम्र, राजभक्त सत्य शूर थे ॥92॥

मंत्रिण सदस्य प्रायः, होते अधोअंकित ही,
महामंत्रि युवराज, सैन्यपति एवं सन्निधाता।
त्वरित निर्णय निमित्त, मन्त्रियों से राय लेते,
चार हजार पण मंत्रिण, हर माह वेतना पाता ॥[1]93॥

मन्त्रिण अतिरिक्त, एक होती मंत्रिपरिषद भी,
वृहद् आकार सदस्य, संख्या में भारी थी।
चाणक्य अनुसार इससे, बढ़ती मन्त्र शक्ति नृप,
बड़ी मन्त्रिपरिषद, साम्राज्य हितकारी थी ॥94॥

शासकीय कार्य हेतु, आहूत होती मंत्रिपरिषद,
मन्त्रियों के बहुमत से, निर्णय लिये जाते थे।
सलाह मानने के हेतु, सम्राट था बाध्य नहीं,
लोक राज्य हित नृप, निर्णय सुनाते थे ॥[2]95॥

मन्त्रिपरिषद–मन्त्रिणों, के परामर्श अनुसार,
राजा साम्राज्य का, शासन चलाता था।
श्रेष्ठता में मन्त्रिण से, मन्त्रिगण छोटे थे,
वेतन पण हजार मंत्रि, प्रतिमाह पाता था ॥96॥

कौटिल्य अर्थशास्त्र में, नृप मंत्रिपरिषद को,
वैधानिक आवश्यकता, बताया गया राज्य का।
सम्राट को चाहिए, मन्त्रिजन को नियुक्त कर,
शासन चलाये वह, अचिंत्य साम्राज्य का ॥[3]97॥

साम्राज्य सीमा में, शासकीय अनेक कार्य,
राजा अकेले उससे, कैसे निपट पायेगा।

---

1. आचार्य, दीपंकर : पूर्वोक्त, पृ. 241
2. तत्र पद्भूयिष्ठः कार्यसिद्धि करं वा बूयुस्तत्कुर्यात्– अर्थशास्त्र, 1/14/6
3. सहाय साध्यं राजत्वं चक्रमेकं न वर्तते।
कुर्वीत सचिवांस्त स्मात्तेषां च श्रुणुयान्मतम्।। – अर्थशास्त्र, पृ. 1/6/3

मन्त्रियों को विभाग व, अलग-अलग काम सौंप,
शासक निश्चिंत, राज्य शासन चलायेगा॥[1]98॥
मन्त्री का दायित्व प्रमुख, कार्यारम्भ करना,
आरम्भ कार्य को, संपूर्णता तक पहुँचाना था।
पूर्ण हुए कार्यों में, करना सुधार कार्य,
शासनादेश त्वरित, लागू भी करवाना था॥99॥

केन्द्रीय अधिकारी तन्त्र[2]

कौटिल्य अर्थशास्त्र में, केन्द्रीय प्रशासन का,
विवरण है प्राप्त विशद्, स्पष्ट विस्तार।
प्रशासन था विभक्त, अठारह भाग तीर्थों में,
जिसके प्रधानों का, पदोल्लेख इस प्रकार॥100॥
मन्त्री पुरोहित प्रदेष्टा, समाहर्ता सन्निधाता,
सैन्यपति युवराज नायक, नागरक व दण्डपाल।
कर्मान्तिक व्यवहारिक, परिषद प्रमुख, आटविक,
अन्तवर्शिक अन्तपाल, दौवारिक व दुर्गपाल॥101॥
मन्त्री साम्राज्य का, होता था प्रधानामात्य,
पुरोहित सुविज्ञ प्रमुख, राज्य धर्माधिकारी था।
चन्द्रगुप्त मौर्य काल, इन द्वय पदों पर,
सुशोभित चाणक्य, जो बुद्धिबल में भारी था॥102॥
समाहर्ता राज्य का, केन्द्र अधिकारी मुख्य,
राजकीय कोष निधि, सम्हालता था सन्निधाता।
सैन्यपति सैन्य और, युद्ध का महाधिकारी,
युवराज उत्तराधिकारी, मुख्य नृप सहयोग दाता॥[3]103॥
प्रदेष्टा था न्यायाधीश, फौजदारी मामलों का,
व्यवहारिक दीवानी का, प्रधान न्यायाधीश था।
नायक देखाता था, चमू उपसंचालन कार्य,
कर्मान्तक उद्योगों का, करता तफ्तीश था॥104॥

---

1. श्रीवास्तव, के.सी. : पूर्वोक्त, पृ. 255-256
2. वही, पूर्वोक्त, पृ. 256; गैरोला, वाचस्पति : पूर्वोद्धृत, पृ. 40-41
3. रिज डेविड्स, टी.डब्ल्यू. : बुद्धिष्ट इण्डिया, पृ. 121-122

मन्त्रिपरिषद अध्यक्ष देखे, परिषद प्रबंध कार्य,
दण्डपाल अधिकारी मुख्य, आरक्षी विभाग का।
अन्तपाल दुर्गपाल, विविध दुर्ग व्यस्थापक,
प्रशास्ता संरक्षक महा, अभिलेख अनुभाग का ॥105 ॥

राजमहल का देखरेख, दौवारिक के जिम्मे था,
अन्तःपुर व्यवस्थापन, अन्तर्वंशिक पद काम।
आटविक पदेन होता, बन विभाग सर्वप्रमुख,
नागरक नगरपति थे, सभी पद उच्चमान ॥[1]106 ॥

उपरोक्त के अलावा भी, कुछ पदाधिकारी नाम,
कहलाते अध्यक्ष जो, अर्थशास्त्र में आया है।
विभागीय अध्यक्ष उनके, कार्यों की बड़ी सूची,
कौटिल्य ने अर्थशास्त्र में, विधिवत दर्शाया है ॥[2]107 ॥

सम्भवतः अध्यक्षों को, यूनानी लेखकों ने,
कहा मजिस्ट्रेट, पद नाम इस प्रकार थे।
पण्याध्यक्ष सुराध्यक्ष, सूनाध्यक्ष गणिकाध्यक्ष,
सीताध्यक्ष आकराध्यक्ष, अध्यक्ष कोष्ठागार थे ॥108 ॥

आयुधागार कुप्य शुल्क, स्वर्ण एवं सूत्राध्यक्ष,
संस्थाध्यक्ष विपणन, वाणिज्यिक महामार्ग के।
मुद्रा नौकायन लौह, देव व लक्षणाध्यक्ष,
पत्तन अध्यक्ष, वाणिज केन्द्र बन्दरगाह के ॥109 ॥

लवणाध्यक्ष कोषाध्यक्ष, शुड़ एवं मानाध्यक्ष,
पौतवाध्यक्ष निरीक्षक, मुख्य हाट-बाट माप के।
विविता व द्विताध्यक्ष, नवाध्यक्ष जहाजरानी,
गाविकाध्यक्ष नियन्त्रक, विविध सैन्य संभाग के ॥[3]110 ॥

पण्याध्यक्ष वानिजी एवं, सुराध्यक्ष मदिरालय,
गणिकाध्यक्ष राज्य, वेश्यालय निरीक्षक था।
सीताध्यक्ष राज्य कृषि, आकाराध्यक्ष खानों का,
कोष्ठगाराध्यक्ष, बन्दीगृह का अधीक्षक था ॥111 ॥

---

1. नाहर, रतिभान सिंह : पूर्वोद्धृत, पृ. 222
2. गैरोला, वाचस्पति : पूर्वोक्त, पृ. 109, 157–250
3. नाहर, रतिभान सिंह, वही, पृ. 222

सूनाध्यक्ष बूचड़खाना, लवणाध्यक्ष नमक खान,
आयुधगाराध्यक्ष, अधिकारी शस्त्रागार का।
कताई बुनाई प्रभारी का, ज्ञात संज्ञा सूत्राध्यक्ष,
कुप्पाध्यक्ष देखता, बन सम्पदा प्रभार था॥[1]112॥

नावध्यक्ष[2] जहाजरानी, लौहाध्यक्ष अयस उत्पाद,
स्वर्णखनि सुवर्णाध्यक्ष, शुल्काध्यक्ष कराधान।
देवाध्यक्ष धर्म कार्य, कोषाध्यक्ष राज्यनिधि,
मुद्राध्यक्ष पारगमन, यात्रा का करे विधान॥113॥

इसी प्रकार गौड़ाध्यक्ष, पशुधन विभाग प्रभारी,
विविताध्यक्ष निरीक्षक, सम्पूर्ण चारागाह का।
मानाध्यक्ष अधिकारी, स्थान काल निर्णायक,
लक्षणाध्यक्ष प्रभारी, टकसाल अनुभाग का॥[3]114॥

केन्द्रीय शासन में, अध्यक्षों का महत्व अति,
वेतन हजार पण उन्हें, वार्षिक दिया जाता था।
नगर देहात सहित, अन्य विभिन्न क्षेत्रों में,
इनसे विविध भाँति का, कार्य लिया जाता था॥115॥

इन मजिस्ट्रेटों के, प्रति लिखता मेगस्थनीज,
कार्यरत ये नगर हाट, एवं सेना प्रभारी थे।
जल संग्रहण ताल, नदी नालों के निरीक्षक,
जल बंटवारे के महा, निर्णय अधिकारी थे॥116॥

कर संग्राहक, वणिज्, शिल्प पर सतर्क दृष्टि,
काष्ट व्यवसाय धातु, आकर अधीक्षक थे।
दूरी दर्शाने हेतु, लगाते स्थिर स्तम्भ,
सार्वजनिक मार्ग पथ, रक्षक निरीक्षक थे॥[4]117॥

पाँच-पाँच सदस्यों वाली, कुल छः परिषदों में,
होते थे विभक्त नगर, अध्यक्ष अधिकारी।

1. आचार्य, दीपंकर : पूर्वोक्त, पृ. 132-136
2. नावध्यक्ष : समुद्रसंयान नदी मुखतट प्रचारन् देवसरोविसरोनदी तरांश्च स्थानीयादिष्ववेक्षेत—अर्थशास्त्र, 2/28/1
3. श्रीवास्तव, के.सी. : पूर्वोक्त, पृ. 256; गैरोला, वाचस्पति : पूर्वोक्त, पृ. 217-221
4. रिज डेविड्स, टी.डब्ल्यू. : पूर्वोक्त, पृ. 120-121

अमात्यों के वर्ग से, रुचि गुणाधार पर,
होते थे नियुक्त, मजिस्ट्रेट जन हितकारी ॥118॥
बड़ा था अमात्यों का, समूह एवं कई वर्ग,
प्रथम श्रेणी में से कुछ, मंत्रिण चुने जाते थे।
द्वितीय श्रेणी के अमात्य, ग्रहीत मंत्रिपरिषद में,
श्रेणी तृतीय अमात्य, अध्यक्ष पद पाते थे ॥119॥
इस प्रकार साम्राज्य, केन्द्रीय प्रशासन में,
कई स्तरों के, लोक सेवक अधिकारी थे।[1]
उनके भी अधीन बहुत, छोटे बड़े अधिकारी,
कार्मिक असंख्य, कार्य करते सरकारी थे ॥[2]120॥

प्रान्तीय शासन[3]

चन्द्रगुप्त साम्राज्य, विभक्त कई प्रान्तों में,
किन्तु उनकी संख्या, ठीक ठीक है ज्ञात नहीं।
सम्राट के पौत्र, नृप अशोक अभिलेखों में,
अधोलिखित प्रान्तों का, विवरण विज्ञात सही ॥121॥
उदीच्य या उत्तरापथ, पश्चिमोत्तर प्रान्त एक,
शासन केन्द्र तक्षशिला, नगरी पुरानी थी।
दूसरा अवन्तिरट्ठ, राजधानी उज्जयिनी,
तृतीय था कलिंग प्रदेश, तोसलि राजधानी थी ॥122॥
चतुर्थ था प्राची प्रान्त, साम्राज्य पूर्वी भाग,
पाटलिपुत्र में ही, शासन केन्द्र द्युतिमान् था।
दक्षिणापथ प्रान्त पंच, राजधानी सुवर्णगिरि,
अब के जिला रायचूर, उस युग विद्यमान् था ॥123॥
प्रान्त राज्यपाल प्रायः, राजकुल कुमार होते,
कभी कभी यह पद किसी, अन्य योग्य व्यक्ति को।
सम्राट चन्द्रगुप्त ने, नियुक्त किया राज्यपाल,
प्रान्त काठियावाड़ का, वैश्य पुष्यगुप्त को ॥124॥

---

1. श्रीवास्तव, के.सी. : पूर्वोद्धृत, पृ. 256-257
2. गैरोला, वाचस्पति : पूर्वोद्धृत, पृ. 55
3. श्रीवास्तव, पंकजलता : पूर्वोद्धृत, पृ. 54-55; अंशु मंगल : भारतीय इतिहास, पृ. 104-106

राज्यपाल अमात्यों, अध्यक्षों की सहायता से,
शासन चलाता प्राप्त, केन्द्रादेश-परामर्श।
राज्यपाल का अपना, मंत्रिपरिषद होता एक,
बारह हजार पण वेतन, पाता वह प्रतिवर्ष ॥125॥

प्रान्तों की निगरानी हेतु, गुप्तचर होते नियुक्त,
जो सूचना जुटाकर, सम्राट तक पहुँचाते थे।
प्रान्तीय पद धारियों के, उगाही उत्पीड़न से,
जन-जन को उबार उन्हें, न्याय दिलवाते थे ॥[1]126॥

नगर शासन[2]

यौं तो चन्द्रगुप्त का, केन्द्रीय प्रान्तीय शासन,
उच्च मानदण्ड युक्त, इतिहास सिद्ध है।
किन्तु नगरीय शासन, निज मौलिक विशेषता से,
अद्य अनुकरणीय, शास्ति गरिमा प्रसिद्ध है ॥127॥

नगर शासन विवरण, देता मेगस्थनीज,
जिसने अपनी इंडिका में, बहुविध दर्शाया है।[3]
मेगस्थनीज निवास करता, पाटलिपुत्र नगर में,
अतः उसकी सत्यता पर, न संदेह छाया है ॥128॥

यह विवरण पाटलिपुत्र, का समझना चाहिए,
विज्ञ मेगस्थनीज सब कुछ, देख सुन कही होगी।
इसी अनुसार विद्वान्, करते अनुमान यह,
अन्य नगरों में ऐसी, व्यवस्था रही होगी ॥129॥

पाटलिपुत्र नगर वृहद्, बहुसंख्य आबादी युक्त,
शासन व्यवस्था कुछ, विशेष ही प्रकार की।
शिल्पी कलाकारों, व्यापारियों विदेशियों की,
भीड़ लगी रहती वहाँ, हर दम अपार थी ॥[4]130॥

---

1. नाहर रतिभान सिंह : पूर्वोद्धत, पृ. 222-223
2. वही, डायरेक्टर पब्लिकेशन, एम.वाई.वी., भारत सरकार : 5000 ईयर्स आफ इण्डियन आर्कीटैक्चर, पृ. 6
3. गैरोला, वाचस्पति : पूर्वोद्धत, पृ. 245-250
4. श्रीवास्तव, पंकजलता : पूर्वोद्धत, पृ. 55

अधिक संख्या में, उद्योग धन्धों का विस्तार,
वस्तु उत्पादकता बहुत, बाजार भारी था।
अतः आवश्यक था, सुगठित सुशासन वहाँ,
नागरक या पुर मुख्य, नगर प्रभारी था॥131॥

मेगस्थनीज अनुसार, सुविधि प्रशासन हेतु,
पाँच सदस्यीय षड्, समितियाँ इस प्रकार थी।[1]
शिल्प वाणिज्यि कर, निरीक्षण एवं जनसंख्या,
वैदेशिक समिति करतीं, व्यवस्था सुचारु थी॥[2]132॥

1. शिल्पकला समिति

जैसा की सुज्ञात, पाटलिपुत्र महानगरी में,
शिल्पी कलाकारों की, भीड़ जमा रहती थी।
औद्योगिक सुरक्षा, पारिश्रमिक एवं श्रम कल्याण,
उत्पादन गुणवत्ता पर, कठोर दृष्टि रखती थी॥133॥

2. वाणिज्य समिति

वणिक् व्यवसाइयों के, क्रय-विक्रय देख रेख,
ग्राहक व्यापारी हित, यह समिति बनायी गयी।
किसी भी प्रकार बणिक्, जनता को न ठग सके,
तौल नाप विपणन विधि, सख्त अपनायी गयी॥134॥

विना राजाज्ञा के, कोई भी रोजगारी वणिक्,
एक से अधिक वस्तु, का व्यवसाय न करता था।
अधिक सामग्रियों का, व्यापारी-व्यवसायी,
उसी अनुपात में वह, कर भी भरता था॥135॥

3. कर समिति

शुल्क निर्धारण करती, नगर की यह कर समिति,
बिकी हुई वस्तुओं पर, दशांस कर लेती थी।
कर को बचाने व, छिपाने वाले बणिकों को,
निर्देश अनुसार प्राण दण्ड, तक भी देती थी॥[3]136॥

---

1. श्रीवास्तव, के.सी. : पूर्वोक्त, पृ. 257–258; नाहर, रतिभान सिंह : पूर्वोक्त, पृ. 223–225
2. अंशु मंगल : भारतीय इतिहास, पृ. 104–105
3. सिंह, सर्वदमन : (सं.) कल्चर थ्रू द एजेज (वी.एन. पुरी फेलीसिटेशन वाल्यूम) पृ. 305

4. निरीक्षण समिति

मौर्य साम्राज्य में, पाटलिपुत्र प्रमुख नगर,
उत्पादन केन्द्र व, औद्योगिक स्थान था।
उद्योगपतियों के, उत्पादों का निरीक्षण कार्य,
रोकना मिलावट, इस समिति का ही काम था॥137॥

नई-पुरानी वस्तुओं के, आपण थे अलग-अलग,
एकमेक करके इन्हें, बेचना अपराध था।
नियम भंग करने वालों, हठी व्यवसाइयों को,
अर्थ दण्ड सहित, नष्ट व्यवसाय बाध था॥[1]138॥

5. जनगणना समिति[2]

जनगणना समिति रखती, जन्म मृत्यु का लेखा,
समय-समय पर वह, जन गणना कराती थी।
इससे ज्ञात होता पुर, जनसंख्या के आकड़े,
कराधान क्रिया में, सुगमता हो जाती थी॥139॥

6. वैदेशिक समिति[3]

यह समिति करती, विदेशी यात्रियों निमित्त,
भोजन आवास औषधि, सुरक्षा का इन्तजाम।
रखती सुदृष्टि यात्री, आचरण गतिविधियों पर,
मृत्यु की दशा में, करती अंत्येष्टि ससम्मान॥140॥

मेगस्थनीज लिखता नगर, विवरण के अन्त में,
यद्यपि षड् समितियाँ, अपना-अपना काम करती थीं।
किन्तु नगर के हितार्थ, बहुत सारे विषयों में,
सामूहिक भावना से, दायित्व वहन करती थीं॥141॥

यथा सार्वजनिक भवनों में, सुरक्षा सुधार कार्य,
बाजार नियन्त्रण, मूल्य निमयों का स्थायित्व।
मन्दिरों बन्दरगाहों की, समुचित देखरेख,
समस्त समितियों का, सामूहिक उत्तरदायित्व॥142॥

---

1. उपाध्याय, भगवतशरण : पूर्वोक्त, पृ. 142
2. वही, पृ. 141
3. वही

मंडल तथा जिला प्रशासन[1]

अर्थशास्त्र कृति अनुसार, प्रान्त बंटे मण्डल में,
प्रदेष्टा नाम पदधारी, मण्डल प्रधान था।
करता निरीक्षण, विभागाध्यक्षों का कामकाज,
समाहर्ता प्रति उत्तरदायी, यह पद नाम था ॥143॥

मंडल का विभाजन, जनपद रूप था शायद,
जिसको आहार अथवा, विषय कहा जाता था।
विषयपति दायित्व भूमि, पैमाइश नदी नहर,
कृषि बन मार्ग खनि, व्यवस्था प्रदाता था ॥144॥

समकक्ष तहसीलदार, स्थानिक पद अधिकारी,
जिले का चौथाई भाग, होता उसके शासन में।
मेगस्थनीज करता विविध, कार्मिकों का समुल्लेख,
करते जो कार्य मौर्य, जनपदीय प्रशासन में ॥145॥

ग्राम–प्रशासन[2]

उस समय ग्राम होते, शासन की इकाई लघु,
जिसका प्रधान होता, पदनाम–ग्रामणी।
ग्रामवासियों द्वारा, होता निर्वाचित वह,
नहीं वेतनभोगी अपितु, जनसेवक अग्रणी ॥146॥

ग्राम वृद्ध परिषद का, उल्लेख अर्थशास्त्र में,
प्रमुख व्यक्ति होते, इसमें प्रौढ़ समुदाय के।
ग्रामणी का सहयोग, करते ग्राम्य शासन में,
अतिचार अनाचार, दमन करते न्याय से ॥[3]147॥

छुद्र मामलों का, निपटारा कर विमर्श से,
आवश्यक होने पर, जुर्माना लगाना भी।
ग्रामणी अधिकार में, ग्राम्य भूमि का प्रबन्ध,
सिंचन व्यवस्था, संसाधन जुटाना भी ॥148॥

---

1. श्रीवास्तव, के.सी. : पूर्वोद्धृत, पृ. 257
2. वही, पृ. 258; श्रीवास्तव पंकजलता : प्राचीन इतिहास, भाग–एक, पृ. 55
3. श्रीवास्तव, पंकजलता : पूर्वोक्त, पृ. 55

ग्रामणी का मुख्य कार्य, भूमि कर वसूलकर,
जमा करना राजस्व, राजकीय खजाने में।
गाँव की सुरक्षा, स्वास्थ्य-सफाई कार्य,
सूखा अकाल समय, अन्न बँटवाने में ॥149॥

चन्द्रगुप्त कालीन, ग्राम शासन सम्बन्ध में,
प्राप्त प्रमुख लेख, कई प्राच्य स्थान में।
गोरखपुर जिले में दक्षिण, सोहगौरा गाँव एवं,
बंगदेश बोगरा जिला, महास्थान संज्ञान में ॥150॥

मिलता इन लेखों में, कोष्ठागारों का प्रमाण,
कर रूप प्राप्त अन्न, इसमें होते संग्रहीत।
अर्थशास्त्र में भी, कोष्ठागारों की चर्चा है[1],
दुर्दिन में यही अन्न, वितरित होते प्रतीत ॥151॥

ग्राम कार्यालय में, गोप नामक कर्मचारी,
रखता हिसाब कर, घर गाँव अभिलेख।
राज्य नहीं करता ग्राम्य, शासन में हस्तक्षेप,
ग्राम्य स्वशासन, ग्राम वृद्धजन देखरेख ॥152॥

सैन्य संगठन[2]

नन्दों के विनाश बाद, चन्द्रगुप्त मौर्य को,
प्राप्त उत्तराधिकार में, सैन्य दल महा अपार।
जिसके विशालता की, सच्चाई सुन सिकन्दर सैन्य,
साहस विदीर्ण आगे, बढ़ने से किया इनकार ॥153॥

राज्य विस्तार, राष्ट्र रक्षा विशेष हित,
किया मगध सेना का, भली भाँति परिष्कार।
नवीन भर्तियाँ व, अस्त्र-शस्त्र से सुसज्जित चमू,
साम्राज्य सेना को दिया, विशद रूप विस्तार ॥[3]154॥

---

1. गैराला, वाचस्पति : अर्थशास्त्र आफ कौटिल्य एण्ड चाणक्य सूत्र, पृ. 157-163
2. वही, पृ. 637-675; नाहर रतिभान सिंह : पूर्वोक्त, पृ. 225-226; सिंह सर्वदमन (सं.) : पूर्वोक्त, पृ. 304
3. जेम्स, एच.जी. : ए हिस्ट्री आफ इण्डिया, पृ. 38

अश्व गज पादति रथ, जल सेना यातायात,
सर्व स्कन्ध सज्जित, महाशक्ति आगार थे।
छः लाख पैदल और, तीस हजार अश्वारोही,
नौ हजार हाथी, रण स्यन्दन अष्ट हजार थे ॥[1]155 ॥

इस विशाल सेना के, कुशल व्यवस्थापन हेतु,
अमात्य के अधीन एक, कार्यरत विभाग था।
पाँच-पाँच सदस्यों वाली, बनी छः समितियाँ थी,
करती प्रबन्ध, हर स्कन्ध सैन्य भाग का ॥156 ॥

प्रथम समिति देखती थी, नौ सेना का प्रबन्ध,
पादाति बल व्यवस्था, द्वितीय समिति के अधीन।
समिति संख्या तीन रत, अश्व सेना देखरेख,
रथ बल निमित्त समिति, चार थी अति प्रवीन ॥157 ॥

समिति संख्या पाँच का, गज सेना व्यवस्थापन,
छठी समिति के अधीन, रण सामग्री यातायात।
इस समिति के कार्य पर, लिखता मेगस्थनीज,
सैन्य सामग्री रसद, शकट लाद लिये जात ॥[2]158 ॥

कृषकों के बाद मौर्य, लोक समुदाय में,
सैनिकों की संख्या, अन्य जन से अधिक थी।
राज्य पूर्ण ध्यान उनके, स्वास्थ्य अनुशासन पर,
सैन्य व्यय अधिक नव, प्रशिक्षण तकनीक थी ॥159 ॥

सैनिकों का काम केवल, युद्ध समय युद्ध करना,
आनन्दमय जीवन, शान्तिकाल में बिताते थे।
करते परिवार का, आराम से भरण-पोषण,
वेतन सुविधायें बहुत, शासन से पाते थे ॥160 ॥

युद्ध के समय में सैनिक, शिविरों में निवास करते,
सेवा कार्य हेतु मिलते, उन्हें परिचारक थे।
सैनिकों के अस्त्र-शस्त्र, सफाई सुरक्षा एवं,
घोड़ों की देखरेख, रथों के संचारक थे ॥161 ॥

---

1. उपाध्याय, भगवतशरण : पूर्वोद्धृत, पृ. 139
2. वही, पृ. 139

सेनापति सर्वश्रेष्ठ, युद्ध अधिकारी राज्य,
महत्त्वपूर्ण पद, नृप मन्त्रिण सदस्य था।
चतुरंगिनी सेना समस्त, होती उसके अधीन,
अड़तालिस हजार पण वेतन, वार्षिक अवश्य था॥[1]162॥

सेनापति के नीचे नायक, क्षेत्र सैन्य संचालक,
वेतन बारह सहस्र पण, प्रतिवर्ष दिये जाते थे।
चारों सेनाओं के अध्यक्ष, होते जो अलग-अलग,
वेतन प्रति वर्ष पण, आठ हजार पाते थे॥163॥

मौर्यों के अधीन, शक्तियुक्त नौ सेना वृहद्,
अर्थशास्त्र में मिलता, नवाध्यक्ष पद उल्लेख।
युद्धकाल युद्धपोतों, का था संचालक वह,
व्यापारिक जलयानों का, भी करता देख-रेख॥[2]164॥

गुप्तचर विभाग[3]

चन्द्रगुप्त मौर्य के, विस्तृत प्रशासन की,
सफलता का श्रेय, निहित गुप्तचर विभाग में।
महामात्यपसर्प नामक, पदधारी के अधीन,
गुप्तचर गतिशील थे, सम्पूर्ण साम्राज्य में॥165॥

गुप्तचर के रूप में, नियुक्ति पूर्व भलीभाँति,
निष्ठा सदाचरण का, परीक्षण किया जाता था।
'गूढ़ पुरुष' गुप्तचर के, लिए अर्थशास्त्र में है,
इस पद पर नारियों को, नियुक्ति भी दिया जाता था॥166॥

छद्मवेशधारी चर, प्रान्त पुर घूमा करते,
दिन प्रतितिदन सूचना, सम्राट को पहुँचाते थे।
अठारहों तीर्थ प्रान्त, एवं पड़ोसी राज्यों पर,
सतर्क दृष्टि हेतु, गुप्तचर लगाये जाते थे॥[4]167॥

1. गैराला, वाचस्पति : पूर्वोक्त, पृ. 657-675
तदेवाश्चानां प्रतिवलम्- अर्थशास्त्र, 9/2/1; वर्मिणो वा हस्तिनोऽश्वा वा वर्मिण: कवचिनो रथा आवरणिन: पत्तयश्वचतुरङ्ग वलस्य प्रतिवलम्।- अर्थशास्त्र, 9/2/2
2. श्रीवास्तव, के.सी. : पूर्वोद्धृत, पृ. 260
3. सिंह, सर्वदमन (सं.) : कल्चर थ्रू द एजेज, पृ. 299-305
4. शत्रौ च मित्रे च मध्यमे चावपेच्चरान्।
उदासिने च तेषां च तीर्थेष्वटादश स्वपि।। - अर्थशास्त्र, पृ. 1/11/2

यूनानी लेखकों ने इन्हें, निरीक्षक-ओवरसियर कहा,
जो समग्र राष्ट्र की, गतिवितिधयाँ दर्शाते थे।
स्ट्रैबो अनुसार इन, दोनों ही पदों पर,
सत्यनिष्ठ विश्वस्त जन, नियुक्त किये जाते थे ॥168॥

सूचना असत्य देने, वालों चरों के विरुद्ध,
दण्ड प्राविधान, पद मुक्ति का विधान था।
इसके अतिरिक्त शान्ति, व्यवस्था बनाने हेतु,
पुलिस प्रशासन सक्रिय, 'रक्षिण' पद नाम था॥[1]169॥

न्याय विभाग[2]

मौर्य राजशासन में, सुनवाई का अन्तिम पीठ,
सर्वोच्च न्यायाधीश, देश मौर्य सम्राट था।
इसके अतिरिक्त होते, न्यायालय फैले तमाम,
त्वरित न्याय दान जहाँ, निश्पक्ष विराट् था॥170॥

दो तरह के न्यायालय, प्रचलित मौर्य शास्ति काल,
धर्मस्थीय कंटकशोधन, ज्ञात उनका नाम था।
इन न्यायालयों का, अन्तर बहुत साफ नहीं,
दीवानी फौजदारी न्याय, करना शायद काम था॥171॥

तीन-तीन न्यायाधीश, बैठकर एक साथ,
संयुक्त रूप न्याय, कार्य निपटाते थे।
विदेशियों के वादों की, त्वरित सुनवाई हेतु,
विशेष न्यायालय पृथक, गठित किये जाते थे॥172॥

दण्ड का विधान उस, काल में कठोर अति,
अपराधियों के हेतु यह, दण्ड त्रय प्रकार था।
कारागार कायदण्ड, अंग-भंग मृत्युदण्ड,
अपराध सघनता, दोषसिद्धि अनुसार था॥173॥

शिल्पि कामगारों का, अंग-भंग करने वाले,
अपराधी को शीघ्र, प्राण दण्ड दिया जाता था।

---

1. सिंह, सर्वदमन (सं.) : पूर्वोक्त, पृ. 60
2. श्रीवास्तव, के.सी. : पूर्वोक्त, पृ. 258; आचार्य, दीपंकर : पूर्वोक्त, पृ. 182-197

राजकीय धन के, घोटालेबाज कर चोर,
राजद्रोह करने वाला, यही दण्ड पाता था॥174॥

अर्थशास्त्र में प्रसंग, 'युक्त' आदि अधिकारी,
राजकीय राजस्व, गबन करते चतुराई से।[1]
ऐसे कार्मिकों के लिए, निश्चित कठोर दण्ड,
दोष सिद्धि हेतु करते, परीक्षण कड़ाई से॥175॥

जिस अपराध में, प्रमाण न मिलते सटीक,
वहाँ विष अग्नि जल, से परीक्षण कराये जाते।
लिखता मेगस्थनीज, दण्ड की कठोरता से,
अपराध अल्प घर, ताले न लगाये जाते॥176॥

दोष सिद्धता की परख, हेतु मौर्यकाल में,
कष्ट दाई साधनों का, प्रयोग भी किया जाता।[2]
कानून की शरण, लोग लेते थे बहुत कम,
मौखिक समझौते, न लिख कर लिया जाता॥177॥

अर्थशास्त्र से है ज्ञात, अमात्य धर्मोपधा शुद्ध,
प्रलोभन हीन, न्यायाधीश थे बनाये जाते।
धर्म व्यवहार नीति, शासन अध्ययन बाद,
न्याय रक्षार्थ दण्ड, निर्णय सुनाये जाते॥178॥

न्याय में राजाज्ञा ही, माना जाता सर्वोपरि[3]
न्यायालय कर्मियों हेतु, दण्ड प्राविधान था।
अपराधी को छोड़ देना, निरपराध को कारावास,
गलत बयानबाजी, प्रेषण फर्जी प्रमान था॥179॥

भूमि तथा राजस्व[4]

चन्द्रगुप्त मौर्य का, संगठित शासन विस्तार,
सुदृढ़ वित्तीय प्रबन्ध, आधार प्रतिपादित था।

---

1. मत्स्यायथाऽन्तः सलिले चरन्तो ज्ञातुं न शक्यां सलिलं पिवन्तः।
युक्तास्तथा कार्यविधौ नियुक्ता ज्ञातुं न शक्या धनमाददानाः।।– अर्थशास्त्र, 2/9/4
2. नाहर, रतिभान सिंह : पूर्वोक्त, पृ. 226
3. धर्मश्च व्यवहारश्च चरित्रं राजशासनम्।
विवादार्थश्चतुष्पादः पाश्चर्भः पूर्ववाधकः।।– अर्थशास्त्र, 3/1/2
4. श्रीवास्तव, के.सी. : पूर्वोक्त, पृ. 259-260

साम्राज्य के समस्त, आर्थिक गति वानिजी पर,
केन्द्र सरकार का, सुनियन्त्रण स्थापित था॥180॥

कृषि उन्नति पर विशेष, ध्यान था शासन का,
भूमि पर राज्य–कृषक, दोनों का अधिकार था।
राजकीय भूमि पर, राज्य कृषि कराता स्वयं,
सीताध्यक्ष पास कृषि, भूमि का प्रभार था॥181॥

दासों कर्मकारों एवं, बन्दियों के श्रम से,
राज्य कृषि कार्य, सीताध्यक्ष करवाता था।
राजकीय भूमि भी, दिया जाता कृषकों को,
जिसकी उपज का राज्य, आधा भाग पाता था॥[1]182॥

राज्य का आय स्रोत, प्रमुख भूमि कर था,
जो सिद्धान्तः आय का, छटा भाग होता था।
किन्तु करदाता की, आर्थिक स्थिति अनुसार,
देशकाल आपदा में, घटा बढ़ा होता था॥[2]183॥

यूनानी प्रमाणों एवं, अर्थशास्त्र से बिम्बित,
कृषि उपज पर किसान, चौथाई भाग कर देता।[3]
राजकीय भूमि पर, कृषिकारी कृषकों से,
राज्य उसके उपज का, आधा भाग कर लेता॥184॥

निजी भूमि पर किसान, एक भाग देते कर,
राज्य द्वारा कृषक से, सिंचाई कर लिया जाता।
राजकीय भूमि से आय, कर का 'सीता' नाम,
भूमिकर को 'भाग' नाम, उस युग दिया जाता॥185॥

नगरों में भवन एवं, जलकर लिया जाता,
भाग सहित बलि कर, उल्लेख अर्थशास्त्र में।
बलि को धार्मिक देय, बताता है शब्दकोश,
कर था सामान्य धन, उगाही प्रजामात्र में॥186॥

1. आचार्य, दीपंकर : पूर्वोक्त, पृ. 121–146
2. नाहर, रतिभान सिंह: पूर्वोद्धृत, पृ. 227
3. गैरोला, वाचस्पति : पूर्वोक्त, पृ. 412–413

बिक्रीकर चुंगी व्यापारिक, पथकर व सीमा शुल्क,
अनुज्ञा से प्राप्त वित्त, अपराधियों से अर्थदण्ड।
हाटों नदी घाटों पर, लगने वाले विविध कर,
राजस्व प्राप्तियों के, स्रोत बहु साधन अखण्ड॥[1]187॥

समाहर्ता नाम पदधारी, होते राजस्व के,
कर संग्रह कार्य को, प्रदान करते स्थायित्व।
राजस्व प्राप्ति एवं, आय-व्यय लेखा-जोखा,
अन्य कार्यकारी संग, सम्हालते उत्तरदायित्व॥[2]188॥

स्थानिक व गोप नामक, पदधारी प्रान्तों में,
कर संग्रहीत कर, राजकोष पहुँचाते थे।
गावों में ग्रामणी अन्य, सहायकों के साथ-साथ,
ग्राम्यकर वसूलने का, दायित्व निभाते थे॥[3]189॥

अर्थशास्त्र का विवरण, प्रथम बार मौर्य युग में,
विशद कर प्रणाली का, विधिवत ढाँचा सृजित।
जिसका उद्देश्य, अधिसंख्य वस्तु करारोप,
राज्य आवश्यकताओं की, सम्पूर्ति हो निश्चित॥190॥

व्यय साधन

राज्य सम्पत्तियों के, व्यय के मद भी अनेक,
प्रथम भाग सम्राट के, कुल भरण पोषण में।
दूसरा भाग अमात्य, राजसेवकों के वेतनादि,
भाग तृतीय सैन्य रण, राष्ट्र रक्षारोपण में॥191॥

चतुर्थ अंश लोकोपकारी, कार्यों में होता व्यय,
पंचमांश स्वास्थ्य, शिक्षा धर्मार्थ जाता था।
उद्योगों खदानों में, कार्यरत श्रमिकों के,
जीवन रक्षार्थ भी धन, व्यय किया जाता था॥[4]192॥

---

1. वही, पृ. 197; आचार्य, दीपंकर : पूर्वोक्त, पृ. 158-161, 164
2. गैरोला, वाचस्पति : पूर्वोद्धृत, पृ. 51-57
3. श्रीवास्तव, पंकजलता : प्राचीन इतिहास भाग-एक, पृ. 57
4. वही; श्रीवास्तव, के.सी. : पूर्वोद्धृत, पृ. 259-260

लोकहितकारी कार्य[1]

कहते कुछ विद्वान्, चन्द्रगुप्त को निरंकुश नृप,
जबकि प्रजा हित में नृप, अनेक महत् कार्य किया।
अपनी प्रजा के भौतिक, जीवन उन्नयन हेतु,
सुख सुविधाओं का, साम्राज्य में विस्तार किया॥193॥

यातायात सुगमता हेतु, एक से दूसरे छोर,
राष्ट्रीय महामार्गों का, करवाया था निर्माण।
नागरिकों के स्वास्थ्य, जन शिक्षा व्यवस्था हेतु,
औषधालयों विद्यालयों के, लक्षित होते प्रमाण॥194॥

प्रजाहित चिन्तन में, निमग्न रहता सम्राट,
शोषण अन्याय का, करता प्रतिकार था।
विधवा अनाथ वृद्ध, कार्मिक जो रोग ग्रस्त,
इनके भरण पोषण में, राज्य अति उदार था॥[2]195॥

व्यापारियों के शोषण से, जनता को बचाये रखना,
स्वामियों के अत्याचार से, दासों को उबारना।
इसके लिए शासन ने, किये थे कई उपाय,
पितृवत् भावना से, लोक जीवन संवारना॥196॥

निरंकुश होते हुए भी, लोकाचार के अनुरूप,
न्याय-धर्म भावना से, शासन चलाता था।
कृषि हेतु सिंचाई, संसाधनों को सुदृढ़ किया,
झील कूप बाँध नहर, निर्मित कराता था॥197॥

सम्राट के पुरोहित, प्रधानामात्य कौटिल्य गुरु,
शासन आदर्श को, अर्थशास्त्र में उतारा है।
प्रजा सुख से ही मिलता, राजा को सुख अपार,
प्रजा हित में ही उसका, हित निहित सारा है॥[3]198॥

---

1. द्विवेदी, अनुराग : प्राचीन भारत में कल्याणकारी कार्यों का अध्ययन (शोध-प्रबन्ध), पृ. 44-57
2. आचार्य, दीपंकर : पूर्वोक्त, पृ. 126-127
3. प्रजा सुखे सुखम् राज्ञः प्रजानाम् च हिते हितम्।
नात्मप्रियं हितम् राज्ञः प्राजनाम् तु प्रियम् हितम्।। –अर्थशास्त्र, 1/18/2

अपना हित साधन में, सम्राट का हित नहीं,
लोकहित वांछा में, उसकी भलाई है।
इस प्रकार कौटिल्य, गुरु के निर्देशन में,
कल्याणकारी राज्य नींव, 'चन्द्र' ने रखाई है॥199॥

किन्तु सब कुछ अच्छा ही, नहीं चन्द्र राज्य में,
ऐसा उल्लेखों से, विचारते इतिहासकार।
केन्द्रीय नियन्त्रण के, इतने प्रबल दाब से,
कुचल सा गया था, व्यक्ति स्वातंत्र्य अधिकार॥200॥

जन प्रतिनिधि संस्थायें, थी राज्य में नगण्य,
निष्ठुर नियन्त्रण में, जन जीवन निराश था।
फैला गुप्तचरों का, जाल पूरे साम्राज्य,
उनका हस्तक्षेप लोक, जीवन में त्रास था॥[1]201॥

राज्यकर्मियों का धौंस, जनता पर कम नहीं,
जन उत्पीड़न की, आशंका असीम थी।
लघु अपराधों पर भी, दण्ड क्रूर अति कठोर,
मृत्युदण्ड यातनायें, मानवता विहीन थी॥[2]202॥

अतः कुछ विद्वानों की, आलोचना में दम यह कि,
सम्राट ने साम्राज्य को, पुलिस स्टेट बना दिया।
राष्ट्रीय सुरक्षा की, वेदी बीच चन्द्रगुप्त,
नागरिक स्वतन्त्रता की, बलि ही चढ़ा दिया॥203॥

किन्तु अच्छी बात यह, कालान्तर अशोक ने,
इन शासकीय कमियों को, जाना और पहचाना।
शासन के हर क्षेत्र में, करके सुधार क्रमिक,
मंगलकारी राज्य का, बुना नव ताना-बाना॥[3]204॥

सम्राट का नगर, राजभवन तथा व्यक्तिगत जीवन

गंगा सोन संगम पर, बसा पाटलिपुत्र नगर,
सबसे बड़ी पुरी, मेगस्थनीज अनुसार था।

1. गैरोला, वाचस्पति : पूर्वोद्धृत, पृ. 29-36, 43
2. वही, पृ. 345-402
3. श्रीवास्तव, के.सी. : पूर्वोक्त, पृ. 261

पुष्ट प्राकार, गहरी परिखा से परिवृत्त,
सोलह गुणे तीन, किलोमीटर विस्तार था ॥205 ॥

एक सौ पिचासी मीटर, परिखा की चौड़ाई ज्ञात,
सोन संयुक्त, तीस हाथ गहरी खाई थी।
चौसठ तोरण द्वार, पाँच सौ सत्तर मीनार सहित,
काष्ठ प्राकार महा, सुरक्षा स्थाई थी ॥206 ॥

पुर का प्रबन्ध, नगर परिषद करती समस्त,
पाँच-पाँच सदस्यों वाली, छः जन समितियाँ थी।
नगर बीचो बीच स्थित, चन्द्र गुप्त राजप्रासाद,
जहाँ नृप निवास योग्य, सकल सुस्थितियाँ थी ॥[1]207 ॥

चन्द्रगुप्त मौर्य जितना, विजई विराट् शासक,
उतना ही ऐश्वर्य युक्त, जीवन सुकांक्षा था।
उसका विशाल भवन, सुनहले स्तम्भ स्निग्ध,
ह्रद उद्यान कुंज युक्त, भव्य सौम्य ढांचा था ॥[2]208 ॥

प्रचलित वास्तु कला शैली, मौलिकता मिश्रण से,
बना यह अलौकिक सौध, पूर्ण रूप काष्ठ का।
फलतः यह विलीन हुआ, काल के गाल शीघ्र,
नहीं अवशेष प्राप्त, उस भवन विराट् का ॥209 ॥

तद्‌युगीन यूनानी, लेखकों के विवरण से,
ज्ञात सम्राट भवन, रचना तकनीकी थी।
लेखकों के अनुसार, इसके सौन्दर्य के समक्ष,
सूसा-एकबतना, राजहर्म्य चमक फीकी थी ॥[3]210 ॥

कौटिल्य अर्थशास्त्र एवं, सम्राट दिनचर्या के,
सम्मिलित अध्ययन से, तथ्य होता प्रकाशित।
राजकाज सहित अन्य, कार्यों के समान ही,
'चन्द्र' वैयक्तिक जीवन, अर्थशास्त्र से अनुशासित ॥211 ॥

---

1. श्रीवास्तव, के.सी. : प्राचीन भारत का इतिहास तथा संस्कृति, पृ. 222
2. गैरोला, वाचस्पति : पूर्वोद्धृत, पृ. 65-68
3. नाहर, रतिभान सिंह : पूर्वोक्त, पृ. 227-228

चन्द्रगुप्त के चतुर्दिक, शरीर रक्षिकायें नियत,
स्टैबो अनुसार क्रीत, दासियों के तुल्य थीं।
सम्राट के आस-पास, हर समय हर कहीं,
अस्त्र शस्त्र सहित, नृप रक्षण आकुल्य थीं ॥[1]212 ॥

प्रातःकाल शैया से, उठते समय धनुर्धारी,
नारियों द्वारा होता प्रथम, नृप स्वागत सम्मान।
मृगया को जाते समय, सम्राट के संग संग,
वनितायें सम्हालती नृप, सुरक्षा दृढ़ कमान ॥[2]213 ॥

अंगरक्षिकायें सम्राट, सुरक्षा के हित में,
मौर्यकाल बाद दृष्ट, कई सदी लगातार।
अभिज्ञान शाकुन्तलम् कृति, कालिदास अन्य ग्रन्थ,
विक्रमोर्वशीय में, उल्लेख आता बहुबार ॥214 ॥

मुद्राराक्षस का संकेत, आन्तरिक षड्यन्त्रों से,
चन्द्रगुप्त सम्राट सदा, रहता सतर्क सावधान।
इसीलिए हर समय, सशस्त्र अंगनाओं से,
रक्षित सशंक नृप, बदलता निज शयनस्थान ॥[3]215 ॥

चार अवसरों पर राजा, निकलता राज हर्म्य से,
युद्ध आखेट न्याय, एवं यज्ञ अनुष्ठान में।
राजा का मार्ग, रुक्ष रस्सियों से घिरा होता,
लांघने वालों को प्राण, दण्ड था विधान में ॥216 ॥

धार्मिक सुअवसरों पर, सुनहली पालकी में बैठ,
सम्राट का जुलूस, चमक-दमक से निकलता था।
रजत व स्वर्ण से, सुसज्जित हस्ति रथ अश्व,
पशुपक्षी समेत जन, समुदाय संग चलता था ॥[4]217 ॥

राजकाज में प्रायः, बीतता समय नृप का,
तथापि खेल कूद में, रुचि न उस की गौड़ थी।

---

1. गैरोला, वाचस्पति : पूर्वोक्त, पृ. 61-73
2. वही, पृ. 69-73
3. उपाध्याय, भगवतशरण : पूर्वोक्त, पृ. 143-144
4. वही, पृ. 144

गैड़ें भेड़ साड़ हस्ति, आदि की लड़ाई एवं,
रुचि मनोरंजन विशेष, रथ घुड़दौड़ थी ॥218॥

देशी विदेशी साक्ष्यालोक, में नृप चन्द्रगुप्त,
शासक कठोर भूपति, योग्य दरबारी था।
वैसे ही प्रतिष्ठा मान, मर्यादा ठाट-बाट,
जीवन अभीष्ट नृप को, रुचिर मोदकारी था॥[1]219॥

अन्तिम काल

साम्राज्य विधाता नृप, चन्द्रगुप्त मौर्य को,
अन्तिम समय में, जैनधर्म मत भा गया।
सौंप साम्राज्य सुत, श्रमणवेलगोला चले,
गुरु भद्र वाहु संग, तप मन समा गया॥220॥

उसी स्थान पर, जैन सल्लेखना द्वारा ही,
प्राण त्याग दिये मुनि, जीत काम लोभ अरि।
चन्द्रगुप्त बस्ती नामक, मन्दिर वहाँ उनका एक,
तपस्या पवित्र भूमि, लघु पहाड़ी चन्द्रगिरि॥221॥

मैसूर के अभिलेखों से, होता है पुष्ट कि,
भद्रवाहु संग चन्द्र, वहाँ तप हेतु आये हों।[2]
जबकि युनानियों का, ऐसा कोई विवरण नहीं,
शायद अन्तकाल, राजकाज में बिताये हों॥222॥

इतिहासकारों के, शोध सामग्री अनुसार,
चौबिस साल चन्द्र, राज्यकाल कहा जाता है।
तीन सौ बाइस ईसा पूर्व, नृप राज्यरोहण तिथि,
बी.सी. दो सौ अठनबे वह, मोक्ष सुख पाता है॥[3]223॥

चन्द्रगुप्त मौर्य का भारतीय इतिहास में स्थान

ऐतिहासिक युग के शुभ, सूत्रपात साथ-साथ,
ऐसा सम्राट उदित, इस भारत देश में।

---

1. नाहर, रतिभान सिंह : पूर्वोद्धृत, पृ. 227-231
2. झा, डी.एन. : प्राचीन भारत (एक रूपरेखा), पृ. 62-63; नाहर, रतिभान सिंह : पूर्वोक्त, पृ. 218; श्रीवास्तव, पंकजलता : पूर्वोद्धृत, भाग-एक, पृ. 53
3. श्रीवास्तव, के.सी. : पूर्वोक्त, पृ. 219

जिसके चारित्रिक, वैयक्तिक विशेषताओं से,
मिला स्थान विश्व, अधिपति विशेष में ॥224॥

प्रारम्भिक जीवन के, अध्ययन से होता ज्ञात,
जिसका जन्म ऐसी, निम्न स्थिति में हुआ हो।
विरला ही वसुधा पर, होगा कोई अन्य चन्द्र,
जिसने निज दम पर, इतना उच्च पद छुआ हो॥[1]225॥

विधवा सुमातु द्वारा, पोषित वह अभागा पुत्र,
बचपन में कौन सी, विपत्ति का न घात बना।
किन्तु एक दिन स्व, शौर्य एवं साहस से,
भारतीय धरित्री का, प्रथम सम्राट बना॥226॥

भारतीय साम्राज्य, संस्थापकों की सूची में,
सर्वोच्च नाम, चन्द्रगुप्त स्तुत्य था।
गुप्त हर्ष खिलजी, मुगल आंग्ल आदि सब,
किसी में न गुण उसका, सृजित सुकृत्य था॥[2]227॥

विस्तृत महादेश, देख होता स्पष्ट यह,
विजेता महान् राज्य, राष्ट्र निर्माता वह।
तमिल से ईरान मध्य, रखा साम्राज्य नींव,
चक्रवर्ति राज्य नृप, आदर्श अधिष्ठाता वह॥[3]228॥

यूनानी लेखकों के, अनुसार वह अतुल्य वीर,
साहसी अदम्य, उत्साही शौर्यवान था।
उसकी सफलता स्वयं, उसके द्वारा अर्जित थी,
नहीं कोई पूर्व, परम्परा ही विद्यमान् था॥229॥

यूनानी दासता से, देश को विमुक्त करना,
शक्तिशाली नन्दों का, करना सहज समुच्छेद।
सेनापति सेल्यूकस के, पराजय व संधि में,
योग्यता चातुर्य चन्द्र, दिखता परम उत्सेध॥[4]230॥

1. नाहर, रतिभान सिंह : पूर्वोक्त, पृ. 229
2. वही
3. जेम्स, एच.जी. : पूर्वोद्धत, पृ. 38
4. श्रीवास्तव, के.सी. : पूर्वोक्त, पृ. 219

शुरू से ही चन्द्रगुप्त, रहा विद्रोही प्रकृति,
किसी से टकरा सकता, रक्षा हेतु स्वाभिमान।
उसके हठ कारण ही, छूटा नन्द दरबार,
चन्द्र के स्वभाव कुपित, हुआ सिकन्दर महान्॥231॥

किसी के समक्ष झुकना, उसे स्वीकार नहीं,
खरा स्पष्ट सत्य, कहना स्वभाव था।
इसके विपरीत कुछ, साक्ष्य दर्शाते यह,
उन पर कौटिल्य का, अत्यधिक दबाव था॥232॥

मुद्राराक्षस उल्लेख, कौटिल्य का खिलौना वह,
बाद के कृतिकारों ने, यही बात दोहराया।
सदियों बाद रचित, मुद्राराक्षस कथ्य को,
सुधी इतिहासकारों ने, सत्य नहीं ठहराया॥[1]233॥

दिग्विजई रूप में चन्द्र, अत्यन्त सफल नृप,
हिन्दुकुश अफगान तक, राज्य की विशालता।
भारत के सम्राट इसे, किसी काल छू न सके,
चन्द्रगुप्त महान्, वहाँ शासन सम्हालता॥234॥

बलशाली चन्द्रगुप्त, साम्राज्य निर्माता ही नहीं,
सैन्य शासनिक विधान, ज्ञान में प्रवीन था।
उसका शासन विधान, मौर्य राज्य स्तम्भ,
अग्र शासकों के लिए, प्रेरक नवीन था॥[2]235॥

इस प्रकार चन्द्रगुप्त, लोकहितकारी कुशल,
शासन व्यवस्था का, निपुण निर्माता था।
चन्द्र शासनादर्श बाद, सर्व शासकों के लिए,
अनुकरणीय शुभ सत्य, मार्ग का प्रदाता था॥[3]236॥

हिन्दू मुसलमान एवं, आंग्ल शासकों ने भी,
मौर्य शास्ति प्रणालियों, का गुर अपनाया।

---

1. नाहर, रतिभान सिंह : पूर्वोक्त, पृ. 229–330
2. जेम्स, एच.जी. : पूर्वोक्त, पृ. 38–41
3. शर्मा, एल.पी. : भारत का इतिहास, पृ. 164–165

नौकरशाही पुलिस तन्त्र, राजस्व व्यवस्था आदि,
मौर्यों का अनुसरण कर, सुगठित बनाया ॥237 ॥
मौर्य प्रशासन के, अधिसंख्य आदर्शों से,
आधुनिक भारत का, शासन गतिमान् है।
कौटिल्य के राष्ट्रवादी, लोक हित राज्यादर्श,
दिया मूर्त रूप 'चन्द्र', भारत प्रतिमान है ॥238 ॥
उसकी सफलताओं ने, खण्ड-खण्ड भारत को,
एक सूत्र में बाँध, साम्राज्य अधिष्ठित किया।
भारतीय राजनय सम्मान, ज्ञान और गरिमा को,
विश्व राजनयिक, मानचित्र में प्रतिष्ठित किया ॥[1]239 ॥
बिन्दुसार का तटस्थ, अशोक का धार्मिक राज्य,
शीघ्र ही पतन की ओर, उन्मुख हुआ होता।
यदि चन्द्रगुप्त मौर्य, शासन सुव्यवस्था शान्ति,
निज कूट ज्ञान से न, सुदृढ़ किया होता ॥240 ॥
अशोक के धर्म प्रिय, राज्य अवधारण में,
युद्ध तिरस्कार नीति, अस्त्र-शस्त्र हुआ मंद।
किन्तु चन्द्रगुप्त के, सामरिक संगठन प्रभाव,
अशोक साम्राज्य युग, शान्ति नहीं हुआ भंग ॥[2]241 ॥
जस्टिन ने बताया उसे, क्रूर निर्दयी शासक,
क्योंकि नृप दण्डनीति, अतिशय कठोर था।
जबकि मुद्राराक्षस कृति, घोषित करे देव उसे,
लोक समृद्धि सुख, शान्ति सब ओर था ॥242 ॥
चन्द्रगुप्त कला अभिरुचि, दृष्ट उसके राजभवन,
जहाँ ठाट-बाट राजसी, जीवन बिताता था।
मानव आदर्श एक, शासक महान् दिव्य,
भव्य भारत-भारती को, शीष नित झुकाता था ॥[3]243 ॥

---

1. वही, पृ. 150-151
2. नाहर, रतिभान सिंह : पूर्वोक्त, पृ. 230
3. वही, पृ. 230-231

जैन परम्परानुसार, जीवन का अन्त भाग,
राज्य सुख त्याग, यति जीवन अनुसरण किया।
चन्द्रगुप्त राजर्षि हुए, उपासना में तल्लीन,
जैन सललेखना विधि, मोक्ष सुख वरण किया॥[1]244॥

कौटिल्य एवं अर्थशास्त्र[2]

चन्द्रगुप्त मौर्य के, जीवन निर्माण में,
गुरू कौटिल्य का, अतीव योगदान था।
राजनीति शास्त्र वेद, वाङ्मय धुरंधर विज्ञ,
विष्णुगुप्त चाणक्य, उनका अन्य नाम था॥245॥

ब्राह्मण व बौद्ध ग्रन्थ, स्रोत सूचना अनुसार,
जन्मे वह तक्षशिला, उच्च ब्राह्मण परिवार।
विशिष्ट अध्ययन, ज्ञानार्जन के उपरान्त वे,
बने तक्षशिला शिक्षा, केन्द्र प्रमुख आचार्य॥[3]246॥

किन्तु वह स्वभाव से ही, अति क्रोधी रूढ़िवादी,
एक बार जब पहुँचे, मगध दरबार में।
जहाँ किसी कारण नन्द, नृप से अपमानित हो,
नंद नाश संकल्प, लिया निज क्रोधाचार में॥247॥

चन्द्र की अगुवाई में, धावा बोल नंद राज्य,
मगध से नन्दों का, कुशासन उच्छेद किया।
मगध सम्राट बनने पर, चन्द्रगुप्त मौर्य ने,
महामात्य पद पर गुरु, चाणक्य का अभिषेक किया॥248॥

पुरोहित महामात्य पद, पर होते हुए चाणक्य,
चन्द्रगुप्त शासन विधान, को उच्चमान किया।
चन्द्रगुप्त बाद शायद, बिन्दुसार कुछ काल,
महामंत्री पद से, साम्राज्य गतिमान् किया॥[4]249॥

1. श्रीवास्तव, के.सी. : पूर्वोद्धृत, पृ. 220
2. लुणिया, बी.एन. : प्राचीन भारतीय संस्कृति, पृ. 381–382; गैरोला, वाचस्पति : पूर्वोक्त, पृ. 65–66
3. आचार्य, दीपंकर : पूर्वोक्त, पृ. 65, 68, 75–76, 93
4. श्रीवास्तव, पंकजलता : पूर्वोक्त, पृ. 58

इसके उपरान्त शास्ति, कार्यों से नाता तोड़,
वन में तपस्या हेतु, संन्यास अपना लिया।
साम्राज्य अधिष्ठाता, व्याख्याता राजनीति का,
सब कुछ त्याग अन्त, मोक्ष सुख पा लिया ॥250॥

राजनीतिशास्त्र पर, रचा अर्थशास्त्र कृति,
हिन्दू राजनीति पर, उपलब्ध कृति प्राचीन।
किन्तु अर्थशास्त्र के, रचयिता रचनाकाल पर,
नहीं है मतैक्य, विद्वान्‌गण विषय प्रवीन ॥251॥

जाली कीथ विन्टरनित्स, प्रभृति कुछ विज्ञजन,
इसको कौटिल्य की, रचना ही नहीं मानते।
इसके विपरीत शामशास्त्री, जैकोबी स्मिथ,
के.पी. जयासवाल, कौटिल्य कृति बखानते ॥252॥

कौटिल्य के पक्ष में, खड़े हुए विद्वानों ने,
बहुत से प्रमाण साक्ष्य, शोध कर जुटाया है।
तर्कों उद्धरणों के, आधार पर अर्थशास्त्र को,
विष्णु कौटिल्य द्वारा ही, रचित बतालया है ॥[1]253॥

चार हजार श्लोक कुल, मूल अर्थशास्त्र में,
पन्द्रह अधिकरण, एक सौ अस्सी प्रकरण हैं।[2]
प्रथम अधिकरण में, राजस्व के विविध विषय,
द्वितीय में नागरिक, प्रशासन का विवरण है ॥254॥

तृतीय चतुर्थ माल, फौजदारी वैयक्तिक विधि,
पंचम में सभासदों, कार्मिकों का कर्तव्य घोष।
छठे अधिकरण में, राज्य की सप्तांग प्रकृति,
स्वामी अमात्य राष्ट्र, दुर्ग बल मित्र कोष ॥255॥

अन्तिम नौ अधिकरणों में, नृप की विदेश नीति,
रण अभियान युद्ध, विजय के बहुविध उपाय ॥[3]

---

1. गैरोला, वाचस्पति : पूर्वोक्त, पृ. 67–69
2. वही, पृ. 75–80
3. श्रीवास्तव, पंकजलता : पूर्वोक्त, पृ. 58

शत्रु राष्ट्र जनता के, लोक प्रियता ग्रहण युक्ति,
आदि विविध विषयों का, वर्णन है साभिप्राय ॥[1]256 ॥
कौटिल्य शासनादर्श, व्यवहार में उदात्त दिखे,
ग्रन्थ में शासन विधा, का प्रस्तुत आकार था।
उसमें प्रजाहित ही, राजा का परम लक्ष्य,
प्रजाहित विरोधी, नहीं शासक स्वीकार था ॥257 ॥
कौटिल्य मात्र एक, राजनय विशारद नहीं,
प्रशासनिक सिद्धान्त के वे, अप्रतिम थे शिल्पकार।
परवर्ती लेखकों ने, उल्लेख किया ससम्मान,
शासनाध्यक्षों ने भी, प्रयोग किया बार-बार ॥[2]258 ॥
राजनयिक क्षेत्र में, अर्थशास्त्र का वही स्थान,
जो है व्याकरण में, पाणिनि कृति अष्टाध्यायी।
ईसा पूर्व चौथी तीसरी, शती के अनूदित ग्रन्थ,
भारतीय वाङ्मय के, बने ये नक्षत्र स्थायी ॥259 ॥

मेगस्थनीज और उसकी इंडिका[3]

सेल्यूकस निकेटर द्वारा, भेजा गया राजदूत,
मौर्य चन्द्रगुप्त अवधि, मेगस्थनीज आया था।
रह चुका था राजदूत, आरकोसिया क्षत्रप सभा,
भारत में भी बहुत समय, रहकर बिताया था ॥260 ॥
एरियन स्ट्रैबो एवं, प्लीनी की कृतियों में,
इण्डिका का उल्लेख, आता है बार-बार।
जिनकी सामग्री को, एकमेक करने पर,
निर्धारित होता कृति, इण्डिका का आकार ॥[4]261 ॥
मेगस्थनीज वृतांत को, झूठा कहा स्ट्रैबो ने,
सत्य है कि विवरण वह, पूर्णतया प्रमाणित नहीं।

---

1. आचार्य, दीपंकर : पूर्वोक्त, पृ. 122
2. वही, पृ. 71-73
3. श्रीवास्तव, के.सी. : पूर्वोक्त, पृ. 221-222
4. श्रीवास्तव, पंकजलता : पूर्वोक्त, पृ. 58

परम्परा रिवाज रीति, भाषा बोली अड़चन में,
कुछ बातें लिख दी जो, सत्य पर आधारित नहीं ॥[1]262 ॥
किन्तु इसी नाते ही, मेगस्थनीज सर्व विवरण,
कह नहीं सकते, असत्य-अंश बकवास।
उनके विवरण का, ऐतिहासिक मूल्य अत्यधिक,
जिसकी उपेक्षा लेखक, लेखनी का उपहास ॥263 ॥

मेगस्थनीज विवरण से, ऐसा ज्ञात मौर्य युग,
शान्ति सौहार्द समृद्धि, हर तरफ हरियाली थी।
भूमि उर्वर लोग निर्भर, रम्य था वातावरण,
सादगी सौजन्यता से, देश में खुशहाली थी ॥[2]264 ॥

लोग थे उत्कृष्ट नैतिक, आचरण के आदती,
साहसी निर्भीक निश्छल, सौम्य सुन्दर सत्यवादी।
धान गेहूँ जौ प्रमुख, खाद्यान्न उस युग के थे,
वेषभूषा रुचिर देश, निर्मित अनुकूल सादी ॥[3]265 ॥

मेगस्थनीज आकलन में, कई वर्ग समाज में थे,
दार्शनिक किसान शिल्पी, बणिक् व योद्धा शिकारी।
पशुपालक मंत्री निरीक्षक, आदि नाम इंडिका में,
स्वयं वह भारी प्रशंसक, साधु ब्राह्मण व पुजारी ॥266 ॥

पाटलिपुत्र नगर एवं, मौर्य राजभवन का,
प्रशंसात्मक स्वर में, वर्णन करता मेगस्थनीज।
पूर्वी भारत का सबसे, व्यवस्थित गुलजार पुरी,
सूसा से बढ़कर चन्द्र, भव्य भवन तकनीक ॥267 ॥

मौर्य सम्राट की, कर्मठता कार्य पटुता एवं,
जनहित न्याय दण्ड, वर्णन अकूत है।
राजनयिक सामाजिक, धर्म अर्थ वणिज् वृत्ति,
विवरण सुरक्षित, इंडिका में प्रभूत है ॥[4]268 ॥

1. लुणिया, बी.एन. : पूर्वोक्त, पृ. 397-399
2. श्रीवास्तव, पंकजलता : पूर्वोक्त, पृ. 59
3. वही
4. वही

सम्राट बिन्दुसार (298–273 ईसा पूर्व)

चन्द्रगुप्त बाद मौर्य, वंश राजगद्दी पर,
हुआ आरूढ़ उसका, पुत्र प्रिय बिन्दुसार।[1]
इस नृप के जीवन, उपलब्धियों के विषय में,
ज्ञात अत्यल्प शोध, सूचना साधन अनुसार॥269॥

इस सम्राट की महनीयता, इस बात निहित,
कि पाया पिता से जो, साम्राज्य उत्तराधिकार में।
अक्षुण्ण बनाये रखा, निज शौर्य संयम से,
खोट नहीं आने दिया, भव्यता विस्तार में॥[2]270॥

बिन्दुसार मातृ नाम, 'दुर्धरा' जैन ग्रन्थों में,
राजबलि कथा में विरुद, सिंह सेन आया है।
यूनानी स्रोतों से कई, उपाधि व नाम ज्ञात,
विज्ञों ने अमित्रघाट, भाषान्तर दर्शाया है॥271॥

सिंहसेन अमित्रघात, उपाधि से होता प्रतीत,
दुर्बल विलासी नृप, नहीं बिन्दुसार था।
किन्तु कौन सी विजयों के, हेतु दिया गया विरुद,
अज्ञात उपलब्धियों पर, छाया अन्धकार का॥[3]272॥

अपेक्षाकृत बाद के कुछ, जैन बौद्ध कृतियों से,
ज्ञात बिन्दुसार के कुछ, राजत्व काल तक।
महामात्य पद पर, विद्यमान थे कौटिल्य गुरु,
पश्चात् उस पद पर, आसीन हुआ खल्लाटक॥273॥

चन्द्रगुप्त काल से ही, षड्यंत्रकारियों एवं ,
नृप विद्रोहियों की, संख्या विशाल थी।
दब से गये थे वे, चन्द्रगुप्त के दमनचक्र,
बिन्दुसार युग विद्रोह, उनकी नयी चाल थी॥274॥

प्रान्तों में हुए कुछ, उपद्रव बिन्दुसार युग,
तक्षशिला विद्रोह का, विवरण देता दिव्यावदान।

---

1. जेम्स, एच.जी. : पूर्वोक्त, पृ. 42–43
2. कृष्णदेव : हिस्ट्री एण्ड हेरीटेज खण्ड–प्रथम, पृ. 221; नाहर, रतिभान सिंहः पूर्वोक्त, पृ. 231
3. श्रीवास्तव, पंकजलता : पूर्वोक्त, पृ. 59

उसके शमन के लिए, भेजा अशोक पुत्र को,
जिसने विनय शीलता से, क्रान्ति का रोका तूफान॥[1]275॥

सम्भवत: इसी प्रकार, अन्य कुछ प्रान्तों में,
हुए हो विद्रोह, राज्यकर्मि दुर्भाव से।
जिसको दबाने में सैन्य, बल का प्रयोग अधिक,
शनै: शनै: शान्त सख्त, शासन प्रभाव से॥276॥

बिन्दुसार लालन पालन, हुआ ऐसे वातावरण,
जहाँ एक रानी यूनानी, युवति संख्या थी विशाल।
विदेशियों के हितार्थ एक, बना था विभाग पृथक,
देखा था उन्होंने यूनानी, सम्पर्क पिता के काल॥277॥

यह नृप की वैदेशिक, प्रभावकारी पृष्ठभूमि,
भरसक रहा हो नृप, सम्बन्ध बहु विदेश से।
किन्तु दुर्भाग्य बस, विवरण कुछ प्राप्त नहीं,
सूचित सम्बन्ध मात्र, यूनानियों के देश से॥278॥

पूर्व की ही भाँति, बिन्दुसार के समय में भी,
भारत यूनान सम्बन्ध, नृप ने सहेजा था।[2]
मेगस्थनीज के बदले, राजदूत डायमेकस को,
सीरिया नरेश, अन्टियोकस ने भेजा था॥279॥

मिस्री महीप, फिलाडेल्फस टालमी द्वितीय,
बी.सी. दो सौ पचासी से, दो सौ सैतालीस बी.सी. बीच।
भेजा डाइनोसियस नाम, राजदूत मौर्य दरबार,
रहा बिन्दुसार काल, या अशोक प्रिय महीप॥[3]280॥

एथेनियस नामक एक, अन्य यूनानी लेखक जो,
करता उल्लेख दो, नृपों के मधुर पत्राचार।
जिसमें बिन्दुसार लिखता, प्रथम एण्टियोकस को,
भेजने को तीन वस्तु, सीरिया से साभार॥281॥

---

1. श्रीवास्तव, के.सी. : पूर्वोक्त, पृ. 222; नाहर रतिभान सिंह : पूर्वोक्त, पृ. 231
2. वर्मा, मोहिनी : ड्रेस एण्ड आर्नामेन्ट्स आफ ऐंशियंट इंडिया (प्रस्ता.), पृ. 1
3. श्रीवास्तव, पंकजलता : पूर्वोक्त, पृ. 59

भेजा एण्टिओकस ने, मीठी मदिरा व अंजीर,
सोफिस्ट को भेजने से, कर दिया नृप इनकार।
कारण दर्शाया कि, यूनानी कानून रीति,
देता नहीं दार्शनिकों के, विक्रय का अधिकार॥[1]282॥

इससे होता प्रमाणित, पश्चिम एशिया योरप से,
रहा भारत देश का, व्यापार वाणिज्य सम्बन्ध।
बिन्दुसार के दार्शनिक, रुचि का संकेत एवं,
सम्राट ऐशो आराम का, दिखता रुचिमय प्रसंग॥[2]283॥

राजकाज क्षेत्र में, बिन्दुसार ने स्वपितु के,
शासन व्यवस्था का, पूर्णत अनुगमन किया।
प्रान्तों का भार, राज्यपालों के जिम्मे सौंप,
योग्य विभागाध्यक्षों, अमात्यों का चयन किया॥284॥

बिन्दुसार सभा बीच, पाँच सौ सदस्यों वाली,
वृहद् मन्त्रिपरिषद का, प्रधान खल्लाटक था।
दिव्यावदान अनुसार, पश्चिम में अवन्ति का,
योग्य पुत्र उसका, अशोक उपशासक था॥[3]285॥

बिन्दुसार शास्ति युग की, अन्य बातें ज्ञात नहीं,
विद्वानों के अनुसार वह, पच्चीस वर्ष किया राज्य।
दो सौ तिहत्तर ईसा पूर्व, में वह दिवंगत हुआ,
अपने पीछे छोड़कर, एक सुदृढ़ साम्राज्य॥286॥

थेरावाद परम्परा, अनुसार विन्दुसार नृप,
ब्राह्मण धर्म अनुयायी, अन्य धर्म अनुरागी।
दिव्यावदान अनुसार, उसके राज्य दरबार में,
रहता एक ज्योतिषी, आजीवक मत गृह त्यागी॥[4]287॥

❑❑❑

1. नाहर, रतिभान सिंह : पूर्वोद्धृत, पृ. 232
2. वर्मा, मोहिनी : पूर्वोक्त, पृ. 2
3. श्रीवास्तव, के.सी. : पूर्वोक्त, पृ. 223
4. वही; पृ. 223; श्रीवास्तव, पंकजलता : पूर्वोक्त, पृ. 59

14

मौर्य साम्राज्य का चरमोत्कर्ष

सम्राट अशोक

(273–236 ईसा पूर्व)

सम्राट अशोक एक, मानव महान् विज्ञ,
विश्व शासकों के बीच, उसका स्थान भिन्न।
युद्ध है राजा का धर्म, किन्तु उसे भाया कब,
भीषण कलिंग युद्ध, जीत के हो उठा खिन्न॥
इस युद्ध बाद झुका, बौद्ध धम्म संघ ओर,
उसे ही प्रचारित किया, देश–विदेश में विभिन्न।
स्थापत्य कला कृतियाँ, नृप की अद्वितीय मंजु,
सारनाथ सिंह शीर्ष, भारत गणराज्य चिह्न॥

बिन्दुसार मृत्यु बाद, मगध सिंहासन पर,
हुआ पदारूढ़ एक, अति विशिष्ट सम्राट।
विश्व महाराजों में, जिसका स्थान प्रमुख,
उसका साम्राज्य इस, राष्ट्र में सबसे विराट्॥[1]1॥
विश्व में विशालता की, दृष्टि से साम्राज्य कई,
शासक सशक्त, मिल सकते जग में तमाम।
महानतम सम्राट श्रेष्ठ, मानव होना साथ–साथ,
उस युग धरित्री पर, शुचि संयोग था ललाम॥[2]2॥
वैयक्तिक चरित्र शुभ, कार्य राज्यादर्श का,
छोड़ दिया छाप निज, युग के ललाट पर।

1. जेम्स, एच.जी. : ए हिस्ट्री आफ इण्डिया, पृ. 43
2. कृष्णदेव : हिस्ट्री एण्ड हेरीटेज, खण्ड–प्रथम, पृ. 221

निहारती है पीढ़ियाँ जिस, उज्जवल व्यक्तित्व को,
प्रयास कर कहेंगे उस, अशोक सम्राट पर ॥3॥
अशोक महान् के, आरम्भिक जीवन पर,
उसके अभिलेख, कुछ प्रकाश नहीं डालते।
बौद्ध कृति दिव्यावदान, सिंहली अनुश्रुतियों से,
ज्ञात होते तथ्य कुछ, साक्ष्य जब खंगालते ॥[1]4॥
ऐसी सूचना कि पितु, राज्य काल में अशोक,
नियुक्त राज्यपाल था, पश्चिम अवंति प्रान्त।
पिता की बीमारी की, सूचना सुनकर वह,
आया पाटलिपुत्र पाया, पिता को दु:खी क्लान्त ॥5॥
सिंहली अनुश्रुतियों से, पता चलता यह अशोक,
निन्यानबे भाइयों को मार, स्वयं गद्दी हथियाया।
स्वतन्त्र प्रमाणों से, होती इसकी पुष्टि नहीं,
तथ्य विपरीत इसके, अभिलेखों में गया पाया ॥[2]6॥
कथायें प्रमाणित नहीं, सिंहली अनुश्रुतियों की,
अभिलेखीय साक्ष्यों से, स्वतः खण्डन हो जाता।
पंचम अभिलेख में उसके, परिजनों का उल्लेख,
कई भाई बहनों को, जीवित है दर्शाता ॥[3]7॥
अभिलेखीय साक्ष्यों से, होता प्रमाणित यह,
जीवित नृप भाई बंधु, शासन के तेरहवें साल।
करते थे निवास वे, साम्राज्य के विविध भाग,
देश के विभिन्न प्रान्तों में, कई रहे राज्यपाल ॥[4]8॥
अनेक बौद्ध ग्रन्थ, बौद्ध होने से पूर्व उसे,
चण्ड अत्याचारी, क्रूर हिंसक दर्शाते हैं।
किन्तु ऐसा कहने में, बौद्ध धर्म छिपा स्वार्थ,
ऐसे विवरण को विज्ञ, संशय युक्त पाते हैं ॥9॥

---

1. रिजडेविड्स, टी.डब्ल्यू. : बुद्धिस्ट इण्डिया, पृ. 127–129
2. नाहर, रतिभान सिंह : प्राचीन भारत का राजनैतिक एवं सांस्कृतिक इतिहास, पृ. 233–236; स्मिथ, बी.ए. : अर्ली हिस्ट्री आफ इण्डिया, पृ. 163
3. श्रीवास्तव, पंकजलता : प्राचीन इतिहास, भाग–एक, पृ. 60
4. श्रीवास्तव, के.सी. : प्राचीन भारत का इतिहास तथा संस्कृति, पृ. 223

अशोक की माता का नाम, रानी शुभद्रांगी था,
चम्पा की विप्र कन्या, लिखता दिव्यावदान।
दक्षिणी परम्परा में, कहा गया धर्मा उसे,
जो बिन्दुसार की अति, प्रिय रानी थी प्रधान ॥10॥

सिंहली परम्परानुसार, उज्जयिनी जाते समय,
रुका था अशोक, पुरी विदिशा सुअंक में।
जहाँ एक श्रेष्ठि शाक्य, कन्या से विवाह किया,
वेदिश महादेवी नाम, महाबोधिवंश में ॥[1]11॥

इसी प्रथम पत्नी से, संघमित्रा महेन्द्र हुए,
दिव्यावदान उक्ति, एक रानी तिष्य रक्षिता।
कारुवाकी नाम एक, अन्य साम्राज्ञी का,
युवराज तीवर की, सुमाता नीति दक्षिता ॥[2]12॥

सुसीम विगताशोक नाम, उसके द्वय भ्राता का,
मिलता उल्लेख, दिव्यावदान बौद्ध ग्रन्थ में।
सिंहली परम्परा में, इनके नाम सुमन-तिष्य,
कई भाई बहन हुए, अशोक कुल वंश में ॥[3]13॥

मौर्य कुल कुमारों में, परस्पर सौहार्द नहीं,
चाहते राजछत्र, एक दूजे को पछाड़ कर।
पिता अनुसार राज्य, अधिकारी था सुसीम,
अशोक ने हथियाया, कुछ भाइयों को मारकर ॥14॥

बौद्ध परम्परा प्रमाण, दो सौ तिहत्तर बी.सी.,
ग्रहण किया राज्य अशोक, पिता बिन्दुसार बाद।
सत्तालोभी भाइयों को, निज बल से आक्रांत कर,
एकराट् राजा हुआ, भारत का निर्विवाद ॥15॥

विद्रोह के शमन एवं, स्थिति सुधारने में,
बीत गये अशोक के, राजत्व के चार साल।[4]

1. रिज डेविड्स, टी.डब्ल्यू. : पूर्वोक्त, पृ. 128-131
2. स्मिथ, बी.ए. : पूर्वोक्त, पृ. 200-201
3. शर्मा, मनिराम : मैरिज इन ऐंशियंट इण्डिया, पृ. 107-108
4. कनिंघम, अलेक्जेण्डर : बुक आफ इण्डियन एराज, पृ. 34

बी.सी. दो सो उन्हत्तर में, हुआ राज्याभिषेक नृप,
उसके अभिलेखों में, राज्यगणना यही काल॥[1]16॥

मास्की एवं गुर्जर के, लेखों में सम्राट नाम,
मिलता अशोक व, पुराणों में अशोकवर्धन।[2]
देवानांप्रिय पियदसि, नृप की उपाधि प्रिय,
उसके अभिलेखों से, होता यह दिग्दर्शन॥17॥

कलिंग युद्ध[3]

सम्राट अशोक ने, राज्याभिषेक के उपरान्त,
पितामह दिग्विजय, नीति-रीति रखी बरकरार।
हुआ था स्वतन्त्र शायद, बिन्दुसार युग कलिंग,
दे रहा चुनौती मगध, सत्ता को बार-बार॥18॥

महत्वाकांक्षी अशोक को, यह था बरदास्त नहीं,
करके विचार किया, कलिंग रण अभियान।
बी.सी. दो सौ इकसठ में, जीता कलिंग युद्ध,
कौन था कलिंग राज, है नहीं कोई प्रमान॥19॥

सम्राट अशोक के, तेरहवें शिलालेख में,
इस भयंकर युद्ध का, विवरण है संग्रहीत।
लाखों लोग मरे, बन्दी घायल असंख्य हुए,
महाश्मशान कलिंग, हो रहा था तब प्रतीत॥20॥

स्वाधीन कलिंग की, स्वतन्त्रता हुई विदीर्ण,
बनाया गया प्रांत वह, उपशासकों के अधीन।[4]
तोषलि उपशास्ति केन्द्र, उत्तर कलिंग की,
दक्षिण कलिंग जौगढ़, शासन केन्द्र था नवीन॥21॥

कलिंग पर विजय का, तात्कालिक लाभ यह,
साम्राज्य सीमा पहुँच गयी, पूर्व खाड़ी बंगाल।

---

1. रिजडेविड्स, टी.डब्ल्यू. : पूर्वोद्धृत, पृ. 129
2. स्मिथ, बी.ए. : पूर्वोद्धृत, पृ. 164
3. श्रीवास्तव, के.सी. : पूर्वोक्त, पृ. 224-225; जेम्स, एच.जी. : पूर्वोक्त, पृ. 43, 45
4. कृष्णदेव : पूर्वोक्त, पृ. 221

इससे सम्राट के, शासन की धाक बढ़ी,
हुए भयाक्रान्त, राजद्रोही चोर चंडाल॥[1]22॥
किन्तु कलिंग युद्ध में, निरख नर संहार दृश्य,
अशोक का करुण हिय, विदीर्ण शोक संतप्त।
इसका दूरगामी, परिणाम हुआ भारत में,
कर दिया अशोक ने, दिग्विजय नय परित्यक्त॥23॥

भारत और मगध के, इतिहास में कलिंग विजय,
करता उद्घोष एक, नवीन युग आरम्भ।
बन्द हुआ हिंसा युद्ध, दौर रण अभियानों का,
लोक हित शान्ति सुखी, धर्म पथ हुआ प्रारम्भ॥24॥

साम्राज्य विस्तार सैन्य, युद्ध युग समाप्त हुआ,
अंग राज्य जीत जिसे, शुरू किया बिम्बिसार।
लोक हित मंगलकारी, अशोक के शासन में,
आध्यात्म पथ और, धर्म विजय का प्रसार॥[2]25॥

कलिंग रण प्रभाव से, अशोक हृदय परिवर्तित,
घटना बेजोड़ विश्व, विज्ञजनों के अनुसार।
बौद्धधर्म अपना कर, बना शान्ति दूत नृप अशोक,
राज्य संसाधन प्रयुक्त, लोक हित शुभ विचार॥[3]26॥

अशोक और बौद्धधर्म[4]

शासन के आरम्भ अशोक, हिन्दूधर्म अनुयायी,
राजतरंगिणी सन्दर्भ, सम्राट शिवोपासक था।
अन्य शासकों की तरह, रत वह मृगया शिकार,
उत्सव-भोजों में मांस, मत्स्य प्रयोग व्यापक था॥27॥

दीपवंश महावंश, सिंहली अनुश्रुति अनुसार,
शासन के चतुर्थ वर्ष, निग्रोध भिक्षु के प्रभाव।

---

1. गैरोला, वाचस्पति: कौटल्य कालीन भारत, पृ. 278-279
2. रिजडेविड्स, टी.डब्ल्यू. : पूर्वोद्धृत, पृ. 129; कृष्णदेव : पूर्वोक्त, पृ. 221
3. नाहर, रतिभान सिंह : पूर्वोक्त, पृ. 36-37
4. पाण्डेय, जी.सी. : बौद्ध धर्म के विकास का इतिहास, पृ. 194-195

दीक्षित बौद्धधर्म में, हुआ नृप अशोक मौर्य,
बढ़ता गया नृप का, तथागत बुद्ध प्रति झुकाव ॥28॥

मोग्गलिपुत्त तिस्स के, प्रभाव बना नृप बौद्ध,
दिव्यावदान श्रेय, भिक्षु उपगुप्त वृद्ध को।
अशोक अभिलेख इन, सब मतों के विरुद्ध,
बौद्ध दीक्षा का निमित्त, लिखते कलिंग युद्ध को ॥29॥

तेरहवें शिलालेख के, अंकन में उत्सुक अशोक,
बौद्ध उपदेश रुचि, धर्मरक्षण अभिलाषा।
राजत्व के अन्तिम वर्ष, कलिंग युद्ध उपरान्त,
सम्यक् धर्म दीक्षा ग्रहण, करने की प्रत्याशा ॥[1]30॥

सम्भवतः नृप का झुकाव, पूर्व से था बौद्ध मत,
कलिंग युद्ध बाद उसे, सम्पूर्णता से ग्रहण किया।
प्रथम कुछ वर्षों में, अशोक केवल उपासक रहा,
धर्म प्रचारार्थ नहीं, प्रयत्न कुछ अग्रण किया ॥31॥

बाद में बिताया कुछेक, काल बौद्ध संघ संग,
इससे उसके जीवन में, धर्म प्रति उमंग बढ़ा।[2]
धर्म के प्रचार हेतु, नृप किया उद्यम अनंत,
उसका प्रसार देख, आश्चर्य में नृप पड़ा ॥32॥

विज्ञ बौद्ध भिक्षुओं के, सानिध्य सम्पर्क बाद,
बौद्ध धर्म सिद्धांतों में, सम्राट की श्रद्धा जगी।
संघ अनुयायी होकर, सेवा का संकल्प लिया,
धर्म यात्राओं में नृप, अभिरुचि इच्छा उपजी ॥33॥

अनेक परिवर्तन हुए, सम्राट के जीवन में,
कलिंग महासमर एवं, बौद्धधर्म ग्रहण बाद।
युद्ध हिंसा छोड़, सदाचरण पथगामी हुआ,
पशुओं का वध बंद, मांसाहार दिया त्याग ॥[3]34॥

1. वर्मा, मोहिनी : ड्रेस एण्ड आर्नामेण्ट आफ ऐंशियंट इण्डिया, पृ. 1; हुल्तज्स, ई. : कार्पस् इंस्क्रिप्सनम् इंडीकेरम खण्ड–2, इंस्क्रिप्संस आफ अशोक, पृ. XLIII-XLVII
2. श्रीवास्तव, पंकजलता : पूर्वोक्त, पृ. 64
3. श्रीवास्तव, के.सी. : पूर्वोक्त, पृ. 225

मृगया आखेट, बन विहार आदि रुक गये,
उसके एवज में, धर्मयात्राओं का समारम्भ।
यात्राओं में मिलता, महीप अपनी जनता से,
उन्हें बताता गुण सार, बुद्ध के महान् धम्म ॥35॥

देश में जहाँ जहाँ, पड़े तथागत के चरण,
वहाँ वहाँ जा अशोक, किया भूमि वंदना।
सर्वप्रथम पवित्र, बोधगया की यात्रा की,
उसके बाद पहुँचा ग्राम, लुम्बिनि के अंगना ॥36॥

वहाँ के स्तूप पर, बनवाया पत्थर का बाड़,
बुद्ध जन्मस्थान पर, एक खड़ा किया स्तम्भ।
लुम्बिनि ग्राम को, कर मुक्त घोषित कर,
निग्लीवां स्तूप के, सम्वर्द्धन का किया प्रबन्ध ॥[1]37॥

बौद्ध अनुश्रुतियाँ करें, सूचित अशोक द्वारा,
निर्मित स्तूप सारे, देश में चौरासी हजार।
विविध शिलालेखों में, बुद्ध धर्म के हितार्थ,
अभिवृद्धि सुरक्षा का, करता बढ़-चढ़ प्रचार ॥38॥

बैरट राजस्थान के, लघु शिलालेख में,
करता सम्राट बुद्ध, धम्म संघ अभिवादन।
सारनाथ सांची, कौशाम्बी अभिलेखों में,
बौद्धधर्म रक्षण का, स्वयं वह बना साधन ॥39॥

सांची स्तम्भ लेख, भिक्षु भिक्षुणियों को,
देता चेतावनी संघ, चिर एक्य के निमित्त।
ऐसे उपासक भिक्षु, भिक्षुणी भी धम्म के,
दण्ड के भागी बनेंगे, फूट डालने में प्रवृत्त ॥[2]40॥

संघ चिरस्थाई बने, करे कामना नरेश,
अतः भिक्षु भिक्षुणी, उपासक बने सदाचारी।
बौद्धधर्म के प्रति, समर्पित सम्राट पूर्ण,
नहीं कोई साक्ष्य उसे, कहता अन्य धर्मधारी ॥41॥

1. स्मिथ, बी.ए. : पूर्वोक्त, पृ. 167-168, 186
2. श्रीवास्तव, पंकजलता : पूर्वोक्त, पृ. 64

किन्तु यह उल्लेखनीय, सदा उपासक ही रहा,
भिक्षु संन्यासी, संघाध्यक्ष न बना अशोक।
संघ के आह्वान पर, अवांक्षनीय जन प्रवेश,
सम्राट की हैसियत और, राजाज्ञा ने दिया रोक॥42॥

शासन के अठारहवें वर्ष, अपने संदेश में,
लंका नृप को अशोक, यह लिखकर बताया।
'बन गया हूँ मैं एक, उपासक गौतमबुद्ध का,'
ऐसा प्रसंग, महावंश में है आया॥[1]43॥

अशोक के संन्यास ग्रहण, करने का कोई प्रमाण,
प्राप्त नहीं अब तक, किसी शोध विज्ञ खास को।
राजा और संन्यासी, होना दोनों साथ-साथ,
नहीं उदाहरण दृष्ट, राष्ट्र इतिहास को॥[2]44॥

अशोक का धम्म[3]

राष्ट्रीय प्रजा के हित, व नैतिक उन्नयन हेतु,
अशोकाचार संहिता को, अभिलेखों में कहा धम्म।
जिसके प्रचार प्रश्रय, में रमा स राजशक्ति,
वही धम्म बना नृप, अशोक कीर्ति स्तम्भ॥45॥

अन्य अभिलेख में एक, प्रश्न करे खुद अशोक,
जनहितकारी मंगलकारी, धम्म तत्व क्या है।
सातवें अभिलेख में वह, गिनाता उन गुणों को,
धर्म के निर्माण अंशी, शुभ प्रशंसित कम्म क्या हैं॥46॥

दया दान जन कल्याण, पाप कर्म से विमुख,
साधुता मृदुता शुचिता, एवं सत्यवादिता।[4]
इन्हीं से होता सृजित, व्यवहारिक लोकधर्म,
निम्न आवश्यक बातें, गुण धर्म संचालिका॥47॥

---

1. लुणिया, बी.एन. : प्राचीन भारतीय संस्कृति, पृ. 414
2. श्रीवास्तव, के.सी. : पूर्वोद्धृत, पृ. 226
3. वही, पृ. 227-228; जेम्स, एच.जी. : ए हिस्ट्री आफ इण्डिया, पृ. 46
4. हुल्तज्स, ई. : पूर्वोद्धृत, पृ. XLVII-LV

प्राणियों के हिंसा एवं, प्रताड़ना वध का निषेध,
मात-पितु वृद्ध सेवा, गुरूजनों का सम्मान।
सेवकों से बर्ताव अच्छा, आय-व्यय दोनों ही अल्प,
मित्र परिचितों श्रमणों, ब्राह्मणों को आदर दान॥[1]48॥

दुर्गुण कुछ गिनाये गये, धार्मिक निषेध पक्ष,
जो होते आध्यात्मिक सत्, मार्ग के गरल बाधक।
कहा इन्हें आसिनब, स्तम्भ लेखों में पाप,
जिससे बचकर चलता, धर्मधर कुशल साधक॥49॥

ये थे चण्डता क्रोध, निष्ठुरता ईर्ष्या घमण्ड,
जिसका त्याग धम्म, परिपालन में अनिवार्य था।
अध:पतन रोकने को, करना आत्म निरीक्षण स्वयं,
धर्म में बुराइयों का, मिश्रण न स्वीकार्य था॥50॥

अशोक अनुसार धर्म, अनुसरणकारी व्यक्ति,
इहलोक परलोक दोनों, का पूण्यभागी था।
पुण्य और धर्माचरण से, प्राप्त करता स्वर्गलोक,
सुख सुयश पाता पूर्ण, धम्म अनुरागी था॥51॥

धर्म उसके उपादान, अशोक को अत्यन्त प्रिय,
भौतिक आचरणों में, धर्म को बताता जेष्ठ।
धर्म महामंगलमयी, सर्वमंगलों से है उच्च,
दानों में धर्मदान, कहता वह महाश्रेष्ठ॥52॥

धर्मदान निहितार्थ, धम्म सहभागिता एवं,
धम्म एकनिष्ठ होकर, करना धम्म उपदेश।
धम्म विजय को बताया, सैन्य विजय से उदात्त,
कलिंग युद्ध देता उसे, पश्चाताप महाक्लेश॥53॥

अशोक अनुसार सैन्य, विजय में है हिंसा क्रूर,
घृणा द्वेश मारकाट, जन धन की क्षति भारी।
धर्म विजय दया प्रेम, मृदु उदारता स्वरूप,
लोकजीवन अनुरूप, सर्वमंगल हितकारी॥[2]54॥

1. श्रीवास्तव, पंकजलता पूर्वोद्धृत, पृ. 65
2. वही; कृष्णदेव : पूर्वोक्त, पृ. 221

धम्मविजय[1]

तेरहवें शिलालेख के, धम्म विजय चर्चा में,
देता नृप धर्म विजय, धारण अतिसय महत्व।
देवानांप्रिय का धम्म, प्रसरित विदेशों तक,
साम्राज्य अन्तर्गत, बढ़ता गया रुचि ममत्व॥55॥

दक्षिण के पाण्ड्य चोल, ताम्रपर्णि की जनता,
यवन कम्बोज, धर्म शासन बखानते।
नभपंक्ति नाभक भोज, आन्ध्रक पुलिन्दों के,
जन समुदाय, धर्मशासन को मानते॥56॥

अन्तियोक तुरमय मग, अन्तिकिनि अलिक सुन्दर,
भेजे गये दूत यहाँ, धम्मविजय के हितार्थ।
जहाँ नही पहुँचते, नृप के प्रचार दूत,
धम्म में आस्था जोड़, लोग होते हैं कृतार्थ॥[2]57॥

धम्म से प्राप्त विजय, घोलता स्नेह वायु,
सुरभित होता इससे, धरा दिक् आसमान है।
प्रेम से भी उच्च, पारलौकिक कल्याण भाव,
धरती पर धम्म ही, प्रभावी प्रभामान है॥58॥

धम्म विजय अंकन, उद्देश्य अभिलेखों में,
बताता अशोक मेरे, पुत्र पौत्र जान लें।
सैन्य विजय इच्छा को, त्याग सर्वदा के लिए,
धर्म विजय गरिमा को, स्वतः पहचान लें॥59॥

यदि अपरिहार्य कहीं, बल प्रयोग का विकल्प,
अहिंसा सहिष्णुता मैत्री, व क्षमा का रखे ध्यान।
प्रेम विश्वास दया, दान से जन जीत लेना,
यही धम्म विजय मंगल, दोनों लोकों में समान॥[3]60॥

धम्म विजय़ अवधारणा, स्वयं अशोक की है,
इतर मत में धर्म विजय, इससे हटकर व भिन्न।

1. श्रीवास्तव, के.सी. : पूर्वोद्धृत, पृ. 228–229
2. पाण्डेय, जी.सी. : पूर्वोद्धृत, पृ. 199–203
3. लुणिया, बी.एन. : पूर्वोक्त, पृ. 417–418

महाभारत अर्थशास्त्र, रघुवंश आदि में,
धर्म विजय साम्राज्यवादी, नीति परिपूरक अभिन्न ॥61॥

ब्राह्मण ग्रन्थ धर्म-जय, एक राजनैतिक सोच,
विजित पर विजेता का, दबाव बना रहता है।
उपनृप सामन्त रूप, शासन करे स्वभूमि,
कर व उपहार रत्न, नियमित भेंट करता है ॥62॥

जबकि अशोक नृप का, धम्म विजय अभियान,
शुद्ध रूप से लगता, धम्म का गहन प्रचार।
तेरहवें शिलालेख में, यह करता उद्घोष नृप,
उसका धर्म पहुँचा, पड़ोसी राज्यों के पार ॥63॥

यह भी उल्लेखनीय, अपने साम्राज्य नृप,
किया कठिन प्रयत्न से, धम्म विजय अभियान।
इसका तात्पर्य यदि, राजनैतिक होता तो,
स्व अधिकृत राज्य में, करता क्यों यह काम ॥64॥

निज धर्म प्रचार को, दिया धम्म विजय नाम,
फैलता गया जो इस, देश के हर क्षेत्र भाग।
सबसे महत्त्वपूर्ण कि, धम्म पहुँचा विदेशों में,
वहाँ के जीवन में जगा, इसके प्रति अनुराग ॥65॥

वस्तुतः अशोक के, धम्म विजय धारणा में,
हिंसा युद्ध क्रूरता का, किंचित नहीं स्थान।
भारतीय इतिहास में, प्रथम अधिपति अशोक,
राजनय को दिया जिसने, हिंसा त्याग मत महान् ॥[1]66॥

यद्यपि अशोक पूर्व, हो चुके विचारक कई,
जिन्होंने अहिंसाव्रत, पालन का दिया सिद्धान्त।
किन्तु यह आचार, व्यक्तिगत जीवन से बद्ध,
राजनीतिक हिंसा का, निषेध न नियमोपरान्त ॥67॥

1. श्रीवास्तव, के.सी. : पूर्वोक्त, पृ. 229; लुणिया, बी.एन. : भारतीय सभ्यता तथा संस्कृति का विकास, पृ. 141

स्वयं गौतम बुद्ध भी, राजनयिक हिंसा के पक्ष,
अजातशत्रु को बताया, बज्जि विजय के उपाय।
जैनधर्म पोषक, नन्दराज एवं खारवेल,
हिंसा से अभिवृद्धि किया, राज्य व राजस्व आय ॥68॥

हिंसा परित्याग मत, राजनीतिक जीवन में,
अशोक के मस्तिष्क की, मूल उपज अनुचिंतन।
कर दिया सम्राट ने, व्यक्तिगत आचार को,
शासकीय आचार शास्त्र, संहिता में परिवर्तन ॥69॥

धम्म का स्वरूप[1]

इस धम्म के अन्तर्गत, ग्रहीत सर्वाचार विधि,
वही सब है जिसे, सम्प्रदाय सभी मानते।
इसमें कोई तात्त्विक व, दार्शनिक मीमांसा नहीं,
सहज सर्वांगीण तत्व, सरल रूप जानते ॥70॥

अतः विद्वानों ने, अशोक कृत धम्म को,
भिन्न भिन्न रूपों में, देखा पहचाना है।
फ्लीट मत राजधर्म, राजकर्मियों के निमित्त,
सर्वधर्म निधि, आर.के. मुकर्जी ने माना है ॥71॥

अशोक सम्राट का, व्यक्तिगत पंथ बौद्धधर्म,
आर.एस. त्रिपाठी मुकर्जी, विंसेन्ट स्मिथ अनुसार।
सर्वधर्म सार कहा, अशोक कृत धर्म को,
सर्वसाधारण हेतु शुभ, रचाया जो गृहस्थाचार ॥72॥

आर.एस. त्रिपाठी मत, अशोक सृजित धर्म में,
समावेश मूल तत्व, सर्वधर्म विश्व जनीन।[2]
उस पर किसी धर्म के, संरक्षण प्रोत्साहन का,
दोषरोपण करना शायद, होगा नहीं समीचीन ॥73॥

इसके विपरीत फ्रांसीसी, सेनार्ट अभिमत,
अशोक धर्म है, बौद्ध धर्म का समग्र रूप।

1. शर्मा, एल.पी. : प्राचीन भारत, पृ. 155–159; श्रीवास्तव, के.सी. : वही, पृ. 229–231; रिज डेविड्स, टी.डब्ल्यू. : बुद्धिस्ट इण्डिया, पृ. 132–139
2. वही, पृ. 134–135

रोमिला थापर विचार, यह अशोक आविष्कार,
ब्राह्मण बौद्ध धर्म का, ऋजु परिष्कृत स्वरूप ॥74 ॥

जीवन पद्धति नव सुझाव, सर्जना अशोक धर्म[1],
सरल व्यवहार्य, लिए नैतिक प्रकाश था।
इसका उद्देश्य उन, लोगों में समन्वय का,
आध्यात्म में उलझने का, जिन्हें न अवकाश था ॥75 ॥

उपरोक्त सभी मत व, मतान्तरों के विपरीत,
डी.आर. भण्डारकर का, मत लगे कुछ नवीन।
उनके मत में अशोक, धम्म न सर्वधर्म सार,
नहीं उसमें बौद्ध धर्म, का है चित्र सर्वांगीन ॥76 ॥

भण्डारकर अनुसार बौद्ध, धर्म ही है धम्म स्रोत,
भिक्षु व उपासक, बौद्ध धर्म के दो प्रमुख रूप।
जिसमें उपासक धर्म, विहित गृहस्थों के लिए,
अपनाकर अशोक उसे, बनाया अभिनव अनूप ॥[2]77 ॥

तथाकथित धम्म एवं, बौद्ध धर्म कृतियों के,
तुलनात्मक अध्ययन कर्ता, विज्ञजन की राय में।
अशोक के धम्म में, निर्देशित सब गृहस्थाचार,
दर्शनीय सिगालोबाद, सुत्त दीघनिकाय में ॥78 ॥

अशोक धम्म पालन से, मिलता जो स्वर्गीय सुख,
पालि विमानबत्थु में, लिखा हुआ उसी प्रकार।
इन्हीं समानताओं के, आधार पर भण्डारकर ने,
धम्म को कहा उपासक, बौद्ध धर्म, गुणाचार ॥79 ॥

विद्वानों ने इसी मत को, माना उचित तर्कसंगत,
अनुमोदित करता जिसे, प्रथम लघु शिलालेख।
यदि अशोक धम्म नहीं, होता बौद्ध धर्म प्रसूत,
वाङ्मय लिखते उसे क्यों, धम्म संरक्षक विशेष ॥80 ॥

1. मौर्य, रामसरन : अशोक महान, पृ. 25
2. लुणिया, बी.एन. : प्राचीन भारतीय संस्कृति, पृ. 415

अतएव उपासक धर्म, अशोक धम्म मूल स्रोत,
संघ सम्बन्ध से नृप, उत्साह बढ़ा धम्म में।
धम्म का लक्ष्य भी, निर्वाण प्राप्ति न होकर,
भौतिक सुख स्वर्ग हेतु, निरति शुभ कम्म में ॥81॥

रोमिला थापर[1] विचार, अशोक कृत धम्म नीति,
विस्तृत साम्राज्य एक्य, हित में बनायी गयी।
कठोर नियन्त्रण, अनुशासन के स्थान पर,
धम्म द्वारा भावनात्मक, एकता जगायी गयी ॥82॥

धम्म को बताया, सामुदायिक उत्तरदायित्व वृत्ति,
मानसिक प्रवृत्ति, लक्ष्य सद्भाव संचार।
व्यक्ति-व्यक्ति अन्य के, प्रति करे अच्छा बर्ताव,
मनुष्य का महत्त्व बढ़े, धम्म कीर्ति विस्तार ॥83॥

धम्म के माध्यम अशोक, अपनी प्रिय प्रजा का,
करना चाहता था शुभ, भौतिक नैतिक कल्यान।
सारे साम्राज्य को, एक सूत्र में पिरोने हेतु,
शुचि उद्देश्य किया, धम्म नीति का विधान ॥[2]84॥

धम्म की विशेषता[3]

प्रिय अशोक धम्म के, विश्लेषक विद्वानों ने,
इसे सर्व धर्मों का, सार तत्व बतलाया।
इसके भी मूलतत्व, अन्य धर्मों की तरह,
मौलिक स्वरूप मात्र, गया यहाँ दर्शाया ॥85॥

सत्य अहिंसा सदाचार, सेवा मान दान भाव,
सारभौम सहिष्णु ऋजु, नैतिक पवि प्राधान्य।
साम्प्रदायिक सद्भाव नीति, ईर्ष्या द्वेश विपरीत,
व्यावहारिक प्रयोग दृष्टि, से बना यह अधिमान्य ॥86॥

अतः सारांश यह कि, अशोक का धर्म प्रिय,
नैतिक आदर्श अहिंसा, प्रेरित अनुकरणीय धर्म।

1. शर्मा, एल.पी. : भारत का इतिहास, पृ. 171-174
2. श्रीवास्तव, के.सी. : पूर्वोद्धृत, पृ. 230-231
3. नाहर, रतिभान सिंह : पूर्वोद्धृत, पृ. 242-243

जिसमें मनुष्य सहित, सर्वप्राणि जीवन हित,
अहिंसा अवदान अशोक, विश्व प्रशंसनीय कर्म ॥87॥

धर्म प्रचार के उपाय[1]

इतिहास को विदित है कि, बौद्ध धर्म से प्रभावित,
अशोक सम्राट इसे, राजधर्म किया घोषित।
धर्म के दोनों स्वरूप, भिक्षु व उपासक पक्ष,
हुए साम्राज्य में, समादृत व राज्य पोषित ॥88॥

उपासक परम्परा को, अपनाया अपने जीवन में,
देश के प्रजाजन हित, सप्रयत्न प्रचार किया।
अब हमें देखना है, देवानांप्रिय अशोक,
समग्र बौद्धधर्म के, उपकार हेतु क्या किया ॥[2]89॥

बौद्धधर्म ग्रहण बाद, कुछ अवधि तक अशोक,
धर्म विस्तार हेतु, किया न किंचित प्रयास।
बौद्ध संघ शरणागत, होने के बाद नृप,
धर्म प्रचार हेतु करने, लगा यत्न अनायास ॥90॥

समस्त साम्राज्य में, धर्म यह फूले फले,
इसके प्रसार हेतु, खोजा मौलिक उपाय।
राज्य संसाधनों को, इसमें नियोजित किया,
जो धर्म प्रचार में, बन सके उसका सहाय ॥[3]91॥

(1) अहिंसा का उपासक बनना[4]

ब्राह्मण धर्म के उस युग, विविध क्रिया कलाप व
याज्ञिक कर्मकाण्डों से, हिंसा को मिला प्रोत्साहन।
उससे उबरनें हेतु, पशुबलि निषेध कर,
जीव हिंसा रोकने में, किया प्रजा आवाहन ॥92॥

अहिंसा शुचि सत्य भाव, समाज में संचार हेतु,
राजकीय समाज भोज, नृप निज भोजनागार।

1. श्रीवास्तव, के.सी. : पूर्वोद्धृत, पृ. 231–233
2. लुणिया, बी.एन. : पूर्वोद्धृत, पृ. 420–424
3. आचार्य, दीपंकर, कौटल्यकालीन भारत, पृ. 109; श्रीवास्तव, पंकजलता : पूर्वोक्त, पृ. 66
4. नाहर, रतिभान सिंह : पूर्वोद्धृत, पृ. 243

मांस हेतु पशुबध, बन्द करवा दिया अशोक,
प्रथम एवं सप्तम, शिलालेख लिपि अनुसार ॥93॥

(2) बौद्धधर्म को राजधर्म घोषित करना[1]

बौद्धधर्म को अशोक, राजधर्म घोषित किया,
प्रेरित प्रजा नृप का, अनुसरण करने लगी।
अपनाये अशोक के, उत्तराधिकारी भी बौद्ध धर्म,
हिंसा त्याग जनता, अहिंसा वरण करने लगी ॥94॥

बहुत दिन तक रहा यह, मौर्यों का राजधर्म,
धर्म अपनाने का न, किसी पर दबाव था।
अन्य धर्मों का भी, नृप था शुभचिंतक श्रेष्ठ,
धार्मिक सहिष्णु भाव, सम्राट का स्वभाव था ॥95॥

(3) धर्म विभाग की स्थापना[2]

अभिषेक के तेरहवें वर्ष, धम्म विभाग स्थापित,
महामात्र धर्माधिकारी, नियुक्त विज्ञ शुद्ध चित्त।
जिनका प्रमुख कार्य, धर्म सम्प्रदाय बीच,
द्वेषभाव विनष्ट कर, एक्य भाव हों प्रवृत्त ॥96॥

पंचम शिलालेख अनुसार, सम्राट ने निश्चित किया,
महामात्र का कर्तव्य, धर्मरक्षा धर्मवृद्धि।
धर्मादा से प्राप्त धन को, धर्म कार्य में लगाना,
धर्म प्रचारार्थ करना, हर तरह का कार्य सिद्धि ॥97॥

(4) राज्य पदाधिकारियों की नियुक्ति[3]

अशोक साम्राज्य की, विशालता के फलस्वरूप,
सम्भव नहीं एक व्यक्ति, कर सके सारा प्रचार।
अतः उसकी पूर्ति हेतु, राज्य कर्मियों को नृप,
सौंप दिया धम्म के, प्रचार कार्य का प्रभार ॥98॥

स्तम्भ लेख तीन और, सात से होता ज्ञात,
व्युष्ट रज्जुक प्रादेशिक, युक्त नामक अधिकारी।

---

1. वही, पृ. 243
2. वही, पृ. 244; थपलयाल, के.के. : स्टडीज इन ऐंशियंट इंडियन सील्स, पृ. 125
3. श्रीवास्तव, के.सी. : पूर्वोक्त, पृ. 231; श्रीवास्तव, पंकजलता : पूर्वोक्त, पृ. 66

शास्ति कार्य सहित धर्म, कार्य में लगाये गये,
प्रति पाँचवें वर्ष आती, हर कार्मिक की बारी ॥99॥

(5) धर्मयात्राओं का आरम्भ[1]

बन्द किया परिपाटी, मृगया बन विहारों की,
जिसमें तिय संग जन, करते मधुमय विलास।
इसके एवज में धर्म, यात्राओं का आरम्भ किया,
जहाँ सद्भाव सेवा, दान मान सुप्रयास ॥100॥

ब्राह्मणों श्रमणों वृद्धों, का दर्शन पोषण सेवा,
जनपदों की जनता से, मिलना करना संवाद।
प्रजा की सुख सुविधा, लोक जीवन का हाल चाल,
धार्मिक विषयों पर प्रश्न, करना पाना जवाब ॥101॥

इन्हीं उद्देश्यों की, पूर्ति हेतु प्रथम बार,
किया बोधगया यात्रा, अभिषेक के दशम् वर्ष।
राजत्व के चौदहवें साल, नेपाल की यात्रा में,
निग्लीवा स्तूप आकार, द्विगुणित किया नृप सहर्ष ॥102॥

बीसवें वर्ष में अशोक, पहुँच गया लुम्बिनि ग्राम,
बुद्ध जन्म स्थान पर, स्थापित किया शिलाखंभ।
लुम्बिनि ग्राम का, राजस्व कर अल्प किया,
इसके प्रभाव से, आकृष्ट लोग धम्म संघ ॥103॥

(6) धार्मिक प्रदर्शन[2]

पारलौकिक जीवन में, आस्था रखता अशोक,
जगह जगह करवाता, धर्म दृष्यों का प्रदर्शन।
जिसमें सुख स्वर्गलोक, झाँकियाँ अति मनोरंजक,
स्वर्ग सुख लालसा में, धर्म प्रति बढ़ा आकर्षण ॥104॥

(7) धर्म लिपियों का उत्कीर्णन[3]

शैल शिलाओं अश्म, खम्भों व गुहाओं बीच,
बौद्धधर्म सिद्धान्तों, शिक्षाओं को लिखाया नृप।

1. स्मिथ, बी.ए. : पूर्वोक्त, पृ. 167-168
2. श्रीवास्तव, के.सी. : पूर्वोक्त, पृ. 231-232
3. वही, पृ. 232; श्रीवास्तव, पंकजलता : पूर्वोक्त, पृ. 67

देश देशान्तर में, खुदवाकर धर्मलेख,
जनसाधारण को धर्म से, परिचित कराया नृप ॥105॥
धर्म लिपि व्यवस्था के, दो थे उद्देश्य मुख्य,
प्रस्तर पर लिखी लिपि, अमिट स्थायी होगी।
अनुसरण करेंगे लोग, प्रजा पुत्र पौत्र आदि,
धर्मलिपि शुचि सुपंथ, प्रेरणा प्रदायी होगी ॥106॥

(8) दान[1]

निरीह दीन हीन तथा, साधु श्रमणों को नृप,
दान देकर धर्म के, मनतव्य को करता साकार।
राजपरिवारजन एवं, सगे सम्बन्धियों को,
प्रचुर दान देने हेतु, करता प्रेरित तैयार ॥107॥
सप्तम् अभिलेख में, अभिज्ञात कर्मचारी कुछ,
दानकर्ता राजपुरुष, रानियों का रखते अभिलेख।
प्रयाग स्तम्भ में, उत्कीर्ण राज्ञी दत्त दान,
आम्र वाटिका उद्यान, अन्य वस्तु समुल्लेख ॥108॥

(9) धर्मोपदेश तथा धर्मश्रवण का प्रबन्ध[2]

जगह जगह धर्मोपदेश, धर्मश्रवण सुव्यवस्था,
शासकीय संसाधनों से, सम्राट करवाते थे।
घूम घूम पदाधिकारी, देते धर्म की शिक्षा,
धर्म घोषणाओं को, जन–जन पहुँचाते थे ॥109॥

(10) धर्ममंगल की व्यवस्था[3]

धार्मिक सामाजिक सभी, आडम्बरों को रोककर,
सत्य शुचि स्वरूप धर्म, जनता को दिखलाया।
विविध अनुष्ठानों, संस्कारों पर निरर्थक व्यय,
बलि प्रेरक यज्ञ रोक, अशोक था सुख पाया ॥110॥

---

1. वर्मा, टी.पी. : प्राग्धारा, अंक–3, वर्ष–92–93, पृ. 79–85
2. कृष्णदेव : हिस्ट्री एण्ड हेरीटेज खण्ड–प्रथम, पृ. 224
3. श्रीवास्तव, के.सी. : पूर्वोक्त, पृ. 231; नाहर, रतिभान सिंह : पूर्वोक्त, पृ. 244–245

(11) लोकोपकारी कार्य[1]

अशोक सद्‌विचार सभी, जीवधारी हो प्रसन्न,
सुख संसाधनों को, जुटाने का किया प्रयास।
मानव पशु कल्याण, सर्व जीवधारियों के हित,
पशु-पक्षी वध पर, प्रतिबन्ध लगाया खास ॥111॥

कुछ विदेशी राज्य सहित, अपने देश में अशोक,
मानव-पशु चिकित्सा, का किया पृथक इंतजाम।
अप्राप्य औषधियों को, बाह्य देशों से मंगाकर,
विभिन्न स्थानों पर, रोपवाने का किया काम ॥112॥

सातवें स्तम्भ लेख, उचित मार्ग छाया हेतु,
आम्र वट वृक्षादि, महापथों पर लगाये गये।
प्याऊँ हेतु आधे आधे, कोस की दूरी पर,
कूएँ खुदवाये, विश्राम गृह बनवाये गये ॥113॥

भिक्षु भिक्षुणियों के, निवास वर्षा वास हेतु,
अगणित मठ विहारों का, अशोक ने निर्माण किया।
जर्जर मठ विहारों, संघारामों का परिष्कार कर,
बनवाकर हजारों स्तूप, सद्धर्म प्रचार किया ॥114॥

(12) धर्म प्रचारक दलों को विदेशों में भेजना[2]

सिंहली अनुश्रुति बतातीं, अशोक ने विदेशों में,
बौद्ध धम्म प्रचार कार्य, स्व इष्ट को सहेजे थे।
सिंहली प्रचार दल में, अपनी संतान प्रिय,
महेन्द्र संघमित्रा को, सोद्देश्य भेजे थे ॥115॥

इस दल के पहुँचने पर, उत्सुक सिंहल नरेश,
तिस्स ने प्रचारकों का, आवभगत भारी किया।
सम्राट के संदेश को, सम्मान दे दीक्षित हुआ,
बौद्धधर्म-राजधर्म हो, यह आज्ञा जारी किया ॥116॥

---

1. द्विवेदी, अनुराग : भारत में कल्याणकारी कार्यों का अध्ययन (शोध प्रबन्ध), पृ. 60-88; स्मिथ, बी.ए. : पूर्वोक्त, पृ. 189-192
2. श्रीवास्तव, के.सी. : प्राचीन भारत का इतिहास तथा संस्कृति, पृ. 232-233

दूसरे तथा तेरहवें, शिलालेख में अंकित अनेक,
देशों के नाम जहाँ, प्रचारक पठाये गये।
दक्षिणी सीमान्त राज्य, चोल पाण्ड्य सत्तियपुत्र,
ताम्रपर्णी केरलपुत्त, आदि सब बताये गये ॥117॥

तेरहवें शिलालेख में, पाँच यवन नृप नाम,
जिनके राज्य में अशोक, भेजे थे धर्म प्रचारक।
वे थे पश्चिमोत्तर के, अन्तियोक मग तुरमय,
अन्तिकिन अलिकसुन्दर, नरेश कुछ नाम धारक ॥118॥

मिस्र का फराओं तुरमय, फिलाडेल्फस टाल्मी,
एण्टियोक सीरिया महीप, एण्टियोकस दो थियोस।
अन्तिकिनि नृप ऐण्टीगोनस, गोनाटास मेसीडोन,
मगस था एपिरस भूप, अलिकसुन्दर ज्ञान न ठोस ॥119॥

इसी शिलालेख में ही, अशोक बताता स्वयं,
जहाँ कहीं नहीं पहुँचे, देवानांप्रिय के दूत।
सुनकर प्रचार धम्म, शासन विधान ख्याति,
वर्मा चीन आदि देश, लोक में श्रद्धा अटूट ॥[1]120॥

स्वीकार करते नहीं, रिजडेविड यह तथ्य सत्य,
कि अशोक ने भेजे दूत, यवन नृपों के पास।[2]
यदि प्रचारक गये हो तो, सफलता उन्हें न मिली,
अशोक अभिलेखों का यह, राजमद मिथ्या प्रलाप ॥121॥

किन्तु अशोक अभिलेखों का, अभिप्राय न बनाना बौद्ध,
लेख उद्देश्य मुख्य, लोकहित जग कामना।
मनुष्य पशु जीव हेतु, औषधालय खोलकर,
प्राणिमात्र सेवा भाव, शुभ उदात्त भावना ॥[3]122॥

सिकन्दर आक्रमण बाद, आये जो भारत में यवन,
भारतीय संस्कृति अपनाया, यवन संस्कृति त्यागकर।

---

1. पाण्डेय, जी.सी. : बौधधर्म के विकास का इतिहास, पृ. 199-203
2. रिजडेविड्स, टी.डब्ल्यू. : पूर्वोक्त, पृ. 135-138
3. श्रीवास्तव, के.सी. : पूर्वोक्त, पृ. 232-233; मौर्य, रामसरन : पूर्वोक्त, पृ. 135-138

मेनाण्डर हेलियोडोरस, इसके ज्वलंत प्रमाण,
किया धम्म प्रचार आकर, निश-वासर जागकर ॥123 ॥

मिस्री महीप टाल्मी, फिलाडेल्फस सिकन्दरिया में,
भारी भरकम पुस्तकालय, एक स्थापित कराया।
जिसमें भारतीय दर्शन, के बहु अनूदित ग्रन्थ,
जिज्ञासुओं के अध्ययनार्थ, सुरक्षित वहाँ रखवाया ॥124 ॥

इस तरह मिथ्या प्रमाणित, रिजडेविड आकलन,
यवनों में इस धम्म का, कुछ न कुछ था प्रचार।
इसाई एसनस राप्यूठों, पर दर्शित बौद्ध प्रभाव,
पश्चिमी एशिया में बहु, बौद्ध मत का था प्रसार ॥125 ॥

बौद्ध और इसाइयों में, प्रचलित कर्मकाण्ड कुछ,
यथा पाप स्वीकारोक्ति, स्थिर ब्रह्मचर्य भाव।
शुचिता सुमाल्य धारण, रखना उपवास व्रत,
बौद्धधर्म प्रचार का, उत्तर इसाइयत पर प्रभाव ॥126 ॥

दीपवंश महावंश, उल्लेख पाटलिपुत्र में,
बौद्धधर्म तृतीय संगीति, हुआ अशोक नृप काल।
उसकी अध्यक्षता किया, मोग्गलिपुत्त तिस्स ने,
पश्चात् प्रचारकों का दल, भेजा गया था विशाल ॥127 ॥

कश्मीर गांधार यवन, देश हिमालय प्रदेश,
अपरान्तक महाराष्ट्र, महिष्मण्डल बनवासी।
लंका सुवर्णभूमि, आदि दक्षिणी प्रखण्डों में,
गये प्रचारक योग्य, राजकुलीय संघवासी ॥[1]128 ॥

(13) तृतीय बौद्ध संगीति[2]

सिंहली अनुश्रुति साक्ष्य, मोग्गलि-तिस्स सभापतित्व,
तृतीय संगीति अशोक, आहूत किया कर विमर्श।
बुद्ध परिनिर्वाण के, दो सौ छत्तीस वर्ष बाद,
अपने राज्याभिषेक बीत, जाने के आठरहवें वर्ष ॥129 ॥

---

1. श्रीवास्तव, पंकजलता : पूर्वोक्त, पृ. 67
2. नाहर, रतिभान सिंह : पूर्वोक्त, पृ. 245-246 एवं स्मिथ, बी.ए. : पूर्वोद्धृत, पृ. 169

भाब्रू शिलालेख साक्ष्य, भिक्षु सम्बोधन में अशोक,
मगध सम्राट रूप, संगीति में परिचय बताया।
क्योंकि सभा में उपस्थित, कुछ विदेशी भिक्षु दल,
साम्राज्य सीमा पार, जो विदेशों से था आया॥130॥

कहते दर्शित अशोक, भाब्रू शिलालेख में,
प्रियदर्शी सम्राट करता, संघ विनय अभिवादन।
संघवासियों के अबाध, स्वास्थ्य सुख हित हेतु,
कामना नरेश की है, भिक्षु करें देशाटन॥131॥

आगे कहते अशोक, बुद्ध धर्म संघ में,
अगाध आस्था हमारी, आप सभी जानते।
व्यक्त भली-भाँति हैं, तथागत उपदेश सभी,
उनकी शिक्षा को हम, सत्य-सत्य मानते॥132॥

यदि इस धर्म को, करना है स्थिर सशक्त,
तो इसके निमित्त कुछ, कर्तव्य भी हमारा है।
भिक्षु भिक्षुणियाँ पढ़े, मूल धर्म ग्रन्थ पाठ,
ध्यान मनन से करना, भ्रान्तियों का निपटारा है॥133॥

सुत्त विनय पिटक आदि, ग्रन्थों को गिनाता भूप,
जिसे संघवासियों को, पठन का करता निर्देश।
ऐसा लगता उस समय, बौध संघ के मतभेद,
मिटाने के हेतु था, सम्राट का ऐसा अनुदेश॥134॥

बुद्ध आविर्भाव एवं, अशोक अन्तराल काल,
निश्चय संघ संयम में, शिथिलता आया विकार।
जिसे इस संगीति द्वारा, दूर अशोक प्रेरणा से,
संघ जड़ जीवन में, किया नवल संचार॥[1]135॥

इस महासंगीति ने, किया एक परम्परा प्रदान,
जिससे कनिष्क आदि ने, संगीति को आगे कराया।
संघ मतभेद हुए, शमित इस संगीति में,
धम्म के प्रचार में भी, स्वतः ही स्फूर्ति आया॥136॥

1. मौर्य, रामसरन : पूर्वोक्त, पृ. 148-149

इस प्रकार अशोक ने, बहुविध उपायों द्वारा,
बौद्धधर्म शिक्षा नियम, नीति का किया प्रसार।
अतः अन्तर्राष्ट्रीय धर्म, बना यह अशोक काल,
धम्मध्वज फहरने लगा, राष्ट्र सीमाओं के पार ॥137॥

बिना किसी आर्थिक या, राजनैतिक स्वार्थ के,
हुआ सफलीभूत अशोक, धम्म प्रचार प्रयास में।
इस प्रकार धम्म विजय, विस्तार उदाहरण प्रथम,
प्राप्त न दूसरा दृष्टांत, अभी तक इतिहास में ॥[1]138॥

धार्मिक नीति[2]

अशोक ने ग्रहण किया, यद्यपि स्वयं बौद्ध मत,
बुद्ध मूल वचनों को, अक्षरसः सत्य माना।
तथापि साम्राज्य के, अन्य किसी धर्म प्रति,
अनादर असहिष्णु भाव, न सीखा दिखलाना ॥139॥

बौद्धधर्म संरक्षक, पोषक, नृप अशोक की,
क्या थी धार्मिक नीति, शासक के रूप में।
ब्राह्मण बौद्ध जैन आदि, अनेक धर्मावलम्बी,
भिन्न मान्यताओं से, आचरित निज स्वरूप में ॥140॥

बौद्ध अनुयायी अशोक, अन्य धर्मों के साथ,
कैसा व्यवहार करे, यह समस्या जटिल थी।
प्रत्येक को प्रसन्न रखना, और भी दुरूह कार्य,
सभी को सहेजना भी, चुनौती स्वपनिल थी ॥141॥

किन्तु सहिष्णुता नीति, रीति प्रीति गामी नृप,
सर्व सम्प्रदायों का, समादर सत्कार किया।
शासन की दृष्टि में, सबको समान मान,
राजनयिक सामाजिक, एक सम अधिकार दिया ॥142॥

1. उपाध्याय, भगवतशरण : प्राचीन भारत का इतिहास, पृ. 151; पाण्डेय, राजबली : प्राचीन भारत, पृ. 181
2. गैरोला, वाचस्पति : भारतीय संस्कृति और कला, पृ. 283-284; लुणिया, बी.एन. : प्राचीन भारतीय संस्कृति, पृ. 419-420

सभी धर्मों के प्रति, उदारता व आदर भाव,
सभी हो सुवर्द्धित ऐसा, नृप विचार शुभकारी।[1]
बाध्य नहीं किया कभी, स्वमत अपनाने को,
सभी जन स्वतन्त्र निज, धर्म धृत अधिकारी ॥143॥

बारहवें शिलालेश में, ज्ञापित नृप के विचार,
सभी धर्मों का हमें, समादर करना चाहिए।
सच्चाई अच्छाई सभी, धर्मों का मूल मन्त्र,
निंदा उपेक्षा न, अकारण करना चाहिए ॥144॥

ऐसा करने वाला, बढ़ाता निज सम्प्रदाय,
अन्य धर्मों का भी, वह करता उपकार है।
इसके विपरीत कृत्य, करने वाला नर मूढ़,
अपने ही धर्म का, करता अपकार है ॥145॥

जो कोई भक्ति भाव, निज सम्प्रदाय हित,
अन्य धर्मों की करता, निन्दा अवमानना।
किन्तु वह परोक्ष रूप, अपने ही पंथ का,
करता अनिष्ट है, संकीर्ण लिए भावना ॥[2]146॥

अशोक की सद्इच्छा, अन्य धर्म को भी सुने लोग,
संकीर्णता को त्याग जन, उदार यदि बनेंगे।
सांसारिक कलह सब, विवाद होंगे स्वतः नष्ट,
सर्व सम्प्रदाय यदि, सौहार्द से रहेंगे ॥147॥

बौद्ध मत उन्नयन, अवस्थापना के साथ-साथ,
मिला प्रचुर प्यार इतर, धर्म समुदाय को।
गया की बराबर, पहाड़ियों में गुफा खोद,
दिया दान यति मुनि, आजीविक सम्प्रदाय को ॥[3]148॥

राजतरंगिणी अनुसार, विजयेश्वर मंदिर शैव,
जीर्णोद्धार कराया, प्रान्त उत्तर कश्मीर में।

---

1. नाहर, रतिभान सिंह : पूर्वोक्त, पृ. 246
2. श्रीवास्तव, के.सी. : पूर्वोक्त, पृ. 226-227
3. रिजडेविड्स, टी.डब्ल्यू. : पूर्वोक्त, पृ. 131-132

मन्दिर के अन्दर द्वय, समाधि बनवाया नृप,
धर्म सहिष्णुता उद्वेग, अशोक मन शरीर में ॥[1]149 ॥

अशोक की सफलता का, सबसे महत् प्रमाण,
ब्राह्मण आदि धर्मों का, न कोई प्रतिरोध था।
सबका विश्वास लेकर, किया शास्ति धर्मकार्य,
लगता न कहीं कुछ, कोई भी अवरोध था ॥150 ॥

ब्राह्मण आजीवक आदि, मत को प्रसन्न रख,
सफलता के शीर्ष गया, नृप का प्रचार अभियान।
विदेशियों से मैत्री भाव, साधने में सम्राट की,
धर्म नीति ने दिया, उसको महा योगदान ॥[2]151 ॥

धार्मिक सौमनस्य व, सुविचार पूरे राष्ट्र में,
नहीं उदाहरण कहीं, सम्प्रदाय संघर्ष के।
इतने साम्राज्य महा, एक्य स्थापन में,
सफल था अशोक, धर्म न्याय जनाकर्ष से ॥152 ॥

नव धर्म स्थापन एवं, स्वमत थोपने के एवज,
पूर्व स्थित धर्म को, किया पूर्ण अंगीकार।
जिसमें लोक जीवन की, सम्पूर्णतायें थी निहित,
विचलित न हुआ अशोक, सहिष्णुता का पक्षकार ॥153 ॥

साम्राज्य विस्तार

सबको ज्ञात भली-भाँति, अशोक अपने जीवन में,
केवल एक बार किया, रण महा अभियान।
देखकर करुण दृश्य, कलिंग युद्ध हिंसा क्रूर,
युद्ध विजय त्याग, धम्म विजय पर दिया ध्यान ॥154 ॥

अतः अशोक साम्राज्य, विस्तार का आशय है,
उसके पूर्वजों द्वारा, विजित राज्य विस्तार।
वंशानुगत प्राप्त, महासाम्राज्य वह,
बना आजन्म रहा, उस पर पूर्ण अधिकार ॥[3]155 ॥

---

1. श्रीवास्तव, के.सी. : पूर्वोक्त, पृ. 227
2. नाहर, रतिभान सिंह : पूर्वोक्त, पृ. 247
3. रिज डेविड्स, टी.डब्ल्यू. : बुद्धिस्ट इण्डिया, पृ. 125

अशोक राज्य सीमा, दर्शाते उसके शिलालेख,
जगह-जगह प्रसरित, साम्राज्य भर में पाये गये।
पश्चिमोत्तर शाहवाजगढ़ी, शेरकुना कन्दहार,
अरामेइक लिपि से, लघमान में लिखाये गये॥[1]156॥

अतएव अभिलेख प्राप्त, पश्चिमोत्तर प्रान्तों से,
हिन्दुकुश हेरात, आरकोसिया, जेड्रोसिया।
सेल्युकस से जीता जिसे, पितामह चन्द्रगुप्त ने,
विरासत में पौत्र अशोक, बिना श्रम पा लिया॥157॥

ह्वेनसांग द्वारा दृष्ट, अशोक स्तूप कपिशा में,
दर्शाता अशोक शासन, अफगानी अधिकांश भाग।
अभिलेख कालसी, रुम्मनिदेई निग्लीवा से,
सूचित सम्राट शासन, हिमालय तराई संभाग॥158॥

सुदूर दक्षिण में दृष्टि, डालने से होता ज्ञात,
कर्नाटक में मास्की, लघुलेख जिला रायचूर।
जटिंग-रामेश्वर सिद्धपुर, ब्रह्मगिरि के लेख,
कर्नाटक तक अशोक राज्य, प्रमाणित करते भरपूर॥159॥

उड़ीसा में धौली एवं, जौगढ़ के शिलालेख,
लिखे बुद्ध स्तूप स्थित, प्राची अंग बंग में।
कर्ण सुअर्ण समतट, पुन्ड्रवर्धन के स्तूप,
ह्वेनसांग लेखनी के, मिलते कुछ प्रसंग में॥160॥

साम्राज्य से बाहर किन्तु, राज्य सीमा पर स्थित,
गिनाये गये सारे देश, द्वितीय शिलालेख में।
जिसमें प्रमुख ताम्रपर्णि, एवं सतिय-केरलपुत्र,
चोल पाण्ड्य आदि, देश दक्षिण विशेष में॥[2]161॥

इससे प्रमाणित सुदूर, दक्षिण को छोड़कर,
अखिल भारत देश था, अशोक अधिकार में।

---

1. श्रीवास्तव, के.सी. : पूर्वोक्त, पृ. 233
2. हुल्तज्स, ई. : पूर्वोद्धृत, पृ. XXXVI-XXXIX; शुक्ल, हीरालाल : आदिवासी बस्तर का वृहद् इतिहास, खण्ड-प्रथम, पृ. 23; शास्त्री, नीलकंठ, के.ए. : दक्षिण भारत का इतिहास, पृ. 85-86; श्रीवास्तव, बलराम : दक्षिण भारत का इतिहास, पृ. 12, 22-25

तेरहवाँ शिलालेख पूर्ण, विवरण बताता ठीक,
समीपवर्ती राज्य जुड़े, मित्रवत् व्यवहार में ॥162॥

ये थे कम्बोज भोजक, रठिक गान्धार यवन,
पित्तिनिक आन्ध्र नाभक, नाभपम्ति पारिमिदस।
इससे स्पष्ट उदधि, प्राची भू प्रतीची तक,
अफगान से कर्नाटक तक, फैला नृप शासन यश॥[1]163॥

सम्राट अशोक की परराष्ट्र नीति[2]

अशोक की परराष्ट्र नीति, धम्म नीति से प्रभावित,
वैदेशिक राज्यों से मान्य, मैत्री मधुर चाहता।
सह अस्तित्व सम्बन्ध, शान्ति प्रेम आधारित,
दौत्य आदान-प्रदान, का महत्व मानता॥164॥

साम्राज्य के पश्चिम और, दक्षिण के देशों में,
राजनयिक मैत्री सम्बन्ध, हुए सुदृढ़ स्थापित।
पिता व पितामह काल, पश्चिमी यवन राज्यों से,
मधुरिम सम्बन्ध दौत्य, आवागमन प्रस्थापित॥165॥

मिस्र अधिनायक महान्, टाल्मी फिलाडेल्फस ने,
भेजा निज राजदूत, अशोक के दरबार में।
अधिपति अशोक ने भी, पंच यवन देशों में,
प्रस्थित शिष्ट मंडल, वहाँ धार्मिक प्रचार में॥166॥

द्वितीय शिलालेख लिखते, अशोक ने इन देशों में,
पशुओं मनुष्यों हेतु, औषधालय खुलवाया।
दक्षिण में सिंहल सहित, अन्य चार देशों में,
धर्म प्रचारार्थ विज्ञ, बौद्ध दल भिजवाया॥167॥

ह्वेनसांग द्वारा दृष्ट, चोल पाण्ड्य राज्यों में,
एक एक स्तूप जो, अशोक ने बनवाये थे।
तमिल परम्परानुसार, दक्षिण में लिपि प्रचलन,
पाषाण लेखक उत्तरी, शिल्पि जन कराये थे॥[3]168॥

---

1. स्मिथ, बी.ए. : द अर्ली हिस्ट्री ऑफ इण्डिया, पृ. 169-172; जेम्स, एच.जी. : पूर्वोक्त पृ. 43, 48
2. श्रीवास्तव, के.सी. : पूर्वोक्त, पृ. 234-235; श्रीवास्तव, पंकजलता : पूर्वोक्त, पृ. 62
3. कृष्णदेव : हिस्ट्री एण्ड हेरीटेज, खण्ड-प्रथम, पृ. 224

एक परवर्ती पल्लव, अभिलेख में है अंकन,
शासनाधिकारी वहाँ, कोई था अशोक वर्मन।
मगध सम्राट के, प्रभाव से सिंहल नरेश,
बनकर पूर्ण बौद्ध, किया धम्म के प्रति समर्पन ॥169॥

पड़ोसी देशों के प्रति, अपना भाव व्यक्त करते,
कहते अशोक नृप गण, मुझ पर विश्वास करें।
क्षमा अभय शील सहित, धर्मानुसरण करते हुए,
इहलोक परलोक सुख, साधन सु प्राप्त करें ॥170॥

इससे स्पष्ट अपने, पड़ोसी देशों के प्रति,
अशोक के सम्बन्ध शान्ति, सहिष्णुता से ओत-प्रोत।
मैत्री बन्धुत्व क्षमाशील, धर्म अनुप्रेरित,
गृह व वैदेशिक नीति, सातत्य थी बिना खोट ॥171॥

अशोक के अभिलेख[1]

अशोक सम्राट का, विश्व इतिहास में विशिष्ट,
स्थान पाने में, अभिलेखों का अति योगदान।
न केवल अशोक की, महनीयता के प्रमुख साक्ष्य,
मौर्य युगीन भारतीय, इतिहास अंकित सप्रमान ॥172॥

अशोक के अभिलेख उसके, राजत्व के प्रमुख स्रोत,
तीस से भी अधिक, देश भर में बिखरे दिखे।[2]
डी.आर. भण्डारकर तो, अभिलेख के आधार पर ही,
अशोक के इतिहास को, सम्पूर्ण रुचिता से लिखे ॥173॥

अतः कहना उचित यह, अभिलेखों के अभाव में,
अशोक सम्राट का, इतिहास रह जाता अपूर्ण।
अभिलेखों से राष्ट्र सीमा, गृह विदेश शान्ति नीति,
वैयक्तिक चरित्र चित्रण, धर्म नय सूचित सुपूर्ण ॥[3]174॥

1. जेम्स, एच.जी. : पूर्वोक्त, पृ. 47–48; स्मिथ, बी.ए. : पूर्वोक्त, पृ. 173–183
2. कृष्णदेव, पूर्वोद्धृत, पृ. 222
3. हुल्ट्तज्स ई. : पूर्वोद्धृत, पठनीय

सन् अठारह सौ सैंतिस में, जेम्स प्रिंसेप ने प्रथम,
अशोक के अभिलेखों को, पढ़ने का किया प्रयास।
सिंहली रचनाओं में, देवानांप्रिय उपाधि,
प्रयुक्त अशोक नाम, मास्की शिलालिपि प्रकाश॥175॥

समस्त शैल लेखों का, वर्गीकरण निम्न भाँति,
वृहद् शिलालेख, गुहालेख व स्तम्भ लेख।
वृहद् अभिलेख बँटे, चौदह शिलालेखों में,
राजाज्ञायें चौदह अंकित, राष्ट्र में बिखरे विशेष॥[1]176॥

शाहवाजगढ़ी[2]

सन् अठारह सौ छत्तीस में, जनरल कनिंघम ने,
खोजा जिला पेशावर के, युसुफजई तहसील में।
बारहवें लेख अतिरिक्त, मिले यहाँ अन्य सब,
अंकित बारहवाँ पृथक, निकट शैल टील में॥177॥

मनसेहरा[3]

पाक के हजारा जनपद, प्राप्त तीन शिलालेख,
जनरल कनिंघम विज्ञ, प्रथम दो के अन्वेषक।
तृतीय शिला का श्रेय, पुरातत्व विभाग के,
पंजाब एकक अधिकारी, पुरावस्तु विश्लेषक॥178॥

प्रथम शिला अंकित लेख, प्रथम से अष्टम् तक,
द्वितीय शिला पट्ट लिखा, नौ से बाहरवाँ लेख।
तृतीय शैल टील पर, तेरहवाँ चौदहवां क्रमशः,
अरामेइक से उद्भूत, खरोष्ठी लिपि का सुलेख॥179॥

दाई से बाईं ओर, लिखावट का पंक्ति क्रम,
लेखों के अक्षर बड़े, खुदाई से सुस्पष्ट।
बारहवाँ लेख मनतव्य, सभी सम्प्रदाय बीच,
बढ़े सामंजस्य-स्नेह, होवे न किसी को कष्ट॥180॥

---

1. गैरोला, वाचस्पति : पूर्वोद्धृत, पृ. 279-280; मौर्य, रामसरन : पूर्वोक्त, पृ.94
2. श्रीवास्तव, के.सी. : पूर्वोद्धृत, पृ. 241
3. हुल्तज्स, ई. कार्पस इन्स्क्रिप्सनम् इंडीकेरम खण्ड-प्रथम, इंस्क्रिप्शन आफ अशोक, इन्ट्रोडक्शन, XII-XIII, पृ. 71-83

कालसी[1]

अब के उत्तरांचल के, देहरादून जनपद में,
यमुना टोंस संगम पर, कालसी का अभिलेख।
सन् अठारह सौ साठ में, लिपिविज्ञ फारेस्ट को,
बायें से दायें को अंकित, मिला ब्राह्मी लिपि सुलेख॥181॥

गिरनार[2]

गिरनार की पहाड़ी, जूनागढ़-काठियावाड़,
रुद्रदामन समुद्रगुप्त, के लेख यहाँ से प्राप्त।
सन् अठारह सौ बाइस में, कर्नल टाड द्वारा खोज,
सभी हैं सुरक्षित सहित, ऐतिहासिक साक्ष्य आप्त॥182॥

अशोक शिलालेख यहाँ, मिले हैं दो भाग पृथक,
ऊपर से नीचे के बीच, खिची खड़ी रेखा है।
प्रथम बारह लेख खड़ी, रेखा के बायें दायें,
तीसरा चौदहवाँ सबसे, निम्न लिपि लेखा है॥183॥

धौली एवं जौगढ़[3]

पुरी व गंजाम जिला, प्रान्त उड़ीसा स्थित,
इन दोनों के लेख, तीन-तीन श्रेणि खोह पर।
धौली शिलालेख सन्, अठारह सौ सैंतिस में,
कीटो ने निकाला बड़े, परिश्रम से टोहकर॥184॥

जौगढ़ में लेख खुदे, तीन शिलाखण्डों पर,
वाल्टर इलियट को प्राप्त, सन् अठारह सौ पचास।
दोनों प्रज्ञापन में लुप्त, ग्यारह से तेरहवां लेख,
उनके एवज नये लेख, सीमांकित निर्देश खास॥185॥

इन प्रज्ञापनों में, कलिंग राज्य के निमित्त,
अशोक शान्ति नीति रीति, को गया बतलाया।
विशिष्ट कलिंग प्रान्त, के न्याय व्यवहारिकों को,
अति उदार निष्पक्ष, न्याय नीति फरमाया॥186॥

---

1. वही, XI, 27–50
2. वही, IX-X, 1–26
3. वही, XIII-XIV, पृ. 84–101

एर्रगुडि[1]

आन्ध्र के कर्नूल जनपद, में एर्रगुडि स्थित,
लेख वृहद् और लघु, अश्म टीलों के आगोश।
यहाँ खुदे लेखों की, उलट दिशा लिपि विशेष,
सन् उन्नीस सौ उन्तीस में, खोजे डॉ. अनुघोष ॥187॥

सोपारा[2]

सोपारा महाराष्ट्र प्रान्त, थाना जिला अन्तर्गत,
खण्डित शिला अंकित, अष्टम् शिला लेख अंश।
विद्वानों का विचार कभी, यहाँ रहे होंगे पूरे,
चौदहो अभिलेख जो, हो चुके हैं अब ध्वंस ॥188॥

लघु शिलालेख[3]

उत्तरी दक्षिणी प्रति नाम, से ये शिलालेख प्रसिद्ध,
इसमें धर्म तत्व का, निरूपण किया गया।
ये शिलालेख वृहद्, चतुर्दश में युज्य नहीं,
अतएव शिलालेख लघु, नाम निम्न दिया गया ॥189॥

रूपनाथ जबलपुर, सहसाराम आरा जिला,
जयपुर बैराट निकट, मास्की जिला रायचूर।
गोविमठ पालकिगुण्डु, मैसूर में कोपवल पास,
एर्रगुडि आन्ध्रा, अहिरौरा जिला मिर्जापुर ॥190॥

ब्रह्मगिरि सिद्धपुर, जटिंग राज्य कर्नाटक,
राजुल मंडगिरि लेख, आन्ध्र प्रान्त कर्नूल।
सारो मारो शहडोल, पनगुडरिया मध्य प्रान्त,
नेत्तूर उडेगोलम्, गुलवर्गा धरा के धूल ॥191॥

सप्त स्तम्भ लेख[4]

राजाज्ञाओं को अशोक, लिखवाया सारे देश में,
स्वयं द्वारा खड़े किये, गये अश्म स्तम्भों पर।

1. श्रीवास्तव, के.सी. : पूर्वोद्धृत, पृ. 241-242
2. हुल्तज्स, ई. : पूर्वोक्त, इन्ट्रोड. XV, पृ. 118
3. वही, इन्ट्रोड. XXIII-XXVIII, पृ. 118
4. वही, इन्ट्रोड. XV-XXI, पृ. 119-159; तिवारी, आर.पी. : सर्वे आफ ड्राइंग इन ऐंशियंट इंडिया, पृ. 8-9

दिल्ली टोपरा-दिल्ली, मेरठ रमपुरवा बिहार,
लौरियाअरराज नंदनगढ़, प्रयाग के खम्भों पर॥192॥

दिल्ली टोपरा खम्भ, खड़ा पहले खिज़ाबाद,
चौदहवीं सदी में तुगलक, वहाँ से दिल्ली ले आया।
इस पर है अंकित सप्त, लेख सब अशोक के,
जेम्स प्रिंसेप ने इसका, आंग्ल संस्करण छपवाया॥193॥

दिल्ली मेरठ स्तम्भ, स्थित पहले मेरठ में,
इसे फिरोज तुगलक ने, दिल्ली ले जाकर लगवाया।
ऐसे ही कौशाम्बी स्थित, प्रयाग स्तम्भ को भी,
अकबर ने उखड़वा कर, प्रयाग दुर्ग में फिर गड़वाया॥194॥

लघु स्तम्भ लेख[1]

बड़े स्तम्भ अतिरिक्त, मिलते लघु स्तम्भ भी कुछ,
जिन पर भी सम्राट ने, राजाज्ञायें लिखवाई थी।
सारनाथ साँची कौशाम्बी, तथा रुम्मिनिदेई,
निग्लीवा स्तम्भ स्थित, नेपाल की तराई थी॥[2]195॥

सांची सारनाथ लेख, में महामात्रों को,
देता निर्देश संघ, भेद रोकने के उपाय।
प्रयाग कौशाम्बी में, रानी कारुवाकी द्वारा,
दान दिये जाने का, उल्लेख तथ्य साभिप्राय॥196॥

रुम्मिनिदेई लेख कई, दृष्टियों से महत्त्वपूर्ण,
अशोक वहाँ अर्चन किया, अभिषेक के बीसवें वर्ष।
शाक्यमुनि गौतम के, जन्मभूमि होने से,
माफ किया राजस्व कर, स्तम्भ स्थापित सहर्ष॥197॥

गुहालेख[3]

दक्षिणी बिहार के, गया सम्भाग स्थित,
बराबर पहाड़ी की, त्रय भित्ति गुफाओं में।

1. हुल्तज्स, ई. : पूर्वोक्त, पृ. इन्ट्रोड. XXI-XXIII, पृ. 160-165; श्रीवास्तव, के.सी. : पूर्वोक्त, पृ. 244-245
2. डायरेक्टर पब्लिकेशन, एम.आई.बी. भारत सरकार : 5000 इयर्स आफ इण्डियन आर्किटेक्चर, पृ. 6
3. तिवारी, आर.पी. : सर्वे आफ ड्राइंग इन ऐंशियंट इंडिया, पृ. 9; ला.वी.सी. : पूर्वोक्त, पृ. 27

आजीवक सम्प्रदाय के, भिक्षुकों के वास हेतु,
गुहादान विवरण, उत्कीर्ण राज आज्ञाओं में ॥198॥

अभिलेखों की भाषा व लिपि[1]

सर्व अभिलेख प्राकृत, भाषा लिपि ब्राह्मी में,
कुशल शैल लेखकों के, हाथों से उत्कीर्ण।
केवल कुछ लेख, मनसेहरा शाहवाजगढ़ी,
लघमान शेर-कुना, अरामेइक लिपि, जीर्णशीर्ण ॥199॥

शेर-कुना अभिलेख, कन्दहार के संमीप,
भग्न द्विभाषी, अरामेइक लिपि यूनानी है।
काबुल नदी कंठ, लघमान नाम अन्य लेख,
अशोकीय अभिलेख, उपरोक्त लिपि बानी है ॥200॥

चतुर्दश शिलालेख कृति, बी.सी. दो सौ सत्तावन,
अशोक शास्ति संहिता, नियमों का होता ज्ञान।
कलिंग अभिलेख में, कलिंग नव विजित राज्य,
निकट वन्य जातियों पर, शासन विधा अनुमान ॥201॥

दो सौ अट्ठावन-सत्तावन, बी.सी. के दो लघु लेख,
प्रथम लेख करता, अशोक जीवन पर प्रकाश।
भक्ति धर्मनिष्ठा बोध, अन्य लघुलेखों से,
सप्त अभिलेख नृप, नीति पर करता प्रभास ॥202॥

लघु स्तम्भलेख, धार्मिक प्रवृत्ति रूप,
तिथि इनकी ईसा पूर्व, दो सौ चौवालिस-बत्तीस।
भाब्रू शिलालेख, बौद्ध धर्म इतिहास यश,
तराई स्तम्भ नृप, तीर्थयात्रा रुचि प्रतीक ॥203॥

बराबर शैल दरीगृह, के उत्कीर्ण लेख,
धार्मिक सहिष्णुता के, अशोकीय प्रतिमान हैं।[2]
इनका लिप्यांकन ईसा, पूर्व दो सौ चौरानबे,
अशोक इतिहास महत्, अभिलेखीय अवदान हैं ॥204॥

---

1. नाहर, रतिभान सिंह : पूर्वोक्त, पृ. 250
2. ला,वी.सी. : पूर्वोद्धृत, पृ. 27

अशोक का शासन प्रबन्ध[1]

उत्तराधिकार में अशोक, को विस्तृत साम्राज्य एवं,
शासन व्यवस्था उच्च, पूर्वजों से हुआ प्राप्त।
धर्मरुचि नीति रीति, नैतिकता वशीभूत,
आवश्यक सुधार शास्ति, व्यवस्था में किया व्याप्त॥[2]205॥

आदर्श मानव अशोक, नैतिकता से अनुशासित,
कलिंग विजय पूर्व उग्र, साम्राज्यवादी सम्राट था।
किन्तु कलिंग युद्ध में, भीषण रक्तपात देख,
हुआ परिवर्तन नृप, हृदय में विराट् था॥206॥

सम्राट इस अर्थ में कि, बने समाज का रक्षक,
मानता सारी प्रजा को, निज पुत्र के समान।
मानव के नाते सर्व, जग जीव हितचिंतक,
अघाता न अशोक करके, लोकहित प्रजा का काम॥[3]207॥

कहता अशोक निज, कलिंग शिलालेख में,
साम्राज्य में रहने वाली, प्रजा मेरे सुत समान।
जिस प्रकार मैं यत्न करता, मेरी संतति हो सुखी,
उसी भाँति प्रजा हित में, निरत रहूँ आठों याम॥208॥

जनता के लौकिक, पारलौकिक सुख वृद्धि हेतु,
कामना करता अशोक, अभिलेखों से सुज्ञप्त।
लोकहित से बढ़कर, उसके लिए अन्य कार्य नहीं,
चौथा स्तम्भलेख करे, उद्गार यह व्यक्त॥209॥

जिस प्रकार लोग अपनी, संतति को सौंप धाय,
होते निश्चिन्त वह, उनका पालन करेगी।
उसी तरह रज्जुकों को, भार सौंप मुदित नृप,
निश्चित राष्ट्रीय जनता, की दशा सुधरेगी॥[4]210॥

---

1. नाहर, रतिभान सिंह : पूर्वोद्धृत, पृ. 250–252 एवं गैरोला, वाचस्पति : पूर्वोद्धृत, पृ. 286–288
2. श्रीवास्तव, पंकजलता : पूर्वोद्धृत, पृ. 62
3. वही, पृ. 63
4. रिजडेविड्स, टी.डब्ल्यू. : पूर्वोक्त, पृ. 138

प्रजा सेवा में कितना, दत्त चित्त था अशोक,
सुख समृद्धि हेतु, कितना जागृत रत सचेत।
जनहित कार्यों में कितना, तल्लीन प्रयासरत,
प्रत्यक्ष प्रमाण उसका, है चतुर्स्तम्भ लेख॥[1]211॥

"व्यवस्था बनायी मैंने, हर समय प्रतिवेदक जन,
प्रजा कार्यों की सदा, सूचना सुनाते रहें।
चाहे मैं हू उद्यान, शयनागार या अन्त:पुर,
भोजन समय भी, पास आकर बताते रहें॥[2]212॥

यदि कोई कार्य मैंने, सौंपे महामात्रों को,
उनमें मतभेद, मन्त्रिपरिषद न स्वीकार करें।
ऐसी स्थिति में, तत्काल मुझे सूचना दें,
मुझसे छिपा करके न, लोक अपकार करें॥213॥

प्रजाजन के हित में, कितना ही राजकाज करूँ,
पूर्णतया मुझको सन्तोष, नहीं प्राप्त होता।
ऋणी हूँ प्रजा का उनका, संरक्षण दायित्व मेरा,
प्रजाजन दु:खी तो, नृप निर्दोष नहीं होता॥214॥

प्रजा के ऋण भार से मैं, तब ही उऋण होने योग्य,
इहलोक सुख देकर, परलोक अधिकारी बनाऊँ।
लोक जीवन शान्ति सुखमय, यदि हमारे देश में,
देखकर हर्षित प्रजा को, मैं महासुख शान्ति पाऊँ"॥215॥

चिरस्थाई अभिलेखों में, अशोक का निर्देश यह,
भार्या पुत्र पौत्र आदि, सभी राजकुल के लोग।
लोक हित क्रियाओं के, प्रयत्न का संकल्प लें,
महा पराक्रम अपेक्षित, है नहीं यह सरल योग॥216॥

अशोक की अभिलाषा, उसकी प्रजा बहुश्रुत हो,
सभी सम्प्रदाय प्रति, जन आदर सम्मान हो।
प्रजाजन को कोई कार्य, प्रेरणा देने से पूर्व,
स्वयं पहले करने का, सदा उसे ध्यान हो॥217॥

---

1. नाहर, रतिभान सिंह : पूर्वोक्त, पृ. 251
2. श्रीवास्तव, पंकजलता : पूर्वोक्त, पृ. 63

राजनीति नय आदर्श, सिद्धान्तों का पंडित वह,
विश्व राजनीति का नृप, सम्पूर्ण ज्ञानी था।
कौटिल्य कूटनीति उसके, नय में समाविष्ट नहीं,
छल कपट दूर शासक, धम्म स्वाभिमानी था ॥218॥

राजत्व सिद्धान्तों की, प्रमुख विशेषतायें नृप,
शुचिता नैतिकता, प्रजाप्रियता आदर्शवाद।
बसुधांचल में इसके, पूर्व नृप अशोक सम,
प्रजा हेतु जीने मरने, वाला न हुआ निर्विवाद ॥219॥

स्वायत्त शासन[1]

तेरहवें अभिलेखाधृत, इतिहासविदों का विचार,
सीमा पार कुछ ऐसे, राज्य वर्तमान थे।
जो स्वायत्तशासी, स्वरूप राज्य पद लिए,
मौर्य साम्राज्य की, अधीनता भी मानते ॥220॥

जिसमें कम्बोज यवन, पश्चिमोत्तर सीमा पास,
भोज दिशा पश्चिम, समुद्र तट बरार में।
कृष्णा गोदावरि कंठ, सम्भवतः आन्ध्र राज्य,
नाभक नाभपम्ति पारिंद, परिचय अंधकार में ॥221॥

मन्त्रिपरिषद[2]

चन्द्रगुप्त काल का, पुरोहित महत्त्वपूर्ण पद,
अशोक अभिलेखों में, दिखता कहीं नाम नहीं।
राजनयिक मामलों में, पुरोहित का हस्तक्षेप,
अब था समाप्त, शासन में कोई काम नहीं ॥222॥

अशोक अभिलेखों में, 'परिषा' शब्द उल्लेख,
जिसे अर्थशास्त्र में, मन्त्रिपरिषद् कहा जाता था।
अशोक नृप अग्रामत्य, राधगुप्त नाम प्रिय,
मंत्रालय प्रमुख, मुख्य परामर्श दाता था ॥223॥

---

1. नाहर, रतिभान सिंह : पूर्वोक्त, पृ. 252
2. श्रीवास्तव, के.सी. : पूर्वोक्त, पृ. 261-262

अशोक के मन्त्री विनम्र, न्याय नीति में निपुण,
नैतिकता राजनीति, धर्म कार्य में प्रवीन।
सोचते प्रजाहित में, अशोक प्रियदसि की तरह,
लोकहित कार्यों में, रहते सदा तल्लीन ॥224॥

तीसरे एवं छठे, शिलालेख मन्त्रिपरिषद के,
कर्तव्य अधिकारों पर, डालते क्रमशः प्रकाश।
परिषा के आदेश नियमित, होते रहते लिपिबद्ध,
स्थानीय अधिकारी उसे, ले जाते प्रजा के पास ॥225॥

मौलिक विधान नृप, विभागों के निर्णय पर,
करती विचार परिषद, कहे शिलालेख षष्ट।
उसमें संशोधन, परिवर्तन हेतु शासन को,
संस्तुति अधिकार, मूल परिषा का स्पष्ट ॥226॥

कहता अशोक यदि, मतभेद परिषा में,
विचारों पर एक्य नहीं, सचिव सभागार में।
ऐसे में सूचना, तत्काल संप्रेषित हो,
सम्राट के समक्ष, सभा राजदरबार में ॥227॥

राज्य शासनादेशों को, संशोधन विचार हेतु,
भेजना सम्राट पास, इससे होता यह सिद्ध।
मात्र सलाहकारी संस्था, नहीं थी मंत्रिपरिषद,
वास्तविक अधिकार, युक्त राजकार्य में सुवृद्ध ॥228॥

दिव्यावदान से है ज्ञात, परिषा के विरोध से ही,
अशोक को रोकना पड़ा, संघ को प्रदेय दान।
परिषा की स्थिति थी, आधुनिक सचिवालय जैसी,
सम्राट महामात्र मध्य, करती प्रशासनिक काम ॥229॥

उच्च अधिकारियों के, कार्यों का निरीक्षण एवं,
उन्हें निर्देशित करना, परिषद का काम था।
सम्राट को सलाह, सब विभागों पर रखना दृष्टि,
केन्द्रीय शासन प्रबन्ध, का दायित्व महान् था ॥[1]230॥

1. शर्मा, एल.पी. : प्राचीन भारत, पृ. 153-154

प्रान्तीय शासन[1]

प्रशासन की सुविधा हित, अशोक वृहद् साम्राज्य,
बँटा अनेक प्रान्तों में, शिलालेख साक्ष्य मिला।
अवन्तिरट्ठ–उज्जयिनी, दक्षिणापथ सुवर्णगिरि,
तोषलि–कलिंग प्राची, पाटलिपुत्र, तक्षशिला॥231॥

राजनयिक महत्व के कुछ, अति विशेष प्रान्तों में,
राजकुल के लोग, राज्यपाल रखे जाते थे।
तक्षशिला सुवर्णगिरि, कलिंग उज्जयिनी के,
प्रान्तपति कुमार, आर्यपुत्र कहे जाते थे॥232॥

महावंश से है ज्ञात, अशोक अनुज तिष्य को,
अपना सहायक, उपराजा बनाया था।
किन्तु उसके भिक्षु, बौद्ध भक्त बन जाने पर,
स्वसुत महेन्द्र को इस, पद पर बैठाया था॥233॥

दिव्यावदान से सूचित, उत्तरापथ तक्षशिला का,
राज्यपति बनाया अशोक, अपना सुत प्रिय कुणाल।
इनकी नियुक्ति में, कुछ लक्षित नहीं भेदभाव,
यवन तुषास्प बना, काठियावाड़ राज्यपाल॥[2]234॥

होता प्रतीत राज्यपालों, की नियुक्ति में,
स्थानीय लोगों को, प्राथमिकता दी जाती थी।
प्रान्तपति सहयोग हेतु, होती मंत्रिमण्डल जो,
नौकरशाही निरंकुशता, पर अंकुश लगाती थी॥235॥

केन्द्रीय शासनानुरूप, व्यवस्था न करने पर,
राज्यपालों की मनमानी को, वह रोक देती थी।
कभी कभी सम्राट से, सीधे आदेश लेकर,
प्रान्तहित में उसका, क्रियान्वयन कर लेती थी॥236॥

जनपदीय अधिकारियों, कार्मिकों का नियुक्ति कार्य,
सम्राट से नहीं, राज्यपालों द्वारा की जाती।

---

1. श्रीवास्तव, के.सी. : पूर्वोक्त, पृ. 262
2. ला, वी.सी. : पूर्वोद्धृत, पृ. 112

सिद्धपुर शिलालेख साक्ष्य, राज्यपाल माध्यम से,
सम्राट का आदेश, महामात्रों को दी जाती ॥237॥

प्रशासनिक अधिकारी[1]

अशोक अभिलेखों में, नाम अधिकारियों के,
अर्थशास्त्र विवरण से, मिलते-जुलते अधिकांश।
धर्म सम्बन्धी पद नवीन, सृजित अशोक द्वारा,
निम्न पदधारियों का, विवरण यहाँ सारांश ॥238॥

युक्त[2]

जनपद अधिकारी युक्त, राजस्व करता वसूल,
जिला-कोष रख रखाव, आय व्यय रखता प्रबन्ध।
राजुक प्रादेशिक साथ, राजकीय दौरे पर जाता,
लिपिबद्ध करता उनके, निर्णयों को संग-संग ॥239॥

राजुक[3]

भूमि और न्याय के, प्रमुख अधिकारी राजुक,
कई लाख जनसंख्या, के ऊपर होते नियुक्त।
पहले करते थे केवल, राजस्व विभाग कार्य,
न्यायिक कर्म बाद में, हुआ इनसे संयुक्त ॥240॥

राजुक अधीनस्थों के, सुख दुःख का रखता ध्यान,
समय-समय पर देता, उन्हें उपहार पुरस्कार।
उसकी पद स्थिति अब के, जिलाधीश के सदृश,
दोषियों के दण्ड घटाने, का भी उसे अधिकार ॥241॥

यह भी उल्लेखनीय, स्टैबो के विवरण में,
कुछ मजिस्ट्रेट करते, नदियों का देखभाल।
रज्जुमाप से करते, भूमि का पैमाइश कार्य,
भूमि बन्दोवस्त के, अधिकारी वे मौर्य काल ॥242॥

रोमिला थापर विचार, राजुक ग्राम्य शासन रीढ़,
भूमि कृषि जल विवाद, चारागाह कराधान।

---

1. श्रीवास्तव, के.सी. : पूर्वोद्धृत, पृ. 262-263
2. वही, पृ. 262, जेम्स, एच.जी. : पूर्वोक्त, पृ. 44
3. श्रीवास्तव, के.सी. : प्राचीन भारत का इतिहास तथा संस्कृति, पृ. 262-263

कृषक पशुपालक वणिक्, शिल्पियों के झगड़ों का,
करना निपटारा और, शान्ति सुरक्षा विधान ॥243 ॥

प्रादेशिक[1]

मण्डल प्रधान अधिकारी, उस समय था प्रादेशिक,
उसका कार्य आज के, संभागीय आयुक्त समान।
सामान्य प्रशासन धर्म, न्याय कार्य सम्बन्धित,
राजुक–युक्त सहायता से, निपटाता शासकीय काम ॥244 ॥

सम्भवतः प्रादेशिक ही, प्रदेष्टा अर्थशास्त्र का,
जिसे विभागाध्यक्षों का, करना होता पड़ताल।
इससे प्रमाणित यह, मण्डल का सर्वोच्च वह,
शासनाधिकारी, कार्यरत अधीन राज्यपाल ॥245 ॥

तृतीय शिलालेख में उक्त, अधिकारियों का विवरण,
बारहवें शिलालेख में, कुछ अन्य पद नाम हैं।
जिसमें प्रमुख अति, स्त्र्याध्यक्ष व्रजभूमिक,
धम्ममहामात्र एवं, महामात्र, अभिधान हैं ॥246 ॥

स्त्र्याध्यक्ष[2]

महिलाओं के नैतिक, आचरणों का अनुशासक,
विहित प्राधिकारी को, कहा जाता स्त्र्याध्यक्ष।
अन्तःपुर की समस्त, व्यवस्था का दायित्व लिये,
वहाँ की स्त्रियों में, धर्म प्रचार करता प्रत्यक्ष ॥247 ॥

ब्रजभूमिक[3]

पालित पशु गाय भैंस, भेड़ बकरी ऊँट अश्व,
इत्यादि को ब्रज कहता, कौटिल्य का अर्थशास्त्र।
व्रजभूमिक–पशुओं का, रक्षक अभिवृद्धिकर्ता,
राज्य पशुशाला का, रक्षक वह नहीं मात्र ॥248 ॥

---

1. वही, पृ. 263; मौर्य, रामसरन : अशोक महान, पृ. 45
2. श्रीवास्तव, के.सी. : पूर्वोक्त, पृ. 263
3. वही

महामात्र[1]

पाटलिपुत्र कौशाम्बी, तोषलि सुवर्णगिरि,
इसिला समाया में, महामात्र थे नियुक्त।
जनपदों नगरों में, विचरण करते स्वच्छंद,
महामात्र पृथक-पृथक, कार्य हेतु संयुक्त ॥249॥

विविध महामात्र मौर्य, राज्य में थे कार्यरत,
नगलवियोहलक पद, कलिंग शिलालेख में।
प्रथम खम्भ लेख में, अन्तमहामात्र चर्चा,
इक्षिझक महामात्र झलक, बारहवें अभिलेख में ॥250॥

ये महामात्र स्वविभागों, के अध्यक्ष होते,
विभागीय कार्यों के प्रति, पूर्ण उत्तरदायी थे।
महामात्र पद से होता, उच्च अधिकारियों का बोध,
उत्तम प्रशासन, न्यायिक सेवा प्रदायी थे ॥251॥

धम्ममहामात्र[2]

चन्द्रगुप्त युग में, धम्ममहामात्र अस्तित्व नहीं,
सृजित पद अशोक द्वारा, अभिषेक के तेरहवें वर्ष।
धम्मदान प्राप्त करता, सम्राट व परिजनों से,
धम्म कार्यों में उसकी, व्यवस्था करता सहर्ष ॥252॥

सामंजस्य रखते ये, विविध सम्प्रदाय बीच,
उसके कल्याण हेतु, व्यवस्था बनाते थे।
जनता में नैतिकता, धम्म का प्रसार कर,
अनावश्यक दण्ड, यातनाओं से बचाते थे ॥253॥

जाते सभी वर्ग बीच, गृहपति असहाय वृद्ध,
शोषित अनाथ भिक्षु, ब्राह्मण श्रमण हो।
करते सबकी सहायता, आवश्यकता अनुसार,
रचते उपाय न, कहीं कोई अतिक्रमण हो ॥254॥

अशोक के अधिकारी सदा, रखते स्वयं ध्यान,
उनके कार्यों से नृप के, संकल्प को न लगे ठेस।

---

1. नाहर, रतिभान सिंह : पूर्वोक्त, पृ. 254
2. वही, पृ. 253-254; श्रीवास्तव, पंकजलता : प्राचीन इतिहास भाग-एक, पृ. 63-64

जन हित क्रियाओं में, रत रहना उनका ध्येय,
सम्राट भी करता रहता, राज्य कर्मियों को सचेष्ट ॥255॥

सम्राट अशोक का शासन सुधार[1]

अशोक महान् के, राजत्व आचार में,
भूपकर्तव्य प्रजा, सेवा बतलाया गया।
पहले से चली आ रही, शासन प्रणाली में,
आवश्यक सुधार, नृप द्वारा कराया गया ॥256॥

शासन सुधार पथ में, नृप का पहला कदम,
धर्ममहामात्रों की, अधिकाधिक नियुक्ति था।
जनता के बीच में, धर्म प्रचार माध्यम से,
आध्यात्मिक भौतिक विकास, सृजित सुयुक्ति था ॥257॥

पंचम शिलालेख से, सूचित धर्ममहामात्र,
राज्य कारागारों से, होकर जब गुजरते थे।
वृद्ध बीमार अधिक, संतान वाले कैदी की,
अवधि कम करने की, अनुशंसा करते थे ॥[2]258॥

अशोक का कलिंग व, तृतीय शिलालेख ज्ञाप,
तीन व पाँच वर्ष में, अधिकारियों का यात्रा विधान।
प्रादेशिक राजुक युक्त, आदि अन्य पदधारी,
दौरे पर जाकर करते, जन समस्याओं का निदान ॥259॥

इसके पूर्व गुप्तचरों का, काम केवल राजनयिक,
विषयों की सूचना, शासनाध्यक्ष को सुनाना था।
जबकि अशोक के, प्रतिवेदक कहीं किसी समय,
हर प्रकार की सूचना ले, सम्राट पास जाना था ॥260॥

पाचवें और चौथे, शिलालेख से सूचित यह,
अपने राज्याभिषेक के, वार्षिक तिथियों के दिन।
प्राण दण्ड कैदियों का, जीवनावधि बढ़ा देता,
बंदियों को मुक्त कर, उत्साह भरता मुख मलिन ॥[3]261॥

---

1. नाहर, रतिभान सिंह : प्राचीन भारत का राजनैतिक एवं सांस्कृतिक इतिहास, पृ. 255–256
2. श्रीवास्तव, पंकजलता : पूर्वोक्त, पृ. 62–63
3. वही, पृ. 63

भारतीय राजनय अनुसार, पड़ोसी राज्य मित्र नहीं,
शक्तिशाली दुर्बल का, राज्य हड़प कर लेता।
जबकि नृप अशोक का, पड़ोसी राज्यों के प्रति,
मैत्री व्यवहार नीति, अभयदान सुख देता ॥262॥

कहता अशोक, "सीमान्त वासी न भयभीत हो,
करके विश्वास मुझसे, मित्रवत व्यवहार करें।
जहाँ तक सम्भव है, क्षमादान भी अवश्य होगा,
अभय सुख-शान्ति सहित, मैत्री स्वीकार करें" ॥[1]263॥

महत्वपूर्ण सुधार किया, सामाजिक जीवन में,
जीवन लय जनता का, उठाने का किया प्रयास।
हिंसापरक उत्सवों, समाजों को प्रतिबन्धित कर,
मांस मदिरा आदि पर, अपव्यय का किया ह्रास ॥264॥

पशुबलि निषेध, सम्राट कृत सराहनीय,
अशोक के अतिरिक्त, जग में हुआ न कोई नरेश।
जीव हिंसा रोकने की, जिसको हो इतनी चिन्ता,
अहिंसक विचारों का, वह बना अग्रदूत देश ॥265॥

प्राचीन भारत के कई, राजाओं ने किये हैं,
जनहित के कार्य, बहु ग्रन्थ बतलाते हैं।
किन्तु उनके कार्यों का, अधिक है महत्व नहीं,
अशोक की करनी समक्ष, फीके पड़ जाते हैं ॥266॥

न्यायिक सुधार[2]

जौगढ़ और धौली के, पृथक-पृथक लेखों में,
नगर व्यवहारिकों को, देता नृप आदेश।
बिना उचित कारण के, किसी भी अपराधी को,
नहीं करे कैद, काय यातना न दें विशेष ॥267॥

ईर्ष्या अविवेक क्रोध, निष्ठुरता आलस्य आदि,
दुर्गुणों से मुक्त हो, निष्पक्ष न्याय करें।[3]

---

1. कृष्णदेव : हिस्ट्री एण्ड हेरीटेज, खण्ड-प्रथम, पृ. 224
2. श्रीवास्तव, के.सी. : पूर्वोक्त, पृ. 264
3. श्रीवास्तव, पंकजलता : पूर्वोक्त, पृ. 63

ऐसा करने से उनको, स्वर्ग सुख प्राप्त होगा,
सम्राट से उऋण होने, का भी अध्यवसाय करें ॥268॥

पंचम शिलालेख से है, ज्ञात होता महामात्र,
करते निरीक्षण, कैदियों का कारागार में।
बिना किसी कारण के, दण्ड पाये बन्दी को,
मुक्ति का विधान उन्हें, मिला अधिकार में ॥269॥

न्याय प्रशासन में, एकरूपता लाने हेतु,
राजुकों को दे दिया, स्वतन्त्र न्यायिक अधिकार।
करते अपराध सिद्ध, दण्ड स्व विवेक से,
अभिषेक के 26वें वर्ष, किया था इस पर विचार ॥270॥

इसके पूर्व प्रादेशिक, नगर व्यवहारिक द्वय,
करते थे न्याय कर्म, भिन्न-भिन्न प्रान्त में।
इससे न्याय प्रक्रिया में, होता प्राय: भेद-भाव,
राजुकों की नियुक्ति, न्याय नवल सिद्धान्त में ॥[1]271॥

दण्ड की प्रक्रिया को, उदार बनाने का यत्न,
मृत्युदण्ड यद्यपि, समाप्त नहीं किया गया।
पश्चाताप द्वारा पारलौकिक, सुख प्राप्ति हेतु,
तीन दिन का मोहलत, प्राण दण्डित को दिया गया ॥272॥

अमानवीय हिंसा कई, यातनीय कुकृत्यों को,
बन्द करवाया अशोक, शासन के आदेश से।
दण्ड कम करने के लिए, अपराधी के भाई बन्धु,
करते अपील न्याय, राजुक विशेष से ॥[2]273॥

अशोक सम्राट के, प्रशासनिक सुधारों पर,
धर्म व नैतिकता का, पड़ा अमिट छाप था।
सामाजिक आर्थिक एवं, धार्मिक क्षेत्रों में,
अति ही प्रशंसनीय, गति क्रिया कलाप था ॥274॥

---

1. वही, पृ. 63
2. वही

अशोक के निर्माण कार्य[1]

अशोक नृप प्रसिद्ध नहीं, केवल इस कारण कि,
धार्मिक क्षेत्र में उसकी, प्रगति अद्वितीय थी।
वास्तुकला क्षेत्र में भी, अशोक के उदात्त कार्य,
लकड़ी ईंट के एवज, पत्थर प्रयोजनीय थी ॥275 ॥

नगर निर्माण भवन, साज-सज्जा में अशोक,
पूर्वजों से बढ़-चढ़ कर, रुचि दिखलाया था।
अनुश्रुति अनुसार, नेपाल में ललितपाटन,
कश्मीर में श्रीनगर, पुरियों को बसाया था ॥276 ॥

महावंश वाक्य, उप राजाओं द्वारा अशोक,
भारत में चौरासी हजार, स्तूप का किया निर्माण।
बुद्ध की अस्थियों पर, बनाये गये सब स्तूप,
जो हैं समर्थित, ह्वेनसांग लेखनी के प्रमाण ॥277 ॥

अशोक कृत राजप्रासाद, इतना भव्य एवं चारू,
जिसे देख चकित हुआ, चीनी यात्री फाह्यान।
उसने कहा इसे बना, सकता कोई मानव नहीं,
इसे रच सकता कोई, देव दनुज ही महान् ॥278 ॥

बराबर पहाड़ियों के, मध्य में अशोक द्वारा,
खुदी जो गुफायें, आजीवकों के निवासार्थ।
वज्र लेप उन पर अति, उच्च तकनीक युक्त,
चमकती दीवालें छतें, जताती नृप पुरुषार्थ ॥279 ॥

अशोक स्थापत्य कृति में, स्तम्भ रचना सर्वश्रेष्ठ,
ऊँचाई पचास फुट तक, वजन में पचास टन।
चुनार पत्थर से निर्मित, नीचे से ऊपर को पतले,
घण्टाकार शिखरोपरि, पशु आकृति का अंकन ॥280 ॥

स्तम्भों की सुन्दरता का, बखान विद्वानों द्वारा,
किया गया इतना कि, वे स्वतः आश्चर्य है।

1. नाहर, रतिभान सिंह : पूर्वोद्धत, पृ. 256-257

पशु आकृतियों की, सजीवता अति मोहनीय,
खम्भों की ओप सुघड़, सौम्य प्रभावर्ण्य हैं ॥281॥

इनके निर्माण में, तकनीक जहाँ अति उच्च,
उससे भी विलक्षण अन्य, जगह ले जाया जाना।
चुनार की पहाड़ियों से, काट व तराशकर,
सैकड़ों मील दूर, दुरूह स्थानों पर पहुँचाना ॥282॥

अशोक का अन्तिम समय[1]

अशोक के जीवन के, अन्तिम दिनों के लिए,
मात्र बौद्ध स्रोतों पर, निर्भर इतिहास है।
दिव्यावदान विवरण में, उसके भव्य शासन एवं
दुःखद वृद्धावस्था की, चर्चा कुछ खास है ॥283॥

नृप द्वारा राज्य निधि से, बौद्ध संघों के लिए,
प्रचुर धन दान पर, अमात्यों ने विरोध किया।
कुक्कुटाराम विहार को, भेंट दान देते समय,
सम्राट सुत सम्प्रति ने, उसे भी रोक दिया ॥284॥

जीवन निर्वाह हेतु, निश्चित धनराशि में भी,
व्यापक कटौती का, किया गया आदेश।
अशोक का प्रशासन पर, नहीं रह गया प्रभाव,
दुःखद परिस्थितियों में, नृप प्राण न रहे शेष ॥285॥

पुराणों के अनुसार अशोक, सैंतीस साल राज्य किया,
मृत्यु पास आई नृप के, दो सौ छत्तीस ईसापूर्व।
दुनिया का कोई शासक, इतना गौरवशाली नहीं,
स्वर्णाक्षरों में अंकित जिसकी, प्रशंसा सुयश अपूर्व ॥[2]286॥

अशोक का मूल्यांकन[3]

भारत ही नहीं विश्व, इतिहास में अशोक,
महानतम सम्राटों की, शृंखला में एक था।

---

1. श्रीवास्तव, के.सी. : पूर्वोक्त, पृ. 235
2. वही, पृ. 235-240
3. स्मिथ, बी.ए. : द अर्ली हिस्ट्री आफ इण्डिया, पृ. 172-178

विराट् विजेता राजनेता, अति लोकप्रिय,
धार्मिक सहिष्णुता, सौमनस्य नय निकेत था ॥287 ॥
शक्ति चन्द्रगुप्त सदृश, प्रतिभा समुद्रगुप्त भाँति,
अकबर का सहिष्णुभाव, उसमें विद्यमान् था।[1]
पाया विशाल राज्य, पिता बिन्दुसार से,
जिसके संचालन की, क्षमता में महान् था ॥288 ॥

विजेता के रूप में, कलिंग राज्य महायुद्ध,
स्वयं संचालित कर, अरिदल किया परास्त।
यह उसकी सैनिक, निपुणता का एक साक्ष्य,
जीत कर कलिंग को, स्वराज्य किया आत्मसात् ॥289 ॥

अशोक शास्ति काल में, राजनीतिक एक्य दृढ़,
एक सूत्र बँधा देश, अत्यन्त विशाल था।[2]
मौलिक सुधार किया, राष्ट्रीय प्रशासन में,
श्रेष्ठ लोकपालक, प्रजापितृ भूपाल था ॥[3]290 ॥

कभी नहीं किया दावा, दैवी उत्पत्ति का नृप,
जनता का सेवक रूप, विनम्र सुशासक था।
सच्चे हृदय से किया, प्रजा उन्नति का उपाय,
नैतिक उत्थान रत, धर्म अनुशासक था ॥291 ॥

योग्य व्यक्तियों से रचा, केन्द्रीय प्रशासन चुस्त,
सुनीति से संचालित किया, शासन की बागडोर।
जिससे पूरे सैंतीस वर्ष, वृहद् साम्राज्य में,
कायम विधि व्यवस्था, सुख शान्ति चहुँओर ॥292 ॥

राष्ट्रीय एकता का प्रश्न, हल किया कौशल से,
लागू एक भाषा-लिपि, एक तरह विधि विधान।
दण्ड-व्यवहार समता, स्थापित न्यायालयों में,
न्याय युग शुरू हुआ, छोटे बड़े को समान ॥[4]293 ॥

---

1. श्रीवास्तव, पंकजलता : पूर्वोक्त, पृ. 68
2. तिवारी, उदयनारायण : भारतीय संस्कृति एक अजस्र प्रवाह, पृ. 79
3. श्रीवास्तव, पंकजलता : पूर्वोक्त, पृ. 67
4. श्रीवास्तव, के.सी. : पूर्वोक्त, पृ. 236

स्तूप, विहार, गुफा, नगर निर्माता अशोक,
उसके स्तम्भ, वास्तुकला के अनुपम प्रतीक।
सम्राट का राजमहल, अतीव मनहारी रम्य,
शिलालेख तिथि अंकित, पत्थरों की दृढ़ भीत ॥294॥

विश्व इतिहास में, अशोक के समान कई,
योद्धा प्रशासक योग्य, भूपति महान् हुए।
किन्तु जनहित कार्यों में, सबसे बढ़-चढ़ अशोक,
उसकी ऊँचाई अब तक, अन्य भूप न छुए ॥295॥

विश्व का प्रथम शासक, उदार दृष्टि में जिसके,
मनुष्य के समेत सर्व, जीव जन्तु थे समान।
सभी जीवों के प्रति, मन में करुणा अपार,
जीव-वध निषेध हेतु, बना दिया था विधान ॥[1]296॥

कलिंग विजय से युद्ध, क्षमता का होता बोध,
किसी को परास्त या, क्षमादान कर सकता था।
युद्ध कौशल में अपूर्व, सैन्य चतुरंगिणी सहित,
विश्व विजय हेतु वह, प्रस्थान भी कर सकता था ॥297॥

सुन चीत्कार देख, मृत्यु दुःख भय अपार,
युद्ध मारकाट हिंसा, से हुआ नृप परांगमुख।
मानवीय पीड़ा ने दिया, झकझोर अशोक को,
लोक कल्याण चाह, चिन्तित प्रजा के सुख ॥298॥

किसी राजा का विजय, वांछा से विमुख होना,
लोक मंगल हेतु, राजपद का न रखना ध्यान।
ऐसा करने वाला अखिल, विश्व में अकेला वह,
व्यक्तित्व बेजोड़, इतिहास है इसका प्रमान ॥[2]299॥

बुद्ध रचित बौद्धमत में, आस्था बनी अशोक,
उसका उपासक अंग, लोकहित अंगीकार किया।
राज्य संसाधनों को, पूर्णतः प्रायोजित कर,
अभिलेख खुदवाकर, धम्म मत का प्रचार किया ॥[3]300॥

---

1. श्रीवास्तव, पंकजलता : पूर्वोक्त, पृ. 67
2. श्रीवास्तव, के.सी. : पूर्वोक्त, पृ. 36
3. श्रीवास्तव, पंकजलता : पूर्वोक्त, पृ. 67

फलतः पूर्व काल मगध, आस पास तक सीमित,
फैल गया बौद्धधर्म, दिग्-दिगन्त देश में।
सिंहल सुदूर, पश्चिम एशिया तक पहुँच गया,
योरोप अफ्रीका बहु, देशांचल विदेश में ॥301॥

इस तरह अशोक ने, एक स्थानीय धर्म को,
बना दिया विश्वव्यापी, स्वदीर्घ उत्साह से।
बौद्धधर्म प्रति अगाध, श्रद्धा के बावजूद,
अन्य धर्म प्रति सहिष्णु, प्रेम मैत्री चाह से ॥302॥

किसी व्यक्ति पर बलात्, अपने इस धर्म को,
थोपने का प्रयास नहीं, किया अतिवाद में।
विश्वबन्धुत्व लोक, कल्याणकारी भाव को,
देश विदेश फैलाया, प्रचार आह्लाद में ॥303॥

अन्तर्राष्ट्रीय भाव में, सहिष्णु शान्ति का पुजारी,
राजनीतिक हिंसा के, पूर्णतया वह था विरुद्ध।
विश्व को दृष्टांत दिया, जीओ और जीने दो,
धरा पर अशोक भाँति, कौन नृप ऐसा प्रबुद्ध ॥304॥

आर.के. मुखर्जी मत, ऐतिहासिक क्रम में वह,
विश्व बन्धुत्व शान्ति, अन्वेषक था महान्।
इस विषय में था अशोक, स्वयुग से आगे बहुत,
आज भी संघर्षरत जो, लक्ष्य पाने को जहान ॥[1]305॥

विश्व इतिहास में, अनेक शासक जेता हुए,
जिनके कारनामों से, इतिहास के रंगे हैं पृष्ट।
इसमें सिकन्दर सीजर, नैपोलियन आदि प्रमुख,
प्रशासनिक क्षेत्र में, अशोक से बढ़कर वरिष्ठ ॥306॥

किन्तु किसी सम्राट की, महानता का मापदण्ड,
नहीं होते मार काट, युद्ध राज्य विस्तार।
शान्ति सुरक्षा प्रजारंजन, एवं धन धान्य सुख,
लक्ष्य प्राप्तकर्ता पाता, महानता का पुरस्कार ॥307॥

1. श्रीवास्तव, के.सी. : पूर्वोक्त, पृ. 236

तीनों ही विजेता उक्त, निर्दयी क्रूर स्वार्थांध,
इनका साम्राज्य इनके, अंत साथ छिन्न-भिन्न।
मानवता के उत्थान में, इनका न योगदान,
नहीं कुछ दे सके ये, धरा को आदर्श चिह्न ॥308॥

सीजर लम्पट लबार, कामुक और उच्छृंखल,
सिकन्दर मदांध उग्र, हत्यारा मद्यपायी।
नेपोलियन विवेक सृजन, शक्ति में था शून्य रिक्त,
नहीं कर सका मनुष्य, जाति की कुछ भलाई ॥309॥

अशोक के व्यक्तित्व में, इन अवगुणों का प्रवेश नहीं,
उसके उच्च आदर्शों का, जग में अब भी सम्मान।
अपनी प्रजा के भौतिक, आत्मिक उत्थान हेतु,
विश्व बन्धुत्व पहल, धरा पर महत् अवदान ॥[1]310॥

रोमन नृप कॉन्स्टेनटाइन, से है तुलनीय अशोक,
ऐसा रिजडेविड्स का, शोध शुचि सुविचार।
दोनों ही ईसाई मत व, बौद्धधर्म को क्रमशः,
हर तरह से किया धर्म, वृद्धि सिद्धि व प्रसार ॥311॥

किन्तु कॉन्स्टेनटाइन, राजनयिक कारणों से,
दिया था इसाइयत को, संरक्षण प्रोत्साहन।
जबकि अशोकीय धर्म, प्रेम हिय अनुप्रेरित,
प्रचारार्थ योजित किया, साम्राज्य संसाधन ॥312॥

रोमन सम्राट हृदय, धर्म के प्रति परिवर्तित,
अन्य धर्म ओर मुड़ा, भटका कई धर्मघाट।
जबकि आजन्म अशोक, स्थिर स्वधर्म में ही,
तुलना समीचीन नहीं, अशोक था उससे विराट् ॥313॥

मैकफेल अनुसार अशोक, रोमन सम्राट अन्य,
मार्कस ओरेलियस, एंटीनियस समतुल्य था।[2]
दार्शनिक महान् ज्ञान, संस्कृति में परिपक्व,
रोमन समृद्धि योग, नृप का अमूल्य था ॥314॥

1. श्रीवास्तव, पंकजलता : पूर्वोक्त, पृ. 68; रिजडेविड्स, टी.डब्ल्यू. : पूर्वोक्त पृ. 138-139
2. वही, पृ. 139; श्रीवास्तव, पंकजलता : पूर्वोक्त, पृ. 68

किन्तु इसाईमत प्रचार, को रोमन समृद्धि हेतु,
घातक समझ किया, अनुयायियों पर अत्याचार।
उच्च आदर्श धर्म, समभाव प्रति अशोक,
मार्कस से उत्तम वह, तुलना है निराधार ॥315॥

कुछ इतिहासविदों ने कहा, अशोक तुल्य अकबर से,
क्योंकि वह भी सहिष्णु, धर्म प्रजापालक था।
विभिन्न धर्म सम्प्रदायों से, अच्छे गुण ग्रहीतकर,
रचित दीनेइलाही धर्म, का कुशल संचालक था ॥316॥

किन्तु जब उसने देखा कि, उसकी नई बातों का,
कर रहे विरोध अधिक, हिन्दुस्तानी मुसलमान।
अविलम्ब अकबर, 'दीने इलाही' त्यागकर,
भेजा प्रचारकों को, सिन्ध व अफगानिस्तान ॥317॥

अकबर धर्म सहिष्णु नहीं, सम्राट अशोक की तरह,
धर्म के प्रति वैसा, उत्साह नहीं व्याप्त हुआ।
इसीलिए इलाही गया, दरबार के बाहर नहीं,
अकबर की मृत्यु साथ, वह भी समाप्त हुआ ॥[1]318॥

अतः कहना चाहिए, अशोक अकबर से महान्,
दोनों की तुलना में, बहुत अधिक नहीं साम्य।
डिगा नहीं धर्म से वह, और उसके प्रयास से ही,
बौद्धधर्म बना विश्व, बहुत से देशों में मान्य ॥319॥

एल्फ्रेड शार्लमैन, उमर खलीफा से अशोक की,
तुलना इतिहासविदों द्वारा, अकसर की जाती है।
लेकिन अशोक की, बहुमुखी प्रतिभा समक्ष,
उक्त शासकों की छवि, फीकी पड़ जाती है ॥320॥

इतिहासविद् एच.जी. वेल्स, अपनी विचारणा से,
अशोक के व्यक्तित्व का, किया उचित मूल्यांकन।
इतिहास स्तम्भ अशोक, संत ऋषियों के मध्य,
एकाकी तारा तरह, प्रकाशित आकाश आंगन ॥[2]321॥

---

1. श्रीवास्तव, के.सी. : पूर्वोक्त, पृ. 238-239
2. श्रीवास्तव, पंकजलता : पूर्वोक्त, पृ. 68; श्रीवास्तव, के.सी. : पूर्वोक्त, पृ. 239-240

वोल्गा से जापान तक, की जनता में आदरणीय,
अनेक राष्ट्रों में उसकी, महानता का मान है।
योरोप में कान्टेस्टाइन, शार्लमेन से भी अधिक,
प्रसिद्ध है जग में अशोक, अत्यधिक सम्मान है॥[1]322॥

लिखते चार्ल्स इलियट, अशोक के व्यक्तित्व पर,
पवित्र सम्राटों की, दीर्घा में वह अकेला खड़ा।
उसका अनुराग सुखद, संतुलित जीवन निमित्त,
जीव जन्तु मानव मीत, दयावान अति बड़ा॥323॥

आर.सी. दत्त अभिमत, सभी राजाओं से इतर,
प्राचीन भारत का था, अशोक महानतम सम्राट।
उसके सदाचरण, धम्मनीति का जग में प्रभाव,
किसी को भी प्राप्त न, सुकीर्ति ध्वज इतना विराट्॥[2]324॥

विश्व इतिहास में, अशोक का स्थान उच्च,
सही अर्थों में राष्ट्रीय, शासक प्रथम था।
युद्ध मारकाट हिंसा, कूटनीति छल छोड़,
जन जन का हितैषी, प्रजाप्रिय नृप सुनम था॥325॥

आज हम देखते हैं कि, दुनियाँ के देशों द्वारा,
शस्त्र निरस्तीकरण, युद्ध टालने का सद्प्रयास।
किन्तु इस दिशा में अभी, सफलता कुछ खास नहीं,
आसन्न परमाणु युद्ध, मानवता के लिए त्रास॥326॥

आधुनिक सन्दर्भ में भी, अशोक के उदात्त कार्य,
विश्व बन्धुत्व शान्ति, प्रक्रिया के मूलमंत्र।
सारनाथ सिंह शीर्ष, को अपनाकर राज्यचिह्न,
सच्ची श्रद्धांजलि दिया, अपना भारत स्वतन्त्र॥327॥

अशोक के उत्तराधिकारी[3] (236–184 ईसा पूर्व)

अशोक के मृत्य बाद, मौर्य कुल का इतिहास,
दिखता अंधकारपूर्ण, क्रमविहीन अस्पष्ट।

---

1. हावेल, ई.बी. : आइडियाज आफ इण्डियन आर्ट, पृ. 15
2. श्रीवास्तव, के.सी. : पूर्वोक्त, पृ. 240
3. स्मिथ, बी.ए. : द अर्ली हिस्ट्री आफ इंडिया, पृ. 202–203

जैन बौद्ध ब्राह्मण, ग्रन्थों से प्राप्त साक्ष्य,
परस्पर विरोधी, इतिहास रचना कार्य कष्ट ॥328 ॥

इतना स्पष्ट है कि, अशोक के उपरान्त मौर्य,
साम्राज्य शक्ति साख, दिनों दिन गिरती गयी।
नहीं कोई हुआ ऐसा, सम्राट शक्तिशाली शूर,
जो गिरती अवस्था को, रोक गढ़े कीर्ति नयी ॥[1]329 ॥

विभिन्न स्रोतों से उसके, पाँच पुत्रों के नाम,
तीवर, कुणाल, कुस्तन, महेन्द्र व जालौक ज्ञात।
इनमें अशोक बाद, मगध राज्य गद्दी पर,
कौन अधिष्ठित, साक्ष्य ग्रन्थों में न एक बात ॥330 ॥

वायुपुराण अनुसार, अशोक का उत्तराधिकारी,
उसका सुत कुणाल हुआ, राज्य किया वर्ष आठ।
अनुश्रुति अनुसार उसके, नेत्रहीन होने से,
प्रियपुत्र सम्प्रति को, मिला सिंहासन विराट् ॥[2]331 ॥

पुराणों के अनुसार, मौर्य वंश के परवर्ती नृप,
जो थे कुणाल एवं, बन्धुपालित इन्द्रपालित।
दशरथ दशोन सम्प्रति, देवधर्मन शालिशुक,
शतधनुष व वृहद्रथ, महीपत सब अल्पकालिक ॥332 ॥

राजतरंगिणी का उल्लेख, कश्मीर में अशोक बाद,
मौर्य जालौक नरपति, शैव मत को मानता।
म्लेच्छों को मार उसने, राज्य को रक्षित किया,
राज्य सीमा अपना, कनौज तक बखानता ॥[3]333 ॥

उपरोक्त तालिका में जिन, नृपतियों का नाम मिलता,
दशरथ विषय में प्राप्त, पुरातात्विक कुछ प्रमान।
उसने बिहार स्थित, नागार्जुनी पहाड़ी पर,
खोद त्रय गुफायें दिया, आजीवक सन्तों को दान ॥334 ॥

---

1. थपलियाल, के.के. : स्टडीज इन ऐंशियंट इडियन सील्स, पृ. 346;
2. रे, एच.सी. : द डायनेस्टिक हिस्ट्री आफ नार्दर्न इंडिया, खण्ड-प्रथम, पृ. XXXII-III
3. श्रीवास्तव, के.सी. : पूर्वोद्धत, पृ. 249

गुफाओं की दीवारों पर, खुदे हुए लेखों से,
देवानांप्रिय उपाधि, उसका भी होता ज्ञात।
पुराणों के अनुसार दशरथ, आठ वर्ष राज्य किया,
बौद्ध जैन स्रोतों से, विदित नहीं कोई बात ॥[1]335 ॥

दशरथ अवसान बाद, हुआ शासक सुत सम्प्रति,
जैन ग्रन्थ कहते उसे, जैन धर्म संरक्षक।
जिसने हजारों जैन, मन्दिर का निर्मान किया,
उसका साम्राज्य विस्तृत, पश्चिमी पयोधि तक ॥336 ॥

सम्प्रति बाद शालिशुक, मौर्य कुल नरेश हुआ,
अधार्मिक झगड़ालू धूर्त, गार्गीसंहिता ने कहा।
धम्म विजय करने वाला, यज्ञ अनुष्ठान बाधक,
उसका शासन काल बी.सी., दो सौ छः तक रहा ॥337 ॥

शालिशुक के शासन काल, अन्तिम अवधि में,
यवन नृप अन्तियोकस ने, हिन्दुकुश को किया पार।
काबुलघाटी शासक किसी, सोफेगसेनस से,
बनाकर दबाव प्राप्त, किया था कुछ उपहार ॥338 ॥

इतिहासकारों का विचार, सोफेगसेनस ही सुभगसेन,
सुभगसेन शालिशुक था, जालौक एक नृप नाम।
विज्ञजन म्लेच्छों का, पहचान करते यवनों से,
राजतरंगिणी में जालौक, म्लेच्छ चर्चा है तमाम ॥[2]339 ॥

शालिशुक उपरान्त क्रमशः, देववर्मन, शतधनुष,
अन्त में सबसे वृहद्रथ, मौर्यकुल सम्राट था।
बाण ने हर्षचरित में कहा, उसको प्रज्ञादुर्बल,
वह असंयत तियविलासी, असावधान उचाट था ॥340 ॥

पुष्यमित्र शुंग उसका, चुप चतुर सेनापति,
साम्राज्य सत्ता हड़प का, पाले था उर में विषांश।

1. श्रीवास्तव, पंकजलता : प्राचीन इतिहास, भाग-एक, पृ. 68-69
2. वही, पृ. 69

सैन्यदल के सामने ही, वृहद्रथ का वध किया,
जिसके मरण साथ डूबा, राजशक्ति मौर्यवंश॥[1]341॥

मौर्य साम्राज्य के पतन के कारण[2]

जिस राज्य की सुदृढ़ नींव, अपने बल विक्रम से,
भूपति महान् मौर्य, चन्द्रगुप्त ने डाली थी।
कौटिल्य सम महामात्य, राजनयी सुविज्ञ धीर,
शासन सुकार्य बुद्धि, बल से सम्हाली थी॥342॥

जिसकी गरिमा में वृद्धि, किये पियदसि अशोक,
मौर्य राज्ञों ने किया, जनहित के बहुत काम।
वह साम्राज्य इतने, शीघ्र धराशायी हुआ,
होता विद्वानों को, विस्मय इस पर तमाम॥343॥

तीन सदियों में रहा, राज्य वह अस्तित्व में,
अशोक बाद होने लगा, अवनति गति दृश्यमान्।
मौर्य साम्राज्य विघटन, कारण कोई एक नहीं,
निम्न भिन्न कारकों का, इसमें रहा योगदान॥344॥

(क) अयोग्य तथा निर्बल उत्तराधिकारी[3]

मौर्य साम्राज्य के, पतन का तात्कालिक हेतु,
अयोग्य उत्तराधिकारियों की, क्लीवता ही मूलमंत्र।
जिसमें प्रशासकीय, संचालन क्षमता अभाव,
दुर्बल सम्राट समझ, प्रांतपति हुए स्वतंत्र॥345॥

कश्मीर में जालौक एवं, गान्धार में वीरसेन,
विदर्भ प्रान्त भी एक, स्वतन्त्र राज्य हो गया।
विजित कलिंग ने किया, घोषित स्वतन्त्र स्वयं[4],
बँट-बँट कर साम्राज्य, संकुचन में खो गया॥346॥

---

1. मिराशी, वी.वी. : सातवाहनों एवं पश्चिमी क्षत्रपों का इतिहास और अभिलेख, पृ. 6
वर्मा, मोहिनी : पूर्वोक्त, पृ. 2
2. नाहर, रतिभान सिंह : पूर्वोद्धृत, पृ. 261-264; श्रीवास्तव, के.सी. : पूर्वोद्धृत, पृ. 250-253
3. रेनो, लोइस : द सिविलाइजेशन आफ ऐंशियंट इण्डिया (अनुवा. स्म्राट फिलिप), पृ. 3; जेम्स, एच.जी. : ए हिस्ट्री आफ इण्डिया, पृ. 48
4. रिजडेविड्स, टी.डब्ल्यू. : पूर्वोक्त, पृ. 141

अतः हम देखते हैं, अशोक के मरणोपरान्त,
साम्राज्य विकेन्द्रीकरण, क्रिया हुई बहुत तेज।
जिसे रोकने के लिए, न कोई पराक्रमी नृप,
परवर्ती सम्राट सिद्ध, अयोग्य अक्षम निस्तेज ॥347॥

(ख) प्रशासन का सघन केन्द्रीयकरण[1]

मौर्य शासन प्रशासन में, सभी महत्त्वपूर्ण कार्य,
सम्राट के सीधे, दबाव में होते सम्पन्न।
वरिष्ठ पदाधिकारियों की, नियुक्ति का अधिकार उसे,
जो राष्ट्रभक्ति रहित, सम्राट भक्त थे प्रच्छन्न ॥348॥

जनता का प्रतिनिधित्व, मौर्य शासन काल शून्य,
जन संस्थाओं के, अस्तित्व का बना अभाव।
राज्य में बिछे हुए, गुप्तचरों के जाल से,
व्यक्तिगत स्वतन्त्रता का, लुप्त रहा जनभाव ॥349॥

रहते नियन्त्रण में, नागरिक सामान्य सदा,
पारिवारिक जीवन में भी, राज्य हस्तक्षेप था।
जहाँ नौकरशाही के, अत्याचार की भी आशंका,
शास्ति सफलता आधृत, योग्य नृप विवेक था ॥350॥

अशोक के बाद उसके, निर्बल उत्तराधिकारियों के,
प्रान्तीय प्रशासकों पर, नियन्त्रण हुआ शिथिलित।
जिस कारण विकेन्द्रीकरण, की प्रक्रिया हुई तीव्र,
स्वतन्त्र सत्ता हेतु, राज्यपाल तक हुए विचलित ॥[2]351॥

(ग) राष्ट्रीय चेतना का अभाव[3]

प्राक्मौर्य काल से ही, राष्ट्रीय चेतना अभाव,
सम्राट के ऊपर नहीं, राष्ट्र को माना गया।
राष्ट्र निर्माण के, आवश्यक तथ्य वांछनीय,
उनके महत्व को न, ठीक पहचाना गया ॥352॥

---

1. श्रीवास्तव, पंकजलता : प्राचीन इतिहास, भाग-एक, पृ. 69-70
2. श्रीवास्तव, के.सी. : पूर्वोक्त, पृ. 250
3. वही

ऐतिहासिक परम्परा समान, भाषा प्रथा रीति नहीं,
साम्राज्य के सभी भाग, न विकसित समान थे।
सरकार के इतर कोई, राष्ट्र अस्तित्व नहीं,
राजनयिक दृष्टि से न, एक्य राष्ट्रमान थे ॥353॥

जब कभी भी देश पर, बाह्य आक्रमण हुए,
राष्ट्रीय भावना से हुआ, संगठित विरोध नहीं।
अपने बलबूते पर, स्थानीय शासक लड़े,
विदेशी हमलों के समय, मिलकर प्रतिरोध नहीं ॥354॥

सिकन्दर अभियान समय, नन्द सोते रहे मगध,
पोरस अकेला लड़ा, नहीं कोई मददगार।
सुभगसेन से भेट ले, रहा था अन्तियोकस जब,
पाटलिपुत्र सम्राट द्वारा, नहीं हुआ प्रतिकार ॥355॥

रोमिला थापर ने मौर्य, प्रशासनिक संगठन एवं,
राष्ट्रीय अवधारणा को, पतन का कारण कहा।
सकल समाज में तब, राष्ट्रभाव हीनता से,
मौर्य साम्राज्य अपने, पतन पथ की ओर बढ़ा ॥356॥

(घ) आर्थिक व सांस्कृतिक असमानतायें[1]

विषमता का बोलबाला, साम्राज्य अन्तर्गत,
सामाजिक सांस्कृतिक, अर्थ भाषा व्यवहार में।
उत्तर व दक्षिण की, आर्थिक गति समान नहीं,
अन्तर पर्याप्त कृषि, वाणिज्य-व्यापार में ॥357॥

ध्यान न दिया कभी, इन तथ्यों पर नरेशों ने,
शनैः-शनैः जनाक्रोश, हर तरफ बढ़ता गया।
भाषागत कठिनाइयाँ, भी एक्य में रोड़ा बनीं,
विकेन्द्रीकरण का पारा, दिनों-दिन चढ़ता गया ॥358॥

(ङ) प्रान्तीय शासकों के अत्याचार[2]

मौर्य साम्राज्य के दूरस्थ, प्रान्तीय अधिकारी,
करते अत्याचार, सूचना देता दिव्यावदान।

1. श्रीवास्तव, के.सी. : प्राचीन भारत का इतिहास तथा संस्कृति, पृ. 251
2. वही

बिन्दुसार काल, तक्षशिला में जब विद्रोह हुआ,
युवराज अशोक वहाँ, जाकर खोजा निदान॥359॥

तक्षशिला में विद्रोह पुनः, सम्राट अशोक समय,
पीड़ित रहे होंगे जन, बढ़ता गया अनाचार।
अशोक उपरान्त इस पर, काबू नहीं पाया गया,
केन्द्र सत्ता हुई बेदम, ठोकरों से बार-बार॥360॥

कुछ परवर्ती नरेश, अधम अत्याचारी हुए,
सर्वोपरि आता इसमें, शालिशुक नरेश नाम।
लोक विश्वास लोप, दुर्बल दुष्ट शासकों से,
फलतः हथियाने लगे, प्रान्त सत्ता की लगाम॥361॥

(च) करों की अधिकता[1]

परवर्ती समय में देश, स्थिति संकटग्रस्त हुई,
जिस कारण शासन ने, बढ़ाया बहुत कर भार।
पतंजलि अनुसार, धार्मिक भावना भड़काकर,
प्रतिमाएँ बेच करते, धन भी संग्रह अपार॥362॥

मौर्यों के पास विशाल, सेना व विभाग बहु,
जिसके रख-रखाव, वेतनादि पर धन की माँग।
इसे पूर्ण किया गया, भारी कराधान से ही,
शासन के प्रति अतएव, लोक में बढ़ा विराग॥363॥

कुछ इतिहासकारों का मत, अशोक द्वारा प्रदत्त,
प्रचुर धनराशि बौद्ध, संघों के व्यय निमित्त।
रिक्त कोश हेतु अधिक, कर जब लगाये गये,
पीड़ित प्रजा लोग तब, विद्रोह में हुए प्रवृत्त॥364॥

(छ) अशोक का उत्तरदायित्व[2]

मौर्य साम्राज्य पतन हेतु, कुछ विद्वानों ने,
अशोक की नीतियों को, उत्तरदायी ठहराया है।
उसमें सर्वाग्रणी, पं. हरप्रसाद शास्त्री ने,
नृप अहिंसा नीति, ब्राह्मण विरोधी बताया है॥365॥

1. श्रीवास्तव, पंकजलता : पूर्वोद्धृत, पृ. 70
2. वही, पृ. 71

उनके अनुसार ब्राह्मण, इससे अति क्रुद्ध हुए,
उनमें विद्रोह का स्वर, शनैः-शनैः व्याप्त हुआ।
और अन्त में पुष्यमित्र, शुंग के नेतृत्व में,
व्यापक विद्रोह द्वारा, मौर्य कुल समाप्त हुआ॥[1]366॥

कहते हैं शास्त्री जी, अशोक द्वारा पशुबलि पर,
रोक से ब्राह्मणों को लगा, उनके धर्म पर अतिक्रमण।
मध्यस्थता करते थे वे, देव-मानव यज्ञ बीच,
इससे उनके वृत्ति शक्ति, सम्मान का हुआ हरण॥367॥

रूपनाथ शिलालेख में, अशोक की उक्ति यह,
उसने भूदेवों को, मिथ्या प्रमाणित कर दिया।
धर्म कार्य हेतु, महामात्रों की नियुक्ति करके,
ब्राह्मण प्रतिष्ठा को, अपवादित कर दिया॥368॥

न्यायालयों में दण्ड समता, व्यवहार लागू कर,
ब्राह्मणों की दण्ड मुक्ति, पूर्व का विशेषाधिकार।
उसको समाप्त करके, रखा अनुशासन में,
ब्राह्मणों के प्रति मौर्य, नृपों का यह अत्याचार॥369॥

अशोक के निधन बाद, उसके उत्तराधिकारी एवं,
ब्राह्मणों के बीच हुआ, संघर्ष का श्रीगणेश।
ब्राह्मण संगठित हुए, पुष्यमित्र शुंग साथ,
वृहद्रथ को मार किया, मौर्य वंश को अशेष॥370॥

महामहोपाध्याय, एच.पी. शास्त्री के तर्कों का,
एच.सी. राय चौधरी ने, पुरजोर खंडन किया।
अशोक प्रति शास्त्री के, ब्राह्मण विरोधी लांछन का,
कालिख हटा सम्राट का, महिमा मंडन किया॥[2]371॥

अशोक की अहिंसा नीति, ब्राह्मणों के विरुद्ध नहीं,
बताया कि अहिंसा, ब्राह्मण ग्रन्थों का उपहार।
आरण्यक उपनिषद् पशुबलि, हिंसा का विरोध करते,
यज्ञ एक तुच्छ क्रिया, मुण्डकोपनिषद् अनुसार॥372॥

1. उपाध्याय, भगवतशरण : प्राचीन भारत का इतिहास, पृ. 161
2. शर्मा, एल.पी. : भारत का इतिहास, पृ. 176

मुण्डकोपनिषद् उल्लेख, यज्ञ भग्न नौका सदृश,
होने वाले उसमें, अठारह कर्म तुच्छ हैं।
जो लोग करते कराते, यज्ञ मूढ़ता के बस,
जन्म मरण चक्कर में, फँसे रहते टुच्च हैं ॥[1]373॥

रूपनाथ लेख का, शास्त्री ने किया गलत अर्थ,
सिलवां लेवी का अर्थ, उनसे भिन्न समीचीन।
व्याकरण की दृष्टि से, दूसरा अर्थ तर्कसंगत,
विप्र विरोधी वाक्य नहीं, शास्त्री तर्क तथ्यहीन ॥374॥

ब्राह्मणों के कल्याणार्थ, अनेक महामात्रों की,
नियुक्त कर अशोक ने, दिया कठोर निर्देश।
ब्राह्मणों के साथ सदैव, उत्तम व्यवहार हो,
कैसे कहेंगे विप्र, प्रतिष्ठा को लगी ठेस ॥375॥

न्याय प्रशासन में एक, रूपता लाने के हेतु,
दण्ड व्यवहार समता का, नृप ने रचा विधान।
इसका उद्‌देश्य देश के, जन साधारण को,
मिले निशपक्ष न्याय, हर जगह एक समान ॥376॥

परवर्ती नृपों और, ब्राह्मणों के बीच हुए,
किसी संघर्ष का, इतिहास को संज्ञान नहीं।
मौर्यों ने किया हो कुछ, अनुचित विप्रों के साथ,
इसका भी कहीं एक, मिलता प्रमान नहीं ॥377॥

सत्य नहीं अशोक के सब, उत्तराधिकारी बौद्ध ही थे,
जैनधर्म अनुयायी स्वयं, सम्प्रति सम्राट था।
राजतरंगिणी अनुसार, जालौक बौद्धमत विरोधी,
स्वयं वह शैव मत का, सेवक विराट् था ॥378॥

मौर्य नृप यदि करते, ब्राह्मण वर्ग का विरोध,
ब्राह्मणों को उच्च पद पर, करते क्यों कर नियुक्त।
पुष्यमित्र शुंग का, सेनापति पद स्वयं साक्ष्य,
मौर्य ब्राह्मण आपसी, सम्बन्ध था विवाद मुक्त ॥379॥

1. श्रीवास्तव, के.सी. : पूर्वोक्त, पृ. 251–252

वृहद्रथ का वध सैन्य, ब्राह्मण विद्रोह नहीं,
सत्ता लोलुपता का, एक घृणित परिणाम।
निर्बल नरेश जीर्ण, जर्जर साम्राज्य को,
आकस्मिक आघात देकर, पहुँचना सत्ता सुधाम ॥380॥

मिलते प्रमाण, पुष्यमित्र बौद्ध द्रोही नहीं,
भरहुत साँची कला कृतियाँ, रची गयी शुंगकाल।
बौद्धों के कारण, पुष्यमित्र-मौर्य नृप संबंध,
बनने बिगड़ने का, उठता नहीं है सवाल ॥[1]381॥

हर प्रसाद शास्त्री के, मत खण्डन पश्चात्,
एच.सी. राय चौधरी ने, अपना मत भी सुझाया।
अशोक की अहिंसावादी, शान्तिप्रिय नीतियों ने,
मौर्य साम्राज्य को, उसके पतन द्वार पहुँचाया ॥[2]382॥

अशोक उत्तराधिकारियों का, लालन पालन पोषण,
शान्त वातावरण में हुआ, देखा नहीं रण जोश।
अरुचि होती गयी, दिग्विजई नीतियों से,
उनको प्रिय लगता अधिक, धम्म विजय धम्म घोष ॥383॥

सेना को धम्म प्रचार, कार्य में लगा देने से,
सैन्य दृष्टि से भारत, देश दुर्बल हो गया।
रण अभियान विरत, सेना हो गयी निष्क्रिय,
साम्राज्य अस्तित्व, सुप्त शान्ति में ही खो गया ॥[3]384॥

उपर्युक्त मत की समीक्षा, और समालोचना से,
लगता नहीं ठीक, राय चौधरी का यह विचार।
यदि इतना अहिंसावादी, शान्ति प्रिय होता अशोक,
मृत्यु दण्ड देता नहीं, चाहे कोई गुनहगार ॥385॥

विजित कलिंग को किया, नहीं वह स्वतन्त्र कभी,
नहीं वहाँ जाकर किया, कोई शोक पश्चाताप।

---

1. श्रीवास्तव, के.सी. : पूर्वोक्त, पृ. 252
2. श्रीवास्तव, पंकजलता : पूर्वोक्त, पृ. 71
3. श्रीवास्तव, के.सी. : पूर्वोद्धृत, पृ. 253

युद्ध परिणाम को, साम्राज्य हित स्वीकार किया,
नैतिक आशंका से भी, डिगा नहीं नृप आप ॥386॥
जंगली जातियों व, सीमान्त के लोगों को,
देता चेतावनी अपराध, छोड़ने को बार-बार।
तेरहवाँ शिलालेख वाक्य, यदि नहीं सुधरते वे,
प्राण दण्ड देने को, बाध्य होगी सरकार ॥[1]387॥
नहीं है प्रमाण सैन्य, संख्या घटाने का कुछ,
अथवा लगाना सैनिकों को, धर्म के प्रचार में।
यदि ऐसा था तो नृप, घोषणा करता सगर्व,
लिखवाता शिलालेखों पर, भावुक उद्गार में ॥388॥
पितामह के दिग्विजय घोर, रोर के प्रभाव से,
राष्ट्रीय सीमाओं पर, अयुद्ध विश्रांत था।
देश के अन्दर सहिष्णुता, सौमनस्य के कारण,
धर्म से आप्लावित राष्ट्र, वातावरण शान्त था ॥389॥
एक सफल प्रशासक के, घोर अनुशासन में,
राज्य निष्कंटक एवं, उपद्रव विहीन था।
इतना बड़ा साम्राज्य, इतने अधिक वर्षों तक,
कैसे व्यवस्थित हर, क्षेत्र में प्रवीन था ॥390॥
सैन्य निरंकुशवाद, नीति यदि अपनाता अशोक,
तो भी साम्राज्य पतन, एक दिन होता अवश्य।
उसके आलोचक शान्ति, अहिंसा की नीति बदले,
युद्ध रक्तपात पतन, कारण गिनाते तस्य ॥391॥
नैपोलियन हिटलर मुसोलिनी, सिकन्दर आदि पर,
सैन्य बर्बरता का, आरोप मढ़ा जाता है।
पतन उत्तरदायी नृप के, अक्षम उत्तराधिकारी थे,
दुर्बलता दोष मढ़ा, अशोक पर क्यों जाता है ॥392॥
स्पष्ट इस विवेचन से, मौर्य राज्य पतन हेतु,
नहीं उत्तरदायी कहीं, प्रिय सम्राट अशोक मौर्य।

1. शर्मा, एल.पी. : भारत का इतिहास, पृ. 176

साम्राज्य विघटन के, अनेक स्वाभाविक कारण,
इसमें कोई कारक नहीं, सम्राट का सोच शौर्य ॥393 ॥

राधाकुमुद मुकर्जी का, कथन सत्य व सटीक,
यदि अशोक अपने, पूर्वजों का करता अनुसरण।
लौह रक्त नीति द्वारा, हड़पता यदि राज्यों को,
तो भी मौर्य साम्राज्य करता, पतन का एक दिन वरण ॥394 ॥

परन्तु विश्व के अतीत, विस्तृत भूभाग पर,
भारतीय संस्कृति का सृजित, सुनैतिक अधिपतित्व।
सदियों तक ख्याति पाता, रहा अशोक महान् कारण,
ढाई हजार वर्ष बाद, अब भी उसका अस्तित्व ॥[1]395 ॥

❑❑❑

1. श्रीवास्तव, के.सी. पूर्वोक्त, पृ. 253; श्रीवास्तव, पंकजलता : पूर्वोक्त, पृ. 71; शर्मा, एल.पी. : भारत का इतिहास, पृ. 177–178

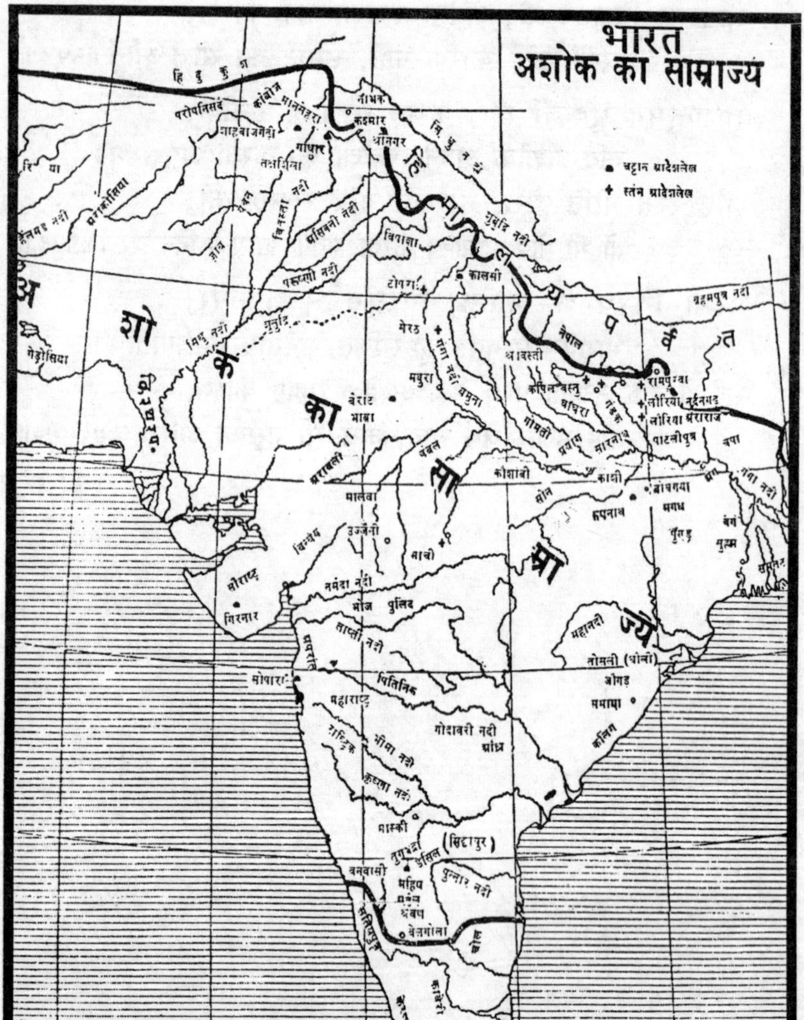
भारत
अशोक का साम्राज्य
चट्टान प्रादेशलेख
स्तंभ प्रादेशलेख
हिन्दुकुश
कश्मीर
श्रीनगर
गांधार
तक्षशिला
कालसी
टोपरा
मेरठ
मथुरा
बैराट
भाब्रा
श्रावस्ती
नेपाल
रामपुरवा
पाटलीपुत्र
कौशाम्बी
काशी
मगध
मालवा
उज्जैनी
सांची
नर्मदा नदी
सौराष्ट्र
गिरनार
सोपारा
महाराष्ट्र
पितिनिक
गोदावरी नदी
आंध्र
महानदी
तोसली (धौली)
जौगड़
कलिंग
मास्की
(सिद्दापुर)
वनवासी
बेलगोला
पाण्ड्य
ताम्रपर्णी
(लंका)

15

मौर्य युगीन सभ्यता एवं संस्कृति

भारतीय इतिहास में, मौर्य कुल उपलब्धियाँ,
आश्चर्य से चकित करतीं, कर रही युग गान है।
सुदूर व्यापित सरहदें, सुगठित शासन संविधि,
अति महत् युग सफलतायें, विश्व की उपमान हैं॥
सामाजिक आध्यात्मिक, आर्थिक उत्थान लय,
ज्ञान कला संस्कृति की, जो थाती विद्यमान् है।
उसमें मौर्य भूपों के, सोच संकल्प ध्येय,
राजनयिक प्रौढ़ता का, अनन्त अवदान है॥

सामान्य विशिष्टतायें[1]

मौर्य युग के सांस्कृतिक, स्वरूप कथन क्रम में,
युग सामान्य विशिष्टियों, पर करना दृष्टिपात है।
विचारों की स्वतन्त्रता का, प्रधान युग मौर्यकाल,
अपितु ऋग्वैदिक काल, से ही सूत्रपात है॥1॥

वैचारिक स्वतन्त्रता भाव, अब पश्चिम में अधिक,
जबकि भारत में सदा ही, इसको मान प्राप्त था।
उपनिषदों का सृजन सम्भव, ऐसी ही स्थिति में,
जहाँ विचार स्वातन्त्र्य, वातावरण व्याप्त था॥2॥

मौर्य राज्य अन्तर्गत, इस कारण राष्ट्र में,
बौद्धिक क्रियाओं का, प्रबल उद्रेक हुआ।
जिसकी तुलना में, विदेशी भू इतिहास में,
है नहीं दृष्टांत, यहाँ जागृति जो विवेक हुआ॥3॥

1. नाहर, रतिभान सिंह : प्राचीन भारत का राजनैतिक एवं सांस्कृतिक इतिहास, पृ. 268-270

मौर्य युगीन विचारों की, प्रमुख प्राप्तियों में श्रेष्ठ,
मतोदय भागवत जैन, बौद्ध दर्शन सम्प्रदाय।
यद्यपि इनका मूलोद्भव, इस समय के पूर्व ही,
वास्तविक स्वरूप गठन, मौर्यकाल का प्रदाय॥4॥

मानव संस्कृति जिज्ञासु, इच्छुक विद्यार्थियों हेतु,
मौर्य युग सांस्कृतिक, सुगन्धि जो है प्रस्फुटित।
उसका अध्ययन मनन, अनुसरण है वांछनीय,
शासन साम्राज्य से, इसकी इयत्ता अत्यधिक॥5॥

भाषा साहित्य कला, क्षेत्र के उन्नयन हेतु,
मौर्यकालीन संस्कृति, का मुखरित है महत्व।
वैदिक संस्कृत एवज़, पाणिनीय व्याकरण द्वारा,
संस्कृत साहित्य का, बढ़ा प्रचलन व प्रभुत्व॥6॥

प्राकृत के विविध रूपों, का जन्म मौर्य काल,
उपलब्धि इस युग की है, लेखन कला का विकास।
आयुर्वेद राजनीति, प्रभृति प्रमुख ग्रन्थ एवं,
काव्य और नाटक का, जन्म भी साहित्याकाश॥7॥

कला की परम्परा, भारत देश की प्राचीन निधि,
इसका उल्लेख, साहित्यिक कृतियों में आता है।
सिन्धुघाटी के अलावा, अन्य युग नमूने नहीं,
पूर्व मौर्य काल का न, कुछ मिल पाता है॥[1]8॥

ऐसा होता प्रतीत, प्राग्मौर्य काल तक,
कलाकृतियों में नश्वर, ईंट काष्ट का प्रयोग।
किन्तु मौर्य राज्यावधि, इसके स्थान पर,
पत्थरों का बढ़ता गया, कला क्षेत्र में उपयोग॥9॥

पत्थर के विशाल भवन, गुहा मूर्ति निर्माण,
मौर्य युग से आरम्भ, स्वदेशी तकनीक द्वारा।
आश्चर्य की बात कुछ, कला कृतियाँ उस युग की,
अनुपमेय कृति, कला सौष्ठव में जग सारा॥10॥

1. वही, पृ. 269

अशोकीय स्तम्भशीर्ष, कला नैपुण्य चरम,
अतुलनीय अन्य सब, कृतियों के तद्युगीन।[1]
आगे चल कलाओं में, और भी उन्नति हुई,
उसका स्तर यहाँ पर, रहा सदैव समीचीन॥11॥

मौर्य संस्कृति का मान, इसलिए कि उस समय,
विदेशों से भारत का, बढ़ा निकट सम्पर्क।
उनके प्रशस्य तथ्य, मिले स्वसंस्कृति में,
आगे बढ़ा देश करने, मैत्री वैश्विक विमर्श॥12॥

मौर्य युगीन संस्कृति, उदार मनसा सुपूर्ण,
मानवीय दृष्टिकोण हिय, विशालता पर आधारित।
लोक जीवन रुढ़ियों, परम्पराओं से विमुक्त,
उनके मत गतानुगत, से नहीं व्यवहारित॥[2]13॥

समुद्रपार देशों में, स्व संस्कृति प्रसार हेतु,
धार्मिक या नैतिक किसी, बाधा पर न दिया ध्यान।
पूर्व से सतत सम्पर्क, अब और भी पुष्ट हुआ,
सांस्कृतिक आदान प्रदान, गति अति प्रवाहमान॥14॥

बुद्ध के उपदेशों व, भारतीय अस्मिता का,
अशोक के महामात्रों ने, जा-जा कर किया प्रचार।
बसे भारतीय चीन, सीरिया मध्य एशिया में,
यूरोप अफ्रीका में, संस्कृति शुचिता प्रसार॥15॥

अन्य अनेक राष्ट्रों में, भारतीय उपनिवेशों का,
रचना स्थापना कार्य, इसी युग में ही प्रारम्भ।
वृहत्तर भारत की नींव, डालने का महान् श्रेय,
मानते इतिहासकार, मौर्य काल का उमंग॥16॥

मौर्य युगीन संस्कृति में, इहलौकिक तत्वों का,
उचित मात्रा में राष्ट्र, रग में समावेश था।

---

1. गौड़, आनन्द प्रकाश : रामा इन ऐंशियंट इंडियन स्कल्पचर, पृ. 15-17; वाजपेयी, के.डी. : भारतीय वास्तुकला का इतिहास, पृ. 45-46; अग्रवाल, वी.एस. : भारतीय कला, पृ. 97
2. नाहर, रतिभान सिंह : पूर्वोक्त, पृ. 269

इहलौकिक जीवन में, लोक उत्साह अति,
पारलौकिक प्रांगण में, आस्था प्रवेश था ॥17॥
भौतिक जीवन विकास, पूर्व युगों की अपेक्षा,
विविध साक्ष्यों के कारण, होता है अधिक ज्ञात।
जीवन विधि सरल सादा, फिर भी ऐश्वर्ययुक्त,
यथा अवसर वस्त्राभूषण, पहनते थे रम्य गात ॥18॥
उनकी पोशाकों पर, होता जरी का काम,
भाति भाँति के वस्त्रों पर, रत्न जड़े होते थे।
मलमल के जालीदार, कपड़ों के शौकीन,
धन धान्य युक्त कला, रुचि में बढ़े होते थे ॥[1]19॥

सामाजिक अवस्था[2]

मौर्यकालीन समाज का, मिलता है ज्ञान हमें,
कौटिल्य अर्थशास्त्र व, मेगस्थनीज इंडिका कृति।
उनके वर्णन में, अन्तर्विरोध है कहीं-कहीं,
जो मौर्य अभिलेखों के, विवरण से स्पष्ट इति ॥20॥
चारों वर्णों की स्थिति, उल्लिखित अर्थशास्त्र में,
ब्राह्मण क्षत्रिय वैश्य शूद्र, वर्ग वर्ण क्रम में।
इनके कर्तव्य अधिकृति, वृत्ति आदि विषयों पर,
अर्थशास्त्र विवरण से, धर्मशास्त्र अनुक्रम में ॥[3]21॥
कौटिल्य मत स्पष्ट, राज्य का कर्तव्य यह,
चतुर्वर्ण स्थिति, आश्रम धर्म रक्षा करे।
कथित ब्राह्मण ग्रन्थों की, कठोरता अब लागू नहीं,
विनम्र व्यवहार से नृप, लोक का अच्छा करे ॥22॥
मौर्य काल आते आते, वर्णाश्रम व्यवस्था में,
वर्ण की कठोरता अब, जाति रूप परिवर्तित।

---

1. वही, पृ. 269–270
2. वही, पृ. 270–275; गैरोला वाचस्पति : भारतीय संस्कृति और कला, पृ. 288–291
3. पाण्डेय, राजेन्द्र : भारत का सांस्कृतिक इतिहास, पृ. 93–94; आचार्य दीपंकर : कौटल्य कालीन भारत, पृ. 179–182

जन्म आधारित जाति, जटिलता की ओर बढ़ी,
यूनानी कृतियों में भी, यह स्थिति आवर्तित ॥[1]23 ॥
भारतीय समाज वर्णन, करता मेगस्थनीज,
सप्तवर्गों का उल्लेख, दार्शनिक, कृषक व बीर।
पशुपालक कारीगर, मन्त्री निरीक्षक आदि,
व्यवसायिक आधार पर, खीचा गया यह लकीर ॥[2]24 ॥
इससे तो होता नहीं, चतुर्वर्ग वर्ण बोध,
बहुसंख्यक जातियों पर, पड़ता न कुछ प्रकाश।
अपने जाति वर्ग बाहर, नहीं कर सकता कोई,
वैवाहिक सम्बन्ध एवं, पेशा वर्ण भिन्न खास ॥25 ॥
दार्शनिक अपवाद इसके, लिखता मेगस्थनीज,
किसी वर्ग का भी व्यक्ति, ब्राह्मण श्रमण विद्वान्।
राज्य राजस्व अंश, व्यय होता इन पर कुछ,
राज दरबार में भी, इनका उचित सम्मान ॥26 ॥
दार्शनिक जन लोक शिक्षा, संस्कृति के उन्नायक,
बिताते सरल जीवन, पठन पाठन में निहाल।
इनमें से कुछ लोग, अरण्य में करते वास,
खाते फल कन्द मूल, पहनते वृक्षों की छाल ॥27 ॥
गृही संन्यासी एवं, वनवासी श्रमणों का,
चर्चा करते यथेष्ट, अशोक अश्म अभिलेख।
यूनानी कृतियों में भी, बन संन्यासियों का,
चतुराश्रम परम्परा का, मौर्य युग में समुल्लेख ॥28 ॥
किसानों की संख्या सबसे, अधिक बसते गाँवों में,
प्रकृति के सहारे जीते, सादा जीवन तटस्थ।
नगरों की चहल-पहल, चकाचौंध से सुदूर,
युद्ध के समय भी, कृषि कामों में रहते व्यस्त ॥[3]29 ॥

1. यादव, झिनकू (सं.) : संस्कृति संधान वर्ष, 1994, खण्ड-सात, पृ. 205-208
2. रिजडेविड्स, टी.डब्लू. : बुद्धिस्ट इण्डिया, पृ. 120; नाहर, रतिभान सिंह, पूर्वोक्त, पृ. 270
3. श्रीवास्तव, के.सी. : पूर्वोक्त, पृ. 265; पाण्डेय, राजेन्द्र : पूर्वोक्त, पृ. 94

कृषकों से कुछ ही कम, क्षत्रिय जन संख्या थी,
उनके जिम्मे केवल, करना सैन्य काम था।
कृषक शिल्पी व्यापारी, सैन्य कार्यों से मुक्त,
पशुपालक आखेटक, खानाबदोशों के समान था॥30॥

फसल सुरक्षा हेतु, नियुक्त होते कुछ शिकारी,
इसके लिए राज्य द्वारा, पारिश्रमिक पाते थे,
कारीगरों का यदि कोई, कर देता अंगभंग,
नृप द्वारा इस हेतु, दण्ड दिये जाते थे॥31॥

अर्थशास्त्र से ज्ञात यह, दासों की शुभ स्थिति,
सम्पत्ति रखने एवं, बेचने का अधिकार उन्हें।
उनके प्रति अनुचित, बर्ताव करता यदि स्वामी,
दण्डनीय अपराधी, बताता कौटिल्य उन्हें॥32॥

एरियन मेगस्थनीज, स्ट्रैबो आदि यूनानियों ने,
बताया स्वतन्त्र सब, यहाँ नहीं कोई दास।
दासों के प्रति भारत में, होता अच्छा व्यवहार,
अतः भ्रमवश जान लिया, यहाँ न उनका निवास॥33॥

साधारणतया म्लेच्छ एवं, युद्धबन्दी लोग ही,
दास रूप में प्रयुक्त, हेतु परिचर्या विशेष।
अशोक अभिलेखों में, भृत्यों दासों के प्रति,
उचित व्यवहार हेतु, दिया गया निर्देश॥[1]34॥

इतिहासविद् रिजडेविड्स, लिखते हैं भारत में,
दास होते थे प्रायः, परिचारक रूप में।
उनके साथ होता नहीं, बुरा बर्ताव कभी,
उनकी संख्या भी न्यून, राष्ट्रीय स्वरूप में॥35॥

अर्थशास्त्र में स्पष्टतः, वार्ता अर्थात् कृषि एवं,
पशुपालन वणिज् को, बताया गया शूद्र धर्म।
चर्चा शूद्र कर्षक का, अर्थ जिसका शूद्र कृषक,
सम्पत्ति अधिकार लिखा, करना विहित सैन्य कर्म॥[2]36॥

---

1. नाहर, रतिभान सिंह : पूर्वोक्त, पृ. 277; श्रीवास्तव, के.सी. : पूर्वोक्त, पृ. 266
2. आचार्य, दीपंकर : कौटल्य कालीन भारत, पृ. 180–181

अर्थशास्त्र पूर्ववर्ती कृति, गौतम धर्मसूत्र में।
वार्ता को बताया गया, शूद्रों का वर्ण धर्म।
मनुस्मृति में इंगित, सम्पत्ति रखने का अधिकार,
कृषि भूमि क्रय-विक्रय, कर सकते कृषि कर्म ॥[1]37 ॥

विवाह

प्रायः स्वजाति में ही, विवाह कृत्य होता अधिक,
अन्तर्जातीय परिणय भी, विधि सम्मत मान्य था।
अपनी-अपनी जाति में, विवाह सम्बन्ध होते भी,
कतिपय नियन्त्रण, परम्परा प्राधान्य था ॥[2]38 ॥

अपने गोत्र कुल में, विवाह करना था निषिद्ध,
सपिण्ड विवाहों को, अनुचित ठहराया गया।
किन्तु कुछ जातियों यथा, शाक्य एवं मौर्यों में,
सगोत्र विवाह प्रचलित, परम्पर्या पाया गया ॥[3]39 ॥

दक्षिण में विवाह रीति, मातुल कन्या के संग,
कई शास्त्रकारों ने इसे, उचित नहीं माना।
सोलह-बारह वर्ष वय, वर कन्या विवाह योग्य,
दायज भी मान्य, अर्थशास्त्र का है बताना ॥40 ॥

स्मृतियों में वर्णित अष्ट, प्रकार के विवाह सभी,
मौर्य युग में प्रचलित, तलाक प्रथा जारी थी।
पति के बहुत दिन तक, विदेश में रहने एवं,
शारीरिक अक्षमता में, तिय त्याग अधिकारी थी ॥[4]41 ॥

पत्नी के दुश्चरित्र, एवं बन्ध्या होने पर,
पत्नी से पति अपना, सम्बन्ध तोड़ लेता था।
पति के निधन/त्याग पर, कर लेती फिर विवाह,
पति कई स्त्रियों से, सम्बन्ध जोड़ लेता था ॥42 ॥

---

1. मनुस्मृति : 9/151-155; श्रीवास्तव, के.सी. : पूर्वोक्त, पृ. 266
2. शर्मा, मनिराम : मैरिज इन ऐंशियंट इण्डिया, पृ. 45-46
3. वही, पृ. 46-48
4. आचार्य, दीपंकर : पूर्वोद्धृत, पृ. 212-219

बहुतिय विवाह कुलीन, कुलों का शगल तद् युग,
अर्थशास्त्र मेगस्थनीज, द्वय स्रोतों का प्रमान।
पुत्रों की प्राप्ति एवं, जीवन आनन्द हेतु,
कई स्त्रियों से विवाह, करके बढ़ाते शान ॥[1]43 ॥

कौटुम्बिक जीवन एवं नारी का स्थान[2]

संयुक्त परिवार प्रथा, मौर्य युग में विद्यमान्,
यथा कदा उसमें, विच्छेदन हो जाता था।
पारस्परिक स्नेह निष्ठा, सत्यता की नींव पर,
पति पत्नी बीच टिका, दाम्पत्य नाता था ॥44 ॥

किन्तु बहुपत्नी प्रथा, से दाम्पत्य जीवन में,
आ जाता दरार, विवाह बन्ध होता क्षत-विक्षत।
इससे न केवल, दाम्पत्य जीवन रंज हुआ,
अपितु पत्नी स्थान, हुआ परिवार में निम्नवत् ॥45 ॥

फिर भी सन्तोषजनक, स्थिति स्त्रियों की,
पुरुषों की भाँति उन्हें, तलाक का अधिकार था।
विधवा विवाह की, व्यवस्था भी उस समय,
जाती न्यायालय यदि, पति करता अनाचार था ॥[3]46 ॥

परिवार की सम्पत्ति में, दाय अधिकार उसके,
विवाह समय प्राप्त, रत्नाभूषण उपहार था।
जिस पर पत्नी का होता, पूर्ण रूप स्वामित्व,
उसका उपभोग उसकी, इच्छा अनुसार था ॥47 ॥

नारियों के प्रति किसी के, अनुचित व्यवहार पर,
दोषियों के लिए कठोर, दण्ड का विधान था।
स्त्री की हत्या, अर्थशास्त्र साक्ष्य अनुसार,
गुरुतर अपराध, ब्रह्म हत्या समान था ॥[4]48 ॥

---

1. नाहर, रतिभान सिंह : पूर्वोद्धृत, पृ. 273
2. वही, पृ. 273-275
3. आचार्य, दीपंकर : पूर्वोक्त, पृ. 210-219; पाण्डेय, राजेन्द्र : पूर्वोक्त पृ. 95-96
4. आचार्य, दीपंकर : पूर्वोक्त, पृ. 210-212, 218, नाहर, रतिभान सिंह : पूर्वोद्धृत, पृ. 274

पर्दा प्रथा प्रारम्भ, उच्च कुलों तक सीमित,
प्रचलित नियोग प्रथा, महाभारत अनुसार।
नारी का कार्य क्षेत्र, पुरुषों से पृथक भिन्न,
देखतीं गृह कार्य रीति, परम्परा कुल परिवार ॥49॥

सार्वजनिक कार्यों में, उनकी सहभागिता शून्य,
शिक्षा विहीन वनितायें, जीतीं संकुचित भाव।
मांगलिक अनुष्ठानों में, उनकी आस्था अधिक,
पल रहा था उनके उर, ढोंग विश्वासी स्वभाव ॥50॥

बौद्धिक जीवन में रत, कुछ मनीषी नारियाँ,
दार्शनिक चिंतन मनन, अध्ययन में लगी रहतीं।
जिसमें ब्रह्मवादिनी, आजन्म करती अध्ययन,
सद्योवाहा विवाह वाद, अध्ययन क्रम बन्द करतीं ॥51॥

कात्यायन के वार्तिक में, ऐसा है समुल्लेख,
करती अध्यापन कार्य, कही जातीं उपाध्याया।
ग्रन्थ के प्रसंगों से, ऐसा होता प्रतीत,
नारी शिक्षिकाओं की, संख्या गया बढ़ाया ॥[1]52॥

जैन बौद्ध धर्मों ने, स्त्रियों के अध्ययन चिंतन,
हेतु सुविधायें बहुत, संघ मठ को प्रदान की थी।
ऐसी वनिताओं का, उल्लेख आया बार-बार,
अनवरत अध्ययन रत, विवाह से अन्जान भी थी ॥53॥

ज्ञानी सुशिक्षित शान्त, परिब्राजिकाओं के सरस,
गीत काव्य संकलित, सुग्रन्थ थेरीगाथा में।
बौद्धिक अवदान, राष्ट्र जीवन में इनका अधिक,
करती संसार त्याग, आध्यात्मिक फलाशा में ॥[2]54॥

नारियों का कलाओं में, शिक्षण प्रशिक्षण हेतु,
अवसर सुलभ एवं, उपलब्ध सुविधायें थीं।
नृत्य संगीत चित्र, एवं ललित कलाओं में भी,
होती थी निपुण मौर्य, युग ललनायें थी ॥55॥

1. वही, पृ. 274
2. लुणिया, बी.एन. : प्राचीन भारतीय संस्कृति, पृ. 428-429

विवरण मेगस्थनीज, अंगरक्षिकाओं के,
सम्राट चन्द्रगुप्त के जो, संग संग थी चल रहीं।
अश्व गज रथिकाओं पर, होकर आरूढ़ वे,
अस्त्र–शस्त्र लिए मानो, आक्रमण को निकल रहीं ॥56॥

महिला रक्षिणियों का, उल्लेख अर्थशास्त्र में भी,
किन्तु ये अधिकांशतः, विदेशी मूल की होती थीं।
सम्राट की सेवा में, तत्पर रहती रात दिन,
नृप दिनचर्यानुसार ये, जागती और सोती थीं ॥57॥

वेश्यावृत्ति

वेश्यावृत्ति का चलन, उस समय समाज में,
कौटिल्य अर्थशास्त्र से, इस पर पड़ता प्रकाश।
देश में वारांगनाओं का, अपना अलग स्थान,
उनके प्रति न घृणा भाव, न ही उपेक्षा उपहास ॥[1]58॥

यह एक स्मरणीय तथ्य, मौर्यों के पूर्व में भी,
गणिकाओं का स्थान, नहीं भारत में हेय था।
लिच्छवि गणतन्त्र काल, बुद्ध युग वैशाली में,
गणिका आम्रपाली का, कीर्ति अपरिमेय था ॥59॥

मान सम्मान उसका, वैशाली में इतना अधिक,
उसने भोजनार्थ, गौतम बुद्ध को आमांत्रित किया।
बुद्ध ने आमन्त्रण, आम्रपाली का स्वीकार कर,
उसके शिष्य भाव को, इतिहास में अंकित किया ॥[2]60॥

कौटिल्य ने वेश्यावृत्ति को, राज्य आय साधन कहा,
गणिकाध्यक्ष इसका, नियंत्रक अधिकारी था।
राजभवन में सेवार्थ, होती इनकी नियुक्ति,
कला संस्कृति में इनका, अवदान भारी था ॥[3]61॥

---

1. शर्मा, एल.पी. : भारत का इतिहास, पृ. 179; आचार्य दीपंकर : पूर्वोद्धत, पृ. 237–240
2. श्रीवास्तव, के.सी. : पूर्वोक्त, पृ. 828
3. नाहर, रतिभान सिंह : पूर्वोद्धत, पृ. 274–275; पाण्डेय, राजेन्द्र : पूर्वोद्धत, पृ. 96

प्रबुद्ध राजतन्त्र[1]

मौर्य साम्राज्य की, सकल समीक्षा से,
निरंकुश सम्राट स्थिति, लगता सिद्धान्त रूप।
यद्यपि व्यवहार में था, कहीं कुछ ऐसा नहीं,
प्रजा हित में सदा सजग, रहते थे मौर्य भूप॥62॥

अर्थशास्त्र में इंगित, जन हित को अति महत्व,
प्रजा दर्शन को नृप, हर समय सुलभ रहे।
जन कठिनाइयों को, सुनने निपटाने में,
स्वयं भी उद्यम करे, अधिकारी जन से कहे॥63॥

यदि ऐसा नहीं करता, नृप निज प्रजा के लिए,
शीघ्र ही प्रजा का वह, कोप भाजन बन जाता।
छिन जाता राजपाट, अल्प समय में उससे,
राजा से रंक राष्ट्र, आंगन वह बन जाता॥64॥

कौटिल्य सिद्धान्त को, सम्राट चन्द्रगुप्त ने,
कार्य रूप परिणत किया, जिसके प्रबल आधार।
मेगस्थनीज अनुसार नृप, प्रजा कार्य के निमित्त,
सारे दिवस बैठा रहता, अपने राज्य दरबार॥65॥

साम्राज्य शासन शक्ति, वैभव सम्पन्न अशोक,
स्वयं को प्रजा का श्रेष्ठ, सेवक समझता था।
नृप के अनुसार, लोकहित से बड़ा कार्य नहीं,
राज्य साधनों को जन, हित प्रयुक्त करता था॥[2]66॥

राज्य अवधारणा में, अशोक भाव पितृ परक,
बताता प्रजा को निज, पुत्र-पौत्र के समान।
सम्राट हृदय में प्रजा, सुख की थी सच्ची चाह,
शासन का लक्ष्य करना, प्रजा का बहुविध उत्थान॥67॥

भौतिक विकास सहित, आध्यात्मिक-नैतिक सुख,
चाहता अशोक, किया अपने ढँग से उपाय।

---

1. श्रीवास्तव, के.सी. : पूर्वोक्त, पृ. 264-265
2. पाण्डेय, राजेन्द्र : पूर्वोद्धत, पृ. 94

दौरा करे देश भर में, भेजता अधिकारियों को,
जनता की कठिनाइयों के, हटाने में होता सहाय ॥68॥

जनहित जागरूकता का, इससे बड़ा क्या प्रमाण,
कि अपने प्रतिवेदकों को, किया पूर्व निर्दिष्ट।
प्रजा के कष्टों को कहें, हर जगह हर समय,
प्रजा कल्याण नृप, कर्तव्य में समाविष्ट ॥69॥

मौर्य साम्राज्य की, सफलता का भेद मुख्य,
प्रबुद्ध सम्राटों के, लोकहित मंगल विचार।
उनका प्रजाहित उनके, वैयक्तिक हितों से उच्च,
राज्य सुव्यवस्था सुख, शान्ति का यही आधार ॥[1]70॥

आमोद–प्रमोद[2]

मौर्य सम्राटों के, सुशासन के फलस्वरूप,
सुख समृद्धि शान्ति, प्रसरित था चहुओर।
उस युग का जीवन, आमोद–प्रमोद लय पूर्ण,
मनोरंजक साधनों का, स्वर गुंजित जोर शोर ॥71॥

इतना महत्व था, मनोरंजन का उस समय कि,
लोगों ने बनाया इसे, आय का अपना साधन।
इस तरह अनेक गायक, नर्तक नट कुशीलवों का,
वृत्ति व्यवसाय माध्यम, परिवार जीवन–यापन ॥72॥

कौटिल्य ने किया है, मनोरंजन साधनों की चर्चा,
उत्सव समारोहों हेतु, गाँवों में होती शालायें।
उत्सव समाजों का, अंकन है अभिलेखों में,
गाते बजाते लोग, दिखाते कर्तब कलायें ॥73॥

उल्लास प्रिय अवसरों पर, विविध वाद्य यंत्रों का,
बजाना आवश्यक, माना जाता प्रमुख कृत्य।
ऐसे कार्यक्रमों के, संयोजन कर्ताओं को,
मिलता अनुदान, राज्यनिधि से निर्वाध नित्य ॥74॥

1. श्रीवास्तव, के.सी. : पूर्वोद्धृत, पृ. 265
2. नाहर, रतिभान सिंह : पूर्वोद्धृत, पृ. 275–276; आचार्य, दीपंकर : पूर्वोद्धृत, पृ. 128

उत्सवों का आयोजन, कुछ देवि देवताओं यथा,
ब्रह्मा सरस्वती[1] शिव, आदि के अर्चन सम्मान।
ऐसे अवसरों पर, आयोजित मल्ल युद्ध में,
भाग लेने आते दूर-दूर, के भी पहलवान॥75॥

एलियन यूनानी लेखक, मनुष्य से हस्ति एवं,
अन्य कुछ पशुओं के, द्वन्द्व का किया उल्लेख।
पाटलिपुत्र में रथदौड़, जुते हुए वृषभ अश्व,
बारम्बार होने का, विवरण दिया विशेष॥76॥

एलियन अनुसार, पशु मानव मुठभेड़ में,
हो जाया करता था, अंगभंग रक्तपात।
अतएव अशोक नृप, इसको निस्सार समझ,
रोक दिया झट लेकर, निर्णय इस पर आपात्॥77॥

किया नृप अशोक ने भी, आमोद-प्रमोद प्रबन्ध,
जिसका उद्देश्य उच्च, नैतिक चरित्रोत्थान।
आधुनिक चलचित्र भाँति, करवाया दृश्य चित्रण,
नाटकादि मनोरंजन के, उपक्रम उस युग तमाम॥[2]78॥

भोजन-पेय[3]

मौर्ययुगीन समाज के, समृद्धि का ज्ञान हमें,
मिलता उस युग के, जनता के खान-पान से।
अन्न शाक दूध मांस, भोजन के मुख्य अंग,
स्वच्छ सुरुचिपूर्ण, बहु व्यंजन प्रमान से॥79॥

यद्यपि जैन बौद्ध के, अहिंसक विचारों में,
मांस मच्छि भक्षण का, न कोई स्थान था।
फिर भी अधिकांश जन, मांस खाते व खिलाते,
आपणों पर तैयार विविध, बिकता पकवान था॥80॥

मेगस्थनीज अनुसार, भोजन, समय नियत नहीं,
सामूहिक भोजन का नहीं, लत रीति व्यवहार।

1. तिवारी, मारुतिनंदन प्रसाद : इलीमेण्ट्स आफ जैन आइक्नोग्राफी, पृ. 113-114
2. पाण्डेय, राजेन्द्र : पूर्वोद्धृत, पृ. 95
3. नाहर, रतिभान सिंह : पूर्वोक्त, पृ. 276

भारतीय लोग प्रायः, एकान्त भोजन के आदी,
अपनी इच्छानुसार, लेते असमय आहार ॥[1]81 ॥
दुग्ध भारतीयों का, प्रमुख पेय पदार्थ यद्यपि,
अन्य पेय सामग्री का, भी होता उपयोग था।
आम अंगूर जम्बू, विविध फलों के जूस,
जड़ी बूटियों का औषधि, रूप में प्रयोग था ॥82 ॥
सुरा के क्रय-विक्रय, उपभोग पर नियंत्रण राज्य,
कई तरह की मदिरा का, उल्लेख अर्थशास्त्र में।
मद्य के रचना विधि, विधान की भी चर्चा है,
सुरा प्रयोग विचारणीय, कुल शील जन मात्र में ॥83 ॥
लिखता मेगस्थनीज, मात्र कुछ अवसर छोड़,
साधारणतया भारतीय, रहते सुरापान से सुदूर।
किन्तु यह टिप्पणी सत्य, ब्राह्मण वर्ग हेतु शायद,
कई जातियाँ मदिरा, सेवन में रहतीं चूर ॥84 ॥
कौटिल्य अनुसार, मद्यपायी लोग कम नहीं,
क्षत्रिय समुदाय में, सुरापान का भारी प्रचलन।
यद्यपि जैन बौद्धों ने, कम करने का किया यत्न,
जन साधारण में बन्द नहीं, हो सका यह चलन ॥85 ॥

आर्थिक जीवन[2]

भारतवंशियों का, जन जीवन मौर्य काल,
विकसित व्यवस्थित, वित्त विविधा प्रधान था।
कृषि उद्योग शिल्प, वणिज् गतिविधियाँ तीव्र,
चतुर्दिक विकास लक्ष्य, राज्य कृत विधान था ॥86 ॥
सबको विदित है, प्राग्मौर्य बुद्ध काल में,
राष्ट्र की आर्थिक दशा, अत्यन्त गतिशील थी।
बौद्ध कृतियों के, अनुशीलन से होता ज्ञात,
वणिज् व्यापार कृषि, शिल्प प्रगतिशील थी ॥87 ॥

---

1. पाण्डेय, राजेन्द्र : पूर्वोक्त, पृ. 97
2. वही, पृ. 277-282

आर्थिक विकास में, साम्राज्य साधनों का योग,
प्रखर सम्राटों ने, इसे किया और पुष्ट।
मौर्य युग का आर्थिक, विकास इतना उच्च कि,
इसके विचारकों को, विस्मय करता, अतुष्ट ॥[1]88 ॥

मौर्य चन्द्रगुप्त की, प्रशासनिक अवस्थापना में,
ऐसे अनेक तत्व, मिलते हैं विद्यमान्।
जिनका उद्देश्य वित्त, व्यवसायिक ढाँचे में,
वांछित सुधार करना, नवगति उर्जा प्रदान ॥[2]89 ॥

मौर्य शासन अन्तर्गत, ऐसे थे विभाग कई,
जिनका लक्ष्य अर्थ प्रगति, और लोक कल्याण।
सार्वजनिक रचना विभाग, इतना सुगठित पुष्ट,
विस्तृत कार्य सीमा में, इंगित राष्ट्रीय प्रयाण ॥90 ॥

बहुत ही विस्तारित था, विभाग का कार्य क्षेत्र,
सिंचन प्रबन्ध, खान आकरों का परिचालन।
सड़क यातायात सेतु, सङ्क्रम निरीक्षण कार्य,
कल कारखानों का, स्थापना और संचालन ॥91 ॥

जल परिवहन वणिज्, पत्तनों का इंतजाम,
जड़ी बूटियों की खेती, वृक्षों का आरोपण।
बन आखोट चारागाह, पशु पालन एवं,[3]
अनाथों अपाहिजों का, समुचित भरण-पोषण ॥92 ॥

मौर्य राजतन्त्र में, वे सभी सुविधायें सुलभ,
जो किसी समाजवादी, तन्त्र हेतु वांछनीय।
कौटिल्य व मेगस्थनीज, दोनों के साक्ष्य प्रबल,
आर्थिक प्रगति में, राज्य संस्था प्रशंसनीय ॥93 ॥

अशोक ने भी नहीं किया, मूल व्यवस्थाओं में,
कोई परिवर्तन जो, अर्थ हित प्रधान थे।

---

1. शर्मा, एल.पी. : भारत का इतिहास, पृ. 179-182
2. आचार्य, दीपंकर : पूर्वोक्त, पृ. 121-128
3. वही, पृ. 140-144

बरकरार रखा ऐसे, विभागों कार्मिकों को,
जो लोकरंजन वित्त, अग्रणी विद्वान् थे ॥94॥

कृषि[1]

सदा की ही भाँति, आर्थिक जीवन का मेरुदण्ड,
कृषि ही रही है मौर्य, सम्राटों के काल भी।[2]
गाँव अति अतीत से ही, अन्न उत्पादन केन्द्र,
गावों का जीवन था, समृद्ध खुशहाल भी ॥95॥

ग्रामों की भूमि होती, कई प्रकार से प्रयुक्त,
कृष्ट अकृष्ट स्थल, केदार ईण्ड मूलनाप।
बात विवीत वन बाग, वास्तु चैत्य देवगृह,
सेतु श्मशान सत्त, प्रपा प्रेक्षागृह अलाप ॥96॥

जुती हुई भूमि कृष्ट, अकृष्ट जो परती पड़ी,
केदार फसल वाले खेत, ईण्ड में केलादि फल।
गाँठ जड़ वाले पौध, हल्दी मूली अदरख आदि,
होते मूलनाप उपज, ऊँची शुष्क भू स्थल ॥[3]97॥

गन्ने वाले खेत कहे, जाते थे बात भूमि,
बन जहाँ प्राप्त होता, ईंधन लकड़ी सामान।
गाँवों में विवीत, पशुओं के लिए चारागाह,
पौध भूमि कहे गये, मार्गों सहित तरु तमाम ॥98॥

वास्तु क्षेत्र ग्राम बस्ती, चैत्य भू पवित्र वृक्ष,
सेतुबंध भूमि भरसक, बाँध रचना के निमित्त।
दानागार हेतु सत्त, प्रपा भू में जल संचय,
प्रेक्षागृह भूमि ग्राम्य, मनोरंजन गीत नृत्त ॥[4]99॥

राजा और किसान दोनों, होते भू स्वामी थे,
कृषि उन्नति के लिए, बने थे हितकर विधान।
युद्ध के समय भी कृषक, खेतों में लगे रहते,
उनकी सुविधाओं का, सदा रखता राज्य ध्यान ॥100॥

1. नाहर, रतिभान सिंह : पूर्वोक्त, पृ. 278–279
2. आचार्य, दीपंकर : पूर्वोक्त, पृ. 121, 123
3. वही, पृ. 159
4. नाहर, रतिभान सिंह : पूर्वोक्त, पृ. 278

भारी मात्रा प्रयुक्त, लौह उपकरणों से,
अन्न उत्पादन देश, अत्यधिक बढ़ता गया।
हँसिया हल फाल कुदाल, कुल्हाड़ियों के प्रयोग से,
कृषि क्रांतिकारी, बुलंदियों पर चढ़ता गया॥101॥

फसल के हानिप्रद जीव, जन्तुओं के नाश हेतु,
शिकारी गोपालकों की, नियुक्ति सारे देश था।
युद्ध के समय भी, सैन्यबल सिपाहियों को,
फसलों को हानि न, पहुँचाने का आदेश था॥102॥

मौर्यकाल प्राकृतिक, आपदाओं से रहा मुक्त,
वर्ष में दो-दो बार, फसलें उगायी जातीं।
हर तरह से सस्य हेतु, भूमि अति उर्वर थी,
बंजर धरा को कृषि, योग्य भू बनायी जाती॥[1]103॥

उस युग की मुख्य फसलें, चावल कई प्रकार,
दलहन अनेक यथा, मास चना मुद्‌ग मसूर।
गेहूँ जौ ईख तिल, कोद्रव सर्षप प्रियंग,
अरसी, कलाय शाक, पैदावार भरपूर॥104॥

विविध प्रकार के फल, कदली अंगूर आदि,
शाक सब्जियों की, उपज उन्नति का मूल था।[2]
भिन्न-भिन्न प्रान्तों की, भिन्न जिन्स पैदावार,
राष्ट्रीय समृद्धि, राष्ट्रैक्य अनुकूल था॥105॥

सिंचन व्यवस्था श्रेष्ठ, लिखता मेगस्थनीज,
सिंचाई के दायरे में, आती अधिकांश जमीन।
नदी-नहर बाँधों के, प्रबन्ध पर्यवेक्षण हेतु,
नियुक्त अधिकारी होते, परिश्रमी पारग प्रवीन॥[3]106॥

अर्थशास्त्र से सुज्ञात, सिंचन की चार विधि,
नदी नहर से प्रकृष्ट, मोट व मशीन हाथ।[4]

---

1. आचार्य, दीपंकर : पूर्वोक्त, पृ. 125
2. वही, पृ. 134; पाण्डेय, राजेन्द्र : पूर्वोक्त, पृ. 96
3. वही, 126, 129, 133, पाण्डेय राजेन्द्र : पूर्वोक्त, पृ. 97
4. आचार्य, दीपंकर : कौटल्य कालीन भारत, पृ. 133

सिंचाई की व्यवस्था, राज्य ओर से सुराष्ट्र में,
बनवाया सुदर्शन झील, चन्द्रगुप्त सम्राट॥107॥
झील का निर्माण कार्य, शुरू किया पुष्यगुप्त,
जो था चन्द्रगुप्त समय, सुराष्ट्र का राज्यपाल।
जूनागढ़ लेख उक्ति, पूर्ण यह तुषास्प द्वारा,
वह सुराष्ट्र प्रान्तपति, नृप अशोक राज्य काल॥108॥

कृषि पर लगने वाले, करों का भी समुल्लेख,
किया कौटिल्य यथा, भाग बलिकर विवीत।
रज्जु चोररज्जु युद्ध, अथवा दुर्भिक्ष समय,
होता कराधान कुछ, बेगार की प्रथा विनीत॥109॥

कृषि से होने वाली, आमदनी पर राज्य अंश,
भाग के अतिरिक्त बलि, कृषकों पर बढ़ाया जाता।
सम्पत्ति आकलन, अनुसार यथा समय कर,
विवीत नामक शुल्क, चारागाहों पर लगाया जाता॥110॥

जिन्सों के नाप तौल, के निमित्त रज्जुकर,
चौररज्जु कर सहेतु, संरक्षा पहरेदारी।
युद्ध या दुर्भिक्ष समय, कृषि पर अतिरिक्त शुल्क,
कर न अदा करने पर, करनी पड़ती बेगारी॥111॥

अर्थशास्त्र के अनुसार, गाय बैल भैंस भेंड़,
ऊँट गधा बकरी सुअर, श्वान आदि पालनीय।
चारागाह की व्यवस्था, करता पशुधन विभाग,
पशु चिकित्सा पोषण में, राज्य कृत्य सराहनीय॥[1]112॥

उद्योग धन्धे[2]

मौर्यों के काल में, विविध उद्योग धंधों की,
अत्यधिक उन्नति के, कई उज्जवल अध्याय हैं।
उस युग का सर्वाधिक, महत्वपूर्ण वस्त्र उद्योग,
जो प्राचीनकाल से ही, देश का व्यवसाय है॥[3]113॥

---

1. वही, पृ. 136–138, 143–144, 159–161
2. नाहर, रतिभान सिंह : पूर्वोद्धृत, पृ. 279–281
3. आचार्य, दीपंकर : पूर्वोक्त, पृ. 166–167

वस्त्र कारोबार में, अधिक खपत सूती वस्त्र,
ऊष्ण जलवायु भारतवर्ष, के अति अनुकूल।
सूती परिधानों का, उल्लेख बौद्ध ग्रन्थों में,
यूनानियों ने दिया, निज लेखों में अधिक तूल ॥114॥

मालव गणतन्त्र द्वारा, सिकन्दर को उपहार में,
दिया गया सूती वस्त्र, अधिक परिमाण में।
यद्यपि सूती वस्त्र उद्योग, उस युग सारे देश में,
किन्तु कुछ विशेष क्षेत्र, रत सक्रिय निर्माण में ॥115॥

अर्थशास्त्र अनुसार मदुरा, अपरान्त कलिंग काशी,
महिष, वत्स वंग में, बनते सूती पट उत्कृष्ट।
बौद्ध ग्रन्थों से शिवि, काशी के मनोरम वस्त्र,
अपनी गुणवत्ता कला, भाव से करते आकृष्ट ॥[1]116॥

इसी सन्दर्भ में, अर्थशास्त्र में चर्चित दुकूल,
तीन जगहों पर बना, रक्त श्याम श्वेत रंग।
वे हैं स्थान क्रमशः, सुवर्ण कुड्य कामरूप,
उत्तरी बंगाल पुन्द्र, पूर्वी भू भाग वंग ॥117॥

कौटिल्य ने सन के बने, वस्त्रों का उल्लेख किया,
जो काशी व पुन्द्र में, तैयार किये जाते।
मगध सुवर्णकुड्य में, भी इसके सृजन केन्द्र,
बौद्ध ग्रन्थों में कई, विवरण इसके आते ॥[2]118॥

बहुमूल्य वस्त्रों में था, रेशमी पट अग्रणी,
जिनके सन्दर्भ जातक, ग्रन्थ हैं बताते।
चीन के रेशमी पट, कौशेय कम्बल उल्लेख,
अर्थशास्त्र की चर्चा में, बार-बार हैं आते ॥119॥

कौटिल्य कथन से यह, प्रमाणित कि मौर्यकाल,
चीन के रेशमीवस्त्र, बिकते यहाँ बाजार में।

1. वर्मा, मोहिनी : पूर्वोक्त, पृ. 11–12; शर्मा, एल.पी. : पूर्वोक्त, पृ. 180
2. नाहर, रतिभान सिंह : पूर्वोद्धृत, पृ. 279

चीनी व देशी रेशम, बीच प्रतिद्वन्द्विता अधिक,
मधुर सम्बन्ध चीन, भारतीय सरकार में ॥120॥
ऊनी वस्त्र रचना इस, देश का प्राचीन उद्योग,
गांधार के ऊर्ण की, प्रशंसा करते हैं जातक।
अर्थशास्त्र में आया, नेपाली ऊन का उल्लेख,
निश्चित व्यवसाय बना, मौर्य युग बढ़ा व्यापक ॥[1]121॥

धातुकला

कौटिल्य ने प्रचुरता से, स्वर्ण रजत हस्तिदंत,
आदि कई धातुओं के, कार्यों का किया उल्लेख।
शीशे-पत्थर की कला, इस युग के पूर्व में ही,
श्रेष्ठता के चरम को, प्राप्त कर चुकी विशेष ॥122॥
एरियन लिखता, धनाड्‌य शौकीन भारतीय,
गजदन्त उत्तमाभूषण, कर्ण में पहनते हैं।
स्ट्रैबो इत्यादि अन्य, यूनानी लेखक कई,
लोकाभरण प्रियता की, प्रशंसा करते हैं ॥[2]123॥
पत्थर को तराशकर, सुसामग्री बनाने में,
इस युग के कारीगर, अत्यन्त ही बढ़े-चढ़े।
निर्मित अशोक द्वारा, अनेकशः पाषाण स्तंभ,
अद्‌भुत सौन्दर्य युक्त, सुघर तकनीक गढ़े ॥124॥
स्तम्भों की उत्कृष्टता, से भी अधिक आश्चर्य,
पचास टन भारी एकाश्म, तीस फीट की ऊँचाई।
चुनार से टोपरा तक, नौ सौ किलोमीटर दूर,
कैसे प्रशासन इसे, किस साधन से पहुँचाई ॥125॥
इससे प्रमाणित मौर्य, युग की तकनीक उच्च,
अभियान्त्रिक कुशलता का, मिलता परिचय यथेष्ट।[3]
आज के वैज्ञानिक युग में, यह कम अचम्भा नहीं,
उस युग न परिवहन सुविधा, न पक्के मार्ग श्रेष्ठ ॥126॥

1. वही, पृ. 280; वर्मा, मोहिनी : पूर्वोक्त, पृ. 11-35
2. वही, पृ. 111-116
3. श्रीवास्तव, के.सी. : पूर्वोद्धृत, पृ. 268

बराबर गुफा की ओप, चमकते शीशे की तरह,
अतएव उत्कृष्ट कला, उस युग विकसित प्रमान।
चर्म उद्योग उन्नत, उत्तम अवस्था उच्च,
श्वेत चर्म उपानहों की, एरियन ने की बखान॥127॥

सुगंधित पदार्थों के, उत्पत्ति में था देश आगे,
कालेयक तैल-पर्णिक, भद्रश्री अगरू चन्दन।
उत्पत्ति स्थान पर्यावरण, की विलगता से,
एक दूसरे से पृथक, तीव्रता सुवास गंधन॥[1]128॥

काष्ठकला भी अति, विकसित उद्योग एक,
लकड़ियों के द्वारा, विविध उपस्कर बनाये गये।
कुम्रहार खुदाई में, काष्ट के चबूतरे बड़े,
सात आश्चर्यजनक ढंग से, बने हुए पाये गये॥129॥

भूमि के नीचे से प्राप्त, खनिज वस्तुओं के,
सुरक्षा उपयोग पर, दिया जाता अधिक ध्यान।
भिन्न-भिन्न खदानों से, मिलते सामान विविध,
दो तरह के आकरों के, मिलते पक्के प्रमान॥130॥

अर्थशास्त्र में सागरीय, भूमिगत खदान विवरण,
जिसके लिए अलग-अलग, नियन्त्रक प्राधिकारी थे।
समुद्र से प्राप्त हीरे, मोती आदि वस्तुओं के,
विपणन संरक्षा रत, विविध कर्मचारी थे॥131॥

भूमि आकर के अधीक्षक, करे नव खानों की खोज,
पुरानी खानों का उचित, देखभाल-इंतजाम।
खान के सहकर्मियों, कारीगरों के पास में,
तकनीकी उपकरण सहित, काम के साधन तमाम॥[2]132॥

पट्टे पर दिया जाता, आकर उद्यमियों को,
अथवा सरकार करती, उसका सीधा प्रबन्ध।
क्रय-विक्रय बिना अनुमति, खनिज उत्पाद का,
राज्य द्वारा किया जाता, सौ पण का अर्थदण्ड॥133॥

---

1. नाहर, रतिभान सिंह : पूर्वोद्धृत, पृ. 280
2. आचार्य, दीपंकर : कौटिल्य कालीन भारत, पृ. 126, 157, 159, 167-168

इसके अतिरिक्त उद्योग, धातुगिरी भी विकसित,
धातुओं को गलाने और, परिशोधन में प्रवीन।
स्वर्ण रजत ताम्र लौह, टिन पीतल कांस्य के,
बनते उपकरण अस्त्र, आभरण बर्तन नवीन॥[1]134॥

सैन्य आवश्यकताओं की, स्थाई आपूर्ति हेतु,
कई महत्त्वपूर्ण उद्योग, धन्धों का हुआ विकास।
रथ जलयान, अस्त्र-शस्त्र के निर्माण तेज,
काष्ठ लौह आदि का, प्रयोग बढ़ा अनायास॥135॥

काष्ठ एवं धातुओं के, अत्यधिक उपयोग से,
जंगल की कटाई बढ़ा, खान खोदने का कार्य।
इसके लिए शासन ने, बनाये कुछ विशेष नियम,
बन के अधीक्षक हेतु, बन रक्षा अपरिहार्य॥[2]136॥

व्यावसायिक श्रेणियाँ[3]

काष्ठकार चर्मकार, लोहार चित्रकार आदि,
व्यावसायिक संस्थाओं को, दिया गया श्रेणी नाम।
अठारह श्रेणियों की सूची, जातकों में क्रमबद्ध,
पृथक-पृथक अध्यक्ष, देखते श्रेणि इंतजाम॥137॥

अलग-अलग श्रेणियों के, पृथक न्यायालय होते,
व्यावसायिक विवाद सब, जहाँ सुलझाते थे।
न्यायालय प्रमुख को, कहा जाता महाश्रेष्ठि,
उसका निर्णय सदस्य, मानते मनवाते थे॥[4]138॥

राज्य की तरफ से वस्तु, उत्पादन विपणन हेतु,
औद्योगिक आस्थान, साम्राज्य में स्थापित थे।
शिल्पियों की सुरक्षा पर, शासन का पूरा ध्यान,
क्षति उन्हें पहुँचाने वाले, दण्डानुशासित थे॥139॥

---

1. श्रीवास्तव, के.सी. : पूर्वोद्धृत, पृ. 268
2. नाहर, रतिभान सिंह : पूर्वोद्धृत, पृ. 280
3. थपलियाल, के.के. : स्टडीज इन ऐंशियंट इंडियन सील्स, पृ. 237-241
4. शर्मा, एल.पी. : भारत का इतिहास, पृ. 180

अर्थशास्त्र का कथन कि, काम करते रहने पर,
कर्मकार को निश्चित, पारिश्रमिक पूर्ण दिया जाय।
आधा कार्य करने पर, आधी मजदूरी देय,
अच्छे श्रमिक को, कार्य वंचित न किया जाय॥140॥

व्यापार[1]

मौर्य शासन अन्तर्गत, औद्योगिक विकास गति ने,
व्यावसायियों को प्रेरित कर, व्यापार को बढ़ा दिया।
देश के आन्तरिक एवं, बाह्य व्यापार को,
उसकी चरमता की, विन्दु तक चढ़ा दिया॥141॥

अर्थशास्त्र में व्यापार जन्य, कार्यों की चर्चा अधिक,
जिससे युग वाणिज्यिक, प्रगति का होता ज्ञान।
व्यापार विकास हेतु, राज्य संस्था भी सक्रिय,
वणिक् पथ संरक्षण पर, राज्य रखता अधिक ध्यान॥142॥

बंगाल खाड़ी समीप, तट ताम्रलिप्ति से,
मार्ग जाता पश्चिमोत्तर, छोर पुर पुष्कलावती।
जग विश्रुत तस्य नाम, महामार्ग उत्तरापथ,
इस पर बसी पुरियाँ, बहु राजनय प्रभाव की॥143॥

इस पथ पर स्थित पुर, पाटलिपुत्र वैशाली गया,
राजगृह चम्पा काशी, कौशाम्बी एवं प्रयाग।
कान्यकुब्ज हस्तिनापुर, शाकल तक्षशिला आदि,
सभी बड़े व्यापार केन्द्र, जुड़े एक सूत्र ताग॥144॥

दूसरा महापथ पश्चिम, पाटल से चलकर,
उत्तरापथ से मिलता, पास कौशाम्बी नगर के।
तीसरा मार्ग जाता, प्रतिष्ठान से श्रावस्तीपुरी,
महिष्मती विदिशा उज्जैन, आदि से हो करके॥145॥

श्रावस्ती प्रतिष्ठान पथ से, जुड़ा उत्तर–दक्षिण देश,
दोनों ही के लिए यह, जुड़ाव ऊर्जयिनी थी।

---

1. आचार्य, दीपंकर : पूर्वोद्धृत पृ. 149–163, 165–166; श्रीवास्तव, के.सी. : पूर्वोद्धृत, पृ. 167–168

चौथा पथ अन्य एक, मथुरा से भृगुकच्छ,
जिसके बीचो बीच बसी, पुरी उज्जयिनी थी ॥146 ॥
इस प्रकार सारा देश, गुंथा महामार्गों से,
मुख्य-मुख्य पुरियाँ जुड़ी, वाणिज्यिक डोर में।
जिससे व्यापार और, आवागमन सुविधा बढ़ी,
शासक सुविधायें पहुँची, राज्य ओर-छोर में ॥147 ॥
कौटिल्य ने उल्लेख किया, उन प्रमुख स्थानों की,
जहाँ प्राप्त होती थीं, बहुमूल्य चीजें विशेष।
अश्व हस्ति पशुचर्म, गजदंत स्वर्ण रजत,
सुगंधित सामग्री आदि, सुलभ हिमालय प्रदेश ॥148 ॥
हीरे मोती स्वर्ण रत्न, शंख आदि मूल्यवान,
मिलते सुदूर दक्षिण, अधिक परिमाण में।[1]
कौटिल्य की सूची तत, ठाँव सहित वस्तुओं की,
वाह्य व आन्तरिक वणिज्, बसा राष्ट्र प्राण में ॥[2]149 ॥
सदियों से जारी विदेश, व्यापार को मौर्यों ने,
दिया प्रोत्साहन इसके, अंकित अधिक दृष्टांत।
सेल्युकस पराजय बाद, यवन राज्य मैत्री नीति,
चन्द्रगुप्त उपरांत, उत्तराधिकारियों ने निभाया शांत ॥150 ॥
फलतः भारत देश का, विदेश व्यापार यों,
पश्चिम एशिया मिस्र व, यूनान तक बढ़ता गया।
भृगुकच्छ ताम्रलिप्ति, पत्तन-बन्दरगाहों से,
माल आवागमन का, रफ्तार भी चढ़ता गया ॥[3]151 ॥
पत्तन वारबेरिकम स्थित, सिन्धु के मुहाने पर,
भारतीय व्यापार प्रति, रोमन यूनानी वर्णन।
एरियन बताता हमें, भारतीय व्यापारीगण,
यूनानी हाटों में जाते, मुक्ता का करने विपणन ॥[4]152 ॥

1. नीलकंठ, शास्त्री, के.ए. : दक्षिण भारत का इतिहास, पृ. 84
2. नाहर, रतिभान सिंह : पूर्वोक्त, पृ. 281
3. आचार्य, दीपंकर : पूर्वोक्त, पृ. 150–151
4. पाण्डेय, राजेन्द्र : भारत का सांस्कृतिक इतिहास, पृ. 99

भारतीय वाह्य व्यापार, जल-थल मार्गों से,
होता विविध यूनानी, लेखकों के अनुसार।
भारत के लिए पाश्चात्य, दुनियाँ से सम्बन्ध,
महत्वपूर्ण हितकारी, हेतु मौर्यकुल सरकार॥153॥

भारत के हाथी दांत, नीलादि कई रंग,
कछुए की पीठ मोती, लकड़ियाँ कुछ मूल्यावान।
होते निर्यात मिस्र, देश के बाजारों में,
बदले में लाते वणिक्, बहुत सारा सामान॥[1]154॥

वाणिज्यिक जलयानों का, निर्माण मौर्यकाल में,
राज्य नियंत्रित एक, विकसित उद्योग था।
व्यापारिक जहाजों का, नियंत्रक होता नवाध्यक्ष,
भाड़े पर देता राज्य, व्यापारियों के उपयोग था॥155॥

जहाजों से आते हुए, वस्तुओं के क्षति पर,
राज्य उनका शुल्क, घटा देता या नहीं लेता।[2]
विदेशी सार्थवाहों का, उल्लेख अर्थशास्त्र में है,
वाह्य व्यापारियों को, सुविधायें राज्य बहुत देता॥156॥

व्यापार पर साम्राज्य का, नियन्त्रण दबाव अधिक,
ताकि व्यापारी अपनी, मर्जी न चला सकें।
पणाध्यक्ष करता, निरीक्षण मूल्य निर्धारण,
जिससे वणिक् लोग, अनुचित लाभ न कमा सकें॥157॥

व्यापारियों के लाभ की, दरें भी प्रायः निर्धारित,
नियत से अधिक लाभांश, जाता सीधे राजकोष।
विदेशी वस्तु पर लाभ, होता प्रायः दस प्रतिशत,
स्थानीय वस्तुओं से पाँच, प्रतिशत पर करें तोष॥[3]158॥

मौर्य सम्राटों ने, वाणिज्यिक प्रोत्साहन हेतु,
मार्गों जलयानों का, किया विविध इंतजाम।

---

1. गैरोला, वाचस्पति : पूर्वोक्त, पृ. 291-292
2. आचार्य, दीपंकर : पूर्वोद्धृत, पृ. 150-152, 177
3. श्रीवास्तव, के.सी. : पूर्वोक्त, पृ. 267-269

तथापि वे सशंकित थे, वणिक्-व्यापारियों से,
देश की जनता को कहीं, ठगने का न करें काम ॥159॥
वणिकों के शोषण से, जनता को बचाने एवं,
बेईमानी रोकने हेतु, रचे गये बहु विधान।
मिलावट घटतौली, जमाखोरी से मिली मुक्ति,
व्यापारिक वृत्ति को लब्ध, विश्व व्यापी सम्मान ॥160॥

मुद्रा प्रचलन

मौर्य युग आते आते, वणिज् व्यवसाय में,
स्वर्ण रजत ताम्र के, सिक्कों का बढ़ा प्रचारण।[1]
ताम्र के सिक्के प्रसिद्ध, माषक और काँकणि नाम,
रजत सिक्कों को कहते, कार्षापण अथवा धारण ॥[2]161॥
शासकों सौदागरों या, निगमों द्वारा ये प्रचलित,
उन पर स्वामित्व सूचक, चिह्न भी लगा होता।
मौर्यों के सिक्के प्रायः, ढले चाँदी ताम्बे के,
सिक्का प्रधान पण, रुप्यरूप संज्ञा होता ॥162॥
अर्थशास्त्र में राजकीय, टकसाल का भी उल्लेख,
लक्षणाध्यक्ष पर निर्भर, उसका पूरा प्रबन्ध।
मुद्राओं के निरीक्षक को, कहा जाता रुप्यदर्शक,
मौर्यों का वित्तीय वर्ष, अषाढ़ माह से प्रारम्भ ॥[3]163॥

जनगणना विभाग

मेगस्थनीज व कौटिल्य, दोनों ही साम्राज्य में,
जनगणना विभाग का, करते हैं समुल्लेख।
तीसरी समिति पर भार, नगर जनगणना कार्य,
चतुवर्ण जनगणना की, पृथक व्यवस्था विशेष ॥164॥
गणना के साथ व्यक्ति, आय-व्यय व्यवसाय,
चारित्रिक गतिविधियों का, रखा जाता दस्तावेज।

1. पाण्डेय, राजेन्द्र : पूर्वोक्त, पृ. 99
2. गार्डनर, पर्सो : ए हिस्ट्री आफ ऐंशियंट क्वाइनेज, पृ. 440
3. आचार्य, दीपंकर : पूर्वोद्धत, पृ. 167-168

इससे विभिन्न वर्ग, वर्ण क्रम अनुसार,
कराधान प्रक्रिया भी, हो जाती स्वाभाविक तेज॥165॥

लोकहित कार्य

धनिकों साहूकारों के, शोषण से बचाने हेतु,
उधारी पर ब्याज दर, पन्द्रह प्रतिशत निश्चित।
इसके अवमानक को, प्रशासन की ओर से,
मिलता कठोरदण्ड, चाहे कोई हो परिस्थिति॥166॥

जनता को अकाल बाढ़, दैवी आपदाओं से,
बचाने का राज्य करता, यथा हर सम्भव प्रयास।
दुर्दिन समय में राज्य, कृषकों को बीज देता,
शासन से राहत कार्य, पहुँचता पीड़ितों के पास॥[1]167॥

नागरिकों के स्वास्थ्य की, चिन्ता अधिक शासन को,
चिकित्सालयों की स्थापना, साम्राज्य में करायी गयी।
विदेशियों के लिए था, इलाज का अलग प्रबन्ध,
राज्य देख-रेख में, औषधियाँ लगायीं गयी॥168॥

अशोक के लेखों से ज्ञात, मानव के साथ-साथ,
पशुओं की चिकित्सा का, समुचित इंतजाम था।
नगरों की सुफाई पर, राज्य व्यय करता बहुत,
कल्याणकारी राज्य, अवधारणा विद्यमान् था॥[2]169॥

धार्मिक स्थिति[3]

मौर्यकाल भौतिक, राजनैतिक ऐश्वर्य निरख,
नयनों में सहसा, चकाचौंध कौंध जाता है।
अपितु बिम्बिसार से, मौर्य उत्कर्ष मध्य,
धार्मिक उन्नयन का, अलग एक खाका है॥170॥

जिस समय भारत के, राजनैतिक नभ मण्डल,
मगध साम्राज्य रूपी, भानु उदित हो रहा था।

---

1. सिंह, एस.एस. की कृति अर्ली क्वाइन्स आफ नार्थ इण्डिया का अध्याय तीन द्रष्टव्य
2. श्रीवास्तव, के.सी. : प्राचीन भारत का इतिहास तथा संस्कृति, पृ. 269
3. नाहर, रतिभान सिंह : पूर्वोक्त, पृ. 282-286

उस समय देश में, धार्मिक विचार चिन्तन,
महत्वपूर्ण परिवर्तन भी, कुछ घटित हो रहा था ॥171॥
नन्दों के तुरन्त बाद, सत्तासीन मौर्यों पर,
इस परिवर्तन ने, व्यापक प्रभाव छोड़ा।
कई नृपतियों ने, ब्राह्मण धर्म से इतर,
अन्य नवीन धर्मों से, स्नेह सद्भाव जोड़ा ॥[1]172॥

धार्मिक दृष्टि से, राज्य के आरम्भिक दिन,
महत्वपूर्ण राष्ट्रीय, इतिहास में हलचल प्रखर।
ब्राह्मण धर्म भीतर घटित, अन्यान्य परिवर्तन,
पुरातन मान्यतायें, पतन ओर हुई अग्रसर ॥173॥

नन्द युग के धार्मिक, हलचल का प्रभाव अक्षय,
मौर्यकाल धार्मिक, विचारधारा पर लक्षित।
इस तरह दोनों युग, एक दूसरे से निबद्ध,
सांस्कृतिक प्रवाह गति, सदी-सदी से संचित ॥174॥

उपनिषदों में उच्चरित, स्वतन्त्र विचार वेग में,
पशुहिंसक यज्ञों पर, विश्वास कम होता गया।
आध्यात्मिक नेतृत्व पहुँचा, भिक्षु संन्यासियों में,
पुरोहिती अधिकार, ब्राह्मण वर्ग भी खोता गया ॥175॥

इस युग की धार्मिक, अवस्था रुचि ज्ञान हेतु,
ब्राह्मण बौद्ध जैन, ग्रन्थ देते प्रबल आधार।
यूनानी विज्ञों के विवरण, अशोक अभिलेख एवं,
पतंजलि व कौटिल्य के, ग्रन्थों में प्रचुर सार ॥176॥

साक्ष्यों के अनुसार ज्ञात, प्रमुख पंथ उस काल,
ब्राह्मण बौद्ध जिन एवं, आस्तिकों का था प्रचार।
धर्मों में बढ़ता गया, अहिंसा का भाव तीव्र,
सांसारिक चीजों में अरुचि, यती-व्रती बहु प्रकार ॥177॥

---

1. यथा सम्राट चन्द्रगुप्त मौर्य एवं अशोक

ब्राह्मण धर्म[1]

पूर्व युगों की भाँति, इस युग भी भारत में,
वैदिक गृह्य रीतियों का, प्रचलन प्राधान्य था।
उच्च वर्गों में ब्राह्मण, धर्म का बोलबाला अधिक,
इतर धर्मों में नत, जन संकुल सामान्य था ॥178॥

चन्द्रगुप्त मौर्य पहले, ब्राह्मण धर्म अनुयायी,
ब्राह्मणों को सम्मान, बिन्दुसार भी दर्शाते थे।
पूजा प्रचलित अनेक, देवि-देवताओं की,
विविध प्रकार यजन, कृत्य किये जाते थे ॥179॥

अर्थशास्त्र मत जयंत, वैजयन्त अप्रतिहत शिव,
आश्विन अपराजित, मादिरा देवी सरस्वती।
सविता अदिति अग्नि, सोम विष्णु कृष्ण आदि,
पूजित सर्वत्र इनकी, छबि लोक मन बसी ॥180॥

पुरोहित कराते यजन, पशुबलि हिंसा प्रधान,
जिसे रोकने के लिए, अशोक ने किया आदेश।
ऐसे यज्ञों का अंकन, अशोक अभिलेखों में,
राजप्रासाद समीप मिले, यज्ञवेदी के अवशेष ॥[2]181॥

वौद्ध कृतियों में संदर्भ, ऐसे कुछ ब्राह्मणों का,
ब्राह्मण महाशाला उनको, तब कहा जाता था।
नृप दान भूमि कर से, ब्राह्मण बने धनाढ्य,
व्यय साध्य यज्ञ, अनुष्ठान इन्हें भाता था ॥182॥

देश के विभिन्न भू से, आये शिक्षार्थियों को,
आश्रम में रख उन्हें, शिक्षा करते प्रदान।
अति सम्मानित, दैव आभा से अलंकृत गुरू
गेह में सैकड़ों शिक्षार्थी, पढ़ते लगाकर ध्यान ॥183॥

यज्ञ अनुष्ठान मात्र, ब्राह्मणों का लक्ष्य नहीं,
उसके सूक्ष्म तत्त्व कुछ, आध्यात्मिक प्रगतिकारी।

---

1. पाण्डेय, राजेन्द्र : पूर्वोद्धृत, पृ. 99-100
2. श्रीवास्तव, के.सी. : पूर्वोक्त, पृ. 269

वैदिक क्रियाबाद, ब्राह्मण धर्म स्थूल रूप,
उपनिषदों का ज्ञान गूढ़, आत्मोन्नयन हितकारी ॥[1]184 ॥

ब्राह्मणों का एक वर्ग, वनस्थ संन्यासियों का,
जंगलों में रहकर, तपश्चर्या करता कठोर।
उनके सदाचरण तप, त्याग ज्ञान गुणशंसन,
करते यूनानी लेखक, निज लेखनी के कोर ॥185 ॥

अरण्यवासी जीवन में, कर्मकाण्ड महत्व नहीं,
तप अध्ययन ज्ञान, द्वारा जीवन परिष्कार।
मन वचन कर्म की, विशुद्धता संचार कर,
करना परम तत्व का, सहजता से साक्षात्कार ॥186 ॥

जनाकीर्ण नगरों से, दूर ये अनिकेत वासी,
संयमित अभावयुक्त, जीवन बिताते थे।
स्वयं प्राप्त ज्ञान को, दूसरों को दान कर,
ब्रह्म साक्षात्कार पथ, अग्रसर हो जाते थे ॥187 ॥

भरसक लोक जीवन में, वैदिक कर्मकाण्ड एवं,
यज्ञ अनुष्ठानों का, रहा हो प्रचलन दबाव।
किन्तु ब्राह्मण धर्म का, वौद्धिक आध्यात्मिक पक्ष,
डाल रहा जन मन पर, अपना स्थिर प्रभाव ॥188 ॥

धर्म की गवेषणा से, सिद्ध सच मौर्यकाल,
वेद उपनिषद् धारायें, समानान्तर थी प्रवाहमान।
वैदिक कर्मकाण्डों में, रुचि अधिक अभिजात वर्ग,
उपनिषदीय चिंतन से, प्रभावित बुध विचारवान् ॥[2]189 ॥

बौद्ध धर्म[3]

अशोक के पूर्व से ही, बौद्ध धर्म विकसित अति,
यद्यपि देश-विदेश में, प्रसार इसका इसी काल।
उसने न केवल, बौद्धधर्म को राजाश्रय दिया,
बल्कि इसकी उन्नति का, प्रयत्न किया हर हाल ॥190 ॥

1. नाहर, रतिभान सिंह : पूर्वोक्त, पृ. 283
2. वही : पृ. 283-284
3. वही, पृ. 285, पाण्डेय, राजेन्द्र : पूर्वोद्धृत, पृ. 101

अशोक ने घोषित किया, 'बुद्ध का सब कथन सत्य',
पूर्ण साम्राज्य शक्ति, प्रचार में लगा दिया।
बौद्ध धर्म पहुँचा पश्चिम, एशिया श्रीलंका तक,
राष्ट्र सीमा पार, धर्म ध्वजा लहरा दिया॥[1]191॥

तृतीय बौद्ध संगीति जो, अशोक राज्यकाल हुई,
जिसमें हुआ त्रिपिटक का, शुद्ध सही संकलन।
बौद्ध सम्प्रदाय संघ, में उदित मतभेदों को,
मिटाने का यत्न किया, गया उस संगीति सदन॥192॥

संगीति निर्णयानुसार, धर्म प्रचार टोलियों को,
दिग्-दिगंत भेजा गया, बौद्ध धर्म प्रचारार्थ।
अशोक के उपरान्त भी, उसके उत्तराधिकारियों ने,
इसकी उन्नति के हेतु, किया प्रयत्न निःस्वार्थ॥[2]193॥

जैनधर्म[3]

अशोक अभिलेखों में, निर्ग्रन्थों का सम्मुल्लेख,
जैन धर्मावलम्बियों में, श्रमणों का वर्ग प्रवर।
कहता मेगस्थनीज, इन्हें 'नग्न साधु' सरल,
उसी मत में भद्रबाहु, हुआ थेर षष्ट प्रखर॥194॥

भद्रबाहु प्रभाव से ही, मौर्य नृप चन्द्रगुप्त,
जैन मत दीक्षित हुआ, जैन अनुश्रुति अनुसार।
अशोक के उत्तराधिकारी, सम्प्रति सम्राट जैन,
धर्म का संरक्षक बन, किया बहुत विस्तार॥195॥

दिव्यावदान अनुसार, अशोक युग निर्ग्रन्थ जन,
रहते पूर्वोत्तर भाग, पुंड्रवर्धन भू बंगाल।
इसी समय में हुआ था, महासभा आयोजन,
संघभेद तीव्र बढ़ा, मौर्य शासन अन्तराल॥196॥

1. श्रीवास्तव, के.सी. : पूर्वोक्त, पृ. 270
2. वही
3. वही

आजीवक सम्प्रदाय[1]

आजीवक सम्प्रदाय की, संस्थापना बुद्धकाल,
या उसके पूर्व किया, मक्खलि गोशाल ने।
किन्तु उनके गतिविधि का, विवरण है प्राप्त नहीं,
बुद्ध के उपरान्त अवधि, मौर्य पूर्वकाल में ॥197॥

आजीवकों के विषय में, पतंजलि का उल्लेख यह,
परम भाग्यवादी वे, कार्य फल में न विश्वास।
श्रमण समूह ब्राह्मण, अब्राह्मण जनसमेत,
संयमित आचार उच्च, वनों में करते निवास ॥198॥

बौद्ध वाङ्मय में, सर्वाधिक साक्ष्य इसका है,
अशोक अभिलेखों से, मिलता है प्रचुर ज्ञान।
करता उल्लेख नृप, सप्त स्तम्भ लेखों में,
एक साथ बौद्ध जैन, आजीवकों का ससम्मान ॥[2]199॥

सम्राट अशोक एवं, उसके पौत्र दशरथ ने,
उनके सुख शान्ति हेतु, किया था अधिक काम।
बराबर व नागार्जुनीं, पहाड़ियों पर गुफायें खोद,
आजीवकों के निवास हेतु, दिया था आदर से दान ॥200॥

भक्तिवादी आस्तिक आन्दोलन

भक्तिवादी आस्तिक, आन्दोलनों का बहु प्रसार,
मौर्ययुगीन धार्मिक, जीवन विशेषता महान्।
बुद्ध जी को देव मान, उनकी प्रतीक पूजा,
प्रारम्भ हो चुका था, मौर्य राजकाल दौरान ॥[3]201॥

यूनानी लेखकों ने वासुदेव, पूजा का उल्लेख किया,
मथुरा आस पास पूजित, कृष्ण या हेराक्लीज।
कर्टियस अनुसार मूर्ति, पूजा का प्रचलन शुरू,
मूर्ति क्रय विक्रय सृजन के, महाभाष्य में छिपे बीज ॥[4]202॥

---

1. पाण्डेय, राजेन्द्र : पूर्वोक्त, पृ. 102
2. नाहर, रतिभान सिंह : पूर्वोक्त, पृ. 284
3. श्रीवास्तव, के.सी. : पूर्वोक्त, पृ. 270
4. नाहर, रतिभान सिंह : पूर्वोक्त, पृ. 285

मौर्ययुगीन लोकधर्म[1]

मौर्य लोकजीवन में, मूर्ति पूजा का प्राधान्य,
मंदिर में प्रतिष्ठित, प्रतिमाएँ भक्तजन द्वारा।
नाम गिनाते कौटिल्य, अनेक देवि देवों का,
जिनका अर्चन नित्य, होता लोक मन द्वारा ॥203॥

अपराजित अप्रतिहत शिव, वैश्रवण वैजयंत एवं,
आश्विन जयंत श्री, बने मन्दिर उस काल।
मन्दिर बनवाये जाते, बस्ती के पश्चिमोत्तर में,
वास्तु और दिक् पूजा, प्रचलित उस अन्तराल ॥204॥

प्राकृतिक आपदाओं के, निवारण वरदान हेतु,
दैवपूजा पाठ सहित, करते अर्पित उपहार।
वन पर्वत सरिता व, समुद्रतट स्तूप चैत्य,
पूजा करते एवं जाते, तीर्थयात्रा देव द्वार ॥205॥

कुछ देव प्रतीक रूप, नाग ध्वज प्रतिमाओं की,
पूजा करने की प्रथा, प्रचलित समाज में।
अन्धविश्वासों पर, प्रतीति बढ़ रहा था तब,
जादुई क्रियाओं का, बोलबाला मौर्यराज में ॥206॥

स्वर्ग और नर्क में, विश्वास भी कुछ कम नहीं,
रूढ़ियों परम्पराओं का, जकड़न भी भरपूर।
अतः नृप अशोक ने, सहज पंथ प्रस्तुत कर,
सामाजिक जटिलताओं से, जनता को किया दूर ॥207॥

ध्यातव्य बात है कि, विविध बौद्ध कृतियों में,
लोकधर्म निदंक रूप, बुद्ध दिखलाये गये।
बुद्ध अनुसार लोकधर्म, जड़ कुरीतियों के,
अन्ध विश्वास स्रोत, समुच्चय बताये गये ॥208॥

बौद्ध वाङ्मय में, लोकधर्म हर पक्ष का,
आलोचना अतीव निंदा, कार्य भी भारी रहा।

1. वही, पृ. 285-286

लोग रहें दूर उससे, किया गया हर प्रयास,
फिर भी लोकधर्म, उस युग अनवरत जारी रहा ॥209 ॥

भाषा और साहित्य

मौर्य युग में न केवल, लोक भाषाओं की प्रगति,
साहित्य सृजन कार्य में भी, रुचि अधिक लिया गया।
लिपि का व्यापक प्रचार, युग की सांस्कृतिक देन,
विविध क्षेत्रों में इसका, उपयोग बहु किया गया ॥[1]210 ॥

इसका प्रयोग शास्ति कार्य, साहित्य सर्जना व,
नित्य व्यवहार्य उद्यम, वणिज् व व्यापार में।
अशोक अभिलेखों की, ब्राह्मी खरोष्टी लिपि,
अत्यधिक प्रसार लोक, जीवन व्यवहार में ॥211 ॥

जन साधारण बोली में, लिखे गये शिलालेख,
जिनकी भाषा प्राकृत, मागधी स्थानीय रूप।
तात्कालिक लाभ इसका, समझ सकते बहुत लोग,
साक्षरता प्रतिमान प्रतिशत, उस युग में था अनूप ॥[2]212 ॥

लिखने का प्रयोग, पत्राचार आदि में नियमित,
लिखित अभिलेख पत्र, सुरक्षित भी रखे गये।
युग की विशेषता, लोक साहित्य संरचना,
काव्य नाटकादि, संस्कृत प्राकृत में रचे गये ॥213 ॥

पाणिनि व्याकरण पर, कात्यायन भाष्य, एवं,
कामसूत्र, अर्थशास्त्र, रचना उस युग विशेष।
एक साहित्यकार चर्चित, नन्द-मौर्य का मंत्री,
नाम प्रिय सुबंधु, नाटककार महा मगध देश ॥[3]214 ॥

वृहत्कथा कोष में, कवि-मंत्री उल्लिखित एक,
चर्चा में चित्रित वह, चाणक्य सुबंधु संग।
लगता उस युग का वह, श्रेष्ठ सचिव साहित्यकार,
किन्तु उसकी कृतियों के, प्राप्त न होते प्रसंग ॥215 ॥

1. श्रीवास्तव, पंकजलता : प्राचीन इतिहास, भाग-तीन, पृत्र 75-76, 80-82
2. पाण्डेय, राजेन्द्र : पूर्वोक्त, पृ. 104-105
3. वही, पृ. 103-104

पतंजलि महाभाष्य में, युग की साहित्यिक चमक,
ज्ञात विविध संदर्भ, यथा वररुचि रचित काव्य।
भोजश्रृंगारप्रकाश में, वसंततिलका वृत्तरूप,
उद्धृत श्लोक कथित, कात्यायन कृत सम्भाव्य ॥216॥

ययाति यवकृत प्रियंगु, सुमनोत्तरा भीमरथ,
देवासुर वासवदत्ता, आदिकथा के अधार।
रचित विपुल आख्यान, आख्यायिकायें सुरम्य,
जो बनी थीं प्रेरणा, भविष्य भूमि कृतिकार ॥217॥

धर्म-साहित्य क्षेत्र में, हुए महत्वपूर्ण कार्य,
तीनों धाराओं ने किया, इसका प्रचुर विकास।
वैदिक बौद्ध जैनियों में, हुए विद्वान् विपुल,
जिन्होंने सजाया निज, कृति से साहित्याकाश ॥218॥

वैदिक धर्म अन्तर्गत, सूत्रों वेदांगों सहित,
अन्य कई ग्रन्थों का, प्रणयन ज्ञप्त मौर्यकाल।
इसी समय आहूत, तृतीय बौद्ध-संगीति में,
त्रिपिटकों की रचना का, लक्ष्य भी बना विशाल ॥219॥

तृतीय संगीति अध्यक्ष, मोग्गलिपुत्त तिस्स ने,
अभिधम्म पिटक, कथावस्तु का सृजन किया।
जैन विज्ञ जम्बूस्वामी, प्रभव स्वयम्भव एवं,
भद्रबाहु ने भाष्य, पूर्व ग्रन्थों पर प्रणयन किया ॥220॥

जैनियों के धार्मिक, साहित्यिक सृजन संचय में,
मौर्य युग महत्व अधिक, है अप्रतिम योगदान।
इसी समय में लिखित, उपदशांग भवगती सूत्र,
आचारांग समवायांग, प्रश्न व्याकरण विधान ॥[1]221॥

कला एवं स्थापत्य[2]

कला स्थापत्य का, संगठित स्वरूप दृश्य,
प्रस्तर प्रयोग कारण, दिखता मौर्य काल में।

1. नाहर, रतिभान सिंह : पूर्वोक्त, पृ. 286-287
2. श्रीवास्तव, के.सी. : पूर्वोद्धृत, पृ. 270-271

इसके पूर्व मिट्टी ईंट, काष्ट रची कलाकृतियाँ,
युग को सजातीं, समा चुकीं काल गाल में ॥[1]222 ॥
पाषाण प्रयोग से, कलाकृतियाँ हुई चिरस्थाई,
राज्याश्रित व लोककला, की विधायें दो प्रकार।
लोककला प्रतिनिधि रूप, यक्ष यक्षी प्रतिमाएँ,
राज्यपोषित सौंध स्तम्भ, स्तूप व गुहा विहार ॥223 ॥

राजकीय या दरबारी कला[2]

मौर्यकाल के अवशिष्ट, स्मारकों में अधिकांश,
निर्मित अशोक द्वारा, विविध आयाम में।
देवानांपिय के पूर्व, मौर्य वास्तु का स्वरूप,
यूनानी लेखकों के, लेख विवरण प्रमान में ॥224 ॥
कौटिल्य अर्थशास्त्र में, दुर्ग विधान अन्तर्गत,
वास्तु के जिन लक्षणों की, चर्चा करते प्रधान।
उनके अनुसार पुर के, चतुर्दिक परिखा व वप्र,
उच्च प्राकार महाद्वार, एवं अट्टालक प्रमान ॥[3]225 ॥
भरसक यह विवरण, वास्तविक तथ्य आधारित,
मौर्य युगीन पुर विन्यास, रहा हो इसी प्रकार।
क्योंकि कौटिल्य कथन, विदेशी विवरण से पुष्ट,
पाटलिपुत्र नगर की, वास्तु कृति युग साकार ॥226 ॥
यूनानी लेखकों ने, राजधानी पाटलिपुत्र एवं,
चन्द्रगुप्त राजप्रासाद का, लिखा है सुन्दर वृतांत।
'पोलिबोथ्रा' नगर वसा, गंगा सोन संगम पर,
वप्र प्राकार परिखा से, रक्षित-शोभित सुशांत ॥227 ॥
स्ट्रैबो अनुसार पुर, समानान्तर चतुर्भुजाकार,
लम्बाई अस्सी तथा, चौड़ाई अठारह स्टेडिया।
नगर के चतुर्दिक चौड़ी, 700 फीट खाई एवं,
काष्ट प्राचीर नगर, रक्षण का दायित्व लिया ॥228 ॥

---

1. गौड़, आनन्दप्रकाश : रामा इन ऐंशियंट स्कल्पचर, पृ 15-16
2. श्रीवास्तव, के.सी. : पूर्वोक्त, पृ. 271-276
3. गैरोला, वाचस्पति : भारतीय संस्कृति और कला, पृ. 262-271

काष्ट महाभित्ति में थे, बाण छोड़ने को छिद्र,
निर्मित पुर प्रवेश हेतु, चौसठ महावज्र द्वार।
सम दूरियों पर उठी, पाँच सौ सत्तर मीनारें,
इन सबके मध्य स्थित, चन्द्रगुप्त नृपागार॥[1]229॥

राजप्रासाद[2]

राजप्रासाद महाउद्यान, में था अवस्थित एक,
भवन समूह अति विशाल, में महाभव्य कक्ष।
सर्वप्रथम वास्तु मंजु, स्तम्भों से युक्त मंडप,
काष्ट कृत धरातल पर, टिका हुआ खुला स्वच्छ॥230॥

चमकते स्तम्भ खचित, स्वर्ण लता पत्रावलि,
राजत खग झुण्ड चित्रित, वास्तु के उपांग अंग।
हरे भरे तरु विशाल, जल से परिपूर्ण वापी,
बहुविध कलोल करती, मछलियाँ जल हिय तरंग॥231॥

ईलियन अनुसार सूसा, एकवतना के राजभवन,
इसकी भव्यता के आगे, लगते थे श्री हीन।
कुछ इतिहासज्ञ करे, समता हखाम्नी हर्म्य से,
यहाँ शत स्तम्भ प्राप्त, पर्सिपोलस से प्राचीन॥232॥

पुरातात्त्विक खनन से भी, मिलता इसका सुसाक्ष्य,
हुई खुदाई पटना में, बुलंदीबाग कुम्रहार।
जहाँ मिले काष्ट निर्मित, विशाल भवन अवशेष,
इसका श्रेय स्पूनर को, पुराविद्-इतिहासकार॥233॥

नगर के परकोटे अंश, प्राप्त बुलंदीबाग से,
मिले कुम्रहार से, राजप्रासाद के ध्वंस मूल।
लकड़ी के लट्ठों की, दीवारें वप्र दोनों ओर,
उनके बीच कूट कूट, भरी गयी मिट्टी धूल॥[3]234॥

---

1. अग्रवाल, वी.एस. : भारतीय कला, पृ. 99–100; वाजपेयी, के.डी. : भारतीय वास्तु कला का इतिहास, पृ. 55–57; श्रीवास्तव, के.सी. : पूर्वोक्त, पृ. 271
2. सहाय, एस.एस. : भारतीय कला, पृ. 160; वाजपेयी, के.डी. : पूर्वोक्त, पृ. 7, 8
3. पाण्डेय, राजेन्द्र : भारत का सांस्कृतिक इतिहास, पृ. 107

ऊँचा उन्नीस फिट, एक फुट चौड़ा लट्ठा,
चौदह फिटी लट्ठों से, काष्ठ भित्ति को जोड़ा गया।
अवशिष्ट प्राचीर अंश, प्राप्त साढ़े चार सौ फीट,
पुर रक्षण उपाय में न, कुछ कसर छोड़ा गया॥235॥

कुम्रहार भवनावशेष, लगे एक भवन-समूह,
एक भग्न भवन स्थित, प्रस्तर स्तम्भ विशाल।[1]
होते प्रतीत जो किसी, मण्डप के वितानाधार,
सम्भवतः रहा हो, चन्द्रगुप्त राजसभा हाल॥236॥

यह ऐतिहासिक काल का, पहला स्थापत्य अवशेष,
मण्डप स्वरूप कहते, प्राच्यविद्-इतिहासकार।
मण्डप का मुख्य भाग, दस दस स्तम्भ युक्त,
पूरब से पश्चिम को, अलंकृत आठों कतार॥237॥

मण्डप के एक ओर, मिलता है काष्ठ मंच,
जो काष्ट शिल्प का, अद्भुत उदाहरण शेष।
यह राजभवन चौथी, शती तक विद्यमान् मूल,
देखकर फाह्यान को, विस्मय हुआ विशेष॥[2]238॥

अतः मौर्य नृपों के, अधीन काष्ट कला उन्नति,
पहुँच रही थी अपनी, पराकाष्ठा की ओर।
अशोक युग आगमन से, प्रस्तर प्रयोग चलन बढ़ा,
स्तम्भ स्तूप वेदिका, विहार रचना पर जोर॥[3]239॥

स्तम्भ[4]

मौर्ययुगीन वास्तु के, उत्तम उदाहरण स्तम्भ,
पश्चिम के विद्वान्, इरानी अनुकृति बताते हैं।
किन्तु यह सत्य नहीं, सम्यक् विचारोपरांत,
दोनों स्तम्भ रचना में, अन्तर विज्ञ पाते हैं॥240॥

---

1. अग्रवाल, वी.एस. : भारतीय कला, पृ. 100
2. वही, पृ. 100-103
3. वाजपेयी, के.डी. : पूर्वोद्धृत, पृ. 57-58, 63-65
4. अग्रवाल, वी.एस. : पूर्वोक्त, पृ. 107-112; सहाय, एस.एस : भारतीय कला, पृ. 181-182

अशोकीय स्तम्भ एकाश्म, खण्ड से हुए निर्मित[1],
इरानी स्तम्भ जोड़, टुकड़ों से बनाया गया।
अशोक के स्तम्भ बिना, चौकी या आधार के,
इरानी स्तम्भ पृथक, चत्वर पर टिकाया गया॥241॥

इरानी स्तम्भ हखाम्नी, भवनों के अंगरूप,
मौर्य नृप स्तम्भ स्वतन्त्र, रूप से खड़े हुए।
इरानी स्तम्भ गड़ारीदार, वास्तु रचना के,
अशोक स्तम्भ सपाट, धरती में गड़े हुए॥242॥

अशोक के स्तम्भ पशु, मूर्तियाँ प्रतीक रूप,
जिनका राष्ट्र परम्परा में, व्यापक आधार है।
जबकि इरानी खम्भकृत, मानव आकृतियों का,
इरानी संस्कृति से नहीं, कोई सरोकार है॥[2]243॥

अशोक स्तम्भ नीचे से, ऊपर को पतले बने,
किन्तु इरानी स्तम्भों की, गोलाई पूर्ण सम है।
अतः पर्सिब्राउन, स्टेलाक्रैमरिश मार्शल के,
इरानी अनुकृति कथन में, कुछ भी नहीं दम है॥244॥

वी.एस. अग्रवाल मत, अशोक स्तम्भ परम्परा को,
लौरिया नन्दन गढ़ के, काष्ठ यूपों में ढूढ़ना ठीक।
ऐसे खम्भों का उल्लेख, महाभारत-बौद्ध ग्रन्थों में,
जो सामाजिक स्थलों पर, खड़े शुचि धार्मिक प्रतीक॥[3]245॥

स्पूनर का विचार मौर्य, स्तम्भों की पालिश ओप,
ग्रहण की गयी, इरानी वास्तु तकनीक से।
जबकि आपस्तम्ब सूत्र, महाभारत से दृष्टान्त खोज,
कहे वी.एस. अग्रवाल, ओप आचरित अतीत से॥246॥

पिपरहवा स्तूप की, धातु गर्भ मंजूषा एवं,
यक्ष प्रतिमाएँ पटना, तीर्थंकर धड़ लोहानीपुर।

---

1. पाण्डेय, राजेन्द्र : पूर्वोद्धृत, पृ. 108-109
2. श्रीवास्तव, पंकजलता : पूर्वोक्त पृ. 166-167; श्रीवास्तव, के.सी. : पूर्वोक्त, पृ. 272
3. अग्रवाल, वी.एस. : भारतीय कला, पृ. 119-120

इन सबमें दमकती, चमकीली ओप की आभा,
रहे होंगे राष्ट्र शिल्पी, कितने सिद्धहस्त चतुर ॥247॥
मौर्यकाल पूर्व उदित, भाण्ड परम्परायें कई,
जिनकी पालिश तकनीक, प्रचलित प्राचीन थी।
इनकी तिथि तेरह सौ से, तीन सौ ईसा पूर्व बीच,
चित्रित धूसर, कृष्ण लोहित, एन.बी.पी. प्रमुख तीन थी ॥[1]248॥

अतः मौर्य युग स्तम्भ, उसकी ओप तकनीक,
पूर्णतः भारतीय विचार, परम्परा से ओत-प्रोत।
जब हमारी तकनीक, सदियों से विद्यमान,
तब होते पराश्रित क्यों, वाह्य तकनीक स्रोत ॥[2]249॥

निश्चित नहीं ठीक-ठीक, अशोक स्तम्भ संख्या,
फाह्यान छः और, पन्द्रह गिनाते ह्वेनसांग।
वास्तविक स्तम्भ संख्या, रही होगी तीस लगभग,
पन्द्रह सुरक्षित अभी, शेष का नहीं सुराग ॥250॥

दो तरह के स्तम्भ, कुछ सादे कुछ लिपियुक्त,
जिसमें रमपुरवा बसाढ़, कोसम के सादे स्तम्भ।
लिपि युक्त हैं अन्य, दिल्ली मेरठ-दिल्ली टोपारा,
नन्दनगढ़ अरराज लौरिया, संकीशा सांची के खम्भ ॥[3]251॥

सारनाथ लुम्बिनि रमपुरवा, लिप्यांकित निगाली सागर,
चमकीली आभा से भास्वर, एक प्रस्तर खण्ड रचित।
नीचे से ऊपर को क्रमशः, पतले होते यष्टि शिखर,
औधे मुख कमल फलक, पर पशुमूर्तियाँ खचित ॥252॥

स्तम्भों की यष्टि एक ही, प्रस्तर से तराशी गई,
इस पर इतनी उत्तम पालिश, शीशा सम द्युतिमान्।
यष्टि के उलटे कमल पर, ताम्रकील से फलक बँधे,
गोल या चौकोर फलक पर, पशु आकृतियाँ विद्यमान् ॥[4]253॥

1. शिवराम मूर्ति, सी. : इण्डियन स्कल्पचर, पृ. 18
2. अग्रवाल, वी.एस. : भारतीय कला, पृ. 120–122; श्रीवास्तव, के.सी. : पूर्वोद्धृत, पृ. 272
3. वाजपेयी, के.डी. : पूर्वोक्त, पृ. 58–59
4. श्रीवास्तव, पंकजलता : पूर्वोक्त, पृ. 157–158

पृथक स्तम्भ फलकों पर, भिन्न पशु मूर्तियाँ प्राप्त,
लौरिया अरराज स्तम्भ, शीर्ष भाग नष्ट है।
बसाढ़ स्तम्भ ऊपर, सृजी सजीव सिंहमूर्ति,
संकीसा पर हस्ति का, अप्रतिम रचना स्पष्ट ॥254 ॥

रमपुरवा पर वृषभ एवं, लौरिया नन्दनगढ़ में सिंह,
सांची सारनाथ रचित, चार सिंह एक साथ।[1]
अशोकीय स्तम्भ वास्तु, कौशल गढ़न बेजोड़,
चुनार कार्यशाला रचित, शिल्पि जन कुशल हाथ ॥255 ॥

पैंतीस से पचास फीट, लम्बे भार पचास टन,
बलुआ पत्थर से बने, चुनार वर्कशाप में।
कैसे कारीगरों ने पहुँचाया, इन्हें देश भर में,
परिवहन समस्या जटिल, उस युग अपने आप में ॥256 ॥

सारनाथ शीर्षस्तम्भ, लगता है सर्वोत्कृष्ट,
इसके फलक पर बैठे, चार सिंह सटाये पीठ।
गठीले हैं अंग-प्रत्यंग, मांसपेशियाँ तनी हुई,
लहलहाते केश चारों, दिशाओं में मुख दीठ ॥[2]257 ॥

चारों दिशा सतर्क, सिंह शक्ति से सूचित,
दिग-दिगंत साम्राज्य, धर्म ध्वनि प्रसरित सटीक।
सिंहों के मस्तक पर, महाधर्म चक्र राजित,
माना गया शक्ति पर, धम्मविजय का प्रतीक ॥258 ॥

शक्ति और धर्म विजय, का निहितार्थ फलीभूत,
बुद्ध व अशोक द्वय के, व्यक्तित्व में दृश्यमान्।
सिंहों के नीचे स्थित, फलकों पर चतुर्दिश्,
रचित चार चक्र, धर्म प्रवर्तन का प्रमान ॥259 ॥

चक्र पट पर चार पशु, गज अश्व बैल सिंह,
गतिमान स्थिति में, सजीव आकृतियाँ उत्कीर्ण।

1. शिवराम मूर्ति, सी. : इण्डियन स्कल्पचर, पृ. 18-19
2. थपलियाल, के.के. : पूर्वोक्त, पृ. 267-268

इसके प्रतीक–आशय, विषय में विचार भिन्न,
चतुष्पद पंक्ति भारतीय, धर्म संस्कृति में प्रकीर्ण ॥[1]260 ॥

ये चारों पशु आदृत, लोकमंगल शुभस्वरूप,
भारतीय संस्कृति, प्रतीक वन्दना में स्वीकार्य।
हिन्दू जैन परम्परा में, मान्य ये मांगलिक द्रव्य,
बौद्धधर्म संस्कृति में, परम तत्व अनिवार्य ॥[2]261 ॥

बौद्ध मत में चारों पशु, ब्रह्माण्ड सत् प्रतीक,
अनवतप्त सरोवर में, रक्षक चार द्वार के।
जिसमें स्नात बुद्ध के, अमित प्रभावना से,
निस्सृत सरितायें महा, चार हित संसार के ॥262 ॥

सभी पशु चित्र एवं, अंकित अलंकारिक चिह्न,
अतिसय उदात्त रुचिर, जीवन्त स्वरूप में।
मार्शल के विचारों में, यद्यपि यह अद्वितीय नहीं,
स्वयुग की अतुल्य, अपितु कलाकृति प्ररूप में ॥263 ॥

सारनाथ स्तम्भ प्रशस्ति, में लिखते बी.ए. स्मिथ,
बीसवीं शती के कला, लय में न वह उदात्तता।
शिल्प की निपुणता चरम, पूर्णता को प्राप्त हुई,
ओप द्युति रहस्य अब भी, विश्व नहीं जानता ॥[3]264 ॥

स्तूप/चैत्य[4]

बुद्ध महापरिनिर्वाण, शव संस्कृया के उपरान्त,
नृपतियों ने बाँटा, उनके अस्थियों का आठ भाग।
जिन पर बनाये गये, समाधियों के नाम स्तूप,
बुद्ध के पहले भी मिलते, स्तूप चैत्य के सुराग ॥265 ॥

स्तूप शब्द संस्कृत के, स्तुप धातु से निस्सृत,
जिसका आशय ढेर से है, अथवा एकत्रीकरण।

1. वाजपेयी, के.डी. : पूर्वोक्त, पृ. 59; गैरोला, वाचस्पति : पूर्वोक्त, पृ. 297–298
2. मिश्र, जनार्दन : भारतीय प्रतीक विद्या, पृ. 258–269
3. अग्रवाल, वी.एस. : पूर्वोद्धृत, पृ. 111–116; श्रीवास्तव, के.सी. : पूर्वोद्धृत, पृ. 274; वर्डवूड, जी.सी.एम. : द इंडस्ट्रियल आर्ट्स आफ इण्डिया, पृ. 110–112
4. उपाध्याय, वासुदेव : प्राचीन भारतीय स्तूप गुहा एवं मन्दिर, पृ. 3–35

प्राकृत में इसके लिए, यूप-अर्थ ढेर थूहा,
चिता के सम्बन्ध से ही, चैत्य नाम हुआ वरण ॥266 ॥

स्तूप की चिनाई प्रायः, ईंट मिट्टी पत्थर से,
इसलिए ही चैत्य नाम, लोक में हुआ प्रचलित।
बनते थे चैत्य अश्म, गुफाओं को खोदकर भी,
ईंट पत्थर से समतल, भू में स्तूप विरचित ॥267 ॥

ऋग्वेद में अग्नि शिखा, को इंगित किया स्तूप,
समाधि पर टीला बनाते, विवरण शुक्ल यजुर्वेद।
गोल चौकोर थूह चिता, दिखे शतपथ ब्राह्मण काल,
सूत्र युग में अस्थि कलश, ढक रखते मिट्टी उत्सेध ॥[1]268 ॥

रामायण से पता चलता, सम्राटों महापुरुषों की,
स्मृति में स्तूप-चैत्य, रुचिकर बनाये जाते।
इस प्रकार भारत में, बुद्धकाल पूर्व से ही,
महापुरुषों का सम्बन्ध, चैत्य से जुड़ा पाते ॥[2]269 ॥

बुद्ध को चक्रवर्ती नृपों, की समाधि संज्ञान एवं,
बुद्ध थे महापुरुषों की, समाधि रचना पक्षकार।
अतः स्पष्ट यह कि, चैत्य मूल रचना में,
युग सत्पुरुषों का, निहित निधन संस्कार ॥270 ॥

शवदाह उपरांत शेष, अस्थियों को पात्र में रख,
मिट्टी से ढकने की रीति, ने दिया स्तूप सृजन।
कालान्तर में बौद्ध संघ, में इसे अपनाया गया,
अस्थियों पर स्तूप रच, चढ़ाने लगे श्रद्धा सुमन ॥271 ॥

स्तूपों में बुद्ध अथवा, उनके प्रमुख शिष्यों की,
रख भस्म अस्थियाँ, सजाते स्तूपाकार।
धीरे-धीरे बने ये, उपासना श्रद्धा सुकेन्द्र,
पूजा अर्चना को लोक, जाने लगा बारम्बार ॥272 ॥

---

1. मणि, बी.आर. : आन इवीडेन्स आफ प्री-बुद्धिस्ट स्कल्पचरल स्ट्रक्चर, प्राग्धारा, अंक-17, पृ. 167-168
2. ई.बी. हावेल : ए हैण्डबुक आफ इण्डियन आर्ट, पृ. 14-16; श्रीवास्तव, आनन्दप्रकाश : बौद्ध वास्तुकला एवं एशिया की राष्ट्रीय संस्कृति, पृ. 22

स्तूपों के चार रूप, निरूपित प्राच्यविदों द्वारा,
शारीरिक पारभौगिक, उद्देशिक व संकल्पित।
शारीरिक में बुद्ध अथवा, उनके शिष्य शरीरांग,
अस्थि नख दंत केश, रख करते स्तूप निर्मित ॥[1]273 ॥

पारभौगिक में बुद्ध द्वारा, उपयोग हुई वस्तु विविध,
भिक्षापात्र आसन वसन, पादुकादि रखे जाते।
उद्देशिक स्तूप बनते, बुद्ध पवित्र स्थानों पर,
बुद्ध जीवन घटनायें एवं, यात्रा स्मृति को दर्शाते ॥[2]274 ॥

संकल्पित स्तूप होते, मनौती रूप छुद्राकार,
बौद्ध श्रद्धालु स्वयं, तीर्थ स्थल पर बनाते।[3]
बौद्ध स्तूप-चैत्य, स्थापत्य वास्तु वर्णन,
निम्न अनुसार विविध, कृतियों में हैं पाते ॥275 ॥

स्तूपों के आरम्भिक रूप, अर्ध गोलाकार मिलते,
उल्टा कटोरा थूह, सम चत्वर पर टिका।
स्तूप के शिरोपरि बने, चपटे शिखर मध्य,
स्थापित धातु पात्र, कहते उसे हर्मिका ॥276 ॥

यह होता स्तूप का, सर्वाधिक महत्वपूर्ण अंग,
हर्मिका में देव स्थान, बी.एस. अग्रवाल अनुसार।
हर्मिका के बीचो बीच, स्थित एक यष्टि के,
ऊपरी शिरे पर तीन, छत्र की छाया अपार ॥[4]277 ॥

स्तूप को घेरा जाता, बाड़ या दीवारों से,
कालान्तर में दिया गया, उसे वेदिका सुनाम।
स्तूप वेदिका के बीच, परिक्रमा पूजा निमित्त,
रिक्त स्थान इष्ट, प्रदक्षिणा पथ का विधान ॥278 ॥

समयोपरान्त चार, द्वार बने वेदिका में,
उन पर मेहराबदार, तोरण भी बनाये गये।

---

1. हावेल, ई.वी. : पूर्वोक्त, पृ. 4-6
2. श्रीवास्तव, आनन्द प्रकाश : पूर्वोक्त, पृ. 21-22
3. मिश्र, रतनलाल : स्मारकों का इतिहास एवं स्थापत्य कला, पृ. 66
4. श्रीवास्तव, के.सी. : प्राचीन भारत का इतिहास तथा संस्कृति, पृ. 274-275

तोरणों पर विविध वेलि, लता पुष्प चित्रांकन,
यक्षणियों के लचक मंजु, आकृति रचाये गये ॥[1]279 ॥

इस प्रकार अण्ड हर्मि, यष्टि छत्र वेदिका व,
प्रदक्षिणा पथ तोरण द्वार, स्तूप स्थापत्य अंग।
वी.एस. अग्रवाल मत, वेदि मेधि हर्मि छत्र,
व्यक्त हुए कालान्तर, मन्दिर वास्तु के सुअंग ॥280 ॥

बुद्ध भष्मावशेषों पर, स्तूप रचित मौर्य पूर्व,
आठ में से केवल, पिपरहवा अवशेष शेष।
स्तूपों के निर्माण व, विस्तार का अदभ्र कार्य,
अशोक नृप राज्यकाल, शुरू हुआ सारे देश ॥[2]281 ॥

वौद्ध परम्परा अनुसार, स्तूप चौरासी हजार,
बनवाया अशोक, पूरे देश में स्थान-स्थान।
सातवीं शती का, चीनी यात्री ह्वेनसांग ने,
देखा था तेरह स्तूप, भारत भ्रमण के दौरान ॥282 ॥

विद्यमान् स्तूप प्रमुख, कपिलवस्तु कौशाम्बी अन्य,
सारनाथ गया वैशाली, श्रावस्ती कनौज प्रयाग।
श्रीनगर मथुरा थानेश्वर, तक्षशिला भरहुत काशी,
बहु स्तूप नष्ट हो गये, नही धरा पर वे हैं आज ॥[3]283 ॥

पाषाण वेदिका[4]

मौर्य युगीन स्तूप विहार, वेदिकाओं से घेरे जाते,
कई जगह से प्राप्त घिरी, वेदिकाओं के भग्नावशेष।
रुम्मिनिदेई घोसण्डी लेख, में ऐसे बाड़ों की चर्चा,
जिसमें पत्थर के घेरे का, लिखा हुआ रचना संदेश ॥284 ॥

वेदिका स्तम्भों के, युग्मित शिलापट्टों पर,
कमल अश्व गज मकर, आकृतियाँ मिली उत्कीर्ण।

---

1. हावेल, ई.बी. : पूर्वोक्त, पृ. 17
2. श्रीवास्तव, के.एम. : डायमेन्संस आफ इंडियन आर्ट, भाग-प्रथम, पृ. 469-470; श्रीवास्तव, के.सी. : पूर्वोक्त, पृ. 275; अग्रवाल, वी.एस. : पूर्वोक्त, पृ. 131-139
3. मिश्र, रतनलाल : पूर्वोक्त, पृ. 65, 70-71
4. श्रीवास्तव, के.सी. : पूर्वोक्त, पृ. 275, अग्रवाल, वी.एस. : भारतीय कला, पृ. 105

पाटलिपुत्र खुदाई में, ऐसी वेदिका की चमक,
लगता है मौर्य युगीन, मिले जो हैं जीर्ण-शीर्ण ॥285॥

सारनाथ से है प्राप्त, पाषाण वेदि अशोक युग,
जो एक ही पत्थर काट, चौकोर में बनायी गयी।
द्वय स्तम्भों के बीच, प्राप्त तीन सूचियाँ रम्य,
स्तम्भ उष्णीष सुडौल, गढ़कर थीं लगायी गयी ॥286॥

गुहा-विहार[1]

पर्वत गुफा को काट, आवास निर्माण कला,
विकसित हुई मौर्यकाल, नृपतियों का प्रचुर ध्यान।
अशोक सम्राट 'पियदसि', उसके पौत्र दशरथ ने,
गुहायें कटवाकर दिया, आजीवकों को आवास दान ॥[2]287॥

बराबर पहाड़ियों में, निर्मित अशोक द्वारा,
सुदामा की गुफा, कर्ण चौपड़ अतिशय प्रसिद्ध।
पहली गुफा खोदी गयी, शासन के बारहवें वर्ष,
दूसरी उन्नीसवें साल, स्थापत्य कला में सिद्ध ॥288॥

दोनों कोष्ठों की छत, एवं सब दीवारों पर,
पालिश सीसा समान, ओप अति चमकदार।
इससे यह सिद्ध कि ये, रचित अशोक काल,
दोनों कोष्ठों की छतें, काटी गयी ढोलाकार ॥289॥

दशरथ समय में बनी, लोमश ऋषि गुफा प्रमुख,
बराबर की गुहाओं में, इसका प्रमुख स्थान।
जिसका वास्तु विन्यास, सुदामा गुफा के सदृश,
वर्गाकार बदले, अण्डाकार कोष्ठ सन्निधान ॥290॥

गुहा के प्रवेश द्वार, द्वय तिरछे स्तम्भ खड़े,
सृजित मेहराब उन पर, अधिष्ठित मण्डलाकार।
उसके मध्य में स्तूप, किनारों पर गणाकृति,
स्तूप पूजा में तल्लीन, दर्शित जन श्रद्धा अपार ॥291॥

---

1. पाण्डेय, सुष्मिता : बौद्ध वास्तु कला एवं एशिया की राष्ट्रीय संस्कृतियाँ, पृ. 25-31
2. अग्रवाल, वी.एस. : पूर्वोक्त, पृ. 196

लोमश ऋषि की गुफा, रचित सावधानी से,
अंकित प्रवेश द्वार, अर्चना आस्था अनूप।
जिसके अलंकरण वास्तु, आगामी गुहा चैत्यों के,
भावी अंश सर्जना में, बने प्रतिनिध स्वरूप ॥292 ॥

बराबर पहाड़ी की, झोपड़ी चतुर्थ गुफा,
की रचना अशोक के, अभिषेक बारहवें वर्ष।
दो हैं प्रकोष्ठ वास्तु, रचना में अन्य भाँति,
दीवारों पर चमकदार, पालिश में वही आकर्ष ॥[1]293 ॥

नागार्जुनी पहाड़ी पर, खोदी गयीं त्रय गुफायें,
गोपिका गुफा इसमें, विकसित महत्वपूर्ण है।
सुरंग आकार दोनों, शिर पर गोल मण्डप बने,
मौर्यकालीन गुहा वास्तु, विशेषता सुपूर्ण है ॥294 ॥

द्वय-त्रय गुहा क्रमशः, वहियक और वडधिक हैं,
वहियक में बने प्रकोष्ठ, एक लम्बाई समान।
वडधिक भित्तियाँ जबकि, रची गयी वक्राकार,
इसका निर्माण सम्राट, दशरथ का पुण्य काम ॥295 ॥

राजगृह से तेरह मील, दूर सीतामढ़ी गुहा,
ग्रेनाइट पत्थर में भीतर, खोदकर बनायी गयी।
इसमें कक्ष आयताकार, एवं दो द्वार स्तम्भ,
गुफा या पर्वत से इतर, स्वतन्त्र बनायी गयी ॥296 ॥

इस प्रकार मौर्य युग में, गुहास्थापत्य विकास,
मौर्य सम्राटों की रुचि, ग्राहिता का परिणाम।
इन्हीं के अनुकरण पर, युगों बाद पश्चिम में,
बने विविध चैत्यगेह, स्थापत्य कला सुधाम ॥[2]297 ॥

मूर्तिकला[3]

मौर्य मूर्ति के नमूने, अशोक स्तम्भों पर,
विविध पशु मूर्तियों का, अंकन प्रिय रंजनीय।

1. सत्यदेव, अभिनव : प्राचीन भारतीय कला, पृ. 39
2. वाजपेयी, के.डी. : पूर्वोक्त, पृ. 65; अग्रवाल, वी.एस. : भारतीय कला, पृ. 105-106
3. सहाय, एस.एस. : भारतीय कला, पृ. 12-28, शिवमूर्ति, सी. : पूर्वोक्त, पृ. 18-19

उड़ीसा में धौली, चट्टान काटकर निर्मित,
हस्ति की विशाल आकृति, कलाकृति प्रशंसनीय ॥298॥

हस्ति विशालकाय का, अग्रभाग उकेरा गया,
सूड़ पैर आदि की, अत्यन्त स्वाभाविक कोर।
उठा रहा गज सूड़ से, कोई वस्तु लपेट कर,
लगता चट्टान से वह, आ रहा बाहर की ओर ॥299॥

इसी तरह देहरादून, कालसी चट्टानों पर,
उकेरी गयी हाथी के, पग बीच 'गजतमे' लेख।
जो मौर्य युगीन ब्राह्मी, लिपि प्रचलित तकनीक,
दोनों गजाकृतियाँ मूर्ति, शिल्प उदाहरण विशेष ॥300॥

लोककला[1]

मौर्य युग शिल्पकारों ने, लोक कलाकृतियों का,
किया निर्माण जिसका, सामाजिक धार्मिक महत्त्व।
लोककला अन्तर्गत, विशालकाय यक्ष-यक्षी[2],
करते उल्लेख प्राप्त, प्रान्तों से कला तत्व ॥301॥

मथुरा जिले के ग्राम, परखम से मणिभद्र यक्ष,
वही पर गावों से प्राप्त, मूर्ति यक्ष-यक्षी अनेक,
पद्मावती ग्वालियर यक्ष, पटना दीदारगंज से[3],
प्राप्त चामर ग्राहिणी, सौम्य यक्ष यक्षी प्रत्येक ॥302॥

विदिशा से यक्ष-यक्षी, काशी से त्रिमुख यक्ष,
उड़ीसा शिशुपालगढ़ से, कुरूक्षेत्र में आमीन।
मेहरौली से मिली एक, यक्षिणी प्रतिमा सुरम्य,
इत तन का वस्त्राभरण, अत्यन्त सुन्दर महीन ॥303॥

विद्वानों का विचार यक्ष, मूर्तियाँ आधार बनी,
बुद्ध बोधिसत्व जिन, के मूर्ति निर्माण में।
ये ही प्रतिमायें बनी, युग का जीवनाधार,
पूज्य देवी देव रूप, लोक शोक त्राण में ॥304॥

---

1. श्रीवास्तव, के.सी. : पूर्वोक्त, पृ. 276–277; अग्रवाल, वी.एस. : पूर्वोद्धृत, पृ. 122–126
2. सत्यदेव, अभिनव : प्राचीन भारतीय कला, पृ. 37
3. जायग्वाल, वेदुला : कुषाण क्ले आर्ट आफ गंगा प्लेन्स, पृ. 58–61

इसके अतिरिक्त निकट, पटना लोहानीपुर से,
दो दिगम्बर जैन मूर्ति, के धड़े भी होते प्राप्त।[1]
सारनाथ से द्वय पुरुष, मूर्तियों के मस्तक मिले,
बने बलुआ पत्थरों से, चिकनी ओप प्रभा आप्त ॥305॥

बलुए पत्थर एवं, पालिश चमक आधार,
कुमारस्वामी आर.पी. चन्द्रा, मार्शल का यह बयान।
प्राप्त कलाकृतियाँ सभी, मौर्यकाल सम्बन्धित,
लोकजीवन श्रृंखला में, मौर्य कृतियाँ मूल्यवान् ॥306॥

इस प्रकार से सारनाथ, अहिच्छत्र मथुरा बसाढ़,
हस्तिनापुर बुलंदीबाग, कौशाम्बी कुम्रहार में।
मिली असंख्य आकृतियाँ, हस्ति हिरन अश्व आदि,
पशु पक्षी नर नारी, कलाकृति उपहार में ॥307॥

ये सब मिट्टी से बनी, हाथ में साँचे से ढाल,
जिनको इतिहासकार, मौर्य युग की मानते।
किन्तु राय निहाररंजन, इससे सहमत हैं नहीं,
कल्पना शैली इतर से, उत्तर युग पहचानते ॥[2]308॥

❑❑❑

1. तिवारी, मारुतिनन्दन प्रसाद : एलीमेण्ट आफ जैन आइक्नोग्राफी, पृ. 2-3
2. थपलियाल, के.के. : स्टडीज इन ऐशियंट इंडियन सील्स, पृ. 174-175

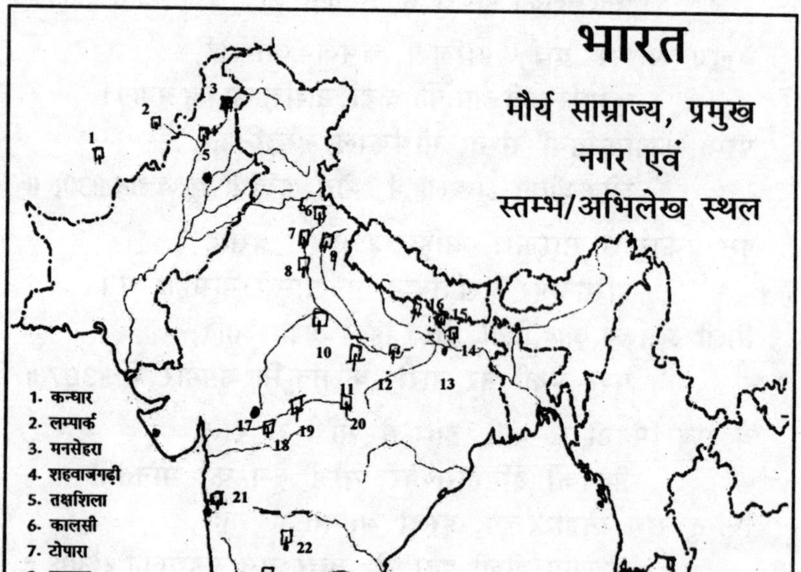
भारत
मौर्य साम्राज्य, प्रमुख
नगर एवं
स्तम्भ/अभिलेख स्थल
1. कन्धार
2. लम्पार्क
3. मनसेहरा
4. शहवाजगढ़ी
5. तक्षशिला
6. कालसी
7. टोपारा
8. बहापुर
9. मेरठ
10. गुज्जारा
11. कौशाम्बी
12. सारनाथ
13. पाटलिपुत्र
14. लौरिया अरराज
15. रामपुरवा
16. लुम्बिनी
17. उज्जैन
18. पनगुडरिया
19. साँची
20. रूपनाथ
21. सोपारा
22. सन्नार्था
23. सर्गुडी
25. ब्रह्मगिरि
संकेत
प्रमुख नगर
स्तम्भ अभिलेख स्थल

16

शुंग एवं कण्व वंश

(184 से 30 ई.पू. तक)

मौर्य नरेश वृहद्रथ काल में, देश अशान्त न ठीक घड़ी थी।
आक्रमणी यवनों के दबाव से, आपद् देश समक्ष खड़ी थी॥
बौद्ध व जैन मतों के प्रभाव से, वैदिक धर्म विधा पिछड़ी थी।
ऐसी दशा में वृहद्रथ को हत, पुष्य* ने शास्ति गदा पकड़ी थी॥

शुंग राजवंश

सम्राट अशोक के, अयोग्य उत्तराधिकारियों के,
शासनिक शिथिलता का, हुआ दुःखद परिणाम।
प्रान्तीय शक्तियाँ स्वतन्त्र, होने लगी शनैः-शनैः,
केन्द्रीय सत्ता बलि चढ़ी, व्याप्त अराजकता के नाम॥1॥

अन्तिम सम्राट मौर्य, वृहद्रथ को मार जिसने,
मगध साम्राज्य पूर्ण, सत्ता पर अधिकार किया।
शुंगवंश संस्थापक, सेनानी पुष्यमित्र,
पतनोन्मुख भारत में, नव शक्ति संचार किया॥[1]2॥

शुंग राजवंश के, ऐतिहासिक परिज्ञा हेतु,
उपादेय पुराण कुछ, हर्षचरित्र पंतजलि भाष्य।
मालविकाग्निमित्र, गार्गीसंहिता व दिव्यावदान,
थेरावलि हरिवंश सहित, अन्य कुछ अभिलेखीय साक्ष्य॥3॥

स्मारक स्तूप सांची, बोधगया बेसनगर,
शुंग युग उत्कृष्ठ कला, स्थापत्य देते आभास।

---

*इस अध्याय में पुष्य शब्द, पुष्यमित्र शुंग के लिए प्रयुक्त है।

1. रैप्सन, ई.जे. : ऐंशियंट इण्डिया, पृ. 60-64; वर्मा, टी.पी. तथा गुप्त, एस.पी. : अयोध्या का इतिहास एवं पुरातत्व, पृ. 46

अयोध्या अहिच्छत्र मथुरा, कौशाम्बी से प्राप्त कुछ,
शुंग की मुद्रायें करती, उन पर छिटपुट प्रकाश॥[1]4॥

उत्पत्ति[2]

शुंगो के नामांत में, मित्र शब्द जुड़ा देख,
हर प्रसाद शास्त्री ने कहा, शुंगो को पारसीक।
दिव्यावदान संबंधित करे, मौर्यवंश से उनको,
हर्षचरित में कहा गया, अधम व अनार्य नीच॥5॥

किन्तु इन मतों के तर्क, ऐतिहासिकता परे प्रतीत,
भारतीय वाङ्मय इनको, ब्राह्मण बखानता।
पाणिनि अनुसार, भारद्वाज गोत्रीय विप्र शुंग,
मालविकाग्निमित्र उन्हें, बैम्बिक कुलीय जानता॥6॥

बौधायन श्रौतसूत्र, हरिवंश में उल्लिखित कि,
वैम्बिक एवं पुष्यमित्र, कश्यपगोत्रि ब्राह्मण द्विज।
तारानाथ लिखते है, शुंगो को पुरोहिताचार्य,
अन्य अनेक ग्रन्थों में, बताया शुंगाचार्य विद्॥7॥

वृहदारण्यक उपनिषद् व, आश्वलायन श्रौतसूत्र,
में इंगित शुंगो को, शौंगीपुत्र विप्राचार्य।
इससे प्रमाणित शुंग, वृत्ति था पुरोहित कर्म,
शायद ये निभाते पूर्व, मौर्य कुल पौरोहित्य कार्य॥8॥

सम्राट अशोक द्वारा, याज्ञिक प्रतिबंध बाद,
शुंगो की वृत्ति में भी, हुआ अधिक फेर बदल।
पौरोहित्य कर्म त्याग, सैन्य ओर हुए उन्मुख,
अतः पुण्यमित्र बना, सेनापति मौर्य बल॥[3]9॥

---

1. सिन्हा, वी.सी. : हिस्ट्री आफ द शुंग डायनेस्टीज, पृ. 1–54; श्रीवास्तव, के.सी. : प्राचीन भारत का इतिहास तथा संस्कृति, पृ. 278–279; वेदालंकार, हरिदत्त : प्राचीन भारत का राजनीतिक एवं सांस्कृतिक इतिहास, पृ. 11
2. गैरोला, वाचस्पति : भारतीय संस्कृति और कला, पृ. 299–300
3. श्रीवास्तव, के.सी. : पूर्वोक्त, पृ. 279; सिन्हा, वी.सी. : पूर्वोक्त, पृ. 58–70

पुष्यमित्र शुंग[1]

पुष्यमित्र-जीवन के, आरंम्भिक तथ्य ज्ञात नहीं,
सभी साक्ष्य सेनानी रूप, करते उसकी पहचान।
दिव्यावदान से सूचित, पिता का नाम पुष्यधर्म,
अन्तिम नृप वृहद्रथ का, सेनापति वह प्रधान॥10॥

सैन्य के निरीक्षण समय, मौर्य नृप बृहद्रथ को,
धोखे से मार मौर्य, राज्य को हथियाया त्वरित।
घटना उल्लिखित यह, कतिपय पुराणों में,
विवरण बताता ठीक, बाण रचित हर्षचरित॥[2]11॥

सम्राट को मार, साम्राज्य स्वामी तो बना पुष्य,
किन्तु उसके समक्ष खड़ी, कठिनाईयाँ अपार थीं।
अशोक उपरान्त प्रकट, प्रशासनिक शिथिलता से,
प्रान्तीय शक्तियाँ चुनौती, देने को तैयार थीं॥12॥

पश्चिमोत्तर सीमा प्रांत, कलिंग महाराष्ट्र आन्ध्र,
होकर स्वाधीन, साम्राज्य को जर्जर किये।
पड़ोसी राज्यों की क्रमिक, बढ़ती राजशक्ति ने,
पुष्यमित्र पथ को और, दुर्द्धर दुर्भर किये॥13॥

अतः मगध राज्य पर, अधिकार करने के बाद,
शक्ति सुदृढ़ीकरण पर, पुष्यमित्र ने दिया ध्यान।
आन्तरिक प्रदेश जो थे, अब भी साम्राज्य अधीन,
उन पर शुंग सत्ता का, व्यवस्थित किया विधान॥14॥

अवन्ति प्रान्त मगध से, बहुत दूर होने से,
व्याप्त अराजकता, कठिन केन्द्र की थी निगरानी।
अतः अग्निमित्र को, सौपा वहाँ का शासन,
मुख्य नगर विदिशा में, रचा द्वितीय राजधानी॥[3]15॥

---

1. नाहर, रतिभान सिंह : प्राचीन भारत का राजनैतिक एवं सांस्कृतिक इतिहास, पृ. 292-293
2. डॉ. रामअवध : अवध प्रदेश का सामाजिक एवं सांस्कृतिक अध्ययन, पृ. 6-7
3. वेदालंकार, हरिदत्त : पूर्वोक्त, पृ. 11-13

विदर्भ से युद्ध[1]

अवन्ति के प्रबंध उपरांत, मगधाधिप पुष्यमित्र,
राज्य विस्तार ओर, केन्द्रित किया निज ध्यान।
किन्तु तात्कालिक, राजनयिक दुरावस्था बस,
सफल नहीं हुआ ठीक, शुंग विजय अभियान॥16॥

वृहद्रथ के काल, मौर्य राज दरबारियों में,
ईर्ष्या वैमनस्य नीत, दो गुट विद्यमान् था।
एक का नेतृत्व कर्ता, सेनानी शुंग पुष्यमित्र,
अन्य का नायक सचिव, सबल शक्तिमान् था॥17॥

वृहद्रथ काल से ही, सचिव सम्बंधी यज्ञसेन,
विदर्भ में नियुक्त, नृप द्वारा राज्यपाल था।
मौर्यों के बाद, पुष्यमित्र पुत्र अग्निसेन,
राज्य प्रतिनिधि बना, अवन्ति विदिशा विशाल का॥18॥

विदिशा विदर्भ दोनों, राज्य थे पास-पास,
दोनों के शासकों में, अनबन पुराना था।
अग्निमित्र चाहता था, विदर्भ को आत्मसात करना,
यज्ञसेन शुंगों की, अधीनता को न माना था॥19॥

यज्ञसेन चचेरा अनुज, माधवसेन राज्य लोभी,
चाहता विदर्भ में वह, शासन का अधिकार।
इसीलिए माधव ने, अग्नि से बढ़ाई मैत्री,
कुपित यज्ञसेन डाल, दिया उसे कारागार॥20॥

ऐसा सुन क्रोधित अग्नि, कहा यज्ञसेन से,
रिहा करो माधव को, कारागृह से तत्काल।
यज्ञसेन की शर्त पहले, मुक्त करो मौर्य सचिव,
मेरे सम्बन्धी जिसे, बन्दीगृह में रखा डाल॥21॥

शर्त अस्वीकार कर, अग्निमित्र शुंग ने,
विदर्भ पर आक्रमण हेतु, भेजा वीरसेन को।

---

1. नाहर, रतिभान सिंह : पूर्वोक्त, पृ. 292-293; सिन्हा, वी.सी. : पूर्वोक्त, पृ. 82-84

यज्ञसेन हारा, विदर्भ बंटा दो भागों में,
एक भाग माधव, अन्य मिला यज्ञसेन को ॥22॥

अधीनता स्वीकार किये, पुष्यमित्र का दोनों ने,
नर्मदा तक विस्तृत हुआ, शुंग सत्ता का प्रभाव।
आगे राजशक्ति का, करता विस्तार किन्तु,
एकाएक आ धमका, यवन आक्रमण का दबाव ॥[1]23॥

यवन आक्रमण[2]

पुष्यमित्र राज्यकाल, घटना अति सर्वप्रमुख,
यवन आक्रमणकारी, चढ़ आये भारत देश पर।
ऐसी दशा में अदम्य, साहस से पुष्य ने,
देश से बाहर खदेड़ा, सैन्य सन्निवेश कर ॥24॥

घटना का उल्लेख, महाभाष्य गार्गिसंहिता व,
मालविकाग्निमित्र, तारानाथ लिखित इतिहास।
संहितानुसार मथुरा, पांचाल साकेत जीत,
यवन आक्रमणकारी पहुँचे, पाटलिपुत्र पुरी पास ॥[3]25॥

पतंजलि पुष्यमित्र के, समकालीन और पुरोहित भी,
घटना की स्मृति ताजा, उनके हिय भाल में।
उनके अनुसार यवन, जीते माध्यमिका अवध,
तारानाथ दर्शाते इसे, पुष्यमित्र काल में ॥26॥

राधा कुमुद मुकर्जी का, विचार यवन आक्रमण,
सम्भवत: घटित, पुष्यमित्र, सेनापतित्व काल।
जिसकी सफलता से, उत्साहित वह अन्तर्मन,
राज्य सिंहासन प्राप्ति, ललक बढ़ा तत्काल ॥27॥

दो दो यवन आक्रमण, प्रतिरोध किया पुष्यमित्र,
प्रोफे.एन.एन. घोष के, अवधारणा अनुसार।

---

1. वेदालंकार, हरिदत्त : पूर्वोक्त, पृ. 14-15; सिंह, ए.पी. : डिफेन्सिव आर्ट आफ इंडिया, पृ. 23-24
2. जेम्स, एच.जी. : ए हिस्ट्री ऑफ इण्डिया, पृ. 50; नाहर, रतिभान सिंह : पूर्वोक्त, पृ. 293-295
3. पाण्डेय, विजय कुमार : इतिहास एवं पुरातत्व में अयोध्या का कनक भवन, पृ. 1-19

प्रथम सेनापतित्व काल, या अपने राज्यारम्भ,
द्वितीय अश्वमेध समय, अश्व बाँधने के रार ॥28॥

पहले हमले का जिक्र, भाष्य गार्गिसंहिता में,
मालविकाग्निमित्र में है, दूसरे हमले का हाल।
इस समय तक पुष्यमित्र, हो चला था वृद्ध बहुत,
पौत्र वसुमित्र सैन्य, स्कंध रहा सम्हाल ॥29॥

मालविकाग्निमित्र नाट्य, कथावस्तु अनुसार,
द्वितीय यवन युद्ध जुड़ा, पुष्यमित्र अश्वमेध।
यज्ञ-अश्व रक्षा हेतु, सैन्य नायक वसुमित्र,
कर रहा था भ्रमण हेतु, अश्वहर्त्ता निषेध वेध ॥30॥

यवन सरदार द्वारा, अश्व निरुद्ध करने पर,
बसुमित्र ने यवनों से, युद्ध किया घनघोर।
सिन्धु के दक्षिण तट, यवनों को परास्त कर,
अश्व को वापस ले आया, अश्वमेघ यज्ञ ओर ॥[1]31॥

सिन्धु की पहचान पर, विवाद है विद्वानों में,
कुछ इसे पंजाब की ही, सिन्धु सरित् मानते।
कुछ के अनुसार, मध्यभारत में सिन्धु नाम,
अन्य तटिनी तट, युद्ध भूमि पहचानते ॥32॥

संस्कृत कृतियाँ जिनसे, यह विवरण प्राप्त होता,
किसी यवन आक्रमणी का, नाम नहीं उल्लेख।
कुछ के अनुसार यवन, ड्रेमेट्रियस था आक्रान्ता,
अन्य प्रज्ञ मेंनान्डर का, नाम लेते है विशेष ॥33॥

किन्तु एन. एन. घोष मत, प्रथम का नेता ड्रेमेट्रियस,
पतंजलि महाभाष्य, गार्गिसंहिता में चर्चित जंग।
दूसरे आक्रमण का अगुआ, रहा हो मेंनाण्डर शायद,
मालविकाग्निमित्र में, चित्रित मिलता प्रसंग ॥[2]34॥

---

1. वेदालंकार, हरिदत्त : पूर्वोद्धृत, पृ. 15–16; सिन्हा, वी.सी. : पूर्वोद्धृत, पृ. 89–96; वर्मा, टी.पी. तथा गुप्त, एस.पी. : अयोध्या का इतिहास एवं पुरातत्व, पृ. 46–47
2. नाहर, रतिभान सिंह : पूर्वोद्धृत, पृ. 294–295

अश्वमेध[1]

विद्रोही विदर्भ प्रान्त, पर सिक्का जम गया शीघ्र,
यवनों को पछाड़, देश बाहर किया दो-दो बार।
शुंगकुल गौरव, अभिवृद्धि के प्रदर्शन हेतु,
पुष्यमित्र मन में, अश्वमेध का आया विचार ॥35॥

अपनी उपलब्धियों के, कारण शुंग पुष्यमित्र,
बना उत्तर भारत का, एकछत्र महा सम्राट।
अपनी प्रभुसत्ता का, धाक जग जमाने हेतु,
अश्वमेध यज्ञ का, आयोजन किया विराट् ॥36॥

इस महायज्ञ की, पूर्णता पुष्यमित्र द्वारा,
साहित्यिक अभिलेखीय, प्राप्त हैं दोनों प्रमान।
अयोध्या अभिलेख से, परिपुष्ट होता यह तथ्य,
दो-दो अश्वमेघ यज्ञ, का रचा नृप ने विधान ॥37॥

मालविकाग्निमित्र साक्ष्य, में सेनानी पुष्यमित्र,
यज्ञभूमि से विदिशा, कुमार को लिखता है पत्र।
'पौत्र वसुमित्र अश्व, जीत लावो यवनों से,
यज्ञभूमि शीघ्र आवो, लेकर परिजन कलत्र' ॥[2]38॥

साम्राज्य तथा शासन[3]

पुष्यमित्र का साम्राज्य, मौर्यो से बड़ा तो नहीं,
उसका मध्यवर्ती भाग, सुरक्षित रखने में सफल।
पश्चिम में पंजाब, पूर्व मगध सहित बंग तक,
करता स्पर्श हिमाद्रि, छूता नर्मदा सुजल ॥39॥

पुष्यमित्र शासन विधा, विषय में कुछ ज्ञात नहीं,
शायद मौर्य शासनिक, स्वरूप अब भी विद्यमान्।
यद्यपि दैवी उत्पत्ति, पोषक नृप पुष्यमित्र,
फिर भी शासन करता, परम्पर्या जनहित प्रधान ॥40॥

---

1. वही, पृ. 295; पाण्डेय, जी.सी., बौद्ध धर्म के विकास का इतिहास, पृ. 208-209
2. जेम्स, एच.जी. : पूर्वोक्त, पृ. 50-51; वर्मा, टी.पी. तथा गुप्त, एस.पी. : पूर्वोक्त, पृ. 47
3. सिन्हा, वी.सी. : पूर्वोक्त, 76-82

साम्राज्य अन्तर्गत, स्थिति विविध प्रांतों में,
राजकुल सम्बन्धी, बनाये जाते प्रांतपाल।
अग्निमित्र पुत्र बना, विदिशा का राज्य प्रतिनिधि,
अयोध्या अभिलेख उक्ति, धनदेव वहाँ राज्यपाल ॥41॥

वायुपुराण कथन यह, पुष्यमित्र ने पुत्रों को,
प्रांतपति बनाया हित, व्यवस्था के उचित पालन।
वसुमित्र के उदाहरण से, यह भी स्पष्ट है कि,
राजकुल कुमार करते, सैन्य स्कंध संचालन ॥42॥

शासन के सहायतार्थ, होती मत्रिपरिषद एक,
सात-आठ मंत्रियों के, नियुक्ति का विधान था।
मनु ने मंत्रिपरिषद की, अनिवार्य आवश्यकता कहा,
उनके कार्य-दायित्वों का, रचा प्राविधान था॥[1]43॥

मालविकाग्निमित्र में, अमात्यों की परिषद एवं,
सभा का उल्लेख आता, पतंजलि के महाभाष्य।
सामान्य प्रशासन न्याय, व्यवस्था का सुचित्रण,
करे मनुस्मृति अपनी, लेखनी से युग प्रकाश ॥44॥

शासन की लघु इकाई, होता ग्राम का शासन,
केन्द्रीय नियंत्रण में, शिथिलता अब आने लगी।
सामन्तीकरण प्रवृत्तियाँ, इस युग में सक्रिय हुईं,
सार्वभौम सत्ता राष्ट्र, लक्ष्य लड़खड़ाने लगी॥[2]45॥

धार्मिक नीति[3]

बौद्ध कृति दिव्यावदान व, इतिहासज्ञ तारानाथ,
बौद्धों का विनाशक शत्रु, पुष्यमित्र को बताया।
पुष्य ने पूछा किसी से, अशोक विश्रुति का रहस्य,
उत्तर मिला हजार चौरासी, स्तूप रच वह कीर्ति पाया ॥46॥

---

1. वालोऽपि नाव मन्तव्यो मनुष्य इति भूमियः
महतीदेवता ह्योषा नररूपेण तिष्ठति। मनुस्मृति, 7/8
2. श्रीवास्तव, के.सी. : पूर्वोक्त, पृ. 282-283
3. वही, पृ. 283-284; सिन्हा, वी.सी., पूर्वोक्त, पृ. 101-104; वेदालंकार, हरिदत्त : पूर्वोद्धत, पृ. 19-21

फलतः अशोक द्वारा, रचित सब स्तूपों को,
प्रति प्रसिद्धि प्राप्ति हेतु, विनष्टि का किया संकल्प।
पुरोहित परामर्श पर, बौद्ध मत शिक्षाओं को,
मिटाने का किया प्रण, सफलता भी मिली स्वल्प ॥47॥

पाटलिपुत्र में स्थित, कुक्कुटाराम विहार को,
नष्ट करने गया था, अदृष्य ध्वनि से भयभीत।
लेकर महासैन्य मग, भिक्षुओं का वध करता,
बिहारों को जलाता, स्तूपों का ढहाता भीत ॥48॥

स्यालकोट पहुँचते ही, पुष्य ने किया ऐलान,
'भिक्षु का ललाट यदि, काट लाओ मेरे पास।
बदले में तुरत पावो, पुरष्कार शत दीनार,'
इसकी पुष्टि में द्रष्टव्य, तारानाथ कृत इतिहास ॥49॥

अवदानकल्पलता में, पुष्यमित्र शुंग का,
चित्रण हुआ बौद्धधर्म, के विघातक रूप में।
किन्तु बौद्ध लेखकों ने, निष्पक्ष विचारों को,
तोड़-मोड़ प्रस्तुत किया, काल्पनिक विरूप में ॥[1]50॥

अबौद्ध लोगों के प्रति, कुत्सित विचार उनके,
छुद्र घटनाओं को वे, बढ़ा-चढ़ा लिखते हैं।
जैसे अशोक नृप के, प्रारंभिक जीवन की,
अनेक घटनायें कल्पित, मनगढ़त दिखते है ॥51॥

अतः इन लेखकों के, बौद्धेतर विवरण को,
गहन अनुशीलन बिना, करना कठिन विश्वास।
शुंग के समय की प्राप्त, बौद्ध कलाकृतियाँ, लेख,
शुंग सम्राट बौद्ध-द्रोही, होता न ऐसा आभास ॥52॥

भरहुत की वेष्टनी पर, 'सुगनंरजे' अंकित लेख,
शुंग धार्मिक सहिष्णुता का, परिचय मिलता है श्रेष्ठ।[2]

1. श्रीवास्तव, पंकजलता : प्राचीन इतिहास, भाग-एक, पृ. 78
2. वही, पृ. 78

साँची-भरहुत स्तूप को, ढहाने को कौन कहे,
राजकीय सहाय्य मिला, शुंग नृपों से यथेष्ट॥[1]53॥

किन्तु मौर्य सम्राट हत, साम्राज्य हड़प लेने से,
ब्राह्मण धर्म राज्याश्रय से, बौद्धो को पहुँची ठेस।
चिरकाल से लुप्त, अश्वमेध पुरनरुद्धार से,
क्षुब्ध हुए होंगे बौद्ध, श्रमणों का बढ़ा क्लेश॥54॥

अतः बौद्ध कृतियों में, पुष्यमित्र को व्यक्त शब्द,
वौद्ध ग्रन्थकारों का था, रोष द्वेष असन्तोष।
इसी आधार पर यह, कहना समीचीन नहीं,
शत्रुतापूर्ण भाव शुंग, बौद्धों के प्रति सदोष॥[2]55॥

एक विचारणीय तथ्य कि, पुष्यमित्र शुंग ने,
कतिपय बौद्धों को मार, बौद्ध संघ विनष्ट किया।
इसका अर्थ नहीं कि, बौद्ध प्रति घृणित विचार,
बौद्धों ने स्वधर्म भूल, राजनयिक कुचक्र किया॥56॥

शुंगों की ब्राह्मणीय नीति, से हो असंतुष्ट रुष्ट,
यवनों से मिलकर, षड्यन्त्र बौद्ध रच रहे थे।
उनके इस राष्ट्र द्रोही, कृत्यों से क्रुद्ध शुंग,
दण्ड कठोर देने का, आदेश जारी कर रहे थे॥57॥

दिव्यावदान से सूचित, श्रमणों का सिर लाने पर,
शत-शत दीनार दान, स्यालकोट से घोषित।
जहाँ पर प्रभाव भारी, युनानियों का विद्यमान्,
जिनको राष्ट्र रोधी कुछ, बौद्धजन करते पोषित॥[3]58॥

बौद्धों को दबाने अथवा, दण्ड विधान करने में,
शुंगों का उद्देश्य, राजनयिक ध्येय प्रधान था।
न किसी पक्षपात अथवा, धार्मिक भावना से ग्रस्त,
बौद्धों का प्रताड़ित कर, करना अपमान था॥59॥

---

1. श्रीवास्तव, के.सी. : पूर्वोक्त, पृ. 283
2. नाहर, रतिभान सिंह : पूर्वोक्त, पृ. 296
3. श्रीवास्तव, पंकजलता : पूर्वोक्त, पृ. 75

यवनों से सम्बद्ध बौद्ध, कुचक्रियों को दण्ड देना,
राष्ट्र रक्षार्थ उनका, दमन करना वांछनीय।
बौद्धों को कठोर दण्ड, यवन सम्बन्ध के कारण,
नहीं बौद्ध द्रोही शुंग, राष्ट्र द्रोह असहनीय ॥60॥

डब्लू. डब्लू टार्न कृति, 'ग्रीक बैक्ट्रीया इंडिया' से,
प्राप्त होती जानकारी, सामग्री कुछ महत्त्वपूर्ण।
प्रश्न उठाया कि क्यों, पश्चिमोत्तर सीमा पर ही,
सरलता से सफल यवन, बिन किसी बाधा के पूर्ण ॥61॥

क्यों आगे बढ़ने में, सफल नही हुए यवन,
इसके उचित कारणों का, टार्न किये अनुमान।
कारण प्रथम पश्चिमोत्तर, सीमा-समीप जनता में,
प्रभूत संख्या में सक्रिय, विदेशी तत्त्व विद्यमान् ॥62॥

इस विषय में हावेल्स के, तर्क संगत विचार ये,
बन गये थे बौद्ध वहाँ, राजनैतिक शक्ति मंच।
अतएव पुष्यमित्र किया, दमन कुटिल बौद्धों का,
न कि ऐसे धार्मिकों का, जो शुचि व निष्कलंक ॥[1]63॥

पुष्यमित्र के कार्यों का मूल्यांकन[2]

राजहन्ता राजहर्ता, रूप में नृप पुष्यमित्र,
आता सम्मुख हमारे, अपकृतित्व कार्य से।
अतः ब्राह्मण होकर भी, बाण ने हर्षचरित में,
इस ब्राह्मण सेनानी को, सम्बोधित अनार्य से ॥64॥

किन्तु अनेक कारणों से, नृप हन्ता होने पर भी,
कहना समीचीन न, अनार्य पुष्यमित्र को।
ऐसे निष्क्रीय नृप का, बध करना देश हित में,
जो न देख सके राष्ट्र, भावी विपत्ति को ॥65॥

विघटनात्मक प्रवृत्तियों का, राष्ट्र में बोल बाला वहु,
यवन हमलावरों से था, पीड़ित पश्चिमोत्तर प्रांत।

1. नाहर, रतिभान सिंह : पूर्वोक्त, पृ. 295-297
2. वही : पूर्वोक्त, पृ. 297-298; वेदालंकार हरिदत्तः पूर्वाक्त, पृ. 297-298

रौंदते मथुरा साकेत, पहुँचे कुसुमुद्ध्वज पुर तक,
राष्ट्रीय जन जीवन हुआ, अस्थिर अदृढ़ अशांत ॥66॥
सोचिये यदि उस समय, असावधान प्रज्ञा अबल,
वृहद्रथ होते मगध, साम्राज्य के अधिपति अखंड।
साकेत पांचाल मथुरा, जीत कुसुमध्वज डटे,
क्या वृहद्रथ दबा पाते, यवन आक्रमण प्रचण्ड ॥67॥
पाटलिपुत्र जीत यवन, फैल जाते देश भर में,
भारतीय सत्ता पहुँच, जाती विदेशी फांस में।
किन्तु ऐसे विकट स्थिति, में सेनानी पुष्यमित्र,
राष्ट्र रक्षा का प्रबल, प्रहरी बना इतिहास में ॥[1]68॥
विदेशी हमलावर जिन्हें, जनता कहती मलेच्छ,
उन्हें पीछे ढकेलने वाला, राष्ट्रमणि कैसे अनार्य।
निजी स्वार्थ में ही चाहे, स्वामी को हत ताज छीना,
राष्ट्रीय सन्दर्भ किन्तु, काटों से यह भरा कार्य ॥69॥
छत्तीस वर्षों के अपने, दीर्घ शासन काल में,
समस्याओं से घिरा नित, न कर सका विलास भोग।
ऐसा करता तो उसके, नीतियों के कटु आलोचक,
बौद्ध कृतिकार करते, अतिरंजित स्वर प्रयोग ॥70॥
राज्य हस्तगत करके भी, निस्पृह वीर ब्राह्मण ने,
धारण नहीं किया कभी, नृप या सम्राट–उपाधि।
मौर्य साम्राज्य सेनापति, होने के कारण पुष्य,
सेनानी ही कहा स्वयं, राज्यावधि अन्त आदि ॥[2]71॥
अयोध्या अभिलेख में, सगर्व कहता पुष्यमित्र,
दो–दो बार उसने किया, अश्वमेघ महायज्ञ।
किन्तु उसमें भी प्रयुक्त, सेनानी विशेषण रूढ़,
वही मालविकाग्निमित्र में, लिखे कालिदास प्रज्ञ ॥72॥
विशाल भू–भाग का, एक छत्र स्वामी होकर भी,
विरुद न लगाना, शुंगादर्श राष्ट्र भक्ति का।

---

1. अग्रवाल, वी.एस. : भारतीय कला, पृ. 131
2. सरकार, डी.सी. : स्टडीज इन इंडियन क्वाइन्स, पृ. 140

जबकि देखने में आता, राजा महाराजा सब,
भरकम उपाधियों से, धौंस जमाते निज शक्ति का ॥73॥

अपना अधिकार स्थापित, करके निजदेश में,
पौरुष सैन्य बल से, वहाँ सुव्यवस्था प्रदान की।
कला और संस्कृति को, प्रश्रय प्रदान करने हेतु,
सृजित वातावरण उचित, व्यवस्था धनदान की ॥74॥

वेद ब्राह्मण धर्म का, प्रबल परिपोषक वह,
निष्ठा निज अभिव्यक्त, किया अश्वमेध करके।
धर्म में श्रद्धा अपार, बौद्ध अनुश्रुति के प्रलाप,
सिद्ध न कर सके संकीर्ण, मिथ्यारोप धरके ॥75॥

महान् विजेता न शुंग, अधिपति न अखिल देश,
किन्तु विपत्ति घड़ी में, राष्ट्र हित किया जो कार्य।
उसकी प्रशंसा वांङ्मय, करते इतिहासकार,
यवनों को आघात देना, युग आवश्यकता अनिवार्य ॥76॥

एक अन्य कृत्य हेतु, प्रशंसनीय पुष्यमित्र,
विदर्भ राज्य का किया जो, कूटनीतिक समाधान।
यज्ञसेन व माधव में, राज्य को विभक्त कर,
स्वसंरक्षण में दिया, दोनों को आदर समान ॥[1]77॥

पुष्यमित्र के उत्तराधिकारी[2]

एक सौ चौरासी से, एक सौ अड़तालिस बी.सी.,
छत्तीस वर्षों तक शासन, किया सेनानी पुष्यमित्र।
उसके बाद अग्निमित्र, राज्य का अधिकारी हुआ,
इंगित कवि कालिदास, नाट्य मालविकाग्निमित्र ॥78॥

पिता शास्तिकाल अग्नि, विदिशा का राज्यपाल,
विदर्भ समस्या शमन में, उसका अधिक योगदान।
उत्तरी पांचाल से, मुद्रायें प्राप्त कुछ उसकी,
आठ वर्ष राज्यकाल, अन्य घटना का नहीं ज्ञान ॥[3]79॥

1. गैरोला, वाचस्पति : पूर्वोक्त, पृ. 301-303
2. नाहर, रतिभान सिंह : पूर्वोक्त, पृ. 298
3. वही, पृ. 298-299; सिन्हा, बी.सी. : पूर्वोक्त, पृ. 108-128; वर्मा, टी.पी. तथा गुप्त, एस.पी. : पूर्वोक्त, पृ. 45-54

अग्निमित्र उपरांत उसका, भ्राता सुजेष्ठ हुआ,
सामाज्यधिकारी जिसके, विषय में कुछ ज्ञात नहीं।
सुजेष्ठ उपरांत, अग्निमित्र का वीर पुत्र,
हुआ उत्तराधिकारी, वसुमित्र विख्यात मही ॥80॥

इसने सिन्धुकंठ पर, यवनों को परास्त कर,
पुष्य अश्वमेध अश्व, लौटाकर ले आया जीत।
हर्षचरित अनुसार, नाट्य दृश्य देखते समय,
कोई नृप शत्रु छल से, काट दिया उसका शीस ॥81॥

वसुमित्र के बाद आंध्रक, पुलिंदक घोष एवं,
वज्रमित्र क्रम-क्रम से, हुए शुंग-वंश के नरेश।
आन्ध्रक का नाम अंकित, पशोमा कौशाम्बी लेख,
नवाँ नृप भागभद्र, रहा कुछ चर्चित विशेष ॥82॥

तक्षशिला नरेश यवन, अन्तिलिकित का भेजा हुआ,
भागभद्र सभा में आया, हेलियोडोरस राजदूत।
वासुदेव गरुण स्तम्भ, स्थापित किया विदिशा में,
भागवत धर्म में उसकी, भक्ति व श्रद्धा अटूट ॥[1]83॥

वंश का अन्तिम नृप, देवभूति विलास प्रिय,
विष्णुपुराण अनुसार, इतिहास फिर दोहराया गया।
अमात्य बसुदेव द्वारा, नृप देवभूति मार,
पुष्यमित्र परम्परा को, आगे बढ़ाया गया ॥[2]84॥

शुंग कालीन संस्कृति

भारतीय इतिहास में, शुंग सीमित राज्य काल,
अनेक कारणों से रखता, महत्त्वपूर्ण स्थान।
केन्द्रीय हरित भाग को, विदेशियों से रक्षितकर,
रोक दिया कुछ समय, विकेन्द्रीयकरण का विमान ॥85॥

मौर्य साम्राज्य के, विर्दीर्ण ध्वंसावशेषों पर,
वैदिक धर्म सांस्कृतिक, आदर्शो की प्रतिष्ठा की।

1. दिनकर, रामधारी सिंह : संस्कृति के चार अध्याय, पृ. 99
2. वेदालंकार, हरिदत्त : पूर्वोद्धृत, पृ. 23-26; गैरोला, वाचस्पति : पूर्वोक्त, पृ. 300-301

युग यह माना गया, वैदिक पुनर्जागरण काल,
चर्चा अपेक्षित समाज, संस्कृति कला निष्ठा की ॥86॥

सामाजिक जीवन[1]

शुंग युग सामाजिक रूचि, वर्ण व्यवस्था सुदृढ़,
चतुवर्ण अन्तर्गत, असंख्य जाति उद्‌भूत।
बौद्धमत व्यापक प्रभाव, से मौर्य राज्य काल,
वर्णाश्रम व्यवस्था को, चोट मिल चुकी अकूत ॥87॥

पूर्व में अनेक लोग, सामाजिक कर्त्तव्य भूल,
भिक्षु अथवा श्रमण जीवन, बिताने लग गये थे।
किन्तु शुंग काल में, व्यवस्थित वर्णआश्रम से,
सामाजिक दायित्व प्रति, जागृत हो गये थे ॥88॥

मनुस्मृति कृति जो, रचा गयी इसी समय,
जिसमें वर्णाश्रम विहित, विधान समावेष है।
स्मृति निर्देश लोग, जाति पेशानुसरण करे,
निम्न हो तो भी स्वधर्म, उत्तम विशेष है ॥89॥

निम्न जाति व्यक्ति यदि, लोभ लाभ में आकर,
करे उच्च जाति पेशा, नृप उसे दण्डित करे।
राजा को चाहिए शूद्र, सम्पत्ति को जप्त करना,
अथवा बल पूर्वक उसको, देश से वहिष्कृत करें ॥90॥

मनु ने कहा शीघ्र पतन, वर्णसंकर ग्रसित राज्य,[2]
हर वर्ण का पृथक-पृथक, कार्य निर्देशन है।
ब्राह्मण का कार्य प्रमुख, अध्ययन अध्यापन व,
यजन कर्म दान ग्रहण, का क्रमिक विवेचन है ॥91॥

शास्त्र सम्मत आचरण न, करने वाले ब्राह्मण,
सामाजिक मर्यादा मान, प्रतिष्ठा होते विहीन।
आपद् समय में भिन्न, वृत्ति करने का अधिकार,
मृत्युदण्ड से भी विप्र, वंचित थे तद्‌युगीन ॥92॥

---

1. श्रीवास्तव, के.सी. : पूर्वोक्त, पृ. 287-288
2. मनुस्मृति, 10/61

क्षत्रिय का कर्त्तव्य राष्ट्र, रक्षार्थ शस्त्र ग्रहण,
वैश्यों का कार्य कृषि, वणिज्, दूर व्यापार।
तीनों वर्णों की सेवा, शूद्र कर्म मनुस्मृति में,
संस्कार वंचित, धर्मग्रन्थ श्रवण न अधिकार ॥93॥

किन्तु मनुस्मृति में शूद्र, शिक्षक-शिष्य चर्चा से,
लगता उन्हें भी सीमित, शैक्षणिक अधिकार प्राप्त।[1]
निश्चित सीमा में शूद्र, रख सकते धन सम्पत्ति,
उनके कर्त्तव्य अधिक, अधिकार अत्यल्प ज्ञात ॥94॥

शूद्र की सामाजिक दशा, पूर्व से खराब अति,[2]
एक ही अपराध में उन्हें, अन्य वर्ण से दण्ड अधिक।
शूद्र हत्या करने पर, विप्र पाता वही दण्ड,
कौवा कुत्ता मेढ़क, मारने पर पाता जो बधिक ॥95॥

मनुस्मृति बताती शूद्र, दासों की कोटि में थे,
उनके प्रति भेदभाव, रखता गर्हित समाज।
जातकों से ज्ञात, चण्डाल समाज से वहिष्कृत,
अशुभ माना जाता उनका, दर्शन शुंगो के राज ॥96॥

चार वर्णों के अतिरिक्त, अन्य अनेक जातियाँ भी,
हुई उद्भूत अन्तर्वर्ण, विवाह फलस्वरूप।
युवा-युवति सीधे, संन्यास न ग्रहण करें,
पालन आवश्यकीय, चतुराश्रम विधि अनुरूप ॥97॥

वर्णाश्रम धर्म की, अवहेलना करने वालों को,
कहा गया वृषल व्रात्य, वर्णसंकर निन्दनीय।
आश्रमों के अन्तर्गत, संस्कारों का भी निर्देश,
शास्त्र आचरण कर्त्ता, माने गये प्रशंसनीय ॥98॥

स्त्रियों की स्थिति, सन्तोष जनक उस समय,
प्रचलित शुंग युग में, विवाह के आठो प्रकार।[3]

---

1. श्रीवास्तव, के.सी. : पूर्वोक्त, पृ. 287
2. मनुस्मृति, 9/151-155
3. वही, 3/20-34

उच्चवर्ण का विवाह, निम्न वर्ण से सम्भव,
जिसको अनुलोम विधि, नाम दिये शास्त्रकार ॥99 ॥

किन्तु प्रतिलोम विवाह, निन्दित तथा अमान्य,
सगोत्र सपिण्ड परिणय, का मनु ने किया निषेध।
तलाक अवांछनीय प्रथा, युग में अंगीकार नहीं,
मनु के अनुसार विवाह, आजन्म संगति अभेद ॥100 ॥

पत्नी परित्याग करने, वाले ऐसे पति को,
मनु ने दिया राजा को, दण्ड देने की सलाह।
विधवा विवाह व, नियोग प्रथा युग प्रचलित,
पतिपरायणा पत्नी हो, करे सेवा भाव निर्वाह ॥101 ॥

सती प्रथा का कोई, उल्लेख नहीं उस युग में,
स्त्रियों का समाज में, बढ़ा मान सम्मान।
मनु के उत्तम विचार, जहाँ नारी पूज्य आदृत,
देवगण प्रवास करते, होते सफल सर्वकाम ॥[1]102 ॥

मनुस्मृति बताती बढ़ा, बाल विवाह का प्रचलन,
8-12 वर्ष बीच, कन्या विवाह होने लगा।
इससे नारी शिक्षा पर, पड़ा प्रतिकूल प्रभाव,
स्त्रियों का अस्तित्व, पति चरणों में खोने लगा ॥103 ॥

स्त्री अपने पति की, पूजा करे नित देव तुल्य,
कोई कार्य कभी भी न, करे पति इच्छा विरुद्ध।
चाहे क्यों न लम्पट, लबारी पति दुश्चरित्र ही,
पति पराधीन नारी, हुई अब अधिकार रूद्ध ॥[2]104 ॥

आर्थिक गतिविधियाँ[3]

आर्थिक जीवनाधार, अब भी कृषि पशुपालन,
करता वैश्य वर्ग इसे, उप उद्यम पण्य व्यापार।

---

1. यत्र नार्यस्तु पूज्यन्ते रमन्ते तत्र देवता।
यतत‍ास्तु न पूज्यन्ते सर्वास्तत्राफलाः क्रिया।। मनुस्मृति- 3/56
2. श्रीवास्तव, के.सी. : प्राचीन भारत का इतिहास तथा संस्कृति, पृ. 287-288
3. सिन्हा, वी.सी. : हिस्ट्री आफ शुंग डायनेस्टी, पृ. 162-169

नाना प्रकार शिल्प, व्यवसाय व उद्योग धन्धे,
विकसित साम्राज्य भर में, जारी भारी प्रसार॥[1]105॥
बौद्ध कृति मिलिन्दपन्ह, में इंगित व्यवसायी बहु,
लौहकार ताम्रकार, जौहरी सुवर्णकार।
रथकार मालाकार, दर्जी रंगी चर्मकार,
तन्तुवाय चित्रकार, संगतराश व कुम्हार॥106॥

श्रम विभाजन सिद्धान्त, मान्य था उद्योगों में,
प्रायः व्यवसाय निश्चित, आनुवंशिक कुलाधार।
प्रमुख नगरों में, व्यवसाइयों की श्रेणियाँ कई,
अठारह श्रेणी विवरण, देते जातक कथाकार॥107॥

पाटलिपुत्र कौशाम्बी, वैशाली एवं वाराणसी,
हस्तिनापुर तक्षशिला, ख्यात व्यापारिक नगर थे।
भृगुकच्छ सुप्पारक व, ताम्रलिप्ति मुख्य पत्तन,
आन्तरिक व्यापार उन्नत, व्यवस्थित शहर थे॥108॥

विदेशी व्यापार, पूर्व युग से अति विकसित,
वृहद् जलयानों का, निर्माण सूचित उस काल।
हीरे जवाहरात हस्तिदंत, कौशेय वस्त्र,
गरम मशालों का निर्यात, संग में अपरिमित माल॥109॥

व्यापार विनिमय में, नियमित सिक्का प्रयोग,
रजत मुद्रा हेतु पुराण में, धारण शब्द आया है।[2]
स्वर्ण मुद्रा को दीनार, निष्क स्वर्णमासिक संज्ञ,
प्रचलित ताम्र मुद्रा नाम, कार्षापण दर्शाया है॥110॥

धार्मिक स्थिति[3]

शुंगों का समय, वैदिक ब्राह्मण धर्म हेतु,
माना इतिहासकारों ने, पुनर्जागरण का सुकाल।
बंद वैदिक अनुष्ठान, पुनः शुरू हुए यज्ञ,
स्वयं पुष्यमित्र, अश्वमेघ दो रचा विशाल॥111॥

1. वर्मा, मोहिनी : ड्रेस एण्ड आर्नामेण्ट इन ऐंशियंट इण्डिया, पृ. 38–50, 54–61, 116–132
2. श्रीवास्तव, के.सी. : पूर्वोक्त, पृ. 288
3. वही, पृ. 288–289

राजकीय संरक्षण प्राप्त, ब्राह्मण-वेदधर्म को,
वैदिक कर्मकाण्डो, अनुष्ठानों का बढ़ा प्रभाव।
'जीव-जीव का भोजन' ऐसा नियम प्रतिपादित,
यज्ञ में पशु होम वांछित, मनुस्मृति का सुझाव॥112॥

इसी समय समाज में, भागवत धर्म का अभ्युदय,
भारतीयों के अलावा, विदेशी भी हुए अनुरक्त।
विदिशा गरुण स्तम्भ, खड़ा जो इसका प्रमाण,
वैदिक आडम्बरों से, घिरने लगे इसके भक्त॥113॥

प्रथम शती इस्वी का, मोरा समीप मथुरा से,
प्राप्त सुलेख में एक, सूचना का अंकन शुद्ध।
विदेशी नारी तोष नाम, स्थापित करवाई मूर्ति,
संकर्षण वासुदेव प्रद्युम्न, शाम्ब और अनिरुद्ध॥114॥

भागवत सहित माहेश्वर, पाशुपत पंथ का भी,
शुंग युग में हो रहा था, व्यापक प्रसार प्रचार।
इस समय आगत विदेशी, हिन्दू धर्म अपनाने लगे,
धार्मिक सहिष्णुता ने, सबके लिए खोला द्वार॥115॥

ब्राह्मण धर्म परम पोषक, होते हुए शुंग नृपति,
असहिष्णु नहीं थे, अन्य धर्म सम्प्रदाय के लिए।
दिव्यावदान कथन पुष्य, बौद्धों को बनाया अमात्य,
प्रत्येक धर्म हेतु विविध, सुविधा प्रबंध किये॥116॥

भाषा और साहित्य[1]

शुंग राजत्व अवधि, संस्कृत भाषा पुनरुत्थान,
शुंग कुल राजाओं ने, दिया महत् प्रोत्साहन।
काव्य की भाषा न रह, लोकभाषा लय प्रतिष्ठित,
इसके प्रगति में पतंजलि, ज्ञान गूढ़ अवगाहन॥117॥

संस्कृत भाषा स्वरूप, परिष्कार हित पतंजलि,
पाणिनि के सूत्रों पर, लिखा वृहद् महाभाष्य।
उन्होंने जनहित में, संस्कृत को बनाया सरल,
जिससे कम पढ़े लिखे, बोलते संस्कृत सुवाक्य॥118॥

1. गैरोला, वाचस्पति : पूर्वोक्त, पृ. 303-305; श्रीवास्तव, के.सी. : पूर्वोद्धृत, पृ. 289

किसी वैयाकरण एवं, सारथि बीच वाद–विवाद,
रोचक प्रसंग आया, महाभाष्य अन्तरस्थ।
सूत शब्द व्युत्पत्ति पर, विवाद दृढ़ दोनों में,
इससे ज्ञात जन सामान्य, संस्कृत बोलने में अभ्यस्त ॥119॥

मनुस्मृति वर्तमान स्वरूप, रचा गया इसी काल,
महाभारत–शान्ति, अश्वमेघ पर्व परिवर्द्धन।
सदियों तक पाली एवं, प्राकृत के प्रभाव में,
दबी झुकी संस्कृत का, होने लगा सबर्द्धन ॥[1]120॥

कला और स्थापत्य[2]

शुंग सम्राटों का, शासन काल जग विख्यात,
कला स्थापत्य के अति, उन्नयन के फलस्वरूप।
मौर्यकला की अपेक्षा, शुंग युग की कलाकृतियाँ,
लोक जीवन झाँकी, दिखलाती, मौलिक अनूप ॥[3]121॥

युग कला कृतियों में, उत्कीर्ण जो विविध चित्र,
तद्युग मध्यभारत के, जन जीवन का होता भान।
मौर्यों की अपेक्षा शुंग, कला वृहद् जन समुदाय,
करती प्रतिनिधित्व विचार, परम्परा संस्कृतिक मान ॥122॥

इसका विषय प्रधान, अध्यात्म–नैतिकता रहित,
मानव जीवन क्रिया–कलाप, से पूर्णतया भरे पड़े।
उदाहरण उत्कृष्ट प्राप्त, शुंग कला कृतियों के,
बोध गया विदिशा भरहुत, सांची में खड़े अड़े ॥[4]123॥

भरहुत स्तूप[5]

सर्वोत्तम स्मारक शुंग, युग के स्तूप वास्तु,
जिसकी रचना तकनीक, मौर्य प्रकरण में वर्णित।
सतना के समीप भूमि, भरहुत में अशोक द्वारा,
भव्य स्तूप मिला, ईंट गारे से निर्मित ॥124॥

---

1. सिन्हा, वी.सी. : पूर्वोद्धृत, पृ. 137–145
2. श्रीवास्तव, के.सी. : पूर्वोक्त, पृ. 289–292
3. फाउचर, ए. : पूर्वोद्धृत, पृ. 29–109
4. शिवराममूर्ति, सी. : इण्डियन स्कल्पचर, पृ. 20–22; सिन्हा, वी.सी. : पूर्वोक्त, पृ. 148–149
5. सहाय, एस.एस. : भारतीय कला, पृ. 178–179; अग्रवाल, वी.एस.: पूर्वोक्त, पृ. 139–159

स्तूप अवशेष अपने, मूल भू पर अब नहीं,
विभिन्न संग्रहालयों में, रक्षित जन दर्शनार्थ।
सन् अठारह सौ तिहत्तर, जनरल कनिंघम ने,
अन्वेषित किया पाया, स्तूप को खण्डित यथार्थ॥125॥

भरहुत स्तूप निर्मित, लाल पकी ईंटों से,
पत्थर की नींव नीचे, देती सुदृढ़ आधार।
स्तूप चतुर्दिक घिरा, गोल पाषाण वेदिका से,
जिस पर यथास्थान बने, चार तोरण भव्य द्वार॥[1]126॥

उष्णीस से युक्त खड़े, अस्सी स्तम्भ वेदि,
पड़े पत्थर की तीन, सूची द्वय खम्भ खींच।
वेदिका का घेरा, तीन सौ तीस फीट गोलाकार,
बना था प्रदक्षिण मार्ग, स्तूप वेदिका बीचो-बीच॥127॥

स्तम्भों के बीच चक्र, ऊपर नीचे अर्द्धचक्र,
कमल दल रमणीय, पुष्प पत्तों से सजाया गया।
भरहुत स्तूप वेदि, स्तम्भ तोरण द्वारों पर,
लोककला युक्त बुद्ध, घटनांकन पाया गया॥128॥

जातक कथायें, मनोरंजक दृश्य मूर्ति चित्र,
वृक्ष बेलि पुष्पों के, बनाये गये अलंकरण।
मायादेवी स्वप्न से, संबंधित एक दृश्य में,
श्वेत गज गर्भ में, प्रवेश नभ अवतरण॥[2]129॥

साथ ही सामान्य जन, नाग यक्ष सुर सैनिक,
नृपादि का उत्कीर्ण, अलंकरण सुघर चित्रों का।
वरूढक कुबेर सुपवश, अजकालक सुचिलोम यक्ष,[3]
सिरिमा देव सुदर्शना, यक्षी चन्द्रा चुलकोका॥130॥

जल से बाहर आते हुए, नागराज ऐरावत को,
बोधिवृक्ष पूजा करते, सपरिवार दिखाया गया।

---

1. उपाध्याय, वासुदेव : प्राचीन भारतीय स्तूप गुहा एवं मन्दिर, पृ. 30-32; फाउचर, ए. : पूर्वोक्त, पृ. 29-35
2. वाजपेयी, के.डी. : भारतीय वास्तुकला का इतिहास, पृ. 72-74
3. शिवराममूर्ति, सी. : पूर्वोक्त, पृ. 25-26

अप्सरायें अलम्बुसा, सुदर्शना सुभद्रा मिश्रकेसि,
प्रतिमाओं के साथ उनका, नाम खुदा पाया गया ॥131॥

भरहुत बड़ेरियों के, दोनों गोल छोरों पर,
खचित मगरमच्छ चित्र, खुले मुख गोलाकार।
उच्च बड़ेरी के बीच, धर्म चक्र स्थापित,
पार्श्व में त्रिरत्न चिह्न, मानो धर्म पतवार ॥132॥

अंकित ऐतिहासिक चित्र, रम्य तोरण द्वारों पर,
चित्रित कोशलाधीस, प्रसेनजित रथ पर सवार।[1]
मगध नृप अजातशत्रु, बुद्ध भगवान की,
पूजा अर्चना में रत, चित्रगति मंजुल अपार ॥133॥

यद्यपि गौतम बुद्ध की, मूर्ति कही दृष्ट नहीं,
प्रतीक रूप में ही उनका, अंकन है दृश्यमान्।
चैत्य स्तूप त्रिरत्न, बोधिवृक्ष धर्मचक्र,
चरण पादुका सुचिह्न, रूप में है विद्यमान् ॥134॥

दर्शित समग्र चित्र, धार्मिक आचार-विचार,
विश्वास व्यवहार पूजा, भेष-भूषा के प्रमान।
उनकी उकेरी अत्यन्त, सरल सुप्रभाव पूर्ण,
जीवन समृद्धि सुख, प्रफुल्लता करते बखान ॥[2]135॥

बोधगया[3]

बोधगया मंदिर को, घेरती चारों ओर से,
प्राप्त लघु पाषाण वेदि, रचना प्रिय शुंग काल।
भरहुत की भाँति तिरत्न, बोधिवृक्ष-कल्पवृक्ष,
राजा-रानी पुरुष पशु, चित्रित कीच कमल नाल ॥136॥

रथारूढ़ सूर्य एवं, लक्ष्मी का अंकन सुघर,
अलग-अलग खम्भों पर, शालभंजिका के चित्र।
पदकुशलमाणब, बेस्सन्तर किन्नर छछन्त,
जातकों से ली गयी, कथाओं का अंकन पवित्र ॥137॥

1. उपाध्याय, वासुदेव : पूर्वोद्धृत, पृ. 35-37
2. जोशी नीलकंठ : मथुरा की मूर्तिकला, पृ. 9-10
3. सिन्हा, वी.सी. : पूर्वोक्त, पृ. 160-162; वाजपेयी, के.डी. : पूर्वोक्त, पृ. 79-80

अनेक काल्पनिक पशु, सपक्ष सिंह गज अश्व,
नरमच्छ वृषभ भेड़, बकरे तथा मगरमच्छ।
गजमच्छ पर पुरुषारूढ़, मगरमच्छ सिंह मुखी,
रचना कलामय समग्र, मानवाकृति सुघर स्वच्छ॥[1]138॥

साँची के स्तूप[2]

जनपद रायसेन, पुरी विदिशा के सन्निकट,
साँची में एक विशाल, दो लघु स्तूप पाये गये।
महास्तूप बना, बुद्ध धातु अवशेषों पर,
शेष सारिपुत्त मोद्गलायन, भस्म पर बनाये गये॥139॥

विशाल स्तूप निर्माण, अशोक राज्य काल में,
ईंटों से बनाया गया, काष्ठ वेदि कृत अनूप।
शुंग काल में स्तूप, प्रस्तर पट्ट से जड़ा गया,
परिणत वेदिका अश्म, सूचियाँ उष्णीष यूप॥140॥

स्तूप का आकार अब, अशोक युग से दूना हुआ,
ऊँचाई चौवन फीट, एक सौ छब्बीस फिट स्तूप व्यास।
सातवाहन युग में, वेदिका के चारो ओर,
चार तोरण द्वार रचित, परिष्करण दूसरा प्रयास॥[3]141॥

महास्तूप में तीन मेधि, भूमि मध्य हर्मिकास्थ,
स्तूप का अण्ड औंधे, कटोरे के समान था।
मध्यमेधि भूतल से, सोलह फीट ऊँची बनी,
साथ ही प्रदक्षिणा पथ, रचित सन्निधान था॥142॥

भूमितलीय फर्श पर, चतुर्दिक पत्थर जड़ा,
जिस पर गोल वेदि सादी, तथा सजावट विहीन।
साँची की वेदिका बनी, भरहुत से भिन्न पूर्ण,
इसकी सूचि उष्णीष, स्तम्भ तक अलंकरण हीन॥143॥

---

1. उपाध्याय, वासुदेव : पूर्वोद्धृत, पृ. 34-35
2. अग्रवाल, वी.एस. : भारतीय कला, पृ. 160-176; श्रीवास्तव, के.सी. : पूर्वोद्धृत, पृ. 290-291; उपाध्याय, वासुदेव : पूर्वोद्धृत, पृ. 29-30, 62-69
3. शिवराममूर्ति, सी. : इण्डियन स्कल्पचर, पृ. 29

लेकिन यहाँ के तोरण, अति आकर्षक कलापूर्ण,
कला इतिहास में वे, अप्रतिम अतुल्य है।
जातक कथाओं में बुद्ध, जीवन चित्र अधिसंख्य,
नीचे से ऊपर तक सजे, अलंकरण अमूल्य हैं ॥144॥

सांची स्तूप वास्तु, रचना से अधिक कहीं,
तोरण अलंकरण हेतु, कला क्षेत्र में प्रसिद्ध।
चौंतिस फिटी तोरणों में, सीधे दो स्तम्भ लगे,
स्तम्भों के ऊपर चौकोर, चौकियाँ चूलों से विद्ध॥[1]145॥

स्तूप तोरणों पर भाँति-भाँति आकृतियाँ खुदी,
स्तम्भ नीचे द्वारपाल, यक्ष मूर्तियाँ निर्मित।
स्तम्भ चौकियों पर बौने, बैल सिंह गज एवं,
बड़ेरियाँ धर्म चक्र यक्ष, गज सिंह त्रिरल खचित॥146॥

स्तम्भ के नीचे की, बड़ेरी बाह्य कोनों पर,
सघन वृक्षों के नीचे, शाखाओं का ले आधार।
भंगिमा पूर्ण मुद्रा में, खड़ी तन्वंगियों के चित्र,
जिन्हें शालभंजिका सुनाम, दिये इतिहासकार॥[2]147॥

तीनों बड़ेरियों के, चौकोर किनारों पर बनी,
शालभंजिकाओं का, अतीव मनोहर स्वरूप।
गज लक्ष्मी मूर्तियाँ भी, पार्श्व में शोभायमान,
इन्हें देखते ही दर्शक, हो जाता अभिभूत॥[3]148॥

अन्तिम शिरों पर चक्र, स्तूप वृक्ष पूजन दृश्य,
हस्ति मृग कमल बेलि, पीपल आकृति रचित।
बुद्ध जीवन सम्बन्धित, विविध दृश्यों का अंकन,
भरहुत की अपेक्षा अधिक, साँची शिल्प में खचित॥149॥

बुद्ध जीवन के अलौकिक, कर्म या कुछ चमत्कार,
यथा ऋषि आश्रम में, जल अग्नि में प्रवेश।
आकाश गमन जल संतरण, आदि कथा दृश्यों के,
उकेरी में प्रदर्शित किया, शिल्पियों ने रुचि विशेष॥150॥

---

1. फाउचर, ए. : द विगनिंग्स आफ बुद्धिस्ट आर्ट (अनुवा. थामस एण्ड थामस), पृ. 63-69
2. वही, पृ. 69-70, 96-98
3. काला, एस.सी. : प्राग्धारा, अंक-3, वर्ष-92-93, पृ. 118

ऐतिहासिक दृश्यों में, मगधाधिप अजातशत्रु,
कोशल नृप प्रसेनजित का, बुद्ध दर्शनार्थ आना।
नगर के बाहर आकर, शुद्धोधन द्वारा बुद्ध स्वागत,
अशोक सम्राट का, बोधिवृक्ष के समीप जाना॥151॥

बुद्ध जीवन के विविध, विशेष घटनाओं को,
प्रतीक माध्यम से दर्शित, शैल्पिक कला विचार।
ज्ञान प्राप्ति प्रथमोपदेश, परिनिर्वाण प्रतीक क्रमशः,
बोधिवृक्ष धर्मचक्र, स्तूप पूजा से साकार॥[1]152॥

साँची का द्वितीय स्तूप[2]

द्वितीय स्तूप-वास्तु, महास्तूप के समान,
तोरण विहीन, इसमें वेदिकाएँ बनी तीन।
भूमितल व मध्यमेधि, तीसरी हर्मिका ऊपर,
वेदिका पर बहुल चित्र, चित्रित मंजुल महीन॥153॥

महास्तूप तोरणों पर, अंकित सभी दृश्य प्रायः,
मिलते इस वेदिका पर, बुद्ध जीवन दृश्य चार।
जन्म सम्बोधि धर्म प्रवर्तन, एवं परिनिर्वाण के,
पद्म पीपल चक्र स्तूप, प्रतीक क्रमशः धम्मसार॥154॥

साथ में ही श्रीवत्स, सिंहध्वज त्रिरत्न तथा,
गजस्तम्भ आदि अंकन, किया गया अति सुरम्य।
ललित अलंकरणों के, कारण इस स्तूप को,
कला अध्येता सुप्रज्ञ, मानते रूचिकर अनन्य॥[3]155॥

सांची का तृतीय स्तूप

पूर्व कथित स्तूपों के, अपेक्षाकृत परवर्ती कृति,
वेदिका सहित इसमें, बना एक तोरण द्वार।
उत्कीर्ण अलंकरणों से, परिपूर्ण यह स्तूप,
सुन्दर उकेरी किया, वेदिका पर कलाकार॥156॥

मालाधारी सुघर यक्ष, मूर्तियों के साथ-साथ,
बोधिवृक्ष स्तूप पूजा, गज लक्ष्मी चक्र स्तम्भ।

---

1. शिवराममूर्ति, सी. : पूर्वोद्धृत, पृ. 29-31
2. अग्रवाल, वी.एस. : पूर्वोद्धृत, पृ. 176-180; वाजपेयी, के.डी. : पूर्वोक्त, पृ. 75-76
3. अग्रवाल, वी.एस. : पूर्वोक्त, पृ. 180-182; श्रीवास्तव, के.सी. : पूर्वोक्त, पृ. 291

नाग अश्व हस्ति आदि, लोक जीवन दृश्य अनेक,
अंकन आकर्षक अति, निरूपित कलात्मक ढंग ॥[1]157 ॥

सांची के तीनों स्तूप, सुरक्षित अवस्था में आज,
बौद्ध स्मारकों में, इनका महत् स्थान।
स्तूपों की उकेरी उस, युग की नवीनतम कृति,
तद्युगीन समाज की, बहुरंग झांकी मूर्तिमान ॥158 ॥

भारतीय वेश-भूषा के, अध्ययन व ज्ञान हेतु,
सांची स्तूप कलाकृतियाँ, अति मूल्यवान।[2]
ईसा के आगे पीछे, दोनों ही शती के लिए,
शुंग युग स्तूप कृत्य, प्रभासित दर्पण समान ॥159 ॥

स्तम्भ

इसके अन्तर्गत है, विदिशा का गरुण स्तम्भ,
जिसे हेलियोडोरस, लगवाया भागभद्र काल।[3]
सन् अठारह सौ सतहत्तर में, खोजा जे. कनिंघम ने,
एकाश्म पत्थर से बना, लम्बा सुन्दर विशाल ॥160 ॥

इसके धुरा आधार पर, अठपहला बना स्तम्भ,
मध्य में उन्नीस, ऊपरी-अंश में बत्तीस धार।
शीर्ष भाग घण्टाकृति, प्रतीत मुकुट के सदृश,
ताड़पत्र अलंकरण में, अतीव आकर्षण निखार ॥161 ॥

हिन्दूधर्म सम्बंधित, पहला प्रस्तर स्तम्भ,
पूर्व से ही ग्रामवासी, करते आये अर्चना।
बाइस सौ वर्षों से, लोकश्रद्धा इसमें अटूट,
कलामय मनोहारी अति, उदात्त शिल्प रचना ॥162 ॥

शुंग काल में ही, शोडास समय मथुरा में,
चतुः शाल तोरण, शैल देव गृह रचाये गये।
इस युग का अन्य केन्द्र, नगरी चितौडगढ़ में,
संकर्षण वासुदेव स्थल, खुले में बनाये गये ॥[4]163 ॥

---

1. सिंह, जया : प्राचीन भारत में नाग एवं जलपूजा, पृ. 12; श्रीवास्तव, के.सी. : पूर्वोक्त, पृ. 292
2. फाउचर, ए. : पूर्वोद्धृत, पृ. 61-110
3. थपलयाल, के.के. : पूर्वोद्धृत, पृ. 291
4. शिवराममूर्ति, सी. : इण्डियन स्कल्पचर, पृ. 21

देव गृह चतुर्दिक बना, पत्थर रक्षा प्राकार,
ऊँचाई साढ़े नौ फीट, निर्माता नृप सर्वतात।
भण्डारकर का विचार, बनवाये इसे कण्व नृप,
आदि रूप मंदिर वास्तु, इस देवगृह में लखात॥164॥

मृण् मूर्तियाँ[1]

उक्त कलानिधि सहित, शुंग युग बहुतायत,
खिलौने मृण् मूर्तियाँ, विभिन्न स्थलों से प्राप्त।
सर्व अधिक प्राप्त ये, कौशाम्बी स्थल पर,
पत्थर प्रतिमायें इस, युग में न अधिक ज्ञात॥165॥

मिट्टी के खिलौने मूर्ति, ढाल कर बनाये गये,
किये शुरूआत प्रथम, शुंग युग के कुम्भकार।
मूर्तियाँ रखी संग्रहालय, विश्वविद्यालय प्रयाग में,
एस. सी. काला ने किया, इन पर शोध सविस्तार॥166॥

कौशाम्बी मृण् मूर्तियों में, अधिक रम्य मिथुन मूर्ति,
एक ठीकरे प अंकित, अपान गोष्ठी दृश्य चित्र।
बैठे वेत्रासन पर, आमने-सामने नर-नारी,
सीताहरण का भी दृष्य, चित्रित सुन्दर विचित्र॥[2]167॥

कौशाम्बी में लक्ष्मी की, मृण्मूर्ति अनेक मिली,
एक प्रतिमा संरक्षित, इंडियन म्यूजियम आक्सफोर्ड।
कमल गुच्छ शिर ऊपर, मांगलिक चिह्न दोनों ओर,
सौन्दर्य की देवी श्री, लक्ष्मी का होता बोध॥168॥

स्त्री लिए कमल हाथ, हँसती हुई नर्तकी,
श्री लक्ष्मी की मूर्ति, मंजुल सुसिद्ध है।
शुंग काल में युगमित, कला का सौन्दर्य भाव,
विश्वकला मंच पर, प्रभासित प्रसिद्ध है॥[3]169॥

---

1. श्रीवास्तव, पंकजलता : प्राचीन इतिहास, भाग-तीन, पृ. 179-180
2. गौड़, आनन्दप्रकाश : रामा इन ऐंशियंट इण्डियन स्कल्पचर, पृ. 16-17
3. तिवारी, मारुति नंदन प्रसाद : एलीमेण्ट आफ जैन आइक्नोग्राफी, पृ. 3; अग्रवाल, वी.एस. : पूर्वोद्धृत, पृ. 323-329; सिन्हा, वी.सी. : पूर्वोद्धृत, पृ. 150-152

शुंग युग की विशेषतायें[1]

शुंग शास्ति काल में, प्रगति बहु ब्राह्मण धर्म,
कला संस्कृति साहित्य, पुनरावर्तन युग पोषित।
धर्म विजय का उद्देश्य, सहजता से पाने हेतु,
सैन्य शस्त्र बल अनिवार्य, राज्य ने किया घोषित ॥170॥

सन्यास दृष्टिकोण में, भारी परिवर्तन दृष्ट,
अपना महत्त्व लोक, मन से यह खोता गया।
नवीन उत्साहपूर्ण, जीवन की खोज में,
भागवत सम्प्रदाय वृद्धि, शनैः–शनैः होता गया ॥[2]171॥

युद्ध देव कार्तिकेय, संकर्षण वासुदेव,
कृष्ण की प्रधानता, पूजा देश में बढ़ने लगी।
सुप्त वैदिक धर्म का, होने लगा पुनरुत्थान,
यज्ञ अभिलाषा लोक, जीवन में उभरने लगी ॥172॥

बौद्ध धर्म प्रभाव से, ग्राहस्थ्य जीवन गति,
हो चुका था गौड़, महत्त्वहीन मौर्य राज्यकाल।
जिसका प्रोत्साहन, शुंग नीति, मनु दर्शन से,
मनुस्मृतिकार इसके, अस्ति को किया बहाल ॥173॥

हिन्दू जीवन में जातीय, बंधन अति कठोर हुए,
नारियों का स्थान पूर्व, युग से हुआ निम्नतर।
मनुस्मृति अध्ययन से, सुज्ञात नृप शुंग काल,
कट्टरता संकीर्णता व्याप्त, हिन्दुओं में हर स्तर ॥174॥

अभिलेखीय साक्ष्यों से, इसका पूर्ण समर्थन नहीं,
बेसनगर स्तम्भ लेख, से मिलता सीधा प्रमान।
यूनानी लोग भी दीक्षित, होते हिन्दू धर्म में,
खोला विदेशियों के लिए, हृदय द्वार हिन्दुस्तान ॥[3]175॥

वैदिक धर्म प्रगति हेतु, शुंगों का भारी यत्न,
तथापि बौद्ध धर्म प्रभाव, समाज में बरकरार।[4]

---

1. नाहर, रतिभान सिंह : प्राचीन भारत का राजनैतिक एवं सांस्कृतिक इतिहास, पृ. 299–302
2. लुणिया, बी.एन. : प्राचीन भारतीय संस्कृति, पृ. 458–459
3. वही,
4. वही, पृ. 459–460

भागवत मत क्रमिक प्रगति, तद्युग विशेषता एक,
विदिशा घोसष्ठी लेख, देते इसको विस्तार ॥176॥

शुंग युगीन संस्कृति, गुप्त काल संस्कृति की,
शैशवावस्था थी, ऐसा कहते हैं विद्वान्।
मनुस्मृति का प्रभाव, अग्र युग में जारी रहा,
अब भी लोग मानते हैं, मनु रचित विधि विधान ॥177॥

साहित्य सृजन परम्परा, शुंग युग में अनवरत,
मनुस्मृति व महाभाष्य, युग की उत्कृष्ट देन।
रामायण महाभारत के, कुछ अंश विरचित तभी,
जैन बौद्ध वाङ्मय का, प्रणयन हुआ क्रमेन ॥178॥

कला स्थापत्य में, जन जीवन परम्परा एवं,
सांस्कृतिक आदर्श, राष्ट्र जीवन परिवेश बोध।
अपने समय के लोक, जीवन के यथार्थ चित्र,
स्तूप अलंकरण देते, प्रेरणा नवीन शोध ॥[1]179॥

जनसाधारण जीवन में, नित्य प्रयुक्त वस्तुएँ,
यथा वाहन गाड़ी शकट, रथ नाव अस्त्र-शस्त्र।
लोगों के घर, ऋषि-आश्रम वेश-भूषा आदि,
चित्रित विविध वस्तुएँ, यथार्थ रूप यत्रतत्र ॥180॥

स्थापत्य दृश्यों के, अंकन में उद्देश्य मूल,
बुद्ध शिक्षाओं, जीवन घटनाओं का देना परिचय।
किन्तु चित्रावलोकन से, प्रतीत वह लक्ष्य गौड़,
कलाकार उलझ गया, जीवन चित्रण में अतिसय ॥181॥

कहा कुमार स्वामी ने, इनका प्रधान बिन्दु,
नहीं अध्यात्मवादी, या नैतिक आचारवादी।
बुद्ध पूजा के बहाने, लोक जीवन का चित्रण,
करने को उन्मुख शिल्पी, हो गया यथार्थवादी ॥182॥

प्रकृति प्रति अनन्य प्रेम, विखेरता युग कलाकार,
भाव सर्वभूतानुराग, संस्कृति का स्वभाव व्यक्त।
अखिल विश्व सृष्टि साथ, स्नेह सम्बन्ध भाव,
जीव प्रकृति प्रेम कला, सर्जना में अभिव्यक्त ॥183॥

1. सी. मार्गबन्धु आदि (सं.) : पूर्वोक्त, पृ. 463–466; श्रीवास्तव, पंकजलता : पूर्वोक्त, पृ. 168–184

राष्ट्रीय कला का, सूत्रपात शुंग कण्व युग,
जो पूर्णता को प्राप्त हुआ, चलकर गुप्तकाल में।
विदेशी प्रभावों से कला, मुक्त हो चुकी अब तक,
एशिया का गुरू भारत, इसी अन्तराल में ॥[1]184॥

कण्व वंश[2]

शुंग कुल अन्तिम नरेश, रागी दुर्बल देवभूति,
अपने ही अमात्य के, षडयंत्र का हुआ शिकार।
धटना का उल्लेख, हर्षचरित वायुपुराण में,
स्त्री आशक्त नृप को, वसुदेव ने दिया मार॥185॥

नवीन राजवंश जिसकी, नीव दी वसुदेव ने,
यह भी एक ब्राह्मण वंश, नाम कण्व–कण्वायन।
वैदिक धर्म संस्कृति, संरक्षण परम्परा को,
शुगों की चलाई नीति, कण्वों ने रखा कायम॥186॥

संयोगतः कण्व वंश के, नृप नाम अतिरिक्त,
किसी घटना का उल्लेख, नहीं इनके राज्य काल।[3]
पुराणों में कहा गया, सत्य न्याय युक्त शासन,
करते रहेगे कण्व, वलशाली महिपाल॥187॥

नौ वर्ष तक ही कुल, बसुदेव ने राज्य किया,
बाद भूमिमित्र नारायण, सुशर्मा नृप हुए प्रधान।
तीनों ने चौदह बारह, दस वर्ष क्रम से राज्य किया,
सुशर्मा के बाद नष्ट, कण्व वंश नाम निशान॥188॥

वायु पुराण कथन कि, अपने भृत्य आन्ध्र जातीय,
सिमुक द्वारा गया मारा, सुशर्मा नृप असावधान।
ईसा पूर्व बहत्तर से, ईसा पूर्व तीस मध्य,
कण्व कुलीय नृपपतियों ने, बिखराया स्व कीर्तिमान॥[4]189॥

□□□

1. नाहर, रतिभान सिंह : पूर्वोक्त, पृ. 302 एवं अग्रवाल, वी.एस. : पूर्वोक्त, पृ. 195
2. श्रीवास्तव, के.सी. : पूर्वोक्त, पृ. 284
3. जैम्स, एच.जी. : ए हिस्ट्री आफ इण्डिया, पृ. 51
4. वेदालंकार, हरिदत्त : पूर्वोक्त, पृ. 26–27; श्रीवास्तव, पंकजलता : प्राचीन भारत, भाग–1, पृ. 77

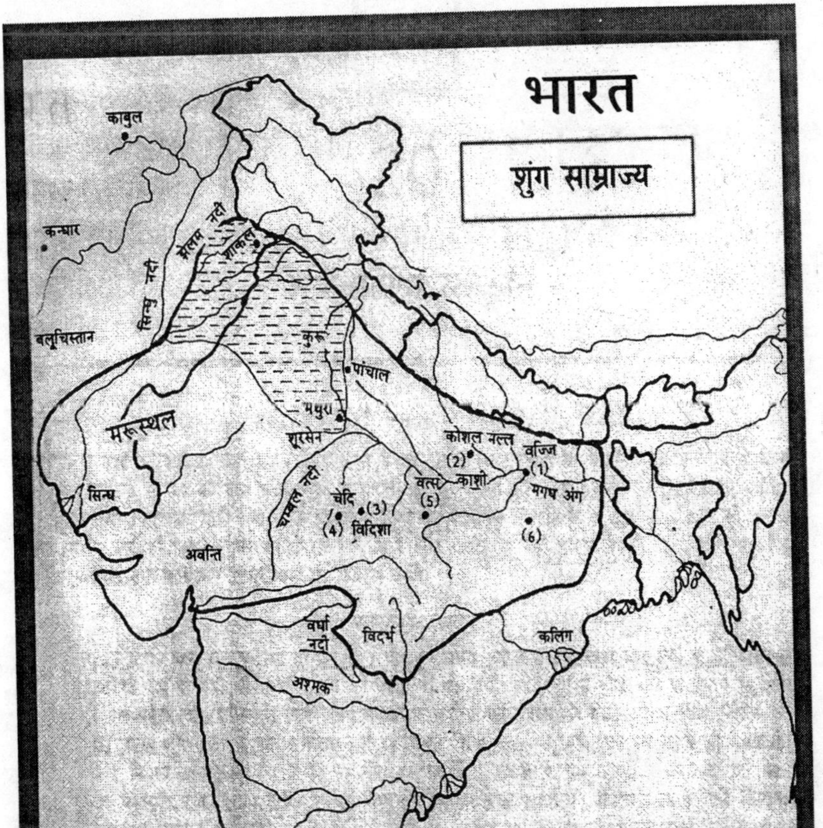
भारत
शुंग साम्राज्य
काबुल
कन्धार
झेलम नदी
शाकल
सिन्धु नदी
बलूचिस्तान
कुरू
पांचाल
मथुरा
मरूस्थल
शूरसेन
कोशल मल्ल
वज्जि
(2)
(1)
काशी
मगध अंग
वत्स
(5)
चम्बल नदी
चेदि
(3)
(4) विदिशा
(6)
सिन्धु
अवन्ति
वर्धा नदी
विदर्भ
कलिंग
अश्मक
मिनान्डर : झेलम से मथुरा तक
शाकल उसकी राजधानी थी
(जहाँ आधुनिक स्यालकोट है)
(1) पाटलिपुत्र (2) अयोध्या (3) विदिशा (बेसनगर) (4) साँची (5) भरहुत (6) बोधगया

17

सातवाहन वंश एवं अन्य राजकुल

(ई.पू. 60 से 300 ईस्वी तक)

सातवाहन कुल का, कीर्ति है जग विश्रुत,
चार शती तक दीर्घ, वंश राज्यकाल था।
क्षहरातों क्षत्रपों से, इनका संघर्षनित,
ध्वस्त किया मलेच्छों का, हर कूट चाल था॥
राष्ट्र उन्नयन हेतु, नृप थे सचेष्ट नित,
बहु विधि व्यापार से, देश माला माल था।
कला स्थापत्य प्रति, भूपति उदार अति,
खोद गुहा चैत्य चित्र, शिल्पिक निहाल था॥

सातवाहन तथा चेदि वंश

ईसा पूर्व प्रथम शती, विन्ध्य श्रेणि दक्षिणांचल,
सातवाहन व चेदि द्वय, राजवंश हो उठे प्रबल।
सातवाहन शक्ति फैली, दकन उपरोत्तर भूमि,
उड़ीसा में चेदि राज्य, वंग-नीचे उदधि बगल॥1॥

चेदियों की सत्ता धमक, अल्पकालिक किन्तु तीव्र,
सातवाहन शासन अस्ति, सदी साढ़े चार करीब।
इतने दीर्घ अवधि तक, शासन सुयश भारत में,
अन्य किसी राजकुल को, हुआ न अब तक नसीब॥[1]2॥

सातवाहन वंशः साधन[2]

सातवाहन सीमा में रही, भूमि सकल दक्षिणापथ,
उत्तरपूर्व विस्तारित, मगध कलिंग उत्तरापथ।

1. श्रीवास्तव, के.सी. : प्राचीन भारत का इतिहास तथा संस्कृति, पृ. 293
2. सी. मार्गबन्धु आदि (सं.) : इण्डियन आर्क्योलॉजिकल हेरीटेज, खण्ड-प्रथम, पृ. 659-660; श्रीवास्तव के.सी. : पूर्वोक्त, पृ. 293-294

आन्तरिक शासन को कर, संगठित व सुव्यवस्थित,
संरक्षित व्यापार शिल्प, कलाओं को दिया सुपट॥[1]3॥

सातवाहन राजकुल के, इतिहास अर्जनार्थ ध्येय,
साहित्य पुरातत्व, बाह्य विवरण हैं उपादेय।
मत्स्य तथा वायुपुराण, अधिक उपयोगी ग्रन्थ,
तीस नृपति का विवरण, लिखने का मुख्य श्रेय॥4॥

पुराणों में इस कुल को, कहा गया आन्ध्र भृत्य,
आन्ध्र तक ही सीमित ये, पुराण युग संकलन कृत्य।
सिन्धुक या सिमुक कुल का, मूल नृप संस्थापक,
सुशर्मा को मार राज्य, हथियाया कर कुकृत्य॥5॥

इस वंश के इतिहास के, साक्ष्य उनके अभिलेख,
कुल के नरेशों ने जो, गुहाओं में खुदवाये देख।
नासिक से अधिकांश मिले, अन्य कुछ बाहर भी,
सातवाहन इतिवृत्ति के, ज्ञान के साधन विशेष॥[2]6॥

सातवाहन नरेशों के, गुहालेख के साथ-साथ,
बहुसंख्यक सिक्के मिले, उत्खनन के सद्प्रयास।
साम्राज्य विस्तार धर्म, वाणिज्य व्यापार प्रगति,
आदि पर प्रकाश करे, मुद्राशोध अनायास॥7॥

महाराष्ट्र के शक क्षहरात, वीर नृपति नहपान,
जोगलथम्बी नासिक में, मिले जो सिक्के तमाम।
उन पर पुर्नमुद्रण चिह्न, गौतमी सुत शातकर्णि,
शकों पर सातवाहन जीत, सिक्कों का अनुसंधान॥8॥

धातु ढले सिक्के ताम्र, सीसा एवं पोटिन मिश्रित,
स्वास्तिक पशु शैल कमल, त्रिरत्न चक्रादि चिह्नित।
यज्ञ श्री शातकर्णि नृप, मुद्रा पर जलपोत अंकन,
इससे सातवाहनों का, समुद्र पर वर्चस्व लक्षित॥[3]9॥

---

1. सुन्दरराजन, के.वी. : ग्लिम्पिसेस आफ इण्डियन कल्चर हिस्ट्री एण्ड आर्क्योलाजी, पृ. 171
2. पाण्डेय, जी.सी. : बौद्ध धर्म के विकास का इतिहास, पृ. 212-213
3. नरसिंह मूर्ति, ए.बी. : हिस्ट्री एण्ड हेरीटेज, खण्ड-प्रथम, पृ. 231-232; श्रीवास्तव, पंकजलता : प्राचीन इतिहास, भाग-तीन, पृ. 122

विदेशी लेखकों के बहु, विवरण से होता ज्ञात,
उनमें मुख्य प्लीनी टाल्मी, पेरीप्लस लेखक अज्ञात।
प्रथम दो ने दूसरों से, ज्ञान ग्रहीत सुनकर,
पेरीप्लस लेखक ने लिखा, स्वयं निरखी परखी बात॥10॥

लेखकों के विवरण में, सातवाहन शक संघर्ष,
देशीय-व्यापार वणिज् में, दिखता अद्‌भुत उत्कर्ष।
आवागमन वाणिज्य पोत, समुद्र मार्गों से विदेश,
पश्चिमी देशों से इनका, वाणिज्यिक सम्बन्ध दर्श॥11॥

भारत का प्रसिद्ध भड़ौच, वैरीगाजा बन्दरगाह,
वहाँ से ले जाते सामान, यूरोप मालवाही जहाज।
नील नद भूमध्यसागर, फारस खाड़ी अरब सिन्धु,
आदि के जलमार्गों से, यात्रा रत व्यापारी समाज॥12॥

देश के अन्दर अधिकांश, स्थापत्य स्मारक खास,
जिससे सातवाहन युग का, दर्शित कला विकास।
चैत्य एवं विहार खुदे, कार्ले भाजा नासिक आदि,
धर्म व स्थापत्य कला, पर करते पूरक प्रकाश॥13॥

उत्पत्ति व मूल स्थान[1]

सातवाहन कुल उत्पत्ति, एवं मूल स्थान स्याद्,
इतिहासकारों के लिए, नित रहा विषय विवाद।
युग पुराणकारों ने इन्हें, आन्ध्र जातीय भृत्य कहा,
सातवाहन लेख लिखते, ब्राह्मण इन्हें निर्विवाद॥14॥

कृष्णा नद गोदावरि मध्य, भूमि का दोआब शांत,
तेलगुभाषी क्षेत्र समस्त, कहा गया है आन्ध्र प्रांत।[2]
ऐतरेयब्राह्मण ने आन्ध्र, लोगों को बताया ब्रात्य,
बसे विश्वामित्र पुत्र, ब्रात्यों से विवाहोपरान्त॥15॥

इन्हीं के संसर्ग आन्ध्र, लोगों की उत्पत्ति कथित,
मनु ने कहा वर्णसंकर, महाभारत मलेच्छ पतित।[3]

1. मिराशी, वी.वी. : सातवाहनों और पश्चिमी क्षत्रपों का इतिहास तथा अभिलेख, पृ. 6-13; श्रीवास्तव, के.सी. : पूर्वोक्त, पृ. 294-295
2. रिजडेविड्स, टी.डब्लू. : बुद्धिस्ट इण्डिया, पृ. 141-142
3. श्रीवास्तव, पंकजलता : प्राचीन इतिहास, भाग-एक, पृ. 78

इन सब कारणों से माना, विद्वानों ने अनार्य निम्न,
सातवाहन स्रोत करते, तथ्य उलट प्रस्फुटित ॥16॥

सातवाहन का कुलनाम, आन्ध्र शब्द जाति बोधक,
अभिलेखों में कुल कथन, तद्युग परम्परा रोचक।
शालंकायन, वृहत्फलायन, विष्णुकुंडिन पल्लव गंग,
वाकाटक चालुक्य कदंब, आदि के अभिलेख द्योतक ॥17॥

जी. वेकटाराव अनुसार, यह प्रथा थी इतनी सांद्र,
सातवाहन अभिलेखों में भी, नहीं मिलता शब्द आन्ध्र।
सातवाहन नामक कोई, नृपति इसका संस्थापक,
छीन लिया शासन जिसने, मार स्वस्वामी मदांध ॥18॥

एच.सी. राय चौधरी के, मतानुसार सातवाहन जन,
नाग रक्त मिश्रण युक्त, वस्तुतः वे थे ब्राह्मन।
गौतमी सुत शातकर्णि, के नासिक प्रशस्ति में भी,
खत्तिय मद मान मर्दक, कहा गया है शुद्ध ब्रह्मन ॥[1]19॥

न कि केवल ब्राह्मण वह, अपितु सम परशुराम,
जिसने चूर्ण-चूर्ण किया, क्षत्रिय दर्प स्वाभिमान।
होता यह प्रतीत शक, शक्ति से होकर परास्त,
सातवाहन जाकर बसे, आन्ध्र के उर्वर मैदान ॥20॥

पुराणों ने आन्ध्र कहा, सातवाहनों को इसी कारन,
प्रान्तीय जातीय भाव में, इसका अर्थ उच्चारन।
क्योंकि शासक महान्, अधिकांश भाग भारत के,
कैसे आन्ध्र रूपी लघु, विरुद को करते धारन ॥21॥

ब्राह्मण होने के कारण, संस्कृति धर्म रक्षा कार्य,
अस्त्र-शस्त्र ग्रहण कृत्य, युग आवश्यकता अनिवार्य।
बौद्ध बने क्षत्रियों को, सतपथ पर लाने के हेतु,
शुंग व कण्वों की भाँति, इन्हें चुनौती यह स्वीकार्य ॥22॥

वैदिक धर्म रूचि प्रतिष्ठा, मान मौर्य राज्यकाल,
गिर गई थी बहुत अधिक, बौद्ध मत प्रभाव जाल।

---

1. नाहर, रतिभान सिंह : प्राचीन भारत का राजनैतिक एवं सांस्कृतिक इतिहास, पृ. 305

जो उन्नयन सुकार्य किये, उत्तर में शुंग कण्व,
वही कार्य दक्कन में, सातवाहन ने ली सम्हाल ॥23॥

उत्पत्ति के समान ही, सातवाहन कुल मूल स्थान,
भिन्न-भिन्न जगहों पर, कहते इतिहासज्ञ विद्वान्।
स्मिथ मत श्रीकाकुलम्, उनकी रही मुख्य भूमि,
भण्डारकर मत धान्यकटक, सुकथंकर बेलारी थान ॥[1]24॥

आन्ध्र प्रदेश को मूल स्थान, मानने वालों का तर्क,
पुष्ट नहीं प्रमाणों से है, जबरन प्रेरित वितर्क।
उपर्युक्त स्थानों से कहीं, मिले न सिक्के अभिलेख,
इसे स्वीकारना कठिन, विज्ञों के विचार फर्क ॥25॥

महत्त्वपूर्ण तथ्य यह कि, इनके सिक्के व अभिलेख,
मिले महाराष्ट्र प्रदेश, समीप प्रतिष्ठान क्षेत्र।
वंश संस्थापक का एक, रिलीफ चित्र नानाघाट से,
रानी नागनिका का भी, वहीं से प्राप्त राज्यलेख ॥26॥

नासिक से दूसरे नृपति, कन्ह का अभिलेख प्राप्त,
प्रथम शातकर्णि नृप, प्रपौत्री का लेख आप्त।
सातवाहन सिक्के बहुल, मिलते महाराष्ट्र से ही,
इनका सम्बन्ध महरठी, प्रतिष्ठान क्षेत्र से ज्ञाप्त ॥[2]27॥

प्रारम्भिक इतिहास[3]

सातवाहनों का इतिहास, सिमुक समय से उन्मेष,
वायुपुराण का विवरण, हतकर सुशर्मा नरेश।
शुंगो की बची-खुची, शक्ति को समाप्त कर,
'आन्ध्र भृत्य सिमुक नृप, राज्य करेगा महि स्वदेश' ॥[4]28॥

शुंग व कण्वों से सिमुक, छीना विदिशा सम्भाग,
तेइस वर्ष तक राज्य किया, पुराणों का कथित राग।

1. गैरोला, वाचस्पति : भारतीय संस्कृति और कला, पृ. 322-324
2. मिराशी, वी.वी. : पूर्वोद्धृत, पृ. 1-2
3. गैरोला, वाचस्पति : पूर्वोद्धृत, पृ. 324-325; श्रीवास्तव, के.सी. : पूर्वोद्धृत, पृ. 295-296
4. मिराशी, वी.वी. : पूर्वोक्त, पृ. 3

इसका समुल्लेख करता, नानाघाट चित्र फलक,
जहाँ उसे कहा गया, सातवाहन सिमुक राज ॥29॥

सिमुक नाम सिक्के सप्त, शास्त्री अजयमित्र पाये,
जैन गाथानुसार उसने, जैन बौद्ध मठ बनवाये।
राज काल सिमुक नृप, साठ से सैंत्तिस बी.सी. बीच,
अनैतिक चेष्टा से नृप, काल गाल में समाये ॥30॥

सिमुक का सुत शातकर्णि, उस समय था अल्पवयस्क,
अतः अनुज कान्ह बैठा, सातवाहन राज तख्त।
कान्ह ने साम्राज्य निज, नासिक तक वृद्धि किया,
वर्ष अठारह राज्य किया, नृप शासन नीति सख्त ॥31॥

श्रवण नामक कन्ह का, महामात्य एक प्रियकाम,
उसने किया नासिक में, गुहायें सुन्दर निर्मान।
नासिक से प्राप्त एक, दूसरा गुहालेख स्पष्ट,
विजयानुरागी राजा कन्ह, का मिला सुअंकित नाम ॥[1]32॥

शातकर्णि प्रथम[2]

कन्ह बाद सिमुक सुपुत्र, शातकर्णि नृप प्रथम,
सातवाहन राज्य भावी, हुआ उत्तराधिकारी सक्षम।
शातकर्णि उपाधि का, धारक वह प्रथम नरेश,
आरम्भिक सम्राटों में, उसमें असाधारण दम ॥33॥

महारठी त्रनकयिरो की, अंगीय कुल राजलली,
नागनिका से परिणय कर, स्थिति उत्तम बना ली।
महारठियों के सिक्के प्राप्त, उत्तरी मैसूर क्षेत्र,
शातकर्णि अभी तक न, बने बहुत शक्तिबली ॥34॥

इस विवाह सम्बन्ध से, बढ़ा शातकर्णि प्रभाव,
राजनयिक क्षितिज पर, कस रहा था नृप दबाव।
नागनिका नानाघाट, लेख से नृप शासन का,
मिलता विवरण विशेष, राजकाज गति स्वभाव ॥[3]35॥

1. वही, पृ. 13-15; सिंह, ए.पी. : डिफेन्सिव आर्ट आफ इण्डिया, पृ. 24
2. मिराशी, वी.वी. : वही, पृ. 15-19
3. श्रीवास्तव, पंकजलता : पूर्वोक्त, पृ. 79

पश्चिमी मालवा अनूप, जीता फिर से विदर्भ,
साँची तोरण द्वार पर, लेख खुदवाया सगर्व।
यह पूर्वी मालवा पर, नृप अधिकार का प्रतीक,
श्री शातकर्णि सिक्के, मिले साक्ष्य जो भूगर्भ॥[1]36॥

यहां अधिकार पाया, मालवा से कर संघर्ष,
पूर्वी सीमायें करती, कलिंग राज्य का स्पर्श।
कोकण गुजरात के कुछ, भागों को जीतकर,
शासन व्यवस्था रचित, वहाँ सुउत्तम आदर्श॥37॥

हाथी गुम्फा लेख संदर्भ, कलिंगराज खारवेल,
सातवाहन राज्य में निज, सैन्य बल दिया ठेल।
वेनगंगा कंठ पहुँच, असिकपुर आक्रांत किया,
जिन्हें पछाड़ शातकर्णि, कलिंग में दिया ढकेल॥38॥

शायद शातकर्णि नृप के, सैन्य शक्ति का प्रहार,
झेल न पाया खारवेल, भाग गया खाकर मार।
हाथी गुम्फालेख में तो, इसका उल्लेख नहीं,
शातकर्णि सफल रहा, हमले का कर प्रतिकार॥[2]39॥

शातकर्णि बन गया एक, विश्रुत शासक महान्,
दो-दो अश्वमेध, राजसूय किया अनुष्ठान।
प्रथम अश्वमेध सम्राट, बनने के तुरंत बाद,
शासक के अंत अन्य, प्राच्यविदों का अनुमान॥40॥

अश्वमेघ यज्ञोपरांत, निज महाराज्ञी नाम,
अश्वाकृति रजत मुद्रा, उत्कीर्ण कराया तमाम।
धारित दक्षिणापथपति, अप्रतिहतचक्र उपाधि,
भौतिक समृद्धि उसके, सुशासन का सुपरिणाम॥41॥

शातकर्णि प्रथम नृप, पहला अधिपति कुशल,
सातवाहन सत्ता में भरा, महा तेज शौर्य बल।
सारभौम स्थिति में, पहुँचा दिया था वंशकीर्ति,
जिससे गोदावरि घाटी में, साम्राज्य हुआ प्रबल॥[3]42॥

---

1. वही
2. वही
3. शर्मा, एल.पी. : भारत का इतिहास, पृ. 193

पेरिप्लस बताता है कि, एल्डर सेरागोनस एक,
भारतीय नृप शक्तिशाली, शौर्यवान सबल नेक।
उस समय सोपारा और, कल्यान के बन्दरगाह,
अन्तर्राष्ट्र व्यापार वणिज्, केन्द्र सुरक्षित प्रत्येक ॥43॥

उक्त शासक का आशय, शातकर्णि नृप महान्,
अपनी राजधानी रचा, जिसने पुरी प्रतिष्ठान।
श्री सात नामधारी, मुद्रायें मिली मालवा से,
प्रचलन श्रेय शातकर्णि, को देते मुद्रा विद्वान् ॥44॥

सातवाहन श्रीहीन हुए, शातकर्णि निधन पश्चात,
वेद श्री शक्ति श्री नृप के, अवयस्क द्वय पुत्र ज्ञात।
नानाघाट लेख साक्ष्य, रानी नागनिका ने स्वयं,
संरक्षिका बन राज्य किया, उत्तर गतिविधि अज्ञात ॥[1]45॥

अन्धकार युग[2]

प्रथम शातकर्णि एवं, गौतमी सुत शातकर्णि बीच,
पुराण अनुसार शासक, नृप संख्या रही उन्नीस।
तीन नृपों का विवरण, अन्य स्रोतों से भी ज्ञात,
वे थे कुन्तल अपीलक, एवं हाल सत्ताधीश ॥46॥

मध्यप्रांत से अपीलक का, मुद्रा मिला उस काल,
इससे उसके राजनैतिक, अस्ति का सुलझा सवाल।
वात्स्यायन कामसूत्र में, कुन्तल राज की चर्चा,
कुन्तल शातकर्णि कोई, कुन्तल का प्रांतपाल ॥47॥

हाल नरेश का विवरण, प्राप्त वाङ्मय अतीत,
शातकर्णि यदि विजय, हाल शान्ति का प्रतीक।
हाल कवि महान् स्वयं, साहित्यकार आश्रय दातृ,
गाथा सप्तशती उसकी, प्राकृत भाषा कृति पुनीत ॥48॥

उसकी सभा में रहते, कवि कोविद कुशल काव्य,
वृहत्कथामंजरी के, रचइता कविवर गुणाढ्य।

1. मिराशी, वी.वी. पूर्वोद्धृत, पृ. 15-19; श्रीवास्तव, पंकजलता : पूर्वोक्त, पृ. 79
2. श्रीवास्तव, के.सी. : पूर्वोद्धृत, पृ. 296, मिराशी, वी.वी. : पूर्वोक्त, पृ. 19-24

संस्कृत व्याकरण ग्रंथ, कातंत्र लेखक महान्,
शर्ववर्मन सभारत्न, हाल सातवाहन राज्य ॥49॥

प्रथम शती बी.सी. में, सम्भवतः किसी काल,
पश्चिम भारत पर हुआ, शक धावा विकराल।
कठियावाड़ महाराष्ट्र, व मालवा को छीन कर,
शक एवं क्षहरात किये, राज्य स्थापित विशाल॥50॥

महापराजय से हो गये, सातवाहन सत्ता हीन,
खिसक गये वे दक्षिण को, बसे आन्ध्र की जमीन।
भरसक इस समय रहे, शकों के अधीन भी वे,
सदियों इतिहास इनका, कालिमा में था विलीन॥51॥

सातवाहन साम्राज्य का उत्कर्ष युग

गौतमीपुत्र शातकर्णि[1]

अधिक काल तक नहीं, सातवाहन परतन्त्र,
गौतमी सुत शातकर्णि ने, किया स्व सत्ता स्वतन्त्र।
पुराणों के अनुसार वह, वंश का तेइसवाँ नृप,
एक महान् सम्राट देश, सातवाहन राजतन्त्र॥52॥

उसके अभिलेख तीन व, मिले है सिक्के अनेक,
राजत्व अठारहवें वर्ष, जारी कार्ले अभिलेख।
नासिक अभिलेख खुदा, अठारहवें चौबीसवें वर्ष,
जिसमें सुशासन गति, नीति नय अंकित निदेश॥53॥

उसकी सैन्य विजयों एवं, उपलब्धियों की सूची शेष,
खुदा मातु बलश्री के, नासिक प्रशस्ति लेख।
सूचना आधार नासिक, पुलमावी गुहालेख भी,
सामाजिक गतिविधियों का, करता सुचित्र पेश॥54॥

क्षहराती हमलों से जो, छिन गया था अधिकार,
उसको पाने हेतु पुनः, गौतमी सुत बेकरार।
अतः राज्यारोहन से, सोलह साल अनवरत,
सैनिक तैयारी कर, किया क्षहरातों पर वार॥55॥

---

1. गैरोला, वाचस्पति : पूर्वोक्त, पृ. 325-326; श्रीवास्तव, के.सी. : पूर्वोक्त, पृ. 297-299; मिराशी, वी.वी. : पूर्वोक्त, पृ. 25-29

रण अभियान भँवर में, महाराज शक नहपान,
एवं दामाद उषावदात, मर कर पहुँच गये श्मसान।
वेणाकटक भूमि पर, शातकर्णि अधिकार पुनः,
अति प्रसन्न हो बौद्धों को, दिया ग्राम भूमि दान ॥56॥

जोगलथम्बी स्थल से, मुद्रा मिले नहपान प्रभूत,
और गौतमी पुत्र द्वारा, पुनर्मुद्रण के मिले सबूत।
मुद्राओं के दोनों ओर, शातकर्णि नहपान लेख,
क्षहरातों पर सातवाहन, विजयों का यह साक्ष्य अनूप ॥[1]57॥

पुलमावी नृप नासिक के, गुहालेख से ऐसा ज्ञात,
गौतमी सु त शातकर्णि, क्षहरातों को दे दिया मात।
शक क्षहरात पह्लव के, सत्ता का अंत कर,
सातवाहन वंश प्रतिष्ठा, बढ़ा दिया वह अकस्मात् ॥58॥

टीका आवश्यक सूत्र, नियुर्क्ति गाथा सत्यवानी,
आक्रमण नृप सातवाहन का, नहपान की राजधानी।
भरुकच्छ कोष पर, कर लिया चढ़ के अधिकार,
सातवाहन शौर्य शक्ति, वर्द्धन की है कहानी ॥59॥

अपनी सफलताओं से, उत्साहित गौतमी पुत्र,
अन्य विजय अभियान हेतु, हो गया था दत्तचित्र।
दक्षिण उत्तर भारत के, अनेक स्थानों को जीत,
साम्राज्यवादी आदर्श ओर, हो रहा था नृप प्रवृत्त ॥60॥

उसका योग्य पुत्र पुलमावी, शासन के उन्नीसवें वर्ष,
नासिक में गुहालेख एक, खुदवा कर पाया हर्ष।
उसमें पिता द्वारा संचालित, रण अभियानों व युद्धों,
विजित प्रदेशों का नाम, अंकित किया कुड्य-फर्श ॥61॥

ऋषिक एवं अस्मक क्रमशः, कृष्णा गोदावारि घाटी,
सुराष्ट्र कठियावाड़ तथा, राजपुताना पश्चिम माटी।
पैठन मूलक सम्भाग, अपरांत उत्तरी कोंकण,
विदर्भ अवन्ति आकर, अनूप विन्ध्य पठार खाँटी ॥62॥

1. नीलकंठ शास्त्री, के.ए. : दक्षिण भारत का इतिहास, पृ. 94; श्रीवास्तव, पंकजलता : प्राचीन इतिहास, भाग-तीन, पृ. 122-123

इसमें कुकुरानूप सुराष्ट्र, अवन्ति व अपरान्त आकर,
जीत लिया गौतमी पुत्र, नृप नहपान को हराकर।
कठियावाड़ मालवा से, दक्षिण में कृष्णा कंठ,
कोंकण से विदर्भ तक, शातकर्णि राज्य धरा पर।[1] 63॥

नृपसैन्य अश्वों ने पीया, तीन समुद्रों का शुचि नीर,
अरब सिन्धु वंग की खाड़ी, पहुँच हिन्द सागर के तीर।[2]
इस प्रशस्ति में अतिरंजन का, तात्पर्य है इतना मात्र,
पराकाष्ठा तक पहुँचाया, साम्राज्य पताका वीर॥64॥

निर्माता श्री शातकर्णि ने, कई नई पुरियों को बसाया,
वेणाकटक नाम की नगरी, नासिक में निर्माण कराया।
क्षत्रिय कुल नाशक वीर, सुघर सुव्यक्तित्व धनी,
महाराज राजराज आदि, उपाधि उसे मन भाया॥65॥

नासिक प्रशस्ति उसकी, प्रशंसा की कृति विशुद्ध,
संग्रामों का विजेता, उसकी ध्वजा अपराजेय शुद्ध।
जिसकी राजधानी सुदृढ़, अरियों से आक्रमण रहित,
राम कृष्ण अर्जुन तुल्य, नहुष सागर सम प्रबुद्ध॥[3]66॥

शासन प्रबंध

गौतमी सुत शातकर्णि, राजा राष्ट्र उदीयमान,
समरांगन विजेता चण्ड, शान्ति में शासक महान्।
विधि से संचालित किया, साम्राज्य शासन तन्त्र,
निर्बल दुःखी दीनों की, उन्नति पर दिया ध्यान॥67॥

प्रजा सुख-दुःख में सुखी, दुःखी हो जाता सम्राट,
शास्त्र अनुसार शासन, करता नृप एकराट्।
वर्ण धर्म प्रतिष्ठित किया, कराधान अल्प उचित,
सम्पूर्ण साम्राज्य को, आहारों में दिया बाँट॥68॥

प्रत्येक आहार का, अमात्य होता था अध्यक्ष,
जिसके देख-रेख प्रजा, कार्य होता था प्रत्यक्ष।

1. श्रीवास्तव, पंकजलता : पूर्वोक्त, पृ. 80-81
2. नाहर, रतिभान सिंह : पूर्वोक्त, पृ. 307
3. मिराशी, वी.वी. : पूर्वोक्त, पृ. 26-29; श्रीवास्तव, पंकजलता : पूर्वोक्त, पृ. 81

राज्यकाल अंत में, माँ बलश्री गौतमी संग,
शासन चलाकर किया, उसको सक्रिय और स्वच्छ ॥69॥

धार्मिक नीति

उत्तर में शुंगो ने किया, वैदिक धर्म पुनरुत्थान,
वही कार्य दक्षिणापथ, पूरित शातकर्णि महान्।
नासिक अभिलेख में उसे, कहा गया है वेदाश्रय,
सद्धर्म लोक पोषक, अद्वितीय ब्राह्मण श्रीमान् ॥70॥

धार्मिक सहिष्णु सम्राट, अन्य पंथ प्रति उदार,
दिया भूमि ग्राम दान, भिक्षु संघों को अपार।
द्विजों व द्विजेत्तरों सर्व, जातियों का कुल पोषक,
सर्वधर्म सम्भाव नृप, शान्ति नीति मूलाधार ॥71॥

व्यक्तित्व व चरित्र

गौतमी सुत शातकर्णि, बहुमुखी मेधा विद्वान्,
शास्त्रों का अध्ययन कर, बना वह संयत् सुजान।
नासिक अभिलेख कहे, तन मन सुन्दर बलिष्ठ,
आकर्षक व्यक्तित्व मुख, कांतिमयी भासमान ॥[1]72॥

शासन काल[2]

सन् एक सौ चौबीस में, क्षहरात नृप नहपान,
महाराष्ट्र का शासक, जुन्नार का लेख प्रमान।
नासिक अभिलेख साक्ष्य, राजत्व के अठारहवें वर्ष,
शातकर्णि नहपान को, मार कर हर लिया प्रान ॥73॥

शातकर्णि शासनारम्भ, एक सौ छः इस्वी ईस,
नासिक अभिलेख से सूचित, शासन का वर्ष चौबीस।
अतः एक सौ छः इस्वी से, एक सौ तीस इस्वी मध्य,
चौबीस वर्ष राज्यावधि, गौतमीपुत्र शासनाधीश ॥74॥

उत्तराधिकारी: पुलमावी[3]

शातकर्णि निधन पश्चात्, पुत्र उसका पुलमावी,
सातवाहन साम्राज्य का, बना योग्य अधिपति भावी।

1. नाहर, रतिभान सिंह : पूर्वोक्त, पृ. 308
2. श्रीवास्तव, पंकजलता : पूर्वोक्त, पृ. 81
3. श्रीवास्तव, के.सी. : पूर्वोक्त, पृ. 299; मिराशी, वी.वी. : पूर्वोद्धृत, पृ. 29–33

पुराणों में पुलोमा, पुलमावि पुरोमनि नाम,
उन्नीस वर्ष राज्य किया, वाशिष्ठी का सुत मेधावी ॥75॥

इस काल सातवाहन राज्य, की स्थिति पूर्व समान,
किन्तु शकों की काली छाया, से पुलमावी परेशान।
उसके समकालीन क्षत्रप, चष्टन और रुद्रदामन,
इन दोनों से पुलमावी का, युद्ध हुआ घमसान ॥[1]76॥

अभाग्य से पुलमावी को, रण में मिली हार पर हार,
काठियावाड़ पुष्करादि से, छूट गया उसका अधिकार।
चष्टन के सिक्कों से ज्ञात, यहाँ शक अधिपत्य प्रमान,
रुद्रदामन के द्वय धावों ने, दिया पराजय का उपहार ॥77॥

रुद्रदामन गिरनार लेख में, साधिकार गया बताया,
दक्षिणापथपति शातकर्णि को, उसने दो-दो बार हराया।[2]
पुलमावी ही शातकर्णि था, जिसको जीता रुद्रदामन,
अवन्ति आकर मरू सुराष्ट्र, कुकुर का प्रांत हथियाया ॥78॥

हमलों से हताश पुलमावी, दक्षिण दिक् किया प्रसार,
दक्षिणांचल के कई प्रांत पर, उसका स्थापित अधिकार।
कृष्णा नदी मुहाने पर, बहुसंख्य नृप सिक्के प्राप्त,
अमरावती अभिलेख में, पुलमावी उद्घृत साभार ॥79॥

इसी काल पुलमावी का, द्रविड़ों पर छाया अधिपत्य,
दक्षिणेश्वर उपाधि नृप, के हेतु उचित व सत्य।
इसी काल बेल्लारी पर भी, सातवाहनों का था अधिकार,
संघर्षों के बीच भूप ने, दिया कला को स्थिर तथ्य ॥80॥

नृप मुद्राओं पर चित्रित, दो पतवार से युक्त जहाज,
सातवाहन पोत शक्ति का, संज्ञात प्रगति का राज।[3]
अमरावति के स्तूपों का, उसी काल दृष्ट परिवर्द्धन,
चातुर्दिक बनी वेष्टनी, कला रम्यता का नव साज ॥81॥

---

1. गैरोला, वाचस्पति : पूर्वोक्त, पृ. 326
2. नाहर, रतिभान सिंह : पूर्वोक्त, पृ. 309
3. सरकार, डी.सी. : स्टडीज इन इंडियन क्वाइन्स, पृ. 105-125

एक सौ सैंतिस से उन्सठ सन्, पुलमावी के शासन बाद,
निर्बल राजाओं के कारण, होने लगा वंश बरबाद।
शिव श्री शातकर्णि स्कन्द, राजा हुए पुराण अनुसार,
नहीं साक्ष्य इनके कार्यों का, घटनाओं का न अंदाज॥82॥

एक सौ उन्सठ से छाछट, शिव शातकर्णि सत्ता काल,
उसके उत्तर शिवस्कन्द, शासन समय सात ही साल।
दोनों पर मात्र उतना ही, बात पुराणों में उल्लेख,
अन्तिम बलशाली राजा, यज्ञ श्री सातवाहन लाल॥83॥

यज्ञ श्री शातकर्णि[1]

हमलावर हो यज्ञश्री ने, हरा दिया था शक सम्राट,
जीता पश्चिम का प्रदेश कुछ, उपत्यका नर्मदा विराट्।
काठियावाड़ गुजरात मालवा, मध्य आन्ध्र के प्रांतों में,
बहुत रजत मुद्रायें प्राप्त, यज्ञ श्री राजा एकराट्॥84॥

यज्ञश्री शातकर्णि नरेश, साम्राज्य विस्तार संदेश,
देते हैं नासिक कन्हेरी, गुन्टूर आन्ध्रा के अभिलेख।
राजत्व सातवें-सोहलवें, क्रमशः नासिक व कन्हेरी,
अन्तिम व सत्ताइसवें वर्ष, जारी आन्ध्र गुन्टूर लेख॥[2]85॥

साम्राज्य का विनाश[3]

यज्ञ श्री सत्ताइस साल, राज्यकाल के उपरान्त,
हुआ ह्रास की ओर अग्रसर, सातवाहन राज्य अशांत।
साम्राज्य विभक्त हो गया, छोटे-छोटे राज्यों में,
रोक न पाये जिसे वंश के, उत्तराधिकारी थोथे भ्रांत॥86॥

पौराणिक ग्रन्थों से ज्ञात, यज्ञ श्री नृप के पश्चात्,
विजय तथा श्री चन्द्र पुलोमा, शासक थे सातवाहन ख्यात।
किन्तु इनमें से कोई राजा, इतना न था सबल व योग्य,
रोक सके जो पतन वंश का, परम्परा गरिमा व बिसात॥[4]87॥

1. गैरोला, वाचस्पति : पूर्वोक्त, पृ. 327; नीलकंठ शास्त्री, के.ए. : पूर्वोद्धत, पृ. 95
2. मिराशी, वी.वी. : सातवाहनों और पश्चिमी क्षत्रपों का इतिहास तथा अभिलेख, पृ. 34-35
3. श्रीवास्तव, के.सी. : प्राचीन भारत का इतिहास तथा संस्कृति, पृ. 299-300
4. नाहर, रतिभान सिंह : पूर्वोद्धत, पृ. 309-310

बुझा दिया टिमटिम दीये को, नववंश अन्धड़ी समीर,
आन्ध्रा में इक्ष्वाक् कुन्तल, चुटु शातकर्णि वंशज बीर।
दक्षिण पश्चिम भू आभीर, छीन लिए सातवाहनों से,
यहाँ खीचना निम्न नवीन, उदित शक्तियों की तस्वीर॥[1]88॥

आभीर

इस वंश का संस्थापक था, आभीर राजा ईश्वर सेन,
ईस्वी दो सौ उन्चास में, कल्चुरि संवत् उसकी देन।
नासिक के लेख में अंकित, राज्यारोहण नवें वर्ष,
इससे सूचित नासिक, क्षेत्र का अधिपति बना पदेन॥89॥

अपरांत व लाट क्षेत्र पर, बना रहा आभीर दबाव,
कल्चुरि व चेदि संवत् का, दिखा वहाँ स्पष्ट प्रभाव।
आभीरों का शासन काल, चौथी शती ईस्वी पुष्ट,
किन्तु शासनिक गतिविधियों का, मिला नहीं साक्ष्य सद्भाव॥[2]90॥

इक्ष्वाक्

इस वंश के राजागण, शासक कृष्णा क्षेत्र गुंटूर,
लिखा पुराणों में भूप ये, श्री पर्वत के शासक शूर।
पहले ये सातवाहन के, सेवक या रहे सामंत,
उनके अन्त बाद इक्ष्वाक्, स्वतन्त्र हो गये थे भरपूर॥91॥

इस वंश का संस्थापक, नृप विज्ञ श्री शान्त मूल,
किया अश्वमेघ यज्ञ वह, पाकर के सत्ता सुख फूल।
तस्य उत्तराधिकारी नृप, वीरपुरुषदत्त माठरी पुत्र,
बीस वर्ष तक राज्य किया, कुल परम्परा के अनुकूल॥92॥

अमरावती नागार्जुनी कोण्ड, में मिला इस नृप का लेख,
जिसमें बौद्ध संस्थाओं को, दान दातृ सूचना विशेष।
पुरुषदत्त का उत्तराधिकारी, राजा शान्तमूल द्वितीय,
वर्ष ग्यारह राज्य किया, क्षमता के अनुरूप स्वदेश॥[3]93॥

---

1. शास्त्री नीलकंठ, के.ए. : दक्षिण भारत का इतिहास, पृ. 98
2. वही
3. वही, पृ. 99; अग्रवाल, वी.एस. : भारतीय कला, पृ. 392-393

शान्तमूल द्वितीय उपरांत, इस सत्ता का शुरू क्षरण,
किया पल्लवों ने बलात्, इक्ष्वाक् सत्ता अपहरण।
तीसरी शती तक राज्य इनका, सीमित कृष्णा घाटी में,
बौद्धधर्म के संरक्षक, इक्ष्वाक् कुल राजागण ॥94॥

चुटुशातकर्णि वंश[1]

चुटुशातकर्णि वंशज का, तृतीय शती में आया शासन,
महाराष्ट्र कुन्तल के भू पर, किया शीघ्र राज्य स्थापन।
कतिपय विद्वान् मानते, सातवाहन कुल शाखा में,
नाग कुल संबंधित कहते, कई प्राच्य इतिहास विज्ञजन ॥95॥

अन्य लघुराज्य वंश[2]

इनके अलावा उस युग में, छोटे-छोटे कई राजवंश,
दक्कन की राजनीति में उभरे, होकर के क्षेत्रिय प्रशंस।
शालंकायन वृहत्फलायन, कृष्णा गोदावरि के तीर,
पहले ये इक्ष्वाक् अधीन, बाद में स्वतंत्र एकंश ॥96॥

बेंगी में शालंकायन सत्ता, वृहत्फलायन राज्य पिथुंड,
कालान्तर में हुए समाहित, पल्लव सत्ता गहरे कुंड।
उथल-पुथल के वातावरण, शती तीसरी ईस्वी मध्य,
लुप्त हुई सातवाहन सत्ता, इन नव राजवंशों के धुंध ॥97॥

कलिंग का चेदिराज वंश[3]

प्राचीन भारत में कलिंग, राज्य सदियों तक प्रसिद्ध,
लिखते जातक कि उसके, नगर थे अधिक समृद्ध।
कटक, गंजाम, पुरी, तेलगु भाषी क्षेत्र सहित,
उत्तर-पश्चिमी भू-भाग, आदि थे इससे सुविद्ध ॥98॥

तीन शती पूर्व कलिंग, नन्द मौर्य के अधीन,
सम्भवतः चन्द्रगुप्त बाद, बन गया फिर से स्वाधीन।

---

1. ला, वी.सी. : इण्डिया ऐज डिस्क्राइब्ड इन अर्ली टेक्ट्स आफ बौद्धिज्म, पृ. 115-116, नीलकंठ शास्त्री, के.ए. : पूर्वोद्धृत, पृ. 98
2. वही, पृ. 100
3. श्रीवास्तव, के.सी. : पूर्वोक्त, पृ. 303-306; नाहर, रतिभान सिंह : पूर्वोक्त, पृ. 316-317

अशोक को अधिपत्य मिला, भीषण संग्राम कर,
किन्तु स्वबस रख न सके, नृप उत्तराधिकारी हीन ॥99॥

अशोक के निधन बाद, ईसा पूर्व द्वितीय शती,
मौर्य साम्राज्य शत्रु, उठ खड़े अनेक तभी।
उसमें कलिंग नृप भी, मगध का प्रबल शत्रु,
किया चेदिराज भी, उन पर आक्रमण कभी ॥100॥

प्राच्यविद् आर. पी. चन्द्र, शोध अनुशीलन विचार,
वेस्संतर जातक में चित्रित, कोई चेत राजकुमार।
मिलिन्दपन्हों कथन कि, चेत चेदि एक ही वंश,
इन कुलों के नृप उपरिचर, सूर में है साम्य सार ॥101॥

प्राचीन भारत में चेदि, अद्वितीय जाति महान्,
चेदि जनपद ईसा पूर्व, छठी शती में विद्यमान्।
उस युग का चेदिराज्य, कुदेलखण्ड आस-पास,
शायद इनकी शाखा कोई, किया कलिंग को प्रस्थान ॥[1]102॥

वहाँ महा मेघवाहन, नामक कोई व्यक्ति वीर,
स्थापित कलिंग राज्य, महानदी उदधि तीर।[2]
प्रथम शती ईसा पूर्व, बना शक्तिशाली राज्य,
उसी कुल में खारवेल, महानतम् राजा प्रवीर ॥103॥

अशोक के उपरांत, चेदि वंश अवस्थापन बीच,
बुझ सा गया लगता, कलिंग का इतिहास दीप।
नन्द बाद तीन सौ साल, ईसा पूर्व प्रथम शती,
चेदि वंश उदित हुआ, लेकर नव प्रभा प्रदीप ॥104॥

सम्राट खारवेल[3]

हाथीगुम्फा लेख से इस, वंश का न होता ज्ञान,
खारवेल तृतीय महीप, चेदि वंश राज्य महान्।
भारतीय सम्राटों में, खारवेल अति प्रसिद्ध,
उक्त अभिलेख उसकी, कीर्ति का करता बखान ॥105॥

---

1. श्रीवास्तव, पंकजलता : प्राचीन इतिहास, भाग-एक, पृ. 86
2. श्रीवास्तव, ओमप्रकाश लाल : आर्क्योलॉजी आफ इरिच, पृ. 2
3. नाहर, रतिभान सिंह : पूर्वोक्त, पृ. 317

भुवनेश्वर के अति निकट, उदयगिरि पर शैल लेख,
हाथीगुम्फा लिपि उत्कीर्ण, खारवेल के देख-रेख।
इसमें खारवेल नृप के, आरम्भिक जीवन एवं,
राजनीतिक घटनाओं, विविधताओं का समावेश॥[1]106॥

लेख के अनुसार कुमार, खारवेल वय पन्द्रह तक,
राजोचित शिक्षा, सीखा शासन के गुर महत्।
सोलहवें साल मिली, युवराज की पदवी उसे,
नौ वर्ष तक मीमांसा तर्क, अंक निष्णात विधिवत्॥107॥

चौबीसवें साल पूर्ण, स्नातक बन युवराज,
बना कलिंग राज्य का, सम्राट महाराजाधिराज।
कलिंगाधिपति, चक्रवर्त्तिन, की उपाधि धार,
स्वशासन काल कलिंग, राज्य का सुधारा काज॥108॥

काया अति कान्तिमयी, गौर वर्ण प्रभावशाली,
व्यक्तित्व विराट् तन, सुगठित एवं बलशाली।
हत्थिसिंह नामक नृप, कन्या से परिणय सम्पन्न,
खारवेल की राज्ञी यही, राजमहिषी पद सम्हाली॥109॥

खारवेल की उपलब्धियाँ[2]

खारवेल ने पहले पहल, राजा होने के पश्चात्,
विविध निर्माण कार्यों का, निर्णय लिया अकस्मात्।
करवाया सुधार कार्य, कलिंग का प्राचीर तोरण,
भग्न हो गये थे जो, महाबंवडर के आघात॥110॥

शीतल जल युक्त कई, तड़ागों का किया निर्मान,
पंच लाख मुद्रायें उनमें, परिव्यय का है प्रमान।
इन सब कार्यों से, नृप की बढ़ी लोक प्रियता,
राजा रूप स्थिति दृढ़, दिग्-दिंगत बढ़ा मान॥[3]111॥

इसके उपरांत नरेश, दिग्विजय रचा विधान,
राजत्व के दूसरे वर्ष, शुरू किया सैन्य अभियान।

---

1. श्रीवास्तव, पंकजलता : पूर्वोक्त, पृ. 86
2. श्रीवास्तव, के.सी. : पूर्वोक्त, पृ. 303-305
3. श्रीवास्तव, पंकजलता : वही, पृ. 87

सातवाहन शातकर्णि की, करते हुए उपेक्षा घोर,
गज रथादि सैन्य सहित, पश्चिम को किया प्रस्थान॥112॥

खारवेल सेना पहुँची, कण्वेणा सरित कंठ,
फैलाया मुसिक नगर में, हिंसा व दहशत आतंक।
दोनों सेनाओं के प्रत्यक्ष, मुठभेड़ का साक्ष्य नहीं,
खारवेल का धावा मात्र, शातकर्णि न व्यथित रंच॥[1]113॥

नदी कण्वेणा कौन, मुसिक नगर की पहचान,
विविध नद-स्थान सिद्ध, करते विभिन्न विद्वान्।
किन्तु शातकर्णि साम्य, मान्य शातकर्णि प्रथम,
जिसने पानी फेर दिया, खारवेल पश्चिम अभियान॥[2]114॥

कहा जाता खारवेल, राजत्व के तीसरे वर्ष,
राजधानी कलिंग में, आयोजित उत्सव सहर्ष।
नृत्य संगीत अभिनय, विविध वाद्य यन्त्र द्वारा,
उत्सव करवाकर किया, वर्द्धित जनता का हर्ष॥[3]115॥

राज्याभिषेक के चौथे वर्ष, खारवेल नृप कलिंग,
विद्याधरों राष्ट्रिकों व, भोजकों से छेड़ा जंग।
विद्याधर राजकुल की, छीन लिया राजधानी,
राष्ट्रिकों भोजकों को जीत, बना लिया अधीन अंग॥116॥

राष्ट्रिकों भोजकों का राज्य, बरार भू के आस-पास,
उनके अधिपत्य क्षेत्र, जैन तीर्थ कोई खास।
जिसे मुक्त कराने हेतु, खारवेल रणाभियान,
रत्न धन छीन लाया, हरा कर बनाया दास॥[4]117॥

अशोक अभिलेख में इन, दो राज्यों का उल्लेख,
मौर्यों के अधीन थे ये, सातवाहन सखा विशेष।
रानी नागनिका स्वयं, राष्ट्रिकों की राजकन्या,
इनके विजय से कीर्ति, फैली नृप दूर देश॥118॥

---

1. वही
2. मिराशी, वी.वी. : पूर्वोद्धृत, पृ. 77-81
3. श्रीवास्तव, पंकजलता : पूर्वोक्त, पृ. 87
4. वही, पृ. 87

राजत्व के पाँचवें वर्ष, तनसुलि से कलिंग शहर,
खुदवाकर नहर ले आया, राजधानी मध्य नगर।
तीन सौ वर्ष पूर्व किसी, नन्द राजा ने बनवाई,
शायद महापद्ममनन्द, निर्माता इस भव्य नहर॥[1]119॥

शासन के छठवें वर्ष, व्यय कर मुद्रा एक लाख,
जनता में सुख समृद्धि, लाने का किया प्रयास।
शहरी व ग्रामीण जन के, सभी कर माफ किया,
राज्यारोहण के सातवें साल, के कार्यों का न कयास॥120॥

अभिषेक के आठवें वर्ष, खारवेल ने दिया ध्यान,
उत्तर भारत में नृप का, वृहद् सैन्य अभियान।
गोरथगिरि पार उसकी, सेना ने शिविर किया,
जिसे देख यवन सेना, भागी झट बचाकर जान॥121॥

यवन सैन्य का अधिपति, कौन व्यक्ति उस काल,
विद्वानों की राय में, प्रश्न जटिल व विशाल।
कहते कुछ विज्ञ उसे, डिमेट्रियस प्रथम/द्वितीय,
हिन्द यवन शक संकेत, फिर भी उल्झा ही सवाल॥[2]122॥

नवे वर्ष विजय प्रेरित, नृप में उभरा आह्लाद,
प्राची नगर के दो ओर, बनवाया विजय प्रासाद।
दशवें साल रण यात्रा की, करके पूर्ण तैयारी किन्तु,
गंगा घाटी आक्रमण में, मिली न सफलता हाथ॥123॥

वर्ष ग्यारहवें खारवेल, दक्षिण दिक् कर दिया प्रस्थ,
पास चेन्नई पिथुंडपुरी को, सेना से करवाया ध्वस्त।
उसे हराने हेतु बना था, जो तमिलों का भारी संघ,
खारवेल दक्षिण में जाकर, कर दिया सभी को पस्त॥[3]124॥

खारवेल पिथुंडपुरी पर, गदहों का चलवाया हल,
मसूलीपट्टम् पास पिथुंड, माना जाता है स्थल।

1. मिराशी, वी.वी. : पूर्वोद्धृत, पृ. 83-84; द्विवेदी, अनुराग : प्राचीन भारत में कल्याणकारी कार्यों का अध्ययन (शोध प्रबन्ध), पृ. 43
2. मिराशी, वी.वी. : पूर्वोक्त, पृ. 81-83
3. श्रीवास्तव, पंकजलता : पूर्वोक्त, पृ. 88; श्रीवास्तव, के.सी. : पूर्वोक्त, पृ. 304

इसकी चर्चा करे टाल्मी, अपनी सुघर लेखनी से,
तमिल बाद पाण्ड्य पर धावा, नृप में इच्छा उठी प्रबल॥[1]125॥

वर्ष बारहवें खारवेल ने, दो सैन्य अभियान किये,
एक सटे उत्तर भारत व, दूसरा दक्षिण ध्यान दिये।
सर्व प्रथम भेजा चतुरंगिनि, उत्तर के मैदानों में,
उसकी सेना अश्व गजादि, गंगा में स्नान किये॥126॥

'बहसतिमित्र' मगध का राजा, हार गया था उस रण में,
खारवेल सम्राट अधीनता, स्वीकार कर ली क्षण में।
धन सम्पत्ति अपार साथ ही, लाया जिन प्रतिमा वापस,
जिन्हें उठा ले गये नंद नृप, कलिंग विजय के अन्धड़ में॥[2]127॥

मगध विजय लूट में लाया, जो अपार धन सम्पत्ति द्रव्य,
उसे व्ययकर भुवनेश्वर में, पूजागृह बनवाया भव्य।
पाण्डुलिपि ब्राह्मण्ड पुराण, उड़िया प्रति से होती पुष्टि,
कंगूरों से युक्त अनोखा, उस युग का प्रतिमा गृह नव्य॥128॥

इन विजयों से उत्साहित, उसी वर्ष की तिथि अवशेष,
दक्षिण दिक् आतंक मचाते, पहुँचा वह पाण्ड्यों के देश।[3]
राजधानी पर धावा बोला, जल-थल दोनो मार्गों से,
उनको राज्याधीन बनाया, पाया रत्नोपहार विशेष॥129॥

इस प्रकार स्व विजयों से, खारवेल को हर्ष अपार,
इसी खुशी में वर्ष तेरहवें, भुवनेश्वर के पास पहार।
जैन भिक्षुओं के निवास, पूजन अर्चन कृत्य निमित्त,
उदय-खण्ड-गिरि के अन्दर, खुदवाया छत्तीसों विहार॥[4]130॥

धर्म तथा धार्मिक स्थिति[5]

कलिंग नरेश खारवेल, जैन धर्म अनुयायी उच्च,
यतियों को संरक्षण दे, किया समर्पित गुहा समुच्च।

---

1. ला, वी.सी. : पूर्वोक्त,पृ. 115
2. तिवारी, मारुतिनंदन प्रसाद : इलीमेन्ट आफ जैन आइक्नोग्राफी, पृ. 3
3. नीलकंठ शास्त्री, के.ए. : दक्षिण भारत का इतिहास, पृ. 113
4. वेदालंकार, हरिदत्त : पूर्वोक्त, पृ. 35-40
5. श्रीवास्तव, के.सी. : पूर्वोद्धत, पृ. 305

जहाँ वास करते थे साधु, धर्म कर्म में रहते लीन,
हाथीगुम्फा लेख कहे, गुहा वास्तु थे निर्मल स्वच्छ ॥131॥

जिनधर्मी खारवेल स्वयं, धर्म सहिष्णु व उर से उदार,
सर्व धर्म सम्भाव व्रती, हाथीगुम्फा लिपि अनुसार।
धर्मों के उत्थान को उत्सुक, धर्म मर्म सुज्ञाता वह,
राजकोष से अन्य धर्मों के, पूजालय कृत जीर्णोद्धार ॥132॥

निर्माण रूचि[1]

खारवेल अपने युग का, निर्माता लगता है महान्,
बनते ही सम्राट कलिंग, किया कई रचनात्मक काम।
सबसे पहले राजधानी के, तोरण व प्राचीरों को,
कर सुधार रंग आलेपित, नगर बनाया नयनाभिराम ॥133॥

अपनी विजयों से उत्साहित, स्मृति उसकी हो न क्षय,
पुर के दोनों ओर-छोर पर, बनवाया प्रासाद विजय।
भुवनेश्वर मंदिर का साक्ष्य, ओड्र पांडुलिपि ब्रह्म पुराण,
खुदवाया कुमारि शैल में, बहु भिक्षु आवास-निलय ॥134॥

उदैगिरी का रानीगुम्फा, खण्डगिरि की गुफा अनंत,
सुन्दर मानक चित्रकला के, जो उत्कीर्ण गुहा पर्यंत।
इन चित्रों में समाज की, बिम्बित रम्य मनोहर झाँकी,
तद्युगीन जीवन दर्पण, अरु भविष्य के प्रेरक मन्त्र ॥[2]135॥

खारवेल सम्राट: मूल्यांकन[3]

खारवेल की गतिविधियों, के मिलते जो साक्ष्य अकाट,
लगे महान् विजेता सर्जक, धर्मसहिष्णु सुधी सम्राट।
विजयराज-धर्मराज आदि, उपाधियों से वह भूषित,
स्वयं विज्ञ, विद्वानों का प्रिय, लगता एक स्वयं में राष्ट्र ॥136॥

खारवेल में एक साथ, राज विजय व धर्म विनय,
आदि मानवीय शास्ति गुणों, का अद्‌भुत भाव समन्वय।

---

1. शिवराममूर्ति, सी. : इण्डियन स्कल्पचर, पृ. 27-28
2. वेदालंकार, हरिदत्त : पूर्वोद्धृत, पृ. 36-37
3. श्रीवास्तव, के.सी. : पूर्वोद्धृत, पृ. 305

आया वह जगती पर, तीव्र ज्योति उल्का के समान,
चकाचौंध कर ओड्र मही, गगनांगन में हुआ विलय ॥137॥

चाहे उक्ति अतिशयोक्तिपूर्ण, हाथी गुम्फा गुहाभिलेख,
माना गया खारवेल को, महासैन्य नायक निज देश।
निज राज्य गौरव पहुँचाया, पराकाष्ठा मानक उच्च,
नहीं मयस्सर फिर कलिंग को, ऐसा शौर्य सु जयी नरेश ॥138॥

उसकी पट्टमहिषी करती, स्व लेख प्रशस्ति बखान,
कहा उसे चक्रवर्ती राजा, कलिंग राज्य का जीवन प्रान।
जितनी तेजी से उसका, उदय और उत्थान हुआ,
उतनी शीघ्रता से हुआ, अकस्मात् वह अन्तर्धान ॥139॥

किन स्थितियों में नृप का, अंत और हो गया निधन,
इसे कहने हेतु साक्ष्य न, अन्य नहीं कुछ अवलम्बन।
खारवेल पश्चात् कलिंग, राज्य हो गया छिन्न-भिन्न,
तेरह वर्ष राज्य कर नृप, लुप्त हो गया नील गगन ॥140॥

हाथी गुम्फा लेख तिथि, बी. सी. प्रथम शती अंतराल,
अतः अवधि यही निश्चित, खारवेल का राजत्व काल।
यद्यपि हाथी गुम्फा लिपि में, तिथि का कुछ उल्लेख नहीं,
किन्तु उसी के लेख साक्ष्य से, सुलझ गया गूढ़ सवाल ॥141॥

लेख की छँठी पक्ति में, चर्चा एक नहर विस्तार,
उसे बढ़ाकर लाया नृप, तनसुलि से राजधानी द्वार।
वर्ष तीन सौ पहले कोई, नन्द राजा बनवाया मूल,
उक्त अवधि रहा मगध में, महापद्मनंद की सरकार ॥142॥

महापद्म शासनारम्भ, तीन सौ चौवालिस बी. सी. बाद,
गुहालेखक को नंद नहर का, रचनाकाल मूल था याद।
तीन सौ चौवालिस वर्ष में, तीन सौ साल घटाने पर,
खारवेल का काल निश्चित, चौवालिस बी.सी. निर्विवाद ॥143॥

हाथी गुम्फालेख[1]

प्रान्त उड़ीसा पुरी जिला, भुवनेश्वर के पश्चिम पास,
शैलकुमारी खुदी गुहायें, जैन तपस्वी साधु निवास।

1. श्रीवास्तव, के.सी. : पूर्वोद्धृत, पृ. 306

हाथी गुम्फा उनमें एक, जिसमें बिना तिथि का लेख,
तेरह पंक्ति ब्राह्मी लिपि में, प्राकृत पाली भाषा खास॥[1]144॥

लिपि शास्त्रीय शोधों से ज्ञात, बी. सी. प्रथम शती का लेख,
सन् अट्ठारह सौ पचीस में, वी. स्टर्लिंग पाये देख।
और बाद मिस्टर प्रिंसेप ने, पढ़ा उसे अपितु अशुद्ध,
बाद कनिंधम, भगवान लाल, छापे शुद्ध पाठ अनुलेख॥145॥

इन लोगों ने पढ़ा ठीक से, कलिंगराज खारवेल का नाम,
के.पी. जायसवाल ने छापा, इस पर किये स्वयं जो काम।
आर.डी. वनर्जी व्यूलर फ्लीट, टामस चरुआ आदि विद्वान्,
हाथीगुम्फा लेख विषय में, किये अनवरत शोध तमाम॥146॥

खारवेल बाल जीवन व, राज्यकाल उपलब्धियाँ सारी,
अंकित कराया कोई नृप का, जो वरिष्ठ उत्तम अधिकारी।
जिसको थी जानकारी नृप के, जीवनगत विविधाओं की,
इस प्रशस्ति से खारवेल को, मिली कीर्ति, अमरता भारी॥[2]147॥

सातवाहन युगीन संस्कृति

तीन सदियों तक लगभग, दक्षिणापथ के राजनय,
सक्रिय सातवाहन अपितु, स्थिति अति संघर्षमय।
धर्म भाषा अर्थ कला, व सामाजिक उन्नयन में,
अवदान सातवाहनों का, प्रस्तुत संक्षिप्त विनय॥148॥

शासन प्रबन्ध[3]

सातवाहन राजाओं ने भी, मौर्यों का शासनादर्श,
अपनाया था ज्यों का त्यों, शासनिक ढाँचा प्रतिदर्श।
राजतन्त्रीय प्रणाली में, शासन का सर्वोच्च सम्राट,
दैवी नृप उत्पत्ति मानते, नासिक के अभिलेख में दर्श॥149॥

इनके उच्च विरुद थे राजन, राजराज एवं महाराज,
स्वामिन् का उपाधि इनका, दिखे प्रभावित शक अंदाज।

1. शिवराममूर्ति, सी. : पूर्वोक्त, पृ. 27
2. उपाध्याय, वासुदेव : प्राचीन भारतीय स्तूप गुहा एवं मंदिर, पृ. 178-179;
3. श्रीवास्तव, के.सी. : पूर्वोकत, पृ. 308-309; नाहर, रतिभान सिंह : पूर्वोक्त, पृ. 315-16; नीलकंठ शास्त्री, के.ए. : दक्षिण भारत का इतिहास, पृ. 95-96

नृप नाम तो मातृपरक, उत्तराधिकार कुमारों को,
देवी महादेवी पदवी, रानियों का उस समाज ॥150॥

पुत्र हों यदि अवयस्क, राजा का हो जाये मरण,
भ्राता को सिंहासन पाने, के भी यहाँ उदाहरण।
राज्य किया नागनिका, बलश्री गौतमी राज्ञि,
रानियों का दृष्टांत यहाँ, अपवाद स्वरूप वरण ॥151॥

सम्राट के सहायतार्थ, अमात्य सेवा संवर्ग,
देखता जो प्रशासन एवं, अन्यान्य कार्य को सतर्क।
गौतमी सुत शातकर्णि, पुलमावी ने शासन हित,
नियुक्त किये महासेनापति, पद नाम उच्च प्रवर्ग ॥152॥

इन्हीं में से कार्य देखते, केन्द्रीय विभागों के मुक्त,
लोक प्रशासन हित में, वाह्य प्रदेशों में नियुक्त।
स्थानीय शासन दायित्व, निर्भर था सामंतो पर,
कार्ले कन्हेरी अभिलेख, सामंती विवरण से युक्त ॥153॥

लेखों में महाभोज मरहठी, सामन्तों का है उल्लेख,
अपने-अपने क्षेत्र में इन्हें, मिले थे अधिकार अनेक।
उपरि-पश्चिमीघाट मरहठी, महाभोज कोकण सामंत,
भूमिदान सिक्के ढलवाने, का इन्हें अधिकार विशेष ॥154॥

शासन सुविधा हेतु राज्य, आहारों में गया था बाँटा,
प्रत्येक आहार अन्तर्गत, होते निगम गाँव व हाटा।
सातवाहन गोवर्धन सोपारा, मामल आहार लेख प्रमान,
हर आहार का शासक था, एक अमात्य उच्च अधिष्ठाता ॥[1]155॥

गौतमी सुत शातकर्णि व, पुलमावी की जब सरकार,
विष्णुपालि शिवस्कन्द देखते, शास्ति कार्य निर्दृष्ट आहार।
गोवर्धन, श्यामक आहार का, शासन द्वय ने बारी-बारी,
ठीक तरह किया संचालित, सम्राट आज्ञा अनुसार ॥156॥

सम्राट सेवा में अमात्य, थे कहलाते राजामात्य,
कुछ शासनिक अधिकारी, सातवाहन लेखों से ज्ञात।

1. गैरोला, वाचस्पति : भारतीय संस्कृति और कला, पृ. 329-331

भाण्डागारिक रज्जुक कर्मान्तिक, पनियघरक व सैन्यपति,
देखते कोष राजस्व निर्माण, जलप्रबंध युद्ध आपात् ॥[1]157 ॥

प्रशासन की छुद्र इकाई, आहार बाद में होते ग्राम,
हाल की गाथा सप्तशती में, ग्रामिक है मुखिया का नाम।
ग्रामिक के अधिकार क्षेत्र में, पाँच से दस तक होते गाँव,
लेखों में 'गहपति' शब्द, कृषक कुटुंब जेष्ठ अभिधान ॥[2]158 ॥

निगम सभा देखती थी, नगर निकायों का सब कार्य,
मोहल्लों के प्रतिनिधि, निगम पार्षद थे अनिवार्य।
धान्यकटक गोवर्धन पैठन, भड़ौच और कल्यान सोपारा,
आदि नगर निगमों का युग में, शोधों से होना स्वीकार्य ॥[3]159 ॥

थे कुछ व्यापारिक केन्द्र, एवं प्रसिद्ध कुछ बंदरगाह,
इनकी गतिविधि पर राजा, रखता हर घड़ी निगाह।
ऐसे ग्राम नगर शासन का, निगमों को मिला अधिकार,
यहाँ आवागमन निरंतर, व्यापारी वणिक् सार्थवाह ॥160 ॥

नासिक लेख से तेजस्वी, सातवाहन प्रशासन पर,
पड़ता अधिक प्रकाश नृप, जीवनादर्श अनुशासन पर।
गौतमी पुत्र शातकर्णि के, आदर्शों पर लेख कथन,
अपराधी को अभयदान में, रहता था वह तत्पर ॥161 ॥

अपराधी या शत्रु हनन में, नृप इच्छा आक्रोश नहीं,
प्रजा कष्ट से दुःखी नृपति, समझे अपने दुःख जैसा ही।
स्मृतियों में विहित विधि से, करते शासन स्वयं आचरण,
कराधान का बोझ लोक पर, यदि आवश्यक, अल्प ही ॥162 ॥

इससे तो निश्चित सातवाहन, साम्राज्य के सकल नरेश,
रहे प्रजा वत्सल दयामय, उदारता की मूर्ति प्रजेश।
इन क्षेत्रों में सम्राटों ने, मौर्यों का किया अनुसरण,
जनहित कार्यों में सम्राट, धन भी करते खूब निवेश ॥163 ॥

1. शर्मा, एल.पी. भारत का इतिहास, पृ. 195-96
2. वही, पृ. 196
3. नाहर, रतिभान सिंह : पूर्वोक्त, पृ. 316

सम्राटों ने शुरू किया जो, नव प्रथा भूमिदान की,
ब्राह्मण व श्रमण के हित, बिना किसी कराधान की।
ऐसे अनुदानों से देश में, सामन्त प्रथा हुई उत्पन्न,
अतः शिथिल हुआ प्रान्तों पर, केन्द्रीय सत्ता का कमान भी॥[1]164॥

सामाजिक स्थिति[2]

वर्ण व आश्रम आधारित, सातवाहन समय समाज,
चतुर्वर्ण में आगे ब्राह्मण, सातवाहन के सारे राज।
नासिक लेख गौतमी पुत्र, को कहता विप्र अद्वितीय,
जिसने किया प्रयास, वर्ण-संकरता रोधन काज॥165॥

वर्ण संकरत्व रोकने का, सातवाहन नृप त्वरता चाह,
फिर भी रहा देश में जारी, अंतर्जाति सम्बन्ध विवाह।
स्वयं कई सम्राटों ने भी, शक क्षत्रिय कन्याओं से,
ब्याह रचाया किया नहीं, शास्त्र रीति जग की परवाह॥166॥

नये-नये व्यवसायाधार, उभरे बहु जातीय संगठन,
सामाजिक वैशिष्ट्य काल, विदेशियों का भारतीय करन।
अग्निवर्मन, धर्मदेव ऋषभ, आदि विदेशी नाम वेदवत्,
करते ये तीर्थयात्रा दान, हिन्दू भाँति यज्ञ हवन॥[3]167॥

स्त्रियों की स्थिति अच्छी, उस समाज में आदर मान,
राजकाज में राज स्त्रियाँ, करतीं थीं अपना अवदान।
विधवा होकर नागनिका ने, राजकाज किया संचालित,
पुत्र साथ बलश्री गौतमी, सह शासन किया गतिमान्॥168॥

सातवाहन नृपों का नाम, तद्युग होना मातृ प्रधान,
सामाजिक स्थिति में उनका, उस युग था भारी स्थान।
सम्पत्ति की स्वामिनी वह, स्वयुगीन पुरुषों की भाँति,
अभिलेखों से ज्ञात नारियाँ, यथा समय पर करती दान॥[4]169॥

---

1. मिराशी, वी.वी. : पूर्वोद्धृत, पृ. 101-110
2. वही, पूर्वोद्धृत, पृ. 127-142; श्रीवास्तव, के.सी. : पूर्वोक्त, पृ. 309
3. दास, एस.के. : द इकनामिक हिस्ट्री आफ ऐंशियंट इंडिया, पृ. 146-150
4. नाहर, रतिभान सिंह : पूर्वोद्धृत, पृ. 310-311; नीलकंठ शास्त्री, के.ए. : पूर्वोक्त, पृ. 96

चित्र शिल्प में पति के साथ, बौद्ध प्रतीक की पूजा करते,
समिति सभा में आते जाते, अभ्यागत का स्वागत करते।
पर्दा प्रथा से अपरिचित, शिक्षा पाती थी ललनायें,
लागू न यह जन सामान्य, अभिजात्यों पर ठीक ठहरते ॥170॥

धार्मिक स्थिति[1]

सातवाहन सम्राटों का, दक्षिणांचल में राज्य सुकाल,
बौद्ध और वैदिक धर्मों के, उन्नति हेतु रहा शुभ काल।
स्वयं सभी सातवाहन नृप, वैदिक धर्म कर्म अनुयायी,
राजसूय अश्वमेघ कराके, ऊँचा किया धर्म का भाल ॥171॥

सम्राट शातकर्णि प्रथम, वैदिक यज्ञ किया अनुष्ठान,
गौ गज भूमि आदि देकर, किया प्रदक्षिणा प्रचुर प्रदान।
वेदश्री स्वसुत का नाम, यज्ञ प्रभाव से ही रखवाया,
संकर्षण वासुदेव सूर्य चन्द्र, पूजा कर पाया सम्मान ॥172॥

गाथा सप्तशती की कृति, शिव अर्चना से आरम्भ,
इन्द्र कृष्ण पशुपति गौरी, पूजा का उच्चरित प्रसंग।
अभिलेखों में शिव विष्णु, मिश्रित मिले बहुत से नाम,
शिव स्कन्द विष्णु पूजा, का युग में उठ रहा उमंग ॥[2]173॥

वेद धर्म परम अनुयायी, अर्चक सूर्य चन्द्र शिव विष्णु,
अन्य धर्मों के प्रति नरेश, सभी रहे सहकार सहिष्णु।
बौद्ध धर्म को सम्राटों का, संरक्षण प्रोत्साहन प्राप्त,
सातवाहन काल में फैला, बौद्ध मत दक्षिण के दिशु ॥174॥

पहली दूसरी शती ईस्वी, गौतमी सुत शातकर्णि के आगे,
बौद्ध धर्म था गौरवशाली, भाग्य दकन में उसके जागे।
सातवाहनों क्षहरातों में, बौद्ध विहार रचना की होड़,
अतः दकन में खुदी गुहायें, बौद्ध धर्म स्थापत्य विराजे ॥175॥

कार्ले नासिक गुहा विहार, गुहा चैत्य विविध निर्मान,
श्रीशैल नागार्जुनीकोण्ड, अमरावति धर्म केन्द्र महान्।

---

1. मिराशी, वी.वी. : पूर्वोक्त, पृ. 111-126
2. गैरोला, वाचस्पति : पूर्वोक्त, पृ. 331-332

सातवाहन बाद इक्ष्वाकु, युग में बौद्ध धर्मोन्नति,
जग्गेयपेट्ट नार्गाजुनी कोण्ड में, चैत्य विहारों के प्रमान ॥[1]176 ॥

सातवाहनों के राज्य काल, बोधिवृक्ष स्तूप त्रिशूल,
पूजित धातु अस्थि धर्मचक्र, चरण चिह्न तीर्थों की धूल।
बुद्ध जीवन से सम्बन्धित, सब स्थान मान्य थे तीर्थ,
तीर्थों में प्रतीक की पूजा, सनैवेद्य चढ़ाते फूल ॥177 ॥

इसी बीच बौद्ध पंथ में, बने कई सम्प्रदाय विभाग,
जैसे भदायनीय रहते थे, नासिक कन्हेरी सम्भाग।
महासांघिक कार्ले में थे, धमोत्तरीय सोपारा पास,
किन्तु कभी एक ही मठ में, रहते संग बिना खटराग ॥178 ॥

आर्थिक स्थिति[2]

दीर्घ काल दक्कन में, सातवाहन उज्जवल इतिहास,
चातुर्दिक समृद्धि शांति, का होता सुखमय आभास।
भारतीय जन जीवन दृष्ट, क्रिया कलापों से परिपूर्ण,
राजाओं के अभिलेखों से, इनपर पड़ता प्रचुर प्रकाश ॥179 ॥

कृषि बानिज उद्योग शिल्प, अर्थ व्यवस्था के दृढ़ अंग,
वित्त विविधता दृष्टि से, राष्ट्र अग्रणी अपने ढंग।
आर्थिक जीवन राष्ट्रीय कृषि, पर ही आधारित किन्तु,
शिल्प उद्योग व्यापार वाणिजी, भरते राष्ट्रोन्नति में रंग ॥180 ॥

युग के कुछ अभिलेखों से, सूचित भूमि ग्राम का दान,
जिसको करते राजा मंत्री, सामन्त गृहपति धनवान।
इन दानों से उस युग में, भूमि महत्ता है स्पष्ट,
सातवाहन युग से लगता, शुरू हुआ भूमि अनुदान ॥181 ॥

ईसा पहले प्रथम शती में, शातकर्णि नरेश प्रथम,
अश्वमेघ आयोजन ठाना, महाराष्ट्र शुभ भूमि मगन।
महायज्ञ उपरांत भूप को, मिला आत्म संतोष अधिक,
पुलकित हो पुरोहितों को, दिया ग्राम भूदान रतन ॥[3]182 ॥

---

1. नीलकंठ शास्त्री, के.ए. : पूर्वोक्त, पृ. 98
2. नाहर, रतिभान सिंह : पूर्वोक्त, पृ. 314, दास, एस.के. : पूर्वोक्त, पृ. 151
3. श्रीवास्तव, के.सी. : पूर्वोक्त, पृ. 310-311

राजा रखे निजी भूमि व, भूस्वामी भी होते किसान,
राजा यदि करने को होता, अन्य किसी की भूमि का दान।
ऐसे में उस जमीन को, राजा पहले लेता क्रीत,
दान पूर्व में भूस्वामी को, करता मूल्य पूर्ण भुगतान ॥183॥

भूधारी कृषकों से भूपति, कर पाता था छठवा भाग,
कृषि दिखे उन्नत स्थिति में, उस युग हर प्रांत व भाग।[1]
शिल्प वणिज् व्यवसाय आदि, उन्नत रूप रहा उस काल,
पचहत्तर व्यवसाय देश में, मिलिन्दपन्ह देता है सुराग ॥184॥

रहे साठ उद्योग उस समय, शिल्पकला कौशल संबद्ध,
महावस्तु में छत्तीस प्रकार, शिल्पी सभी है सूचीबद्ध।
राजगृह के अन्दर रह, शिल्पीजन करते व्यवसाय,
समकालीन अभिलेखों में, इनका विवरण है क्रमबद्ध ॥185॥

हर व्यवसायों के अपने, अलग श्रेणी या संगठन,
श्रेष्ठिन इसका मुखिया होता, कार्यालय था सभा निगम।
श्रेणियों के उप-नियम अलग, जिनको कहते श्रेणीधर्म,[2]
करते बैंक काम भी श्रेणी, सत्ता के दृढ़ उपनियमन ॥186॥

श्रेणियों का कार्य प्रमुख, ऋण देना, धन जमा कराना,
ऐसे धन पर निश्चित दर से, व्याज देना-लेना व पाना।
नासिक लेख के अनुसार, दो हजार कार्षापण जमा पर,
एक प्रतिशत व्याज दर माह, श्रेणी को पड़ता था चुकाना ॥187॥

आवश्यकतानुसार श्रेणियाँ, अपने नाम से देती दान,
इनके अपने सिक्के होते, मुहरों के भी मिले प्रमान।[3]
राज्य में चाँदी के अभाव में, सातवाहनों ने सीसे के,
300 ग्रेन के सिक्के ढाले, लेने-देने में अति आसान ॥188॥

हैदराबाद के संग्रहालय में, सिक्के जमा पचास हजार,
जारी हुए जो यथा-समय, द्वारा सातवाहन सरकार।

---

1. गैरोला, वाचस्पति : पूर्वोक्त पृ. 322
2. नाहर, रतिभान सिंह : पूर्वोक्त, पृ. 315, 316, पाण्डेय, राजेन्द्र : भारत का सां. इति.पृ.120
3. सत्यदेव, अभिनव एवं सिंह, के.पी. : भारतीय पुरातत्व के मूलतत्व, पृ. 155-58; दास, एस.के. : द इक्नामिक हिस्ट्री आफ ऐंशियंट इण्डिया, पृ. 144-146

सिक्कों का प्रचलन समाज में, सूचित यदि बहुतायत,
इससे इंगित होता युग, शिल्प वणिज् उन्नत व्यापार ॥[1]189 ॥

वैदेशिक व्यापार यथावत्, बढ़ा-चढ़ा देशी व्यवसाय,
अभिलेख्र मुद्रायें टाल्मी, पेरीप्लस सूचना सहाय।
वाणिज्यिक व्यापार वृत्ति को, शासन देता पूर्ण सुरक्षा,
राष्ट्रीय मार्गों नदियों पर, सज्जित पुरी बसे बहुताय ॥190 ॥

नासिक विजयपूर व पैठन, बैजयंती तगर जुन्नार,
धान्यकटक करहाटक पुरियाँ, बढ़ा-चढ़ा शिल्प व्यापार।
आवागमन माल ढोने की, लागू इनमें सुगम व्यवस्था,
बड़े-बड़े नगरों की वस्तुयें, जाती कस्बों के बाजार ॥[2]191 ॥

पूर्व और पश्चिम भागों में, बढ़ा बहुत जन यातायात,
गोलकुण्डा तगर पैठन से, जाता पथ भड़ौच विख्यात।
मण्डी महा भड़ौच पश्चिमी, टाल्मी कहे मारकेट टाउन,
होता यहाँ रोम से नियमित, सामग्री आयात निर्यात ॥192 ॥

महा मार्ग निस्सृत भड़ौच से, जाता उज्जैनी प्रतिष्ठान,
धान्यकटक से जा पहुँचता, कृष्णा गोदावरि मैदान।
प्रतिष्ठान व धान्यकटक, सातवाहन के सत्ता केन्द्र,
दोनों ही पुर अपने युग के, वणिज् शिल्प सघन स्थान ॥[3]193 ॥

भड़ौच के नीचे कुछ ही दूर, स्थित था कल्याण सोपारा,
वहाँ से सीधे श्रावस्ती को, जाता पथ पुरियों का सहारा।
भड़ौच सोपारा दोनों पुर में, सदा रही व्यापारिक होड़,
कल्याण की मण्डी अच्छी, प्रतिष्ठान से साझीदारा ॥194 ॥

पेरीप्लस प्रसंग भड़ौच में, रोम से आने वाले जहाज,
ले जाते कल्यान-सोपारा, बलात् आन्ध्र सैनिक जॉबाज।
उसका लाभ न मिले शकों को, सातवाहन आर्थिक नीति,
शक-सातवाहन रण दीर्घावधि, सिंधु पणन पे करना राज ॥195 ॥

---

1. मिराशी, वी.वी. : पूर्वोद्धृत, पृ. 221-236
2. श्रीवास्तव, एम.पी. : प्राचीन भारतीय नगर सभ्यता एवं संस्कृति, पृ. 91-92
3. नाहर, रतिभान सिंह : पूर्वोक्त, पृ. 315; सुन्दरराजन, के.वी. : पूर्वोक्त, पृ. 160

पश्चिम व पूर्वी समुद्र पर, चर्चित थे कुछ बन्दरगाह,
कृष्णा-गोदावरि डेल्टा पर, पत्तन थे टाल्मी निगाह।
आवागमन मालवाही जहाज, मलय एवं पूर्वी द्वीप,
फलतः व्यापार संगठित, साम्राज्य की उन्नति राह॥[1]196॥

पूर्वी दकन पत्तन अल्लोसिंगो, कन्टकोस्सील व कोंद्दूर,
पश्चिमी दक्कन में बैरीगाजा, शूर्पारक कल्यान मशहूर।
विद्वानों की दृष्टि में ये दो, वैदेशिक व्यापार सुकेन्द्र,
यहाँ के सौदागर जाते, रोम यूनान देश अति दूर॥197॥

भारतीय व्यापार उस समय, चीन मिस्त्र रोमन यूनान,[2]
पूर्वीद्वीप समूह सिंहल से, वाणिज्यिक संबंध प्रमान।
नृप के मुद्रा पर अंकित, दो पतवार संग जलपोत,
जिससे उनके नावों का, व्यापारिक प्रयोग अनुमान॥[3]198॥

पुलमावी काल दकन में, जहाजरानी युग आरम्भ,
यज्ञश्री अवधि में सूचित, जलपोतों का वृहद् प्रबंध।
सातवाहन राज्य में विकसित, सख्त जहाजी बेड़ा एक,
जिससे आवागमन बढ़ा, वैदेशिक बणिज सम्बन्ध॥199॥

रोम निवासी भारत से, मलमल और रत्न मँगवाते,
बिलासिता की रम्य वस्तुएँ, व्यापारी भी बेचने जाते।
उसके बदले मूल्य मिलता, मुँह का माँगा सोना शुद्ध,
रोमन मदिरा राँगा ताँबा, सीसा औषधि वहाँ से लाते॥200॥

अन्य मुख्य निर्यात वस्तुएँ, मलमल तथा रेशमी वस्त्र,
हीरा मोती मणिक मशाले, भेजे जाते करके एकत्र।
भारत पाता लाभ आर्थिक, व्यापारिक विदेश संबंध,
इससे ही सम्पन्न सबल था, सातवाहन सत्ता सर्वत्र॥[4]201॥

और साथ दक्खिन श्रीलंका, पूर्वी द्वीप सुमात्रा जावा,
आदि के साथ जल मार्गों से, व्यापार को मिला बढ़ावा।

---

1. सरकार, डी.सी. : स्टडीज इन इंडियन क्वाइंस, पृ. 121-122
2. श्रीवास्तव, बलराम : दक्षिण भारत का इतिहास, पृ. 3-5
3. शास्त्री नीलकंठ, के.ए. : पूर्वोक्त,पृ. 26, 97
4. श्रीवास्तव, बलराम : पूर्वोक्त, पृ. 3-4; पाण्डेय, राजेन्द्र : पूर्वोद्धृत, पृ. 121

पोदुका में पोत रचनालय, पेरीप्लस से होता ज्ञात,
जिससे स्वर्णभूमि यात्रा की, व्यापारीजन करते दावा ॥202॥

उत्तम मिर्च मशालों हेतु, अति सम्पन्न पूर्वीद्वीप,
उसे प्राप्ति की प्रत्याशा में, भारतीयों को ले जाती खींच।
कालान्तर सांस्कृतिक प्रचारकों, से सम्बन्ध और मजबूत,
प्रवासी भारतीय बस्तियाँ, बसी पूर्वीद्वीप के बीच ॥[1]203॥

मिलिंदपन्ह से होता ज्ञात, भारत से मिस्र अलसंद,
सुवर्णभूमि चीन को जाते, भर जहाज में माल पसंद।
बाह्य पणन केन्द्र उज्जैनी, पाटलिपुत्र मथुरा प्रतिष्ठान,
पुरुषपूर तक्षशिला कौशांबी, से था पोषित वित्त प्रबंध ॥204॥

पेरीप्लस अनुसार राज्य के, पूर्वी और पश्चिमी भाग,
उपजाऊँ समृद्धिशाली, जनसंख्या सघन आबाद।
प्रतिष्ठान से इन्द्रगोपमणि, तगर से मलमल वस्त्रादि,
पश्चिमी नगरों में पहुँचाते, चतुष्चक्र वाहन से लाद ॥205॥

इन पुरियों से भेजा जाता, माल पुनः भड़ौच नगर,
आया जाया करते जहाँ, पोत विदेशी व सौदागार।
निर्यातित सामग्री लदकर, दूर-दूर देशों को जाता,
शेष सभी उत्पाद पहुँचता, देशी हाटों में ढो ढो कर ॥206॥

शक-सातवाहन काल वहाँ, जो वाणिज्यिक हवा बही,
वह कुषणों के राज्यकाल तक, लगातार से बहती रही।
ईसा पूर्व द्वितीय शती से, दूसरी शती ईस्वी मध्य,
सिक्कों का बाहुल्य देश में, कथा प्रगति की कहती सही ॥[2]207॥

भाषा और साहित्य[3]

सातवाहन शासन काल में, महाराष्ट्री प्राकृत भाषा,
बोली-जाती दक्षिणापथ में, जो अभिलेखीय क्षेत्रीय भाषा।
सातवाहन नृप विद्या प्रेमी, विद्वानों को आश्रय देते,
कविवर राजा हाल की कृति, प्राकृत में 'सप्तशती गाथा ॥208॥

1. मिराशी, वी.वी. : पूर्वोक्त, पृ. 143-148
2. गैरोला, वाचस्पति : पूर्वोक्त, पृ. 333; श्रीवास्तव, के.सी. : पूर्वोक्त, पृ. 310-311
3. मिराशी, वी.वी. : पूर्वोद्धृत, पृ. 149-198; श्रीवास्तव, के.सी. : पूर्वोद्धृत, पृ. 311-312

सात सौ आर्या छन्द ग्रन्थ में, अपने आप में पद्य स्वतंत्र,
काव्य गीत भाव शृंगारिक, रचना सुघर सरल रसवंत।
गाथा सप्तशती के पद, मुक्तक काव्य दृष्टांत अतीत,
राजा हाल सभा की शोभा, सर्ववर्मन गुणाढ्य गुणवंत ॥209॥

वृहत्कथा रचना गुणाढ्य की, भाषा प्राकृत व पैशाची,
एक लाख पद का संग्रह, मूलरूप अब वह न प्रकाशी।
कवि के काल की लोक कथाएँ, प्रायः कृति में हैं संग्रहीत,
यात्रा चर्चा प्रणय प्रसंगो, का विशेष वर्णन सुखराशी ॥210॥

शर्ववर्मन 'कातन्त्र' के लेखक, जो संस्कृत व्याकरण ग्रन्थ,
शैली में अत्यंत सरल, पाणिनि सूत्र पर आधृत मन्त्र।
वृहत्कथा संदर्भ सहज अति, कातंत्र रचना उद्देश्य,
भूप हाल उर संस्कृत भाषा, ज्ञान व्याकरण कसना तन्त्र ॥211॥

उस समय दक्षिण भारत में, महाराष्ट्री प्राकृत साथ,
संस्कृत वाणी गति प्रसार में, सातवाहन नृपों का हाथ।
हाल की रानी मलयवती, संस्कृत भाषा विदुषी उच्च,
उसके ही प्रेरण प्रयास से, बने हाल संस्कृत निष्णात ॥212॥

कातन्त्र रचना के पीछे, मलयवती प्रेरण परिणाम,
कन्हेरी का लेख संस्कृत, राज्ञी एक सृजन अभिराम।
इस प्रकार सातवाहन युग, दक्षिणापथ की धरती पर,
प्राकृत और संस्कृत में, हुआ अधिक लेखन का काम ॥[1]213॥

कला एवं स्थापत्य[2] : स्तूप

दक्षिण में सातवाहन की, धर्म उदार सहिष्णुता नीति,
बौद्ध-धर्म, स्थापत्य कला को, मिला ढेर प्रोत्साहन प्रीति।
जीर्णोद्वार प्राचीन का सम्भव, नव स्तूपों का निर्माण,
नहीं सुरक्षित पूर्ण रूप अब, भग्न वास्तु से कीर्ति प्रतीति ॥214॥

1. नाहर, रतिभान सिंह : पूवोद्धृत, पृ. 312-316
2. शास्त्री नीलकंठ, के.ए. : पूर्वोद्धृत, पृ. 14; श्रीवास्तव, के.सी. : पूर्वोक्त, पृ. 312-318

अमरावती स्तूप[1]

अमरावति स्तूप आन्ध्र में, कृष्णाकंठ जिला गुंटूर,
वहाँ से अठारह मील दक्षिण, स्थित है बस्ती से दूर।
अमराराम के शैवतीर्थ, अमरेश्वर अमरावति नाम,
नाम पुराना अभिलेखों में, दर्शित धान्यकटक मशहूर ॥215॥

ऐसा लगता नृप अशोक ने, यहाँ बनवाया था स्तूप,
क्यों कि वहाँ से मिला एक, खण्ड स्तंभ वास्तु या यूप।
महास्तूप–चैत्य वास्तु जो, सृजन हुआ सातवाहन काल,
पुलमावी राजत्वकाल में, बना अलंकृत भव्य स्वरूप ॥216॥

अश्मवेदिका भी चातुर्दिक, इसी काल में गयी बनाई,
किन्तु अब वह मूल रूप में, पड़ता न स्तूप दिखाई।
स्तूप अवशेष कोलकता, चैन्नै लंदन संग्रहालय में,
सन् सत्रह सौ सत्तानवे में, मेकेन्जी ने पता लगाई ॥217॥

प्राप्त यहाँ से शिलापट्ट व, रम्य मूर्तियाँ कई पवित्र,
उस पर शोधक मेकेन्जी का, प्रस्तुत सुन्दर रेखाचित्र।
ईस्वी अठारह सौ चालिस में, ईलियट के उत्खननों में,
मिलीं कई जीवन्त मूर्तियाँ, काय सौष्ठव गठन विचित्र ॥218॥

अमरावती स्तूप पर अंकित, शिलापटों के लेखाधार,
कर सकते अनुमान भूत में, उसका शिल्प वास्तु आकार।[2]
घेरती हुई स्तूप वेदि पर, बने हुए चित्रित उष्णीश,
सूचियाँ व स्तंभ सहित, चारु चार–कृत तोरण द्वार ॥219॥

हर एक तोरण के पीछे, स्तूप मूलाधार से निस्सृत,
चबूतरों की भाँति वहाँ, आयक या आर्यक थे निर्मित।
इन पर रचे गये ठोस हैं, आयक के स्तंभ भी पाँच,
खम्भों पर आधार रूप, आयकों की रचना विस्तृत ॥220॥

स्तूपीय आधार से आयक, बीस फीट ऊँचा निर्मान,
आयकों के अगल बगल, बने सुगम सुन्दर सोपान।

1. तिवारी, आर.पी. : पूर्वोक्त, पृ. 17–19; गुप्ता, एस.एस. : एक्सप्रेशन ऑफ इण्डियन आर्ट, खण्ड–प्रथम, पृ. 85–87; अग्रवाल, वी.एस. : पूर्वोक्त, पृ. 266–293.
2. मिराशी, वी.वी. : पूर्वोद्धृत, पृ. 213–217

जिससे होकर लोग पहुँचते, प्रदक्षिणा पथ के चहुओर,
ये स्तंभ पूर्ण रचना को, करते दृढ़ता ठोस प्रदान ॥[1]221 ॥

शीर्ष अवस्थित मंजूषा पर, लौह का लगा एक था छत्र,
लगता यह स्तूप था भारी, तथा अलंकृत भव्य स्वतन्त्र।
उस स्तूप का व्यास शायद, रहा एक सौ बासठ फीट,
वेष्टनी या वेदिका घेरा, आठ सौ फीट में लगभग तत्र ॥222 ॥

यहाँ एक सौ छत्तीस खंभ, नौ नौ फीट सभी थे ऊँचे,
सूचियाँ तीन सौ अड़तालिस, पौने तीन फिट बनी पिरोके।
सबसे ऊपर खचा ललित, कलापूर्ण मंजुल नक्काशी,
द्वार वेदिका बाहर भीतर, बनी मूर्तियाँ सिंह सलीके ॥223 ॥

दो सिंह भीतरी भाग में, आमने-सामने किये मुख बैठे,
सिंह वाह्य स्तंभ आधारित, सामने दृष्टि गड़ाये ऐंठे।
इस प्रकार पूरे स्तूप में, आध्यात्मिक आदर्श प्रतीक,
अति ही विकसित वास्तु कला के, हों उत्तम स्मारक जैसे ॥224 ॥

अमरावति स्तूप अंग-अंग, में बना घना अलंकरण,[2]
उसको बाँटा पुराविदों ने, पूर्ण अवधि का चार-चरण।
प्रथम चरण ईसा के पूर्व, द्वितीय प्रथम शती के मध्य,
इस युग तक अंकित प्रतीक ही, नहीं बुद्ध का मूर्ति वरण ॥[3]225 ॥

द्वितीय चरण दो पहली सदियाँ, ईसा पूर्व व ईसा बाद,
पूर्व से उत्तम शिल्पकारिता, कला रुचिरता भाव उत्पाद।
इस काल में बुद्ध प्रतीक, बुद्ध मूर्ति का अंकन भी,
महाभिनिष्क्रमण मार विजय, दृश्यांकन देता आह्लाद ॥[4]226 ॥

तृतीय चरन एक सौ पच्चीस, दो सौ पचास ईस्वी अंतराल,
इस युग का आरम्भ काल था, पुलमावी नरेश का काल।
शिल्प वास्तु दोनों दृष्टि से, हुआ अधिक संवर्द्धन इस युग,
महा चैत्य के अंग अंग पर, फैला अलंकरण का जाल ॥227 ॥

---

1. डायरेक्टर पब्लिकेशन, एम.आई.बी. भारत सरकार : 5000 इयर्स आफ इंडियन आर्कीटेक्चर, पृ. 9-10; वाजपेयी, के.डी. : पूर्वोद्धृत, पृ. 105-106
2. हावेल, ई.बी. : आइडियाज आफ इंडियन आर्ट, पृ. 15
3. शिवराममूर्ति, सी. : इंडियन स्कल्पचर, पृ. 44; नीलकंठ शास्त्री, के.ए. : पूर्वोक्त, पृ. 456-457
4. सी. मार्गबन्धु आदि (सं.) : इंडियन आर्क्योलॉजिकल हेरीटेज, खण्ड-प्रथम, पृ. 608-611

पूर्ण और अर्द्धकमल उकेरी, स्तंम्भों के बाहरी छोर,
इन दोनों के मध्य बुद्ध के, जीवन घटनाओं का कोर।
छज्जों के भीतरी भाग, स्तंभ सूची आदि उत्कीर्ण,
बुद्ध कथा जातक के दृश्य, दर्शित किया गया चहु ओर ॥228॥

सूचीपर नलगिरि हाथी का, चित्रांकित दृश्य दमन,
अति उदात्त प्रभावी चित्रण, दर्शनीय सौन्दर्य गठन।
धर्म चक्र पूजा प्रदक्षिणा, आदि दृश्य मंजुल उत्कृष्ट,
सातवाहन स्तूप कला का, करते ये सजीव दिग्दर्शन ॥[1]229॥

चतुर्थकाल 200 ईस्वी से, दो सौ पचास ईस्वी के बीच,
यही समय इक्ष्वाक् वंश के, राजाओं का काल पुनीत।
इसी काल नागार्जुनी कोण्ड में, स्तूपों का हुआ निर्माण,
अतः अमरावती चित्र शिल्प पर, उसका भी प्रभाव प्रतीत ॥[2]230॥

बहुत से पुराने शिलापट, स्तूप रचना से गये हटाये,
नये पुराने शिलापटों पर, स्तूप आकृति गये खुदवाये।
कुशल शिल्पियों के हाथों ने, किया नवीनीकृत स्तूप,
फिर से उन्हें स्तूप भूमि पर, यथा स्थान गये बैठाये ॥231॥

किन्तु नवीनीकृत कार्यों का, नहीं हुआ रुचिकर परिणाम,
भव्य चैत्य मौलिकता धुमिल, मंद कला का रूप ललाम।
पूर्व अपेक्षा लम्बी छरहरी, बनी मूर्तियाँ मानव की,
मोती मालादि अलंकरण, किये आवरित तन अभिराम ॥232॥

वृत्तों में बहु फूल पत्तियों, की बेले थीं गयी बनायी,
झाँकते झरोखों से नर नारी, मुख आकृतियाँ भी दर्शायी।
किन्तु सभी अलंकरणों में, न सजीवता पहले जैसी,
अपितु कला की अभिनव प्रस्तुति, हर प्रकार गयी है पायी ॥[3]233॥

अमरावति स्तूप सुचित्रण, विषय वस्तु गयी अनुपम आंकी,
उसमें तद्युगीन जीवन की, प्रदर्शित है बहुविध झाँकी।

1. शिवराममूर्ति, सी. : इण्डियन स्कल्पचर, पृ. 44
2. पाण्डेय, जी.सी. : पूर्वोक्त, पृ. 215; सुन्दरराजन, के.वी. : पूर्वोक्त, पृ. 171
3. शास्त्री नीलकंठ, के.ए. : पूर्वोक्त, पृ. 455–457; अग्रवाल, वी.एस. : भारतीय कला, पृ. 296, 303, 307, 310

निर्धन की कुटिया से लेकर, राजमहल के अंकन भव्य,
भिक्षु विहार बने दो भूमिक, स्वच्छ उकेरी मनहर बाँकी ॥234॥

बुद्ध जीवन जातक कथा का, इतना दीर्घ सहज चित्रांकन,
अन्य किसी स्तूप वास्तु में, दिखता नहीं रम्य रचना-घन।
अतः महास्तूप अमरावति, राष्ट्र वास्तु उज्जवलतम कृति,
भाँति-भाँति सौन्दर्य समन्वय, कृति अनन्य में होता दर्शन ॥[1]235॥

नागार्जुनीकोण्ड स्तूप[2]

अमरावती स्तूप से उत्तर, स्थित बत्तीस मील सुदूर,
नागार्जुन शैल के अंचल, सरित् कंठ कृष्णा की धूर।
ईस्वी तीसरी शती अवांतर, बने कई स्तूप वहाँ,
अन्य नाम नागार्जुनीकोण्ड का, विश्रुत है श्री विजयपूर ॥236॥

राजधानी इक्ष्वाक् वंश की, सातवाहन के उत्तराधिकारी,
नृप थे वैदिक मत अनुयायी, किन्तु रानियाँ बौद्धाचारी।
इन्हीं की इच्छा से अनुप्राणित, बने वहाँ स्तूप कई,
वीरपुरुषदत्त राजकाल में, बने चैत्य वृहद् रुचिकारी ॥237॥

उसकी रानी वाषिसिरिनिका, के अभिलेख से होता ज्ञात,
महाचैत्य बनकर तैयार जब, सूचित करती भर आह्लाद।
रानी ने निर्माण कार्यहित, नवकर्म्मिक को किया नियुक्ति,
बने बहुत बौद्ध स्मारक, मंदिर मठ बिहार प्रासाद ॥238॥

सर्व प्रथम उन्नीस सौ छब्बीस, लांगहर्स्ट विद्वान निराला,
करके अथक प्रयास वहाँ पर, पुरावशेष बहु खोज निकाला।
तब से सन् उन्नीस सौ उन्सठ, तक वहाँ उत्खनन अनेक,
फलस्वरूप स्तूप चैत्य मठ, मंदिर ऊपर पड़ा उजाला ॥239॥

मिला फलक नागार्जुनी कोण्ड, दशरथ जातक के आधार,
जिसमें राम लक्ष्मण सीता, बन जाने को हैं तैयार।
सिंहासन आरुढ़ दशरथ, अगल-बगल में राम लखन,
पाने को आशीष मातु-पितु, हुए उपस्थित नृप दरबार ॥240॥

---

1. सुन्दरराजन, के.वी. : पूर्वोक्त, पृ. 160-161
2. श्रीवास्तव, के.सी. : पूर्वोक्त, पृ. 313-314; अग्रवाल, वी.एस. : पूर्वोद्धृत, पृ. 312-320

रामायण का यह शिल्पांकन, वीरपुरुषदत्त राजत्व काल,
जो करता आन्ध्र में शासन, शती तीसरी के अन्तराल।
लिखा वही लेख में उसके, वह इक्ष्वाक् राम रघुवंशज,
और बताया गौतम बुद्ध को, उसी वंश का वृक्ष विशाल ॥[1]241 ॥

यहाँ प्राप्त एक अन्य फलक पर, दर्शित सीताराम लखन,
द्वय जन वार्तालाप में रत हैं, कुछ कर रहे ऋषि को नमन्।
लांगहर्स्ट मत चित्रकूट में, भरत राम मिलन का दृश्य,
जिसमें आये भरत मातु संग, गुरु वशिष्ट ले कुल परिजन ॥[2]242 ॥

नागार्जुनी से लांगहर्स्ट को, प्राप्त ध्वंस कुल नौ स्तूप,
जिसमें चार पाषाण पट्ट से, जड़े हुए अति मंजु स्वरूप।
गोलाकार महास्तूप का, एक सौ छः फिट लम्बा ब्यास,
तेरह फिट चौड़ा प्रदक्षिणा, स्तूप वेदि मध्य अनुरूप ॥243 ॥

कालान्तर में शिलापट्ट के, हुए अलंकृत ऊपरि अंग,
चित्रांकन सु बौद्ध कथानक, जातकादि के ललित प्रसंग।
प्रमुख दृश्य महाभिनिष्क्रमण, मार विजय माया का स्वप्न,
सम्बोधि धर्म चक्र प्रवर्तन, दृश्य उकेरी मर्यादित, ढंग ॥[3]244 ॥

नागार्जुनी स्तूप विशिष्टता, आयक रचना आयताकार,
चारों दिशा स्तूप से सटकर, बढ़ा चबूतरा सम आकार।
अमरावती के आयकों पर, दिखते शिलापट्ट अलंकृत,
चार द्वार थे बने वेदि में, किन्तु अस्तित्व न तोरण द्वार ॥[4]245 ॥

सुउत्कीर्ण शिलापट्टों का, शिल्प कला छवि सुदर्शनीय,
तक्षण की स्वच्छता सुन्दर, सूक्ष्मांकन अति प्रशंसनीय।
वस्त्राभूषण साज मनोहर, चित्रांकन संयम न अन्यत्र,
दर्शाते ये आन्ध्र शिल्प की, चरमावस्था छवि महनीय ॥246 ॥

चैत्य इतर नागार्जुनीकोण्ड में, मिले मूर्ति मंदिर के अंश,
लघुस्तूप अनेक और कुछ, राजप्रासाद के बिखरे ध्वंस।

---

1. गौड़, आनन्द प्रकाश: रामा इन ऐंशियंट इंडियन स्कल्पचर, पृ. 17
2. वही, पृ. 17–18
3. शिवराममूर्ति, सी. : पूर्वोक्त, पृ. 48–50
4. वाजपेयी, के.डी. : पूर्वोक्त, पृ. 106–108

पुण्य भद्रस्वामी हारीति, शिव कार्तिकेय के मंदिर आदि,
बैठी हुई हारीति की प्रतिमा, दर्शनीय अति मंजु प्रशंस ॥247॥

राजप्रासाद के ध्वंसावशेष में, तोरण द्वार वप्र प्राकार,
उसके उत्तर व्यायामशाला, कहा गया साक्ष्य आधार।
ईसा पूर्व दूसरी शती से, ईस्वी पाँचवी शती के मध्य,
काल यही नागार्जुनी कोण्ड के, स्मारकों का शोध अनुसार ॥248॥

अमरावति नागार्जुनी कोण्ड, के अतिरिक्त कई स्थान,
दक्षिण में स्थित स्मारक, कृष्णा गोदावरि के मैदान।
घाटशाल जग्गेय्यपेट्ट व, भट्टिप्रोलु पेडगंज आदि,
सातवाहन इक्ष्वाक् राज में, चैत्य विहारों का निर्मान ॥[1]249॥

चैत्यालय तथा विहार[2]

गुहा बिहार रचना का कार्य, मौर्य काल की थी शुरुआत,
सातवाहन साम्राज्य काल में, चरमावस्था हो गई प्राप्त।
'सेलकम्म' इस कर्म की संज्ञा, कारीगर को सेलवड्ढकी,
कहते 'कीर्ति' तैयार गुहा को, संज्ञा द्वार 'श्री मुख' ज्ञात ॥[3]250॥

सम्मुख गुहा शैल को काट, स्तंभ उच्च जो गये बनाये,
कीर्ति स्तंभ नाम दे उसका, रुचिर प्रभा से गये सजाये।
इसी काल पश्चिम भारत में, शैल गुहाओं को गढ़ खोद,
बहुतायत बिहार चैत्यगृह, यहाँ खुले में गये बनाये ॥[4]251॥

शवदाह के बाद भस्म को, गाड़ते अन्दर खोद जमीन,
जबकि ढूह निर्माण परंपरा, समाज में प्रचलित प्राचीन।
अस्थि तोपने से स्तूप, चैत्य चिता से प्रादुर्भूत,
महापुरुषों के अस्थि भस्म से, जगी स्तूप आस्था नवीन ॥252॥

परिनिव्वान उपरांत नृपों ने, बुद्ध अवशेष को करके बॉट,
उन पर अपने राज्य पुरों में, बनवाया स्तूप विराट्।

1. तिवारी, आर.पी. : सर्वे आफ ड्राइंग इन ऐंशियंट इण्डिया, पृ. 22-23; शिवराममूर्ति, सी. : इण्डियन स्कल्पचर, पृ. 44, 49, 51
2. श्रीवास्तव, के.सी. : पूर्वोद्धृत, पृ. 314-315
3. वाजपेयी, के.डी. : पूर्वोक्त, पृ. 88, शास्त्री, नीलकंठ, के.ए., पूर्वोक्त, पृ. 14
4. हावेल, ई.बी. : ए हैण्ड बुक आफ इंडियन आर्ट, पृ. 21

बनवाया अशोक बाद में, देश में चैत्य चौरासी हजार,
धीरे-धीरे यही बन गये, बौद्ध उपासना श्रद्धा घाट ॥253॥

कालान्तर में चैत्य हो गये, बौद्ध धर्म के अंग अभिन्न,
इन पर जन श्रद्धा अपार बस, चैत्य बने धर्म के चिह्न।
पहले ईंट पत्थर से निर्मित, बहु स्तूप खुले स्थान,
बाद में पर्वतगुहा काट कर, बने चैत्य विहार विभिन्न ॥254॥

खोद पहाड़ों को जो निर्मित, हुए चैत्यगृह गुहा-विहार,
वे अभी विद्यमान् दकन के, विविध पहाड़ी बीच पठार।
चैत्यगेह वास्तु संरचना, पूजागृह शुचिता अनुरूप,
उनके पास विहार बने जो, भिक्षुवास सुविधा अनुसार ॥255॥

चैत्यगृहों की संख्या कम है, सौ से अधिक बौद्ध विहार,
चैत्यगेह संरचना लक्षित, सम्मुख अंश आयताकार।
अश्वनाल की आकृति जैसी, छत दिखे गज पृष्ट समान,
अन्तभाग रचना स्वरूप में, स्वच्छ शुद्ध अर्ध वृत्ताकार ॥256॥

अन्तिम भाग के अन्दर होता, अण्डाकार सुघर स्तूप,
इसको चैत्य कहा जाता है, पूजित इसका विमल स्वरूप।
दोहरी आकृति के कारण, इसका नाम द्वयस या बेसर,
चैत्य शीर्ष पर बनी हर्मिका, शोभित छत्र तीन अनुरूप ॥257॥

स्तूप समक्ष मण्डप होता, प्रदक्षिणा पथ लगा बगल,
चैत्य के दोनों ही पार्श्व, निर्मित दृढ़ स्तम्भ अटल।
गुफा की खुदाई कीर्तिमुख से, ही होता सदा आरम्भ,
ऊपर नीचे द्वय भागों में, लक्षित चैत्य गेह अविकल ॥[1]258॥

भाग ऊपरी चैत्य गवाक्ष का, उसे कीर्तिमुख भी कहते,
निम्न भाग भित्ति चट्टानी, प्रवेश द्वार त्रय थे बनते।
मध्य द्वार मण्डप का मार्ग, जिससे भिक्षु जाते पूर्जनार्थ,
पार्श्व द्वार से प्रदक्षिणापथ, बाहर दाईं ओर निकलते ॥[2]259॥

कुभा-गुहा या घर आदि थे, चैत्यगृहों के बहुत से नाम,
शैलोत्कीर्ण गुहा अभिहित, संस्कृत में लयण अभिधान।

---

1. सत्यदेव, अभिनव : प्राचीन भारतीय कला, पृ. 62-65
2. अग्रवाल, वी.एस. : भारतीय कला, पृ. 196-200

कहे गये हैं तीन प्रमुख जो, चैत्यघरों के टंकित भाग,
मध्यवीथि–नाभि व मण्डप, स्तम्भ आदि के पुष्ट प्रमान ॥[1]260 ॥

बौद्ध धर्म चैत्यालय के, बी. एस. अग्रवाल मतानुसार,
गिरजघरों के नेव आइल, में ऐप्स अंग साकार।
हिन्दू देवालय अंगों से, इनकी तुलना अनुसरणीय,
कालान्तर में बने चैत्यगृह, हिन्दू मंदिर वास्तु आधार ॥261 ॥

चैत्य गृहों से भिन्न रही, विहारों की रचना तकनीक,
ये विहार बनते थे प्रायः, चैत्यगृहों के ही नजदीक।
सामने दीवार में बरामदा, सस्तभ प्रवेश का द्वार,
चौकोर ऑगन की भाँति, महामण्डप था सबके बीच ॥262 ॥

खुली जगह पर भी बनते, ईंट पत्थर से चैत्य विहार,
इनके ऊपर की छत होती, ढोल या–गजपृष्टाकार।
वायु प्रकाश निमित्त भित्ति में, छोटे बड़े गवाक्ष बने,
इसमें मण्डप के बदले, होता आंगन और ओसार ॥[2]263 ॥

निर्मित तीन ओर आंगन के, कोठरियों की भव्य कतार,
उसके चारों ओर बरामदा, बना स्तम्भों के आधार।
विज्ञों के अनुसार पूर्व में, काष्ठ से बने विहार व चैत्य,
जिनकी अनुकृति कालान्तर, पत्थर में दी गयी उतार ॥264 ॥

अतः पर्सिब्राउन का मत कि, भारतीय गुहा कला निर्माण,
सीखा इन्होंने इरानियों से, कोई नहीं उचित प्रमाण।
आरम्भिक युग लेण–गुहायें, ग्राम्य झोपड़ी की अनुकृति,
इन्हीं के उन्नत रूप गुहा, चैत्यालय विहार पाषाण ॥265 ॥

पश्चिमी भारत के चैत्य व विहार[3]

सातवाहन काल पश्चिम में, बने बहुत से चैत्य बिहार,
संख्या चैत्यगृहों की कम, किन्तु विहारों की भरमार।
हीनयान–महायान रूप में, बौद्ध धर्म बँटा दो भाग,
हीनयान परम्परावादी, विकासोन्मुखी महायान विचार ॥266 ॥

1. शास्त्री, नीलकंठ के.ए. : पूर्वोद्धृत, पृ. 452
2. श्रीवास्तव, के.सी. : पूर्वोद्धृत, पृ. 314–315
3. अग्रवाल, वी.एस. : पूर्वोद्धृत, पृ. 200–204, 219–221; शास्त्री नीलकंठ, के.ए. : पूर्वोद्धृत, पृ. 14, 452, 454

हीनयान में बुद्ध मूर्तियाँ, न बनती न पूजे जाते,
इसके बदले अर्चक उनके, बुद्ध प्रतीकों को अपनाते।
करते नित प्रतीक की पूजा, न प्रतिमा का प्रादुर्भाव,
चैत्य गृहों में स्थित प्रायः, पूजा हेतु स्तूप ही पाते ॥267॥

हीनयान के मुख्य चैत्यगृह, कोण्डाजे अजंता भाजा,
वेडसा नासिक पीतलखोरा, कार्ले आदि बने हैं सादा।
न अलंकरण न मूर्ति है उनमें, पूजार्थ निर्मित स्तूप,
ईसा पूर्व द्वितीय शती से, शती द्वितीय काल रचि साजा ॥268॥

सातवाहन काल गुफाएँ, हीनयान मत से सम्बन्धित,
महायान का उदय नहीं, सातवाहन काल तक लंबित।
अतएव मिलती नहीं कही, बुद्ध मूर्तियाँ चैत्य गृहों में,
बोधिवृक्ष स्तूप पादुका, आसनादि प्रतीक ही अंकित ॥269॥

भाजा[1]

महाराष्ट्र पुणे जनपद में, भाजा गुफा सर्व प्राचीन,
ईसा पूर्व द्वितीय शती की, रचना यह अलंकरण विहीन।
भोरघाट कार्ले के दक्षिण, चौदह स्तूप चैत्यालय विहार,
मंडप के सत्ताइस खम्भ में, नंदिपद चक्र त्रिरत्न उत्कीर्ण ॥270॥

यहाँ विहार में बने कक्ष थे, अन्तः मण्डप के त्रय ओर,
रखा कक्ष में भिक्खु शयन को, प्रस्तर पट लम्बा चौकोर।
मुख मण्डप स्तंभ शीर्ष पर, नर-नारी की मंजुल मूर्ति,
हस्ति पीठ सवार पुरुष, अनुचर सहित दृश्य हिय चोर ॥271॥

चैत्यगेह से कुछ दूरी पर, चौदह सृजित ठोस स्तूप,
छोटे मझोले वृहदाकार में, सौम्य कला के मानो रूप।
इसमें मेधिभाग के ऊपर, बनी वेदिकायें मनहारी,
अलंकरण रचे हैं रम्य, वास्तु कला मानक अनुरूप ॥[2]272॥

---

1. मिराशी, वी.वी. : सातवाहनों और पश्चिमी क्षत्रपों का इतिहास तथा अभिलेख, पृ. 199-200; उपाध्याय, वासुदेव : पूर्वोद्धृत, पृ. 111
2. वाजपेयी, के.डी. : भारतीय वास्तु कला का इतिहास, पृ. 92

कोण्डाने

महाराष्ट्र में जिला कुलावा, कार्ले से दूरी दस मील,
कोण्डाने स्थल पर मिलते, चैत्यागार विहार के टील।
बना विहार यहाँ का सुन्दर, काष्ट शिल्प की अनुकृति पर,
स्तम्भों पर टिका मध्य में, मण्डप भव्य अनुरणन शील ॥273॥

स्तम्भों पर आधारित छत, कुछ ढालू गजपृष्ठाकार,
मुख मण्डप पार्श्व भित्ति में, द्वय गवाक्ष त्रय प्रवेश द्वार।
अंतः मण्डप के तीन ओर, भिक्षुओं के आवासीय कक्ष,
द्वितीय शती ईसा के पहले, रचे गये ये गुहा विहार ॥[1]274॥

पीतलखोरा[2]

नासिक व सोपारा होकर, बणिज मार्ग जाता प्रतिष्ठान,
जिस पर स्थित पीतलखोरा, शतमाला पर्वत चट्टान।
आरम्भ यहाँ गुफा उत्कीर्णन, ईसा पूर्व द्वय शती पूर्व,
हीन–महा दोनों यानों के, मिले गुहा स्थापत्य प्रमान ॥275॥

सातवाहन काल सम्बन्धित, कुल तेरह हैं गुहा विहार,
चैत्यगेह तीन ही निर्मित, पैंतीस–छियासी फीट आकार।
अष्ट पहल स्तम्भ सैंतीस, में बारह है अभी सुरक्षित,
अर्धवृत्त समान निर्मित हैं, तकनीकी वेसरीय प्रकार ॥276॥

मण्डप व प्रदक्षिणा पथ को, करते अलग पंक्ति स्तंभ,
चैत्यगेह स्तूप में रखे हैं, धातु अवशेष पेटिका संग।
ग्यारह सीढ़ियों वाला दृष्ट, वहाँ एक सुन्दर सोपान,
जिनके दोनों ओर यक्ष द्वय, खुदे सहित सपक्ष तुरंग ॥277॥

सूचित दो स्तम्भ लेख से, श्रेष्ठि समूह पुरी प्रतिष्ठान,
पीतलखोरा गुहा वास्तु को, बनवाया था देकर दान।
चौथी गुफा विहार एक थी, मुखमंडप मूर्तियों से अलंकृत,
उनके ऊपर बना कीर्तिमुख, नीचे मिथुन मूर्ति अभिराम ॥278॥

---

1. तिवारी, आर.पी. : पूर्वोद्धृत, पृ. 32; वाजपेयी, के.डी. : पूर्वोद्धृत, पृ. 93
2. अग्रवाल, वी.एस. : पूर्वोद्धृत, पृ. 204–206; सहाय, एस.एस. : भारतीय कला, पृ. 186

चैत्य गवाक्ष सुरक्षित छः, स्तम्भ हैं रम्य सुटंकित,
गर्भशालायें सप्त मण्डप में, मुख्यशाला के अन्दर रक्षित।
मुख्य द्वार ऊँचे चत्वर पर, गजारोहि पंक्ति उत्कीर्ण,
द्वार स्तंभ भव्य व सुन्दर, आकर्षक बहुविधा अलंकृत ॥279॥

कमलासन आरूढ़ लक्ष्मी, लिए हस्त में कमल सनाल,
उत्कीर्ण हस्ति द्वय करते, अभिसिंचन लक्ष्मी के भाल।
खड़े किनारे स्तम्भों पर, फुल्ले तथा तिरत्न अलंकृत,
द्वारपाल की अडिग मूर्तियाँ, प्रभावशाली एवं विशाल ॥280॥

तेरहवी गुफा चैत्यगृह शुचि, पाँच से नौ तक गुहाविहार,
मण्डप छज्जा चित्रित वेदि, नौवीं गुहा अधिक विस्तार।
द्वय स्तम्भ पंक्ति मंडप से, स्तूप के पीछे तक निर्मित,
पीतंगल्य स्थापत्य प्रभावी, इस युग हीनयान आचार ॥[1]281॥

अजन्ता[2]

अजंता गुहा पहाड़ी स्थित, महाराष्ट्र औरंगाबाद,
तक्षण-चित्रण दोनों दृष्टि से, है उत्कृष्ट सिद्ध निर्विवाद।
ईसा पूर्व दूसरी शती से, शती सातवी ईस्वी मध्य,
जारी यहाँ कला संरचना, बौद्ध धर्म के श्रद्धा साध ॥282॥

दूसरी शती ईस्वी तक, यहाँ रहा हीनयान प्रभाव,
तत्पश्चात् गुहा स्थापत्य में, महायान मत प्रादुर्भाव।
यहाँ सभी उन्तीस गुफायें, पच्चीस विहार चैत्यगृह चार,
जिसमें मात्र आठ नौ छोड़, सबमें महायान सद्भाव ॥283॥

दसवीं गुफा चैत्यगृह जो, सबसे अधिक पुराना ज्ञात,
मण्डप-प्रदक्षिणा मार्गमध्य, उन्सठ स्तम्भों की पाँत।
दृढ़ स्तम्भ झुके अन्दर को, मध्य में निर्मित है चौकोर,
टेढ़ी धरन स्तम्भ शिरों से, स्तूपोपरि हो रचित सुहात ॥284॥

गुहा शिल्प के उत्खाता ने, किया अलंकृत विविध प्रकार,
स्तूप पिण्ड गोल है निर्मित, उच्च अंश लम्बाण्डाकार।[3]

1. गैरोला, वाचस्पति : भारतीय संस्कृति और कला, पृ. 220
2. सुन्दरराजन, के.वी. : पूर्वोद्धृत, पृ. 17-20
3. चोपड़ा, प्रभा : भारतीय संस्कृति की झाँकी, पृ. 66

नवीं गुफा भी चैत्यालय है, यह पहले से कुछ है छोटा,
दोनों पार्श्व गवाक्ष मुखपट्ट्, मध्य में खुदा प्रवेश का द्वार ॥285॥

तीनों के ही शीर्ष भाग पर, छज्जा निकला है समवेत,
ऊपर में संगीत सभा है, रचना सौम्य कीर्ति मुख एक।
सामने की वेदिका अलंकृत, भीतर मण्डप वर्गाकार,
इन दोनों ही चैत्यघरों में, शुंगकाल चित्रकारी अनेक ॥286॥

यहाँ पर बारहवीं तेरहवी, आठवीं गुफा संरचित विहार,
वास्तु गुहा दसवीं बारहवीं, रचना संग-संग साकार।
आठवीं गुहा बिहार सृजन, नवी गुहा चैत्यगृह साथ,
हीनयान मत से संबंधित, चित्रित है अलंकरण अपार ॥[1]287॥

वेडसा[2]

कार्ले से दस मील दक्षिण, स्थित वेडसा गुफा स्थान,
दिखे गुफा में रूप सुरक्षित, काष्ट से रूपान्तरित पाषान।
चैत्य सटा है भव्य बरामदा, उत स्तंभ पचीस फिट ऊँचे,
इनके अठकोणिय शीर्षों पर, पशु चित्र उत्कीर्ण समान ॥288॥

पशुओं पर मनुष्य सवारी, जिन्हें ठीक से गया ताराशा,
पशु मनुष्य दोनों सुरचना, कलाकार अद्‌भुत, जिज्ञासा।
स्तभों के निचले भाग, पूर्ण कुंभ पर गये टिकाये,
तक्षण वास्तु युक्त समन्वय, उस युग की उत्कट प्रत्याशा ॥289॥

गुफा में मुखद्वार कीर्तिमुख, दोनों पर ही वेदि अलंकरण,
सम्मुखांग शिल्प वास्तुकला, के लगते दृष्टांत अतिरमण।
वेदिका जालीदार गवाक्ष में, हुई तराशी इतनी सूक्ष्म,
जैसे शिल्पी स्वर्णकार हो, रचना रम्य ज्यों रत्न आभरण ॥290॥

सौन्दर्य में कार्ले गुहा ही, मुखपट्ट वेडसा समकक्ष,
चैत्य गुहा में प्रवेश हेतु, खुदे हुए द्वार त्रय स्वच्छ।
वेडसा चैत्य स्थापत्य निकट, बना आयताकार विहार,
वर्गाकार मण्डप में उत्तम, तीन तरफ बने है कक्ष ॥[3]291॥

1. उपाध्याय, वासुदेव : पूर्वोद्धत, पृ. 145-147; वाल्टर, एम. स्पिंक : डायमेन्संस आफ इंडियन आर्ट, भाग-एक, पृ. 457-460; मिराशी, वी.वी. : पूर्वोद्धत, पृ. 217-220
2. गैरोला, वाचस्पति : पूर्वोक्त, पृ. 218
3. वाजपेयी, के.डी. : भारतीय वास्तु कला का इतिहास, पृ. 95-96

नासिक की गुहायें[1]

गोदावरी नदी तटपर, नासिक प्रसिद्ध बौद्ध स्थान,
निर्मित सत्रह गुहा गुच्छ में, चैत्यगेह एक विद्यमान्।
सर्व प्राचीन विहार एक लघु, मंडप चौदह फीट वर्ग में,
तीन तरफ मण्डप के है, दो-दो कक्ष चौकोर समान॥292॥

मुखमण्डप में अठपहलू, द्वय स्तंभ बने आधार,
निर्माता सातवाहन कृष्ण, गुहालेख एक अनुसार।
तीन गुहा विहार निर्माणक, क्रमशः शक नहपान एवं,
नृप गौतमीसुत, यज्ञश्री, सातवाहन राजपरिवार॥293॥

यज्ञ श्री विहार का मण्डप, लम्बा कुल है इकसठ फीट,
चौड़ा भीतर बाहर क्रमशः, चौवालीस साढ़े सैतिस फीट।
मण्डप पीछे बना गर्भगृह, सम्मुख द्वय स्तभ अलंकृत,
तीन ओर मण्डप के पास, बने अष्ट कक्ष पड़ते दीठ॥294॥

इसमें बुद्ध की प्रतिमा भारी, अलग-बगल अनुचर उत्कीर्न,
अंकित गुहालेख से सूचित, रचनाकर्तृ कोई नारि प्रवीन।
वह रमणी थी 'वास' नाम की, सेनापति की भार्या किंचित,
बौद्ध धर्म प्रति श्रद्धा वस, रच विहार संघ को दीन॥295॥

अन्य गुहायें महायानी हैं, यहाँ चैत्यगृह केवल एक,
ईसा पहले प्रथत शती के, मध्य सुनिर्मित अंग प्रत्येक।
मुख मण्डप द्वय तल्ला उसका, वास्तु कला का मंजु स्वरूप,
इसके भीतरी भू-मण्डप में, सीधे-सधे स्तंभ अनेक॥296॥

निचले तल में बना हुआ, प्रवेश द्वार सुन्दर एकगोल,
ऊपरी तल में रचा झरोखा, वायु प्रकाश युक्ति अनमोल।
मण्डप के चौकोर खंभ पर, अण्ड भाग के ऊपरी ओर,
अति सुन्दर शुचिमय कलात्मक, मूर्तियाँ हैं उत्कीर्ण सुडोल॥297॥

स्तम्भों के तल में योजित, पूर्ण कुम्भ तकनीकी उच्च,
पाण्डुलेण संगीत सभा में, जुटते स्वर अनुरागि समुच्च।

1. उपाध्याय, वासुदेव : पूर्वोक्त, पृ. 112-115; गैरोला, वाचस्पति, पूर्वोक्त, पृ. 220

चैत्यद्वार उत्कृष्ट कला में, दिखे शिल्पियों का नैपुण्य,
गुहालेखों में दानदातृ के, लिखे नाम स्पष्ट हैं कुच्छ ॥[1]298 ॥

कार्ले की गुफाएँ[2]

महाराष्ट्र के पुणें जिले में, प्रसिद्ध पहाड़ी भोराघाट,
बना चार विहार चैत्यगृह, वहाँ पर्वतीय शैल को काट।
सर्वाधिक उल्लेखनीय है, कार्ले चैत्य जो अधिक सुरक्षित,
एक सौ चौबिस फीट लम्बा, पीछे तक यह भव्य विराट् ॥299 ॥

चौड़ाई छियालिस फीट तक, इतनी ही बितान ऊँचाई,
सामने का वास्तु द्विभूमिक, देता है अति भव्य दिखाई।
तीन द्वार निचली मंजिल के, ऊपर में प्रकाश वातायन,
द्वार समक्ष स्त्री पुरुषों के, आकृतियाँ हैं गयी सजाई ॥300 ॥

पार्श्ववीथि द्वय मण्डप मध्य, पन्द्रह स्तंभो की पंक्ति,
सात स्तंभ स्तूप को घेरे, जैसे कण्ठहार आसक्ति।
पार्श्व वीथि मण्डप के खम्भ, भरे भव्य नक्काशी से,
अन्य कई स्तंभ हैं सादे, देते चरम कला अभिव्यक्ति ॥301 ॥

चौकी स्थित कुंभ मुखों में, आरोपित स्तंभाधार,
ऊपर का स्तंभ शिरा भी, सज्जित औंधे घट आकार।
लहराती पद्म पंखुडियों से, ऊपर का घट है आच्छादित,
घट चत्वर पर हाथी घोड़े, मिथुन मूर्तियाँ सुघर उभार ॥[3]302 ॥

कुछ पर केवल स्त्री मूर्तियाँ, शिल्प दृष्टि से अति कमनीय,
चैत्यालय समक्ष अर्धमण्डप, ओट निमित्त भित्ति दर्शनीय।
सबसे अग्र स्तंभ शीर्ष पर, चार सिंह है पीठ सटाये,
सारनाथ स्तंभ शीर्ष का, जो देते स्मृति महनीय ॥303 ॥

अतः कार्ले का चैत्यगृह, सर्व सुन्दर राष्ट्रीय स्मारक,
वास्तु विलक्षण तक्षण प्रतिमा, सौम्य शिल्प का मंजुल धारक।

---

1. मिराशी, वी.वी. : पूर्वोक्त, पृ. 200–202; अग्रवाल, वी.एस. : पूर्वोक्त, पृ. 209–211
2. नीलकंठ शास्त्री, के.ए. : पूर्वोक्त, पृ. 453–454; उपाध्याय, वासुदेव : पूर्वोक्त,पृ. 113–115, 166, 170
3. शिवराममूर्ति, सी. : इण्डियन स्कल्पचर, पृ. 32

ईसा की दूसरी शती में, पुलमावी के शासन काल,
भूतपाल वैजयंति पुरी का, श्रेष्ठी इसका रचना कारक ॥304॥

कार्ले स्थित त्रय विहार का, नहीं सहज उत्तम तकनीक,
दूसरे तीसरे विहार क्रमशः, त्रय मंजिला व द्विभूमीक।
इस विहार के निर्माता व, दानकर्त्ता का अंकित नाम,
वह एक श्रद्धालु विदेशी, बुद्ध भक्त 'हरफान' पारसीक ॥[1]305॥

कन्हेरी की गुफाये[2]

सोलह मील मुम्बई के उत्तर, स्टेशन वोरीवली के पास,
कृष्णागिरि संज्ञा अतीत में, कन्हेरी की गुहायें खास।
सातवाहनों के काल उकेरित, कन्हेरी गुहा अधिकांश,
हीनयान के अन्तिम काल, खुदे विविध भिक्षु आवास ॥306॥

भिन्न कई आकार-प्राकार में, खुदी कार्ले गुहा समान,
कार्ले चैत्यालय अनुकरण में, कन्हेरी चैत्य निर्मान।
गृहमुख के सामने एक, प्रांगण जो अन्यत्र नहीं,
प्रांगण के पार्श्व अलंकृत, वेदिका एक शोभायमान ॥307॥

वेदिका व उसके कुछ ऊपर, यक्ष मूर्तियाँ हस्त उठाये,
शेष अंश पर पशु पक्षी, अंकित सुन्दर सूक्ष्म लतायें।
प्रांगण स्थित अलग-बगल, स्थिर शुचि स्तंभ शीर्ष पर,
खुदी यक्ष प्रतिमाएँ एवं, सिंह आदि भी गये बनाये ॥308॥

भीतरी मंडप साढ़े छियासी, फीट लम्बा उसका विस्तार,
अड़तिस फीट ऊँचा वितान, चालीस फीट चौड़ा आकार।
मण्डप के स्तम्भ चौतिसों, सजे सुघर प्रतिमाओं से,
गर्भ में सोलह फीट व्यास का, बना स्तूप है गोलाकार ॥309॥

खुदा वरामदा है द्विभूमिक, चैत्यगेह के सटा समक्ष,
गुहा विहार वास्तु रूचिरता, कार्ले के दिखता समकक्ष।
चौथी शती ईस्वी कन्हेरी, महायान का बना सुकेन्द्र,
तब से वहाँ गुहा रचना में, बुद्ध मूर्ति बाहुल्य प्रत्यक्ष ॥[3]310॥

---

1. गैरोला, वाचस्पति : पूर्वोक्त, पृ. 219-220
2. उपाध्याय, वासुदेव : पूर्वोद्धृत, पृ. 111, 147-148, 166-170; अग्रवाल, वी.एस. : भारतीय कला, पृ. 217-218
3. वाजपेयी, के.डी. : पूर्वोक्त, पृ. 100; गैरोला, वाचस्पति : पूर्वोक्त, पृ. 219-220

पूर्वी भारत के विहार[1]

पशिचमी भारत भाँति पूर्व में, खारवेल कलिंग नरेश,
खुदवाया विहार अनेक, आज के उड़िया भूमि प्रदेश।
रम्य उड़ीसा की राजधानी, भुवनेश्वर नगर समीप,
खंड-उदय गिरि पर्वतमाला, में उत्कीर्णित गुहा विशेष ॥311॥

जैनधर्म प्रति श्रद्धा रुचि, फलस्वरूप चेदि सम्राट,
बनवाकर विहार पैंतीसों, दिया भिक्षुओं में सब बाँट।
उदयगिरी में उन्नीस व, खण्ड गिरि में सोलह गुहायें,
यहाँ मात्र विहार बने थे, चैत्यगेह स्तूप न लाट ॥312॥

उदयगिरि गुहा समूह में, चर्चित अतिसय हाथी गुंफा,
मंचपुरी-गणेश गुंफा व, रानी गुंफा व्याघ्र गुम्फा।
खण्डगिरी में अनंत गुंफा, नवमुनि गुंफा देवसभा,
सबसे वृहद् बनी द्वयभूमिक, उदयगिरि में रानी गुंफा ॥313॥

रानीगुंफा के हर तल में, आंगन व मध्यवर्ती कक्ष,
प्रांगण के तीनों ही दिक में, निर्मित कई कोठरियाँ स्वच्छ।
प्रेमाख्यान स्त्री अपहरण, अंकित कुछ रोमांचक दृष्य,
शकुन्तला दुष्यंत प्रकरण, गणेश गुम्फा में दिखे प्रत्यक्ष ॥314॥

अन्य दृश्य आखेटक का, उदयन वासवदत्ता प्रकरण,
कल्पवृक्ष शालिभंजिकायें, अन्य कई प्राकृतिक सुचित्रण।
अनन्त गुफा के सम्मुख, निर्मित बरामदा के सप्त,
भीतों पर लक्ष्मी कमल, नाग विद्याधर अलंकरण ॥315॥

कमलासीन लक्ष्मी मूर्ति, अति विशिष्ट व प्रशंसनीय,
हाथियों द्वारा इस देवी की, अभिचिंसन मुद्रा दर्शनीय।
यहाँ चित्रित फलक चित्र भी, लगते अति महत्त्व के,
सच है सांस्कृतिक क्षेत्र में, खारवेल कीर्ति अकथनीय ॥[2]316॥

❑❑❑

1. तिवारी, आर.पी. : पूर्वोद्धृत, पृ. 36-38; शास्त्री नीलकंठ, के.ए. : पूर्वोद्धृत, पृ. 454-455
2. उपाध्याय, वासुदेव : पूर्वोक्त, पृ. 110, 178, 180; दास, एस.के. : पूर्वोक्त, पृ. 142

18

विदेशी आक्रमण : विदेशी शासन

(190 ई.पू. से 230 ईस्वी)

मौर्य नृप महान् थे, किन्तु असावधान थे,
साम्राज्य अंत समय, पतन की ओर था।
मौर्य बाद शुंग वंश, कण्व आन्ध्र राजहंस,
इनका प्रयास एक्य, नहीं पुरजोर था॥
ऐसी अवस्था देख, धावा शक यवनेश,
कुषाणादि आक्रमण, तीव्र घनघोर था।
राजकाज लीन हुए, भारत विलीन हुए,
धर्म कला संस्कृति, रण राग चहुँओर था॥

हिन्द यवन (इन्डोग्रीक)[1]

यवन सेल्युकस को जीत, चन्द्र* किया शक्तिहीन,
अफगानिस्तान तक भूमि, कर लिया अपने अधीन।
इन द्वय बीच स्थापित, दौत्य व मैत्री संबंध,
कायम शताब्दियों तक, जब तक मौर्य सत्तासीन॥1॥

मौर्य कुल के निर्बल, उत्तराधिकारियों के शास्ति काल,
पश्चिमोत्तर विदेशियों के, हमलों से आया भूचाल।
देश का दुर्भाग्य यह था, तब न कोई चन्द्रगुप्त,
जो करता प्रतिरोध शत्रु, लेकर चमू विशाल॥2॥

सर्वप्रथम आक्रमणकारी, बल्ख वैक्ट्रीयन ग्रीक,
राजनैतिक अस्थैर्य लाभ, मिला यहाँ उन्हें सटीक।
भारत में आकर कुछ, प्रदेश जीत राज्य किया,
इन्हीं यवन भारतीयों को, कहा गया इन्डोग्रीक॥3॥

---

1. श्रीवास्तव, के.सी. : प्राचीन भारत का इतिहास तथा संस्कृति, पृ. 319-323

*चन्द्रगुप्त मौर्य

इतिहास के साधन[1]

हिन्द यवन शासकों की, इतिहास विषयक जानकारी,
देशी विदेशी साहित्य और, सिक्के लेख हितकारी।
क्षेमेन्द्र-अवदानकल्पलता, नागसेन-मिलिन्दपन्ह,
यवनराज मेनाण्डर पर, डालते प्रकाश भारी ॥4॥

पश्चिमी लेखक स्ट्रैबो, पोलिवियस जस्टिन प्लूटार्क,
आदि के विवरण ऐतिहासिक, प्रस्तुति उनकी लगे यथार्थ।
हिन्दयवन सिक्के अभिलेख, कुछ स्थान जो होते प्राप्त,
विदिशा फतेहपुर रेह आदि, अभिलेख ज्ञान के कार्क ॥5॥

हिन्द यवन नृपों के सिक्के, मिले देश विविध स्थान,
उत्तर पश्चिम मध्य देश, आदि कई चर्चित मैदान।
यवनों के चाँदी के सिक्के, द्रम नाम से रहे प्रसिद्ध,
प्रथम स्वर्ण मुद्रा प्रचलन, का श्रेय है यवनों के नाम ॥[2]6॥

यवनों का इतिहास[3]

सेल्युकस साम्राज्य अंग थे, वैक्ट्रिया, पार्थिया दो प्रांत,
अन्तियोकस प्रथम युग, उसके बस भूतल सर्वांश।
अन्तियोकस द्वितीय काल, प्रान्तों में विद्रोह उठ खड़े,
दोनों प्रांत स्वतंत्र हो गये, सिमट गया राज्य एकांश ॥7॥

सेल्युकस द्वितीय-तृतीय, यद्यपि बहु अजमाये जोर,
किन्तु न पाये फिर से वापस, खोये प्रान्तों की बागडोर।
अन्त में अन्तियोकस तीन, थक कर किया उन्हें स्वाधीन,
सेल्युकस साम्राज्य हुआ, छिन्न-भिन्न वेदम कमजोर ॥8॥

पार्थिया का विद्रोही नेता, अर्सेक्स था हृदय का खोटस,
वैक्ट्रीया अपहर्ता वीर, बरबर चंट था डायोडोटस।
जिसने बढ़ाया साम्राज्य को, सोग्डिया से मार्जियाना तक,
चिरकाल तक राज्य किया, बना स्वयं प्रजा दुःख ओटस ॥9॥

1. गैरोला, वाचस्पति : भारतीय संस्कृति और कला, पृ. 343; रेनो, लोइस : द सिविलाइजेशन आफ ऐंशियंट इण्डिया (अनुवा. स्प्राट फिलिप), पृ. 3-5
2. रिजडेविड्स, टी.डब्ल्यू. : बुद्धिस्ट इण्डिया, पृ. 140-146; श्रीवास्तव, पंकजलता : प्राचीन इतिहास भाग-तीन, पृ. 106-111
3. श्रीवास्तव, के.सी. : पूर्वोक्त, पृ. 320

यूथीडेमस[1]–

डायोडोटस मृत्यु के बाद, तस्य पुत्र था अल्पवयस्क,
जिस को हत यूथीडेमस ने, छीन लिया राज्य का तख्त।
पोलिवियस अनुसार उसकी, राजधानी वैक्ट्रीया को,
अन्तियोकस तृतीय कथित, घेरा डाल दिया था सख्त ॥10॥

दो वर्ष घेरे के बाद, उसमें उठी सन्धि की चाह,
जिससे यूथीडेमस बना, वैक्ट्रीया का शाहनशाह।
अन्तियोकस तृतीय ने अपनी, परम सुन्दरी कन्या का,
; ẞkM s–* सुत डेमेट्रियस से, विधि सम्मत किया विवाह ॥11॥

पश्चात् अन्तियोकस, काबुल से किया हिन्दुकुश पार,
भारत आ नृप सुभगसेन से, लिया ढेर गज धन उपहार।
पाँच सौ हाथी ले वापस, चला गया सीरिया अन्तियोकस,
सुभगसेन सम्भवतः कोई, उत्तर नृप मौर्य परिवार ॥12॥

यूथीडेमस राज्य सीमित, शैल हिन्दुकुश के उस ओर,
नहीं हुआ शायद इनका, भारत पर हमला घनघोर।
न किसी साक्ष्य से होता, यवन आक्रमण का प्राकट्य,
डेमेट्रियस काल से इंगित, भारत पर यवनों का जोर ॥[2]13॥

डेमेट्रियस[3]–

एक सो नब्बे ईसा पूर्व, यूथीडेमस निधन पश्चात्,
बैक्ट्रिया साम्राज्य स्वामी, बना डेमेट्रियस जेता ख्यात।
सैन्य विशाल साथ ले वह, किया हिन्दुकुश पर्वत पार,
सिन्ध और पंजाब प्रांत को, लिया नृपों से छीन बलात् ॥14॥

साहित्यिक पुरातात्विक साक्ष्य, डेमेट्रियस पर करे प्रकाश,
इसका धावा पुण्यमित्र शुंग, राज्य काल की घटना खास।
माध्यमिका मथुरा पांचाल, करते हुए विजित साकेत,
पाटलिपुत्रपुरी चढ़ धाया, उत्तरापथ में भरा संत्रास ॥[4]15॥

---

1. वेदालंकार, हरिदत्त : प्राचीन भारत का राजनीतिक एवं सांस्कृतिक इतिहास, पृ. 54
2. श्रीवास्तव, पंकजलता : पूर्वोक्त, पृ. 90–91
3. वही, पृ. 91–92
4. सांकृत्यायन, राहुल : पालि साहित्य का इतिहास, पृ. 182–183

* यूथीडे.. = यूथीडेमस

किन्तु पुष्यमित्र शुंग के आगे, उनकी चाल चली न एक,
पुष्य पौत्र बसुमित्र यवन को, धूल चटाया सिन्धु के रेत।
इस घटना का पूर्णांकन, पतंजलि कृत महाभाष्य में,
गार्गिसंहिता, मालविकाग्निमित्र, में है घटना क्रम प्रत्येक ॥16॥

अतः पुण्यमित्र शुंग के, सक्रिय राष्ट्र रक्षा अभियान,
पॉव न जमे डेमेट्रियस के, भारत विजय रहा नाकाम।
किन्तु पश्चिम पंजाब सिन्धु, निचली घाटी भूमि की ओर,
डेमेट्रियस का राज्य स्थापित, ताम्र मुद्रायें प्राप्त नृप नाम ॥[1]17॥

इन सिक्कों पर खरोष्टी तथा, यूनानी लिपियाँ उत्कीर्ण,
'महारजस अपरजितस, दिमेत्रियस' से मुद्रायें अंकित पूर्ण।
बेसनगर के सिक्के पर, लिखा मिला है शब्द तिमित्र,
क्रमदीश्वर व्याकरण में अंकन, नाम पुरी दत्तमित्री जीर्ण ॥[2]18॥

संभवतः सौबीर प्रांत में, डेमेट्रियस यह नगर बसाया,
अपनी धाक से शाकल पर, पुनः स्वयं अधिकार जमाया।
हाथी गुंफा लेख में अंकित, यवन राज दिमित्ति का नाम,
के.पी. जायसवाल उसको, नृप डेमेट्रियस ही बताया ॥[3]19॥

यूक्रेटाइडीज[4]

जिस काल डेमेट्रियस था, भारतीय विजयों में मशगूल,
गृह राज्य बैक्ट्रिया में, नृप शासन की हिल गयी चूल।
यूक्रेटाइडीज शत्रु विद्रोही, कर लिया राज्य अधिकार,
उसे दमन का यत्न अन्ततः, डिमेट्रियस का हुआ फिजूल ॥20॥

डेमेट्रियस सूचना सुनकर, बैक्ट्रिया को किया प्रस्थान,
चार माह तक घेरा डाल, हुआ असफल और हलकान।
डेमेट्रियस के अन्तिम दिन के, नहीं सूचना या ही साक्ष्य,
मरा या तो यूक्रेटाइडीज युद्ध, या लौटा फिर हिन्दुस्तान ॥21॥

---

1. सरकार, डी.सी. : स्टडीज इन इंडियन क्वाइन्स, पृ. 46
2. श्रीवास्तव, पंकजलता : पूर्वोक्त, पृ. 108-109
3. गुप्ता, सुमन : संस्कृति संधान, खण्ड-सात, पृ. 16
4. श्रीवास्तव, के.सी. : पूर्वोद्धृत, पृ. 321

युक्रेटाइडीज महत्त्वाकांक्षी, विजई बीर स्टैबो विचार,
एक हजार पुरों का शासक, बना राज्य करके विस्तार।
जस्टिन मत अनुसार उसने, सिन्ध विजय की भारत में,
डेमेट्रियस के विजित क्षेत्रों, पर कर लिया शीघ्र अधिकार ॥22॥

युक्रेटाइडीज सिक्के मिलते, सिन्धु और पश्चिम पंजाब,
खरोष्ठि व यूनानी लिपि में, लेख लिखा राजसी अंदाज।
ढाले गये सिक्के केवल ये, पश्चिमोत्तर प्रांतों के हेतु,
झेलम घाटी पहुँच चुका था, उसके शासन का आग़ाज ॥23॥

यूक्रेटाइडीज हिन्द विजय से, दो-दो राज्य हुए स्थापित,
उसका राज्य बैक्ट्रीया से, झेलम तक रहा कदाचित्।
युथीडेमस वंश का राज्य, झेलम से मथुरा तक विस्तृत,
प्रथम राजधानी तक्षशिला, दूसरी शाकल अधिष्ठापित ॥[1]24॥

यूक्रेटाइडीज कभी भारत से, बैक्ट्रीया किया प्रस्थान,
किन्तु मार्ग में उसी के सुत ने, मार हर लिया नृप का प्रान।
वह शायद हेलियोक्लीज, यवन वंश का अन्तिम नृप,
शक शासक बैक्ट्रीया हड़पे, हेलियो लौटा सिन्धु स्थान ॥25॥

यवन शक्ति क्षीण हो गयी, बैक्ट्रीया से हटने के बाद,
हुई संकुचित राज्य की सीमा, शौर्य प्रतिष्ठा भी बरबाद।
सीमित राज्य अफगान भूमि, भारत का पश्चिमोत्तर भाग,
जहाँ राज्य दोनों शाखा का, शत वर्षों तक था आबाद ॥26॥

डेमेट्रियस यूक्रेटाइडीज के, वंशजों के सिक्के प्राप्त,[2]
जिनसे इन द्वय वंशों के, पैतिस नृपति नाम है ज्ञात।
पुष्पमित्र शुंग काल के उत्तर, शक पह्लव के आने तक,
एक सदी तक शासन कुल, संघर्षों के विकट हालात ॥[3]27॥

मेनान्डर[4]

यूनानी भूपों में मेनांडर, सबसे अधिक रहा प्रसिद्ध,
डेमेट्रियस का लघु भ्राता, परमवीर योद्धा एक सिद्ध।

1. सरकार, डी.सी. : पूर्वोक्त, पृ. 9-10; वेदालंकार, हरिदत्त : पूर्वोक्त, पृ. 59-65
2. ह्वाइटहेड, आर.बी. : इण्डोग्रीक्स क्वाइन्स, खण्ड-प्रथम, पृ. 12-13, 19-27; श्रीवास्तव, पंकजलता : पूर्वोद्धृत, पृ. 109-110
3. वेदालंकार, हरिदत्त : पूर्वोक्त, पृ. 65-67
4. श्रीवास्तव, के.सी. : पूर्वोक्त, पृ. 321-322

भाई द्वारा भारत विजय, अभियान में था वह साथ,
सम्भवतः नित राजकाज में, स्व अग्रज से रहा सुविद्ध ॥28॥

प्लूटार्क जस्टिन स्ट्रैबो, करते हैं उसका गुणगान,
बतलाते मेनान्डर नृप, अपने युग का वीर महान्।
बाजौरघाटी गर्भ पेटी, में अंकित है उसका लेख,
इससे पूरे पेशावर पर, ठोस राजअधिपत्य प्रमान ॥29॥

लेख मिला कुछ वर्ष पूर्व, फतेहपुर के रेह स्थान,
इसे मेनाण्डर का ही मानते, जी. आर. शर्मा प्रभृति विद्वान्।
उनके मत से जीता नृप, फतेहपुर का कुछ भू-भाग,
किन्तु विद्वान् नहीं सहमत, मानते है काल्पनिक उड़ान ॥30॥

भड़ौच में थे प्रचलित सिक्के, पेरीप्लस लेखक अनुसार,
मथुरा से भी मिली मुद्रायें, जारी द्वारा यवन सरकार।
स्ट्रैबो लिखता है उसने, जीता सिकन्दर से भी अधिक,
झेलम से मथुरा तक नृप, साम्राज्य का था बिस्तार ॥31॥

साम्राज्य अन्तर्गत शाकल, थी उसकी सुन्दर राजधानी,
मिलिन्दपन्ह वर्णन से ज्ञात, मानो सज्जित नगर यूनानी।
घिरी हुई प्राकार वप्र से, सुन्दर बना मार्ग व वीथि,
प्रणाली व भव्य चत्वर से, पुरी बनी अत्यंत सुहानी ॥32॥

दोनों यवन नृप शाखाओं में, रहता वातावरण अशांत,
मेनाण्डर ने यूक्रेटाइडीज के, वंशजों को किया आक्रांत।
सिन्ध क्षेत्र काबुल घाटी में, मुद्रा मिले मेनाण्डर के,
अतः सिद्ध कि उन्हें हराकर, छीन लिया उनके कुछ प्रांत ॥[1]33॥

पंजाब से पांचाल मही तक, उसके सिक्कों का विस्तार,
बत्तीस चौंतिस रत्ती तौल के, चाँदी सिक्के पाँच प्रकार।
मुद्राओं के अग्र भाग पर, मुकुट सहित राजा का भाल,
यूनानी विरुद के संग, दर्शित नृप का नाम उभार ॥[2]34॥

---

1. गैरोला, वाचस्पति : पूर्वोद्धृत, पृ. 343-344
2. ह्वाइटहेड, आर.बी. : पूर्वोक्त, पृ. 54-63

रजत मुद्राओं के पीछे, लिपि खरोष्ठी में यह लेख,
महारजस पतरस मिलिन्द्रस, उत्कीर्ण सु मुद्रालेख।
कुछ सिक्के तांबे के मिले हैं, महारजस मिलिन्द्रस के,
यूनानी प्राकृत भाषा में, खुदे भूप के विरुद सुलेख॥[1]35॥

प्लूटार्क लिखता मेनाण्डर, प्रजा प्रिय व न्यायी शासक,
साम्राज्य के संवर्द्धन में, सुगठित किया प्रांत को व्यापक।
प्रांतपालों के सहयोग, करता शासन का संचालन,
वियकमित्र व विजयमित्र, स्वातघाटी के प्रांत प्रशासक॥36॥

बौद्ध अनुश्रुति में मेनांडर, बौद्ध धर्म का था संरक्षक,
अवदान कल्पलता में इंगित, स्तूपों का निर्माता रक्षक।
मेनाण्डर का समीकरण, किया गया है मिलिंद रूप,
जिसकी चर्चा नागसेन के, मिलिन्दपण्ह में द्विपक्षक॥37॥

उक्त ग्रन्थ में नागसेन ने, मिलिन्द के प्रश्नों पर दे ध्यान,
राजा के गूढ़ दार्शनिक, प्रश्नों का किया समाधान।
बौद्ध भिक्षु नागसेन के, तर्कोत्तर से प्रभावित मिलिंद,
राजकाज से होकर मुक्त, बना स्वयं अर्हत भी महान्॥38॥

मिलिन्दपण्ह मत मिलिन्द का, अलसंद पास कालसी ग्राम,
काबुल सिकन्दरिया द्वीप में, उसका पुनीत जन्म स्थान।
प्लूटार्क कहता मृत्यु पर, भस्मावशेष प्रति हुआ विवाद,
एवं राज्य प्रत्येक नगर में, हुआ धातु पर चैत्य निर्मान॥39॥

विवरण बुद्ध परिनिर्वाण पर, भस्म विवाद दिलाता याद,
टार्न मत में बौद्ध धर्म प्रति, मिलिन्द श्रद्धा अवसरवाद।
चूंकि राज्य की जनसंख्या में, बौद्धजनों का था बाहुल्य,
अतः मेंनाण्डर जान बूझकर, बौद्ध पंथ अपनाया स्याद्॥40॥

जी.आर. शर्मा के अनुशीलन, बहु कृतियों में मेनाण्डर नाम,
विष्णुपुराण रामायण भागवत, मंजुश्रीमूल दिव्यावदान।
इसमें अलिसन्निभ कर्दम, पुष्पनिन्द्र महायक्ष, कृमिश,
तारानाथ के मिनार संज्ञा से, नृप लोकप्रियता अनुमान॥41॥

---

1. सरकार, डी.सी. : पूर्वोक्त, पृ. 305–306; गुप्ता, सुमन : पूर्वोक्त, पृ. 16; श्रीवास्तव, पंकजलता : पूर्वोक्त, पृ. 110–111

इस प्रकार से मेनाण्डर, न्यायी प्रिय शासक शक्तिशाली,
साधारण स्थिति से उठ, साम्राज्य नीव स्वयं ही डाली।
मिलिन्दपण्ह से सूचित वह, दर्शन ज्योतिष अंक सुविज्ञ,
भाषा पुराण काव्य मर्मज्ञ, गीत संगीत सभा रुचि पाली ॥42 ॥

सांस्कृतिक व्यापारिक नगरी, शाकल रही राज्य राजधानी,
आपण में विविध वस्तुएँ, विक्रय हेतु थीं सजी सुहानी।
पुर अन्दर भव्य सहस्रों, ऊँचे गृह प्रासाद सुसज्जित,
शोभित पुर यथा धरा पर, उतरा स्वर्ग लिए निधिमानी ॥43 ॥

धन धान्य से तुष्ट नागरिक, संपुष्ट व्यवसायिक ज्ञान,
भारी मात्रा में कार्षापण, स्वर्ण रजत सिक्के प्रमान।
व्यक्ति विदेशी होकर भी वह, भारतीय धर्म-कर्म अपनाया,
अतः उसका व बौद्ध धर्म का, विश्व क्षितिज बढ़ा सम्मान ॥[1]44 ॥

मेनाण्डर के उत्तराधिकारी[2]

मेनाण्डर के अन्त दिनों की, ज्ञात नहीं है कुछ भी बात,
नृप मृत्यु पर सुत स्ट्रैटो, प्रथम वयस्क न, था यह ज्ञात।
अतः महिषी एगथोक्लिया, पुत्र साथ सम्हाला राज्य,
दोनों मिल सिक्के ढलवाये, मिले हैं जो मथुरा भू ख्यात ॥45 ॥

प्रथम बाद स्ट्रैटो द्वितीय, शासन सत्ता लिया सम्हाल,
दोनों ही राजा दुर्बल अति, पतन शुरू साम्राज्य बेहाल।
ईसा पूर्व पचास के लगभग, शकों ने छीना इनका राज्य,
यूथीडेमस कुल राज्य ऐसे, पहुँचा शीघ्र काल के गाल ॥46 ॥

युक्रेटाइडीज वंश[3]

उक्त वंश के क्षय उपरांत, युक्रेटाइडीज कुल बढ़ा सुयस,
इस वंश के द्वय नृप थे, एन्टियालकिडस, वीर हर्मियस।
एन्टियालकिडस तक्षशिला नृप, विदिशा लेख में उसका नाम,
शुंगराज भागभद्र सभा में, भेजा दूत हेलियोडोरस ॥47 ॥

1. वेदालंकार, हरिदत्त : पूर्वोक्त, पृ. 67-72
2. श्रीवास्तव, के.सी. : पूर्वोक्त, पृ. 322; ह्वाइटहेड, आर.बी. : पूर्वोक्त, पृ. 49-53
3. गुप्ता, सुमन : संस्कृति संधान खण्ड-सात, पृ. 16-17

यवन शक्ति भारत में शायद, होने लगी थी तब कमजोर,
अतः युद्ध त्याग यवनों ने, हाथ बढ़ाया मैत्री ओर।
इसी हेतु एन्टियालकिडस, भेजा दूत विदिशा दरबार,
दूत ने गरुणस्तभ गड़वाया, धर्म दीक्षा ले हुआ विभोर ॥48॥

बीर हर्मियस अन्तिम शासक, यूक्रेटाइडीज राज अनुवंश,
उसका राज्य सीमित काबुल में, घाटी ऊपरी भूतल अंश।
उसके कुछ सिक्कों पर, कुजुल कडफिसेस अंकित नाम,
अतः लगता बैक्ट्रिया में, कुषाण अधीन रहा यह वंश ॥49॥

निभा न पाया निज सत्ता की, रक्षा का वह गुरुतर भार,
जल्दी उसके साम्राज्य पर, हुआ पार्थियनों का अधिकार।
ईसा पूर्व पचास से तीस तक, काबुल पर हर्मियस राज,
इसी साथ द्वय शती पूर्व की, सत्ता यवन गयी यमद्वार ॥50॥

यवन अधिपत्य का प्रभाव[1]

बाख्त्री यवन पश्चिमोंत्तर में, शासक रूप हुए प्रसिद्ध,
महान सिकन्दर से भी बढ़, इनका हुआ सुशासन सिद्ध।
यूनानियों से भारत सीखा, ज्योतिष कला मुद्रा विज्ञान,
यूनानी भारतीय धर्म प्रति, हुए समर्पित आस्था विद्ध ॥51॥

नागसेन प्रभाव मेनाण्डर, अर्हत बना केश कर लुंच,
हेलियोडोरस वैष्णवधर्म में, दीक्षा लिया त्याग मत तुच्छ।
विदिशा विष्णु मंदिर सामने, स्थापित किया गरुण स्तंभ,
अन्य कई यवन अपनाये, भारतीय जीवन ढंग उच्च ॥52॥

यूनानी जीवन पद्यति का, भारत में बढ़ा सद्‌भाव,
कला क्षेत्र में दर्शनीय है, यूनानी स्पष्ट प्रभाव।
गान्धार कला शैली की, नींव इसी युग में स्थापित,
जहाँ भारतीय विषय उकेरित, यूनानी ढंग हाव भाव ॥[2]53॥

साँचों से मुद्रा रचना विधि, भारत ने यूनान से सीखा,
बनने लगे सुड़ौल सलेख, सिक्के कला सुपुंज सरीखा।

---

1. श्रीवास्तव, के.सी. : पूर्वोक्त, पृ. 323
2. श्रीवास्तव, पंकजलता : पूर्वोक्त, पृ. 96-97

इन्डोग्रीक नृपों ने पहले, सिक्कों पर लिखवाये लेख,
कुणिन्द औदुम्बर सिक्कों पर, यवन मुद्रा अनुकरण दिखा ॥[1]54 ॥

ज्योतिष ज्ञान में भारत ने, यूनान से किया प्रेरणा प्राप्त,
वृहत्संहिता कहती कि, यवन है बर्बर, फिर भी आप्त।
क्योंकि ज्योतिष उन्हीं से जन्मा, सम्मान्य ऋषियों की भाँति,
भारतीय ज्योतिष सिद्धान्त, पोलिश, रोमक यूनानी याफ्त ॥55 ॥

पोलिश विधि सिकंदरिया के, पाल के खोजों पर निर्धारित,
वाराहमिहिर कथित नक्षत्र, रोमक युक्त यूनानाधारित।
वाराह होरा कुण्डलि पर, यूनानी खगोल विद्या प्रभाव,
जन्मी विद्या बैबीलोन में, फिर यूनान आदि प्रचारित ॥56 ॥

भारतीय ज्योतिष के शब्द, द्रक्कन केन्द्र हारिज व लिप्त,
यूनानी भाषा से ग्रहीत, काल गणना प्रभाव संपृक्त।
टार्न का मत काल गणना, संवत् दिन सप्ताह विभाजन,
यूनानियों की देन विश्व को, भारत भी उससे है सिक्त ॥[2]57 ॥

हिन्द चिकित्सा विज्ञ चरक, यूनानी वैद्य हिप्पोक्रेटीज,
दोनों के औषधिक नियम में, समानतायें मिलीं अजीब्र।
दोनों के कृतियों में चिकित्सा, प्रशिक्षुओं हित रचे संकल्प,
दोनों के समान नियम, ज्ञान-विज्ञान विनिमय के करीब ॥58 ॥

भारत एवं यूनानियों के, दर्शन में समानता प्रभूत,
कहते बेवर भारतीय नाट्य, यूनानियों से प्रादुर्भूत।
मृच्छकटिक को कहे प्रभावित, न्यू एटिक कामेडी से,
किन्तु देश नाट्य विधा नट, यम-यमी संवाद उद्भूत ॥59 ॥

संस्कृत कोष शब्द भी किंचित, यूनानी भाषा अनुवर्तित,
पर्दा हेतु प्रयुक्त यवनिका, शब्द यूनानी उत्स समर्पित।
यवनों के जीवन शासन की, पड़ी न कोई गहरी छाप,
मूल तत्त्व भारतीय संस्कृति, नहीं प्रभावित न परिवर्तित ॥[3]60 ॥

---

1. वेदालंकार, हरिदत्त : पूर्वोक्त, पृ. 86-87
2. श्रीवास्तव, पंकजलता : पूर्वोक्त, पृ. 96
3. वेदालंकार, हरिदत्त : पूर्वोक्त, पृ. 81-88

शक तथा पह्लव : स्रोत[1]

शक पह्लव इतिहास मूल, चीनी स्रोतों पर आधारित,
पूर्व व परवर्ती हान कुल, का क्रम से इतिहास विचारित।
चीनी लेखन कृतियों में, कहे गये शक सई–सईबांग,
ग्रन्थों में शक हूण पार्थियन, संघर्ष प्रसार उद्गारित ॥61॥

भारत में शक पह्लव सत्ता, लेखों सिक्कों से संज्ञान,
दान पत्र स्तंभ गुहा लिपि, भूपों के शासकीय फरमान।
मथुरा सिंह शीर्ष स्तंभ पर, लिखित राजबुल का शुभ लेख,
वहीं प्राप्त शोडास लेख में, नृपतियों का दास्तान ॥62॥

नहपान नासिक गुहालिपि, और लेख गुहा जुन्नार,
रुद्रदामन अन्धौ–कच्छ लिपि, अंकित जूनागढ़ गिरिनार।
गोण्डोफर्नीज का तख्ते–वाही, युसुफजई पेशावर लेख,
नासिक लेख उषावदात्त का, देता इतिवृत्तिक आधार ॥63॥

सातवाहन राज लेखों से, शक–सातवाहन ज्ञात संबंध,
कनिष्क लेख कहे उप नृप, शक अधीन उसके नय बंध।
शक नृपों के सिक्के प्राप्त, पश्चिम–पश्चिमोत्तर भारत,
जिससे देश की आर्थिक गति, ज्ञात वित्त नीति उपबंध ॥[2]64॥

भारतीय वाङ्मय में शकों, का उल्लेख न्यून अति अल्प,
पह्लव यवन संग–रामायण, महाभारत में चर्चा स्वल्प।
कात्यायन पतंजलि मनु भी, शकों से थे भिज्ञ परिपूर्ण,
शक मुरुण्ड तथा यवनों की, चर्चा करें पुराण मिथ गल्प ॥65॥

गार्गिसंहिता देविचन्द्रगुप्तम्, काव्य मीमांसा हर्षचरित्र,
इनके कर्त्ता शकों से परिचित, लिखते उनका जीवन चित्र।
'कालकाचार्य कथानक में, उज्जयिनी पर शकों का धावा,
तथा विक्रमादित्य के द्वारा, उन्हें हराने का इतिवृत्त ॥66॥

उत्पत्ति तथा प्रसार[3]

देशी कृतियों में हमलावर, विदेशियों का आता नाम,
यवन पारसी शक पह्लव में, शकों का रहा प्रथम स्थान।

---

1. श्रीवास्तव, के.सी. : पूर्वोक्त, पृ. 324
2. श्रीवास्तव, प्रशान्त : हिस्ट्री एण्ड हेरीटेज, खण्ड–प्रथम, पृ. 237–255
3. ओझा, श्रीकृष्ण : प्राचीन भारत, पृ. 38; नाहर, रतिभान सिंह : पूर्वोक्त, पृ. 322

भारत में जो बसे विदेशी, कहे गये वे क्षत्रिय-वात्य,
इन्हें एक समेकित स्वर में, दिया गया मलेच्छ अभिधान ॥67॥

सर्वप्रथम पारसीकों का, देश विरुद्ध हुआ अभियान,
शुंग समय में फिर आ धमके, जो तुरंत हुए नाकाम।
किन्तु यवन पश्चिमोत्तर में, बना लिये अपना साम्राज्य,
जिनसे पार्थियन पह्लव यूची, शकों ने छीना राज्य कमान ॥68॥

शक मूलतः सीर दरिया के, उत्तर में करते थे निवास,
पहले खानाबदोश चंट थे, कोई निश्चित न अधिवास।
चीनी स्रोतों से अभिसूचित, एक सौ पैंसठ ईसा पूर्व,
यूची जाति शकों को हरा, दिया खदेड़ वृहद् वनवास ॥[1]69॥

सीरदरया कर पार शक, पहुँचे बल्ख राज्य के द्वार,
नृप हेलियोक्लीज को हरा, बैक्ट्रीया पर किया अधिकार।
किन्तु शकों का पीछा करते, यूची लोक बल्ख भी पहुँचे,
तब परास्त हो फिर शक भागे, न मानी जीवन से हार ॥70॥

थकी पराजित तब शक जाति, दो शाखा में हुई विभक्त,
प्रथम शाखा गई दक्षिण को, कपिशा का हथियाया तख्त।
दूसरी शाखा ईरान पहुँची, जहाँ पार्थियनों का था राज्य,
उनके नृप फ्रात, आर्तबान को, युद्ध में किया हराकर पस्त ॥[2]71॥

पूर्वी ईरान व एरियाना प्रांत, हो गये शकों के अधीन,
किन्तु पार्थ मिथ्रदात द्वितीय, शकों को हरा, राज्य लिया छीन।
वहाँ से भागकर शकजन पहुँचे, हेलमण्ड घाटी अफगान,
जहाँ बसे स्थाई रूप में, 'शक स्थान' यही प्राचीन ॥72॥

शकस्थान-सीस्तान से, कन्धार बोलन दर्रा होकर,
पहुँचे भारत सिन्ध में शक, बसे वहाँ अतीत सुधि खोकर।
शकों से दीर्घ सम्पर्क के कारण, कहा गया इसे शक द्वीप,
निर्मित किये राज्य शाखायें, यवनों की सत्ता को धोकर ॥[3]73॥

---

1. श्रीवास्तव, पंकजलता : प्राचीन इतिहास, भाग-एक, पृ. 98
2. वही
3. श्रीवास्तव, के.सी. : पूर्वोक्त, पृ. 325

तक्षशिला के शक शासक[1]

तक्षशिला के शक नृपों में, सर्व प्रमुख मेउस का नाम,
बी.सी. बीस से बाइस ईस्वी, उसका राज्य काल अनुमान।
पश्चिमोत्तर प्रांतों से नृप के, सिक्के मिले अन्वेषण में,
तक्षशिला ताम्रपत्र में मेउस, 'महाराज मोग' पहचान॥74॥

अल्टेकर शोध में मेउस, पहले पार्थियन का सामंत,
उनके निर्बल हो जाने पर, राज्य कर दिया उनका अंत।
मुद्रा साक्ष्य से मेउस राज्य, फैला कपिशा से मथुरा तक,
शाकल थी राजधानी उसकी, प्रथम विजेता वीर अनंत॥75॥

मेउस के उपरान्त तक्षशिला, का शासक एजेज महान्,
पंजाब में यूथीडेमस वंशी, किया नृपों का काम तमाम।
कर यवनों को परास्त वहीं, अपना राज्य किया स्थापित,
यवन नृपों के सिक्कों पर, फिर से मुद्रित अपना नाम॥76॥

एजेज बाद उसका बेटा, राजा हुआ एजिलीसेज,
पिता साथ सहशासक का, दायित्व निभाया बढ़-चढ़ तेज।
यूनानी व खरोष्ठी लिपि में, दो प्रकार के सिक्के प्राप्त,
प्रथम कोटि के अग्रभाग पर, यूनानी अंकन एजेज॥[2]77॥

मुद्रा पृष्ठ खरोष्ठी लिपि, एजिलिसेज का उभरा नाम,
दोनों का महाराज पदवी, इससे सहशासन अनुमान।
द्वितीय कोटि अग्र में अंकित, यूनानी में एलिजिसेज,
उल्टे पर खरोष्ठी में, अंकित मिला एजेज अनजान॥[3]78॥

विद्वानों का अभिमत कि, एजेज नाम हुए द्वय शासक,
एजिलिसेज के आगे पीछे, एजेज नाम के दो राजा शक।
एजेज द्वितीय काल शकों का, होने लगा पतन प्रारम्भ,
विद्वानों के विचार में, इसके दो कारण शक नाशक॥79॥

---

1. ओझा, श्रीकृष्ण : पूर्वोक्त, पृ. 39-40; ह्वाइहेड, आर.बी. : पूर्वोद्धृत पृ. 98-131
2. साहनी, बीरबल : द टेक्निक्स आफ कास्टिंग क्वाइन्स इन ऐंशियंट इंडिया, पृ. 39-43
3. श्रीवास्तव, पंकजलता : प्राचीन इतिहास, भाग-तीन, पृ. 111-112; ह्वाइटहेड, आर.बी. : पूर्वोक्त, पृ. 132-141

फ्रायोटीज बीर महत्त्वाकांक्षी, तक्षशिला छीना अधिकार,
पश्चिम में गोण्डोफर्नीज, शक सीमा पर किया प्रहार।
फिलोस्ट्रेटस का विवरण, फ्रायोटीज शक्तिशाली भूप,
सिन्ध क्षेत्र के क्षत्रप उसकी, करे अधीनता अंगीकार ॥80॥

सम्भवतः गोण्डोफर्नीज, फ्रायोटीज को पहले हराया,
पश्चात् तक्षशिला भू पर, पार्थियन झण्डा फहराया।
इस प्रकार दोहरीमार से, शक शासन हुआ समाप्त,
मेउस वंश के राजाओं ने, चौसठ वर्ष तक राज्य चलाया ॥[1]81॥

शासकीय तंत्र में उनका, यह अवदान विलग विख्यात,
शास्ति विधा में उनके कारण, क्षत्रप प्रणाली की शुरुआत।
कपिशा चुक्ष अभिसार पुरुषपुर, शाकल मथुरा प्रस्थ प्रदेश,
क्षत्रप हुए नियुक्त प्रांतों में, शक क्षत्रपी राज्य सुख्यात ॥82॥

क्षत्रप वंश–मथुरा के शक क्षत्रप[2]

मथुरा में शक सत्ता कब, कैसे और संस्थापक कौन,
इसके विषय में ज्ञात नहीं, साक्ष्य अभी अन्धकार में मौन।
जैन कालकाचार्य कथानक, आधृत टार्न–स्टेन कोनो मत,
विक्रमादित्य से विस्थापित शक, मालवा से गये मथुरा सुभौम ॥83॥

ज्ञात नहीं माथुरी शकों से, तक्षशिला शक कुल संबंध,
मथुरा शक सरदार के नाम, सिंह शीर्ष के लेख प्रसंग।
सम्भवतः राजुल की रानी, ने लिखवाया यह अभिलेख,
समीकरण राजबुल–राजुल से, मोरा लेख ब्राह्मी लिपि अंग ॥84॥

सिंह शीर्ष लेख से सूचित, महाराज राजुल ही राजबुल,
मथुरा राज्य प्रथम शासक, सिक्के मिले हैं क्षेत्र बहुल।
सिन्धुघाटी से यमुना गंगा, के दोआब तक सिक्के प्राप्त,
सुज्ञात पंजाब से मथुरा, तक फैला शासन नृप राजुल ॥85॥

राजबुल पश्चात् मथुरा का, शासक हुआ पुत्र शोडास,
नृप के लेख प्राप्त मथुरा से, सिक्के भी वहीं आस–पास।

---

1. श्रीवास्तव, पंकजलता : प्राचीन इतिहास भाग–एक, पृ. 99–100
2. श्रीवास्तव, के.सी. : पूर्वोक्त, पृ. 326; अलेक्जेण्डर, कनिंघम : बुक आफ इंडियन एराज, पृ. 47–50, 52; शर्मा, मीरा : संस्कृति संधान, वर्ष 1994, खण्ड–सात, पृ. 26

उसके सिक्कों पर अंकित, केवल क्षत्रप की है उपाधि,
आमोहिनी दानपत्र में, लिखा उसे महाक्षत्रप खास ॥[1]86 ॥

इससे यह प्रतीत होता कि, अपने पिता निधन के बाद,
पूर्णरूप बना 'महाक्षत्रप', हुआ भूप मथुरा निर्विवाद।
सिन्ध अथवा पंजाब क्षेत्र में, मिले नहीं कुछ उसके सिक्के,
राज्य क्षेत्र सीमित मथुरा तक, कहें पुराविद् बिना विवाद ॥87 ॥

मिलता न शोडास नृपति के, उत्तराधिकारियों का आभास,
एक सिक्के पर शक सरदार, अंकित नाम है तोरणदास।
कहता महाक्षत्रप सुत स्वयं, था शोडास उत्तराधिकारी,
पश्चात् कुषाण अधिपत्य में, शक हो गये विदीर्ण हताश ॥[2]88 ॥

पश्चिमी भारत के क्षहरात

पश्चिम में दो शक कुल का, मिलता है अस्तित्व विराट्,
क्षहरात महाराष्ट्र का वंश, कार्दमक मालवा सुराष्ट्र।
कुछ काल के लिए इन्होंने, सातवाहन सत्ता लिया छीन,
धर्म कला स्थापत्य सु रुचि, रचना मंजु प्रांत महाराष्ट्र ॥89 ॥

क्षहरात वंश[3]

यह कुल महाराष्ट्र मालवा, शासन किया सुराष्ट्र व लाट,
प्रथम भूप भूमक के मिले, सिक्के मालवा कठ–गुजरात।
ब्राह्मी और खरोष्ठी लिपि में, लेख मिले हैं सिक्कों पर,
जिससे सूचित भूमक का, राजपुताना सिन्ध तक हाथ ॥90 ॥

वंश का सबसे बलशाली, राजा हुआ वीर नहपान,
नासिक से अजमेर क्षेत्र में, उसके सिक्के मिले तमाम।
चांदी तांबे के सिक्कों पर, लिखा हुआ राजन की उपाधि,
स्वर्ण–रजत मुद्रा का विनिमय, एक अनुपाते पैतिस मान ॥91 ॥

---

1. शर्मा, मीरा : पूर्वोक्त, पृ. 26; ह्वाइटहेड, आर.बी. : पूर्वोक्त, पृ. 16
2. नाहर, रतिभान सिंह : पूर्वोद्धृत, पृ. 326–327; मिराशी, वी.वी. : सातवाहनों और पश्चिमी क्षत्रपों का इतिहास तथा अभिलेख, पृ. 52
3. सरकार, डी.सी. : पूर्वोक्त, पृ. 120; श्रीवास्तव, के.सी. : पूर्वोक्त, पृ. 326–327; मिराशी, वी. वी. : पूर्वोक्त, पृ. 235

नृप नहपान अमात्य अर्यमन, का मिला लेख जुन्नार,
मुहालेख उषावदात दामाद का, मिले नासिक पुणे पहार।
उषावदात नहपान युग, गोवर्धन मामल्ल प्रांतपति,
राजस्थान का पुष्कर क्षेत्र, संभवतः उसके अधिकार ॥92॥

नासिक का अभिलेख लिखे, राजस्थान प्रजा एक वर्ग,
घिर गये थे मालवों से जब, उषावदात झट गया सगर्व।
भली-भाँति मालवों को जीत, प्रजा सुरक्षा के उपरांत,
मार्ग में रूककर पुण्य निमित्त, दान दिया पुष्कर के पर्व ॥93॥

सातवाहनों से छीना उनके, नासिक पुणे जिले एक साथ,
उत्तर दिक् अजमेर एवं, विस्तृत राज्य अर्द्ध महाराष्ट्र।
पेरीप्लस अनुसार मिन्नगर, भड़ौच और उज्जैन के बीच,
सन् एक सौ उन्नीस से पचीस, तक शासक नहपान सम्राट ॥94॥

मृत्यु हुआ नहपान नृपति, गौतमी सुत सातवाहन द्वारा,
मारा गया रणभूमि में घेर, छीना गया धन सम्पत्ति सारा।
जोगलथम्बी सिक्कों पर, पुनरांकन किया शातकर्णि,
शक्ति नष्ट क्षहरात वंश, नहपान निधन बाद अंधियारा ॥[1]95॥

कार्दमक (चष्टन) वंश[2]

सौराष्ट्र मालवा में जब, शक क्षहराती सत्ता ध्वंस,
नव शक वंश सत्ता प्राप्त, जिसकी संज्ञा कादर्मक वंश।
यसमोतिक का सुत चष्टन, इस कुल का संस्थापक ज्ञात,
पूर्व में कुषाणों के अधीन, क्षत्रप सिन्ध प्रांत भू-अंश ॥96॥

नहपान उपरांत तुरत, दक्षिण पश्चिमी क्षेत्र हिताय,
सिन्ध क्षत्रप चष्टन को ला, नियुक्त किया गया वाइसराय।
कालान्तर में स्वतंत्र हो कर, महाक्षत्रप अपनाई उपाधि,
उज्जैन जीता सातवाहन से, एवं रचा राज्य महाकाय ॥97॥

वृद्धावस्था काल में चष्टन, सुत को दिया क्षत्रप का भार,
किन्तु उसका सुत जयदामन, गया शीघ्र ही स्वर्ग सिधार।

---

1. ओझा, श्रीकृष्ण : प्राचीन भारत, पृ. 43
2. श्रीवास्तव, पंकजलता : प्राचीन इतिहास भाग-एक, पृ. 102-103

जिससे पौत्र रुद्रदामन को, क्षत्रप नियुक्त किया तत्काल,
एक सौ बीस ईस्वी में ये, सहनृप अन्धौलेख अनुसार ॥[1]98 ॥

महाक्षत्रय रुद्दामन[2]

चष्टन बाद ही रुद्रदामन, शासक बना पश्चिमी भारत,
पूर्व सभी शक राजाओं में, सबसे बढ़ बल बुद्धि विशारद।
जूनागढ़ से एक सौ पचास, का मिला प्रशस्ति अभिलेख,
उसमें नृप व्यक्तित्व कृतित्व, सैन्य विजय चर्चा नृप गारद ॥99 ॥

जूनागढ़ अभिलेख कहे, सभी धर्म वर्ग के लोग,
रुद्रदामन को चुना स्वहित, राजा रक्षक विधि संयोग।
इससे लगता उसके पूर्व, कार्दमक शक्ति रही कुछ-ढील,
अतः बाहुबल जीत सर्व दिक्, महाक्षत्रप उपाधि उपयोग ॥100 ॥

जीत मिलाया राज्य में आकर, अवन्ति मेरु अनूप अपरांत,
सिन्ध सौवीर निषाद कुकुर स्वभ्र, आनर्त सुराष्ट्र आदि के प्रांत।
दक्षिणापथ स्वामी पुलमावि को, दो-दो बार हराया था,
मारा नहीं समझ सम्बन्धी, प्रांत छीन कर हो गया शांत ॥101 ॥

नासिक लेख में अस्मक असिक, कुकुर सुराष्ट्र अनूप विदर्भ,
अवन्ति आकर मूलक अपरांत में, गौतमी सुत शासन भूसर्व।
अनुमित पुत्र गौतमी बाद, उत्तराधिकारी पुलमावी से,
जीत लिया था रुद्रदामन ने, भू बहुतांश कथित सन्दर्भ ॥102 ॥

छीना सिन्धु सौवीर कनिष्क के, उत्तराधिकारीयों को झकझोर,
स्वतंत्रता प्रिय योधेयों को, रण में जीत किया कमजोर।
योधेयों पर जीत से राज्य का, उत्तरी सीमा हुआ सुरक्षित,
जूनागढ़ अभिलेख में उसके, सब अंकित हैं प्रस्तर कोर ॥[3]103 ॥

सुदर्शन झील

जेता महा एक रुद्रदामन, किन्तु प्रजा पालक सम्राट,
टूटा बाँध सुदर्शन झील, उसके काल में प्रांत सुराष्ट्र।

---

1. मिराशी, वी.वी. : पूर्वोद्धृत, पृ. 57-60
2. वही, पृ. 60-62; श्रीवास्तव, के.सी. : पूर्वोद्धृत, पृ. 327-329; सरकार, डी.सी. : पूर्वोद्धृत, पृ. 122-124
3. ओझा, श्रीकृष्ण : पूर्वोक्त, पृ. 45

भारी वर्षा बाढ़ नेग से, बाँध में पड़ गयी दीर्घ दरार,
झील के जल से मची तबाही, डूबे घर पुर गाँव व हाट ॥104॥

इसे देख दुःखी रुद्रदामन, पुनर्निर्माण का रखा सुझाव,
मन्त्रियों ने भारी व्यय कारण, न माना नृप का प्रस्ताव।
तब सम्राट निजी कोष से, देखरेख सुविशाख प्रांतपति,
बाँध मरम्मत करवा कर, प्रस्तुत जनकल्याणी भाव ॥[1]105॥

नृप उदार प्रजा का पालक, लिया न बेजा धन बेगार,
प्रजा सुखी समृद्ध राज्य की, अल्प रोपित करता कर भार।
स्वर्ण रजत हीरे मोती से, परिपूर्ण साम्राज्य का कोष,
प्रजा हेतु जन हित कार्यों में, धन व्यय करता सोच विचार ॥[2]106॥

शासन व्यवस्था

साम्राज्य बँटा प्रांतों में, योग्य प्रांतपालों के आधीन,
आनर्त व सुराष्ट्र राज्य का, पालक था सुविशाख प्रवीन।
अन्य प्रान्त के राज्य शासकों, पर पड़ता न कोई प्रकाश,
राज्य कर्मियों अधिकारियों पर, विवरण शून्य-साक्ष्य विहीन ॥107॥

रुद्रदामन के मंत्रि परिषद् में, दो प्रकार के मंत्री ज्ञात,
मति सचिव होता राजा का, सलाहकार आत्मीय विख्यात।
कर्म सचिव अन्य प्रकार के, कार्यकारी विभागाध्यक्ष,
हर प्रकार कार्य के प्रति ये, उत्तरदायी थे दिन रात ॥108॥

कर्म सचिव ही प्रायः होते, कार्यपालिका के अधिकारी,
इनमें से राज्यपाल अधीक्षक, कोषाध्यक्ष कई प्राधिकारी।
मंत्रिपरिषद सहयोग से देखे, राजा सभी शासनिक कार्य,
राजा शक्ति सम्पन्न अपितु, नहीं निरंकुश स्वेच्छाचारी ॥109॥

राजनय व कूट विज्ञाता, स्थितियों का अनुभवी व्यापक,
थके हारे तथा पराजित, राजाओं का राज्य किया वापस।
इसी नीति का आगे चल, समुद्रगुप्त ने किया अनुसरण,
अंकित जूनागढ़ लेख में, भ्रष्ट राज राजा प्रतिष्ठापक ॥110॥

---

1. द्विवेदी, अनुराग : प्राचीन भारत में कल्याणकारी कार्यों का अध्ययन (शोध प्रबन्ध), पृ. 142-152; नाहर रतिभान सिंह : पूर्वोद्धृत, पृ. 332
2. श्रीवास्तव, पंकजलता : प्राचीन इतिहास, भाग-एक, पृ. 104

सम्राट वीर महान् विजेता, शासक कुशल प्रजा का पालक,
और साथ ही विद्या प्रेमी, विज्ञ उच्च शिक्षा संचालक।
राज्याश्रित संस्कृत भाषा में, लिखवाया वह निज अभिलेख,
जिसकी भाषा शैली, रोचक, भाव प्रवण पद्यसमतालक ॥[1]111 ॥

लगता जूनागढ़ अभिलेख का, राजा रचा स्वयं प्रारूप,
विशुद्ध संस्कृत में विरचित, जो लघु गद्य काव्य अनुरूप।
रुद्रदायन के राज्य में संस्कृत, भाषा के उन्नति के साक्ष्य,
उसके राज्यावधि उज्जयिनी, बनी सुशिक्षा केन्द्र अनूप ॥[2]112 ॥

गद्य-पद्य रचना व्याकरण, तर्क विद्या संगीत प्रवीन,
राजा था युद्ध नीति विशारद, जन प्रतिपालक सर्वांगीन।
अनेक स्वयंवरों में जाकर, राज कन्याओं से किया विवाह,
इससे बिम्बित उस युग शक, वर्ण जाति हो रहे विलीन ॥[3]113 ॥

वैदिक धर्म सुदृढ़ अनुयायी, भारतीय संस्कृति का उन्नायक,
अन्य पंथ पोषी सद्भावी, मानवता का सच्चा नायक।
बड़ व्यक्तित्व बहुमुखी मेधा, शासक उच्च लोक हितकारी,
ईस्वी एक सौ तीस से पचास, शासन काल लोक सुखदायक ॥114 ॥

रुद्रदामन के अन्त समय का, नहीं सत्य इतिहास को ज्ञात,
नृप नाम अन्धकार विलीन, गिरिनार लेख तिथि बाद।
निश्चय रुद्रदामन का काल, क्षत्रपि शासन चरमोत्कर्ष,
उसका राज हुआ तिरोहित, एक सौ पचास ईस्वी पश्चात् ॥115 ॥

रुद्रदामन के उत्तराधिकारी : पतन काल[4]

रुद्रदामन मृत्यु उपरांत, उज्जयिनी के शकों की शक्ति,
बढ़ी पतन की और निरंतर, उनके सिक्कों की अभिव्यक्ति।
रुद्रदामन पश्चात् तस्य सुत, दामघसद बना सम्राट,
क्षत्रप का पद भार निर्वहन, किया पिता संग रुचि आसक्ति ॥116 ॥

---

1. ओझा, श्रीकृष्ण : पूर्वोक्त, पृ. 45-46
2. गैरोला, बाचस्पति : भारतीय संस्कृति और कला, पृ. 348
3. शिवराममूर्ति, सी. : इण्डियन स्कल्पचर, पृ. 41-42
4. श्रीवास्तव, पंकजलता : प्राचीन इतिहास, भाग-एक, पृ. 104

वृद्धावस्था बना महाक्षत्रप, अल्प काल राज्य अधिकारी,
महाक्षत्रप उपाधि मुद्रा पर, जरावस्था की चित्रकारी।
पश्चात् पुत्र जीवदामन, बना महाक्षत्रप, महाराज,
सन् एक सौ अठहत्तर-उन्यासी, दो वर्ष राज्य की पारी ॥117॥

जीवदामन बाद दो बरस, महाक्षत्रप का आसन खाली,
एक सौ इक्यासी में रुद्रसिंह, महाक्षत्रप बना बलशाली।
दामघसद का भाई रुद्र सिंह, सात वर्ष चलाया राज्य,
इसके बाद फिर दो वर्ष, गद्दी रिक्त महाक्षत्रप वाली ॥118॥

सन् एक सौ इक्यानवें में फिर, महाक्षत्रप रुद्र सिंह फ्रस्ट,
पाँच वर्ष तक गहा राजपद, दूर किया प्रजाजन कष्ट।
और बाद पुनः जीवदामन, महाक्षत्रप अल्प काल तक,
अतः इस युग शक वंश में, अवसरवादी ज्वार स्पष्ट ॥119॥

अल्पकाल में दो-दो बार, महाक्षत्रप की गद्दी खाली,
शायद अब क्षत्रपी सत्ता, नहीं रह गयी थी बलशाली।
अतः तभी आभीरों या, सातवाहनों ने किया पदच्युत,
किन्तु पुनः शक शक्ति बढ़ा, स्वसत्ता की कर ली बहाली ॥120॥

जीवदामन के बाद रुद्रसिंह, राजा पुत्र प्रथम रुद्रसेन,
दो सौ से दो सौ बाइस सन्, बाइस वर्ष था राज्य पदेन।
मुद्रा साक्ष्य दो सौ बाइस से, ईस्वी दो सौ छत्तीस मध्य,
संघदामन दामसेन हुए थे, महाक्षत्रप शक राज्य क्रमेन ॥[1]121॥

दो सौ तेइस सन् राजस्थान में, छेड़ दिया मालवों ने युद्ध,
लड़ते हुए वीर गति पाया, संघदामन मालवों के विरुद्ध।
फलतः मालव शक शासन से, पुनः मुक्त कर लिया स्वयं,
दो वर्षों तक फिर शक सत्ता, रही शकों से दूर व रुद्ध ॥122॥

दामसेन के दो वर्ष बाद, महाक्षत्रप बना यशोदामन,
सत्तारूढ़ सन् दो सौ अड़तिस, अन्तिम तिथि का न ज्ञापन।
सिक्कों पर विश्वसेन[2] भतृदामन, यशोदामन रुद्रदामन द्वितीय,
आदि शकों के नाम खुदे, नहीं अन्य घटना क्रम साधन ॥123॥

---

1. वही, पृ. 105 एवं श्रीवास्तव, के.सी. : पूर्वोद्धृत, पृ. 329
2. साहनी, बीरबल : पूर्वोद्धृत, पृ. 48

रैप्सन मत दामसेन के बाद, राजा ईश्वर दत्त आभीर,
विज्ञ कहें सन् 250 तक, रहा न मालवा शक जागीर।
मिले न वहाँ शकों के सिक्के, दो सौ पचास ईस्वी उपरांत,
विंध्य शक्ति वाकाटक ने, छीना मालवा शक तकदीर ॥124॥

बार–बार शत्रु आघात से, शक सत्ता न हुई उच्छिन्न,
गुप्तोदय तक इनकी सत्ता, चलती रही स्थिति में विभिन्न।
सम्राट चन्द्रगुप्त द्वितीय का, समकालिक रुद्र सिंह तृतीय,
जिसे मारकर गुप्त नरेश ने, शक सत्ता का मिटाया चिह्न ॥[1]125॥

पार्थियन या पह्लव वंश[2]

एक दूसरे में उलझा अति , शकों पह्लवों का इतिहास,
जिसे अलग विलग कर पाना, कार्य कष्टमय कठिन प्रयास।
पह्लव रहे पार्थिया वासी, सेल्युकसी राज्य एक प्रांत,
जो स्थित बैक्ट्रीया के पश्चिम, दक्षिण पूर्व कैस्पियन पास ॥126॥

तृतीय शती बी. सी. के मध्य, यवन क्षत्रप हुआ स्वतंत्र,
पूर्व से आये लोगों ने, क्षत्रप विरुद्ध रचना षड्यंत्र।
यवन क्षत्रप को मार जिन्होंने, निर्मित किया पृथक साम्राज्य,
वे इतिहास में पार्थियन नाम से, विश्रुत हो गये देश दिगंत ॥127॥

एक सौ इकहत्तर बी.सी. में, मिथ्रदात इसका संस्थापक,
सीस्तान हेरात जेड्रोसिया, जीत किया साम्राज्य सुव्यापक।
ईसा पूर्व एक सौ तीस तक, राज्यावधि प्रथम भिथ्रदात,
फ्रात द्वितीय नृपति आर्तवान, मारे गये युद्ध में घातक ॥128॥

फ्रात–बी.सी. एक सौ अट्ठाइस, एक सौ तेइस राज्य–आर्तवान,
सबसे प्रतापी राजा कुल का, हुआ द्वितीय मिथ्रदात महान्।
ईसा पूर्व एक सौ तेइस से, अट्ठासी तक राज्य किया,
शकों को करके परास्त, जीत लिया कंधार सीस्तान ॥129॥

मिथ्रदात द्वितीय बाद भी, रहा सुदृढ़ उनका साम्राज्य,
सीस्तान आरकोसिया एरिया, काबुल घाटी तक था राज्य।

---

1. नाहर, रतिभान सिंह : पूर्वोद्धृत, पृ. 332; मिराशी, वी.वी. : पूर्वोद्धृत, पृ. 62–70, 236–237
2. श्रीवास्तव, के.सी. : पूर्वोक्त, पृ. 331–332; रैप्सन, ई.जे. : ऐंशियंट इण्डिया, पृ. 72–77

इन प्रान्तों से प्राप्त सिक्कों पर, अंकित राजाओं के नाम,
ये सब थे पार्थियन गवर्नर, हुए स्वतंत्र अधीनता त्याग ॥[1]130॥

नव स्वतंत्र लोगों ने, इण्डो यूनानियों को किया परास्त,
पश्चिम में यवनों से जीत, स्व शासन का किया शुरुवात।
भारत के आक्रमणी पार्थियन, आरकोसिया सीस्तानी लोग,
जो भारतीय ग्रन्थों में पह्लव, विदेशी रूप हुए विख्यात ॥131॥

वोनोनीज[2]

जिस काल शक शासक मेउस, राजा रहा गगन गान्धार,
सीस्तान आरकोसिया एरिया, वोनोनीज की थी सरकार।
निज सिक्कों पर धारण करता, महाराजधिराज उपाधि,
सिक्के उसके ढले हुए, यूक्रेटाइडीज मुद्रा आधार ॥132॥

यवन अनुकृति के सिक्कों पर, यूनानी खरोष्ठी दोनों लेख,
मुख भाग पर अंकित नृप, वोनोनीज का नाम विशेष।[3]
पीछे में भ्राता श्पलहोर, श्पलगडम भतीजे का नाम,
सम्भवत: ये दोनों प्रांतपति, राज्यान्तर्गत गठित प्रदेश ॥133॥

श्पेलिरस[4]

बोनानीज उपरांत श्पेलिरस, पार्थियन राज्य हुआ अधिराज,
सिक्कों में यूनानी लिपि में, अंकित 'श्पेलिरस' नाम महाराज।
पृष्ठ भाग अधीन उपशासक, लिखा हुआ है एजेज नाम,
इससे ज्ञात पार्थियनों का, तक्षशिला पर अधिपत्य व राज ॥134॥

गोण्डोफर्नीज[5]

यह देश में पह्लव वंश का, सर्वाधिक सशक्त नरेश,
एक सौ तीन तिथि अंकित नृप, मिला तख्ते-बाही अभिलेख।
यदि विक्रम संवत में तिथि, सन् छियालिस में सत्तारूढ़,
यह तिथि राजत्व छब्बीसवें वर्ष, ईस्वी बीस नृप का अभिषेक ॥135॥

1. वेदालंकार, हरिदत्त : पूर्वोक्त, पृ. 101
2. श्रीवास्तव, के.सी. : प्राचीन भारत का इतिहास तथा संस्कृति, पृ. 331-332
3. ह्वाटहेड, आर.बी. : इन्डोग्रीक्स क्वाइन्स प्रथम भाग, पृ. 141-142
4. वही, पृ. 143-144
5. वेदालंकार, हरिदत्त : पूर्वोद्धृत, पृ० 112-118; जेम्स, एच.डी. : ए हिस्ट्री आफ इण्डिया, पृ. 52

गोण्डोफर्नीज के सिक्के प्राप्त, सिन्ध पंजाब सीस्तान कन्धार,
सम्भवतः शकों को हराया, काबुल सिन्ध किया अधिकार।
अस्पवर्मन इसके अधीन था, एजेज द्वितीय शक क्षत्रप,
'राजा वह सकल भारत' का, ईसाई अनुश्रुति उद्‌गार ॥136॥

गोण्डो*... के उत्तराधिकारियों, के बारे में नहीं कुछ ज्ञान,
सिक्कों से एब्डगेसस, पकोरिस, निर्बल भूपों की पहचान।[1]
पश्चात् कुषाण हमलों से, पह्लव सत्ता हुई बर्बाद,
किन्तु पहलवों की उपस्थिति, दूसरी शती इस्वी दौरान ॥137॥

गौतमीसुत शातकर्णि का जो, मिला हुआ नासिक गुहालेख,
उसमें किसी पह्लव नृप को, उखाड़ फेकने का उल्लेख।
वह क्षत्रप सुविशाख सुराष्ट्र, नृप रुद्रदामन के अधीन,
हिन्द संस्कृति, बौद्ध धर्म को, पह्लव जन अपनाये देख ॥138॥

कुषाण राजवंश : ऐतिहासिक स्रोत[2]

चीनी स्रोतों पर आधारित, आरंभिक कुषान इतिहास,
पान–कू कृत सियेन हान शू', फान–ए का 'हाऊ–हान शू खास।
पूर्व हान कुल का विवरण, क्रमशः इन कृतियों में है,
यूचियों के शक हूण युद्ध पर, सियेन 'हान शू' करे प्रकाश ॥139॥

पंच कबीलों में बँटे थे यूची, पान–कू लिखता सविश्वास,
सन् पच्चीस से एक सौ पचीस तक, फान–ए का यूचि इतिहास।
इससे लगे कबीलों में, कुई शुआंग सबसे शक्तिशाली,
वह सरदार कुजुल कडफिसेज, सभी जीत बाँधा एक फाँस ॥140॥

एकीकृत कर यूची जनों को, किया वृहद् राज्य निर्मान,
प्रारंभिक दो राजाओं पर, अन्य स्रोत से प्राप्त प्रमान।
पह्लव शासक गोन्डोफर्नीज, के तख्तवाही लेख प्रसंग,
कुषणों के जारी सिक्कों पर, हुए बहुत से अनुसंधान ॥141॥

कनिष्क व उत्तराधिकारियों, का ऐतिहासिक पूरा प्रकरण,
ग्रन्थ तिब्बती संस्कृत पाली, मूल और अनुवाद संस्करण।

1. श्रीवास्तव, पंकजलता : प्राचीन भारत, भाग तीन, पृ. 107, 112–113
2. श्रीवास्तव, के.सी. : पूर्वोक्त, पृ. 333; ओझा, श्रीकृष्ण : प्राचीन भारत, पृ. 3

*गोण्डो... = गोंडोफर्नीज

इन सबसे है सूचित होता, कुषान वंश पूर्ण गतिविधियाँ,
अति उपयोगी फाह्यान व, ह्वेनसांग का यात्रा विवरण ॥142 ॥

संयुक्तरत्नपिटक संस्कृत, व कल्पनामण्डि की टीका,
धर्मपिटक निदान सूत्रादि, चीनी में अनुवाद सभी का।
इन सब से कनिष्क उत्तरी, पूर्वी भारत विजय का ज्ञान,
बहुतायत सिक्कों लेखों से, ज्ञात कुषानी शास्ति सलीका ॥143 ॥

मथुरा सारनाथ कौशाम्बी, सुई बिहार जेदा मनिक्याल,
आदि जगहों से मिले अभिलेख, लिखते कीर्ति कनिष्क के भाल।
हुविष्क व कनिष्क द्वितीय के, प्राप्त लेख आरा मथुरा से,
उत्तर प्रदेश विहार वंग से, सिक्के मिले ढले टकसाल ॥144 ॥

अभिलेख मुद्रा प्रसार से, सूचित नृप साम्राज्य विस्तार,
अर्थ वृद्धि समृद्धि राष्ट्र, धार्मिक रुचि विपणन व्यापार।
तक्षशिला बेग्राम खनन में, मिले अधिक उपयोगी वस्तु,
जिससे ऐतिहासिक संरचना, का मिलता क्रमशः आधार ॥145 ॥

उन्नीस सौ पन्द्रह में मार्शल, तक्षशिला उत्खनन कराया,
जहाँ कई स्मारक सिक्के, कुषाण काल संबंधित पाया।
मुद्राओं के अग्रभाग पर, यूनानी में हर्मियस नाम,
पृष्ठभाग पर कडफिसेज का, जो राज्य उनका हथियाया ॥[1]146 ॥

बेग्राम में पहले हाकिन, फिर घिर्समन किये उत्खनन,
यहाँ प्राप्त सिक्के कनिष्क, हुविष्क वासुदेव आदि नृपति जन।
कुषाणों के इतिहास ज्ञान हित, इसमें निहित बहुत से तथ्य,
विद्वानों ने इसी बिना पर, किया कुषाण इतिहास सृजन ॥[2]147 ॥

उत्पत्ति तथा प्रसार[3]

कुषणों की उत्पत्ति समस्या, जटिल प्रश्न भारी विवाद का,
कुषाण शब्द को विद्वज्जन, कहते सूचक वंश आदि का।
विद्वान् कहते कुषाण को, पुरुष विशिष्ट वंश संस्थापक,
और कहा प्रादेशिक संज्ञा, चीनी स्रोत भू लोक साधिका ॥148 ॥

1. श्रीवास्तव, पंकजलता : प्राचीन इतिहास, भाग-तीन, पृ. 113-114
2. सिंह, एस.एस. : अर्ली क्वाइन्स आफ नार्थ इण्डिया, पृ. 191-192
3. श्रीवास्तव, के.सी. : पूर्वोद्धृत, पृ. 334; वेदालंकार, हरिदत्त : पूर्वोक्त, पृ. 128-129

अतः कुषाण राष्ट्रीयता है, एक विवाद विकारी प्रश्न,
निराकरण हित विद्वानों ने, किये समेकित भारी यत्न।
पुराविज्ञ करते संबंधित, तुर्क मंगोल शकों हूणों से,
किन्तु ठीक से कुछ भी कहना, सम्भव नहीं, है जारी प्रयत्न ॥149॥

यूची जाति कुषाण की शाखा, निंग-सिया, कानसू निवास,
चीन के ये पड़ोसी प्रान्त, जहाँ इनका आरंभिक वास।
एक सौ पैसठ ईसा पूर्व, जाति पड़ोसी हूंग-नू से,
पराभूत होकर कुषाण, छोड़ भगे अपना आवास ॥[1]150॥

स्व-भूमि से दक्षिण पश्चिम, जाते समय इनकी मुठभेड़,
इलीनदी घाटी के वासी, जिन्हें मार कर दिया खदेड़।
ये थे वु-सुन जिनके नृप को, हत कर दिया कुषाणों ने,
वु-सुन शरणागत हुए हूण के, कुषणों के शत्रु जो टेढ़ ॥151॥

बढ़ते गये यूची-जन, बीहड़ पथ पश्चिम घनघोर,
आगे बँट गये दो शाखा में, प्रथम गयी दक्षिण दिक् ओर।
पहली बसी तिब्बत की भूमि, अन्य रुकी सीरदर्‌या तीर,
वहाँ के वासी शकों को जीत, वही बसी सरिता तट छोर ॥152॥

किन्तु वहाँ ठहर न पाये, अधिक दिनों तक वे कूषान,
जिन वु-सुन को मार भगाया, राजा का हर लिया था प्रान।
मृत नृप पुत्र हूण योग से, कुषणों पर कर दिया प्रहार,
हुए पराजित यूची जन तब, छोड़ भगे वह भी स्थान ॥153॥

वहाँ से चल सुदूर पश्चिम, पहुँचे वे ताहिया बैक्ट्रीया,
सहज में वहाँ लोगों को, कर परास्त अधीन बना लिया।
स्थापित कर सोग्डिया राज्य, आक्सस तट राजधानी बनाई,
तभी एक सौ पचीस बी.सी., चीनी चांग कियेन यात्रा किया ॥[2]154॥

इतिहासज्ञ पान-कू लिखता, अब यूची न खानाबदोश,
बन गये साम्राज्याधिपति, फैले विभिन्न देश शत कोस।
फान-ए के इतिहास से इंगित, यू-ची विभाजन सौ वर्ष बाद,
कुषाण बीर क्यूत्सियु क्यू ने, विजित सभी शाखा का जोश ॥155॥

1. जोशी, नीलकंठ, पी. : मथुरा की मूर्तिकला, पृ. 3
2. ओझा, श्रीकृष्ण : प्राचीन भारत, पृ. 3-4 एवं गैरोला, वाचस्पति : पूर्वोक्त, पृ. 351

एकीकृत कर के सरदार, निर्मित किया साम्राज्य संगठित,
उस बीर का समीकरण, कुजुल या कुसुलक से पठित।
अतः निश्चित कडफीसेस ही, सर्वशाखाओं का आमेलक,
इस शाखा के सम्राटों की, सराहनीय भूमिका कथित ॥156॥

कुषाणों का प्रारंभिक इतिहास : कुजुल कडफिसेज[1]

कुषाण राज्य का सूत्रधार, कडफिसेस प्रथम सुख्यात,
इसके विषय में पान-कू कृति, हान-शू व सिक्कों से ज्ञात।
शीघ्र पार्थियनों को जीत, काबुल किपिन गहा अधिपत्य,
भारत के पश्चिमोत्तर का, शासक बना सफल विख्यात ॥157॥

दो प्रकार के सिक्के प्राप्त, जिन पर उभरा नृप का नाम,
मुखांग पर अन्तिम यवन, हर्मियस नृप का अभिधान।
हर्मियस यूनानी लिपि में, खरोष्टि में कुजुलक संज्ञा,
न ही कोई लेख पर मिलता, राजकीय उपाधि उपनाम ॥158॥

अन्य भाँति सिक्कों पर उसकी, राज्य उपाधि कई उत्कीर्ण,
महाराजस महतस् कुषण, कुजुल कफस उपाधि विस्तीर्ण।
इससे लगे पहले कुजुल, यवन हर्मियस के अधीन,
और उसके बाद कुजुल, शासक भू स्वतंत्र अवतीर्ण ॥159॥

किन्तु हर्मियस बाद वहाँ, पह्लव की सत्ता अधिष्ठापित,
जिन्हें हरा कुजुल ने छीना, काबुल व कन्धार कदाचित्।
इस प्रकार कुजुल का राज्य, विस्तृत काबुल व कंधार,
काबुल व पार्थियन विजय से, पश्चिम से संबंध स्थापित ॥160॥

प्रचलित ताम्र मुद्रावों में, शब्दांकित धर्मथिदस धर्मथित,
मुद्राविदों का अभिमत कि, बौद्ध धर्म में हो गया दीक्षित।
उसका शासन काल लम्बा, ईस्वी पन्द्रह पैसठ मध्य,
अस्सी वर्ष दीर्घ आयु में, कुजुल हुआ स्वर्ग को प्रस्थित ॥161॥

---

1. श्रीवास्तव, रानी : कुषाण प्रस्तर मूर्तियों में समाज एवं धर्म, पृ. 1-5; श्रीवास्तव, के.सी. : पूर्वोद्धृत, पृ. 334-335; ह्वाइटहेड, आर.बी. : पूर्वोद्धृत, पृ. 178-182

विमकडफिसेस[1]–(ईस्वी 65–78 तक)

कुजल कडफिसेस के उपरान्त, विमकडफिसेस हुआ नरेश,
हाऊ–हान शू से सूचित, जीत लिया वह तिएन प्रदेश।
तिएन क्षेत्र का आशय इंगित, भू सिन्धु सिंचित पंजाब,
अतः कुषाण सत्ता संस्थापक, विम ही लगता भारत देश ॥162॥

विमकडफिस अपने काल, ताम्र स्वर्ण सिक्के ढलवाये,
उन पर यूनानी–खरोष्ठी, लिपियों में लेख लिखवाये।
उसके मुद्राओं का प्रसरण, काबुल से सम्पूर्ण सिन्ध,
कुछ सिक्के भीटा कौशाम्बी, बसाढ़ बक्सर तक गये पाये॥[2]163॥

सिक्कों के पीछे पट अंकित, उपाधि नृप का है सुहाता,
महाराज राजधिराज लोकेश्वर, माहेश्वर कडफिसेस त्राता।
अतः ज्ञात विमकडफिस, एक महान् बलशाली नरेश,
सिक्कों पर शिव नंदी त्रिशूल, शैव मतानुयायी दर्शाता॥[3]164॥

विम स्वर्ण मुद्रा प्रचलन से, लोक सुख समृद्धि विभूषित,
चीन देश से कडफिसेस का, व्यापारिक संबंध सूचित।
प्लीनी का विवरण दर्शाता, उस युग में बाह्य व्यापार,
रोम आदि पश्चिमी देशों से, उन्नत स्थिति राज्य सुपोषित॥165॥

मथुरा के माट स्थान से, सिंहासनारुढ़ मूर्ति अंकन,
'महाराज राजाधिराज देवपुत्र, कुषानपुत्र षाहि वेम सक्षम।
काशी प्रसाद वेम पहचान, करते विम कडफिसेस से,
यदि सच तो मथुरा तक फैला, विम राज्य सीमा शासन॥[4]166॥

सोटरमेगस[5]–

इस अज्ञात राजा के सिक्के, प्राप्त पंजाब काबुल कंधार,
मुद्राओं पर सोटरमेगस, की उपाधियाँ नाम उभार।

1. ओझा, श्रीकृष्ण : प्राचीन भारत, पृ. 7–9
2. वर्मा, टी.पी. : संस्कृति संधान, खण्ड–सात, पृ. 162–163; सिंह, ए.पी. : डिफेन्सिव आर्ट आफ इंडिया, पृ. 25
3. थपलयाल, के.के. : स्टडीज इन ऐंशियंट इंडियन सील्स, पृ. 291
4. वेदालंकार, हरिदत्त : पूर्वोद्धृत, पृ. 131–136; श्रीवास्तव, रानी : पूर्वोक्त, पृ. 4
5. सरकार, डी.सी. : स्टडीज इन इंडियन क्वाइन्स, पृ. 305; ह्वाइटहेड, आर.बी. : पूर्वोक्त, पृ. 160–163

निश्चित नहीं है इसकी, ठीक से ऐतिहासिक पहचान,
संभवतः तक्षशिला उपशासक, विम के अधीन सरकार ॥167॥

विमकडफिसेस बाद शायद, थोड़े काल हुआ स्वाधीन,
निज नाम सिक्के ढलवाकर, बन गया शासक स्वयं नवीन।
कुछ विद्वानों का अभिमत, विम ही था वह सोटर मेगस,
जो भी हो कनिष्क उद्भव से, वह सत्ता हुई अन्तर्लीन ॥168॥

कुषाण शक्ति का चरमोत्कर्षः
कनिष्क : राज्यारोहण[1]

कनिष्क राज्यारोहण तिथि का, होता नहीं साक्ष्य से ज्ञान,
बहुतेरे हैं मत-मतान्तर, सहमत नहीं सभी विद्वान्।
फलतः यह राष्ट्र इतिहास का, सर्वाधिक विवादित प्रश्न,
अब भी इस पर ठीक-ठीक, कुछ भी कहना न आसान ॥169॥

इस बारे में प्लीट कनेडी, भण्डारकर आर. सी. मजूमदार,
स्टेनकोनो मार्शल स्मिथ, ओल्डेन वर्ग ने किया विचार।
बी. एन. पुरी घिर्शमन फर्ग्गूशन, थामस बनर्जी रैप्सन व,
राय चौधरी जे. डुब्रील ने, किया शोध बहु विधा प्रकार ॥170॥

बी.सी. अठ्ठावन से, दो सौ अठहत्तर सन् अंतराल,
उपरिकथित सब विद्वानों ने, रखा भिन्न-भिन्न तिथि काल।
सभी के मत का खण्डन होता, एक दूजे के तर्क साक्ष्य से,
इतिहास की गूढ़ समस्या, अभी पूर्ववत् बना सवाल ॥171॥

हेमचन्द्र फर्गुशन बनर्जी, रैप्सन थामस ओल्डेनवर्ग,
राज्याभिषेक अठहत्तर ईस्वी, मानता उक्त विद्वान् वर्ग।
इनके मत कनिष्क नृप, शक संवत का मूल प्रवर्तक,
कनिष्क अधीन क्षत्रप करते, उक्त सवंत् प्रयोग सगर्व ॥172॥

नाम न पहले इस संवत् का, गणना में संख्या का प्रयोग,
शकों के लेख तथा सिक्कों में, चौथी शती तक बहु उपयोग।
अतः पाँचवी शती पश्चात्, भारतीय लेखों में स्वीकार्य,
इस प्रकार कनिष्क सृति संवत्, शक संवत् परिणमित सुयोग ॥173॥

1. ओझा, श्रीकृष्ण : प्राचीन भारत, पृ. 10-13

जे. डुब्रील ने अठहत्तर ईस्वी, की तिथि पर अपत्ति जताया,
उनके तर्क को विद्वानों ने, लचर और कमजोर बताया।
कई मत मतांतरों में उक्त, तिथि लगत विज्ञों को ठीक,
किन्तु इसे भी विद्वानों ने, संभावित तिथि ही बतलाया ॥[1]174 ॥

इस प्रसंग में उल्लेखनीय, पेशावर में ए. एच. दानी,
किया खनन 'शेखान की ढेरी', मिले कनिष्क अवशेष प्रमानी।
रेडियों कार्बन विधि टेस्ट, में उनकी तिथि प्रथम शती,
अतः कनिष्क राज्यारोहण तिथि, सन् अठहत्तर विज्ञों ने मानी ॥175 ॥

कनिष्क सम्राट तिथि निर्णय को, विश्व स्तर पर हुआ विचार,
उन्नीस सौ तेरह से साठ विच, आहुत लंदन दो सेमिनार।
विभिन्न देशों के विद्वानों में, सहमति बनी अठहत्तर ए. डी.,
ए. एल. वाशम इसके पक्ष में, प्रस्तुत किये विशिष्ट आधार ॥[2]176 ॥

कनिष्क के युद्ध तथा विजयें[3]

उसकी विजयों से सूचित, कनिष्क विजेता श्रेष्ठ महान्,
नृप के रण अभियान विजय, अन्य कृत्य का यहाँ बखान।
कडफिसेस के कुषण राज्य की, सीमा में किया वह वृद्धि,
धर्म क्षेत्र में कृत कार्यो से, नृप को मिला बहुत सम्मान ॥177 ॥

पूर्वी भारत पर अधिपत्य[4]

पूर्वी भारत से कनिष्क के, प्राप्त कई सिक्के लिपि लेख,
सारनाथ काशी में मिला, शास्ति तृतीय वर्ष अभिलेख।
उत्तर प्रदेश बिहार बंग में, मिले भूप मुद्रा अधिकांश,
पाटलिपुत्र बैशाली बक्सर, सिक्के प्राप्त सचित्र सलेख ॥178 ॥

श्रीधर्मपिटक निदानसूत्र के, चीनी भाषान्तरण से ज्ञात,
कनिष्क ने पाटलिपुत्र नृप को, रण में दिया करारी मात।
इच्छित हरजाने के बदले, मुर्गा एक विचित्र सहित,
अश्वघोष बुद्ध भिक्षा पात्र, पाकर हुआ संतुष्ट सु व शांत ॥179 ॥

1. अलेक्जेण्डर, कनिंघम : बुक आफ इंडियन एराज, पृ. 41–45, 52
2. श्रीवास्तव, रानी : पूर्वोक्त पृ. 4; वेदालंकार, हरिदत्त : पूर्वोद्धृत, पृ. 136–140
3. श्रीवास्तव, के.सी. : पूर्वोक्त, पृ. 340
4. ओझा, श्रीकृष्ण : प्राचीन भारत, पृ. 13–14

बोधगया हुविष्क काल के, मिले मूर्ति फलक कुछ नेक,
जो वहाँ कनिष्क अधिपत्य को, सूचित करते साक्ष्य प्रत्येक।
उसके आगे मिले बंग में, सिक्के तामलुक महास्थान,
मयूरभंज पुरी गंजाम व, शिशुपालगढ़ स्थान अनेक ॥180॥

काशी हिन्दू विश्वविद्यालय के, के.के. सिन्हा के निर्देशन,
बलिया जिला खैराडीह में, हुआ खुदाई सूक्ष्म अन्वेषन।
वहाँ मिली समृद्धिशाली, कुषाण काल बस्ती अवशेष,
घाघरा नदी कंठ पर स्थित, एक व्यापारिक नगर निवेशन ॥181॥

कौशांबी श्रावस्ती स्थित, बुद्ध मूर्ति के पाद अभिलेख,
उन पर भूप कनिष्क काल, शास्ति विविधता का उल्लेख।
कौशाम्बी से कनिष्क युगीन, मिली मुहर एक साबूत,
इन संदर्भों से सूचित, नृप अधिपत्य पूर्वी प्रदेश ॥182॥

चीन के साथ संघर्ष[1] : विजय—

चीनी स्रोतों से सूचित, सन् तिहत्तर-चौरानवें दरम्यान,
तुर्किस्तान विजय वांछा से, जारी चीन नृपति फरमान।
अतः सैन्यपति पानचाऊ ने, युद्ध हेतु कर शीघ्र प्रयाण,
पामीर पर आधिपत्य जमाया, जीत लिया काशगर खोतान ॥183॥

चीनी इतिहासकारों का मत, सेनापति पानचाऊ के पास,
हान पुत्रि परिणय प्रस्ताव, कनिष्क दूत लेकर गया खास।
पानचाऊ कनिष्क माँग को, तुरत कर दिया अस्वीकार,
जिस कारण हुआ संग्राम, किन्तु कनिष्क हो गया परास्त ॥184॥

नृपति कनिष्क इस हार से, लेकर सीख बना बलवान,
इस अवसर की ताक में कब, कैसे करें रण अभियान।
उधर चाऊ सुत पानयांग, सेनापति युवा नव देख,
लाँघकर पामीर उपत्यका, कनिष्क डटा जाकर मैदान ॥185॥

इस घोर संग्राम में कनिष्क, विजई हुआ बढ़ा जग मान,
प्रांत बने साम्राज्य के अंग, यारकंद काशगर खोतान।
वार्षिक कर अदा जो करता, चीनी हान सम्राट को वह,
उससे कनिष्क मुक्त हो गया, और बना सम्राट महान् ॥[2]186॥

1. वही, पृ. 14–15
2. नाहर, रतिभान सिंह : पूर्वोद्धृत, पृ. 342–343

ह्वेनसांग अपनी कृति में, लिखा कनिष्क नृपति गांधार,
जीत पड़ोसी सब राज्यों को, किया राज्य शासन विस्तार।
वह उसका अधिपत्य बताता, सुँग-लिन पहाड़ी पूर्व,
जिसका आशय टर्किश चीनी, यारकन्द खोतान काशगार ॥187॥

प्रोफेसर बेली को पाण्डुलिपि, मिला जो था खोतान प्रदेश,
उसमें दर्शित बहलक राज, चन्द्र कनिष्क बैक्ट्रीया नरेश।
नृप राज्य बैक्ट्रीया तुखारा, तुर्किस्तान ख्वारिज्म तक विस्तृत,
चीनी स्रोत अनुसार कनिष्क, जीता नृप पार्थिया प्रदेश ॥[1]188॥

पश्चिमोत्तर प्रदेशों की विजय[2]

कनिष्क राज ग्यारहवें वर्ष का, मिला लेख है सुई विहार,
इससे प्रमाणित ग्यारवे वर्ष, जीता घाटी सिन्धु कछार।
इसी वर्ष का अन्य लेख, मिला उन्द-पेशावर जेद्दा,
ह्वेनसांग से पुष्टित होता, कपिशा पर कनिष्क अधिकार ॥189॥

कनिष्क संवत् इक्यावन का, काबुल से एक लेख हुविष्क,
यह प्रमाण अफगानिस्तान पर, राज्य किया सम्राट कनिष्क।
राजतरंगिणी हमें बताती, कश्मीर पर कनिष्क अधिपत्य,
वहाँ कनिष्कपुर नगर बसाया, किया लोक हित कार्य विशिष्ट ॥190॥

दक्षिण भारत[3]

कनिष्क संवत् अट्ठाइस का, सांची में वासिष्क का लेख,
सुन्दर वर्णों में उत्कीर्ण, बुद्ध प्रतिमा के अंग विशेष।
चार वर्षों के राज्यकाल में, वासिष्क की उपलब्धि नगण्य,
अतः कहा जा सकता कि, इसको जीता कनिष्क नरेश ॥191॥

साँची अन्य लेख में अंकित, वासु या वास नाम का राजा,
शायद वह कनिष्क काल, रहा मालवा का उपराजा।
इससे तो यह लक्षित है, विन्ध्य श्रेणी तक कम से कम,
साम्राज्य महान् कनिष्क का, उत्तर भारत पूर्ण विराजा ॥192॥

---

1. श्रीवास्तव, पंकजलता : प्राचीन इतिहास, भाग-एक, पृ. 113
2. श्रीवास्तव, के.सी. : पूर्वोद्धृत, पृ. 339
3. वही; श्रीवास्तव, रानी : पूर्वोक्त, पृ. 5

साम्राज्य तथा शासन[1]

अपनी विजयों से कनिष्क, किया महाराज्य निर्मान,
उसके कई लेखों सिक्कों से, होता राज्य सीमा संज्ञान।
उत्तर में कश्मीर से लेकर, दक्षिण विन्ध्य पहाड़ी तक,
पश्चिमोत्तर अफगान से, पूर्व मगध विस्तार प्रमान॥193॥

राजतरंगिणि से काश्मीर पर, सूई बिहार सांची का लेख,
सिन्ध मालवा राजस्थान पर, दर्शाते अधिपत्य विशेष।[2]
गुर्जर महाराष्ट्र धरा पर, सूचित है कनिष्क अधिकार,
पूरब हेतु साक्ष्य कौशाम्बी, सारनाथ श्रावस्ती लेख॥194॥

चीनी स्रोतों से अभिसूचित, बैक्ट्रीया ख्वारिज्म तुखारा,
यारकन्द खोतान काशगर, चीनी तुर्किस्तान ही सारा।
ये प्रदेश नृप के अधीन थे, पुरुषपूर उसकी राजधानी,
अन्तर्राष्ट्रीय साम्राज्य वह, राष्ट्राध्यक्ष कनिष्क था न्यारा॥195॥

उसके शासन प्रबंध विषय, में बहुत नहीं है ज्ञात,
नृप के क्रियाकलाप बताते, वह प्रभुता सम्पन्न सम्राट।
'महाराज राजाधिराज देवपुत्र, अंकित उसके लेखों में,
नृप दैवी उत्पत्ति आस्था, विरुद देवपुत्र धरे विराट्॥[3]196॥

शायद यह उपाधि कनिष्क, चीनी सम्राटों का अनुकरण,
क्यों की चीनी सम्राट स्वयं, स्वर्ग पुत्र रूप किये प्रचरण।
टामस का अनुमान, न कुषाण शासकीय उपाधि,
अतः प्रजा द्वारा प्रदत्त यह, सिक्कों पर न दृश्य अक्षरण॥197॥

राजाधिराज विरुद से ज्ञात, उसके अधीन भी नृप अनेक,
प्रयाग लेख से ज्ञापित होता, षाहानुषाहि उपाधि नृप एक।
षाहानुषाहि स्वामी सूचक, षाहि विरुद लघु सामंत,
आर. एस. शर्मा मत-विरुदों से, नृप स्थिति दृढ़ राज्य समेत॥[4]198॥

---

1. ओझा, श्रीकृष्ण : पूर्वोक्त, पृ. 16-17
2. त्रिपाठी, एल.के. : द टेम्पुल्स आफ बरौली, प्रस्तावना-XVII
3. थपलियाल, के.के. : पूर्वोक्त, पृ. 95
4. गैरोला, वाचस्पति : पूर्वोक्त, पृ. 351-354

कनिष्क एक निरंकुश नृप, एकराट् विस्तृत सामाज्य,
शासन सुविधा हित इसे, किया कई क्षत्रपि में विभाज्य।
छोटे बड़े शासक को, कहते क्षत्रप व महाक्षत्रप,
नृप के अभिलेखों में इंगित, क्षत्रपों द्वारा शासित राज्य ॥199॥

सारनाथ लेख–खरपल्लन, इंगित क्षत्रप मथुरा प्रदेश,
वानस्पर को वाराणसी का, क्षत्रप नियुक्त कुषाण नरेश।[1]
उत्तर व पश्चिम में लाइक, लल्ल नाम के क्षत्रप ज्ञात,
पश्चिमोत्तर तक्षशिला कपिशा, राज्य शासन केन्द्र विशेष ॥200॥

प्रायः विदेशियों की नियुक्ति, क्षत्रप जैसे पद पर होती,
जैसा उनके पद से इंगित, क्षत्रपि भी अनुवांशिक गोती।
कभी–कभी एक ही प्रांत पर, दो–दो क्षत्रप हुए नियुक्त,
'एक म्यान में दो तलवार' रखने की यह विचित्र कसौटी ॥[2]201॥

साधारणतया क्षत्रप करते, बुद्ध मूर्ति स्थापन दान,
नहीं पता उनके वेतन का, कार्यकाल का न अनुमान।
वाराणसी था पूर्वी क्षेत्र के, सत्ता का ख्यापित उपकेन्द्र,
सम्भवतः मथुरा कुषणों का, था प्रशासनिक केन्द्र प्रधान ॥[3]202॥

समुद्रगुप्त प्रयाग लेख में, विषय भुक्ति शासनिक इकाई,
कनिष्क लेखों में मंत्रियों का, नहीं साक्ष्य पड़ता है दिखाई।
महादण्डनायक नायक, कुषाण लेखों में प्रथम उल्लेख,
शायद ये सैनिक अधिकारी, राष्ट्र रक्षा हित लोक भलाई ॥203॥

ग्राम शासन चलाते ग्रामिक, मथुरा अभिलेख में अंकित,
कार्य मुख्य राजस्व कर संग्रह, केन्द्र कोष पहुचाना कथंचित्।
किन्तु कनिष्क शासन आधारित, अधिकाधिक सैनिक तन्त्र,
इसीलिए न बना स्थाई, शीघ्र हुआ शक्तिहीन विखंडित ॥204॥

कनिष्क का अंत[4]–

कनिष्क के अन्त काल का, नहीं प्रत्यक्षतः कुछ भी ज्ञात,
संस्कृत बौद्ध ग्रन्थों व चीनी, अनुवादों में अनुश्रति ख्यात।

---

1. वर्मा, टी.पी. तथा गुप्त, एस.पी. : अयोध्या का इतिहास तथा पुरातत्व, पृ. 55
2. मिराशी, वी.वी. : पूर्वोद्धृत, पृ. 97; वेदालंकार, हरिदत्त : पूर्वोक्त, पृ. 151
3. रिजडेविड्स, टी.डब्ल्यू. : बुद्धिस्ट इण्डिया, पृ. 143
4. श्रीवास्तव, के.सी. : पूर्वोद्धृत, पृ. 340

उसकी लोलुपता क्रूरता, महत्वांकाक्षा से प्रजा न तुष्ट,
लगातार युद्धों में उलझे, सैनिक भी विक्षुब्ध अवक्रांत ॥205॥

संग्रामों से तंग सैन्यजन, कनिष्क विरुद्ध रचे कुविचार,
एक बार उत्तरी युद्ध पर, जाते समय नृप पड़ा बीमार।
तभी सैनिकों ने उसके, मुँह पर एक लिहाफ ओढ़ाकर,
और मुग्दर से पीट-पीट, दिया सम्राट कनिष्क को मार ॥[1]206॥

यह किवदन्ती कितनी सच, यह कहना है बहुत कठिन,
इससे यह निष्कर्ष नृप का, बहुत दुःखद था अंतिम दिन।
उसकी राज्यारोहण तिथि, यदि माने अठहत्तर ईस्वी,
तेइस वर्ष राज्य किया, एक सौ एक ईस्वी अंतिम ॥207॥

मूल्यांकन[2]

कनिष्क बना अपनी मेधा से, भारत का सम्राट महान्,
जेता राज्य साम्राज्य प्रणेता, राजा सफल वीर बुद्धिमान्।
साधारण क्षत्रप से उठ, बहु विशिष्ट विजयों के कारण,
एशिया के सम्राटों में, बना लिया उच्च स्थान ॥208॥

अशोक भाँति उसने भी बौद्ध, धर्मोन्नति प्रसार-प्रचार,
हेतु लगाया राज्य साधन, किया धर्म का बहु उपकार।
उत्तर की बौद्ध अनुश्रुति में, नृप कनिष्क वही स्थान,
जो अशोक का दक्षिण में, बौद्ध परम्परा श्रुति अनुसार ॥209॥

बौद्ध धर्म के साथ-साथ, अन्य धर्मों का वह उपकारी,
कभी नहीं धर्मान्ध रहा वह, भरी सहिष्णुता नृप में न्यारी।
सैन्य शौर्य चन्द्रगुप्त समान, अशोक सम धार्मिक उत्साह,
मध्येशिया में बौद्ध धर्म का, कीर्तियान उसने ही उतारी ॥210॥

कनिष्क एक विदेशी शासक, संघर्षों में रहा नित लीन,
किन्तु यहाँ की संस्कृति में, स्वयं को कर दिया विलीन।
मध्य और पूर्वी एशिया में, भारतीय संस्कृति खोला द्वार,
भारतीय धर्म कला विद्या के, संरक्षण में रहा नित लीन ॥211॥

1. ओझा, श्रीकृष्ण : पूर्वोद्धृत, पृ. 23-24
2. श्रीवास्तव, के.सी. : पूर्वोक्त, पृ. 340; जेम्स, एच.जी. : ए हिस्ट्री आफ इण्डिया, पृ. 53

कनिष्क के उत्तराधिकारी[1]

कनिष्क पश्चात् वासिष्क को, मिला राज्य उत्तराधिकार,
शक संवत् चौबिस से अट्ठाइस, राज किया वर्ष ही चार।
उसके काल के दो अभिलेख, मथुरा व सांची से प्राप्त,
मध्य मालवा से मथुरा तक, उसका रहा राज्य विस्तार ॥212॥

वासिष्क वाद हुविष्क नृप, शासक हुआ कुषान साम्राज्य,
मिले हैं कपिशा से बिहार तक, सिक्के नृप के शोध सुकाज्य।[2]
काबुल निकट बर्दक से मिलना, उसके राज्य अवधि का लेख,
शायद कपिशा से काशी तक, फैला था हुविष्क महाराज्य ॥213॥

हुविष्क अपनी राजधानी, पुरुषपूर से मथुरा लाया,
रम्य विहारों स्मारकों से, मथुरा पुरी रचा सजाया।[3]
नृप स्वर्ण ताम्र सिक्कों से, उसकी राज्य समृद्धि झलकती,
स्वनामित कश्मीर प्रांत में, नगर हुष्कपुर एक बसाया ॥214॥

पुरखों के उल्टे हुविष्क का, ब्राह्मण धर्म की ओर झुकाव,
उसके मुद्राओं पर इसका, परिलक्षित स्पष्ट प्रभाव।
महासेन शिवस्कंद कुमार, विशाख देव आकृति उत्कीर्ण,
बौद्ध जैन धर्मो के प्रति नृप, रखता नित सहिष्णु सम्भाव ॥215॥

शकाब्द अट्ठाइस से बासठ, चौतिस वर्ष हुविष्क का राज,
शक वर्ष बासठ से सड़सठ, कनिष्क द्वितीय हुआ अधिराज।
आरा के अभिलेख से सूचित, वह था सुत वासिष्क नरेश,
उसने उपाधि देवपुत्र धृत—महाराज व राजाधिराज ॥[4]216॥

शायद वह हुविष्क के साथ, राज्य किया सहशासक रूप,
उसके बाद ही कुषाण राज्य, द्वितीय कनिष्क बना था भूप।
रोमन राजाओं के नकल पर, सीजर सम गही उपाधि,
पाँच वर्ष तक राज्य करके, पहुँचा भूप मृत्यु के कूप ॥[5]217॥

1. ओझा, श्रीकृष्ण : प्राचीन भारत, पृ. 25-29
2. साहनी, बीरबल : टेक्निक्स आफ कास्टिंग क्वाइन्स इन ऐंशियंट इण्डिया, पृ. 43-44
3. फुहरर, ए. : द मानुमेन्टल ऐंटीक्वीटीज एण्ड इन्स्क्रिपसन्स इन द नार्थ वेस्टर्न प्राविन्सेज एण्ड अवध, पृ. 105-106
4. ओझा, श्रीकृष्ण : पूर्वोक्त, पृ. 27
5. श्रीवास्तव, पंकजलता : प्राचीन इतिहास, भाग-एक, पृ. 117

तत्पश्चात् वासुदेव वंश का, अन्तिम था महान् सम्राट,
शकाब्द सड़सठ से अठानवें, बीच सम्हाला था राजपाट।
इस नृप का राज्य शायद, मथुरा आस पास तक सीमित,
क्योंकि इसके अभिलेख हैं, केवल इसी क्षेत्र में प्राप्त ॥218॥

पश्चिमोत्तर प्रांतो पर इनकी, सत्ता का अन्त हुआ राज,
शासन क्षेत्र सिमटा मथुरा तक, कालिन्दी-गोकुल संभाग।
शैव अनुयायी वासुदेव के, सिक्कों पर शिव नदी मूर्ति,
इसके साथ कुषाण कुल सत्ता, सो गयी फिर सकी न जाग ॥[1]219॥

कुषाण कुल नृपों ने मिल, एक शती तक चलाया राज्य,
बैक्ट्रीया से बिहार भू तक, निर्मित किया महा साम्राज्य।
भारतीय संस्कृति फैलाया, हिमगिरि के उत्तर की भूमि,
देश में राजनैतिक धार्मिक, रचा संस्कृति नव सौभाग्य ॥220॥

परवर्ती कुषाण[2]

वासुदेव बाद कुषाणों का, अन्धकारमय कुल इतिहास,
सिक्कों पर लिखे नामों से, इन पर पड़ता विरल प्रकाश।
द्वितीय शती उत्तरार्ध से, तृतीय शती पूर्वाध तक ही,
परवर्ती उत्तर कुषाण के, शासन का मिलता आभास ॥221॥

कनिष्क तृतीय-

परवर्ती नृपों में प्रथम, आता कनिष्क तृतीय का नाम,
एक सौ अस्सी से दो सौ दस, ईस्वी सम्हाला राज्य कमान।
सिक्के मिले गंधार बैक्ट्रीया, सीस्तान अफगान पंजाब,
सतलज तीर पूर्व में मिलते, मुद्राओं के प्राप्ति प्रमान ॥222॥

इससे सूचित यह कि नहीं, हाथ अब मथुरा का राज,
सीमित ये सीस्तान बैक्ट्रीया, भू अफगान कश्मीर पंजाब।
सिक्कों पर इनके कुछ प्रान्तीय, क्षत्रपों के मिले नामांश,
यथा वासु विरु-मही आदि से, प्रान्तीय, शासकों का अंदाज ॥223॥

---

1. गोस्वामी, जया : कल्चरल हिस्ट्री आफ ऐंशियंट इण्डिया, पृ. 7-8
2. श्रीवास्तव, के.सी. : पूर्वोक्त, पृ. 341-342; वेदालंकार, हरिदत्त : पूर्वोक्त, पृ. 165-166

वासु–वासदेव था नृप सुत, विरु–मही संभवतः भाई,
वासु था सीस्तान का क्षत्रप, विरु–विरुपाक्ष पंजाबइकाई।
मही को अफगान प्रान्त का, नृप ने सौपा क्षत्रप भार,
इनके हिन्दू नाम से द्योतित, भारतीय संस्कृति अपनाई ॥224॥

अल्टेकर मत कनिष्क तृतीय, बाद नृपति वासुदेव द्वितीय,
जो कनिष्क का योग्य पुत्र, उसका उत्तराधिकारी महनीय।
शिवनंदी प्रकार सिक्कों पर, नृप का 'वासु' नाम उत्कीर्ण,
जो मिले अफगान भूमि व, वैक्ट्रिया प्रदेश रमणीय ॥225॥

इससे प्रतीत स्वतंत्र हो गये, राज्य धरा पंजाब सीस्तान,
अब इनके साम्राज्य में शेष, बैक्ट्रीया अफगानिस्तान।
शायद दो सौ दस ईस्वी से, दो सौ तीस तक राज्य किया,
इसी समय कूषाण राज्य पर, आया विघटन का तूफान ॥226॥

पतनोपरान्त[1]

वासुदेव द्वितीय युग तक, विघटन–ह्रास प्रक्रियापूरी,
उदित हो गये राजवंश नव, सत्ता चाह उनकी मजबूरी।
मथुरा तथा पद्ममावति में, नागवंश का प्रादुर्भाव,
यौधेय मालव कुणिन्दादि, हुए स्वतन्त्र नृप छोड़ हजूरी ॥227॥

होने लगे ससैनियन हमले, पश्चिमोत्तर सीमांत प्रदेश,
अधिकृत किये राज्य सब मिल, ससैनियन कुल कई नरेश।
इस प्रकार आन्तरिक एवं, पश्चिमोत्तर सीमन्तक राज्य,
नष्ट, भ्रष्ट कुषणों की सत्ता, तृतीय शती त्रय दशक प्रवेश ॥[2]228॥

कुछ विद्वानों के विचार में, वह नृप था वासुदेव प्रथम,
जिसे हराकर ससैनियनों ने, कुषाण सत्ता को किया दमन।
अब समस्या सुलझ चुकी, मिले हुए मौद्रिक साक्ष्यों से,
ससैनियन सेना से हारा, राजा द्वितीय वासुदेव कुषन ॥229॥

वासुदेव द्वितीय के सिक्के, प्रथम से दिखते पूरा भिन्न,
क्षत्रपों के नामांश अंकित, भिन्न भी हैं मोनोग्रामिक चिह्न।

---

1. श्रीवास्तव, के.सी. : पूर्वोद्धत, पृ. 342
2. ओझा, श्रीकृष्ण : प्राचीन भारत, पृ. 30; गोस्वामी, जया : पूर्वोक्त, पृ. 7–10, 13

वासुदेव द्वितीय सिक्कों पर, यूनानी लिपि विकृत रूप,
जिस विधि को ग्रहित ससैनियन, देकर के निज नाम सु चिह्न ॥230॥

कुषाण सत्ता पतन प्रश्न पर, विद्वानों में बड़ा मतभेद,
किन्तु किसी कारण विशेष का, दिखता नहीं प्रखर संवेद।
आर. डी. वनर्जी जायसवाल, अल्टेकर घिर्समन आदि,
किये शोध-मत प्रतिपादित, पर मतैक्य का संकट खेद ॥[1]231॥

विविध मतों के अनुशीलन से, ऐसा होता सत्य प्रतीत,
उदित नवीन राजवंशों से, हुए कुषाण बहुत भयभीत।
ऊपर से ससैनियन व, जुआन-जुआन जाति के हमले,
यौधेय नाग मालवाघात से, कुषाण राज्य हुआ स्वप्नातीत ॥232॥

❑❑❑

*काशीप्रसाद

1. ओझा, श्रीकृष्ण : पूर्वोक्त, पृ. 29-30

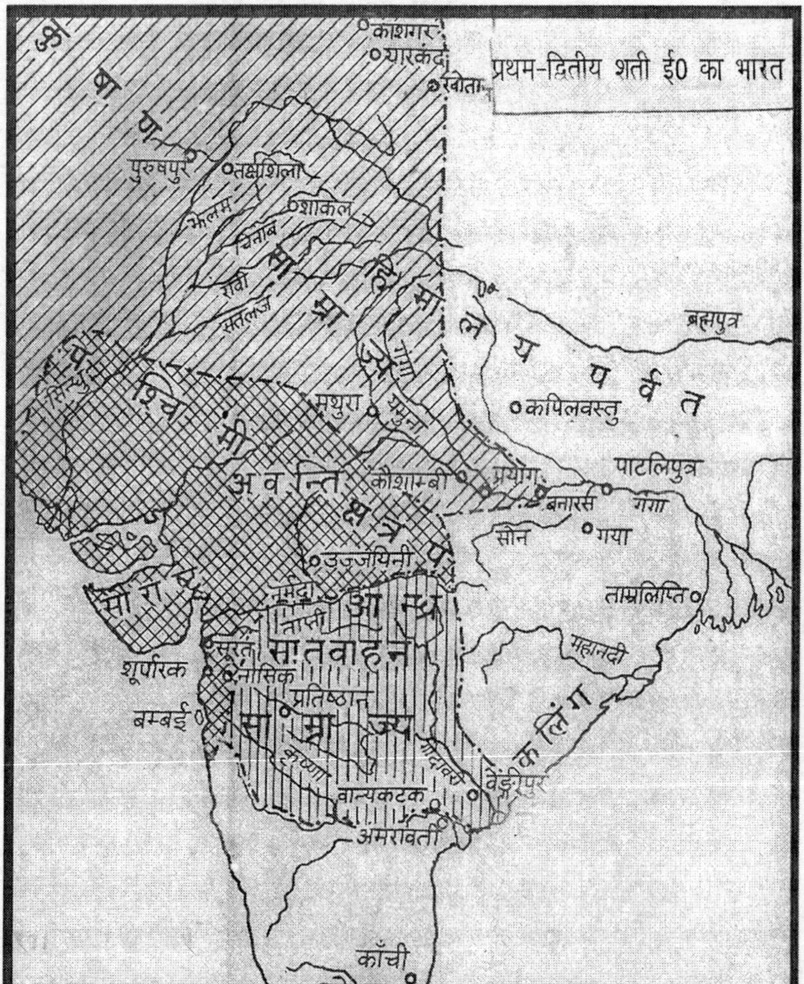
प्रथम-द्वितीय शती ई0 का भारत
काशगर
यारकंद
खोता
पुरुषपुर
तक्षशिला
झेलम
शाकल
चिनाब
रावी
सतलज
मथुरा
कपिलवस्तु
ब्रह्मपुत्र
अवन्ति
कौशाम्बी
प्रयाग
पाटलिपुत्र
बनारस
गंगा
सोन
गया
उज्जयिनी
ताम्रलिप्ति
नर्मदा
ताप्ती
सातवाहन
महानदी
सूरत
नासिक
शूर्पारक
प्रतिष्ठान
बम्बई
साम्राज्य
कलिंग
वेङ्गीपुर
वान्यकटक
अमरावती
काँची
चोल
कावेरी
मदुरा
लंका
कुषाण साम्राज्य
पश्चिमी क्षत्रप
आन्ध्र सातवाहन राज्य

कुषाण युगीन समाज एवं संस्कृति

शुंग बाद यवन शक, पह्लव कुषाण आदि,
आये हमलावर बन, सम्हाला राजपाट भी।
हिमालय के पार, मध्य-एशिया खोतान जीत,
रचा महाराज्य कनिष्क, शासक एकराट् भी॥
वैदेशिक व्यापार वृद्धि, प्राप्त स्वर्णाकूत देश,
स्वसंस्कृति प्रचार रचित, स्मारक विराट् भी।
बौद्ध धर्म पहुँचा चीन, ले करके धम्म ज्योति,
जिससे प्रभासित लोक, मिंग-ती सम्राट भी॥

सामान्य विशेषताएँ[1]

कुषाण युगीन धर्म संस्कृति, कृति कारण जो रहे अपूर्व,
यहाँ उत्स चर्चा आवश्यक, कुछ भी तथ्य कथन से पूर्व।
मौर्य भाँति इस युग की सभ्यता, संस्कृति थी उन्नति का मूल,
साम्राज्य प्रगति में उनके, सम्राटों की सोच व ऊर्ज॥1॥

मौर्यों के पश्चात् देश में, कुषाणों ने ही पहली बार,
स्थापित साम्राज्य वृहद् एक, मध्य एशिया तक विस्तार।
हुआ घनिष्ठ सम्पर्क राष्ट्र का, अन्य बाहरी देशों से,
अतएव राष्ट्र संस्कृति में, कुषाणों का महत्व स्वीकार॥2॥

प्रथम शती पूर्ण से लेकर, लगभग ईस्वी दो सौ तीस,
इस मध्य कुषणों की सत्ता, छायी रही भारत भू शीश।[2]
इसी समय उत्पन्न इसाइयत, उन्नत बौद्ध धर्म की भेट,
मिस्र एशिया मैदानों में, लिए बुद्धमत, यीशु ईश॥3॥

1. डॉ. रानी श्रीवास्तव की कृति, कुषाण प्रस्तर मूर्तियों में समाज एवं धर्म-पठनीय
2. श्रीवास्तव, रानी : वही, पृ. 4

पहले बुद्ध धर्म व्यक्तिगत, भारतीय माटी में उद्‌भूत,
बनके विश्व धर्म धरा पर, फैला एशिया धरणि प्रभूत।
यह कुषणों का बौद्ध धर्म व, चीन के प्रति अकथ उपकार,
भारत चीन मिले इस युग, कुषाण बने धर्म संस्कृति दूत ॥4॥

कुषाणकाल बौद्ध पंथ में, स्थापित हुए नव प्रतिमान,
महायान उद्‌भूत इसी युग, मूर्तियों ने ली प्रतीक स्थान।[1]
बौद्ध मूर्ति गान्धार कला में, प्रस्तुत योरोप चिन्तनारूप,
इन सबसे उद्वेलित देश, धर्म संस्कृति जीवन ध्यान ॥5॥

बुद्ध व अन्य देव देवियों, की मानव आकृति प्रतिमाएँ,
बननी शुरू हुई इसी युग, बदली पूजन की वर्जनाएँ।
एच.सी. राय चौधरी के मत, धर्मोत्तेजना प्रचार कार्य युग,
वासुदेव व शैव कार्तिकेय, प्रकटीं नव-पूजन परम्परायें ॥6॥

इसी काल सन् इकसठ-सड़सठ, द्वारा श्री काश्यप मातंग,
किया प्रवेश चीन धरा पर, वौद्ध धर्म लिए ज्योति तरंग।
कुषणों के भारी प्रयास से, मध्य पूर्वि एशिया के द्वार,
खुले भारतीय संस्कृति हित, बढ़ा धर्म पण मैत्री संग॥7॥

बढ़ीं आवागमन सुविधायें, बढ़ा विदेश सख्य व्यवहार,
माल लिए बिहरित व्यापारी, हुए समृद्ध हाट-बाजार।
जाने लगे धर्म अनुयायी, प्रचारार्थ निज दर्शन धर्म,
इससे वर्द्धित धर्म विश्व में, भारतीय संस्कृति का प्रसार ॥8॥

वैदेशिक सम्बन्ध से देश्र को, दोहरा लाभ हो गया प्राप्त,
प्रथम लाभ भारतीय संस्कृति, हुई विदेशों में भी व्याप्त।
वाणिज्य सम्पर्क के कारण, देश में धन रत्न का आवक,
कुषान काल वित्त समृद्धि से, संस्कृति प्रोत्साहित व ख्यात ॥[2]9॥

उस युग का सामाजिक जीवन, मूल रूप था पूर्व समान,
किन्तु विदेशी आक्रमणों से, वर्ण विधा पर संकट जान।

---

1. चोपड़ा, प्रभा : भारतीय संस्कृति की झाँकी, पृ. 9, 95
2. द्विवेदी, अनुराग : प्राचीन भारत में कल्याणकारी कार्यों का अध्ययन (शो.प्र.), पृ. 153-158; नाहर, रतिभान सिंह : प्राचीन भारत का राजनैतिक एवं सांस्कृतिक इतिहास, पृ. 351-352

यवन कुषान पह्लव शकादि को, युग के स्मृतिकारों ने,
'व्रात्य क्षत्रिय की संज्ञा देकर, वर्ण क्रम में दिया स्थान ॥10॥

बना जन्म आधार परम्परा, चतुर्वर्ण की स्थिति वृत्ति,
पेशों के अनुरूप पेशेवर, हुई जातियों की उत्पत्ति।
पूर्व श्रेणियाँ संकुचित हो, हुईं अंतरित जाति कठोर,
कृषि बनिज व्यापार प्रगति से, निम्न वर्ग की बढ़ी इयत्ति ॥11॥

शिल्प व कृषि में रत होने से, शूद्र वर्ण स्थिति मजबूत,
वैश्य - शूद्र जीवन स्तर में, घटता गया फासला अकूत।
तद्‌युगीन मूर्ति शिल्प से, वस्त्राभूषण युग संज्ञान,
लगे कुषाण काल का जीवन, शान्त सरल सुखमय संभूत ॥12॥

आर्थिक समृद्धि : वणिज्-व्यापार[1]

दो सदी लगभग कुषाण का, भारत पर था शासन काल,
आर्थिक दृष्टि से समृद्धिशाली, देश हो गया मालामाल।
अन्तर्राष्ट्र साम्राज्य प्रथम, कुषाणों ने ही किया स्थापित,
इसके पूर्व में चीन व पश्चिम, पार्थिया का साम्राज्य विशाल ॥13॥

इस युग के आर्थिक गति में, नव उल्लास रुचिर प्रसंग,
मध्येशिया पाश्चात्य विश्व से, भारत का व्यापार संबंध।
चीन से पश्चिम एशिया के, निश्चित रेशम मार्गों पर,
कर वसूली हेतु कुषाण, रखे नियन्त्रण कड़ा प्रबन्ध ॥14॥

ये रेशम के मार्ग नृपों के, आय के स्रोत बने हितकारी,
कर देते भरपूर राज्य को, मार्ग गुजरते जो व्यापारी।
रेशम के व्यापार में भारतीय, करते बिचौलिए का भी कार्य,
जिस कारण बना पश्चिमोत्तर, विपणन केन्द्र सघन था भारी ॥15॥

यही समय रोमन साम्राज्य के, उदय और उन्नति का काल,
रोमन और पार्थिया राज्य के, थे सम्बन्ध नहीं खुशहाल।
चीन और रोमन साम्राज्य में, जो जारी व्यापार सम्बन्ध,
वह कुषाणों की मैत्री-सन्धि, पर निर्भर करता हर हाल ॥16॥

---

1. गोस्वामी, जया : कल्चरल हिस्ट्री आफ ऐंशियंट इंडिया, पृ. 32-34

भारतीय व्यापारी चीन से, रेशम क्रीत रोम भिजवाते,
उसके बदले उसी बराबर, रोम देश से सोना पाते।
पश्चिमी लेखक रोम-भारत के, व्यापार की करते पुष्टि,
प्लीनी लिखता भारतीय हीरे, रत्न रोम में बेचने जाते ॥17॥

प्लीनी के सन्दर्भ से सूचित, करता रोम क्रीत प्रतिवर्ष,
विलासिता की वस्तु भारत से, व्यय कर दस करोड़ सेस्टर्स।
इस विलास सामग्री बदले, भारत पाता स्वर्ण अकूत,
इस व्यय पर अश्रुपात व निन्दा, करता प्लीनी लिए अमर्ष ॥[1]18॥

पेरीप्लस अनुसार मशाले, मोती मखमल हाथी दांत,
औषधि चंदन इत्र रोम को, भारत से होता निर्यात।
इसके बदले स्वर्ण के सिक्के, रोम से आता भारतवर्ष,
रोमन सिक्के मिले यहाँ, कुषाणराज काल विख्यात ॥19॥

रोमन जन में भारत निर्मित, वस्तुओं में आकर्षण भारी,
रोमन वनिताओं को प्रिय, यहां की मलमल निर्मित साड़ी।
और युवतियां धारण करती, भारतीय मोती भूषण अंग,[2]
लेकिन भारत रोम वणिज्, कुषाणों के पहले से जारी ॥20॥

पाम्पोई पुर ध्वंशावशेष से, प्राप्त यक्षिणी हाथी दांत,
रची गयी भारतीय शैली में, ईसा पूर्व दो शती की ज्ञात।
स्ट्रेबो लिखता आगस्टस-रोम सम्राट राजदरबार,
किसी भारतीय भूप ने भेजा, एक दौत्य दल नय निष्णात ॥21॥

पाण्ड्य राजा दक्षिणांचल के, भेजे दूत आगस्टस पास,
क्लाउडियस ट्रेजन काल में, यह क्रम जारी सविश्वास।
ट्रेजन सम्राट स्वयं देखा, भारतीय पोत को आते देश,
पोत में चढ़ने की नृप इच्छा, कहा बुढ़ापा बाधक आश ॥22॥

स्थल मार्ग से प्रायः होता, पहले रोम हिन्द व्यापार,
तक्षशिला वेग्राम की वस्तुयें, बिकती रोमन के बाजार।

---

1. कुप्पुरम, जी. : इंडिया थ्रू द एजेज, द्वितीय खण्ड, पृ. 600; ओझा, श्रीकृष्ण : प्राचीन भारत, पृ. 23, 34-35
2. गोस्वामी, जया : पूर्वोक्त, पृ. 22-23

रोम पार्थिया के संघर्ष, बन्द पड़ा जो विपणन मार्ग,
चालू किया जीत कुषणों ने, वैक्ट्रीया काबुल कंधार ॥23॥

बी.सी. प्रथम शती से बन्द, भारत रोम का यातायात,
कुषाण नृपों के प्रयास से, चालू हो गया रातों-रात।
मिला लाभ चीनादि देश को, परोक्ष-अपरोक्ष रूप से,
कुषाणों के इस योगदान को, भूल न पायेगा इतिहास ॥[1]24॥

प्राप्त रोम, अल्ताई पहाड़ से, भरा कुषाण स्वर्ण भण्डार,
सोने के सिक्के ढलवाकर, किया सुगम वाणिज्य व्यापार।
विमकडफिस से शुरू पर, कनिष्क काल ढले बहुतायत,
बानबे प्रतिशत स्वर्ण शुद्धता, एक सौ तेइस ग्रेन में भार ॥25॥

किन्तु ताम्र सिक्के पश्चिमोत्तर, हुए अधिक संख्या में जारी,
सामान्य कार्य-व्यवहार में, इनका प्रचलन भागीदारी।
लेन देन विशेष स्थिति में, स्वर्ण मुद्राओं का उपयोग,
इस प्रकार कनिष्क काल में, थी समृद्धि देश में भारी ॥[2]26॥

गंगा घाटी मध्य एशिया, उत्खननों से होता ज्ञात,
नगरीकरण प्रक्रिया उस युग, उच्च पूर्णता को थी प्राप्त।
मथुरा प्राच्य सोंथ स्थल के, अन्वेषण से होता सूचित,
कुषाण काल ध्वंसावशेष में, स्तर मिले एक से सात ॥27॥

इस समय भवन रचना में, पक्की ईंटें हुई प्रयुक्त,
फर्श बने पक्की ईंटों से, छाजन थे खपरैल से युक्त।
सोंथ में गली के दोनों ओर, मिली सघन आपण कि पंक्ति,
जिससे बाजारी गतिविधियों, का अंदाज सही उपयुक्त ॥28॥

विविध स्थल के उत्खननों से, होता यह स्पष्ट व सिद्ध,
कुषाण काल नगर व हाट, मुद्रा दृष्टि से अति समृद्ध।
जितने अधिक सिक्के-साँचें, मिले यहाँ कुषणों के काल,
उतने न किसी नृपकाल, चाहे वह कितना हो प्रसिद्ध ॥[3]29॥

1. दास, एस.के. : द इकनामिक हिस्ट्री आफ ऐंशियंट इंडिया, पृ. 155-178; श्रीवास्तव, रानी : पूर्वोद्धत, पृ. 5; गोस्वामी, जया : पूर्वोक्त, पृ. 31-34
2. मैती, एस.के. : प्राब्लम्स एण्ड पर्सपेक्टिव्स आफ ऐंशियंट इंडियन हिस्ट्री एण्ड कल्चर, पृ. 333-340; ह्वाइट हेड, आर.बी. : पूर्वोद्धत, पृ. 178-214
3. सरकार, डी.सी. : स्टडीज इन इंडियन्स क्वाइंस, पृ. 310; गैरोला, वाचस्पति, भारतीय संस्कृति और कला, पृ. 359-367

धातुओं से सिक्के निर्माण, मौर्येत्तर पुरि कार्य विशिष्ट,
वाह्य देश से पण संचार में, इनकी भूमिका थी उत्कृष्ट।
बणिज शिल्प उद्योग-धन्धों, की पूर्णता के मिलते साक्ष्य,
विविध कलावों के परिमार्जित, रूप मिलें है अतिपरिपुष्ट ॥30॥

'अर्बन डिके इन इंडिया' में, आर.एस. शर्मा गिनाये नाम,
एक सौ पच्चीस पुरी अवशेष, उत्खननों से प्राप्त प्रमान।
अतएव बी.सी. दो सौ वर्ष से, तीन सौ वर्ष ए.डी. अन्तराल,
नगरीकरण कार्य राष्ट्र में, छुआ प्रगति शिखर सोपान ॥31॥

सामग्री स्थलों से प्राप्त, धातु कांच मृण अश्म से निर्मित,
लौह गलन भट्ठियाँ जिससे, बने लौह यन्त्र असीमित।
मुद्रा शंख मृण्मूर्ति धातु कृति, पत्थर मनके हाथी दांत,
मिलने से संख्या बहुतायत, नगरीकरण पूर्णता विम्बित ॥32॥

सुविकसित व्यापार वणिज्, शिल्प उद्योग समृद्धि प्रमान,
इसीलिए इतिहास लोक ने, माना स्वर्ण युग राज्य कुषान।
इस युग में वाह्य आन्तरिक, व्यापार उन्नति की ओर,
उद्योग व्यवसाय विविध, विकासोन्मुख सर्व समान ॥33॥

शिल्प उद्योग व्यवसाय वृद्धि में, श्रेणियों की भूमिका सगर्व,
हुविष्क काल मथुरा लेख में, आटा पिसक श्रेणी संदर्भ।
अभिलेखों-बौद्ध कृतियों में, कथित श्रेणियों की जो चर्चा,
इस युग में श्रेणि संरक्षण, सक्रिय किया व्यवसायी वर्ग ॥[1]34॥

साहित्यिक उन्नयन[2]

साहित्यिक उत्थान हेतु भी, विश्रुत है कनिष्क नृपकाल,
वह विद्या उदार संरक्षक, पोषक कवि साहित्य मराल।
राज सभा में उच्चकोटि के, थे दार्शनिक प्रखर विद्वान्,
अश्वघोष उनमें सर्वश्रेष्ठ, राज सभा रत्न कवि लाल ॥35॥

अश्वघोष रचनाओं में, तीन प्रमुख एक बुद्धचरित्र,
द्वय-त्रय क्रम से सौन्दरनंद, शारिपुत्र प्रकरण पवित्र।

1. गोस्वामी, जया : पूर्वोद्धृत, पृ. 42-44; शर्मा, मीरा : संस्कृति संधान, खण्ड-सात, पृ. 28-29
2. श्रीवास्तव, के.सी. : पूर्वोद्धृत, पृ. 352-353; पाण्डेय, राजेन्द्र : भारत का सांस्कृतिक इतिहास, पृ. 133-134

प्रथम दो महाकाव्य इनमें, अन्तिम एक सु नाटक ग्रन्थ,
बुद्धचरित में गौतम की, जीवन झाँकी सहज सुचित्र ॥36॥

सौन्दरनन्द में बुद्ध के भ्राता, सुन्दरनंद सन्यास कथन,
ग्रंथ अपूर्ण रूप में प्राप्त, सर्ग अठारह में प्रणयन।
शारिपुत्र नाटक नौ अंकीय, अभिनयकारी रचना मंजु,
शारिपुत्र शिष्य गौतम के, धर्म दीक्षा नाटकीय प्रकरन ॥37॥

कवि नाटककार साथ ही, अश्वघोष महान् संगीतज्ञ,
कथाकार दार्शनिक चिंतक, बौद्ध पंथ के नीति सुविज्ञ।
अश्वघोष तुल्य कवि मिल्टन, गेटे कान्ट वाल्टेयर आदि,
ज्ञान कला आश्रय रत पंडित, राजसभा रत्न नीतिज्ञ ॥38॥

अश्वघोष के इतर, माध्यमिक दर्शन सिद्ध आचार्य,
नागार्जुन श्री राजभवन में, करते थे निवास अनिवार्य।
'प्रज्ञापारमिता' के कर्ता, जिसमें शून्यवाद प्रतिपादन,
अन्य विज्ञ वसुमित्र पार्श्व, मातृचेट संघरक्ष स्वीकार्य ॥39॥

संघरक्ष नृप के थे पुरोहित, वसुमित्र 'संगीति' प्रधान,
बौद्ध त्रिपिटिक की रचना में, इनका रहा उच्च अवदान।
ग्रन्थ विभाषाशास्त्र सृजन, का श्रेय भी वसुमित्र को है,
कनिष्क सभा में आयुर्वेद के, रहते 'चरक' प्रखर विद्वान् ॥40॥

ये कनिष्क के राजवैद्य थे, चरक संहिता उनकी कृति है,[1]
औषधि पर यह उत्तम रचना, औषधियों में लसी प्रकृति है।
अरबी फारसी भाषा में, इसका अनुवाद हुआ पूर्व ही,[2]
कुषाणकाल के जगमग रत्न ये, चरक महान् बसी स्मृति है ॥41॥

बौद्ध धर्म का प्रसार[3]

कुषान राज्य का मध्येशिया से, पूर्वी भारत तक विस्तार,
इसी काल में बौद्ध धर्म का, दिग् दिगंत में हुआ प्रसार।
ईसा पूर्व व बाद द्वय शती, मिले धार्मिक जो अवशेष,
उसमें बौद्धावशेष की संख्या, सर्वाधिक अंक अनुसार ॥42॥

1. फैन्थोम, एफ. एवं शा, डी.ई. डब्ल्यू. : सेलेक्संस फ्राम नेहरूज डिस्कवरी आफ इण्डिया, पृ. 33
2. ओझा, श्रीकृष्ण : प्राचीन भारत, पृ. 20–22
3. श्रीवास्तव, के.सी. : पूर्वोक्त, पृ. 350–351

प्रथम नरेश कुजुलकड...का, बौद्ध पंथ में हुआ झुकाव,
पश्चात् कनिष्क सम्राट में, उसके प्रति जागा शुचि भाव।[1]
बौद्ध धर्म को राजाश्रय दे, पाया ख्याति इतिहास कनिष्क,
न कि स्वयं के युद्ध विजय या, लोक हितैषी कृत्य लगाव॥43॥

ज्ञात उत्तरी अनुश्रुतियों से, कनिष्क बौद्ध मत दीक्षा ज्ञान,
मनगढ़ंत वह मिथ्य काल्पनिक, राजा मौर्य अशोक समान।
कहा कनिष्क को नृप अशोक सम, पूर्व निर्दयी अत्याचारी,
बना उदार दयालु सदाशय, बौद्ध धर्म प्रभाव महान्॥44॥

किन्तु तथ्य इसके उल्टा, लेख पुरुषपुर मुद्राधार,
शासन के आरम्भिक काल, रहा कनिष्क बौद्ध मत प्यार।
बौद्ध मत में दीक्षा का, श्रेय आचार्य सुदर्शन श्रेष्ठ,
पुरुषपुर चैत्य विहार बनाकर, दिया आस्था का एतबार॥45॥

बौद्ध धर्म महायान शाखा को, किया संरक्षण पूर्ण प्रदान,
अशोक नीति को किया अग्रसर, भेजा प्रचारक बुधविद्वान्।
अशोक काल हिन्दुकुश पार, अफगान बैक्ट्रीया के मार्ग,
बौद्ध प्रचारक गये काशगर, मध्य एशिया देश तमाम॥46॥

नृप अशोक के इसी कार्य को, भूप कनिष्क ने आगे बढ़ाया
देश प्रान्त में भेज प्रचारक, बुद्ध वाणी को अमर बनाया।
मध्येशिया में नृप कनिष्क ने, स्तूप विहार मूर्ति बनवाये,
तजाकिस्तानी मूर्ति बुद्ध की, जिसकी अति विशाल है काया॥47॥

कड़ासहर तूर्फानर कूची, काशगर यारकंद खोतान,
यहाँ मिले विहार अनेक, जिसमें रहते भिक्षु सुजान।
इससे ज्ञात प्रथम शती तक, फैल चुका यह धर्म वहाँ,
यहीं से प्रस्थ धम्म प्रचारक, पहुँचे चीन साम्राज्य महान्॥48॥

चीन में बौद्ध सुधर्म प्रवेश, हान सम्राट मिंग-ती काल,
कुषाण समकालीन हान कुल, वैभव कीर्ति उच्च विशाल।
चीनी इतिहासज्ञों के मत, मिंग-ती झुका बौधमत पाँव,
भेजा दूत तुरत भारत को, बौद्ध सम्पदा प्राप्ति के ख्याल॥49॥

---

1. रिजडेविड्स, टी.डब्ल्यू. : बुद्धिस्ट इण्डिया, पृ. 146

होकर लौटे दूत भारत से, बौद्ध वाङ्मय मूर्ति प्रमान,
काश्यप मातंग धर्मारण्य–प्रभृति उच्च बौद्ध विद्वान्।
इन के वास हेतु नृप ने, बनवाया श्वेताश्व विहार,
चित्रपाण्डुलिपि मिंग–ती पा, हुआ धर्म प्रति श्रद्धावान।50

बौद्ध संगीति[1]

कनिष्क काल बौद्ध धर्म की, चतुर्थ संगीति हुई आहूत,
कुण्डलवन कश्मीर अथवा, जालंधर गंधार भू भूत।
आचार्य वसुमित्र अध्यक्षता, में सम्पन्न सफल संगीति,
इसमें त्रिपिटक के प्रमाणिक, पाठ संस्करण हुए प्रसूत॥[2]51॥

वसुमित्र ने विभाषाशास्त्र, आदि ग्रन्थ किये संकलित,
संगीति में पाँच सौ भिक्षु, लिए भाग विद्वान् संतुलित।
इसी समय संभवतः धर्म, दो सम्प्रदाय में हुआ विभक्त,
हीनयान महायान रूप, बँटा बुद्ध धर्म सु प्रचलित॥52॥

हीनयान–महायान[3]

कनिष्क काल बौद्ध धर्म में, अनुयायी बढ़े अधिसंख्य,
हुए प्रविष्ट धर्म में लोग, लिए दृष्टि नव भाव प्रसंख्य।
अतः हुआ वांछनीय धर्म के, पूर्व स्वरूपों में परिवर्तन,
बढ़ने लगी माँग सुधार की, धर्मानुयायी बीच असंख्य॥53॥

हीनयान

इसके उलट पुरातन पंथी, नव सुधार के थे विपरीत,
थोड़ा भी परिष्कार धर्म में, लगता नहीं उन्हें था ठीक।
भूत सनातन सिद्धान्तों में, मान्य नहीं कुछ भी परिमार्जन,
ऐसे बौद्ध भक्त सम्बोधित, हीनयान शाखा सुविनीत॥54॥

हीनयान शब्दार्थ–मार्ग लघु, भिक्षु हेतु यह स्वीकृत आत्त,
सहभागिता न गृही जनों की, जन सामान्य न इसके पात्र।

1. गैरोला, वाचस्पति : पूर्वोद्धृत, पृ. 354–356; ओझा, श्रीकृष्ण : पूर्वोद्धृत, पृ. 19
2. रिजडेविड्स, टी.डब्ल्यू. : पूर्वोद्धृत, पृ. 144
3. श्रीवास्तव, पंकजलता : प्राचीन इतिहास, भाग–तीन, पृ. 325–326; वेदालंकार, हरिदत्त : प्राचीन भारत का राजनीतिक एवं सांस्कृतिक इतिहास, पृ. 145–146

कठिन साधना संयम द्वारा, मोक्ष प्राप्ति हित तत्पर भिक्षु,
मूर्तिपूजा न भक्ति सुभाव, मानते बुद्ध महापुरुष मात्र ॥[1]55 ॥

महायान[2]

बौद्ध धर्म के परिष्कार व, उसकी उन्नति में गतिमान्,
ऐसे संकल्पित समूह को, कहा गया बौद्ध महायान।
महायान का अर्थ स्पष्ट, उत्कृष्ट और समुन्नत मार्ग,
पर सेवा उपकार व्रती, करुणा विनय लोकहित ध्यान ॥56 ॥

बुद्ध प्रतीकों के बदले अब, शुरू मूर्तिपूजा का विधान,
बनने लगी बुद्ध मूर्तियाँ, सुलभ और यह पथ आसान।
इसकी व्यापकता से इंगित, 'महायान' संज्ञा उपयुक्त,
हीनयान व महायान के, नियमों के न कथ्य समान ॥57 ॥

हीनयान में गौतम को, कहा गया युग पुरुष महान्,
महायान में देव मानकर, पूजा गया सदृश भगवान।
और साथ ही बोधिसत्वों का, पूजा हुआ तभी प्रारम्भ,
माना जाता बोधिसत्व जग, करते रहते जन कल्यान ॥58 ॥

मानव के निर्वाण प्राप्ति में, सहयोगी होते वोधिसत्व,
रोग शोक से मुक्त कराते, उनमें करुणा प्रज्ञा तत्व।
करुणा से जन सेवा करते, प्रज्ञा से जग का संज्ञान,
दश आदर्शों की प्राप्ति का, किया गया निर्देशित सत्व ॥59 ॥

माना गया बोधिसत्वों को, पारमिता का अविचल रूप,
वस्तुतः चारित्रिक पूर्तियाँ, सहनशक्ति सुशील स्वरूप।
प्राणि धान प्रज्ञा उपाय बल, ज्ञान ध्यान बल वीर्य सुशक्ति,
कहा गया दशशील इन्हीं को, व्यक्ति आचरण के अनुरूप ॥60 ॥

महायान में परसेवा, परोपकार पर अर्पित ध्यान,
उसका लक्ष्य सर्वमानव का, करना है सम्यक् कल्यान।
तद् विपरीत हीनयान, व्यक्तिवादी कठोर दृढ़ पंथ,
जहाँ व्यक्ति को स्वयं प्रयत्न से, पाना मोक्ष अथवा निर्वान ॥61 ॥

1. श्रीवास्तव, रानी : पूर्वोद्धृत, पृ. 223; पाण्डेय, राजेन्द्र : पूर्वोक्त, पृ. 137
2. वही, पृ. 138; श्रीवास्तव, रानी : पूर्वोक्त, पृ. 223–226

आत्मा, जीव पुनर्जन्म में, महायान करता विश्वास,
मोक्ष हेतु गौतम बुद्ध की, कृपा प्राप्ति वांछनीय प्रयास।
मूर्तिपूजा इसमें आवश्यक, तीर्थों का भी मान महत्व,[1]
इसके उलट रहे हीनयानी, मूर्ति अर्चना इन्हें न रास ॥62 ॥

हीनयान की साधना पद्धति, भिक्षु मुखी अत्यन्त कठोर,
महायान सिद्धान्त सरल अति, धर्म वृष्टि होती चहुओर।
मुख्यतः गृहस्थ भी जिसमें, भिक्षु उपासक जन सामान्य,
सबका आदर मान इसमें, सर्व लोक में इसका रोर ॥63 ॥

हीनयान में-अर्हत् पद, घोर साधना मोक्ष से प्राप्त,
पुनर्जन्म होता न जिनका, कहते अर्हत् उनको आप्त।
महायान में बोधिसत्व, करें सदा जन मुक्ति उपाय,
महायान की महनीयता, जनसेवा सम्भाव में व्याप्त ॥64 ॥

डी.टी. सुजुकि जापानी विज्ञ, महायान पर लिखा प्रशस्ति,
बुद्ध वचनों के बिना खंडन के, किया वृद्धि मूल विधि अस्ति।
महायान में जन व्यापकता, औदार्य करुणा समावेश,
जिससे हीनयान अपेक्षा, इसे मिला लोक बल भक्ति ॥65 ॥

यद्यपि कनिष्क हो गया बौद्ध, फिर भी था सहिष्णु सब पंथ,
सिक्कों पर बुद्ध अतिरिक्त, अन्य धर्म देवाकृति अंक।
यूनानी एलमी जरथुस्री, मिथ्री हिन्दू देव स्वरूप,
चन्द्र सूर्य शिव मातृदेवि, हेलियोस सेलनी चित्रांक ॥66 ॥

कुषणनृपो के काल प्रगति, बौद्ध मत का अन्य मत साथ,
कनिष्क संवत् सैंतालिस में, अंकित बौद्ध लेख से ज्ञात।
जीवक भिक्षु हुविष्क विहार, अन्य किसी को कर दिया दान,
वर्दक लेख में शाक्य मुनी की, धातु पेटि स्थापित बात ॥67 ॥

वासुदेव के काल बौद्ध मत, उन्नति पथ की ओर अग्रसर,
महासांघिक आचार्य हेतु, बनी मूर्ति मथुरा के अन्दर।
अतः यह स्पष्ट यवन, शक कुषाण नृपों के काल,
हुआ लोकप्रिय बौद्ध धर्म, भारत व विदेश में बढ़कर ॥68 ॥

---

1. वही, पृ. 14-15, 227, 230-231

कला–स्थापत्य[1]

बौद्धकला उन्नति कुषाण, संरक्षण में अविरल जारी,
सर्जन श्रेष्ठ कुषाण काल में, बने विहार–चैत्य रुचिकारी।
राजधानी पुरुषपुर निर्मित, चार सौ फीट ऊँचा स्तूप,
वेदि बनी एक सौ पचास फीट, ऊँची दिखे दिव्य व भारी॥69॥

फाह्यान व ह्वेनसांग ने, वर्णन किया अधिक विस्तार,
देखे गये सब स्तूपों में, सबसे भव्य फाह्यान अनुसार।
ह्वेनसांग मत जो पंचभूमिक, शिखर सहित सुनहले मंडप,
पूर्वाभिमुख सोपान के दक्षिण, प्रतिमा द्वय चैत्याकार॥70॥

सोपान के दक्षिण निर्मित, बुद्ध की दो विशाल प्रतिमाएँ,
दक्षिण व दक्षिण–पश्चिम में, अन्य मूर्ति दो गये बनाये।
इसके सन्निकट एक बना, भारी भरकम संघाराम,
कनिष्क चैत्य इसे कहते, जो प्रसिद्ध जग चतुर्दिशायें॥[2]71॥

शिखर भूमि स्तम्भ आदि से, बना अलंकृत संघाराम,
स्थापत्य रचा कौशल से, यवन वास्तुविद् अगिलस नाम।
ह्वेनसांग के आगमन पूर्व, जलकर नष्ट हो चुका चैत्य,
पेशावर शाहजी ढेरी के, खनन प्राप्त कुछ चैत्य प्रमान॥[3]72॥

तक्षशिला में प्राप्त रम्य एक, अशोक धर्मराजिका स्तूप,
कनिष्क काल में परिमार्जन, आकार वर्द्धन पूर्व स्वरूप।
उच्च चत्वर पर गोलाकार, प्रस्तर रचित महास्तूप,
सोपान सहित चबूतरे पर, स्तूपीय अलंकरण अनूप॥73॥

बीस मील रावलपिंडी से, पाक में स्थित मनिक्याल,
यहीं से प्राप्त लेख से सूचित, यहां स्तूप थे कई विशाल।
चौकोर अधिष्ठान के ऊपर, बना मिला स्तूप बहुभूमिक,
निर्माता दंडनायक लल, कनिष्क राज्य अठारहवें साल॥74॥

मनिक्याल स्तूप चबूतरा, बना हुआ है गोलाकार,
जिस पर अर्द्धगोल गुम्बद है, चार सौ वर्गफीट विस्तार।

---

1. श्रीवास्तव, रानी : पूर्वोद्धृत, पृ. 9–13; सहाय, एस.एस. : भारतीय कला, पृ. 54–71
2. वर्डवूड, जी.सी.एम. : द इंडस्ट्रियल आर्ट आफ इण्डिया, पृ. 113
3. वेदालंकार, हरिदत्त : पूर्वोद्धृत, पृ. 145

यहाँ मिली धातु मंजूषा, स्तूप स्थल खनन उपरांत,
जिसमें रखे स्वर्ण पात्र में, मोती मुद्रा कई प्रकार॥[1]75॥

उल्लेखनीय गांधार क्षेत्र में, स्तूपों का वास्तु विन्यास,
मध्य भारतीय वास्तु सम, रचने का नहीं हुआ प्रयास।
यहाँ चौकोर अधिष्ठान पर, बहुभूमिक स्तूप निर्माण,
जिन पर चढ़ने हेतु सीढ़ियाँ, बनी अनेक उसके पास॥76॥

स्तूपों पर बेदि संरचना, बंद हो गया था उस काल,
किन्तु बढ़ा स्तूप शिल्पांकन, बुद्ध चरित के दृश्य विशाल।
जातक कथाओं का अल्पांकन, पूर्ण स्तूप लगे ज्यों लाट,
प्लास्टर चित्र गांधार विधा, अंकन में कृतिकार निहाल॥77॥

कनिष्क किया वल्ख खोतान तक, स्तूपों का बहु निर्माण,
नवीन नगर बसाये सिरकप, कनिष्कपुर इसके हैं प्रमान।
कनिष्क के शासन काल में, दो कला शैलियों का विकास,
गान्धार मथुरा दोनों को, नृप ने दिया सरंक्षण दान॥[2]78॥

गान्धार कला शैली[3]

यूनानी कला प्रभाव से, शैली जो उपजी संनिविष्ट,
कहा गया गान्धार कला वह, बौद्ध कला का केन्द्र विशिष्ट।
बाह्य विद्वानों के मत पहले, बुद्ध मूर्ति बनी गांधार,
लेकिन यह मत किसी साक्ष्य से, हुआ नहीं अभी तक पुष्ट॥79॥

वी.एस. अग्रवाल ने स्व तर्क से, यह कर दिया पूर्णतः सिद्ध,
बुद्ध मूर्ति प्रथम मथुरा में, रचे वहाँ के शिल्पि प्रसिद्ध।
यक्ष-नाग मूर्ति रचना में, मथुरा शिल्पी पूर्व से दक्ष,
अतः बुद्ध मूर्ति सृजन में, पीछे रह क्यों बने असिद्ध॥80॥

गान्धार शैली में भारतीय, विषय सुचित्रण अथवा सृष्ट,
किया गया यूनानी ढंग से, रोमन कला प्रभाव सुदृष्ट।

---

1. शिवराममूर्ति, सी. : इण्डियन स्कल्पचर, पृ. 2; कुप्पुरम, जी. : पूर्वोक्त, पृ. 596-597
2. उपाध्याय, वासुदेव : प्राचीन भारतीय स्तूप, गूहा एवं मन्दिर, पृ. 79-80
3. सहाय, एस.एस. : भारतीय कला, पृ. 57-73; बाजपेयी, के.डी. : भारतीय वास्तुकला का इतिहास, पृ. 101-102

शैली सृजन ध्येय बौद्ध एक, नाम सम्बोधन कई परन्तु,
बौद्ध–यूनानी, ग्रीको–रोमन, इन्डोग्रीक संज्ञा संश्लिष्ट ॥81॥

शैली की अधिकांश मूर्तियाँ, प्राप्त पाक अफगानिस्तान,
मुख्य केन्द्र गान्धार क्षेत्र था, अतः गांधार कला अभिदान।
बुद्ध वोधिसत्व मूर्तियों का, वहाँ हुआ भारी निर्माण,
ब्राह्मण जैन प्रतिमाओं का, मिलता यद्यपि अल्प प्रमान ॥[1]82॥

बौद्ध मूर्तियाँ[2]

बुद्ध मूर्तियाँ पकी मिट्टी, काले स्लेटी पत्थर से बनी,
पद्मासन धर्मचक्र प्रवर्तन, वरद अभय मुद्रा बदनी।
पहली बुद्ध मूर्ति पेशावर, शाह जी ढेरी कनिष्क चैत्य से,
प्राप्त मंजूषा के ढक्कन पर, बुद्ध मूर्ति है पद्मासिनी ॥83॥

इन्द्र व ब्रह्मा मूर्ति बनी, बुद्ध प्रतिमा के दाँये-बायें,
बुद्ध के कंधों पर संघाटी, उड़ते हंस पंख फैलाये।
पुष्पमाला कन्धों तक उठाये, चित्रित यक्षों की आकृतियाँ,
मंजूषा लेख में अगिलस, कनिष्क पर हैं सूचनाएँ ॥84॥

किरमान अस्थि मंजूषा पर, बुद्ध का मानव रूप दर्शाया,
तख्तेवाही सहरी बहलोल, मिली मूर्ति दृढ़ मांसल काया।
बर्लिन संग्रहालय मूर्ति में, करुणा आभा शान्ति प्रदर्शन,
लाहौर म्यूजियम प्रतिमा में, शिल्पांकन सौन्दर्य समाया ॥85॥

यहाँ बुद्ध के जीवन पर, इकसठ दृश्यांकन मनोहारी,
ऐसा सुचित्रण अनयत्र, मिलना कठिन कला निधिसारी।
कई दृश्य अत्यंत कारुणिक, मन को बरबस लेते खींच,
यथा तपस्या लीन बुद्ध का, काया क्षीण उपवास में भारी ॥86॥

विदा समय बुद्ध अश्व कंथक, दिखे शोक विह्वल गमगीन,
स्वामी को अपलक निहारत, खड़ा शोक में वह पशु दीन।
कन्थक मुख नयन अश्रु के, विदाभाव अंकन में शिल्पि,
मिली श्रेष्ठ सफलता उसको, है अद्भुत कृति जग प्राचीन ॥[3]87॥

---

1. अग्रवाल, वी.एस. पूर्वोक्त, पृ. 285; गैरोला, वाचस्पति, पूर्वोद्धृत, पृ. 356–358
2. श्रीवास्तव, के.सी. : पूर्वोक्त, पृ. 354–356; श्रीवास्तव, रानी : पूर्वोक्त, पृ. 12–15
3. ओझा, श्रीकृष्ण : पूर्वोक्त, पृ. 36; अग्रवाल, वी.एस. : पूर्वोक्त, पृ. 286–287

मैत्रेय बोधिसत्व की प्रतिमा, मिली अधिक शैली गांधार,
अवलोकितेश्वर पद्मपाणि, अल्प मूर्ति कला संसार।
दाढ़ी मूँछ धोती संघाटी, आदि से युक्त राजसी ठाट,
लिए हाथ कमल व पोथी, अमृत कलश गहे रसधार॥[1]88॥

बुद्ध भाँति ही बोधिसत्वों की, मूर्तियाँ बनी रीति गचकारी,
जो कलात्मक दृष्टि से अच्छी, सृजी सौम्य सुघर मनहारी।
यही रूप मृण् मूर्तियों में, स्पष्ट पड़ता दिखलाई,
मिली मीरपुर खास सिन्ध में, संग्रहालयों में रक्षित सारी॥[2]89॥

गंधार मूर्ति शिल्प लाहौर, पेशावर म्यूजियम सुरक्षित,
मूर्तियों की विशेषतायें, भारतीय कला से भिन्न लक्षित।
मानव तन यथार्थ चित्रण पर, इसमें दिया गया है ध्यान,
मांस–पेशियाँ मूँछ केश पर, सूक्ष्मांकन होता परिलक्षित॥90॥

बुद्ध के पैरों में उपानह, भेष–भूषा उनकी यूनानी,
पीछे सादा प्रभा मण्डल, घुँघराले लट माथ सुहानी।
तन से सटे झीने वस्त्रों का, पारदर्शि अंकन अति श्रेष्ठ,
यूनानी देव अपोलो सम, बुद्ध मूर्ति ज्यों नकल पुरानी॥91॥

यद्यपि बुद्ध की मूर्तियाँ, रचित सूक्ष्म सुन्दर विस्तार,
किन्तु लगे बनी मशीन से, न सहज तकनीक विचार।
भरहुत साँची बोधगया सम, इसमें भावोद्रेक नहीं,
मानो रचे हाथ यूनानी, भारतीय हिय वाला कलाकार॥92॥

बुद्ध महाभिनिष्क्रमण पूर्व, यूरोपीय भेषभूषा आकार,
उन्हें अलंकरणों गहनों से, गया सजाया कई प्रकार।
इसमें यद्यपि बहु मुद्रायें, भारतीयता से भी सम्बन्धित,
फिर भी उनका शिल्पांकन विधि, यूनानी रोमन अनुसार॥93॥

पाश्चात्य कला समीक्षकों, का अवधारण स्वार्थ विचार,[3]
भारत की सर्वश्रेष्ठ कला का, है आदर्श कला गान्धार।

---

1. सत्यदेव, अभिनव : प्राचीन भारतीय कला, पृ. 83, 85, 87
2. अग्रवाल, वी.सी. : पूर्वोक्त, पृ. 290
3. नाहर, रतिभान सिंह : पूर्वोद्धृत, पृ. 355, श्रीवास्तव, के.सी. : पूर्वोद्धृत, पृ. 355

भारतीय विज्ञों को यह मत, नहीं अंशतः भी स्वीकार्य,
क्योंकि भारत पाश्चात्य, कला मान्यता में तकरार ॥94॥

न मिले गांधार कला से, धर्म व आध्यात्म अभिव्यक्ति,
देश के ऊपर कला क्षेत्र में, न गम्भीर प्रभाव की पुष्टि।
जबकि यह ऐतिहासिक सत्य, वाह्य तत्व को अपना कर,
देश की मौलिक परम्परा में, आत्मसात् की भारी शक्ति ॥[1]95॥

भारतीय कला के शिल्पी, जो गान्धार से शिक्षा पायी,
उसका प्रयोग कर मथुरा में, स्वतंत्र मौलिक मूर्ति बनायी।
अतः कहना यह सही नहीं, उच्च कोटि कला गांधार,
कर न सके वहाँ के शिल्पी, राष्ट्र अस्मिता की अगुआई ॥[2]96॥

अन्य कला कृतियाँ

प्राप्त मूर्तियाँ देवि देवों की, बुद्ध बोधिसत्व के अतिरिक्त,
इन सबमें हारीति व रोमा, एलिना देवि मूर्ति उत्कृष्ट।
हारीती मातृदेवि के रूप, समृद्धि सौभाग्य अधिष्ठात्री,
लाहौर संग्रहालय संरक्षित, रोमा प्रतिमा सर्वोत्कृष्ट ॥97॥

सिर पर टोप हाथ में बरछी, रोमा देवि मूर्ति पहचान,
वी.एस. अग्रवाल गांधार विधा में, देते इसे उच्च स्थान।
हिन्दू देव में ब्रह्मा सूर्य, इन्द्र कुबेर आदि का चित्रण,[3]
युगल मूर्ति हारीति कुबेर, प्राप्त बहलोल कला की शान ॥98॥

मिली शाह जी की ढेरी से, कनिष्क मंजूषा मूर्ति उत्कीर्ण,
बुद्ध संग ब्रह्मा व इन्द्र, एक ही साथ मूर्ति अवतीर्ण।
श्याम–स्लेटी अश्म से निर्मित, सूर्य मूर्ति जो मिली गांधार,
चार अश्व युत रथारूढ़, अंकित अनुचर पार्श्व प्रकीर्ण ॥99॥

दंत फलक मिले कपिशा से, रत्न मंजूषा रहे जो अंग,
इन पर सुन्दरियों का चित्रण, भाव भंगिमा मधुर प्रसंग।

---

1. श्रीवास्तव, रानी : पूर्वोद्धृत, पृ. 17–19, 244–249, 287
2. सिंह, सर्वदमन (सं.) : कल्चर थ्रू द एजेज (बी.एन. पुरी फेलीसिटेशन वाल्यूम), पृ. 173–179; अग्रवाल, वी.एस. : पूर्वोद्धृत, पृ. 287–289
3. त्रिपाठी, एल.के. : द टेम्पुल्स आफ बरोली, पृ. 128

बालायें दर्पण निहारती, हंस शुक क्रीणा मग्न युवतियाँ,
नृत्य दृश्य व पान गोष्ठी, पास फुदकते मुदित विहंग ॥[1]100 ॥

एक दृश्य शिशु गोद में लेकर, स्तनपान कराती नारी,
कलाकृतियाँ बनी सम्मोहक, कमनीय सौम्य सुकुमारी।
आकृतियों के पहनावे से, कुषाण काल जन जीवन स्तर,
जन सामान्य कुलीन वर्ग के, वस्त्राभूषण की जानकारी ॥[2]101 ॥

वी.एस. अग्रवाल सुमत में, प्रतिमा शास्त्रीय दृष्टि अनुसार,
विशिष्टतायें बिम्बित होती, गांधार कला रचना संसार।
बोधिसत्व बुद्ध प्रतिमाएँ, बुद्ध जीवन की घटनायें,
हिन्दू यूनानी देव देवि का, मूर्ति सुअंकन विविध प्रकार ॥102 ॥

गाथा दृश्य जातक कथा, अंकित राष्ट्र विषय अनुरूप,
वास्तुकला विन्यास विदेशी, अलंकरण का मिश्रित रूप।
यूनानी भारतीय इरानी, अलंकार अभिप्राय समेकित,
देशीय गांधार कला पर, रोमन कला प्रभाव प्रतिरूप ॥[3]103 ॥

महत्वपूर्ण गान्धार विधा में, बुद्ध तथा बोधिसत्व की मूर्ति,
भावुकता आध्यात्म एवज, वौद्धिकता सौन्दर्य स्फूर्ति।
पाँव उपानह मुख पर मूँछ से, न धार्मिक भाव संचार,
ऐसे घटिया प्रतिमांकन से, होती न कला लोक ध्येय पूर्ति ॥104 ॥

भिन्न भारतीय कला धारा से, यूनानी रूप गुण कारण,
बढ़ी नहीं पंजाब के आगे, सीमित सिन्ध धरा ही धारण।
मार्शल मत गांधार कला को, पैदा करने के अतिरिक्त,
कर न सकी यूरोपीय शैली, भारत में प्रभाव विस्तारन ॥[4]105 ॥

यद्यपि पश्चिमेशिया पर, दृष्ट यूनानी कला प्रभाव,
दृष्टिकोण भारत यूनान, भिन्न कला संरचना भाव।
रोम यूनानी विचार नैतिकता, बुद्धि और सौन्दर्य प्रधान,
भारतीय दृष्टि आध्यात्मिक, भाव प्रधान धर्म सम्भाव ॥106 ॥

---

1. सत्यदेव, अभिनव : पूर्वोक्त, पृ. 85
2. श्रीवास्तव, रानी : पूर्वोक्त, पृ. 56-83, 96-115, 172-176, 200
3. अग्रवाल, वी.एस. : पूर्वोक्त, पृ. 285-286
4. ओझा, श्रीकृष्ण : पूर्वोद्धत, पृ. 37

इस प्रकार गांधार शैली, वाह्य प्रभाव फलस्वरूप,
कहने को भारतीय कला, किन्तु मूल सौन्दर्य विद्रूप।
यथार्थवाद पर उन्नत शैली, देती घोर पाखंडाभास,
बोधिसत्व बुद्ध प्रतिमाएँ, राष्ट्र अस्मिता न अनुरूप ॥107॥

छैल छबीली वेषभूषा, बोधिसत्व मोहक अभिव्यक्ति,
बुद्ध स्त्रैण निर्जीव मुद्रा से, न उभरे आध्यात्मिक शक्ति।
किन्तु बाह्य तुर्किस्तान कोरिया, मंगोलिया चीन जापान,
गान्धार कला प्रभावी पूर्ण, जागृत बौद्ध कला रुचि भक्ति ॥108॥

सन् पच्चीस से साठ अवान्तर, जब वहाँ पह्लव सरकार,
हुई उदित शैली गांधार, मार्शल महोदय के अनुसार।
कुषाण काल कनिष्क राज्य, इस शैली का चरमोत्कर्ष,
चौथी शती ससैनियन धावों, से पहुँची वह पतन कगार ॥[1]109॥

मथुरा कला शैली[2]

कला केन्द्र मथुरा महान् एक, कुषाणों के शासन काल,
जहाँ स्तूप विहार भी निर्मित, बनी मूर्तियाँ भव्य विशाल।
किन्तु वहाँ अब शेष नहीं है, कोई भी स्तूप विहार,
जबकि मिली कई धर्मों की, बहु मूर्तियाँ सुरक्षित हाल ॥[3]110॥

कुषाण नरेशों के काल में, मथुरा कला बनी उत्कृष्ट,
पहले माना जाता इसको, गान्धार की अनुकृति शिष्ट।
किन्तु बाद में सिद्ध हो गया, यह स्वतन्त्र शैली है एक,
जिसका मूलाधार भारतीय, कला संस्कृति धर्म विशिष्ट ॥111॥

डॉ.वी.एस. अग्रवाल के मत, प्रथम बुद्ध प्रतिमा निर्मान,
सम्भव हुआ मथुरा शैली में, दिये विविध वे तर्क प्रमान।
भक्ति आन्दोलन धार्मिक लय, वातावरण जो मथुरा पास,
दिखता नहीं गांधार क्षेत्र में, वैसी स्थिति भक्ति प्रधान ॥112॥

---

1. श्रीवास्तव, के.सी. : पूर्वोद्धृत, पृ. 355-356
2. शर्मा, आर.सी. : डायमेन्संस आफ इण्डियन आर्ट, खण्ड-प्रथम, पृ. 407-421, द्रष्टव्य : जे. एफ. बोगेल की कृति, आर्क्योलाजिकल म्यूजियम एट मथुरा
3. वाजपेयी, के.डी. : पूर्वोक्त, पृ. 80-85

उनके मत में मूर्ति किसी की, तब तक नहीं बनायी जाती,
जब तक उसकी माँग धर्म हित, लोक में न उठायी जाती।
मूर्ति कल्पना जन मानस के, धर्म भाव को करती पुष्ट,
इसीलिए घर-घर में मूर्तियाँ, पूजा हेतु सजाई जाती॥[1]113॥

प्रथम शती ईसा पूर्व में, इस तथ्य के ठोस प्रमान,
भक्ति आन्दोलन भू मथुरा, सर्वधर्म सम्भाव निशान।
संकर्षण बलराम वासुदेव, कृष्ण प्रद्युम्न साम्ब प्रतिमाएँ,
साथ जैन तीर्थंकर मूर्ति, होने लगा सहज निर्मान॥114॥

मथुरा के गतमूर्ति विधा का, बौद्ध धर्म पर पड़ा प्रभाव,
बुद्ध मूर्ति प्रत्यक्ष दर्शन का, लगा खटकने उन्हें अभाव।
कनिष्क राज्य से बौद्ध धर्म को, मिला पूर्ण आश्रय संरक्षण,
इसी समय से बुद्ध मूर्ति का, बौद्ध जगत् में प्रादुर्भाव॥[2]115॥

राज्य संरक्षित महायान में, मूर्ति पूजा का खुला विधान,
बौद्धों को प्रतीक पूजा से, चलने वाला नहीं था काम।
अतः बुद्ध को मानव रूप में, देखने की उत्कंठा तीव्र,
इसी भाव से मथुरा शिल्पी, रचे बुद्ध का रूप ललाम॥[3]116॥

गान्धार के क्षेत्र में ऐसा, दिखता है पृष्ठभूमि नहीं,
जो ठहराये बुद्ध मूर्ति के, प्रथम सृजन की बात सही।
ऐसा नहीं कि क्षणिकावेश में, गढ़ा शिल्पि बुद्ध की मूर्ति,
वातावरण जो वांछनीय था, वह मथुरा में पनप रही॥117॥

मथुरा कला में बोधिसत्वों की, मिली मूर्तियाँ अंकित लेख,
जिस प्र कनिष्क आरम्भ तिथि, का मिलता स्पष्ट उल्लेख।[4]
किन्तु नहीं गांधार कला में, परिचित संवत् कोई ज्ञात,
काल शती पहली से तीसरी, ज्ञात अल्प साक्ष्यों से विशेष॥118॥

गान्धार प्रतिमा के लक्षण, नासाग्र दृष्टि पद्मासन ध्यान,
उष्णीष आदि नव अंकन, सभी भारतीय स्रोत पुरान।

---

1. जोशी, नीलकंठ : मथुरा की मूर्तिकला, पृ. 3, 10, 19-22
2. अग्रवाल, वी.एस. : भारतीय कला, पृ. 243-252, 285; जोशी, नीलकंठ, पी. : पूर्वोक्त, पृ. 16, 19-22
3. सिंह, जया : प्राचीन भारत में नाग एवं जल पूजा, पृ. 12-13
4. श्रीवास्तव, रानी : पूर्वोद्धृत, पृ. 14

प्रतिमा लक्षण युक्त मूर्तियाँ, बुद्ध व बोधिसत्व असंख्य,
बना चुके मथुरा के शिल्पी, प्रतिमाएँ सुन्दर द्युतिमान् ॥119॥

अतः मथुरा मूर्ति परम्परा, गांधार से दिखे प्राचीन,
बुद्ध मूर्तियाँ भी मथुरा की, उससे लगे पूर्व कालीन।
गान्धार की बुद्ध मूर्ति में, जो दिखता लक्षण या चिह्न,
वे ग्रहीत मथुरा शिल्पी से, पारंगत जो विषय प्रवीन॥[1]120॥

इस प्रकार स्पष्ट पहले, बुद्ध मूर्ति मथुरा ने गढ़ी,
इनका उत्स अग्रवाल ने माना, यक्षमूर्ति परखम की बड़ी।[2]
यदि ये रची गांधार में पहले, तो होतीं लक्षणों से हीन,
क्योंकि यूनानी और इरानी, कला लक्षणों में थी पिछड़ी॥121॥

वहाँ से बुद्ध बोधिसत्व की, मिली मूर्तियाँ बैठी खड़ी,
इन द्वय के व्यक्तित्व में योगी, चक्रवर्ति आदर्श लड़ी।
बुद्ध मूर्ति मिली मथुरा से, है विशिष्ट व उल्लेखनीय,
जिसे चत्वर उत्कीर्ण लेख में, कहा गया बोधिसत्व कड़ी॥122॥

यहाँ बुद्ध को भिक्षु वेष में, सिंहासन पर गया बिठाया,
बोधिवृक्ष छाँव अभय मुद्रा, उठा हाथ उनका है दाँया।
उनकी हथेली व तलवों पर, धर्मचक्र त्रिरत्न के चिह्न,
पुष्प वृष्टि करें सुर नभ से, चामर लिए पुरुष दो काया॥123॥

बुद्ध के पीछे प्रभामण्डल, भव्य प्रदर्शित गोलाकार,
पूर्व मूर्तियों में इसको, रचते नहीं थे रचनाकार।
पश्चात् इरानी प्रभाव से, प्रभामण्डल का बढ़ा चलन,
क्योंकि इरानी देवांकन में, प्रभामण्डल प्रथा प्रचार॥124॥

अभय मुद्रा आसीन बुद्ध की, एक मूर्ति मिली अन्योर,
कहा गया बोधिसत्व उसे, लावण्यमयी प्रतिमा चितचोर।
इस पर शक संवत् इक्यावन, (ईस्वी एक सौ उन्तीस) लेख,
बुद्ध मूर्तियाँ अति कलात्मक, ध्यान खीचतीं अपनी ओर॥[3]125॥

1. शर्मा, आर.सी. : कल्चर थ्रू द एजेज (बी.एन. पुरी फेलीसिटेशन वाल्यूम), पृ. 173-179
2. वोगेल, जे.एफ. : आर्क्योलाजिकल म्यूजियम एट मथुरा, पृ. 83-93
3. श्रीवास्तव, रानी : पूर्वोद्धृत, पृ. 14, 287, वोगेल, जे.एफ. : पूर्वोक्त, पृ. 47-65

बुद्ध मूर्ति अतिरिक्त वहाँ से, बोधिसत्व मूर्तियाँ प्राप्त,
मुख्य अवलोकितेश्वर काश्यप, मैत्रेय प्रतिमाएँ आप्त।
कहा गया बुद्ध निर्वाण के, चार हजार वर्ष पश्चात्,
बुद्धावतार मैत्रेय लेंगे, बौद्ध वाङ्मय से यह ज्ञात॥126॥

मैत्रेय मूर्ति अभय मुद्रा में, उठा हुआ है दाँया हाथ,
अथवा कमल नाल दायें में, बायें लिए अमिय घट साथ।
काश्यप सप्त मानसी बुद्ध थे, चित्रण मंजु मनोरम अति,
लाल श्वेत चित्तीदार रवादार, अश्म से रचा हुआ तन माथ॥[1]127॥

गान्धार शैली से भिन्न, आध्यात्मिक शुभ भाव प्रधान,
शान्त सौम्य रम्य प्रतिमाएँ, वेदि-स्तम्भों पर विद्यमान्।
बुद्ध पूर्व जन्म की कथाएँ, घटनायें जीवन की अंकित,
जन्माभिषेक, निष्क्रमण संबोधि, धर्म प्रवर्तन परिनिर्वान॥128॥

सूक्ष्म से सूक्ष्म घटना का अंकन, मथुरा विज्ञ शिल्पियों द्वारा,
अपने कुशल करों से रच, उन्हें सजाया एवं संवारा।
कुछ इरानी प्रतीक संग, भारतीयता का रंग चढ़ाया,
इसी कारण कई मूर्ति पर, गांधार प्रभाव गया सकारा॥[2]129॥

मथुरा मूर्ति शृंखला में, कुछ मूर्तियाँ उपासक गृहस्थ,
जो हाथों में माला लेकर, अंजलि बद्ध खड़े ध्यानस्थ।[3]
कहीं-कहीं महाभारत के, चित्रांकन दिखे रुचिपूर्ण,
शिल्पकारी उत्कृष्ट नमूने, मिले मथुरा कला में स्वस्थ॥130॥

बुद्ध मूर्तियों के साथ साथ, देव मूर्तियाँ हिन्दू जैन,
जिसकी रचना में शिल्पी, रहते रत नित वासर रैन।
हिन्दू देव विष्णु सूर्य शिव, नाग कुबेर यक्ष प्रतिमाएँ,[4]
मिली कई पाषाण निर्मित, जिनके सुन्दर नक्श व नैन॥131॥

मथुरा एवं समीप क्षेत्र में, मिली विष्णु चालीस प्रतिमाएँ,
चतुर्भुजी अभय मुद्रा में, एक हाथ ऊपर को उठाये।

---

1. अग्रवाल, वी.एस. : पूर्वोक्त, पृ. 250-252; जोशी, नीलकंठ, पी. : पूर्वोक्त, पृ. 13, 36-51
2. तिवारी, आर.पी. : सर्वे आफ ड्राइंग इन ऐंशियंट इण्डिया, पृ. 29-31
3. जोशी, नीलकंठ, पी. : पूर्वोक्त, पृ. 16, 51-54; श्रीवास्तव, रानी : पूर्वोद्धृत, 16-17, 230-231
4. सुन्दरराजन, के.वी. : इण्डियाज रिजीजियस आर्ट, पृ. 25

अन्य हाथ में गदा शंख चक्र, पद्म प्रतीक यहाँ न दृष्ट,
बोधिसत्व मैत्रेय सदृश ही, प्रतिमाओं की शिल्प विधाएँ ॥132॥

प्रतिमा संग गरुण का अंकन, मूर्ति अभाव विष्णु अवतार,
मात्र एक वाराहावतार बुत, कृष्ण से जुड़ते कुछ आकार।
शिलापट्ट पर कृष्ण को ले, वसुदेव गोकुल को जाते,
एवं कृष्ण का अश्व रूप धर, केशी दैत्य पर करते प्रहार ॥133॥

टूटी मिली वाराह प्रतिमा, वक्षांकित श्री वत्स प्रतीक,
लिंग और मानव रूप में, शिव मूर्तियाँ बनी सटीक।
एक अनेक कई मुख वाली, मिले कई लिंगों के प्रकार,
प्रथम बार पार्वती प्रतिमा, कुषण काल रचना तकनीक ॥134॥

कुषाण काल मथुरा में बहु, शिव पाशुपत मतानुयायी,
लिंग पूजा प्रचार में शिल्पी, लिंग बहुमुखी विविध बनायी।
इस काल की शिव प्रतिमा में, जटा-जूट त्रय नेत्र शोभित,
त्रिशूल व वाहन नंदी को, रचा विशुद्ध कला चतुराई ॥135॥

अर्द्ध नारीश्वर रूप प्रथमतः, मान्य कुषाण काल की रचना,
जिसमें आधा भाग पार्वती, अर्धभाग शिव तन संरचना।
शिव पार्वती का प्रतिमा रूप, मथुरा कुषाण कला की देन,
अत्यंत रमणीय मूर्ति शिव, दर्शन ध्यान व हेतु अर्चना ॥[1]136॥

मथुरा कला में सूर्य मूर्ति का, किया गया रुचि से निर्मान,
सूर्य मूर्ति में प्रभाव इरानी, का मिलता स्पष्ट प्रमान।
मानव रूप में सूर्य निर्मित, लम्बी कोट पतलून स बूट,
सिर पर चपटी गोल टोपी, केश लहरते कन्धे कान ॥[2]137॥

चार घोड़ों के रथ आरूढ़, मुख पर दिखे मूँछ नुकीली,
इसी भाँति कुषाण नृपों की, वेष-भूषा होती चमकीली।
भण्डारकर मत सूर्य की पूजा, भारत भूमि इरानी ढंग से,
शुरू किये मग नाम पुरोहित, आकर मथुरापुरी सजीली ॥138॥

---

1. अग्रवाल, वी.एस. : पूर्वोद्धृत, पृ. 269
2. शिवराममूर्ति, सी. : पूर्वोक्त, पृ. 36-40; वोगेल, जे.एफ. : पूर्वोक्त, पृ. 94-106

बौद्ध हिन्दू देवों के अलावा, यहाँ कला विविध विधि व्याप्त,
इन्द्र कुबेर कार्तिकेय गणेश, अग्निदेव प्रतिमाएँ प्राप्त।
लोकदेवों में किन्नर यक्ष, गन्धर्व नाग की बनी मूर्तियाँ,
सप्तमातृका दुर्गा लक्ष्मी, हारिति आदि देवियाँ ज्ञात ॥[1]139 ॥

वी.एस. अग्रवाल ने श्री लक्ष्मी, एक मूर्ति का दिया हवाला,
कमलों से परिपूर्ण कुंभ पर, खड़ी लक्ष्मी पहने माला।
दुग्धधारिणी शुभ मुद्रा में, दुग्ध छोड़ती जो दर्शित है,
पीछे चित्र सनाल कमल, चित्रण मोर-मोरनी वाला ॥140 ॥

वी.एस. अग्रवाल के मत, प्रतिभा सिद्ध कोई कृतिकार,
रचना किया इस मंजु मूर्ति का, जो अति सौम्य कला दरबार।
पद्मासना कमल पर बैठी, लक्ष्मी मूर्ति प्राप्त अन्यत्र,
चतुर्भुजी दुर्गा की मूर्तियाँ, महिष्मर्दनी वृहदाकार ॥141 ॥

सप्तमातृका रूप ब्राह्मणी, माहेश्वरी तथा कौमारी,
इन्द्राणी वैष्णवी चामुण्डा, इनकी मूर्ति मिली बहु सारी।
प्रतिमाओं में सभी देवि को, घाघरा पहने गया दिखाया,
इससे ज्ञात कुषाण काल में, लहँगा एक पहनावा नारी ॥[2]142 ॥

जैन मूर्तियाँ एवं आयागपट्ट[3]

मथुरा एवं आस पास में, प्राप्त तीर्थंकर की प्रतिमाएँ,
और मिले आयागपट्ट भी, शुभ मांगलिक चिह्न सजाये।
दो प्रकार की जैन मूर्तियाँ, कायोत्सर्ग-पद्मासन मुद्रा,
कार्योत्सर्ग में खड़ी नग्न हैं, घुटनों तक हस्त फैलाये ॥143 ॥

बैठी हुई पद्मासन मूर्तियाँ, उनकी ध्यान मुद्रा पहचान,
दृष्टि टिकी नासिका ऊपर, अग्रभाग पर केन्द्रित ध्यान।
आसन के हि समक्ष बीच में, धर्मचक्र का रचा प्रतीक,
और पार्श्व में सिंह बने, कुछ में प्रभामण्डल विद्यमान् ॥144 ॥

तीर्थंकर के मूर्ति वक्ष पर, श्रीवत्स मांगलिक चिह्न,
चौकियों पर जो लेख खुदे, उससे है पहचान भी भिन्न।

1. अग्रवाल, वी.एस. : पूर्वोद्धृत, पृ. 269-270, सिंह जया : पूर्वोक्त, पृ. 13
2. वोगेल, जे.एफ. : पूर्वोद्धृत, पृ. 100-106
3. तिवारी, मारुतिनन्दन प्रसाद : एलीमेण्ट आफ जैन आइक्नोग्राफी, पृ. 3, 15, 27-28, 47

तीर्थंकर प्रतिमा अतिरिक्त, कंकाली टीले के खनन में,
मिले कई आयागपट्ट, लिए विशेषण कला विभिन्न ॥[1]145 ॥

पहले चित्रित चक्र मांगलिक, मंगल कलश शंख व माला,
स्वास्तिक श्रीवत्स कलश, नन्द्यावर्त पूजने वाला।
किन्तु बाद में बनने लगी, इन पर तीर्थंकर आकृतियाँ,
प्रतीक पूजा से प्रतिमा पूजन, जैन–बौद्ध का दृष्टि निराला ॥[2]146 ॥

राजमूर्तियाँ

बुद्ध बोधिसत्व देव मूर्ति रच, हुए न शिल्पीजन संतुष्ट,
गढ़ने लगे राजमूर्तियाँ, उसमें प्रथम सम्राट कनिष्क।
जिस पर 'महाराज राजाधिराज, देवपुत्रो कनिष्को' लेख,
जो सात फीट सात इंच ऊँची, खड़ी मुद्रा में रची सुइष्ट ॥147 ॥

घुटनों तक कोट लटकता, पहने पैर उपानह भारी,
दायां हाथ गदा पर स्थित, बायें मुष्टि कटार दुधारी।
कला दृष्टि से मूर्ति कनिष्क, मनोहारी सौन्दर्य उदात्त,
मानव देह यथार्थ सुचित्रण, शिल्पि योग्यता विस्मयकारी ॥[3]148 ॥

इस श्रेणी की दूसरी कृति, विमकदफिस पूर्व सम्राट,
सिंहासन आसीन नृपति के, दोनों ओर हैं सिंह विराट्।
वस्त्र नक्कासीदार कामदानी, ओढ़े है नृप मूर्ति सुसज्जित,
इसके नीचे छोटी कोट, पैरों में जूतों का ठाट ॥149 ॥

विद्वानों की राय मूर्तियाँ, यूनानी कला प्रभाव से मुक्त,
शिल्प दृष्टि से दोनों मूर्तियाँ, हैं यथार्थ रूपांकन युक्त।
लेकिन कुछ ने माना इन पर, कुछ न कुछ विदेशी प्रभाव,
निर्माता शिल्पकार ईरानी, मजूमदार का मत उपयुक्त ॥[4]150 ॥

विचारणीय मथुरा शिल्पी का, धर्म तटस्थ शुभ दृष्टिकोण,
सर्वधर्म सम्भाव के हित में, रची मूर्तियाँ सब बेजोड़।

1. वाजपेयी, के.डी. : पूर्वोक्त, पृ. 80; जोशी, नीलकंठ, पी. : पूर्वोक्त, पृ. 16–19; श्रीवास्तव, रानी : पूर्वोक्त, पृ. 15, 294; फुहरर, ए. : पूर्वोक्त, पृ. 106
2. वोगेल, जे.एफ. : पूर्वोद्धृत, पृ. 66–82; अग्रवाल, वी.एस. : पूर्वोक्त, पृ. 223–224, 237–242
3. जोशी, नीलकंठ पी. : पूर्वोक्त, पृ. 15, ओझा, श्रीकृष्ण : पूर्वोक्त, पृ. 23
4. जायसवाल, विदुला : कुषाण क्ले आर्ट आफ गंगा प्लेन्स, पृ. 57–58–69

बौद्ध जैन हिन्दू मतादि, सबके लिए गढ़ी प्रतिमाएँ,
वहाँ की बनी मूर्ति पाने को, रहती लगी लोक में होड़ ॥151॥

मौलिकता सौन्दर्य विविधता, से अनुप्रणित सृजन समूचा,
उस नाते मथुरा कला का, राष्ट्र कला में स्थान है ऊँचा।
लाई गयी मूर्तियाँ वहाँ से, सारनाथ श्रावस्ती आदि,
साँची भरहुत परम्परा को, आगे बढ़ाकर, यहाँ पहुँचा ॥[1]152॥

सारनाथ कला शैली[2]

गान्धार मथुरा अतिरिक्त, सारनाथ कुषणों के काल,
मिली एक बोधिसत्व प्रतिमा, खड़ी अवस्था रम्य विशाल।
काया पर कनिष्क संवत् में, खुदी हुई है तिथि दो तीन,
छाया छत्रयष्टि स्थापित, खरपल्लान, अधीन भूपाल ॥153॥

ऐसे ही आन्ध्र-अमरावति, बुद्ध मूर्तियाँ मिली अनेक,
खड़ी तथा बैठी मुद्रा में, उनके लट घुँघराले नेक।
कन्धों पर संघाटि वस्त्र है, बायें हाथ से पकड़े हुए,
द्वितीय शती ईस्वी के मध्य, रची गयी प्रतिमायें प्रत्येक ॥154॥

कौशाम्बी कला शैली[3]

कुछ इतिहासविदों का मत है, कौशाम्बी मौर्येत्तर काल,
पैदा हुई कला नव शैली, पृथक अन्य कला संजाल।
कहीं तो यह मथुरा के सम, और कहीं उससे अति भिन्न,
मथुरा कला की व्यापकता से, रही उपेक्षित गौड़ बेहाल ॥155॥

विद्वानों ने पहले इस पर, दिया नहीं था कुछ भी ध्यान,
स्वतन्त्र शैली स्थापन हित, हुआ नहीं कुछ अनुसंधान।
इधर आर.एन. मिश्र प्रभृति, विद्वानों के अध्ययन शोध,
पृथक कला कौशाम्बी शैली, के मिले बहु चिह्न प्रमान ॥156॥

इस शैली के शोध से इंगित, गंगा यमुना के दोआब,
वाह्य तथा देशी विधियों को, किया प्रभावित अपने राग।[4]

---

1. शिवराममूर्ति, सी. : पूर्वोक्त, पृ. 36-37
2. अग्रवाल, वी.एस. : पूर्वोक्त, पृ. 245; त्रिपाठी, आर.पी. : पूर्वोद्धृत, पृ. 26-28
3. श्रीवास्तव, के.सी. : पूर्वोद्धृत, पृ. 359
4. जायसवाल, विदूला : पूर्वोक्त, पृ. 63, 67-68, 72-74, 82-83

यद्यपि यह मथुरा शैली, के समान ओजपूर्ण नहीं,
किन्तु निज मौलिकता में, इसका शिल्प अलग अंदाज॥157॥

कौशाम्बी शैली विकास में, कला विदों का यह अनुमान,
राजनयिक सांस्कृतिक धार्मिक, स्थितियों का था अवदान।
ऐतिहासिक युग के आरम्भ, वत्स राज्य राजधानी यह,
कई बार कौशाम्बी आकर, दिये बुद्ध उपदेश व ज्ञान॥158॥

कई धनाढ्य व्यापारी श्रेष्ठि, करते थे कौशाम्बी वास,
मगध राज्य के अन्तर्गत भी, हुआ कला वाणिज्य विकास।
कौशाम्बी से प्राप्त अवशेष, दुर्ग घोषिताराम विहार,
मृण् एवं पत्थर प्रतिमायें, गजपृष्टांकृति मंदिर खास॥159॥

स्तूप पाषाण वेदिका अंश, श्येनचितिवेदी कुछ भाग,
इसके अध्ययन से लगता, नव्य कला एक रही थी जाग।
भरहुत साँची वोधगया सम, बनी कला कृतियाँ भी अनंत,
वैदिक श्रमण तत्व को लेकर, भरा कला में नव रस राग॥160॥

कौशाम्बी कला में मूर्तियाँ, स्तूप विहार वेदि स्तम्भ,[1]
ये सब तो मथुरा भी मिलते, किन्तु कौशाम्बी पृथक प्रसंग।
कई कला प्रतीक सुरूपित, भागवत धर्म आस्था युक्त,
बने यहाँ मथुरा से पहले, धर्म कीर्ति सा ध्वज स्तम्भ॥161॥

मथुरा में शक कुषाण युग, कौशाम्बी मौर्यो के बाद,
मूर्ति कला स्तम्भ वेदि, चुनार बलुआ पत्थर उत्पाद।
कौशाम्बी भागवत धर्म की, प्राप्त जो प्रतिमाएँ अनेक,
मौर्यो सम बलुआ प्रस्तर की, वही ओप आभा अंदाज॥162॥

इससे यही प्रमाणित होता, मथुरा मिली भागवत मूर्ति,
उससे पहले कौशाम्बी में, शुरू सृजन प्रेषण सम्पूर्ति।
कौशाम्बी में प्राप्त प्रथम, संकर्षण प्रद्युम्न प्रतिमाएँ,
जिसकी चर्चा चतुर्व्यूह में, लाक्षन ताल–मकरध्वज पूर्ति॥163॥

---

1. फुहरर, ए. : द मानुमेन्टल एन्टीक्वीटीज एण्ड इन्सक्रिप्सन्स इन नार्थ वेस्टर्न प्राविविन्सेज एण्ड अवध, पृ. 128, 140

स्तम्भ के ऊपर प्रद्युम्न का, अंकन उनकी पत्नी साथ,
बाणों का गुच्छा दर्शाया, गया है उनके दायें हाथ।
इससे लगे मथुरा के पूर्व, कौशाम्बी कलाकारों के,
मन आगामी धर्म भागवत, चतुर्व्यूह संरचना ज्ञात ॥164॥

मूर्ति रचना पूर्व शिल्पिजन, अंकन किये देव प्रतीक,
पश्चात् भागवत मत की, मूर्ति रची अपने तकनीक।
ईसा पूर्व एक सौ अस्सी, एक सौ पैंसठ बी.सी. मध्य,
आगस्थोक्लीज के सिक्कों पर, देवमूर्तियाँ बनी सटीक ॥165॥

सिक्कों पर खची आकृतियाँ, चक्रधर कृष्ण, हलधर बलराम,
जो रचना में कौशाम्बी के,भागवत मूर्तियों के ही समान।
अतः ज्ञात कौशाम्बी शैली, मौर्य–कुषाण युग मध्य पल्लवित,
आगस्थोक्लीज मुद्रा साक्ष्य, भरहुत से पहले विद्यमान् ॥[1]166॥

कौशाम्बी से मृण् प्रतिमाएँ, मिली अधिक संख्या में भारी,
पशु पक्षी हारीति लक्ष्मी, सूर्य मिथुन पुरुष व नारी।
मथुरा की मूर्ति तुलना में, अति कौशल से गढ़ी गयी,
इनकी काया हृष्ट–पुष्ट, मुख आकृतियाँ उभरी प्यारी ॥[2]167॥

कौशाम्बी के शिल्पी पहले, आधृत शैली गुण गांधार,
बुद्ध व बोधिसत्व मूर्तियाँ, रचने लगे थे उसी प्रकार।[3]
किन्तु शीघ्र संघाटि वस्त्र, की नई पद्धति अपनाकर,
गढ़ने लगे बौद्ध प्रतिमाएँ, एक नवीन पृथक आकार ॥168॥

सन् एक सौ इकसठ में यहाँ, बौद्ध मूर्ति रचना आरम्भ,
जिस पर मथुरा शैली भी, डाल रही थी अपना रंग।
किन्तु शीघ्र ही कलाकारों ने, दोनों प्रभावों से हो मुक्त,
निज शैली में बुद्ध मूर्ति, सर्जन किया सहज प्रारम्भ ॥169॥

शुरू किये अपनी शैली में, मृण् मूर्ति रचना कलाकार,
कालान्तर में उसकी अनुकृति, प्रस्तर प्रतिमा दिया उतार।

---

1. सी. मार्गबन्धु आदि (सं.) : पूर्वोद्धृत, पृ. 262–263, 267–268; सरकार, डी.सी. : स्टडीज इन् इंडियन क्वाइन्स, पृ. 9–10, 46
2. जायसवाल, विदुला : पूर्वोक्त, पृ. 63, 67–68, 72–74, 82–83
3. अग्रवाल, वी.एस. : भारतीय कला, पृ. 245, 324, 326

गुप्तयुग सारनाथ मूर्ति में, कन्धे द्वय पर रची संघाटी,
यह पद्धति कौशाम्बी कला में, शतियों पूर्व हो चुका प्रसार ॥170॥

सारनाथ बुद्ध प्रतिमा की, वस्त्र संघाटि एवं वेशभूषा,
उसका आदि रूप कौशाम्बी, प्रस्तुत करती कला अदूषा।
प्रतीक एवज मूर्ति की रचना, शुरू हुआ कौशाम्बी पहले,
स्थितियाँ अनुकूल सहज, वातावरण उदयिनी ऊषा ॥171॥

मथुरा कौशाम्बी दोनों में, मिली कई यक्ष प्रतिमाएँ,
कौशाम्बी की यक्ष मूर्तियाँ, भिन्न तकनीक से गये बनाये।
भीटा कौशाम्बी मूर्ति पर, मथुरा शैली प्रभाव नगण्य,
भीटा यक्ष मूर्ति में संयुत, तीन यक्ष गये दर्शाये ॥172॥

भीटा यक्ष के दायें–बायें, सुरचित सिंह तथा वाराह,
कौशाम्बी की बैठी मूर्ति में, पाँव मध्य वाराह सुचाह।
देवि मूर्ति केश सज्जा में, युक्त कला के पंच प्रतीक,
यह विशिष्टता कौशाम्बी की, नवल प्रयोग कला निर्वाह ॥173॥

शिव पार्वती मूर्ति कौशाम्बी, शिव त्रयनेत्र जटा व कान,
ठुड्डी बीच में हल्का गड्ढा, गुप्त काल कला प्रतिमान।
इससे ज्ञात गुप्तयुग पूर्व, शिव प्रतिमा के लक्षण मूल,
अपना लिए थे कौशाम्बी के, कलाविदों के तीक्ष्ण सुजान ॥174॥

कौशाम्बी के दक्षिण स्थित, कला केन्द्र भरहुत का प्रसिद्ध,
वाजपेयी मत कला कौशाम्बी, भरहुत के पूर्ववर्ती सिद्ध।
आगस्थोक्लीज सिक्कों पर, हैं कौशाम्बी कला प्रभाव,
मनकुँवर की बुद्ध प्रतिमा, गुप्त शैली से नहीं सुविद्ध ॥175॥

मनकुँवर के मूर्ति लेख से, यह तथ्य स्पष्ट नवीन,
कौशाम्बी कला अस्तित्व, भरहुत शैली से प्राचीन।
इसके हेतु नवीन साक्ष्य, प्रतापगढ़ का अजगरा लेख,
जिससे ज्ञात सुदर्शना यक्षी, रचना भू कौशाम्बी अधीन ॥176॥

लेख में सुदर्शना मान में, यक्षमह रचना का उल्लेख,
पोखर नया खुदवाने का, विवरण प्रस्तुत करता लेख।

प्रचलित यहाँ मणिभद्र की पूजा, जो कुबेर का कोषाध्यक्ष,
कौशाम्बी भरहुत पूर्ववर्ती, इंगित करता यह अभिलेख ॥177॥

नगरोदय से बढ़ा राष्ट्र का, शिल्पकला वणिज् व्यापार,
प्राप्त कला को प्रोत्साहन अति, धनी श्रेष्ठियों से साभार।
कौशाम्बी में बौद्धधर्म संग, हिन्दू वैष्णव शैवमत आदि,
के प्रचलित मत समाज में, अनुयायियों की थी भरमार ॥178॥

अतः कलाकारों ने मिल, रची मूर्ति सर्वधर्म सम्प्रदाय,
जिसे पूजकर धर्मभावना, तुष्टित होवे जन समुदाय।
अतः वहाँ गनपी एक शैली, कला समीपी किया प्रभावित,
जिसके प्रतिमा चिह्न गुप्त युग, प्रतिमाओं में हो गये ग्राह्य ॥[1]179॥

कौशाम्बी की मूर्ति विधा में, अनौपचारिकता का शुभ भाव,
जिस के कारण लोक कला से, उसकी निकटता व सद्भाव।
इस प्रकार कुषाण कला युग, प्रस्तर शिल्प में गौरवशाली,
मृण् मूर्ति बहु केन्द्र उपस्थित, कौशाम्बी में उसका न अभाव ॥180॥

विदेशी आक्रमणों का प्रभाव[2]

मौर्य साम्राज्य बाद हिन्द पर, शुरू हुए हमलों के दौर,
यवन पह्लव शक कुषाण, कहीं न इनका जग में ठौर।
बन हमलावर एक एक कर, बसते गये भारतीय भूमि,
किये निर्मित राज्य महान्, शासन किये बने सिरमौर ॥181॥

चार शती तक इनके राज्य में, देशी संस्कृति पक्ष अनेक,
हुआ प्रभावित धर्म राजनय, वित्त कला साहित्य विवेक।
अग्रांकित पंक्ति में उनका, विवरण है दर्शाना लक्ष्य,
सम्राटों की कार्य कुशलता, सृजनशील युग नक्श–ए–रेख ॥182॥

सामाजिक दशा

मौर्येत्तर युगीन समाज में, वाह्य जातियाँ कई विदेश,
अपनी रीति नीति परम्परा, लेकर किया भारत–भू प्रवेश।

1. सत्यदेव, अभिनव एवं सिंह, के.पी. : भारतीय पुरातत्व के मूलतत्व, पृ. 56
2. श्रीवास्तव, के.सी. : पूर्वोक्त, पृ. 363–365

शनैः शनैः भारतीयता के, चिर संस्कृति में हुए विलीन,
इसी काल में विदेशियों का, भारतीयकरण हुआ विशेष॥[1]183॥

मेनांडर हेलियोडोरस, नाम विदेशी बनाये रक्खा,
धर्म कर्म यहाँ कि प्रथाओं, रीति रिवाज स्वाद नव चक्खा।
भारतीय रंग ढंग में खोकर, उसमें हो गये पूर्ण विलीन,
अब कहना न संभव कौन?, यवन शक–कुषाण का बच्चा॥184॥

रखने लगे नाम वे अपना, भारतीय भाषा के अनुसार,
धर्मरक्षित ऋषभदत्त, दक्षमित्र, आदि मिले लेखों की कतार।
दक्षमित्रा नहपान की पुत्री, नाम जामाता उषावदात,
वैदिक बौद्धादि मतों में, मिल कर हो गये एकाकार॥[2]185॥

यहाँ शास्त्रकारों के समक्ष, खड़ी समस्या वर्ण विधान,
किस वर्ण जाति में रखकर, विदेशियों की करें पहचान।
कुछ ने उन्हें शूद्र वृषल कह, शूद्र वर्ण में स्थान दिया,
पतंजलि ने कहा विदेशी, अनिर्वासित शूद्र समान॥186॥

अतः विदेशी उस समाज में, नहीं बहिष्कृत गये बताये,
व्यवहार में सभी आक्रांता, अपने को क्षत्रिय बतलाये।
राज्य सत्ता उनके हाथ थी, अतः नहीं हो सका विरोध,
कालान्तर में मान्य हो क्षत्रिय, वे ही राजपूत कहलाये॥187॥

मनु कहते यवन शक पह्लव, संस्कारों से यदि हों पुख्त,
उसकी गणना क्षत्रिय वर्ग में, करना चाहिए जन संयुक्त।
मिलिन्दपन्ह मेनाण्डर को, क्षत्रिय कहा, दिया वंशावलि,
महाभारत शक यवनादि को, लघु यज्ञों से करता युक्त॥188॥

लेखों से उनके सामाजिक, उन्नत स्थिति का अनुमान,
स्थानीय द्विज वर्ण में उनके, वैवाहिक सम्बन्ध प्रमान।
गौतमीसुत शातकर्णि को, कहा गया वर्णसंकर रोधक,
किन्तु वह अपने ही पुत्र को, व्याहा रुद्रदामन संतान॥189॥

इक्ष्वाकु वंशी शांतमूल सुत, वीरपुरुषदत्त का उत्साह,
उज्जैनी शकराज सुकन्या, रुद्रभट्टारिका से किया विवाह।

---

1. श्रीवास्तव, रानी : कुषाण प्रस्तर मूर्तियों में समाज एवं धर्म, पृ. 5, 35
2. लुणिया, बी.एन. : प्राचीन भारतीय संस्कृति, पृ. 483

रुद्रदामन का यह दावा कि, किया विवाह स्वयंवरों में,
निश्चय कुछ राजन्य वर्ग की, कन्याओं को लाया ब्याह ॥[1]190 ॥

कुछ विदेशी संग भारत में, उनके वंश पुरोहित आये,
शकद्वीपी-मग ऐसे ही विप्र, जिनको शक साथ में लाये।
आक्रान्ताओं ने किया ग्रहीत, भारतीय धर्म रीति संस्कार,
दान मान धर्मों को देकर, राष्ट्र में कीर्ति प्रतिष्ठा पाये ॥191 ॥

नहपान दुहिता दक्षमित्रा, किया बौद्ध ब्राह्मणों को दान,
रुद्रदामन था वैदिक धर्मी, राष्ट्र संस्कृति भक्त महान्।
हेलियोडोरस भागवत धर्म, बौद्ध धर्म में यवन मेनाण्डर,
कर श्रद्धा अर्हत् पद पाये, उन्हें मिला विश्व पहचान ॥192 ॥

राजनीतिक संरचना[2]

वाह्य हमलों का भारत के, राजनीति पर पड़ा प्रभाव,
शासन राजनीति राजा में, आया तथ्यपरक बदलाव।
मिली प्रेरणा भूपतियों को, एक छत्र शासन स्थापन,
अति शीघ्र साम्राज्य व्यवस्था, राजतंत्रीय बना स्वभाव ॥193 ॥

प्रत्येक विदेशी हमले से, भारतीय नय नीति प्रभावित,
वीर सिकन्दर के धावों से, साम्राज्यवादी मंत्र प्रवाहित।
मौर्येत्तर युग में राजत्व का, देवत्व से जुड़ा सम्बन्ध,
कुषणों के देवत्व भाव से, देशी नृप भी हुए आप्लावित ॥194 ॥

कुषाण के शासन अन्तर्गत, दैवीकरण प्रवृत्ति प्रधान,
विमकडफिस मुद्रायें महेश्वर, लोकेश्वर विरुद प्रमान।
मथुरा अभिलेख में उसको, देवपुत्र शब्द सम्बोधित,
दैवी-राजत्व भाव प्रभावी, चीन पश्चिम एशिया ईरान ॥195 ॥

मनुस्मृति रचना समय तक, देवत्व रूप हुआ स्थाई,
मनु कहते बाल नृप का भी, नहीं करो निन्दा या बुराई।
क्योंकि मनुष्य रूप में स्थित, देव उच्च वह अपने राज्य,
मथुरा के लेख से लक्षित, देवकुल में नृप वंश इकाई ॥196 ॥

1. शर्मा, मनिराम : मैरिज इन ऐंशियंट इंडिया, पृ. 45-46
2. श्रीवास्तव, के.सी. : प्राचीन भारत का इतिहास तथा संस्कृति, पृ. 364

लेखों में कनिष्क देवपुत्र, गोण्डोफर्नीज देव कहलाया,
कालान्तर भारतीय नृपों ने, इसे स्वयं हित में अपनाया।
प्रयाग लेख में समुद्रगुप्त को, लिखा 'लोकधाम्नों देवस्य',
लौकिकता कारण मनुष्य वह, पृथ्वीवासी देव कहाया ॥197॥

हर्ष नृपति देवावतार थे, कहते हर्ष सभा कवि बाण,
राजाधिराज राजराज पदवी, धारण किये भूप कुषाण।
इस प्रभाव से देशी राजा, धृत उपाधि महाराजाधिराज,
आगे चलकर राजाओं में, बढ़ते गये विरुद परिमाण ॥198॥

सामन्तवाद प्रचलन में भी, वैदेशिक शासन का हाथ,
क्षत्रप–महाक्षत्रपी प्रणाली, लाये शक जो अपने साथ।
षाहानुषाहि शब्द से होता, राजा और सामन्त का बोध,
भारत में सामंतवाद के, उदय में इनकी सोच विसात ॥199॥

नृप कुषाण भी धारण करते, विरुद महान् 'रजातिराज',
जिसमें सामंती शासन का, दिखता सांकेतिक आग़ाज।
बाद में लघु राजागण भी, होते जो सम्राट अधीन,
कुषाण प्रभावों में अपनाये, पदवी महाराजधिराज ॥200॥

मुद्रा प्रवर्तन[1]

यवनों के आगमन पूर्व, आहत सिक्के देश में प्रचलित,
ये सामान्य चाँदी के टुकड़े, नहीं लेख न सौम्य अलंकृत।
यवनों द्वारा ढले सिक्कों पर, अंकित राजा देव प्रतीक,
जिसे अपनाये देशी नृप, करके क्रमिक सुधार कथंचित् ॥201॥

थे स्थान जो यवन प्रभाव में, वहाँ ठप्पा विधि अपनाया,
धातु के टुकड़ों पर डाई से, प्रतीक आदि भी गया बनाया।
भारतीय गणों के सिक्के, प्रायः ढले थे इस विधि से,
पहली बार कनिष्क स्वर्ण के, सिक्के प्रचलित करवाया ॥[2]202॥

सर्वप्रथम यवन नृपों ने, सुघर लेख अंकित करवाया,
और द्विभाषी सिक्कों का भी, अत्यधिक संख्या ढलवाया।

1. साहनी, बीरबल : द टेक्निक्स आफ कास्टिंग क्वाइन्स एन ऐंशियंट इण्डिया, पृ. 48–49; व्हाईटहेड, आर.बी. : पूर्वोद्धृत, पृ. 3–214
2. कुप्पुरम्, जी. : इण्डिया थ्रू द एजेज खण्ड–2, पृ. 596–597

द्विभाषी मुद्रा आधार पर, सिक्के ढले भारतीय नृपों ने,
यवन प्रभाव से देशी सिक्का, निश्चित भार माप में आया॥[1]203॥

धर्म

आये यहाँ जो विदेशी शासक, उनका अपना कोई न धर्म,
बस जाने के बाद जाना, भारतीय धर्माचार सुमर्म।
झुकने लगे वे बौद्ध-वैष्णव, शैव आदि धर्मों की ओर,[2]
खोला द्वार देशी धर्मों ने, विदेशियों प्रति होके नर्म॥204॥

हिन्दू धर्म में विदेशियों को, आकर्षित करने के निमित्त,
युग शास्त्रकारों ने रचे, उनके लिए विधान पवित्र।
मनु मत वैदिक क्रियाओं के, त्याग से ये शूद्र समान,
कहा गया विष्णु अर्चन से, पुनः प्रतिष्ठित धर्म प्रवृत्त॥205॥

अतः विदेशी वासिन्दों का, बढ़ा धर्म के प्रति आकर्षन,
भक्त बने वे धर्म ग्रहण कर, किया स्वयं का पूर्ण समर्पन।
यवनदूत हेलियोडोरस, अपना लिया भागवत धर्म,
गरुड़ यष्टि विदिशा स्थापित, किया ध्यान पूजन अर्चन॥206॥

मथुरा मोरा अश्मलेख, महाक्षत्रप शोडास कालीन,
लेख में नव मन्दिर की रचना, पंचवीर मूर्ति प्राचीन।[3]
शोडास के लेख से लगता, वह संरक्षक भागवत धर्म,
उक्त धर्म गान्धार सु प्रचलित, भक्त विदेशी हो रहे लीन॥207॥

कुषाण वंशी अंन्तिम राजा, वासुदेव नाम किया धारण,
जिससे इंगित वासुदेव, वैष्णवपंथ भक्त असाधारण।
हुविष्क नृप स्वर्ण मुद्रा पर, चित्रित देव हाथ में चक्र,
दूसरे हाथ उर्ध्वलिंग लिए, हरिहर आदि रूप अवतारण॥208॥

किन्तु लगे कुषान शकों पर, वैष्णवमत का अल्प प्रभाव,
क्योंकि राजाओं का प्रायः, बौद्ध शैव प्रति अधिक झुकाव।

1. विद्यालंकार, हरिदत्त : पूर्वोद्धृत, पृ. 167-168; सिंह, एस.एस. : अर्ली क्वाइन्स आफ नार्थ इण्डिया, पृ. 101-145
2. सिंह, सर्वदमन (सं.) : कल्चर थ्रू द एजेज, (वी.एन. पुरी फेलीसिटेशन वाल्यूम), पृ. 343-352
3. पाण्डेय, राजेन्द्र : पूर्वोक्त, पृ. 142; सुन्दरराजन, के.वी. : इण्डियाज रिलीजस आर्ट, पृ. 43-44

रुद्रदामन रुद्रसेन रुद्रसिंह, शिवसेन संज्ञा से सूचित,
शिवभक्त नृप के सिक्कों पर, वृषभ नंदि प्रतीक सद्भाव ॥209॥

कुषान कुलीय राजाओं के, शैव होने के साक्ष्य अनुकूल,
विमकडफिस मुद्रा लेख में, विरुद महेश्वर नन्दि त्रिशूल।[1]
कनिष्क हुविष्क के मुद्राओं पर, शिव सहायक आकृतियाँ,
मुद्रांकित शिव गौरी प्रतिमा, ब्रिटिश म्यूजियम रक्षित मूल ॥210॥

लाहौर संग्रहालय रक्षित, हुविष्क मुद्रा में उमा का चित्र,
साथ कुमारस्कन्द विशाख, महासेन के चित्र खचित।
वासुदेव के सिक्कों पर भी, शिव प्रतीकों का है अंकन,[2]
अतएव कई कुषाण नृप, शैव व्रती शिव भक्त पवित्र ॥211॥

तीसरा भारतीय धर्म बौद्ध, जिसने किया इन्हें आकर्षित,
बने उपासक इसे ग्रहण कर, कई विदेशी साक्ष्य भी दर्शित।
ज्ञात तथ्य यवन मेनांडर, इस मत से घोर प्रभावित,
बौद्ध विद्वान् नागसेन ने, किया धर्म में उसको दीक्षित ॥212॥

ईसा पूर्व द्वितीय शती के, स्वात् मंजूषा लेख का सार,
थियोडोरस बुद्ध भक्त यूनानी, प्रांतपाल क्षेत्र गांधार।
उसने बुद्ध धातु अवशेष, किया किसी स्थान प्रतिष्ठित,
बौद्ध धर्म में दीक्षित होकर, करवाया प्रचार व प्रसार ॥213॥

तक्षशिला ताम्रपत्र में सूचित, मेरीदर्ख उपाधि से युक्त,
कोई यवन सपत्नीक स्थापित, एक स्तूप वहाँ परिपुष्ट।
अन्य तक्षशिला ताम्रपत्र से, ज्ञात स्थापित बुद्ध अवशेष,
और वहाँ बनवाया सुन्दर, संघाराम भिक्षु उपयुक्त ॥214॥

महाक्षत्रप राजबुल राज्ञी, अयसिअकुमुस बुद्ध की भक्त,
भस्मावशेष स्तूप विहार, आदि के संस्थापन अनुरक्त।
ईस्वी पाँच–दस में मथुरा के, सिंहशीर्ष पर यह सन्दर्भ,
लेख का अंत बुद्ध व धम्म, संघ के अभिवादन से व्यक्त ॥[3]215॥

❑❑❑

1. श्रीवास्तव, रानी : पूर्वोक्त, पृ. 249
2. सरकार, डी.सी. : पूर्वोक्त, पृ. 46–47
3. श्रीवास्तव, के.सी. : प्राचीन भारत का इतिहास तथा संस्कृति, पृ. 365

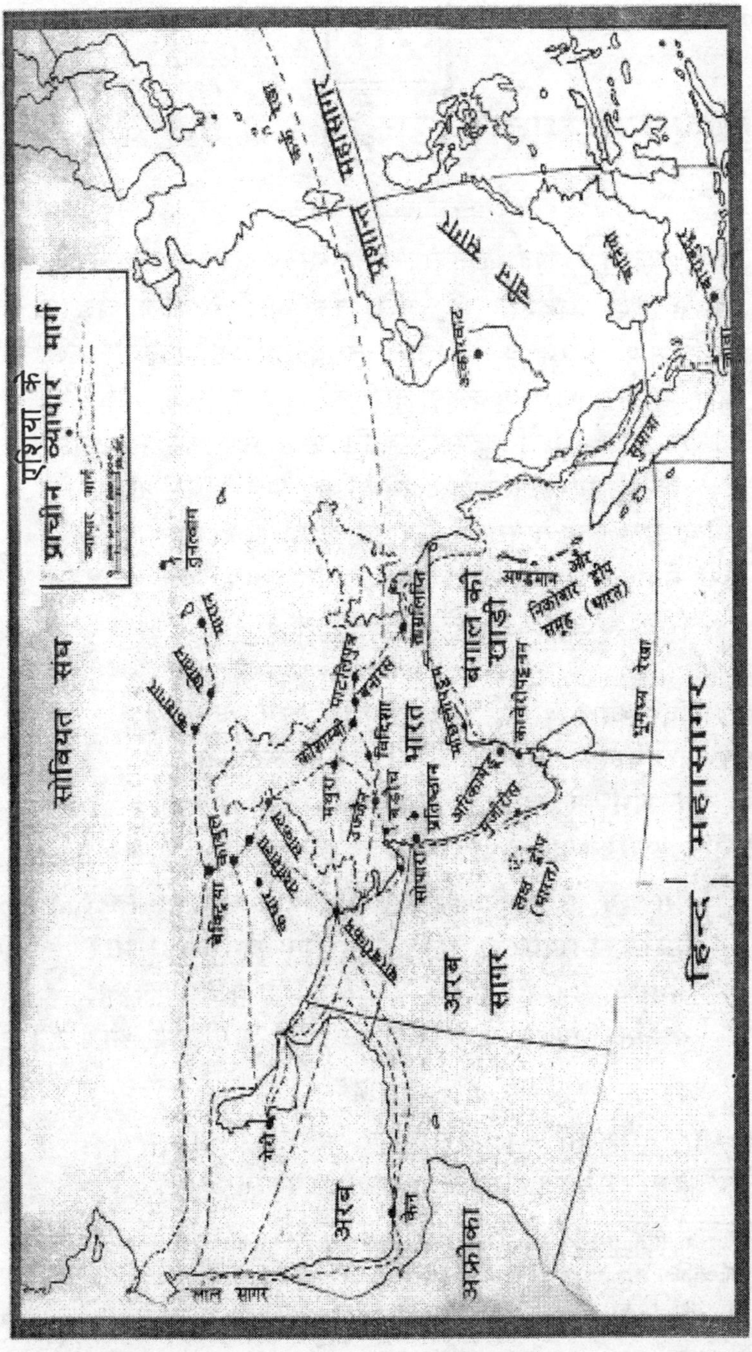
प्राचीन एशिया के व्यापार मार्ग
सोवियत संघ
भारत
अरब सागर
बंगाल की खाड़ी
अण्डमान और निकोबार द्वीप समूह (भारत)
हिन्द महासागर
प्रशान्त महासागर
भूमध्य रेखा
अरब
अफ्रीका
लाल सागर
काबुल
मथुरा
उज्जैन
कौशाम्बी
पाटलिपुत्र
बनारस
विदिशा
प्रतिष्ठान
सोपारा
ताम्रलिप्ति
कावेरीपट्टनम

20

सुधारक सम्प्रदायः नवीन पंथ एवं जैन धर्म

यीशु के पूर्व शती छठवीं, इतिहास घटी घटनायें बड़ी।
भारत देश विदेशन में, परिवर्तन आई विशेष घड़ी॥
लौह सुयन्त्र बने कृषि के, उत्पादकता भुइँ उच्च बढ़ी।
संत सुजान धरा प्रकटे, नवधर्म प्रवाह लिए अगड़ी॥
ऊँचहि नीच सुवर्ण कुवर्ण, जाति प्रथा युग की कुटिलाई।
देश कि दारिद हीन दशा, अपयोजित याग विधा अधिकाई॥
क्षोभ भरा जन मानस में, जनता दुःख भार रही अकुलाई।
ऐसे में विज्ञ विरुद्ध कुरीति के, लोक हिताय किये अगुवाई॥

युग स्थिति

उत्तर वैदिककाल शुरू, कर्मकाण्डीय धर्म कर्म,
विकसित स्वरूप उसका, जटिल एवं दुरूह था।
ऐसे युग धर्म से जनता, ऊबने लगी थी तब,
प्रज्ञावान व्यक्तियों ने, रचा विरुद्ध व्यूह था॥1॥

उस युग के उपनिषदों का, वेद प्रति विरोधी स्वर,
यज्ञीय निस्सारता को, नकारता जनसमूह था।
अतएव उन तथ्यों पर, दृष्टिपात करना लक्ष्य,
व्यक्ति विकास अवरोधी, बना जो धर्म रूढ़ था॥[1]2॥

वेदवाद[2]

वेद भारतवासियों का, प्रारम्भिक महान् ग्रन्थ,
जिसमें धर्म संस्कृति ज्ञान, सकल संग्रहीत है।

1. दिनकर, रामधारी सिंह, संस्कृति के चार अध्याय, पृ. 119-146; पाण्डेय, राजेन्द्र : भारत का सांस्कृतिक इतिहास, पृ. 62
2. पाण्डेय, राजबली : प्राचीन भारत, पृ. 102

वेदों में संचित ज्ञान, अनुभव पर आधारित,
प्राकृतिक स्वरूप, हर ऋचा में प्रणीत है॥3॥

इसके आधार साक्ष्य, अन्वेषण अधीन नहीं,
स्वयं ही प्रमाण कृति, संस्कृत भाषा पुनीत था।
युग मीमांसकों ने मात्र, वेद को ही माना साक्ष्य,
वेद के अतिरिक्त कुछ न, प्रमाणिक अतीत था॥[1]4॥

परम्परा के प्रति अगाध, श्रद्धा वशीभूत जन,
व्यक्ति का बौद्धिक विकास, हो रहा था अवरुद्ध।
निज अनुभव ज्ञान बुद्धि, का कोई उपयोग नहीं,
हो जाते विचार जन, वेदों से टकराकर रुद्ध॥5॥

ऐसी परिस्थिति में लोक, पनपा असन्तोष घोर,
उठ खड़े इसके विरुद्ध, बहुजन चिंतक प्रबुद्ध।
शनैः शनैः विरोध भाव, प्रसरित पुर गाँव देश,
पीड़ित जन धर्म भीरु, हो उठे अशांत क्षुब्ध॥6॥

देववाद[2]

धर्म की द्वितीय रूढ़ि, फैला देववाद घर-घर,
ईश देव काल्पनिक, अस्तित्व का प्रचार था।
ईश्वर और सुर बने, मनुष्य के परोक्ष नाथ,
लोक धर्माधीशों के, छल-छद्म का शिकार था॥7॥

ऋग्वैदिक काल प्रकृति, अंश देव रूप मान्य,
पूज्य प्रकृति नियमन शक्ति, कल्पित ब्रह्माकार था।
प्रकृति रूप देव सखा, लोकहित सहयोग शुभ,
यज्ञ हवनादि में व्यक्ति, बुलाता निज द्वार था॥8॥

कालान्तर लाभ-हानि, सुख-दुःख दारिद्र्य एवं,
व्यक्ति मनोभाव शक्ति, सब हो गये ईश्वराधीन।
ईश बना जगती पति, देवगण सामंत मही,
भूपति बना जगती पर, व्यक्ति को बनाने हीन॥9॥

---

1. आचार्य, दीपंकर : कौटल्यकालीन भारत, पृ. 5-14
2. पाण्डेय, राजबली : पूर्वोद्धृत, पृ. 102

सुर न अब सखा मनुष्य, और न सहयोगी शुभ,
देवों की दया पर जन, बन गये भिखारी दीन।
खो गया व्यक्तित्व व्यष्टि, साहस शौर्य आत्मबल,
अतएव कौन क्षुभित न हो, देख जन दशा मलीन॥10॥

कर्मकाण्ड[1]

ऋग्वैदिक समय तक, यज्ञ क्रिया अति सरल,
व्यक्ति कोई श्रद्धा एवं, सद्भाव से कर सकता था।
खुले गगनांगन अथवा, अपने गृहांगन गाँव,
अथवा विटप छाया में, यज्ञ वेदि रचता था॥11॥

इसमें न तो किसी का, सहयोग अपेक्षा निदेश,
न महंगी सामग्री अधिक, याजक खरचता था।
किन्तु उत्तर वैदिक काल, यज्ञ के अनेक रूप,
होते गये अविष्कृत जो, वर्ष महीनों चलता था॥12॥

दीर्घकाल तक व्ययपरक, चलने वाले यज्ञों में,
दर्जनों पुरोहित, यजन क्रिया को कराते थे।
बहुमूल्य द्रव्य अनेक, आहुति सामग्री अनंत,
अपव्यय धनधान्य अपार, इसमें किये जाते थे॥[2]13॥

साधारण गृहस्थ हेतु, यज्ञ वह था सम्भव नहीं,
राजा महाराजा श्रेष्ठि, धनवान ही करा पाते थे।
यज्ञ में भयावह दृश्य, वध निरीह पशुओं का,
जो किसी सहृदय में, क्षोभ करुणा उपजाते थे॥14॥

तद्युगीन कर्मकाण्ड, वाह्य क्रियाकलापों से,
बोझिल खर्चीला निन्द्य, अस्वाभाविक हो गया।
धर्म हिय भावना मूल, पाखण्ड में हुई लुप्त,
नैतिक विकास व्यक्ति, आडम्बरों में खो गया॥15॥

ऐसे धर्म के विरुद्ध, उठने लगा लोक स्वर,
विचारकों का छुब्ध हृदय, देख दशा रो गया।

---

1. वही, पृ. 103; आचार्य, दीपंकर : पूर्वोक्त, पृ. 15-21, 23-24, 55, 115
2. लुणिया, बी.एन. : भारतीय सभ्यता तथा संस्कृति का विकास, पृ. 87-89

शुरू हुआ खोज यहाँ, सीधे सरल धर्मों की,
धार्मिक परिवर्तनों का, बीज काल बो गया ॥[1]16 ॥

सुधारक सम्प्रदायों का उदय[2]

वैदिक कर्मकाण्ड एवं, यज्ञीय विधि विधानों पर,
प्रतिक्रिया प्रारम्भ दिखे, उत्तर वैदिक के ही काल।
वैदिक धर्म व्याख्या, विज्ञ नव्य रूप प्रतिपादित,
नैतिक पक्षों पर उसके, जोर दिया अधिक डाल ॥17 ॥

संसार को मिथ्या बता, आत्म अमरता सिद्धान्त,
करके व्याख्यापित कहा, काय आत्म बंधन जाल।
इस विचारधारा का, पूर्णतया परिपाक साक्ष्य,
प्राप्त उपनिषदों के, गूढ़ प्रश्न अन्तराल ॥18 ॥

उपनिषदों का उच्चार यह, यज्ञ पशुवलि निन्दनीय,
मुण्डकोपनिषद् कथन, यज्ञ टूटी नाव समान।
याग कर्मकाण्ड विविध, अल्प फल दाता निन्द्य,
जरा मृत्यु में फँसे रहते, प्रशंसक कर्ता अंजान ॥[3]19 ॥

ईसा पूर्व छठी शती, बौद्धिक क्रान्ति के सुमूल,
सामाजिक आर्थिक कई, कारणों का योगदान।
वर्णक्रम निस्सारता होने, लगी थी युग में स्पष्ट,
वर्ण हो कठोर बँटे, विविध जाति के सोपान ॥20 ॥

सामाजिक संरचना मध्य, ब्राह्मण शास्त्रकारों ने,
दिया अपने वर्ण को, समाज में स्थान उच्च।
अन्य शेष जातियों को, कर दिया ब्राह्मण अधीन,
शूद्र स्थिति शोचनीय, न उन्हें अधिकार कुच्छ ॥21 ॥

सर्व अधिक संख्या उस युग, शूद्रों की समाज में,
जकड़ दिया गया उनको, सामाजिक विधान टुच्च।

---

1. श्रीवास्तव, पंकजलता : प्राचीन इतिहास भाग-तीन, पृ. 308-309; पाण्डेय, राजेन्द्र : पूर्वोक्त, पृ. 62-63
2. पाण्डेय, राजबली : पूर्वोक्त, पृ. 104
3. आचार्य, दीपंकर : पूर्वोक्त, पृ. 28-34

उपनयन विहीन नारी, उनकी दशा भी दयनीय,
पठन पाठन के अधिकार, स्त्री के छिने समुच्च ॥[1]22 ॥

घर अन्दर नारी बनी, बँधुआ परिचरी सदृश,
वह नहीं स्वतन्त्र स्वयं, पुरुष वर्ग के अधीन।
कन्या का जन्म कुल में, विषाद का विषय युग में,
बनिताएँ असहाय मलीन, रुष्ट असंतुष्ट हीन ॥23 ॥

नवीन सोच[2]

आर्थिक दृष्टि से उन्नति, गंगघाटी मैदान मध्य,
तकनीकी तेज हुई, नगर क्रान्ति तद्‌युगीन।
होने लगे आविष्कार, नव-नव उपकरण लौह,
कृषि उद्यम में बढ़ा, अतिसय प्रयोग नवीन ॥24 ॥

मुद्रा प्रचलन से बढ़ा, वणिज्-व्यापार उद्योग,
फलतः व्यवसायी वर्ग, हो गया धनाढ्य प्रबल।
दावा किया समाज में, ब्राह्मण से बढ़कर श्रेष्ठ,
क्षत्रिय राज प्रभुता पाकर, बन गये श्रेष्ठ सबल ॥25 ॥

राजनैतिक शक्ति और, सम्पत्ति की बहुलता से,
पुरानी मान्यताओं में भी, होने लगे फेरबदल।
ब्राह्मण ग्रन्थों में निन्दित, धन व्यापार सूदखोरी,
हो गये जागरण युग में, समृद्धि के साधन नवल ॥26 ॥

सामाजिक परिवर्तन एवं, आर्थिक स्थितियों ने भी,
नव विचार उद्‌भव को, दिया अमित सहयोग।
बी. सी. सातवीं शती, अंत शुरू छिद्रान्वेषण,
यज्ञादि कर्मकाण्डों पर, धन के अधिक दुर्पयोग ॥27 ॥

कृषि क्रान्ति कारण पशु, हुए महत्वपूर्ण अति,
याग में पशुबलि हिंसा, विरुद्ध उठ खड़े लोग।
चक्रवर्ती आदर्श हित में, वाजिसनेय अश्वमेध,
धर्मग्रन्थ प्रशस्त यज्ञ, माने गये व्यर्थ उद्योग ॥28 ॥

1. श्रीवास्तव, पंकजलता : पूर्वोक्त, पृ. 308
2. श्रीवास्तव, के.सी. : प्राचीन भारत का इतिहास तथा संस्कृति, पृ. 818

कहा गया देश उन्नति में, शान्ति स्थैर्य वांछनीय,
जबकि महायज्ञों के शोर, शान्ति सुरक्षा देश भंग।
देश में अव्यवस्था व्याप्त, फसले हो जाती वर्बाद,
अश्वमेध तुरंग जब, चलता भारी लश्कर संग॥29॥

राजा व प्रजा इससे, हो जाते थे भयभीत,
युद्ध में मरते युवा देश के, होते घायल और अपंग।
ब्राह्मण ग्रन्थों का तर्क, वेद अपौरुषेय सिद्धांत,
वैचारिक स्वातन्त्र्य में रोड़ा, सीमित होता व्यष्टि उमंग॥[1]30॥

ईसा पूर्व छठी शती की, धार्मिक क्रान्ति पृष्ठभूमि,
आर्थिक व सामाजिक आदि, स्थितियाँ बनी अनुकूल।
ब्राह्मण व ब्राह्मणेत्तर, परिव्राजक यतियों के बीच,
काल गति में नये पंथ, पनपे लेकर नया वसूल॥31॥

रच निज सैद्धान्तिक मत, भू लोक में किया प्रचार,
स्व पंथ में दीक्षित कर, किया पुरातन के प्रतिकूल।
इस काल हुए देश में, कई विज्ञ धर्म उपदेशक,
संत विचारक धर्माचार्य, धारित धर्म पताका मूल॥[2]32॥

बौद्ध जैन ग्रन्थों में अनेक, सम्प्रदाय आचार्य प्रसंग,
बौद्ध वाङ्मय में बासठ, तीन सौ अड़सठ जैन अनुसार।
इस प्रसंग में उल्लेखनीय, तद्युग भारत के बाहर,
अन्य कई देशों में भी, उथल-पुथल की बही बयार॥33॥

बहुसंख्या स्वतन्त्र विचारक, लोक सुधारक हुए प्रवृत्त,
नये नये सिद्धान्त बना कर, किया विश्व में घूम प्रचार।[3]
जिस विशेष युग भारत में, हुए महावीर गौतमबुद्ध,
उसी काल जरथुस्र ईरान[4], कन्फ्यूसियस चीन संसार॥34॥

जुडिया में जेरेमियाँ जन्में, यूनान में पाइथागोरस,
अपने-अपने देश को इन्होंने, दिया धर्म आडम्बरहीन।

1. आचार्य, दीपंकर : पूर्वोक्त, पृ. 28-34
2. वही, पृ. 45-51
3. ला, वी.सी. : इण्डिया ऐज डिस्क्राइब्ड इन अर्ली टेक्स्ट्स आफ बौद्धिज्म एण्ड जैनिज्म, पृ. 221-236
4. पाठक,-श्रीधर प्रज्ञा, : (काशी हिन्दू विश्वविद्यालय पत्रिका), अंक-20-21, 1975, पृ. 72-78

सनातनी धार्मिक कुरीतियों, पाखण्डों का खण्डन कर,
लोक मार्ग सुझाया सुन्दर, किया अग्रसर पंथ नवीन ॥35॥

कुछ विद्वानों के विचार में, छठी शती ईसा के पूर्व,
क्रान्ति के कुछ कारण सामान्य, उत्तरदायी युग प्राचीन।
किन्तु कोई कारण न दृष्ट, इस वैश्विक क्रान्ति का एक,
बुद्धोदय के पूर्व देश में, छः आचार्य रहे आसीन ॥[1]36॥

नवीन आचार्य एवं सम्प्रदाय[2]

निगंठनाथ पुत्त प्रथम, जैन प्रवर्तक महावीर,
पूरन कस्स्प द्वितीय, अक्रियावाद के प्रचारक।
इनके मत में जीवन के, कर्मों का कोई फल नहीं,
मक्खलि गोशाल तृतीय, आजीवक मत के धारक ॥37॥

योग्य शिष्य मक्खलि थे, पहले तो महावीर जी के,
मतभेद बाद नवीन, धर्म स्वयं संचारक।
इस मत को नियतिवाद, भाग्यवाद भी माना गया,
कहा गया हर वस्तु का, भाग्य ही होता सुकारक ॥38॥

प्रत्येक वस्तु नियति द्वारा, पूर्व निश्चित संचालित,
किये गये कर्म जीव पर, डाल न पाते कुछ प्रभाव।
जीव पदार्थों को मक्खलि, भिन्न-भिन्न तत्व कहते,
ईश्वरीय सत्ता में उनका, कुछ नहीं विश्वास झुकाव ॥[3]39॥

चौथे अजितकेश कम्बली, का मत है उच्छेदवादी,
कहते मृत्युबाद सब कुछ, हो जाता है नष्ट तिरोहित।
पाचवें पकुध कच्चायन, माना सप्त तत्व को नित्य,
पृथ्वी जल अग्नि व वात, सुख-दुःख आत्मा विमोहित ॥40॥

छठे संजय वेलट्ठ पुत्त, सन्देहवाद मत के पोषक,
न किसी का खण्डन किया, न ही कोई मत स्वीकारा।[4]

---

1. श्रीवास्तव, के.सी. : पूर्वोद्धृत, पृ. 818–819
2. वही; पाण्डेय, राजबली : प्राचीन भारत, पृ. 104 की पाद टिप्पणी; ला, वी.सी. : पूर्वोक्त, पृ. 224–226
3. ला, वी.सी. : पूर्वोद्धृत, पृ. 233–235
4. पाण्डेय, जी.सी.: बौद्ध धर्म के विकास का इतिहास, पृ. 28–38

इनके भी अतिरिक्त कुछ, विद्यमान् अन्य सम्प्रदाय,
प्राप्त पंच सम्प्रदाय सूची, जातक महाबोधि के द्वारा ॥41॥

उनमें प्रथम हेतुवादी जो, सांसारिक द्रव्य उत्पत्ति,
का कारण या हेतु अपने, मत में पूर्णतया नकारा।
द्वितीय पुब्बेकतवाद कहे, हर स्थित में जगती पर,
सुख दुःख सब पूर्व जन्म, कर्मों का ही फल सारा ॥42॥

तृतीय मत उच्छेदवाद में, वस्तु सत्ता स्थायी नहीं,
कहते ये मृत्योपरांत ही, सब कुछ हो जाता है नष्ट।
चौथा ईस्सर कर्णवाद में, ईश्वर सत्ता पर विश्वास,
उसे सृष्टि का कर्ता धर्ता, व संहर्ता कहें तटस्थ ॥43॥

पाचवाँ खत्त विज्जवाद है, जिसमें हरेक मानव को,
घोर स्वार्थी बन जाने का, दिया गया है मत स्पष्ट।
पालि ग्रन्थ ब्राह्मण व अन्य, आचार्यों का देता नाम,
जो अपने शिष्यों के संग, रहते आश्रम में बिन कष्ट ॥44॥

इनमें कुछ तो गौतम बुद्ध, के मत में हो गये दीक्षित,
सेलवावरी सुशील संदक, संजय सारिपुत्र मोग्लान।
कच्छगोत्र निग्रोध बैखानस, मागान्दिय श्रमण आदि,
किन्तु मात्र महावीर बुद्ध ही, बने स्थायी ज्योर्तिमान् ॥45॥

शेष सभी सम्प्रदायाचार्य, या हुए इनमें आमेलित,
महत्वहीन हो लुप्त हुए या, काल मिटाया इनका नाम।
जैन बौद्ध मत मात्र धार्मिक, या दार्शनिक पंथ नहीं,
जीवन की पद्धति हो प्रकटे, बने क्रान्ति के दूत महान् ॥[1]46॥

जैनधर्म[2]

जैन अनुश्रुतियों अनुसार, जैन धर्म है अति प्राचीन,
हो चुके तीर्थंकर चौबिस, काल गति के साथ-साथ।[3]
इनके नाम हैं ऋषभदेव, अजित, संभव अभिनंदन,
सुमति पद्मप्रभ सुपार्श्व, चन्द्र पुष्प व शीतलनाथ ॥47॥

---

1. दिनकर, रामधारी सिंह : पूर्वोक्त, पृ. 135-136, श्रीवास्तव, के.सी. : पूर्वोद्धृत, पृ. 819
2. रेनो लोइस : दसिविलाइजेशन आफ ऐंशियंट इंडिया (अनुवा. स्प्राट फिलिप), पृ. 28-29, 39-40
3. तिवारी, मारुतिनंदन प्रसाद : इलीमेन्ट्स आफ जैन आइक्नोग्राफी, पृ. 5-6, 124-126

श्रेयांस वासुपूज्य विमल, अनन्त धर्म शान्ति कुंथु,
अरह मल्लिनाथ सुव्रत, नमि नेमि व पार्श्वनाथ।
अन्तिम महावीर हुए, गौतम बुद्ध समकालीन,
इनकी ऐतिहासिकता सिद्ध, विविध साक्ष्य ग्रन्थ गाथ॥[1]48॥

प्रथम तीर्थंकर ऋषभ, के विषय में जैन उक्ति,
ऋषभ जिन अयोध्या नृप, व्यवस्थाकारक प्रधान।
सुत भरत सुश्रेष्ठ युवा, योग्य वयस्क होने पर,
सौंपकर सिंहासन राज्य, बने संन्यासी सुजान॥[2]49॥

इनकी ऐतिहासिकता पर, कहना कुछ सम्भव नहीं,
तेइसवें तीर्थंकर पार्श्व, का ऐतिहासिक प्रमान।
पार्श्वनाथ तिथि अनुमित, ईसा पूर्व आठवीं शती,
काशी नरेश अश्वसेन, वामा के सुत महान्॥50॥

पार्श्वनाथ ने 'आश्रमपद', नामक किसी उपवन में,
तीन दिन उपवास बाद, ग्रहण किया संन्यास।
तिरासी दिनों तक गहन, तप चिन्तन के उपरान्त,
प्राप्त पार्श्वनाथ जी को, केवलज्ञान का प्रभास॥51॥

इनके आठ गणधरों के, नाम मिलते इस प्रकार,
शुभ आर्य वशिष्ठ ब्रह्म, सौम्य श्रीधर, नीर पसास।
पार्श्वनाथ के साथ अनेक, श्रमणों के नाम उल्लेख,
सौ वर्ष बाद थकी काया, निर्वाण रूप पाया स्वर्गवास॥52॥

उनके थे सिद्धान्त अहिंसा, सत्य अस्तेय अपरिग्रह,
चार याम मत के धारक, प्रचारक सुविज्ञवान।
भिक्षुओं का वस्त्र धारण, इनके मत में रहा उचित,
श्वेताम्बर परम्परा दृष्टि, तीर्थंकर देव भगवान॥53॥

पार्श्वनाथ के चातुर्याम को, महावीर ने किया पाँच,
राष्ट्रीय नैतिकता नीति के, द्रष्टा-स्रष्टा द्वय महान्।

---

1. चौधरी, राममूर्ति : हरिवंश पुराण एक सांस्कृतिक अध्ययन, पृ. 222; दोशी, वेचरदास : जैन साहित्य का वृहद इतिहास, भाग-1, पृ. 21-27
2. द्रष्टव्य : डॉ. संगीता मिश्रा रचित (1) जैनधर्म के आद्य प्रवर्तक भगवान ऋषभदेव, (2) जैनधर्म एवं चिन्तन के सप्त आयाम, पृ. 1-17

पार्श्वनाथ व महावीर के, शिष्यों के वार्तालाप अर्थ,
दोनों के सिद्धान्त जैनमत, एक सूत्रता देते भान ॥[1]54 ॥

तीर्थंकर महाबीर[2]

छठी शती ईसा पूर्व, गौतम बुद्ध समकालीन,
अरूढ़ी पंथाचार्यों में, महावीर सबसे प्रसिद्ध।
उस युग जैन आन्दोलन, के वे महान् प्रवर्तक,
बुद्ध बाद नास्तिक आचार्यों, में महनीय ज्ञान वृद्ध ॥55 ॥

जैन परम्परा में आते, तीर्थंकर चौबीसवें अन्तिम,
विविध साक्ष्य शोधों से, इनकी ऐतिहासिकता सिद्ध।
अति प्राचीन जैन मत को, ऊर्जा दिया काल अनुरूप,
नव ब्रह्मचर्य मत देकर, किया वाङ्मय मत समृद्ध ॥56 ॥

बी.सी. पाँच सौ निन्यानबे में, जन्म लिये जिन महावीर,
वैशाली नगर के समीप, शुभ स्थान कुण्डग्राम।
ज्ञातृक क्षत्रियों के नायक, गण मुख्य पिता सिद्धार्थ,
बज्जि महासंघ सदस्य, गणतन्त्री शासन विधान ॥57 ॥

माता उनकी त्रिशला थीं, वैशाली लिच्छवि वंशीय,
कुल मुख्य चेटक की भगिनी, गुणवंती काया अभिराम।
मातृपक्ष से थे सम्बन्धी, हर्यंक कुलीय राजवंश,
राजा बिम्बिसार नृप, अजातशत्रु मगध धाम ॥[3]58 ॥

बाल्यकाल का नाम उनका, रखा गया वर्धमान,
लालन पालन हुआ, पूर्ण राजसी परिवेश में।
कुण्डिन गोत्र की कन्या, यशोदा से परिणय हुआ,
अणोज्या नाम पुत्री हुई, प्रणय भावावेष में ॥59 ॥

अणोज्या का परिणय, जामालि राजपुत्र से,
जो बाद महावीर मत का, विरोधी बना द्वेष में।
तीस वर्ष की आयु में, मातु-पिता निधन बाद,
गृह त्याग कर श्रमण बने, अग्रज अनुदेश में ॥[4]60 ॥

---

1. मेहता, मोहनलाल : जैनधर्म दर्शन, पृ. 6–7, 10–11; पाण्डेय, राजेन्द्र, पूर्वोक्त, पृ. 63–64
2. रेप्सन, ई.जे. : ऐंशियंट इण्डिया, पृ. 34–35; मेहता, मोहन लाल : पूर्वोक्त, पृ. 8–14
3. हावेल, ई.बी. : द आइडियाज आफ इण्डियन आर्ट, पृ. 127; ला, बी.सी. : पूर्वोद्धृत, पृ. 123
4. पाण्डेय, राजेन्द्र : पूर्वोद्धृत, पृ. 64

आरम्भिक समय उन्होंने, वस्त्र भी धारण किये थे,
तेरह माह बाद वस्त्र, त्याग करते नग्न विचरन।
सघन तपस्चर्या स्थिर, साधना में लीन हुए,
आचारांग सूत्र में घोर, काय क्लेश का विवरन॥61॥

रेंगते बहु जीव जन्तु, उनके शरीरांगों पर,
जिसको सहन करते हुए, साधना में रहे मगन।
तेरह महीने तक नहीं, नहाया न वस्त्र बदला,
रोक तन की भूख प्यास, किया कठोर तप गहन॥[1]62॥

अति अत्याचार उपद्रव, सहने के भी बावजूद,
तप धैर्य खोया नहीं, किया न कोई प्रतिरोध।
भ्रमण करते हुए कभी, पहुँचे पुरी राजगृह में,
जन समुदाय में उपजा, उनके प्रति सम्मान बोध॥63॥

नालन्दा जाने पर उन्हें, मिले यति मक्खलि गोशाल,
वह उनका शिष्य बना, त्याग अपना दम्भ क्रोध।
छः वर्ष उपरान्त उनके, मतभेद हुए मक्खलि से,
अलग हो सृजे मक्खलि, आजीवक नव धर्म शोध॥64॥

जृम्भिक में ऋजुकूला तट, शाल वृक्ष छाया में,
बारह वर्ष तपोपरांत, महावीर पाये केवलज्ञान।
ज्ञान प्राप्ति बाद उनको, कहा गया केवली जिन,
महामुनि अर्हत् निग्रन्थ, तीर्थंकर अनेक अभिधान॥[2]65॥

महावीर धर्म प्रचारक रूप में[3]

केवली बनने के बाद, स्वामी महावीर अपने,
स्वनिर्मित सिद्धान्तों का, प्रचार किया घूम घाम।[4]
वर्ष भर में आठ माह, भ्रमण पर प्रचार हेतु,
चार माह वर्षावास, करते किसी पुरी धाम॥66॥

---

1. वही, पृ. 65
2. वही
3. श्रीवास्तव, के.सी. : पूर्वोक्त, पृ. 820
4. जेम्स, एच.जी. : ए हिस्ट्री आफ इण्डिया, पृ. 30

ऐसे नगर पाटलिपुत्र, वैशाली राजगृह चम्पा,
मिथिला श्रावस्ती आदि, जहाँ बिताये वर्षावास।
बिम्बिसार अजातशत्रु से, मिले थे वे कई बार,
वैशाली गणप्रमुख चेटक, के यहाँ किया प्रवास॥67॥

चेटक महाराज मातुल, सगे महावीर जिन के,
जैनधर्म प्रसार-प्रचार में, किये जो महती प्रयास।
प्रमाण अनुसार चेटक, बेटियाँ थी ब्याही गयी,
नृप सौवर अवन्ति अंग, मगधराज रनिवास॥68॥

अतः पंथ प्रसार में, इन सबकी सहायता प्राप्त,
बने उनके शिष्य अनेक, अभिजात्य जन कुलीन।
राजगृह का उपालि नाम, गृहस्थ उनका प्रिय शिष्य,
अजातशत्रु अवधि धर्म, उन्नति हुआ राज्याधीन॥69॥

महावीर के कुछ अनुयायी, उनका ही विरोध किये,
प्रमुख दामाद जामालि एवं, तिष्यगुप्त शत्रु झीन।
जामाता जामालि उनके, कैवल्य के चौदहवें साल,
विद्रोह का नेतृत्व किया, साथ ले कुछ अरि नवीन॥70॥

किन्तु बहुत शीघ्र शत्रु, हो गये सब शान्त चुप,
केवली महावीर ख्याति, पहुँच चुकी थी देश दूर।
उनका उपदेश सुनने, दूर-दूर के आते नृप,
फैल गया धर्म उनका, प्रान्त-प्रान्त महि सुदूर॥[1]71॥

आचरांगसूत्र विवरण, प्रचार यात्राओं में भी,
सहना पड़ता कायिक कष्ट, महावीर को भरपूर।
कठोर यातनायें दुःख, मिलता दुष्ट लोगों से,
किन्तु पथ में नग्न होकर, विहरण करते जरूर॥72॥

मारते पीटते थे लोग, लात घूसा डण्डों से,
मिट्टी गिट्टी ढेले कठोर, वस्तुओं को फेंककर।[2]
गालियाँ बकते चिढ़ाते, करते अपमान बहुत,
कुत्तों को ललकारते, कहीं आते जाते देखकर॥73॥

---

1. पाण्डेय, राजेन्द्र : पूर्वोद्धृत, पृ. 65-66
2. सत्यदेव, अभिनव एवं त्रिपाठी, बी.बी. मणि : प्राचीन भारतीय धर्म, पृ. 123

महावीर जीवन की, कठिनाइयों का बोझ निरख,
मानवता शरमा उठी, निज देश में विशेषकर।
असीम यातनायें सह, वह धर्म हित डिगे नहीं,
जनता आश्चर्य चकित, देख यति संकल्प दुष्कर॥[1]74॥

धर्म गत प्रचार बाधा, उनके समक्ष और भी थी,
युग विशेष में पंथ कई, देश में विद्यमान् थे।
अपने अपने पंथ प्रगति, धरा पर प्रसार हेतु,
अनवरत प्रयासरत, पंथ बहु प्रभामान थे॥75॥

प्रमुख गौतम, वार्हस्पत्य, नास्तिक चार्वाक सांख्य,
वेदान्ती आजीवक शैव्य, अपृष्ठनादीय मान्य थे।
महावीर के युग अनेक, सम्प्रदाय प्रचारक ज्ञात,
अपने-अपने मत को लेकर, लोक में गतिमान् थे॥76॥

महावीर के धर्म प्रचार, में कई शिष्य साथ,
आनन्द कामदेव सुर, चुलनि साल्ही प्रिया सुलोग।
नन्दिनी पिया संद्धाल, महासयग चुल्ल सयग,
कुण्डकोलिस आदि का, अंकित सघन सहयोग॥77॥

श्रम कर असंख्य अनुयायी, स्वयं बनाये महावीर,
जिससे बने धर्म स्थायी, करे विश्व कल्याण में योग।
वर्ष बहत्तर के वय में, जैन धर्म नव देकर रूप,
बी.सी. पाँच सौ सत्ताइस में, प्राप्त सु निर्वाण संयोग॥[2]78॥

जैन धर्म सिद्धान्त

जैन परम्परा अनुसार, जैन मत सिद्धान्त मूल,
चौबिस तीर्थंकरों की, दिव्य वाणी से प्रसूत।
तेइसवें-चौबीसवें तीर्थंकर, पार्श्वनाथ महावीर,
के रचित सिद्धान्तों में, ऐतिहासिकता अनुस्यूत॥79॥

पार्श्वनाथ ने विरचित चार, यामों का नव स्वरूप,
जिसे पाँच किये पश्चात्, महवीर मुनि अवधूत।[3]

1. श्रीवास्तव, पंकजलता : पूर्वोद्धृत, पृ. 312
2. श्रीवास्तव, के.सी. : पूर्वोक्त, पृ. 820; अलेक्जेण्डर, कनिंघम : बुक आफ इण्डिया एराज, पृ. 37; नाहर, रतिभान सिंह : पूर्वोद्धृत, पृ. 136-137
3. मेहता, मोहनलाल : पूर्वोक्त, पृ. 6-7

अधिकांश सिद्धान्त शिक्षायें, जैन पंथ में प्रचलित,
सम्भवतः महावीर द्वारा, सुरचित हुए प्रभूत ॥80॥

महावीर स्वामी केवल, कोरे दार्शनिक ही नहीं,
दर्शन की व्यवहारिकता पर, दिया था अधिक ध्यान।
व्यवहारिक कसौटी पर, कसकर सृजे सिद्धान्त,
उनके विधि विधानों का, मिलता प्रयौगिक प्रमान ॥81॥

कुछ-कुछ दृष्टान्त उनके, लगते दार्शनिक विशुद्ध,
जिनकी मौलिकता पर, सन्देह करते कुछ विद्वान्।
भारतीय दर्शनों का भी, प्रभाव इनके नियमों पर,
ऐसे प्रमुख जैन मत के, सिद्धान्तों का प्रस्तुत ज्ञान ॥82॥

पंचज्ञान[1]

जैन पंचज्ञान क्रम में, श्रुति मति हैं ज्ञान परोक्ष,
प्रत्यक्ष अवधि मनःपर्यय, सर्वोत्कृष्ट केवल ज्ञान।[2]
श्रुतज्ञान श्रुतज्ञानावरण, कर्म के क्षय से उत्पन्न,
सुन पढ़ जो ज्ञान होते, उसको कहते हैं श्रुतज्ञान ॥83॥

इसमें समाविष्ट आगम, अंगप्रविष्ट अंगवाह्य,
इन दोनों के भेद बहु, यहाँ न ध्येय विस्तार बखान।
मतिज्ञान पंचइन्द्रियों व, मन से होता है उद्भूत,
मति ज्ञानावरण कर्म क्षय, से होता पैदा यह ज्ञान ॥84॥

तत्त्व बोध रूपी पदार्थों, के ज्ञान को कहते अवधि,
अवधिज्ञानावरण कर्म के, क्षय से होता यह उत्पन्न।
होता विषय द्रव्य पुद्गल, जो सर्वत्र विश्व वर्तमान,
देश सर्व व परम अवधि, त्रय भेदों से है सम्पन्न ॥85॥

मन के विविध पर्यायों का, ज्ञान कहाता मनः पर्यय,
इस ज्ञान से अन्य किसी के, मन को जान लेते प्रच्छन्न।
केवल ज्ञान पंचज्ञानों में, अन्तिम व अविनाशी शुद्ध,
सभी वस्तु को जानने वाला, सर्व प्रत्यक्ष मोक्ष आसन्न ॥[3]86॥

---

1. वही, पृ. 246-291
2. सत्यदेव, अभिनव एवं त्रिपाठी, बी.बी. मणि : पूर्वोक्त, पृ. 125
3. संघवी, सुखलाल : उमास्वाति कृत तत्वार्थ सूत्र, पृ. 24-34

ज्ञान के साधन

1. प्रमाण[1]

प्रमाण द्वारा जीव पदार्थों, का होता है समुचित ज्ञान,
इसके द्वारा द्रव्य परीक्षा, का मिलता सहज अनुदेश।
जीवों के निश्चयीकरण में, होते हैं प्रमाण सहकारी,
प्रत्यक्ष व अप्रत्यक्ष रूप, इसके हैं द्वय भेद विशेष॥87॥

2. नय[2]

वस्तु के अनेक रूपों में, किसी एक पर पूर्ण विचार,
द्रव्यों के स्वरूप कथन में, नयों का मिलता उल्लेख।
मूल रूप इसके दो भेद, द्रव्यार्थिक व पर्यायार्थिक,
दोनों के बहुभेद कथित, परवर्ती जैनागम लेख॥88॥

3. निक्षेप

द्रव्य के विविध स्वरूप, को समझने समझाने हेतु,
पद्धतियों का प्रयोग विधि, ही निक्षेप कहलाता है।
जीव आदि द्रव्यकथन में, सहयोगी होता यह पूर्ण,
नाम स्थापन द्रव्य व भाव, इसका भेद मिल जाता है॥[3]89॥

4. स्याद्वाद[4]

वस्तु अनेकात्मक स्वरूप, कथन हेतु स्यात् शब्द,
का प्रयोग जैन दर्शन, में प्रायः किया जाता है।
स्याद्वाद् का अर्थ कथंचित्, शब्द मर्यादा सुधार करे,
अनेकान्तवाद रूप में स्याद्, अन्य संज्ञा सुहाता है॥90॥

5. सप्तभंगी[5]

वस्तुगुण स्वभाव को, व्यक्त करना सप्तविधि से,
सप्तशब्द समुच्चय को ही, कहा गया है सप्तभंगी,
सद् असद् उभय वक्तव्य, अ तथा सद्अवक्तव्य,
असद् उभय अवक्तव्य, कथन आशय बहुरंगी॥91॥

---

1. सिन्हा, वशिष्ठ नारायन : जैन दर्शन में प्रमाण, पठनीय
2. संघवी, सुखलाल : पूर्वोक्त, पृ. 32
3. वही, पृ. 6–7
4. शुक्ल, चन्द्रशंकर प्राणशंकर : जीवन में स्याद्वाद–पठनीय
5. आर्यिका, ज्ञानमती : जैन भारती, पृ. 175–177

6. चौदह गुणस्थान[1]

गुण स्थानों का उपदेश, जीव अवस्था कथन हेतु,
सुख दुःख न्यूनाधिकता पर, विचार कार्य बहुढंगी।
प्रथम गुणस्थान मिथ्यादृष्टि, को जहां सुख दुर्लभ,
अन्तिम गुणस्थानी केवली, का सुख है परम संगी ॥92॥

द्रव्य एवं तत्व की अवधारणा

द्रव्य[2]

आचार्य कुंदकुंद द्वारा, द्रव्य व्याख्या निम्न प्रकार,
अपरित्यक्त स्वभाव वाला, उत्पाद व्यय ध्रौव्य युक्त।
केवलियों ने द्रव्य-सत् को, एक पदार्थ मात्र माना,
द्रव्य नित्यानित्य स्वभावी, गुण और पर्याय प्रयुक्त ॥93॥

आठ अनुयोग चार निक्षेप, से करते द्रव्य कथन,
द्रव्य अनंत शक्तिवाला, जीव-अजीव के भेद विभक्त।
पंच भेद अजीव-धर्म, अधर्म आकाश काल पुद्गल,
सबको मिलाकर कहा गया, षड्द्रव्य संज्ञा संयुक्त ॥94॥

जीव[3]

जैन मत अनुसार जीव, अपने कर्मों की उपज,
कई दृष्टियों से इसके, भेद बहु गिनाये गये।
आत्ममुक्ति विचार से, सिद्ध एवं सिद्धेतर द्वय,
गुणस्थान दृष्टि से, भव्य अभव्य बताये गये ॥95॥

थल, जल नभचरी जीव, त्रय प्रकार वर्गीकृत,
त्रसस्थावर भेद विविध, जीवरूप दर्शाये गये।
त्रस जीव एकेन्द्रिय से, पंचेन्द्रिय तक निरुपित,
पंचेन्द्रिय को सैनी असैनी, में बँटे बताये गये ॥96॥

पंच इन्द्रियों के चार भेद, अन्य अन्यत्र कहे गये,
त्रियंच मानव देव नारकी, जिन प्रसिद्ध वाङ्मय में।

---

1. मेहता, मोहनलाल : जैन साहित्य का वृहद इतिहास, भाग-4, पृ. 265
2. मेहता, मोहनलाल : जैन धर्म दर्शन, पृ. 118-120; आर्यिका, ज्ञानमती : पूर्वोक्त, पृ. 154-155
3. संघवी, सुखलाल : पूर्वोक्त, पृ. 50-81, 114-147; जैन, जगदीशचन्द्र : जैन साहित्य का वृहद् इतिहास, भाग-2, पृ. 170

पंचइन्द्रिय युक्त मानव, सभी जीवों में दिखे श्रेष्ठ,
क्योंकि तपश्चरण से जाता, मोक्ष सिद्ध वलय में ॥97॥

स्थावर जीवों का भेद, पृथ्वी जल वनस्पति अग्नि,
वायुकायिक इन्द्रिय, स्पर्शन, आदि सृष्टि सदय में।
जीवों के चौरासी लाख, कुयोनियों का विवरण कथ्य,
कुल कोटि सन्दर्भ द्रव्य, जीव समुदय में ॥98॥

अजीव[1]

जीव गुण उल्टे अजीव, उपयोगभाव लक्षण युक्त,
इसके पांच भेद पुद्गल, धर्म अधर्म आकाश काल।
जो कुछ हम देखते सुनते, छूते सूँघते खाते हैं,
ये सब पुद्गल द्रव्य हैं, जग सृजित इसी के जाल ॥[2]99॥

आदिपुराण में उपभाग, स्कन्ध देश प्रदेश परमाणु,
कहा गया परमाणु युग्म से, बनते हैं स्कंध विशाल।
वर्ण स्पर्श सहित हैं द्रव्य, रस गंध से भी परिपूर्ण,
पुद्गल के परिणमन से ही, बुनता जगती का संजाल ॥100॥

अजीव भाग दूसरा धर्म, है सर्वव्यापी व अमूर्तिक,
जीव तथा पुद्गल की गति में, होता है मूल विधायक।[3]
धर्म भाँति अधर्म द्रव्य भी, अमूर्तिक और सर्वव्यापी,
जीवों के ठहराव कृत्य में, जो होता है पूर्ण सहायक ॥[4]101॥

चौथा द्रव्य आकाश लोक में, जीवों को देता स्थान,
लोक एवं अलोकाकाश, में पसरा ब्रह्माण्डीय कायक।[5]

---

1. चौधरी, राममूर्ति : पूर्वोद्धत, पृ. 194-195, संघवी सुखलाल, पूर्वोक्त, पृ. 114
2. दोशी, बेचरदास : पूर्वोद्धत, पृ. 209
3. संधवी, सुखलाल : पूर्वोक्त, पृ. 123-125
4. वही
5. वही

पाचवाँ द्रव्य काल कथित, परिवर्तनीय स्वभाव से युक्त,
संख्यात असंख्यात रूप, दो भेद समय संख्यायक ॥[1]102 ॥

असंख्यात काल है वर्णित, दो भाग ग्रन्थ अनुसार,
अवसर्पिणी उत्सर्पिणी क्रम, जैन शास्त्रों का विवरण।
सुख दुःख अनुसार क्रमिक, रूप में इनकी स्थिति,
उल्टे परिस्थिति से प्रभावित, इनका हर एक चरण ॥103 ॥

उत्सर्पिणी में वस्तुओं की, क्षमता में उत्तरोत्तर वृद्धि,
अवसर्पिणी में जीवन का, इंगित है अवमूल्यीकरण।
अवसर्पिणी उत्सर्पिणी के; छः छः उपभेद कथित,
किन्तु दोनों में ही समाहित, एक कल्पकाल प्रसरण ॥104 ॥

सप्त तत्व[2]

षड्द्रव्यों के अतिरिक्त, सप्त तत्व का निर्देशन,
कर्मवंध निवृत्ति हेतु, तत्व ज्ञान आवश्यक अति।
जीव अजीव आस्रव बंध, संवर निर्जरा एवं मोक्ष,
भिन्न-भिन्न लक्षण से युक्त, तत्व की स्वाभाविक नियति ॥105 ॥

जीव[3]

अष्ट उपयोग लक्षण से, जीव है स्वभावतः युक्त,
इच्छा द्वेष प्रयत्न सुख-दुःख, अवधि एवं श्रुति मति।
जीव संग शरीर तथा, अदृश्य एक चैतन्य अंग,
जो हो जाता पृथक काय से, पा जाता जब जीव सुगति ॥106 ॥

जीव को बताया गया, आत्मपर्याय एवं अमूर्तिक,
ज्ञाता द्रष्टा भोक्ता कर्ता, जीव स्वयं है द्रव्य स्वरूप।
कर्मों का संचयक नाशक, उत्पाद व्यय गुणयुक्त,
केवलज्ञान द्वारा इसे, जान लेते-जिन विज्ञ भूप ॥107 ॥

स्वशरीर के प्रमाण कथित, वर्णादि गुणों से रहित,
संसारी है सिद्ध भी है, उर्ध्वगमन गुणग्य अनूप।

---

1. चौधरी, राममूर्ति : पूर्वोक्त, पृ. 193-194
2. सत्यदेव, अभिनव एवं त्रिपाठी, बी.बी. मणि : पूर्वोक्त, पृ. 131-137
3. संघवी, सुखलाल : पूर्वोक्त, पृ. 46-48

चौदह मार्गणाओं एवं, चौदह गुणस्थान सहित,
प्रमाण नय निक्षेप द्वारा, जीव का कहते स्वरूप ॥108॥

अजीव तत्व[1]

धर्म अधर्म आकाश काल, पुद्गलादि तत्व अजीव,
जिसकी चर्चा षड्द्रव्यों के, पूर्व प्रकरण में आया है।
द्रव्य तत्व रूप में इनका, लक्षित नहीं पृथक गुण दोष,
इसीलिए उसका विवरण, नहीं गया दुहराया है ॥109॥

आस्रव तत्व[2]

मन वचन व काय क्रियायें, कही गयी योग रूप,
इन्हें तीन उपभेद सहित, उमास्वाति ने दर्शाया है।
आत्मा से पुद्गल परमाणु, के ही सम्पर्क को,
जैन धर्म यतियों ने आस्रव, तत्व रूप बतलाया है ॥110॥

शुभ योग से शुभ आस्रव, अशुभ योग पाप जन्य,
शुभ अशुभ का बंध योग, होता तीन प्रकार से।
साम्परायिक व ईर्यापथ, दो तरह के आस्रव भी,
कषाय और अकषाय द्वय, सम्यत्व विचार से ॥111॥

साम्परायिक द्वार रूप में, पंचइन्द्रिय व चार कषाय,
पांच अव्रत पच्चीस क्रियायें, कथित क्रमवार से।
जीव अजीव के भेद से, दो प्रकार आस्रव के हैं,
जीवाधिकरण अजीवाधिकरण, आस्रव कर्माचार से ॥112॥

जीवाधिकरण के संरम्भ, समारंभ आरंभ सहित,
तीन भेद कहे गये हैं, छत्तीस-छत्तीस भेद युक्त।
अजीवाधिकरण के भेद हैं, निवर्तना निक्षेप निसर्ग,
और त्रय संयोग का भी, मिलता है उल्लेख उक्त ॥113॥

कर्मास्रव[3]

आठ प्रकार के कर्म यथा, ज्ञानावरण दर्शनावरण,
वेदनीय मोहनीय आयु, गोत्र कर्म नाम सुप्त।

---

1. सत्यदेव, अभिनव एवं त्रिपाठी, बी.बी. मणि : पूर्वोक्त, पृ. 132-133
2. संघवी, सुखलाल : पूर्वोक्त, पृ. 148-154; दोशी, बेचरदास : पूर्वोक्त पृ. 106
3. संघवी, सुखलाल : पूर्वोक्त, पृ. 156-166

अन्तराय आदि सब कर्म, भेद एवं प्रभेद कारक,
विविध विधि कर्मास्रवों, का मिलता उल्लेख गुप्त ॥114॥

बंध[1]

जीव द्वारा प्रत्येक क्षण, कर्मयोग्य परमाणुओं का,
ग्रहण करना जैन दृष्टि, में नवबंध कहलाता है।
जीव और कर्मास्रव के, परस्पर सम्मिलन को ही,
कहा गया शुभ-अशुभ, बंध फल प्रदाता हैं ॥115॥

मिथ्यादर्शन अविरति, प्रमाद कषाय योग आदि,
बंध पंच कारण मुख्य, जैन वाङ्मय दर्शाता है।
बंध के कुल चार भेद, प्रकृतिबंध स्थितिबंध,
अनुभाव प्रदेशबंध, तत्वार्थ सूत्र बतलाता है ॥116॥

संवर

आस्रवों का पूर्णरूप, रुक जाने से होता संवर,
संवर स्थिति प्राप्त करते, आस्रवों का कर निषेध।
संवर द्रव्य दो प्रकार, द्रव्य संवर-भाव संवर,
संवर प्राप्ति साधनों का, ग्रन्थ करते समुल्लेख ॥117॥

तीन गुप्ति पंच समिति, दश धर्म बारह अनुप्रेक्षा,
बाइस परीषह जय से, उपलब्धि संवर विशेष।
संवर की सहायता से, कर्म रूपी इंधन को,
जलाकर अग्रसर साधक, निर्जरा के शुभ प्रदेश ॥[2]118॥

निर्जरा[3]

संवर का धारक जीव, निर्जरा की ओर बढ़ता,
इसके द्वारा संचित कर्म, होते रहते सभी क्षय।
इसके लिए चाहिए मन की, शुद्धि वृद्धि आन्तरिक,
कर्मों को गलाने हेतु, जब होता व्रती गतिमय ॥119॥

मूलतः इसके दो भेद, विपाकजा अविपाकजा,
सांसारिक जीवों का कर्म, फल देता जिस समय।

1. वही, पृ. 138-142, 192-204
2. वही, पृ. 206-207, 214
3. वही, पृ. 230-231; आर्यिका, ज्ञानमती : जैन भारती, पृ. 191-192

तब होती क्रम-क्रम से, निर्जरा की निवृत्ति सहज,
यह विपकजा निर्जरा प्रथम, इसे कहते वाङ्मय ॥120॥

और समय से पहले ही, तप आदि उपायों से,
की गयी निर्जरा मूल, अविपाकजा कही जाती है।
निर्जरा के अन्य भेद, अनुबंधिनी निरनुबंधिनी,
अनुबंधिनी में बंध, क्रिया शेष रह जाती है ॥121॥

जिसमें कर्मों का बंध, पूर्ण रूप से अवरुद्ध,
निरनुबंधिनी द्वितीय वह, निर्जरा कहलाती है।
अकाम सकाम निर्जरा, अन्य दो भेद भी इसके,
हरिचन्द्र धर्मशर्माभ्युदय, कृति तथ्य दर्शाती है ॥122॥

मोक्ष[1]

मोक्ष तत्व मिलने के पूर्व, केवलज्ञान की उत्पत्ति,
जैन शासन में अनिवार्य, तत्व यह माना गया।
अत: मोह ज्ञानावरण, दर्शनावरण अन्तराय,
के क्षयोपरान्त कैवल्य, उत्पत्ति शुद्ध जाना गया ॥123॥

मुद्राधारी निग्रन्थ मुनि के, बंध कारणों का अभाव,
निर्जरा के द्वारा समस्त, कर्म क्षय ही बखाना गया।
द्रव्य तत्व में आस्था, आगम रत्नत्रय श्रद्धा,
महाव्रत तपादि मोक्ष का, साधन पहचाना गया ॥[2]124॥

कर्म सिद्धान्त[3]

जैनधर्म वाङ्मय में, संचित विविध कर्मों के,
पुद्गल परमाणुओं को, कहा गया पिण्ड प्ररूप।
कर्म का सीधा सम्बन्ध, आत्मा शरीर से मिलन,
बंधन युक्त जीवन संग, कर्म मूर्त पदार्थ अनूप ॥125॥

आठ प्रकार के कर्मों में, ज्ञानावरण दर्शनावरण,
मोहनीय अन्तराय को ही, कहते घातिया स्वरूप।

---

1. वही, पृ. 235-240; पाण्डेय, राजेन्द्र : पूर्वोक्त, पृ. 68
2. दिनकर, रामधारी सिंह : संस्कृति के चार अध्याय, पृ. 151
3. आर्यिका, ज्ञानमती : पूर्वोक्त, पृ. 194-204; चौधरी, राममूर्ति : पूर्वोद्धत, पृ. 200-203

वेदनीय गोत्र नाम, आयु सब अघातिया कर्म,
जो आकर संयुक्त होते, जीव से भिन्न-भिन्न रूप ॥126 ॥

ज्ञानावरण कर्म, सम्यग्ज्ञान पर आवरण कर,
पदार्थों के तत्व ज्ञान, को ही अवगुंठित करे।
दर्शनावरण कर्म, सम्यग् दर्शन को ढक लेता,
श्रेष्ठतम् पदार्थों के, साक्षात्कार से वंचित करे ॥127 ॥

सुख-दुःख का अनुभव जिससे, वह वेदनीय कर्म,
मोहनीय से मोह उत्पन्न, जीवों को विभ्रमित करे।
आयु कर्म प्रभाव से, नरकादि भव की प्राप्ति,
देव-दानव मानव तिर्यन्त, संज्ञा नाम कर्म धरे ॥128 ॥

गोत्र कर्म से यह जीव, ऊँच नीच कुल पाता,
अन्तराय कर्म करता, आदान-प्रदान को बाधित।
सभी अष्ट कर्म अपनी, प्रकृति के अनुरूप नित,
भिन्न-भिन्न ही फल देते, जैसा जीव कर्म साधित ॥129 ॥

ज्ञानावरण के पाँच भेद, दर्शनावरण नौ प्रकार,
दो भेद वेदनीय के होते, दो ही मोहनीय कृत॥
'आयुकर्म चार प्रकार, नमाकर्म बयालिस भेद,
अन्तराय के पाँच भेद, कृत कर्मों पर आधृत ॥130 ॥

कर्म फल[1]

जैसा व्यक्ति करता कर्म, भोगता फल वैसे वह,
होता शुभ कर्म फल, प्रिय सुखद फलदायक।
अशुभ कर्मों का फल, दुःखद कंटकीय ही,
निम्नता की ओर ले जाये, शोकमय कुकर्म कायक ॥131 ॥

जीव स्वयं कर्म करता, भोगता फल स्वयं ही वह,
घूमता संसार चक्र में, मुक्त होता बन लायक।
संसार में सुख-दुःख, देता न कोई किसी को,
स्वयं के ही कर्म उसके, बनते सुख-दुःख नायक ॥[2]132 ॥

1. मेहता, मोहनलाल : जैन धर्म का वृहद् इतिहास, भाग-4, पृ. 15-22
2. पाण्डेय, राजेन्द्र : भारत का सांस्कृतिक इतिहास, पृ. 67

जैन धर्म मत सांसारिक, आध्यात्मिक जीवन में,
निज कृत कर्मों के प्रति, स्वयं जीव उत्तरदायी है।
इस जीवन में सम्पादित, सर्व संचित कर्मों की,
अगले जन्म पर पड़ती, सुस्पष्ट परछायीं है॥133॥

कर्म के अनुसार मिलता, उच्च निम्न जीवन जन्म,
किये गये शुभ-अशुभ, फल सुखद दुःखदायी है।
अविद्या व राग से, संश्लिष्ट होता दुःखी जीव,
विद्या और वैराग्य देता, मोक्ष सुख स्थायी है॥[1]134॥

मोक्ष मार्ग[2]

जैन विचार के अनुसार, मोक्ष प्राप्त करते मात्र,
जैन मतावलम्बी श्रमण, धीर-वीर तपी सुजेष्ठ।
धर्म अर्थ काम मोक्ष, में सर्वोत्तम मोक्ष ही है,
कहा गया जीवों के हेतु, हितकारी परम श्रेष्ठ॥135॥

जैन धर्म दर्शन में, कथित मोक्ष चरम लक्ष्य,
इसके हित पालनीय, नियम व्रत कठिन यथेष्ट।
मोक्ष सुख पाने हेतु, जैन यति तपोवन में,
जीवन अस्तित्व को भी, आहुति देने में सचेष्ट॥136॥

अतएव निज जीवन के, इस परम लक्ष्य हित,
मोक्षमार्ग साधक किन, परिस्थितियों से गुजरता है।
उनकी चर्चा यथेष्ट, करना यहां वांछनीय,
उन सब तथ्यों का क्रम, भिन्न निम्नवत ठहरता है॥137॥

आगम अध्ययन व्रत, त्रिगुप्ति व पंचसमिति,
रत्नत्रय, आवश्यक, दशोधर्म पालन करता है।
अनुप्रेक्षा परीषहजय, संयम व्रत उपवास तप,
कर्म क्षय करते हुए, मोक्ष लोक में विहरता है॥[3]138॥

---

1. सत्यदेव, अभिनव एवं त्रिपाठी, बी.बी. मणि : पूर्वोक्त, पृ. 124-125
2. संघवी, सुखलाल : पूर्वोद्धृत, पृ. 207-240
3. चौधरी, राममूर्ति : पूर्वोद्धृत, पृ. 208-221; वर्मा, देवनारायण : जैन एवं बौद्ध धर्म, पृ. 155-175

1. आगमों का अध्ययन[1]

ज्ञान के अभाव में तप, साधना पूर्ण होती नहीं,
विद्या विहीन व्यक्ति न, मोक्ष सुख अधिकारी।
तत्वज्ञान को आवश्यक, कहा जैन मुनियों ने,
ज्ञान ही बनाता व्यक्ति, व्यक्तित्व यश चमत्कारी॥139॥

अतएव तप ग्रहण बाद, मोह आलस्य त्याग,
ग्यारह अंग चौदह पूर्व, का अध्ययन बाध्यकारी।
बारह तप उल्लेख में, स्वाध्याय विहित तप में,
आगम अध्ययन अनिवार्य, मोक्ष साधन हितकारी॥140॥

व्रत/पंचमहाव्रत

हिंसा झूंठ चोरी कुशील, एवं परिग्रह पाँच पाप,
से रखना विरत निज को, कहा जाता शुचि सुव्रत।
अणुव्रत महाव्रत रूप, यह व्रत है दो प्रकार,
पाप से एक देश विरति, को कहते विज्ञ अणुव्रत॥141॥

इसका पालन करते, उपासक सुधी गृहस्थ,
पापों से सर्वदेश विरति, को कहें ज्ञानी महाव्रत।
इसका सम्यक् पालन, करते यती श्रमण साधु,
पंच पाप का पूर्ण निषेध, कहा गया पंचमहाव्रत॥[2]142॥

अहिंसा महाव्रत[3]

अहिंसा सत्य अस्तेय, अपरिग्रह व ब्रह्मचर्य,
श्रमण भिक्षु पालनार्थ, यह है पंच महाव्रत।
अहिंसा है जैन मत का, सर्व प्रमुख सिद्धान्त दृढ़,
हर प्रकार की हिंसा से, होना जीवन में विरत॥143॥

अहिंसा के पालन हेतु, निम्न आचारों का उल्लेख,
ईर्या भाषा एषणा आदान, निक्षेप व्युत्सर्ग सतत।
ईर्या समिति संयम गमन, कोई जीव कुचल न जायें,
भाषा समिति वाणी संयम, जिससे कोई न हो आहत॥144॥

1. वही, पृ. 209
2. पाण्डेय, राजेन्द्र : पूर्वोद्धृत, पृ. 69–71; मेहता, मोहनलाल : पूर्वोद्धृत, पृ. 508–513
3. मेहता, मोहनलाल : वही, पृ. 508–509

आदान निक्षेपण समिति, वस्तु उठाना धरना ठीक,
जिससे किसी जीव की हत्या, न हो जाये आप से भूल।
एषणा समिति में भोजन, संयम व समय अनुसार,
जिससे मुख में कीड़े मकोड़े, न जा सके गर्द या धूल ॥145॥

व्यूत्सर्ग समिति पालन में, ऐसे भू करो मल त्याग,
जहाँ नहीं आशंका होवे, जीव क्षरण हत्या निर्मूल।
सबसे अधिक अहिंसा पर ही, दिया गया व्रतों में ध्यान,
जैने धर्म ने दिया जगत को, सत्य अहिंसा के दो फूल ॥146॥

सत्य महाव्रत[1]

पापमयी कठोर अप्रिय, निन्द्य झूठ वाणी का त्याग,
सोच विचार कर बोलना, कहा गया अनुविमभाषी।
क्रोध आने पर शान्त रहना, स्थिति कोहं परिजानाति,
लोभ होने पर मौन होना, लोभं परिजानाति उदासी ॥147॥

हँसने में भी न झूठ बोलो, कहते हासं परिजानाति,
भय स्थिति में सत्य बात, भयं परजानाति भयनाशी।
इस प्रकार किसी तरह भी, मिथ्यावचनों से बचना,
हर स्थिति में सत्य बोलना, सत्यमहाव्रत अविनाशी ॥148॥

अस्तेय महाव्रत[2]

चौर कर्म से न वृत्ति चलाना, चौर वस्तु न क्रय-विक्रय,
विन आज्ञा वस्तु न छूना, नहीं करें नियम उल्लंघन।
विना पूर्व आज्ञा के किसी, घर में नहीं प्रवेश करें,
नहीं किसी के घर अन्दर, रहे बिना आज्ञा जबरन ॥149॥

अनुमति से किसी के घर में, रहना यदि आवश्यक हो,
तो गृही के किसी वस्तु को, करे नहीं उपयोग हरन।
जो भी वस्तु मिले भिक्षा में, गुरु आज्ञा से करें प्रयोग,
गुरु इच्छा विपरीत कभी, करे न स्वच्छंद आचरन ॥[3]150॥

---

1. वही, पृ. 509-510; पाण्डेय, राजेन्द्र : पूर्वोक्त, पृ. 70
2. मेहता, मोहनलाल : जैन धर्म दर्शन, पृ. 510-511
3. पाण्डेय, राजेन्द्र : पूर्वोक्त, पृ. 70

अपरिग्रह व्रत[1]

मायारूपी बंध मुक्ति को, कहा गया अपरिग्रह व्रत,
गर्हित धन सम्पत्ति से स्व को, रखना चाहिए नित्य ही दूर।
अन्य के धन में किसी भाँति, ममता रखना है निर्मूल,
अति-आवश्यक वस्तु तक, सीमित अपना जीवन पूर ॥151॥

किसी भाँति सम्पत्ति संग्रह, न करने का है उपदेश,
क्योंकि वैभव की वृद्धि से, बढ़े मोह आसक्ति गरूर।
उचित साधनों के माध्यम, धन अर्जन गृही कर्तव्य,
भिक्षु हेतु पूर्णतः वर्जित, उनके लिए कर्म यह क्रूर ॥152॥

ब्रह्मचर्य व्रत[2]

काम वासना पर सन्यासी, रखे संयम घोर कठोर,
और गृहस्थ अपनी सीमा में, स्वभार्या से हो सन्तुष्ट।
स्त्रियों से बात न करना, नहीं निरखना उसकी ओर,
स्त्री प्रति संसर्ग भावना, न होवे उर अन्दर सृष्ट ॥153॥

ऐसे घर कभी न जाना, नारी जहाँ अकेली हो,
सात्विक व स्वल्प भोजन से, रखे जीवन को परितुष्ट।
भिक्षु हेतु ये पंच महाव्रत, अणुव्रत वही गृहीजन हेतु,
करे कठोर साधना भिक्षु, और गृहस्थ सरल व्रत पुष्ट ॥154॥

त्रिगुप्ति[3]

उमास्वाति के कृति अनुसार, पूर्ण योग निग्रह को,
कहा गया है गुप्ति शुचि, मुनियों हेतु पालनार्थ।
मनो वचन काय गुप्तियाँ, संख्या में होते हैं तीन,
ये सब हैं प्रकृति रूप, मोक्षव्रती के सहायतार्थ ॥155॥

पद्मचरित कहता है कि, जिस कर्म को मूढ़ जीव,
भव करोड़ में भी नहीं, क्षीण कर सकते यथार्थ।
उसे त्रिगुप्ति धारी श्रमण, एक मूहूर्त यत्न से,
क्षय करके शीघ्र पाता, मोक्ष सुख निहितार्थ ॥156॥

1. मेहता, मोहनलाल : पूर्वोक्त, पृ. 512-513
2. श्रीवास्तव, पंकजलता : प्राचीन इतिहास भाग-तीन,पृ. 70-71
3. संघवी, सुखलाल : उमास्वाति कृत तत्वार्थ सूत्र, पृ. 207-208

पंचसमिति[1]

मुनियोंद्वारा नित्याचरण में, लाने योग्य निम्नांकित,
पंच समितियों का विवरण, जैन कृतियाँ हैं बताती।
उमास्वाति ने समितियों को,संवर का उपाय कहा,
इसके पालन में सदा, सावधानियाँ बरती जाती ॥157॥

प्रथम समिति ईर्या नाम, जीवों को बचाकर चलें,
इससे व्रत एवं तप की, शुद्धता में निखार आती।
कड़ा करकस वाणी त्याग, धर्म कार्य में उच्चारण,
दस सत्य वचन पालन, भाषा समिति कहलाती ॥158॥

शरीर के स्थायित्व हेतु, पिण्ड शुद्धि पूर्वक जो,
लेता शुद्ध आहार मुनि, उसे एषणा समिति कहते।
आहार से सम्बन्धित, छियालिस दोषों का परिहार,
निर्दोष जीवन साधनों से, संग्रह का सुयत्न करते ॥159॥

देख और सुन उचित, वस्तुओं को उठाना रखना,
यही आदान निक्षेपण समिति, मुनि जो मन में धरते।
प्रतिष्ठान समिति में नित, जीव रहित स्थानों पर,
अनुपयोगी वस्तु रखते, एवं मल मूत्र विसर्जते ॥160॥

रत्नत्रय[2]

सम्यग्ज्ञान सम्यग्दर्शन, व शुचि सम्यग्चरित्र,
कहते रत्नत्रय को विज्ञ, मोक्षकारण सारतत्व।
ज्ञानियों ने कहा इसको, अध्ययन ध्यान का आधार,
देवता तक को पालनीय, रत्नत्रय सुमार्ग सत्व ॥161॥

तप का एक आवश्यक अंग, व्रती हेतु अनिवार्य,
नवदीक्षित मुनि इसमें, रखता भारी ममत्व।
निर्दिष्ट धर्म में श्रद्धा, पालन सम्यग्दर्शन ज्ञान,
जुगुप्सा आशंका शंका, उपगूहन का न महत्त्व ॥[3]162॥

---

1. वही, पृ. 207
2. पाण्डेय, राजबली : प्राचीन भारत, पृ. 106; पाण्डेय, राजेन्द्र : पूर्वोक्त, पृ. 68
3. श्रीवास्तव, पंकजलता : पूर्वोक्त, पृ. 315–316

जीव आदि सप्त तत्वों में, रखना शुचि श्रद्धाभाव,
आदर मान धर्म प्रति, कहा गया सम्यग्दर्शन।
मुनि जीवन रत्नाभूषण, सम्यग्दर्शन जीव मीत,
नारकी होता मुक्त सुखी, इसके प्रभाव एवं आकर्षन॥[1]163॥

कर्मवन्धन से मुक्ति हेतु, अदैवी उपाय सहज,
सम्यग्दर्शन दुर्लभ उन्हें, जिनको मोह अन्तर्मन।
सम्यकत्व समाप्ति बाद, जीव हो जाता दुर्बल मूढ़,
इससे भूषित जीव में होता, मोक्ष सुख का संचरन॥164॥

निदृष्टि धर्म के प्रति, समुचित ज्ञान श्रद्धा भाव,
कहते बुध सम्यग्ज्ञान, जिन यति चिंतक विद्वान्।
रत्नकरण्डश्रावकाचार, मत न्यूनता अधिकता हीन,
विपरीतता आशंका हीन, तत्व बोध सम्यग्ज्ञान॥[2]165॥

श्रुति मति अवधि एवं, मनः पयर्य केवल समवेत,
तीर्थंकरों ने बतलाया है, सम्यग्ज्ञान अंग प्रधान।
शुभ क्रियाओं में प्रवृत्त, होना ही कहा सम्यग्चरित्र,
इनके पांच भेद कथित, जिस पर चले आचरणवान॥[3]166॥

षड्आवश्यक[4]

श्रमणाचार अन्तर्गत, नित्य आवश्यक थे जो कार्य,
जैन परम्परा में नामित, षड्आवश्यक संज्ञा कर्म।
ये हैं चतुर्विंशतिस्तव, स्तुति सामयिक प्रतिक्रमण,
प्रत्याख्यान व कायोत्सर्ग, करना नित्य यती का धर्म॥167॥

चौबीस तीर्थंकर की स्तुति, गुरुपूजा में नित सन्नद्ध,
सामायिक में त्रस स्थावर, जीवों पर समभाव सुनर्म।

---

1. श्रीवास्तव, के.सी. : प्राचीन भारत का इतिहास तथा संस्कृति, पृ. 822
2. वही, पृ. 822
3. श्रीवास्तव, पंकजलता : पूर्वोद्धृत, पृ. 316
4. आर्यिका, ज्ञानमती : जैन भारती, पृ. 108-111; मेहता, मोहनलाल : पूर्वोक्त, पृ. 514-520

प्रतिक्रमण में शुभ प्रवृत्ति, प्रत्याख्यान त्याग का भाव,
कायोत्सर्ग में कायममत्व, का परित्याग सु इच्छा मर्म ॥[1]168 ॥

दसधर्म[2]

उमास्वाति तत्वार्थ में, निम्नांकित दस धर्मों का,
दुर्गुणों के शमन हेतु, वर्णन किया है इस प्रकार।
क्षमा मार्दव आर्जव शौच, सत्य संयम तप त्याग,
अकिंचन्य ब्रह्मचर्य का, विवरण लिखा सत्य विस्तार ॥169 ॥

क्षमा आदि सद्‌गुणों को, निज जीवन में लाने से,
क्रोध आदि कई दोषों का, हो जाता स्वतः परिहार।
दस धर्मों के पालन से, सत्य अहिंसा आदि मूलव्रत,
बन जाते है यति का धर्म, मोक्ष साधना उत्तम द्वार ॥170 ॥

बारह अनुप्रेक्षा[3]

जैन परम्परा के अनुसार, मोक्षमार्गी मुनि के हेतु,
बारह अनुप्रेक्षायें ज्ञात, जिनका आशय चिंतन गहन।
ये सब हैं अनित्य अशरण, संसार-एकत्वानुप्रेक्षा,
अन्यत्वा, अशोच्या एवं आस्रवानुप्रेक्षा-कर्म संचयन ॥171 ॥

संवर निर्जरा लोकानुप्रेक्षा, वोधिदुर्लभानुप्रेक्षा व,
धर्मस्वाख्यानुप्रेक्षा ध्यान से, क्षय होता कर्मों का बंधन।
जीवन शुद्धि हेतु बारह, अनुप्रेक्षाओं का महत्व है,
संवर महा उपाय रूप, राग द्वेष पर बढ़े नियन्त्रन ॥172 ॥

बाइस परीषह[4]

संवर मार्ग से च्युत न होवें, कर्मों के उपशम के हेतु,
यति के सहन योग्य स्थिति को, दिया गया नाम परीषह।
बाइस परीषह निम्न क्रमशः, क्षुधा, तृषा शीत व उष्ण,
दंशमशक नग्न स्त्री रति, चर्या निषद्या शैया परीषह ॥173 ॥

---

1. जैन, जगदीशचन्द्र : जैन साहित्य का वृहद् इतिहास, भाग-2, पृ. 173-176
2. संघवी, सुखलाल : पूर्वोक्त, पृ. 208-210
3. मेहता, मोहनलाल : जैन साहित्य का वृहद् इतिहास, भाग-4, पृ. 255-256
4. जैन, जगदीशचन्द्र : पूर्वोक्त, पृ. 148-149; सत्यदेव : अभिनव एवं त्रिपाठी बी.बी. मणि : पूर्वोक्त, पृ. 142

क्षमा बध याचना अलाभे, रोगपरीषह तृण स्पर्श,
मल सत्कार-पुरस्कार प्रज्ञा, अज्ञान आदर्श परीषह।
उक्त कष्टों का सहना धैर्य से, तपस्थित ध्यान में लीन,
मुनि द्वारा परीषह रूपी, शत्रु पर पाना जय दुस्सह ॥174॥

व्रत-उपवास[1]

आगमों का अध्ययन कर, पंचज्ञान से विभूषित,
दर्शन चरित्र तपादियुक्त, करे विभिन्न व्रत उपवास।
इनको शास्त्र में कहा गया, शोक और दुःख पाप मोचक,
देते हैं विविध दुर्लभ फल, धर्म में बढ़ता है विश्वास॥175॥

परम्पर्या उपवास व्रत, मोक्ष सुख कारण महा,
अनेक व्रत उपवासों का, होता ग्रन्थों से आभास।
सभी व्रतों में दिन समय, फल विचार से होते भेद,
सर्वाधिक अन्तर उपवास, व पारणा क्रम विकास॥176॥

सर्वतोभद्र त्रिलोकसार, बज्रमय मृदंगमय,
मुक्तावली कनकावली आदि, फल देते सीधे निर्वान।
इनको करे मोक्ष आकांक्षी, तपी व्रती जिन श्रद्धा घोर,
नामानुसार व्रत फल देते हैं, जो करता है सम्यक् ध्यान॥177॥

बारहतप[2]

तप के मूलतः दो भेद हैं, वाह्य और आभ्यांतर रूप,
इन दोनों के छः-छः भेद, जिन्हें मिला तप बारह मान।
यह मुनियों का दैनंदिन, उनके हेतु कृत्य अनिवार्य,
प्रथम वाह्य में अवमौदर्य, अनशन वृत्ति परिसंख्यान॥178॥

रस परित्याग विविक्त शैयाशन, कायक्लेश तप कुल है छः
अनशन में आहार त्याग, राग मोह नाशक अभियान।
अवमौदर्य ध्यान सिद्ध हित, संयम व संतुष्टि के हेतु,
भूख से कम ही भोजन करना, निद्रा नहीं करे हैरान॥179॥

---

1. चौधरी, राममूर्ति : पूर्वोद्धृत, पृ. 216
2. संघवी, सुखलाल : उमास्वातिकृत तत्वार्थ सूत्र, पृ. 218-231

वृत्तिपरिसंख्यान सुतप में, भूख-तृष्णा से बचने हेतु,
भिक्षुकमुनि गृह अन्न आदि, नियमों का पालन करता।
रसपरित्याग में निद्रा इन्द्रिय, पर नियन्त्रण पाने हेतु,
गरिष्ठरसों के त्याग हेतु, दृढ़ संकल्प मन में धरता ॥180॥

विविक्त शैयासन तपी भिक्षु, व्रत में शुद्धता लाने हेतु,
पशु-स्त्री रहित एकांत, शुद्ध भू शुभचित्त ठहरता।
कायक्लेश में आतप वर्षा, शीत को सहते रखकर धैर्य,
प्रतिमा योग में स्थित हो, त्याग सुख को सहे प्रखरता ॥181॥

आभ्यान्तर तप[1]

चित्त नियमन को आभ्यांतर, तप कहा इसके छः भेद,
प्रायश्चित विनय वैयावृत्य, स्वाध्याय व्यूत्सर्ग व ध्यान।
किये गये दोषों की शुद्धि, कहलाता प्रायश्चित तप,
इसके भी नौ भेद वर्णित, मुनियों के पालन संज्ञान ॥182॥

पूज्य पदार्थों में आदर, विनय भाव तप संज्ञा ज्ञात,
दर्शन ज्ञान चरित्र उपचार, विनय चार भेद का ज्ञान।
वैयावृत्य से स्वशरीर व, सामग्री से अन्य की सेवा,
दस भेद मुनियों को लेकर, इसके भी दस भेद प्रमान ॥183॥

स्वाध्याय में ज्ञान निमित्त, आलस त्याग मुख्य उद्देश्य,
पंच भेद वाचना पृच्छना, अनुप्रेक्षा आम्नाय उपदेश।
व्युत्सर्ग में मोह ममत्व का, करना होता पूरा त्याग,
आभ्यान्तर-वाह्योपाधि त्याग, दो भेद दिखते हैं शेष ॥184॥

ध्यान तपों में चित चंचलता, पर करना नियंत्रण तीव्र,
या उत्तम पुरुष चंचलता, रुकना एक मुहूर्त विशेष।
प्रशस्त अप्रशस्त रूप में भी, ध्यान तपों के दो भेद,
आर्त्त रौद्र ध्यान उप नाम से, आगे अन्य भेद अवशेष ॥[2]185॥

अप्रशस्त ध्यान[3]

अप्रशस्त के दो भेद हैं, आर्त्तध्यान तथा रौद्र ध्यान,
ये दोनों ही ध्यान निषिद्ध, मुनियों के करने पर रोक।

---

1. वही, पृ. 219-221
2. आर्यिका ज्ञानमती : जैन भारती, पृ. 148-153
3. चौधरी, राममूर्ति : पूर्वोद्धृत, पृ. 218-219; संघवी, सुखलाल : पूर्वोद्धृत, पृ. 224-236

आर्त्तध्यान में प्रिय अप्रिय, मिलन वियोग त्याग संताप,
इससे नित्य विरत रहने का, करना मन में चिंता सोच ॥186॥

पीड़ा को ही आर्त कहते हैं, पीड़ा चिन्तन ही आर्त्त ध्यान,
वाह्य आभ्यांतर आर्तध्यान, के दो भेद रचे जिन लोक।
रुद्र-क्रुद्ध जीवों में होता, हिंसा चौर्य कुशीलक ध्यान,
बाह्याभ्यान्तर दो भेद भी, है कुमार्ग के कंटक नोक ॥187॥

प्रशस्त ध्यान[1]

इस ध्यान में यति श्रमणों के, पालनार्थ सु शुभ निर्देश,
मोक्षाकांक्षी उत्तम भाव, मन में लिए श्रेष्ठ अभिप्राय।
एकान्त व स्वच्छ स्थान पर, जहाँ न जीवों का उत्पात,
ऊष्ण शीत बाधा न ज्यादा, वहाँ ध्यान का करे उपाय ॥188॥

धैर्य सहित बाधा को सहकर, स्थिति हों पर्यंकासन,
दंत कपाट सटे हो दोनों, नेत्र अधखुले ध्यानस्थ काय।
धर्म व शुक्ल ध्यान नाम से, प्रशस्त ध्यान के दो हैं भेद,
उमास्वाति अनुसार दोनों, मोक्ष कारण एवं सहाय ॥189॥

धर्मध्यान[2]

आध्यात्मिक वाह्य दृष्टि का, जो यथार्थ है मूलाधार,
जो इससे सहित पूर्णतः, वह कहलाता धर्मध्यान।
या आज्ञा अपाय विपाक, संस्थान विचारणा हेतु,
मनोवृत्ति करना एकाग्र, धर्मध्यान का सत्य प्रमान ॥190॥

शुक्ल ध्यान

दोषों का अभाव पूर्णतया, कहा गया शौच व शुद्धि,
शुचिता के सम्बन्ध के कारण, शुक्ल ध्यान का बना विधान।
शुक्ल-परम शुक्ल के रूप, दिखते हैं इसके दो भेद,
शुक्ल ध्यान के अन्य दो भेदों, का भी होता है संज्ञान ॥191॥

इन दोनों भेदों के शुचि, दो-दो भेद भी कहे गये,
ये पृथकत्व वितर्क वीचार, व एकत्व वितर्क वीचार।

---

1. चौधरी, राममूर्ति : पूर्वोक्त, पृ. 219-220
2. वही, पृ. 220

एकत्व वितर्क वीचार द्वारा, ज्ञानावरण दर्शनावरण,
अन्तराय इन तीन अघातिया, कर्मों को देते हैं जार ॥192॥

द्वितीय परम शुक्ल ध्यान के, दो भेद निम्नांकित हैं,
सूक्ष्म क्रिया प्रतिपाति व्यूपरत, एवं क्रिया निवृत्तिक सार।
इसके द्वारा चार अघातिया, कर्मों के क्षय के उपरांत,
महामोक्ष सुख प्राप्त होने का, चर्चा ग्रन्थों में बहुबार ॥193॥

कर्म क्षय[1]

जैन मतानुसार जब तक, कर्म के घेरे में जीव,
अथवा कर्म प्रकृतियों के, बंधन के है वशीभूत।
तब तक मोक्ष सुख पाने में, जीव होता नहीं समर्थ,
क्योंकि कर्म प्रकृति का क्षय, ही मोक्ष का कारणभूत ॥194॥

अतः मोक्षाभिलाषी मुनि को, हर एक परिस्थिति में,
कर्म प्रकृति का क्षय करना, वांछनीय विधा अनुरूप।
कर्म प्रकृतियों का अभाव, दो प्रकार से शास्त्र कथित,
यत्नसाध्य, अयत्नसाध्य, कर्म क्षय का यत्न अकूत ॥195॥

अनिवृत्तिकरण गुणस्थान से, शुक्लध्यान की स्थिति में,
सोलह कर्म प्रकृति संकुल, का हो जाता शीघ्र विनाश।
इसी दशा में चौदह कषायों, का भी होने लगता अंत,
दसवें गुणस्थान में आगे, मोहकर्म का जड़ से नाश ॥196॥

साधक उपशांत कषाय से, हो क्षीणकषाय गुणस्थानी,
शुक्ल ध्यान एकत्व वितर्क से, निद्रा-आलस कर्म ह्रास।
अन्त में ज्ञाना*-अन्तराय की, पाँच-पाँच प्रकृतियाँ एवं,
दर्शनावरण की चार प्रकृति को, क्षय कर बने केवली खास ॥197॥

अग्र स्तर अयोग केवली में, एक साथ बहत्तर एवं,
तेरह अन्य प्रकृति क्षयकर, हो जाता जीव जिनसिद्ध।[2]
और उर्ध्वगामी होकर, जा पहुँचता सिद्ध सुलोक,
मुक्तजीव लोक के अन्त में, हो जाता है मोक्ष सुविद्ध ॥198॥

---

1. वही, पृ. 221
2. संघवी, सुखलाल : पूर्वोद्धृत, पृ. 2, 193, 206, 226

*ज्ञाना = ज्ञानावरण

सिद्ध जीवों की विशेषता द्योतक, बारह बातें ग्रन्थों में,
क्षेत्र काल गति लिंग तिथि, प्रत्येक वुद्ध वोधित संविद्ध।
चरित्र ज्ञान अवगाहना अन्तर, संख्या अल्पबहुत्व ये बारह,
सिद्ध जीव स्वरूप कथन में, इनका प्रमाण नहीं संदिग्ध ॥[1]199 ॥

जैनधर्म का प्रचार[2]

महावीर के जीवनकाल, जैन मत का मगध एवं,
समीपवर्ती क्षेत्रों में, बहु व्यापक प्रचार था।
मगध, नृप अजातशत्रु, उत्तराधिकारी उदायिन ने,
इसके फलने फूलने में, दिया सहयोग अपार था ॥200 ॥

महावीर स्थापित किये, जैनसंघ स्व जीवन में,
जिसमें उनके अनुयायी, भक्त संख्या भरमार था।[3]
संघ संचालक प्रमुख, गणधर ग्यारह कहे गये,
उनके ऊपर अलग-अलग, क्षेत्रों का प्रभार था ॥201 ॥

महावीर के बाद इनमें, बचे गणधर सुधर्मन,
जो महावीर बाद, हुए धर्म संघाध्यक्ष।
नन्द राजाओं के युग, जैनधर्म उन्नति की ओर,
जैन मत में उनकी श्रद्धा, अन्य प्रमाणों से प्रत्यक्ष ॥202 ॥

हाथी गुम्फा अभिलेख से, सूचित होता यह स्पष्ट,
जिन प्रतिमा ले आये नंद, कलिंग नृप को कर अपध्वस्त।
चन्द्रगुप्त मौर्य युग में, जैनधर्म प्रगति की ओर,
भद्रबाहु-शिष्यत्व में नृप, तपसी होकर दक्षिण प्रस्थ ॥203 ॥

भद्रवाहु कृत कल्पसूत्र, से होता यह तथ्य ज्ञात,
महावीर के बीस साल बाद, हुआ सुधर्म देहावसान।
उनके बाद चौवालिस साल, जम्बू रहे संघ अध्यक्ष,
नन्द काल सम्भूति विजय, भद्रबाहु थे संघ प्रधान ॥204 ॥

ये दोनों महावीर उपदेशित, चौदहों पूर्व के अन्तिम ज्ञाता,
सम्भूति निधन सूचित, चन्द्रगुप्त राज्याभिषेक दौरान।

1. वही, पृ. 238-240
2. श्रीवास्तव, के.सी. : पूर्वोद्धृत, पृ. 823-824
3. दिनकर, रामधारी सिंह : पूर्वोद्धृत, पृ. 158

शिष्य स्थूलभद्र के युग, बारह वर्ष का पड़ा अकाल,
उसी समय भद्रबाहु गये, कर्नाटक ले शिष्य तमाम ॥205॥

स्थूलभद्र के संग मगध, विद्यमान् थे बहु अनुयायी,
वर्षों बाद भद्रबाहु यति, कर्नाटक से वापस आये।
सिद्धान्तों आचारों के प्रति, इनमें उभरा विकट विभेद,
फलतः दो सम्प्रदाय जैन, दोनों ने ही पृथक बनाये ॥206॥

श्वेताम्बर : दिगम्बर[1]

जो लोग स्थूलभद्र संग, रह गये थे मगध की भूमि,
श्वेतवस्त्र धारी वे श्रमण, श्वेताम्बर व्रती कहलाये।
भद्रबाहु व उनके शिष्य, जिन्हें नग्नता में विश्वास,
जैन धर्म के अन्य रूप, जैन दिगम्बर पंथ चलाये ॥207॥

तब तक प्रायः पूर्व ग्रन्थ, नष्ट हो चुके जैन पंथ के,
अतः उनके ज्ञान संकलन, एवं पुनः स्वरूप निर्धारण।
के निमित्त पाटलीपुत्र में, बी.सी. शती चौथी पूर्वार्द्ध,
आहूत प्रथम सभा की बैठक, हेतु समस्या पूर्ण निवारण ॥208॥

किन्तु भद्रवाहु के अनुयायी, लिए नहीं सभा में भाग,
अतः वहाँ निर्धारित मत, श्वेताम्बरों में मान्य सुधारण।
इससे दोनों सम्प्रदाय में, बढ़ता गया तीव्र मतभेद,
होते गये पृथक दोनों के, मताचार अनुयायी सकारण ॥[2]209॥

दोनों सम्प्रदायों के सिद्धान्तों में अन्तर[3]

श्वेताम्बर सम्प्रदाय के मुनि, श्वेतवस्त्र धारी हुए,
मोक्ष प्राप्ति में इसको वे, मानते नहीं कुछ बाधक।
दिगम्बर सम्प्रदाय मुनि, रहते हुए आजीवन नग्न,
वस्त्र धारण मोक्ष प्राप्ति में, बाधा कहते साधक ॥210॥

श्वेताम्बर मतानुसार स्त्री, मोक्ष कर सकती प्राप्त,
किन्तु दिगम्बर बनितायें, मान्य नहीं मोक्ष आराधक।

---

1. श्रीवास्तव, पंकजलता : पूर्वोद्धृत, पृ. 317
2. लुणिया, बी.एन. : भारतीय सभ्यता तथा संस्कृति का इतिहास, पृ. 94
3. श्रीवास्तव, पंकजलता : पूर्वोक्त, पृ. 317-318; मेहता, मोहन लाल : पूर्वोक्त, पृ. 19-20

श्वेताम्बर मत ज्ञान प्राप्ति पर, भोजन करना होता मान्य,
दिगम्बरीय आदर्श साधु, विहित नहीं भोज्य आहरक॥211॥

श्वेताम्बर सम्प्रदायी लोग, अंग उपांग प्रकीर्णन सूत्र,
आदि मानते हैं प्रामाणिक, और उनमें करते विश्वास।
किन्तु दिगम्बर मतानुयायी, करते नहीं मान्य सबको,
नहीं सजाते जिन मूर्तियाँ, पर श्वेताम्बरी अलंकृत खास॥212॥

दिगम्बर श्रमणों का मत, नही विवाहित थे महावीर,
श्वेताम्बर मत परिणय कर, पुत्रि भेट भार्या अंकाश।
आगे इन दोनों में भी, बनते गये उपसम्प्रदाय,
छोटी-छोटी बात को लेकर, पूजा पद्धति भिन्न विकास॥213॥

प्रसार[1]

कालान्तर जैनमत केन्द्र, स्थानान्तरित पश्चिम को,
मगध से पहुँचा उज्जैनी, अशोक पौत्र सम्प्रति के काल।
जैन वाङ्मय के अनुसार, जैनधर्म संरक्षक वह,
जिनालयों से किया सुशोभित, रच कर भारत माँ के भाल॥214॥

जैन धर्म का दूसरा केन्द्र, मथुरा भूमि हुआ स्थापित,
जहाँ मिले अभिलेख मूर्तियाँ, चैत्यगेह मन्दिर व हाल।
शकों कुषाणों के युग में, मथुरा जैन संगठित केन्द्र,
मिले वहाँ आयागपट्ट व, तीर्थंकर मूर्तियाँ विशाल॥[2]215॥

कलिंग चेदि शासक खारवेल, जैनधर्म का अनुयायी,
जैन पंथ किया प्रोत्साहित, देकर दान मान सम्मान।
श्रमणों के निवास निमित्त, बनवाया विहार अनेक,
आवासीय सुविधा को देकर, अन्न वस्त्र भी किया प्रदान॥[3]216॥

राष्ट्रकूट नृपों के काल, दक्षिणांचल में जैनधर्म का,
विस्तारण सघन रूप से, मिला वहाँ जन-जनसे मान।
राजस्थान व गुजरात में, ग्यारह-बारह शती के बीच,
उन्नत जैन कला स्थापत्य, मिले सुरक्षित कई प्रमान॥217॥

1. मेहता, मोहनलाल : वही, पृ. 16-17
2. वही, पृ. 18
3. वही, पृ. 17

संगठन उत्तमता एवं, अनुयायियों की कर्मठता,
से अतीत में हो गया था, इस धर्म का प्रचार-प्रसार।
उनका अस्तित्व देश में, होता रहा पल्लवित नित्य,
दिगम्बर श्वेताम्बर जिन, वाणी को करते साकार ॥218॥

छठी शती तक पटना सभा, में निर्धारित नियमाचार,
होने लगे विलुप्त, कुस्थिति, बढ़ने लगा शिथिलाचार।
बाद वल्लभी सभा में जो, नव विचार हुए निर्धारित,
उनका शुद्ध स्वरूप आज तक, बना हुआ है धर्माधार ॥[1]219॥

जैनधर्म की देन[2]

बौद्धधर्म की भाँति, जैन मत न प्रभावी देश,
सीमित क्षेत्रों तक ही फैला, किन्तु मिली व्यापक पहचान।
राष्ट्र के सांस्कृतिक जीवन, पर इसका प्रभाव अमिट,
वास्तु कला साहित्य क्षेत्र में, जैन प्रशंसनीय अवदान ॥220॥

जैनविज्ञ विभिन्न कालों में, और लोक भाषा में अनेक,
जैन ग्रन्थों की रचना कर, उन्हें बनाया अक्षुण्ण महान्।
अपभ्रंश प्राकृत तमिल तेलगु, कन्नड़ादि भाषाओं में,
रचनायें साहित्य जैन की, राष्ट्रीय कृतियाँ हैं मूल्यवान् ॥221॥

प्राकृत भाषा के विकास में, जैनियों का सराहनीय कार्य,
हेमचन्द्रादि मध्यकाल में, हुए विज्ञ कवि साहित्यकार।
काव्य व्याकरण ज्योतिष, आदि विषय पर रचना कर,
अपभ्रंश प्राकृत भाषा को, दिया मान महती सत्कार ॥222॥

दक्षिण कन्नड़ तेलगु में, रचे गये विपुल साहित्य,
तमिल ग्रन्थ 'कूरल' का अंश, कोई लिखा जैन कृतिकार।
संस्कृत में कुछ जैन ग्रन्थ हैं, क्षेत्रीय भाषा, कृति साहित्य,
प्रान्तीय भाषा विकास में, जैन पंथ अवदान अपार ॥[3]223॥

भारतीय कला व स्थापत्य, के उन्नयन में भी आगे,
हस्तलिखित कृतियों पर, खचित चित्र हैं सु-विशिष्ट।

1. वही, पृ. 18-19
2. डॉ. बूलचन्द्र : जैनिज्म इन इंडियन हिस्ट्री, पृ. 6-10
3. दिनकर, रामधारी सिंह : पूर्वोद्धृत, पृ. 159-162

राजस्थान गुजरात उड़ीसा, मध्य प्रान्त के मन्दिर जैन,
गुहा स्थापत्य मूर्ति आदि के, उदाहरण मंजुल उत्कृष्ट ॥[1]224 ॥

मध्य प्रदेश सौराष्ट्र एवं, राजस्थान के जिन मन्दिर,
खजुराहो में तीर्थकर के, मन्दिर बने दिव्य परिपुष्ट।
राजस्थान आबू पर्वत, जिन मन्दिर अलंकार वितान,
कला दृष्टि में है अत्युत्तम, परम रम्यता उसमें दृष्ट ॥225 ॥

उदय-खण्ड गिरि प्रान्त उड़ीसा, बनी गुहायें जैन कई,
अनन्त गुफा उत्कीर्ण रिलीफ, चित्र कला अनुपम ऐश्वर्य।
श्रवणवेलगोला कर्नाटक, में मिलते जिन मन्दिर भव्य,
जिन प्रतिमाएँ भी स्थापित, मूर्ति शिल्प संचित अति धैर्य ॥226 ॥

इससे यह स्पष्ट भारतीय, कला विधाओं की सुवृद्धि,
जैन शिल्पियों-स्थपतियों, का सहयोग उदात्त उदार।
राष्ट्रीय संग्रहालयों में, जैन कला निधियाँ संग्रहीत,
जिनके अवलोकन से होता, मन में कला भाव संचार ॥227 ॥

जैनधर्म राष्ट्रीय जीवन में, सत्य अहिंसा किया प्रसार,
सदाचार सुविचार जगा कर, किया संयमित जीवन ढंग।[2]
स्याद्वाद सिद्धान्त द्वारा, दिया समन्वित नव दृष्टिकोण,
सम्प्रदायों में भेद न्यून कर, उसमें भरा दार्शनिक रंग ॥228 ॥

अवनी पर अवदान उच्च है, जैन अहिंसा उच्च विचार,
जिससे जीव जीव जग रक्षा, में उभरा अनिवार्य प्रसंग।
विश्व शान्ति बन्धुत्व प्रेम हित, धार्मिक कलह भेद से दूर,
आज भी जैन मत प्रासंगिक, रोकने में राष्ट्रों का जंग ॥[3]229 ॥

❑❑❑

---

1. लुणिया, बी.एन. : पूर्वोक्त, पृ. 97-98
2. जैन, राय देवेन्द्र प्रसाद (सं.) : भगवान महावीर की निर्वाण भूमि पावा, पृ. 16-19
3. पाण्डेय, राजेन्द्र : पूर्वोद्धत, पृ. 73

21

सुधारक सम्प्रदाय : बौद्ध धर्म

गौतमबुद्ध[1]

वन लुम्बिनि के पथ कंटक में, एक ज्योति जनीं जननी महामाया।
तिय राज्य तथागत त्यागि चले, तपसी परिव्राजक भेस बनाया॥
जगती पर व्याप्त महादु:ख को, अठ अंगिक मार्ग से मार भगाया।
वह बुद्ध अनंत प्रभा बनके, महिमंडल में सविता बन छाया॥

सब काल व देश विदेशन में, बुद्ध वाणी दिशा दर्शाती रही है।
दु:ख जन्म जरा तन रोगित जो, दुखिया मन को सरसाती रही है॥
जयघोष अहिंसा सुगीत लिए, जन संकुल को हरषाती रही है।
शुचि कीर्ति तथागत गौतम की, सुख शान्ति सुधा बरषाती रही है॥

छठी शती ईसा पूर्व के, नास्तिक पंथ आचार्यों में,
प्रथम स्थान प्रतीत, शाक्य श्रमण गौतम बुद्ध।
उनके द्वारा जिस नव पंथ, का हुआ सूत्रपात,
वह बना कालान्तर जग, अन्तर्राष्ट्रीय धर्म शुद्ध॥1॥

यदि उनके मरणोत्तर, प्रभावों का मूल्यांकन करें,
कहना होगा महामानव, भारत महानतम प्रबुद्ध।
ललितबिस्तर महावस्तु, सुत्तनिपात बुद्धचरित,
बुद्धचर्या आदि कृति में, ज्ञात यति जीवन विशुद्ध॥2॥

गौतम बुद्ध का जन्म, पाँच सौ तिरसठ ईसा पूर्व,
लुम्बिनि बन कपिलवस्तु, अशोक अभिलेख अनुसार।[2]

---

1. श्रीवास्तव, के.सी. : प्राचीन भारत का इतिहास तथा संस्कृति, पृ. 824–837; रेनो लोइस : द सिविलाइजेशन आफ ऐशियंट इण्डिया (अनुवा. स्प्राट फिलिप), पृ. 26–28
2. वर्मा, टी.पी. तथा गुप्त एस.पी. : अयोध्या का इतिहास एवं पुरातत्व, पृ. 39; श्रीवास्तव, के.एम. : प्राग्धारा, अंक–3, पृ. 72–73

पिता शुद्धोधन उनके, शाक्य कुल के गण प्रधान,
मातु महामाया, कोलिय, गण पुत्री राज परिवार॥3॥

जन्म के पश्चात् माता, मायादेवी का देहावसान,
और विमातृ गौतमी द्वारा, मिला पोषण लाड़ प्यार।
वाल्यपन का नाम उनका, रखा गया था सिद्धार्थ,
खोलेकूदे पले बढ़े, राजसी वैभव अपार॥4॥

सिद्धार्थ की शिक्षा सुपूर्ण, राजपुत्रों के संग-संग,
बचपन से उनका स्वभाव, धीर गंभीर चिन्तनमूल।
एकान्त में बैठ प्रायः, सांसारिक समस्याओं पर,
करते विचार जीवन, मरण व्याधि आदि शूल॥5॥

सिद्धार्थ का विरक्त भाव, देख पितु शुद्धोधन शाक्य,
हुए चिन्ताग्रस्त क्योंकि, इसके नृप थे प्रतिकूल।
अतः उनको सांसारिक, भोगों में फंसाने हेतु,
विलासी वस्तुओं का प्रबन्ध, नृप ने किया मन अनुकूल॥[1]6॥

प्रत्येक मौसम में उच्च, रहन-सहन का प्रबन्ध,
ऋतु के अनुसार भवन, सृजन सजे श्री महती।
सोलह वर्षीय कुमार, सिद्धार्थ का शीघ्र परिणय,
किया गया यशोधरा से, कुलीन कन्या रूपवती॥7॥

महल में षोडशियाँ, नृत्य गीत से रिझाती उन्हें,
कमनीय लावण्य, अंगराग, से लसी रहतीं।
कायिक भंगिमाओं से, उदीप्त करती काम भाव,
सटकर सन्निकट सरस, वाणी मधुर कहतीं॥[2]8॥

किन्तु पितु द्वारा योजित, लौकिक सुख भोगों में,
मिला न आत्मतोष उनको, भाया न ऐशो-आराम।
दुःख के झंझावातों से, उनका न हो साक्षात्कार,
राजसी उपक्रम तमाम, हो गये निष्फल नाकाम॥9॥

---

1. आचार्य, दीपंकर : कौटिल्य कालीन भारत, पृ. 41
2. कौसल्यायन, भ.आ. (अनुवा.) : भगवान वुद्ध और उनका धर्म, पृ. 14-21

आते जाते मार्गों पर, देख दुःखी क्लान्त रुग्ण,
सिद्धार्थ हो उठते क्षुब्ध, प्रश्न उठते उर तमाम।
बुढ़ापा एवं व्याधि मृत्यु, आदि अनेक सांसारिक,
समस्याओं ने बदल दिया, सिद्धार्थ का जीवन विज्ञान ॥10॥

किन्तु खुद्दकनिकाय के, सुत्तनिपात अट्ठकवग्ग,
के उत्तदंतसुत्त अंकित, प्रवज्या का अन्य कारण।
सुत्तनिपात प्रवज्यासुत्त के, प्रारम्भिक गाथाओं में,
सिद्धार्थ की प्रवज्या के, कारणों का है विस्तारण ॥11॥

गाथाओं में कहा गया, शाक्य व कोलिय गण में,
रोहिणी जल विवाद का जब, हो न सका निस्तारण।
तब युद्ध रोकने के लिए, बुद्ध का प्रयास विफल,
लोक दुःख उपाय हेतु, किया प्रवज्या धारण ॥[1]12॥

दुःख के निवारण निमित्त, अडिग संकल्प सहित,
परिजन, परिचारक पुर, छोड़ा गृह राजपाट।
उन्तीस वर्ष वय में, अश्व-कंथक हो सवार रात्रि,
शाक्य राज्य छोड़ पहुँचे, आमी नद अनोमाघाट ॥13॥

वस्त्राभूषण त्याग, धारण कर लिया तापसी वेश,
अपनी तलवार से दिया, राजसी केशों को काट।
सारथी छंदक व अश्व, कंथक राज्य वापस भेज,
बढ़ते चले गये पूरब, ज्ञान का खोलने कपाट ॥14॥

बुद्ध गृह त्यागने को, कहा गया महाभिनिष्क्रमण,
ज्ञान की पिपासा में विज्ञ, पंडितों के ढिंग जाने लगे।[2]
सर्वप्रथम पहुँचे वह, आलार कालाम के आश्रम,
सांख्य दर्शनाचार्य उन्हें, स्वविधि समझाने लगे ॥15॥

हुए न संतुष्ट गये, उद्दक रामपुत्त पास,
उनके भी सिद्धान्त उनको, न सुघर सुहाने लगे।
और अन्त में चले गये, बोधगया उरबेला भूमि,
घोर तपस्या का उपक्रम, वहाँ शीघ्र वे बनाने लगे ॥16॥

1. वही, पृ. 12–14
2. जेम्स, एच.जी. : ए हिस्ट्री आफ इंडिया, पृ. 28, पाण्डेय, राजबली : प्राचीन भारत, पृ. 104

यहाँ उनके पूर्व परिचित, पांच विप्र यती भी थे,
सिद्धार्थ ने अकेले स्वयं, तपस्या का किया विचार।
कठोर तप साधना से, शरीर बना अस्थि पंजर,
तपस्या से काय कलेश, उन्हें लगा निस्सार॥[1]17॥

फिर उन्होंने चिन्तनशील, सहज तप रचा विधान,
फल अन्न ग्रहण करने, लगे तन जीवनाधार।
इससे उनके पाँचों साथी, हो गये अत्यधिक रुष्ट,
उनका साथ छोड़ चले, सारनाथ मृगदाव विहार॥[2]18॥

सिद्धार्थ ने विचार किया, भूख से अशांत पीड़ित,
थका हुआ मन मस्तिष्क, पाता नहीं सच्चा ज्ञान।
मन है यदि स्थिर शांत, हृदय हो अकलुष शुचि,
मन की साधना से होता, ज्ञान का नव अनुसंधान॥19॥

उरबेला को छोड़ गौतम, चल दिये गया की ओर,
वहाँ पीपल वृक्ष छांव, स्थिर चित्त लगाया ध्यान।
धुल गयी कलुषता हिय की, हो गये पवित्र अदोष,
अट्ठाइस दिन चिंतन बाद, हुआ उन्हें संबोधि भान॥[3]20॥

गौतम बुद्ध के उपदेश व सिद्धान्त[4]

सम्यक् सम्बोधि उपरांत, सिद्धार्थ बने गौतम बुद्ध,
स्वमत के प्रचार का, मन अटल निश्चय किया।
अतएव सम्बोधि भू से, पहुँचे ऋषिपत्तन प्रथम,
वहाँ पाँच ब्राह्मणों को, निज पहला उपदेश दिया॥21॥

ये वही परिव्राजक पाँच, जो उरबेला में साथ छोड़,
पहले ही सारनाथ आकर, आश्रम था बना लिया।
इस प्रथम उपदेश नाम, धर्म महाचक्रप्रवर्तन,
सुख दुःख के कारणों का, समाधान था पा लिया॥[5]22॥

1. कौसल्यायन, भ.आ. (अनुवा.) : बौद्ध धर्म का सार, पृ. 22
2. ला, वी.सी. : इण्डिया ऐज डिस्क्राइब्ड इन अर्ली टेक्ट्स आफ बौद्धिज्म एण्ड जैनिज्म, पृ. 236–237
3. बील, सम्युएल : चाइनीज एकाउण्ट आफ इण्डिया, पृ. 111; पाण्डेय, जी.सी. : बौद्ध धर्म के विकास का इतिहास, पृ. 45–54
4. श्रीवास्तव, के.सी. : पूर्वोद्धृत, पृ. 825
5. कौसल्यायन, भ.आ. (अनुवा.) : बौद्ध धम का सार, पृ. 24

चार आर्य सत्य[1]

सम्बोधि अनन्तर उन्हें, प्रतीत्यसमुत्पाद बोध,
जिसका अर्थ सांसारिक चीजें, सकारण होतीं उत्पन्न।
एक की उत्पत्ति होने पर, अन्य की उत्पत्ति प्रेरित,
कार्य कारण का सिद्धान्त, जगती पर रहता प्रच्छन्न॥23॥

दु:ख[2]

चार आर्य सत्य उपदेश, से सम्बन्धित निम्न तथ्य,
प्रथम आर्य दु:ख ही दु:ख है, नहीं लोक के जीव प्रसन्न।
जिसे समझते हैं सब सुख, उसके अन्दर दु:ख ही दु:ख,
सुखों के नष्ट होने का, हरदम रहता भय आसन्न॥24॥

सुखों की समाप्ति पर भी, पाता जीव कष्ट अत्यधिक,
और परम आशक्ति से भी, होता है दु:ख का विस्तार।
जरा मृत्यु दारिद व्याधि, आदि जग में दु:ख अनन्त,
सार रूप में कहना सत्य, शोक में डूबा यह संसार॥25॥

दु:ख समुदय

हर वस्तु का कोई न कोई, कारण होता है अवश्य,
अत: दु:ख का भी कोई, कारण स्थिति जन्य विकार।
प्रतीत्यसमुत्पाद हेतु से, अविद्या दु:ख मूल कारण,
समस्त दु:खों की संज्ञा है, जरा मरण दु:ख जीवन भार॥26॥

दु:ख निरोध[3]

दु:ख उत्पत्ति कारणों का, यदि हो जाये पूर्ण शमन,
कारण क्षय से कार्य अस्तित्व, हो जाता स्वत: समाप्त।
ऐसे ही दु:ख मूल अविद्या, के समूल उच्छेदन से,
दु:ख की सत्ता शीघ्र अंत, जीवन को होता सुख प्राप्त॥27॥

दु:ख निरोध ही जीवन ध्येय, इसे कहा गया निर्वाण,
इसकी प्राप्ति इसी जीवन में, होता सम्यक् सुख आप्त।

---

1. पाण्डेय, जी.सी. : पूर्वोक्त, पृ. 72–75, 89–90
2. वही, पृ. 83
3. पाण्डेय, राजबली : पूर्वोक्त, पृ. 111, कौसल्यायन, भ.आ. (अनुवा.) धम्मपद, पृ. 65

इससे पुनर्जन्म रुक जाता, हो जाता कष्टों का अंत,
इस स्थिति को गौतम ने, कहा वर्णनातीत सुज्ञाप्त ॥28॥

दु:ख निरोधगामी मार्ग[1]/अष्टांगिक मार्ग

बुद्ध का अन्वेषण उच्च, दु:ख निवारण का सत्यपथ,
कहते हैं अष्टांगिक मार्ग, पालनीय जीवन के संग।
इसका प्रथम उपदेश, दिये बुद्ध ऋषिपत्तन में,
पाँच पूर्व सहतपियों को, धर्मप्रवर्तन काल प्रसंग ॥29॥

ये आठ मार्ग हैं क्रमशः, सम्यक् दृष्टि सम्यक् संकल्प,
सम्यक् वाक् सम्यक् कर्मान्त, सम्यक् आजीव अंग।
सम्यक् शुचि व्यायाम यत्न, सम्यक् स्मृति समाधि,
सम्यकत्व जीवन के शुचि, अष्ट नैतिक चारित्रिक रंग ॥30॥

कुछ विद्वानों के अनुसार, शील समाधि प्रज्ञा को ही,
दु:ख निरोध का साधन शुचि, बुद्ध ने था बतलाया।
अति प्राचीन वाङ्मय में, इनका ही मिलता उल्लेख,
कालान्तर में विकसित हो, अष्टांगिक मार्ग कहलाया ॥31॥

अष्टांगिक प्रथम दो अंग, प्रज्ञा के अन्तर्गत आते,
मध्य तीन शील में और, शेष समाधि में है समाया।
शील अर्थ सम्यक् आचार, और समाधि का सम्यक् ध्यान,
सम्यगज्ञान प्रज्ञा मन्तव्य, इससे नष्ट दु:खों की छाया ॥[2]32॥

दशशील[3]

गौतम के उपदेशों में, शील पर दिया गया है जोर,
दस शीलों के परिपालन से, होता पुष्ट नैतिकाचार।
ये शील है सत्य अहिंसा[4], अस्तेय असंग्रह ब्रह्मचर्य,
नृत्य गान सुगंधित माला, असमय भोजन का परिहार ॥33॥

कोमल शैया कामिनि कांचन, का करना है पूरा त्याग,
इनमें पाँच गृहस्थ हेतु, और सभी शुचि श्रमणाचार।

---

1. पाण्डेय, राजेन्द्र : भारत का सांस्कृतिक इतिहास, पृ. 83
2. कौसल्यायन, भ.आ. (अनुवा.) : भगवान बुद्ध और उनका धर्म, पृ. 96-100
3. वही, पृ. 100-101; श्रीवास्तव, पंकजलता : प्राचीन इतिहास भाग-तीन, पृ. 324
4. पाण्डेय, जी.सी. : पूर्वोक्त, पृ. 123-124

मानव बने सुनैतिक सच्चा, योग्य नागरिक तृष्णाहीन,
गौतम बुद्ध की शिक्षाओं का, यही लक्ष्य संक्षिप्त सार ॥34॥

बुद्ध उपदेशों में अतियों का, किया गया घोर विरोध,
उनके मत अतिआसक्ति, अधःपतन का कारण मूल।
व्रत तपादि से शरीर को, गलाकर बना देना कंकाल,
संलिप्त हो भोग विलास में, चरित्र हनन करना है भूल॥[1]35॥

जैन बौद्ध मत आचारों में, दिखता यही है भारी भेद,
जैन पंथ कठोर कायिक, तपश्चर्या पर देता तूल।
बौद्ध पंथ आहार विहार में, अपनाता है मध्यम मार्ग,
मनोशुद्धि आन्तरिक ध्यान को, मानता जीवन अनुकूल॥36॥

दार्शनिक उपदेश[2]

सांसारिक दुःखों का ज्ञान, गौतम बुद्ध को अधिक,
स्वयं तीव्र अनुभव करके, औरों को भी बोध कराया।
कुछ लोगों के मत में बुद्ध, घोर निराशवादी संत,
किन्तु उन्होंने दुःखों का केवल, पता ही नहीं लगाया॥37॥

अपितु उससे मुक्ति पाने, का सुझाया उत्तम मार्ग,
और निराशावादी लांछन, उचित नहीं गया ठहराया।
जग में दुःख है यथार्थ, शमन के उपाय अवश्य,
अतः यथार्थवादी बुद्ध, उपदेशों में सुखमय छाया॥38॥

प्रतीत्यसमुत्पाद[3]

प्रतीत्यसमुत्पाद बुद्ध के, उपदेशों का सार संक्षिप्त,
और उनके शिक्षा सिद्धान्तों, का स्तंभ सुदृढ़ आधार।
आर्य सत्य द्वितीय तृतीय, का इसमें पूर्णांश निहित,
जो दुःख कारण व निरोध, का देता उपक्रम उपचार॥39॥

दुःख का कारण संसार है, दुःख निरोध ही है निर्वाण,
सापेक्षवाद विचार दृष्टि से, प्रतीत्यसमुत्पाद स्वयं संसार।

---

1. कौसल्यायन, भा.आ. (अनुवा.) : पूर्वोक्त, पृ. 94–96
2. पाण्डेय, राजबली : पूर्वोक्त, पृ. 111–112
3. पाण्डेय, जी.सी. : पूर्वोक्त, पृ. 75–82

ये दोनों ही एक सत्ता के, अलग-अलग दो पहलू हैं,
वही स्वयं में निर्वाण भी, दृष्टि वास्तविक बुद्ध विचार ॥40॥

प्रतीत्यसमुत्पाद बताता, भौतिक जग में सब सापेक्ष,
जरामरण आधिक्य पराश्रित, के कारण से यह अनित्य।
हर सांसारिक वस्तु सापेक्ष्य, के कारण न सत्य पूर्ण,
और न पूर्ण असत्य अस्ति में, सत्यासत्य उभय प्रतीत्य ॥41॥

पूर्ण सत्य इसलिए नहीं की, जरामरण के है अधीन,
पूर्ण असत्य इस कारण न कि, अस्ति दृष्टिगत होता नित्य।
अतएव दृश्यमान वस्तुयें, यथार्थता शून्य बिच स्थित,
अतः बुद्ध अपने मत को, मध्यम मार्ग कहा है सत्य ॥[1]42॥

अतिवादी विचार धाराओं, शाश्वत व उच्छेदवाद का,
करे विरोध तार्किक विधि से, गौतम बुद्ध का मध्यम मार्ग।
बुद्ध का मध्यम मार्ग लगे, अरस्तु के स्वर्णमार्ग समान,
जीवन में अतियों से बचना, माना सुखद सत्य सद्मार्ग ॥[2]43॥

ऋषिपत्तन के उपदेशों में, श्रमणों को किया सम्बोधित,
इस जग में दो अतियाँ हैं, इनसे वचना ये हैं कुमार्ग।
प्रथम सुखों में पूर्ण लिप्तता, द्वितीय में काम करे उच्छेद,
ये दोनों अपवित्र अनैतिक, अन्धकारमय मिथ्यामार्ग ॥44॥

इन अतियों से हटकर बुद्ध, मध्यम मार्ग किये अन्वेष,
जो मन मन्दिर करे प्रकाशित, ले जाये संबोधि की ओर।
बुद्ध ने प्रतीत्यसमुत्पाद को, स्वयं दिया था बहुत महत्व,
किया पूर्ण तादात्म्य धर्म से, इनसे बंधी धर्म की डोर ॥45॥

प्रतीत्यसमुत्पाद समझने वाले, ही जानते ठीक से धर्म,
और धर्म को जानने वाले, प्रतीत्यसमुत्पाद के गुणी चकोर[3]।

---

1. कौसल्यायन, भ.आ. (अनुवा.) : बौद्ध धर्म का सार, पृ. 190-191; श्रीवास्तव, के.सी. : पूर्वोक्त, पृ. 826-827
2. पाण्डेय, जी.सी. : पूर्वोक्त, पृ. 76, 81-82, 312
3. श्रीवास्तव, के.सी. : पूर्वोक्त, पृ. 827

इस संसार की सभी वस्तुएँ, हैं प्रतीत्य समुत्पादित,
इसको समझे बिना बौद्ध मत, दर्शन जानना दुष्कर घोर ॥46॥

बुद्ध ने वेद वाङ्मय की, अपौरुषेयता का दृष्टांत,
आत्म अमरता के विचार को, किया नहीं कभी स्वीकार।
पुनर्जन्म कर्म सिद्धान्त, मानते हुए भी स्व मत में,
आत्मा के अस्तित्व सोच को, पूरी तरह किया इनकार ॥[1]47॥

उनके मत में यह जीवन, भिन्न अवस्थाओं की संतति,
एक दूसरे पर निर्भर, कार्य कारण नियति अनुसार।
जैसे कोई सृजन स्वयं की, पूर्व अवस्था से अभिप्रेरित,
वैसे ही वर्तमान अवस्था, है भविष्य उत्पत्ति आधार ॥[2]48॥

अनित्य या क्षणभंगवाद

अंगुत्तर निकाय अनुसार, अनित्य दुःख एवं अनात्म,
गौतम बुद्ध दार्शनिक दृष्टि, के मनतव्यों के प्रतिरूप।
अनित्य शब्द क्षणिकवाद के, निहितार्थों का उत्तम स्रोत,
स्कन्ध आयतन एवं धातु, है अनित्य के भेद स्वरूप ॥49॥

स्कन्ध भेद है रूप वेदना, संज्ञा संस्कार विज्ञान,
इसके अन्तर्गत आते हैं, पृथ्वी आदि चार महाभूत।
सुख दुःख की अनुभूति वेदना, संज्ञा चेतन अभिज्ञान,
संस्कार मन पर सुचित्रण, चेतन मन विज्ञान प्ररूप ॥[3]50॥

आयातन के बारह रूप हैं, इन्द्रियाँ व उससे सम्बन्धित,
षड्इन्द्रिय चक्षुश्रोत्र व घ्राण, जिह्वा मन एवं शुचि काया।
इन्द्रिय विषय रूप शब्द गंध, रस द्रव्य धर्म छः मूल,
इन पर रखना अनुशासन, बुद्ध वचनों में गया समझाया ॥51॥

धातु तत्व के रूप अठारह, षड् इन्द्रियाँ व उनकी प्रवृत्ति,
इन्द्रियों के आपसी मेल से, षड् विज्ञान जनित प्रतिछाया।[4]

1. श्रीवास्तव, पंकजलता : पूर्वोक्त, पृ. 324
2. पाण्डेय, राजेन्द्र : पूर्वोद्धृत, पृ. 85
3. नाहर, रतिभान सिंह : प्राचीन भारत का राजनैतिक एवं सांस्कृतिक इतिहास, पृ. 148
4. वही

महानिदान सुत्त में आया, अंकित है अंगुत्तर निकाय,
उनमें समस्त तत्वों को, क्षणिक अनित्य गया बतलाया ॥52॥

अनात्मवाद : अभौतिकवाद[1]

शरीर नष्ट होने के बाद, आत्मा–नाम किसी स्थाई,
वस्तु या तत्व अस्तित्व में, उनका नहीं कुछ था विश्वास।
उपनिषदों में आत्मवाद पर, दिया गया जो तर्क सपक्ष,
बुद्ध तथागत के मत वह, सत्य नहीं कल्पित बकवास ॥53॥

अनात्मवादी होने के बाद, नहीं थे भौतिकवादी बुद्ध,
उनके मत में भौतिकता, करे समाधि ब्रह्मचर्य ह्रास।
यदि यह जीव शरीर एक है, न सम्भव ब्रह्मचर्या व्रत,
जीव अलग शरीर अलग, तब भी न ब्रह्मचर्य वास ॥54॥

अनीश्वरवाद[2]

ईश विषय में गौतम से, जब करते प्रश्न थे लोग,
तो उत्तर देने के बदले, बुद्ध प्रायः मौन हो जाते।
या व्यंग की वचनावली में, ईश्वर पर करते सन्देह,
ईश्वर का अस्तित्व जगत में, कहते ये हैं मिथ्या बातें ॥55॥

एक स्थल पर कहा बुद्ध ने, परवर्ती जन धरती पर,
पूर्ववर्ती विशिष्ट मानव को, ईश्वर कह भ्रम फैलाते।
दस कही अव्याकृत बातों, पर चुप रहने का उपदेश,
जीव शरीर एकता लोक, बुद्ध निर्वाण सम्बन्धित बातें ॥56॥

निर्वाण[3]

निर्वाण का अर्थ शाब्दिक, पूर्ण रूप से बुझ जाना है,
इस बारे में अधिक कहने को, अव्याकृत दिया विचार।
चारसत्य मार्ग अष्टांगिक, दसशीलों का पालन चिंतन,
तृष्णा आस्रव के निरोध से, मिलता है निर्वाण अधिकार ॥57॥

1. वही
2. कौसल्यायन, भ.आ. (अनुवा.) : बौद्ध धर्म का सार, पृ. 34; भगवान बुद्ध और उनका धर्म, पृ. 194–199
3. वही, धम्मपद, पृ. 22, 68; पाण्डेय, जी.सी. : पूर्वोक्त, 93–101.

गौतम बुद्ध के सिद्धान्तों के, अनुशीलन से होता ज्ञात,
बौद्ध धर्म के फूलने फलने, का अवसर था यहाँ अपार।
क्योंकि अनेक बुद्ध वचन, हिन्दू धार्मिकों में भी ग्राह्य,
अतः बाद में बौद्ध धर्म का, देश विदेश हुआ विस्तार ॥58॥

गृहस्थ धर्म[1]

गृहस्थों के हेतु बुद्ध ने, विहित किया उपासक धर्म,
भिक्षु धर्म से भिन्न धर्म यह, पंचशील कर्तव्याधार।
दीघनिकाय श्रृगालोवाद-, सुत्त में आता है विवरण,
इसका लक्ष्य सत्य अहिंसा, ब्रह्मचर्य अस्तेयाचार ॥59॥

माता-पिता बड़ों की सेवा, गुरु ब्राह्मण श्रमणों को दान,
मित्र परिचितों सगे सम्बन्धी, के प्रति हो उत्तम व्यवहार।
बुद्ध के उपदेशों का ध्येय, दुःख से देना जग को त्राण,
मानवता के पुजारियों में, बुद्ध का नाम अद्वित संसार ॥60॥

बौद्ध धर्म का प्रचार[2]

ज्ञान प्राप्ति के उपरान्त, तथागत गौतम बुद्ध ने,
किया उपदेश आकर, ऋषिपत्तन सारनाथ।[3]
वहाँ बने पाँच शिष्य, बुद्ध पूर्व परिचित विप्र,
जिन लोगों ने छोड़ा था, उरवेला में उनका साथ ॥61॥

फिर वही से संघ बना, शुरू किये प्रचार का कार्य,
बौद्ध ग्रन्थों से होते, प्रचार विवरण तथ्य ज्ञात।
चार माह पावस ऋतु, पुरियों में करें वर्षावास,
शेषकाल में बुद्ध विहरते, पुर नगर गाँव देहात ॥[4]62॥

सारनाथ से अपने ब्राह्मण, अनुयायियों के साथ वे,
वाराणसी जा श्रेष्ठि सुत, यश को भी बनाया शिष्य।

---

1. श्रीवास्तव, पंकजलता : पूर्वोक्त, पृ. 324
2. पाण्डेय, जी.सी. : पूर्वोक्त, पृ. 54-59, 199-203
3. फुहर्र, ए. : द मानुमेन्टल ऐंटीक्वीटीज एण्ड इन्स्क्रिप्संस इन द नार्थ वेस्टर्न प्राविन्सेज एण्ड अवध, पृ. 148, 213-214
4. पाण्डेय, जी.सी. : पूर्वोक्त, पृ. 132-141, 151-152

फिर काशी से गये मगध, नृप राजधानी राजगृह,
बुद्ध विहार हेतु वेलुवन, बिम्बिसार ने रचा सुदृश्य ॥63॥

बुद्ध वहाँ किये द्वितीय, तृतीय-चतुर्थ वर्षावास,
और किया सुनिश्चित वहीं, भ्रमण प्रचार प्रसार भविष्य।
पाटलिपुत्र नालंदा गया, आदि पुरों की कर यात्रायें,
दीक्षित किया बहु जनों को, जो धर्म संवर्धन इष्य ॥64॥

उस समय मगध में, विज्ञ ब्राह्मण इतर आचार्य,
आयोजित शास्त्रार्थ सभा में, लिया बुद्ध ने सबको जीत।
फलतः बुद्ध के शिष्य बने, अनेक गुणी साधक विद्वान्,
सारिपुत्त, मोद्गल्यायन उपालि, अभयादि धर्म सुमीत ॥65॥

अभिष्क्रिमण के सातवें वर्ष, बुद्ध पधारे कपिलवस्तु,
अपने जन्म स्थान बुद्ध का, आदर हुआ वर्णनातीत।
बहुत से पुर परिवारी बंधु, पत्नी मातु पिता लिए दीक्षा,
आग्रह पर किया उद्घाटन, संस्थागार नवरचित पुनीत ॥[1]66॥

धर्म प्रचार की अभिलाषा से, बुद्ध गये लिच्छिवि के राज्य,
पंचम वर्षावास बिताया, लिच्छवि राजधानी वैशाली।
लिच्छवियों ने बुद्ध वास हित, रचा महावन कूटाग्रशाला,
शिष्या बनी वहाँ अति चर्चित, नगरवधू यशी आम्रपाली ॥67॥

यहीं बुद्ध विमातृ गौतमी, कपिलवस्तु से चलकर आयीं,
बुद्ध संघ में भिक्षुणी बनने, की इच्छा मन में थी पाली।
पहले संघ में स्त्रियों के, प्रवेश पर बुद्ध नहीं सहमत,
आनन्द व गौतमी विनय से, भिक्षुणी संघ नींव डाली ॥[2]68॥

वैशाली से सुम्सुमारगिरि, बुद्ध पहुँचे भग्ग राजधानी,
अतिथि बने वहाँ भग्गों का, किया आठवां वर्षावास।
भग्ग राजसुत बोधि कुमार, शिष्य बना मुनि गौतमबुद्ध,
वहाँ से बुद्ध चले कौशाम्बी, वत्सराज उदयन के पास ॥69॥

---

1. कौसल्यायन, भ.आ. (अनुवा.) : बौद्ध धर्म का सार, पृ. 26-27; भगवान बुद्ध और उनका धर्म, पृ. 128-140
2. वही, बौद्ध धर्म का सार, पृ. 26-27

पहले उदयन बौद्ध धर्म प्रति, रखता नहीं आस्था राग,
किन्तु बाद में बना बौद्ध वह, भिक्षु पिन्डोला सद् प्रयास।
कौशाम्बी में रचा गया जो, रम्य घोषिताराम विहार,
धम्म अगाध श्रद्धा बस, दान दिया हित भिक्षु निवास॥[1]70॥

कौशाम्बी से गये वेरन्जा, जो था मथुरा पुरी समीप,
किया बारहवाँ वर्षावास, शिष्य बने वहाँ कई नरेश।
अवन्तिराज चण्ड प्रद्योत, बुलवाया सुन उनकी कीर्ति,
किन्तु वृद्धावस्था कारण, गये न बुद्ध प्रद्योत सुदेश॥71॥

अतः शिष्य महाकच्चायन, को भेजा धर्म उपदेशार्थ,
वहाँ बने अनुयायी लोग, और संघ में लिये प्रवेश।
बुद्ध ने चम्पा व कुरुजांगल, यात्रा किया ले भिक्षु समूह,
दीक्षित कर जन धर्म में निज, दिया सुपथ का नव संदेश॥[2]72॥

अन्त में बुद्ध गये श्रावस्ती, नृप प्रसेनजित कोशल राज्य,
इक्कीस वर्षाकाल बिताया, दीर्घ समय तक किया प्रवास।[3]
वहाँ श्रेष्ठि अनाथपिण्डक, अठारह करोड़ स्वर्ण मुद्रा से,
क्रय करके जेतवन विहार, दिया बुद्ध को संघ निवास॥73॥

जेतवन महादान का अंकन, मिला भरहुत स्तूप के लेख,
नृप प्रसेनजित सपरिवार, बना शिष्य जा बुद्ध के पास।[4]
बनवाया पुब्बाराम विहार, बुद्ध-संघ ठहरने हेतु,
बुद्ध जेतवन-पुब्बराम में, करते थे विश्राम व वास॥74॥

श्रावस्ती में रहते हुए ही, बुद्ध ने डाकू अंगुलिमाल,
जो लोगों को अंगुलि काट, उर में माला डाल पहनता।
को स्व मत में दीक्षित कर, उसका हृदय किया परिवर्तन,[5]
अत्यधिक संख्या में उनकी, शिष्य बन गयी कोशल जनता॥75॥

---

1. पाण्डेय, जी.सी. : पूर्वोद्धृत, पृ. 55
2. कौसल्यायन, भ.आ. (अनुवा.) : भगवान बुद्ध और उनका धर्म, पृ. 122-127
3. वही, पृ. 118-121
4. सिंह, सर्वदमन : कल्चर थ्रू द एजेज (बी.एन. पुरी फेलीसिटेसन वाल्यूम), पृ. 388-389; पाण्डेय, जी.सी. : पूर्वोद्धृत, पृ. 56-59
5. कौसल्यायन, भ.आ. (अनुवा.) : पूर्वोक्त, पृ. 158-161

स्थान–स्थान की यात्रा कर, अपने मत जन दीक्षित करते,
पहुँचे बुद्ध मल्लों की पावा, लिए सुयश मान्य महानता।
वहाँ चुन्द नामक लुहार के, आम्रबाग में ठहरे बुद्ध,
चुन्द के भोजन से उनकी, पीड़ा बढ़ी व व्याधि गहनता ॥76 ॥

इस पीड़ा को सहते बुद्ध, पहुँच गये कुशीनारा मल्ल,
बी.सी. चार सौ तिरासी में, वहीं बुद्ध किये तन का त्याग।
बौद्ध कृतियों ने इस घटना, को कहा महापरिनिर्वाण,
मल्लों ने अन्त्येष्टि क्रिया को, किया समादर श्रद्धा राग ॥[1]77 ॥

अनुश्रुतियाँ अनुसार बुद्ध के, शिष्य भूप गण प्रमुखों ने,
दावा किया भस्मास्थि पर, किये गये तब अष्टम् भाग।
ये थे मल्ल कुशीनारा पावा, लिच्छवि शाक्य मोरिय–कोलिय,
बुलि अलकप्प वेट्ठ के विप्र, अजातशत्रु मगध महाराज ॥[2]78 ॥

प्राप्त अंश पर सभी नृपों ने, बनवाये स्तूप महान्,
महापरिनिब्बान सुत्त में, वर्णन तथ्य कथ्य अनुरूप।
मृत्यु पूर्व निज सम्बोधन में, कहे भिक्षुओं से यह बुद्ध,
सभी वस्तु का क्षय तय है, करो प्रयास मुक्ति तन रूप ॥79 ॥

बौद्धधर्म के प्रगति के कारण[3]

फैल चुका उत्तर भारत में, बौद्धधर्म बुद्ध जीवनकाल,
बौद्ध ग्रन्थों में बुद्ध यात्रा के, स्थानों के नाम प्रभूत।
इससे सूचित पूर्व में चम्पा, पश्चिम दूर राज्य अवन्ति,
हिमगिरि से संपूर्ण मगध तक, फैला बौद्ध धर्म का धूप ॥[4]80 ॥

इतनी बड़ी सफलता मूल में, बुद्ध सौम्य यशी व्यक्तित्व,
उनका दृढ़ संकल्प लक्ष्य प्रति, घोर परिश्रम उत्तरदायी।
ज्ञान प्राप्ति उपरांत बुद्ध ने, अपने पंथ प्रचार निमित्त,
प्रान्त गाँव पुर घूम–घूम कर, जनता में नव जागृति लायी ॥81 ॥

---

1. अलेक्जेन्डर, कनिंघम : बुक आफ इंडियन एराज, पृ. 34–36
2. कौसल्यायन, भ.आ. (अनुवा.) : भगवान बुद्ध और उनका धर्म, पृ. 423–437; बौद्ध धर्म का सार, पृ. 32
3. वर्मा, देवनारायण : जैन एवं बौद्ध धर्म, पृ. 250–259
4. श्रीवास्तव, के.सी. : पूर्वोद्धृत, पृ. 829

बुद्धोपदेश लोक रुचिकारी, धनी निर्धन सबको प्रिय,
जाति-पाँति छुआ-छूत तज, ऊँच नीच बंधन विसराई।
राजा रंक सभी को प्रभावित, करने की थी क्षमता पूर्ण,
प्रचार कार्य में जनभाषा, पाली प्राकृत को अपनाई ॥[1]82 ॥

कर्मकाण्ड यज्ञ अनुष्ठान, पशुबलि का किया विरोध,
मानव जाति समानता के, थे अनन्य पोषक जन नायक।
कहते बुद्ध मनुष्य-मनुष्य में, जन्माधार से भेद नहीं,
बुद्धि कर्म गुण व व्यक्तित्व, है मनुष्य निजता परिचायक ॥83 ॥

जन्मना ब्राह्मण का दावा, खण्डन किये सर्वप्रथम बुद्ध,
छुआछूत भेदभाव विचार, नहीं समर्थन के थे लायक।
सभी जाति के हेतु खोल दी, अपने धर्म संघ का द्वार,
सदियों से शोषित व पिछड़े, बहुजन के बने उन्नायक ॥[2]84 ॥

सच्चे समाज सुधारक रूप में, युग में फैली कुरीतियाँ,
धर्म जातिगत कटु दोषों को, करना चाहते थे वे कमजोर।[3]
गूढ़ दार्शनिक समस्याओं में, उलझे नहीं कभी भी बुद्ध,
सामाजिक नैतिक सद्गुण के, उन्नति हेतु दिया था जोर ॥85 ॥

उनकी धर्म उदार दृष्टि में, ज्ञान नैतिकता दोनों श्रेष्ठ,
किन्तु ज्ञान को नैतिकता से, देते बुद्ध महत्ता थोर।
ज्ञान अपेक्षा शीलाचार का, बुद्ध जताये अधिक महत्त्व,
क्योंकि शील विनय से भासित, ज्ञानाभा जग में चहुँओर ॥[4]86 ॥

बुद्ध ने तत्कालीन समाज में, जारी ढोंग अन्धविश्वास,
लोकास्था नदी जल शुचिता, भविष्यवाणी फल सगुन विचार।
जादुगरी चमत्कार प्रदर्शन, कहा बुद्ध ने निन्दित कार्य,
कूट कथा स्वप्न फल चिंतन, त्यागो इनको ये निस्सार ॥87 ॥

कायकलेश घनघोर तपस्या, मृत्यु संवरण माना व्यर्थ,
किन्तु मझिझमा भिक्षु धर्म को, किया लोक हित अंगीकार।[5]

---

1. हावेल, ई.बी. : ए हैण्डबुक आफ इण्डियन आर्ट पृ. 6; पाण्डेय राजबली : पूर्वोद्धत, पृ. 112-113
2. कौसल्यायन, भ.आ. (अनुवा.) : पूर्वोद्धत, पृ. 226, 229, 237-244
3. पाण्डेय, जी.सी. : पूर्वोद्धत, पृ. 57
4. कौसल्यायन, भ.आ. (अनुवा.) : पूर्वोक्त, पृ. 232-233 एवं धम्मपद, पृ. 83
5. आचार्य, दीपंकर : कौटल्य कालीन भारत, पृ. 41-42

सांसारिक सुख भोगों को, बुद्ध कहे निर्वाण में बाधक,
अतः मध्यममार्ग प्रतिप्रदा, धर्म दिया जन हित संसार ॥88॥

बुद्ध कभी न स्वमत को, बलात् थोपने का किया प्रयास[1],
गूढ़ दर्शन के प्रतिपादक न, करते जन जन वार्तालाप।
बुद्ध घोषणा में यदि उनकी, शिक्षायें लगे हितकारी,
बातचीत में शुभ लगने पर, करें ग्रहण धैर्य निष्पाप ॥89॥

रिजडेविड कहते यदि, बुद्ध होते दर्शन उपदेशक,
उनके अनुयायियों की संख्या, होती न्यून, न वृद्धि प्रताप।
बुद्ध के समकालीन नृप, बिम्बिसार, अजात, प्रसेनजित,
उदयन आदि दिये राजाश्रय, खोकर मन का आपा आप॥[2]90॥

प्रान्तों की जनता ने भी, खुलकर बौद्धधर्म अपनाया,
अतः बुद्ध के जीवनकाल, हुए असंख्य शिष्य अनुयायी।[3]
स्वउपलब्धि स्थायित्व हित, भिक्षु संघ किया स्थापन,
इसकी कार्य विधा आधारित, गणतन्त्रों ने जो अपनायी ॥91॥

पहले संघ में मात्र पुरुष, ही हो सकते भिक्षु-श्रमण,
किन्तु स्त्रियों के लिए बाद में, भिक्षुणी संघ बना स्थायी॥[4]
बुद्ध निधन के बाद बौद्ध संघ, बना धर्म का सच्चा वाहक,
जिसने सदियों सदियों तक, जग में धर्मध्वजा लहरायी ॥92॥

कालान्तर में बुद्ध धम्म संघ, त्रिरत्न रूप हो गये मान्य,
प्रार्थनाओं में बुद्धं धम्मं, सघं शरण गच्छ उच्चार।
इस त्रिरत्न ने अनुयायियों में, भरा शौर्य उर्जा उत्साह,
अपना सुख दुःख भूल धम्म का, किया विश्व प्रसार-प्रचार॥[5]93॥

धर्म के हित में घूमा करते, देश प्रान्त पुर गाँव गली,
और विदेशों में भी जाते, धर्म ध्वजाधर हेतु प्रचार।
शती बारहवीं आते-आते, इसका हुआ देश में लोप,
किन्तु विदेशी बहु देशों में, इसका अब भी सघन प्रसार ॥94॥

1. कौसल्यायन, भ.आ. (अनुवा.) : पूर्वोक्त, पृ. 352-355
2. श्रीवास्तव, के.सी. : पूर्वोक्त, पृ. 829
3. कौसल्यायन, भ.आ. (अनुवा.) : भगवान बुद्ध और उनका धर्म, पृ. 106-163
4. पाण्डेय, जी.सी. : पूर्वोद्धत, पृ. 57
5. श्रीवास्तव, के.सी. : पूर्वोद्धत, पृ. 829

यहाँ यही उल्लेखनीय कि, परिवर्तित आर्थिक सामाजिक,
परिस्थितियों ने बौद्धधर्म की, किया उन्नयन में अवदान।
आर्थिक दृष्टि से गंगाघाटी, में नगरीय क्रान्ति का काल,
राष्ट्र अर्थव्यवस्था प्रथमतः, द्रव्यरूप अवतरित समान ॥95॥

कुशीनगर कौशाम्बी काशी, पाटलि*... राजगृह वैशाली,
बने प्रधान केन्द्र व्यवसायिक, सिक्का प्रचलन का अवदान।
वाणिज्यिक समृद्धि सुफल, परिवर्तित जीवन दृष्टिकोण,
ग्राम्यमोह कारण विप्रों ने, इसका नहीं किया सम्मान ॥96॥

परिवर्तन के कारण लोग, बौद्धधर्म के प्रति आकर्षित,
जो नये सामाजिक सोच प्रति, था आर्थिक परिवेषानुकूल।
इस कारण ही बौद्धधर्म को, श्रेष्ठियों द्वारा मिला संरक्षण[1],
घोषित, अनाथपिण्डक, मण्डक, रहे बुद्ध सहयोगी मूल ॥97॥

इनके कारण कुछ कठिनाई, नहीं धर्म पर आने पायी,
और धम्म प्रचार बाधायें, होतीं गयीं स्वतः निर्मूल।
आर.एस. शर्मा के विचार, बौद्ध धर्म का उदय उन्नयन,
पारंपरिक मूल्यों की उपेक्षा, जो नगरीय परिवेश के शूल ॥[2]98॥

नगरीय उन्नति सम्बन्धित, परम्परायें सुखद अनुकूल,
प्रगतिशील मूल्यों का समर्थन, बौद्ध धर्म उद्देश्य विचार।
नव अर्थ गति अन्न उत्पाद, विपणन के नये तकनीक,
बौद्ध सिद्धान्तों के अनुकूल, नगरीय जीवन मूल्याचार ॥99॥

जी.सी. पाण्डेय का मत, निवृत्तिपरक जिन-बौद्धधर्म के,
संवर्धन प्रचार प्रसार में, नहीं श्रेष्ठि जन थे सहकार।
बुद्धकाल में नगरीय क्रान्ति, सोच किया तर्क से खारिज,
जो कर सकता बौद्धधर्म के, उन्नति का सत्पथ तैयार ॥[3]100॥

बौद्ध संगीतियाँ[4]

1. सिंह, सर्वदमन (सं.) : पूर्वोद्धृत, पृ. 388-389
2. श्रीवास्तव, के.सी. : पूर्वोद्धृत, पृ. 829-830
3. वही, पृ. 830
4. जेम्स, एच.जी. : पूर्वोद्धृत, पृ. 29; श्रीवास्तव, पंकजलता : पूर्वोक्त, पृ. 319-320

*पाटलि... = पाटलिपुत्र

बौद्धधर्म के प्रगति ख्याति, एवं क्रमिक विभाजन में,
चार महासंगीतियों का, है अनन्त उर्जित अवदान।
प्रथम आहूत राजगृह में, बुद्ध निधन तुरन्त ही बाद,
सभाध्यक्ष रहे महाकस्सप, अजातशत्रु शासन दौरान ॥101॥

इस संगीति में बुद्ध शिष्य, उपस्थित थे आनन्द उपालि,
इसमें बुद्धोपदेश संकलित, सुत्त विनय पिटक के नाम।
सुत्त पिटक में धर्म सिद्धान्त, इसके बने साक्षी आनन्द,
विनय पिटक आचार संहिता, हुए उपाली शिष्य प्रमान ॥102॥

ईसा पूर्व द्वितीय शती में, कालाशोक के शासनकाल,
द्वितीय संगीति जुटी वैशाली, बुद्ध मृत्यु के सौ वर्ष बाद।[1]
वैशाली के भिक्षु संघ में, प्रचलित थे कुछ ऐसे नियम,
जिसको ले अवन्ति आदि के, भिक्षु जनों ने किया प्रतिवाद ॥103॥

अतः पूर्वी और पश्चिमी, भिक्षुओं में उभरे मतभेद,
निराकरण हित वैशाली में, आहूत सभा विशद संवाद।
पश्चिमी भिक्षु अधिक संख्या में, हुए एकत्रित उस संगीति,
कहा पूर्वी भिक्षु संघ से, त्यागो अपना विनय प्रमाद ॥[2]104॥

बढ़ते वाद-विवाद के कारण, बढ़ते गये और मतभेद,
अतएव नामित आठ भिक्षु, करने को इसका समाधान।
समिति गहन विचारोपरांत, कुछ नियमों को किया निषिद्ध,
किन्तु पूर्वी भिक्षु संघ ने, किया अमान्य समिति फरमान ॥105॥

और अलग संगीति बुलाकर, स्वविचार घोषित धर्मसम्मत[3],
अतएव बौद्ध संघ विभाजित, दो सम्प्रदाय पृथक दो नाम।
परंपर्या विनय के पक्षक, हुए स्थविर-थेरावादी,
सर्वास्तिवादी या महासांघिक, परिष्कार विनय परिणाम ॥[4]106॥

प्रथम नेतृत्व महाकच्चायन, द्वितीय के महाकस्सप भिक्षु,
बढ़ते गये संघभेद अन्ततः, सृजित अठारह उपसम्प्रदाय।

---

1. कौसल्यायन, भ.आ. (अनुवा.) : पूर्वोक्त, पृ. 168
2. दत्त, नलिनाक्ष : बुद्धिस्ट सेक्ट इन इण्डिया, पृ. 8-11
3. पाण्डेय, जी.सी. : वौद्ध धर्म के विकास का इतिहास, पृ. 169-175
4. दत्त, नलिनाक्ष : पूर्वोक्त, पृ. 12-18, 35-36

तृतीय बौद्ध संगीति सभा, पाटलिपुत्र अशोक के काल,
बने अध्यक्ष मोग्गलिपुत्त, अनुयायी स्थविर समुदाय ॥107॥

मोग्गलि ने महासांघिक का, खण्डन किया सुदृढ़ता से,
और अपना सिद्धान्त कहा, मूल बुद्धवाणी प्रदाय।
कथावस्थु नाम नव कृति, किये संकलन मोग्गलिपुत्त,
जो अभिधम्मपिटक नाम से, लिखा गया नया अध्याय ॥[1]108॥

इस संगीति में बुद्धोपदेशों, का हुआ नव व्याख्या भाग,
सुत्त विनय दो बाद तीसरा, धम्मपिटक जुड़ गया नवीन।
इसमें धार्मिक सिद्धान्तों की, दृष्ट दार्शनिक व्याख्या नव,
इस प्रकार बुद्ध उपदेश, हुए व्यवस्थित खंड में तीन ॥109॥

सुत्त विनय अभिधम्म नाम से, कहे गये त्रिपिटक समवेत,
इसमें रचा साहित्य सुनिश्चित, मान्य प्रमाणिक व प्राचीन।[2]
उल्लेखनीय संघ भेद रोकने, हेतु अशोक राजाज्ञा जारी,
हो न आगे भेद संघ में, बने कठोर नियम समीचीन ॥110॥

बौद्धधर्म चौथी संगीति, हुई कनिष्क के राजत्व काल,
काश्मीर के कुन्डल बन में, थे अध्यक्ष भिक्षु वसुमित्र।
इस संगीति में महासांघिक, सर्वास्तिवादियों का बाहुल्य,
हुआ विमर्श वहां त्रिपिटक के, कठिन पाठ के अंश विचित्र ॥111॥

तीनों पिटक पर नये भाष्य को, कहा गया विभाषाशास्त्र,
ताम्रपत्र पर इसे लिखाकर, रखा कनिष्क स्तूप पवित्र।[3]
तभी धर्म के अन्तर्गत, बड़ता गया भेद विभेद,
जो क्रमशः स्थविर महासांघिक, से उपजे लेकर नवचित्र ॥112॥

बौद्धधर्म के सम्प्रदाय : हीनयान–महायान[4]

कनिष्क काल में बौद्धधर्म, दो सम्प्रदाय में हुआ विभक्त,
आचारानुसरण से उनकी संज्ञा, हीनयान तथा महायान।

1. वही, पृ. 37–59; पाण्डेय, जी.सी. : पूर्वोक्त, पृ. 195–200
2. पाण्डेय, जी.सी. : पूर्वोद्धृत, पृ. 64–65; कौसल्यायन, भ.आ. (अनुवा.) : वौद्ध धर्म का सार, पृ. 25–26
3. रैप्सन, ई.जे. : ऐशियंट इण्डिया, पृ. 40
4. श्रीवास्तव, के.सी. : पूर्वोक्त, पृ. 832; पाण्डेय, जी.सी. : पूर्वोक्त, पृ. 226–452

नये विचारों नवभावनाओं, सहित जुड़ गये थे बहु लोग,
और बौद्ध अनुयायियों की, संख्या भी बढ़ गयी तमाम ॥113॥

बुद्ध धम्म अतीत काया में, हुआ सुधार आवश्यकीय,
और नवीन सुधारों की भी, माँग हो रही थी जन आम।
किन्तु इसके विपरीत अनेक, रूढ़िवादी विचार के बौद्ध,
किसी सुधार परिष्कार का, दिया नहीं सहमति समाधान ॥114॥

अतः धर्म प्राचीनादर्श, परिष्करण विरोधी बौद्ध,
हुए भक्त समुदाय बहुल, हीनयान मत के अनुयायी।[1]
हीनयान का शाब्दिक अर्थ, निम्न मार्ग-विद्वानों का मत,
गृहस्थोपासक हीन धर्म यह, केवल भिक्षु हेतु स्थायी ॥115॥

सुधारवादी विचार वालों को, कहा गया मत महायान,
अर्थ इसका उत्कृष्ट मार्ग, गृही भिक्षु दोनों सुखदायी।
परोपकार सेवा पर इसमें, दिया गया अत्यधिक ध्यान,
इन्होंने बुद्ध मूर्ति बनाकर, प्रतिमा पूजा विधि अपनायी ॥116॥

इसकी व्यापकता उदारता, करते इसका सार्थक नाम,
जन साधारण हेतु सुलभ, सुख प्राप्ति मोक्ष का द्वार।
हीनयान व महायान के, भेद यहाँ इस भाँति कथित,
अलग-अलग दोनों धारायें, पूजा आस्था के सरोकार ॥[2]117॥

हीनयान में गौतम बुद्ध को, महापुरुष गया है माना,
महायान में देव मानकर, पूजित बुद्ध सकल संसार।
और साथ ही बोधिसत्व की, पूजा हुआ इसमें आरम्भ,
मानवता का दुःख हरने का, करते जो हैं यत्न अपार ॥118॥

निर्वाण में जन सहयोग, बोधिसत्व परम कर्तव्य,
करुणा से जनसेवा करते, प्रज्ञा से भरे लोक में ज्ञान।
बोधिसत्व को इन आदर्शों, को धारण करना अनिवार्य,
कहते पारमिता भी इनको, जो था चारित्रिक अभिधान ॥119॥

पारमिता चारित्रिक पूर्णता, सहन शीलता दान वीर्य,
प्राणिधान बल ज्ञान उपाय, प्रज्ञा तथा आन्तरिक ध्यान।

---

1. बील, सम्युल : चाइनीज एकाउण्ट्स आफ इण्डिया, पृ. 95
2. श्रीवास्तव, के.सी. : पूर्वोक्त, पृ. 832

हर व्यक्ति बौधिसत्व रूप, बौद्ध वाङ्मय के अनुसार,
अग्र बुद्ध बनने की तैयारी, बोधिसत्व का कार्य महान्॥120॥

महायान का परोपकार, जन सेवा मूल उद्देश्य,
हर प्रकार से मानव कुल का, करना हित व अभ्युत्थान।[1]
इसके उलट हीनयान था, पूर्णरूप व्यक्तिवादी धर्म,
जिसमें व्यक्ति को स्वयत्न से, प्राप्त करना होता निर्वान॥121॥

महायान में तीर्थ महत्व, पुनर्जन्म में भी विश्वास,
बुद्ध कृपा मूर्ति स्थापन, पूजा अर्चना उचित विधान।
हीनयानी न मूर्ति की पूजा, करे नहीं श्रद्धा विश्वास,
भिक्षु जीवन पूर्ण पक्षधर, साधना पद्धति न आसान॥[2]122॥

महायान सिद्धान्त सरल, सर्व ग्राह्य व अनुकरणीय,
भिक्षु भिक्षुणी सहित धम्म में, लघु उपासक का भी महत्व।
हीनयान का मुख्य उद्देश्य, अर्हत पद करना प्राप्त,
निज साधना बलबूते पर, पाना अर्हत पद मोक्षत्व॥123॥

न होता पुनर्जन्म व्यक्ति का, अर्हत पद पाने के बाद,
इसके विरोध महायान का, है आदर्श चरित्र बोधिसत्व।
जो निर्वाण प्राप्ति बाद भी, खोजते जीव मुक्ति उपाय,
महायान महानता राज, निःस्वार्थ सेवा सहिष्णुत्व॥[3]124॥

हीनयान का दृष्टिकोण, सीमित व संकुचित स्वदेश,
महायान सहज व व्यापक, किया विदेशों तक प्रस्तार।
डी.टी. सुजकी के शब्दों में, महायान बुद्ध उपदेशों में,
बिना किसी अन्तः खण्डन के, दिया धर्म को नव-विस्तार॥125॥

आगे चलकर इन दोनों में, बने मुख्य दो दो सम्प्रदाय,
हीन में वैभाषिक सौत्रांतिक, महा में माध्यमिक योगाचार।
सातवीं शती में वज्रयान[4] नामक, उदित एक नवल सम्प्रदाय,
तन्त्र मन्त्र से मोक्ष प्राप्ति का, इसने खोजा नव आधार॥126॥

---

1. वर्मा, डी.एन. : डायमेन्सन्स आफ इण्डियन आर्ट, खण्ड-प्रथम, पृ. 564
2. वही, पृ. 561-562
3. श्रीवास्तव, के.सी. : पूर्वोक्त, पृ. 832
4. उपाध्याय, जगन्नाथ : डायमेंसंस आफ इंडियन आर्ट, खण्ड-प्रथम, पृ. 547-555; श्रीवास्तव, के.सी. : पूर्वोद्धृत, पृ. 832-834

गौतगबुद्ध और महावीर : एक तुलनात्मक दृष्टि

छठी शती ईसा के पूर्व, महाबीर एवं गौतमबुद्ध,
आध्यात्मिक चेतना प्रतीक, धर्म क्रान्ति के थे अग्रदूत।
तुलना करने पर इनमें, समानतायें भी लक्षित कुछ,
वहीं उपदेशों आचारों में, दिखता है वैभिन्य प्रभूत ॥127॥

समानतायें[1]

ब्राह्मण की सामाजिक श्रेष्ठता, का दोनों ही किये विरोध,
कहा व्यर्थ कर्मकाण्ड याग, जाति-पाँति व छुआछूत।
वेदों की अपौरुषेयता उक्ति, दोनों ने ही माना नहीं,
अहिंसा सुविचार भाव को, दोनों से बल मिला अकूत ॥128॥

ईश्वरीय सत्ता के विषय में, दोनों संत रहे उदासीन,
आत्मशुचित्व सहित दोनों के, धर्म बने संन्यास प्रधान।
दोनों ने ही पुनर्जन्म व, मोक्ष निर्वान कर्म कैवल्य,
आदि विचारधारा को किया, अतिसय ही महत्व प्रदान ॥129॥

संस्कृत भाषा बहिष्कार, पहले दोनों धर्मों में,
प्राकृत जैन, बौद्ध पाली में, लिखे गये साहित्य तमाम।
किन्तु बाद में इन दोनों में, संस्कृत के प्रति जागा मोह,
और अनेक ग्रन्थ सुविरचित, किये जैन बौद्ध विद्वान् ॥130॥

किया नहीं दोनों ने हिन्दू, देव-देवियों का भी विरोध,
ब्राह्मणों की भाँति दोनों ने, रचा पौराणिक आख्यान।[2]
इन दोनों के कथावस्तु में, दिखते कई तत्व सामान्य,
श्रमण और गृहस्थ धर्म का, किया गया दोनों में मान ॥131॥

तपसी जीवन की प्रधानता, दोनों में ही अंगीकार,
और गृहस्थाचार हेतु, पृथक बनाये नियम विधान।
आर्य पंथ की आशावादिता, का दिखता दोनों में अभाव,
जीवन को दुःख रूप मानते, जैन बौद्ध द्वय एक समान ॥132॥

---

1. दिनकर, रामधारी : संस्कृति के चार अध्याय, पृ. 241-243; पाण्डेय, राजबली : प्राचीन भारत, पृ. 113
2. रैप्सन, ई.जे. : ऐशियंट इण्डिया, पृ. 36

दोनों ही चिन्तक यतियों ने, अपने पंथ की उन्नति हेतु,
किया धर्मसंघ स्थापित, स्वानुयायिओं के आधार।
समकालीन श्रेष्ठियों भूपों, जन सामान्य को किये प्रभावित,
जिससे सारे देश के अन्दर, दोनों के अनुयायी अपार ॥133॥

कुछ विद्वानों का अभिमत, जैन–बौद्ध दोनों सम्प्रदाय,
हुए प्रभावित पूर्ण रूप, अनार्य संस्कृति विचाराचार।
दोनों ही धर्मों में प्रतिमा, रचना पूजन अधिक महत्व,
जो कि वैदिक रीति नहीं थी, किन्तु अनार्यों में था प्रचार ॥[1]134॥

विषमतायें[2]

उपरोक्त समानताओं के संग, इन दोनों पंथों के मध्य,
कई विरोध विषमताओं, का होता अध्ययन से ज्ञान।
यद्यपि दोनों ही जीवन को, मानते दुःखद हताशापूर्ण,
और ढूढ़ते मुक्ति उपाय, साधना गत कैवल्य निर्वान ॥135॥

किन्तु दोनों के लक्ष्य प्राप्ति, विधियों में परिलक्षित भेद,
व्रत उपवास गूढ़ जैनों का, प्राण त्याग तक किये विधान।
जबकि बुद्ध का अविष्कार, मझ्झिम प्रतिपदा मार्ग,
चार आर्यसत्यों में उन्होंने, ढूढ़ा उसका पूर्ण निदान ॥136॥

बुद्ध का निर्वाण आशय, जैन कैवल्य से दिखता भिन्न,
निर्वाण का अर्थ पूर्णतया, वासनाओं से होना हीन।
बुद्ध मत निवार्ण निमित्त, शरीर त्याग आवश्यक न,
इसी जीवन में इसकी प्राप्ति, यह सम्भव निज यत्न नवीन ॥137॥

जैन विचारधारा अनुसार, मोक्ष दुःखों का करता अंत,
जो मिलता कायक्लेश से, मृत्यु में स्वयं को करके लीन।
दोनों ही यति आचार्यों ने, अहिंसा पर दिया था जोर,
बौद्धों में यह विरल रूप से, जैनियों में अतिसघन महीन ॥138॥

जैन श्रमण के लिए तो हिंसा, का विचार करना है पाप,
जबकि भारत से इतर देशों में, करते बौद्ध हैं मांसाहार।

---

1. दिनकर, रामधारी सिंह : पूर्वोद्धृत, पृ. 157
2. नाहर, रतिभान सिंह : पूर्वोद्धृत, पृ. 157–158; पाण्डेय, राजबली : पूर्वोक्त, पृ. 113–114

जैनियों का अहिंसावाद, अतिवादिता से परिपूर्ण,
कुछ विद्वानों की दृष्टि में, यह उपहास्पद निंद्य विचार ॥139॥

आत्मा में विश्वास न करते, बौद्ध भिक्षु गृहस्थ अनुयायी,
किन्तु जैन मत के अनुसार, जीव आत्मा का आगार।
स्मिथ कहते होता जितना, बौद्धों में श्रमणों का मान,
बौद्ध गृही उपासक जन, पा न सके उतना अधिकार ॥[1]140॥

इसके उल्टा जैन धर्म में, श्रमण साधु गृहस्थ आदि,
सबको नियमतः दिया गया, सम अधिकार और दायित्व।
इसीलिए जहाँ भारत से, बौद्धधर्म का हो गया लोप,
वहीं देश में जैन धर्म ने, प्राप्त कर लिया चिर स्थायित्व ॥[2]141॥

जैनियों ने हिन्दू समुदाय से, रखा नहीं पृथकता भाव,
जबकि कभी भी बौद्धधर्म, सोचा नहीं यह निज दायित्व।
कारण यह कि बौद्धों का, दृष्टिकोण क्रान्तिकारी सदैव,
और जैन मत ध्येय मूल, सहिष्णुता का अनुयायित्व ॥142॥

महावीर की शिक्षाओं में, जाति पाँति का हुआ विरोध,
तथापि वह बौद्ध तुलना में, हल्का और प्रभाव विहीन।
बुद्ध ने किया तीव्र रूप से, जाति प्रथा की खुलकर निंदा,
कर्मकाण्ड यज्ञादि का खण्डन, कुरीतियाँ जो तद्युगीन ॥143॥

जैनियों का पूजा आचार, वैष्णवधर्म आचरण समान,
प्रचलित प्रथा पर दोषारोपण, समझे न जैनी समीचीन।
दोनों में है त्रिरत्न विधान, एक दूसरे से कुछ भिन्न,
बौद्ध मत में बुद्ध धर्म संघ, जैनों में सम्यकत्व तीन ॥[3]144॥

महावीर ने जैन श्रमणों को, नग्नता का दिया उपदेश,
जबकि नग्नता घोर विरोधी, रहे तथागत गौतम बुद्ध।[4]
जैन धर्म में काय कर्म को, कहा गया एक भौतिक तत्व,
और बुद्ध अनुसार कर्म है, इच्छित क्रिया मनरूप अशुद्ध ॥145॥

---

1. नाहर, रतिभान सिंह : पूर्वोक्त, पृ. 157-158
2. दिनकर, रामधारी सिंह : पूर्वोक्त, पृ. 157-158
3. नाहर, रतिभान सिंह : पूर्वोक्त, पृ. 158
4. कौसल्यायन, भ.आ. (अनुवा.) : भगवान बुद्ध और उनका धर्म, पृ. 376-377

कुछ के मत जैन–बौद्ध है, वैदिक धर्म सुधारक रूप,
कुछ भी न नवीनता इसमें, और न ही मौलिकता शुद्ध।
किन्तु नये शोधों से यह मत, हो जाता है खण्डित पूर्ण,
अवैदिक विचारधारा का, इन पर है छाया परिशुद्ध ॥146॥

जैनियों की नास्तिकता व, आवागमन के मत विश्वास,
घोर हताशा जीवन के प्रति, कठिन तपस्या काय क्लेश।
इससे जैन स्पष्ट हैं दिखते, वैदिक परम्परा रीति विरुद्ध,
अतः इनकी उत्पत्ति अवैदिक, परम्परा में दिखे विशेष ॥147॥

इसी तरह ही बौद्धधर्म की, साधना पद्धति अनात्मवाद,
निवृत्तिपरक जीवन के नय, पले नहीं वैदिक परिवेष।
दोनों ने वैदिक अनुष्ठान, यज्ञ आदि का किया निषेध,
अतः नहीं ये वैदिक धर्म के, रूप सुधारक अंग है शेष ॥[1]148॥

बौद्धधर्म की देन[2]

बौद्ध धर्म उदय भारतीय, संस्कृति हेतु रहा शुभकारी,
समग्र राष्ट्रीय संस्कृति के, सम्पन्नता में हुई श्री वृद्धि।
धर्म दर्शन साहित्य कला को, मिला ढेर अभिनव दृष्टिकोण,
राष्ट्र लोक जीवन अनुप्राणित, भौतिकता की हुई अभिवृद्धि ॥149॥

कला[3]

देशी कला परम्परा यद्यपि, अपने देश में अति प्राचीन,
सिन्ध हड़प्पा कला को छोड़, कला सम्पदा की समृद्धि।
उन सबमें अधिकांश मूर्तियाँ, बौद्ध कला से सम्बन्धित,
मूर्ति व शिल्पकलाओं का तो, उद्भव ही बौद्धमत सिद्धि ॥150॥

बौद्ध कला देन सर्वाधिक, भारतीय स्थापत्य विकास,
इसी धर्म की प्रेरणा से, जन साधारण भूप धनवान।
गुहा विहार स्तूप चैत्यगृह, विविध मूर्ति चित्रों को रच,
मूर्ति शिल्प स्तूप वास्तु से, राष्ट्र बनाया समृद्धवान ॥151॥

---

1. श्रीवास्तव, के.सी. : पूर्वोक्त, पृ. 830–831
2. कौसल्यायन, भ.आ. (अनुवा.) : बौद्ध धर्म का सार, पृ. 41–46; नाहर, रतिभान सिंह : पूर्वोक्त, पृ. 154–157
3. पाण्डेय, राजेन्द्र : भारत का सांस्कृतिक इतिहास, पृ. 89–90

साँची सारनाथ भरहुत, अमरावती नागार्जुनी कोण्ड,
पश्चिमी भारत खुदी गुहाएँ, चैत्य विहार चित्र मूल्यवान।
गान्धार मथुरा अमरावति, कोसम कार्ले, भाजा नासिक,
बौद्ध कला के केन्द्र प्रमुख, देश की थाती राष्ट्र अभिमान ॥152॥

सरल आडम्बरहीन धर्म[1]

सबसे पहले बौद्धधर्म ने, पंथ सरल आडम्बरहीन,
मध्यममार्ग धर्म प्रतिपादित, सत्य अहिंसा शीलाधार।
जिसमें रुचि जागा जनमानस, ऊँच नीच राजा व रंक,
अशोक कनिष्क आदि भूपों में, भरा उदारता सहिष्णुविचार ॥153॥

बौद्धधर्म के ही प्रभाव से, अशोक ने कलिंग रण बाद,
युद्ध विजय की नीति छोड़, धम्म विजय का किया प्रसार।
और आगे प्रभाव परिलक्षित, शुंग सातवाहन शक भूपों पर,
उनके युग भी बौद्ध कला का, रुका नहीं रचना परिष्कार ॥154॥

दर्शन[2]

बौद्धधर्म के नियम उपदेश, लिखे गये प्रायः पाली में,
इससे पाली भाषा व्याकरण, व साहित्य का हुआ विकास।
बौद्ध संघ आन्तरिक व्यवस्था, जनतांत्रिक विधि आधारित,
जिसको हिन्दू मठ मन्दिर ने, आगे चल अपनाया खास ॥155॥

राष्ट्र दार्शनिक तर्कशास्त्र की, प्रगति प्रभावित बौद्धधर्म से,
दार्शनिक साहित्य विधा में, भरा ज्ञान का नवल प्रकाश।
शून्यवाद माध्यमिक दर्शन, प्रतिपादक नागार्जुन बौद्ध,
भारत व अखिल विश्व के, महान् दार्शनिक जग इतिहास ॥[3]156॥

बौद्धधर्म दर्शन साहित्य, प्रचुर तथा प्रभावोत्पादक,
इसके अन्दर समय समय, पर पैदा विविध सम्प्रदाय।
यथा सौत्रांतिक, प्रतीत्यसमुत्पाद, शून्य, सर्वास्तिक योगचार,
अनित्य व विज्ञानवाद संग, अन्य कई दार्शनिक निकाय ॥[4]157॥

---

1. वही, पृ. 87-88
2. वही, पृ. 88
3. पाण्डेय, जी.सी. : पूर्वोद्धृत, पृ. 365-397
4. वही, पृ. 398-452

धर्मकीर्ति असंग दिग्नाग, नागार्जुनादि की दर्शन कृतियाँ,
बिना पढ़े कहलाता न कोई, पूर्णाचार्य दर्शन संकाय।
बौद्ध दार्शनिक मत आलोचक, हुए अनेक दर्शनाचार्य,
परवर्ती दार्शनिक विधा में, बौद्ध बने प्रेरणा सहाय ॥158॥

संस्कृति[1]

भारत के सांस्कृतिक क्षेत्र में, बौद्ध धर्म की महती देन,
भारतीय सीमा को लांघ, किया दूर देशों में प्रचार।
आकर्षित हो बौद्ध पंथ से, यवन कुषण शक पार्थियन आदि,
विविध विदेशी आक्रान्ताओं ने, बौद्ध धर्म किया स्वीकार ॥159॥

यवन मिनाण्डर व कनिष्क, राजधर्म इसे किया घोषित,
और राज्य के संसाधन को, योजित किया प्रचार–प्रसार।
नृप अशोक के समय प्रचारक, गये पड़ोसी राष्ट्रों में,
कनिष्क काल में महायान मत, किया एशिया भर विस्तार ॥160॥

कई देशों पर गौतम बुद्ध के, उपदेशों का अमिट प्रभाव,
विदेशियों के हिय में भारत, बना पवित्र तीर्थ एकदेश।
अतः अनेक विद्वान् पर्यटक, आये यहाँ अध्ययन हेतु,
बौद्ध भूमि की नमन इच्छा से, हिन्द देश में किया प्रवेश ॥161॥

चीन से फाह्यान ह्वेनसांग, इत्सिंग आदि कई जिज्ञासु,
घूम–घूमकर भारत भर में, संकलित किये बुद्ध संदेश।
जीवन में भारतीय संस्कृति के, ग्रहण किये अनेकशः तत्व,
आज भी विश्व की एक तिहाई, जनता बुद्ध भक्त विशेष ॥162॥

साहित्य सृजन[2]

साहित्य क्षेत्र में बौद्धधर्म की, उपलब्धियाँ हैं अल्प नहीं,
बौद्ध लोग ग्रन्थ प्रणयन में, आगे बहुत लगाया ध्यान।
बुद्धचरित सारिपुत्त प्रकरण, काव्य नाट्य है इनकी देन,
मंजुश्री मूलकल्प दिव्यावदान, है ऐतिहासिक ग्रन्थ प्रमान ॥163॥

उल्लेखनीय यह कि बौद्धों ने, रचे संस्कृत ग्रन्थ अनेक,
किन्तु मूल पाली भाषा में, कृतियाँ प्रारम्भिक विद्वान्।

---

1. पाण्डेय, राजेन्द्र : पूर्वोक्त, पृ. 89
2. सिंह, सर्वदमन (सं.) : कल्चर थ्रू द एजेज (वी.एन. पुरी फेलीसिटेशन वाल्यूम), पृ. 336–341

पाली साहित्य की सूची लम्बी, सम्भव न उनका उल्लेख,
बौद्ध रचनायें अति आवश्यक, राष्ट्रीय इतिहास निर्मान ॥164॥

इस दृष्टि से जातक कथाओं, का अवदान प्रशंसापूर्ण,
अरबियन नाइट कथा तत्व में, लक्षित इनका तीव्र प्रभाव।
थेरा थेरी गाथाओं के, गीत हृदयहारी रोमांचक,
थेरी गीत में भिक्षुणियों के, काव्य रुचिरता लय सद्भाव ॥165॥

संस्कृत में सद्धर्म पुण्डरीक, ललितविस्तर कृति उत्कृष्ट,
यद्यपि ये धर्मोद्धेशिक, रचित किन्तु साहित्य स्वभाव।
मिलिन्दपन्ह और महावस्तु, ऐतिहासिकता के स्रोत सत्य,
बौद्ध ग्रन्थ बहुउद्देशिक, बहुभाषी जन रुचि उद्भाव ॥[1]166॥

ब्राह्मण धर्म पर बौद्धधर्म का प्रभाव[2]

जैसा कथित बौद्धधर्म का, हुआ अवतरण आर्यावर्त,
वैदिक यज्ञ व अनुष्ठान, के विरोध प्रतिक्रिया स्वरूप।
ब्राह्मणों ने जब बौद्ध के बदले, अपने धर्म का देखा ह्रास,
बौद्धधर्म के मुख्य तत्वों को, किया ग्रहण अपने अनुरूप ॥167॥

अहिंसा के सिद्धान्त सार को, वैदिक मत में किया आमेलित,
यज्ञ और कर्मकाण्ड आदि भी, हिंसा हीन हुए लघुरूप।
यद्यपि यह छान्दोग्य उपनिषद, में अंकित है पहली बार,
किन्तु कालान्तर जैन-बौद्ध ने, किया प्रचार संघनित रूप ॥168॥

संघ व्यवस्था[3]

बौद्धधर्म में संघ स्थापन, बुद्ध के मन की मूल उपज,
अतः धार्मिक क्षेत्र को बुद्ध, की सराहनीय अनुपम देन।
सन्यासी आदर्श बुद्ध ने, ग्रहण किया वैदिक आश्रम से,
किन्तु स्वयं उसके स्वरूप में, किये कई बदलाव क्रमेन ॥169॥

इसके पूर्व भी संन्यासी गण, लोकमंगल के लिए सचेष्ट,
फिर भी तद् दिनचर्या विम्बित, एकाकी जीवन वन्येन।

---

1. पाण्डेय, जी.सी. : पूर्वोक्त, पृ. 226-340
2. दिनकर, रामधारी सिंह : पूर्वोक्त, पृ. 196-207; कौसल्यायन, भ.आ. (अनुवा) : भगवान बुद्ध और उनका धर्म, पृ. 331-338
3. पाण्डेय, जी.सी. : पूर्वोक्त, पृ. 132-191

भिक्षु सन्यासियों को गौतम ने, दी सामूहिक जीवन सीख,
बौद्ध संघ स्थापित कर, स्वयं बने अध्यक्ष पदेन ॥170॥

बौद्धधर्म ने जनमानस को, नैतिकता की दिखाई राह,
इससे राष्ट्र लोक जीवन में, घटा अनय बढ़ा विश्वास।
बुद्ध स्वयं ही नैतिकता को, देते थे प्राथमिकता उच्च,
ज्ञान से उसको ऊँचा कहते, नैतिकता में ज्ञानावास ॥171॥

बौद्धधर्म भारत ही नहीं, कई विश्व देशों में जाकर,
शान्ति अहिंसा सह–अस्तित्व, सख्य भाव का किया विकास।
बुद्ध ने माना जाति की समता, प्रस्तुत किया उच्च आदर्श,
जिस कारण जगती पर छाया, भारत का नैतिकी प्रभास ॥[1]172॥

इस प्रकार स्पष्ट बुद्ध ने, कई शताब्दियों ईसा पूर्व,
जिन सिद्धान्तों आदर्शों का, किया स्वचिंतन से प्रतिपादन।
उसका आज वैज्ञानिक युग में, हुई नहीं प्रासंगिकता क्षीण,
दुनिया भर के देश चाहते, उसका पूर्ण रूप सम्पादन ॥173॥

राजचिन्ह के रूप में भारत, बुद्ध प्रतीक किया है मान्य,
मैत्री शान्ति सह अस्तित्व नियम, का करता पोषण अभिवादन।
पंचशील सिद्धान्त विश्व को, बौद्धधर्म की अनुपम देन,
बुद्ध उपदेशों से जग में, सम्भव शान्ति सौख्य स्थापन ॥174॥

बौद्धधर्म का पतन[2]

हर्षकाल कुछ बाद अथवा, शती सातवीं तक यह धर्म,
भारत में क्रमिक रूप से, बढ़ता रहा होकर उन्मुक्त।
इसके बाद बौद्धधर्म का, शुरू हो गया क्रमशः ह्रास,
और बारहवीं शती में अपने, मूलभूमि से हो गया लुप्त ॥[3]175॥

पतन अनन्तर एक बार फिर, पाल नृपों का प्राप्त संरक्षण,
उसके बाद मिला न धर्म को, संरक्षक कोई उपयुक्त।

1. पाण्डेय, राजेन्द्र : पूर्वोक्त, पृ. 79–80, 89
2. वर्मा, देवनारायण : पूर्वोक्त, पृ. 260–268 दिनकर, रामधारी सिंह : पूर्वोक्त, पृ. 265–268
3. जेम्स, एच.जी. : ए हिस्ट्री आफ इण्डिया, पृ. 29–30

बौद्धधर्म के पतन मूल में, बहु कारक थे उत्तरदायी,
मुख्य हेतु तो संघ विखण्डन, जिससे बना वह दुर्बल सुस्त ॥[1]176 ॥

कनिष्क काल में धम्म विभाजित, हीनयान महायान स्वरूप,
महायानी अपनाये हिन्दू, पूजा पद्धति धर्म संस्कार।
देव मानकर गौतम बुद्ध व, बोधिसत्व पूजा आरम्भ,
बनने लगे अनिवार्य रूप से, पूजागृह मन्दिर आगार ॥177 ॥

बुद्ध संग अन्य बहुत से, देव देवि की कर ली खोज,
उन्हें बुद्ध प्रतीक समझकर, लगा पूजने बौद्ध संसार।
इस प्रकार से बौद्धधर्म, हिन्दू धर्म के हुआ समीप,
महिलाओं के संघ प्रवेश से, पनपा कुत्सित भ्रष्टाचार ॥178 ॥

जिस नैतिकता को बुद्ध स्वयं, देते रहे महत्व सर्वोच्च,
उसे त्याग हुए भिक्षुजन, दुष्चरित्र सदाचार विहीन।
बौद्धों में नैतिकता बदले, तन्त्र मन्त्र ने किया प्रवेश,
इसमें उलझ भिक्षु बौद्धजन, सुरा सुन्दरी में हो गये लीन ॥[2]179 ॥

ऐसे तान्त्रिक भिक्षु जनों का, बना नव वज्रयान सम्प्रदाय,
जिससे अब यह धर्म हो गया, मौलिकता शुचिता से हीन।
नवी शती तक आते आते, इसका बढ़ा अधिक प्रचार,
नालंदा इस काल बन गया, वज्रयान का केन्द्र नवीन ॥180 ॥

ग्यारहवीं शती तक धर्म पूर्णतः, वज्रयान में परिवर्तित,
किन्तु जन सामान्य पर इसका, पड़ा नहीं अधिक प्रभाव।
कदाचार से बोझिल भग्न, डूबने को उद्यत वज्रयान,
किसी महापुरुष का धर्म में, हो न सका तब प्रादुर्भाव ॥181 ॥

जो दूर कर रुढ़ बुराइयों, धर्मोन्नति का करे उपाय,
अतः लिप्त अपने कुकृत्य से, बौद्ध धर्म की डूबी नाव।[3]
इसी अवधि हिन्दू धर्म की, नव व्याख्या हेतु देश में,
हुआ आचार्य कुमारिल शंकर, रामानुज का आविर्भाव ॥182 ॥

1. पाण्डेय, राजेन्द्र : पूर्वोक्त, पृ. 86
2. वही, पृ. 86; गौड़ रंजना : त्रिपिटक साहित्य में प्रतिबिम्बित समाज, पृ. 269
3. श्रीवास्तव, पंकजलता : प्राचीन इतिहास, भाग-तीन, पृ. 320

इससे हिन्दू धर्म में तब, हुए अत्यधिक जन आकृष्ट,
एवं बौद्ध जनता बहुसंख्य, हिन्दू धर्म किया अंगीकार।
बुद्ध को विष्णु अवतार मान, हिन्दू धर्म में किया समाहित,
बौद्धधर्म के तत्व जो सुन्दर, उनसे किया धर्म परिष्कार॥[1]183॥

जिस समय में बौद्धधर्म को, वज्रयानी कर रहे थे जर्जर,
उसी काल इस्लाम धर्म का, शुरू आक्रमण धर्म प्रसार।
उन हमलों से पतन को उन्मुख, बौद्धधर्म हुआ धराशायी,
उसके संघाराम मठों को, नष्ट किया कर वज्र प्रहार॥184॥

वज्रयान का केन्द्र उस समय, था नालंदा बौद्ध विहार,
उसे ढहाकर तुर्क आक्रांता, किया भिक्षुओं का संहार।
इस हमले से वज्रयानियों के, धर्म का हो गया भण्डाफोड़,
रिद्धि–सिद्धि सब व्यर्थ प्रमाणित, मिथ्या सिद्ध भी तंत्राचार॥185॥

इससे भारतीय जनता का, टूटा बौद्धों से विश्वास,
फलतः उनका कोई न रक्षक, शुभचिन्तक श्रेष्ठ सहकार।
बहुत बौद्ध भाग गये तिब्बत, शेष हो गये हिन्दू मुस्लिम,
अतः भारत से बौद्धधर्म का, हुआ लुप्त अस्तित्व आधार॥[2]186॥

किन्तु न मानते जी.सी. पाण्डेय, बौद्ध पतन कारण उपरोक्त[3]
उनका कथन शाक्त शैव भी, तान्त्रिक विकृतियों से युक्त।
लेकिन उनके ह्रास के बदले, होता गया क्रमिक उत्थान,
तार्किक वाद–विवाद व्याख्या, से न होता धर्म प्रलुप्त॥187॥

भिक्षु जीवन के रूप धर्म, मठों विहारों तक ही सीमित,
गृही उपासकों हेतु न विकसित, संस्थागत आचार उपयुक्त।
बौद्धधर्म निर्भर था प्रायः, राजकीय अनुदानों पर,
जिसके अभाव धर्म तथागत, स्व भूमि से हुआ विलुप्त॥[4]188॥

❑❑❑

1. पाण्डेय, राजेन्द्र : पूर्वोक्त, पृ. 86
2. वही, पृ. 87
3. श्रीवास्तव, के.सी. : पूर्वोक्त, पृ. 836
4. पाण्डेय, जी.सी. : पूर्वोक्त, पृ. 491–92

सन्दर्भ ग्रन्थ सूची

मूल ग्रन्थ

अथर्ववेद : खण्ड प्रथम, अनुवा.– मुंशीराम शर्मा, लखनऊ, 1992 ई.

: खण्ड द्वितीय, सं.– श्रीरामशर्मा आचार्य, बरेली, 1970 ई.

अथर्ववेद एवं गोपथ ब्राह्मण : सं.– एम.ब्लूमफील्ड; अनुवा. सूर्यकांत, वाराणसी, 1964 ई

अष्टाध्यायी : खण्ड–एक–दो, व्याख्याकार–ब्रह्मदत्त जिज्ञासु अमृतसर, 1964–65 ई.

आपरतम्ब गृहरूत्र : अनुवा.– उमेशचन्द्र गाण्डेय, ताराणसी, ति.सं. 2018

आपस्तम्ब धर्मसूत्रम् : भाष्यकार–चिन्नास्वामी शास्त्री, वाराणसी, वि.सं. 2026

ईशादि नौ उपनिषद् : सं.– हरिकृष्ण गोयनका, गीताप्रेस, गोरखपुर, वि.सं. 2043

ईशावास्योपनिषद् : सानुवाद शांकरभाष्य, गीताप्रेस गोरखपुर, वि.सं. 2010

उपनिषद् भाष्य : सं.– एस.एस. शास्त्री, वाराणसी, 1982 ई.

ऋग्वेद संहिता (मूल) : चौखम्बा संस्कृत प्रतिष्ठान, दिल्ली, 2011 ई.

एकादशः उपनिषद् : प्रकाशक–मोतीलाल बनारसीदास, वाराणसी, 1966 ई.

ऐतरेयोपनिषद् : सानुवाद शांकरभाष्य, गीताप्रेस, गोरखपुर, वि.सं. 2009

ऐतरेयब्राह्मण : सं.– वासुदेव शर्मा, निर्णयसागर प्रेस, बम्बई, 1925 ई.

कठोपनिषद् : सानुवाद शांकरभाष्य, गीताप्रेस, गोरखपुर, वि.सं. 2008

काठकसंहिता : सं.– साँतवलेकर, बम्बई, 1943 ई.

केनोपनिषद् : शांकरभाष्य, गीताप्रेस गोरखपुर, वि.स. 2008

कौशितकी ब्राह्मण : सं.– ई.बी. कावेल, चौखम्बा संस्कृत सीरीज, 1968 ई.

गीता : व्याख्याकार–स्वामी रामसुखदास, गीताप्रेस, गोरखपुर, वि.सं. 2044

गोपथ ब्राह्मण : भाष्यकार–क्षेमकरणदास त्रिवेदी, इलाहाबाद, 1971 ई.

गौतमधर्मसूत्राणि : व्याख्याकार–उमेशचन्द्र पाण्डेय, वाराणसी, वि.सं. 2023

छान्दोग्य उपनिषद् : सं.– एस.एस. शास्त्री, वाराणसी, 1982 ई.

तैतरीय उपनिषद् : सानुवाद शांकरभाष्य, गीताप्रेस गोरखपुर, वि.सं. 2009

तैतरीयसंहिता (कृष्णयजुर्वेदीय) : चौखम्भा संस्कृत प्रतिष्ठान्, दिल्ली, 2000 ई.

दिव्यावदान : सं.– कावेल, ई.बी. एवं आर.ए. नील, दिल्ली, 1987 ई.

धम्मपदं : अनुवा.– कौसल्यायन भदंतआनंद, नागपुर, 1993 ई.

प्रश्नोपनिषद् : भाष्यकार–वैष्णवदास शास्त्री, वृन्दावन, 1942 ई.

बीस स्मृतियाँ : प्रथम खण्ड, सं.– श्रीराम शर्मा आचार्य, बरेली, 1971 ई.

बौधायनधर्मसूत्र : व्याख्याकार–आचार्य नरेन्द्रकुमार, दिल्ली, 1999 ई.

मनुस्मृति : व्याख्याकार–दर्शनानंद शास्त्री, मथुरा, वि.सं. 2015; भाष्यकार–चमनलाल गौतम, बरेली, 1967 ई.

महाभारत : गीताप्रेस गोरखपुर, वि.सं. 2064

मुण्डकोपनिषद् : सानुवाद शांकरभाष्य, गीताप्रेस गोरखपुर, वि.सं. 2009

मृच्छकटिक (शूद्रककृत) : व्याख्याता–जगदीशचन्द्र मिश्र, वाराणसी, वि.सं. 1991

मैत्रायणी संहिता : सं.– साँतवलेकर, बम्बई, वि.सं. 1998

यजुर्वेद संहिता (मूल) : चौखम्भा संस्कृत प्रतिष्ठान्, दिल्ली, 2002 ई.

यजुर्वेद (भाग–एक–दो) : सं.–कुँवर, सी.पी. सिंह, लखनऊ, 1992, 1995 ई.

वाजसनेयि संहिता : सं.– बेवर, ए., वाराणसी, 1972 ई.

वाल्मीकि रामायण (मूल) : गीताप्रेस गोरखपुर, वि.सं. 2062

विष्णुपुराण : अनुवा.– मुन्नीलाल गुप्त, गीताप्रेस गोरखपुर, वि.सं. 2026

वृहदारण्यकोपनिषद् : भाष्यकार–महेशानंद गिरि, वाराणसी, 1996 ई.

शतपथ ब्राह्मण : प्रथम भाग, सं.–चन्द्रधर शर्मा, काशी, वि.सं. 1994

श्वेताश्वतर उपनिषद् : भाष्यकार–महेशानंद गिरि, वाराणसी, 1972 ई.

सहायक ग्रन्थ

अंशुमंगल : भारतीय इतिहास, आगरा, 2004 ई.

अग्रवाल, वी.एस. : भारतीय कला, वाराणसी, 1987 ई.; प्राचीन भारतीय लोकधर्म, अहमदाबाद, 1964 ई.

अग्रवाल, धर्मपाल–पन्नालाल : भारतीय पुरैतिहासिक पुरातत्व, लखनऊ, 1982 ई.

आचार्य, दीपंकर : कौटल्यकालीन भारत, लखनऊ, 1989 ई.

आप्टे, वामन शिवराम : सं. संस्कृत हिन्दी कोष, मोतीलाल बनारसी दास, दिल्ली, 1969 ई.

आरोस्मिथ, आर. : अनुवा.– लाइफ इन ऐंशियंट इंडिया (बाई–एडोल्फ कायगी), कलकत्ता, 1950 ई.

आर्यिका, ज्ञानमती : जैन भारती, हस्तिनापुर, 2005 ई.

उपाध्याय, भगवतशरण : प्राचीन भारत का इतिहास, पटना, 1957 ई.

उपाध्याय, वासुदेव : प्राचीन भारतीय स्तूप गुहा एवं मन्दिर, पटना, 1972 ई.

ओझा, श्रीकृष्ण : प्राचीन भारत, जयपुर, 1987 ई.

कनिंघम, एलेक्जेंडर : बुक ऑफ इंडियन एराज, वाराणसी, 1970 ई.

काणे, वी.पी. : धर्मशास्त्र का इतिहास, द्वितीय से पंचम भाग, लखनऊ, 1992, 2003 ई.

कार, ई.एच. : इतिहास क्या है (अनुवा. अशोक चक्रधर), दिल्ली, 1987 ई.

कुप्पुरम, जी. एवं अन्य : सं.– इंडिया थ्रू द एजेज–हिस्ट्री ऑफ आर्ट कल्चर एण्ड रिलीजन, खण्ड–दो, दिल्ली, 1988 ई.

कौशाम्बी, डी.डी. : कल्चर एंड सिविलाइजेशन ऑफ ऐंशियंट इंडिया, दिल्ली, 1987 ई.

कौसल्यायन, भदंत आनंद (कौ.भ.आ.) : अनुवा.– भगवान बुद्ध और उनका धर्म (डॉ. बी. आर. अम्बेडकर की कृति– 'द बुद्धा एंड हिज धम्म' का हिन्दी रूपान्तरण), नागपुर, 1997 ई. (बौद्ध धर्म का सार ;पी.लक्ष्मी नरसु की अंग्रेजी कृति, 'द इसेन्स आफ बुद्धिज्म' का हिन्दी अनुवाद), अलीगढ़, 1989 ई.

खुराना, के.एल. एवं साधना गुप्ता : राजस्थान का इतिहास, आगरा, 2001 ई.

गुप्ता, एस.पी. : सं.– एच.डी. संकालिया ऐस्पेक्ट्स ऑफ इण्डियन हिस्ट्री एण्ड आर्क्योलॉजी, 1977 ई.

गैरोला, वाचस्पति : भारतीय संस्कृति और कला, लखनऊ, 1985 ई.; अर्थशास्त्र ऑफ कौटिल्य एवं चाणक्य सूत्र, वाराणसी, 1991 ई.

गोयल, श्रीराम : विश्व की प्राचीन सभ्यताएँ, वाराणसी, 1972 ई.; इंडिया–नोन टू कौटिल्य एंड मेगस्थनीज, दिल्ली, 2001 ई.; प्राचीन भारतीय अभिलेख संग्रह खण्ड–एक, जयपुर, 1982 ई.

गोस्वामी, जया : कल्चरल हिस्ट्री ऑफ ऐंशियंट इंडिया, दिल्ली, 1979 ई.

गौड़, आनन्द प्रकाश : रामा इन ऐंशियंट इंडियन स्कल्पचर, दिल्ली, 2006 ई.

गौड़, रंजना : त्रिपिटक साहित्य में प्रतिबिम्बित समाज, लखनऊ, 2002 ई.

चतुर्वेदी, महेन्द्र : सं.–व्यावहारिक हिन्दी अंग्रेजी कोष, नेशनल पब्लिशिंग हाउस, दिल्ली, 1981 ई.

चोपड़ा, प्रभा : भारतीय संस्कृति की झाँकी, दिल्ली, 1995 ई.

चौधरी, राममूर्ति : हरिवंश पुराण एक सांस्कृतिक अध्ययन, लखनऊ, 1989 ई.

जायसवाल, विदुला : भारतीय इतिहास के आदिचरण की रूपरेखा (पुरा प्रस्तर युग), दिल्ली, 1987 ई.; भारतीय इतिहास का मध्य प्रस्तर युग, दिल्ली, 1989 ई.; कुषान क्ले आर्ट ऑफ गंगा प्लेन्स, दिल्ली, 1991 ई.

जेम्स, एच.जी. : द हिस्ट्री ऑफ इंडिया, जयपुर, 1982 ई.

जैन, आर.डी.पी. : भगवान महावीर का निर्वाण भूमि पावानगर, गोरखपुर, 1991 ई.

जैन, जगदीशचन्द्र व अन्य : जैन साहित्य का वृहद् इतिहास, भाग–2, वाराणसी, 1966 ई.

जैन, प्रदीप कुमार : भारतीय संस्कृति, दिल्ली, 1994 ई.

जैन, बूलचन्द्र : जैनिज्म इन इंडियन हिस्ट्री, वाराणसी, 1951 ई.

जोशी, नीलकंठ पी. : मथुरा की मूर्तिकला, मथुरा, 1964 ई.

झा, उमाशरण : भारतीय संस्कृति की वैज्ञानिकता, लखनऊ, 2002 ई.

झा, डी.एन. : प्राचीन भारत (एक रूपरेखा) सत्रहवाँ मुद्रण, 2005 ई.

डॉ. देवराज : भारतीय संस्कृति, लखनऊ, 1979 ई.

डॉ. बुद्धप्रकाश : महाभारत एक ऐतिहासिक अध्ययन, इलाहाबाद, 1959 ई; एशिया की सामाजिक और सांस्कृतिक इतिहास की रूपरेखा, लखनऊ, 1971 ई.

डॉ. रामअवध : अवध प्रदेश का सामाजिक एवं सांस्कृतिक अध्ययन, अयोध्या, 2001 ई.

डायरेक्टर, पब्लिकेशन डिवीजन : मिनिस्ट्री ऑफ इन्फारमेशन एण्ड ब्राडकास्टिंग (एम.आई.बी.) भारत सरकार : 5000 इयर्स ऑफ इंडियन आर्कीटेक्चर, दिल्ली, 1992 ई.

तिवारी, आर.पी. : सर्वे ऑफ ड्राईंग इन ऐंशियंट इंडिया, दिल्ली, 1978 ई.

तिवारी, उदय नारायण : भारतीय संस्कृति एक अजस्र प्रवाह, दिल्ली, 1989 ई.

तिवारी, मारुतिनंदन प्रसाद : इलीमेन्ट ऑफ जैन आइक्नोग्राफी, वाराणसी, 1983 ई.

तिवारी, राकेश : सं.–उ.प्र. राज्यपुरातत्त्व विभाग–लखनऊ, की शोध पत्रिका–प्राग्धारा, अंक–3 वर्ष 1993, अंक–4, वर्ष–1994, अंक–12, वर्ष 2001–02; अंक–13, वर्ष–2002–03; अंक–14, वर्ष–2003–04; अंक–15, वर्ष–2004–05, अंक–16, वर्ष–2005–06, अंक–17, वर्ष–2006–07, अंक–18 वर्ष 2007–08, अंक–19, वर्ष–2008–09, अंक–20, वर्ष–2009–10

त्रिपाठी, एल.के. : द टेम्पुल्स ऑफ बरौली, बी.एच.यू., वाराणसी, 1975 ई.; सं–भारती–बुलेटिन ऑफ द कॉलेज ऑफ इन्डोलॉजी (प्रो. राजबली पाण्डेय वाल्यूम), बी.एच.यू., वाराणसी–1984; सं.– पोजीशन एण्ड स्टेटस ऑफ वीमेन इन ऐंशियंट इण्डिया (सेमीनार पेपर्स) खण्ड–दो, वाराणसी, 1992

त्रिपाठी, एस.एस. : रामायण–महाभारत का शाब्दिक विवेचन, कानपुर, 1986 ई.

थपलयाल, के.के. : स्टडीज इन ऐंशियंट इंडियन सील्स, लखनऊ, 1972 ई.

दत्त, नलिनाक्ष : बुद्धिस्ट सेक्ट्स इन इंडिया, दिल्ली, 1977 ई.

दास, एस.के. : द इकोनामिक हिस्ट्री ऑफ इंडिया, इलाहाबाद, 1980 ई.

दिनकर, रामधारी सिंह : संस्कृति के चार अध्याय, इलाहाबाद, 1994 ई.

द्विवेदी, अनुराग : प्राचीन भारत में कल्याणकारी कार्यों का अध्ययन (शोध–प्रबन्ध), फैजाबाद, 2002 ई.

दोशी, वेचरदास : जैन साहित्य का बृहद इतिहास, भाग–एक, वाराणसी, 1996 ई.

धवलिकर, एम.के. : इंडियन प्रोटोहिस्ट्री, नई दिल्ली, 1997 ई.

नाहर, रतिभान सिंह : प्राचीन भारत का राजनैतिक एवं सांस्कृतिक इतिहास, इलाहाबाद, 1971 ई.

नेस्तुर्ख, माइखेल : मानव की उत्पत्ति और क्रमिक विकास, (अनुवा. रमेशचन्द्र सिन्हा) दिल्ली, 1963 ई.

पर्सी, गार्डनर : ए हिस्ट्री ऑफ ऐंशियंट क्वाइनेज, दिल्ली, 1975 ई.

पाठक, विशुद्धानंद : उत्तर भारत का राजनैतिक इतिहास, लखनऊ, 1990 ई.

पाण्डेय, जी.सी. : बौद्ध धर्म के विकास का इतिहास, लखनऊ, 1990 ई.

पाण्डेय, देवीसहाय 'दीप' : ऋचाओं के दर्पण में, फैजाबाद, 1999 ई.

पाण्डेय, राजबली : प्राचीन भारत, वाराणसी, 1968 ई.

पाण्डेय, राजेन्द्र : भारत का सांस्कृतिक इतिहास, लखनऊ, 1983 ई.

पाण्डेय, विजयकुमार : व्यक्तित्व की भारतीय अवधारणा, अयोध्या, 1990 ई., इतिहास एवं पुरातत्व में अयोध्या का कनक भवन, दिल्ली, 2011 ई.

पंत, पी.सी. : प्री–हिस्टारिक उत्तर प्रदेश, दिल्ली, 1982 ई.

प्रसाद, बेनी : हिन्दुस्तान की पुरानी सभ्यता, इलाहाबाद, 1967, 1973 ई.

फाउचर, ए. : द बिगनिंग्स आफ बुद्धिस्ट आर्ट (अनुवा. थामस एंड थामस) रिवाइज्ड एडीसन, दिल्ली, 1972 ई.

फुहर्र, ए. : द मानुमेन्टल एंटीक्वीटीज एंड इंस्क्रिप्संस इन नार्थ–वेस्टर्न प्राविंसेज एण्ड अवध, दिल्ली, 1969 ई.

फैन्थम, एफ. एण्ड शॉ, डी.ई. डब्लू : सेलेक्संस फ्राम नेहरू'ज डिस्कवरी ऑफ इंडिया, दिल्ली, 1995 ई.

बनर्जी, अरुन्धती : अर्ली इंडियन टेरोकोट्टा आर्ट, दिल्ली, 1994 ई.

बर्डवूड, जी.सी.एम. : द इन्डस्ट्रियल आर्ट ऑफ इंडिया, लंदन, 1971 ई.

बाहरी, हरदेव : सं.–राजपाल हिन्दी शब्द कोष, राजपाल एण्ड सन्स, दिल्ली, 1991 ई.

बील, सैम्युल : सी–यू–की– बुद्धिस्ट रिकार्ड ऑफ वेस्टर्न वर्ड, चायनीज एकाउन्ट ऑफ इंडिया, (खण्ड–1 से चार) दिल्ली, 1980 ई.

भगवद्दत्त एवं सत्यश्रवा : भारत वर्ष का इतिहास, दिल्ली, वि.सं. 2058

मजूमदार, डी.एन. एवं गोपालशरण : प्रागितिहास, दिल्ली, 1990 ई.

मणि, बी.आर. एवं आलोक त्रिपाठी : सं.– एक्सप्रेशन ऑफ इंडियन आर्ट (एम.सी. जोशी की स्मृति में) दिल्ली, 2008 ई.

मिराशी, वी.वी. : सातवाहनों और पश्चिमी क्षत्रपों का इतिहास और अभिलेख, लखनऊ, 1982 ई.

मिश्र, जनार्दन : भारतीय प्रतीक विद्या, पटना, 1959 ई.

मिश्र, जयशंकर : प्राचीन भारत का सामाजिक इतिहास, पटना, 1974 ई.

मिश्र, रतनलाल : स्मारकों का इतिहास एवं स्थापत्य कला, जयपुर, 1998 ई.

मिश्र, रत्नशंकर : सं.– प्रज्ञा, काशी हिन्दू विश्वविद्यालय पत्रिका, अंक–20–21, वर्ष 1975 ई.

मिश्र, रामनयन : चाणक्य महान, अयोध्या, 2007 ई.; मुनि अजित केशकम्बली, अयोध्या, 2010 ई.

मिश्रा, संगीता : जैनधर्म एवं चिन्तन के सप्त अध्याय, अयोध्या, 1993 ई; जैनधर्म के आद्य प्रवर्तक भगवान ऋषभदेव, अयोध्या, 1996 ई.

मेहता, मोहनलाल : जैन साहित्य का वृहद् इतिहास, भाग–चार, वाराणसी, 1968 ई. जैनधर्म दर्शन, बी.एच.यू., वाराणसी, 1973 ई.

मेहता, रतिलाल : प्री–बुद्धिस्ट इंडिया, दिल्ली, 1985 ई.

मैती, एस.के. : प्राब्लम्स एंड पर्सपेक्टिव्स ऑफ ऐंशियंट इंडियन हिस्ट्री एंड कल्चर, दिल्ली, 1997 ई.

मौर्य, रामसरन : अशोक महान, साकेत, 1999 ई.

यादव, झिनकू : संस्कृति संधान (जरनल ऑफ द नेशनल रिसर्च इन्स्टीट्यूट ऑफ ह्यूमन कल्चर, वाराणसी), खण्ड–VII, 1994 ई.

यादव, देवनारायण : वाल्मीकि रामायण में गृहस्थ जीवन, वाराणसी, 2010 ई.

राय, उदयनारायण : गुप्त सम्राट और उनका काल, इलाहाबाद, 1971 ई.

राय, कृष्णदास : भारतीय मूर्तिकला, काशी, वि.सं. 2028

राव, टी.ए. गोपीनाथ : इलीमेन्ट ऑफ हिन्दू आइक्नोग्राफी, खण्ड–1, पार्ट–II, दिल्ली, 1971 ई.

राव, एम.एस. नागराजा : इंडियन आर्क्योलॉजी, ए रिव्यू–1982–83, दिल्ली,1985 ई.

रिज डेविड्स, टी.डब्लू. : बुद्धिस्ट इंडिया, दिल्ली, 1970 ई.

रेनो, लोइस : द सिविलाइजेशन ऑफ ऐंशियंट इंडिया (अनुवा. स्प्राट फिलिप), दिल्ली, 1987 ई.

रे, एच.सी. : द डायनेस्टिक हिस्ट्री ऑफ नार्थ इंडिया, खण्ड–एक, दो, दिल्ली, 1973 ई.

रैप्सन, ई.जे. : ऐंशियंट इंडिया, दिल्ली, 1970 ई.

ला, वी.सी. : इंडिया ऐज डिस्क्राइब्ड इन अर्ली टेक्ट्स ऑफ बौद्धिज्म एंड जैनिज्म, दिल्ली, 1980 ई.

लुणिया, बी.एन. : प्राचीन भारतीय संस्कृति, आगरा, 2007 ई.; भारतीय सभ्यता तथा संस्कृति का विकास, आगरा, 2008 ई.

लोकेशचन्द्र एवं अन्य : सं.– डायमेन्संस ऑफ इंडियन आर्ट, खण्ड–एक व दो, दिल्ली, 1986 ई.

वर्मा, टी.पी. : सं.– युग युगीन सरयूपार, वाराणसी, 1987 ई.

वर्मा, टी.पी. एवं गुप्त एस.पी. : अयोध्या का इतिहास तथा पुरातत्त्व, दिल्ली, 2001, ई.
वर्मा, देवनारायण : जैन एवं बौद्धधर्म, फैजाबाद, 2011 ई.
वर्मा, मोहिनी : ड्रेस एण्ड आर्नामेन्ट इन ऐंशियंट इण्डिया, वाराणसी, 1989 ई.
वर्मा, राधाकान्त : भारतीय प्रागैतिहासिक संस्कृतियाँ, इलाहाबाद, 1977 ई.
वाजपेयी, के.डी. : भारतीय वास्तुकला का इतिहास, लखनऊ, 1990 ई.
वेदालंकार, हरिदत्त : भारत का सांस्कृतिक इतिहास, दिल्ली, 1962 ई.; प्राचीन भारत का राजनीतिक एवं सांस्कृतिक इतिहास, लखनऊ, 1972 ई.
तोगेल, जे.एफ. : आर्क्योलॉजिकल म्यूजियम एट मथुरा, वाराणसी, 1971 ई.
शर्मा, मनिराम : मैरिज इन ऐंशियंट इंडिया, आगरा, 1993 ई.
शर्मा, एल.पी. : प्राचीन भारत, आगरा, 2005 ई.; भारत का इतिहास, आगरा, 2007 ई.
शास्त्री, के.ए. नीलकंठ : दक्षिण भारत का इतिहास, पटना, 1972 ई.
शास्त्री, मंगलदेव : भारतीय संस्कृति का विकास, वाराणसी, 1970 ई.
शिवराममूर्ति, सी. : इंडियन स्कल्पचर, दिल्ली, 1961 ई.
शुक्ल, चन्द्रशंकर प्राणशंकर : जीवन में स्याद्वाद, वाराणसी, 1950 ई.
शुक्ल, एस.पी. व अन्य : सं.– हिस्ट्री एंड हेरीटेज (किरन कुमार थपलयाल के सम्मान में) खण्ड–प्रथम से तृतीय, दिल्ली, 2007 ई.
शुक्ल, हीरालाल : आदिवासी बस्तर का वृहद् इतिहास, खण्ड–प्रथम, दिल्ली, 2007 ई.
शेखात्स्की, एफ.टी. : बौद्ध न्याय (अनुवा. रामकुमार राय) वाराणसी, 1969 ई.
श्रीवास्तव, ए.पी. एवं अन्य : बौद्ध वास्तुकला एवं एशिया की राष्ट्रीय संस्कृतियाँ, लखनऊ, 1916 ई.
श्रीवास्तव, ओ.पी.एल. : आर्क्योलॉजी ऑफ इरिच, वाराणसी, 1991 ई.
श्रीवास्तव, के.सी. : प्राचीन भारत का इतिहास तथा संस्कृति, इलाहाबाद, 2007 ई.
श्रीवास्तव, पंकजलता : प्राचीन इतिहास भाग–एक एवं तीन, इलाहाबाद, 2007, 2009 ई.
श्रीवास्तव, बलराम : दक्षिण भारत का इतिहास, वाराणसी, 1968 ई.
श्रीवास्वत, एम.पी. : प्राचीन भारतीय नगर, सभ्यता एवं संस्कृति, इलाहाबाद, 1986 ई.
श्रीवास्तव, रानी : कुषाण प्रस्तर मूर्तियों में समाज एवं धर्म, दिल्ली, 1992 ई.
सत्यदेव, अभिनव : प्राचीन भारतीय कला, अयोध्या, 1998 ई.
सत्यदेव, अभिनव एवं सिंह, के.पी. : भारतीय पुरातत्त्व के मूल तत्त्व, अयोध्या, 2003 ई.
सत्यदेव, अभिनव एवं त्रिपाठी, बी.बी. मणि : प्राचीन भारतीय धर्म, अयोध्या, 2005 ई.

सरकार, डी.सी. : स्टडीज इन इंडियन क्वाइन्स, वाराणसी, 1968 ई.

सहाय, शिव स्वरूप : भारतीय कला, इलाहाबाद, 2009 ई.

साहनी, वीरबल : द टेक्नीक्स ऑफ कास्टिंग क्वाइन्स इन ऐंशियंट इंडिया, वाराणसी, 1973 ई.

सिन्हा, बशिष्ठ नारायण : जैन दर्शन में प्रमाण, वाराणसी, 1981 ई.

सिन्हा, बी.पी. : आर्क्योलॉजी एण्ड आर्ट ऑफ इंडिया, दिल्ली, 1979 ई.

सिन्हा, वी.सी. : हिस्ट्री ऑफ द शुंगा डायनेस्टीज, वाराणसी, 1977 ई.

सिंह, ए.पी. : डिफेन्सिव आर्ट ऑफ इंडिया, दिल्ली, 1990 ई.

सिंह, जया : प्राचीन भारत में नागपूजा एवं जलपूजा, पटना, 1986 ई.

सिंह, शत्रुघ्नशरण : अर्ली क्वाइन्स ऑफ नार्थ इंडिया, पटना, 1984 ई.

सिंह, सर्वदमन : सं.– इंडियन आर्क्योलॉजिकल हेरीटेज (वी.एन. पुरी फेलीसिटेशन वाल्यूमं), दिल्ली, 1991 ई.

सी. मार्गबन्धु आदि : सं.– इंडियन आर्क्योलॉजिकल हेरीटेज (के.वी. सुन्दरराजन के सम्मान में) खण्ड–प्रथम, द्वितीय, दिल्ली, 1991 ई.

सुन्दरराजन, के.वी. : ग्लिम्पिसेज ऑफ इंडियन कल्चर, हिस्ट्री एंड आर्क्योलॉजी, दिल्ली, 1980; ग्लिम्पिसेज ऑफ इंडियन कल्चर, आर्कीटेक्चर, आर्ट एण्ड रिलीजन, दिल्ली, 1981 ई.; इंडियन रिलिजियस आर्ट, आइडियाज एंड आइडियल्स, दिल्ली, 1982 ई.

स्मिथ, वी.ए. : द अर्ली हिस्ट्री ऑफ इंडिया, दिल्ली, 1924 ई.

संघवी, सुखलाल : विवेचक–उमास्वाति कृति तत्वार्थसूत्र, वाराणसी, 1972 ई.

सांकृत्यायन, राहुल : पालि साहित्य का इतिहास, लखनऊ, 1992 ई.

हावेल, ई.बी. : ए हैण्डबुक ऑफ इंडियन आर्ट, वाराणसी, 1972 ई.; द आइडियाज ऑफ इंडियन आर्ट, वाराणसी, 1972 ई.

हुल्तजश्च, ई. : कार्पस इन्स्क्रिप्सनम् इन्डीकेरम्, खण्ड–प्रथम, (इन्स्क्रिप्संस ऑफ अशोक) नई दिल्ली, 1969 ई.

ह्वाइटहेड, आर.बी. : कैटलॉग ऑफ क्वाइन्स इन द पंजाब म्यूजियम, लाहौर, खण्ड–एक, इन्डोग्रीक क्वाइन्स, वाराणसी, 1971 ई.

❏❏❏

समर्पण

□□□

5. सिन्धुघाटी सभ्यता से प्राप्त पुजारी की मूर्ति

6. मोहनजोदड़ो से प्राप्त कांस्य की नृत्यरत युवती

7. योगी की मूर्ति, सिन्ध घाटी

8. वृषभ की मूर्ति, सिन्ध घाटी

9. सिन्धुघाटी सभ्यता–मातृदेवी मृण्मूर्ति

10. हड़प्पा से प्राप्त पुरावशेष – कबन्ध, लिपि

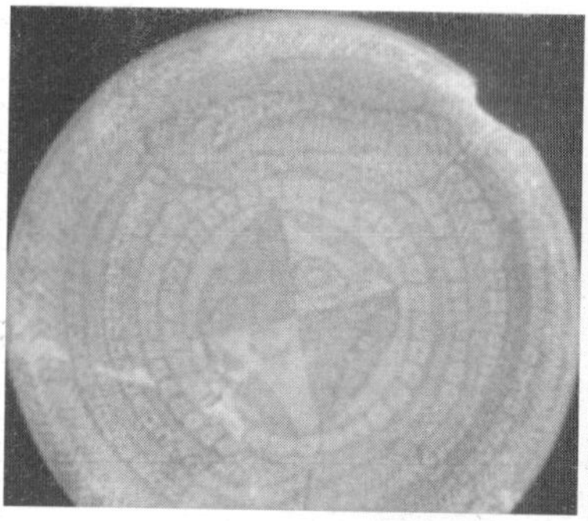

11. हड़प्पा से प्राप्त पुरावशेष–पात्रांश आदि

12. मेहरगढ़ से प्राप्त मृद्भाण्ड

13. विविध प्रकार के पात्रावशेष, नीलकण्ठपुरा

14. पुरावशेष, नीलकण्ठपुरा (प्राग्धारा अंक 13 से साभार)

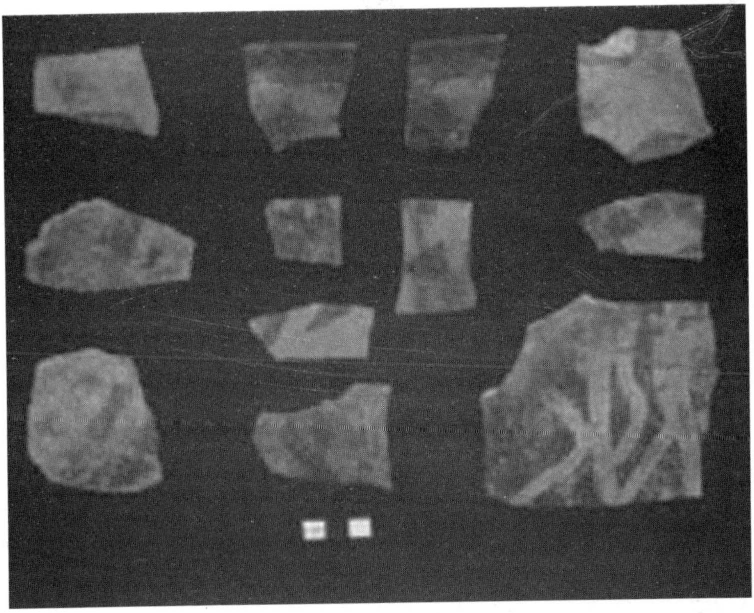

15. राजा नल का टीला से प्राप्त चित्रित मृद्भाण्ड खण्ड, नवपाषाण काल

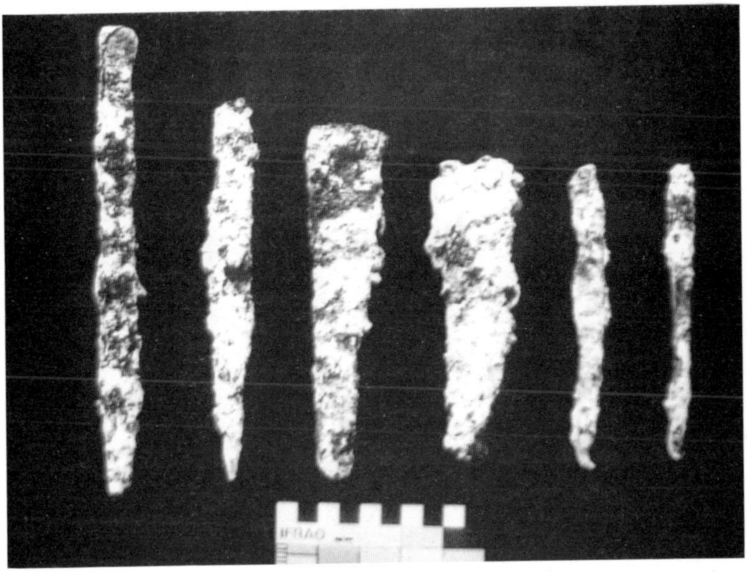

16. राजा नल का टीला से प्राप्त लोहे के आर्टीफैक्ट्स, नवपाषाण काल

(प्राग्धारा अंक 13 से साभार)

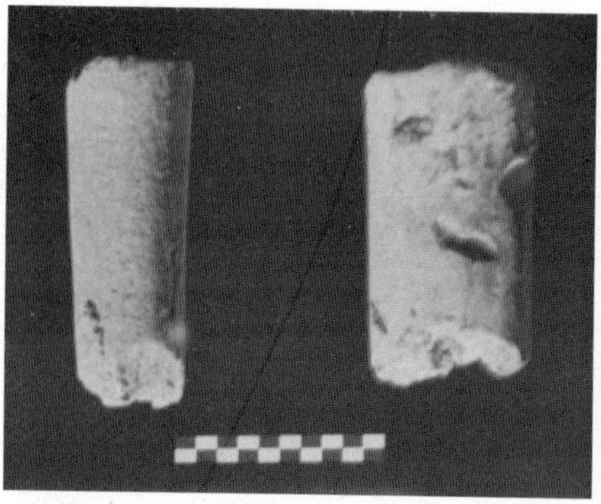

मलहर से प्राप्त टेरीकोट्टा (द्वितीय सत्र)

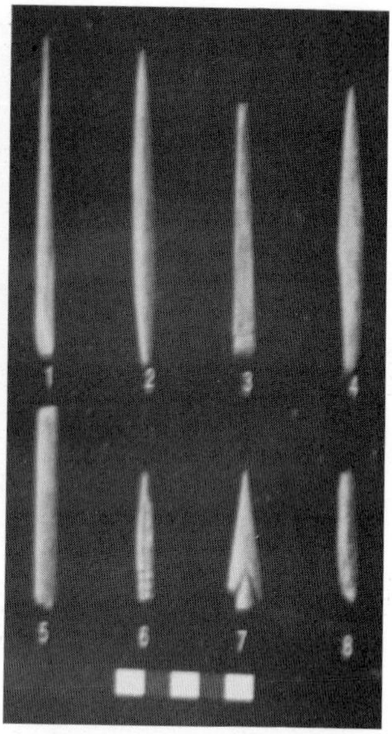

मलहर से प्राप्त हस्त निर्मित यंत्र वस्तुएँ

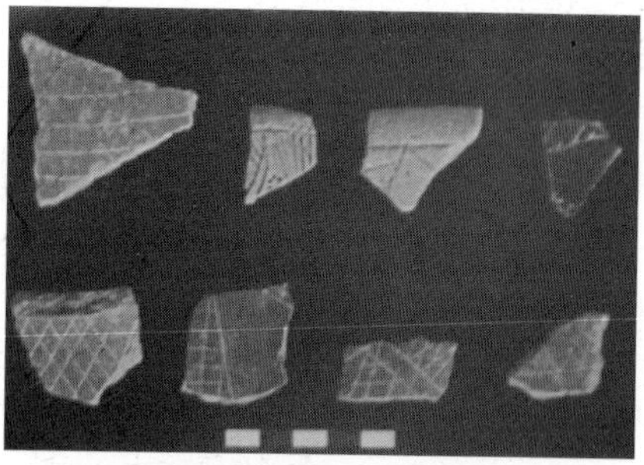

मलहर से प्राप्त पात्रांश

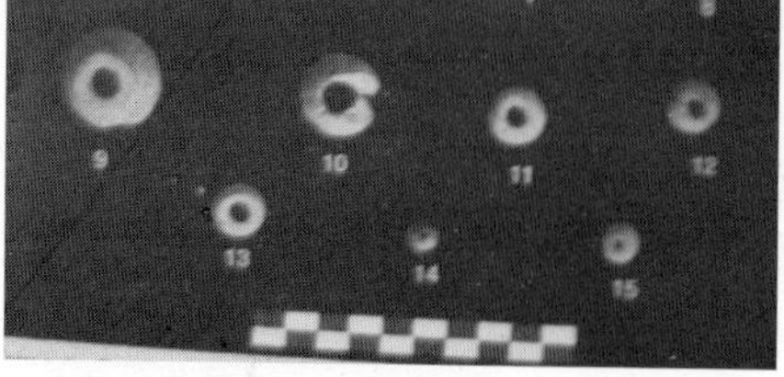

मलहर से प्राप्त टेरीकोट्टा वीड्स

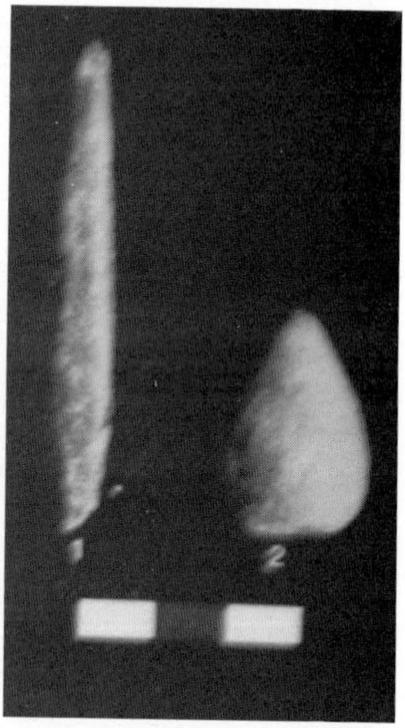

मलहर से प्राप्त बोन एण्टलर आर्टीफैक्ट्स

17. नवपाषाण काल ('प्राग्धारा' अंक 14 से साभार)

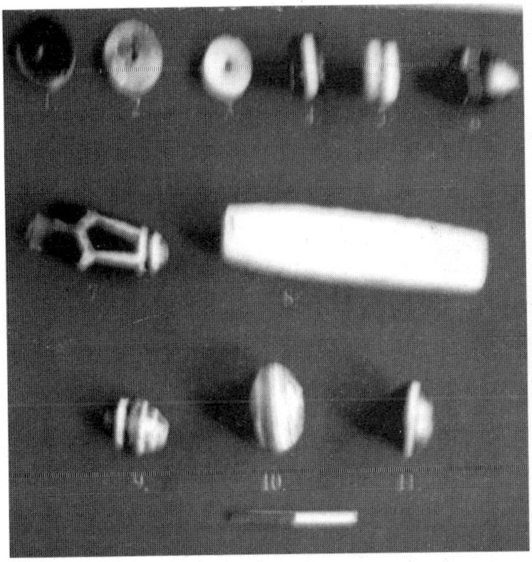

18. दमदम से प्राप्त कार्नेलियन बीड्स

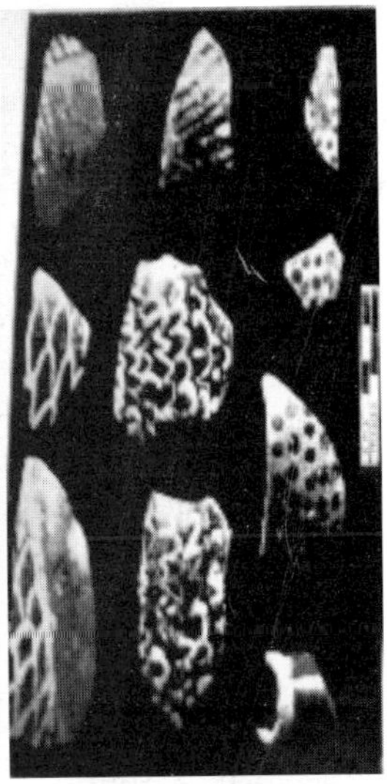

19. चम्पा से प्राप्त पैन्-
टेड एनबीपी पात्रांश

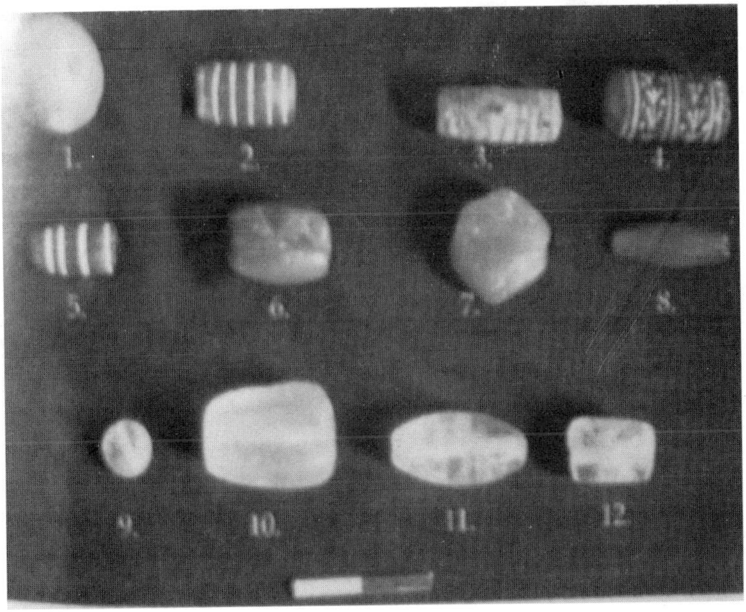

20. दमदम से प्राप्त एगेट के बीड्स
नवपाषाण काल ('प्राग्धारा' अंक 16 से साभार)

ताम्र के बाणाग्र (प्रथम सत्र)

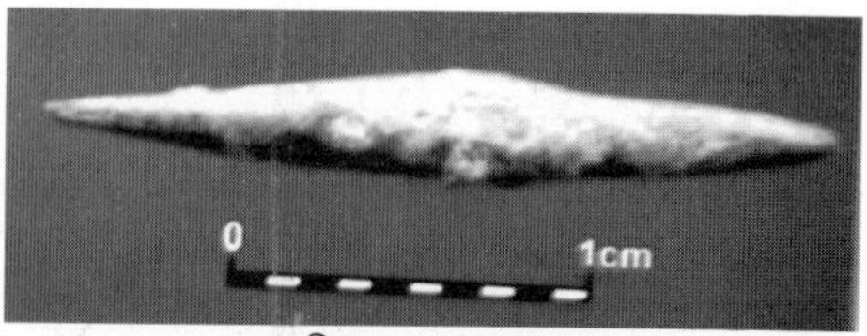

अस्थि का सूजा

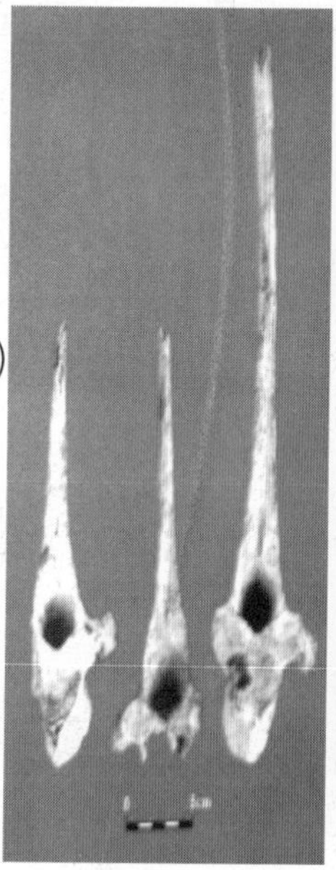

अस्थि के यन्त्र
(द्वितीय सत्र)

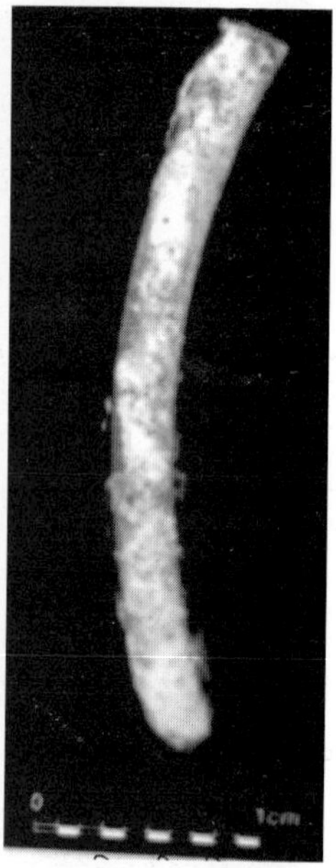

अस्थि की चूड़ियाँ

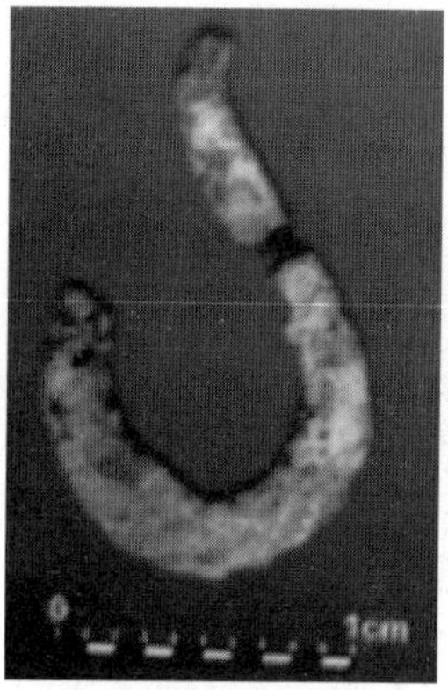

मत्स्य हुक

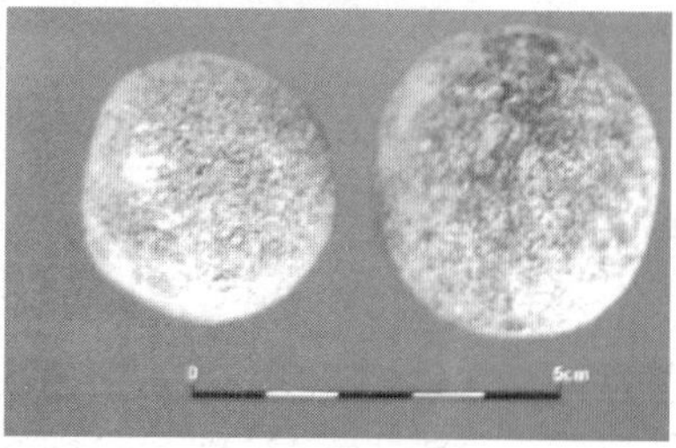

प्रस्तर गेंद

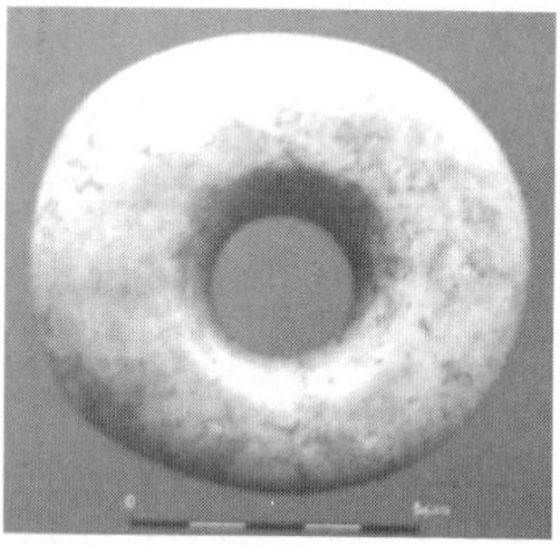

रिंग

21. लहुरादेवा से प्राप्त पुरावशेष (नवपाषाण काल)
('प्राग्धारा' अंक 13 एवं 16 से साभार)

रज्जुछाप वाले बर्तन (द्वितीय सत्र)

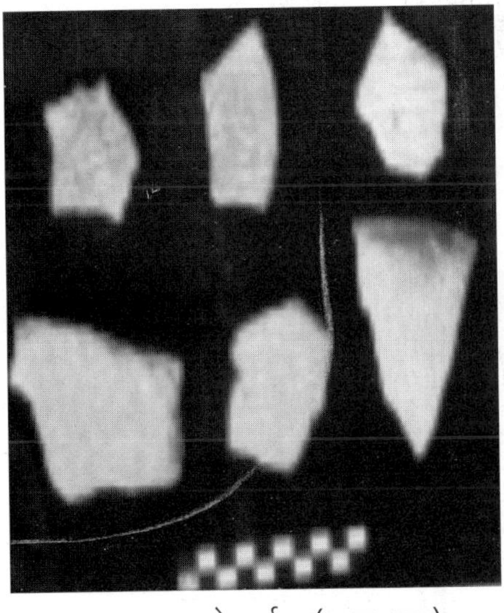

रज्जुछाप वाले बर्तन (प्रथम सत्र)

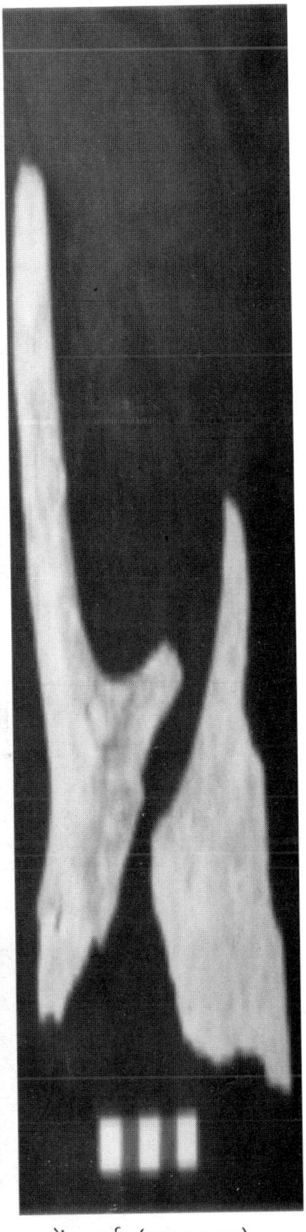

ऐंटलर्स (प्रथम सत्र)

22. लहुरादेवा से प्राप्त पुरावशेष (नवपाषाण काल)
('प्राग्धारा' अंक 13 एवं 16 से साभार)

23. अशोक कालीन सिंहशीर्ष, सारनाथ

31. अशोक का कौशाम्बी शिलालेख

32. अशोक का बराबर पहाड़ी गुहालेख

33. भरत राम का मिलन नागार्जुनीकोण्डा, तीसरी शती

34. राम, सीता, लक्ष्मण वन जाने कौ तैयार,
नागार्जुनीकोण्डा, तीसरी शती ई.